SV

Walter Benjamin
Gesammelte Schriften

Unter Mitwirkung von
Theodor W. Adorno und Gershom Scholem
herausgegeben von
Rolf Tiedemann und Hermann Schweppenhäuser

Walter Benjamin
Gesammelte Schriften
V·2

Herausgegeben von
Rolf Tiedemann

Suhrkamp Verlag

CIP-Kurztitelaufnahme der Deutschen Bibliothek
Benjamin, Walter [Sammlung] Gesammelte Schriften
unter Mitw. von Theodor W. Adorno
u. Gershom Scholem hrsg. von Rolf Tiedemann
u. Hermann Schweppenhäuser. –
Frankfurt (am Main): Suhrkamp.
5. [Das Passagen-Werk]/hrsg.
von Rolf Tiedemann.
2.-1982.
ISBN 3-518-07319-2 kart.
ISBN 3-518-07307-0 Lw.

Erste Auflage 1982
© Suhrkamp Verlag Frankfurt am Main 1982
Alle Rechte vorbehalten
Druck: MZ-Verlagsdruckerei GmbH, Memmingen
Printed in Germany

Inhalt

Das Passagen-Werk

FÜNFTER BAND. Erster Teil

Einleitung des Herausgebers 9
Exposés
   Paris, die Hauptstadt des XIX. Jahrhunderts 45
   Paris, Capitale du XIXème siècle 60
Aufzeichnungen und Materialien 79
   Übersicht, 81

FÜNFTER BAND. Zweiter Teil

Aufzeichnungen und Materialien *(Fortsetzung)* 655
Erste Notizen: Pariser Passagen I 991
Frühe Entwürfe
   Passagen. 1041
   Pariser Passagen II 1044
   Der Saturnring oder Etwas vom Eisenbau 1060
Anmerkungen des Herausgebers
   Editorischer Bericht. 1067
   Zeugnisse zur Entstehungsgeschichte 1081
   Paralipomena, Überlieferung und Textgestaltung 1206
   Quellenverzeichnis zu den »Aufzeichnungen und Materialien«, 1277

Inhaltsverzeichnis. 1353

Das Passagen-Werk

Fortsetzung

Aufzeichnungen und Materialien

Fortsetzung

Q

[Panorama]

»Hat niemand mehr Lust, mit mir in ein Panorama zu gehn?«
  Max Brod: Über die Schönheit häßlicher Bilder Lpz 1913
  p 59

Es gab Panoramen, Dioramen, Kosmoramen, Diaphanoramen, Navaloramen, Pleoramen (πλεω ich reise zur See, Wasserfahrten), Fantoscope, Fantasma-Parastasien, Expériences fantasmagoriques et fantasmaparastatiques, malerische Reisen im Zimmer, Georamen; Optische Pittoresken, Cinéoramen, Phanoramen, Stereoramen, Cykloramen, Panorama dramatique.
»In unserer an Pano-, Cosmo-, Neo-, Myrio-, Kigo- und Dio-Ramen so reichen Zeit.« M. G. Saphir im Berliner Courier vom 4ten März 1829 Zitiert bei Erich Stenger: Daguerres Diorama in Berlin Berlin 1925 p 73 [Q 1, 1]

Das nachrevolutionäre Versailles als Panoptikum: »Umgemodelt waren die übrig gelaßnen königlichen Statüen. Die von Ludwig XIV in dem großen Orangeriesaal, trägt, statt der weggehauenen Perrücke, eine Freiheitsmütze, eine Pike statt dem Befehlshabersstab, und damit man sich in dem neugeschaffnen Kriegesgotte nicht irre, steht an dem Fußgestelle der Statüe: ›Mars françois, protecteur de la liberté du monde‹. Eine ähnliche Spielerei hat man mit Coustou's kolossalem Basrelief, Ludwig XIV zu Pferde, in der großen Gallerie des Schlosses, getrieben. Der aus den Wolken herabschwebende Genius des Ruhms hält, statt des vormaligen Lorbeerkranzes, eine Freiheitsmütze über den kahlen Kopf des Königs.«
■ Kolportage ■ F.J.L. Meyer: Fragmente aus Paris im IV. Jahr der französischen Republik Hamburg 1797 II p 315 [Q 1, 2]

Über die Schaustellung einer in Wachs nachgebildeten Gruppe von Dieben, die (gegen 1785) durch Curtius oder einen anderen Unternehmer auf der foire Saint-Laurent stattfand: »Les uns étaient enchaînés et couverts de haillons, les autres presque nus et sur la paille: c'était un spectacle assez pittoresque. Il n'y avait de portraits ressemblans que ceux des deux ou trois chefs; mais comme la bande était nombreuse, le propriétaire avait été obligé de leur donner de la compagnie. Je m'imaginais qu'il avait modelé les autres d'idée et au hasard, et, dans cette persuasion, je parcourais assez indifféremment les figures basanées et souvent obscurcies par de sales moustaches de ces brigands subalternes, lorsqu'à travers leur costume repoussant, je crus distinguer des traits qui ne m'étaient point inconnus. Je considérai plus attentivement, et je me convainquis que le propriétaire des grands voleurs, qui était le même que celui de l'autre salon de figures, voulant tirer parti de quelques personnages modelés qui n'étaient plus de mode, ou de quelques portraits de commande rebutés, les avait affublés de haillons, chargés de chaînes, et légèrement défigurés pour les placer avec les grands voleurs ... Cette idée me fit sourire involontairement, en songeant que quelque femme de traitant pourrait bien trouver parmi ces messieurs le portrait de son mari, jadis commandé au modeleur en cire. Ceci n'est point un badinage, j'affirme y avoir reconnu le portrait fort ressemblant de *Linguet*, qui, quelques mois auparavant, était placé avec honneur dans l'autre cabinet, et que l'on n'avait sans doute transporté là que par esprit d'économie, et pour meubler la prison.« (Simon-Nicolas-Henri Linguet * 1736 † 1794 auf der Guillotine. Polygraph und Rechtsanwalt.) J. B. Pujoulx: Paris à la fin du XVIIIe siècle Paris 1801 p 102/103 ∎ Kolportage ∎ [Q 1, 3]

Das »Warten« ließe sich an die Darstellung der Kaiserpanoramen so gut wie an die Langeweile anschließen. Es ist sehr bezeichnend, daß Brod in einer Glosse »Panorama« auf alle Stichworte dieser Untersuchung gerät: Mode, Langeweile, Gaslicht etc. [Q 1, 4]

»Mélange de Morgue et de Musée de Luxembourg« hat Jules Claretie die Schlachtenpanoramen genannt. La vie à Paris 1881 Paris p 438 In diesen Panoramen erkennt man: auch Kriege sind der Mode unterworfen und Max Brod sieht in seinem »Panorama« »untätige Offiziere ... passende Schlachtfelder für ihre phantastischen Kolonialkriege« suchen; es ist eine Schlachtengarderobe; die Mittellosen kommen und sehen sich um, ob sie nicht irgendwo ein abgetragnes Schlachtfeld sich zu eigen machen können ohne sich in Unkosten zu stürzen. [Q 1, 5]

Witze mit »rama« – nach »diorama« – bei Balzac im Beginn des »Père Goriot«. [Q 1, 6]

Einrichtung der Panoramen: Blick von einer erhöhten und mit einer Balustrade umgebnen Plattform ringsum auf die gegenüber und darunter liegenden Flächen. Die Malerei läuft an einer zylindrischen Wand entlang, hat ungefähr 100 m Länge und 20 m Höhe. Die hauptsächlichsten Panoramen von dem großen Panoramenmaler Prévost: Paris, Toulon, Rom, Neapel, Amsterdam, Tilsit,

Vagram, Calais, Antwerpen, London, Florenz, Jerusalem, Athen.
Unter seinen Schülern Daguerre. [Q 1 a, 1]

1838 Rotonde des Panoramas durch Hittorff erbaut. ■ Eisen ■ [Q 1 a, 2]

Panorama auf der Pariser Ausstellung von 1855 [Q 1 a, 3]

Es ist zu ermitteln was es bedeutet, wenn in den Dioramen der Beleuchtungswechsel, den der Tageslauf einer Landschaft bringt, in einer viertel oder halben Stunde sich abspielt. Hier liegt etwas wie ein spielerischer Vorläufer des Zeitraffers, eine witzige, etwas böse »tänzerische« Beschleunigung des Zeitverlaufs, die per contrarium an das Trostlose einer μιμησις denken läßt, wie Breton sie in der »Nadja« erwähnt: der Maler, der am späten Nachmittag seine Staffelei vor dem vieux port zu Marseille stehen hat und mit der abnehmenden Beleuchtung die Lichtverhältnisse auf seine⟨m⟩ Bilde immer wieder ändert, bis es die Dunkelheit zeigt. Für Breton aber war es nicht »fertig«. [Q 1 a, 4]

Scharf nachdenken über das besondere Pathos, das in der Kunst der Panoramen steckt. Über ihr besonderes Verhältnis zur Natur, besonders aber auch zur Geschichte. Wie eigentümlich es war, lassen diese Sätze von Wiertz ahnen, der ja sehr viel Panoramatisches in seiner Malerei hat. »On a souvent parlé du réalisme en peinture. Généralement, les tableaux qui portent le nom de réalistes sont peu d'accord avec ce titre. Le réalisme pur devrait comporter des qualités telles qu'un objet représenté pût sembler pouvoir se prendre à la main. / ... Si, généralement, l'on estime peu ce que l'on appelle proprement trompe-l'œil, c'est que jusqu'ici ce genre de peinture n'a été pratiqué que par des peintres médiocres, des peintres d'enseignes, bornés seulement à la représentation de quelques objets de nature morte ... / L'exemple de M. Wiertz donnera-t-il naissance à un genre nouveau?« Erläuterung des vom Maler selbst verfaßten Katalogs »L'Atelier de M. Wiertz« zu »La Curieuse«. Œuvres littéraires ⟨Paris 1870⟩ p 501/502 [Q 1 a, 5]

»Nocturnorama. Eine neue Art von Concerten wird diesen Winter in Paris die Modewelt unterhalten, Alles, was die Musik ausdrückt, soll während derselben durch Transparentgemälde in trefflicher Ausführung zur Anschauung gebracht werden. Haydn's Schöpfung wird einstudirt und muß, von passenden Phantasmagorien begleitet, die Sinne der Zuhörer doppelt umstricken. / Mehr jedoch als zu diesem großartigen Werke scheint mir diese Einrichtung zu heitern und sentimentalen Anregungen geeignet. / So soll zum Beispiel das täuschend ähnliche und bewegliche Portrait der Malibran erscheinen, während eine vorzügliche Sängerin eine italienische Arie unsichtbar vortragen wird, gleichsam als hörte man den Schatten der Malibran singen.« August Lewald: Album der Boudoirs Leipzig und Stuttgart 1836 p 42/43 [Q 1 a, 6]

Daguerre hatte in seinem Diorama zeitweise unter anderm die Kirche St. Etienne du Mont. Mitternachtsmesse. Mit Orgel. Am Schluß: Erlöschen der Lichter. [Q 1 a, 7]

Für den folgenden Vergleich der Panoramen mit dem Kino ist es wichtig, daß das Kino heute alle Probleme der modernen Gestaltung als seine technischen Daseinsfragen auf die kürzeste, konkreteste, kritischste Weise formuliert. »La vogue des panoramas, parmi lesquels nous remarquons celui de Boulogne, correspond alors à celle des cinématographes aujourd'hui. Les passages couverts, du type de celui des Panoramas, commencent aussi leur fortune parisienne.« Marcel Poëte: Une vie de cité Paris Paris 1925 p 326 [Q 1 a, 8]

David forderte seine Schüler auf, im Panorama Studien nach der Natur zu machen. [Q 1 a, 9]

»Bien des gens s'imaginent que l'art peut indéfiniment se perfectionner. C'est une erreur. Il est une limite où il s'arrêtera. En voici la raison: c'est que les conditions dans lesquelles est restreinte l'imitation de la nature sont immuables. On veut un tableau, c'est-à-dire une surface plane, entourée ou non d'une bordure, et, sur cette surface, la représentation produite au seul moyen de diverses matières colorantes ... Dans les conditions qui constituent le tableau, toute tentative a été faite. Le problème le plus difficile était le relief parfait, les profondes perspectives portées à l'illusion la plus complète. Le stéréoscope l'a résolu.« A. J. Wiertz: Œuvres littéraires Paris 1870 p 364 Diese Bemerkung wirft nicht nur ein interessantes Licht darauf, unter welchen Gesichtspunkten man damals Stereoramen etc. betrachtete, sie zeigt auch sehr deutlich, daß die Theorie eines »Fortschritts« in den Künsten an die Idee der

Naturnachahmung gebunden und im Zusammenhang mit ihr zu diskutieren ist. [Q 2, 1]

Zum Kolportagephänomen des Raumes und damit zu der fundamentalen Zweideutigkeit der Passagen eröffnet die manni⟨g⟩faltige Verwendung der Figuren in Wachsfigurenkabinetten einen Zugang. Die wächsernen Statuen und Häupter, deren eine heut einen Kaiser, morgen einen Staatsverbrecher und übermorgen einen galonnierten Wärter, deren andere heut die Julia Montague, morgen Marie Lafargue und übermorgen Frau Doumergue darstellt, sind in diesen optischen Flüstergalerien am rechten Platz. Ludwig XI ist sie der Louvre, Richard II der Tower, Abdel Krim die Wüste und Nero Rom. ■ Flaneur ■ [Q 2, 2]

Dioramen lösen die laterna magica ab, die die Perspektive nicht kannte, mit der aber freilich der Lichtzauber ganz anders sich in die noch kümmerlich erleuchteten Wohnungen insinuierte. »Laterne magique! Pièce curieuse!« Mit diesem Ruf zog ein camelot am Abend durch die Straßen und stieg auf einen Wink in die Wohnungen hinauf, in denen er seine Laterne vorführte. Noch die affiche der ersten Plakatausstellung zeigt charakteristischerweise eine laterna magica. [Q 2, 3]

Ein Georama war eine zeitlang in der galerie Colbert. – Das Georama des XIV arrondissements besaß eine kleine Naturnachahmung Frankreichs.
[Q 2, 4]

In demselben Jahre, da Daguerre die Photographie erfand, brannte sein Diorama ab. 1839. ■ Vorläufer ■ [Q 2, 5]

Es gibt eine unabsehbare Literatur, deren stilistischer Charakter ein völliges Gegenbild zu den Dioramen, Panoramen etc darstellt. Das sind die feuilletonistischen Sammelwerke und Skizzenfolgen aus der Jahrhundertmitte. Werke wie »La grande ville«, »Le diable à Paris«, »Les Français peints par eux-mêmes«. Sie sind gewissermaßen moralische Dioramen und den andern nicht nur in ihrer skrupellosen Manni⟨g⟩faltigkeit verwandt sondern technisch genau wie sie gebaut. Einem plastisch durchgebildeten mehr oder weniger detaillierten Vordergrunde entspricht eine scharfprofilierte

feuilletonistische Einkleidung der sozialen Studie die hier den großen Hintergrund abgibt wie im Diorama die landschaftliche.
[Q 2, 6]

La mer – »jamais la même« bei Proust, in Balbec, und die Dioramen mit ihrem Beleuchtungswechsel, der den Tag genau ebensoschnell vorm Beschauer dahingehn läßt wie er bei Proust dem Leser vorbeizieht. Hier reichen sich die niedrigste und die höchste Form der Mimesis die Hand. [Q 2, 7]

Das Panoptikum eine Erscheinungsform des Gesamtkunstwerks. Der Universalismus des 19ten Jahrhunderts hat im Panoptikum sein Denkmal. Pan-Optikum: nicht nur, daß man alles sieht; man sieht es auf alle Weise. [Q 2, 8]

»Navalorama« Eduard Devrient: Briefe aus Paris Berlin 1840 p 57   [Q 2, 9]

Hauptsächliche panoramatische Darstellungen von Prévost für die Panoramen des passage. »Paris, Toulon, Rome, Naples, Amsterdam, Tilsitt, Wagram, Calais, Anvers, Londres, Florence, Jerusalem et Athènes. Tous étaient conçus de la même manière. Ses spectateurs, placés comme au sommet d'un édifice central, sur une plate-forme qu'entourait une balustrade, dominaient de toutes parts l'horizon. Chaque toile, adhérente à la paroi intérieure d'une salle cylindrique, avait une circonférence de 97 mètres 45 centimètres 2 millimètres (300 pieds) et une hauteur de 19 mètres 42 centimètres (60 pieds). Ainsi les dix-huit panoramas de Prévost représentent une surface de 86 667 mètres 6 centimètres (224 000 pieds).« Labédollière: Histoire du nouveau Paris Paris p 30 [Q 2 a, 1]

Im »Raritätenladen« spricht Dickens von »der unbeweglichen Miene von Kaltblütigkeit und Anstand« bei Wachsfiguren. ■ Traumhaus ■   [Q 2 a, 2]

Daguerre und die Akademie [française?] »Lemercier ... gab mir eine Karte zur öffentlichen Sitzung des Instituts ... Er wird bei dieser Sitzung ein Gedicht auf die Daguerre'sche Maschine vortragen, um das Interesse für diesen Gegenstand wieder zu beleben, denn der Erfinder hat durch einen Brand in seinem Zimmer seinen ganzen Apparat eingebüßt, weshalb auch während meines Aufenthaltes in Paris von der wunderbaren Operation dieser Maschine nichts zu sehen war.« Eduard Devrient: Briefe aus Paris Berlin 1840 p 260 [Brief vom 28. April 1839] [Q 2 a, 3]

Panorama

Im Palais-Royal das »Café du Mont St. Bernard, très-curieux à voir, au premier vis-à-vis de l'escalier, (ein Caffehaus, wo rundum auf die Wände Schweizergegenden gemahlt sind, – in der Höhe der Tische ist eine kleine Galerie, wo der Vorgrund des Gemähldes im Modell steht; kleine Kühe, Schweizerhütten, Mühlen, Semern [soll vielleicht Sennen heißen], u. s. w. très-curieux à voir.)« J. F. Benzenberg: Briefe geschrieben auf einer Reise nach Paris Dortmund 1805 I p 260 [Q 2 a, 4]

Ein Anschlagzettel: »La langue françoise en panorama« Bei J. F. Benzenberg lc I p 265 Im gleichen Zusammenhange Mitteilungen über das Reglement, dem die Zettelankleber unterstehen. [Q 2 a, 5]

Eine ungemein ausführliche Programmschilderung des Pierreschen Theaters bei Benzenberg lc I p 287-92 [Q 2 a, 6]

Das Interesse am Panorama ist, die wahre Stadt zu sehen – die Stadt im Hause. Was im fensterlosen Hause steht, ist das Wahre. Übrigens ist auch die Passage ein fensterloses Haus. Die Fenster, die auf sie herabschauen sind wie Logen, aus denen man in sie hineinsehen, nicht aber aus ihr heraussehen kann. (Das Wahre hat keine Fenster; das Wahre sieht nirgends zum Universum heraus.)
[Q 2 a, 7]

»L'illusion était complète. Je reconnus au premier coup d'œil tous les monuments, tous les lieux, et jusqu'à la petite cour où se trouve la chambre que j'y habitais dans le couvent de Saint-Sauveur. Jamais voyageur ne fut mis à une si rude épreuve; je ne pouvais m'attendre qu'on transportait Jérusalem et Athènes à Paris pour me convaincre de mensonge ou de vérité.« Chateaubriand dans la préface de l'»Itinéraire de ⟨Paris à⟩ Jérusalem« cit bei Emile de Labédollière: Le nouveau Paris p 30 [Q 3, 1]

Die innersten, glühenden Zellen der ville lumière, die alten Dioramen, nisteten in den Passagen, von denen eine noch heute nach ihnen den Namen hat. Es war im ersten Augenblick als beträte man ein Aquarium. An der Wand des großen verdunkelten Saales zog es sich, von schmalen Gelenken durchbrochen, wie ein Band hinter Glas erleuchteten Wassers entlang. Das Farbenspiel der Tiefseefauna kann nicht brennender sein. Aber was sich hier zeigte waren oberirdische, atmosphärische Wunder. An monderhellten Wassern spiegelten sich Serails, weiße Nächte in verlassenen Parks taten sich auf. Man erkannte im Mondlicht das Schloß von Saint-Leu, in dem der letzte Condé erhängt an einem Fenster aufgefunden wurde. Es brannte noch Licht in einem Fenster des Schlosses. Dazwischen fiel ein paar Mal breit die Sonne ein. Im lauteren Lichte eines Sommermorgens sah man die Stanzen des Vatikans, wie sie den Nazarenern erschienen sein mögen; unweit baute sich Baden-Baden auf. Aber auch Kerzenlicht kam zu Ehren: Wachslichter umstellten im dämmernden Dom als chapelle ardente den ermordeten Herzog von Berry und Ampeln in den Seidenhimmeln einer Liebesinsel beschämten beinah die rundliche Luna. Es war ein sinnreiches Experiment auf die mondbeglänzte Zaubernacht der Romantik und siegreich ging ihre edle Substanz aus der Prüfung hervor. [Q 3, 2]

Die Wachsfigur als Mannequin der Geschichte. – Im Wachsfigurenkabinett erfährt die Vergangenheit den gleichen Aggregatszustand, den die Ferne im Interieur erfährt. [Q 3, 3]

Über das Weltreisepanorama, das unter dem Namen »Le tour du monde« auf der pariser Weltausstellung von 1900 bekannt war und einen vorüberziehenden panoramatischen Hintergrund mit diesem jeweils entsprechenden lebendigen Statisten im Vordergrunde belebte: »Das ›Weltreisepanorama‹ ist in einem Hause untergebracht, das schon durch sein bizarres Aeussere allgemeines Aufsehen erregt. Eine indische Galerie krönt die Mauern des Gebäudes, während sich an seinen Ecken der Turm einer Pagode, ein chinesischer und altportugiesischer Turm erheben.« Le tour du monde (in Die Pariser Weltausstellung in Wort und Bild redig⟨iert⟩ von Dr. Georg Malkowsky Berlin 1900 p 59) – Bemerkenswert ist die Ähnlichkeit dieser Architekturen mit solchen der Zoologischen Gärten. [Q 3, 4]

Die drei Etappen in Lemerciers »Lampélie et Daguerre«: 1) Darstellung der unbewegten Panoramen 2) Darstellung der Technik ihrer Be⟨l⟩ebung, die Daguerre von Lampélie erfleht 3) Beschreibung der Überwältigung Lampélies durch den unermüdlichen Daguerre. Im Folgenden das erste Stadium (das dritte unter ■ Photographie ■)
»Daguerre, dans la tour où son docte pinceau
Ouvre aux jeux de l'optique un théâtre si beau,
Fait dans l'obscurité d'une enceinte massive
Luire des horizons l'immense perspective;
Sa palette est magique; et de ses feux versés
Quand la vue est atteinte et les murs traversés,

Un tissu, des parois circulante barrière,
Se transforme en miroir de la nature entière.«
Népomucène Lemercier: Sur la découverte de l'ingénieux peintre du diorama [danach: Lampélie et Daguerre] (Institut Royal de France Séance publique annuelle des cinq académies du jeudi 2 mai 1839 présidée par M. Chevreul, président Paris 1839 p 26/27) [Q 3 a, 1]

Im Daguerreschen Diorama war nach der Julirevolution »la place de la Bastille le 28 juillet 1830« zu sehen. (Pinet: Histoire de l'Ecole polytechnique ⟨Paris 1887⟩ p 208) [Q 3 a, 2]

Dioramen am Château d'Eau (spätere place de la République) und rue Bondy. C⟨abinet⟩ d⟨es⟩ E⟨stampes; s. Abbildung 9⟩ [Q 3 a, 3]

Eine Reklamegravure der Fabrication d'instruments de précision J Molteni et Cie, 62 Rue du Château d'Eau spricht – nach 1856! – u. a. von »appareils de Fantasmagorie, Polyoramas, Dioramas, etc.« C⟨abinet⟩ d⟨es⟩ E⟨stampes; s. Abbildung 10⟩ [Q 3 a, 4]

Empirevignette »Le Panorama«⟨.⟩ Eine leinene oder papierne Bildertafel mit Darstellungen von Seiltänzern im Mittelgrund. Amor, mit dem spitzen Hut eines Jahrmarktsklowns oder Ausrufers deutet auf ein Puppentheater im Vordergrund, auf dem ein Ritter seiner Dame kniend die Liebeserklärung macht. Das ganze in einer Landschaft. C⟨abinet⟩ d⟨es⟩ E⟨stampes⟩
[Q 3 a, 5]

»Je me préparai à recevoir *les dépositions* de ses femmes, qu'elle appelait ses *panoramistes*, c'est-à-dire de celles qui arpentent de bas en haut tous les panoramas, principalement celui du boulevard Montmartre.« P Cuisin: La galanterie sous la sauvegarde des lois Paris 1815 p 136/137 [Q 3 a, 6]

»Carporama ... spécialisé dans les plantes, fleurs et fruits de l'Inde.« J-L Croze: Quelques spectacles de Paris pendant l'été de 1835 (Le Temps 22 août 1935) [Q 3 a, 7]

Das panoramatische Prinzip bei Balzac: »Notre exploration nous a permis de relever environ trois cents noms réels dans ce Paris de 1800 à 1845, où évoluent les personnages de la *Comédie humaine*. Si on y ajoutait les hommes politiques, les auteurs littéraires ou dramatiques, les célébrités de tout genre qui ... apparaissent sous la plume de Balzac ... sans aucun lien avec l'action, le total monterait peut-être à cinq cents.« H Clouzot et R-H Valensi: Le Paris de la Comédie humaine (Balzac et ses fournisseurs) Paris 1926 p 175 [Q 4, 1]

Passage des Panoramas. »Vous devinez que ce passage a dû son nom à un spectacle introduit en France, au mois de janvier 1799. Le premier Panorama de Paris fut dirigé par un Américain des Etats-Unis ... qui se nommait Fulton ... Fulton, à l'époque du projet de descente en Angleterre, fit présenter à l'Empereur un mémoire sur l'application immédiate de la vapeur à la marine de l'Etat ... L'ingénieur, repoussé en France, s'en alla réussir en Amérique, et l'on dit qu'en se rendant à Sainte-Hélène, pour y mourir, l'Empereur rencontra au bout de sa lunette un bateau à vapeur qui s'appelait LE FULTON.« Louis Lurine: Les boulevarts (Paris chez soi Paris ⟨1854⟩ p 60) [Q 4, 2]

Balzac: »Als er 1822 das von Daguerre eingerichtete Diorama besucht, nennt er es begeistert eines der Wunder des Jahrhunderts – ›tausend Probleme sind gelöst‹. Und als zwanzig Jahre später die Daguerreotypie ausgebildet ist, läßt er eine Aufnahme von sich machen und schreibt förmlich überwältigt von dieser Erfindung, die er schon in ›Louis Lambert‹ (1835) prophezeit haben will.« [Dazu Anm. Corr⟨espondance, 1876⟩ I 68 vgl Goriot Lettres ⟨à l'Etrangère⟩ 2 ⟨1906⟩, 36] Ernst Robert Curtius: Balzac Bonn 1923 p 237 [Q 4, 3]

Dickens: »Il voyait dans ses rêves un *magazine* énorme écrit tout entier par lui ... Il est une chose significative qu'il désirait donner à cette publication; il proposait une sorte de *Mille et une Nuits* Londoniennes, dans lesquelles Gog et Magog, les géants de la ville, écriraient des chroniqes aussi formidables qu'eux-mêmes.« GK Chesterton: Dickens Traduit par Laurent et Martin-Dupont Paris 1927 p 81 Dickens hatte zahlreiche zyklische Projekte. [Q 4, 4]

Die Weltausstellung von 1889 hatte ein Panorama historique von Stevens et Gervex, dessen Abschluß ein weißhaariger Victor Hugo vor einem allegorischen Monument Frankreichs machte – ein Monument das von den Allegorien der Vaterlandsverteidigung und der Arbeit flankiert wurde.

[Q 4, 5]

Das »Gastmahl des Balthasar« des Kapellmeisters und Komponisten Jullien (ca 1836)⟨:⟩ »Die Hauptrolle ... fiel sieben farbenprächtigen Transparenten zu, die, während die Musik ertönte, ungreifbar wie Chimären in der Dunkelheit schimmerten und den Blick so fesselten, daß die Musik selber zur bloßen Begleitung herabsank. Bewerkstelligt wurde die Vorführung dieser Augenweide, die sich ›Nocturnorama‹ nannte, mittels einer Maschinerie.« S Kracauer: Jacques Offenbach und das Paris seiner Zeit Amsterdam 1937 p 64 [Q 4 a, 1]

Panorama

panorama – die bekannteste unter den griechischen Bildungen, die in der französischen Revolution auftauchten. »Le 7 floréal an VII, Robert Fretton prenait un brevet ›à l'effet d'exposer des tableaux circulaires dits 'panoramas'‹. Ce premier essai donnera l'idée d'un ›péripanorama‹, puis d'un ›cosmorama‹, et plus tard d'un ›panstereorama‹ (1813).« Ferdinand Brunot: Histoire de la langue française des origines jusqu'à 1900 IX La Révolution et l'Empire II Les événements, les institutions et la langue Paris 1937 p 1212 (Les nomenclatures sous la Révolution) [Q 4 a, 2]

Von Joseph Dufour 1752-1827 hat man tableaux-tentures, 12-15 m lange Bildabläufe panoramatischer Art. Sie zeigen Landschaften (Bosporus, Italien) Genreszenen (die Wilden der Südsee) Mythologien. [Q 4 a, 3]

»Je désire être ramené vers les dioramas dont la magie brutale et énorme sait m'imposer une utile illusion. Je préfère contempler quelques décors de théâtre, où je trouve, artistement exprimés et tragiquement concentrés, mes rêves les plus chers. Ces choses, parce qu'elles sont fausses, sont infiniment plus près du vrai.« Charles Baudelaire« Œuvres ed Le Dantec II ⟨Paris 1932⟩ p 273 (Salon de 1859 VIII Le Paysage) [Q 4 a, 4]

In Balzacs Œuvre beläuft sich die Statisterie auf 500 Personen. Es gibt 500 Personen, die episodisch bei ihm vorkommen, ohne in die Handlung verflochten zu sein. [Q 4 a, 5]

R

[SPIEGEL]

Wie Spiegel den freien Raum, die Straße, in das Café hineinnehmen, auch das gehört zur Verschränkung der Räume – dem Schauspiel, dem der Flaneur unentrinnbar verfallen ist. »Am Tage oft nüchtern, erfreulicher am Abend, wenn die Gasflammen glänzen. Die Kunst des blendenden Scheins ist hier zu großer Vollkommenheit gediehen. Die gewöhnlichste Schenke ist auf Täuschung des Auges angelegt. Durch Spiegelwände, die die rechts und links aufgestellten Waaren reflectiren, erhalten alle diese Locale eine künstliche Ausdehnung, beim Lampenschein eine phantastische Größe.« Karl Gutzkow: Briefe aus Paris Leipzig 1842 I p 225
Taghelle, weite Horizonte also siedeln gerade mit der hereinbrechenden Nacht sich überall in der Stadt an. [R 1, 1]

Hier im Zusammenhange des Spiegelmotivs ist die Geschichte von dem Mann zu erwähnen, der es nicht aushielt, im Innern seiner boutique oder seines bistros die Aufschrift auf der äußeren Scheibe immer in Spiegelschrift vor sich zu haben. Hierzu eine Anekdote zu erfinden. [R 1, 2]

Brüchig sind auch die Mosaikschwellen, die im Stile der alten Restaurants des Palais-Royal zu einem »Diner de Paris« für fünf Franken führen; sie steigen breit an zu einer Glastür, aber man mag nicht glauben, es komme dahinter wirklich ein Restaurant. Die nächste Glastür verheißt ein »Petit Casino« und läßt eine Kasse sehen und Preise der Plätze, aber öffnete man sie – ginge es hinein? Würde man statt in einen Theaterraum nicht drüben auf die Straße hinaustreten? Da Tür und Wände von Spiegeln durchbrochen sind, so weiß man weder ein noch aus vor zweifelhafter Helle. Paris ist die Spiegelstadt. Spiegelglatter Asphalt seiner Autostraßen, vor allen bistros gläserne Verschläge. Ein Überfluß von Scheiben und Spiegeln in den Cafés um sie innen heller zu machen und all den winzigen Gehegen und Abteilen, in die pariser Lokale zerfallen, eine erfreuliche Weite zu geben. Die Frauen sehen sich hier mehr als anderswo, daraus ist die bestimmte Schönheit der Pariserinnen

Spiegel 667

entsprungen. Ehe ein Mann sie anblickt, sehen sie sich schon zehnmal gespiegelt. Aber auch der Mann sieht sich physiognomisch aufblitzen. Er gewinnt schneller sein Bild als anderswo und sieht sich auch mit diesem seinem Bilde sch⟨n⟩eller einig werden. Sogar die Augen der Passanten sind verhängte Spiegel und über dem großen Bette der Seine, Paris, breitet der Himmel sich wie der kristalline Spiegel über den niedrigen Betten in Freudenhäusern.
[R 1, 3]

Wo wurden diese Spiegel fabriziert? Und wann kam der Brauch auf, die Lokale mit ihnen auszustatten? [R 1, 4]

Seit wann der Brauch, in kostbare geschnitz⟨t⟩e Rahmen alter Bilder, statt der Gemälde Spiegel einzusetzen? [R 1, 5]

Blicken zwei Spiegel einander an, so spielt der Satan seinen liebsten Trick und öffnet hier auf seine Weise (wie sein Partner in den Blicken der Liebenden tut) die Perspektive ins Unendliche. Sei es nun göttlich, sei es satanisch: Paris hat die Passion der spiegelgleichen Perspektiven. Der Arc de Triomphe, Sacré Cœur, selbst das Panthéon erscheinen von weitem wie Bilder, die niedrig schweben, öffnen die fata morgana architektonisch. ■ Perspektive ■ [R 1, 6]

Ende der sechziger Jahre schreibt Alphonse Karr, daß man keine Spiegel mehr zu machen versteht. [R 1, 7]

Das letzte, aber auch größte Werk dieses Spiegelzaubers dankt mehr noch vielleicht als seiner heute schon nachlassenden Anziehungskraft und Rentabilität seinen großen Herstellungskosten, daß es noch immer zu sehen ist. Es ist das »Cabinet des Mirages« im Musée Grévin. Hier traten eiserne Träger und riesige, in ungezählten Winkeln zusammenstoßende Glasflächen ein letztes Mal zusammen. Manni⟨g⟩fache Verkleidungen lassen die Eisenträger bald zu griechischen Säulen, bald in ägyptische Pilaster, bald zu Laternenpfähle⟨n⟩ sich verwandeln und je nachdem umgeben die Beschauer unabsehbare Säulenwälder antiker Tempel, Fluchten wie von unzähligen aneinanderstoßen⟨den⟩ Bahnhöfen, Markthallen oder Passagen. Ein wechselndes Licht, eine sanfte Musik begleiten die Vorführung und jeder Verwandlung geht das klassische Klingelzeichen, der Ruck vorher, den wir von unsern frühesten Weltreisen kennen, wenn im Kaiserpanorama vor unsern Augen voller Abschiedsweh ein Bild sich langsam aus dem Stereoskope löste, um das nächste erscheinen zu lassen. [R 1, 8]

Mallarmé als Genius der Spiegel [R 1 a, 1]

»La manufacture des glaces de Paris et celle de Saint-Gobain, ›connue de toute l'Europe et sans rivale‹, n'avaient rien perdu.« Levasseur: Histoire des classes ouvrières ⟨et de l'industrie en France de 1789 à 1870 Paris 1903⟩ I p 446 [R 1 a, 2]

»Nos glaces acquièrent chaque jour de plus grandes dimensions qui les font rechercher avec empressement dans toute l'Europe; elles sont aujourd'hui à la portée des plus médiocres fortunes et tandis qu'il n'est pas un ménage en France qui n'en possède au moins une ou deux, rien n'est plus rare en Angleterre que d'en rencontrer, même dans les châteaux.« Adolphe Blanqui: Histoire de l'exposition des produits de l'industrie française en 1827 Paris 1827 p 130 [R 1 a, 3]

Egoistisch – »das wird man in Paris, wo man kaum einen Schritt thun kann, ohne sein liebes Ich zu erblicken. Spiegel an Spiegel! In Café's und Restaurationen, in Boutiquen und Magazinen, in Salons pour la coupe des cheveux und Salons littéraires, in Bädern und überall, ›jeder Zoll ein Spiegel‹!« S. F. Lahrs⟨?⟩: Briefe aus Paris (Europa Chronik der gebildeten Welt hg von August Lewald 1837 II Lpz u Stuttgt p 206⟨)⟩ [R 1 a, 4]

Redon malt die Dinge als wenn sie in einem etwas trüben Spiegel erschienen. Seine Spiegelwelt ist aber flächig, der Perspektive abhold. [R 1 a, 5]

»So lange das Tafelglas nur durch Auseinanderstrecken des mit dem Munde an der Pfeife geblasenen Glaszylinders hergestellt wurde, hatten seine Maße eine konstante, verhältnismäßig geringe Grenze, bestimmt durch die beim Blasen aufgewandte Lungenkraft, die erst in jüngster Zeit durch die Preßluft ersetzt wird. Jedoch mit der Einführung des Gußverfahrens ... 1688 stiegen diese Maße sofort beträchtlich.« A. G. Meyer: Eisenbauten Esslingen 1907 p 54/55 Anm⟨erkung⟩ zu dieser Stelle: »Die ersten in Paris gegossenen Spiegelscheiben sollen ... eine Größe von 84×50 Zoll gehabt haben, während diese zuvor höchstens 50×45 Zoll betragen hätte.«
[R 1 a, 6]

Eigentlich handelt es sich bei den Passagen nicht wie bei andern

Spiegel

Eisenkonstruktionen um Erhellung des Innenraumes sondern um Dämpfung des Außenraumes. [R 1 a, 7]

Über das Licht, das in den Passagen herrscht: »Lueur glauque, en quelque manière abyssale, qui tient de la clarté soudaine sous une jupe qu'on relève d'une jambe qui se découvre. Le grand instinct américain, importé dans la capitale par un préfet du second Empire, qui tend à recouper au cordeau le plan de Paris va bientôt rendre impossible le maintien de ces aquariums humains qui sont déjà morts à leur vie primitive, et qui méritent pourtant d'être regardés comme les recéleurs de plusieurs mythes modernes.« Louis Aragon: Le paysan de Paris Paris 1926 p 19 ∎ Mythologie ∎ [R 2, 1]

Draußen quoll »die grüne, durchsichtige Fluth und füllte die Straße bis hoch über die Häuser hinauf, und die wunderlichsten, oft fast menschenähnlichen Fische schwammen darin auf und ab ... Die Straße selbst war wie aus einem uralten Bilderbuch herausgenommen; graue Giebelhäuser mit spitzen, hohen Dächern und schmalen, oft gerade, oft schräg laufenden Fenstern, die Außenwände mit Muscheln und Seetang an einigen Stellen förmlich bewachsen, an anderen sauber und rein gehalten und mit zierlichen Malereien und Muschelbildern geschmückt ... Vor jeder Thür stand ein hoher schattiger Korallenbaum, und an den Mauern waren nicht selten, wie wir daheim wohl Wein und Rosen an schlanken Staketen ziehen, weitarmige Polypen gepflanzt, die hoch über die Fenster hinaus, oft bis unter die vorragenden Giebel der Dächer wucherten.« Friedrich Gerstäcker: Die versunkene Stadt [Neufeld und Henius 1921] p 30 Könnte aus den verdrängten ökonomischen Bewußtseinsinhalten eines Kollektivs ähnlich wie Freud es von sexuellen eines Individualbewußtseins behauptet, eine Dichtung, eine Phantasievorstellung entspringen, dann hätten wir in dieser Darstellung die vollendete Sublimierung der Passagen mit ihrem aus den Auslagen hervorwuchernden Handelskram vor Augen. Selbst die glasig leuchtenden Kugeln der Kandelaber, der ganze Prunk und Stolz der Gasbeleuchtung geht in diese unterseeische Welt von Gerstäcker ein; der Held sieht zu seinem Staunen, »daß sich diese unterseeischen Gänge, je mehr die Dämmerung eintrat, desto mehr und mehr von selber und ebenso allmählich erhellten. Denn überall in den Korallen- und Schwammbüschen, zwischen den Guirlanden und dichten Behängen von Seetang und dem hohen, wehenden Seegras hin, daß dahinter hervorragte, saßen breitmächtige, gläsern aussehende Quallen, die schon im Anfang ein schwaches grünlich phosphorisches Licht von sich gegeben, das aber mit dem einbrechenden Dunkel an Stärke rasch zunahm, und jetzt in hellem Glanze leuchtete.« Gerstäcker: Die versunkene Stadt p. 48 Hier die Passage bei Gerstäcker in einer anderen Konstellation: »Kaum verließen sie das Haus, so betraten sie einen weiten, kristallgewölbten luftigen Gang, in den fast alle die benachbarten Häuser einzumünden schienen; dicht daneben aber und einzig und allein durch eine vollkommen durchsichtige und wie aus dünnen Eisschollen aufgeschichtete Wand davon getrennt, lag die klare Fluth.« Gerstäcker: Die versunkene Stadt p 42 [R 2, 2]

Wie Gesteine des Miozän oder Eozän stellenweise den Abdruck von Ungeheuern aus diesen Erdperioden tragen, so liegen die Passagen heute in den großen Städten wie Höhlen mit den Fossilien eines verschollenen Untiers: der Konsumenten aus der vorimperialen Epoche des Kapitalismus, des letzten Dinosaurus Europas. An diesen Höhlenwänden wuchert als unvordenkliche Flora die Ware und geht, wie die Gewebe in Geschwüren, die regellosesten Verbindungen ein. Eine Welt geheimer Affinitäten, die sich in ihr erschließt: Palme und Staubwedel, Föhnapparat und die Venus von Milo, Prothesen und Briefsteller. Lauernd lagert die Odaliske neben dem Tintenfaß und Adorantinnen heben Schalen hoch, in die wir Zigarettenstummel als Rauchopfer legen. Diese Auslagen sind ein Rebus: Es liegt einem auf der Zunge, wie hier Vogelfutter in der Fixierschale, Blumensamen neben dem Feldstecher, die abgebrochne Schraube auf dem Notenheft und der Revolver überm Goldfischglas zu lesen sind. Übrigens sieht nichts von alledem neu aus. Die Goldfische stammen vielleicht aus einem längst versiegten Bassin, der Revolver war ein corpus delicti und schwerlich haben diese Noten ihre frühere Besitzerin vorm Hungertode bewahren können als die letzten Eleven fortblieben. Und da der Untergang einer Wirtschaftsepoche dem träumenden Kollektivum selber als Weltuntergang sich darstellt, so hat der Dichter Karl Kraus die Passagen ganz richtig gesehen, mußten ih⟨n⟩ andererseits die Passagen als Abguß eines Traumes an sich ziehen: »In der Berliner Passage wächst kein Gras. Es sieht so aus, wie nach dem Weltuntergang, wiewohl noch Leute Bewegungen machen. Das organische Leben ist verdorrt und in diesem Zustand ausgestellt. Kastans

Panoptikum. Oh, ein Sommersonntag dort, um sechs Uhr. Ein Orchestrion spielt zur Steinoperation Napoleons III. Der Erwachsene kann den Schanker eines Negers sehen. Die unwiderruflich letzten Azteken. Öldrucke. Strichjungen mit dicken Händen. Draußen ist das Leben: ein Bierkabaret. Das Orchestrion spielt: Emil du bist eine Pflanze. Hier wird der Gott mit der Maschine gemacht.« ⟨Karl Kraus:⟩ Nachts Wien Lpz 1924 p 201/202 [R 2, 3]

Über den Kristallpalast von 1851⟨:⟩ »Für die sinnliche Wahrnehmung freilich sind diese Füllungsflächen selbst in Helligkeit fast aufgelöst. / Dem Grundprinzip nach ist dies keineswegs ganz neu; die Vorgeschichte reicht vielmehr mindestens Jahrhunderte zurück, wenn man will: Jahrtausende. Denn sie hebt an, als man die Wände mit glänzenden Metallplatten belegte. / ... Das ist der erste Schritt zum neuen Raumwert des Kristallpalastes. Im Kuppelraum von Mykenae geschah er möglicherweise bereits so entschlossen, daß man den ganzen Raum einheitlich in diesen Glanz auflöste ... Dabei aber opferte man jenes Hauptmittel aller Raumgestaltung: den Kontrast. Durch diesen wird die gesamte Entwicklung der Folgezeit bestimmt, aber sie setzt für die hier maßgebenden Gesichtspunkte erst etwa tausend Jahre später ein, und nun nicht mehr mit dem ›Glanz‹ des Metalles, sondern mit dem des Glases. / ... Die höchste Blüte bringt hier das gotische Kirchenfenster ... Die wachsende Farblosigkeit des Glases im Blankglas zieht die Außenwelt in den Innenraum hinein, die Spiegelverkleidung der Wände trägt das Bild des Innenraumes in die Außenwelt hinaus. Hier wie dort verliert die ›Wand‹ ihre raumabschließende Bedeutung. Der ›Glanz‹ büßt immer stärker die seinem Wesen angehörende Eigenfarbe ein und wird immer ausschließlicher nur zum Spiegel des Außenlichtes. / Dies vollzog sich im profanen Innenraum des 17. Jahrhunderts, wo nicht mehr nur die Wandöffnung der Fenster in ihrer ganzen Ausdehnung durch die wasserklare Glasplatte ausgefüllt wird, sondern auch die übrige, den Raum umgebende Wandfläche, meist an den Stellen, die der Fensteröffnung gegenüberliegen: in den ›Spiegelgalerien der Rokoräume‹. / ... Noch immer aber herrscht dabei das Prinzip des Kontrastes ... Sowohl in der Sainte-Chapelle, wie in der Galerie des glaces jedoch hat sich dies Verhältnis zwischen Fläche und Licht so gestaltet, daß nicht mehr das Licht die Fläche unterbricht, sondern die Fläche das Licht. / Das ist also als Entwicklung des Raumwertes eine fortlaufende Reihe: an ihrem Ende stehen die Gewächshäuser und die Hallen des Londoner Kristallpalastes.« A. G. Meyer: Eisenbauten Esslingen 1907 p 65/66 [R 2 a, 1]

Man mag den reinen Zauber der Spiegelwände, den wir aus Zeiten des Feudalismus kennen mit dem schwülen vergleichen, den die

lockenden, in verführerische Bazare ladenden der Passagen üben.
■ Magasins de nouveautés ■ [R 2 a, 2]

Ein Aspekt auf die Zweideutigkeit der Passagen: ihr Reichtum an Spiegeln, der die Räume märchenhaft ausweitet und die Orientierung erschwert. Denn mag diese Spiegelwelt auch mehrdeutig, ja, unendlich vieldeutig sein – zweideutig bleibt sie doch. Sie blinzelt – ist immer dieses Eine und nie Nichts, aus dem ein anderes sogleich heraussteigt. Der Raum, der sich verwandelt, tut es im Schoße des Nichts. In seinen trüben, verschmutzten Spiegeln tauschen die Dinge den Kaspar-Hauser-Blick mit dem Nichts. Es ist so ein zweideutiges Zwinkern vom Nirwana herüber. Und wieder streift uns hier mit kaltem Hauch der Geckenname Odilon Redon, der diesen Blick der Dinge in den Spiegel des Nichts wie kein anderer auffing und wie kein anderer ins Einverständnis der Dinge mit dem Nichtsein sich zu mischen wußte. Blickwispern füllt die Passagen. Da ist kein Ding, das nicht ein kurzes Auge wo man es am wenigsten vermutet, aufschlägt, blinzelnd schließt, siehst du aber näher hin, ist es verschwunden. Dem Wispern dieser Blicke leiht der Raum sein Echo. »Was mag in mir, so blinzelt er, sich wohl ereignet haben?« Wir stutzen. »Ja, was mag in dir sich wohl ereignet haben?« So fragen wir ihn leise zurück. ■ Flanieren ■ [R 2 a, 3]

»Im Zentrum der philosophischen Konstruktionen des frühen Kierkegaard ... erscheinen Bilder von Innenräumen, die wohl aus Philosophie ... erzeugt sind, über diese aber hinausdeuten kraft der Dinge, die sie festhalten ... Das große Motiv der Reflexion gehört dem Intérieur zu. Der ›Verführer‹ beginnt eine Notiz: ›Ob ihr nun Ruhe halten wollt!? Was habt ihr den ganzen Morgen lang getrieben? An meiner Markise gezerrt, an meinem Reflexionsspiegel gerüttelt, mit dem Glockenzug vom dritten Stock gespielt, an die Fensterscheiben geklopft, kurz durch allerlei Allotria euch bemerklich gemacht‹ ... Der Reflexionsspiegel ist in der geräumigen Mietwohnung des neunzehnten Jahrhunderts charakteristisch angebracht ... Funktion des Reflexionsspiegels ist, die endlose Straßenlinie solcher Mietshäuser in den abgeschlossenen bürgerlichen Wohnraum hineinzuprojizieren; zugleich der Wohnung sie unterwerfend und die Wohnung mit ihr begrenzend.« Theodor Wiesengrund-Adorno: Kierkegaard Tübingen 1933 p 45 ■ Flaneur ■ Interieur ■ [R 3, 1]

Zu den Physiologien ist die, wenngleich spätere, Stelle aus der

Spiegel

Lettre à Charles Asselineau heranzuziehen, in der Babou seinen nonkonformistischen und antimodernistischen Ansichten freien Lauf läßt. »Je sais que le public actuel, étant le plus beau de tous les publics, aime passionnément à se mirer en famille dans ces immenses glaces qui ornent les cafés du boulevard ou que la main d'un tapissier littéraire dresse amicalement dans sa chambre à coucher.« Hippolyte Babou: Les payens innocents Paris 1858 p XVIII [R 3, 2]

S

[Malerei, Jugendstil, Neuheit]

»Créer de l'histoire avec les détritus même de l'histoire«
*Rémy de Gourmont: Le IIme livre des masques Paris 1924
p 259*

»Les événements gagnent à n'être pas commentés.«
*Alfred Delvau, préface des Murailles révolutionnaires Paris
I p 4*

»Peines éternelles,
Et toujours nouvelles,
Cachez bien aux cœurs
Toutes vos terreurs«
*Couplet des Teufels; er singt es indem er eine wüste
Felsenlandschaft in ein Boudoir verwandelt. Hippolyte
Lucas et Eugène Barré: Le ciel et l'enfer Féerie Paris 1853
p 88*

»Wie sonst das Zeugen Mode war,
Erklären wir für eitel Possen«
Faust II (Wagner in der Homunculusszene)

»L'histoire est comme Janus, elle a deux visages: qu'elle regarde la passé ou le présent, elle voit les mêmes choses.« Du Champ: Paris VI p 315 ■ Mode ■
[S 1, 1]

»Il m'est arrivé plusieurs fois de saisir certains petits faits qui se passaient sous mes yeux et de leur trouver une physionomie originale dans laquelle je me plaisais à discerner l'esprit de cette époque. ›Ceci, me disais-je, devait se produire aujourd'hui et ne pouvait être autrefois. C'est un signe du temps.‹ Or, j'ai retrouvé neuf fois sur dix le même fait avec des circonstances analogues dans de vieux mémoires ou dans de vieilles histoires.« Anatole France: Le jardin d'Epicure Paris p 113 ■ Mode ■
[S 1, 2]

Der modische Wechsel, das Ewig-Heutige entzieht sich der »historischen« Betrachtung, indessen es wahrhaft überwunden nur von der politischen (theologischen) wird. Die Politik erkennt an jeder aktualen Konstellation das Echt-Einmalige, Niewiederkehrende. Für die modische Betrachtung, die aus der schlechten Heutigkeit hervorgeht, ist die folgende Nachricht, die sich bei Benda: »La trahison des clercs« findet, bezeichnend: Ein Deutscher berichtet, wie sehr er erstaunt war, als er vierzehn Tage nach dem Bastille-Sturm in Paris an der table d'hôte saß und niemand von Politik sprach. Es ist nichts anderes, wenn Anatole France dem alten Pilatus, der in Rom von den Zeiten seiner Statthalterschaft plaudert und den Aufruhr des Königs der Juden streift, die Worte in den Mund legt: »Wie hieß er doch?« [S 1,3]

Definition des »Modernen« als das Neue im Zusammenhang des immer schon Dagewesenen. Die immer neue, immer gleiche Heidelandschaft bei Kafka (Der Prozeß) ist kein schlechter Ausdruck dieses Sachverhalts. »›Wollen Sie nicht noch ein Bild sehn, das ich Ihnen verkaufen könnte?‹ ... Der Maler zog unter dem Bett einen Haufen ungerahmter Bilder hervor, die so mit Staub bedeckt waren, daß dieser, als ihn der Maler vom obersten Bild wegzublasen suchte, längere Zeit atemraubend K. vor den Augen wirbelte. ›Eine Heidelandschaft,‹ sagte der Maler und reichte K. das Bild. Es stellte zwei schwache Bäume dar, die weit voneinander entfernt im dunklen Gras standen. Im Hintergrund war ein vielfarbiger Sonnenuntergang. ›Schön,‹ sagte K., ›ich kaufe es.‹ K. hatte unbedacht sich so kurz geäußert, er war daher froh, als der Maler, statt dies übelzunehmen, ein zweites Bild vom Boden aufhob. ›Hier ist ein Gegenstück zu diesem Bild,‹ sagte der Maler. Es mochte als Gegenstück beabsichtigt sein, es war aber nicht der geringste Unterschied gegenüber dem ersten Bild zu merken, hier waren die Bäume, hier das Gras und dort der Sonnenuntergang. Aber K. lag wenig daran. ›Es sind schöne Landschaften,‹ sagte er, ›ich kaufe beide und werde sie in meinem Bureau aufhängen.‹ ›Das Motiv scheint Ihnen zu gefallen,‹ sagte der Maler und holte ein drittes Bild herauf, ›es trifft sich gut, daß ich noch ein ähnliches Bild hier habe.‹ Es war aber nicht ähnlich, es war vielmehr die völlig gleiche alte Heidelandschaft. Der Maler nutzte diese Gelegenheit, alte Bilder zu verkaufen, gut aus. ›Ich nehme auch dieses noch,‹ sagte K. ›Wieviel kosten die drei Bilder?‹ ›Darüber werden wir nächstens sprechen,‹ sagte der Maler ... ›Im übrigen freut es mich, daß Ihnen die Bilder gefallen, ich werde Ihnen alle Bilder mitgeben, die ich hier unten habe. Es sind lauter Heidelandschaften, ich habe schon viele Heidelandschaften gemalt. Manche Leute weisen solche Bilder ab, weil sie zu düster sind, andere aber, und Sie gehören zu ihnen, lieben gerade das Düstere.‹« Franz Kafka: Der Prozeß Berlin 1925 p 284-286 ■ Haschisch ■ [S 1,4]

Das »Moderne« die Zeit der Hölle. Die Höllenstrafen sind jeweils das Neueste, was es auf diesem Gebiete gibt. Es handelt sich nicht darum, daß »immer wieder dasselbe« geschieht, geschweige daß hier von der ewigen Wiederkunft die Rede wäre. Es handelt sich vielmehr darum, daß das Gesicht der Welt gerade in dem, was das Neueste ist, sich nie verändert, daß dies Neueste in allen Stücken immer das Nämliche bleibt. – Das konstituiert die Ewigkeit der Hölle. Die Totalität der Züge zu bestimmen, in denen das »Moderne« sich ausprägt, hieße die Hölle darstellen. [S 1,5]

Lebenswichtiges Interesse, eine bestimmte Stelle der Entwicklung als Scheideweg zu erkennen. An einem solchen steht zur Zeit das neue geschichtliche Denken, das durch höhere Konkretheit, Rettung der Verfallszeiten, Revision der Periodisierung überhaupt und im Einzelnen charakterisiert ist und dessen Auswertung in reaktionärem oder revolutionäre⟨m⟩ Sinne sich jetzt entscheidet. In diesem Sinne bekundet in den Schriften der Surrealisten und dem neuen Buche von Heidegger sich ein und dieselbe Krise in ihren beiden Lösungsmöglichkeiten. [S 1,6]

Rémy de Gourmont über die »Histoire de la société française pendant la révolution et sous le directoire«: »Ce fut la première originalité des Goncourt de créer de l'histoire avec les détritus même de l'histoire.« Rémy de Gourmont: Le IIme livre des masques Paris 1924 p 259 [S 1 a, 1]

»Si l'on ne retient de l'histoire que les faits les plus généraux, ceux qui se prêtent aux parallèles et aux théories, il suffit, comme disait Schopenhauer, de conférer avec Hérodote le journal du matin: tout l'intermédiaire, répétition évidente et fatale des faits les plus lointains et des faits les plus récents, devient inutile et fastidieux.« Rémy de Gourmont: Le IIme livre des masques Paris 1924 p 259 Die Stelle ist nicht ganz klar. Man müßte dem Wortlaut nach annehmen, die Wiederholung im historischen Geschehen betreffe die großen Fakten so gut wie die kleinen. Gemeint sind aber wohl vom Verfasser nur die ersten. Dagegen ist zu zeigen, daß gerade in den Winzigkeiten des intermédiaire das Ewigselbe sich ausprägt.

[S 1 a, 2]

Die Konstruktionen der Geschichte sind militärischen Ordres vergleichbar, die das wahre Leben kuranzen und kasernieren. Dagegen der Straßenaufstand der Anekdote. Die Anekdote rückt uns die Dinge räumlich heran, läßt sie in unser Leben treten. Sie stellt den strengen Gegensatz zur Geschichte dar, welche die »Einfühlung« verlangt, die alles abstrakt macht. Die gleiche Technik der Nähe ist den Epochen gegenüber, kalendarisch, zu bewähren. Stellen wir uns vor, ein Mensch stürbe mit genau fünfzig Jahren am Geburtstag seines Sohnes, dem es wieder ebenso ergehe etc, so ergibt sich, wenn man die Kette bei Christi Geburt beginnen läßt: es haben, seit Beginn unserer Zeitrechnung, noch keine vierzig Menschen gelebt. So gestaltet das Bild des geschichtlichen Zeitverlaufes sich um, trägt man einen dem Menschenleben adäquaten, ihm sinnfälligen Maßstab an ihn heran. Dieses Pathos der Nähe, der Haß gegen die abstrakte Konfiguration der Geschichte in den »Epochen« ist in den großen Skeptikern, wie Anatole France am Werke gewesen.

[S 1 a, 3]

Es hat keine Epoche gegeben, die sich nicht im exzentrischen Sinne »modern« fühlte und unmittelbar vor einem Abgrund zu stehen glaubte. Das verzweifelt helle Bewußtsein, inmitten einer entscheidenden Krisis zu stehen, ist in der Menschheit chronisch. Jede Zeit erscheint sich ausweglos neuzeitig. Das »Moderne« aber ist genau in dem Sinne verschieden wie die verschiedenen Aspekte ein und desselben Kaleidoskops.

[S 1 a, 4]

Zusammenhang der Kolportage-Intention mit der tiefsten theologischen. Sie spiegelt sie getrübt wieder, versetzt in den Raum der Kontemplation was nur im Raume des gerechten Lebens gilt. Nämlich: daß die Welt immer wieder dieselbe sei, (daß alles Geschehen im gleichen Raume sich hätte abspielen können). Das ist im Theoretischen trotz allem (trotz der scharfen Sicht, die drinnen steckt) eine müde und welke Wahrheit. Aufs höchste aber bestätigt sie sich im Dasein des Frommen, dem wie hier der Raum zu allem Gewesenen, so alle Dinge zum Besten dienen. So tief ist Theologisches in den Bereich der Kolportage gesunken. Ja, man darf sagen: die tiefsten Wahrheiten, weit entfernt aus dem Dumpfen, Tierischen des Menschen aufgestiegen zu sein, besitzen die gewaltige Kraft, noch dem Dumpfen, Gemeinen sich anpassen zu können, selbst in verantwortungslosen Träumen sich auf ihre Weise zu spiegeln. [S 1 a, 5]

Kein Niedergang der Passagen sondern der Umschlag. Mit einem Schlage wurden sie die Hohlform, aus der das Bild der »Moderne« gegossen wurde. Hier spiegelte mit Süffisan⟨ce⟩ das Jahrhundert seine allerneueste Vergangenheit. [S 1 a, 6]

Jede Zahl des 16^(ten) Jahrhunderts schleppt einen Purpur nach. Die des 19^(ten) sollen erst jetzt ihre Physiognomie erhalten. Zumal aus den Daten der Architektur und des Sozialismus. [S 1 a, 7]

Jede Epoche kommt sich ausweglos modern vor – aber es hat auch jede ein Recht darauf, so erfaßt zu werden. Was aber unter dem ausweglos Modernen zu verstehen ist, geht sehr deutlich aus folgendem Satz hervor: »Vielleicht, daß unsere Nachkommen in der gesammten Geschichte seit Christus von der französischen Revolution und von der Wende des achtzehnten und neunzehnten Jahrhunderts den zweiten Hauptabschnitt datiren werden, während sie in den ersten die Entwickelung der ganzen christlichen Welt sammt der Reformation zusammenfassen.« An andrer Stelle ist die Rede von »einer großen, in die Weltgeschichte so tief einschneidenden Periode, wie je irgend eine, ohne Religionsstifter, ohne Reformatoren und ohne Gesetzgeber.« (Julius Meyer: Gesch⟨ichte⟩ d⟨er⟩ mod⟨ernen⟩ fr⟨an⟩z⟨ösischen⟩ Malerei Lpz 1867 p 22 u 21) Der Verf⟨asser⟩ meint, weil die Geschichte immer in die Breite geht. In Wirklichkeit ist das aber die Folge davon, daß ihr die Industrie den eigentlich epochalen Charakter gibt. Das Gefühl einer mit dem 19^(ten) Jahrhundert eingetretnen epochalen Umwälzung war kein Privileg von Hegel und Marx. [S 1 a, 8]

Das träumende Kollektiv kennt keine Geschichte. Ihm fließt der Verlauf des Geschehens als immer Nämliches und immer Neuestes

Malerei, Jugendstil, Neuheit

dahin. Die Sensation des Neuesten, Modernsten ist nämlich ebensosehr Traumform des Geschehens wie die ewige Wiederkehr alles Gleichen. Die Raumwahrnehmung, die dieser Zeitwahrnehmung entspricht, ist die Durchdringungs- und Überdeckungstransparenz der Welt des Flaneurs. Dieses Raum-, dieses Zeitgefühl haben an der Wiege des modernen Feuilletonismus gestanden.
■ Traumkollektiv ■ [S 2, 1]

»Was uns zur Betrachtung der Vergangenheit treibt, ist die Ähnlichkeit des Gewesenen mit unserem Leben, welche ein Irgendwieeins-Sein ist. Durch Erfassung dieser Identität können wir uns selbst in die reinste Region, den Tod, versetzen.« Hugo von Hofmannsthal: Buch der Freunde Lpz 1929 p 111 [S 2, 2]

Sehr bemerkenswert, wie Hofmannsthal dies »Irgendwie-eins-Sein« ein Dasein in der Sphäre des Todes nennt. Daher die Unsterblichkeit seines »Priesterzöglings«, jener Novellenfigur, von der er bei seinem letzten Zusammensein mit mir gesprochen hat und die durch die wechselnden Religionen, in Jahrhunderten, wie durch die Zimmerflucht ein und derselben Wohnung schreiten sollte. Wie auf dem engsten Raum eines einzigen Lebens dies »Irgendwie-eins-Sein« mit dem Gewesenen in die Sphäre des Todes führt, ging mir 1930 in Paris bei einem Gespräch über Proust auf. Gewiß, er hat den Menschen nicht gesteigert sondern nur analysiert. Seine moralische Größe aber liegt in einem ganz andern Felde. Er hat mit einer Leidenschaft, die kein Dichter vor ihm gekannt hat, die Treue zu den Dingen, die unser Leben gekreuzt haben, zu seiner Sache gemacht. Treue zu einem Nachmittag, einem Baum, einem Sonnenflecken auf der Tapete, Treue zu Roben, Möbeln, zu Parfüms oder Landschaften. (Die Entdeckung, die er zuletzt auf dem Wege nach Méséglise macht, ist das höchste enseignement moral, das Proust zu vergeben hat: eine Art räumlicher Transposition des semper idem.) Ich gebe zu, daß Proust im tiefsten Sinne peut-être se range du côté de la mort. Sein Kosmos hat seine Sonne vielleicht im Tod, um den die gelebten Augenblicke, die gesammelten Dinge kreisen. »Jenseits des Lustprinzips« ist wahrscheinlich der beste Kommentar, den es zu Prousts Werken gibt. Man muß, um Proust zu verstehen, vielleicht überhaupt davon ausgehen, sein Gegenstand sei die Kehrseite, le revers – moins du monde que de la vie même. [S 2, 3]

Die Ewigkeit der Operette, sagt Wiesengrund in seinem Aufsatz über diese, sei die Ewigkeit des Gestrigen. [S 2, 4]

»Peut-être aucun simulacre n'a-t-il créé des ensembles auxquels le mot *idéal* convienne plus exactement, que le grand simulacre qui constitue la bouleversante architecture ornementale du Modern Style. Aucun effort collectif n'est arrivé à créer un monde de rêve aussi pur et aussi troublant que ces bâtiments modern style, lesquels, en marge de l'architecture, constituent à eux seuls de vraies réalisations de désirs solidifiés, où le plus violent et cruel automatisme trahit douloureusement la haine de la réalité et le besoin de refuge dans un monde idéal, à la manière de ce qui se passe dans une névrose d'enfance.« Salvador Dali: L'âne pourri (Le surréalisme au service de la révolution I, 1 Paris 1930 p 12) ■ Industrie ■ Reklame ■ [S 2, 5]

»Voilà ce que nous pouvons aimer encore, le bloc imposant de ces bâtiments délirants et froids épars par toute l'Europe, méprisés et négligés par les anthologies et les études.« Salvador Dali: L'âne pourri (Le surréalisme au service de la révolution I 1 Paris 1930 p 12) Vielleicht enthält keine Stadt vollkommenere Muster dieses Jugendstils als Barcelona in den Bauten des Architekten, der die Kirche sagrada familia entworfen hat. [S 2 a, 1]

Wiesengrund zitiert und kommentiert eine Stelle aus der »Wiederholung« von Kierkegaard: »Man steigt in den ersten Stock eines mit Gas erleuchteten Hauses, öffnet eine kleine Tür und steht im Entree. Zur Linken hat man eine Glastür, die in ein Kabinett führt. Man geht geradeaus und kommt in ein Vorzimmer. Dahinter sind zwei Zimmer, ganz gleich groß, ganz gleich möbliert, als wenn man das eine Zimmer im Spiegel doppelt sähe.« Zu dieser Stelle – Kierkegaard ⟨Gesammelte⟩ Werke III ⟨»Furcht und Zittern«/»Wiederholung«, Jena 1909⟩ p 138 –, die von Wiesengrund noch weiter zitiert wird, bemerkt dieser: »Unergründlich die Verdopplung des Zimmes, das gespiegelt erscheint, ohne es zu sein: wie diese Zimmer mag vielleicht aller Schein in Geschichte sich gleichen, solange sie selber, hörig der Natur, im Schein beharrt.« Wiesengrund-Adorno: Kierkegaard Tübingen 1923 p 50 ■ Spiegel ■ Interieur ■ [S 2 a, 2]

Zum Motiv der Heidebilder in Kafkas »Prozeß«: In der Zeit der Hölle ist das Neue (das Pendant) immer ⟨das⟩ ewig Selbe. [S 2 a, 3]

Nach der Commune: »L'Angleterre accueillit les proscrits et mit tout en œuvre pour les retenir: à l'exposition de 1878, on put s'apercevoir qu'elle

Malerei, Jugendstil, Neuheit   681

venait d'enlever à la France et à Paris le premier rang dans les industries d'art. Si le *modern-style* nous revint en 1900, c'est peut-être une conséquence lointaine de la façon barbare dont fut réprimée la Commune.« Dubech-D'Espezel: Histoire de Paris Paris 1926 p 437   [S 2 a, 4]

»On voulut créer un style de toutes pièces. Les influences étrangères favorisèrent le ›modern-style‹, presque exclusivement inspiré du décor floral. On suivit les préraphaëlistes anglais et les urbanistes munichois. A la construction en fer succéda le ciment armé. Ce fut pour l'architecture le plus bas point de la courbe, qui coïncida avec la plus profonde dépression politique. C'est à ce moment que Paris reçut ses maisons et ses monuments les plus bizarres et les moins en harmonie avec la ville ancienne: la maison de style composite construite par M. Bouwens au n° 27 du quai d'Orsay, les abris du Métropolitain, le magasin de la Samaritaine, élevé par M. Frantz Jourdain au milieu du paysage historique du quartier Saint-Germain l'Auxerrois.« Dubech-D'Espezel lc p 465   [S 2 a, 5]

»Ce que M. Arsène Alexandre appelle alors ›le charme profond des serpentins agités par le vent‹, c'est le style pieuvre, la céramique verte et mal cuite, les lignes forcées étirées en ligaments tentaculaires, la matière en vain torturée ... La courge, la citrouille, la racine de guimauve, la volute de fumée inspirent un mobilier illogique sur lequel viennent se poser l'hortensia, la chauve-souris, la tubéreuse, la plume de paon, inventions d'artistes en proie à la passion mauvaise du symbole et du poème ... A une époque de lumière et d'électricité, ce qui triomphe c'est l'aquarium, le verdâtre, le sous-marin, l'hybride, le vénéneux.« Paul Morand: 1900 Paris 1931 p 101-103   [S 2 a, 6]

»Ce style 1900 infecte d'ailleurs la littérature toute entière. Jamais on n'écrivit aussi prétentieusement mal. Dans les romans, la particule est obligatoire: ce ne sont que des Madame de Scrimeuse, des Madame de Gironne, des Madame de Charmaille, des M. de Phocas; des noms à coucher dehors: des Yanis, Damosa, lord Eginard ... Les *Légendes du Moyen âge*, de Gaston Pâris, qui viennent de paraître, entretiennent le culte fervent du néo-gothique: ce ne sont que Graals, Ysoldes, Dames à la licorne. Pierre Louys écrit: le throne; on trouve partout des abymes, des ymages, emmy les fleurs, etc ... Triomphe de l'y.« Paul Morand: 1900 Paris 1931 p 179-181   [S 3, 1]

»Il m'a paru intéressant, dans un numéro de revue [Anm⟨erkung⟩ Minotaure, n° 3-4] où se trouvaient présentés par ailleurs quelques admirables spécimens de l'art modern' style, de réunir un certain nombre de dessins médianimiques ... On ne peut manquer, en effet, d'être frappé par les affinités de tendances qu'offrent ces deux modes d'expression: qu'est-ce, suis-je tenté de demander, que le modern'style sinon une tentative de généralisation et d'adaptation, à l'art immobilier et mobilier, du dessin, de la peinture et de la sculpture médianimiques? On y retrouve la même dissemblance dans les détails, la même impossibilité de se répéter qui précisément entraîne la véritable, la captivante stéréotypie; la même délectation placée dans la courbe qui n'en finit plus comme celle de la fougère naissante, de l'ammonite ou de l'enroulement embryonnaire; la même minutie dont la constatation, d'ailleurs excitante, détourne de la jouissance de l'ensemble … On peut donc soutenir que les deux entreprises sont conçues sous le même signe, qui pourrait bien être celui du poulpe, ›du poulpe, a dit Lautréamont, au regard de soie‹. De part et d'autre c'est plastiquement, jusque dans le trait, le triomphe de l'équivoque, c'est interprétativement, jusque dans l'insignifiant, le triomphe du complexe. Il n'est pas jusqu'à l'emprunt, continu jusqu'à l'écœurement, de sujets accessoires ou non au monde végétal qui ne soit commun à ces deux modes d'expression répondant en principe à des besoins d'extériorisation si distincts, il n'est pas jusqu'à une certaine propriété qu'ils ont de faire évoquer superficiellement … certaines productions de l'ancien art asiatique ou américain qu'ils ne partagent également.« André Breton: Point du jour Paris ⟨1934⟩ p 234-236 [S 3, 2]

Das gemalte Laub in den Deckenfeldern der Bibliothèque Nationale. Wenn unten geblättert wird, rauscht es droben. [S 3, 3]

»Ebenso wie die Möbel wechselseitig einander zustreben – der Sofaumbau und die Flurgarderobe selbst sind ja das Ergebnis solcher Vereinigungen! –, ebenso scheint den Wänden, dem Fußboden und der Decke eine eigentümlich ansaugende Fähigkeit einzuwohnen. Immer mehr Möbelstücke werden untransportabel, immobil, schmiegen sich den Wänden und Ecken an, haften am Boden und ziehen gleichsam Wurzeln … ›Freie‹ Kunstwerke, aufgehängte Bilder und aufgestellte Plastiken werden nach Möglichkeit ausgeschieden, von welcher Tendenz sich die Belebung der Wandmalerei, des Freskos, des dekorativen Gobelins und der Glasmalerei sehr wesentlich herschreibt … Aller bleibende Inhalt des Heims wird auf diese Art dem Tauschverkehr, der Bewohner selber aber seiner Freizügigkeit entnommen und an Boden und Eigentum geheftet.« Dolf Sternberger: Jugendstil Die neue Rundschau XLV, 9 September 1934 p 264-266 [S 3 a, 1]

»Mittels des üppigen und mächtigen Kanturs wird … die Figur der Seele zum Ornament … Maeterlinck … preist (im ›Schatz der Armen‹) das Schweigen, dieses Schweigen, das nicht der Willkür zweier Einzelwesen entspringt, sondern als ein drittes, eignes Wesen gleichsam hervorfließt, wächst, die Liebenden umschlingt und auf diese Weise ihre Gemeinschaft erst stiftet: deutlich genug offenbart sich solche Hülle aus Schweigen als eine Gestalt des Konturs oder als eine wahrhaftig gelebte ... Form des Ornaments.« Dolf Sternberger: Jugendstil Die neue Rundschau XLV, 9 September 1934 p 270 [S 3 a, 2]

»So scheint jedes Haus ... ein Organismus zu sein, der sein Inneres im Äußeren ausdrückt, und van de Velde verrät ... eindeutig das Modell seiner Vision von der Stadt der Charaktere ...: ›Wer hingegen einwendet, es wäre dies ein wüster Karneval ..., kann auf den harmonischen und herzerfreuenden Eindruck hingewiesen werden, den ein Garten mit sich frei entwickeln könnenden Land- und Wasserpflanzen hervorruft.‹ Ist die Stadt ein Garten voll freispießender Hausorganismen, so fehlt in solchem Leitbilde völlig die Stelle, die der Mensch in ihr einnehmen soll, es sei denn, er bleibe im Innern dieser Pflanzen eingefangen, selber verwurzelt und an den Boden – Land oder Wasser – geheftet, wie durch Verzauberung (Metamorphose) unfähig gemacht, sich anders zu bewegen als die ihn rahmengleich umschließende Pflanze ... Ein Astralleib etwa, wie ihn Rudolf Steiner gesehen und erlebt hat, Rudolf Steiner, ... dessen ... Schule ... so vielen ihrer Hervorbringungen ... eine ornamentale Weihe gegeben hat, deren kurvige Zeichen nichts anderes sind als Überbleibsel des Jugendstilornaments.« Dazu Motto des Aufsatzes, Ovid Metamorph⟨osen⟩ III 509/10⟨:⟩ »Der Leib war nirgend zu finden. Doch statt des Leibs eine Blume. | Gelb wie Safran inmitten, von weißen Blättern umfaßt.« Sternberger: Jugendstil lc p 268/9 u 254 [S 3 a, 3]

Der folgende Blick auf den Jugendstil ist sehr problematisch, denn keine geschichtliche Erscheinung ist in der Kategorie der Flucht allein faßlich; immer prägt sich dieser Flucht konkret auf was geflohen wird. »Was ... draußen bleibt, ... ist das Dröhnen der Städte, das ungeheure Toben nicht der Elemente, sondern der Industrien, die alles überziehende Macht der modernen Verkehrswirtschaft, die Welt der Betriebe, der technisierten Arbeit und der Massen, welche den Menschen des Jugendstils als ein allgemeiner, erstickender und chaotischer Lärm erschien.« Dolf Sternberger: Jugendstil Die neue Rundschau XLV, 9 September 1934 p 260 [S 4, 1]

»Eigenstes Werk des Jugendstils das Heim. Genauer: das Einfamilienhaus.« Sternberger: Jugendstil Neue Rundschau XLV, 9 September 1934 p 264 [S 4, 2]

Delvau spricht einmal von den »futurs bénédictins qui auront à écrire l'histoire du Paris du XIXe siècle«. Alfred Delvau: Les dessous de Paris Paris 1860 p 32 [Alexandre Privat d'Anglemont] [S 4, 3]

Jugendstil und Siedelsozialismus. »Die Kunst, die kommt, wird persönlicher sein als jede, die vorher war. Zu keiner Zeit noch war der Wunsch des Menschen nach Selbsterkenntniß so stark, und der Ort, an dem er seine Individualität am besten ausleben und verklären kann, ist das Haus, das dann Jeder von uns nach seinem ... Herzen sich bauen wird ... In Jedem von uns schlummert genug ornamentale Erfindungsgabe ..., so daß wir ... uns keines Mittelsmannes mehr zu bedienen brauchen, um unser Haus zu bauen.« Nach diesem Zitat aus Van de Veldes »Renaissance im modernen Kunstgewerbe« fährt Karski fort: »Für Jeden, der dieses liest, muß absolut klar sein, daß in der bestehenden Gesellschaft dieses Ideal nicht zu erreichen ist, daß seine Verwirklichung dem Sozialismus vorbehalten bleibt.« J Karski: Moderne Kunstströmungen und Sozialismus Die neue Zeit Stuttgart XX, 1 p 146/147 [S 4, 4]

Unter den Stilmomenten, die vom Eisenbau und der technischen Konstruktion aus in den Jugendstil eingehen, ist eines der wichtigsten das Vorherrschen des vide vor dem plein. [S 4, 5]

Wie Ibsen der Architektur des Jugendstils im »Baumeister Solneß« das Urteil spricht, so seinem Frauentypus in »Hedda Gabler«. Sie ist die dramatische Schwester der Diseusen und Tänzerinnen, die im Jugendstil nackt und ohne gegenständlichen Hintergrund in blumenhafter Verdorbenheit oder Unschuld auf den Affichen erscheinen. [S 4, 6]

Wenn wir uns früh an einem Reisetage erheben müssen, so kann es vorkommen, daß wir, ungeneigt uns dem Schlafe zu entwinden, träumen, wir stehen auf und ziehen uns an. So einen Traum träumte die Bourgeoisie im Jugendstil, fünfzehn Jahre bevor die Geschichte sie dröhnend weckte. [S 4 a, 1]

»Das ist die Sehnsucht: wohnen im Gewoge
und keine Heimat haben in der Zeit.«
Rainer Maria Rilke: Die frühen Gedichte Leipzig 1922 p 1 (Motto) [S 4 a, 2]

»Die Straße von Paris« auf der pariser Weltausstellung von 1900 realisiert auf extreme Art den im Jugendstil zuständigen Gedanken des Eigenheims: »Hier sind, in einer langen Reihe, Gebäude von sehr verschiedenartiger Form ... errichtet worden ... Das Witzblatt ›Le Rire‹ hat ein Kasperle-Theater gebaut ... Die Erfinderin des Serpentintanzes, Loie Fuller, hat in der Reihe ihr Haus. Nicht weit davon ... ein Haus, das auf dem Kopfe zu stehen scheint, dessen Dach in der Erde wurzelt, dessen Thüren mit den Schwellen zum Himmel deuten, und das ›Der Turm der Wunder‹ heißt ... Die Idee ist jedenfalls originell.« Th. Heine: Die Straße von Paris (in »Die Pariser Weltausstellung in Wort und Bild red. von Dr. Georg Malkowsky Berlin 1900 p 78) [S 4 a, 3]

Über das manoir à l'envers: »Dieses Häuschen, das im altgotischen Stil gehalten ist, steht ... buchstäblich Kopf; d.h. sein Dach mit den Schornsteinen und Türmchen streckt sich auf der Erde hin, während sein Fundament gen Himmel ragt. Natürlich sind demgemäß auch alle Fenster, Thüren, Balkons, Galerien, Gesimse, Verzierungen und Inschriften verkehrt herum, selbst das Zifferblatt der großen Uhr huldigt dieser Tendenz ins Verkehrte ... Soweit ist diese tolle Idee amüsant ... langweilig wird sie erst im Innern. Da steht man ... selbst ... Kopf, und mit einem ... die dargebotenen Sehenswürdigkeiten ... Als da sind eine gedeckte Mittagstafel, ein ziemlich reich möbliertes Wohngemach, sowie ein Badezimmer ... Das anstoßende Kabinett ... und noch einige andere sind nämlich mit Konkav- und Konvexspiegeln austapeziert. Die Unternehmer nennen sie ganz einfach: Lachkabinetts.« Le manoir à l'envers (Die Pariser Weltausstellung in Wort und Bild red. von Dr. Georg Malkowsky Berlin 1900 p 474/75) [S 4 a, 4]

Über die Londoner Weltausstellung von 1851. »Nicht nur innerhalb der Technik und der Maschinen, sondern auch innerhalb der künstlerischen Entwickelung brachte diese Ausstellung Erfolge, in deren Nachwirkung wir noch heute leben ... Wir fragen uns jetzt, ob die Bewegung, welche zur Herstellung eines Monumentalbaues in Glas und Eisen ... führte, sich denn nicht auch in der Gestaltung des Geräthes kenntlich gemacht habe? Im Jahre 1851 fragte man danach nicht. Und doch hätte man vieles zu bemerken gehabt. Innerhalb der ersten Jahrzehnte des neunzehnten Jahrhunderts hatte in England die Maschinenindustrie dahin geführt, daß man von den Geräthen die überflüssigen Schmuckformen abstreifte, um sie desto leichter durch die Maschinen herstellen zu können. Hierbei waren besonders für die Möbel eine Reihe ganz einfacher aber durchaus konstruktiver, außerordentlich verständiger Formen entstanden, welche wir heutzutage wieder zu achten beginnen. Die ganz modernen Möbel von 1900, welche sich von allem Ornament abwenden und ihren Nachdruck auf die reine Linie legen, knüpfen unmittelbar an jene gediegenen leichtgeschwungenen Mahagonimöbel von 1830-50 an. Aber im Jahre 1850 achtete man nicht, was man eigentlich bereits auf dem Wege zu neuen Grundformen hin erreicht habe.« (Man verfiel vielmehr dem Historizismus, der zunächst die Renaissancemode heraufführte.) Julius Lessing: Das halbe Jahrhundert der Weltausstellungen Berlin 1900 p 11/12 [S 5, 1]

Zu Kafkas Titorelli ist das Programm der naturalistischen Maler um 1860 zu vergleichen: »D'après eux, la position de l'artiste envers la nature doit être ... impersonnelle au point d'être capable de peindre dix fois de suite le même tableau sans hésiter et sans que les copies ultérieures diffèrent en quoi que ce soit de la copie précédente.« Gisela Freund: La photographie au point de vue sociologique (M⟨anu⟩scr⟨ipt⟩ p 128) [S 5, 2]

Vielleicht sollte man versuchen, den Jugend*stil* bis in seine Auswirkung in die Jugend*bewegung* verfolgend, diese Betrachtung bis an die Schwelle des Krieges heran⟨zu⟩führen. [S 5, 3]

Die Fassade des Gebäudes der »Information« Rue Réaumur ist ein Exempel des Jugendstils, an dem sich die ornamentale Umbildung der Trägerformen besonders deutlich ablesen läßt. [S 5, 4]

Einwirkung der technischen Reproduktionsverfahren auf die Theorie der Malerei der Realisten: »D'après eux, la position de l'artiste envers la nature doit être tout à fait impersonnelle, impersonnelle au point d'être capable de peindre dix fois de suite le même tableau sans hésiter et sans que les copies ultérieures diffèrent en quoi que ce soit de la copie précédente.« Gisèle Freund: La photographie en France au XIX siècle Paris 1936 p 106 [S 5, 5]

Es ist auf die Beziehung des Symbolismus zum Jugendstil zu achten, der auf die esoterische Seite des letztern deutet. Thérive schreibt in seiner Anzeige von Edouard Dujardin: Mallarmé par un des siens Paris 1936: »M. Jean Cassou, dans la préface astucieuse qu'il a mise au livre de M. Edouard Dujardin, explique que le symbolisme était une entreprise mystique et magique, et qu'il posait le problème éternel du jargon ›argot quintessencié où se signifie la volonté d'absence et d'évasion de la caste artistique‹ ... Le symbolisme se serait plu exprès aux jeux du rêve à demi parodique, aux formes ambiguës, et le commentateur va jusqu'à dire que le mélange d'esthétisme et de mauvais goût chatnoiresque (caf' conc', manches à gigol, orchidées et coiffures à la ferronnière) a été une combinaison exquise, nécessaire.« André Thérive: Les livres (Le Temps 25 juin 1936) [S 5 a, 1]

Denner arbeitete an einem Porträt, das im Louvre hängt, und indem er selbst die Benutzung der Lupe zur Erreichung vollständig naturtreuer Wiedergabe nicht scheute, vier Jahre. Dies zur Zeit, da die Photographie schon erfunden war. (?) So schwer wird es dem Menschen, vom Platze abzutreten und den Apparat an seiner statt walten zu lassen. (cf. Gisèle Freund: La photographie en France au XIX siècle Paris 1936 p 112) [S 5 a, 2]

In einer Präfiguration des Jugendstils entwirft Baudelaire »une chambre qui ressemble à une rêverie, une chambre véritablement *spirituelle* ... Les meubles ont des formes allongées, prostrées, alanguies. Les meubles ont l'air de rêver; on les dirait doués d'une vie somnambulique, comme le végétal et le minéral.« Er beschwört darin ein Idol bei dem man wohl an die »schlechten Mütter« von Segantini oder an die Hedda Gabler von Ibsen denken mag, »l'Idole ... Voilà bien ces yeux ... ces subtiles et terribles *mirettes*, que je reconnais à leur effrayante malice!« Charles Baudelaire: Le spleen de Paris Paris (ed R Simon) p 5 (La chambre double) [S 5 a, 3]

In dem Buch »The Nightside of Paris« von Edmund B d'Auvergne (London o J ca 1910) findet sich S 56 vermerkt, über der Tür des alten Chat noir (rue Victor-Massé) habe sich die Inschrift befunden: »Passant, sois moderne!« (Brieflich von Wiesengrund) – Rollinat im chat noir. [S 5 a, 4]

»Quoi de plus loin de nous que l'ambition déconcertante d'un Léonard, qui considérant la Peinture comme un suprême but ou une suprême démonstration de la connaissance, pensait qu'elle exigeât l'acquisition de l'omniscience et ne reculait pas devant une analyse générale dont la profondeur et la précision nous confondent? Le passage de l'ancienne grandeur de la Peinture à son état actuel est très sensible dans l'œuvre et dans les écrits d'Eugène Delacroix. L'inquiétude, le sentiment de l'impuissance déchirent ce moderne plein d'idées, qui trouve à chaque instant les limites de ses moyens dans les efforts qu'il fait pour égaler les maîtres du passé. Rien ne fait mieux paraître la diminution de je ne sais quelle force d'autrefois, et de quelle plénitude, que l'exemple de ce très noble artiste, divisé contre soi-même, et livrant nerveusement le dernier combat du grand style dans l'art.« Paul Valéry: Pièces sur l'art Paris p 191/92 (Autour de Corot) [S 6, 1]

»Die Siege der Kunst scheinen durch Einbuße an Charakter erkauft.« Karl Marx: Die Revolutionen von 1848 und das Proletariat Rede bei der Feier des vierjährigen Bestehens des »People's Paper« Erschienen in The People's Paper 19 April 1856 [in Karl Marx als Denker, Mensch und Revolutionär hg von D. Rjazanov Wien Berlin ⟨1928⟩ p 42] [S 6, 2]

Dolf Sternbergers Aufsatz »Hohe See und Schiffbruch« (Die Neue Rundschau XLVI, 8 August 1935) befaßt sich mit den »Verwandlungen einer Allegorie«. »Aus der Allegorie ist Genre geworden. Schiffbruch als Allegorie meinte ... die Vergänglichkeit der Welt überhaupt, – Schiffbruch als Genre ist ein Guckloch in ein Jenseits der eigenen Welt, ein Guckloch ins gefährliche Leben, das nicht das eigene ist, aber doch gebraucht wird ... Dies heroische Genre bleibt das Zeichen, unter dem die Reorganisation und Versöhnung der Gesellschaft ... beginnt«, heißt es an anderer Stelle mit besonderer Beziehung auf Spielhagens »Sturmflut« (1877). (p 196 u 199) [S 6, 3]

»Le confortable privé était chez les Grecs à peu près inconnu; ces citoyens de petites villes, qui élevaient autour d'eux tant d'admirables monuments publics, demeuraient dans des maisons plus que modestes, dont quelques vases, chefs d'œuvre de l'élégance, il est vrai, faisaient tout l'ameublement.« Ernest Renan: Essais de morale et de critique Paris 1859 p 359 (La poésie à l'Exposition) Zu vergleichen ist der Charakter der Zimmer des Goethehauses. – vgl die ganz gegenteilige Liebe zum Komfort in Baudelaires Produktion. [S 6, 4]

»Loin que les progrès de l'art soient parallèles à ceux que fait une nation dans le goût du confortable (je suis obligé de me servir de ce mot barbare pour exprimer une idée peu française) il est permis de dire sans paradoxe que les temps et les pays où le confortable est devenu le principal attrait du public ont été les moins doués sous le rapport de l'art ... La commodité exclut le style; un pot de fabrique anglaise est mieux adapté à sa destination que tous les vases grecs de Vulci ou de Nola; ceux-ci sont des œuvres d'art,

Malerei, Jugendstil, Neuheit

tandis que le pot anglais ne sera jamais qu'un utensile de ménage ... Incontestable résultat, que le progrès de l'industrie n'est nullement, dans l'histoire, parallèle de celui à l'art.« Ernest Renan: Essais de morale et de critique Paris 1859 p 359/361/363 (La poésie de l'Exposition) [S 6 a, 1]

»Le surpeuplement rapide des capitales eut pour effet ... la réduction de la superficie des locaux. Dans son *Salon de 1828*, déjà Stendhal écrivait: ›Je suis allé, il y a huit jours, dans la rue Godot-de-Mauroy pour chercher un appartement. J'ai été frappé de l'exiguïté des pièces: le siècle de la peinture est passé, me suis-je dit à moi-même en soupirant; il n'y a plus que la gravure qui puisse prospérer.‹« Amédée Ozenfant: La peinture murale (Encyclopédie française XVI Arts et littératures dans la société contemporaine I p 70,2) [S 6 a, 2]

Baudelaire in der Rezension von »Madame Bovary«: »Réalisme, – injure dégoûtante jetée à la face de tous les analystes, mot vague et élastique qui signifie pour le vulgaire, non pas une méthode nouvelle de création, mais une description minutieuse des accessoires.« Baudelaire: L'art romantique p 413 [S 6 a, 3]

Im Kapitel XXIV Beaux-Arts des »Argument du livre sur la Belgique⟨«⟩: »Spécialistes. – Un peintre pour le soleil, un pour la neige, un pour les clairs de lune, un pour les meubles, un pour les étoffes, un pour les fleurs – et subdivision de spécialités à l'infini. – La collaboration nécessaire, comme dans l'industrie.« Baudelaire: Œuvres II ed Y-G Le Dantec ⟨Paris 1932⟩ p 718 [S 6 a, 4]

»L'élection de la vie urbaine à la qualité de mythe signifie immédiatement pour les plus lucides un parti-pris aigu de *modernité*. On sait quelle place tient chez Baudelaire ce dernier concept ... Il s'agit là, pour lui, dit-il, de la question ›principale et essentielle‹, celle de savoir si son temps possède ›une beauté particulière, inhérente à des passions nouvelles‹. On connaît sa réponse: c'est la conclusion même de son écrit théorique le plus considérable, au moins par son étendue: ›Le merveilleux nous enveloppe et nous abreuve comme l'atmosphère: mais nous ne le voyons pas ... Car les héros de l'Iliade ne vont qu'à notre cheville, ô Vautrin, ô Rastignac, ô Birotteau, – et vous, ô Fontanarès, qui n'avez pas osé raconter au public vos douleurs sous le frac funèbre et convulsionné que nous endossons tous; – et vous, ô Honoré de Balzac, vous le plus héroïque, le plus singulier, le plus romantique et le plus poétique parmi tous les personnages que vous avez tirés de votre sein.‹ (Baudelaire, Salon de 1846 ch. XVIII).« Roger Caillois: Paris, mythe moderne (Nouvelle Revue Française XXV, 284 1 mai 1937 p 690/1) [S 7, 1]

Im Kapitel XXIV Beaux-Arts des ⟨»⟩Argument du livre sur la Belgique«: »Quelques pages sur cet infâme *Puffiste* qu'on nomme Wiertz, passion des cockneys anglais.« Baudelaire: Œuvres II ed Y-G Le Dantec ⟨Paris 1932⟩ p 718 Und p 720⟨:⟩ »Peinture indépendante. – Wiertz. Charlatan. Idiot. Voleur ... Wiertz, le peintre philosophe, littérateur. Billevesées modernes. Le Christ des humanitaires ... Sottise analogue à celle de Victor Hugo, à la fin des *Contemplations*. Abolition de la peine de mort, puissance infinie de l'homme. / Les inscriptions sur les murs. Grandes injures contre les critiques français et la France. Des sentences de Wiertz partout ... Bruxelles capitale du monde. Paris province. Les livres de Wiertz. Plagiats. Il ne sait pas dessiner, et sa bêtise est aussi grande que ses colosses. En somme, ce charlatan a su faire ses affaires. Mais qu'est-ce que Bruxelles fera de tout ça, après sa mort? / Le trompe-l'œil. Le soufflet. Napoléon en enfer. Le livre de Waterloo. Wiertz et Victor Hugo veulent sauver l'humanité.« [S 7, 2]

Ingres: Réponse au rapport sur l'Ecole des Beaux-Arts Paris 1863 verteidigt die Institutionen der Schule vor dem ministre des beaux-arts, an den die réponse gerichtet ist, in der schroffsten Form. Dabei macht sie nicht Front gegen die Romantik. Sie hat es sogleich zu Beginn (p 4) mit der Industrie zu tun: »Maintenant on veut mêler l'industrie à l'art. L'industrie! Nous n'en voulons pas! Qu'elle reste à sa place et ne vienne pas s'établir sur les marches de notre école ...!« – Ingres dringt darauf, einzig und allein das Zeichnen zur Grundlage des Unterrichts in der Malerei zu machen. Mit Farben umzugehen könne man in acht Tagen lernen. [S 7 a, 1]

Daniel Halévy berichtet aus seiner Kindheit von italienischen Modellen, Frauen in sorrentiner Tracht, die ein Taburin in den Händen, schwatzend um den Brunnen der place Pigalle standen. (vgl Halévy: Pays parisiens ⟨Paris 1932⟩ p 60) [S 7 a, 2]

Das Leben der Blumen im Jugendstil: von den fleurs du mal zieht sich ein Bogen über die Blumenseelen von Odilon Redon bis zu den Orchideen, die Proust in die Erotik seines Swann einflicht. [S 7 a, 3]

Segantinis »Schlechte Mütter« als Jugendstilmotiv den Lesbiennes eng verwandt. Die Lasterhafte erhält sich rein von Fruchtbarkeit, wie der Priester sich von ihr rein erhält. In der Tat beschreibt der Jugendstil zwei unterschiedene Linien. Die der Perversion führt von Baudelaire zu Wilde und Beardsley; die hieratische über Mallarmé zu George. Kräftiger endlich zeichnet sich eine dritte Linie ab, die einzige, die stellenweise aus dem Bezirke der Kunst herausgetreten ist. Es ist die Linie der Emanzipation, die von den fleurs du mal ausgehend, die Niederungen, aus denen das »Tagebuch einer Verlorenen« stammt, mit den Höhen des Zarathustra verbindet. (Dies der Sinn, den man der Bemerkung von Capus unterlegen kann.) [S 7 a, 4]

Motiv der Unfruchtbarkeit: Ibsens Frauengestalten schlafen nicht mit ihren Männern; sie gehen »Hand in Hand« mit ihnen irgend etwas Schrecklichem entgegen. [S 7 a, 5]

Der perverse Blumenblick Odilon Redons. [S 7 a, 6]

Formeln der Emanzipation bei Ibsen: die ideale Forderung; in Schönheit sterben; Heimstätten für Menschen; eigene Verantwortung (der Frau vom Meer). [S 8, 1]

Der Jugendstil ist der stilisierende Stil κατ' ἐξοχήν. [S 8, 2]

Die Idee der ewigen Wiederkunft im »Zarathustra« ist ihrer wahren Natur nach eine Stilisierung der bei Blanqui noch wohl in ihren infernalischen Zügen erkennbaren Weltansicht. Sie ist eine Stilisierung des Daseins bis in die kleinsten Bruchteile seines zeitlichen Ablaufs hinein. Aber: der Stil des Zarathustra desavouiert sich durch die Lehre, die in ihm vorgetragen wird. [S 8, 3]

Die drei »Motive«, in denen der Jugendstil sich darstellt: das hieratische Motiv, das Motiv der Perversion, das Motiv der Emanzipation. Sie haben sämtlich ihren Ort in den fleurs du mal; man kann einem jeden von ihnen stellvertretend ein repräsentatives Gedicht des Buches zuweisen. Dem ersten »Bénédiction«, dem zweiten »Delphine et Hippolyte«, dem dritten »Les Litanies de Satan«. [S 8, 4]

Der Zarathustra hat sich in erster Linie die tektonischen Elemente des Jugendstils im Gegensatz zu seinen organischen Motiven zu eigen gemacht. Die Pausen besonders, die für seine Rhythmik charakteristisch sind, ist ⟨sic⟩ ein genaues Gegenstück zu dem tektonischen Grundphänomen dieses Stils, nämlich dem Überwiegen der Hohlform über die ausgefüllte. [S 8, 5]

Gewisse Jugendstilmotive sind aus technischen Formen entstanden. So treten Profile eiserner Träger als ornamentale Motive an Fassaden auf. (vgl einen Aufsatz [von Martin ?] in der Frankfurter Zeitung ca 1926-1929.) [S 8, 6]

Bénédiction:
»Et je tordrai si bien cet arbre misérable,
Qu'il ne pourra pousser ses boutons empestés!«
Das Pflanzenmotiv des Jugendstils und seine Linie erscheinen hier – und gewiß nicht an der nächstliegenden Stelle. [S 8, 7]

Der Jugendstil forciert das Auratische. Nie hatte die Sonne sich besser in ihrem Strahlenkranze gefallen; nie war das Auge des Menschen strahlender als bei Fidus. Maeterlinck treibt die Entwicklung des Auratischen bis zum Unwesen. Das Schweigen der dramatischen Personen ist eine von dessen Ausdrucksformen. Baudelaires »Perte d'auréole« steht in entschiedenstem Kontrast zu diesem Jugendstilmotiv. [S 8, 8]

Der Jugendstil ist der zweite Versuch der Kunst, sich mit der Technik auseinanderzusetzen. Der erste war der Realismus. Dort lag das Problem mehr oder minder im Bewußtsein der Künstler vor. Sie waren von den neuen Verfahrungsweisen der Reproduktionstechnik beunruhigt worden. (Die Theorie des Realismus beweist das vgl S 5, 5) Im Jugendstil war das Problem als solches bereits der Verdrängung verfallen. Er begriff sich nicht mehr als von der konkurrierenden Technik bedroht. Umso aggressiver fiel die Auseinandersetzung mit der Technik aus, die in ihm verborgen liegt. Sein Rückgriff auf technische Motive geht aus dem Versuch hervor, sie ornamental zu sterilisieren. (Dies gab, nebenbei gesagt, dem Kampfe, den Adolf Loos gegen das Ornament führte, seine hervorragende politische Bedeutung.) [S 8a, 1]

Grundmotiv des Jugendstils ist die Verklärung der Unfruchtbarkeit. Der Leib wird vorzugsweise in den Formen gezeichnet, die der Geschlechtsreife vorhergehen. [S 8a, 2]

Die lesbische Liebe trägt die Vergeistigung bis in den weiblichen Schoß vor. Dort pflanzt sie das Lilienbanner der »reinen Liebe« auf, die keine Schwangerschaft und keine Familie kennt. [S 8 a, 3]

Das Bewußtsein des dem spleen Verfallenen gibt ein Miniaturmodell des Weltgeists ab, dem der Gedanke der ewigen Wiederkunft zuzurechnen wäre. [S 8 a, 4]

»L'homme y passe à travers des forêts de symboles
Qui l'observent avec des regards familiers.«
Correspondances. Es sind die Blumenblicke des Jugendstils, die hier auftauchen. Der Jugendstil gewinnt die Symbole wieder. Das Wort symbole ist bei Baudelaire nicht oft zu finden. [S 8 a, 5]

Die Entwicklung, die Maeterlinck im Laufe eines langen Lebens zu einer extrem reaktionären Haltung geführt hat, ist logisch. [S 8 a, 6]

Der reaktionäre Versuch, technisch bedingte Formen aus ihrem funktionalen Zusammenhange herauszulösen und sie zu natürlichen Konstanten zu machen – das heißt zu stilisieren – tritt ähnlich wie im Jugend⟨stil⟩ etwas später im Futurismus auf. [S 8 a, 7]

Die Trauer, die der Herbst in Baudelaire erweckt. Das ist die Erntezeit, die Zeit, in der die Blumen auseinanderfallen. Der Herbst wird bei Baudelaire mit besonderer Feierlichkeit aufgerufen. Ihm gilt das Wort das vielleicht das schwermütigste seiner Gedichte ist. Vom soleil heißt es:
   Il »commande aux moissons de croître et de mûrir
   Dans le cœur immortel qui toujours veut fleurir!«
In der Figur des Herzens, das keine Frucht tragen will, hat Baudelaire dem Jugendstil, lange ehe er heraufkam, schon das Verdikt gesprochen. [S 9, 1]

»Dies Suchen nach *meinem* Heim ... war *meine* Heimsuchung ... Wo ist – *mein* Heim? Darnach frage und suche und suchte ich, das fand ich nicht. Oh ewiges Überall, oh ewiges Nirgendwo.« (cit aus dem Zarathustra Löwith: Nietzsches Philosophie der ewigen Wiederkunft ⟨Berlin 1935⟩ p 35) (vgl Rilkemotto S 4 a, 2) ed Kröner 398 [S 9, 2]

Daß in der typischen Jugendstillinie nicht selten – in einer Montage der Phantasie vereint – Nerv und Leitungsdraht zusammentreten (und insbesondere das vegetative Nervensystem als Grenzform zwischen der Welt des Organismus und der Technik vermittelt) wird man vermuten dürfen. »Der Nervenkult des fin de siècle ... bewahrte dies telegraphische Wechselbild, und von Strindberg schrieb seine zweite Frau Frida ..., seine Nerven seien für die atmosphärische Elektrizität so empfindlich gewesen, daß ein Gewitter sich ihnen wie Drähten mitgeteilt habe.« Dolf Sternberger: Panorama Hamburg 1938 p 33 [S 9, 3]

Im Jugendstil beginnt das Bürgertum mit den Bedingungen zwar noch nicht seiner sozialen Herrschaft aber seiner Herrschaft über die Natur sich auseinanderzusetzen. Die Einsicht in diese Bedingungen beginnt einen Druck gegen die Schwelle seines Bewußtseins auszuüben. Daher die Mystik (Maeterlinck), die diesen Druck abzufangen sucht; daher aber auch die Rezeption technischer Formen im Jugendstil – z. B. des Hohlraums. [S 9, 4]

Das Zarathustrakapitel »Unter Töchtern der Wüste« ist aufschlußreich – nicht allein dafür, daß die Blumenmädchen – ein wichtiges Jugendstilmotiv – bei Nietzsche auftauchen, sondern auch für Nietzsches Verwandtschaft mit Guys. Das »tief, aber ohne Gedanken« trifft genau den Ausdruck, den die Huren bei dem letztern haben. [S 9 a, 1]

Die Pointe der technischen Welteinrichtung liegt in der Liquidierung der Fruchtbarkeit. Das Schönheitsideal des Jugendstils bildet die frigide Frau. (Der Jugendstil sieht nicht Helena sondern Olympia in jedem Weibe.⟨⟩) [S 9 a, 2]

Einzelner, Gruppe, Masse – die Gruppe ist das Prinzip des Genres; für den Jugendstil ist die Isolierung des Individuums typisch (vgl Ibsen). [S 9 a, 3]

Der Jugendstil ist ein Fortschritt, indem das Bürgertum den technischen Grundlagen seiner Naturbeherrschung näher tritt; ein Rückschritt, indem ihm die Kraft abhanden kommt, dem Alltag überhaupt noch ins Auge zu sehen. (Das kann man nur noch

Malerei, Jugendstil, Neuheit 695

geschützt durch die Lebenslüge.) – Das Bürgertum fühlt, daß es nicht mehr lange zu leben hat; desto mehr will es sich jung. Es spiegelt sich so ein längeres Leben vor oder zum mindesten einen Tod in Schönheit. [S 9 a, 4]

Segantini und Munch; Margarete Böhme und Przybyszewski.
[S 9 a, 5]

Vaihingers Philosophie des Als-Ob ist das Armesünderglöckchen des Jugendstils. [S 9 a, 6]

»Avec les premiers ouvrages de Hennebique et des frères Perret, un nouveau chapitre s'ouvre dans l'histoire de l'architecture. Le désir d'évasion, de renouvellement, s'exprimait d'ailleurs dans les tentatives de l'école du modern style qui échoua lamentablement. Il semble que ces auteurs torturèrent la pierre jusqu'à son épuisement et préparèrent de ce fait une réaction farouche en faveur de la simplicité. L'art de l'architecture devait revivre dans des formes sereines par l'exploitation de matériaux nouveaux.« Marcel Zahar: Les tendances actuelles de l'architecture (Encyclopédie française XVII p 17.10-3/4⟨⟩⟩ [S 9 a, 7]

In seinen Salons hat sich Baudelaire als unversöhnlicher Feind des Genres zu erkennen gegeben. Baudelaire steht am Anfang des Jugendstils, der einen Versuch darstellt, das Genre zu liquidieren. In den fleurs du mal tritt zum ersten Mal der Jugendstil mit seinem charakteristischen Blumenmotiv heraus. [S 10, 1]

Wie eine Replik auf Baudelaire liest sich die folgende Stelle von Valéry (Œuvres complètes J cit Thérive Temps 20 avril 1939): »L'homme moderne est esclave de la modernité ... Il faudra bientôt construire des cloîtres rigoureusement isolés ... On y méprisera la vitesse, le nombre, les effets de masse, de surprise, de contraste, de répétition, de nouveauté et de crédulité.« [S 10, 2]

Zur Sensation: dieses Arrangement – die Neuheit und die sie chockartig befallende Entwertung – hat seit der Mitte des neunzehnten Jahrhunderts einen eigentümlich drastischen Ausdruck gefunden. Die abgegriffene Münze verliert nichts von ihrem Wert; die abgestempelte Freimarke ist entwertet. Sie ist wohl das erste Wertzeichen, dessen Gültigkeit von seinem Neuheitscharakter unablösbar ist. (Die Anerkennung des Werts fällt hier mit der Entwertung zusammen.) [S 10, 3]

Zum Motiv der Unfruchtbarkeit im Jugendstil: man empfand die Zeugung als die nichtswürdigste Manier, die animalische Seite der Schöpfung zu unterschreiben. [S 10, 4]

Das Nein als Gegensatz zum »Planmäßigen« zu fassen. Über den Plan ist Scheerbarts »Lesabéndio« zu vergleichen: wir sind alle so müde, weil wir keinen Plan haben. [S 10, 5]

»Nouveauté. Volonté de nouveauté. Le nouveau est un de ces poisons excitants qui finissent par être plus nécessaires que toute nourriture; dont il faut, une fois qu'ils sont maîtres de nous, toujours augmenter la dose et la rendre mortelle à peine de mort. Il est étrange de s'attacher ainsi à la partie périssable des choses qui est exactement leur qualité d'être neuves.« Paul Valéry: Choses tues ⟨Paris 1930⟩ p 14/15 [S 10, 6]

Entscheidende Stelle über die Aura bei Proust. Er spricht von seiner Reise nach Balbec und meint, man würde sie heutzutage wohl im Automobil machen und das hätte auch Vorteile. »Mais enfin le plaisir spécifique du voyage n'est pas de pouvoir descendre en route ..., c'est de rendre la différence entre le départ et l'arrivée non pas aussi insensible, mais aussi profonde qu'on peut, de la ressentir ... intacte, telle quelle était dans notre pensée quand notre imagination nous portait du lieu où nous vivions jusqu'au cœur d'un lieu désiré, en un bond qui nous semblait moins miraculeux parce qu'il franchissait une distance que parce qu'il unissait deux individualités distinctes de la terre, qu'il nous menait d'un nom à un autre nom; et que schématise (mieux qu'une promenade où, comme on débarque où l'on veut il n'y a guère plus d'arrivée) l'opération mystérieuse qui s'accomplissait dans ces lieux spéciaux, les gares, lesquels ne font pas partie pour ainsi dire de la ville mais contiennent l'essence de sa personnalité de même que sur un écriteau signalétique elles portent son nom ... Malheureusement ces lieux merveilleux que sont les gares, d'où l'on part pour une destination éloignée, sont aussi des lieux tragiques, car ... il faut laisser toute espérance de rentrer coucher chez soi, une fois qu'on s'est décidé à pénétrer dans l'antre empesté par où l'on accède au mystère, dans un de ces grands ateliers vitrés, comme celui de Saint-Lazare où j'allai chercher le train de Balbec, et qui déployait au-dessus de la ville éventrée un de ces immenses ciels crus et gros de menaces amoncelées de drame, pareils à certains ciels, d'une modernité presque parisienne, de Mantegna ou de Véronèse, et sous lequel ne pouvait s'accomplir que quelque acte terrible et solennel comme un départ en chemin de fer ou l'érection de la Croix.« Marcel Proust: A l'ombre des jeunes filles en fleurs Paris II p 62/3 [S 10 a]

Proust über das Museum: »En tout genre, notre temps a la manie de vouloir ne montrer les choses qu'avec ce qui les entoure dans la réalité, et par là de supprimer l'essentiel, l'acte de l'esprit, qui les isola d'elle. On ›présente‹ un tableau au milieu de meubles, de bibelots, de tentures de la même époque, fade décor ... au milieu duquel le chef-d'œuvre qu'on regarde tout en dînant ne nous donne pas la même enivrante joie qu'on ne doit lui demander que dans une salle de musée, laquelle symbolise bien mieux par sa nudité et son dépouillement de toutes particularités, les espaces intérieurs où l'artiste s'est abstrait pour créer.« Marcel Proust: A l'ombre des jeunes filles en fleurs Paris II p 62/63 [S 11, 1]

Wie wird die Moderne zum Jugendstil? [S 11, 2]

Champ de bataille ou foire? »On se rappelle qu'autrefois il y avait, dans les lettres, un mouvement d'activité généreuse et désintéressée. Il y avoit, dit-on, des écoles et des chefs d'école, des partis et des chefs de partis, des systèmes en lutte, des courants et des contre-courants d'idées ..., une vie littéraire ardente, militante ... Ah! vers 1830, je le sais, tous les gens de lettres se glorifiaient d'être les soldats d'une expédition, et pour toute publicité ils ne réclamaient, à l'ombre du drapeau, que les sonores appels du champ de bataille ... Que nous reste-il aujourd'hui de ces fiers panaches? Nos devanciers combattaient, et nous, nous fabriquons et vendons. Ce que je vois de plus clair, dans le désordre où nous sommes, c'est qu'à la place du champ de bataille il y a une myriade de boutiques et d'ateliers où se vendent et se fabriquent chaque jour les modes nouvelles et tout ce qu'en général on appelle *l'article-Paris*.« »Oui, MODISTE est le mot qui convient à notre génération de penseurs et de rêveurs.« Hippolyte Babou: Les payens innocents Paris 1858 p VII/VIII (Lettre à Charles Asselineau) [S 11, 3]

T

[BELEUCHTUNGSARTEN]

»et nocturnis facibus illustrata.«
Medaille von 1667 zur Erinnerung an die Einführung der Straßenbeleuchtung

»Napoleon hat wollene Decken, Sammet, Seide, Broderien, Gold und Silber, eine Glaskapsel über seinem Hut, Imortellenkränze und eine ewige *Gas*lampe.« Karl Gutzkow: Briefe aus Paris Leipzig 1842 I p 270   [T 1, 1]

Notiz auf 1824 bezüglich: »Paris a été éclairé cette année au moyen de 11,205 becs de réverbères... L'entrepreneur est tenu de faire l'allumage de toutes les parties de la ville en quarante minutes au plus, c'est à dire en commençant vingt minutes avant l'heure prescrite journellement et en finissant vingt minutes après; il ne peut confier plus de vingt-cinq lanternes à chaque allumeur.« Dulaure: Histoire ⟨physique, civile et morale⟩ de Paris depuis 1821 jusqu'à nos jours Paris ⟨1835⟩ II p 118/119   [T 1, 2]

»Un décor de rêve, où le jaune tremblotant du gaz se marie à la frigidité lunaire de l'étincelle électrique.« Georges Montorgueil: Paris au hasard Paris 1895 p 65   [T 1, 3]

1857 die erste elektrische Straßenbeleuchtung (beim Louvre).   [T 1, 4]

Das Gas wird anfänglich in Behältern für den Tagesbedarf in die mondänen Etablissements geschafft.   [T 1, 5]

»Je me déclare hardiment l'ami des quinquets; ceux-ci, à la vérité, se contentent d'éclairer et n'éblouissent pas; mais, beaucoup moins pétulante que le gaz, leur huile ne provoque jamais d'explosions; avec eux nous avons la respiration plus libre et l'odorat moins offensé. C'est une chose vraiment inintelligible pour moi que l'existence de tous ces marchands qui, fixés dans nos passages, restent constamment, et par les plus grandes chaleurs, dans des boutiques où, grâce au gaz, on pourrait se croire sous l'équateur.« ■ Passagen ■ Nouveaux tableaux de Paris ou observations sur les mœurs et usages des Parisiens au commencement du XIXe siècle Paris 1828 I p 39

   [T 1, 6]

»L'éclairage des rues, pendant le même laps de temps, fut plus que doublé;

Beleuchtungsarten 699

le gaz remplaça l'huile; de nouveaux réverbères prirent la place des anciens appareils et l'éclairage permanent fut substitué à l'éclairage intermittent.« M. Poëte, E. Clouzot, G. Henriot: La transformation de Paris sous le second empire (Exposition de la Bibliothèque et des Travaux historiques de la ville de Paris) ⟨Paris 1910⟩ p 65 [T 1,7]

Über die Comptoirdamen: »Den Tag über erscheinen sie in Papilloten und im Peignoir; nach Sonnenuntergang aber, wenn das Gas angezündet wird, in vollkommenem Ballstaat. Wenn man sie dann, von einem Feuermeer umgeben, an ihren Zahltischen thronen sieht, denkt man wohl zurück an die blaue Bibliothek und das Mährchen von Schönchen Goldhaar und der bezaubernden Prinzessin, wofern anders der Vergleich statthaft ist, da die Pariserinnen mehr bezaubern, als bezaubert sind.« Eduard Kroloff: Schilderungen aus Paris Hamburg 1839 II p 76/77 [T 1, 8]

Die blechernen Etageren mit künstlichen Blumen, die man auf den Buffets der Bahnhofswirtschaften etc. findet, sind Rudimente der Blumenarrangements, die ehemals die Caissière um sich hatte.
[T 1, 9]

Dubartas nannte die Sonne »le grand-duc des chandelles«. cit bei M. Du Camp: Paris Paris 1875 V p 268 [T 1, 10]

»Les porte-lanternes auront des lanternes à l'huile à ›six gros lumignons;‹ ils seront distribués par postes distants de huit cents pas les uns des autres ... ils auront une lanterne peinte au-dessus de leur poste en guise d'enseigne, et à la ceinture ›un sable‹ d'un quart d'heure aux armes de la ville ... C'était encore là de l'empirisme; ces lumières ambulantes ne donnaient guère de sécurité à la ville, et les porteurs assommèrent plus d'une fois les personnes qu'ils accompagnaient. On les employait néanmoins faute de mieux, et on les employa si longtemps, que nous les retrouverons au commencement du dix-neuvième siècle.« Maxime Du Camp: Paris V p 275 [T 1, 11]

»Ils [les porte-falots] vont chercher des fiacres, ils aboient les voitures de maître, ils accompagnent les passants attardés jusqu'à leur domicile, montent à leur appartement et y allument les bougies. On prétend qu'ils rendaient volontiers compte, le matin, au lieutenant général de police de tout ce qu'ils avaient remarqué pendant la nuit.« Du Camp: Paris V p 281
[T 1 a, 1]

»Le brevet d'importation de Winsor pour Paris est daté du 1er décembre 1815; au mois de janvier 1817, le passage des Panoramas fut éclairé ... Les premiers efforts des compagnies ne furent point heureux; la population semblait réfractaire à ce genre d'éclairage; on en redoutait les dangers, on l'accusait de vicier l'air respirable.« Du Camp: Paris V p 290 [T 1 a, 2]

»... ce lieu visité par la mort commerciale, sous ce gaz ... comme tremblant de n'être pas payé.« Louis Veuillot: Les odeurs de Paris Paris 1914 p 182 [T 1 a, 3]

»Das Glas ist bestimmt in der Metallarchitektur eine große Rolle zu spielen. An Stelle dicker Mauern, deren Festigkeit und Sicherheit durch eine große Anzahl von Löchern vermindert wird, werden unsere Häuser so von Öffnungen durchsetzt werden, daß sie lichtdurchlässig erscheinen. Diese weiten Öffnungen aus dickem, einfachem oder doppeltem, mattem oder durchsichtigem Glas, werden während des Tages im Innern und nachts nach Außen einen magischen Glanz ausströmen«. Gobard: L'Architecture de l'avenir Revue générale d'architecture 1849 p 30 [Giedion: Bauen in Frankreich ⟨Leipzig Berlin 1928⟩ p 18] [T 1 a, 4]

Vasenformen der Lampen. Die seltene Blume »Licht« ist in Öl gestellt. (Die Form auf einem Modekupfer von 1866) [T 1 a, 5]

Alte offen brennende Gasflammen hatten häufig eine Flamme in Schmetterlingsform und hießen danach papillons. [T 1 a, 6]

In der lampe Carcel trieb ein Uhrwerk das Öl in den Docht herauf, während die Arganlampe (Quinquets) das Öl von oben aus einem Behälter in den Docht tropfen ließ und daher einen Schatten erzeugte. [T 1 a, 7]

Passagen – sie strahlten ins Paris der Empirezeit als Feengrotten. Wer 1817 die Passage des Panoramas betrat, dem sangen auf der einen Seite die Sirenen des Gaslichts und gegenüber lockten als Ölflammen Odalisken. Mit dem Aufblitzen der elektrischen Lichter verlosch das unbescholtne Leuchten in diesen Gängen, die plötzlich schwieriger zu finden waren, eine schwarze Magie der Tore betrieben, aus blinden Fenstern in sich hineinschauten.
[T 1 a, 8]

Als am 12 Februar 1790 der Marquis de Favras wegen gegenrevolutionärer Konspiration hingerichtet wurde, waren der place des grèves und der Galgen mit Lampions behängt. [T 1 a, 9]

»Wir sagten im ersten Bande, daß jeder historische Zeitraum in eine

Beleuchtungsarten 701

bestimmte Tages- oder Nachtbeleuchtung getaucht sei; diese Welt hat zum erstenmal eine künstliche: sie liegt im Gaslicht, das schon in den Tagen, wo der Stern Napoleons sich zum Untergang neigte, in London aufflammte, fast gleichzeitig mit den Bourbonen in Paris einzog und in langsamem und zähem Vordringen sich schließlich alle Straßen und öffentlichen Lokalitäten eroberte. Um 1840 brannte es überall, sogar in Wien. In diesem lauten und trüben, scharfen und flackernden, prosaischen und gespenstischen Licht bewegen sich dicke geschäftige Kellerasseln von Krämern.« Egon Friedell: Kulturgeschichte der Neuzeit III München 1931 p 86 [T 1 a, 10]

Über das Café Mille et une nuits: »Tout y était d'une magnificence inouïe; il nous suffira de dire, pour en donner une idée, que la belle limonadière avait pour siège, dans son comptoir, ... un trône, un véritable trône de roi, sur lequel avait siégé dans toute sa majesté un des potentats de l'Europe. Comment ce trône était-il venu-là? c'est ce que nous ne pourrions dire: nous affirmons le fait sans nous charger de l'expliquer.« Histoire des Cafés de Paris extraite des mémoires d'un viveur Paris 1857 p 31 [T 1 a, 11]

»Le gaz a remplacé l'huile, l'or a détrôné la boiserie, le billard a bloqué le domino et le trictrac; où l'on n'entendait que le vol des mouches, on écoute les mélodies de Verdi ou d'Aubert!« Histoire des Cafés de Paris extraite des mémoires d'un viveur Paris 1857 p 114 [T 2, 1]

Grand Café du XIXe siècle – 1857 Boulevard de Strasbourg eröffnet. »De nombreux billards y montrent leur tapis vert; un comptoir splendide est illuminé par des fleurs de gaz. Tout vis-à-vis est une fontaine en marbre blanc, dont le sujet allégorique est couronné d'une auréole lumineuse.« Histoire des Cafés de Paris extraite des mémoires d'un viveur Paris 1857 p 111 [T 2, 2]

»Dès 1801, Lebon avait essayé l'éclairage au gaz à l'hôtel Seignelay, 47 rue Saint-Dominique. Le système fut repris le 1er janvier 1808: trois cents becs de gaz éclairèrent l'hôpital Saint-Louis avec un succès tel qu'on créa trois usines.« Lucien Dubech, Pierre D'Espezel: Histoire de Paris Paris 1926 p 335 [T 2, 3]

»En matière d'édilité, les deux grandes œuvres de la Restauration furent l'éclairage au gaz et la création des *omnibus*. Paris était éclairé, en 1814, par 5.000 réverbères, dont le service occupait 142 allumeurs. En 1822, le gouvernement décida que les rues seraient éclairées au gaz à mesure que les anciens contrats viendraient à échéance. Le 3 juin 1825, premier essai, par la Compagnie du Gaz portatif français, d'éclairage d'une place: la place Vendôme reçut quatre candélabres aux angles de la colonne et deux réverbères aux angles de la rue de Castiglione. En 1826, il y avait dans Paris 9.000 becs de gaz, 10.000 en 1828, 1.500 abonnés, trois compagnies et quatre usines, dont une sur la rive gauche.« Dubech-D'Espezel: Histoire de Paris p 358 [T 2, 4]

Aus dem Prospektblatt »Projet lumineux proposé par souscription pour la décoration de la fameuse promenade du Boulevard Saint-Antoine« aus dem achtzehnten Jahrhundert: »Le Boulevard sera illuminé par une guirlande de Lanternes qui regnera des deux côtés entre les arbres. Cette illumination se fera deux fois du semaine, le Jeudi et le Dimanche: et en cas de Lune, le lendemain des susdits jours. On commencera à allumer à dix heures; tout sera illuminé à onze ... Comme cette espèce de Promenade nocturne ne peut convenir qu'aux Seigneurs ou aux Gens riches qui ont des voitures, ce n'est qu'à eux qu'on propose la souscription. On souscrira pour cette année, moyennant 18 livres, par chaque Maison; mais les années suivantes il n'en coutera que 12 liv. Les 6 liv. en sus de cette année étant pour les premiers frais de cet établissement.« p 3 »Les Caffés et les Spectacles qui bordent cette fameuse promenade méritent, à juste titre, des éloges: Oui, je le dirai à leur gloire, les galantes Lanternes dont ils décorent leurs illustres Baraques, m'ont fourni l'idée d'une Illumination universelle. Le célèbre Chevalier Servandoni m'a promis des dessins d'Arcades, de Guirlandes et de Chiffres galants, dignes de son génie fécond. Est-il un de nos Roulants fortunés qui ne s'empresse à contribuer à l'exécution d'un Projet aussi éclatant? Le Boulevard ainsi décoré deviendroit une Salle de Bal-paré, dont les Equipages formeroient les Loges.« [T 2, 5]

»Nach dem Theater ging ich in ein Kafee, es war ganz neu decorirt, im Renaissancestyl. Der ganze Salon von Spiegelwänden zwischen vergoldeten Säulen. Die rechnungführende Dame sitzt immer hinter einem prächtigen großen Tische auf Stufen erhöht, vor ihr stehen das Silberzeug, Früchte, Blumen, Zucker und die Büchse für die garçons. Es ist nämlich Sitte, daß ein jeder Gast bei der Bezahlung eine Kleinigkeit für den garçon giebt, die von diesem in die Büchse geworfen wird, zu gemeinsamer Theilung.« Eduard Devrient: Briefe aus Paris Berlin 1840 p 20 [T 2 a, 1]

Zwischen Februar-Revolution und Juni-Insurrektion: »Wenn die Club-Sitzungen zu Ende waren, so durchzog man die Straßen, und die schlafenden Bürger wurden entweder durch Rufe: ›des lampions, des lampions!‹ denen zu Folge sie ihre Fenster illuminiren mußten, geweckt, oder muthwillig abgefeuerte Gewehre schreckten sie aus dem Schlummer ... Man durchzog in endlosen Processionen Paris unter Fackelbeleuchtung, und einmal kam es sogar vor, daß ein Mädchen sich entkleiden ließ und sich bei dem Fackellichte ganz nackt der Menge zeigte, was dieselbe blos als eine

Beleuchtungsarten 703

Erinnerung an die Göttin der Freiheit der ersten französischen Revolution betrachtete ... Der Polizeipräfect Caussidière erließ wohl einmal eine Proclamation gegen diese Fackel-Processionen, welche jedoch die Bürgerschaft von Paris noch mehr erschreckte, weil darin ausgesprochen wurde, daß das Volk erst die Fackel in die Hand nehmen solle, wenn die Republik in Gefahr käme.« Sigmund Engländer: Geschichte der französischen Arbeiter-Associationen Hamburg 1864 II p 277/78 [T 2 a, 2]

»C'est encore des femmes qui nettoient le jour et allument le soir, tout huileuses, les réverbères qu'elles descendent et remontent avec une corde remisée sous clé dans la potence pendant le jour, en attendant le gaz qui, depuis des années, flamboie dans les derniers bourgs anglais. A aucun prix, les marchands d'huile et de quinquets ne veulent en entendre parler, et ils ont trouvé tout de suite sous la main deux écrivains recommandables, MM. Charles Nodier et Amédée Pichot... pour dénoncer... dans un in-octavo tous les inconvénients et perversités du gaz, y compris le danger de notre subversion totale, par explosion, étant aux mains des malfaiteurs.« Nadar: Quand j'étais photographe Paris ⟨1900⟩ p 289/90 [T 2 a, 3]

Feuerwerke und Illuminationen wurden schon unter der Restauration veranstaltet, wenn in der Kammer ein Gesetzentwurf der Ultraroyalisten gefallen war. [T 2 a, 4]

Angesichts einer Blinden- und einer Irrenanstalt folgender Exkurs über das elektrische Licht: »J'arrive aux faits. La lumière jaillissant de l'électricité a servi d'abord à éclairer les galeries souterraines des mines; le lendemain, les places publiques, les rues; le surlendemain, les usines, les ateliers, les magasins, les spectacles, les casernes; le jour d'après, l'intérieur de la famille. Les yeux, en présence de ce radieux ennemi, ont fait bonne contenance; mais, par degrés, est survenu l'éblouissement, éphémère au début, puis périodique, puis, en fin de compte, opiniâtre. Voilà pour le premier résultat. – Je comprends; mais la folie des grands seigneurs? – Nos gros bonnets de la finance, de l'industrie, du haut négoce, ont trouvé bon ... de ... faire faire le tour du globe à leur pensée, eux restant au repos ... Pour cela, chacun d'eux a cloué, dans son cabinet de travail, sur un coin du bureau, les fils électriques qui rattachent sa caisse avec nos colonies d'Afrique, d'Asie, d'Amérique. Commodément assis devant la table, il a fait bavarder sous ses doigts les lointains correspondants de ses comptoirs semés sur la surface du globe. L'un lui disait, à dix heures du matin, le naufrage d'un navire millionnaire ...; un autre, à dix heures cinq minutes, l'écoulement foudroyant de la plus solide maison des deux Amériques; un troisième, à dix heures dix minutes, l'entrée rayonnante dans le port de Marseille d'un bâtiment comblé de ce qui se récolte aux alentours de San-

Francisco. Tout cela, coup sur coup. Ces pauvres têtes, si robustes qu'elles fussent, ont fléchi, comme fléchiraient les épaules d'un Alcide de la halle, s'il s'avisait de les charger de dix sacs de froment, au lieu d'un. Voilà pour le second résultat.« Jacques Fabien: Paris en songe Paris 1863 p 96-98 [T 3, 1]

Julien Lemer: Paris au gaz Paris 1861: »Je tire le rideau sur le soleil; il est bien et dûment couché; n'en parlons plus; je ne vois plus désormais d'autre lumière que celle du gaz.« (p 10) Der Band enthält außer pariser Stimmungsbildern, deren erstes ihm den Titel gibt, drei Novellen. [T 3, 2]

An der place de l'Hôtel de Ville gab es – um 1848 – ein Café du Gaz. [T 3, 3]

Mißgeschick des Aimé Argand. Seine vielfache Verbesserung der alten Öllampe durch doppelten Luftzug, in der Form eines Hohlzylinders geflochtnen Docht, Glaszylinder u. a. wurde ihm zuerst von Lange in England streitig gemacht, mit dem er sich assoziierte, sodann von dem Pariser Quinquet geraubt, der der Erfindung den Namen gab. So endete Argand elend: »La misanthropie qui s'était emparée de lui, au retrait de son brevet, le conduisit à chercher dans les sciences occultes une sorte de compensation ... ›On le voyait pendant les dernières années de sa vie, errer dans les cimetières pour y recueillir les ossements et la poudre des tombeaux qu'il soumettait en suite à des procédés chimiques, cherchant ainsi, dans la mort, le secret de prolonger la vie.‹« Er selber ist jung gestorben. A Drohojowska: Les grandes industries de la France L'éclairage Paris p 127
[T 3 a, 1]

Carcel, inventeur des lampes à mouvement d'horlogerie. Das sind Lampen, die aufgezogen werden müssen. Sie enthalten ein Uhrwerk, das aus einem tiefliegenden Behälter das Öl in den Docht pumpt. Der Fortschritt gegenüber dem über dem Docht befindlichen Behälter, aus dem das Öl herabsickert, bestand darin, daß die Beschattung durch eben diesen hochliegenden Behälter fortfiel. Seine Erfindung datiert von 1800. Seine enseigne »B.-G. Carcel, inventeur des Lycnomènes ou lampes mécaniques, fabrique les dites lampes.« [T 3 a, 2]

»L'allumette chimique est un des plus abominables engins que la civilisation ait produits ... Grâce à elle, chacun de nous porte l'incendie dans sa poche ... Je ... déteste ce fléau permanent, toujours disposé à faire explosion, toujours prêt à brûler l'humanité à petit feu et en détail. Si vous suivez M. Alphonse Karr dans la croisade qu'il s'est mis à prêcher contre le tabac, il faut en même temps lever l'étendard contre l'allumette chimique ... Si nous n'avions pas dans nos poches l'occasion qui fait le fumeur, nous fumerions moins.« H de Péne: Paris intime Paris 1859 p 119/120 [T 3 a, 3]

Beleuchtungsarten   705

Nach Lurine – »Les boulevarts« in »Paris chez soi« ⟨Paris 1854⟩ – die erste
Gasbeleuchtung 1817 im Passage des Panoramas.   [T 3 a, 4]

Anläßlich der endgültigen Etablierung der Laternen in den pariser Straßen
(im März 1667): »Je ne sais guère que l'abbé Terrasson, parmi les gens de
lettres, qui ait médit des lanternes ... A l'entendre, la décadence des lettres
datait de leur établissement: ›Avant cette époque, disait-il, chacun, dans la
crainte d'être assassiné, rentrait de bonne heure chez soi, ce qui tournait au
profit du travail. Maintenant, on reste dehors le soir et l'on ne travaille
plus.‹ C'est là certainement une vérité, dont l'invention du gaz est loin
d'avoir fait un mensonge.« Edouard Fournier: Les lanternes Histoire de
l'ancien éclairage de Paris Paris 1854 p 25   [T 3 a, 5]

In der zweiten Hälfte der sechziger Jahre des achtzehnten Jahrhunderts
kamen mehrere Flugschriften heraus, die sich in poetischer Form mit den
neuen Laternen beschäftigten. Die folgenden Verse entstammen dem
Gedicht Les sultanes nocturnes et ambulantes contre Nosseigneurs les
reverbères A la petite vertu 1769:
   »La pauvre amante au lieu d'amants,
   Ne trouve que des reverbères,
   Dans cette brillante cité,
   Autrefois ton second Cythère,
   Tes nymphes mettent pied à terre;
   Tendre mère de volupté,
   On les veut forcer aujourd'hui
   De s'accroupir dans un étui,
   Autrement fiacre octogénaire;
   Qui par B., par F., les conduit
   Où les fiacres n'ont rien à faire ...
   Miséricorde, quand la nuit
   Permet de quitter le réduit;
   Car la vie est si nécessaire;
   Pas un coin, pas un carrefour,
   Où le reverbère ne perce;
   C'est un verre ardent qui traverse
   Tous nos desseins formés au jour ...«
Edouard Fournier: Les lanternes Histoire de l'ancien éclairage de Paris
Paris 1854 p 5 (des besonders paginierten Gedichtabdrucks)   [T 4, 1]

1799 legt ein Ingenieur in seinem Hause Gasbeleuchtung an und
überträgt so auf den Gebrauch, was nur als Experiment im physika-
lischen Laboratorium bekannt war.   [T 4, 2]

»On peut parfois, dit-on, éviter ces revers
En choisissant l'abri des passages couverts;
Oui, mais dans ces couloirs où l'oisif se pavane,
Fume en bleus tourbillons la feuille de Havane,
...
Rends-nous, par tes efforts, l'existence plus douce,
Ecarte de nos pas toute rude secousse;
Pour prévenir à temps les volcans destructeurs
Des salons de lecture et des restaurateurs,
Dès que la nuit commence, ordonne qu'on explore
Tous les lieux infectés par le gaz inodore,
Et qu'on donne l'éveil avec des cris de peur,
Sitôt qu'on sent filtrer l'inflammable vapeur.«
Barthélemy: Paris Revue satirique à M G Delessert Paris 1838 p 16   [T 4, 3]

»›Welch' eine herrliche Erfindung‹ – ruft Gottfried Semper aus – ›ist die Gasbeleuchtung! Mit welchen Mitteln bereichert sie (abgesehen von deren unendlicher Wichtigkeit für den Bedarf des Lebens) unsere Festlichkeiten!‹ Dieser merkwürdige Vorrang der festlichen vor den alltäglichen oder vielmehr allnächtlichen Zwecken – die Nacht der Städte wird selber vermöge der allgemeinen Illumination zu einer Art von dauerndem erregtem Feste – verrät deutlich den morgenländischen Charakter dieser Beleuchtung... Daß in Berlin nach bereits zwanzigjährigem Betriebe einer Gasanstalt im Jahre 1846 erst knapp zehntausend Privatflammen gebrannt wurden, ist ... auf die folgende ... Weise erklärt worden: ›Zum großen Theil waren hieran natürlich die allgemeinen geschäftlichen und socialen Verhältnisse schuld; es war für eine gesteigerte Thätigkeit während der Abend- und Nachtstunden immer noch kein eigentliches Bedürfnis vorhanden.‹« Dolf Sternberger: Panorama Hamburg 1938 p 201 u 202 (die Zitate aus Gottfried Semper: Wissenschaft, Industrie und Kunst Braunschweig 1852 p 12; Handbuch für Steinkohlengasbeleuchtung hg von NH Schilling München 1879 p 21)   [T 4 a, 1]

Zur Abdeckung des Himmels der Großstadt durch die künstliche Beleuchtung ein Satz bei Wladimir Odojewskij: Das Lächeln des Toten: »Vergeblich erwartete er einen Blick, der zu ihm aufgeschlagen würde.« Russische Gespenstergeschichten München ⟨1921⟩ p 53 Ähnlich das Motiv der Aveugles von Baudelaire, das auf »Des Vetters Eckfenster« zurückführt.   [T 4 a, 2]

Gaslicht und Elektrizität. »Je gagnai les Champs-Elysées où les cafés-concerts semblaient des foyers d'incendie dans les feuillages. Les marronniers frottés de lumière jaune avaient l'air peints, un air d'arbres phosphorescents. Et les globes électriques, pareils à des lunes éclatantes et pâles, à des œufs de lune tombés du ciel, à des perles monstrueuses, vivantes, faisaient pâlir sous leur clarté nacrée, mystérieuse et royale, les filets de gaz, de vilain gaz sale, et les guirlandes de verres de couleur.« Guy de Maupassant: Clair de lune Paris 1909 p 222 (La nuit cauchemar) [T 4 a, 3]

Gaslicht bei Maupassant: »Tout était clair dans l'air léger, depuis les planètes jusqu'aux becs de gaz. Tant de feux brillaient là-haut et dans la ville que les ténèbres en semblaient lumineuses. Les nuits luisantes sont plus joyeuses que les grands jours de soleil.« Guy de Maupassant: Clair de lune Paris 1909 p 221 (La nuit cauchemar) Der letzte Satz gibt die Quintessenz der »italienischen Nacht«. [T 5, 1]

Die caissière im Gaslicht als lebendes Bild, als Allegorie der Kasse.
[T 5, 2]

Poe in der Philosophie de l'ameublement: »L'éclat est la principale hérésie de la philosophie américaine de l'ameublement ... Nous sommes violemment affolés de gaz et de verre. Le gaz, dans la maison, est complétement inadmissible. Sa lumière, vibrante et dure, est offensante. Quiconque a une cervelle et des yeux refusera d'en faire usage.« Ch⟨arles⟩ B⟨audelaire⟩: Œuvres complètes éd Crépet Histoires grotesques et sérieuses par Edgar Poe Paris 1937 p 207 [T 5, 3]

U

[Saint-Simon, Eisenbahnen]

»Charakteristisch ist für die ganze Zeit bis 1830 die Langsamkeit der Ausbreitung der Maschinen ... Die Mentalität der Unternehmer ist wirtschaftlich noch konservativ, sonst hätte der Einfuhrzoll auf Dampfmaschinen, für deren Herstellung doch nur ganz wenige französische Fabriken existierten, nicht auf 30 Prozent des Wertes erhöht werden können. So ist denn die französische Industrie der Restaurationszeit dem vorrevolutionären Regime durchaus noch wesensverwandt.« Willy Spühler: Der Saint-Simonismus Lehre und Leben von Saint-Amand Bazard Zürich 1926 p 12
[U 1, 1]

»Der mühsamen großindustriellen Entwicklung entspricht der langsame Prozeß der Bildung des modernen Proletariates ... Die eigentliche Proletarisierung ... der Arbeitermassen vollzieht sich erst Ende der dreißiger und in den vierziger Jahren.« Spühler: Der Saint-Simonismus p 13   [U 1, 2]

»Während der ganzen Periode der Restauration treibt ... die Kammer eine Handelspolitik des extremsten Protektionismus ... Die alte Theorie von der Handelsbilanz war wieder im Schwunge wie zur Zeit des Merkantilismus.« Spühler: Der Saint-Simonismus Zürich 1926 p 10/11   [U 1, 3]

»Erst im Jahre 1841 wird ein bescheidenes Gesetzchen betreffend die Kinderarbeit angenommen; interessant ist der Einwand des berühmten Physikers Gay-Lussac, in der Intervention sieht er nämlich ›un commencement de saint-simonisme ou de phalanstérisme‹.« Spühler: Der Saint-Simonismus p 15   [U 1, 4]

»Aphroditens Vögel fliegen in der Luft von Paris nach Amsterdam und haben die Kurszettel aus der Coulisse unter ihren Fittigen gebunden; ein Telegraph fingert von Paris nach Brüssel hinüber, wie hoch die 3prozentige Rente gestiegen ist; Kuriere eilen über die Landstraßen auf keuchenden Rossen; die Abgesandten der wirklichen Könige markten mit den ideellen Königen, und Nathan Rothschild in London zeigt Euch, wenn Ihr ihn besucht, ein Kästchen, das aus Brasilien mit ganz frischen, eben aufgefischten Diamanten angekommen ist, um damit die Zinsen der brasilischen laufenden Schuld zu decken. Ist dis nicht interessant?« Karl Gutzkow: Öffentliche Charaktere Erster Theil Hamburg 1835 p 280 (Rothschild)
[U 1, 5]

»L'influence et le développement du saint-simonisme jusqu'à la fin du

XIXᵉ siècle n'ont à peu près aucun caractère ouvrier. Le saint-simonisme fournit un élan et un idéal à l'esprit de la grande industrie et à l'exécution des grands travaux. Les saint-simoniens Pereire gouvernent les entreprises ferroviaires, bancaires et immobilières de la monarchie de Juillet et du second Empire. Le canal de Suez, dont Enfantin et Lambert-Bey allèrent étudier les plans et organiser l'idée à un moment où Ferdinand de Lesseps était consul au Caire, est resté le type de l'entreprise planétaire saint-simonienne. On opposerait volontiers l'entreprise grande-bourgeoise du saint-simonisme, qui est de production et d'action, à l'entreprise petite-bourgeoise du phalanstère fouriériste qui est de consommation et de jouissance.« Albert Thibaudet: Les idées politiques de la France Paris 1932 p 61/62 ■ Geheimbünde ■ [U 1, 6]

»Girardin ... fondait la *Presse* en 1836, inventait le jounal à bon marché et le roman feuilleton.« Dubech-D'Espezel: Histoire de Paris Paris 1926 p 391 [U 1, 7]

»Depuis quelques années, une révolution complète s'est opérée dans les cafés de Paris. Le cigare et la pipe ont tout envahi. Autrefois on ne fumait que dans certains établissements spéciaux, appelés *estaminets*, et fréquentés seulement par des gens de bas étage; aujourd'hui on fume presque partout ... Il y a une chose que nous ne pouvons pardonner aux princes de la maison d'Orléans, c'est d'avoir si prodigieusement augmenté la vogue du tabac, cette plante puante, nauséabonde, qui empoisonne en même temps le corps et l'intelligence; tous les fils de Louis-Philippe fumaient comme des Suisses, personne autant qu'eux n'a poussé à la consommation de ce sale produit. Cela grossissait le trésor public, sans doute; mais c'est aux dépens de la salubrité publique et de l'intelligence humaine.« Histoire des cafés de Paris extraite des mémoires d'un viveur Paris 1857 p 91/92 [U 1 a, 1]

»Le symbolisme, si profondément enraciné ... et qu'on ne trouve pas seulement dans les rits liturgiques: n'a-t-on pas vu, au siècle dernier, les disciples d'Enfantin revêtus d'un gilet qu'on boutonnait dans le dos pour attirer l'attention sur l'assistance fraternelle que l'homme doit à l'homme?« Robert Jacquin: Notions sur le langage d'après les travaux du P. Marcel Jousse Paris 1929 p 22 [U 1 a, 2]

»En 1807, il y avait dans Paris quatre-vingt-dix mille quatre cents ouvriers, qui exerçaient cent vingt-six métiers. Ils étaient soumis à une surveillance étroite, les associations étaient interdites, les bureaux de placement contrôlés, les heures de travail fixées. Les salaires allaient de 2 fr. 50 à 4 fr. 20, soit une moyenne de 3 fr. 35. L'ouvrier déjeunait solidement, dînait légèrement et soupait le soir.« Lucien Dubech, Pierre D'Espezel: Histoire de Paris Paris 1926 p 335 [U 1 a, 3]

»Le 27 août 1817, le bateau à vapeur *Le génie du Commerce*, inventé par le marquis de Jouffroy, avait navigué sur la Seine, entre le Pont-Royal et le Pont Louis XVI.« Dubech-D'Espezel: Histoire de Paris p 359 [U 1 a, 4]

Les ateliers nationaux »avaient été créés sur la proposition d'un modéré, Marie, parce que la Révolution avait garanti l'existence de l'ouvrier par le travail, et qu'il fallait donner une satisfaction aux extrémistes ... Les ateliers étaient organisés de façon démocratique et militaire, brigades, avec chefs élus.« Dubech-D'Espezel lc p 398/99 [U 1 a, 5]

Die Saint-Simonisten. »Dans le magnifique désordre des idées qui accompagna le romantisme, ils grandirent assez pour abandonner en 1830 leur grenier de la rue Taranne, et venir s'installer rue Taitbout. Ils y donnaient des conférences devant un auditoire où les jeunes gens étaient vêtus en bleu et les dames en blanc avec des écharpes violettes. Ils avaient acheté le journal *Le Globe* et ils y préconisaient un programme de réformes ... Le Gouvernement ..., sous prétexte d'un prêche sur l'émancipation de la femme, poursuivit les Saint-Simoniens. Ils se rendirent à l'audience en grand costume, avec accompagnement de cor de chasse. Enfantin portait écrits en grosses lettres sur sa poitrine ces deux mots: ›le Père‹, et il déclara froidement au Président qu'il était en effet le père de l'humanité. Puis il chercha à hypnotiser les magistrats en les regardant dans les yeux. Il récolta un an de prison, qui mit fin à ces folies.« Dubech-D'Espezel: Histoire de Paris p 392/93 ■ Haussmann ■ Geheimbünde ■ [U 1 a, 6]

»Girardin veröffentlichte ... eine Broschüre unter dem Titel: ›Weshalb eine Constitution?‹ Er wollte, daß die ganze französische Verfassung durch eine einfache Erklärung in zehn Zeilen ersetzt werde, die man auf ein Fünffrankenstück gravieren ... sollte.« S. Engländer lc ⟨Geschichte der französischen Arbeiter-Associationen Hamburg 1864⟩ IV p 133/134
[U 1 a, 7]

»Au temps de la Révolution commence à paraître dans Paris un élément nouveau: la grande industrie. C'est une conséquence de la disparition des corporations, du régime de liberté sans contrôle qui suivit et des guerres contre l'Angleterre, qui obligeaient à fabriquer les objets que procurait jadis l'importation. A la fin de l'Empire, l'évolution sera complète. Dès la période révolutionnaire, on voit s'établir des fabriques de salpêtre, de fusils, de tissus de coton et de laine, de conserves de viande, de petit outillage. On développe les filatures mécaniques du lin, du coton, encouragées par Calonne dès 1785, les fabriques de bronze fondées sous Louis XVI, les industries des produits chimiques et des matières colorantes,

installées à Javel par le comte d'Artois. Didot-Saint-Léger exploite rue Sainte-Anne la nouvelle machine à fabriquer le papier. En 1799, Philippe Lebon fait breveter un procédé de fabrication de gaz d'éclairage. Du 22 au 30 septembre 1798 est tenue au Champ-de-Mars la première ›exposition publique des produits des manufactures et de l'Industrie françaises‹.« Dubech-D'Espezel: Histoire de Paris Paris 1926 p 324 ∎ Ausstellungen ∎
[U 2, 1]

Über die Saint-Simonisten: »Ecole constituée par un véritable corps d'ingénieurs et entrepreneurs industriels, gros brasseurs d'affaires soutenus par la puissance des banques.« A Pinloche: Fourier et le socialisme Paris 1933 p 47
[U 2, 2]

»Obschon die Arbeiter-Associationen sämmtlich musterhaft, tüchtig und redlich geleitet wurden, ... war dennoch die Bourgeoisie einstimmig gegen dieselben eingenommen. Die meisten Bürger fühlten eine gewisse Bangigkeit, wenn sie vor einem der Häuser vorübergingen, welche das Zeichen ... und Schild einer Arbeiter-Association trugen. Obschon die Läden derselben sich nur durch die Ueberschrift: ›Association fraternelle d'ouvriers. Liberté, Egalité, Fraternité‹ von anderen ähnlichen Geschäften unterschieden, so machten dieselben doch auf den Spießbürger den Eindruck von lauernden Schlangen, die plötzlich eines Morgens hervorspringen könnten. Es genügte dem Spießbürger an die Februar-Revolution zu denken, welche der Ursprung dieser Associationen gewesen war... Die Arbeiter-Associationen ihrerseits machten alle möglichen Anstrengungen, um die Bourgeoisie zu versöhnen und hofften, von ihr Unterstützung zu finden. Aus diesem Grunde statteten viele derselben ihre Läden auf das glänzendste aus, um dadurch recht viele Käufer anzulocken. Die Entbehrungen, welche sich die Arbeiter auf diese Art selbst auflegten, um die Concurrenz bestehen zu können, sind unglaublich. Während der Verkaufs-Laden, der dem Publikum offen stand, auf das kostspieligste ausgestattet war, saßen die Arbeiter in der Werkstätte, in der oft gar keine Geräthschaften vorhanden waren, auf dem Fußboden.« Sigmund Engländer: Geschichte der französischen Arbeiter-Associationen Hamburg 1864 III p 106-08 ∎ Geheime Gesellschaften ∎
[U 2, 3]

Einfluß des Feuilletons in seiner Frühzeit. »Il y a des feuilles à un sol et des feuilles à dix centimes. Un marchand voit passer un bon gros bourgeois, qui, après avoir bravement lu son *Constitutionnel*..., le plie négligemment et le met dans sa poche. Il aborde ce courageux lecteur, et lui présentant, soit *le Peuple*, soit *la Révolution*, qui ne valent qu'un sou, il lui dit: – Monsieur, si vous voulez, je vous donne *le Peuple*, par le citoyen Proudhon, et son supplément, avec un feuilleton du célèbre Ménars-

Senneville, pour celui-ci que vous avez lu. Le bourgeois se laisse aller; que peut-on faire d'un *Constitutionnel* qu'on a lu? Il donne son journal et prend l'autre, alléché qu'il l'est par le nom tout puissant de Ménars-Senneville. Souvent même il s'oublie, dans sa joie d'être débarrassé de ce qui l'a tant ennuyé, il donne encore un sol par-dessus le marché.« A Privat D'Anglemont: Paris inconnu Paris 1861 p 155/56 [U 2 a, 1]

Le fameux principe de Villemessant »qu'un fait tout ordinaire, mais qui se passe aux boulevards ou dans les environs, a beaucoup plus d'importance au point de vue du journalisme qu'un événement considérable en Amérique ou en Asie.« Jean Morienval: Les créateurs de la grande presse en France Paris ⟨1934⟩ p 132 [U 2 a, 2]

»*L'Autographe* était dirigé par Bourdin, car Villemessant, comme Napoléon, aimait à donner des royaumes. Ce curieux homme, très indépendant d'esprit, a rarement agi seul. Il ›collaborait‹.« Jean Morienval: Les créateurs de la grande presse en France Paris p 142 [U 2 a, 3]

Dichtung des Saint-Simonismus: »In der Vorrede zum ersten Bande des ›Producteur‹ appelliert A. Cerclet in eindringlicher Weise an die Künstler … Ebenso redet Buchez, das spätere Haupt der Genossenschaftsbewegung, der Künstlerschaft zu … Buchez prägt … das Wort, daß der Klassizismus und die Romantik sich in die Welt teilen, mit der sie – die Saint-Simonisten – sich beschäftigen, wie die Legitimität und der Liberalismus sich in die politische Welt teilen … Im Jahre 1825 wurde dem Erbauer des Languedoc-Kanals, Pierre Riquet, ein Denkmal errichtet. Soumet dichtete bei dieser Gelegenheit eine schwungvolle Hymne … Der Literaturchronist des ›Producteur‹, Leon Halévy, der Bruder des berühmten Komponisten, begrüßte diese Verse auf das lebhafteste und qualifizierte sie als ›industrielle Poesie‹ … Soumet erfüllte immerhin die Hoffnungen, die die Saint-Simonisten auf ihn setzten, nur teilweise. Klingen auch später noch in seiner ›Divine Epopée‹ die Hämmertakte und das Räderlärmen der industriellen Arbeit wieder, so äußerte sich gerade in diesem größten Werke des Dichters der Hang zu metaphysischen Abstraktionen … Halévy war übrigens selbst Dichter … Im Jahre 1828 publiziert Halévy seine ›Poésies européennes‹ … 1831 erscheint von ihm eine Ode auf Saint-Simon, der 1825 gestorben war.« H. Thurow: Aus den Anfängen der sozialistischen Belletristik Die neue Zeit Stuttgart 1903 XXI, 2 p 217-219
[U 2 a, 4]

Über eine Rezension Sainte-Beuves in der Revue des deux Mondes vom 15 Februar 1833: »Die Verse, die Sainte-Beuve … rezensierte, waren der poetische Nachlaß eines sehr jung gestorbenen Dichters Namens Bruheille

… Sainte-Beuve macht uns übrigens in der gleichen Chronik mit einem Roman bekannt, der den bezeichnenden Titel: ›La Saint-Simonienne‹ führte und der den Triumph des Saint-Simonistischen Gedankens ... demonstriert. Daß die Autorin, eine Madame Le Bassu, diesen Triumph auf etwas unwahrscheinlichem Wege zu stande bringt, nämlich durch die Transfusion des Blutes aus den Adern des mit der Simonistischen Lehre infizierten Jünglings in diejenigen der streng kirchlich erzogenen Geliebten, ist wohl im wesentlichen als ein künstlicher Notgriff zu betrachten, kehrt zugleich aber auch die mystische Seite des Saint-Simonismus hervor. Das mystische Element des letzteren hatte sich kurz zuvor, während des Aufenthaltes der ›Familie‹ in ihrer letzten Zufluchtsstätte in der Rue Ménilmontant stark entfaltet. Jene letzte Episode der Bewegung zeitigte auch eine entsprechende Literatur, Gedichte, Gesänge, Andachtsübungen in Reim und Prosa, deren rätselhafte Symbolik nur den wenigen Eingeweihten verständlich sein konnte ... Der Saint-Simonismus, von der Macht der politischen und wirtschaftlichen Entwicklung aus seinem Geleise gedrängt, hatte sich in der Metaphysik festgefahren.« H. Thurow: Aus den Anfängen der sozialistischen Belletristik Die Neue Zeit Stuttgart 1903 XXI, 2 p 219/220 [U 3, 1]

Utopischer Sozialismus. »Die Kapitalistenklasse ... betrachtete seine Anhänger als sonderbare Heilige und harmlose Schwärmgeister ... Diese Anhänger trugen übrigens selbst das Menschenmögliche dazu bei, um als solche ... zu erscheinen. So trugen sie Kleidungsstücke von ganz besonderem Schnitt (die St. Simonisten knöpften z. B. ihre Röcke auf dem Rücken zu, damit sie beim Ankleiden auf die Hilfe eines Genossen angewiesen waren und dadurch auf die Nothwendigkeit der Vereinigung hingewiesen wurden), ungewöhnlich große Hüte, sehr lange Bärte etc.« Paul Lafargue: Der Klassenkampf in Frankreich Die neue Zeit XII, 2 p 618 [U 3, 2]

»Nach der Julirevolution brachten die Saint-Simonisten sogar das Kampforgan der Romantiker, den ›Globe‹, an sich. Pierre Leroux wurde der Herausgeber.« Franz Diederich: Victor Hugo Die neue Zeit XX, 1 p 651 Stuttgart 1901 [U 3, 3]

Aus dem Bericht über die Nummer der Zeitschrift »Der Kampf« der österreichischen Sozialdemokratie November 1911: »›Zu Saint-Simons 150. Geburtstag‹ ... schrieb Max Adler: ... Als Sozialist wurde er bezeichnet, als dieses Wort noch ganz etwas anderes bedeutete wie heute ... Vom Klassenkampf sieht er nur den Gegensatz des Industrialismus zum alten Regime; aber Bourgeoisie und Arbeiter betrachtet er als eine zusammengehörige industrielle Klasse, von der er die reicheren Mitglieder auffordert, sich des Loses ihrer armen Mitarbeiter anzunehmen. Fourier hatte einen klareren Ausblick in die Notwendigkeit einer neuen Gesellschaftsform.« Zeitschriftenschau Die neue Zeit XXIX, 1 1911 p 383/84

[U 3, 4]

Engels über Feuerbachs »Wesen des Christentums«: »Selbst die Fehler des Buchs trugen zu seiner augenblicklichen Wirkung bei. Der belletristische, stellenweise sogar schwülstige Styl sicherte ein größeres Publikum und war immerhin eine Erquickung nach den langen Jahren abstrakter und abstruser Hegelei. Dasselbe gilt von der überschwänglichen Vergötterung der Liebe, die gegenüber der unerträglich gewordnen Souveränität des ›reinen Denkens‹ eine Entschuldigung ... fand. Was wir aber nicht vergessen dürfen: gerade an diese beiden Schwächen Feuerbachs knüpfte der seit 1844 sich im ›gebildeten‹ Deutschland wie eine Seuche verbreitende ›wahre Sozialismus‹ an, der an die Stelle der wissenschaftlichen Erkenntniß die belletristische Phrase, an die Stelle der Emanzipation des Proletariats durch die ökonomische Umgestaltung der Produktion, die Befreiung der Menschheit vermittelst der ›Liebe‹ setzte, kurz sich in die widerwärtige Belletristik und Liebesschwüligkeit verlief, deren Typus Herr Karl Grün war.« Friedrich Engels: Ludwig Feuerbach und der Ausgang der klassischen deutschen Philosophie Die neue Zeit IV Stuttgart 1886 p 150 [Anzeige von C. N. Starcke: Ludwig Feuerbach Stuttgart 1885]   [U 3 a, 1]

»Die Eisenbahnen ... verlangten neben anderen unmöglichen Dingen eine Umwandlung des Eigentumsmodus ... Tatsächlich betrieb bis dahin ein Bürger eine Industrie oder einen Handel nur mit seinem Gelde, höchstens noch mit dem von einem oder zwei Freunden und Bekannten ... Er verwaltete das Geld und war der tatsächliche Eigentümer der Fabrik oder des Handelshauses. Aber die Eisenbahnen bedurften so riesengroßer Kapitalien, daß es unmöglich war, diese in den Händen von nur wenigen Personen angehäuft zu finden. So mußten denn eine große Anzahl von Bürgern ihr geliebtes Geld, das sie niemals aus dem Auge ließen, Leuten anvertrauen, deren Namen sie kaum kannten ... War das Geld einmal hingegeben, so verloren sie jede Kontrolle über seine Verwendung, ebensowenig hatten sie ein Eigentumsrecht an den Bahnhöfen, Waggons, Lokomotiven usw. ... Sie hatten nur ein Anrecht auf die Überschüsse; anstatt eines Gegenstandes ... übergab man ihnen ... ein unscheinbares Blatt Papier, das die Fiktion eines unendlich kleinen und unfaßbaren Teilchens des positiven Eigentums darstellte, dessen Namen in großen Buchstaben darunter stand ... Diese Form ... stand in so heftigem Widerspruch zu der den Bourgeois vertrauten ..., daß sich zu ihrer Verteidigung nur Leute fanden, die ... im Geruch standen, die Gesellschaftsordnung stürzen zu wollen, nur Sozialisten: Fourier als erster und

St. Simon priesen die Mobilisierung des Eigentums in papierne Aktien.«
Paul Lafargue: Marx' historischer Materialismus Die neue Zeit XXII, 1
Stuttgart 1904 p 831 [U 3 a, 2]

»Il y a une émeute par jour. Les étudiants, fils de bourgeois, y fraternisent avec les ouvriers, et les ouvriers croient que c'est arrivé. On compte sérieusement aussi sur les élèves de l'Ecole polytechnique.« Nadar: Quand j'étais photographe Paris ⟨1900⟩ p 287 [U 3 a, 3]

»Nicht in proletarischen, ja nicht einmal in demokratischen Kreisen ist die erste Idee ... zur Gründung von Arbeitsbörsen zu suchen. Herr de Molinari, der Chefredakteur des ›Journal des Economistes‹, verlegt sie in das Jahr 1842. Er selbst war es, der diese Idee in einer Arbeit entwickelte, die er über ›L'avenir des chemins de fer‹ ... schrieb. Um nachzuweisen, wie sehr sich die Zeiten geändert hatten, berief er sich nur auf Adam Smith, der sich ungefähr dahin äußerte, daß die Waare Arbeit die am schwersten transportable sei. Er konstatirte dagegen, daß die Arbeitskraft beweglich geworden war. Europa, die ganze Welt steht ihr als Markt offen ... Der Schwerpunkt der Schlußfolgerung, welche de Molinari in seinem Artikel ›L'avenir des chemins de fer‹ zu Gunsten von Einrichtungen entwickelte, welche als Arbeitsbörsen dienen sollten, war der folgende: Die Hauptursache des niedrigen Preises der Löhne ist das häufig bestehende Mißverhältniß zwischen der Zahl der Arbeiter und der Nachfrage nach Arbeit; sie liegt ferner in der übermäßigen Anhäufung von Arbeiterbevölkerung in gewissen Produktionszentren ... Gebt den Arbeitern die Mittel, mit Aufwendung geringer Kosten ... ihren Aufenthaltsort verändern zu können; gebt ihnen auch die Möglichkeit, zu erfahren, wo sie Arbeit zu den günstigsten Bedingungen finden werden ... Wenn die Arbeiter schnell und vor allen Dingen billig reisen, so werden bald für die Arbeit Börsen entstehen.« – Über den Vorschlag, ein bulletin du travail zu schaffen: »Mit diesem Vorschlag, welcher in dem von Xavier Durrieu herausgegebenen ›Courrier français‹ veröffentlicht wurde, wendete man sich unmittelbar an die Arbeiter ... ›Wir wollen den Arbeitern einen ... Dienst dadurch erweisen, daß wir in unseren Spalten gegenüber dem Kurszettel der Börse einen Kurszettel der Arbeit veröffentlichen ... Wozu dient der Kurszettel der Börse? Der Kurszettel zeigt bekanntlich den Kurs der Staatspapiere und der Aktien ... auf den verschiedenen Märkten der Welt an ... Ohne das Vorhandensein des Kurszettels würden die Kapitalisten sehr oft nicht wissen, wo sie ihr Geld anlegen sollen; ohne ihn würden sie sich in der gleichen Lage befinden wie Arbeiter, welche ... nicht wissen, wohin sie sich wenden müssen, um Arbeit zu finden ... Der Arbeiter ist ein Verkäufer von Arbeit, und als solcher hat er alles Interesse daran, die Absatzgebiete kennen zu lernen, welche für seine Waare vorhanden sind.‹«

Louis Héritier: Die Arbeitsbörsen Die neue Zeit Stuttgart 1896 XIV, 1 p 645-647 [U 4, 1]

Bemerkenswerter Unterschied zwischen Saint-Simon und Marx. Der erste greift die Zahl der Ausgebeuteten möglichst groß, rechnet auch noch den Unternehmer dazu, weil er seinen Geldgebern Zins zahlt. Marx umgekehrt rechnet alle, die noch irgendwie ausbeuten, auch wenn sie übrigens Opfer der Ausbeutung sind, dem Bürgertum zu. [U 4, 2]

Es ist bezeichnend, daß den Theoretikern des Saint-Simonismus der Unterschied zwischen Industrie- und Finanzkapital nicht geläufig ist. Alle sozialen Antinomien lösen sich in der Feerie auf, die der progrès für nahe Zukunft in Aussicht stellt. [U 4 a, 1]

»Pénétrons dans quelques-unes des grandes villes manufacturières de France ... Jamais, peut-être, armée vaincue et en déroute n'a présenté un plus lamentable spectacle que l'armée industrielle triomphante. Voyez les ouvriers de Lille, de Reims, de Mulhouse, de Manchester et de Liverpool, et dites s'ils ressemblent à des vainqueurs!« Eugène Buret: De la misère des classes laborieuses en Angleterre et en France Paris 1840 I p 67 [U 4 a, 2]

Zur politischen Rolle der Intelligenz. Wichtig der »Brief an Herrn Lamartine« von Emile Barrault, Redacteur des »Tocsin des travailleurs«. [»Die socialistischen und communistischen Bewegungen seit der dritten französischen Revolution« Anhang zu Steins Socialismus und Communismus des heutigen Frankreichs Leipzig und Wien 1848 p 240] [U 4 a, 3]

Zu ermitteln: ob nicht in der vorimperialistischen Epoche ein verhältnismäßig größerer Anteil des Kapitalproftits in den Konsum, ein verhältnismäßig kleinerer in Neuinvestitionen einging.
[U 4 a, 4]

1860⟨:⟩ »Napoléon concluait avec le gouvernement anglais un traité de commerce ... en vertu duquel les droits de douane entre les deux pays étaient considérablement abaissés, en Angleterre, pour les produits agricoles français, en France, pour les produits manufacturés anglais. Ce traité était très favorable à la masse du public ... Par contre, pour résister à la concurrence anglaise, les industriels français furent obligés de diminuer leurs prix de vente: de là ... leur entrée dans l'opposition. Afin de contrebalancer l'opposition des ... industriels, Napoléon crut utile de chercher l'appui des libéraux: de là la transformation du régime et l'Empire libéral.« A Malet et P Grillet: XIXe siècle Paris 1919 p 275 (Lockerung der Preßaufsicht, Zur gebrachten Publikation der Kammerdebatten) [U 4 a, 5]

Gruppierung der Presse unter der Restauration. Ultras⟨?⟩: Gazette de France, Quotidienne, Drapeau blanc, Journal des Débats (bis 1824); Indépendants: Globe, Minerve und ab 1830 im letzten Jahr der Restauration National, Temps; Constitutionnel: Constitutionnel, Courrier Français und ab 1824 Journal des Débats. [U 4 a, 6]

Wegen der Seltenheit der Zeitungen, las man die Blätter in den Cafés zu mehrern. Sonst konnte man sie sich nur im Abonnement verschaffen was gegen 80 frcs jährlich kostete. 1824 hatten die 12 verbreitetsten Journale zusammen etwa 56000 Abonnenten. Im übrigen waren die Liberalen ebenso wie die Royalisten daran interessiert, die untern Schichten von der Zeitung fernzuhalten.
[U 4 a, 7]

Die von der Pairs-Kammer abgelehnt⟨e⟩ loi de justice et d'amour. »Un détail suffit à montrer l'esprit du projet: toute feuille imprimée, fût-ce un simple billet de faire-part, aurait eu à payer une taxe de un franc par exemplaire.« A Malet et P Grillet: XIXe siècle Paris 1919 p 56 [U 5, 1]

»Bei der Geschichte des 15.-18. Jahrhunderts verweilt St.-Simon länger und gibt den Klassen dieser Periode eine konkretere, speziell wirtschaftliche Charakteristik. Deshalb ist für die Entwicklung der Theorie des Klassenkampfes dieser Teil des Systems St.-Simons von allergrößter Bedeutung, sie übte den stärksten Einfluß auf die weitere Entwicklung ... aus ... Wenn St.-Simon für die späteren Epochen das wirtschaftliche Moment in der Charakteristik der Klassen und der Ursachen ihres Wachstums und Zerfalls hervorhebt ..., so hätte er konsequenterweise in dieser wirtschaftlichen Tätigkeit auch die eigentlichen Wurzeln der Gesellschaftsklassen suchen sollen. Hätte er diesen Schritt getan, so wäre er unvermeidlich zur materialistischen Geschichtsauffassung gelangt. Aber St.-Simon macht diesen Schritt nicht, seine allgemeine Konzeption bleibt idealistisch ... Der zweite Punkt, der in der Klassentheorie St.-Simons, durch seine Diskrepanz mit den realen Klassenverhältnissen dieser Epoche, Verwunderung erregt, ist die Vorstellung von der Klasse der Industriellen als einer einheitlichen Klasse ... Die offensichtlich sehr wesentlichen Unterschiede, die zwischen Proletariern und Unternehmern bestehen, sind für ihn äußerliche, und ihr Antagonismus ist auf gegenseitiges Unverstehen begründet. In Wirklichkeit fielen die Interessen der Leiter der industriellen Unternehmungen mit den Interessen der Volksmassen zusammen ... Diese völlig unbegründete Behauptung löst für St.-Simon den sehr realen gesellschaftlichen Widerspruch, rettet die Einheit der industriellen Klasse und somit die Perspektive auf friedlichen Aufbau des neuen gesellschaftlichen Systems.« V. Volgin: Über die historische Stellung St.-Simons (Marx-Engels-Archiv hg von D. Rjazanov I Band Frankfurt a/M ⟨1928⟩) p 97-99

[U 5, 2]

Saint-Simon⟨:⟩ »Das Industriesystem erfordere am allerwenigsten die Leitung der Menschen, da in einem System, dessen direktes Ziel das Wohl der Mehrheit sei, nicht Energie für die Machterhaltung über die Mehrheit verloren werden dürfe, die nicht mehr Feind der bestehenden Ordnung sei ... ›La fonction de maintenir l'ordre peut alors aisément devenir ... une charge commune à tous les citoyens, soit pour contenir les perturbateurs, soit pour décider les contestations.‹ Statt Beherrschung der Menschen werde das Staatssystem zum Verwaltungssystem der Sachen ... Und die Hauptaufgabe dieser administrativen Macht, deren Träger die Gelehrten, Künstler und Industriellen sein werden, werde die Organisation der Kultivierung der Erdkugel ... sein.« V. Volgin: Über die historische Stellung St.-Simons (Marx-Engels-Archiv hg. von Rjazanov I Band Frankfurt a/M) p 104/105

[U 5, 3]

Zur Idee des Gesamtkunstwerks, nach Saint-Simon: Œuvres choisies III p 358-360; »St.-Simon phantasiert von der Entwicklung des Kultes durch die gemeinsamen Bemühungen der Propheten, Dichter, Musiker, Bildhauer und Architekten. Alle Künste sollen vereinigt werden, um den Kult der Gesellschaft nützlich zu machen, um durch den Kult die Menschheit im Geiste der christlichen Moral umzubilden.« V. Volgin: Über die historische Stellung St.-Simons (Marx-Engels-Archiv I Band Frankfurt a/M) p 109

[U 5 a, 1]

Zur Darstellung Louis-Philippes. – Saint-Simon lehrt, »das industrielle System widerspreche nicht der königlichen Gewalt. Der König werde darin der erste Industrielle sein, wie er früher der erste Fürst gewesen sei.« V. Volgin: Über die historische Stellung St.-Simons (Marx-Engels-Archiv Band I Frankfurt a/M) p 112

[U 5 a, 2]

Saint-Simon war ein Vorläufer der Technokraten.

[U 5 a, 3]

Zwei Stellen aus dem Globe (vom 31 octobre und 25 novembre ⟨1831⟩) über den Lyoner Arbeiteraufstand: »nous, défenseurs de TOUS les travailleurs, des directeurs d'industrie comme des ouvriers des rangs les plus humbles« und über die Arbeiterklasse: »Il nous est déchirant de la voir se flétrir par sa brutalité. Notre cœur saigne au spectacle de ces misères morales bien autrement hideuses que les misères physiques ... Nous voudrions ... lui communiquer ... les sentiments d'ordre, de paix et de conciliation dont nous sommes pleins.« Ebendort eine zustimmende Wendung an die Adresse der lyonner Saint-Simonisten, welche »ont conservé le calme Saint-Simonien«. cit bei E Tarlé: Der Lyoner Arbeiteraufstand (Marx-Engels-Archiv hg von Rjazanov II Frankfurt a/M 1928 p 108, 109, 111) [U 5 a, 4]

Wichtiges Material zur Geschichte der Eisenbahn und besonders der Lokomotive bei Karl Kautsky: Die materialistische Geschichtsauffassung I Berlin 1927 p 645 ff. Es ergibt sich die große Bedeutung des Bergwerks für das Eisenbahnwesen, indem nicht nur dort Lokomotiven zuerst verwendet wurden sondern auch die Eisenschiene von dorther aufkam. Man ging dabei auf den Gebrauch zurück, der bei Beförderung der Hunte von Schienen (ursprünglich wohl hölzernen) gemacht wurde. [U 5 a, 5]

Zu Saint-Simons Fortschrittsidee (Polytheismus, Monotheismus, Erkenntnis der vielen Naturgesetze, Erkenntnis des einen Naturgesetzes)⟨:⟩ »Die Gravitation soll die Rolle der allgemeinen absoluten Idee spielen und die Idee von Gott ersetzen.« Œuvres choisies II p 219 cit bei V. Volgin: Über die historische Stellung St.-Simons (Marx-Engels-Archiv I Frankfurt a/M p 106) [U 5 a, 6]

»In dem System der St.-Simonisten spielen die Banken nicht nur die Rolle von Kräften, die die Industrie organisieren. Sie sind das einzige Gegengift, das das jetzt bestehende System gegen die es zerrüttende Anarchie herausgearbeitet hat, ein Element des zukünftigen Systems ... von dem Stimulans der persönlichen Bereicherung frei und eine gesellschaftliche Einrichtung.« V. Volgin: Über die historische Stellung St.-Simons (Marx-Engels-Archiv hg von Rjazanov I Frankfurt a/M p 94) [U 6, 1]

»Die Hauptaufgabe eines industriellen Systems sei die Aufstellung eines ... Arbeitsplanes, der von der Gesellschaft ausgeführt werden soll ... Aber ... sein Ideal nähert sich bedeutend mehr dem Staatskapitalismus als dem Sozialismus. Bei St.-Simon ist keine Rede von Aufhebung des Privateigentums, von Expropriation. Der Staat unterwirft die Tätigkeit der Industriellen nur bis zu einem gewissen Maß dem allgemeinen Plane ... St.-Simon

... [war] die Neigung zu ausgedehnten Projekten ... während seiner ganzen Karriere zu eigen, beginnend mit den Plänen zum Panama- oder Madrider Kanal und endend mit den Plänen zur Umwandlung der Erdkugel in ein Paradies.« V. Volgin: Über die historische Stellung St.-Simons (Marx-Engels-Archiv I Frankfurt a/M p 101/102 u 116) [U 6, 2]

»Man ›demokratisierte‹ die Börsenpapiere, damit alle Welt an dem Segen der modernen Assoziation teilhaben könne: Denn als ›Association‹ verherrlichte man jetzt die Akkumulierung der Kapitalien in Aktiengesellschaften, über welche die leitenden Finanzleute auf Kosten der Aktionäre souverän verfügen.« W. Lexis: Gewerkvereine und Unternehmerverbände in Frankreich Leipzig 1879 p 143 cit bei D. Rjazanov: Zur Geschichte der ersten Internationale (Marx-Engels-Archiv hg von D. Rjazanov I Frankfurt a/M p 144) [U 6, 3]

Emile Péreire, ehemaliger Saint-Simonist war Gründer des Crédit Mobilier. – Chevalier zeichnet in der Religion Saint-Simonienne »ancien élève de l'école polytechnique«. [U 6, 4]

Zur Geschichte der Zeitung. Klassenmäßige Differenzierung und Auflagenhöhe der Literatur, die unter Charles X gegen die Kongregationen aufgeboten wurde. »Voltaire, plus ou moins abrégé, est approprié à l'esprit et aux loisirs de toutes les conditions! il y a le ›Voltaire de la grande propriété‹, le ›Voltaire de la moyenne propriété‹, le ›Voltaire des chaumières‹. Il y a aussi les éditions de Tartuffe à trois sous. On réédite ... Holbach, ... Duprais⟨?⟩ ..., Volny. On assure que ... plus de 2 700 000 volumes ont été en sept années jetés de la sorte dans la circulation.« Pierre de la Gorce: La restauration II Charles X Paris p 58 [U 6, 5]

Erwartung des Révélateur, der das Ende des Bourgeois heraufführt und »rendra grâce au père de famille de ce qu'il aura paisiblement géré l'héritage du seigneur.« Dies vermutlich eine Anspielung auf Enfantin. Im Eingang dieses Stücks eine Art complainte des Proletariats, auf das die Flugschrift auch am Schluß verweist: »Emancipateur pacifique, il parcourra le monde, distribuant l'affranchissement au *prolètaire* et à la FEMME.« Die complainte: »Si vous êtes venus dans nos ateliers, vous avez vu ces masses de fer embrasé que nous retirons des fournaises et que nous jetons entre les dents des cylindres qui tournent plus vite que ne va le vent. Il en jaillit un lait de feu qui s'écoule par bouillons et qui se répand dans l'air en gouttes étincelantes, et le fer sort des dents du cylindre prodigieusement amaigri. En vérité nous sommes comprimés comme ces masses de fer. Si vous êtes venu dans nos ateliers, vous avez vu ces câbles des mines enroulés autour d'une roue, qui vont chercher à douze cents pieds de profondeur des blocs de pierre ou des montagnes de charbon. La roue crie sur son essieu, le câble s'alonge sous son énorme charge. Nous sommes tirés comme le câble; mais nous ne crions pas comme la roue, car nous sommes patients autant que forts. Grand Dieu! qu'ai-je fait, dit le peuple abîmé de douleur comme le roi David; qu'ai-je fait pour que mes fils les plus vigoureux deviennent de la chair à canon, et que mes filles les plus belles deviennent de la chair à prostitution?« Religion Saint-Simonienne Michel Chevalier: Le bourgeois. – Le révélateur. ⟨Paris 1830 p 3/4, 1⟩ [U 6 a, 1]

Chevalier 1848. Er spricht von dem vierzigjährigen Aufenthalt von Israel in der Wüste, ehe es ins gelobte Land kam. »Nous aurons, nous aussi, une station à faire avant de passer sous le régime ... de ... la prospérité des travailleurs. Acceptons ce temps d'arrêt ... Et si quelques personnes s'efforçaient d'exciter le courroux populaire ... sous prétexte que l'amélioration doit être prochaine ..., placardons ces paroles que Franklin, *un ouvrier* qui était devenu un grand homme ... disait à ses concitoyens: ›Si quelqu'un vous dit que vous pouvez vous enrichir autrement que par le travail et l'économie, ne l'écoutez pas; c'est un empoisonneur.‹« Franklin: Conseils pour faire fortune Paris 1848 (p I/II der Vorrede von Michel Chevalier) [U 6 a, 2]

Die Presse unter Charles X: »L'un des personnages de la cour, M. Sosthène de la Rochefoucault ..., imagine un grand projet, celui d'absorber, en les achetant, les journaux de l'opposition; mais ceux-là seuls se laissent acheter qui n'ont aucune influence à vendre.« Pierre de la Gorce: La Restauration II Charles X Paris p 89 [U 7, 1]

Die Fourieristen versprachen sich massenhafte Bekehrungen im Publikum durch Einführung eines Feuilletons in die »Phalange«. (vgl. Ferrari: Des idées et de l'école de Fourier Revue des deux mondes XIV 1845 (3) p 432)
[U 7, 2]

»O poètes! vous avez des yeux et vous ne voyez pas! des oreilles, et vous n'entendez pas! Ces grandes choses se passent en votre présence, et vous nous apportez des chants de guerre!« [Es folgt eine

Charakteristik der kriegerischen Inspiration der Marseillaise.]»Cet hymne de sang, ces imprécations atroces, témoignent non du danger de la patrie, mais de l'impuissance de la poésie libérale; poésie sans inspiration hors de la guerre, de la lutte ou de la plainte ... O peuple! chante cependant, chante *la Marseillaise*, puisque tes poètes restent muets ou qu'ils ne savent que réciter une pâle copie de l'hymne de tes pères. Chante! l'harmonie de tes accens prolongera quelques temps encore l'allégresse dont le triomphe avait rempli ton ame; les jours de bonheur sont pour toi si rares et si courts! Chante! ... ta joie est si douce à ceux qui sympathisent avec toi! il y a si longtemps qu'ils n'avaient entendu sortir de ta bouche que des plaintes, des gémissemens et des murmures!« Religion Saint-Simonienne La Marseillaise (Extrait de *l'Organisateur* du 11 septembre 1830) [Verf⟨asser⟩ nach Catalogue de la B⟨ibliothèque⟩ N⟨ationale⟩ Michel Chevalier] p 3/4 Der Grundgedanke dieser Rhapsodie ist die Konfrontation der milden Julirevolution mit der blutigen von 1789. Dementsprechend die Einleitung der Betrachtung: »Trois jours de combat ont suffi pour renverser le trône de la légitimité et du droit divin ... Vainqueurs étaient le peuple qui vit de ses labeurs, la canaille qui encombre les ateliers, la populace qui travaille misérablement, les prolétaires qui n'ont d'autre propriété que leurs bras: c'était cette race si méprisée des dandys de salons et des gens comme il faut, parce qu'elle sue sang et eau pour avoir du pain, et qu'elle ne va jamais faire la roue au balcon des Bouffes. Quand ils eurent forcé l'enceinte de ces palais ... ils pardonnèrent à leurs prisonniers ... ils pansèrent les blessés ... Puis ils se dirent: ›Oh! qui chantera nos exploits, qui dira notre gloire et nos espérances?‹« La Marseillaise lc p 1 [U 7, 3]

Aus einer Replik auf eine unfreundliche Besprechung von Charles Pradiers Produktion (der dichterischen) durch die Revue de Paris: »Voilà trois ans que nous allons quotidiennement devant la foule, et vous croyez sans doute que nous avons fini par nous y accoutumer ... Eh bien! vous vous trompez; chaque fois que nous sommes prêts à remonter sur notre trépied, nous hésitons; nous cherchons à transiger avec notre volonté; nous trouvons le temps trop mauvais, le passant trop rare, la rue trop bruyante; nous n'osons nous avouer que nous n'osons pas ... Et maintenant comprenez-vous ..., pourquoi nous nous exaltons parfois à la pensée de notre œuvre; ...

pourquoi, en nous voyant ainsi enthousiaste ..., vous avez pu, vous et bien d'autres, croire à un orgueil impossible.« Ch. Pradier: Réponse à la Revue de Paris Le Bohême Charles Pradier, rédacteur en chef I, 8 10 juin 1855 Die Stelle ist äußerst bezeichnend für das ebenso biedere wie unsichere Auftreten des Blattes, das über den ersten Jahrgang nicht hinausgekommen ist. Bereits in der ersten Nummer grenzt es sich von der laxen, moralisch emanzipierten bohème ab und erinnert an die glaubensstarke von Michel Bradacz gegründete Hussitensekte der Frères Bohèmes, denen es in der Literatur eine Nachkommenschaft ins Leben rufen will. [U 7 a, 1]

Stilprobe aus der Zeitung »Le Bohême«: »Ce qui souffre cruellement dans les mansardes, c'est l'intelligence, c'est l'art, c'est la poésie, c'est l'âme! ... – Car l'âme est un portefeuille qui ne renferme que des billets de banque du paradis, et les épiciers de ce monde cloueraient cette monnaie-là à leur comptoir comme une pièce tombée des mains d'un faux monnayeur.« Alexandre Guérin: Les Mansardes (Le Bohême I, 7 13 mai 1855) [U 7 a, 2]

Aus einer Auseinandersetzung der Unterschicht der Intelligenz mit der Führerschicht: »Vous, princes de la pensée, blasonnés de l'intelligence ..., puisque vous nous avez reniés, nous avons abjuré votre paternité, dédaigné vos couronnes, récusé vos blasons; nous avons laissé les titres pompeux que vous cherchiez autrefois pour vos œuvres; nous ne sommes déjà plus *l'Elan*, *l'Etoile* ou *le Feu follet*, ... mais nous sommes *le Cadet-Roussel*, *le Sans le Sou*, *la Terre promise*, *l'Enfant terrible*, *le Paria dramatique* ou *le Bohême*, et nous protestons ainsi ... contre votre égoïste paternité.« Charles Pradier: Pères et fils (Le Bohême I, 5 29 avril 1855) [U 7 a, 3]

»Le Bohême« hat in der ersten Nummer den Untertitel »Journal non politique«. [U 8, 1]

»Faites-moi le plaisir de parcourir les tripots, les crèmeries qui avoisinent le Panthéon ou l'Ecole de Médecine: vous y trouverez ... des poètes qui ne sont animés que par l'envie et toutes les plus basses passions, de prétendus martyrs de la *sainte cause du progrès*, qui ... fument beaucoup de pipes ... sans rien faire ...; tandis que Piconel, dont vous avez cité les beaux vers, Piconel, le dessinateur sur étoffes, qui gagne 4 fr. 50 c. par jour pour nourrir huit personnes, est inscrit au bureau de bienfaisance!! ... Je n'ai pas ... la prétention paradoxale d'exalter les vanteries de M. Dumas père ou d'excuser l'indifférence de certains de ses amis à l'endroit des jeunes écrivains; mais je vous affirme que les plus grands ennemis des déshérités littéraires ne sont pas les écrivains en renom, les monopoliseurs du

feuilleton quotidien, mais bien les faux déshérités, ceux qui ne font rien qu'injurier, boire, scandaliser les honnêtes gens, et tout cela au point de vu de l'art.« Eric Isoard: Les faux bohêmes (Le Bohême I, 6 6 mai 1855)
[U 8, 2]

Es ist bezeichnend, daß der Bohême, der die Rechte des literarischen, mit dem industriellen einigermaßen sympathisierenden Proletariats wahrnimmt, in I, 5 unter dem Titel »Du roman en général et du romancier moderne en particulier« durch Paul Saulnier den Gebrauch der négriers geißelt. Monsieur de Santis, wie der Romancier in vogue genannt wird, kehrt nach einem müßig verbrachten Tag nach Hause zurück. »Arrivé chez lui, Monsieur de Santis s'enferme ... et va ouvrir une petite porte effacée derrière sa bibliothèque. – Il se trouve alors dans un cabinet assez sale et fort mal éclairé. Il y a là, une longue plume d'oie à la main, les cheveux hérissés, un homme au visage sinistre et mielleux à la fois. – Oh! pour celui-là, il sent le romancier d'une lieue, quoique ce ne soit qu'un ancien employé du ministère qui a appris l'art de Balzac dans le feuilleton du *Constitutionnel*. C'est le véritable auteur de la *Chambre des crânes!* c'est le romancier!« [U 8, 3]

»1852 wurde von den Brüdern Péreire, zwei portugiesischen Juden, die erste moderne Großbank gegründet, der Crédit mobilier, von dem man sagte, er sei die größte Spielhölle Europas. Er machte wilde Spekulationen in allem: Eisenbahnen, Hotels, Kolonien, Kanälen, Bergwerken, Theatern und nach fünfzehn Jahren gänzlichen Bankerott.« Egon Friedell: Kulturgeschichte der Neuzeit III München 1931 p 187 [U 8 a, 1]

»*Bohème* est un mot du vocabulaire courant de 1840. Dans le langage d'alors, il est synonyme d'artiste ou d'étudiant, viveur, joyeux, insouciant du lendemain, paresseux et tapageur.« Gabriel Guillemot: Le Bohême Paris 1868 p 7/8 (cit bei Gisela Freund⟨: La photographie au point de vue sociologique Manuskript⟩ p 60) [U 8 a, 2]

»Le roman-feuilleton fut inauguré en France par le *Siècle* en 1836. L'influence bienfaisante du roman-feuilleton sur les recettes du journal trouve sa démonstration dans le contrat que passaient *Le Constitutionnel* et *La Presse* en 1845 avec Alexandre Dumas ... Celui-ci recevait un traitement annuel de 63000 francs pendant 5 années pour une production minima de 18 vol., l'an.« Lavisse: Histoire de la monarchie de juillet IV Paris 1892 (cit ohne Stellenangabe bei Gisela Freund) [U 8 a, 3]

Ein Wort von Murger (cit bei Gisela Freund p 63): »La Bohème, c'est le stage de la vie artistique: c'est la préface de l'Académie, de l'Hôtel-Dieu ou de la Morgue«. [U 8 a, 4]

Gisela Freund betont (p 64) den Gegensatz zwischen der ersten Generation der bohème – Gautier, Nerval, Nanteuil – die vielfach soliden bürgerlichen Ursprungs war, und der zweiten: »Murger était fils d'un concierge tailleur; Champfleury était le fils d'un secrétaire de mairie de Laon; Barbara, fils d'un petit marchand de musique; Bouvin, fils d'un garde champêtre; Delvau, fils d'un tanneur du Faubourg St-Marcel, et Courbet était le fils d'un demi paysan.« – Dieser zweiten Generation gehörte Nadar – Sohn eines verarmten Verlegers – an. (Er war später längere Zeit Sekretär von Lesseps.) [U 8 a, 5]

»M. de Martignac a légué ... un germe de mort aux journaux par sa loi de juillet 1828; loi plus libérale, mais qui, en rendant ... les publications quotidiennes ou périodiques plus accessibles à tous, les greva de certaines conditions pécuniaires ... Pour subvenir aux frais nouveaux, que ferons-nous? disaient les journaux. – Eh bien! vous ferez des annonces, leur répondit-on ... Les conséquences de l'annonce furent rapides et infinies. On eut beau vouloir séparer dans le journal ce qui restait consciencieux et libre de ce qui devenait public et vénal: la limite ... fut bientôt franchie. La réclame servit de pont. Comment condamner à deux doigts de distance ... ce qui se proclamait deux doigts plus bas comme la merveille de l'époque? L'attraction des majuscules croissantes de l'annonce l'emporta: ce fut une montagne d'aimant qui fit mentir la boussole ... Cette malheureuse annonce n'a pas eu une influence moins fatale sur la librairie ... L'annonce constitue ... un redoublement de frais ...; mille francs d'annonces pour un ouvrage nouveau; aussi, à partir de là, les libraires ont-ils impitoyablement exigé des auteurs deux volumes au lieu d'un, et des volumes in-8° au lieu d'un format moindre; car cela ne coûte pas plus à annoncer ... L'annonce ... demanderait toute une histoire: Swift, d'un encre amer, l'aurait tracée.« Zu dem Wort réclame folgende Anmerkung: »Pour ceux qui l'ignorent, nous disons que la réclame est la petite note glissée vers la fin, à l'intérieur du journal, d'ordinaire payé par le libraire, insérée le même jour que l'annonce ou le lendemain, et donnant en deux mots un petit jugement flatteur qui prépare et préjuge celui de l'article.« Sainte-Beuve: De la littérature industrielle (Revue des deux mondes 1839 IXX, 4 p 682/3)
[U 9, 1]

»Ce sera de moins en moins un trait distinctif que d'écrire et de faire imprimer. Avec nos mœurs électorales, industrielles, tout le monde, une fois au moins dans sa vie, aura eu sa page, son discours, son prospectus, son toast, sera auteur. De là à faire un feuilleton, il n'y a qu'un pas ... De nos

jours, d'ailleurs, qui donc peut se dire qu'il n'écrit pas un peu pour vivre
...?« Sainte-Beuve: De la littérature industrielle (Revue des deux mondes
1839 IXX, 4 p 681) [U 9, 2]

1860 und 1868 erschienen die beiden Bände der »Revues parisiennes Les
journaux, les revues, les livres« von dem Baron Gaston de Flotte in
Marseille und Paris, die es sich zur Aufgabe machen, gegen die Leichtfertigkeit und Gewissenlosigkeit der historischen Angaben in der Presse und
zumal im Feuilleton zu kämpfen. Die Richtigstellungen beziehen sich auf
Fakten der Kultur- Literatur- politischen Geschichte und Sage. [U 9, 3]

Es gab Feuilletonhonorare bis zu 2 francs die Zeile. Manche Autoren
schrieben möglichst nur Dialoge, um an den unbedruckten Zeilenstücken
zu gewinnen. [U 9 a, 1]

In seinem Aufsatz »De la littérature industrielle« behandelt Sainte-Beuve
unter anderm die ersten Schritte der neugegründeten (ursprünglich vor
allem gegen die belgischen Nachdrucke gerichteten) Société des gens de
lettres. [U 9 a, 2]

»Senefelder hatte zunächst nur an die bequemere Vervielfältigung von
Manuskripten gedacht und das hierauf zielende neue Verfahren in seinem
1818 erschienenen ›Vollständigen Lehrbuch der Steindruckerei‹ veröffentlicht. Andere exploitierten erst seine Idee zur Technik der Steinzeichnung.
Sie ermöglichte eine Schnelligkeit der Aufzeichnung, die fast der des
Wortes gleichkam ..., sie war eine Journalistik der Zeichenfeder.« Egon
Friedell: Kulturgeschichte der Neuzeit III München 1931 p 95 [U 9 a, 3]

Überblick über die revolutionäre Presse von Paris im Jahre 1848: Curiosités révolutionnaires Les journaux rouges Histoire critique de tous les
journaux ultra-républicains par un Girondin Paris 1848 [U 9 a, 4]

»Il n'est qu'une manière d'écarter le choléra, c'est d'agir sur le moral des
masses. Toute personne dont la situation morale est satisfaisante n'a rien à
craindre du fléau ... Il y a donc lieu aujourd'hui à provoquer chez les
masses une excitation morale qui les élève ... Il faut ... des mesures
extraordinaires ... Il faut un coup d'état, un coup d'état industriel ... Ce
coup d'état consisterait à changer *par ordonnance* la loi d'expropriation, de
manière à ... réduire à très peu de jours les interminables lenteurs que
prescrit la législation actuelle ... On pourrait ainsi dans Paris commencer,
par exemple, sur trente points la rue du Louvre à la Bastille, qui en assainira
le plus sale quartier ... On pourrait ... commencer aux barrières les
chemins de fer ... L'ouverture des travaux ... se ferait avec pompe et serait

célébrée par des fêtes publiques. Tous les corps de l'état viendraient avec leurs insignes prêcher d'exemple. Le roi et sa famille, les ministres, le conseil d'état, la cour de cassation, la cour royale, ce qui reste des deux chambres, y apparaîtraient fréquemment et manieraient la pelle et la pioche. ... Les régimens viendraient y faire leur service en grande tenue avec leur musique ... des spectacles seraient échelonnés de distance en distance, et les meilleurs acteurs tiendraient à honneur d'y paraître. Les femmes les plus brillantes se mêleraient aux travailleurs pour les encourager. La population, devenue ainsi exaltée et fière, serait certainement invulnérable au choléra. L'industrie serait lancée; le gouvernement ... serait ... très-solide.« Michel Chevalier: Fin du choléra par un coup d'état Religion Saint-Simonienne [Paris 1832] Die Saint-Simonisten wollen gratis Medikamente abgeben. [U 9 a, 5]

»Celui qui fait le train omnibus a une pénible corvée: il part de Paris le matin à 7 heures, et il arrive à Strasbourg à minuit, cela fait 17 heures de service pendant lesquelles il doit descendre à toutes les gares sans exception, pour ouvrir les portes des voitures! ... Or, l'employé qui est obligé de descendre à toutes les stations et de patauger dans la neige pendant 5 ou 6 minutes toutes les demi-heures pour ouvrir et fermer toutes les portes par un froid de 12 degrés et même davantage, doit souffrir cruellement.« A Granveau: L'ouvrier devant la société Paris 1868 p 27/28 (Les employés et le mouvement des chemins de fer) [U 10, 1]

Eine merkwürdige Apotheose des Reisenden – gewissermaßen ein Gegenstück zum »Voyage« Baudelaires im Bereiche der puren Banalität findet sich bei Benjamin Gastineau: La vie en chemin de fer Paris 1861. Der zweite Abschnitt des Buches p 65 heißt »Le voyageur du XIXe siècle⟨«⟩. Er ist eine Apotheose des Reisenden, in dem sich auf die sonderbarste Weise die Züge des ewigen Juden mit denen eines Pioniers des Fortschritts durchdringen. Proben: »Partout sur sa route le voyageur a semé les richesses de son cœur et de son imagination; donnant à tous la bonne parole, ... encourageant le travailleur, tirant de l'ornière l'ignorant ... et relevant l'humilié.« (p 78) »La femme qui cherche l'amour divin, voyageuse! – L'homme qui cherche la femme fidèle, voyageur! – ... Les artistes avides d'horizons nouveaux, voyageurs! – Les fous qui prennent leurs hallucinations pour la réalité, voyageurs! – ... Coureurs de gloire, trouvères de la pensée, voyageurs! – La vie est un voyage, et tout être qui sort du sein de la femme pour rentrer dans le sein de la terre est un voyageur.« (p 79-81) »Humanité, c'est toi qui es l'éternel voyageur.« (p 84) [U 10,2]

Stelle aus Benjamin Gastineau: La vie en chemin de fer Paris 1861: »Tout à coup, la toile s'abaisse brutalement sur le soleil, sur la beauté, sur les mille tableaux de la nature et de la vie dont votre pensée et votre cœur ont joui au passage; c'est la nuit, c'est la mort, c'est le cimetière, c'est le despotisme, c'est le tunnel; que d'êtres pourtant ne sortent pas de ces ténèbres, ne voient jamais l'aile blanche de la liberté et de la vérité! ... Cependant, à entendre les cris de répulsion et d'effroi des voyageurs et voyageuses du convoi en entrant sous la sombre voûte, leurs exclamations de joie en quittant le tunnel ... qui oserait affirmer que la créature humaine n'a pas été faite pour la lumière et pour la liberté?« (p 37/38) [U 10,3]

Stellen aus Benjamin Gastineau »La vie en chemin de fer« Paris 1861: »Salut à vous, belles races de l'avenir enfantées par le chemin de fer!« (p 112) »En wagon! en wagon! le coup de sifflet a retenti aigu sous les voûtes sonores de la gare.« (p 18) »Avant la création des chemins de fer, la nature ne palpitait plus; c'était une Belle-au-bois-dormant ...; les cieux mêmes paraissaient immuables. Le chemin de fer a tout animé ... Le ciel est devenu un infini agissant, la nature une beauté en action. Le Christ s'est détaché de sa croix, il a marché et il a laissé bien loin derrière lui, sur la route, le vieil Ahasvérus.« (p 50) [U 10a,1]

»Michel Chevalier plaisait aux élèves [der Ecole Polytechnique] par-dessus tout quand il retraçait les grandes époques historiques, revenant souvent sur Alexandre, César, Charlemagne, Napoléon, pour marquer la place des inventeurs et des conquérants organisateurs.« G Pinet: Histoire de l'Ecole polytechnique Paris 1887 p 205 [U 10a,2]

»Les disciples de Saint-Simon ... recrutés pour la plupart à l'Ecole des mines, c'est-à-dire parmi les meilleurs élèves de l'Ecole polytechnique ... ne devaient pas manquer d'exercer une influence considérable sur leurs jeunes camarades ... Toutefois le Saint-Simonisme n'eut pas le temps de faire beaucoup de prosélytes à l'Ecole polytechnique. Le schisme de 1831 lui avait porté un coup fatal, les folies de Ménilmontant, les costumes bizarres, les dénominations ridicules l'avaient tué.« G Pinet: Histoire de l'Ecole polytechnique p 204/05 [U 10a,3]

Der Gedanke des Suezkanals geht auf Enfantin zurück, der sich beim Vizekönig von Ägypten, Mehemed Ali, um eine Konzession beworben hatte und mit 40 Schülern heruntergehen wollte. England bewirkte, daß ihm die Konzession verweigert wurde. [U 10a,4]

»Saint-Simon cherchait à fonder une association pour profiter des facilités données par le decret ... du 2 novembre 1789, pour l'aquisition des domaines nationaux dont le prix était payable en douze annuités au moyen d'assignats, ce qui permettait, avec de modestes capitaux, d'acquérir une masse importante de biens ruraux ... ›Toute spéculation financière est fondée sur une mise d'industrie et une mise de fonds. Les bénéfices d'une spéculation financière doivent être partagés de manière que l'industrie et les capitaux aient une part proportionnée à l'influence qu'ils ont exercée; dans la spéculation que j'ai faite avec M. de Redern les capitaux n'ont joué qu'un rôle secondaire.‹« Die zitierte Stelle ist aus einem Brief des Saint-Simon an Boissy-d'Anglas vom 2 Nov. 1807; man findet in ihr seine Theorie über das Verhältnis von Kapital, Arbeit und Talent angedeutet. Maxime Leroy: Les spéculations foncières de Saint-Simon et ses querelles d'affaires avec son associé, le comte de Redern Paris ⟨1925⟩ 2 et 23   [U 11, 1]

»Saint-Simon croit à la science... Mais alors qu'au début de ses recherches, les sciences mathématiques et physiques ... avaient presque seules retenu son attention, c'est aux sciences de la nature qu'il va demander maintenant le secret des certitudes sociales, dont il a l'inquiétude. ›Je m'éloignai en 1801 de l'Ecole Polytechnique, écrit-il, je m'établis près de celle de Médecine: j'entrai en rapport avec les physiologistes.‹« Maxime Leroy: La vie véritable du comte Henri de Saint-Simon Paris 1925 p 192/193 – Die Ecole Polytechnique war zur Zeit, da Saint-Simon in ihrer Nähe lebte, im Palais Bourbon.   [U 11, 2]

»Le nef du Grand Café Parisien« heißt es unter einer Gravure von 1856. In der Tat ähnelt der Anblick des Publikums dem in einem Kirchenschiff oder in einer Passage. Die Mehrzahl der Besucher steht oder schlendert herum, und zwar zwischen den Billardtischen, die im nef untergebracht sind.   [U 11, 3]

Hubbard sagt – mit problematischem Recht bezugnehmend auf Saint-Simons Tränen beim Abschied von seiner Frau aus Anlaß der Scheidung: »Immolation perpétuelle de l'être affectueux et sensible à l'être intelligent et pensant.« cit Maxime Leroy: La vie véritable du comte Henri de Saint-Simon Paris 1925 p 211   [U 11, 4]

»Plus d'honneurs pour les Alexandre; vivent les Archimède!« Saint-Simon cit Leroy ⟨lc⟩ p 220 [U 11,5]

Comte hat vier Jahre lang bei Saint-Simon gearbeitet. [U 11,6]

Eugène Sues »Juif errant« im Constitutionnel als Ersatz für die von Véron ursprünglich dort geplante Veröffentlichung von Thiers Histoire du Consulat et de l'Empire. [U 11,7]

Saint-Simon: Considérations sur les mesures à prendre pour terminer la Révolution. – Introduction aux travaux scientifiques du XIXe siècle.

[U 11 a, 1]

Saint-Simon erfindet revolutionäre Spielkarten: 4 Génies (Krieg, Frieden, Kunst, Handel) als Könige; 4 Libertés (Religion, Heirat, Presse, Beruf) als Damen, 4 Egalités (Pflichten, Rechte, Würden, Farben) als Buben. Leroy ⟨: La vie véritable du comte Henri de Saint-Simon Paris 1925⟩ p 174

[U 11 a, 2]

Saint-Simon stirbt im Mai 1825. Seine letzten Worte: »Nous tenons notre affaire.« Leroy ⟨lc⟩ p 328 [U 11 a, 3]

Über Saint-Simon: »Tandis qu'il nous étonne par toutes ces prévisions ouvrières et sociales, il nous donne pourtant l'impression qu'il lui a manqué quelque chose: ... un milieu, son milieu, le milieu prolongeant le XVIIIe siècle dans sa ligne d'optimisme. Homme d'avenir, il a dû penser presque seul dans une société décapitée par la Révolution de ses pairs ... Où est Lavoisier, fondateur de la science expérimentale moderne? Où est Condorcet, son philosophe et Chénier, son poète? Ils vivraient peut-être si Robespierre ne les avait pas fait guillotiner. Saint-Simon a dû assurer, sans leur aide, le dur travail d'organisation qu'ils avaient commencé; et devant suffire seul à cette tâche immense ... il a été obligé d'entreprendre trop de tâches, d'être tout à la fois le poète, l'expérimentateur et le philosophe des temps nouveaux.« Maxime Leroy: La vie véritable du comte Henri de Saint-Simon Paris 1925 p 321/22 [U 11 a, 4]

Eine Lithographie von Pattel stellt »La gravure aux prises avec la lithographie« dar. Letztere scheint siegreich zu bleiben. C⟨abinet⟩ d⟨es⟩ E⟨stampes⟩ [U 11 a, 5]

Eine Lithographie von 1842 stellt den »Divan des Algériennes à Paris« des »Café des Mauresques« dar. Im Hintergrunde eines Caféhauses, in dem sich neben Europäern Exoten bewegen, sitzen auf einem winzigen Diwan eng aneinander gedrückt drei Odalisken unter einem Spiegel und beschäftigen sich mit Wasserpfeifen. C⟨abinet⟩ d⟨es⟩ E⟨stampes⟩ [U 11 a, 6]

Die Graphiken von 1830 stellen gern, und oft allegorisch den Streit der Zeitungen miteinander vor. Sie lieben, im gleichen Zeitraum, die Zeitung darzustellen, in deren Lektüre viele sich teilen müssen. Sie stellen auch den Streit dar, der so entsteht, sei es um den Besitz des Blattes, sei es wegen der von ihm vertretnen Meinungen. C⟨abinet⟩ d⟨es⟩ E⟨stampes⟩ ein Blatt von 1817: »L'amour des nouvelles ou la Politicomanie«. [U 11, 7]

»A la Bourse, un saint-simonien vaut deux juifs.« Paris-Boursier (Les Petits-Paris par les auteurs des mémoires de Bilboquet) [Taxile Delord] Paris 1854 p 54 [U 12, 1]

Ein ungemein kennzeichnendes Wort für die Blütezeit des Boulevardjournalismus. »Qu'entendez-vous par le mot esprit? – J'entends quelque chose qui court, dit-on, les rues, mais qui entre fort rarement dans les maisons.« Louis Lurine: Le treizième arrondissement de Paris Paris 1850 p 192 [U 12, 2]

Der Gedanke, Zeitungsinserate nicht nur der Verbreitung von Büchern sondern von industriellen Artikeln dienstbar zu machen, stammt von dem Docteur Véron, der auf diese Weise mit seiner pâte de Regnauld, einem Schnupfenmittel, so gute Geschäfte machte, daß aus einer Einlage von 17 000 frcs für ihn eine Rente von 100 000 wurde. »On peut donc dire ... que si c'est un médecin, Théophraste Renaudot, qui a créé le journalisme en France ..., c'est le docteur Véron qui, il y a bientôt un demi-siècle, a créé la publicité de la quatrième page des journaux.« Joseph D'Arçay: La salle à manger du docteur Véron Paris 1868 p 104 [U 12, 3]

Die »Emanzipation des Fleisches« bei Enfantin ist mit den Thesen Feuerbachs und den Einsichten Georg Büchners zu vergleichen. Der dialektische Materialismus schließt den anthropologischen ein.
[U 12, 4]

Villemessant⟨:⟩ »Anfangs betrieb er einen Handel mit Bändern. Von diesem Geschäft ... kam der ... junge Mann zur Gründung einer

Modezeitung ... Villemessant ... kam von da bald zur Politik, schloß sich der legitimistischen Partei an und bildete sich nach der Revolution von 1848 zu einem satirischen Zeitungsschreiber aus. Nacheinander rief er drei verschiedene Blätter ins Leben, darunter die ›Chronik von Paris‹, die 1852 vom Kaisertum unterdrückt wurde. Zwei Jahre später gründete er den ›Figaro‹.« Egon Caesar Conte Corti: Der Zauberer von Homburg und Monte Carlo Leipzig ⟨1932⟩ p 238/239 [U 12, 5]

François Blanc war einer der ersten großen Inserenten. Durch Preßagenten hatte er für die Homburger Spielbank Inserate im »Siècle« und der »Assemblée nationale« untergebracht. »Er placierte auch noch persönlich ganze Serien von achtzehn, ja fünfzig Annoncen in Zeitungen ... wie der ›Presse‹, dem ›National‹, der ›Patrie‹ und dem ›Galignani‹.« Egon Caesar Conte Corti: Der Zauberer von Homburg und Monte Carlo Leipzig p 97
[U 12, 6]

Zur Zeit von Saint-Simon: »Indépendamment de la Nouvelle-Jérusalem, d'Emmanuel Swedenborg, professée par le baron Portal ... il y avait le phalanstère de Charles Fourier; il y avait aussi la prétendue Eglise française de l'abbé Châtel, primat des Gaules; il y avait la restauration de l'Ordre des Templiers, organisée par M. Fabré-Palaprat; il y avait le culte de l'Evadamisme, inventé par le Mapah.« Philibert Audebrand: Michel Chevalier ⟨Paris 1861⟩ p 4 [U 12, 7]

Saintsimonistische Propaganda. »Un des adeptes de la doctrine à qui l'on demandait un jour quelles étaient ses fonctions, répondait: – Je suis homme de salon, orateur mondain. On m'habille avec élégance pour que je puisse me présenter partout; on me met de l'or dans ma bourse pour que je sois à même de jouer au whist. Comment ne réussirai-je pas?« Philibert Audebrand: Michel Chevalier p 6 [U 12 a, 1]

Die saintsimonistische Spaltung zwang die Anhänger der Doktrin zwischen Bazard und Enfantin zu wählen. [U 12 a, 2]

In Menilmontant übernahmen die Angehörigen der saintsimonistischen Sekte die verschiednen hauswirtschaftlichen Departements: Küche (Simon und Rochette), Geschirr (Talebot), Abwaschen (d'Eichtel, Lambert), Schuhputzen (Barrault). [U 12 a, 3]

Die Saintsimonisten in Menilmontant: »Un grand musicien de l'avenir, M. Félicien David, l'auteur du *Désert*, de la *Perle du Brésil* et d'*Herculanum*, avait la direction de leur orchestre; il composait les mélodies qu'ils chantaient ..., notamment celles qui précédaient et qui suivaient les repas.« Philibert Audebrand: Michel Chevalier ⟨Paris 1861⟩ p 11 [U 12 a, 4]

Allgemeines Cölibat bis zur eventuellen Heirat von Enfantin war ein Gesetz für Ménilmontant. [U 12 a, 5]

Chevalier wurde von Thiers nach der Auflösung von Menilmontant und nachdem er zu einem Jahr Gefängnis verurteilt worden war, nach Amerika geschickt. Thiers ist es auch, der ihn später nach England schickt. Nach der Februarrevolution, die ihm seine Positionen nimmt, wird er Reaktionär. Unter Napoleon wird er Senator. [U 12 a, 6]

Ende der fünfziger Jahre hatte »Le siècle« mit 36000 die größte Auflage. – Milland gründet das Petit Journal, das er für einen sou verkauft. [U 12 a, 7]

Balzac über Aux artistes. Du passé et de l'Avenir des Beaux-Arts (Doctrine de Saint-Simon) Paris Mesnier: »L'apostolat est une mission d'artiste et l'auteur de la brochure ne s'est pas montré digne de ce caractère imposant. La pensée sommaire de son travail est vaste, le résultat en est petit ... Saint-Simon était un homme remarquable, qu'on n'a pas encore compris; il importe donc aux chefs de l'école d'entrer dans la voie [du] prosélytisme en parlant, comme le Christ, un langage approprié au temps et aux hommes, de moins raisonner et d'émouvoir davantage.« Mit Beziehung auf Saint-Simon ebd.: »La vérité est peut-être là.« Honoré de Balzac critique littéraire éd Louis Lumet Paris 1912 p 58, 60 (Le Feuilleton des journaux politiques) [U 12 a, 8]

Den Anlaß zum Schisma unter den Saint-Simonisten bildete Enfantins Lehre von der Emanzipation des Fleisches. Es kam hinzu, daß andere, wie Pierre Leroux, schon vorher Anstoß an der öffentlichen Beichte genommen hatten. [U 13, 1]

Die Saint-Simonisten hatten für die Demokratie nur geringe Sympathien. [U 13, 2]

Die Presse unter Charles X: »Les journaux ne se vendaient pas au numéro; ils n'étaient lus que par les abonnés et l'abonnement coûtait cher; c'était un luxe réservé en fait à la noblesse et à la haute bourgeoisie. Le total des exemplaires ne s'élevait en 1824 qu'à cinquante-six mille (dont quarante et un mille pour les journaux de l'opposition).⟨«⟩ Charles Seignobos: Histoire sincère de la nation française Paris 1933 p 411/12 Im übrigen mußten die Zeitungen hohe Kautionen stellen. [U 13, 3]

Girardin führt als Herausgeber der Presse Nummernverkauf, Inserate und Feuilleton ein. [U 13, 4]

»Les marchands de journaux ont beaucoup de mal à se les procurer: pour avoir leur tour, ils sont obligés de faire la queue pendant une partie de la nuit, en pleine rue.« Paris sous la République de 1848 Exposition de la Bibliothèque et des Travaux historiques de la Ville de Paris 1909 p 43
[U 13, 5]

Um 1848 kommt das Café chantant auf; Morel begründet es. [U 13, 6]

Bilderbogen: Occupations des dames St.-Simoniennes selon leurs capacités (Imagerie populaire 1832⟨)⟩ Buntdrucke, in denen rot, grün und gelb überwiegen: »Dame St-Simonienne prêchant la doctrine« »Ce bouquet ne peut être trop beau pour notre frère« »St-Simonienne rêvant de la chasse« usw. Abb⟨ildungen⟩ Henry-René d'Allemagne: Les Saint-Simoniens 1827-1837 Paris 1930 gegenüber p 228 Pendant dazu: Fonctions des apôtres de Menil-Montant selon leur capacité (Abb lc gegenüber p 392) Vgl hierzu (lc gegenüber von p 296: Etiquette pour le lancement d'un produit d'alimentation: »Liqueur des St.-Simonniens«: Eine Gruppe von Schülern Enfantins, in deren Mitte Enfantin und die eine Trikolore schwingende Republik. Alle heben die Gläser.) [U 13, 7]

1831 verweigern Bazard, Chevalier und einige andere als Angehörige des »clergé« der église St-Simonienne in der Garde Nationale Dienst zu tun. 24 Stunden Gefängnis. [U 13, 8]

Der Globe (31 octobre 1831) anläßlich des Aufstandes von Lyon, der wie er meint bei einer Erhöhung der Löhne die dortige Industrie in Frage stellen könne: »Ne voyez-vous point qu'alors même qu'une intervention directe dans les affaires de l'industrie ... vous est imposée ... vous ne pouvez calmer passagèrement les souffrances d'une des classes de la société sans peut-être opprimer d'autres classes? Qu'on vante maintenant les bienfaits de la concurrence, le laissez-faire ... que les orateurs libéraux viennent encore proclamer.« HR d'Allemagne: Les Saint-Simoniens Paris 1930 p 140 [U 13, 9]

Die Saint-Simonisten: eine Heilsarmée in der Bourgeoisie. [U 13 a, 1]

Chevalier an Hoart et Bruneau, 5 nov⟨embre⟩ 1832: »Ecoutez cette voix de Lyon! Lyon vous appelle, nous appelle en mugissant. Lyon craque. Lyon frémit. Que d'énergie chez ces prolétaires! Quelle humanité de Spartacus!« Henry-René d'Allemagne: Les Saint-Simoniens 1827-1837 ⟨Paris 1930⟩ p 325 [U 13 a, 2]

Verräterisch:
>>Ce peuple, dont on craint et la tête et le bras,
Faites-le donc marcher sans cesse!
C'est quand vous arrêtez ses pas,
Qu'il s'aperçoit que son soulier le blesse.«
Léon Halévy: Fables nouvelles. La chaussure Paris 1855 p 133 (cit de Liefde: Le Saint-Simonisme dans la poésie française ⟨Haarlem 1927⟩ p 70) [U 13 a, 3]

»Les sapeurs de l'armée pacifique« – ein saint-simonistisches Wort für die Gesamtheit der Arbeiterschaft. [U 13 a, 4]

Ein Stück aus Pierre Louhambeaudie's⟨?⟩ Fables et poésies diverses Paris 1851 »La fumée«: der Rauch des Hüttenwerks und der Weihrauch begegnen sich in der Luft und vereinigen sich auf Gottes Geheiß. Diese Poesie zieht sich weiter bis zu Du Camps Gedicht auf die Lokomotive mit ihrer fumée sainte. [U 13 a, 5]

Der Globe wurde – mindestens zeitweise – umsonst in Paris verbreitet.
[U 13 a, 6]

»L'élément féminin et masculin qu'on trouve en Dieu et qu'on veut aussi faire revivre dans le couple des prêtres, n'a pas été chanté dans la poésie de la secte. Nous n'avons trouvé qu'une seule allusion à ces dogmes ...:
»Dieu bonne et bon. Ce monde est sans croyance;
Il doute encore: le Père est prisonnier!
La Mère, oh Dieu! sera la providence
Qu'en son bonheur il ne pourra nier!«
(Jules Mercier: Dieu nous le rendra dans La foi nouvelle p 15) CL de Liefde: Le Saint-Simonisme dans la poésie française ⟨Haarlem 1927⟩ p 146/147
[U 13 a, 7]

George Sand, die die Einheit der Klassen durch die Liebe heraufgeführt sieht, versteht das in folgendem Sinne: »Un jeune homme de basse condition, mais génial et beau, s'unit à une belle, noble et parfaite jeune fille: et voilà les classes fondues ... Lémor, du *Meunier d'Angibault*, héroïque artisan, refuse la main d'une veuve patricienne, parce qu'elle est riche ... et la veuve se réjouit de l'incendie qui la ruine et fait tomber le dernier obstacle entre elle et son amant.« Charles Brun: Le roman social en France au XIXe siècle Paris 1910 p 96/97 [U 13 a, 8]

Enfantin setzte ganz verschiedne Körperkonstitution (auch Krankheiten) bei Priestern, Künstlern, Kaufleuten usw. voraus. [U 13 a, 9]

Stil von Girardin: »L'alinéa à chaque phrase, chaque phrase n'étant que d'un mot; l'antithèse des idées enveloppée dans la similitude des mots; la rime en prose ...; la majuscule à tous les substantifs, l'énumération qui rappelle Rabelais, la définition qui ne rappelle souvent rien du tout.« Edouard Drumont: Les héros et les pitres Paris ⟨1900⟩ p 131 (Emile de Girardin) [U 14, 1]

Drumont über Girardin: »Pour arriver à ce résultat d'être oublié huit jours après sa mort, il s'est levé toute sa vie à cinq heures du matin.« Edouard Drumont: Les héros et les pitres Paris p 134/135 (Emile de Girardin) [U 14, 2]

Man will berechnet haben, daß die Saint-Simonisten von 1830 bis 1832 18 000 000 Druckseiten unter die Leute gebracht haben. (vgl Ch Benoist: L'homme de 1848 Rev⟨ue⟩ des deux mondes 1 juillet 1913) [U 14, 3]

Mit ihrer lehrhaften Kontrastierung von Arbeitsbienen und Drohnen führen die Saint-Simonisten bis auf Mandevilles Bienenfabel zurück. [U 14, 4]

Zur Bewegung im Saint-Simonismus: aus den von Claire Démar und Perret Désessarts an Lambert vor dem gemeinsamen Selbstmord hinterlassnen Briefen. Claire Démar: »Mais si sa voix ne m'a pas entraîné, si ce n'est pas lui qui est venu me convier à cette dernière fête, du moins je n'ai pas hâté son voyage: depuis long-temps il était prêt.« Désessarts: »La fonction et le fonctionnaire s'éteignent en même temps, nous l'avons répété souvent; car l'un ne peut manquer à l'autre! Eh bien! moi, qui fus toujours l'homme de la lutte et de la solitude, moi qui ai toujours marché seul à l'écart ... protestation vivante contre l'ordre et l'union; qu'y aurait-il d'étonnant que je me retire, peut-être à l'instant où les peuples vont s'unir d'un lien religieux, quand leurs mains vont se rapprocher pour former cette auguste chaîne ... Lambert, je ne doute pas de l'humanité ... ne doute pas de la Providence non plus ... mais dans les temps où nous vivons *tout est saint*, même le suicide! ... Malheur à qui ne se découvrirait pas devant nos cadavres, car celui-là est impie! Adieu. 3 août 1833, 10 heures du soir.« Claire Démar: Ma loi d'avenir Ouvrage posthume publié par Suzanne Paris Au Bureau de la tribune des femmes et chez tous les marchands de nouveautés 1834 p 8, 10/11 [U 14, 5]

Statistik der jährlichen Zeitungs- Monats- und Halbmonatsschriften, die nur die Neugründungen einbegreift:
1833–251 journaux.   1838–184 journaux.
1834–180   –   1840–146   –
1835–165   –   1841–166   –
1836–151   –   1842–214   –
1837–158   –   1845–185   –
Charles Louandre: Statistique littéraire De la production intellectuelle en France depuis quinze ans (Revue des deux mondes 1 novembre 1847 p 442⟨⟩⟩ [U 14,6]

Toussenel behauptet von Enfantin, er habe sich⟨,⟩ um die Verurteilung vor Gericht wieder gut zu machen und sich über das Versagen seiner Faszination bei dieser Gelegenheit zu trösten, auf die Spekulation gelegt. Im übrigen gibt er von ihm folgendes Porträt: »Il y eut un homme semblable aux immortels et nommé Enfantin, non moins célèbre par la puissance de ses effets de queue au noble jeu de billard, que par la fréquence et la distinction de ses parolis à la chasse, et qui, sur la foi de quelques créatures charmantes..., se posa comme possédant au grand complet le physique de l'emploi pivotal, et se fit acclamer le *Père* ... Et comme on était au lendemain des glorieuses... cet homme eut des adeptes.« A Toussenel: Les juifs rois de l'époque (Troisième édition) ed Gabriel de Gonet Paris ⟨1886⟩ I p 127 [U 14 a, 1]

Bei den Choleraepidemien bezichtigten die Leute die Spirituosenhändler der Schuld an der Infektion. [U 14 a, 2]

Das Journal des Débats führt den ausländischen Berichterstatter ein: »Depuis que M. Bertin a fait donner à M. Michel Chevalier une mission gouvernementale aux Etats-Unis, laquelle a valu à son journal la publication des fameuses *Lettres sur l'Amérique du Nord*, il a pris goût à ces missions dont le gouvernement fait les frais ... Après les *Lettres sur l'Amérique du Nord* ... sont venues les *Lettres sur l'Espagne* ...; puis devaient venir les *Lettres sur la Chine*.« A Toussenel: Les juifs rois de l'époque Paris II p 12/13 [U 14 a, 3]

Die Saint-Simonisten erwarteten einen weiblichen Messias (la Mère), die sich mit dem Oberpriester, dem Père vereinigen sollte. [U 14 a, 4]

»Le père Olinde: ›... Si vous êtes Saint-Simonienne, sâchez bien que ce n'est pas la république que nous voulons.‹« Firmin Maillard: La légende de la femme émancipée Paris p 111 [U 14 a, 5]

Heine widmete Enfantin »Deutschland«. Enfantin schrieb ihm darauf einen Brief, der von Duguet in einem Sonderdruck »Heine à Prosper Enfantin, en Egypte« – auf dem Umschlag »De l'Allemagne« – 8° M. Pièce. 3319 ⟨Cote der Bibliothèque Nationale⟩ – 1835 veröffentlicht wurde. Der Brief ermahnt Heine, seinen Sarkasmus, vor allem in religiösen Dingen zu mäßigen. Heine solle kein Buch über den deutschen Gedanken sondern über die – von Enfantin im wesentlichen als Idylle betrachtete – deutsche Wirklichkeit schreiben, über das Herz Deutschlands. [U 14 a, 6]

Die Bekehrung von Julie Fanfernot zum Saint-Simonismus – sie wandte sich später dem Fourierismus zu – ist von Saint-Simonisten dramatisch bearbeitet worden. Proben aus dieser Publikation, die im Journal der Gruppe erschien, bringt Firmin Maillard: La légende de la femme émancipée Paris p 115 ff [U 15, 1]

Saint-Simon in der rue Vivienne: »Dîners et soirées libres se succédaient sans interruption, ... il s'y ajoutait sur le tard des scènes d'ébauchements amoureux où quelques invités, dit-on, ... se laissaient aller à des transports anacréontiques que du fond de son fauteuil, calme, impassible, ne prenant même point part à la conversation, Saint-Simon regardait ..., prenant bonne note du tout et se préparant de transformer le genre humain.« Firmin Maillard: La légende de la femme émancipée Paris p 27 [U 15, 2]

Von der femme-Messie, die, nach Duveyrier, aus der Prostitution ebensogut wie aus irgend einem andern Stande hervorzugehn fähig war, meinten viele, sie müsse aus dem Orient (Konstantinopel) hervorgehen. Barrault und zwölf Gefährten brachen daher nach Konst⟨ant⟩inopel auf, um »die Mutter« zu suchen. [U 15, 3]

Zum Schisma der Saint-Simonisten: »Bazard ... avait été frappé à mort à la suite de la fameuse confession générale où il apprit de sa femme elle-même que, malgré toute la sympathie ... qu'elle avait pour lui, elle ne l'avait jamais vu s'approcher d'elle sans ressentir une répugnance instinctive. C'est Hercule enchaîné, avait dit quelqu'un en le voyant foudroyé par l'apoplexie.« Firmin Maillard: La légende de la femme émancipée Paris p 35
[U 15, 4]

»On connaît la retraite de Ménilmontant; ... là ils vivaient en célibataires pour montrer que leurs idées sur le mariage et sur l'émancipation des femmes n'étaient point le résultat d'un calcul épicurien.« Firmin Maillard: La légende de la femme émancipée Paris p 40 [U 15, 5]

Proudhon war ein heftiger Gegner des Saint-Simonismus; er spricht von »pourriture saint-simonienne«. [U 15, 6]

Saint-Simon, Eisenbahnen

»Les arts ne peuvent fleurir qu'à la condition d'une époque organique, et l'inspiration n'est puissante et salutaire que lorsqu'elle est sociale et religieuse.« So wendet sich E Barrault: Aux artistes Du passé et de l'avenir des beaux-arts Paris 1830 p 73 gegen die unfruchtbaren »époques critiques«. [U 15, 7]

Letzter Nachhall der Ursprungsgedanken des Saint-Simonismus: »On peut comparer le zèle et l'ardeur que déploient aujourd'hui les nations civilisées pour l'établissement des chemins de fer avec ce qui se passait, il y a quelques siècles, pour l'érection des églises ... Si, comme on l'assure, le mot de religion vient de religare ..., les chemins de fer ont plus de rapports qu'on ne le pense avec l'esprit religieux. Jamais il n'exista un instrument d'autant de puissance pour ... relier les peuples épars.« Michel Chevalier: Chemins de fer Extrait du Dictionnaire de l'économie politique Paris 1852 p 20 [U 15 a, 1]

»Le gouvernement voulait faire les chemins de fer lui-même; ce système offrait certainement des inconvénients ... mais enfin c'était une solution qui nous eût donné les chemins de fer. A cette proposition, grande explosion; les rivalités politiques s'en mêlèrent. La science elle même ... vint donner son appui à l'esprit d'opposition systématique. Un savant illustre eut la faiblesse de prêter l'autorité de son nom à ce complot ourdi contre les chemins de fer. L'exécution par l'Etat fut repoussée à une majorité immense. Cela se passait en 1838. De bonne composition qu'il était, le gouvernement se retourna vers l'industrie privée. Prenez, lui dit-il, ces voies merveilleuses, je vous en offre la concession. A ces mots, nouvel orage. Quoi! les banquiers, les capitalistes, vont s'enrichir de ces entreprises! ... C'est la féodalité qui renaît de ses cendres. – Les projets de concession à des compagnies furent donc écartés ... ou hérissés de clauses qui en rendaient l'acceptation impossible à des actionnaires sérieux. Nous allâmes ainsi jusqu'en 1844.« Michel Chevalier: Chemins de fer Extrait du dictionnaire de l'économie politique Paris 1852 p 100 [U 15 a, 2]

Schon Chevalier stellt für die Kriegstransporte in Eisenbahnwaggons die Gleichung auf: 40 Mann gleich 6 Pferde. (s. Michel Chevalier: Chemins de fer Extrait du dictionnaire de l'économie politique Paris 1852 p 47/48⟨⟩⟩
[U 15 a, 3]

Kunsttheorie des Saint-Simonisme. Sie beruht auf der Einteilung der Geschichte »en époques Organiques ou religieuses, et en époques Critiques ou irréligieuses ... La série historique que ce travail embrasse présente deux époques organiques: la première constituée sous l'empire du polythéisme grec, la seconde sous celui du christianisme; et, à la suite de ces époques organiques, deux époques critiques, dont l'une s'étend depuis l'ère philosophique des Grecs jusqu' à l'avènement du christianisme, et l'autre depuis la fin du quinzième siècle jusqu' à nos jours.« [E. Barrault] Aux artistes Du passé et de l'avenir des beaux-arts Paris 1830 p 6 [U 15 a, 4]

Die Universalgeschichte erscheint bei dem Saintsimonisten Barrault als das neue Kunstwerk. »Osez donc comparer les derniers auteurs tragiques ou comiques de Rome avec les orateurs chrétiens commençant leurs éloquentes prédications! Non, Corneille, Racine, Voltaire, Molière, ne renaîtront plus; le génie dramatique a rempli sa mission ... Enfin le roman périra également dans ce qu'il a de commun avec ces deux genres et dans ses rapports avec l'histoire, dont il est la mensongère contrefaçon ... L'histoire, en effet, reprendra un charme puissant ...; ce ne sera plus seulement l'histoire d'un petit peuple de l'Orient qui sera sacrée; celle du monde entier méritera ce nom, et deviendra une véritable épopée dont l'histoire de chaque nation formera un chant, celle de chaque grand homme un épisode.« [E Barrault] Aux artistes Du passé et de l'avenir des beaux-arts Paris 1830 p 81/82 Das Epos: der organischen Epoche, Roman u⟨nd⟩ Drama der kritischen eigen. [U 16, 1]

Barrault hat schon eine vage Vorstellung von der Bedeutung säkularisierter kultischer Elemente für die Kunst, wiewohl er den Akzent auf die kultisch gebundnen Epochen setzt. »Quoiqu'il n'ait point existé en Grèce une organisation de caste religieuse pareille à celle de l'Orient, son épopée n'en constitue pas moins une première séparation du culte et de la poésie ... si l'orthodoxie se prolonge dans les époques critiques, le cours de ces époques remonte sourdement jusqu'au sein de l'orthodoxie.« [E Barrault] Aux artistes Du passé et de l'avenir des beaux-arts Paris 1830 p 25/26
[U 16, 2]

Saint-Simon weist mit Genugtuung darauf hin, daß gerade diejenigen Männer, die die Menschheit entscheidend gefördert hätten – Luther, Bacon, Descartes – Passionen gehabt hätten. Luther: Tafelfreuden; Bacon: Geld; Descartes: Weiber und Spiel. cf E R Curtius: Balzac ⟨Bonn 1923⟩ p 117 [U 16, 3]

Mit Beziehung auf Guizot, dessen Schrift »Du gouvernement de la France et du ministère actuel« Paris 1820 den Aufstieg der Bour-

geoisie als den jahrhundertelangen Kampf einer Klasse darstellt (seine Schrift »De la démocratie« Paris 1849 sieht allerdings im Klassenkampf, der inzwischen einer zwischen Bourgeoisie und Proletariat geworden ist, nur noch ein Elend) behauptet Plechanow von den Anschauung⟨en⟩ der sozialistischen Utopisten, daß sie »theoretisch wie praktisch einen großen Rückschritt« darstellen. »Die Ursache davon lag in der schwachen Entwicklung des damaligen Proletariats.« Georg Plechanow: Über die Anfänge der Lehre vom Klassenkampf [Die Neue Zeit Stuttgart 1903 XXI, 1 p 296⟨]⟩
[U 16, 4]

Augustin Thierry, ein »Pflegesohn« von Saint-Simon. Er hat, nach Marx, »hübsch dargestellt, ... wie von vornherein, wenigstens seit Heraufgekommensein der Städte, die französische Bourgeoisie zu sehr dadurch Einfluß gewinnt, daß sie sich als Parlament, Bürokratie etc. konstituiert, und nicht wie in England durch bloßen Handel und Industrie«. Karl Marx an Friedrich Engels London 27 Juli 1854 [Karl Marx/Friedrich Engels: Ausgewählte Briefe hg v V Adoratskij Moskau Leningrad 1934 p 60]
[U 16 a, 1]

Nachwirkungen des Saint-Simonismus: »Pierre Leroux, que les gravures du temps représentent les mains jointes, l'air extatique, veut absolument faire passer à la *Revue des Deux-Mondes* un article sur Dieu ... On se souvient que Louis Blanc offrit à Ruge le régal d'une conférence contre l'athéisme. Quinet, avec Michelet, lutte à corps perdu contre les Jésuites; mais il garde le secret désir de réconcilier ses compatriotes avec l'Evangile.« C Bouglé: Chez les prophètes socialistes Paris 1918 p 161/162   [U 16 a, 2]

Heines »Deutschland« ist Enfantin gewidmet.   [U 16 a, 3]

Schlabrendorf berichtet, daß Saint-Simon die Physik und nichts als die Physik zur wahren Religion machen wollte. »Die Religionslehrer sollten in den Kirchen Vorträge über die Geheimnisse und Wunder der Natur halten. Man würde da, denk' ich, Elektrisirmaschinen auf den Altar gesetzt und die Gläubigen mit galvanischen Säulen gerührt haben.« Graf Gustav von Schlabrendorf in Paris über Ereignisse und Personen seiner Zeit [in Carl Gustav Jochmann: Reliquien Aus seinen nachgelassenen Papieren Gesammelt von Heinrich Zschokke Erster Band Hechingen 1836 p 146] [U 16 a, 4]

Enfantin begrüßt den Staatsstreich Louis-Napoléons als Werk der Vorsehung.
[U 16 a, 5]

1846 begeisterte Aufnahme von Félicien Davids »Le Désert« bei der Uraufführung. Das Projekt des Suezkanals stand damals auf der Tagesordnung. »Ein idealistischer Poet preist die Wüste als Gleichnis der Ewigkeit und beklagt die Städter in ihren steinernen Grüften.« S Kracauer: Jacques Offenbach und das Paris seiner Zeit Amsterdam 1937 p 133 »Le Désert« wurde von Offenbach parodiert. [U 16 a, 6]

»Innerhalb der Traumarchitektur der Revolution nehmen Ledoux' Versuche eine besondere Stelle ein ... Der Würfel seines ›Hauses des Friedens‹ erscheint ihm legitimiert, da er das Symbol der Gerechtigkeit und der Beständigkeit ist, und ähnlich dürften ihm alle elementaren Formen bedeutungsvolle Zeichen innerer Klärung gewesen sein. Die ville naissante, die Stadt, in der ein erhöhtes ... Leben seine Heimstätte finden sollte, wird von der reinen Kontur der Ellipse umfangen ... Von dem Hause des neuen Rechtes, dem Pacifère, sagt er in der ›Architecture‹: ›Der Bau, den meine Phantasie ersonnen hat, soll einfach sein wie das Recht, das in ihm gesprochen wird.‹« Emil Kaufmann: Von Ledoux bis Le Corbusier Ursprung und Entwicklung der autonomen Architektur Wien Leipzig 1933 p 32 [U 17, 1]

Ledoux Temple de mémoire (Haus der Frauen): »Die erzählenden Reliefs von vier an den Ecken eines Landhauses stehenden Triumphsäulen sollten den Ruhm der Lebenspenderinnen, der Mütter, verkünden, an Stelle der herkömmlichen Monumente, die den blutigen Erfolgen der Feldherren gesetzt werden. Mit diesem seltsamen Werk wollte der Künstler den Frauen danken, die ihm im Leben begegnet waren.« Emil Kaufmann: Von Ledoux bis Le Corbusier Wien Leipzig 1933 p 38 [U 17, 2]

Zu Ledoux: »Da die Rangunterschiede in der Architektur fallen, werden alle Bauaufgaben gleichwertig ... Den früheren thematischen Eklektizismus, der fast nur mit Kirche, Schloß, ›besseren‹ Wohnhäusern und allenfalls dem Wehrbau sich befaßte, verdrängt der neue architektonische Universalismus ... Der revolutionäre Prozeß der Verbürgerlichung des Wohnbaues geht dem Aufhören des Barocken Verbandes als Kunstform parallel ... Ein größerer Komplex, der wohl als Siedlung vor der Stadt gemeint ist, besteht aus einer Anzahl um einen quadratischen Hof gelegener, zwei- bis vierzimmeriger Wohnungen, von denen jede die notwendigen Garderoberäume besitzt, während die Küche, die Vorratskammern und die sonstigen Wirtschaftsräume in einem in der Mitte des Hofes befindlichen Bau untergebracht sind. Es zeigt sich derart wohl zum erstenmal der Wohntypus, den man in unserer Gegenwart als Einküchenhaus propagiert.« Emil Kaufmann: Von Ledoux bis Le Corbusier Wien Leipzig 1933 p 38 [U 17, 3]

»On avait découvert l'Orient, certains étaient partis pour y chercher la Mère – la Mère, vraie figure de ce siècle couvert de mamelles comme la Diane d'Ephèse.« Adrienne Monnier: La Gazette des Amis des Livres p 14 (L⟨a⟩ G⟨azette⟩ d⟨es⟩ A⟨mis⟩ d⟨es⟩ L⟨ivres⟩ I, 1 Janvier 1938 Paris)
[U 17, 4]

»L'*Homme* se souvient du Passé; la *Femme* pressent l'*Avenir*; le *Couple* voit le *Présent*.« Saint-Simonistische Formel bei Du Camp: Souvenirs littéraires II Paris 1906 p 93 [U 17 a, 1]

»La Mère«: »Ce devait être la femme libre ... La femme libre devait être une femme de réflexion et de raisonnement qui ... ayant approfondi les aptitudes féminines ... ferait la confession de son sexe ... La recherche de ... La Mère, n'était point une innovation d'Enfantin; bien avant lui, Saint-Simon, alors qu'Augustin Thierry était son secrétaire, avait tenté de trouver cette ... merveille ... et croyait bien l'avoir découverte dans Mme de Staël.« Diese lehnt den Vorschlag, mit Saint-Simon der Menschheit zu einem Messias zu verhelfen, ab. (p 91-93) – »La mission de La Mère se forma et partit. Les pèlerins étaient au nombre de douze, y compris Barrault, chef de l'expédition. Il fallait aller jusqu'à Constantinople ... on n'avait pas d'argent. Vêtus de blanc, en signe du vœu de chasteté qu'ils avaient prononcé au moment de quitter Paris, le bâton à la main, ils mendiaient le long des routes, au nom de La Mère. En Bourgogne, ils se ›louèrent‹ pour faire la moisson; à Lyon, ils arrivèrent la veille d'une exécution capitale et, au matin, devant l'échafaud, protestèrent contre la peine de mort. Ils s'embarquèrent à Marseille et firent œuvre de matelot à bord d'un navire marchand dont le second était Garibaldi ... Ils dormaient dans le grand champ des morts, abrités par les cyprès contre la rosée du matin, vaguant dans les bazars, s'arrêtant parfois et prêchant la foi de Saint-Simon, parlant français à des Turcs qui ne les comprenaient pas.« (p 94/5) Sie werden verhaftet, freigelassen, beschließen auf Rotouma, im pazifischen Ozean die Mutter zu suchen, kommen aber nur bis Odessa und werden von dort in die Türkei zurückgeschickt. Nach Maxime Du Camp: Souvenirs littéraires II Paris 1906 [U 17 a, 2]

»Gaudissart réclama une indemnité de cinq cents francs pour les huit jours pendant lesquels il devait se mettre au fait de la doctrine de Saint-Simon, en objectant les prodigieux efforts de mémoire et d'intelligence nécessaires pour étudier à fond cet *article*.« Gaudissart reist für den Globe (und das Journal des enfants). H de Balzac: L'illustre Gaudissart Paris ed Calmann-Lévy p 11 [U 18, 1]

Die Continentalsperre war gleichsam die erste Probe auf das Exempel des Saint-Simonismus. Heine (Sämtliche Werke Hamburg 1876 I p 155 – Französische Zustände) nennt Napoleon I einen saintsimonistischen Kaiser. [U 18, 2]

In den hinten zu knöpfenden Wämsern der Saintsimonisten wird man eine Anspielung auf das androgyne Ideal der Schule erkennen dürfen. Es ist aber anzunehmen, daß sie Enfantin selbst unbewußt geblieben ist. [U 18, 3]

Constantin Pecqueur, adversaire des saint-simonistes répond »à la question posée en 1838 par l'Académie des Sciences morales: ›Quelle peut être sur ... l'état social ... l'influence des ... moyens de transport qui se propagent actuellement ...?‹« »Le développement des chemins de fer, en même temps qu'il amènera les voyageurs à fraterniser dans les wagons, surexcitera ... l'activité productrice des hommes.« Pierre-Maxime Schuhl: Machinisme et philosophie Paris 1938 p 67 [U 18, 4]

Die geschichtliche Signatur der Eisenbahn besteht darin, daß sie das erste – und bis auf die großen Überseedampfer wohl auch das letzte – Verkehrsmittel darstellt, welches Massen formiert. Die Postkutsche, das Auto, das Flugzeug führen Reisende nur in kleinen Gruppen mit. [U 18, 5]

»La vie pâle de notre civilisation, unie comme la rainure d'un chemin de fer« sagt Balzac. La peau de chagrin ed Flammarion Paris p 45 [U 18, 6]

V

[Konspirationen, compagnonnage]

»On appelait ›blouses blanches‹, sous le Second Empire, les agents provocateurs souvent mêlés dans les émeutes.« Daniel Halévy: Décadence de la liberté Paris ⟨1931⟩ p 152 [V 1,1]

»En 1848, Louis-Philippe avait dans Paris, au lieu des neuf cent cinquante gendarmes de Charles X, une garde de trois mille hommes, et quinze cents agents au lieu de quatre cents. Le Second Empire affectionna la Police, et l'installa magnifiquement. Elle lui doit ce vaste édifice, caserne, forteresse et bureau, qui occupe le centre de la Cité entre le Palais de Justice et Notre-Dame, et rappelle, en moins beau et plus grand, ces palais des cités toscanes où résidaient les Podestà.« Daniel Halévy: Décadence de la liberté Paris p 150 [V 1,2]

»Les dossiers de la Préfecture de Police sont réputés et redoutés. Quand un nouveau préfet entre en possession de sa charge, son dossier personnel lui est apporté. Lui seul est ainsi ménagé; ni les ministres, ni le Président de la République même, ne lisent jamais leurs dossiers, classés et gardés dans des archives que nul n'est en droit d'explorer.« Daniel Halévy: Décadence de la liberté Paris p 171/72 [V 1,3]

»En revenant vers le Quartier Latin, la forêt vierge de la rue d'Enfer s'étendait entre la rue du Val-de-Grâce et la rue de l'Abbé-de-l'Epée. C'était le jardin d'un vieil hôtel abandonné et ruineux où poussaient pêle-mêle platanes, sycomores, marronniers et acacias enlacés. Au milieu, un puits donnait dans les Catacombes. On disait que le lieu était hanté: en réalité, le puits servait aux réunions romantiques des *Carbonari* et de la Société secrète *Aide-toi, le ciel t'aidera*.« Dubech-D'Espezel: Histoire de Paris Paris 1926 p 367 ■ Jardins et Seine ■ [V 1,4]

»Ce n'était pas du tout une plaisanterie, la garde nationale. Entre la troupe du roi et le peuple insurgé, la bourgeoisie de Paris sous les armes était la grande puissance médiatrice, la sagesse de la nation ... De 1830 à 1839, les bourgeois de la garde nationale laissèrent deux mille des leurs devant les barricades, et c'est à eux plus qu'à l'armée que Louis-Philippe dut de rester sur son trône ... Est-ce parce que les jeunes étaient devenus vieux, est-ce parce qu'il n'est rien dont on ne se lasse, toujours est-il que les bourgeois se lassèrent de cette vie extravagante, qui exigeait que les bonnetiers et les ébénistes prissent les armes et se fusillassent tous les six mois. Les bonnetiers, gens paisibles, se fatiguèrent avant les ébénistes. Cette remarque suffirait à expliquer la révolution de Février.« Dubech-D'Espezel: Histoire de Paris p 389-391 [V 1, 5]

Juniinsurrektion. »Es genügte den Anschein der Armuth zu haben, um als Verbrecher behandelt zu werden. Man hatte in jenen Tagen das erfunden, was man ›une figure d'insurgé‹ nannte, und Jedermann, der dieses Aussehen hatte, wurde verhaftet ... Die National-Garde selbst hatte wohl die Februar-Revolution gemacht, allein es fiel ihr nicht ein, Diejenigen, die gegen einen König kämpften, Insurgenten zu nennen. Blos Diejenigen, die sich gegen das Eigenthum ... aufgelehnt hatten, hießen Insurgenten. Da die National-Garde ... ›die Gesellschaft gerettet hatte,‹ so konnte sie in jenen Tagen Alles thun, was ihr einfiel, und kein Arzt würde gewagt haben, ihr den Zutritt in das Spital zu verweigern ... Ja die blinde Wuth der National-Garden ging so weit, daß sie Fieberkranken, die in ihrem Delirium sprachen, ›Silence‹ zuriefen und dieselben ermordet haben würden, wenn die Studenten sie nicht daran gehindert hätten.« Engländer lc ⟨Geschichte der französischen Arbeiter-Associationen Hamburg 1864⟩ II p 320, 327/28, 327 [V 1, 6]

»Es versteht sich von selbst, daß die Arbeiter-Associationen mit dem Staatsstreich vom 2. December 1851 den Boden verloren ... Alle Arbeiter-Associationen, sowohl diejenigen, welche Vorschüsse vom Staate erhalten hatten, als die übrigen, begannen damit, daß sie ihre Schilder, auf denen die Symbole der Gleichheit und die Worte: ›Freiheit, Brüderlichkeit und Gleichheit‹ geschrieben waren, rasch entfernten, als ob sie durch das Blut des Staatsstreiches erschreckt worden wären. Seit dem Staatsstreiche giebt es denn auch wohl noch Arbeiter-Associationen in Paris, aber die Arbeiter wagen nicht mehr diesen Namen zu tragen ... Es wäre schwierig, die noch bestehenden Arbeiter-Associationen aufzufinden, da nicht nur im Adreß-Kalender der Stadt, sondern auch auf den Schildern der Name ›Arbeiter-Association‹, nicht mehr zu finden ist. Seit dem Staatsstreich bestehen die Arbeiter-Associationen nur noch als gewöhnliche commercielle Compagnien fort. So ist die ehemalige brüderliche Association der Maurer-Gesellen nur unter der Firma ›Bouyer Cohadon & Co.‹ bekannt, die Association der Vergolder, welche gleichfalls noch besteht, hat nun die Firma ›Dreville, Thibout & Co.‹ und so sind es in jeder noch bestehenden Arbeiter-Association die Gérants, deren Namen in der Firma figuriren ... Seit dem Staatsstreich hat keine einzige derselben ein neues Mitglied aufgenommen. Jedes neues Mitglied wäre mit grassem Mißtrauen betrachtet worden. Nahm man doch selbst den Besuch eines jeden Kunden mit Mißtrauen auf, witterte man doch allenthalben die Polizei und war man doch hierzu um so

Konspirationen, compagnonnage   747

mehr berechtigt, als häufig die Polizei sich wirklich selbst officiell unter einem oder dem anderen Vorwande einfand.« Sigmund Engländer: Geschichte der französischen Arbeiter-Associationen Hamburg 1864 IV p 195, 197/198, 200   [V 1 a, 1]

Zu Cabet. »Man hatte ... nach der Februar-Revolution in den Cartons der Präfectur von Toulouse einen Brief von Gouhenant, dem Delegirten oder Vorstand der ersten Avant-Garde gefunden, der im Jahre 1843 während des Processes von Toulouse sich der Polizei L. Philipps als Polizei-Agent angeboten hatte. Man wußte, daß dies Gift der Spionage in Frankreich selbst in alle Poren des Familien-Lebens sich eindränge, aber daß ein Polizei-Agent, die ekelhafteste Beule der alten Gesellschaft, sich an die Spitze des Vortrabs der Ikarier gedrängt habe, um ihn zum Ruin zu führen, auf die Gefahr hin, selbst dabei zu Grunde zu gehen, erregte Entsetzen. Hatte man doch in Paris Polizei-Spione auf den Barrikaden gegen die Regierung, in derem Solde sie standen, kämpfen und fallen gesehen!« Sigmund Engländer lc II p 159/60 ▪ Utopisten ▪   [V 1 a, 2]

»Mit der Ausbildung der proletarischen Konspirationen trat das Bedürfniß der Theilung der Arbeit ein; die Mitglieder theilten sich in Gelegenheitsverschwörer, conspirateurs d'occasion, d. h. Arbeiter, die die Verschwörung nur neben ihrer sonstigen Beschäftigung betrieben, nur die Zusammenkünfte besuchten und sich bereit hielten, auf den Befehl der Chefs am Sammelplatz zu erscheinen, und in Konspirateure von Profession, die ihre ganze Thätigkeit der Verschwörung widmeten und von ihr lebten ... Die Lebensstellung dieser Klasse bedingt schon von vornherein ihren ganzen Karakter. Die proletarische Konspiration bietet ihnen natürlich nur sehr beschränkte und unsichere Existenzmittel. Sie sind daher fortwährend gezwungen, die Kassen der Verschwörung anzugreifen. Manche von ihnen kommen auch direkt in Kollisionen mit der bürgerlichen Gesellschaft überhaupt und figuriren mit mehr oder weniger Anstand vor den Zuchtpolizeigerichten. Ihre schwankende, im Einzelnen mehr vom Zufall als von ihrer Thätigkeit abhängige Existenz, ihr regelloses Leben, dessen einzig fixe Stationen die Kneipen der Weinhändler sind – die Rendezvoushäuser der Verschworenen – ihre unvermeidlichen Bekanntschaften mit allerlei zweideutigen Leuten rangiren sie in jenen Lebenskreis, den man in Paris la bohème nennt. Diese demokratischen Bohemiens proletarischen Ursprungs ... sind also entweder Arbeiter, die ihre Arbeit aufgegeben haben und dadurch lüderlich geworden sind, oder Subjekte, die aus dem Lumpenproletariat hervorgehen und alle lüderlichen Gewohnheiten dieser Klasse in ihre neue Existenz übertragen ... Das ganze Leben dieser Verschwörer von Profession trägt den ausgeprägtesten Karakter der Bohême. Werbunteroffiziere der Verschwörung, ziehen sie von Kneipe zu

Kneipe, fühlen den Arbeitern den Puls, suchen ihre Leute heraus, locken sie in die Verschwörung hinein, und lassen entweder die Gesellschaftskasse oder den neuen Freund die Kosten der dabei unvermeidlichen Konsumtion von Wein tragen. Der Kneipwirth ist überhaupt ihr eigentlicher Herbergsvater. Bei ihm hält der Verschwörer sich meistens auf; hier hat er seine Rendezvous mit seinen Kollegen, mit den Leuten seiner Sektion, mit den Anzuwerbenden; hier endlich finden die geheimen Zusammenkünfte der Sektionen (Gruppen) und Sektionschefs statt. Der Konspirateur, ohnehin, wie alle Pariser Proletarier, sehr heiterer Natur, entwickelt sich in dieser ununterbrochenen Kneipenatmosphäre bald zum vollständigsten Bambocheur. Der finstere Verschwörer, der in den geheimen Sitzungen eine spartanische Tugendstrenge an den Tag legt, thaut plötzlich auf und verwandelt sich in einen überall bekannten Stammgast, der den Wein und das weibliche Geschlecht sehr wohl zu schätzen weiß. Dieser Kneipenhumor wird noch erhöht durch die fortwährenden Gefahren, denen der Konspirateur ausgesetzt ist; jeden Augenblick kann er auf die Barrikade gerufen werden und dort fallen, auf jedem Schritt und Tritt legt ihm die Polizei Schlingen, die ihn ins Gefängniß oder gar auf die Galeeren bringen können ... Zugleich macht ihn die Gewohnheit der Gefahr im höchsten Grade gleichgiltig gegen Leben und Freiheit. Im Gefängniß ist er zu Hause, wie beim Kneipwirth. Jeden Tag erwartet er Befehl zum Losbruch. Die verzweifelte Tollkühnheit, die in jeder Pariser Insurrektion hervortritt, wird gerade durch diese alten Verschwörer von Profession, die hommes de coups de main, hereingebracht. Sie sind es, die die ersten Barrikaden aufwerfen und kommandiren, die den Widerstand organisiren, die Plünderung der Waffenläden, die Wegnahme der Waffen und Munition aus den Häusern leiten, und mitten im Aufstand jene verwegenen Handstreiche ausführen, die die Regierungspartei so oft in Verwirrung bringen. Mit einem Wort, sie sind die Offiziere der Insurrektion. Es versteht sich, daß diese Konspirateurs sich nicht darauf beschränken, das revolutionäre Proletariat überhaupt zu organisiren. Ihr Geschäft besteht darin, dem revolutionären Entwicklungsprozeß vorzugreifen, ihn künstlich zur Krise zu treiben, eine Revolution aus dem Stegreif, ohne die Bedingungen einer Revolution zu machen. Die einzige Bedingung der Revolution ist für sie die hinreichende Organisation ihrer Verschwörung. Sie sind die Alchymisten der Revolution und theilen ganz die Ideenzerrüttung und die Bornirtheit in fixen Vorstellungen der früheren Alchymisten. Sie werfen sich auf Erfindungen, die revolutionäre Wunder verrichten sollen; Brandbomben, Zerstörungsmaschinen von magischer Wirkung, Emeuten, die um so wunderthätiger und überraschender wirken sollen, je weniger sie einen rationellen Grund haben. Mit solcher Projektenmacherei beschäftigt, haben sie keinen andern Zweck als den nächsten des Umsturzes der bestehenden Regierung und verachten auf's tiefste die mehr theoretische Aufklärung der Arbeiter

Konspirationen, compagnonnage

über ihre Klasseninteressen. Daher ihr nicht proletarischer, sondern plebejischer Aerger über die habits noirs (schwarzen Röcke), die mehr oder minder gebildeten Leute, die diese Seite der Bewegung vertreten, von denen sie aber, als von den offiziellen Repräsentanten der Partei, sich nie ganz unabhängig machen können. Die habits noirs müssen ihnen von Zeit zu Zeit auch als Geldquelle dienen. Es versteht sich übrigens, daß die Konspirateurs der Entwicklung der revolutionären Partei mit oder wider Willen folgen müssen. Der Hauptkarakterzug im Leben der Konspirateurs ist ihr Kampf mit der Polizei, zu der sie gerade dasselbe Verhältniß haben, wie die Diebe und Prostituirten.« An anderer Stelle des gleichen Aufsatzes heißt es mit Bezug auf den folgenden Bericht Chenus über Lucien de la Hodde: »Wir sehen ... den politischen Prostituirten der gemeinsten Art, der auf der Straße im Regenwetter auf die Auszahlung seines Trinkgeldes durch den ersten besten Polizisten lauert.« »In einer meiner nächtlichen Wanderungen, erzählt Chenu, bemerkte ich de la Hodde, wie er den Quai Voltaire auf- und abwandelte. Der Regen floß stromweise, und dieser Umstand machte mich nachdenklich. Sollte zufällig dieser theure de la Hodde auch aus der Kasse der geheimen Fonds schöpfen? ... ›Guten Abend de la Hodde, was Teufel treibst Du hier zu dieser Stunde und in diesem schauderhaften Wetter?‹ – ›Ich warte auf einen Schwerenöther, der mir Geld schuldig ist, und da er alle Abend zu dieser Stunde hier vorüber kommt, wird er mir zahlen, oder‹ – und er schlug heftig mit seinem Stock auf die Brustwehr des Quais. De la Hodde sucht ihn los zu werden ... Chenu entfernt sich ... aber nur, um sich unter den Arkaden des Institutes zu verbergen ... Eine Viertelstunde nachher bemerkte ich den Wagen mit den zwei kleinen, grünen Laternen ... Ein Mann stieg aus, de la Hodde ging geradeswegs auf ihn zu; sie sprachen einen Augenblick zusammen, und ich sah de la Hodde die Bewegung eines Menschen machen, der Geld in seine Tasche steckt.« Marx und Engels: Besprechung von Chenu: Les conspirateurs Paris 1850 und de la Hodde: La naissance de la République Paris 1850 Abdruck aus der »Neuen Rheinischen Zeitung« in ⟨Die Neue Zeit⟩ IV Stuttgart 1886 p 555/6, 552, 551 [V 2; V 2 a]

Die Arbeiter von 1848 und die große Revolution: »Obgleich diese unter den von der Revolution gezeigten Verhältnissen litten, machten sie dieselbe doch nicht für ihr Elend verantwortlich; sie bildeten sich ein, daß die Revolution nicht zum Glück der Volksmassen ausgeschlagen sei, weil Intriganten das ihr zu Grunde liegende Prinzip gefälscht hatten. Nach ihrer Meinung war die große Revolution an sich gut, und das menschliche Elend konnte nur beseitigt werden, wenn man sich zu einem neuen 1793 entschloß. So wendeten sie sich mißtrauisch von den Sozialisten ab und fühlten sich von den bürgerlichen Republikanern angezogen, welche zum Zwecke einer Herstellung der Republik auf revolutionärem Wege konspirirten. Die geheimen Gesellschaften zur Zeit der Regierung Louis Philipps rekrutirten eine große Anzahl ihrer thätigsten Mitglieder aus der Arbeiterklasse.« Paul Lafargue: Der Klassenkampf in Frankreich Die neue Zeit XII, 2 1894 p 615 [V 3, 1]

Marx über den »Bund der Kommunisten«: »⟨›⟩Was ... die Geheimlehre des Bundes ... betrifft, so durchlief sie sämmtliche Wandlungen des französischen und englischen Sozialismus und Kommunismus, wie ihrer deutschen Spielarten ... Die geheime Form der Gesellschaft verdankt Paris ihren Ursprung ... Während meines ersten Aufenthalts in Paris (Ende 1843 bis Anfang 1845) pflegte ich persönlichen Verkehr mit den dortigen Leitern des Bundes wie mit den Führern der meisten französischen geheimen Arbeitergesellschaften, ohne jedoch in irgend eine derselben einzutreten. Zu Brüssel ... trat die Londoner Zentralbehörde in Korrespondenz mit uns und sandte ... den Uhrmacher Josef Moll, ... um uns zum Eintritt in den Bund aufzufordern. Die Bedenken ... schlug Moll nieder durch die Eröffnung, daß die Zentralbehörde einen Bundeskongreß nach London zu berufen beabsichtige ... Wir traten also ein. Der Kongreß ... fand statt und nach heftigen, mehrwöchentlichen Debatten wurde das von Engels und mir abgefaßte Manifest der kommunistischen Partei angenommen.‹ Als Marx diese Zeilen schrieb, nannte er ihren Inhalt ›halb vergessene und längst verschollene Geschichten‹ ... Im Jahre 1860 war die von der Gegenrevolution der fünfziger Jahre niedergeschlagene Arbeiterbewegung noch nirgends in Europa wieder erwacht ... Man versteht die Geschichte des Kommunistischen Manifestes schlecht, wenn man von seinem Erscheinen die europäische Arbeiterbewegung datirt. Das Manifest war vielmehr der Schluß ihrer ersten Periode, die von der Julirevolution bis zur Februarrevolution reichte ... Das Höchste, wozu sie gelangen konnten, war theoretische Klarheit ... Ein geheimer Arbeiterbund, der Jahre lang den damaligen englisch-französischen Sozialismus und die damalige deutsche Philosophie geistig theilnehmend begleiten konnte, entfaltete eine Energie des Denkens, die nur den höchsten Respekt erwecken kann.« Ein Gedenktag des Kommunismus Die neue Zeit XVI, 1 Stuttgart 1898 p 354/55 Das Marxzitat aus der Streitschrift gegen Vogt [V 3, 2]

»Die praktischen Programme der damaligen kommunistischen Verschwörer ... unterscheiden ... sich durch die feste Zuversicht, daß die Befreiung der Arbeiterklasse (›des Volkes‹) undenkbar ist ohne den Kampf mit den höheren Klassen (›der Aristokratie‹), sehr vorteilhaft von den sozialistischen Utopisten. Freilich kann der Kampf eines Häufleins von Menschen, die im Namen der Volksinteressen eine Verschwörung geschmiedet haben, auf keinen Fall mit dem Namen Klassenkampf belegt werden. Wenn aber der Hauptteil der Verschwörer von den Arbeitern geliefert wird, so bietet

die Verschwörung den Keim zum revolutionären Kampfe der Arbeiterklasse. Und die Auffassung der Gesellschaft der ›Jahreszeiten‹ über die ›Aristokratie‹ zeugt von dem engen genetischen Zusammenhang der Ideen der revolutionären Kommunisten im damaligen Frankreich mit den Ideen der bürgerlichen Revolutionäre des achtzehnten Jahrhunderts und der liberalen Opposition der Restaurationsepoche ... Gleich Augustin Thierry gingen die französischen revolutionären Kommunisten von dem Bewußtsein aus, daß der Kampf gegen die Aristokratie im Interesse des ganzen übrigen Teiles der Gesellschaft notwendig sei. Aber mit Recht weisen sie darauf hin, daß an Stelle der Geburtsaristokratie die Geldaristokratie getreten ist und daß folglich der Kampf ... gegen die Bourgeoisie geführt werden muß.« Georg Plechanow: Über die Anfänge der Lehre vom Klassenkampf (Aus der Einleitung zu einer russischen Ausgabe des Kommunistischen Manifests) III Die Anschauungen des vormarxistischen Sozialismus vom Klassenkampf Die neue Zeit Stuttgart 1903 XXI, 1 p 297
[V 3 a, 1]

1851⟨:⟩ »Un décret rendu le 8 décembre autorisa la déportation sans jugement ... de toute personne appartenant ou ayant appartenu à une société secrète: on entendait par là toute société, fût-ce une société de secours mutuels ou une association littéraire, constituée même au grand jour, mais sans déclaration faite au préfet.« A Malet et P Grillet: XIXe siècle Paris 1919 p 264   [V 3 a, 2]

»A la suite de l'attentat d'Orsini ... le gouvernement impérial fit aussitôt voter une loi dite de sûreté générale qui lui donnait le pouvoir d'arrêter et de déporter sans jugement ... toute personne antérieurement punie à l'occasion des journées de juin 1848 et des événements de décembre 1851 ... Dans chaque département, le préfet avait dû, par ordre, désigner d'urgence un nombre déterminé de victimes.« A Malet et P Grillet: XIXe siècle Paris 1919 p 273   [V 3 a, 3]

»Les Indépendants eurent leur société secrète, la Charbonnerie organisée au début de 1821 sur le modèle de la Charbonnerie italienne. Les organisateurs furent un commis voyageur en vins, Dugied, qui avait séjourné à Naples, et un étudiant en médecine, Bazard ... Chaque affilié versait un franc par mois, devait avoir un fusil, cinquante cartouches, et jurait d'exécuter aveuglément les ordres de ses chefs. La Charbonnerie se recrutait surtout parmi les étudiants et dans l'armée; elle finit par compter 2000 ventes et 40 000 adhérents. Les Charbonniers voulaient renverser les Bourbons ›ramenés par l'étranger‹ et ›rendre à la nation le libre exercice du droit qu'elle a de choisir le gouvernement qui lui convient‹. Ils organisèrent neuf complots dans les six premiers mois de 1822: tous échouèrent.« A Malet et P Grillet: XIXe siècle Paris 1919 p 29 Die Aufstände der Carbonari waren Militärrevolten. Vielleicht besaßen sie eine gewisse Analogie zu denen der Dekabristen. [V 4, 1]

29 April 1827 Auflösung der Nationalgarde durch Villèle, wegen einer von ihr gegen ihn gerichteten Kundgebung. [V 4, 2]

Gegen sechzig Schüler der Ecole Polytechnique in der Leitung des Juli-Aufstandes. [V 4, 3]

25 März 1831 Wiedereinführung der Garde Nationale. »Elle ... nommait elle-même ses officiers, les chefs de légion exceptés ... La garde nationale formait ... une véritable armée comptant 24000 hommes environ ... cette armée était ... une force de police ... Aussi, eut-on soin d'en écarter les ouvriers ... On y parvint en imposant au garde national d'avoir l'uniforme et de s'équiper à ses frais ... Cette garde bourgeoise fit d'ailleurs en toutes circonstances bravement son devoir. Dès que passaient les tambours battant le rappel, chacun quittait ses occupations, les boutiquiers fermaient leurs magasins, et, l'uniforme endossé, on allait joindre le bataillon au lieu de rassemblement.« A Malet P Grillet: XIXe siècle Paris 1919 p 77 et 79
[V 4, 4]

»Les Républicains avaient pour la plupart appartenu à la Charbonnerie; ils multiplièrent contre Louis-Philippe les créations de sociétés secrètes. La plus importante ... fut celle des Droits de l'homme. Créée à Paris, où elle compta en peu de temps près de 4000 affiliés, calquée sur la Charbonnerie, elle eut des ramifications dans la plupart des villes importantes. Ce fut elle qui organisa les grandes insurrections de Paris et de Lyon, en juin 1832 et en avril 1834. Les principaux journaux républicains étaient la *Tribune* et le *National*, dirigés la première par Armand Marrast, le second par Armand Carrel.« Malet et Grillet: XIXe siècle Paris 1919 p 81 [V 4, 5]

Erklärung vom 19 Dezember 1830, abgegeben auf der Redaktion des Constitutionnel von Schülern der Ecole polytechnique: »›Si parmi les agitateurs, dirent-ils, il s'est trouvé un homme qui portât l'uniforme de l'Ecole, cet homme est un faussaire ...‹ Et ils firent traquer partout les hommes qui se présentaient dans les faubourgs revêtus de l'habit polytechnicien pour essayer d'usurper leur influence. Le moyen de les reconnaître, dit Bosquet, était de leur

Konspirationen, compagnonnage

demander la *différentielle de sin x ou de log x* ›s'ils répondent, ce sont d'anciens élèves, sinon on les fait coffrer‹.« G Pinet: Histoire de l'Ecole polytechnique Paris 1887 p 187 Die Unruhen fanden anläßlich des Prozesses gegen die Minister Charles X statt. Pinet fügt (p 187) hinzu: »En soutenant les intérêts de la bourgeoisie, ceux qui avaient des convictions républicaines semblaient craindre qu'on ne les accusat de déserter la cause du peuple.« Immerhin trat die Schule in einer weitern Proklamation entschieden für das gleiche und allgemeine Wahlrecht ein. [V 4 a, 1]

»Affiliés à des sociétés ostensiblement ou secrètement organisées, les élèves vont y prendre journellement le mot d'ordre ... Ils sont instruits des mouvements qu'on prépare ... L'Ecole polytechnique en est venue à se croire une quatrième puissance dans l'Etat ... C'est l'heure où le parti républicain, qui compte dans ses rangs toute l'artillerie de la garde nationale, l'étudiant, le prolétaire, l'ouvrier, le décoré de juillet, a repris ... son activité; où les sociétés populaires, celle des *Amis du peuple,* celle des *Droits de l'homme,* la *Gauloise,* recrutent de nombreux affiliés; où la garde nationale ne suffit plus à maintenir la tranquillité publique; où les Saint-Simoniens menacent d'ébranler l'ordre social ... où ... le *National* et la *Tribune* entretiennent contre le pouvoir une lutte de tous les jours.« G Pinet: Histoire de l'Ecole polytechnique Paris 1887 p 192/93 [V 4 a, 2]

Während der Choleraepidemie wurde die Regierung beschuldigt, die Brunnen vergiftet zu haben. So im faubourg St Antoine. [V 4 a, 3]

»La jeunesse des écoles avait adopté le béret rouge; et dans les sociétés secrètes, on se promettait *à la prochaine* de faire repasser le *rasoir national.*« Charles Louandre: Les idées subversives de notre temps Paris 1872 p 85
[V 4 a, 4]

Die geheimen Gesellschaften der Demokraten waren chauvinistisch. Sie wollten die internationale Propaganda der Republik durch den Krieg. [V 5, 1]

»Réponse faite plus tard par un accusé devant la Cour des pairs: – Quel était votre chef? – *Je n'en connaissais pas, et je n'en reconnaissais pas.*« Victor Hugo: Œuvres complètes Roman 8 Paris 1818 p 47 (Les Misérables; Faits d'où l'histoire sort et que l'histoire ignore) [V 5, 2]

»De temps en temps des hommes ›en bourgeois et en beaux habits‹ venaient, ›faisant des embarras‹, et ayant l'air ›de commander‹, donnaient des poignées de mains *aux plus importants*, et s'en allaient. Ils ne restaient jamais plus de dix minutes.« Victor Hugo: Œuvres complètes Roman 8 Paris 1881 p 42/43 (Les Misérables; Faits d'où l'histoire sort et que l'histoire ignore) [V 5, 3]

Die Société des droits de l'homme wendet in ihren Zirkularen die Zeitrechnung der großen Revolution an. Im pluviôse an 42 de l'ère républicaine zählt sie 300 Filialen in Frankreich, in Paris 163, deren jede einen besondern Namen hatte. Die Werbung der Bürger beim Proletariat hatte das Gute »qu'au lieu de les attirer, en les humiliant, par des services matériels, par des secours ou des dons d'argent, ce fut par des attentions et des égards, par des bals et des fêtes en commun, que les meneurs bourgeois travaillèrent à se les attacher.« Charles Benoist: L'homme de 1848 I (Revue des deux mondes 1 juillet 1913 p 148/149) [V 5, 4]

La Société de propagande: »On lui dut en partie la grande grève de la fin de 1833, laquelle s'étendit aux typographes, mécaniciens, tailleurs de pierres, cordiers, cochers de fiacre, cambreurs, gantiers, scieurs de long, ouvriers en papiers peints, bonnetiers, serruriers, et n'intéressa pas moins de ›8000 tailleurs, 6000 cordonniers, 5000 charpentiers, 4000 bijoutiers, 3000 boulangers.‹« Ch Benoist: L'Homme de 1848 I (R⟨evue⟩ d⟨es⟩ d⟨eux⟩ mondes 1 juillet 1913 p 151⟨)⟩ [V 5, 5]

Le Comité invisible – Name einer geheimen Gesellschaft in Lyon. [V 5, 6]

Erst nach 1832, vor allem aber um 1834 und 1835 faßte die revolutionäre Propaganda im Proletariat Fuß. [V 5, 7]

In der nach 1835 verschärften Organisation der Geheimen Gesellschaften steigerte sich das mystagogische Element. Die Namen der Wochentage und Monate wurden Kennworte von Stoßtrupps und von Kommandos. Ein von der Freimaurerei beeinflußtes Aufnahmezeremoniell mit Anklängen an die Feme wird eingeführt. Nach de la Hodde figuriert schon in diesem Zeremoniell unter anderm die Frage: Faut-il faire une révolution politique ou une révolution sociale? (vgl Ch Benoist: L'homme de 1848 I (R⟨evue⟩ d⟨es⟩ d⟨eux⟩ m⟨ondes⟩ 1 VII 1913 p 1959-61) [V 5, 8]

»C'en est fini, en 1840, des Jacobins, des Montagnards, des Sociétés secrètes, des conspirations, des revues, des prises d'armes et des coups de main. Les ›communistes‹ vont être préférés ... Les ouvriers participèrent au banquet de Belleville, où l'horloger Simard prit la parole. La grande grève de 1840, qui, à Paris seulement, mit debout 30000 hommes, resserra leur fédération ... Henri Heine a gravé de sa pointe aiguë, en dix passages de sa *Lutèce* ... la prise puissante du communisme sur l'ouvrier des faubourgs parisiens. Il se fait honneur d'avoir, par ses lettres à la *Gazette d'Augsbourg*, révélé le communisme aux communistes eux-mêmes ... Mais ... il y a communistes et communistes. Je transcris de l'*Almanach icarien* pour 1843 cet avertissement ...: ›Aujourd'hui les Communistes peuvent se diviser en deux catégories principales, les Communistes simples ..., qui veulent l'abolition du Mariage et de la Famille, et les Communistes Icariens ... dont le caractère distinctif est de vouloir la Famille et le Mariage, de repousser les sociétés secrètes, la violence, l'émeute et l'attentat.‹« Charles Benoist: L'homme de 1848 II (Revue des deux mondes 1 février 1914 p 638-41) [V 5 a, 1]

Mitte der dreißiger Jahre war eine Krise in den Traditionen des Gesellenwesens und der Handwerksburschen ausgebrochen. Die aus der Zunftzeit überkommenen Hierarchien gerieten ins Wanken, viele Gesellenlieder wurden als altmodisch empfunden; man versuchte die Assoziationen intellektuell und moralisch zu heben. Agricol Perdiguier verfaßte eine Art von Gesellenfibeln mit Liedern und belehrenden oder erbaulichen Beiträgen. Sie läßt erkennen, daß das absterbende Brauchtum der Zünfte ein Nährboden für die geheimen Gesellschaften gewesen ist. [V 5 a, 2]

Cénacles nach 1839: La Goguette des fils du diable, les communistes matérialistes. [V 5 a, 3]

Régime des marchands de vin: »La loi actuelle lui donne la liberté, et l'Empire, en effet, l'en avait privé. Napoléon III voyait dans les cabarets des ›lieux d'affiliation pour les sociétés secrètes,‹ et le *Code annoté* [Pamphlet: Julien Goujon: *Code annoté des limonadiers*] l'accuse d'avoir voulu ›frapper de terreur,‹ pour les ›transformer en surveillans officieux, en agens électoraux, trois cent mille habitans et leurs familles.‹ Trois cent mille estaminets, et des estaminets politiques, de ceux que Balzac appelle le ›parlement du peuple,‹ étendaient donc déjà leur réseau ... sous le régime de Juillet et le Gouvernement de 1848!« Maurice Talmeyr: Le marchand de vins (Revue des deux mondes 15 août 1898 p 877/8) [V 5 a, 4]

Varia aus Agricol Perdiguier: Le livre du compagnonage Paris Chez l'auteur 1840: »En 1830 des Aspirants menuisiers et des Aspirants serruriers se révoltèrent à Bordeaux contre leurs Compagnons, et formèrent entre eux le noyau d'une Société nouvelle. Depuis, à Lyon, à Marseille, à Nantes, d'autres Aspirants se sont encore révoltés et formés en société ... Ces diverses Sociétés ont correspondu entre elles, et la *Société de l'Union ou des Indépendants* s'est trouvée constituée ... Il n'y a chez eux aucun mystère, aucune initiation, aucune distinction. ... Tous les membres de la Société sont égaux.« (p 179/80) Bräuche: »Quand un Compagnon va à la maison où la société loge, mange et tient ses assemblées, il dit: ›Je vais chez la mère.‹« (p 180/181) Namen: »La Rose de Carcassonne, Le Décidé de Tournus, etc.« (p 185) Topage – eine in vorgeschriebnen Formen ablaufende Vorstellung einander begegnender Handwerksburschen: »Ils se demandent de quel côté ou de quel Devoir. S'ils sont du même, c'est une fête, ils boivent à la même gourde ... Dans le cas contraire, ce sont des injures d'abord, et puis des coups.« (p 187) Verschiedenfarbige Bänder, auf verschiedene Arten getragen sind Abzeichen der einzelnen Handwerke. Ferner sind Ohrringe gebräuchlich, auf deren verschiedene Anhängsel (Hufeisen, Hammer, Richtmaß usw.) die verschiednen Gewerbe ausschließlichen Anspruch erheben. »L'équerre et le compas sont les attributs de tout le Compagnonage, car on pense ... que le mot *compagnon* dérive de *compas* ... Les cordonniers et les boulangers ont payé cher quelquefois la gloire de porter le compas; tous les Compagnons du Devoir des autres états sont tombés sur eux.« (p 189) »Dans les sociétés de compagnonage le mot monsieur n'est point d'usage ... Les Français, les Espagnols, les Italiens, les Suisses se trouvant réunis se nomment réciproquement Pays espagnol, Pays italien, Pays suisse, etc. ... D'ailleurs ils habitent sous la même voûte, ils marchent sur le même globe, ils sont, ils se nomment pays; car le monde n'est pour eux qu'un grand pays!« (p 41) – Die compagnons nennen sich enfants de Salomon. – Perdiguier war Mitarbeiter des von Buchez gegründeten Atelier (1840-1850). Es ging 1850 ein, da es die Kaution von 18000 frcs nicht stellen konnte. [V 6, 1]

Die Julitage brachten einen Aufschwung der geheimen Gesellschaften durch eine Annäherung zwischen der republikanischen Bourgeoisie und dem Proletariat. [V 6, 2]

Die Gesellschaft vom 10ten Dezember. »Unter dem Vorwande, eine Wohltätigkeitsgesellschaft zu gründen, war das Pariser Lumpenproletariat von Louis Napoleon nach seiner Wahl zum Präsidenten in zahlreiche geheime Sektionen eingeteilt worden, die von bonapartistischen Agenten geleitet wurden.« Eduard Fuchs: Die Karikatur der europäischen Völker München ⟨1921⟩ II p 102 [V 6, 3]

Konspirationen, compagnonnage 757

Le cabaret de la place Belhomme. »Sous Louis-Philippe, il était tenu par un individu attaché à la police. Sa clientèle se composait en grande partie de tous les conspirateurs de l'époque, qui y tenaient deux réunions par semaine, le lundi et le jeudi. Le jeudi, on présentait les affidés; le lundi, on les recevait.« A Lepage: Les cafés politiques et littéraires de Paris Paris ⟨1874⟩ p 99 [V 6 a, 1]

Aus einem von Pokrowski zitierten Geheimbericht des russischen Informateurs Jakow Tolstoi über sein Gespräch mit dem Direktor der englischen Kolonialbank, Campbell, einem Beauftragten des Prinzen Louis Napoléon: »Der Prinz hat ihn in die Schwierigkeiten seiner Lage eingeweiht, da er gegen den ›National‹ (d.h. gegen Cavaignac – M. P.) zu kämpfen habe ... sowie gegen die roten Republikaner (Ledru-Rollin – M. P.), die über riesige Summen verfügen (!) ... Nachdem ... fragte er mich, ob nicht die russische Regierung geneigt wäre, dem Prinzen diese« [d.i. die zur Wahlkampagne nötige, in England nicht beschaffbare] »Summe zu überlassen ... Danach wurde es mir klar, daß Herr Campbell eine Art Emissär des Prinzen Louis ist, und, um seine Aufmerksamkeit abzulenken und das Gespräch zu beenden, stellte ich alles als einen Scherz hin. Ich fragte ihn, was wohl Louis Bonaparte Rußland als Gegenleistung für die Million, die er verlangt, geben könnte? – ›Alle möglichen Zugeständnisse‹ – antwortete temperamentvoll Herr Campbell. – ›Rußland kann also das Haupt der Republik kaufen? – fragte ich, – und nur für eine Million Franken, was, auf die vier Präsidentschaftsjahre verteilt, 250000 pro Jahr ausmacht. Sie werden zugeben, daß das nicht teuer ist.‹ – ›Ich garantiere Ihnen, daß Sie zu diesem Preis ihn voll und ganz zur Verfügung haben werden.‹ – ›Wird er zumindestens seine ganze Autorität einsetzen, um Frankreich von polnischen und russischen Emigranten zu säubern?‹ – ›Ich sage Ihnen, daß er eine formelle Verpflichtung in dieser Beziehung übernehmen wird, da er sich in der schwierigsten Lage befindet, in der sich ein Mensch überhaupt befinden kann!« MN Pokrowski: Historische Aufsätze Wien Berlin ⟨1928⟩ p 120 (Lamartine, Cavaignac und Nikolaus I)
[V 6 a, 2]

»Die alte Gesellenverbindung der ›Compagnons‹, deren Entstehung bis ins vierzehnte, vielleicht ... ins zwölfte Jahrhundert zurückgeht ... (manche Historiker leiten die Carbonari-Bewegung aus ihr ab) ... mußte Balzac besonders interessieren ... Die Compagnons ... führten ihre Gründung auf den Bau des salomonischen Tempels zurück ... In der Vorrede zur ›Histoire des Treize‹ macht Balzac Andeutungen über die Compagnons, die noch heute im französischen Volk Anhänger hätten.« Ernst Robert Curtius: Balzac Bonn 1923 p 34 [V 7, 1]

»In Frankreich war es vor allem die unter dem Namen La Congrégation bekannte geheime Gesellschaft, die dem Publikum Stoff zu allerhand grausigen und aufregenden Geschichten bot. Besonders die Literaten der Restauration ziehen sie der schwärzesten Machenschaften. Der Graf von Artois, der spätere Karl X., stand ihr nahe ... Mit einer ›Geschichte der geheimen Gesellschaften im Heere‹ fesselte damals Charles Nodier seine Leser. Er selbst gehörte der 1797 gegründeten ›Société des Philadelphes‹ an ... Harmlos war auch die ›Société du Cheval rouge‹, die Balzac mit Gautier und einigen anderen gründete in der festen Überzeugung, daß ihre Mitglieder durch Beeinflussung der Salons ... sich gegenseitig Macht und Ruhm verschaffen würden ... Ein Geheimbund von Zuchthausträflingen ist die Gesellschaft der ›Grands Fanandels‹, deren Organisation den Hintergrund für ... Vautrin bildet.« Ernst Robert Curtius: Balzac Bonn 1923 p 32-34 [V 7, 2]

Das faubourg Saint-Antoine und die enceinte du temple verdanken ihre Bedeutung für das Handwerk dem Umstand, daß die Gesetze, die den compagnons eine Niederlassung vor Ablauf der dem compagnon⟨n⟩age vorbehaltnen Jahre verboten, dort außer Kraft waren. Der tour de France beanspruchte 3 bis 4 Jahre. [V 7, 3]

Neben vielen andern Angaben über die compagnons berichtet Chaptal von den feindlichen Klans: »Les outils de travail étoient constamment leurs armes de guerre.« Chaptal: De l'industrie françoise Paris 1819 II p 314
[V 7, 4]

»Außer bei ... abendlichen Zusammenkünften im engen Kreis trafen sich in jenen Jahren die deutschen Handwerker in Paris gern an Sonntagen mit Kind und Kegel in einem Restaurant an der Bannmeile. Im Januar 1845 hatte Adalbert von Bornstedt, ein ehemaliger Gardeoffizier, der damals die radikalen Schriftsteller und Handwerker in Paris für die preußische Regierung bespitzelte, dieser in einer gegen Marx und Heß gerichteten Denunziation eine solche Versammlung in der Avenue de Vincennes geschildert, wo der Königsmord, der Haß gegen die Reichen, die Abschaffung des Privateigentums offen verkündet worden wären.« Gustav Mayer: Friedrich Engels Erster Band: Friedrich Engels in seiner Frühzeit Berlin ⟨1933⟩ p 252 [V 7, 5]

»Adalbert von Bornstedt ... war ... Spitzel ... der Preußischen Regierung. Engels und Marx benutzten ihn, wußten wohl aber ziemlich genau, woran sie mit ihm waren.« Gustav Mayer: Friedrich Engels Erster Band: Friedrich Engels in seiner Frühzeit (Zweite Auflage) Berlin p 386 [V 7 a, 1]

Flora Tristan versuchte die Arbeiter aus den Schranken der compagnonnage zu befreien. [V 7 a, 2]

Schlabrendorf berichtet von dem volkstümlichen Komiker Bobêche, der auf dem Boulevard du Temple spielte. »Sein Theaterchen ist aber so eng, daß er nicht mehr gestikuliren kann, wenn sein Schwager, mit dem er spielt, auch darauf steht. Er ist gezwungen, dann die Hände in die Taschen zu stecken. Mit Recht rief er daher unlängst: Il me faut une place, il me faut absolument une place! – Mais sais-tu bien qu'il faut remplir sa place? – Remplir? on en remplit une partie et le reste est rempli par d'autres. – Mais quelle place veux-tu donc? – La place Vendôme. – La place Vendôme! Il te sera bien difficile de l'avoir. – Rien de plus facile. Je dénoncerai la colonne.« Graf Gustav von Schlabrendorf in Paris über Ereignisse und Personen seiner Zeit [in Carl Gustav Jochmann: Reliquien Aus seinen nachgelassenen Papieren Gesammelt von Heinrich Zschokke Erster Band Hechingen 1836 p 248/9] [V 7 a, 3]

Die Carbonari betrachteten Christus als das erste Opfer der Aristokratie. [V 7 a, 4]

»Die Polizeispione in Paris erkennen sich an einer Schaumünze mit dem sogenannten Auge der Vorsehung.« Carl Gustav Jochmann: Reliquien hg von Heinrich Zschokke Dritter Band Hechingen 1838 p 220 [V 7 a, 5]

»Pour que l'œuvre d'un Balzac ... apparaisse authentiquement mythique, il suffira de rappeler que, du vivant même de son auteur, s'étaient constitués à Venise et en Russie des cercles d'hommes et de femmes qui se distribuaient les rôles des personnages de la *Comédie Humaine* et s'appliquaient à vivre à leur ressemblance.« Roger Caillois: Paris, mythe moderne (Nouvelle Revue Française XXV, 284 1 mai 1937 p 698) [V 7 a, 6]

»Quant à Balzac, il suffira ... de se souvenir que c'est l'homme dont la première œuvre ou presque, se trouve être une *Histoire impartiale des Jésuites*, qu'il considérerait comme un hommage ›à la plus belle société qui jamais ait été formée‹ et qu'il est en même temps le créatur de Vautrin et l'auteur de l'*Histoire des Treize*.« Roger Caillois: Paris, mythe moderne (Nouvelle Revue Française XXV, 284 1 mai 1937 p 695/6) Die Jesuiten wie auch die Assassinen spielen sowohl in der Vorstellungswelt Balzacs wie auch in der von Baudelaire eine Rolle. [V 8, 1]

»Dix régiments français, fussent-ils descendus dans les Catacombes, n'eussent pu mettre la main sur un seul carbonaro, tant les mille sentiers des funèbres souterrains conduisaient à des retraites inaccessibles. D'ailleurs, dans cinq ou six endroits, les Catacombes étaient admirablement minées et il suffisait d'une étincelle... pour faire sauter la rive gauche tout entière.« A Dumas: Les Mohicans de Paris III Paris 1863 p 11 [V 8, 2]

Die Verschwörer von 1830 waren streng klassizistisch gesonnen und erbitterte Feinde der Romantik. Blanqui ist diesem Typus sein Leben lang treu geblieben. [V 8, 3]

Heine über eine Versammlung der Amis du peuple, in der über 1500 Hörer einer Rede von Blanqui folgen: »La réunion avait l'odeur d'un vieil exemplaire, relu, gras et usé, du *Moniteur* de 1793.« (cit Geffroy: L'enfermé ⟨ed 1926⟩ I p 59) [V 8, 4]

Geheime Gesellschaften nach der Julirevolution: Ordre et Progrès, Union des condamnés politiques, Réclamants de Juillet, Francs régénérés, Société des Amis du peuple, Société des Familles. [V 8, 5]

Ordnung der Société des Saisons, Nachfolgerin der Société des Familles: Zuoberst vier Saisons, ihr Chef: Printemps; die Saison hat drei Mois, ihr Chef: Juillet; der Mois hat vier Semaines, ihr Chef: Dimanche. – Die Chefs sind bei den Versammlungen nicht zugegen (oder nicht kenntlich). Vgl Geffroy: L'enfermé ⟨ed 1926⟩ I p 79 [V 8, 6]

Die Abteilungen der Carbonari hießen Ventes (der Ausdruck der Carbonari geht auf eine Verschwörung bei einem Kohlenhändler im Kampf der Ghibellinen gegen die Guelfen zurück). Vente suprême, Ventes d'arrondissement, Vertes de canton. Unter den Gründern der französischen Sektion war Bazard. [V 8, 7]

J-J Weiss über den Club des Halles: »Le club se tenait dans une petite salle du premier étage, au-dessus d'un café, club peu nombreux, grave et recueilli. Représentez-vous l'aspect de la Comédie-Française, les jours où on y joue Racine et Corneille, comparez l'auditoire de ces jours-là à la foule qui emplit un cirque où des acrobates exécutent des sauts périlleux: vous aurez l'impression exacte qu'on éprouvait en entrant au club révolutionnaire de Blanqui, comparée à celle que donnaient les deux clubs en vogue du parti de l'ordre, celui des Folies-Bergère et celui de la salle Valentino. C'était comme une chapelle consacrée au culte orthodoxe de la conspiration classique, où les portes étaient ouvertes à tout le monde, mais où l'on ne sentait l'envie de revenir que si l'on était un adepte. Après le maussade défilé des opprimés qui se présentaient chaque soir à la tribune, pour dénoncer invariablement, celui-ci la conspiration des banquiers contre le peuple, celui-là son chef de bureau, cet autre un administrateur de chemins de fer, le prêtre du lieu se levait, et, sous prétexte de résumer les griefs de son client, le peuple, représenté par la demi-douzaine d'imbéciles prétentieux et furieux qu'on venait d'entendre, il exposait la situation. L'extérieur était distingué, la tenue irréprochable, la physionomie délicate, fine et calme, avec un éclair farouche et sinistre qui traversait quelquefois des yeux minces, petits, perçants, et, à leur état habituel, plutôt bienveillants que durs; la parole mesurée, familière et précise, la parole la moins déclamatoire que j'aie jamais entendue avec celle de M. Thiers. Quant au fond du discours, presque tout y était juste ... Où donc Corneille a-t-il appris l'art de la guerre? s'écriait le grand Condé à la première représentation de *Sertorius.* Blanqui n'avait point, je suppose, appris la guerre plus que Corneille. Mais, comme il possédait à un degré éminent la faculté politique, il a donné ... même en matière militaire, tous les avertissements qui, écoutés, eussent pu préparer le salut.« cit Gustave Geffroy: L'enfermé Paris 1897 p 346-348 [V 8 a]

Januar 1870, nach der Ermordung von Victor Noir: Blanqui läßt die Blanquisten, von Granger ihm präsentiert, an sich vorbeidefilieren, ohne daß der Vorgang entdeckt wurde. »Il partit, armé, dit adieu à ses sœurs, prit son poste aux Champs-Elysées. C'est là que Granger lui avait annoncé qu'il ferait défiler devant lui l'armée dont il était le mystérieux général. Il connaissait les chefs, il les verrait apparaître, et derrière chacun d'eux, les hommes, groupés régulièrement, marchant au pas, comme des régiments. Il fut fait comme il avait été dit. Blanqui passa sa revue, sans que personne pût se douter du spectacle étrange. Appuyé à un arbre, debout dans la foule, parmi ceux qui regardaient comme lui, le vieillard attentif vit surgir ses amis, réguliers dans la poussée du peuple, silencieux dans les murmures grossis à tout instant en clameurs.« Gustave Geffroy: L'enfermé Paris 1897 p 276/77 [V 9, 1]

Über den Einfluß Machiavells, den Blanqui in Sainte-Pélagie erfuhr: »Contre le Blanqui français, si lucide, si merveilleux d'intelligence et d'ironie, sortait de temps à autre ce vieux Blanqui italien, de Florence ou de Venise, qui croyait aux plans ténébreux et à la réussite possible d'un coup de force.« Gustave Geffroy: L'enfermé Paris 1897 p 245/46 [V 9, 2]

Ein Verschwörertyp wie er für die vierziger Jahre kennzeichnend ist: Daniel Borme, ein halbverrückter, vor allem aber zweideutiger Geselle; er arbeitete im Auftrage von Vidocq, der seinerseits ebenso

von Caussidière wie von Louis Napoléon Orders entgegennahm. Borme stellte das Regiment der Vésuviennes auf die Beine; er erhielt, mit mehreren Vésuviennes 1848 von Mme de Lamartine Audienz. Lamartine selbst weigerte sich, mit den Vésuviennes zu verhandeln. Man scheint vorgehabt zu haben, Arbeitsateliers für sie zu gründen. Borme ruft in einer Affiche vom 28 février 1848 die citoyennes auf:
⟨»⟩Aux citoyennes patriotes, mes sœurs en République ... J'ai demandé au Gouvernement Provisoire de vous enrégimenter sous le titre de Vésuviennes. L'engagement sera d'un an; pour être reçue, il faut avoir quinze ans ou trente ans au plus et n'être pas mariée. Se présenter, de midi à 4 heures, rue Sainte-Appoline, 14.« cit Roger Devigne: Des »Miliciennes« de 1937 aux »Vésuviennes« de 1848 (Vendredi 21 mai 1937) [V 9, 3]

Baudelaire in der Rezension von »Les martyrs ridicules« von Léon Cladel: »L'homme d'esprit moule le peuple, et le visionnaire crée la réalité. J'ai connu quelques malheureux qu'avait grisés Ferragus XXIII, et qui projetaient sérieusement de former une coalition secrète pour se partager, comme une horde se partage un empire conquis, toutes les fonctions et les richesses de la société moderne.« Baudelaire: L'art romantique Paris p 434
[V 9 a, 1]

Ch Prolès in »Les hommes de la révolution de 1871«⟨Paris 1898⟩ p 9 über Raoul Rigault, *Blanquist*, Polizeipräfekt unter der Kommune: »Il avait en toutes choses, ... même dans son fanatisme, avec un singulier sang-froid, je ne sais quel air de mystificateur sinistre et impassible.« (cit Georges Laronze: Histoire de la Commune de 1871 Paris 1928 p 45⟨)⟩ Ebenda p 38 über Rigaults Spezialität: die Entlarvung der Spitzel: »Sous l'Empire, il l'avait singulièrement avancée, ... tenant à jour son carnet, dénonçant, dès leur arrivée, les agents interloqués. ›Eh bien, comment va le patron?‹ Et, en ricanant, il les nommait. Blanqui vit dans une telle perspicacité l'indice d'une vocation utilisable. De sa bouche tomba un jour cet éloge, de forme inattendue: ›Ce n'est qu'un gamin, mais c'est un policier de premier ordre.‹« [V 9 a, 2]

Doktrin der Blanquisten während der Kommune: »Edicter, pour la nation, des décrets, c'était réagir contre l'utopie du fédéralisme, et ... de Paris demeuré capitale paraître gouverner la France.« Georges Laronze: Histoire de la Commune de 1871 Paris 1928 p 120 [V 9 a, 3]

Konspirationen, compagnonnage   763

Die Blanquisten verehrten das Andenken von Hébert.   [V 9 a, 4]

»Plusieurs salles de rédaction et les cafés des boulevards, en particulier le café de Suède, étaient les centres ... des conspirateurs. De là s'étendait la toile. Elle enserrait dans ses mailles toute la Commune, moins redoutable encore par les résultats obtenus, car la multiplicité des complots les annihilait, que par l'atmosphère ... de suspicion qui s'en dégageait. A l'Hôtel de ville s'observaient des fuites incessantes. Pas de délibération, de décision secrète qui ne fût aussitôt connue de Thiers.« Georges Laronze: Histoire de la Commune de 1871 Paris 1928 p 383   [V 9 a, 5]

Marx faßt eine ausführliche Charakteristik der Gesellschaft vom 10ten Dezember als einer Organisation des Lumpenproletariats in den Worten zusammen: »kurz die ganze unbestimmte, aufgelöste, hin und her geworfene Masse, die die Franzosen la Bohème nennen«. Karl Marx: Der achtzehnte Brumaire des Louis Bonaparte ed Rjazanov Wien Berlin ⟨1927⟩ p 73   [V 10, 1]

Zu Balzac. »Sainte-Beuve ... raconte une anecdote plus étrange ... que toutes les autres. A un moment, toute une société réunie à Venise, et des plus aristocratiques, s'avisa de distribuer entre ses membres différents rôles tirés de la Comédie humaine, et certains de ces rôles, ajoute mystérieusement le critique, furent bel et bien poussés jusqu'au bout ... Cela se passait aux environs de 1840.« Anatole Cerfberr et Jules Christophe: Répertoire de la comédie humaine de H de Balzac Paris 1887 Introduction de Paul Bourget p V   [V 10, 2]

1828 erscheint in Brüssel die »Verschwörung der Gleichen« von Buonarroti. »Très vite son livre devient le bréviaire des conspirateurs.« Titel »Conspiration pour l'Egalité«⟨,⟩ 60000 Exemplare in wenigen Tagen abgesetzt. 1837 15000 Personen bei Buonarrotis Beisetzung. Michelets Vater stand zu den Anfängen von Babeuf, Michelet zu Buonarroti in Beziehung. vgl André Monglond: Le préromantisme français II Le maître des âmes sensibles Grenoble 1930 p 154/155   [V 10, 3]

W

[FOURIER]

>»Mers qu'on sonde! cieux qu'on révèle!
Chacun de ces chercheurs de Dieu
Prend un infini sur son aile,
Fulton le vert, Herschell le bleu,
Magellan part, Fourier s'envole;
La foule ironique et frivole
Ignore ce qu'ils ont rêvé.«
> Victor Hugo: L'année terrible Les précurseurs (Epigraphe de la brochure de Pellarin: 104ᵉ anniversaire natal de Fourier Paris 1876) cit bei A Pinloche: Fourier et le socialisme Paris 1933 Beiblatt

»Les paroles de Jean Paul que j'ai citées en tête de la biographie de Fourier: ›De toutes les fibres qui vibrent dans l'âme humaine, il n'en coupait aucune, mais il les accordait toutes‹, – ces paroles s'appliquent admirablement à ce socialiste et ne sauraient s'appliquer entièrement qu'à lui seul. Il serait impossible de mieux caractériser que par elles la philosophie phalanstérienne.« Ch. Pellarin: Notice bibliographique 1839 p 60 cit bei A Pinloche: Fourier et le socialisme Paris 1933 p 17/18 [W 1, 1]

Fourier über seine kaufmännische Tätigkeit: »J'ai perdu mes belles années dans les ateliers du mensonge, entendant partout retentir à mes oreilles ce sinistre augure: ›Bien honnête garçon! Il ne vaut rien pour le commerce‹. En effet, j'ai été dupé, dévalisé dans tout ce que j'ai entrepris. Mais si je ne vaux rien pour pratiquer le commerce, je vaudrai pour le démasquer.« Charles Fourier, 1820, Publication des manuscrits 1 p 17 cit bei A Pinloche: Fourier et le socialisme Paris 1933 p 15 [W 1, 2]

Fourier wollte »daß jedes Weib erstens einen Mann habe, von dem sie zwei Kinder empfangen könne, zweitens einen Erzeuger (Geniteur), von dem sie blos ein Kind haben dürfe, und drittens einen Liebhaber (Favorit), der mit ihr gelebt hat und diesen Titel bewahrt, und endlich viertens blos Besitzhabende (possesseurs), welche Nichts vor dem Gesetze sind ... Ein Mann, der ausdrücklich schreibt, daß ein Mädchen von 18 Jahren, das noch keinen Mann gefunden, zur Prostitution berechtigt sei – ein Mann, welcher verlangt, daß man alle Mädchen in zwei Klassen theile: die Jouvencelles,

Fourier

unter 18 Jahre, und die Emancipées, über 18 Jahre, welche letztere das Recht haben sollen, Liebhaber zu nehmen und uneheliche Kinder zu gebären – ein Mann, welcher ... behauptet, daß die nicht verheiratheten Mädchen, welche sich der Lust überlassen, höhere Eigenschaften genießen als verheirathete Weiber, ... welcher in allen Details beschreibt, wie eine ganze Armee unter der Aufsicht von Matronen sich der Prostitution ergeben solle, begreift nicht die ewigen Grundlagen der Menschheit.« Sigmund Engländer: Geschichte der französischen Arbeiter-Associationen Hamburg 1864 I p 245 u 261/62 – Im gleichen Sinne: »Was soll man zu einem Systeme sagen, in dem die öffentlichen Mädchen Bacchantinnen genannt werden, und in dem behauptet wird, daß sie ebenso nothwendig sind als die Vestalinnen, und daß sie ... die Tugend der Brüderlichkeit ausüben? Ein System, in dem beschrieben wird, auf welche Art unschuldige junge Leute ihre Unschuld verlieren sollen.« Engländer lc p 245/46
[W 1, 3]

»Vers mille huit cent trois ou quatre, Fourier, qui exerçait la profession d'employé de commerce, de ›sergent de boutique‹, selon son expression, se trouva à Paris, ayant à attendre pendant quatre mois une place qu'on lui avait promise. Il se demanda à quoi il allait employer son temps, et il résolut de s'occuper à la recherche d'un moyen de rendre tous les hommes heureux. Ce ne fut pas avec l'espérance d'arriver à un résultat sérieux qu'il se proposa un semblable travail, mais comme un simple jeu d'esprit.« Charles-M. Limousin: Le fouriérisme Paris 1898 p 3   [W 1, 4]

»Fourier hat einen solchen Reichthum in der Erfindung und in tollen Beschreibungen, daß Lerminier ihn mit Recht mit Swedenborg vergleicht ... Auch Fourier war in allen Himmeln und auf allen Planeten zu Hause. Berechnete er doch die Seelenwanderung auf eine mathematische Weise, und bewies er doch, daß die menschliche Seele 810 verschiedene Formen annehmen müsse, bis sie den Planetenlauf beendigen und zur Erde zurückkehren könne, und daß von diesen Existenzen 720 Jahre glücklich, 45 günstig und 45 ungünstig oder unglücklich sein müssen! Beschrieb er doch, was mit den Seelen nach dem Untergange unseres Planeten geschehen würde, und weissagte, daß die auserwählten Seelen nach der Sonne ziehen würden! Er berechnet ferner, daß unsere Seelen alle anderen Planeten und Welten bewohnen müssen, nachdem sie 80,000 Jahre auf unserem Planeten zugebracht haben werden. Er berechnet auch, daß dieser Untergang des menschlichen Geschlechtes erst eintreten soll, nachdem es 70,000 Jahre lang das Boreal-Licht genossen haben wird. Er beweist, daß nicht etwa durch das Boreal-Licht, sondern durch die Kraft der anziehenden Arbeit ... das Klima am Senegal so milde werden muß, wie es jetzt die Sommer in Frankreich sind. Er beschreibt, wie die Menschen, sobald sich das Meer in Limonade verwandeln wird, die Fische aus dem großen Ocean nach dem Caspischen Meer, dem Aral-See und dem Schwarzen Meere tragen werden, weil das Boreal-Licht auf diese salzigen Seen minder stark wirkt, und daß sich auf diese Weise die Seefische nach und nach an die Limonade gewöhnen, bis man sie zuletzt wieder nach dem Ocean werde zurückbringen können. Fourier sagt auch, daß in der achten Periode die Menschen die Fähigkeit erlangen würden, wie Fische im Wasser zu leben und wie Vögel in der Luft zu fliegen, und daß sie dann die Höhe von sieben Fuß und mindestens ein Alter von 144 Jahren erreichen würden. Jeder Mensch werde sich dann dadurch in ein Amphibium verwandeln können, daß er die Fähigkeit erlange, das Loch, das die beiden Herzkammern verbindet, nach Willkür zu öffnen oder zu schließen, und so das Blut direct nach dem Herzen zu bringen, ohne es durch die Lungen strömen zu lassen ... Die Natur, behauptet er, werde sich dermaßen entwickeln, daß eine Zeit kommen werde, in welcher Orangen in Sibirien blühen und die gefährlichsten Thiere durch ihre Gegensätze werden ersetzt werden. Anti-Löwen, Anti-Wallfische werden dann dem Menschen dienstbar sein und die Windstille seine Schiffe ziehen. Auf diese Art soll nach Fourier der Löwe als das beste Pferd benutzt werden und der Haifisch so nützlich für die Fischerei werden, wie jetzt der Hund für die Jagd. Neue Sterne sollen entstehen, welche den Mond ersetzen, der überhaupt schon jetzt im Verfaulen begriffen sei.« Sigmund Engländer: Geschichte der französischen Arbeiter-Associationen Hamburg 1864 I p 240-244 [W 1 a]

»Fourier ... wollte ... in seinen letzten Lebensjahren ein Phalanstère begründen, das blos von Kindern von 3 bis 14 Jahren, von denen er 12,000 zusammenbringen wollte, bewohnt werden sollte, ohne daß jedoch sein Aufruf die Ausführung dieses seines Planes zur Folge hatte. In seinen Schriften hat er ein detaillirtes Bild hinterlassen, welches genau entwickelt, wie die Kinder für die Idee der Association erzogen werden müßten. Von dem Augenblicke an, in dem das Kind gehen könne, müsse man seinen Geschmack und seine Leidenschaften aufzufinden suchen und auf diese Art seinen Beruf entdecken. Die Kinder, welche das Straßenleben lieben, viel Lärm machen und nicht zur Reinlichkeit gebracht werden können, reiht Fourier in kleine Banden, welche mit den abschreckenden Arbeiten der Association zu beauftragen sind. Es giebt auf der andern Seite Kinder, denen der Geschmack für Eleganz und Luxus angeboren ist; diese bringt Fourier abermals in eine Gruppe, um durch sie den Luxus für die Phalange zu erhalten ... Die Kinder werden ... große Gesangs-Künstler. Jede Phalange wird, wie Fourier sagt, 7-800 Schauspieler, Musiker und Tänzerinnen haben, und der ärmste Canton der Alpen und Pyrenäen wird eine Oper besitzen, welche mindestens so gut wie die große Oper von Paris, wenn nicht viel besser sein wird. Um diesen allgemeinen Sinn für Harmonie herzustellen, läßt Fourier die Kinder schon im Ammensaale Duos und

Trios singen.« Sigmund Engländer: Geschichte der französischen Arbeiter-Associationen Hamburg 1864 I p 242/43 [W 2, 1]

»Entre les disciples de Fourier, un des plus divertissants fut cet Alphonse Toussenel qui publia, en 1847 et 1852, ces ouvrages, un temps populaires: *l'Esprit des bêtes* et *le Monde des Oiseaux* ... Comme Fourier ... il ne voit dans la nature que des êtres animés: ›Les planètes, affirme-t-il ..., ont de grands devoirs à remplir comme citoyennes d'un tourbillon d'abord, comme mères de famille ensuite.‹ Et il décrit voluptueusement les amours de la Terre et du Soleil: ›Comme l'amant qui se pare de ses plus beaux habits, et lisse ses cheveux, et parfume son langage pour la visite d'amour, ainsi chaque matin la Terre revêt ses plus riches atours pour courir audevant des rayons de l'astre aimé ... Heureuse trois fois la Terre que pas un concile sidéral n'ait encore lancé l'anathème contre l'immoralité des baisers du Soleil!‹ ... ›Messieurs les professeurs de physique officielle n'osent pas dire les *deux sexes* de l'électricité; ils trouvent plus moral d'appeler cela ses deux pôles ... De telles absurdités me passent ... Si le feu d'amour n'embrasait pas tous les êtres, les métaux et les minéraux comme les autres, où serait, je le demande, la raison de ces affinités ardentes du potassium pour l'oxygène, du gaz hydrochlorique pour l'eau?‹« ⟨Toussenel:⟩ L'esprit des bêtes ⟨6ᵉ éd.⟩ Paris 1862 p 9, 2/3, 102-106 cit nach René de Planhol: Les utopistes de l'amour Paris 1921 p 219/20 [W 2, 2]

»Notre planète entre en déclin matériel, par le retard en échelle sociale de ses habitants. Elle est semblable à un arbre dont on laisserait dévorer pendant quelques années les feuilles par les chenilles, l'arbre languira et périra.« cit nach Fourier: Théorie en abstrait ou négative p 325 »Notre tourbillon est jeune, et une colonne de 102 planètes est en route pour s'implaner à notre univers, qui se dispose à passer de la 3ᵉ à la 4ᵉ puissance.« cit nach Fourier: Théorie des quatre mouvements 1808 p 75, 462 u Théorie mixte ou spéculative et Synthèse routinière de l'association p 260, 263 E Silbering: Dictionnaire de sociologie phalanstérienne Paris 1911 p 339; 338 [W 2 a, 1]

Gays Journal »Le Communiste«: »Bemerkenswerth war bei ihm namentlich, daß er die Ansicht vertrat, der Communismus sei unmöglich durchzuführen, wenn er nicht eine gänzliche Umgestaltung der geschlechtlichen Beziehungen mit sich führe ... ›In der communistischen Gesellschaft ... würden alle Personen verschiedenen Geschlechts nicht nur sehr zahlreiche intime Verhältnisse eingehen, sondern beim ersten Zusammentreffen würde sich bereits zwischen ihnen eine wahre Sympathie heranbilden.‹« Engländer lc ⟨Geschichte der französischen Arbeiter-Associationen Hamburg 1864⟩ II p 93/94 [W 2 a, 2]

Zu Cabet: »Es hieß nicht: Wandern wir nach Amerika aus und begründen wir mit großen Anstrengungen in einer Wildniß eine Colonie ... sondern Cabet rief: ›Gehen wir nach Ikarien!‹ ... Springen wir in diesen Roman hinein, machen wir Ikarien lebendig, reißen wir uns von allen Entbehrungen los ...! Jede Notiz seines Blattes bezog sich von nun an auf Ikarien, was so weit ging, daß er z. B. die Beschädigung einiger Arbeiter durch eine in La Villette in die Luft springende Dampfmaschine schilderte und seine Erzählung mit den Worten schloß: ›Gehen wir nach Ikarien!‹« Engländer lc II p 120/121 [W 2 a, 3]

Zu Cabet: »Die meisten Correspondenten sprechen so, als wenn sie durch ihre Reise nach Amerika dem allgemeinen Geschicke der Menschen entfliehen würden.« [Es ist von den Correspondenten des »Populaire« die Rede.] Engländer lc II p 128 [W 2 a, 4]

»Cabet, den die radicale und republikanische Partei angriff, weil sie ihn als einen Einschläferer betrachtete«, mußte »sich nach St. Quentin begeben ..., um sich gegen die Anklage revolutionärer Umtriebe zu vertheidigen. Die Anklage ging dahin, daß selbst, wenn die Ikarier sich mit Cabet einschiffen sollten, sie an einem anderen Punkte der Küste Frankreichs wieder landen würden, um die Revolution zu beginnen.« Engländer lc II p 142 ■ Geheime Gesellschaften ■ [W 2 a, 5]

»Mercure nous apprendra à lire. Il nous transmettra l'alphabet, les déclinaisons, enfin toute la grammaire de la langue harmonique unitaire, parlée dans le soleil et les planètes harmonisées.« Citat aus Fourier bei Maurice Harmel: Charles Fourier (Portraits d'Hier II, 36) Paris 1910 p 184 [W 2 a, 6]

»Unter allen Zeitgenossen Hegel's war Ch. Fourier der Einzige, der die bürgerlichen Verhältnisse ebenso klar durchschaute wie jener.« G. Plechanow: Zu Hegels sechzigstem Todestag Die neue Zeit Stuttgart 1892 X, 1 p 243 [W 2 a, 7]

Fourier spricht »von der Herrschaft des Prinzips der ›industriellen Leidenschaft‹ (fougue industrielle), dem allgemeinen Enthusiasmus, der von den Gesetzen ..., der ›Composite‹ oder ›Coïncidente‹ geregelt wird. Bei oberflächlicher Betrachtung könnte es scheinen, als ob wir heutzutage in dieses Stadium eingetreten wären. Industrielle Leidenschaft wird durch die Spekulationswuth und durch den Drang nach Akkumulation von Kapital repräsentirt; die ›passion coïncidente‹ (Trieb nach Zusammenfassung) durch die Ansammlung der Kapitalien, durch ihre zunehmende Konzentration. Allein wenn auch in der Beziehung die von Fourier entdeckten

Elemente vorhanden sind, so sind sie doch nicht in der Weise geordnet und geregelt, wie er es träumte und ahnte.« Charles Bonnier: Das Fourier'sche Prinzip der Anziehung Die neue Zeit X, 2 Stuttgart 1892 p 648 [W 3, 1]

»Man ersieht aus seinen Werken, daß Fourier die Durchführung seiner Theorie von dem Jahre ihrer Veröffentlichung an forderte. In seinen ›Vorbemerkungen‹ (›Prolégomènes‹) bezeichnet er ... das Jahr 1822 als die Zeit der Vorbereitungen für die Errichtung des Versuchsbezirks der harmonischen Assoziation; 1823 sollte dieser thatsächlich begründet und erprobt werden, worauf 1824 seine allgemeine Nachahmung durch die Zivilisirten erfolgen mußte.« Charles Bonnier: Das Fouriersche Prinzip der Anziehung Die neue Zeit X, 2 Stuttgart 1892 p 642 [W 3, 2]

Nachwirkungen: »In Zolas gewaltigem Roman ›Die Arbeit‹ sollte der große Utopist seine Auferstehung feiern ... Leconte de Lisle, das spätere so berühmte Haupt der Parnaßschule, war in seiner Sturm- und Drangperiode Sänger des Fourierschen Sozialismus. Ein Mitarbeiter der ›Revue Socialiste‹ ... [Siehe Novembernummer 1901] berichtet uns, daß der Dichter auf Einladung der Redaktion der ›Democratie Pacifique‹ ... zunächst an diesem Blatte, dann aber hauptsächlich an der ›Phalange‹ ... Mitarbeiter war.« H. Thurow: Aus den Anfängen der sozialistischen Belletristik Die Neue Zeit Stuttgart 1903 XXI, 2 p 221 [W 3, 3]

»Die Nationalökonomen und Politiker, denen die Sozialisten aus der Zeit vor 1848 nachgeschrieben hatten, waren jederzeit gegen die Strikes gewesen. Sie erklärten den Arbeitern, daß ihnen ein Ausstand sogar im Falle eines Sieges keinen Vortheil brächte, und daß sie ihr Geld statt für Strikezwecke lieber für die Gründung von Konsum- und Produktivgenossenschaften verausgaben sollten.« Proudhon »hatte ... die geniale Idee, die Arbeiter zum Striken aufzufordern, nicht etwa um ihre Löhne in die Höhe zu treiben, sondern – um sie herabzusetzen ... So gewinnt der Arbeiter als Konsument zwei- oder dreimal mehr, als wie er als Produzent verdient.« Lafargue: Der Klassenkampf in Frankreich Neue Zeit XII, 2 1894 p 644 u 616 [W 3, 4]

»Fourier, St. Simon und die anderen Reformer rekrutirten ihre Anhänger fast ausschließlich aus dem Stande der Handwerker ... und aus der geistigen Elite der Bourgeoisie. Von wenigen Ausnahmen abgesehen, schaarten sich um sie gebildete Leute, welche der Meinung waren, daß die Gesellschaft ihren Verdiensten nicht genug Würdigung ... entgegenbrachte. Es waren Deklassirte, welche sich ... zu kühnen Betriebsunternehmern, geriebenen Geschäftsleuten und zu Spekulanten entwickelten ... Herr Godin z.B. ... gründete in Guise (Departement Aisne) ein Familistère nach Fourier's Prinzipien. In stattlichen Gebäuden, die sich um einen weitläufigen, viereckigen und mit Glas überdeckten Hof ziehen, gab er den zahlreichen Arbeitern seiner Fabrik von emaillirtem Blechgeschirr Wohnung; diese fanden hier außer einem Heim alle Gebrauchsartikel..., Unterhaltungen in einem Theater, in Konzerten, Schulen für ihre Kinder etc. Kurz, Herr Godin sorgte für all ihre leiblichen und geistigen Bedürfnisse und erzielte noch außerdem... großartige Profite. Er erwarb den Ruf eines Wohlthäters der Menschheit und starb als mehrfacher Millionär.« Paul Lafargue: Der Klassenkampf in Frankreich Die neue Zeit XII, 2 Stuttgart 1894 p 617 [W 3 a, 1]

Fourier über die Aktie: »In seinem ›Traité de l'unité universelle‹ zählt Fourier ... die Vorteile auf, die diese Form des Eigentums für den Kapitalisten bietet: ›Er läuft nicht Gefahr, bestohlen zu werden oder durch Feuer oder sogar Erdbeben Schaden zu leiden ... Ein Unmündiger riskiert niemals, bei der Verwaltung seines Vermögens beschädigt zu werden, da die Verwaltung für ihn dieselbe ist wie für alle Aktionäre ... ein Kapitalist, und wenn er hundert Millionen besäße, kann in jedem Augenblick sein Vermögen realisieren‹ usw. ... Andererseits ›kann der Arme, und besäße er auch nur einen Taler, an einer der Volksaktien partizipieren, die in ganz kleine Anteile zerlegt sind ... und so ... von *unseren* Palästen, *unseren* Magazinen, *unseren* Schätzen sprechen‹. Napoleon III. und seine Mitschuldigen beim Staatsstreich waren für diese Ideen sehr eingenommen;... sie demokratisierten die Staatsrente, wie sich einer von ihnen ausdrückte, indem sie das Recht einführten, für 5, ja für 1 Frank Rente zu kaufen. Auf diese Weise glaubten sie, die Massen an der Solidität des öffentlichen Kredits zu interessieren und den politischen Revolutionen vorzubeugen.« Paul Lafargue: Marx' historischer Materialismus Die neue Zeit Stuttgart 1904 XXII, 1 p 831 [W 3 a, 2]

»Fourier ist nicht nur Kritiker, seine ewig heitere Natur macht ihn zum Satiriker, und zwar zu einem der größten Satiriker aller Zeiten.« Engels cit bei Rudolf Franz: ⟨Rez.⟩ E. Silberling: Dictionnaire de sociologie phalanstérienne Paris 1911 Die neue Zeit Stuttgart 1912 XXX, 1 p 333 [W 3 a, 3]

Die Verbreitung des phalanstère vollzieht sich durch eine »explosion«. Fourier spricht von einer »explosion du phalanstère«.

[W 3 a, 4]

In England verband sich der Einfluß Fouriers mit dem von Swedenborg. [W 3 a, 5]

»Heine kannte den Sozialismus sehr gut. Er hatte Fourier noch persönlich

Fourier

gesehen. In seinen Berichten über ›Französische Zustände‹ schreibt er einmal (15. Juni 1843): ›Ja, Pierre Leroux ist arm, wie Saint Simon und Fourier es waren, und die providentielle Armuth dieser großen Sozialisten war es, wodurch die Welt bereichert wurde ... Auch Fourier mußte zu den Almosen der Freunde seine Zuflucht nehmen, und wie oft sah ich ihn in seinem grauen, abgeschabten Rocke längs den Pfeilern des Palais Royal hastig dahinschreiten, die beiden Taschen schwer belastet, so daß aus der einen der Hals einer Flasche und aus der anderen ein langes Brot hervorguckten. Einer meiner Freunde, der ihn mir zuerst zeigte, machte mich aufmerksam auf die Dürftigkeit des Mannes, der seine Getränke beim Weinschank und sein Brot beim Bäcker selber holen mußte.‹« cit in Heine an Marx Die neue Zeit XIV, 1 p 16 Stuttgart 1896 (Originalstelle: Sämtl⟨iche⟩ Werke ed Bölsche Lpz V p 34 [Kommunismus, Philosophie und Kleriseі I]⟨⟩) [W 4, 1]

»In den Glossen, die er zu den Erinnerungen von Annenkoff machte, schrieb Marx: ›... Fourier war der erste, der die Idealisierung des Kleinbürgertums verspottet hat.‹« (Mitgeteilt bei Anski, P., Zur Charakteristik von Marx Russkaja Mysl, August 1903 p 63) N Rjasanoff: Marx und seine russischen Bekannten in den vierziger Jahren Die neue Zeit Stuttgart 1913 XXXI, 1 p 764 [W 4, 2]

»Fouriers Behandlung der Liebe kann Herr Grün sehr leicht kritisiren, indem er dessen Kritik der jetzigen Liebesverhältnisse an den Phantasien mißt, in denen Fourier sich eine Anschauung von der freien Liebe zu geben suchte. Herr Grün nimmt diese Phantasieen ernsthaft als ächter deutscher Philister. Sie sind das Einzige, das er ernsthaft nimmt. Wollte er einmal auf diese Seite des Systems eingehen, so ist nicht abzusehen, weßhalb er nicht auch auf Fourier's Ausführungen über Erziehung einging, die beiweitem das beste sind, was in dieser Art existirt und die genialsten Beobachtungen enthalten ... ›Der ärgste Ausdruck des civilisirten Egoismus ist gerade Fourier.‹ p 208 Er beweist dies sogleich, indem er erzählt, wie in der Fourierschen Weltordnung der Aermste täglich von 40 Schüsseln speist, 5 Mahlzeiten täglich genommen werden, die Leute 144 Jahre alt werden und dergl. mehr. Die kolossale Anschauung der Menschen, die Fourier der bescheidnen Mittelmäßigkeit der Restaurationsmenschen [Im ›Dampfboot‹ eingeschaltet: les infiniments petits, Béranger] mit naivem Humor gegenüberstellt, gibt Herrn Grün bloß Gelegenheit, die unschuldigste Seite herauszunehmen und darüber moralische Philisterglossen zu machen.« Karl Marx über Karl Grün als Geschichtschreiber des Sozialismus (Abdruck eines Artikels aus dem August- und Septemberheft 1847 des »Westphälischen Dampfboots«) Die neue Zeit Stuttgart 1900 XVIII, 1 p 137/38 [W 4, 3]

Man kann das Phalanstère als eine Menschenmaschinerie bezeichnen. Das ist kein Vorwurf, meint auch nichts Mechanistisches sondern bezeichnet die große Komplikation seines Aufbaus. Es ist eine Maschine aus Menschen. [W 4, 4]

Ausgangspunkt Fouriers: die Reflexion über den Kleinhandel. Vgl. dazu das Folgende: »Quand on examine à Paris le nombre d'agents qui vivent aux dépens de la petite consommation, le nombre de cette formidable armée, exclusivement occupée à mesurer, à peser, à empaqueter, à transporter des denrées de la main droite à la main gauche, on s'effraie avec raison ... Il faudrait compter que, dans nos cités industrielles, une boutique est à la charge de trois ou quatre familles ... ›Sordidi etiam qui mercantur à mercatoribus quòd statim vendant; nihil enim proficiunt nisi admodùm mentiantur. Nec verò quicquam est turpius vanitate.‹ (De officiis.) ... Le président actuel de la Chambre du Commerce redemandait formellement, l'année dernière, comme remède à l'anarchie commerciale, le rétablissement des corporations.« Eugène Buret: De la misère des classes laborieuses en Angleterre et en France Paris 1840 II p 216-18
[W 4 a, 1]

»Die Geschichtslosigkeit des modernen Proletariats, das Losgelöstsein der ersten Fabrikarbeitergeneration von jeder historischen Berufs- und Klassentradition und die Buntheit ihrer Herkunft aus dem kleinen Handwerk, dem Kleinbauerntum, der ländlichen Arbeiterschaft und allerhand hausarbeiterlichen Existenzen machte diese Kategorie Wirtschaftsmenschen aufnahmefähig für eine Weltanschauung, die ex novo einen neuen Staat, eine neue Wirtschaft, eine neue Moral improvisieren sollte. Die Neuheit des zu Erreichenden entsprach logisch der Neuheit der Lage, in welcher sich die Neuen befanden.« Robert Michels: Psychologie der antikapitalistischen Massenbewegungen p 313 [Grundriß der Sozialökonomik IX, 1 Die gesellschaftliche Schichtung im Kapitalismus Tübingen 1926] [W 4 a, 2]

»La vie de Grandville est assez médiocre: paisible, éloignée de tout excès, en marge des enthousiasmes dangereux ... Son existence juvénile est celle d'un honnête commis dans une boutique bien propre, où l'on range, non sans malice, sur des rayons sans souillures, les différentes images qui correspondent au besoin de critique qu'un ›Français moyen‹ peut désirer, en 1827.« Mac-Orlan: Grandville le précurseur (Arts et métiers graphiques, 44 15 Dezember 1934 ⟨p 20⟩) [W 4 a, 3]

Fourier und Saint-Simon⟨:⟩ »Fourier ist interessanter und vielseitiger in der ökonomischen Analyse und in der Kritik der bestehenden Gesellschaftsordnung. Aber dafür unterscheidet sich St.-Simon vorteilhaft von Fourier in seinen Vorstellungen über die ökonomische Entwicklung der Zukunft. Natürlich mußte diese Entwicklung in der Richtung zur Weltwirtschaft ... gehen, ... und nicht in der Richtung zu einzelnen selbständigen kleinen Wirtschaften, wie Fourier träumte. St.-Simon nimmt die kapitalistische Ordnung ... als Etappe ... Fourier lehnt dies im Namen der Kleinbourgeoisie ... ab.« V. Volgin: Über die historische Stellung St.-Simons (Marx-Engels-Archiv I ⟨Frankfurt a. M. 1928⟩ p 118) [W 4 a, 4]

»Zola ... in einer Aussprache gegenüber dem Schriftsteller Camille Mauclair ... Unzweideutig erklärte er, er liebe den Kollektivismus nicht, finde ihn engherzig und utopistisch. Er sei eher Anarchist als Sozialist ... Der utopistische Sozialismus ... ging bei seinen Vorschlägen vom Einzelbetrieb aus, trat an den Gedanken der Produktivassoziation heran und suchte zum Kommunismus der Gemeinde fortzuschreiten. Das war vor 1848 ... Zola aber greift auf die vormärzliche Methode zurück, er ... nimmt die ... Anschauungen Fouriers, die auf embryonale Verhältnisse der kapitalistischen Produktion gemünzt sind, und sucht sie mit der modernen, ins Riesenhafte gewachsenen Form dieser Produktion zu vereinigen.« Franz Diederich: Zola als Utopist (über Le Travail) Die neue Zeit Stuttgart XX, 1 p 326/327, 329 [W 5, 1]

Fourier mißbilligt (Nouveau monde industriel et sociétaire 1829) die Ächtung der Gastronomie. »Cette gaucherie est encore une des prouesses de la morale tendant à nous rendre ennemis de nos sens, et amis du commerce qui ne travaille qu'à provoquer les abus du plaisir sensuel.« E Poisson: Fourier [enthält ausgewählte Texte] Paris 1932 p 131 Fourier sieht hier also im unmoralischen Handel ein Komplement der idealistischen Moral. Beiden stellt er seinen hedonistischen Materialismus gegenüber. Seine Position erinnert von fern an die Georg Büchners. Die zitierten Worte könnte vielleicht sein Danton gesprochen haben. [W 5, 2]

»Une phalange ne vend pas mille quintaux de blé en telle qualité, elle vend mille quintaux distingués en échelles de cinq, six, sept nuances de saveur dont elle a fait l'épreuve en boulangerie et qu'elle fait distinguer selon les terrains de récolte et les méthodes de culture ... Un tel mécanisme sera le contraire de notre monde à rebours, de notre civilisation perfectible ... Aussi voit-on, chez nous, les denrées de mauvaise qualité, vingt fois plus abondantes et plus faciles à placer que les bonnes ... qu'on ne sait même pas distinguer des mauvaises; la morale habituant les civilisés à manger le bon et le mauvais indifféremment. Cette brutalité de goût est l'appui de toutes les fourberies mercantiles.« (Théorie des quatre mouvements 1828) E Poisson: Fourier Paris 1932 p 134/135 – Schon Kinder sollen »alles schlucken« lernen. [W 5, 3]

»Fourier sachant ... que parfois se produit, au dessus du pôle nord, un dégagement électrique qui illumine les régions plongées dans la nuit pendant six mois de l'année, annonce que quand la terre sera mise en culture rationnellement, dans toutes ses parties, l'aurore boréale sera permanente. Est-ce absurde?« Der Autor bemüht sich anschließend eine Erklärung zu geben: die veränderte Erde werde weniger Sonnenelektrizität absorbieren, die nicht absorbierte werde sie als Nordlichtgürtel umgeben. Charles-M. Limousin: Le Fouriérisme Réponse à un article de Edmond Villey intitulé: »Fourier et son œuvre« Paris 1898 p 6 [W 5 a, 1]

»Qu'y aurait-il de surprenant à ce que Fourier eût été ... affilié à une loge martiniste ou que tout au moins il eût subi l'influence d'un milieu dans lequel flottaient ces idées?« Charles-M. Limousin: Le Fouriérisme Paris 1898 p 9 [W 5 a, 2]

Bemerkenswert ist – Limousin weist darauf hin – daß die Besitzlust bei Fourier keine passion ist. Der gleiche Autor definiert den Begriff der passion mécanisante als derjenigen, die das Spiel der andern regelt. Er bemerkt ferner (p 15)⟨:⟩ »Fourier a eu absolument tort de plaisanter du devoir.« Zutreffend seine Behauptung (p 17) Fourier sei mehr inventeur als savant. [W 5 a, 3]

»La science occulte chez Fourier prend une forme nouvelle, celle de l'industrie.« Ferrari: Des idées et de l'école de Fourier (Revue des deux mondes XI) [1845, 3 p 405] [W 5 a, 4]

Zur maschinellen Vorstellungsweise Fouriers: das »Tableau de l'engrenage des logements d'harmonie« stellt für die Wohnungen in den rues-galeries 20 verschiedene Mietsstufen zwischen 50 und 1000 frcs auf und begründet das unter anderm folgendermaßen: »Cet engrenage des six séries est une loi de la 12e pass. La progression simple, et constamment croissante ou décroissante, aurait des inconvénients très graves. En principe, elle serait fausse et vicieuse, comme simple ... En application, elle serait vicieuse, en ce qu'...il arriverait que les corps de logis d'ailes ... seraient ... réputés classe inférieure. Il faut éviter cette distribution, qui serait simple et entraverait l'engrenage des diverses classes.« Es werden so in den gleichen

Teilen der rues-galeries Mieter von verschiedenem Wohlstande wohnen. »Je diffère à parler des étables ... sur lesquelles je donnerai ... d'amples détails dans les chapitres spéciaux. Celui-ci doit se borner à traiter des logements, dont une seule portion, la rue-galerie, ou salle de lien universel, prouve que les civilisés après 3.000 ans d'études sur l'architecture, n'ont rien su découvrir sur le lien d'unité.« E Poisson: Fourier [Anthologie] Paris 1932 p 145/146 [W 5 a, 5]

Einiges über die fouriersche Zahlenmystik nach Ferrari: Des idées et de l'école de Fourier (Revue des deux mondes XIV Paris 1845 [3]: »Tout prouve que le fouriérisme se fonde sur l'harmonie pythagoricienne ... Sa science ... était la science des anciens.« (p 397) »Le nombre reproduit son rhythme dans l'évaluation des bénéfices.« (p 398) Die Insassen des Phalansteriums sind aus 2 × 810 Männern und Weibern zusammengesetzt. Denn »le nombre 810 lui donne une série complète d'accords corresponddans à une foule d'assonances cabalistiques«. (p 396) »Si la science occulte chez Fourier prend une forme nouvelle, celle de l'industrie, il ne faut pas oublier que la forme ne compte pas dans cette poésie flottante des mystagogies.« (p 405) »Le nombre groupe tous les êtres d'après ses lois symboliques; il développe par séries tous les groupes; la série distribue les harmonies dans l'univers ... Or, la série ... est parfaite dans la nature entière ... L'homme seul est malheureux; donc la civilisation intervertit le nombre qui doit le gouverner. Qu'on l'arrache à la civilisation ... Alors l'ordre qui domine le mouvement physique, le mouvement organique, le mouvement animal, éclatera dans ... le mouvement passionnel; la nature organisera elle-même l'association.« (p 395/96) [W 6, 1]

Vorahnung des Bürgerkönigs bei Fourier: »Il parle de rois adonnés à la serrurerie, à la menuiserie, à la vente du poisson, à la fabrication de la cire à cacheter.« Ferrari: Des idées et de l'école de Fourier (Revue des deux mondes XIV 1845 [3] p 393) [W 6, 2]

»Fourier a pensé toute sa vie sans se demander une seule fois d'où lui venaient ses idées. Il se représente l'homme comme une machine passionnelle, sa psychologie commence avec les sens, finit avec la composite, et ne suppose pas ... l'intervention de la raison dans la solution du problème du bonheur.« Ferrari: Des idées et de l'école de Fourier (Revue des deux mondes 1845 (3) p 404) [W 6, 3]

Utopische Elemente: »L'ordre combiné présente ›le lustre des sciences et des arts, le spectacle de la chevalerie errante, la gastronomie combinée en sens politique ..., la politique galante pour la levée des armées‹.« (Ferrari p 399) »Le monde se contre-moule, les animaux féroces ou malfaisans se

transforment pour l'usage de l'homme: les lions font le service de la poste aux lettres. Des aurores boréales réchauffent les pôles, l'atmosphère devient lucide à la surface comme au miroir, l'eau de la mer s'adoucit, quatre lunes éclairent la nuit; bref, la terre se renouvelle vingt-huit fois jusqu'à ce que la grande âme de notre planète, exténuée, fatiguée, passe dans une autre planète avec toutes les âmes humaines.« (Ferrari p 401)
[W 6, 4]

»Fourier excelle dans l'observation de l'animalité, soit de la brute, soit de l'homme; il est doué du génie des choses vulgaires.« Ferrari: Des idées et de l'école (Revue des deux mondes XIV 1845 (3) p 393⟨)⟩ [W 6 a, 1]

Eine Fouriersche Formel: »Néron sera plus utile que Fénelon.« (bei Ferrari p 399) [W 6 a, 2]

Im folgenden Schema der douze passions stellt die zweite Gruppe von vieren die passions groupantes, die dritte von dreien die passions sériantes dar: »les cinq sens d'abord, ensuite l'amour, l'amitié, le *famillisme*, l'ambition; en troisième lieu, les passions de l'intrigue, de la variabilité, de l'union, en d'autres termes la *cabaliste*, la *papillonne*, la *composite*; une treizième passion, l'*unithéisme*, les absorbe toutes.« Ferrari: Des idées et de l'école de Fourier (Revue des deux mondes XIV 1845 (3) p 394) [W 6 a, 3]

Aus Fouriers letztem Werke, der »Fausse industrie«: »Le célèbre puff américain des découvertes de Herschell sur le monde de la lune avait fait espérer à Fourier la vision directe du phalanstère dans les planètes ... quand le puff fut démasqué ... Voici la réponse de Fourier: ›Le puff américain, dit-il, prouve 1° l'anarchie de la presse; 2° la stérilité des conteurs extramondains; 3° l'ignorance des coques atmosphériques; 4° le besoin d'un mégasco-télescope.‹« Ferrari: Des idées et de l'école de Fourier (Revue des deux mondes XIV 1845 (3) p 415⟨)⟩ [W 6 a, 4]

Allegorisches aus der »Fausse Industrie«: »Vénus crée sur la terre la mûre des ronces, symbole de la morale, et la framboise remplie de vers, symbole de la contre-morale prêchée dans les théâtres.« Ferrari: Des idées et de l'école de Fourier (Revue des deux mondes 1845 (3) p 416⟨)⟩ [W 6 a, 5]

⟨»⟩Suivant Fourier, le phalanstère devait gagner, rien que sur les spectateurs, 50 millions en deux ans.« Ferrari: Des idées et de l'école de Fourier (Revue des deux mondes 1845 (3) p 412⟨)⟩ [W 6 a, 6]

»Le phalanstère, pour Fourier, était une véritable hallucination, il le voyait partout, dans la civilisation, dans la nature. Jamais il ne manquait une

Fourier

parade militaire; la manœuvre lui présentait le jeu tout-puissant du groupe et de la série intervertis pour une œuvre de destruction.« Ferrari: Des idées et de l'école de Fourier (Revue des deux mondes 1845 (3) p 409⟨)⟩ [W 6 a, 7]

Fourier im Zusammenhang eines Vorschlags einer pädagogischen Miniaturkolonie: »Fulton aurait dû construire ou proposer seulement une petite chaloupe mignonne qui aurait démontré en petit le pouvoir de la vapeur, et sa nacelle aurait conduit de Paris à Saint-Cloud, sans voiles ni rameurs, ni chevaux, une demi-douzaine de nymphes qui, au retour de Saint-Cloud, auraient ébruité le prodige et mis tout le beau monde parisien en émoi.« Ferrari: Des idées et de l'école de Fourier (Revue des deux mondes 1845 (3) p 414⟨)⟩ [W 7, 1]

»On veut fortifier Paris, prodiguer ainsi des centaines de millions dans une œuvre de guerre, et le magicien, avec un million, aurait extirpé à jamais la cause de toutes les révolutions, de toutes les guerres.« Ferrari: Des idées et de l'école de Fourier (Revue des deux mondes XIV 1845 (3) p 413⟨)⟩
[W 7, 2]

Michelet über Fourier: »Singulier contraste d'une telle ostentation de matérialisme, et d'une vie spiritualiste, abstinente, désintéressée!« J Michelet: Le Peuple Paris 1846 p 294 [W 7, 3]

Zu Fouriers Vorstellung von der Verbreitung der phalanstères durch explosions sind zwei Vorstellungen meiner »Politik« zu vergleichen: die von der Revolution als einer Innervation der technischen Organe des Kollektivs (Vergleich mit dem Kind, das am Versuch, des Mondes habhaft zu werden, greifen lernt) und die vom »Aufknacken der Naturteleologie«. [W 7, 4]

Fourier Œuvres tom⟨e⟩ ⟨III⟩ p 260: »Tableau des Chefs d'accusation à produire contre Dieu, dans l'hypothèse de lacune d'un code social divin.⟨«⟩ [W 7, 5]

Wiedergabe Fourierscher Gedanken: »Le roi Clodomir, rendu par l'harmonie à sa vocation naturelle, n'est plus ce Mérovingien féroce qui fait jeter dans un puits son confrère Sigismond: ›c'est un ami des fleurs et des vers, un sectaire actif des roses mousseuses, des prunes drap d'or, des fraises ananas, et de beaucoup d'autres végétaux ... il épouse la vestale Antigone et la suit en troubadour à la phalange d'Hippocrène.‹ Louis XVI, au lieu de faire pitoyablement le métier de roi pour lequel il n'était point né, fait de magnifiques serrures.« Charles Louandre: Les idées subversives de notre temps Paris 1872 p 59 [das Zitat ohne Belegstelle] [W 7, 6]

Delvau – Les lions du jour Paris 1867 p 5 – spricht von dem »ingénieux argot« Fouriers. [W 7,7]

»Leicht zu begreifen, daß jedes massenhafte ... ›Interesse‹, wenn es zuerst die Weltbühne betritt, in der ›Idee‹ oder ›Vorstellung‹ weit über seine wirklichen Schranken hinausgeht, und sich mit dem menschlichen Interesse schlechthin verwechselt. Diese Illusion bildet das, was Fourier den Ton einer jeden Geschichtsepoche nennt.« Marx und Engels: Die heilige Familie (Der historische Materialismus I ⟨Leipzig 1932⟩ p 379) [W 7, 8]

Augustin-Louis Cauchy wird bei Toussenel (L'esprit des bêtes Paris 1884 p 111) als Mathematiker mit fourieristischen Neigungen erwähnt. [W 7a, 1]

An einer Stelle, die sich mit dem Malthusianismus beschäftigt, erklärt Toussenel die Lösung der Frage liege bei der doppelten (= gefüllten?) Rose von Rhodos, deren Staubfäden sich in Blütenblätter verwandelt haben »et qui par conséquent devient stérile par exubérance de sève et de richesse. C'est-à-dire ... qu'aussi longtemps que la misère ira croissant, la fécondité du sexe suivra une marche parallèle, et qu'il n'existe qu'un seul moyen de mettre un frein à cette fécondité toujours croissante, à savoir, d'entourer toutes les femmes des délices du luxe. Hors du luxe, hors de la richesse générale, point de salut!« A Toussenel: L'esprit des bêtes Zoologie passionnel Paris 1884 p 85 [W 7a, 2]

Zum Feminismus der fourierschen Schule: »En Herschell et en Jupiter, les cours de botanique sont professés par de jeunes vestales de dix-huit à vingt ans ... Quand je dis dix-huit à vingt ans, c'est pour me conformer au langage de la Terre, puisque les années de Jupiter sont beaucoup plus longues que les nôtres, et que l'âge du vestalat n'y commence guère qu'aux environs de la centaine.« A Toussenel: L'esprit des bêtes Paris 1884 p 93
[W 7a, 3]

Ein Musterstück fourierscher Psychologie in Toussenels Kapitel über das Wildschwein. »Il y a dans l'humanité une foule de tessons de bouteilles, de clous dépareillés et de résidus de chandelles qui seraient complètement perdus pour la société, si quelque main soigneuse et intelligente ne se chargeait de colliger tous ces débris sans valeur, et d'en reconstituer une masse susceptible d'être retravaillée et rendue de nouveau à la consommation. Cet office important rentre dans les attributions de l'avare ... Ici le caractère et la mission de l'avare s'élèvent visiblement: le grippe-sou devient chiffonnier ... Le porc est le grand chiffonnier de la nature; il ne

s'engraisse aux dépens de personne.« A Toussenel: L'esprit des
bêtes Paris 1884 p 249/250 [W 7 a, 4]

Marx charakterisiert die Unvollkommenheit Fouriers, der »die besondere
Weise der Arbeit – als nivellierte, parzellierte und darum unfreie Arbeit ...
als die Quelle der Schädlichkeit des Privateigentums und seines menschen-
entfremdeten Daseins gefaßt« hat, anstatt die Arbeit, als Wesen des
Privateigentums, als solche zu denunzieren. Karl Marx: Der historische
Materialismus ed Landshut u Mayer Lpz ⟨1932⟩ I p 292 (Nation⟨al⟩ök⟨o-
nomie⟩ u. Philos⟨ophie⟩) [W 7 a, 5]

Der fourierschen Pädagogik, genau wie der Pädagogik Jean Pauls ist
im Zusammenhang des anthropologischen Materialismus nachzugehen. Die Rolle des anthropologischen Materialismus in Frankreich ist dabei mit seiner Rolle in Deutschland zu vergleichen.
Es dürfte sich so herausstellen, daß dort das menschliche Kollektivum, hier das menschliche Individuum im Mittelpunkt der Interessen stand. Auch ist darauf zu achten, daß der anthropologische
Materialismus in Deutschland zu deutlicherer Prägung gelangte,
weil sein Gegensatz, der Idealismus dort schärfer geprägt war. Die
Geschichte des anthropologischen Materialismus reicht in
Deutschland von Jean Paul bis zu Keller (über Georg Büchner und
Gutzkow); in Frankreich sind die sozialistischen Utopien und die
Physiologien sein Niederschlag. [W 8, 1]

Mme de Cardoville, eine große Dame aus dem »Juif errant« ist Fourieristin.
[W 8, 2]

Im Zusammenhang der fourieristischen Pädagogik ist vielleicht der
Dialektik des Beispiels nachzugehen, das als Musterbeispiel im
Sinne der Moralisten pädagogisch wertlos, wenn nicht verhängnis-
voll ist, als gestisches Beispiel aber, das Gegenstand einer kontrol-
lierbaren und stufenweise erlernbaren Nachahmung werden kann,
die größte Bedeutung besitzt. [W 8, 3]

»*La Phalange, journal de la science sociale* (1836-1843), qui paraît trois fois
par semaine ... ne va s'effacer que pour céder la place à un quotidien, *la
Démocratie pacifique* (1843-1851). Ici la grande idée ... c'est ›l'organisation du travail‹ par l'association.« Charles Benoist: L'homme de 1848 II
(Revue des deux mondes 1 février 1914 p 645) [W 8, 4]

Aus Nettements Referat über Fourier: »En créant le monde actuel, Dieu se réserva d'en changer la face par des créations successives. Ces créations sont au nombre de dix-huit. Toute création s'opère par la conjonction du fluide austral et du fluide boréal.« Die spätern Schöpfungen, nach der ersten, können erst in der harmonie erfolgen. Alfred Nettement: Histoire de la littérature française sous le gouvernement de juillet Paris 1859 II p 58
[W 8, 5]

»Selon lui, les âmes transmigrent de corps en corps, et même de monde en monde. Chaque planète a une âme qui ira animer une autre planète supérieure, en emportant avec elle les âmes des hommes qui l'auront habitée. C'est ainsi qu'avant la fin de notre planète, qui doit durer quatre-vingt et un mille ans, les âmes humaines auront eu mille six cent vingt existences, et auront ainsi vécu cinquante-quatre mille ans dans une autre planète, vingt-sept. mille dans celle-ci ... La terre a été atteinte, dans le travail de sa première enfance, d'une fièvre putride qu'elle a communiquée à la lune qui en est morte. Mais la terre, organisée en harmonie, ressuscitera la lune.« Nettement: ⟨Histoire de la⟩ litt⟨érature française sous le⟩ gouv⟨ernement⟩ de juillet II p 57, 59
[W 8, 6]

Der Fourierist über das Flugwesen: »L'aérostat léger ... est le char de feu qui ... respecte partout l'œuvre de Dieu, se dispensant de combler les vallées et de percer les montagnes, à l'instar de la locomotive homicide, que l'agioteur a déshonorée.« A Toussenel: Le monde des oiseaux I Paris 1853 p 6
[W 8 a, 1]

»Il est impossible ... que les zèbres, les quaggas, les daws, les hémiones et les chevaux nains, qui se savent destinés à être les porteurs de la future cavalerie enfantine, sympathisent à la politique de nos hommes d'Etat, qui traitent d'utopies les institutions équestres où elles doivent trouver une position honorable ... Le lion ne demande pas mieux ... que de se laisser rogner les ongles, pourvu que ce soit une jolie fille qui tienne les ciseaux.« A Toussenel: Le monde des oiseaux Ornithologie passionnelle I Paris 1853 p 19/20 Der Autor erblickt in der Frau die Vermittlerin zwischen Mensch und Tier.
[W 8 a, 2]

Denkwürdiger Brief von Viktor Cousin an Jean Journet, auf die von letzterm ihm gesandten Schriften. Er ist vom 23 Oktober 1843 und schließt: »Quand vous souffrez, pensez non à une régénération sociale, mais à Dieu ... qui n'a pas fait l'homme seulement pour le bonheur, mais pour une fin tout autrement sublime.« Der préfacier fügt hinzu: »Nous eussions laissé dans l'oubli cette petite anecdote, si la pauvre lettre ... vrai chef-d'œuvre d'ignorance repue, ne résumait pas ... la science politique ... d'une coterie qui, depuis vingt-et-un ans, dirige ... les destinées du pays.« Jean Journet: Poésies et chants harmoniens Paris 1857 p XXVI/XXVII (Préface de l'éditeur) [W 8 a, 3]

»L'histoire des ... humanités des planètes Jupiter et Saturne nous apprend que la Civilisation ... transite en Garantisme ... par l'égalité politique entre l'homme et la femme, et le Garantisme en Harmonie par la reconnaissance de la supériorité de la femme.« A Toussenel: Le monde des oiseaux I Paris 1853 p 131 [W 8 a, 4]

Fouriers Schwanzmenschen sind 1849 von Emy im Rire erotisch in Zeichnungen persifliert worden. Zur Erklärung der Fourierschen Extravaganzen ist die Micky Maus heranzuziehen, in der sich, ganz im Sinne seiner Vorstellungen, die moralische Mobilmachung der Natur vollzogen hat. In ihr macht der Humor die Probe auf die Politik. Sie bestätigt, wie recht Marx hatte, in Fourier vor allem einen großen Humoristen zu sehen. Das Aufknacken der Naturteleologie geschieht nach dem Plan des Humors. [W 8 a, 5]

Filiation des Antisemitismus mit dem Fourierismus. 1845 erschien »Les Juifs rois« von Toussenel. Toussenel ist im übrigen Anhänger einer royauté democratique. [W 8 a, 6]

»La ligne ... générale qu'affecte le groupe familial, c'est la parabole, et nous trouvons la démonstration de cette donnée dans les maîtres, et surtout dans Raphaël ... de cette ordonnance ... rapprochée du type parabolique, il résulte dans l'œuvre de Raphaël un chant de la famille ... accompli et ... divin ... le maître-penseur, qui a déterminé les analogies des quatre sections coniques, a reconnu la correspondance de la parabole et du familisme. Or, voici que cette proposition se trouve confirmée par le prince des artistes, par Raphaël.« D Laverdant: De la mission de l'art et du rôle des artistes Salon de 1845 Paris 1845 p 64 [W 9, 1]

Delvau (Les dessous de Paris ⟨Paris 1860⟩ p 27) behauptet Zusammenhänge zwischen Fourier und Rétif de la Bretonne. [W 9, 2]

Höchst bezeichnend für das Verhältnis der Fourieristen zu den Saintsimonisten ist Considérants Polemik gegen die Eisenbahnen. Diese Polemik stützt sich zum großen Teil auf Hoëné Wronski: Sur la barbarie des chemins de fer et sur la réforme scientifique de la locomotion. Der erste Einwand Wronskis richtet sich gegen das Schienennetz; Considérant wendet sich gegen: »Le procédé connu sous le nom de Chemin en fer, c'est-à-dire la construction d'immenses voies plates, armées de rails métalliques, exigeant des frais et des travaux énormes, procédé ›non-seulement opposé aux véritables progrès de la civilisation, mais de plus contrastant si fortement avec ces progrès, qu'il présente en vérité quelque chose de risible dans la barbare reproduction actuelle des massives et inertes voies des Romains.‹ (Pétition aux Chambres, p. 11.)« Considérant stellt das moyen barbare als simpliste dem moyen scientifique als composite gegenüber. (p 40/41) Ausdrücklich heißt es an anderer Stelle: »Or, ce simplisme a conduit, ainsi que cela devait être, à un résultat complétement barbare, celui de l'Aplanissement toujours de plus en plus forcé de la voie.« (p 44) Im gleichen Sinne: »L'horizontalité est une condition convenante quand il s'agit de communications par eau. Le système de la locomotion terrestre, au contraire, doit évidemment être susceptible de mettre en communication ... des hauteurs variables.« (p 53) Ein zweiter, hiermit zusammenhängender Einwand Wronskis richtet sich gegen die Fortbewegung auf Rädern, die er als »un procédé bien connu et très vulgaire, ... comme on le pratique depuis l'origine des chars« bezeichnet. Auch hier vermißt er den eigentlich wissenschaftlichen und komplexen Charakter. Victor Considérant: Déraison et dangers de l'engouement pour les chemins en fer Paris 1838. Der Inhalt ist zum größten Teil zuerst in der Phalange erschienen. [W 9, 3]

Considérant verlangt, die Arbeit der Ingenieure soll ihren Schwerpunkt nicht auf die Verbesserung der Bahn sondern des Fahrzeugs verlegen. Wronski, auf den er sich bezieht, scheint vor allem an eine Verbesserung der Radform oder ihre Ersetzung durch etwas anderes zu denken. So heißt es bei Considérant: »N'est-il pas clair, ... que la découverte d'une machine qui faciliterait la locomotion sur les routes ordinaires et augmenterait ... la rapidité actuelle des transports sur ces routes, culbuterait de fond en comble toutes ces entreprises de Chemins en fer ... Ainsi, une découverte non seulement possible, mais même probable, peut anéantir d'un coup, pour jamais, les capitaux immenses qu'on propose d'enfouir dans les Chemins en fer!« Victor Considérant: Déraison et dangers de l'engouement pour les chemins en fer Paris 1838 p 63 [W 9a, 1]

Fourier

»Le procédé des Chemins en fer ... mettrait l'Humanité ... dans la nécessité de combattre sur toute la Terre l'œuvre de la Nature, de combler les vallées, de trancher et percer les montagnes, ... de lutter enfin, en système général, contre les conditions naturelles du sol de sa planète ... et de les remplacer *universellement* par des conditions opposées.« Victor Considérant: Déraison et dangers de l'engouement pour les Chemins en fer Paris 1838 p 52/53 [W 9 a, 2]

Charles Gide über das génie divinatoire von Fourier: »Quand il écrit: ›tel vaisseau parti de Londres arrive aujourd'hui en Chine; la planète Mercure, avisée des arrivages et mouvements par les astronomes d'Asie, en transmettra la liste aux astronomes de Londres‹, il suffit de transposer cette prophétie en style du jour et de lire: ›quand un navire arrivera en Chine, la T. S. F. en transmettra la nouvelle à la Tour Eiffel ou à Londres‹, on trouvera, je pense, que c'est là une anticipation extraordinaire. C'est précisément ce qu'il a voulu dire: la planète Mercure est là pour figurer une force, ignorée encore, qui permettrait de transmettre les messages, et qu'il a pressentie.« Charles Gide: Fourier précurseur de la coopération Paris ⟨1924⟩ p 10/11 [W 9 a, 3]

Charles Gide über Fouriers unsinnige astrologische Spekulationen »telles que celle sur le rôle des trois petites planètes, Pallas, Junon, Cérès, qui ont engendré trois espèces de groseilles, et de Phœbé (la lune) qui devait en engendrer une quatrième encore plus savoureuse – si malheureusement ›elle n'était décédée‹!« Charles Gide: Fourier précurseur de la coopération Paris p 10 [W 9 a, 4]

»Quand il parle ... d'une armée céleste que le Conseil sidéral a résolu d'envoyer au secours de l'Humanité, armée qui est en route déjà depuis 1.700 ans, et qui n'a plus que 300 ans de chemin à faire pour arriver aux confins du système solaire ... cela donne un peu le frisson de l'Apocalypse. En d'autres occasions cette folie se montre aimable, côtoyant de près la sagesse, abondante en observations fines et ingénieuses, un peu comme celle de Don Quichotte débitant ses harangues sur l'âge d'or aux chevriers émerveillés.« Charles Gide: Fourier précurseur de la coopération Paris p 11
[W 10, 1]

⟨»⟩On peut dire, et il le dit lui-même, que son observatoire ou son laboratoire, comme on voudra, c'est la cuisine. C'est de là qu'il part pour rayonner dans tous les domaines de la vie sociale.« Charles Gide: Fourier précurseur de la coopération Paris p 20 [W 10, 2]

Zur Attraktionstheorie: »Bernardin de St.-Pierre lehnte die Schwerkraft

... ab, da sie einen Eingriff in das freie Walten der Vorsehung bedeute; und der Astronom Laplace bekämpfte ... nicht weniger ... ihre phantastischen Verallgemeinerungen. Aber das verhinderte nicht, daß die Lehren eines Azaïs und seiner Geistesverwandten ... Nachahmung fanden. Henri de Saint-Simon ... war jahrelang mit der Ausarbeitung eines Systems der ›allgemeinen Gravitation‹ beschäftigt und sandte 1810 das Bekenntnis in die Welt: ›Ich glaube an Gott. Ich glaube, daß Gott das Weltall geschaffen hat. Ich glaube, daß Gott das Weltall dem Gesetz der Schwerkraft unterworfen hat.‹ Auch Fourier hat ... sein ... System auf der ›allgemeinen Anziehungskraft‹ aufgebaut, von der die Sympathie zwischen Mensch und Mensch nur ein Spezialfall sein sollte.« Ernst Robert Curtius: Balzac Bonn 1923 p 45 (Azaïs 1766-1845: Des compensations dans les destinées humaines) [W 10,3]

Verhältnis des Kommunistischen Manifests zu Engels Entwurf: »Die Organisation der Arbeit, ein Zugeständnis an Louis Blanc, und die Errichtung großer gemeinsamer Paläste auf Nationalgütern, die helfen sollten, den Gegensatz von Stadt und Land zu überbrücken, ein Zugeständnis an die Fourieristen der Démocratie Pacifique, hat das Manifest, das im übrigen diese Partien dem Engelsschen Entwurf entlehnte, fallen gelassen.« Gustav Mayer: Friedrich Engels Erster Band Friedrich Engels in seiner Frühzeit (Zweite Auflage) Berlin ⟨1933⟩ p 288 [W 10,4]

Engels über Fourier: »›Fouriers Kritik der Zivilisation tritt erst durch Morgan in ihrer ganzen Genialität hervor‹, bekannte er, während er am Ursprung der Familie arbeitete, zu Kautsky. In dem Buche selbst aber schrieb er: ›Es sind die niedrigsten Interessen ..., die die neue zivilisierte, die Klassenherrschaft einweihen; es sind die schmählichsten Mittel ..., die die alte klassenlose Gentilgesellschaft ... zu Fall bringen.« cit Gustav Mayer: Friedrich Engels Zweiter Band Engels und der Aufstieg der Arbeiterbewegung in Europa Berlin ⟨1933⟩ p 439 [W 10a,1]

Marx über Proudhon an Kugelmann am 9 Oktober 1866: »Erst ergriff und bestach seine Scheinkritik und sein Scheingegensatz gegen die Utopisten (er selbst ist nur ein spießbürgerlicher Utopist, während in den Utopien eines Fourier, Owen usw. die Ahnung und der phantastische Ausdruck einer neuen Welt) die ›glänzende Jugend‹, die Studenten, dann die Arbeiter, besonders die Pariser, die als Luxusarbeiter, ohne es zu wissen, ›sehre‹ dem alten Dreck angehören.« Karl Marx Friedrich Engels: Ausgewählte Briefe hg von Adoratskij Moskau Leningrad 1934 ⟨p 174⟩ [W 10a,2]

»Diese superklugen Berliner werden sich noch eine Démocratie pacifique auf der Hasenheide etablieren, wenn ganz Deutschland das Eigentum

Fourier

abschafft... Gib acht, nächstens steht in der Uckermark ein neuer Messias auf, der Fourier nach Hegel zurechtschustert, das Phalanster aus den ewigen Kategorien konstruiert und es als ein ewiges Gesetz der zu sich kommenden Idee hinstellt, daß Kapital, Talent und Arbeit zu bestimmten Teilen am Ertrage partizipieren. Das wird das Neue Testament der Hegelei werden, der alte Hegel wird Altes Testament, der ›Staat‹, das Gesetz wird ein ›Zuchtmeister auf Christum‹, und das Phalanster, in dem die Abtritte nach logischer Notwendigkeit placiert werden, das wird der ›neue Himmel‹ und die ›neue Erde‹, das neue Jerusalem, das herabfährt vom Himmel, geschmückt wie eine Braut.« Engels an Marx Barmen 19 November 1844 (Karl Marx Friedrich Engels: Briefwechsel Band I 1844-1853 hg vom Marx-Engels-Lenin-Institut Moskau Leningrad 1935 p 11)   [W 10 a, 3]

Nur in der sommerlichen Mitte des neunzehnten Jahrhunderts, nur unter seiner Sonne kann man Fouriers Phantasie sich verwirklicht denken.   [W 10 a, 4]

»Donner aux enfants la finesse d'ouï des rhinocéros et des cosaques.« Ch Fourier: Le nouveau monde industriel et sociétaire ou invention du procédé d'industrie attrayante et naturelle distribuée en séries passionnées Paris 1829 p 207   [W 10 a, 5]

Man versteht leicht die Bedeutung des Kulinarischen bei Fourier; das Glück kennt Rezepte wie jeder Pudding. Es kommt auf Grund einer genauen Dosierung verschiedener Elemente zustande. Es ist ein Effekt. Die Landschaft zum Beispiel zählt für Fourier nicht; er hat für ihren romantischen Aspekt nichts übrig; die ärmlichen Bauernhütten bringen ihn auf. Aber wenn die agriculture composé⟨e⟩ sich in ihr heimisch macht, die kleinen hordes und die kleinen bandes sie durchstreifen, rauschende Militäraufmärsche der industriellen Armee sich in ihr abspielen, so ist diejenige Dosierung gewonnen, aus der das Glück resultiert.   [W 11, 1]

Die Verwandtschaft zwischen Fourier und Sade besteht in dem konstruktiven Moment, das jedem Sadismus eigen ist. Fourier verbindet das Farbenspiel der Phantasie in einzigartiger Weise mit dem Zahlenspiel seiner Idiosynkrasie. Man muß sich klar machen, daß Fouriers Harmonien auf keiner der überkommenen Zahlenmysterien beruhen, wie dem pythagoräischen oder dem keplerschen. Sie sind ganz und gar aus ihm selber herausgesponnen und sie geben der Harmonie etwas Unnahbares und Bewahrtes: sie umgeben die harmoniens gleichsam mit einem Stacheldraht. Le bonheur du phalanstère est un bonheur barbelé. Auf der andern Seite kann man Fouriersche Züge in Sade erkennen. Die expériences des Sadisten, die seine »120 jours de Sodome« darstellen, sind in ihrer Grausamkeit genau jenes Extrem, das von de⟨r⟩ extremen Idyllik Fouriers berührt wird. Les extrèmes se touchent. Der Sadist könnte bei seinen Versuchen auf einen Partner stoßen, der genau diejenigen Demütigungen und Schmerzen ersehnt, die sein Peiniger ihm auferlegt. Mit einem Schlage stünde er mitten in einer der Harmonien, denen die Utopie Fouriers nachgeht. [W 11,2]

Der Simplismus erscheint bei Fourier als Merkmal der »Zivilisation«. [W 11,3]

Die Leute in der Umgegend von Paris, Blois und Tours sind nach Fourier besonders geeignet, ihre Kinder in das Probe-Phalanstère zu geben. Das niedere Volk ist dort besonders gesittet. (cf Nouveau monde p 209)
[W 11 a, 1]

Fouriers System beruht, wie er selbst erklärt auf zwei Entdeckungen: der der Attraktion und der der quatre mouvements. Diese sind le mouvement matériel, organique, animal et social. [W 11 a, 2]

Fourier spricht von einer transmission miragique, die es ermöglichen werde, in London Nachrichten aus Indien binnen vier Stunden zu haben. (cf Fourier: La fausse industrie Paris 1836 II p 711) [W 11 a, 3]

»Le Mouvement social est type des trois autres; les Mouvements animal, organique et matériel, sont coordonnés au social, qui est le premier en ordre, c'est-à-dire que les propriétés d'un animal, d'un végétal, d'un minéral, et même d'un tourbillon d'astres, représentent quelque effet des passions humaines dans l'ordre social, et que TOUT, depuis les atomes jusqu'aux astres, forme tableau des propriétés des passions humaines.« Charles Fourier: Théorie des quatre mouvements Paris 1841 p 47 [W 11 a, 4]

Die Betrachtung der Landkarte war eine Lieblingsbeschäftigung von Fourier. [W 11 a, 5]

Messianische Zeittafel: 1822 Vorbereitung des Versuchs-Kantons, 1823 dessen Einrichtung und Bewährung, 1824 seine Nachahmung durch alle

Zivilisierten, 1825 Beitritt der Barbaren und der Wilden, 1826 Organisation der sphärischen Hierarchie, 1826 Ausschwärmen der Kolonialstaffeln.
– Unter der hiérarchie sphérique ist die »distribution des sceptres de souverainetés« zu verstehen (so E Silberling: Dictionnaire de sociologie phalanstérienne Paris 1911 p 214). [W 11 a, 6]

Das Modell des phalanstère umfaßt 1620 Personen, das heißt je ein männliches und ein weibliches Exemplar der 810 Charaktere, die nach Fourier alle Möglichkeiten erschöpfen. [W 11 a, 7]

1828 sollen die Pole eisfrei werden. [W 11 a, 8]

»L'âme de l'homme est une émanation de la grande âme planétaire, son corps une parcelle du corps de la planète. Lorsqu'un homme meurt, son corps se dissout dans le corps de la planète et son âme va se fondre dans l'âme planétaire.« F Armand et R Maublanc: Fourier Paris 1937 I p 111
[W 11 a, 9]

»Les goûts dominants chez tous les enfants sont: 1 Le Furetage ou penchant à tout manier, tout visiter, tout parcourir, varier sans cesse de fonction; 2 Le fracas industriel, goût pour les travaux bruyants; 3 La singerie ou manie imitative; 4 La miniature industrielle, goût des petits ateliers; 5 L'Entraînement progressif du faible au fort.« Charles Fourier: Le nouveau monde industrielle et sociétaire Paris 1829 p 213 [W 12, 1]

Zwei von den 24 »Ressorts d'éclosion des vocartions«: »3. L'appât des ornements gradués; un panache suffit déjà chez nous pour ensorceler un villageois, lui faire signer l'abandon de sa liberté; quel sera donc l'effet de cent parures honorifiques, pour enrôler un enfant au plaisir et à des réunions amusantes avec ses pareils? ... 17. L'harmonie matérielle ou manœuvre unitaire inconnue dans les ateliers civilisées, et pratiquée dans ceux d'harmonie où l'on opère avec l'ensemble des militaires et des chorégraphes, méthode qui fait le charme des enfants.« Charles Fourier: Le nouveau monde industrielle et sociétaire Paris 1829 p 215 u 216 [W 12, 2]

Sehr kennzeichnend, daß Fourier offenbar weit mehr daran gelegen ist, den Vater von der Erziehung seiner Kinder fernzuhalten als die Mutter. »La nature ... donne à l'enfant une répugnance pour les leçons du père et du précepteur: aussi l'enfant veut-il commander et non pas obéir au père.« Charles Fourier: Le nouveau monde industrielle et sociétaire Paris 1829 p 219 [W 12, 3]

Kinderhierarchie: jouvenceaux, gymnasiens, lycéens, séraphins, chérubins, bambins, lutins, poupons, nourrissons. Die Kinder sind das einzige der trois sexes, welches d'emblée au plein de l'harmonie eintreten kann.

[W 12, 4]

»Parmi les lutins on évite de distinguer les deux sexes par costumes contrastés, comme le jupon et le pantalon; ce serait risquer d'empêcher l'éclosion des vocations et de fausser la proportion des sexes en chaque fonction.« Fourier: Le nouveau monde industrielle et sociétaire Paris 1829 p 223/224 (Lutins 1 ½-3, Bambins 3-4 ½ Jahre) [W 12, 5]

Werkzeuge in sieben Größen. Industrielle Hierarchie der Kinder: officiers divers, licencié, bachelier, neophyte, aspirant. [W 12, 6]

Den Auszug zur Landarbeit denkt sich Fourier in der Art einer Landpartie: in Wagen und mit Musik. [W 12, 7]

Zulassungsprüfung zum chœur des chérubines: »1. Intervention musicale et chorégraphique à l'Opéra. – 2. Lavage de 120 assiettes en une demi-heure, sans en fêler aucune. – 3. Pelage d'un demi-quintal de pommes en temps donné, sans en retrancher au-delà de tel poids indiqué. – 4. Triage parfait de telle quantité de riz ou autre grain en temps fixé. – 5. Art d'allumer et couvrir le feu avec intelligence et célérité.« Charles Fourier: Le nouveau monde industrielle et sociétaire Paris 1829 p 231 [W 12 a, 1]

Fourier eröffnet »la perspective d'arriver, dès l'âge de 12 à 13 ans, à de hautes dignités, telles que le commandement de dix mille hommes dans une manœuvre de parade ou d'armée.« Fourier: Le nouveau monde industrielle et sociétaire Paris 1829 p 234 [W 12 a, 2]

Kindernamen bei Fourier: Nysas, Enryale; der Erzieher: Hilarion.

[W 12 a, 3]

»Ainsi, dès son enfance, l'homme n'est point compatible avec la simple nature; il faut pour l'élever un vaste attirail de fonctions contrastées et graduées, même dès le plus bas âge où il n'est point fait pour le berceau. J.-J. Rousseau s'est insurgé contre cette prison où l'on garrotte les enfants, mais il n'a pas su imaginer le régime de nattes élastiques, des soins combinés et des distractions nécessaires à l'appui de cette méthode. Ainsi les philosophes ne savent opposer au mal que des déclamations stériles, au lieu d'inventer les voies du bien qui, fort éloignées de la simple nature, ne naissent que des méthodes composées.« Fourier: Le nouveau monde industrielle et sociétaire Paris 1829 p 237 Die distractions bestehen unter anderm im Spiel der in Hängematten benachbarten Kinder miteinander.

[W 12 a, 4]

Napoleon III gehörte 1848 einer fourieristischen Gruppe an. [W 12 a, 5]

Die 1833 von Baudet-Dulary gegründete fourieristische Siedlung besteht, in Form einer Familienpension noch heute. Fourier hatte sie seinerzeit verleugnet. [W 12 a, 6]

Balzac hat Fouriers Werk gekannt und bewundert. [W 12 a, 7]

Die Fahne des Phalansteriums zeigte die sieben Farben des Regenbogens. Note von René Maublanc: »Les couleurs sont en analogie avec les passions ... En juxtaposant une série de tableaux où Fourier compare les passions aux couleurs, aux notes de la gamme, aux droits naturels, aux opérations mathématiques, aux courbes géométriques, aux métaux et aux astres, on constate par exemple que l'amour correspond à l'azur, à la note *mi*, au droit de pâture, à la division, à l'ellipse, à l'étain et aux planètes.« F Armand et R Maublanc: Fourier Paris 1937 I p 227/8 [W 12 a, 8]

Zu Toussenel: »Fourier ... prétend ›rallier et encadrer dans un même plan, la mécanique sociétaire des passions et les autres harmonies connues de l'univers‹ et pour cela, ajoute-t-il, ›nous n'aurons recours qu'à des leçons amusantes et tirées des objets les plus séduisans parmi les animaux et végétaux‹.« Armand et Maublanc: Fourier Paris 1937 I p 227 (cit Fourier: Traité de l'association domestique-agricole Paris Londres 1822 I p 24/25 et Théorie de l'unité universelle 1834 p 31) [W 13, 1]

Fourier wirft Descartes vor, sein Zweifel habe »cet arbre de mensonges qu'on nomme civilisation« verschont. (cf Le nouveau monde p 367)

[W 13, 2]

An Jean Paul erinnernde stilistische Schrullen. Fourier liebt pré-ambules, cis-ambules, trans-ambules, post-ambules, intro-ductions, extro-ductions, prologues, interludes, post-ludes, cis-médiantes, médiantes, trans-médiantes, intermèdes, notes, appendices. [W 13, 3]

Höchst prägnant erscheint Fourier vor dem Hintergrund des Empire in der Notiz: »L'état sociétaire sera, dès son début, d'autant plus brillant, qu'il a été plus longtemps différé. La Grèce, à l'époque des Solon et des Périclès, pouvait déjà l'entreprendre; ses moyens étaient parvenus au degré suffisant pour cette fondation.« Armand et Maublanc: Fourier Paris 1937 I p 261/62 (cit Traité de l'association domestique-agricole Paris Londres 1822 I p LXI-LXII; Théorie de l'unité universelle 1834 I p 75) [W 13, 4]

Fourier kennt viele Formen kollektiver Prozessionen und Aufzüge: orage, tourbillon, fourmillière, serpentage. [W 13, 5]

Mit 1600 Phalansterien entfaltet sich die Assoziation bereits in allen Kombinationen. [W 13, 6]

»Fourier s'est mis tout entier dans son œuvre, parce qu'il ne pouvait y mettre les besoins d'une classe révolutionnaire qui n'existait pas encore.« F Armand et R Maublanc: Fourier Paris 1937 I p 83 Hinzuzufügen ist, daß Fourier in manchem eine neue Menschenart vorzubilden scheint. Seine Harmlosigkeit ist bedeutsam. [W 13, 7]

»Il n'y avait d'ordinaire dans sa chambre qu'un sentier de libre, au milieu, pour aller de la porte à la fenêtre; tout le reste était occupé par ses pots de fleurs, offrant eux-mêmes une série graduée de grandeurs, de formes et même de qualités; il y en avait de terre commune, il y en avait de porcelaine de Chine.« Charles Pellarin: Vie de Fourier Paris 1871 p 32/33 [W 13, 8]

Charles Pellarin: Vie de Fourier Paris 1871 berichtet (p 144) daß Fourier manchmal sechs bis sieben Nächte hintereinander nicht schlief; das geschah vor Begeisterung über seine Entdeckungen. [W 13 a, 1]

»Le phalanstère sera un immense hôtel meublé.« Vom Familienleben hatte Fourier keine Vorstellung. F Armand et R. Maublanc: Fourier Paris 1937 I p 85 [W 13 a, 2]

Die cabaliste, composite, papillonne erscheinen unter dem Sammelbegriff distributives oder *mécanisantes*. [W 13 a, 3]

»L'esprit cabaliste mêle toujours les calculs à la passion: tout est calcul chez l'intrigant; la moindre geste, un clin d'œil; il fait tout avec réflexion et célérité.« Théorie de l'unité universelle 1834 I p 145 Diese Bemerkung macht besonders anschaulich, wie Fourier den Egoismus in Rechnung stellt. (Im 18ten Jahrhundert nannte man die agitierenden Arbeiter cabaleurs.) [W 13 a, 4]

»La terre copulant avec elle-même, engendre le cerisier, avec Mercure, la fraise, avec Pallas, la groseille noire ou cassis, avec Junon, la groseille en grappe, etc.« Armand et Maublanc: Fourier Paris 1937 I p 114   [W 13 a, 5]

»Une série est une classification régulière de genres, d'espèces, de groupes, d'êtres ou d'objets, rangés symétriquement, par rapport à une ou plusieurs de leurs propriétés, de part et d'autre d'un centre ou pivot, selon une progression ascendante d'un côté, descendante de l'autre, comme les deux ailes d'une armée ... Il existe des séries ›libres‹, dans lesquelles le monde (!) de subdivisions n'est pas déterminé, des séries ›mesurées‹ qui comprennent selon leur degré 3, 12, 32, 134, 404 subdivisions.« Armand et Maublanc: Fourier Paris 1937 I p 127   [W 13 a, 6]

Jeder passion entspricht bei Fourier ein Organ des menschlichen Körpers.
[W 13 a, 7]

»En Harmonie ... les relations par séries sont trop actives pour qu'on ait le temps de résider à son appartement.« cit Armand et Maublanc: Fourier Paris 1937 II p 211   [W 13 a, 8]

Die vier ressorts de vertu der petites hordes: »ce sont les goûts de saleté, d'orgueil, d'impudence et d'insubordination.« Fourier: Le nouveau monde industrielle et sociétaire Paris 1829 p 246   [W 14, 1]

Arbeitssignal der petites hordes: »On sonne la charge des petites hordes par un tintamarre de tocsin, carillons, tambours, trompettes, hurlements de dogues et mugissements de bœufs: alors les hordes, conduites par leurs kans et leurs druides, s'élancent à grands cris, passant au-devant du sacerdoce qui les asperge ... Elles doivent être affiliées au sacerdoce à titre de confrérie religieuse, et porter dans l'exercice de leurs fonctions un signe religieux sur leurs habits.« »Quoique le travail des petites hordes soit le plus difficile ... elles sont de toutes les séries la moins rétribuée; elles n'accepteraient rien s'il était décent en association de n'accepter aucun lot ... Toute autorité, les monarques mêmes, doivent le premier salut aux petites hordes; elles possèdent les chevaux nains et sont première cavalerie du globe; aucune armée industrielle ne peut ouvrir sa campagne sans les petites hordes; elles ont la prérogative de mettre la première main à tout travail d'unité.« Charles Fourier: Le nouveau monde industrielle et sociétaire Paris 1829 p 247/48 et 244/46   [W 14, 2]

»Manœuvre tartare ou mode curviligne« der petites hordes im Gegensatz zur »manœuvre moderne ou mode rectiligne« der petites bandes. »La horde semble un carreau de tulipes richement panachées: cent cavaliers devront étaler deux cents couleurs artistement contrastées.« Fourier: Le nouveau monde p 249   [W 14, 3]

»Quiconque maltraiterait quadrupède, oiseau, poisson, insecte, en rudoyant l'animal dans son service ou en le faisant souffrir aux boucheries, serait justiciable du Divan des petites hordes; quel que fût son âge, il se verrait traduit devant un tribunal d'enfants, comme inférieur en raison aux enfants mêmes.« Fourier: Le nouveau monde Paris 1829 p 248 [W 14, 4]

Den petites hordes obliegt, für die concorde sociale zu sorgen, wie den petites bandes für den charme social. [W 14, 5]

»Les petites hordes vont au beau par la route du bon, par l'immondicité spéculative.« Fourier: Le nouveau monde p 255 [W 14, 6]

»Les petites bandes s'adjoignent parmi l'âge pubère des coopérateurs titrés de corybants et corybantes, par opposition aux druides et druidesses des petites hordes. Même contraste règne dans leurs alliés voyageurs qui sont les grandes bandes de chevalières errantes et chevaliers errants voués aux beaux-arts. D'autre part les petites hordes ont pour alliés voyageurs, les grandes hordes d'aventuriers et aventurières vaquant aux travaux publics.« Fourier: Le nouveau monde Paris 1829 p 254 [W 14 a, 1]

Die petites bandes haben die Gerichtsbarkeit über Flur- und Gartenfrevel und in sprachlichen Fragen. [W 14 a, 2]

»Si le vestalat est appelé à donner le change à l'esprit de l'enfance au sujet des relations d'amour, le tact par le double emploi des appareils génito-urinaires laisse matériellement l'enfant dans l'ignorance du sexe.« E Silberling: Dictionnaire de sociologie phalanstérienne Paris 1911 p 424 (tact) Ähnlich soll die Höflichkeit der Knaben gegen die kleinen Mädchen der petites bandes über die Bedeutung der Galanterie bei den Ältern täuschen. [W 14 a, 3]

»Sous le nom d'opéra je comprends tous les exercices chorégraphiques, même ceux du fusil et de l'encensoir.« Fourier: Le nouveau monde industriel et sociétaire Paris 1829 p 260 [W 14 a, 4]

Das Phalanstère ist schlaraffisch eingerichtet. Auch die Vergnügungen (Jagd, Angeln, Musizieren, Blumenpflege, Theaterspielen) werden entlohnt. [W 14 a, 5]

Fourier kennt den Begriff der Ausbeutung nicht. [W 14 a, 6]

Man wird bei Fourier an den Satz von Karl Kraus erinnert: »Ich predige Wein und trinke Wasser.« [W 14 a, 7]

Brot spielt in der Ernährung der harmoniens nur eine geringe Rolle.
[W 14 a, 8]

»L'initiation des barbares à la tactique est un des caractères de dégénération ... de la civilisation.« E Silberling: Dictionnaire de sociologie phalanstérienne Paris 1911 p 424 (tactique) [W 14 a, 9]

»Le sauvage jouit de sept droits naturels ... la chasse, la pêche, la cueillette, la pâture, le vol extérieur (c'est-à-dire le vol de ce qui appartient aux autres tribus), la ligue fédérale (les intrigues et cabales à l'intérieur de la tribu) et l'insouciance.« Armand et Maublanc: Fourier Paris 1937 II p 78 [W 14 a, 10]

Der Arme spricht: »Je réclame l'avance des instrumens nécessaires ... et de la subsistance en compensation du droit de vol que m'a donné la simple nature«. cit Armand et Maublanc: Fourier Paris 1937 II p 82 [W 15, 1]

Im Phalanstère ist der »caravanseraï« zur Aufnahme der Fremden bestimmt. Ein charakteristisches Gebäude des Phalanstère ist die »tour d'ordre«. Dort befindet sich der optische Telegraph, das Zentrum für die Fanale und Brieftauben. [W 15, 2]

Die Auflagehöhe der für alle Phalanstères nützlichen Werke beträgt 800 000. Fourier denkt vor allem an die Herausgabe einer »Encyclopaedie naturologique caluminée«. [W 15, 3]

Fourier liebt es, die vernünftigsten Aussagen in phantasievolle Betrachtungen einzukleiden. Seine Rede gleicht einer höheren Blumensprache. [W 15, 4]

Die in der Zivilisation zu nichts nützlichen Leute, die sich nur herumtreiben, um Neuigkeiten aufzufangen und zu verbreiten, will Fourier an den Tafeln der harmoniens zirkulieren sehen, dort ersparen sie den Leuten, mit dem Lesen von Journalen Zeit zu verlieren: eine Divination des Rundfunks, die aus dem Studium des menschlichen Charakters hervorging. [W 15, 5]

Fourier: »Chaque métier a sa contre-morale et ses principes.« cit Armand et Maublanc: Fourier Paris 1937 II p 97 Fourier nennt le monde galant und die Welt der Dienstboten als Beispiele. [W 15, 6]

»Au bout de trois générations d'harmonie, les deux tiers des femmes seront stériles, comme il arrive de toute fleur que les raffinemens de culture ont élevée à une grande perfection.« Fourier: La fausse industrie Paris 1835/6 II p 560/561 [W 15, 7]

Die freiwillige Unterordnung des Wilden, der über die sieben Naturrechte verfügt, wäre nach Fourier der Prüfstein der Zivilisation. Erst die Harmonie kann sie ihm abgewinnen. [W 15, 8]

»L'individu ... est un être essentiellement faux, car il ne peut ni par lui seul ni par couple opérer le développement des 12 passions, puisqu'elles sont un mécanisme à 810 touches et les compléments. C'est donc au tourbillon passionnel que commence l'échelle et non pas à l'homme individuel.« Publication des manuscrits de Fourier Paris 1851-58 4 vols Années 1857/58 p 320 [W 15, 9]

Nach 70 000 Jahren kommt das Ende der Harmonie in Gestalt einer neuen Zivilisationsperiode in absteigender Tendenz, die von neuen lymbes obscures abgelöst wird. So sind Vergänglichkeit und Glück bei Fourier eng verschränkt. Engels bemerkt: »De même que Kant introduit la future fin de la terre dans la science de la nature, Fourier introduit la future fin de l'humanité dans l'étude de l'histoire.« Engels: Anti-Dühring III p 12 [W 15 a, 1]

La mécanique des passions: »la tendance à faire concorder les cinq ressorts sensuels (1: goût, 2: tact, 3: vue, 4: ouïe, 5: odorat) avec les quatres ressorts affectueux (6: amitié, 7: ambition, 8: amour, 9: paternité). Cet accord s'établit par entremise de trois passions peu connues et diffamées, que je nommerai: 10, la cabaliste; 11, la papillonne; 12, la composite.« cit aus Le nouveau monde Armand et Maublanc: Fourier Paris 1937 I p 242 [W 15 a, 2]

»Un grand nombre d'univers (comme un univers, après l'homme et la planète, constitue le troisième échelon ... Fourier l'appelle un tri-vers) forment un quatri-vers; et ainsi de suite jusqu'à l'octi-vers, qui représente la ... nature entière, la totalité des êtres d'harmonie. Fourier se livre à des calculs minutieux et proclame que l'octi-vers se compose de 10^{96} univers.« Armand et Maublanc: Fourier Paris 1937 I p 112 [W 15 a, 3]

Zum beau agricole: »Cette charrue si odieuse aujourd'hui, sera conduite par le jeune prince comme par le jeune plébéïen: elle sera une espèce de tournois industriel, où chaque athlète ira faire ses preuves de vigueur et dextérité, s'en faire valoir devant les belles, qui viendront clorre (sic) la séance en apportant le déjeûné ou le goûté.« Charles Fourier: Traité de

l'association domestique-agricole Paris Londres 1822 II p 584 Zum beau agricole gehören weiter die von Blumenpostamenten getragnen Stelen, die auf Altären, die in den Feldern zerstreut sind⟨,⟩ errichteten Büsten von verdienten Landarbeitern oder Agrarleuten. »Ce sont les demi-dieux mythologiques de la secte ou série industrielle.« (cit Armand Maublanc ⟨lc⟩ II p 206) Man bringt ihnen durch die corybantes Weihrauch dar.
[W 15 a, 4]

Fourier rät, daß man es in der phalange d'essai gerade mit den exzentrischsten Charakteren versuche. [W 16, 1]

Fourier war Chauvinist; er haßte die Engländer und die Juden. In den Juden sah er nicht Zivilisierte sondern Barbaren, die die patriarchalischen Sitten beibehalten haben. [W 16, 2]

Der Apfel Fouriers – das Pendant zu dem Newtonschen – der im pariser Restaurant Février hundertmal soviel kostet wie in der Provinz, aus der er kommt. Auch Proudh⟨on⟩ vergleicht sich Newton. [W 16, 3]

Bei den harmoniens ist Konstantinopel die Hauptstadt der Erde. [W 16, 4]

Die harmoniens brauchen sehr wenig Schlaf (wie Fourier!); sie erreichen ein Mindestalter von 150 Jahren. [W 16, 5]

»L'opéra va tenir le premier rang parmi les ressorts d'éducation ... L'opéra est une école de morale en image: c'est là qu'on élève la jeunesse à l'horreur de tout ce qui blesse la vérité, la justesse et l'unité. Aucune faveur ne peut excuser, à l'opéra, celui qui est faux de la voix ou de la mesure, du geste ou du pas. L'enfant d'un prince, dans les figures et les chœurs, est obligé de souffrir la vérité et les critiques motivées de la masse. C'est à l'opéra qu'il apprend à se subordonner en tout mouvement aux convenances unitaires, aux accords généraux.« cit F Armand et R Maublanc: Fourier Paris 1937 II p 232/233 [W 16, 6]

»On n'a jamais songé, en civilisation, à perfectionner cette portion du vêtement qu'on nomme atmosphère ... Il ne suffit pas de la modifier dans les salons de quelques oisifs ... Il faut modifier l'atmosphère en système général.« cit F Armand et R Maublanc: Fourier Paris 1937 II p 145 [W 16, 7]

Fouriers Texte sind reich an stereotypen Wendungen, den gradus ad parnassum vergleichbar. Fast jedesmal, wenn er von den Arkaden spricht, heißt es, daß unter den gegenwärtigen Umständen selbst der König von Frankreich naß wird, wenn er bei Regen in seinen Wagen steigt. [W 16, 8]

10 Millionen wären für die Einrichtung des kompletten Phalansteriums, 3 für die des Probephalansteriums erforderlich. [W 16, 9]

Alle Blumenbeete werden bei den harmoniens gegen zuviel Sonne und Regen »beschirmt«. [W 16, 10]

Von den Schönheiten des Landbaus bei den harmoniens gibt Fourier eine Darstellung, die sich liest wie die Beschreibung farbiger Bilder aus Kinderbüchern: »L'état sociétaire saura, jusque dans les fonctions les plus malpropres, établir le luxe *d'espèce*. Les sarraus gris d'un groupe de laboureurs, les sarraus bleutés d'un groupe de faucheurs, seront rehaussés par des bordures, ceintures et panaches d'uniforme, par des chariots vernissés, des attelages à parures peu coûteuses, le tout disposé de manière que les ornemens soient à l'abri des souillures de travail. Si nous voyions, dans un beau vallon distribué en mode ambigu dit anglais, tous ces groupes en activité, bien abrités par des tentes colorées, travaillant par masses disséminées, circulant avec drapeaux et instrumens, chantant dans leur marche des hymnes en chœur; puis le canton parsemé de castels et de belvédères à colonnades et flèches, au lieu de cabanes en chaume, nous croirions que le paysage est enchanté, que c'est une féerie, un séjour olympique.« Selbst die groupe des ravistes, die für Fourier nicht hoch steht, nimmt teil an der Herrlichkeit und man findet sie »à l'ouvrage sur les hauteurs, hissant ses pavillons sur trente belvédères surmontés de raves dorées.« cit Armand et Maublanc: Fourier Paris 1937 II p 203 et 204 [W 16 a, 1]

Engrenage, beispielsweise zwischen bergerie, labourage et jardins: »Il n'est pas nécessaire que cet échange soit général; que vingt hommes occupés au soin des troupeaux de cinq à six heures et demie, aillent tous les vingt labourer de six heures et demie à huit heures; il faut seulement que chaque série fournisse aux autres plusieurs sociétaires tirés de quelques-uns de ses groupes, afin d'établir des liens entre elles par engrenage de divers membres fonctionnant alternativement dans l'une et dans l'autre.« cit Armand et Maublanc: Fourier Paris 1937 II p 160/161 (Essor de la »papillonne«)
[W 16 a, 2]

Es ist nicht nur die Gewaltherrschaft sondern nicht minder der Moralismus, den Fourier an der großen Revolution haßt. Die subtile Arbeitsteilung der harmoniens stellt er als den Gegensatz der égalité, ihren eifrigen Wettbewerb als den der fraternité dar.

[W 16 a, 3]

Im Nouveau monde industriel (p 281/82) macht sich Rankune gegen Pestalozzi sehr bemerkbar. Er habe Pestalozzis »intuitive Methode«, weil sie beim Publikum so großen Erfolg gehabt habe, im Traité von 1822 aufgegriffen. Erfolglos, die Leser hätten sich befremdet gezeigt. – Über Yverdon gibt er Skandalgeschichten zum besten, die beweisen sollen, daß in die Zivilisation nicht ungestraft Institutionen der Harmonie sich einführen lassen. [W 17, 1]

Unter der Rubrik »Le garantisme d'ouïe« behandelt Fourier neben der Hebung der Sprechweise des Volkes und seiner musikalischen Erziehung (Arbeiterchöre des Theaters von Toulouse!) Maßnahmen gegen den Lärm. Er will die Ateliers isoliert und zumeist in die faubourgs verlegt wissen.

[W 17, 2]

Urbanismus⟨:⟩ »Un homme qui veut avoir un magnifique salon sent bien que la beauté de la pièce principale ne dispense pas d'orner les avenues. Que penserait-on de son beau salon si, pour y arriver, il fallait traverser une cour encombrée de fumiers, un escalier obstrué de gravois et une antichambre garnie de vieux meubles rustiques? ... D'où vient donc que le bon sens, qu'on trouve dans chaque individu pour l'ornement d'une demeure particulière, ne se rencontre pas chez nos architectes pour l'ornement des demeures collectives appelées villes? et pourquoi, sur tant de princes et artistes ... aucun n'a-t-il jamais songé à l'ornement gradué des 3 accessoires, faubourgs, annexes et avenues ...?« Charles Fourier: Cités ouvrières Modifications à introduire dans l'architecture des villes Paris 1849 p 19/20 Fourier erdenkt unter vielen andern Bauvorschriften solche, wonach man schon an der gesteigerten oder abnehmenden Zier der Bauten entnehmen könnte, wie sehr man sich einer Stadt nähere oder von ihr entferne. [W 17, 3]

Der barbarische, der zivilisierte und der harmonistische Städtebau⟨:⟩ »Une ville barbare est formée d'édifices assemblés fortuitement au hasard ... confusément groupés entre des rues tortueuses, étroites et mal percées, malsaines. Telles sont en général les villes de France ... Les villes civilisées ont un ordre monotone, imparfait, une distribution en échiquier, comme

... Philadelphie, Amsterdam, Londres neuf, Nancy, Turin, Marseille neuf, et autres villes *qu'on sait par cœur*, quand on en a vu trois ou quatre rues. On n'a pas le courage d'en visiter davantage.« Demgegenüber die harmonie neutre »qui concilie l'ordre incohérent avec l'ordre combiné«. Fourier: Cités ouvrières p 17/18 [W 17, 4]

Die harmoniens kennen und wollen keine Ferien. [W 17 a, 1]

In der »Heiligen Familie« (wo?) nimmt Marx auf Fourier Bezug. [W 17 a, 2]

Toussenel gehörte 1848 zu den Gründern der »Société républicaine centrale« (Klub Blanqui's) [W 17 a, 3]

Claude-Nicolas Ledoux: »Wie alle Bauten der Gemeinschaft, die für Chaux gedacht waren, hat auch das Hospiz (ein niedriger, arkadenumzogener Bau um einen quadratischen Hof) die Aufgabe, zur sittlichen Hebung der Menschheit beizutragen, indem es die, die es beherbergt, sorgfältig prüft, die Guten ziehen läßt, die Schlechten zur Zwangsarbeit zurückhält. Wie sehr die lebensreformatorischen Gedanken jener Tage den Künstler befaßten, geht aus dem eigenartigen Entwurf des ›Oikema‹ hervor. Der schon in seinem Äußeren höchst seltsame, langgestreckte Bau mit antikischer Eingangshalle und fensterlosen Mauern sollte die Stätte sein, die einer neuen Sexualethik die Wege bereitet. Um zu dem Ziele einer besseren Geschlechtsmoral zu gelangen, sollte im Oikema, in dem Hause der hemmungslosen Leidenschaften, der Anblick der menschlichen Verirrung auf den Weg der Tugend und zu ›Hymens Altar‹ führen. Später kommt der Architekt zur Ansicht, daß es besser wäre ... der Natur ihr Recht zu lassen ... Eine neue, freiere Eheform soll im Oikema, das der Architekt in die schönste Landschaft hinstellen will, Verwirklichung finden.« Emil Kaufmann: Von Ledoux bis Le Corbusier Ursprung und Entwicklung der autonomen Architektur Wien Leipzig 1933 p 36 [W 17 a, 4]

»Grandville a roulé pendant une grande partie de son existence sur l'idée générale de l'Analogie.« Ch Baudelaire: Œuvres ed Le Dantec II ⟨Paris 1932⟩ p 197 (Quelques caricaturistes français) [W 17 a, 5]

HJ Hunt: Le socialisme et le romantisme en France Etude de la presse socialiste de 1830 à 1848 Oxford 1935 gibt p 122 eine besonders kurze und glückliche Darlegung der Grundlinien von Fouriers Lehre. Das Utopische tritt zurück; die Angleichung an Newton wird deutlich. Die passion ist die im Subjekt verspürte attraction, die die »Arbeit« zu einem so natürlichen Vorgang macht wie es der Fall eines Apfels ist. [W 17 a, 6]

Fourier

»A la différence des saint-simoniens, Fourier n'a que faire du mysticisme en matière d'esthétique. Dans sa doctrine générale il est certes mystique, utopiste, messianiste si l'on veut, mais en parlant d'art le mot ›sacerdoce‹ ne tombe jamais de sa bouche ... ›la vanité l'emporte, et pousse les artistes et les savants à sacrifier la fortune [das sie so nötig hätten, um unabhängig zu bleiben] aux fumées de l'orgueil‹.« HJ Hunt: Le socialisme et le romantisme en France Oxford 1935 p 123/24 [W 18]

X

[Marx]

»L'homme qui achète et vend révèle une réalité de lui-même plus directe et moins arrangée que l'homme qui discours et combat.«
Maxime Leroy: Les spéculations foncières de Saint-Simon et ses querelles d'affaires avec son associé, le comte de Reedern Paris ⟨1925⟩ p 1

»Man sieht, wie die Geschichte der Industrie und das gewordene gegenständliche Dasein der Industrie, das aufgeschlagene Buch der menschlichen Wesenskräfte ... ist, die bisher nicht in ihrem Zusammenhang mit dem Wesen des Menschen, sondern immer nur in einer äußeren Nützlichkeitsbeziehung gefaßt wurden ... Die Industrie ist das wirkliche geschichtliche Verhältnis der Natur und daher der Naturwissenschaft zum Menschen.« Karl Marx: Nationalökonomie und Philosophie (1844) [Karl Marx: Der historische Materialismus ed Landshut und Mayer Leipzig ⟨1932⟩ I p 303/ 304] [X 1, 1]

»Nicht nur der Reichtum, auch die Armut des Menschen erhält gleichmäßig – unter Voraussetzung des Sozialismus – eine menschliche und daher gesellschaftliche Bedeutung. Sie ist das positive Band, welches dem Menschen den größten Reichtum, den anderen Menschen als Bedürfnis empfinden läßt.« Karl Marx: Nationalökonomie und Philosophie [Karl Marx: Der historische Materialismus ed Landshut und Mayer Lpz I p 305] [X 1, 2]

»Schlußfolgerung, die Marx für die kapitalistische Wirtschaft ableitet: Der Arbeiter kann mit der ihm in Lohnform zustehenden Kaufkraft nur einen Wertbetrag kaufen, zu dessen Produktion nur ein Bruchteil der von ihm selbst geleisteten Arbeit notwendig war. Mit anderen Worten: Wenn die von ihm produzierten Waren für den Unternehmer gewinnbringend veräußerlich sein sollen, muß er immer Mehrarbeit leisten.« Henryk Grossmann: Fünfzig Jahre Kampf um den Marxismus (Wörterbuch der Volkswirtschaft 4 Auflage Hg von Ludwig Elster III Jena 1933 p 318)
[X 1, 3]

Ursprung des falschen Bewußtseins: »Die Teilung der Arbeit wird erst wirklich Teilung von dem Augenblick an, wo eine Teilung der ... materiellen und geistigen Arbeit eintritt. Von diesem Augenblicke an *kann* sich das Bewußtsein wirklich einbilden, etwas anderes als das Bewußtsein der bestehenden ... Praxis zu sein, wirklich etwas vorzustellen, ohne etwas Wirkliches vorzustellen.« Marx und Engels über Feuerbach (Marx-Engels Archiv hg von D Rjazanov I Frankfurt a/M ⟨1928⟩ p 248, Aus dem literarischen Nachlaß von Marx und Engels) [X 1,4]

Eine Stelle über die Revolution als dem »jüngsten Tag«, der dem von Bruno Bauer erträumten, der den Sieg des kritischen Bewußtseins heraufführe, entgegengesetzt wird: »Der heilige Kirchenvater wird sich doch sehr verwundern, wenn der jüngste Tag ... über in hereinbricht – ein Tag, dessen Morgenrot der Widerschein brennender Städte am Himmel ist, wenn unter diesen ›himmlischen Harmonien‹ die Melodie der Marseillaise und Carmagnole mit obligatem Kanonendonner an sein Ohr schallt und die Guillotine dazu den Takt schlägt, wenn die verruchte ›Masse‹ ça ira, ça ira ... brüllt und das ›Selbstbewußtsein‹ ... vermittels der Laterne aufhebt.« Marx und Engels über Feuerbach. Aus dem literarischen Nachlaß von Marx und Engels (Marx-Engels-Archiv hg von D Rjazanov I Frankfurt a/M p 258⟨⟩) [X 1,5]

Selbstentfremdung: »Der Arbeiter produziert das Kapital, das Kapital produziert ihn, er also sich selbst, und ... seine menschlichen Eigenschaften ..., insofern sie für das ihm *fremde* Kapital da sind ... Der Arbeiter ist nur als Arbeiter da, sobald er *für sich* als Kapital da ist und er ist nur als Kapital da, sobald ein *Kapital für ihn* da ist. Das Dasein des Kapitals ist *sein* Dasein ... wie es den Inhalt seines Lebens auf eine ihm gleichgültige Weise bestimmt ... Die Produktion produziert den Menschen ... als ein ... *entmenschtes* Wesen.« Karl Marx: Der historische Materialismus Die Frühschriften hg von Landshut und Mayer Lpz I p 361/62 (Nationalökonomie und Philosophie) [X 1a,1]

Zur Lehre von den Revolutionen als Innervationen des Kollektivs: »Die Aufhebung des Privateigentums ist ... die vollständige Emanzipation aller menschlichen Sinne ...; aber sie ist diese Emanzipation ... dadurch, daß ... die Sinne und der Geist der anderen Menschen meine *eigene* Aneignung geworden. Außer diesen unmittelbaren Organen bilden sich daher *gesellschaftliche* Organe, ... also z. B. die Tätigkeit in unmittelbarer Gesellschaft mit anderen ... ist ein Organ einer *Lebensäußerung* geworden und eine Weise der Aneignung des *menschlichen* Lebens. Es versteht sich, daß das *menschliche* Auge anders gefaßt, als das rohe, unmenschliche Auge, das menschliche *Ohr* anders als das rohe Ohr etc.« Karl Marx: Der historische Materialismus Die Frühschriften Lpz I p 300/301 (Nationalökonomie und Philosophie) [X 1a,2]

»Die in der menschlichen Geschichte – dem Entstehungsakt der menschlichen Gesellschaft werdenden [!] Natur – ist die *wirkliche* Natur des Menschen, darum die Natur, wie sie durch die Industrie, – wenn auch in *entfremdeter* Gestalt wird, die wahre *anthropologische* Natur ist.« Karl Marx: Der historische Materialismus Die Frühschriften hg von Landshut und Mayer Lpz I p 304 (Nationalökonomie und Philosophie) [X 1 a, 3]

Ansatzpunkt zu einer Kritik der »Kultur«: »Die positive Aufhebung des Privateigentums als die Aneignung des menschlichen Lebens, ist ... die positive Aufhebung aller Entfremdung, also die Rückkehr des Menschen aus (?) Religion, Familie, Staat etc. in sein menschliches d. h. gesellschaftliches Dasein.« Karl Marx: Der historische Materialismus ed Mayer und Landshut Lpz I p 296 (Nationalökonomie und Philosophie) [X 1 a, 4]

Eine auf Hegel bezogene Ableitung des Klassenhasses: »Die Aufhebung der Gegenständlichkeit unter der Bestimmung der Entfremdung –, die von der gleichgültigen Fremdheit bis zur wirklichen feindseligen Entfremdung fortgehen muß – hat für Hegel zugleich und sogar hauptsächlich die Bedeutung, die Gegenständlichkeit aufzuheben, weil nicht der bestimmte Charakter des Gegenstandes, sondern sein gegenständlicher Charakter für das Selbstbewußtsein das Anstößige in der Entfremdung ist.« Karl Marx: Der historische Materialismus Lpz I p 335 (Nationalök⟨onomie⟩ u⟨nd⟩ Phil⟨osophie⟩) [X 1 a, 5]

Kommunismus »in seiner ersten Gestalt«. »Der *Kommunismus* ... ist ... in seiner ersten Gestalt nur eine *Verallgemeinerung* und Vollendung desselben [sc des Privateigentums] ... Der physische unmittelbare *Besitz* gilt ihm als einziger Zweck des Lebens und Daseins; die Bestimmung des *Arbeiters* wird nicht aufgehoben, sondern auf alle Menschen ausgedehnt; er will auf *gewaltsame* Weise von Talent etc. abstrahieren ... Man darf sagen, daß ... *Weibergemeinschaft* das *ausgesprochene Geheimnis* dieses noch ganz rohen und gedankenlosen Kommunismus ist. Wie das Weib aus der Ehe in die allgemeine Prostitution, so tritt die ganze Welt des Reichtums ... aus dem Verhältnis der exklusiven Ehe mit dem Privateigentümer in das Verhältnis der universellen Prostitution mit der Gemeinschaft ... Wie wenig diese Aufhebung des Privateigentums eine wirkliche Aneignung ist, beweist ... die abstrakte Negation der ganzen Welt, der Bildung und der Zivilisation; die Rückkehr zur *unnatürlichen* Einfachheit des *armen* und bedürfnislosen Menschen, der nicht über das Privateigentum hinaus, sondern noch nicht einmal bei demselben angelangt ist.« Karl Marx: Der historische Materialismus ed Landshut und Mayer Lpz I p 292/293 (Nationalökonomie und Philosophie) [X 2, 1]

Irrig wäre, die Psychologie der Bourgeoisie aus der Haltung des Konsumenten zu entwickeln. Den reinen Konsumentenstandpunkt repräsentiert nur die Schicht der Snobs. Die Grundlagen für eine Psychologie der Bürgerklasse liegen vielmehr in dem folgenden Satz von Marx, aus dem insbesondere auch der Einfluß darzustellen ist, den diese Klasse als Modell und als Auftraggeber für die Kunst besitzt: »Ein gewisser Höhegrad der kapitalistischen Produktion bedingt, daß der Kapitalist die ganze Zeit, während deren er als Kapitalist, d. h. als personifiziertes Kapital funktioniert, zur Aneignung und daher Kontrolle fremder Arbeit, und zum Verkauf der Produkte dieser Arbeit verwenden könne.« Karl Marx: Das Kapital ⟨I⟩ ed Korsch Berlin ⟨1932⟩ p 298 [X 2, 2]

Aus Marx: Kapital III 1 Hamburg 1921, p 84⟨:⟩ »Der Rat des Bankiers ... wichtiger als der des Geistlichen⟨.⟩« (cit Hugo Fischer: Karl Marx und sein Verhältnis zu Staat und Wirtschaft Jena 1932 p 56) [X 2, 3]

Zeit in der Technik. »Wie in einer echten politischen Aktion ist die Wahl ... des rechten Augenblickes entscheidend. ›Der Befehl des Kapitalisten auf dem Produktionsfeld wird jetzt so unentbehrlich wie der Befehl des Generals auf dem Schlachtfeld‹ (I, 278). ... Die ›Zeit‹ hat hier in der Technik eine andere Bedeutung als im geschichtlichen Geschehen derselben Epoche, wo ... die ›Handlungen platt zusammenfallen‹. Die ›Zeit‹ hat in der Technik ... auch eine andere Bedeutung als in der modernen Wirtschaft, die ... die Arbeitszeit nach der Uhr bemißt.« Hugo Fischer: Karl Marx und sein Verhältnis zu Staat u⟨nd⟩ Wirtschaft Jena 1932 p 42 (Zitat: Kapital ⟨I⟩ Berlin 1923) [X 2, 4]

»Si l'on songe que Cournot est mort en 1877, que ses principales œuvres ont été méditées sous le Second Empire, on doit reconnaître qu'il a été après Marx un des esprits les plus lucides de son temps ... Cournot va bien au delà de Comte, égaré dans le pontificat de sa Religion de l'Humanité, de Taine égaré dans celui de la Science, bien au delà des doutes nuancés de Renan ... Il énonce cette admirable sentence: ›De roi de la création qu'il était, l'homme est monté ou descendu (comme il plaira de l'entendre) au rôle de concessionnaire d'une planète.‹ La civilisation mécanisée de l'avenir ne représente nullement pour lui ›le triomphe de l'esprit sur la matière ... mais bien plutôt le triomphe des principes rationnels et généraux des choses sur l'énergie et les qualités propres de l'organisme vivant.« Georges Friedmann: La crise du progrès Paris ⟨1936⟩ p 246 [X 2 a, 1]

»Das Tote war ein Vorschuß auf lebendige Arbeitskraft; es wird, zweitens, von ihrem Feuer verzehrt und setzt sich, drittens, nachträglich wieder auf den Thron ... Da vor dem Eintritt des Arbeiters ›in den Prozeß seine eigene Arbeit ihm selbst entfremdet, dem Kapitalisten angeeignet und dem Kapital einverleibt ist, vergegenständlicht sie sich während des Prozesses beständig in fremdem Produkt‹ ... Das Tote, das die Technik in die Mitte nimmt, ist die Wirtschaft. Die Wirtschaft hat zu ihrem Gegenstand die Ware. ›Der Produktionsprozeß‹, der mit dem feuerschlagenden Kontakt der Arbeit mit den Produkten einsetzt, ›erlischt in der Ware. Daß in ihrer Herstellung Arbeitskraft verausgabt worden ist, erscheint jetzt als dingliche Eigenschaft der Ware, daß sie Wert besitzt‹ (II, 361) ... Die Aktion des Menschen ist als der jeweilige ›einzige zusammenhängende Produktionsakt‹ (II, 201) bereits weiter als der Träger dieser Aktion ... Die Aktion vollzieht sich bereits in einer höheren Sphäre, die die Zukunft für sich hat, der Technik; der Träger dieser Aktion ist, als vereinzeltes Individuum, noch in der Sphäre der Wirtschaft zurückgeblieben, und auch sein Produkt fällt dieser Sphäre anheim ... Auf seinem abendländischen Kontinent ist die Technik als ganze eine einmalige Aktion, wenn sie sich *als Technik* durchsetzt; die Physiognomie der Erde wird zunächst in der Sphäre der Technik umgestaltet, und selbst die Kluft zwischen Stadt und Land wird überbrückt. Wenn aber die Wirtschaft, das Tote, überhand nimmt, siegt die Wiederholung gleichnamiger Größen durch absolut ersetzbare Existenzen, die Warenproduktion durch den Lohnarbeiter, über die Einmaligkeit der technischen Aktion.« Hugo Fischer: Karl Marx und sein Verhältnis zu Staat und Wirtschaft Jena 1932 p 43-45 (Die Zitate aus dem Kapital ⟨II⟩ Hamburg 1921) [X 2 a, 2]

»›Derselbe Geist baut die philosophischen Systeme in dem Hirn der Philosophen, der die Eisenbahnen mit den Händen der Gewerk⟨e⟩ baut‹ ... In der Öde des 19. Jahrhunderts ist, nach Marx, die Technik die einzige Lebenssphäre, in der sich der Mensch in der Mitte einer Sache bewegt.« Hugo Fischer: Karl Marx und sein Verhältnis zu Staat und Wirtschaft Jena 1932 p 39/40 (Das Marxzitat vermutlich aus Marx-Engels: Gesammelte Schriften 1841-1850 Stuttgart 1902 I p 259) [X 3, 1]

Über die göttlichen Ahnen des Charlatans⟨:⟩ »Die diversen göttlichen Ahnherren hatten jetzt« [Ende des 18ten Jahrhunderts] »nicht mehr nur Rezepte von Lebenselixieren verraten, sondern Färbemethoden, Seidenspinnanweisungen oder Tonbrennereigeheimnisse. Die Industrie wurde mythologisiert.« Grete de Francesco: Die Macht des Charlatans Basel ⟨1937⟩ p 154 [X 3, 2]

Marx betont »die entscheidende Wichtigkeit der Verwandlung von Wert und Preis der Arbeitskraft in die Form des Arbeitslohns oder in Wert und Preis der Arbeit selbst. Auf dieser Erscheinungsform, die das wirkliche Verhältnis unsichtbar macht und grade sein Gegenteil zeigt, beruhn alle Rechtsvorstellungen des Arbeiters wie des Kapitalisten, alle Mystifizierungen der kapitalistischen Produktionsweise, alle ihre Freiheitsillusionen.« Karl Marx: Das Kapital ⟨I⟩ ed Korsch Berlin ⟨1932⟩ p 499 [X 3, 3]

»Hätten wir weiter geforscht: Unter welchen Umständen nehmen alle oder nimmt auch nur die Mehrzahl der Produkte die Form der Ware an, so hätte sich gefunden, daß dies nur auf Grundlage einer ganz besonderen Art von Produktionsweise, der kapitalistischen, geschieht.« Karl Marx: Das Kapital ⟨I⟩ ed Korsch p 171 [X 3, 4]

»Diese Rasse eigentümlicher Warenbesitzer« heißt das Proletariat bei Marx gelegentlich (Kapital ⟨I⟩ ed Korsch p 173) vgl ⟨ibd.⟩ p 97⟨:⟩ »Naturinstinkt der Warenbesitzer.« [X 3, 5]

Marx tritt der Auffassung entgegen, daß Gold und Silber nur imaginäre Werte seien. »Weil Geld in bestimmten Funktionen durch bloße Zeichen seiner selbst ersetzt werden kann, entsprang der Irrtum, es sei ein bloßes Zeichen. Andrerseits lag darin die Ahnung, daß die Geldform des Dings ihm selbst äußerlich und bloße Erscheinungsform dahinter versteckter menschlicher Verhältnisse. In diesem Sinn wäre jede Ware ein Zeichen, weil als Wert nur sachliche Hülle der auf sie verausgabten menschlichen Arbeit. Indem man aber die ... sachlichen Charaktere, welche gesellschaftliche Bestimmungen der Arbeit auf Grundlage einer bestimmten Produktionsweise erhalten, für bloße Zeichen, erklärt man sie zugleich für willkürliches Gedankenprodukt der Menschen.« Zu »menschlichen Arbeit.« Anm⟨erkung⟩: »›Betrachtet man den Begriff des Werts, so wird die Sache selbst nur als ein Zeichen angesehn und sie gilt nicht als sie selber, sondern als was sie wert ist.‹ (Hegel, Rechtsphilosophie, Zusatz zu § 63.)« Marx: Das Kapital ⟨I⟩ ed Korsch p 101/102 (Der Austauschprozeß) [X 3, 6]

Das Privateigentum als Ursprung der Entfremdung der Menschen untereinander: »Dinge sind an und für sich dem Menschen äußerlich und daher veräußerlich. Damit diese Veräußerung wechselseitig, brauchen Menschen nur stillschweigend sich als Privateigentümer jener veräußerlichen Dinge und eben dadurch als voneinander unabhängige Personen gegenüberzutreten. Solch ein Verhältnis wechselseitiger Fremdheit existiert jedoch nicht für die Glieder eines naturwüchsigen Gemeinwesens ... Der Warenaustausch beginnt, wo die Gemeinwesen enden.« Karl Marx: Das Kapital ⟨I⟩ ed Korsch Berlin 1932 p 99 (Der Austauschprozeß) [X 3 a, 1]

»Um ... Dinge als Waren aufeinander zu beziehn, müssen die Warenhüter sich zueinander als Personen verhalten, deren Willen in jenen Dingen haust.« Marx: Das Kapital ⟨I⟩ ed Korsch Berlin 1932 p 95 (Der Austauschprozeß) [X 3 a, 2]

Marx erkennt eine Klimax in der Entwicklung und in der Durchschaubarkeit des Fetischcharakters der Ware: »Da die Warenform die allgemeinste und unentwickeltste Form der bürgerlichen Produktion ist, weswegen sie früh auftritt, obgleich nicht in derselben herrschenden, also charakteristischen Weise wie heutzutag, scheint ihr Fetischcharakter noch verhältnismäßig leicht zu durchschauen. Bei konkreteren Formen verschwindet selbst dieser Schein der Einfachheit.« Marx: Das Kapital ⟨I⟩ ed Korsch Berlin 1932 p 94 (Fetischcharakter) [X 3 a, 3]

Das Modell, an dem sich die Forderung der polytechnischen Ausbildung, die der Marxismus stellt, orientieren muß: »Es gibt ... Gesellschaftszustände, worin derselbe Mensch abwechselnd schneidert und webt, diese beiden verschiednen Arbeitsweisen daher nur Abwandlungen der Arbeit desselben Individuums und noch nicht besondre feste Funktionen verschiedner Individuen sind.« (Marx: Kapital p 57) Diese verschiednen abgewandelten Akte von Arbeit *eines* Individuums werden nicht quantitativ, ihrer Dauer nach, unter einander verglichen; der Abstraktion »bloße Arbeit«, die an ihnen von uns gewonnen werden kann, entspricht nichts Reales; sie stehen in einem einzigen konkreten Arbeitszusammenhang, dessen Ertrag nicht dem Warenbesitzer zugute kommt. Hierzu vergleiche man: »Für eine Gesellschaft von Warenproduzenten, deren allgemein gesellschaftliches Produktionsverhältnis darin besteht, sich zu ihren Produkten als Waren ... zu verhalten, und in dieser ... Form ihre Privatarbeiten aufeinander zu beziehn als gleiche menschliche Arbeit, ist das Christentum, mit seinem Kultus des abstrakten Menschen ... die entsprechendste Religionsform.« (Marx: Kapital p 91) (Fetischcharakter) [X 3 a, 4]

»Der Körper der Ware, die zum Äquivalent dient, gilt stets als Verkörperung abstrakt menschlicher Arbeit und ist stets das Produkt einer bestimmten nützlichen, konkreten Arbeit. Die konkrete Arbeit wird also zum Ausdruck abstrakt menschlicher Arbeit.« In diesem letztern liegt für Marx die ganze Misere der warenproduzierenden Gesellschaft beschlossen. (Die Stelle Kapital p 70 [Die

Wertform oder der Tauschwert]) Hierzu ist sehr wichtig, daß Marx kurz darauf (p 71) die abstrakt menschliche Arbeit als »Gegenteil« der konkreten bezeichnet. – Um die gedachte Misere anders zu formulieren, könnte man auch sagen: es ist die Misere der warenproduzierenden Gesellschaft, daß für sie »Arbeit in unmittelbar gesellschaftlicher Form« (p 71) immer nur abstrakte Arbeit ist. Wenn Marx in der Behandlung der Äquivalentform hervorhebt, »daß Privatarbeit zur Form ihres Gegenteils wird, zu Arbeit in unmittelbar gesellschaftlicher Form« (p 71) so ist diese Privatarbeit eben die abstrakte Arbeit des abstrakten warenbesitzenden Menschen. [X 4, 1]

Marx hat die Vorstellung, die Arbeit werde freiwillig (als travail passionné) geleistet werden, wenn der Warencharakter ihrer Produktion abgeschafft wäre. Die Ursache, warum die Arbeit nicht freiwillig geleistet wird, wäre also nach Marx: ihr abstrakter Charakter. [X 4, 2]

»Der Wert verwandelt ... jedes Arbeitsprodukt in eine gesellschaftliche Hieroglyphe. Später suchen die Menschen den Sinn der Hieroglyphe zu entziffern, hinter das Geheimnis ihres eignen gesellschaftlichen Produkts zu kommen, denn die Bestimmung der Gebrauchsgegenstände als Werte ist ihr gesellschaftliches Produkt so gut wie die Sprache.« Marx: Das Kapital ⟨I⟩ p 86 (Der Fetischcharakter der Ware und sein Geheimnis) [X 4, 3]

»Die allgemeine Wertform, welche die Arbeitsprodukte als bloße Gallerten unterschiedsloser menschlicher Arbeit darstellt, zeigt durch ihr eignes Gerüste, daß sie der gesellschaftliche Ausdruck der Warenwelt ist. So offenbart sie, daß innerhalb dieser Welt« [nur der dürftige und abstrakte] »der allgemein menschliche Charakter der Arbeit zugleich ihr unterscheidendes Merkmal als gesellschaftliche Arbeit bildet.« Marx: Das Kapital ⟨I⟩ p 79 (Die Wertform oder der Tauschwert) – Die abstrakte Natur der gesellschaftlichen Arbeit und die abstrakte Natur des Menschen, der sich als Eigentümer zu seinen Mitmenschen verhält, entsprechen einander. [X 4, 4]

»Um ... auszudrücken, daß das Weben nicht in seiner konkreten Form als Weben, sondern in seiner allgemeinen Eigenschaft als menschliche Arbeit den Leinwandwert bildet, wird ihm die Schneiderei, die konkrete Arbeit, die das Leinwandäquivalent« [den Rock] »produziert, gegenübergestellt als die handgreifliche Verwirklichungsform abstrakt menschlicher Arbeit.«

(Kapital ⟨I⟩ p 71) Darauf bezieht es sich, wenn Marx im vorhergehenden Satze schreibt: »Im Wertausdruck der Ware wird die Sache verdreht.« Hierzu die Anmerkung: »Diese Verkehrung, wodurch das Sinnlich-Konkrete nur als Erscheinungsform des Abstrakt-Allgemeinen, nicht das Abstrakt-Allgemeine umgekehrt als Eigenschaft des Konkreten gilt, charakterisiert den Wertausdruck ... Sage ich: Römisches Recht und deutsches Recht sind beide Rechte, so ist das selbstverständlich. Sage ich dagegen: *Das* Recht, dieser abstrakte Begriff, *verwirklicht sich* im römischen Recht und im deutschen Recht, diesen konkreten Rechten, so wird der Zusammenhang mystisch.« (p 71) (Die Wertform oder der Tauschwert)
[X 4 a, 1]

»Wenn ich sage, Rock, Stiefel usw. beziehn sich auf Leinwand als die allgemeine Verkörperung abstrakter menschlicher Arbeit, so springt die Verrücktheit dieses Ausdrucks ins Auge. Aber wenn die Produzenten von Rock, Stiefel usw. diese Waren auf Leinwand – oder auf Gold und Silber, was nichts an der Sache ändert – als allgemeines Äquivalent beziehn, erscheint ihnen die Beziehung ihrer Privatarbeiten zu der gesellschaftlichen Gesamtarbeit genau in dieser verrückten Form.« Karl Marx: Das Kapital ⟨I⟩ ed Korsch Berlin 1932 p 88 (Fetischcharakter) [X 4 a, 2]

»Die politische Ökonomie hat ... niemals ... die Frage gestellt, ... warum sich ... die Arbeit im Wert und das Maß der Arbeit durch ihre Zeitdauer in der Wertgröße des Arbeitsprodukts darstellt? Formeln, denen es auf der Stirn geschrieben steht, daß sie einer Gesellschaftsformation angehören, worin der Produktionsprozeß die Menschen, der Mensch noch nicht den Produktionsprozeß bemeistert, gelten ihrem bürgerlichen Bewußtsein für eben so selbstverständliche Naturnotwendigkeit als die produktive Arbeit selbst.« Marx: Das Kapital ⟨I⟩ ⟨ed Korsch⟩ p 92/93 (Der Fetischcharakter der Ware und sein Geheimnis) [X 4 a, 3]

Eine überaus wichtige Stelle zum Begriff des »Schöpferischen« ist die Bemerkung von Marx zum Anfang des ersten Satzes des Gothaer Programms: »Die Arbeit ist die Quelle alles Reichtums und aller Kultur«: »Die Bürger haben sehr gute Gründe, der Arbeit *übernatürliche Schöpfungskraft* anzudichten; denn gerade aus der Naturbedingtheit der Arbeit folgt, daß der Mensch, der kein anderes Eigentum besitzt als seine Arbeitskraft, in allen Gesellschafts- und Kulturzuständen der Sklave der andern Menschen sein muß, die sich zu Eigentümern der gegenständlichen Arbeitsbedingungen gemacht haben.« Karl Marx: Randglossen zum Programm der deutschen Arbeiterpartei ed Korsch Berlin Leipzig 1922 p 22
[X 5, 1]

»Innerhalb der genossenschaftlichen, auf Gemeingut an den Produktionsmitteln gegründeten Gesellschaft tauschen die Produzenten ihre Produkte nicht aus; ebensowenig erscheint hier die auf Produkte verwandte Arbeit *als Wert* dieser Produkte, als eine von ihnen besessene sachliche Eigenschaft, da jetzt, im Gegensatz zur kapitalistischen Gesellschaft, die individuellen Arbeiten nicht mehr auf einem Umweg, sondern unmittelbar als Bestandteile der Gesamtarbeit existieren. Das Wort ›Arbeitsertrag‹ ... verliert so allen Sinn.« Die Stelle bezieht sich auf die Forderung »gerechter Verteilung des Arbeitsertrages«. Marx: Randglossen zum Programm der deutschen Arbeiterpartei Berlin Leipzig 1922 p 25 u 24 [X 5, 2]

»In einer höheren Phase der kommunistischen Gesellschaft, nachdem die knechtende Unterordnung der Individuen unter die Teilung der Arbeit, damit auch der Gegensatz geistiger und körperlicher Arbeit verschwunden ist; nachdem die Arbeit nicht nur Mittel zum Leben, sondern selbst das erste Lebensbedürfnis geworden; nachdem mit der allseitigen Entwicklung der Individuen auch die Produktionskräfte gewachsen sind ... – erst dann kann der enge bürgerliche Rechtshorizont ganz überschritten werden und die Gesellschaft auf ihre Fahnen schreiben: Jeder nach seinen Fähigkeiten, Jedem nach seinen Bedürfnissen!« Marx: Randglossen zum Programm der deutschen Arbeiterpartei Berlin Leipzig 1922 p 27 [X 5, 3]

Marx in der Kritik des Gothaer Programms von 1875: »Lassalle wußte das Kommunistische Manifest auswendig ... Wenn er es also grob verfälschte, geschah es nur, um seine Allianz mit den absolutistischen und feudalen Gegnern wider die Bourgeoisie zu beschönigen.« Marx: Randglossen zum Programm ⟨der deutschen Arbeiterpartei⟩ ⟨ed Korsch⟩ p 28 [X 5, 4]

Korsch weist hin auf »die für das gesamte Verständnis des marxistischen Kommunismus grundlegende, heute aber von allen seinen Gegnern und sogar von vielen seiner Anhänger häufig als ›bedeutungslos‹ betrachtete wissenschaftliche Einsicht, daß der *Arbeitslohn* nicht, wie die bürgerlichen Oekonomen wollen, der Wert (bzw. Preis) der *Arbeit*, sondern ›nur eine maskierte Form für den Wert (bzw. Preis) der *Arbeitskraft*‹ ist, die auf dem Arbeitsmarkt als Ware verkauft wird, noch ehe ihr produktiver Gebrauch (die Arbeit) in dem Betriebe des kapitalistischen Eigentümers beginnt.« Karl Korsch: Einleitung (in Marx: Randglossen zum Programm der deutschen Arbeiterpartei ed Korsch Berlin Leipzig 1922 p 17 [X 5 a, 1]

Schiller: »Gemeine Naturen zahlen mit dem, was sie tun, edle mit dem, was sie sind.« Der Proletarier zahlt mit dem, was er tut für das, was er ist. [X 5 a, 2]

»Während des Arbeitsprozesses setzt sich die Arbeit beständig aus der Form der Unruhe in die des Seins, aus der Form der Bewegung in die der Gegenständlichkeit um. Am Ende einer Stunde ist die Spinnbewegung in einem gewissen Quantum Garn dargestellt, also ein bestimmtes Quantum Arbeit, eine Arbeitsstunde, in der Baumwolle vergegenständlicht. Wir sagen Arbeitsstunde, denn die Spinnarbeit gilt hier nur, soweit sie Verausgabung von Arbeitskraft, nicht soweit sie die eigentümliche Arbeit des Spinnens ist ... Rohmaterial und Produkt erscheinen hier« [im Wertbildungsprozeß] »in einem ganz andren Licht als vom Standpunkt des eigentlichen Arbeitsprozesses. Das Rohmaterial gilt hier nur als Aufsauger eines bestimmten Quantums Arbeit ... Bestimmte und erfahrungsmäßig festgestellte Quanten Produkt stellen jetzt nichts dar als bestimmte Quanten Arbeit, bestimmte Maße festgeronnener Arbeitszeit. Sie sind nur noch Verkörperung von einer Stunde, zwei Stunden, einem Tag gesellschaftlicher Arbeit.« Karl Marx: Das Kapital ⟨I⟩ ed Korsch Berlin ⟨1932⟩ p 191 (Wertbildungsprozeß) [X 5 a, 3]

Die kleinbürgerlich-idealistische Theorie der Arbeit wird unübertrefflich von Simmel formuliert, bei dem sie als die Theorie der Arbeit schlechthin figuriert. Das moralistische Element kommt als antimaterialistisches dabei sehr klar zur Geltung. »Man kann ... ganz allgemein behaupten, daß ... der Unterschied zwischen geistiger und Muskelarbeit nicht der zwischen psychischer und materieller Natur sei, daß vielmehr auch bei der letzteren schließlich nur auf die Innenseite der Arbeit, auf die Unlust der Anstrengung, auf das Aufgebot an Willenskraft hin das Entgelt gefordert werde. Freilich ist diese Geistigkeit, die gleichsam das Ding-an-sich hinter der Erscheinung der Arbeit ist ..., keine intellektuelle, sondern besteht in Gefühl und Willen; woraus dann folgt, daß derselbe dem der geistigen Arbeit nicht koordiniert ist, sondern auch diesen fundamentiert. Denn auch an ihm bringt ursprünglich nicht der objektive Inhalt ..., sein ... Resultat, die Forderung des Entgelts hervor, sondern ... der Energieaufwand, dessen es für die Produktion jenes geistigen Inhaltes bedarf. Indem so der Quellpunkt des Wertes ... sich als ein Thun der *Seele* enthüllt, erhalten Muskelarbeit und ›geistige‹ Arbeit einen gemeinsamen, – man könnte sagen: moralischen – wertbegründenden Unterbau, durch den die Reduktion des Arbeitswertes überhaupt auf Muskelarbeitswert ihr banausisches und brutal materialistisches Aussehn verliert. Das verhält sich ungefähr wie mit dem theoretischen Materialismus, der ein ganz neues und ernsthafter diskutables Wesen bekommt, wenn man betont, daß doch auch die Materie eine *Vorstellung* ist, kein Wesen, das, im absoluten Sinne ... der Seele entgegengesetzt ist, sondern in seiner Erkennbarkeit durchaus bestimmt von den Formen und Voraussetzungen unserer geistigen Organisation.« Mit diesen Ausführungen (⟨Philosophie des Geldes Leipzig 1900⟩ p 449/450) macht sich Simmel freilich zum advocatus diaboli, denn er will die in Frage stehende Reduktion der Arbeit auf körperliche nicht einräumen. Es gebe doch auch wertlose Arbeit, die Energieaufwand erfordere. »Das bedeutet: der Wert der Arbeit mißt sich nicht an ihrem Quantum, sondern an der Nützlichkeit ihres Ergebnisses!« Nun wi⟨rft⟩ Simmel Marx wie es scheint, eine Verwechselung von Tatbestandsaufnahme und Forderung vor. Er schreibt: Der »Sozialismus ... erstrebt thatsächlich eine ... Gesellschaft, in der der Nützlichkeitswert der Objekte, im Verhältnis zu der darauf verwendeten Arbeitszeit, eine Konstante bildet.« (⟨ibd⟩ p 451) »Im dritten Bande des ›Kapital‹ führt Marx aus: die Bedingung alles Werts, auch bei der Arbeitstheorie, sei der Gebrauchswert; allein das bedeute, daß auf jedes Produkt grade so viel Teile der gesellschaftlichen Gesamtarbeitszeit verwendet werden, wie im Verhältnis zu seiner Nützlichkeitsbedeutung auf dasselbe kommen ... Die Annäherung an diesen völlig utopischen Zustand scheint nur so technisch möglich zu sein, daß überhaupt nur das ... ganz indiskutabel zum Leben Gehörige produziert wird; denn wo ausschließlich dies der Fall ist, ist allerdings jede Arbeit genau so nötig und nützlich wie die andere. Sobald man dagegen in die höheren Gebiete aufsteigt, auf denen einerseits Bedarf und Nützlichkeitsschätzung unvermeidlich individueller, andrerseits die Intensitäten der Arbeit schwerer festzustellen sind, wird keine Regulierung der Produktionsquanten bewirken können, daß das Verhältnis zwischen Bedarf und aufgewandter Arbeit überall das gleiche ist. So verschlingen sich an diesen Punkten alle Fäden der Erwägungen über den Sozialismus; an ihm wird klar, daß die ... Schwierigkeit ... sich im Verhältnis der Kulturhöhe der Produkte steigert, und deren Vermeidung nun freilich die Produktion zu den primitivsten, unentbehrlichsten, durchschnittlichsten Objekten herabsenken müßte.« Georg Simmel: Philosophie des Geldes Lpz 1900 p 451-53 Zu dieser Kritik vergl die Antikritik dieses Standpunkts bei Korsch X 9, 1 [X 6, X 6 a]

Es »erleiden ... unter sich gleichwertige, aber verschiedenartige Objekte durch ihre – wenn auch mittelbare oder ideelle – Austauschbarkeit eine Herabsetzung der Bedeutung ihrer Individualität ... Die Herabsetzung des Interesses für die Individualität der Waren führt zu einer Herabsetzung dieser Individualität selbst. Wenn die beiden Seiten der Ware ... ihre Qualität und ihr Preis sind, so scheint es allerdings logisch unmöglich, daß das Interesse nur an *einer* dieser Seiten hafte: denn die Billigkeit ist ein leeres Wort, wenn sie nicht Niedrigkeit des Preises für eine relativ hohe *Qualität* bedeutet ... Dennoch ist jenes begrifflich Unmögliche psychologisch wirklich und wirksam; das Interesse für die eine Seite kann so steigen, daß das logisch erforderte Gegenstück derselben ganz herabsinkt. Der Typus für den einen dieser Fälle ist der ›Fünfzig-Pfennig-Bazar‹. In ihm hat das Wertungsprinzip der modernen Geldwirtschaft seinen restlosen Ausdruck gefunden. Als das Zentrum des Interesses ist jetzt nicht mehr die Ware, sondern ihr Preis konstituiert – ein Prinzip, das früheren Zeiten nicht nur schamlos erschienen, sondern innerlich ganz unmöglich gewesen wäre. Es ist mit Recht darauf aufmerksam gemacht worden, daß die mittelalterliche Stadt ... der ausgedehnten Kapitalwirtschaft ermangelte, und daß dies der Grund gewesen sei, das Ideal der Wirtschaft nicht sowohl in der Ausdehnung (die nur durch Billigkeit möglich ist), als vielmehr in der Güte des Gebotenen zu suchen.« Georg Simmel: Philosophie des Geldes Lpz 1900 p 411/412 [X 7, 1]

»Die politische Ökonomie ist jetzt nicht mehr eine Wissenschaft von der *Ware* ... Sie wird eine direkte Wissenschaft von der gesellschaftlichen Arbeit« – »in ihrer gegenwärtigen, bestimmten und eindeutigen Form als *»Ware eines andern«* produzierende Arbeit, d.h. als formell zu ihrem vollen Wert bezahlte, tatsächlich ausgebeutete ... Arbeit der ... *Lohnarbeiter*, denen die durch die gesellschaftliche Arbeitsteilung vertausendfachte Produktivkraft ihrer Arbeit in der Form des *Kapitals* gegenübersteht.« Korsch l c ⟨Karl Marx; Manuskript⟩ II p 47 vgl X 11, 1 [X 7, 2]

Zur verunglückten Rezeption der Technik. »Die Illusionen dieses Gebietes zeichnen sich deutlich an den Ausdrücken, die ihm dienen und mit denen eine auf ihre ... Mythenfreiheit stolze Anschauungsweise das direkte Gegenteil dieser Vorzüge verrät. Daß wir die Natur besiegen oder beherrschen, ist ein ganz kindlicher Begriff, da ... alle Vorstellungen von ... Sieg und Unterworfensein nur darin ihren Sinn haben, daß ein entgegenstehender Wille gebrochen ist ... Das natürliche Geschehen als solches ... steht ... jenseits der Alternative von Freiheit und Zwang ... Wären dies ... auch nur Fragen des Ausdrucks, so leitet dieser doch alle oberflächlicher

Denkenden auf anthropomorphistische Irrwege und zeigt, daß die mythologische Denkweise auch noch innerhalb der naturwissenschaftlichen Weltanschauung ein Unterkommen findet.« Georg Simmel: Philosophie des Geldes Lpz 1900 p 520/21 Es ist das Eigentümliche Fouriers, daß er eine ganz andere Rezeption der Technik hatte anbahnen wollen. [X 7 a, 1]

»Die ... von den klassischen bürgerlichen Ökonomen und ihren ersten sozialistischen Antipoden ... bereits größtenteils vorweggenommene *Lehre vom ›Mehrwert‹*, und die ... Zurückführung des ›freien Arbeitsvertrags‹ der modernen Lohnarbeiter auf den Kauf und Verkauf der ›Ware Arbeitskraft‹, erlangen ihre durchschlagende Kraft erst durch die Verlegung aus dem Gebiet des Warenaustauschs ... auf das ... Gebiet der materiellen Produktion, d.h. durch den Übergang von dem in Form von Ware und Geld vorliegenden ... *›Mehrwert‹* zu der von den wirklichen Arbeitern im kapitalistischen Betrieb unter den dort obwaltenden gesellschaftlichen Beziehungen von Herrschaft und Unterdrückung geleisteten ... *›Mehrarbeit‹*.« Korsch lc ⟨Karl Marx; Manuskript⟩ II p 41/42 [X 7 a, 2]

Korsch II p 47 zitiert aus Marx: ⟨Das Kapital I, 4. Aufl., Hamburg 1890, p 138/139⟩ die Wendung: »Die verborgene Stätte der Produktion, an deren Schwelle zu lesen steht: ›Unbefugten ist der Zutritt verboten.‹« vgl Dantes Inschrift am Höllentor und die »Einbahnstraße«. [X 7 a, 3]

Korsch definiert den Mehrwert als die »besonders ›verrückte‹ Form, die der Fetischismus der Ware als ›Ware Arbeitskraft‹ annimmt«. Karl Korsch: Karl Marx ms II p 53 [X 8, 1]

»Das, was Marx ... als den ›Fetischismus der Warenwelt‹ bezeichnet, ist nur der wissenschaftliche Ausdruck für dieselbe Sache, die er früher ... als die ›menschliche Selbstentfremdung‹ bezeichnet hatte ... Der wichtigste inhaltliche Unterschied zwischen dieser« [der] »philosophischen Kritik der ökonomischen ›Selbstentfremdung‹ und der späteren wissenschaftlichen Darstellung desselben Problems besteht darin, daß Marx im Kapital ... seiner ökonomischen Kritik durch die Zurückführung aller andern entfremdeten Kategorien der Ökonomie auf den Fetischcharakter der *Ware* eine tiefere und allgemeinere Bedeutung gegeben hat. Zwar bildet die eigentliche Pointe des kritischen Angriffs ... auch jetzt noch die Entlarvung jener markantesten Form, die die menschliche Selbstentfremdung als direkte Selbstentäußerung des Menschen im Verhältnis zwischen ›Lohnarbeit und Kapital‹ annimmt. Aber dieser besondere Fetischismus der *Ware Arbeitskraft* ... erscheint in dieser letzten Fassung der ökonomischen Theorie ... nur noch als abgeleitete Form jenes allgemeineren Fetischismus, der schon in der Form der *Ware* selbst enthalten ist ... Erst dadurch, daß er schlechthin *alle* ökonomischen Kategorien als einen einzigen großen Fetisch enthüllte, hat Marx ... alle Formen und Phasen der bürgerlichen Ökonomie und Gesellschaftstheorie wirklich überschritten ... Selbst ihre besten Wortführer bleiben in der ... Welt des bürgerlichen Scheins befangen oder fallen darein zurück, weil sie niemals dazu gelangten, mit den abgeleiteten Formen« [Entlarvung des Gold- und Silber-Fetischs, der aus der Erde wachsenden Grundrente, des Zinses als Teil des Profits, der Rente als Überschuß über die Durchschnittsprofitrate] »zugleich jene *allgemeinste* Grundform des ökonomischen Fetischismus ... aufzulösen, welche in der Wertform des Arbeitsprodukts als Ware und in den Wertverhältnissen der Waren selbst erscheint.« Korsch lc ⟨II⟩ p 53-57

[X 8, 2]

»Wenn für die bürgerliche Auffassung die ›ökonomischen‹ Dinge und Zusammenhänge dem einzelnen Bürger nur äußerlich ... entgegentreten, so bewegen sich nach der neuen Auffassung die Menschen mit all ihren Handlungen von vornherein in den bestimmten gesellschaftlichen Verhältnissen, die aus der jeweiligen Entwicklungsstufe der *materiellen Produktion* entspringen ... Ideale der bürgerlichen Gesellschaft, wie das freie, sich selbst bestimmende Individuum und die Freiheit und Gleichheit aller Bürger in der Ausübung ihrer politischen Rechte und die Gleichheit aller vor dem Gesetz, erscheinen jetzt nur noch als die aus dem Warenaustausch abgeleiteten *Korrelatvorstellungen zum Fetischismus der Ware* ... Nur unter Verdrängung der wirklichen gesellschaftlichen Grundbeziehungen ... in die Unbewußtheit ... nur durch die fetischistische Umwandlung der gesellschaftlichen Beziehungen zwischen der Klasse der Kapitalisten und der Klasse der Lohnarbeiter in ›freien‹ Verkauf ... der ›Ware Arbeitskraft‹ an den Besitzer des ›Kapitals‹ ... ist es möglich, in dieser Gesellschaft von Freiheit und Gleichheit zu sprechen.« Korsch lc ⟨II⟩ p 75-77   [X 8 a, 1]

»Das individuelle und kollektive Feilschen um die Verkaufsbedingungen der Ware Arbeitskraft gehört selbst noch ganz zu der Welt des fetischistischen Scheins. Gesellschaftlich betrachtet, sind mit den sachlichen Produktionsmitteln zugleich die besitzlosen Lohnarbeiter, die als einzelne durch den ›freien Arbeitsvertrag‹ ihre Arbeitskraft auf Zeit an den kapitalistischen Unternehmer verkaufen, als Klasse von vornherein und für immer das Eigentum der über die sachlichen Arbeitsmittel verfügenden besitzenden Klasse. Es war also nicht die volle Wahrheit, was Marx noch im Kommunistischen Manifest ... verkündet hatte. Die Bourgeoisie hat ... noch nicht die unverhüllte ›*offene Ausbeutung*‹, sie hat nur an die Stelle der mit religiösen und politischen Illusionen verbrämten Ausbeutung« [des Mittelalters] »eine andere, raffiniertere und schwerer zu entlarvende Form der *verhüllten Ausbeutung* gesetzt. Wenn in früheren Epochen die offen proklamierten Herrschafts- und Knechtschaftsverhältnisse als die unmittelbaren Triebfedern der Produktion erschienen, so ist im bürgerlichen Zeitalter ... umgekehrt die Produktion ... Vorwand ... für die ... Ausbeutungsverhältnisse.« ⟨Korsch⟩ lc ⟨II⟩ p 64/5 [X 8 a, 2]

Zur Lehre vom Wert: »Die ›Gleichheit‹ der qualitativ verschiedenen Arbeiten als bloß quantitativ verschiedene Teilmengen einer Gesamtmenge von ›Arbeit überhaupt‹, die dem ökonomischen Begriff des Werts zugrunde liegt, bildet so wenig eine Naturbedingung der Warenproduktion, daß sie vielmehr umgekehrt durch den allgemeinen Austausch und die Produktion der Bedarfsgüter als Ware überhaupt erst zustande gebracht wird und auch tatsächlich *nirgend anders als im* ›*Wert*‹ *der Waren* erscheint. Schon bei den klassischen Ökonomen beruhte die Zurückführung des ›Werts‹ der Waren auf die darin verkörperten Mengen von ›Arbeit‹ nicht auf einer naturwissenschaftlichen, sondern auf jener (den Ökonomen freilich unbewußten) geschichtlichen und politischen Voraussetzung. Die ökonomische Theorie des ›Arbeitswerts‹ entspricht einer Entwicklungsstufe der gesellschaftlichen Produktion, auf der die menschliche Arbeit nicht nur als Kategorie sondern auch in der Wirklichkeit aufgehört hat, mit dem Individuum oder mit engeren Gruppen gleichsam organisch verwachsen zu sein, und auf der nun, nach Beseitigung der zünftlerischen Schranken, im Zeichen der bürgerlichen ›Handelsfreiheit‹ von Rechts wegen jede besondere Arbeit jeder anderen besonderen Arbeit *gleich gilt* ... Wenn also die an solche Kühnheit des wissenschaftlichen Denkens nicht mehr gewöhnten Epigonen in der späteren Zeit so beweglich über die ›gewaltsame Abstraktion‹ geklagt haben, mit der die klassischen Ökonomen und die Marxisten bei der Zurückführung der Wertverhältnisse der Waren auf die darin verkörperten Arbeitsmengen Ungleiches gleich gesetzt haben, so ist darauf zu erwidern, daß diese ›gewaltsame Abstraktion‹ gar nicht zuerst ... aus ... der ökonomischen Wissenschaft, sondern aus dem tatsächlichen Charakter der kapitalistischen Warenproduktion entspringt. *Die Ware ist der geborene leveller.*« Korsch lc II p 66-68 – In »Wirklichkeit« sind natürlich für Marx »die zur Produktion der verschiedenen

Gebrauchsgüter geleisteten Arbeiten auch unter der Herrschaft des Wertgesetzes tatsächlich verschieden«. lc II p 68 Dies gegen Simmel vgl X 6 a, 1 [X 9]

»Marx und Engels ... haben darauf hingewiesen, daß das Gleichheitsideal, welches sich in der Epoche der bürgerlichen Warenproduktion ausgebildet hat und ökonomisch in dem ›Wertgesetz‹ der bürgerlichen Klassiker zum Ausdruck kommt, als solches noch bürgerlichen Charakter hat und darum mit der Ausbeutung der Arbeiterklasse durch das Kapital nur ideologisch, aber nicht in Wirklichkeit unverträglich ist. Wenn die sozialistischen Ricardianer sich einbildeten, ... auf Grund des ökonomischen Prinzips, daß ›nur die Arbeit Wert schafft‹, alle Menschen in unmittelbare, gleiche Arbeitsmengen austauschende Arbeiter verwandeln« zu können, »so entgegnete Marx ..., daß ›ce rapport égalitaire ... n'est lui-même que le reflet du monde actuel, et qu'il est par conséquent totalement impossible de reconstituer la société sur une base qui n'en est qu'une ombre embellie. A mesure que l'ombre redevient corps, on s'aperçoit que ce corps, loin d'en être la transfiguration rêvée, est le corps actuel de la société.‹« Das Zitat aus La misère de la philosophie Korsch II p 4 [X 9 a, 1]

Korsch: im bürgerlichen Zeitalter sei »die Produktion der Arbeitsprodukte Vorwand und Hülle für die ... Unterdrückungs- und Ausbeutungsverhältnisse. Die wissenschaftliche Form der Verschleierung dieses Sachverhalts ist die Politische Ökonomie.« Ihre Funktion: ⟨»⟩die Verantwortung für die damit auf der heutigen Stufe der gesellschaftlichen Produktivkräfte bereits gegebenen, in den großen Wirtschaftskrisen katastrophal hervortretenden Entwicklungshemmungen und Lebenszerstörungen aus der Sphäre des menschlichen Tuns ... in die Sphäre der naturgegebenen unabänderlichen Beziehungen der Dinge« hinauszuverlegen. Korsch lc II p 65 [X 9 a, 2]

»Die Unterscheidung von Gebrauchswert und Tauschwert enthält in der abstrakten Form, in der sie sich bei den bürgerlichen Ökonomen findet..., keinen brauchbaren Ausgangspunkt für die Erkenntnis der bürgerlichen Warenproduktion ... Nach Marx handelt es sich in der Ökonomie nicht um den Gebrauchswert im allgemeinen, sondern um den Gebrauchswert der *Ware*. Der Gebrauchswert der ›Ware‹ ist aber nicht nur (außerökonomische) Voraussetzung für ihren ›Wert‹. Er ist Element des Werts ... Die Tatsache, daß ein Ding irgendeine Brauchbarkeit für irgendeinen Menschen, sage für seinen eigenen Hersteller, hat, ergibt noch nicht die ökonomische Definition des Gebrauchswerts. Erst die Tatsache, daß das Ding ... Brauchbarkeit ›für andere‹ hat, ergibt die ökonomische Definition des Gebrauchswerts als Eigenschaft der Ware. Ist der Gebrauchswert der

Ware ökonomisch bestimmt als gesellschaftlicher Gebrauchswert (Gebrauchswert ›für andere‹), so ist auch die ... Arbeit, die diesen Gebrauchswert herstellt, ökonomisch bestimmt als ... Arbeit ›für andere‹. Die *Waren produzierende Arbeit* erscheint also als gesellschaftliche Arbeit in einem doppelten Sinne. Sie hat ... *allgemeinen gesellschaftlichen Charakter* als ›spezifisch nützliche Arbeit‹, die eine bestimmte Art von gesellschaftlichem ›Gebrauchswert‹ herstellt. Sie hat *spezifisch geschichtlichen Charakter* als ›allgemeine gesellschaftliche Arbeit‹, die ein bestimmtes Quantum ›Tauschwert‹ herstellt. Die Fähigkeit der gesellschaftlichen Arbeit zur Herstellung von bestimmten, menschlich nützlichen Dingen ... erscheint im *Gebrauchswert*, ihre Fähigkeit zur Produktion eines Werts und Mehrwerts für den Kapitalisten (eine Eigenschaft, welche aus der besonderen Form der Vergesellschaftung der Arbeit ... in der gegenwärtigen geschichtlichen Epoche entspringt) erscheint im *Tauschwert* des Arbeitsprodukts. Die Vereinigung der beiden gesellschaftlichen Charaktere der Waren produzierenden Arbeit erscheint in der ›Wertform des Arbeitsprodukts‹ oder der ›Form der Ware‹.« Korsch lc ⟨II⟩ p 42-44 [X 10]

»Die bürgerlichen Ökonomen hatten bei der Zurückführung des Werts auf die Arbeit zwar in ihren Anfängen, als die abstrakten Kategorien der Politischen Ökonomie noch im Prozeß der Scheidung von ihrem stofflichen Inhalt ... waren, ebenfalls an die verschiedenen Formen der realen Arbeit gedacht. So hatten die Merkantilisten, die Physiokraten usw. der Reihe nach die in der Exportindustrie, Handel und Schiffahrt angewendete Arbeit, die Agrikulturarbeit usw. als wahre Quelle des Reichtums proklamiert. Noch bei Adam Smith, der von den verschiedenen Arbeitszweigen endgültig zu der allgemeinen Form der Waren produzierenden Arbeit überging, läuft neben der formalistischen, ihm mit Ricardo gemeinsamen Bestimmung der ›Arbeit‹ als einer abstrakten, nirgends als im ›Wert‹ (Tauschwert) erscheinenden Wesenheit, nebenher eine andere Bestimmung. Dieselbe Arbeit, die er als Tauschwert erzeugende Arbeit definierte, hat er ... auch als einzige Quelle des stofflichen Reichtums oder der Gebrauchswerte definiert. Diese Lehre, die im vulgären Sozialismus bis heute unausrottbar fortlebt ..., ist ökonomisch falsch.« Unter ihrer Voraussetzung wäre nicht »zu erklären, warum in der heutigen ... Gesellschaft gerade die arm sind, die bisher allein über diese Quelle des Reichtums verfügten, erst recht nicht, warum sie ›arbeitslos‹ und arm bleiben, statt mit ihrer Arbeit sich Reichtum zu erzeugen. Aber ... Adam Smith ... hat bei dem Lob der schöpferischen Kraft der ›Arbeit‹ nicht so sehr die im Wert der Waren erscheinende und den kapitalistischen Profit hervorbringende Fronarbeit des modernen Lohnarbeiters als die *allgemeine Naturnotwendigkeit der menschlichen Arbeit* vor Augen gehabt, wie ebenso auch seine unkritische Verherrlichung der ›Teilung der Arbeit‹ in

jenen ›großen Manufakturen‹, worunter er das Ganze der modernen kapitalistischen Volkswirtschaft versteht, nicht so sehr die äußerst unvollkommene ... Form der Arbeitsteilung in der gegenwärtigen kapitalistischen Gesellschaft, als der damit in unklarer Weise verschwimmenden *allgemeinen gesellschaftlichen Gestalt der menschlichen Arbeit* gilt. ⟨sic⟩«
Korsch lc II p 44-46 [X 10 a]

Entscheidende, wenn auch im Schlußsatz wohl noch der Aufhellung bedürftige Stelle über den Mehrwert: »Auch die gewöhnlich als der eigentliche sozialistische Bestandteil der ökonomischen Theorie von Marx betrachtete Lehre vom *Mehrwert* ist in der fortgebildeten Gestalt, in der sie bei Marx auftritt, weder ein einfaches ökonomisches Rechenexempel, welches dem Kapitalismus einen an den Arbeitern verübten formellen Betrug vorrechnet, noch eine moralische Nutzanwendung der Ökonomie, welche vom Kapital den unterschlagenen Teil des ›vollen Arbeitsertrags‹ der Arbeiter zurückverlangt. Sie geht vielmehr als ›ökonomische‹ Theorie davon aus, daß der kapitalistische Unternehmer die von ihm in seinem Betrieb ausgebeutete Arbeitskraft der Lohnarbeiter ›normaler‹ Weise durch ein reelles Tauschgeschäft erwirbt, bei welchem der Arbeiter in dem Arbeitslohn den vollen Gegenwert für die von ihm verkaufte ›Ware‹ einhandelt. Der Vorteil des Kapitalisten bei diesem Geschäft entspringt nicht aus der Ökonomie, sondern aus seiner privilegierten gesellschaftlichen Stellung. Er kann als der monopolistische Besitzer der sachlichen Produktionsmittel die zu ihrem ökonomischen ›Wert‹ (Tauschwert) gekaufte Arbeitskraft nach ihrem spezifischen *Gebrauchswert* zur Produktion von Waren zu gebrauchen. *Zwischen dem Wert der durch die Ausbeutung der Arbeitskraft im kapitalistischen Betrieb gewonnenen Waren und dem für diese Arbeitskraft an ihre Verkäufer bezahlten Preise besteht nach Marx keinerlei ökonomische oder sonstige rationell bestimmbare Beziehung.* Die Größe des von den Arbeitern in ihren Arbeitsprodukten über den Ersatz ihres Lohns hinaus erzeugten Werts oder die Menge der zur Erzeugung dieses ›Mehrwerts‹ geleisteten ›Mehrarbeit‹ und das Verhältnis dieser Mehrarbeit zu der notwendigen Arbeit (d.h. die für eine bestimmte Zeit und ein bestimmtes Land jeweils geltende ›Mehrwertsrate‹ oder ›Ausbeutungsrate‹) ist also in der kapitalistischen Produktionsweise

kein Resultat einer ökonomischen Berechnung. Sie ist das Resultat eines gesellschaftlichen Klassenkampfes.« Korsch lc II ⟨p⟩ 71/2
[X 11]

»Der Sinn der Marxschen Lehre vom Wert besteht ... letzten Endes überhaupt nicht in der Beschaffung irgendwelcher theoretischer Grundlagen für die praktische Kalkulation des in der bestehenden kapitalistischen Gesellschaft seinen privaten Vorteil suchenden Geschäftsmanns oder für die wirtschaftspolitischen Maßnahmen des für das Gedeihen der kapitalistischen Plusmacherei im allgemeinen besorgten bürgerlichen Staatsmannes. Der wissenschaftliche Endzweck seiner Theorie besteht nach Marx vielmehr darin, ›*das ökonomische Bewegungsgesetz der modernen Gesellschaft* – und das heißt zugleich das Gesetz ihrer geschichtlichen Entwicklung – *zu enthüllen*‹.« Korsch lc II p 70   [X 11 a, 1]

»Vollständige Bestimmung des wirklichen gesellschaftlichen Charakters jenes Grundvorganges der modernen kapitalistischen Produktion, der von den bürgerlichen Ökonomen und von ihren Antipoden, den vulgären Sozialisten, einseitig bald nur als Produktion von Gebrauchsgütern, bald umgekehrt nur als Produktion von Wert oder als einfache Profitmacherei dargestellt wird«: eine »Produktion von Mehrwert vermittels der Produktion von Wert vermittels der Produktion von Gebrauchsgütern in einer Gesellschaft, in der die sachlichen Produktionsgüter als Kapital und die wirklichen Produzenten als Ware Arbeitskraft in den vom Kapitalisten beherrschten Prozeß der Produktion eingehen«. Korsch lc III p 10/11
[X 11 a, 2]

Die Erfahrung unserer Generation: daß der Kapitalismus keines natürlichen Todes sterben wird.   [X 11 a, 3]

Die Auseinandersetzung von Lafargue mit Jaurès ist für die *große* Form des Materialismus sehr kennzeichnend.   [X 11 a, 4]

Quellen von Marx und Engels: »Sie nahmen von den bürgerlichen Historikern der Restaurationsperiode den Begriff der sozialen Klasse und des Klassenkampfs, von Ricardo die ökonomische Begründung der Klassengegensätze, von Proudhon die Proklamierung des modernen Proletariats als einzige wirklich revolutionäre Klasse, von den feudalen und christlichen Anklägern der neuen ... Wirtschaftsordnung die schonungslose Entlarvung der bürgerlich liberalen Ideale, die haßerfüllte, ins Herz treffende Invektive, vom kleinbürgerlichen Sozialismus Sismondis die scharfsinnige Zergliederung der unlösbaren Widersprüche der modernen Produktionsweise, von den anfänglichen Weggenossen aus der Hegelschen Linken, besonders von Feuerbach, den Humanismus und die Philosophie der Tat, von den zeitgenössischen politischen Arbeiterparteien – den französischen Reformisten und den englischen Chartisten – die Bedeutung des politischen Kampfes für die Arbeiterklasse, vom französischen Konvent, von Blanqui und den Blanquisten die Lehre von der revolutionären Diktatur, von St. Simon, Fourier und Owen den ganzen Inhalt ihrer sozialistischen und kommunistischen Zielsetzung: die totale Umwälzung der Grundlagen der bestehenden kapitalistischen Gesellschaft, die Beseitigung der Klassen ... und die Verwandlung des Staats in eine bloße Verwaltung der Produktion.« Korsch lc III p 101 [X 12, 1]

»Durch die Anknüpfung an Hegel vollzog der neue Materialismus der proletarischen Theorie den Anschluß an die Summe des bürgerlichen Gesellschaftsdenkens der ganzen vorhergehenden Epoche in derselben gegensätzlichen Form, in der auch praktisch die gesellschaftliche Aktion des Proletariats die vorhergehende gesellschaftliche Bewegung der bürgerlichen Klasse fortsetzt.« Korsch lc III p 99 [X 12, 2]

Sehr richtig sagt Korsch, und man darf dabei wohl an de Maistre und Bonald denken: »So ist in die ... Theorie der modernen Arbeiterbewegung auch ... ein Teil jener ... ›Ernüchterung‹ mit hineingegangen, die ... nach der großen französischen Revolution zunächst von den ersten französischen Theoretikern der Gegenrevolution, dann von den deutschen Romantikern proklamiert worden war und die besonders über Hegel einen starken Einfluß auf Marx ausgeübt hat.« Korsch lc II p 36 [X 12, 3]

Begriff der Produktivkraft: »›Produktivkraft‹ ist zunächst weiter nichts als die irdisch wirkliche Arbeitskraft lebender Menschen: die Kraft ..., also, unter kapitalistischen Verhältnissen, ›Waren‹ herzustellen. Alles, was diesen Nutzeffekt der menschlichen Arbeitskraft ... vermehrt, ist eine neue gesellschaftliche ›*Produktivkraft*‹. Zu den materiellen Produktivkräften gehört neben Natur, Technik, Wissenschaft vor allem auch die gesellschaftliche Organisation selbst und die darin durch Kooperation und industrielle Arbeitsteilung geschaffenen ... gesellschaftlichen Kräfte.« Korsch l c III p 54/55 [X 12 a, 1]

Begriff der Produktivkraft: »Der Marx'sche Begriff der gesellschaftlichen Produktivkräfte hat nichts zu tun mit den idealistischen Abstraktionen der ›Technokraten‹, die sich einbilden, die Produktivkräfte der Gesellschaft ... rein naturwissenschaftlich und technologisch feststellen ... zu können

... Ganz gewiß genügt nach ... Marx die ... ›technokratische‹ Gesinnung nicht ..., ... jene ... materiellen Hindernisse zu beseitigen, welche ... die stumme Gewalt der ökonomischen Verhältnisse ... jeder Veränderung des gegenwärtigen Zustandes entgegenstellt.« Korsch lc III p 59/60 [X 12 a, 2]

Bei Marx – Das philosophische Manifest der historischen Rechtsschule Rheinische Zeitung 1842 No 221 – erscheint als Gegenstand seines Hinweises »der richtige Gedanke ..., daß die *rohen* Zustände naive niederländische Gemälde der *wahren* Zustände sind.« cit Korsch I p 35
[X 12 a, 3]

Marx betont gegen Proudhon, der Maschine und Arbeitsteilung als Gegensätze ansieht, wie sehr die Arbeitsteilung sich seit Einführung der Maschinerie verfeinert habe. Hegel seinerseits hat betont, daß die Arbeitsteilung gewissermaßen der Einführung der Maschinerie Bahn gebrochen habe. »Die ... Vereinzelung des Inhalts ... gibt die Teilung der Arbeit ... Die damit zugleich abstraktere Arbeit führt einerseits durch ihre Einförmigkeit auf die Leichtigkeit der Arbeit und die Vermehrung der Produktion, andererseits zur Beschränkung auf *eine* Geschicklichkeit und damit zur unbedingten Abhängigkeit von dem gesellschaftlichen Zusammenhange. Die Geschicklichkeit selbst wird auf diese Weise mechanisch und bekommt die Fähigkeit, an die Stelle menschlicher Arbeit die Maschine treten zu lassen.« Hegel: Enzyklopädie der ph⟨ilosophischen⟩ Wissenschaften im Grundrisse Lpz 1920 p 436 (§ 525/6)
[X 12 a, 4]

Die Kritik des jungen Marx an den droits de l'homme wie sie von den droits du citoyen geschieden sind. »Keines der sogenannten Menschenrechte geht ... über den egoistischen Menschen hinaus ... Weit entfernt, daß der Mensch in ihnen als Gattungswesen aufgefaßt wurde, erscheint vielmehr das Gattungsleben selbst, die Gesellschaft, als ein den Individuen äußerlicher Rahmen ... Das einzige Band, das sie zusammenhält, ist die Natur-Notwendigkeit, das Bedürfnis und das Privatinteresse, die Konservation ihres Eigentums und ihrer egoistischen Person. Es ist ... rätselhaft, ... daß das Staatsbürgertum, das *politische Gemeinwesen* von den politischen Emanzipatoren sogar zum bloßen *Mittel* für die Erhaltung dieser sogenannten Menschenrechte herabgesetzt, daß also der citoyen zum Diener des egoistischen homme erklärt, die Sphäre, in welcher der Mensch sich als Gemeinwesen verhält, unter die Sphäre, in welcher er sich als Teilwesen verhält, degradiert, endlich nicht der Mensch als citoyen, sondern der

Mensch als bourgeois für den *eigentlichen* und *wahren* Menschen genommen wird ... Das Rätsel löst sich einfach ... Welches war der Charakter der alten Gesellschaft? ... Die *Feudalität.* Die alte bürgerliche Gesellschaft hatte *unmittelbar* einen *politischen* Charakter ... Die politische Revolution *hob* ... den *politischen Charakter der bürgerlichen Gesellschaft auf.* Sie zerschlug die bürgerliche Gesellschaft ... einerseits in die *Individuen,* andererseits in die *materiellen* und *geistigen Elemente,* welche ... die bürgerliche Situation dieser Individuen bilden ... Die *Konstitution des politischen Staats* und die Auflösung der bürgerlichen Gesellschaft in die unabhängigen *Individuen* – deren Verhältnis das *Recht* ist, wie das Verhältnis der Standes- und Innungsmenschen das *Privilegium* war – vollzieht sich in *einem und demselben Akte.* Der Mensch, wie er Mitglied der bürgerlichen Gesellschaft ist, der *unpolitische* Mensch, erscheint aber notwendig als der *natürliche* Mensch. Die droits de l'homme erscheinen als droits naturels, denn die *selbstbewußte Tätigkeit* konzentriert sich auf den *politischen Akt.* Der *egoistische* Mensch ist das *passive,* nur *vorgefundene* Resultat der aufgelösten Gesellschaft ..., *natürlicher* Gegenstand. Die *politische Revolution* ... verhält sich zur bürgerlichen Gesellschaft, zur Welt der Bedürfnisse, der Arbeit, der Privatinteressen, des Privatrechts, als ... zu ihrer *Naturbasis.* Endlich gilt der Mensch, wie er Mitglied der bürgerlichen Gesellschaft ist, für den *eigentlichen* Menschen, für den homme im Unterschied von dem citoyen, weil er der Mensch in seiner sinnlichen ... Existenz ist, während der *politische* Mensch nur der abstrahierte ... Mensch ist ... Die Abstraktion des politischen Menschen schildert Rousseau richtig also: ›Celui qui ose entreprendre d'instituer un peuple doit se sentir en état de *changer* ... la *nature humaine,* de *transformer* chaque individu, qui par lui-même est un tout parfait et solitaire, en *partie* d'un plus grand tout dont cet individu reçoive ... son être ...‹ (Cont. Soc. liv. II, Londr. 1782, p. 67.)« Marx: Zur Judenfrage (Marx-Engels Gesamtausg⟨abe⟩ I Abt I, 1 Frankf⟨urt⟩ a/M 1927 p 595-599 [X 13]

Die Eigenschaft, die der Ware als ihr Fetischcharakter zukommt, haftet der warenproduzierenden Gesellschaft selber an, nicht zwar so wie sie an sich ist, wohl aber so wie sie sich stets dann vorstellt und zu verstehen glaubt, wenn sie von der Tatsache, daß sie eben Waren produziert, abstrahiert. Das Bild, das sie so von sich produziert und das sie als ihre Kultur zu beschriften pflegt, entspricht dem Begriffe der Phantasmagorie (vgl Eduard Fuchs, der Sammler und der Historiker III). Sie wird bei Wiesengrund »definiert als ein Konsumgut, in dem nichts mehr daran gemahnen soll, wie es zustandekam. Es wird magisiert, indem die darin aufgespei-

cherte Arbeit im gleichen Augenblick als supranatural und heilig erscheint, da sie als Arbeit nicht mehr zu erkennen ist.« (T W Adorno: Fragmente über Wagner Zeitschrift für Sozialforschung VIII 1939, 1/2 p 17) Hierzu aus dem Manuscript des »Wagner« (p 46/7)⟨:⟩ »Wagners Orchesterkunst ... hat den Anteil der unmittelbaren Produktion des Tons aus der« [besser: dessen] »aesthetischen Gestalt vertrieben ... Wer ganz verstünde, warum Haydn im Piano die Geigen durch eine Flöte verdoppelt, der könnte vielleicht ein Schema gewinnen für die Einsicht, warum die Menschheit vor Jahrtausenden aufgab, rohes Getreide zu essen und Brot buck, oder warum sie ihre Geräte glättete und polierte. Im Konsumgegenstand soll die Spur von dessen Produktion vergessen gemacht werden. Er soll aussehen, als ob er überhaupt nicht mehr gemacht wäre, um nicht zu verraten, daß der Tauschende eben ihn nicht machte, sondern die in ihm enthaltene Arbeit sich aneignete. Die Autonomie der Kunst hat zum Ursprung die Verdeckung der Arbeit.«
[X 13 a]

Y

[DIE PHOTOGRAPHIE]

»Soleil, prends garde à toi!«
    A. J. Wiertz: Œuvres littéraires Paris 1870 p 374

»Si le soleil devait un jour s'éteindre,
C'est un mortel qui le rallumerait.«
    Laurencin et Clairville: Le roi Dagobert à l'exposition de
    1844 (Théâtre du Vaudeville 19 avril 1844) Paris 1844 p 18
    [die Worte spricht le Génie de l'Industrie]

Eine Prophezeihung von 1855: »Il nous est né, depuis peu d'années, une machine, l'honneur de notre époque, qui, chaque jour, étonne notre pensée et effraie nos yeux. / Cette machine, avant un siècle, sera le pinceau, la palette, les couleurs, l'adresse, l'habitude, la patience, le coup-d'œil, la touche, la pâte, le glacis, la *ficelle*, le modelé, le fini, le rendu. / Avant un siècle, il n'y aura plus de maçons en peinture: il n'y aura plus que des architectes, des peintres dans toute l'acception du mot. / Qu'on ne pense pas que le daguerréotype tue l'art. Non, il tue l'œuvre de la patience, il rend hommage à l'œuvre de la pensée. / Quand le daguerréotype, cet enfant géant, aura atteint l'âge de maturité; quand toute sa force, toute sa puissance se seront développées, alors le génie de l'art lui mettra tout à coup la main sur le collet et s'écriera: ›A moi! tu es à moi maintenant! Nous allons travailler ensemble.‹« A. J. Wiertz: Œuvres littéraires Paris 1870 p 309 In einem Artikel »La photographie«, der zum ersten Mal im Juni 1855 in der Nation erschien und mit einem Hinweis auf die neue Erfindung der photographischen Vergrößerung, der Möglichkeit, lebensgroße Photos herzustellen endet. Peintres-maçons sind für Wiertz diejenigen »qui s'attachent à la partie matérielle seulement«, qui rendent bien.   [Y 1, 1]

Industrialisierung in der Literatur. Über Scribe. »Indem er die großen Industriellen und Geldmänner verspottete, sah er ihnen das Geheimniß ihrer Erfolge ab. Es entging seinem Scharfblick nicht, daß aller Reichthum im Grunde auf der Kunst beruht, Andere für uns arbeiten zu lassen, und so übertrug er denn, ein bahnbrechendes Genie, den Grundsatz der Arbeitstheilung aus den Werkstätten der Modeschneider, der Kunsttischler und Stahlfederfabrikanten in die Ateliers der dramatischen Künstler, welche vor dieser Reform, mit *einem* Kopfe und mit *einer* Feder auch nur den Proletarierlohn des vereinzelten Arbeiters gewannen. Ein ganzes

die Photographie   825

Geschlecht von dramatischen Genies verdankte ihm Anleitung, Ausbildung, guten Verdienst, nicht selten sogar Reichthum und Ruf. Scribe wählte den Stoff, er ordnete die Handlung im Ganzen und Großen, gab die Effectstellen und glänzenden Abgänge an, und seine Lehrlinge setzten den Dialog oder die Verschen dazu. Machten sie Fortschritte, so war Nennung des Namens auf dem Titel (neben dem der Firma) ihr angemessener Lohn, bis dann die Besten sich emancipirten und auf eigne Hand dramatische Arbeit lieferten, vielleicht auch ihrerseits neue Gehülfen sich heranzogen. So, und unter dem Schutz der französischen Preßgesetze, ward Scribe mehrfacher Millionär.« Fr. Kreyßig: Studien zur französischen Cultur- und Literaturgeschichte Berlin 1865 ⟨p 56/57⟩   [Y 1, 2]

Anfänge der Revue. »Die neufranzösischen Feenstücke sind im ganzen von jungem Datum und hervorgegangen aus den Revues, die man in den ersten 14 Tagen jedes neuen Jahres zu spielen pflegte und die eine Art phantastische Rückschau auf das vorangehende Jahr waren. Ihr Charakter war anfangs sehr kindlich, vorzüglich auf die Schüler berechnet, deren Neujahrsferien durch derartige Produktionen erheitert wurden.« Rudolf Gottschall: Das Theater und Drama des second empire (Unsere Zeit, Deutsche Revue, Monatsschrift zum Konversationslexikon Lpz 1867 p 931) [Y 1, 3]

Von vornherein diesen Gedanken ins Auge fassen und seinen konstruktiven Wert ermessen: die Abfalls- und Verfallserscheinungen als Vorläufer, gewissermaßen Luftspiegelungen der großen Synthesen, die nachkommen. Diese Welten⟨?⟩ von statischen Wirklichkeiten sind überall zu visieren. Film ihr Zentrum. ■ Histor⟨ischer⟩ Materialism⟨us⟩ ■   [Y 1, 4]

Feenstücke: »So wird z. B. in den ›Parisiens à Londres‹ (1866) die englische Industrieausstellung auf die Szene gebracht, und dabei mit einer Ausstellung von nackten Schönheiten illustrirt, die natürlich nur ihre Abkunft aus der Allegorie und dichterischen Erfindung herleiten.« Rudolf Gottschall: Das Theater und Drama des second empire (Unsere Zeit Deutsche Revue, Monatsschrift zum Konversationslexikon Lpz 1867 p 932) ■ Reklame ■
                                                                  [Y 1 a, 1]

»›Fermente‹ sind Gärungserreger, welche die Zersetzung verhältnismäßig großer Mengen anderer organischer Substanzen bewirken oder beschleunigen ... Jene ›anderen organischen Substanzen‹ aber, an denen die Fermente ihre zersetzende Kraft zeigen, sind die historisch überlieferten Stilformen.« »Die Fermente ... sind die Errungenschaften der modernen Technik. Sie ... lassen sich unter drei große Stoffkreise vereinen. 1. Eisen 2. Maschinenkunst 3. Licht- und Feuerkunst.« Alfred Gotthold Meyer: Eisenbauten Esslingen 1907 (Vorwort ⟨unpaginiert⟩) [Y 1 a, 2]

Die photographische Reproduktion von Kunstwerken als eine Phase im Kampfe zwischen Photographie und Malerei. [Y 1 a, 3]

»Im Jahre 1855 wurden im Rahmen der großen Ausstellung der Industrie Sonderabteilungen für die Photographie eröffnet. Damit wird die Photographie zum ersten Mal auch der breiteren Öffentlichkeit vertrauter gemacht. Diese Ausstellung bildet den Auftakt für ihre industrielle Entwicklung ... Das Publikum drängt sich auf der Ausstellung vor den unzähligen Portraits berühmter und bekannter Persönlichkeiten, und man muß sich vorstellen, was es zu jener Epoche bedeutete, daß man die Berühmtheiten des Theaters, der Tribüne, kurz des öffentlichen Lebens, die man bis dahin nur aus der Ferne anstaunen und bewundern konnte, auf einmal so lebenswirklich vor sich sah.« Gisela Freund: Entwicklung der Photographie in Frankreich [ungedruckt] ■ Ausstellungen ■ [Y 1 a, 4]

Bemerkenswert zur Geschichte der Photographie ist, daß der gleiche Arago, der das berühmte empfehlende Gutachten über sie erstattete – im gleichen Jahre (?) 1838 – ein ablehnendes Gutachten über die von der Regierung geplanten Eisenbahnbauten erstattete: »En 1838, lorsque le Gouvernement leur soumit le projet de loi qui autorisait la construction des chemins de fer de Paris en Belgique, au Havre et à Bordeaux, le rapporteur, Arago, conclut au rejet, et 160 voix contre 90 l'approuvèrent. Entre autres arguments, on disait que la différence de température à l'entrée et à la sortie des tunnels amènerait des chauds et froids mortels.« Dubech-D'Espezel: Histoire de Paris Paris 1926 p 386 [Y 1 a, 5]

Einige erfolgreiche Theaterstücke aus der Jahrhundertmitte: Dennery: Le naufrage de La Pérouse (1859) Le tremblement de terre de la Martinique (1843) *Les bohémiens de Paris* (1843); Louis François Clairville: Les sept châteaux du diable (1844) Les pommes de terre malades (1845) Rothomago (1862) Cendrillon (1866)⟨.⟩ Andere von Duveyrier, Dartois. Von Dennery ein »Kaspar Hauser«? [Y 1 a, 6]

»Les créations les plus fantastiques de la féerie sont à peu près réalisées sous nos yeux ...; il se produit chaque jour, dans nos manufactures, des merveilles aussi grandes que celles que produisait le docteur Faust avec son livre magique.« Eugène Buret: De la misère des classes laborieuses en France et en Angleterre Paris 1840 II p 161/62 [Y 2, 1]

Aus Nadars großartiger Beschreibung seiner Photographien in den pariser Katakomben: »Il nous fallait à chaque déplacement tâter empiriquement nos temps de pose; or, il est tel de ces clichés qui se trouva exiger jusqu'à dix-huit minutes. – Se rappeler que nous en étions encore au collodion ... J'avais jugé bon d'animer d'un personnage quelques-uns de ces aspects, moins au point de vue pittoresque que pour indiquer l'échelle de proportions, précaution trop souvent négligée par les explorateurs et dont l'oubli parfois nous déconcerte. Pour des dix-huit minutes de pose, il m'eût été difficile d'obtenir d'un être humain l'immobilité absolue, inorganique. Je tâchai de tourner la difficulté avec des mannequins que j'habillai en manœuvres et disposai au moins mal dans la mise en scène; ce détail ne compliqua pas nos besognes ... Il faut compter que ce méchant métier, par égouts ou catacombes, n'avait pas duré pour nous moins de quelque trois mois consécutifs ... En somme, je rapportais cent clichés ... Je me hâtai d'offrir les cent premières épreuves aux collections de la Ville de Paris par les mains de l'éminent ingénieur de nos constructions souterraines, M. Belgrand.« Nadar: Quand j'étais photographe Paris ⟨1900⟩ p 127-129
[Y 2, 2]

Photographie bei künstlichem Licht mit Hilfe von Bunsen-Elementen. »Je fis donc installer par un électricien expérimenté, sur une partie pleine de ma terrasse du boulevard des Capucines, cinquante éléments moyens que j'espérais et qui se trouvèrent suffisants ... La permanence, à chaque tombée du jour, de cette lumière alors peu usitée arrêtait la foule sur le boulevard et, attirés comme phalènes à la lueur, nombre de curieux, amis ou indifférents, ne pouvaient résister à monter l'escalier pour connaître de ce qui se passait là. Ces visiteurs de toutes classes, dont quelques-uns connus ou même célèbres, étaient au mieux accueillis, nous fournissant gratuitement un stock de modèles tout disposés à la nouvelle expérience. C'est ainsi que je photographiai entre autres par ces soirées Niepce de Saint-Victor, ... Gustave Doré, ... les financiers E. Pereire, Mirès, Halphen, etc.« Nadar: Quand j'étais photographe Paris p 113, 115/116   [Y 2, 3]

Am Ende des großen Prospektus den Nadar über den Stand der Wissenschaften gibt: »Nous voici bien au delà même de l'admirable bilan de Fourcroy, à l'heure suprême où le génie de la Patrie en danger commandait les découvertes.« Nadar: Quand j'étais photographe p 3   [Y 2, 4]

Nadar gibt die Balzacsche Theorie der Daguerreotypie wieder, die auf die Demokritische Theorie der Eidola hinauskommt. (Diese scheint Nadar nicht zu kennen; er nennt sie nicht.) Gautier und Nerval hätten sich Balzacs Meinung angeschlossen, »... mais tout en causant spectres, l'un comme l'autre ... furent des bons premiers à passer devant notre objectif.« Nadar: Quand j'étais photographe p 8 [Y 2 a, 1]

Von wem stammt die Konzeption des Fortschritts? von Condorcet? Jedenfalls scheint sie Ende des 18ten Jahrhunderts noch nicht allzufest zu wurzeln. In seiner Eristik führt Hérault de Séchelles unter den Ratschlägen zur Erledigung des Gegners den folgenden auf: »L'égarer dans les questions de la liberté morale et dans le progrès à l'infini.« Hérault de Séchelles: Théorie de l'ambition ⟨Paris⟩ 1927 p 132 [Y 2 a, 2]

1848⟨:⟩ »La révolution ... était survenue au milieu d'une crise économique très sérieuse, provoquée à la fois par les spéculations auxquelles donnaient lieu les constructions de chemins de fer, et par deux mauvaises récoltes consécutives en 1846 et 1847: on avait alors de nouveau connu les émeutes de la faim ... jusqu'au faubourg Saint-Antoine, à Paris.« A Malet et P Grillet: XIXᵉ siècle Paris 1919 p 245 [Y 2 a, 3]

Äußerung über Ludovic Halévy: »On peut m'attaquer sur ce qu'on voudra, mais la photographie, non, c'est sacrée.« Jean Loize: Emile Zola photographe (Arts et métiers graphiques 45 15 février 1935 ⟨p 35⟩)
[Y 2 a, 4]

»Wer je einmal in seinem Leben sich das Haupt umhüllte mit dem Zaubermantel des Photographen und hineinschaute in die Camera, um dort jene wunderbare Miniaturwiedergabe des Naturbildes zu erblicken, dem muß sich ... die Frage aufgedrängt haben, was wohl aus unserer modernen Malerei werden wird, wenn es erst dem Photographen gelungen ist, die Farben ebenso auf seinen Platten festzuhalten, wie die Formen.« Walter Crane: Nachahmung und Ausdruck in der Kunst Die neue Zeit Stuttgart XIV, 1 p 423 [Y 2 a, 5]

Der Versuch, eine systematische Auseinandersetzung zwischen Kunst und Photographie herbeizuführen, mußte zunächst scheitern. Sie sollte ein Moment in ⟨der⟩ Auseinandersetzung zwischen Kunst und Technik sein, die die Geschichte vollzog. [Y 2 a, 6]

die Photographie

Die Stelle über die Photographie aus Lemerciers »Lampélie et Daguerre«:
»Comme, épiée aux rêts de l'oiseleur malin,
L'alouette, éveillant les échos du matin,
Voltige, et follement s'abat dans la prairie
Sur un miroir, écueil de sa coquetterie;
De Lampélie (= Sonnenlicht) enfin le vol est arrêté
Au chimique filet par Daguerre apprêté.
La face d'un cristal, ou bombée ou concave,
Amoindrit ou grandit chaque objet qu'elle grave.
Au fond du piége obscur ses fins et blancs rayons
Pointent l'aspect des lieux en rapides crayons:
D'un verre emprisonnant l'image captivée,
Du toucher destructeur aussitôt préservée,
Reste vive et durable; et des reflets certains
Frappent la profondeur des plans les plus lointains.«
Népomucène Lemercier: Sur la découverte de l'ingénieux peintre du diorama [in Séance publique annuelle des cinq académies du jeudi 2 Mai 1839 Paris 1839 p 30/31]   [Y 3, 1]

»La photographie ... fut d'abord adoptée dans la classe sociale dominante ...: industriels, propriétaires d'usines et banquiers, hommes d'Etat, littérateurs et savants.« Gisela Freund: La photographie au point de vue sociologique (Manuscript p 32) Stimmt das? Sollte man die Reihenfolge nicht eher umkehren?   [Y 3, 2]

Unter den der Photographie vorhergehenden Erfindungen sind die Lithographie (1805 durch Alois Senefelder, einige Jahre danach in Frankreich durch Philippe de Lasteyrie eingeführt) und der Physionotrace zu berücksichtigen, der seinerseits wieder eine Mechanisierung des Verfahrens des Silhouettenschneiders darstellt. »Gilles Louis Chrérien ... en 1786 ... réussit à inventer un appareil qui ... combinait deux modes différents du portrait: celui de la silhouette et celui de la gravure ... Le Physionotrace était basé sur le principe bien connu du pantographe. Un système de parallélogrammes articulés susceptibles de se déplacer dans un plan horizontal. A l'aide d'un stylet sec, l'opérateur suit les contours d'un dessin. Un stylet encré suit les déplacements du premier stylet, et reproduit le dessin à une échelle qui est déterminée par la position relative des stylets.« Gisela Freund: La photographie au point de vue sociologique (Mscr. p 19/20) Der Apparat war mit Visiervorrichtung versehen. Man konnte Lebensgröße erreichen.   [Y 3, 3]

Die Aufnahmedauer bei Physionotrace betrug für normale Silhouetten eine, für kolorierte drei Minuten. Bezeichnend ist, daß die in diesem Apparat vorliegenden Anfänge der Technisierung des Porträt⟨s⟩ dieses qualitativ so weit zurückwerfen, wie die Photographie es später vorwärtstreibt. »Quand on parcourt l'œuvre assez vaste de la physionotracie, on constate que les portraits ont tous la même expression: figée, schématique et plate ... Bien que l'appareil reproduisît les contours du visage avec une exactitude mathématique, cette ressemblance restait sans expression, parce qu'elle n'était pas réalisée par un artiste.« Gisela Freund: La photographie au point de vue sociologique (Mscr p 25) Es müßte hier gezeigt werden, warum dieser primitive Apparat, im Gegensatze zur Kamera, »Künstlerschaft« ausschloß. [Y 3 a, 1]

»Il y avait à Marseille, vers 1850, tout au plus quatre à cinq peintres en miniature, au nombre desquels deux à peine jouissaient d'une certaine réputation en exécutant une cinquantaine de portraits environ par an. Ces artistes gagnaient tout juste de quoi subvenir à leur existence ... Quelques années plus tard, il y avait à Marseille de quarante à cinquante photographes ... Ils produisaient chacun annuellement une moyenne de mille à douze cents clichés, qu'ils vendaient 15 francs par cliché, soit une recette de 18.000 francs, dont l'ensemble constituait un mouvement d'affaires de près d'un million. Et l'on peut constater le même développement dans toutes les grandes villes de France.« Gisela Freund: La photographie au point de vue sociologique (Mscr p 15/16) cit nach Vidal: Mémoire de la séance du 15 novembre 1868 de la Société Statistique de Marseille. Reproduit dans le »Bulletin de la Société française de Photographie« 1871 pp 37, 38, 40
[Y 3 a, 2]

Über die Verkettung der technischen Erfindungen ineinander: »Quand il voulait faire des essais de lithographie, Niépce qui vivait à la campagne, rencontrait les plus grandes difficultés pour se procurer les pierres indispensables. C'est ainsi qu'il eut l'idée de remplacer les pierres par une plaque de métal et le crayon par la lumière solaire.« Gisela Freund: La photographie au point de vue sociologique (Mscr p 39) nach Victor Fouque: Niépce, la vérité sur l'invention de la photographie Châlons sur Saône 1867
[Y 3 a, 3]

Nach Aragos Exposé in der Kammer: »Quelques heures après, les boutiques des opticiens étaient assiégées; il n'y avait pas assez de lentilles, pas assez de chambres obscures pour satisfaire le zèle de tant d'amateurs empressés. On suivait d'un œil de regret le soleil déclinant à l'horizon, emportant avec lui la matière première de l'expérience. Mais dès le lendemain, on put voir à leur fenêtre, aux premières heures du jour, un grand nombre d'expérimentateurs s'efforçant, avec toute espèce de précautions craintives, d'amener sur une plaque préparée l'image de la lucarne voisine, ou la perspective d'une population de cheminées.« Louis Figuier: La Photographie Exposition et histoire des principales découvertes scientifiques modernes Paris 1851 (cit ohne Stellenangabe bei Gisela Freund (Mscr p 46)) [Y 4, 1]

1840 veröffentlichte Maurisset eine Karikatur über die Photographie.
[Y 4, 2]

»Un jugement qui, en matière du portrait, s'attache à une ›situation‹ et à la ›position‹ de l'homme, et qui attend de lui (de l'artiste) la figuration d'une ›condition sociale‹ et une ›pose‹, ne peut se satisfaire que d'un portrait en pied.« Wilhelm Wätzold: Die Kunst des Porträts Lpz 1908 p 186 (cit bei Gisela Freund Mscr p 105) [Y 4, 3]

Die Photographie in der Epoche Disderis: »Les accessoires caractéristiques d'un atelier photographique de 1865 sont la colonne, le rideau et le guéridon. Là se tient, appuyé, assis ou debout, le sujet à photographier, en pied, en demi-grandeur ou en buste. Le fond est élargi, conformément au rang social du modèle, par des accessoires symboliques et pittoresques.« Es folgt später ein sehr kennzeichnender Auszug aus Disderi: L'art de la photographie Paris 1862 (ohne Seitenangabe), der unter anderm sagt: »Il ne s'agit pas ..., pour faire un portrait, de reproduire, avec une justesse mathématique, les proportions et les formes de l'individu; il faut encore, et surtout, saisir et représenter en les justifiant et en les embellissant ... les intentions de la nature sur cet individu.« Gisela Freund: La photographie au point de vue sociologique (Mscr p 106 u 108) – Die Säule: das Emblem der »allgemeinen Bildung« ■ Haussmannisierung ■ [Y 4, 4]

Gisela Freund (Mscr p 116/117) bringt folgendes Zitat aus Disderis »L'art de la photographie«: »Dans un immense atelier parfaitement agencé, le photographe, maître de tous les effets de lumière, par des stores et des réflecteurs, muni de fonds de toutes sortes, de décors, d'accessoires, de costumes, ne pourrait-il pas, avec des modèles intelligents et bien dressés, composer des tableaux de genre, des scènes historiques? Ne pourrait-il chercher le sentiment comme Scheffer, le style comme M. Ingres? Ne pourrait-il traiter l'histoire, comme Paul Delaroche dans son tableau de la ›Mort du Duc de Guise‹?« Auf der Weltausstellung von 1855 waren einige Photographien der Art zu sehen, die aus England stammten. [Y 4 a, 1]

Die Gemälde Delacroix entgehen dem Wettbewerb mit der Photographie nicht nur durch ihre Farbenkraft sondern – es gab damals noch keine Momentphotographie – durch die stürmische Bewegtheit ihrer Sujets. So war sein wohlwollendes Interesse an der Photographie möglich. [Y 4 a, 2]

Was die ersten Photographien so unvergleichlich macht, ist vielleicht dies: daß sie das erste Bild der Begegnung von Maschine und Mensch darstellen. [Y 4 a, 3]

Einer der, oft unausgesprochnen, Einwände gegen die Photographie: es sei unmöglich, daß das Menschenantlitz von einer Maschine aufgefaßt werden könne. So zumal Delacroix. [Y 4 a, 4]

»Yvon ... élève de Delaroche ... décida un jour de reproduire la bataille de Solférino ... Accompagné du photographe Bisson, il se rend aux Tuileries, fait prendre à l'Empereur la pose désirable, lui fait tourner la tête et éclaire le tout de la lumière qu'il veut reproduire. La peinture qui en résulta devint célèbre sous le nom de *l'Empereur au képi*.« Im Anschluß daran ein Prozeß zwischen dem Maler und Bisson, der sein Cliché in den Handel gebracht hatte. Er wird verurteilt. Gisela Freund: La photographie au point de vue sociologique (Ms. p 152) [Y 4 a, 5]

Napoleon III läßt ein Regiment, das er anführt, halten, als es auf dem Boulevard am Hause von Disderi vorbeizieht, geht hinauf und läßt sich photographieren. [Y 4 a, 6]

Als président der Société des gens de lettres machte Balzac den Vorschlag, die Produktion der zwölf größten lebenden Autoren Frankreichs sollte von Staats wegen angekauft werden. (Vgl. Daguerre) [Y 4 a, 7]

»Au café Hamelin ... des photographes et des noctambules.« Alfred Delvau: Les heures parisiennes Paris 1866 p 184 (Une heure du matin)
[Y 5, 1]

Über Népomucène Lemercier: »L'homme qui parlait cet idiome pédantesque, absurde et emphatique, n'a certes jamais compris son époque ... Pourrait-on mieux défigurer des événements contemporains à l'aide d'expressions et d'images surannées?« Alfred Michiels: Histoire des idées littéraires en France au XIXe siècle Paris 1863 II p 36/7 [Y 5,2]

Zum Aufkommen der Photographie. – Die Verkehrstechnik vermindert die informatorischen Meriten der Malerei. Im übrigen bereitet sich eine neue Wirklichkeit vor, dergegenüber niemand die Verantwortung persönlicher Stellungnahme eingehen kann. Man appelliert an das Objektiv. Die Malerei ihrerseits beginnt die Farbe zu betonen. [Y 5,3]

»La Vapeur« – »Dernier mot de celui qui mourut sur la croix!« Maxime Du Camp: Les chants modernes Paris 1855 p 260 [La Vapeur] [Y 5,4]

In »La Vapeur III« besingt Du Camp den Dampf, das Chloroform, die Elektrizität, das Gas, die Photographie. Maxime Du Camp: Les chants modernes Paris 1855 p 265-72 »La faulx« besingt die Mähmaschine. [Y 5,5]

Die ersten beiden und die vierte Strophe von »La bobine«:
»Près de la rivière à cascade
A laquelle chaque estacade
Sert de tourbillonnants relais;
Au milieu des vertes prairies,
Parmi les luzernes fleuries,
On a bâti mon grand palais;

Mon palais aux mille fenêtres,
Mon palais aux vignes champêtres
Qui rampent jusque sur les toits,
Mon palais où sans repos chante
La roue agile et mugissante,
La roue à l'éclatante voix!

Comme les Elphes de Norwège
Qui toujours valsent sur la neige,
Fuyant l'esprit qui les poursuit,
Je tourne! je tourne! je tourne!
Jamais en paix je ne séjourne!
Je tourne le jour et la nuit!«
Maxime Du Camp: Les chants modernes Paris 1855 p 285/6 [Y 5,6]

»La Locomotive« – »Sainte, un jour, je serai nommée.« Maxime Du Camp:

Les chants modernes Paris 1855 p 301 Dieses wie andere Gedichte aus dem Zyklus »Chants de la matière«. [Y 5, 7]

»La presse, c'est l'immense et sainte locomotive du progrès.« Victor Hugo: Rede auf dem Bankett vom 16 September 1862, das die Verleger der Misérables in Brüssel veranstalteten. cit Georges Batault: Le pontife de la démagogie Victor Hugo Paris 1934 p 131 [Y 5, 8]

»C'est un siècle qui nous honore!
Le siècle des inventions,
Malheureusement c'est encore
Celui des révolutions,«
Clairville et Jules Cordier: Le Palais de Cristal ou les Parisiens à Londres (Théâtre de la Porte Saint-Martin le 26 mai 1851) Paris 1851 p 31 [Y 5 a, 1]

Eine Lokomotive mit »plusieurs élégans vagons« erscheint auf der Bühne. Clairville aîné et Delatour: 1837 aux enfers (Théâtre du Luxembourg 30 décembre 1837) Paris 1838 ⟨p 16⟩ [Y 5 a, 2]

Der Einfluß der Lithographie auf das panoramatische Schrifttum ist darzustellen. Was beim Lithographen unbedenkliche Individualcharakteristik ist, wird beim Schriftsteller oft ebenso unbedenkliche Generalisierung. [Y 5 a, 3]

Fournel wirft 1858 (»Ce qu'on voit dans les rues de Paris«) der Daguerreotypie vor, daß sie nicht verschönern kann. Disderi bereitet sich vor. Andererseits werden auch die Posen mit Requisiten von Fournel verurteilt, die Disderi aufgebracht hat. [Y 5 a, 4]

Ohne Quellenangabe zitiert Delvau diese Beschreibung von Nadars Erscheinung: »Ses cheveux ont l'ardeur attiédie d'un soleil couchant; leur reflet s'est étendu sur toute la figure où jaillissent, se combattent, en frisant, des bouquets de poils, incohérents comme des fusées d'artifice. Extrêmement dilatée, la prunelle roule, témoignant d'une ardeur énorme de curiosité et d'un étonnement perpétuel. La voix est stridente; les gestes sont ceux d'un joujou de Nuremberg qui a la fièvre.« Alfred Delvau: Les lions du jour Paris 1867 p 219 [Y 5 a, 5]

Nadar über sich selbst: »Rebelle-né vis-à-vis de tout joug, impatient de toutes convenances, n'ayant jamais su répondre à une lettre que deux ans après, hors la loi de toutes les maisons où on ne met pas ses pieds sur la cheminée, et – afin que rien ne lui manque, pas même un dernier défaut

die Photographie

physique, pour combler la mesure de toutes ces vertus attractives et lui faire quelques bons amis de plus, – poussant la myopie jusqu'à la cécité, et conséquemment frappé de la plus insolente amnésie devant tout visage qu'il n'a pas vu plus de vingt-cinq fois à quinze centimètres de son nez.« cit bei Alfred Delvau: Les lions du jour Paris 1867 p 222 [Y 5 a, 6]

Erfindungen um 1848: Streichhölzer, Stearinkerzen, Stahlfedern [Y 5 a, 7]

Erfindung der Schnellpresse 1814. Sie wurde zuerst von der Times angewandt. [Y 5 a, 8]

Nadar über sich selbst: »Un ancien faiseur de caricatures ... réfugié finalement dans le Botany-Bay de la photographie.« cit Alfred Delvau: Les lions du jour Paris 1867 p 220 [Y 6, 1]

Über Nadar: »Que restera-t-il un jour de l'auteur du *Miroir aux alouettes*, de la *Robe de Déjanire*, de *Quand j'étais étudiant?* Je l'ignore. Ce que je sais c'est que sur un débris cyclopéen de l'île de Gozo, un poëte polonais, Ceslaw Karski, a gravé en arabe, mais avec des lettres latines: Nadar aux cheveux flamboyants a passé en l'air au-dessus de cette tour, – et qu'il est probable qu'à cette heure les habitants de cette île sont en train de l'adorer comme un Dieu inconnu.« Alfred Delvau: Les lions du jour Paris 1867 p 223/24 [Y 6, 2]

Genrephotographie: Der Bildhauer Kallimachus erfindet beim Anblick einer Akanthuspflanze das korinthische Kapitäl. – Lionardo malt die Mona Lisa. – »La gloire et le pot au feu«. C⟨abinet⟩ d⟨es⟩ E⟨stampes⟩ Kc 164 a 1 [Y 6, 3]

Eine englische Radierung von 1775 stellt genrehaft dar wie ein Künstler die Silhouette seines Modells nach dem Schatten aufnimmt, den dieses auf die Wand wirft. Sie heißt »The origin of painting«. C⟨abinet⟩ d⟨es⟩ E⟨stampes⟩ Kc 164 a 1 ⟨s. Abbildung 11⟩ [Y 6, 4]

Es besteht eine gewisse Beziehung zwischen der Erfindung der Photographie und der im Jahre 1838 durch Wheatstone erfolgten des Spiegelstereoskops. »Es werden darin von demselben Objekt zwei verschiedene Bilder gezeigt, dem rechten Auge ein Bild, das das Objekt perspektivisch darstellt, wie es vom Standpunkt des rechten Auges gesehen werden würde, dem linken Auge ein Bild, wie es dem linken Auge erscheinen würde: hierdurch entsteht die Täuschung, als hätten wir einen ... dreidimensionalen Gegenstand vor uns.« (Egon Friedell: Kulturgeschichte der Neuzeit III München 1931 p 139) Der für das Bildmaterial dieses Stereoskops nötige⟨n⟩ Exaktheit konnte die Photographie wohl eher als die Malerei entsprechen. [Y 6, 5]

Es ist der vermutlichen Verwandtschaft zwischen Wiertz und Edgar Quinet nachzugehen. [Y 6, 6]

»L'objectif est un instrument comme le crayon ou le pinceau; la photographie est un procédé comme le dessin et la gravure, car ce qui fait l'artiste, c'est le sentiment et non le procédé. Tout homme heureusement et convenablement doué peut donc obtenir les mêmes effets avec l'un quelconque de ces moyens de reproduction.« Louis Figuier: La photographie au salon de 1859 Paris 1860 p 4/5 [Y 6, 7]

»M. Quinet ... semblait aspirer à introduire dans la poésie le genre que le peintre anglais Martins a inauguré dans l'art ... Le poëte ... ne craignait point de faire agenouiller les cathédrales devant le sépulcre de Notre-Seigneur, et de montrer les villes peignant sur leurs épaules, avec un peigne d'or, leur chevelure de blondes colonnes, tandis que les tours dansaient une ronde étrange avec les montagnes.« Alfred Nettement: Histoire de la littérature française sous le gouvernement de Juillet Paris 1859 I p 131
[Y 6 a, 1]

»A l'exposition universelle de 1855, la photographie, malgré ses vives réclamations, ne put pénétrer dans le sanctuaire du palais de l'avenue Montaigne; elle fut condamnée à chercher son asile dans l'immense bazar des produits de toutes sortes qui remplissaient le Palais de l'industrie. En 1859, pressée plus vivement, la commission des musées ... a accordé, dans le Palais de l'industrie, une place à l'exposition de photographie, tout à côté de l'exposition de peinture et de gravure, mais avec une entrée distincte, et, pour ainsi dire, sous une autre clef.« Louis Figuier: La photographie au Salon de 1859 Paris 1860 p 2 [Y 6 a, 2]

»Un photographiste habile a toujours sa manière propre tout aussi bien qu'un dessinateur ou un peintre ... et bien plus ... le caractère propre à l'esprit artistique de chaque nation se décèle avec ... évidence dans les œuvres sorties des différents pays ... Jamais un photographiste français ne pourra être confondu ... avec un de ses confrères d'outre-Manche.« Louis Figuier: La photographie au salon de 1859 Paris 1860 p 5 [Y 6 a, 3]

Die ersten Anfänge der Photomontage gehen aus dem Versuch

die Photographie 837

hervor, Landschaftsbildern ihren malerischen Charakter zu wahren. »M. Silvy a pour l'exécution de ses tableaux un système excellent ... il ne plaque pas sur tous les paysages indifféremment un même ciel formé par un cliché uniforme; toutes les fois que cela est possible, il prend la peine de relever successivement et à part la vue du paysage et celle du ciel qui le couronne. C'est là un des secrets de M. Silvy.« Louis Figuier: La photographie au salon de 1859 Paris 1860 p 9 [Y 6 a, 4]

Es ist bezeichnend, daß Figuiers photographischer Salon von 1859 mit einer Besprechung der Landschaftsphotographie beginnt.
[Y 6 a, 5]

Auf dem Salon de photographie von 1859 zahlreiche »Voyages« so en Egypte, à Jérusalem, en Grèce, en Espagne. Einleitend bemerkt Figuier: »Les procédés pratiques de la photographie sur papier étaient à peine connus, qu'une phalange d'opérateurs s'élançaient ... dans toutes les directions, pour nous rapporter les vues des monuments, des édifices, des ruines prises sur toutes les terres du monde connu.« Daher die neuen »Voyages photographiques«. Louis Figuier: La photographie au salon de 1859 p 35 [Y 6 a, 6]

Unter den Reproduktionswerken, die Figuier in seiner »Photographie au salon« besonders hervorhebt, befinden sich die Reproduktion der Raphaelschen Kartons von Hampton-Court – »l'œuvre ... qui domine toute l'exposition photographique de 1859« (p 51) – und eines Manuscripts der Geographie des Ptolemäus, das aus dem 14ten Jahrhundert stammt und sich zur Zeit in einem Athoskloster befand. [Y 7, 1]

Es gab Porträts, die bestimmt waren, durchs Stereoskop betrachtet zu werden. Die Mode war vor allem in England verbreitet. [Y 7, 2]

Figuier (p 77/78) versäumt nicht, auf die Möglichkeit hinzuweisen, die photographies microscopiques im Kriege zu geheimen Botschaften (in Gestalt verkleinerter Depeschen) zu benutzen. [Y 7, 3]

»Une ... remarque qui résulte de l'examen attentif de l'exposition ... c'est le perfectionnement ... des épreuves positives. Il y a cinq ou six ans, la ... préoccupation presque exclusive en photographie, c'était l'épreuve négative ... c'est à peine si l'on songeait à l'utilité d'un bon tirage des épreuves positives.« Louis Figuier: La photographie au salon de 1859 Paris 1860 p 83
[Y 7, 4]

Anscheinend Symptom einer tiefgreifenden Verschiebung: die Malerei muß es sich gefallen lassen, am Maßstab der Photographie gemessen zu werden: »Nous serons de l'avis du public en admirant ... l'artiste délicat qui ... s'est manifesté cette année par une peinture pouvant lutter de finesse avec les épreuves daguerriennes.« So urteilt über Meissonnier Auguste Galimard: Examen du Salon de 1849 Paris ⟨1850⟩ p 95 [Y 7, 5]

»photographier en vers« – als Synonym für eine Beschreibung in Versen. Edouard Fournier: Chroniques et légendes des rues de Paris Paris 1864 p 14/15 [Y 7, 6]

»Enfin s'ouvrit la première salle de cinéma du monde. Le 28 décembre 1895, dans le sous-sol du Grand Café, 14, boulevard des Capucines à Paris. Et la première recette d'un spectacle pour lequel plus tard des milliards devaient être déplacés atteignit le chiffre considérable de 35 francs!« Roland Villiers: Le cinéma et ses merveilles Paris ⟨1930⟩ p 18/19 [Y 7, 7]

»Als der Wendepunkt im Sinne des Photoreporters muß das Jahr 1882 genannt werden, in dem der Photograph Ottomar Anschütz aus Lissa in Polen den Schlitzverschluß erfand und damit die eigentliche Momentphotographie ermöglichte.« Europäische Dokumente Historische Photos aus den Jahren 1840-1900 Stuttgart Berlin Leipzig Hg von Wolfgang Schade p [V] [Y 7, 8]

Das erste photographische Interview wurde von Nadar mit dem 97jährigen französischen Chemiker Chevreuil 1886 angestellt. Europäische Dokumente Historische Photos aus den Jahren 1840-1900 Stuttgart Berlin Leipzig p 8/9 [Y 7, 9]

»La première expérience qui aiguilla les recherches sur une production du mouvement ... scientifique, est celle bien connue du docteur Parès en 1825. Il avait dessiné d'un côté d'un petit carré de carton une cage, et de l'autre un oiseau; en faisant tourner vivement le carton sur un axe ... on faisait apparaître successivement les deux images et pourtant l'oiseau semblait être dans la cage tout comme s'il n'y avait eu qu'un dessin. Ce phénomène, qui est à lui seul tout le cinéma, est basé sur le principe de la persistance des impressions rétiniennes ... Une fois admis ce principe il est facile de comprendre qu'un mouvement décomposé et présenté à un rythme de dix images ou plus par seconde soit perçu par l'œil comme un mouvement parfaitement continu. Le premier appareil qui ait réalisé le miracle du mouvement artificiel est le phénakistiscope construit par le

die Photographie 839

physicien belge Plateau dès 1833 et qu'on connaît encore aujourd'hui comme jouet ... composé d'un disque sur lequel étaient représentés les mouvements successifs d'un personnage qu'il fallait regarder, le disque étant en pleine rotation ... Il ... a ... un rapport évident avec nos actuels dessins animés ... Des savants virent ... l'intérêt qu'il y aurait eu à substituer aux images dessinées ... des photographies successives. Malheureusement ... seules des images au dixième de seconde minimum pouvait (!) servir ce dessein. Il fallut pour cela attendre les plaques au gélatinobromure qui permirent de faire les premiers instantanés. Ce fut l'astronomie qui donna la première occasion de faire l'essai de la chronophotographie. Le 8 décembre 1874, l'astronome Jansen put essayer, grâce à un passage de la planète Vénus sur le soleil, un revolver photographique de son invention qui prenait une photographie toutes les 70 secondes ... Bientôt la chronophotographie sera beaucoup plus rapide ... C'est ... que le professeur Marey entre dans la lice avec son fusil photographique ... Mais cette fois ... on obtenait 12 images à la seconde ... Toutes ces recherches étaient jusqu'ici purement scientifique (!). Les savants qui s'y employaient ... voyaient dans la chronophotographie un simple ›moyen d'analyse des mouvements de l'homme et des animaux‹ ... Et voici qu'en 1891, nous rencontrons ... Edison. Edison avait construit deux appareils. L'un, le kinétographe, pour l'enregistrement, l'autre, le kinotoscope pour la projection ... Entre temps, Démeny collaborateur de Marey, avait réalisé en 1891, un appareil permettant d'enregistrer à la fois les images et le son. Son phonoscope ... fut le premier cinéma parlant.« Roland Villiers: Le cinéma et ses merveilles Paris 〈1930〉 p 9-16 (Petite histoire du cinéma) [Y 7 a, 1]

»Man kann als Beispiel für technischen Fortschritt, der eigentlich ein Wegschritt ist, die Vervollkommnung der Fotografenapparate nehmen. Sie sind viel lichtempfindlicher als die alten Kästen, mit denen man die Daguerrotypien herstellte. Man kann mit ihnen beinahe ohne Berücksichtigung der Lichtverhältnisse arbeiten. Sie haben noch eine Reihe anderer Vorzüge, besonders für die Aufnahme von Gesichtern, aber die Bildnisse, die man damit herstellen kann, sind zweifellos viel schlechter. Bei den alten lichtschwachen Apparaten kamen mehrere Ausdrücke auf die ziemlich lange belichtete Platte; so hatte man auf dem endlichen Bild einen universaleren und lebendigeren Ausdruck, auch etwas von Funktion dabei. Dennoch wäre es ganz bestimmt falsch, die neuen Apparate für schlechter als die alten zu erklären. Vielleicht fehlt noch etwas an ihnen, das morgen gefunden ist, oder man kann mit ihnen etwas anderes machen als Gesichter fotografieren. Und vielleicht doch Gesichter? Sie fassen die Gesichter nicht mehr zusammen – aber müssen sie zusammengefaßt werden? Vielleicht gibt es eine Art zu fotografieren, den neueren Apparaten möglich, die Gesichter zerlegt? Diese Art ... wird nur ganz bestimmt nicht gefunden werden, ohne eine neue Funktion solchen Fotografierens.« Brecht: Versuche ⟨8-10 Berlin 1931⟩ p 280 (Der Dreigroschenprozeß) [Y 8, 1]

Die frères Bisson gaben anläßlich des am 29 Dezember 1856 erfolgten Besuchs ihres photographischen Ateliers – ein Besuch, der wie sie behaupten, mit dem elften Jahrestag der Eröffnung ihres Instituts zusammenfiel – ein Gedicht »Souvenir de la visite de LL MM l'Empereur et l'Impératrice aux magasins de MM Bisson frères« als fliegendes Blatt heraus. Das Blatt umfaßt vier Seiten. Die beiden ersten enthalten ein Gedicht »La Photographie«. Beide Texte sind recht einfältig. [Y 8, 2]

»Il est à remarquer que les meilleurs photographes d'aujourd'hui, se soucient assez peu de répéter la question ...: ›La Photographie est-elle un art?‹ ... Par son aptitude à créer le choc évocateur, il [le photographe] prouve son pouvoir d'expression et c'est sa revanche sur le scepticisme de Daumier.« George Besson: La photographie française Paris ⟨1936⟩ p [5/6] [Y 8, 3]

Die berühmte Stelle über die Photographie von Wiertz läßt sich sehr wohl durch die folgende von Wey erläutern; freilich tritt damit klar hervor, daß die Prognose von Wiertz irrig war: »En réduisant au néant ce qui lui est inférieur, l'héliographie prédestine l'art à de nouveaux progrès, en rappelant l'artiste à la nature, elle le rapproche d'une source d'inspiration dont la fécondité est infinie.« Francis Wey: Du naturalisme dans l'art [La Lumière 6 avril 1851] (cit Gisèle Freund: La photographie en France au XIXe siècle Paris 1936 p 111) [Y 8, 4]

»En ne regardant que le côté possible de la divination, croire que les événements antérieurs de la vie d'un homme ... peuvent être immédiatement représentés par des cartes qu'il mêle, qu'il coupe et que le diseur d'horoscope divise en paquets d'après des lois mystérieuses, c'est l'absurde; mais c'est l'absurde qui condamnait la vapeur, qui condamne encore la navigation aérienne, qui condamnait les inventions de la poudre et de l'imprimerie, celle des lunettes, de la gravure, et la dernière grande découverte, la daguerréotypie. Si quelqu'un fût venu dire à Napoléon qu'un édifice et qu'un homme sont incessamment et à toute heure représentés par une image dans l'atmosphère, que tous les objets existants y ont un spectre saisissable, perceptible, il aurait logé cet homme à Charenton ... Et c'est là cependant ce que Daguerre a prouvé par sa découverte.« Honoré de Balzac: Le cousin Pons (Œuvres complètes XVIII La Comédie humaine Scènes de la vie parisienne VI Paris 1914 p 129/130) »Ainsi, de même que les corps se projettent réellement dans l'atmosphère en y laissant subsister ce spectre saisi par le daguerréotype qui l'arrête au passage; de même, les idées ... s'impriment dans ce qu'il faut nommer l'atmosphère du monde spirituel ..., y vivent *spectralement* (car il est nécessaire de forger des mots pour exprimer des phénomènes innommés), et dès lors certaines créatures douées de facultés rares peuvent parfaitement apercevoir ces formes ou ces traces d'idées.« (lc p 132) [Y 8 a, 1]

»Degas a utilisé le premier, pour ses tableaux, la représentation du mouvement rapide telle que nous la donne la photographie instantanée.« Wladimir Weidlé: Les abeilles d'Aristée Paris ⟨1936⟩ p 185 (L'agonie de l'art) [Y 8 a, 2]

Welchen Autor zitiert Montesquiou in der folgenden Stelle, die einem handschriftlichen Text entnommen ist, der auf der Guys-Ausstellung in Paris im Frühjahr 1937 in einem kostbar ausgestatteten Memorabilienbande in einer Vitrine zu lesen war? »Telle, en quelques phrases hâtives, se montre cette première exposition de Constantin Guys, récente surprise que vient de nous sortir de sa féconde boîte à malice, M. Nadar, le célèbre aéronaute, dirais-je le photographe illustre? Certes, cet ingénieux esprit plein de passé a droit à ce titre, dans le sens le plus noble, et selon cette admirable définition qu'en a faite un puissant et subtil penseur, en des pages sublimes: L'humanité a aussi inventé, dans son égarement du soir, c'est à dire au dix-neuvième siècle, le symbole du souvenir; elle a inventé ce qui eût paru impossible; elle a inventé un miroir qui se souvient. Elle a inventé la photographie.« [Y 8 a, 3]

»L'art, à aucune époque, n'a répondu aux seules exigences esthétiques. Les statuaires gothiques servaient Dieu en travaillant pour ses fidèles; les portraitistes visaient à la ressemblance; les pêches et les lièvres d'un Chardin étaient à leur place dans la salle à manger, au-dessus de la table du repas familial. Les artistes dans quelques cas, assez rares d'ailleurs, en souffraient; l'art dans son ensemble en profitait; il en a été ainsi dans toutes les grandes époques artistiques. En particulier, la conviction naïve qu'ils ne faisaient que ›copier la nature‹ était aussi salutaire pour les peintres de ces heureuses époques que théoriquement injustifiable. Les vieux maîtres hollandais se considéraient moins comme artistes que (si l'on peut dire) comme photographes; ce n'est qu'aujourd'hui que le photographe désire absolument passer pour un artiste. Une estampe, jadis, était avant tout un document, moins exact (en moyenne) et plus artistique qu'une photographie, mais ayant la même fonction, remplissant à peu près le même rôle pratique.« Neben dieser wichtigen Einsicht steht beim Verfasser die nicht minder wichtige, daß der Photograph sich nicht durch den grundsätzlich größeren Realismus seiner Arbeiten vo⟨m⟩ bildenden Künstler unterscheide sondern durch eine höher mechanisierte Technik, die seine künstlerische Aktivität nicht ausschließt. Das alles hindert ihn nicht, zu schreiben: »*Le malheur* (Sperrung von mir) n'est pas que le photographe aujourd'hui se croit *artiste*; le malheur c'est qu'il dispose réellement de certains moyens propres à l'art du peintre.« Wladimir Weidlé: Les abeilles d'Aristée Paris p 181/182 und 184 (L'agonie de l'art) Vgl Jochmann über das Epos: »Die allgemeine Theilnahme, die ein solches Gedicht aufregte, der Stolz, mit dem ein ganzes Volk es wiederholte, sein gesetzgebendes Ansehen über Meinungen und Gesinnungen, Alles gründete sich eben darauf, daß man es *nicht* für eine bloße Dichtung hielt.« [Carl Gustav Jochmann:] Über die Sprache Heidelberg 1828 p 271 (Die Rückschritte der Poesie) [Y 9, 1]

Schon gegen 1845 tritt die Illustration im Inseratenwesen auf. Am 6 Juli dieses Jahres erläßt die Société générale des annonces, die die publicité der Débats, des Constitutionnel, der Presse gepachtet hatte, einen Prospekt, der sagt: »Nous appelons ... votre attention sur les illustrations qu'un grand nombre d'industriels sont dans l'habitude, depuis quelques années, de joindre à leurs annonces. La faculté de frapper les yeux par la forme et la disposition des caractères est moins précieuse peut-être que l'avantage de pouvoir compléter par des dessins, des modèles, des plans, une exposition souvent aride.« P Datz: Histoire de la publicité I Paris 1894 p 216/217
[Y 9, 2]

Baudelaire erwähnt im »Morale du joujou« neben dem Stereoskop das Phenakistikop. »Le phénakisticope, plus ancien, est moins connu. Supposez un mouvement quelconque, par exemple un exercice de danseur ou de jongleur, divisé et décomposé en un certain nombre de mouvements; supposez que chacun de ces mouvements, – au nombre de vingt, si vous voulez, – soit représenté par une figure entière du jongleur ou du danseur, et qu'ils soient tous dessinés autour d'un cercle de carton.« Sodann beschreibt Baudelaire den Spiegelmechanismus, mit Hilfe dessen man in den 20 Öffnungen eines äußern Kreises zwanzig taktmäßig bewegte Figürchen in kontinuierlicher Aktion begriffen vor sich sieht. Baudelaire: L'art romantique Paris p 146 vgl Y 7 a, 1 [Y 9 a, 1]

die Photographie 843

Es ist der Pantograph, dessen Prinzip wohl auch im Physiognotrace
vorliegt, gewesen, der automatisch die Eintragung ursprünglich auf Papier
durchgepauster Linienzüge in eine Gipsmasse vornahm, wie sie bei der
Photoskulptur vorgenommen werden mußte. Vorlage bei diesem Verfahren waren 24 simultane Aufnahmen von verschiedenen Seiten. Gautier
befürchtet von diesem Verfahren keine Bedrohung der Bildhauerei. Was
kann den Bildhauer hindern, die mechanisch hervorgebrachte Grundfigur
künstlerisch zu beseelen? »Ce n'est pas tout, le siècle, bien que dépensier,
est économe. L'art pur lui semble cher. Avec l'aplomb d'un parvenu, il ose
parfois marchander les maîtres. Le marbre et le bronze l'effrayent ... La
photosculpture n'est pas si grande dame que la statuaire ... Elle sait se
réduire et se contente d'une étagère pour piédestal, heureuse d'avoir
fidèlement reprodui une physionomie aimée ... Elle ne dédaigne pas les
paletots; les crinolines ne l'embarrassent pas; elle accepte la nature et le
monde comme elles sont. Sa sincérité s'accommode de tout, et quoique ses
plâtres stéarines puissent être traduits en marbre, en terre cuite, en albâtre
ou en airain ... elle ne vous demandera pas pour son travail ce que coûterait
chez sa grande sœur seulement le prix de la matière.« Théophile Gautier:
Photosculpture 42, Boulevard de l'Etoile Paris 1864 p 10/11 Den Aufsatz
schließt ein Holzschnitt mit Photoskulpturen, von denen eine Gautier
darstellt. [Y 9 a, 2]

»Er verfeinerte die Illusionskunst des Panoramas und erfand das Diorama.
Er assoziierte sich mit einem anderen Maler und eröffnete am 11. Juli 1822
in der Rue de Sanson zu Paris ... eine Schaustellung, deren Ruhm sich
rasch verbreitete ... Ihr Erfinder und Unternehmer ... wurde zum Ritter
der Ehrenlegion geschlagen. Mitternachtsmesse, Tempel Salomonis, Edinburgh im schaurigen Schein einer Feuersbrunst und Napoleons Grab, von
der Aureole des roten Sonnenuntergangs natürlich verklärt: dies sind die
Wunder, die hier gewiesen wurden. Ein Übersetzer von Daguerres Schrift
über seine beiden Erfindungen (1839) schildert die Vielfalt der großen und
kleinen, herrlichen, heimlichen und schrecklichen Lichter sehr schön: ›Der
Zuschauer sitzt in einem kleinen Amphitheater; die Szene scheint ihm mit
einem noch in Dunkel gehüllten Vorhang bedeckt. Nach und nach aber
weicht dieses Dunkel einem Dämmerlichte ...: eine Landschaft oder ein
Prospekt tritt immer deutlicher ... hervor, der Morgen dämmert ...,
Bäume treten aus dem Schatten heraus, die Konturen der Berge, der Häuser
werden sichtbar ...: der Tag ist angebrochen. Die Sonne steigt immer
höher; in einem Hause sieht man durch ein offenes Fenster ein Küchenfeuer allmählich emporlodern; in einem Winkel der Landschaft sitzt eine
Gruppe Biwakierender um einen Feldkessel herum, unter welchem sich das
Feuer nach und nach steigert; eine Schmiedeesse wird sichtbar, und das
Glühfeuer derselben scheint ... immer mehr angefacht zu werden. Nach

einiger Zeit ... nimmt die Tageshelle ab, während der rote Schein des künstlichen Feuers an Stärke gewinnt; es folgt wieder die anfängliche Dämmerung und endlich die Nacht. Bald aber tritt das Mondenlicht in seine Rechte ein, die Gegend wird auf's Neue sichtbar in den sanften Tinten der erhellten Nacht, eine Schiffslaterne entzündet sich im Schiffe, das im Vordergrund eines Hafens ankert; die Kerzen am Altar im Hintergrunde einer vortrefflichen Kirchenperspektive entzünden sich, die zuvor unsichtbare Gemeinde wird von den Strahlen beleuchtet, die vom Altar ausgehen; oder jammernde Menschen stehen am Rande des Bergsturzes, dessen Verwüstungen der Mond an derselben Stelle beleuchtet, wo zuvor der Ruffiberg den Hintergrund der lieblichen Schweizerlandschaft von Goldau gebildet hatte.‹« cit als »Übersetzer von Daguerres Schrift über seine beiden Erfindungen (1839)« von Dolf Sternberger: Das wunderbare Licht Zum 150 Geburtstag Daguerres Frankfurter Zeitung ⟨21⟩ November 1937
[Y 10, 1]

Das Eintreten des zeitlichen Moments in die Panoramen wird durch die Abfolge der Tageszeiten (mit den bekannten Beleuchtungstricks) zuwege gebracht. Damit transzendiert das Panorama das Gemälde und weist auf die Photographie voraus. Infolge ihrer technischen Beschaffenheit kann und muß die Photographie zum Unterschied vom Gemälde einem bestimmten und kontinuierlichen Zeitabschnitt (Belichtungsdauer) zugeordnet werden. In dieser chronologischen Präzisierbarkeit liegt ihre politische Bedeutung in nuce bereits beschlossen. [Y 10, 2]

»Dans ces jours déplorables, une industrie nouvelle se produisit, qui ne contribua pas peu à confirmer la sottise dans sa foi et à ruiner ce qui pouvait rester de divin dans l'esprit français. Cette foule idolâtre postulait un idéal digne d'elle et approprié à sa nature, cela est bien entendu. En matière de peinture et de statuaire, le *Credo* actuel des gens du monde ... est celui-ci: ›Je crois ... que l'art est ne peut être que la reproduction exacte de la nature ... Ainsi l'industrie qui nous donnerait un résultat identique à la nature serait l'art absolu.‹ Un Dieu vengeur a exaucé les vœux de cette multitude. Daguerre fut son messie. Et alors elle se dit: ›Puisque la photographie nous donne toutes les garanties désirables d'exactitude (ils croient cela, les insensés!), l'art, c'est la photographie.‹ A partir de ce moment, la société immonde se rua, comme un seul Narcisse, pour contempler sa triviale image sur le métal. Une folie, un fanatisme extraordinaire s'empara de tous ces nouveaux adorateurs du soleil. D'étranges abominations se produisirent. En associant et en groupant des drôles et des drôlesses, attifés comme les bouchers et les blanchisseuses dans le carnaval, en priant ces *héros* de

die Photographie

vouloir bien continuer, pour le temps nécessaire à l'opération, leur grimace de circonstance, on se flatta de rendre les scènes, tragiques ou gracieuses, de l'histoire ancienne ... Peu de temps après, des milliers d'yeux avides se penchaient sur les trous du stéréoscope comme sur les lucarnes de l'infini. L'amour de l'obscénité, qui est aussi vivace dans le cœur naturel de l'homme que l'amour de soi-même, ne laissa pas échapper une si belle occasion de se satisfaire ... [223] ... Je suis convaincu que les progrès mal appliqués de la photographie ont beaucoup contribué, comme d'ailleurs tous les progrès purement matériels, à l'appauvrissement du génie artistique français, déjà si rare ... La poésie et le progrès sont deux ambitieux qui se haïssent d'une haine instinctive, et, quand ils se rencontrent dans le même chemin, il faut que l'un des deux serve l'autre.« Ch⟨arles⟩ Baudelaire: Œuvres ⟨ed Le Dantec⟩ II ⟨Paris 1932⟩ p 222-224 (Salon de 1859 Le public moderne et la photographie) [Y 10a, 1]

Baudelaire spricht in Quelques caricaturistes français anläßlich Monniers von »le charme cruel et surprenant du daguerréotype«. Ch⟨arles⟩ Baudelaire: Œuvres ed Le Dantec II p 197 [Y 10a, 2]

»La poésie et le progrès sont deux ambitieux qui se haïssent d'une haine instinctive, et, quand ils se rencontrent dans le même chemin, il faut que l'un des deux serve l'autre. S'il est permis à la photographie de suppléer l'art dans quelques-unes de ses fonctions, elle l'aura bientôt supplanté ou corrompu tout à fait, grâce à l'alliance naturelle qu'elle trouvera dans la sottise de la multitude. Il faut donc qu'elle rentre dans son véritable devoir, qui est d'être la servante des sciences et des arts, mais la très-humble servante, comme l'imprimerie et la sténographie, qui n'ont ni créé ni suppléé la littérature. Qu'elle enrichisse rapidement l'album du voyageur et rende à ses yeux la précision qui manquerait à sa mémoire, qu'elle orne la bibliothèque du naturaliste, exagère les animaux microscopiques, fortifie même de quelques renseignements les hypothèses de l'astronome; qu'elle soit enfin le secrétaire et le garde-note de quiconque a besoin dans sa profession d'une absolue exactitude matérielle, jusque-là rien de mieux. Qu'elle sauve de l'oubli les ruines pendantes, les livres, les estampes et les manuscrits que le temps dévore, les choses précieuses dont la forme va disparaître et qui demandent une place dans les archives de notre mémoire, elle sera remerciée et applaudie. Mais s'il lui est permis d'empiéter sur le domaine de l'impalpable et de l'imaginaire, sur tout ce qui ne vaut que par ce que l'homme y ajoute de son âme, alors malheur à nous!« Charles Baudelaire: Œuvres ed Le Dantec II p 224 (Salon de 1859 Le public moderne et la photographie) [Y 11, 1]

Cocteaus »Mariés de la tour Eiffel« können vielleicht als eine »Kritik der Momentaufnahme« betrachtet werden, insofern die beiden Seiten des Chocks – seine technische Funktion im Mechanismus und seine sterilisierende im Erlebnis – in diesem Stücke zur Geltung kommen. [Y 11, 2]

Z

[DIE PUPPE, DER AUTOMAT]

»Ich war immer unter Menschen die einzige fühlende Puppenbrust gewesen«
Amalie Winter: Memoiren einer Berliner Puppe für Kinder von 5 bis 10 Jahren und für deren Mütter Lpz 1852 p 93

»Wo statt der Uhr die Augen Stunden zeigen«
Franz Dingelstedt: Ein Roman cit Adolf Strodtmann: Dichterprofile I Stuttgart 1879 p 111

»Die findigen Pariserinnen ... bedienten sich, um ihre Moden leichter zu verbreiten, einer besonders augenfälligen Nachbildung ihrer neuen Schöpfungen, nämlich der Modepuppen ... Diese Puppen, die noch im 17. und 18. Jahrhundert eine große Rolle spielten, wurden, wenn sie ihre Tätigkeit als Modebild beendet hatten, den Mädchen zum Spielen überlassen.« Karl Gröber: Kinderspielzeug aus alter Zeit Berlin 1927 p 31/32 ∎ Mode ∎ Reklame ∎ [Z 1, 1]

Sie sind die wahren Feen dieser Passagen – käuflicher und gebrauchter als die lebensgroßen – die einst weltberühmten pariser Puppen, die auf dem singenden Sockel sich drehten und auf den Armen ein Körbchen halten, aus dem in den werdenden Mollakkord ein Schäfchen die witternde Schnauze streckte. Als Hackländer für eines seiner Märchen diese »neueste Erfindung des industriellen Luxus« sich nutzbar machte, da hat er auch die wunderbaren Puppen in der gefährlichen Passage angesiedelt, die Schwester Tinchen auf Geheiß der Fee Concordia zu durchwandeln hat, um ihre armen Brüder zu erlösen. »Tinchen schritt getrost über die Grenze ins Zauberland, sie dachte nur an ihre Brüder. Anfangs sah sie nichts Besonderes, bald aber führte der Weg sie durch ein weites Zimmer, welches ganz mit Spielsachen angefüllt war. Hier standen kleine Buden mit allem Möglichen ausgestattet, Carousels mit Pferdchen und Wagen, Schaukeln und Wiegepferde, vor allem aber die herrlichsten Puppenstübchen. An einem kleinen gedeckten Tisch saßen große Puppen auf Lehnstühlen, und die größte und schönste unter ihnen stand bei Tinchens Anblick auf, machte ihr eine zierliche Verbeugung und redete sie mit einem wunderfeinen Stimmchen an.« Das Kind mag von Geisterspielzeug nichts wissen, aber der böse Zauber dieser glatten Bahn nimmt gerne bis auf den heutigen Tag die Form von großen beweglichen Puppen an. ■ Reklame ■ [Z 1, 2]

»Man weiß, daß Longchamps die Mode erfindet. Ich habe keine neue gesehen, aber morgen werden alle Follets, alle petits couriers des dames, alle Psyche's in ihren Bülletins von neuen Trachten erzählen, die schon fertig und erfunden waren, ehe Longchamps kam. Manche der Carossen hab' ich sehr in Verdacht, daß ihr Besitzer statt einer Dame, die darin zu sitzen schien, nur eine Modefigur schickte, die tragen mußte, was seinem Interesse an Shawls, seidenen und sammetnen Stoffen entsprechend ist.« Karl Gutzkow: Briefe aus Paris Lpz 1842 I p 119/20 [Z 1, 3]

Aus den ombres chinoises des Palais-Royal: »Eine ... Demoiselle hielt Wochen auf dem Theater, und die Kinder konnten gleich wie die Maulwürfe laufen. Es waren ihrer vier, und sie tanzten einige Augenblicke nach der Geburt schon eine artige Quadrille zusammen. Eine andere Demoiselle schüttelte stark mit dem Kopf, und ehe man sichs versah, stieg eine zweite Demoiselle völlig angekleidet aus dem Kopfe heraus. Diese tanzte gleich, gab sich aber bald nachher auch ans Kopfschütteln; es waren die Wehen und eine dritte stieg aus ihrem Haupte. Auch diese tanzte gleich, aber bald fing auch sie an mit dem Kopfe zu schütteln, und aus ihr entstieg die vierte. Und so ging das fort, bis daß acht Generationen auf dem Theater waren, – die alle durch Superfötation untereinander verwandt waren wie die Filzläuse.« J. F. Benzenberg: Briefe geschrieben auf einer Reise nach Paris Dortmund 1805 I p 294 [Z 1, 4]

Zu einer bestimmten Zeit hat das Puppenmotiv eine sozialkritische Bedeutung. So: »Sie haben keine Ahnung, wie Einem diese Automaten und Puppen zuwider werden, wie man aufathmet, wenn man in dieser Gesellschaft einer vollen Natur begegnet.« Paul Lindau: Der Abend Berlin 1896 p 17 [Z 1, 5]

»Dans une boutique, rue Legendre, aux Batignolles, toute une série de bustes de femmes, sans têtes et sans jambes, avec des patères de rideaux à la place des bras et une peau de percaline d'une couleur absolue, bis sec, rose cru, noir dur, s'aligne en rang d'oignons, empalée sur des tiges ou posée sur des tables ... A regarder cet étiage des gorges, ce musée Curtius des seins, l'on songe vaguement à ces caves où reposent les sculptures antiques du

die Puppe, der Automat   849

Louvre, où le même torse éternellement répété fait la joie apprise des gens qui le contemplent, en bâillant, les jours de pluie ... Combien supérieurs aux mornes statues des Vénus, ces mannequins si vivants des couturiers; combien plus insinuants ces bustes capitonnés dont la vue évoque de longues rêveries: – rêveries libertines, en face des tétons éphébiques et des pis talés – rêveries charitables, en face des mamelles vieillies, recroquevillées par la chlorose ou bouffies par la graisse; – car l'on pense aux douleurs des malheureuses qui ... sentent l'indifférence prochaine du mari, l'imminente désertion de l'entreteneur, le désarmement final des charmes qui leur permettaient de vaincre, dans ces nécessaires batailles qu'elles livrent au porte-monnaie contracté de l'homme.« J. K. Huysmans: Croquis Parisiens Paris 1886 p 129, 131/132 »L'étiage«   [Z 1 a, 1]

»Vers les derniers jours de l'Empire, une question toute spéciale se présenta, celle des Pupazzi. On voulait faire représenter par ces marionnettes, sur le théâtre des Variétés, *le Roi Prudhomme*. Cette saynète mettait en scène l'Empereur, Emile Olivier ..., V. Hugo ..., Gambetta ..., Rochefort ... La pièce avait été jouée dans les salons et même aux Tuileries. Mais ces représentations intimes ne préjugent en rien l'effet de la représentation publique, et on se refusa à laisser ... le théâtre rentrer dans cette voie.« Victor Hallays-Dabot: La censure dramatique et le théâtre (1850-1870) Paris 1871 p 86   [Z 1 a, 2]

»Dans les concours qu'exige l'ornement matériel ... des costumes, le goût des poupées est utilisé ... Les petites bandes, composées en majorité de filles, sont chargées de la présentation des poupées et mannequins sur lesquels on fera choix.« Charles Fourier: Le nouveau monde industrielle et sociétaire Paris 1829 p 252   [Z 1 a, 3]

Victor Hugo hatte, als er an den Travailleurs de la mer schrieb, eine Puppe in der alten Tracht einer Dame aus Guernsey vor sich. Man hatte sie ihm verschafft; sie stand ihm Modell für Déruchette.   [Z 1 a, 4]

Marx erklärt, daß »vom 16. bis zur Mitte des 18. Jahrhunderts, also für die Periode der vom Handwerk aus sich entwickelnden Manufaktur bis zur eigentlichen großen Industrie, die zwei materiellen Basen, an denen sich innerhalb der Manufaktur die Vorarbeit für die Maschinenindustrie bildet, Uhr und Mühle (zunächst Kornmühle, und zwar Wassermühle) sind, beide vom Altertum überliefert ... Die Uhr ist der erste zu praktischen Zwecken angewandte Automat; die ganze Theorie über Produktion gleichmäßiger Bewegung an ihr entwickelt. Der Natur der Sache nach basiert sie selbst auf der Verbindung von halbkünstlerischem Handwerk und der direkten Theorie. Cardanus z. B. schrieb (und gab praktische Rezepte) über den Bau der Uhren. ›Gelehrtes (nichtzünftiges) Handwerk‹ heißt die Uhrmacherei bei deutschen Schriftstellern des 16. Jahrhunderts, und an der Entwicklung der Uhr ließe sich nachweisen, wie ganz verschieden auf Basis des Handwerks das Verhältnis von Gelehrsamkeit und Praxis als z. B. in der großen Industrie. Es unterliegt auch keinem Zweifel, daß im 18. Jahrhundert die Uhr die erste Idee gab, Automaten (und zwar durch Federn bewegte) auf die Produktion anzuwenden. Vaucansons Versuche in dieser Art wirkten historisch nachweisbar außerordentlich auf die Phantasie der englischen Erfinder. Bei der Mühle andrerseits von vornherein, sobald die Wassermühle geliefert, die wesentlichen Unterschiede im Organismus einer Maschine. Die mechanische Triebkraft. Prime Motor [Hauptmotor], worauf sie wartet. Transmissionsmechanismus. Endlich Arbeitsmaschine, die den Stoff anfaßt, alle in selbständiger Existenzweise gegeneinander. Die Lehre von der Friktion und damit die Untersuchungen über die mathematischen Formen von Räderwerk, Zähnen etc. alle an der Mühle gemacht; ditto hier zuerst die Lehre von dem Messen des Grads der bewegenden Kraft, von der besten Art, sie anzuwenden etc. Fast alle großen Mathematiker seit Mitte des 17. Jahrhunderts, soweit sie sich auf praktische Mechanik einlassen und sie theoretisieren, gehn von der einfachen Wasser-Kornmühle aus. In der Tat daher auch der Name Mühle und mill, der während der Manufakturperiode entstand, für alles auf praktische Zwecke gerichtete mechanische Triebwerk. Aber bei der Mühle, ganz so wie bei Preßmaschine, Hammerwerk, Pflug usw. von vornherein die eigentliche Arbeit, Schlagen, Zerquetschen, Mahlen, Zerkleinern etc. ohne menschliche Arbeit getan, wenn auch die Triebkraft menschlich oder viehisch. Daher diese Art Maschinerie ... sehr alt ... Daher auch fast die einzige Maschinerie, die in der Manufakturperiode vorkommt. Die industrielle Revolution beginnt, sobald der Mechanismus da angewandt, wo von alters her das Endresultat menschliche Arbeit erheischt, also wo nicht, wie bei jenen Werkzeugen, von jeher der eigentlich zu bearbeitende Stoff nie mit der menschlichen Hand zu tun hatte.« Marx an Engels 28 Januar 1863 aus London [Karl Marx Friedrich Engels: Ausgewählte Briefe hg von V. Adoratskij Moskau Leningrad 1934 p 118/119] [Z 2]

In seiner Studie »La mante religieuse (Recherches sur la nature et la signification du mythe)« verweist Caillois auf den bei der Gottesanbeterin besonders auffallenden Automatismus der Reflexe (es gibt kaum eine Lebensfunktion, die sie nicht auch enthauptet ausführt). Er bringt sie, ihrer unheilvollen Bedeutung wegen in Zusammenhang mit den verhängnisvollen Automaten, welche die Mythen kennen. So Pandora »automate fabriqué par le dieu forgeron pour la perte des hommes, pour que ceux-ci ›entourent d'amour leur propre malheur‹ (Hésiode, Travaux et Jours, v 58). On rejoint également les Krtya indiennes, ces poupées animées par les

die Puppe, der Automat   851

sorciers pour causer la mort de ceux qui les étreindront. La littérature connaît, elle aussi, au chapitre des femmes fatales, la conception d'une femme-machine, artificielle, mécanique, sans commune mesure avec les créatures vivantes, et surtout meurtrières. La psychanalyse n'hésiterait pas, sans doute, à faire dériver cette représentation d'une façon particulière d'envisager les rapports de la mort et de la sexualité, et, plus précisément, d'un pressentiment ambivalent de trouver l'une dans l'autre.« Roger Caillois: La mante religieuse (Recherches sur la nature et la signification du mythe) (Mesures III, 2 15 Avril 1937 p 110) [Z 2 a, 1]

Baudelaire zitiert im Abschnitt »Les femmes et les filles« seines Guys die Worte von La Bruyère: »Il y a dans quelques femmes une grandeur artificielle attachée au mouvement des yeux, à un air de tête, aux façons de marcher, et qui ne va pas plus loin.« Man vergleiche Baudelaires »Le Mensonge«. – Im gleichen Kapitel zitiert Baudelaire den Begriff der »fœmina simplex du satirique latin«. (L'art romantique Paris p 109)
[Z 2 a, 2]

Anfänge der großen Industrie: »Beaucoup de paysans émigrent vers les villes, où la vapeur permet de concentrer les usines, jadis dispersées sur les cours d'eau.« Pierre-Maxime Schuhl: Machinisme et philosophie Paris 1938 p 56/57 [Z 2 a, 3]

»Aristote déclare que l'esclavage cesserait d'être nécessaire si les navettes et les plectres pouvaient se mettre en mouvement d'eux-mêmes: l'idée s'accorde à merveille avec sa définition de l'esclave, instrument animé ... De même le vieux poète Phérécyde de Syros avait dit comment les Dactyles, en même temps qu'ils construisirent pour Zeus une maison, façonnèrent pour lui serviteurs et servantes: nous sommes dans le règne de la fable ... Et pourtant trois siècles ne s'étaient pas écoulés qu'un poète de l'Anthologie, Antiphilos de Byzance, donne la réplique à Aristote en chantant l'invention du moulin à eau, qui libère les femmes du pénible travail de la mouture: ›Otez vos mains de la meule, meunières; dormez longtemps, même si le chant du coq annonce le jour, car Déméter a chargé les Nymphes du travail dont s'acquittaient vos mains: elles se précipitent du haut d'une roue, elles en font tourner l'axe qui, par des vis d'engrenage, meut le poids concave des meules de Nisyra. Nous goûterons la vie de l'âge d'or, si nous pouvons apprendre à savourer sans peine les œuvres de Déméter.‹« (Note: »*Anthologie Palatine*, IX, 418. Cette épigramme ... à été rapprochée déjà du texte d'Aristote, et pour la première fois, semble-t-il, par Marx.« vermutl⟨ich⟩ Kapital ⟨trad. Molitor, Paris 1924⟩ III p 61) Pierre-Maxime Schuhl: Machinisme et philosophie Paris 1938 p 19/20 [Z 3]

a

[Soziale Bewegung]

»Fais voir, en déjouant la ruse,
O republique à ces pervers
Ta grande face de Meduse
Au milieu de rouges éclairs.«
   Französisches Arbeiterlied um 1850 cit bei Adolf Stahr:
   Zwei Monate in Paris Oldenburg 1851 II p 199

»Ramas d'hommes sans foi, sans âme, sans patrie,
Qui veut tuer les arts, le travail, l'industrie,
Ecraser sous ses pieds le culte de la croix,
Qui veut, dans une mer et de sang et de flammes,
Dont Paris sur son front a vu monter les lames,
Noyer temples, palais, prêtres, peuples et rois!«
   Edouard D'Anglemont: L'internationale Paris 1871 p 7

»Palerme a l'Etna, Paris a la pensée.«
   Victor Hugo: Paris [Littérature et philosophie mêlée Paris
   1867 p 466/467] cit Georges Batault: Le pontife de la
   démagogie Victor Hugo Paris 1934 p 203

»Comme les surréalistes ne cessent pas de confondre le non-conformisme moral et la révolution prolétarienne, au lieu de suivre le train du monde moderne, ils tâchent de se replacer à un moment historique où cette confusion était encore possible, dans un climat antérieur au congrès de Tours, antérieur même au développement du Marxisme, l'époque des années 20, 30 et 40.« Emmanuel Berl: Premier pamphlet (Europe No 75 15 Mars 1929 p 402) Und das ist ja kein Zufall. Denn einmal sind hier Elemente – der anthropologische Materialismus, die Feindschaft gegen den Fortschritt – die gegen den Marxismus refraktär sind – zum andern spricht hier aber jener Wille zur Apokatastasis, der Entschluß: gerade die Elemente des »zu frühen« und des »zu späten«, des ersten Beginns und des letzten Zerfalls im revolutionären Handeln und im revolutionären Denken wieder einzusammeln. [a 1, 1]

soziale Bewegung

Es ist wirklich in höchstem Grade notwendig, die Apotheose der Organisation und des Rationalismus, die die Kommunistische Partei angesichts der feudalen und hierarchischen Gewalten unermüdlich ins Werk setzen muß, genau in dieser ihrer polemischen Beziehung aufzufassen und sich klar zu machen, daß der Bewegung in sich ebenfalls mystische Elemente, wenn auch ganz anderer Art eignen. Noch wichtiger freilich, diese mystischen, der Leiblichkeit angehörenden Elemente mit den religiösen nicht zu verwechseln.

[a 1, 2]

Episode aus der Februarrevolution. Am 23ten um 11 Uhr abends Schießerei am Boulevard des Capucines: 23 Tote. »Aussitôt les cadavres sont promenés par les rues avec une mise en scène savante et romantique. ›Minuit va sonner. Les boulevards sont faiblement éclairés encore par l'illumination pâlissante.⟨‹⟩« [Die Freudenillumination anläßlich des Rücktritts von Guizot] ⟨»⟩Les portes, les fenêtres des maisons et des boutiques sont closes; chacun s'est retiré chez soi, le cœur oppressé de tristesse ... Tout à coup un roulement sourd se fait entendre sur le pavé, quelques fenêtres s'entr'ouvrent avec précaution ... Dans un chariot attelé d'un cheval blanc, que mène par la bride un ouvrier aux bras nus, cinq cadavres sont rangés avec une horrible symétrie. Debout sur le brancard, un enfant du peuple, au teint blême, l'œil ardent et fixe, le bras tendu, presque immobile, comme on pourrait représenter le Génie de la Vengeance, éclaire des reflets de sa torche, penchée en arrière, le corps d'une jeune femme dont le cou et la poitrine livides sont maculés d'une longue traînée de sang. De temps en temps, un autre ouvrier, placé à l'arrière du charriot, enlace de son bras musculeux ce corps inanimé, le soulève en secouant sa torche, d'où s'échappent des flammèches et des étincelles, et s'écrie en promenant sur la foule des regards farouches: Vengeance! Vengeance! On égorge le peuple! Aux armes! répondent des voix; et le cadavre retombe au fond du chariot qui continue sa route ...‹ (Daniel Stern).« Dubech-D'Espezel: Histoire de Paris Paris 1926 p 396 ■ Beleuchtung ■ [a 1, 3]

Die durch Haussmann mobilisierten Arbeitermassen verglich man – in abträglicher Absicht – mit den in den Ateliers nationaux von 1848 inkorporierten. ■ Haussmann ■ [a 1, 4]

»Les lectures favorites de l'ouvrier tailleur sont les histoires de la Révolution de 1789: il aime à y voir développer la pensée que cette révolution était désirable et qu'elle a amélioré la condition des classes populaires. Il s'exalte à l'aspect dramatique donné aux hommes et aux événements par plusieurs auteurs célèbres ... N'apercevant pas que la principale cause de son infériorité sociale est en lui-même, il aime à penser que ces hommes sont les modèles de ceux qui, réalisant un nouveau progrès, le soustrairont aux calamités de tout genre.« Le Play: Les ouvriers européens ⟨Paris 1855⟩ p 277 [a 1, 5]

»La guerre des rues a aujourd'hui sa technique; elle a été mise au point, après la reprise de Munich à main armée, dans un curieux petit ouvrage confidentiel publié en grand secret par le gouvernement de Berlin. On n'avance plus dans les rues, on les laisse vides. On chemine à l'intérieur des maisons, en perçant les murs. Sitôt qu'on est maître d'une rue, on l'organise; le téléphone se déroule à travers les trouées des murailles, cependant que, pour éviter un retour de l'adversaire, on mine immédiatement le terrain conquis ... Un des progrès les plus clairs est qu'on ne s'embarrassera plus du tout de ménager les maisons ou les vies. Auprès des guerres civiles de l'avenir, la rue Transnonnain paraîtra un épisode ... innocent et archaïque.« Dubech-D'Espezel: Histoire de Paris Paris 1926 p 479 ■ Haussmann ■ [a 1 a, 1]

Budget der Familie eines pariser Lumpensammlers zwischen 1849 und 1851 bei F Le Play: Les ouvriers européens Paris 1855 p 274/75 Daraus: ⟨»⟩4ᵉ section. Dépenses concernant les besoins moraux, les récréations et le service de santé ... Instructions des enfants: Frais d'école payés par le patron de la famille – 48ᶠoo; – livres achetés – 1ᶠ45 / Secours et aumônes (Les ouvriers de cette condition ne donnent point ordinairement d'aumônes.) / Récréations et solennités: Repas pris par la famille entière à l'une des barrières de Paris (huit excursions par an): vin, pain et pommes de terre frites – 8ᶠoo; – repas de macaroni au beurre er au fromage et vin pris les jours de Noel, du mardi gras, de Pâques et de la Pentecôte: dépenses comprises dans la 1ʳᵉ Sᵒⁿ; – tabac à chiquer pour l'ouvrier (bouts de cigares ramassés par l'ouvrier), 6ᵏ8 valant à 5ᶠoo-34ᶠoo; – tabac à priser pour la femme (acheté), 2ᵏ33-18ᶠ66; – joujoux et autres cadeaux donnés à l'enfant – 1ᶠoo ... Correspondance avec les parents: Lettres des frères de l'ouvrier demeurant en Italie: une par an en moyenne ... Nota. La ressource principale de la famille en cas d'accidents se trouve dans la bienfaisance privée ... Epargne de l'année. (L'ouvrier, entièrement dépourvu de prévoyance, désireux surtout de donner à sa femme et à sa petite fille tout le bien-être compatible avec leur condition, ne fait jamais d'épargne; il dépense, jour par jour, tout ce qu'il gagne.)« [a 1 a, 2]

»Le dommage qu'apporte à la moralité de l'ouvrier imprévoyant la substitution de l'antagonisme à la solidarité consiste précisément en ce qu'elle lui fait perdre l'occasion d'exercer ses vertus naturelles sous la seule forme à laquelle il puisse pratiquement atteindre. Le dévouement qui se

soziale Bewegung 855

révèle par le désir de bien faire, par la sollicitude pour l'intérêt du patron, par le sacrifice des goûts et des passions inconciliables avec la régularité du travail, est en effet plus accessible à l'ouvrier que le dévouement qui consiste à assister les siens au moyen d'une somme d'argent ... La vertu qui assiste et qui protège avec suite est surtout l'attribut des classes supérieures; elle peut se révéler, chez les ouvriers, par un élan immédiat et de courte durée; mais celle qui est le plus à leur portée se manifeste par l'accomplissement du devoir envers le patron.« MF Le Play: Les ouvriers européens Paris 1855 »Imprimé par autorisation de l'empereur à l'imprimerie impériale« p 278
[a 1 a, 3]

Die »petits propriétaires de la banlieue«. »Ils cultivent ... des vignes donnant un vin de qualité inférieure, auquel l'impôt de consommation établi dans l'intérieur de la capitale assure dans la banlieue un débouché avantageux.« F Le Play: Les ouvriers européens Paris 1855 p 271 [a 1 a, 4]

»Es giebt eine tropische Pflanze, welche jahrelang unansehnlich bleibt und nicht zur Blüthe gelangt, bis man endlich eines Tages eine Explosion wie von einem Flintenschusse hört, und wenige Tage darauf steigt eine riesige wunderbare Blume aus diesem Strauche hervor, deren Wachsthum so rasch ist, daß man ihre Entwicklung sichtlich wahrnehmen kann. Ebenso dürftig und verkümmert befand sich der französische Arbeiter-Stand in einem Winkel der Gesellschaft, bis auf ein Mal die Explosion der Februar-Revolution gehört wurde. Dann aber stieg auch eine riesige Blume aus dem unansehnlichen Bäumchen hervor und diese Blume voll Saft und Leben, voll Schönheit und Bedeutung, hieß die Association.« Sigmund Engländer: Geschichte der französischen Arbeiter-Associationen Hamburg 1864 IV p 217
[a 2, 1]

Organisation der Staats-Werkstätten (ateliers nationaux) durch Thomas. »Es genügt anzuführen, daß Emile Thomas die Arbeiter in Brigaden und Compagnien eintheilte, und daß deren Führer nach dem allgemeinen Stimmrecht von den Arbeitern gewählt wurden. Jede Compagnie hatte ihre Fahne, und Emile Thomas bediente sich bei dieser Organisation anderer Civil-Ingenieurs und der Schüler der polytechnischen Schule, welche durch ihre Jugend einen moralischen Einfluß auf die Arbeiter ausübten ... Aber trotzdem die Minister der öffentlichen Arbeiten den Ingenieurs des Staates befahl, Arbeiten vorzuschlagen ..., entschlossen sich die Ingenieure der Direction der Brücken und Wege doch nicht, diesem Befehle des Ministers nachzukommen, weil in Frankreich von jeher eine große Eifersucht zwischen den officiellen und den Civil-Ingenieurs besteht, und es die letzten waren, welche die National-Werkstätten dirigirten. Thomas war daher auf seine eigenen Ressourcen angewiesen, und er konnte nie einer solchen Armee von Arbeitern, die sich täglich vermehrte, irgend eine nützliche Arbeit anweisen. So ließ er z. b. Bäume aus der Umgebung von Paris nach der Stadt bringen, um dieselben auf den Boulevards pflanzen zu lassen, weil während der Februar-Kämpfe die ehemaligen Bäume der Boulevards niedergerissen worden waren. Die Arbeiter zogen singend und träge mit den Bäumen durch Paris ... Andere Arbeiter, die z. B. Brückengeländer zu reinigen hatten, wurden zum Gespötte der Vorübergehenden, und so kam denn auch die Mehrzahl dahin, ihre Zeit blos mit Kartenspiel, Singen u. dgl. auszufüllen ... Die National-Werkstätten wurden ... bald der Anziehungspunkt für alle Vagabonden und Müßiggänger, deren ganze Arbeit darin bestand, mit ihren Fahnenträgern durch die Straßen zu ziehen, hie und da das Straßen-Pflaster zu verbessern oder Erde aufzuwerfen und dgl., aber im Ganzen genommen zerlumpt, verwildert, schreiend und singend zu thun, was ihnen eben in den Sinn kam ... Eines Tages kamen auf einmal 600 Schauspieler, Maler, Künstler, Commissionairs, welche erklärten, daß die Republik jedem Bürger Arbeit garantirt habe, und daß daher auch sie darauf Anspruch machten; Tomas machte dieselben zu Inspectoren.« Sigmund Engländer: Geschichte der französischen Arbeiter-Associationen Hamburg 1864 II p 268-271 ∎ Flaneur ∎ [a 2, 2]

»Weder die Maires noch die Polizei-Commissaire, die die Bulletins unterzeichnen mußten, durch welche die Zuständigkeit der Arbeiter zu Paris bezeugt wurde, konnten bei den Drohungen, die gegen sie laut wurden, irgend eine Controle ausüben. Sie gaben in ihrer Angst sogar Kindern von 10 Jahren Bulletins, mit denen dieselben sich präsentirten und um Zulaß in die National-Werkstätten ansuchten.« Sigmund Engländer: Geschichte der französischen Arbeiter-Associationen Hamburg 1864 II p 272 [a 2 a, 1]

Episodisches aus der Juni-Insurrektion: »Man sah Weiber siedendes Oel oder heißes Wasser auf die Soldaten gießen und dabei schreien und brüllen. Auf vielen Punkten gab man den Insurgenten Branntwein, der durch verschiedene eingemischte Ingredienzien dieselben bis zum Wahnsinn aufregte ... Einige Weiber schnitten mehreren gefangenen Mobilgarden die Geschlechtstheile ab, man weiß, daß ein Insurgent in Weiberkleidern mehrere gefangene Officiere köpfte ..., man sah Köpfe von Soldaten auf Spießen, die auf Barrikaden aufgepflanzt waren. Viele Züge, die man erzählt, waren erfunden, z. B. daß die Insurgenten gefangene Mobilgarden zwischen zwei Bretter gebunden und so lebendig in Stücke gesägt hätten. Dagegen sind einzelne Dinge vorgefallen, die ganz eben so scheußlich waren ... Viele Insurgenten bedienten sich solcher Kugeln, die nicht mehr aus den Wunden genommen werden konnten, weil ein Draht durch dieselben gezogen war, der auf beiden Seiten herausreichte. Hinter mehre-

soziale Bewegung 857

ren Barrikaden standen Spritzen, mit denen man Vitriol-Oel auf die angreifenden Soldaten spritzte. Es wäre unmöglich, alle die teuflischen Grausamkeiten anzuführen, welche von beiden Seiten begangen wurden, es genügt zu sagen, daß die Weltgeschichte nichts Aehnliches aufzuweisen hat.« Engländer lc II p 288/89 [a 2 a, 2]

Juni-Aufstand. »Auf viele geschlossene Läden schrieben die Insurgenten: ›Achtung vor dem Eigenthume, Tod den Dieben!‹ Auf vielen Fahnen der Barrikaden standen die Worte: ›Brod und Arbeit.‹ In der Rue St. Martin war am ersten Tage ein Juwelier-Laden offen, ohne daß demselben irgend eine Gefahr drohte, während wenige Schritte davon ein Laden, in dem sich ein Lager von alten Eisen befand, geplündert wurde ... Viele Insurgenten hatten während des Kampfes ihre Weiber und Kinder auf den Barrikaden versammelt und riefen: ›Da wir sie nicht mehr ernähren können, so wollen wir wenigstens Alle zusammen sterben!‹ Während die Männer kämpfen, fabricirten die Weiber Pulver, und ihre Kinder gossen Kugeln, indem sie sich dabei jedes Stückes Blei oder Zinn bedienten, das in ihre Hände fiel. Manche Kinder bedienten sich der Fingerhüte, um Kugeln zu gießen, Mädchen schleppten während der Nacht, wenn die Kämpfenden schliefen, Pflaster-Steine nach den Barrikaden.« Engländer lc II p 291 und 293
[a 2 a, 3]

Barrikaden von 1848⟨:⟩ »On en compta plus de 400. Beaucoup, précédées de fossés et crénelées, montaient à la hauteur d'un premier étage.« Malet et Grillet: XIXe siècle Paris 1919 p 249 [a 2 a, 4]

»Im Jahre 1839 begründeten einige Arbeiter in Paris eine Zeitung unter dem Titel, La Ruche populaire ... Das Bureau dieser Zeitschrift befand sich im ärmsten Stadttheile von Paris, in der Rue des quatre fils. Es war eine der wenigen von Arbeitern redigirten Zeitungen, welche in das Volk drangen, was durch die von ihr verfolgte Tendenz erklärt wird. Sie hatte nämlich als ihr Programm aufgestellt, das verborgene Elend zur Kunde der reichen Wohlthäter zu bringen ... Im Bureau dieses Journals war ein Register des Elends aufgeschlagen, in das ein jeder Hungernde sich einschreiben konnte. Es war stark, dieses Register des Unglücks, und da um diese Zeit die Geheimnisse von Paris von Eugène Sue die Wohlthätigkeit in der feinen Welt in Mode gebracht hatten, so fuhren oft Equipagen vor das schmutzige Redactionslokal, wo sich blasirte Damen die Adressen von Unglücklichen holten, um denselben persönlich Almosen zu bringen und auf diese Art die abgestumpften Nerven wieder aufzureizen. Jede Nummer dieser Arbeiter-Revue begann mit einer summarischen Aufzählung der armen Leute, die sich bei dem Redacteur gemeldet hatten; – Details über ihr Unglück fand man in dem Register ... Selbst nach der Februar-Revolution, als alle

Klassen sich gegenseitig mit Mißtrauen betrachteten ... fuhr die Ruche populaire fort, persönliche Berührungen zwischen Armen und Reichen zu vermitteln ... Dies ist um so merkwürdiger, wenn man bedenkt, daß selbst um diese Zeit alle Artikel der Ruche populaire von wirklichen, praktisch beschäftigten Arbeitern geschrieben wurden.« Sigmund Engländer: Geschichte der französischen Arbeiter-Associationen Hamburg 1864 II p 78-80, 82/83 [a 3, 1]

»L'extension que l'industrie a prise à Paris depuis 30 ans a donné au métier de chiffonnier qui occupe le dernier degré de l'échelle industrielle, une certaine importance. Hommes, femmes, enfans, tous peuvent se livrer aisément à l'exercice de ce métier, qui n'exige aucun apprentissage et dont les instrumens sont aussi simples que les procédés; une hotte, un crochet et une lanterne, voilà tout le matériel du chiffonnier. Le chiffonnier adulte, pour gagner de 25 à 40 sous par jour, selon les saisons, est obligé de faire communément trois rondes, deux de jour, et une de nuit; les deux premières ont lieu de cinq heures du matin à neuf heures, et de onze heures à« [von hier ab fehlen 4 Seiten im Exemplar der B⟨ibliothèque⟩ N⟨ationale⟩!] »Ils ont ainsi que les ouvriers l'habitude de fréquenter les cabarets ... Comme eux et plus qu'eux, ils mettent de l'ostentation dans la dépense, que cette habitude leur occasionne. L'eau-de-vie a, pour les vieux chiffonniers et surtout pour les vieilles chiffonnières, un attrait qu'aucun autre ne peut balancer ... Les chiffonniers ne se contentent pas toujours de vin ordinaire dans les cabarets, ils se font apprêter du vin chaud et ils se formaliseraient grandement, si ce vin ne contenait, avec force sucre, l'arôme produit par l'emploi du citron.« HA Frégier: Des classes dangereuses de la population ⟨dans les grandes villes et des moyens de les rendre meilleures⟩ Paris 1840 I p 104, 109 [a 3, 2]

Frégier spricht ausführlich von den écrivains publics, die im schlechtesten Ruf gestanden haben müssen und aus deren Kreisen Lacenaire hervorgegangen ist, der wegen seiner schönen Handschrift geschätzt war. – »On m'a cité un ancien marin, doué d'un talent remarquable pour l'autographie, qui, au cœur de l'hiver, n'avait pas de chemise sur le corps, et cachait sa nudité en fermant son gilet avec une épingle. Cet individu, qui était à peine vêtu, et qui, à son dénûment, joignait une saleté nauséabonde, dépensait de temps à autre de cinq à six francs à son dîner.« H-A Frégier: Des classes dangereuses de la population Paris 1840 I p 117/118 [a 3 a, 1]

»S'il arrive, qu'un entrepreneur adresse à un ouvrier, en présence de ses camarades, des reproches qui lui paraissent injustes ... l'ouvrier laisse là ses outils et court au cabaret ... Dans beaucoup d'établissemens industriels qui ne sont pas rigoureusement surveillés, l'ouvrier ne se contente pas d'aller au cabaret, avant l'heure où le travail commence, et à l'heure de ses repas qui ont lieu à 9 et à 2 heures; il y va encore à 4 heures et le soir en retournant au logis ... Il est des femmes qui ne se font pas scrupule de suivre, avec leurs enfans déjà capables de travailler, leur mari à la barrière, pour aller, disent-elles, faire la noce. ... On y dépense une grande partie des salaires de toute la famille, et l'on rentre chez soi, le lundi soir, dans un état voisin de l'ivresse, affectant, quelquefois les enfans, comme leurs parens, de paraître plus avinés qu'ils ne sont en effet, afin qu'il soit évident à tous les yeux qu'ils ont bu et largement bu.« H-A Frégier: Des classes dangereuses de la population Paris 1840 I p 79/80 und 86 [a 3 a, 2]

Über die Kinderarbeit bei den Textilarbeitern: »Les ouvriers ... ne pouvant suffire aux frais de nourriture et d'entretien de leurs enfans avec leur modique salaire, qui ne dépasse pas souvent quarante sous par jour, ni en y ajoutant celui de leur femme qui s'élève à peine à la moitié de cette somme, se trouvent obligés ... de placer leurs enfans dans les établissemens dont nous parlons, dès l'âge où ils sont capables de quelque travail. Cet âge est ordinairement de 7 à 8 ans ... Les ouvriers dont nous parlons laissent leurs enfans en fabrique, ou dans les filatures jusqu'à l'âge de 12 ans. A cet âge ils s'occupent de leur faire faire leur première communion et les placent ensuite en apprentissage dans un atelier.« H-A Frégier lc I p 98-100 [a 3 a, 3]

»Nous avons queuqu' radis,
Pierre, il faut fair' la noce;
Moi, vois-tu, les lundis
J'aime à rouler ma bosse.
J'sais du vin à six ronds
Qui n'est pas d'la p'tit' bière,
Pour rigoler montons,
Montons à la barrière.«

H. Gourdon de Genouillac: Les refrains de la rue de 1830 à 1870 Paris 1879 p 56 [a 3 a, 4]

»Und welcher Wein! Welche Verschiedenheit; vom Bordeaux bis zum Burgunder, vom Burgunder zum schweren St. Georges, Lünel und Frontignan des Südens, und von diesem zum sprudelnden Champagner! Welche Mannichfaltigkeit des Weißen und des Rothen, vom Petit Mâcon oder Chablis zum Chambertin, zum Chateau Larose, zum Sauterne, zum Roussilloner, zum Aï Mousseux! Und wenn man bedenkt, daß jeder dieser Weine einen verschiedenen Rausch macht, daß man mit wenig Flaschen alle Zwischenstufen von der Musardschen Quadrille bis zur Marseillaise, von der tollen Lust des Cancans bis zur wilden Gluth des Revolutionsfiebers durchmachen, und sich schließlich mit einer Flasche Champagner wieder in die heiterste Carnevalslaune von der Welt versetzen kann! Und Frankreich allein hat ein Paris, eine Stadt in der die europäische Civilisation zu ihrer vollsten Blüte sich entfaltet, in der alle Nervenfasern der europäischen Geschichte sich vereinigen, und von der in gemessenen Zeiträumen die elektrischen Schläge ausgehn, unter denen eine ganze Welt erbebt; eine Stadt, deren Bevölkerung die Leidenschaft des Genusses mit der Leidenschaft der geschichtlichen Aktion wie nie ein andres Volk vereinigt, deren Bewohner zu leben wissen wie der feinste Epikuräer Athens und zu sterben wie der unerschrockenste Spartaner, Alcibiades und Leonidas in Einem; eine Stadt, die wirklich, wie Louis Blanc sagt, Herz und Hirn der Welt ist.« Friedrich Engels: Von Paris nach Bern Die neue Zeit Stuttgart 1899 XVII, 1 p 10 – In seiner Vorbemerkung zu diesem Abdruck des nachgelassenen Manuscripts schreibt Eduard Bernstein: »Trotzdem sie Fragment ist, giebt uns diese Reiseskizze vielleicht ein abgerundeteres Bild ihres Verfassers, als irgend eine andere seiner Arbeiten.« lc p 8 [a 4, 1]

Ein Cuplet »Jenny, l'ouvrière«, dessen Refrain die Frauen begeisterte:
»Dans son jardin, sous la fleur parfumée,
Entendez-vous un oiseau familier:
C'est le chanteur de Jenny l'ouvrière,
Au cœur content, content de peu.
Elle pourrait être riche et préfère.
Ce qui lui vient de Dieu.«
H. Gourdon de Genouillac: Les refrains de la rue de 1830 à 1870 Paris 1879 p 67/68 [a 4, 2]

Ein reaktionäres Cuplet, nach der Juniinsurrektion:
»Voyez, voyez ce funèbre cortége,
C'est l'archevêque, amis découvrons-nous;
Victime, hélas! d'un combat sacrilège,
Il est tombé pour le *bonheur* de tous.«
H Gourdon de Genouillac: Les refrains de la rue de 1830 à 1870 Paris 1879 p 78 [a 4 a, 1]

»Die Proletarier haben ... eine bittere, furchtbare Marseillaise componirt, die sie in den Werkstätten im Chore singen und die man nach dem Refrain beurtheilen kann:
Sème le champ, Proletaire;
C'est l'Oisif qui récoltera.«
Die socialistischen und communistischen Bewegungen seit der dritten französischen Revolution. Anfang zu Steins Socialismus und Communismus des heutigen Frankreichs Leipzig und Wien 1848 p 210 [aus V Considérant: Theorie des Rechts des Besitzes und des Rechts auf die Arbeit] [a 4 a, 2]

soziale Bewegung

Buret berichtet nach der Revue Britannique Décembre 1839(?)29(?): »Les associés de Brighton reconnaissent que les machines sont absolument bonnes. ›Mais, disent-ils, elles sont funestes dans leur application au régime actuel. Au lieu de servir docilement comme les fées servaient le Crispin du conte allemand, les machines ont agi au contraire comme le monstre Frankenstein (légende allemande) qui, après avoir reçu la vie, ne l'employait qu'à persécuter celui qui la lui avait donnée.‹« Eugène Buret: La misère des classes laborieuses en Angleterre et en France Paris 1840 II p 219
[a 4 a, 3]

»Si les vices des basses classes bornaient leurs effets à ceux qui les pratiquent, nous concevrions que les classes élevées refusassent de prendre la peine d'agiter ces tristes questions, et qu'elles abandonnassent librement le monde à l'action des causes bonnes ou mauvaises qui le régissent. Mais ... tout se tient; si la misère est mère des vices, les vices sont pères du crime; et c'est de cette façon que les intérêts de toutes les classes ... se tiennent.« Eugène Buret: La misère des classes laborieuses en Angleterre et en France Paris 1840 II p 262 [a 4 a, 4]

»*Jenny l'Ouvrière* mettait à vif une des plaies les plus terribles de l'organisme social, la fille du peuple ... forcée de sacrifier sa vertu à sa famille et de se vendre ... afin de donner du pain aux siens ... Quant au prologue de *Jenny l'Ouvrière*, on n'admit, ni le point de départ du drame, ni les détails de misère et de faim.« Victor Hallays-Dabot: La censure dramatique et le théâtre (1850-1870) Paris 1871 p 75/76 [a 4 a, 5]

»Dans la pensée du chef de fabrique les ouvriers ne sont pas des hommes, mais des forces dont l'emploi coûte cher, des instruments rebelles et moins économiques que les outils de fer et de feu ... Sans être cruel, il peut être complètement indifférent aux souffrances d'une classe d'hommes avec laquelle il n'a pas de commerce moral, pas de sentiments communs. Certes, madame de Sévigné n'était pas une méchante femme ... et cependant madame de Sévigné, racontant les atroces châtiments exercés envers le peuple de Bretagne qui s'était ameuté à propos d'une taxe, madame de Sévigné, la mère passionnée, parle de pendre et de rouer ... d'un ton badin, dégagé, qui ne trahit pas la moindre sympathie ... Je doute que, sous l'empire des lois actuelles de l'industrie, il y ait plus de communauté morale entre les maîtres et leurs ouvriers qu'il n'y en avait au dix-septième siècle, entre de pauvres paysans et bourgeois et une belle dame de la cour.« Eugène Buret: De la misère des classes laborieuses en Angleterre et en France Paris 1840 II p 269-71 [a 5, 1]

»Beaucoup de filles ... des manufactures abandonnent souvent l'atelier dès six heures du soir, au lieu d'en sortir à huit, et vont parcourir les rues dans l'espoir de rencontrer quelque étranger qu'elles provoquent avec une sorte d'embarras timide. – On appelle cela dans les fabriques faire son cinquième quart de journée.« Villermé: Tableau de l'état physique et moral des ouvriers I p 226 cit bei E Buret: De la misère des classes laborieuses Paris 1840 I p 415 [a 5, 2]

Die Prinzipien der Philanthropie finden bei Buret eine klassische Formulierung: »L'humanité et même la décence ne permettant pas de laisser mourir des êtres humains comme des animaux, on ne peut pas refuser l'aumône du cercueil.« Eugène Buret: De la misère des classes laborieuses Paris 1840 I p 266 [a 5, 3]

»La Convention, organe du peuple souverain, va faire disparaître tout d'un coup la mendicité et la misère ... Elle assure de l'ouvrage à tous les citoyens qui en manquent ... Malheureusement, la partie de la loi qui avait pour but de réprimer la mendicité comme un crime, était plus facilement applicable que celle qui promettait à l'indigence les bienfaits de la générosité nationale. Les mesures de répression furent appliquées, et elles sont restées dans le texte comme dans l'esprit de la loi, tandis que le système de charité qui les motivait en les justifiant, n'exista jamais que dans les décrets de la Convention!« E Buret: De la misère des classes laborieuses Paris 1840 I p 222/4 Die hier geschilderte Disposition machte sich Napoleon – Gesetz vom 5 Juli 1808 – zu eigen; das Gesetz der Convention ist vom 15 Oktober 1793: dem dreimal rückfälligen Bettler stellte es achtjährige Deportation nach Madagaskar in Aussicht. [a 5, 4]

Hippolyte Passy, ex-ministre, dans une lettre adressée à la Société de tempérance d'Amiens (voir le Temps 20 février 1836): »On est amené à reconnaître que, quelque exiguë que soit la part du pauvre, c'est l'art de l'appliquer à ses besoins réels, la capacité d'embrasser l'avenir dans ses conceptions, qui lui manque, et que de là vient sa détresse plus que de toute autre cause.« cit bei E Buret: De la misère des classes laborieuses Paris 1840 I p 78 [a 5 a, 1]

»Il fut un temps, et il n'est pas encore très-éloigné, où, tout en faisant un éloge pompeux et pathétique du travail, on ne laissait pas d'insinuer à l'ouvrier que celui dont il tirait sa subsistance n'était pas l'œuvre de sa volonté, mais bien un impôt levé sur lui par certaines gens qui s'engraissaient de ses sueurs ... C'est ce qu'on appelait l'exploitation de l'homme par l'homme. Il est resté quelque chose de cette doctrine menteuse et sinistre dans les chansons des rues ... On parle toujours du travail avec

respect, mais ce respect a je ne sais quoi de forcé, de grimaçant ... Il est vrai pourtant que cette manière d'envisager le travail est une exception. Le plus souvent on le chante comme une loi de la nature, un plaisir ou un bienfait ...
>Au paresseux livrons toujours bataille,
Grand ennemi de la société;
Car, s'il se plaint de coucher sur la paille,
C'est un malheur par lui bien mérité.
Dans nos chantiers, usines et fabriques,
Dès le matin rendons-nous à l'appel:
En conduisant nos grandes mécaniques,
Chantons d'accord ce refrain fraternel ...«
Antoine Rémy
Charles Nisard: Des chansons populaires Paris 1867 II p 265-67 [a 5 a, 2]

»Les quinze années de la Restauration avaient été des années de grande prospérité agricole et industrielle ... Le régime de la presse, les divers systèmes d'élection, si l'on excepte Paris et les grandes villes, ne passionnèrent qu'une partie de la nation, et la moins nombreuse, la bourgeoisie. Encore, dans cette bourgeoisie, beaucoup redoutaient-ils une révolution.«
A Malet et P Grillet: XIXe siècle Paris 1919 p 72 [a 5 a, 3]

»Die Krise von 1857/58 ... machte allen Illusionen des Imperialsozialismus ein jähes Ende. Alle Bemühungen, den Arbeitslohn auf einem Niveau aufrechtzuerhalten, das einigermaßen den immer steigenden Preisen der Lebensmittel und der Wohnungen angemessen gewesen wäre, erwiesen sich als machtlos.« D. Rjazanov: Zur Geschichte der ersten Internationale (Marx-Engels-Archiv I Frankfurt a/M ⟨1928⟩ p 145) [a 5 a, 4]

»A Lyon, la crise économique avait fait tomber le salaire des tisseurs en soie – les canuts – à 18 sous par journée de quinze à seize heures de travail. Le préfet avait tenté d'amener ouvriers et patrons à s'entendre pour établir un tarif minimum de salaires. La tentative ayant échoué, le 21 novembre 1831 éclata une insurrection sans caractère politique, un soulèvement de la misère. ›Vivre en travaillant ou mourir en combattant‹, lisait-on sur le drapeau noir que portaient devant eux les canuts ... Après deux jours de combat, les troupes de ligne, que la garde nationale avait refusé de soutenir, durent évacuer Lyon. Les ouvriers désarmèrent d'eux-mêmes. Casimir Perier fit réoccuper la ville par une armée, – 36000 hommes, – destitua le préfet, annula le tarif que celui-ci avait réussi à faire admettre par les patrons et licencia la garde nationale (3 décembre 1831) ... Deux ans plus tard ... des poursuites intentées contre une association d'ouvriers lyonnais, les Mutualistes, furent l'occasion d'un soulèvement qui dura cinq jours.« A Malet P Grillet: XIXe siècle Paris 1919 p 86-88 [a 6, 1]

»Une enquête sur la condition des ouvriers dans l'industrie textile, en 1840, révéla que par journée de 15 heures et demie de travail effectif, le salaire moyen était de moins de 2 francs pour les hommes, d'à peine 1 franc pour les femmes. Le mal ... s'était aggravé ... surtout à partir de 1834, parce que la tranquillité intérieure étant enfin assurée, les entreprises industrielles s'étaient multipliées si bien qu'en dix ans on vit la population des villes croître de deux millions d'hommes, par le seul afflux des paysans vers les usines.« A Malet P Grillet: XIXe siècle Paris 1919 p 103 [a 6, 2]

»En 1830, beaucoup jugeaient le Catholicisme agonisant en France et le rôle politique du clergé à jamais fini ... Or ... le 24 février 1848, les insurgés, commençant le sac des Tuileries, se découvraient devant le Crucifix qu'on emportait de la chapelle, et l'escortaient jusqu'à l'église Saint-Roch. La République proclamée, le suffrage universel envoyait à l'Assemblée nationale ... trois évêques et douze prêtres ... C'est que, pendant le règne de Louis-Philippe, le clergé s'était rapproché du peuple.« A Malet P Grillet: XIXe siècle Paris 1919 p 106, 107 [a 6, 3]

Am 8ten Dezember 1831 nimmt das großkapitalistische Journal des Débat⟨s⟩ zum lyoner Aufstand Stellung. »Der Artikel im ›Journal des Débats‹ rief eine große Sensation hervor. Der Feind der Arbeiter hatte die internationale Bedeutung des Lyoner Symptoms sehr deutlich hervorgehoben. Jedoch wollte weder die republikanische, noch die legitimistische Presse die Frage so gefährlich ... darstellen ... Die Legitimisten ... protestierten in rein demagogischer Absicht, da es die Losung dieser Partei in jenem Moment war, die Arbeiterklasse gegen die liberale Bourgeoisie im Interesse der Wiederherstellung der älteren Linie der Bourbonen ... auszuspielen; die Republikaner dagegen hatten ein Interesse daran, die rein proletarische Nuance der Bewegung möglichst abzuschwächen, ... um ... die Arbeiterklasse nicht als künftige Bundesgenossin im Kampfe gegen die Julimonarchie zu verlieren. Trotzdem war der unmittelbare Eindruck des Lyoner Aufstandes so eigenartig, so peinlich für die Zeitgenossen, daß dadurch schon den Lyoner Ereignissen ein besonderer Platz in der Geschichte gebührt. Dabei sollte man doch meinen, daß diese Generation, die den Juliaufstand ... miterlebt hatte, über genügend kräftige Nerven verfügte. Und doch sahen sie im Lyoner Aufstande etwas ganz Neues ..., was sie um so mehr erschreckte, als die Lyoner Arbeiter selbst dieses Neue offenbar nicht zu sehen und zu begreifen schienen.« E. Tarlé: Der Lyoner Arbeiteraufstand (Marx-Engels-Archiv hg. von D. Rjazanov II Frankfurt a/M 1928 p 102) [a 6 a, 1]

Tarlé zitiert eine Stelle zum lyoner Aufstand bei Börne, an der dieser seinem Unwillen über Casimir Périer Ausdruck gibt, weil, wie Tarlé

soziale Bewegung 865

schreibt »Périer sich über das Fehlen des politischen Elementes im Lyoner Aufstande freue und zufrieden sei, daß dies *nur* ein Krieg der Armen gegen die Reichen ist.« Die Stelle (Ludwig Börne: Gesammelte Schriften Hamburg und Frankfurt a/M 1862 X p 20) lautet: »Es sei nichts weiter, als ein Krieg der Armen gegen die Reichen, derjenigen, die nichts zu verlieren hätten, gegen diejenigen, die etwas besitzen! Und diese fürchterliche Wahrheit, die, weil sie eine ist, man in den tiefsten Brunnen versenken müßte, hielt der wahnsinnige Mensch hoch empor und zeigte sie aller Welt!« bei E Tarlé: Der Lyoner Arbeiteraufstand (Marx-Engels-Archiv II Frankfurt a/M 1928 p 112) [a 6 a, 2]

Buret war ein Schüler von Sismondi. Charles Andler schreibt ihm Einfluß auf Marx zu (Andler: Le manifeste communiste Paris 1901) Mehring (»Ein methodologisches Problem« Die neue Zeit Stuttgart XX, 1 p 450/51) stellt das entschieden in Abrede. [a 6 a, 3]

Einfluß der Romantik auf die politische Phraseologie, erläutert ein Kampf gegen die Kongregationen. »On est au début du romantisme, et l'on s'en apperçoit bien à la façon de dramatiser toutes choses. Un calvaire a été érigé au mont Valérien: ce calvaire ... est dénoncé comme symbolisant l'emprise de la société religieuse sur la société civile. Le noviciat des jésuites ne s'appelle que ›l'antre de Montrouge.‹ On annonce un jubilé pour 1826; et déjà l'on croit voir surgir de tous côtés les hommes noires.« Pierre de la Gorce: La Restauration II Charles X Paris p 57 [a 7, 1]

»Nous ne sommes que des machines.
Nos Babels montent jusqu'au ciel.«
(Refrain:) »Aimons-nous, et quand nous pouvons
Nous unir pour boire à la ronde,
Que le canon se taise ou gronde,
Buvons, (ter)
A l'indépendance du monde!«
Pierre Dupont: Le chant des ouvriers Paris 1848 [a 7, 2]

Schlußstrophe und Refrain:
»S'il est vrai qu'une tourbe infâme
Disposant du fer et du feu,
Veuille enchaîner le corps et l'âme
Du peuple, ce vrai fils de Dieu,
Fais voir, en déjouant la ruse,
O République! à ces pervers,
Ta grande face de Méduse

>   Au milieu de rouges éclairs!
> —
>   O République tutélaire,
>   Ne remonte jamais au ciel,
>   Idéal incarné sur terre
>   Par le suffrage universel!!«
> Aus der vierten Strophe:
>   »Ah! qu'une surprise nocturne
>   N'attente jamais au scrutin!
>   Montons la garde autour de l'urne,
>   C'est l'arche de notre destin.«
> Pierre Dupont. Le chant du vote Paris 1850 [a 7, 3]

In einigen Kapiteln wie »Le vrai Sublime«, »Le fils de Dieu«, »Le Sublime des Sublimes«, »Le Marchand de vins«, »Le chansonnier des Sublimes« werden von Poulot Zwischentypen zwischen Arbeiter und Apache behandelt. Das Buch ist reformistisch, zuerst 1869 erschienen. Denis Poulot: Question sociale »Le Sublime« Nouvelle Edition Paris [a 7, 4]

Ein Vorschlag aus Louis Napoléons »Extinction du paupérisme« (p 123) cit bei Henry Fougère: Les délégations ouvrières aux expositions universelles sous le second empire Montluçon 1905 p 23: »Tout chef de fabrique ou de ferme, tout entrepreneur quelconque serait obligé par la loi, dès qu'il emploierait plus de dix ouvriers, d'avoir un prud'homme pour les diriger et de lui donner un salaire double de celui des simples ouvriers.« [a 7 a, 1]

>   »Ce peuple qui, sur l'or, jonché devant ses pas,
>   Vainqueur, marchait pieds nus et ne se baissait pas.«
>   Hégésippe MOREAU.

Motto der Zeitung »L'aimable faubourien Journal de la canaille⟨«⟩ cit Curiosités révolutionnaires Les journaux rouges par un Girondin Paris 1848 p 26 [a 7 a, 2]

Theorie von A Granier de Cassagnac: Histoire des classes ouvrières et des classes bourgeoises Paris 1838: die Proletarier stammten von Räubern und Prostituierten ab. [a 7 a, 3]

»Croyez-moi, le vin des barrières a sauvé bien des secousses aux charpentes gouvernementales.« Edouard Foucaud: Paris inventeur Physiologie de l'industrie française Paris 1844 p 10 [a 7 a, 4]

Charras, von der Ecole polytechnique, mit Bezug auf den General Lobau, der eine Proklamation nicht hatte unterzeichnen wollen: »Je vais le faire fusiller. – Y pensez-vous? répliqua vivement M. Mauguin? Faire fusiller le général Lobau, un membre du gouvernement provisoire? – Lui-même! reprit l'élève en conduisant le député à la fenêtre et en lui montrant une centaine d'hommes qui avaient combattu à la caserne de Babylone. Et je dirais à ces braves gens de fusiller le Bon Dieu qu'ils le feraient!« G Pinet: Histoire de l'Ecole polytechnique Paris 1887 p 158 [offenbar wörtlich nach Louis Blanc] [a 7 a, 5]

Léon Guillemin: »Il eut deux providences, ... Dieu et l'Ecole polytechnique; si l'une devait lui faire défaut, l'autre serait là.« Nach G Pinet ⟨lc⟩ p 161 [a 7 a, 6]

Lamennais und Proudhon wollten in einer fosse commune begraben werden (Delvau: Heures parisiennes ⟨Paris 1866⟩ p 50/51) [a 7 a, 7]

Szene aus der Februarrevolution. Die Tuilerien werden geplündert. »Cependant la foule s'était arrêtée avec respect devant la chapelle; un élève profita de ce moment pour faire enlever les vases sacrés et, le soir, il les fit transporter à l'église Saint-Roch. Il voulut porter lui-même le magnifique christ sculpté qui était placé sur l'autel; une masse de peuple le suivit avec recueillement, les fronts se découvrirent et les têtes s'inclinèrent sur son passage. Cette scène ... a été reproduite par une estampe qu'on a pu voir longtemps après, à la vitrine de tous les marchands d'images, où le Polytechnicien était représenté tenant le christ entre ses bras, le montrant à la foule inclinée et s'écriant: ›Voilà notre maître à tous!‹ Ces paroles n'ont pas été prononcées, mais elles répondaient aux sentiments de la population, à une époque où ... le clergé lui-même, persécuté sous le roi voltairien, accueillait la révolution avec enthousiasme.« G Pinet: Histoire de l'Ecole polytechnique Paris 1887 p 245/246 [a 8, 1]

Les polytechniciens »surveillèrent le club Blanqui qui s'était réuni dans une salle du rez-de-chaussée et où des orateurs démagogues, agitant les motions incendiaires les plus sinistres, parlaient déjà de mettre le Gouvernement provisoire en accusation.« G Pinet: Histoire de l'Ecole polytechnique Paris 1887 p 250 [a 8, 2]

In der Februarrevolution verbrannten Schüler der Ecole polytechnique in den Tuilerien Papiere, die ihnen für die Unterzeichner kompromittierend erschienen, die aber für die Revolution ein hohes Interesse gehabt hätten: Loyalitätserklärungen für Louis-Philippe. Pinet p 254 [a 8, 3]

Lissagaray in einem Aufsatz über die »Misérables« in der »Bataille«: »Il suffit de toucher au peuple pour devenir révolutionnaire.« [Victor Hugo devant l'opinion Paris 1885 p 129] [a 8, 4]

»Vers 1840 un certain nombre d'ouvriers prisent la résolution de plaider directement leur cause devant l'opinion publique ...; de ce moment ... le communisme, qui avait jusque là pris l'offensive, se tint prudemment sur la défense.« A Corbon: Le secret du peuple de Paris Paris 1863 p 117 Es handelt sich um die kommunistische Fraternité, die schon 1845 einging, die antikommunistische »L'Atelier«, die »Union« und die »Ruche populaire« die die früheste war. [a 8, 5]

Über die Arbeiter: »Il est, en général, impropre à l'entente des affaires positives. Les solutions qui lui vont le mieux sont donc celles qui semblent devoir le dispenser de se préoccuper incessamment de ce qu'il considère comme étant le côté inférieur, la corvée de la vie ... Tenons donc pour certain que tout système, promit-il beaucoup plus de beurre que de pain, qui tendrait à *river* à l'atelier ... notre ouvrier ... lui répugnera.« A Corbon ⟨lc⟩ p 186/7 [a 8, 6]

»Die Arbeiterfrage pflanzte sich, ebenso wie die Armenfrage, gleich an der Eingangspforte der Revolution auf. Da die Kinder der Arbeiter- und Handwerkerfamilien den Bedarf der arbeitshungrigen Industrie nicht zu decken vermochten, so nahm man auch noch die Waisenkinder ... hinzu ... Die industrielle Ausbeutung des Kindes und der Frau ... ist eine der glorreichsten Errungenschaften der Philanthropie. Auch eine wohlfeile Ernährung der Arbeiter, zu dem ... Zwecke von Lohnherabsetzungen, war eine der philanthropischen Lieblingsideen der Fabrikbesitzer und Nationalökonomen des achtzehnten Jahrhunderts ... Wenn die Franzosen die Revolution erst einmal mit kühlem Gleichmut und ohne Klassenvorurteile studieren, werden sie die Bemerkung machen, daß die Ideen, die deren Größe ausmachen, aus der Schweiz gekommen sind, wo sich die Bourgeoisie bereits der Herrschaft bemächtigt hatte: von Genf nämlich führte A. P. de Candolle die sogenannten ›ökonomischen Suppen‹ ... ein, die im Paris der Revolution Furore machten ... Selbst der trockene und zähe Volney konnte sich nicht enthalten, weich zu werden, ›wenn man diesen Verein von Männern in angesehener Stellung sich eifrig damit beschäftigen sieht, einen Topf mit kochender Suppe zu dirigieren‹.« Paul Lafargue: Die christliche Liebestätigkeit (Die neue Zeit Stuttgart XXIII, 1 p 148/149) [a 8 a, 1]

»Que trois hommes soient dans la rue à causer de salaires, qu'ils demandent à l'entrepreneur, riche de leur travail, un sol d'augmentation, le bourgeois s'épouvante, il crie, il appelle main-forte ... La plupart des gouvernements ... ont spéculé sur ce triste progrès de la peur ... Tout ce que j'en puis dire ici, c'est que ... nos grands Terroristes, n'étaient nullement des hommes du peuple, mais des bourgeois, des nobles, des esprits cultivés, subtils, bizarres, des sophistes et des scolastiques.« J Michelet: Le peuple Paris 1846 p 153/154 [a 8 a, 2]

Frégier, der Verfasser der »Classes dangereuses« war chef de bureau an der préfecture de police. [a 8 a, 3]

Über die Schilderung der Februarrevolution in der »Education sentimentale« – die nachzulesen ist – heißt es (mit Bezugnahme auf Stendhals Schilderung der Schlacht von Waterloo⟨⟩): »Rien des mouvements généraux, rien des grands chocs; une suite de détails, qui ne peut jamais former un tout. Voilà le modèle qu'a imité M. Flaubert dans sa peinture des journées de février et de juin 1848, c'est de la description de désœuvré et de la politique de nihiliste.« J-J Nescio: La littérature sous les deux empires 1804-1852 Paris 1874 ⟨p 114⟩ [a 8 a, 4]

Szene aus der Julirevolution. Eine Frau hat sich in Männerkleider geworfen und mitgekämpft, um sodann, als Frau, die Verwundeten zu pflegen, die in der Börse untergebracht waren. »Samedi soir, les canonniers qui conduisirent à l'Hôtel-de-Ville les pièces d'artillerie restées à la Bourse, mirent notre jeune héroïne sur un canon entouré de lauriers et l'emmenèrent avec eux. Le soir, vers dix heures, ils la ramenèrent en triomphe à la Bourse à la lueur des flambeaux; elle était assise dans un fauteuil orné de guirlandes et de lauriers.« CF Tricotel: Esquisse de quelques scènes de l'intérieur de la Bourse pendant les journées des 28, 29, 30 et 31 juillet dernier Au profit des blessés Paris 1830 p 9 [a 9, 1]

Lacenaire schrieb eine »Ode à la guillotine«, in der das Verbrechen in der allegorischen Gestalt eines Weibes verherrlicht wird. Es heißt von ihr
  »Cette femme riait d'une effrayante joie,
    Comme un peuple qui rit près d'un trône qu'il broie.«
Diese Ode entstand kurz vor Lacenaires Hinrichtung, nämlich im Januar 1836. Alfred Delvau: Les lions du jour Paris 1867 p 87 [a 9, 2]

Eine charitative Speisung von dem Hotel de Ville, wo sich Arbeitsuchende, im Winter vor allem Bauarbeiter, versammelten. »L'heure du repas public vient de sonner. Alors le Petit Manteau Bleu dépose entre les mains de l'un des assistants sa canne à bec d'ivoire, prend à sa boutonnière un couvert d'argent qui s'y trouve attaché, plonge la cuiller dans l'une et l'autre marmite, goûte, paie ceux qui servent, presse la main aux pauvres qui la lui tendent, reprend sa canne, serre son couvert et s'en va tranquillement ... Il est parti. La distribution commence.« Le Petit Manteau Bleu war der Spitzname des aus den einfachsten Kreisen hervorgegangnen Philanthropen Champion. Die Stelle aus Ch L Chassin: La légende du Petit Manteau Bleu cit Alfred Delvau: Les lions du jour Paris 1867 p 283 [a 9, 3]

Der Autor wendet sich, in seiner Schrift gegen die Landflucht, an das Bauernmädchen: »Pauvre et belle enfant! Le *tour de France*, qui est un bien douteux pour tes frères, est toujours un mal pour toi. Jusqu'à 40 ans, s'il le faut, n'abandonne pas le tablier de ta mère ..., et si tu as fait la folie de la quitter et que le chômage et la faim s'impatronisent obstinément dans ta chambrette, appelle, comme une vierge que j'ai connue, appelle un dernier *hôte* à ton secours: le CHOLERA. Dans ses bras décharnés, du moins, sur son sein livide, tu n'auras plus à craindre pour ton honneur.« Und unmittelbar an diese Stelle anschließend: »Hommes de cœur qui lirez ceci, je vous adjure encore une fois à deux genoux et les mains jointes, de vulgariser par tous les moyens possibles la substance de cet avant-dernier chapitre.« Emile Crozat: La maladie du siècle ou les suites funestes du déclassement social Ouvrage écrit sous les tristes inspirations d'un avocat sans cause, d'un notaire et d'un avoué sans clientèle, d'un médecin sans pratiques, d'un négociant sans capitaux, d'un ouvrier sans travail Bordeaux 1856 p 28 [a 9, 4]

Insurrektionsbewegungen unter Louis-Philippe: »Alors apparut, pour la première fois en 1832, le drapeau rouge.« Charles Seignobos: Histoire sincère de la nation française Paris 1933 p 418 [a 9 a, 1]

»Il n'y avait en 1848 que quatre villes au-dessus de cent mille âmes, Lyon, Marseille, Bordeaux, et Rouen, et trois entre soixante-quinze mille et cent mille, Nantes, Toulouse et Lille. Paris, seul, était une très grande ville avec plus d'un million d'habitants, sans compter les faubourgs (annexés en 1860). La France restait un pays de petites villes.« Charles Seignobos: Histoire sincère de la nation française Paris 1933 p 396/397 [a 9 a, 2]

1840 macht das Kleinbürgertum einen Vorstoß auf das Wahlrecht, indem sie ⟨sic⟩ es für die Garde nationale fordert. [a 9 a, 3]

Assemblée nationale von 1848. »Mlle*** demande à emprunter 600 francs à l'Assemblée nationale pour payer son terme.« Historisches Faktum Paris

soziale Bewegung 871

sous la République de 1848 Exposition de la Bibliothèque et des Travaux historiques de la Ville de Paris 1909 p 41 [a 9 a, 4]

»Sitôt qu'on entendit parler d'un bataillon de femmes, les dessinateurs s'ingénièrent à leur trouver un costume ... Eugénie Niboyet, directrice de *La Voix des femmes* ... fixa l'opinion: ›Vésuvienne, dit-elle, cela signifie que chacune des contractantes a au fond du cœur tout un volcan de feux et d'ardeurs révolutionnaires‹ ... Eugénie Niboyet convoquait ses ›sœurs‹ dans les salles basses du bazar Bonne-Nouvelle ou dans la salle Taranne.« Paris sous la République de 1848 Exposition de la Bibliothèque et des Travaux historiques de la Ville de Paris 1909 p 28 [a 9 a, 5]

Soziale Gegenstände nehmen in der Lyrik um die Jahrhundertmitte einen sehr großen Platz ein. Sie finden sich in allen Weisen, von den harmlosen eines Charles Colmance (La chanson des locataires, la chanson des imprimeurs) bis zu den revolutionären eines Pierre Dupont. Mit Vorliebe werden Erfindungen besungen und man hebt ihre soziale Bedeutung hervor. So entstand ein »poème à la louange de l'entrepreneur avisé qui le premier a renoncé au produit nocif [Bleiweiß] pour adopter ›le blanc de zinc innocent‹«. (Paris sous la République de 1848 Exposition de la Ville de Paris 1909 p 44)[a 9 a, 6]

Zu Cabet: »C'est à la fin de l'année 1848, que la découverte des gisements a été connue à Paris, et aussitôt des compagnies se sont formées, pour faciliter le voyage des émigrants. En mai 1849, on en compte une quinzaine. La ›Compagnie parisienne‹ a eu l'honneur de faire partir les premiers voyageurs et ... ces nouveaux Argonautes se sont confiés à un Jason aveugle, qui n'a jamais vu la Californie, Jacques Arago ... auteur ... d'un voyage autour du monde, écrit en partie sur les notes d'autrui ... Des journaux se fondent: *La Californie*, journal des intérêts généraux de l'Océan Pacifique, *L'Aurifère*, moniteur des mines d'or, *L'Echo du Sacramento*. Des sociétés anonymes lancent des actions à bas prix, cinq francs seulement, à la portée de toutes les bourses.« Viele Kokotten gehen nach Übersee; bei den Kolonisten herrscht Mangel an Frauen. Paris sous la République de 1848 Exposition de la Ville de Paris 1909 p 32 [a 10, 1]

Zu Cabet ist der folgende Vers zu vergleichen, der sich allerdings gegen die Saint-Simonisten richtet. Er entstammt Alcide Genty: A M. de Chateaubriand Poètes et prosateurs français Satire Paris 1838 (cit Carel Lodewijk de Liefde: Le Saint-Simonisme dans la poésie française entre 1825 et 1865 ⟨Haarlem 1927⟩ p 171):

»L'insinuant Rodrigues aux tribus iroquoises
Colportera Barême et des vierges gauloises.« [a 10, 2]

Delphine Gay (Mme E de Girardin) erweist sich in ihrem Gedicht »Les ouvriers de Lyon« (Poésies complètes Paris 1856 p 210) als eine Vorläuferin der Gastwirtsphilosophie:
»Le pauvre est joyeux quand le riche s'amuse.« [a 10, 3]

»Sur deux rayons de fer un chemin magnifique
De Paris à Pékin ceindra ma république.
Là, cent peuples divers, confondant leur jargon,
Feront une Babel d'un colossal wagon.
Là, de sa roue en feu le coche humanitaire
Usera jusqu'aux os les muscles de la terre.
Du haut de ce vaisseau les hommes stupéfaits
Ne verront qu'une mer de choux et de navets.
Le monde sera propre et net comme une écuelle;
L'humanitairerie en fera sa gamelle,
Et le globe rasé, sans barbe ni cheveux,
Comme un grand potiron roulera dans les cieux.«
Alfred de Musset: Namouna Paris p 113 (Dupont et Durand) [a 10, 4]

Saint-Simonistische Dichtung (Savinien Lapointe, Cordonnier: L'émeute)
»Non, l'avenir n'est plus sur une barricade!
...
Grands! pendant que vos mains dressaient des échafauds,
Les miennes répandaient des fleurs sur les tombeaux;
Chacun sa mission ou sa pénible tâche:
Au poëte, des chants; à tout pouvoir la hache!«
Olinde Rodrigues: Poésies sociales des ouvriers Paris 1841 p 237, 239
[a 10, 5]

Aus Alfred de Vigny: La maison du berger über die Eisenbahn:
»Que Dieu guide à son but la vapeur foudroyante
Sur le fer des chemins qui traversent les monts,
Qu'un ange soit debout sur sa forge bruyante,
Quand elle va sous terre ou fait trembler les ponts
....
....
Evitons ces chemins. – Leur voyage est sans grâces,
Puisqu'il est aussi prompt, sur ses lignes de fer,
Que la flèche lancée à travers les espaces

soziale Bewegung 873

> Qui va de l'arc au but en faisant siffler l'air.
> Ainsi jetée au loin, l'humaine créature
> Ne respire et ne voit, dans toute la nature,
> Qu'un brouillard étouffant que traverse un éclair.
> ....
> ....
> La distance et le temps sont vaincus. La science
> Trace autour de la terre un chemin triste et droit.
> Le Monde est rétréci par notre expérience
> Et l'équateur n'est plus qu'un anneau trop étroit.«

Alfred de Vigny: Poésies complètes (Nouvelle édition) Paris 1866 p 218, 220/221 [a 10 a, 1]

Zu Cabet ist ⟨das⟩ merkwürdige, schöne Gedicht von Elise Fleury, ouvrière en broderie »Le Havre« zu vergleichen. (Olinde Rodrigues: Poésies sociales des ouvriers Paris 1841 p 9) Es gibt die Beschreibung eines Ozeandampfers und konfrontiert die Luxuskabinen mit dem Zwischendeck. [a 10 a, 2]

»Un opuscule en vers (*Les principes du petit manteau bleu sur le système de la communauté*, par Loreux, communiste. Paris. 1847) est une espèce de dialogue entre un partisan et un adversaire du communisme ... Pour soulager toute ... misère, le communiste Loreux ne fait pas appel à l'envie et à la vengeance, mais à la bonté et à la générosité.« Jean Skerlitch: L'opinion publique en France d'après la poésie politique et sociale de 1830 à 1848 Lausanne 1901 p 194 [a 10 a, 3]

1847 eine Hungersnot; viele Gedichte auf sie. [a 10 a, 4]

August 1834, Aufstand der Mutualisten in Lyon, ungefähr gleichzeitig mit dem Aufstand der rue Transnonain. A Lyon: »L'armée eut 115 hommes tués et 360 blessés, et les ouvriers 200 tués et 400 blessés. Le gouvernement voulut accorder des indemnités, et une commission fut nommée, qui proclama le principe suivant: ›Le gouvernement ne voudra pas que le triomphe de l'ordre social coûte des larmes et des regrets. Il sait que le temps qui efface insensiblement la douleur que causent les pertes personnelles les plus chères, est impuissant à faire oublier les pertes de fortune‹ ... Toute la morale de la monarchie de Juillet se trouve dans cette phrase.« Jean Skerlitch: L'opinion publique en France d'après la poésie politique et sociale Lausanne 1901 p 72 [a 10 a, 5]

> »J'ameuterai le peuple à mes vérités crues,
> Je prophétiserai sur le trépied des rues ...«

Hégésippe Moreau cit bei Jean Skerlitch: L'opinion publique en France d'après la poésie politique et sociale de 1830 à 1848 p 85 [a 11, 1]

»Dès les premiers jours qui suivent la Révolution de 1830, une chanson, *Requête d'un ouvrier à un juste milieu*, circulait à Paris. Le refrain en était très expressif:
> J'ai faim!
> C'est bien, mang' ton poing.
> Gard' l'aut' pour demain.
> C'est mon refrain.

... Barthélemy ... dit ... que ... l'ouvrier sans travail est obligé de travailler au ›chantier du tumulte‹ ... Dans la *Némésis* de Barthélemy ... le pontife Rothschild, avec une foule de fidèles, dit la ›messe de l'agio‹, chante le ›psaume de la rente‹.« Jean Skerlitch: L'opinion publique en France d'après la poésie Lausanne 1901 p 97/8 et 159 [a 11, 2]

»Dans la journée du 6 juin, une battue des égouts avait été ordonnée. On craignit qu'ils ne fussent pris pour refuge par les vaincus, et le préfet Gisquet dut fouiller le Paris occulte pendant que le général Bugeaud balayait le Paris public; double opération connexe qui exigea une double stratégie de la force publique représentée en haut par l'armée et en bas par la police. Trois pelotons d'agents et d'égoutiers explorèrent la voirie souterraine de Paris.« Victor Hugo: Œuvres complètes Roman 9 Paris 1881 p 196 (Les Misérables) [a 11, 3]

> »Déployant ses ailes dorées,
> L'industrie aux cent mille bras,
> Joyeuse, parcourt nos climats,
> Et fertilise nos contrées
> Le désert se peuple à sa voix,
> Le sol aride se féconde,
> Et, pour les délices du monde,
> Au monde elle donne des lois.« ⟨p 205⟩

Refrain: »Honneur à nous, enfans de l'industrie!
> Honneur, honneur à nos travaux!
> Dans tous les arts, vainqueurs de nos rivaux,
> Soyons l'espoir, l'orgueil de la patrie.« ⟨p 204⟩

Cinquante chants français Paroles de différents auteurs Mises en musique avec accompagnement de piano par Rouget de Lisle Paris (1825) [Bibl⟨iothèque⟩ Nat⟨ionale⟩ Vm^7. 4454] p 202 (No 49 Chant des industriels 1821 Text von de Lisle) Im gleichen Band No 23 die Marseillaise. [a 11, 4]

soziale Bewegung 875

Revolutionäre Taktik und Barrikadenkämpfe nach den »Misérables«. –
Nacht vor dem Barrikadenkampf: »L'invisible police de l'émeute veillait
partout, et maintenait l'ordre, c'est-à-dire la nuit ... L'œil qui eût regardé
d'en haut dans cet amas d'ombre eût entrevu peut-être çà et là, de distance
en distance, des clartés indistinctes faisant saillir des lignes brisées et
bizarres, des profils de constructions singulières, quelque chose de pareil à
des lueurs allant et venant dans des ruines; c'est là qu'étaient les barricades.«
Œuvres complètes Roman 8 Paris 1881 p 522/523 – Die folgende Stelle aus
dem Kapitel »Faits d'où l'histoire sort et que l'histoire ignore«. »Les
réunions étaient quelquefois périodiques. A de certaines, on n'était jamais
plus de huit ou dix, et toujours les mêmes. Dans d'autres, entrait qui
voulait, et la salle était si pleine qu'on était forcé de se tenir debout. Les uns
s'y trouvaient par enthousiasme et passion; les autres parce que *c'était leur
chemin pour aller au travail.* Comme pendant la révolution, il y avait dans
ces cabarets des femmes patriotes qui embrassaient les nouveaux venus.
D'autres faits expressifs se faisaient jour. Un homme entrait dans un
cabaret, buvait et sortait en disant: *Marchand de vin, ce qui est dû, la
révolution le payera* ... Un ouvrier buvant avec un camarade lui faisait tâter
comme il avait chaud; l'autre sentait un pistolet sous sa veste ... Toute cette
fermentation était publique, on pourrait presque dire tranquille ... Aucune
singularité ne manquait à cette crise encore souterraine, mais déjà perceptible. Les bourgeois parlaient paisiblement aux ouvriers de ce qui se
préparait. On disait: Comment va l'émeute? du ton dont on eût dit:
Comment va votre femme?« Victor Hugo: Œuvres complètes Roman 8
Paris 1881 p 43, 50/51 (Les Misérables) [a 11 a, 1]

Barrikadenkämpfe nach den »Misérables«. Aus dem Kapitel »Originalité
de Paris«. »Hors des quartiers insurgés, rien n'est d'ordinaire plus étrangement calme que la physionomie de Paris pendant une émeute ... On se
fusille dans un carrefour, dans un passage, dans un cul-de-sac ... les
cadavres encombrent le pavé. A quelques rues de là, on entend le choc des
billes de billard dans les cafés ... Les fiacres cheminent; les passants vont
dîner en ville. Quelquefois dans le quartier même où l'on se bat. En 1831,
une fusillade s'interrompit pour laisser passer une noce. Lors de l'insurrection du 12 mai 1839, rue Saint-Martin, un petit vieux homme infirme
traînant une charrette à bras surmontée d'un chiffon tricolore dans laquelle
il y avait des carafes remplies d'un liquide quelconque, allait et venait de la
barricade à la troupe et de la troupe à la barricade, offrant impartialement
des verres de coco ... Rien n'est plus étrange; et c'est là le caractère propre
des émeutes de Paris qui ne se retrouve dans aucune autre capitale. Il faut
pour cela deux choses, la grandeur de Paris et sa gaîté. Il faut la ville de
Voltaire et de Napoléon.« V⟨ictor⟩ H⟨ugo: Œuvres complètes⟩ Roman 8
⟨Paris 1881⟩ p 429-431 [a 11 a, 2]

Zum exotischen Motiv, verbunden mit dem der Emanzipation:
»Tous les sérails sont ouverts,
L'Isman dans le vin s'inspire,
L'Orient apprend à lire,
Barrault traverse les mers.«
Jules Mercier: L'arche de Dieu (Foi nouvelle Chants et chansons de Barrault, Vinçard ... 1831 à 1834 Paris 1 Janvier 1835 1 Cahier p 28) [a 12, 1]

»De l'Orient fondez la liberté,
Un cri de Femme, au jour de délivrance,
Va, du sérail, par l'écho répété,
De l'Occident rompre l'affreux silence.«
Vinçard: Le Ier départ pour l'Orient (Foi nouvelle Chants et chansons de Barrault, Vinçard ... 1831 à 1834 Paris 1 janvier 1835 1 Cahier p 48) [a 12, 2]

Eine sonderbare Strophe aus »Le Départ« von Vinçard:
»Dépouille d'un monde en servage
Les vieux langes et le jargon,
Du Peuple apprend le gros langage,
La chansonnette et le juron.«
Foi nouvelle 1831 à 1834 Paris 1 janvier 1835 p 89/90 [a 12, 3]

»Notre drapeau n'a plus assez du ciel de France,
Aux minarets d'Egypte il faut qu'il se balance,
...
Alors ils nous verront, en travailleurs agiles,
 Avec nos lanières de fer
  Dompter les sables du désert;
Et comme des palmiers, croîtront partout des villes.«
F Maynard: A l'Orient (Foi nouvelle Paris 1 janvier 1835 p 85 et 88) [a 12, 4]

In J Arago's »Aux juges des insurgés« Flugblatt von 1848 erscheint die Deportation als Instrument kolonialer Entfaltung. Nachdem der Verfasser die sämtlichen überseeischen Besitzungen Frankreichs in bilderreicher Sprache hat Revue passieren lassen, ohne eine von ihnen als Deportationsland geeignet zu finden, faßt er Patagonien ins Auge. Er gibt eine hochpoetische Schilderung des Landes und seiner Einwohnerschaft. »Ces hommes, les plus grands du globe; ces femmes, dont les plus jeunes sont fort appétissantes après une heure de natation; ces antilopes, ces oiseaux, ces poissons, ces eaux phosphorescentes, ce ciel tout léopardé de nuages courant çà et là comme un troupeau de biches errantes ... tout cela c'est la Patagonie, tout cela c'est une terre vierge, riche, indépendante ... Est-ce que vous craignez que l'Angleterre ne vienne vous dire que vous n'avez pas le droit de poser votre pied sur cette partie du continent américain ... Laissez, citoyens, laissez gronder l'Angleterre ... et si elle arme ... transportez en Patagonie les hommes que vos lois ont frappés; puis vienne le jour de la lutte, et ceux-là même que vous avez exilés seront aux avant-postes, debout, implacables, barricades solides et mouvantes.« [a 12, 5]

Edmé Champion – selfmade-man, Philanthrop (1764-1852)⟨.⟩ »Toutes les fois qu'il traversait la Cité, il n'oubliait jamais de jeter un coup d'œil dans la Morgue« berichtet von ihm Charles-Louis Chassin: La légende du Petit-Manteau-Bleu Paris (ca 1860) p 15. Champion war Goldschmi⟨e⟩d gewesen und schützte während der Revolution frühere Kunden aus der Aristokratie, was ihn selbst in Gefahr brachte. [a 12 a, 1]

Balzac in der »Eugénie Grandet« mit Beziehung auf die Zukunftsträume des Geizigen: »L'avenir, qui nous attendait par delà le requiem, a été transposé dans le présent.« Noch wahrer ist das mit Beziehung auf die Zukunftsängste der Armen. [a 12 a, 2]

Aus einer Situationsanalyse des Polizeipräsidenten Gisquet, um 1830. Es heißt da von den Arbeitern: »Ils n'ont pas, comme les classes aisées de la bourgeoisie, la crainte de compromettre, par une plus large extension des principes libéraux, une fortune toute faite ... De même que le tiers-état a profité de la suppression des privilèges de la noblesse ..., de même la classe ouvrière profiterait aujourd'hui de tout ce que la bourgeoisie perdrait à son tour.« cit Charles Benoist: L'homme de 1848 I (Revue des deux mondes 1 juillet 1913 p 138) [a 12 a, 3]

»La grande populace et la sainte canaille
    Se ruaient à l'immortalité.«
Aus einem Revolutionslied um 1830 (cit Charles Benoist: L'homme de 1848 I (Revue des deux mondes 1 juillet 1913 p 143) [a 12 a, 4]

Rumford hat in seinen ökonomischen Essays Rezepte zur Verbilligung der philanthropischen Suppen durch Ersatzmittel zusammengestellt. »Ses potages ne sont pas trop chers, puisque pour 11 fr. 16 on a de quoi nourrir, deux fois par jour, 115 personnes: la seule question est de savoir si elles sont vraiment nourries.« Charles Benoist: De l'apologie du travail à l'apothéose de l'ouvrier (Revue des deux mondes 15 janvier 1913 p 384) Die genannten Suppen wurden verschiedentlich von französischen Industriellen zur Zeit der großen Revolution eingeführt. [a 12 a, 5]

1837 – die ersten Banketts für das allgemeine Wahlrecht und die Petition von 240000 Unterschriften – eine Zahl, die der der damals Wahlberechtigten gleichkam [a 12 a, 6]

Um 1840 ist der Selbstmord der Vorstellungswelt der Arbeiter geläufig. »On se dispute les exemplaires d'une lithographie représentant le suicide d'un ouvrier anglais par désespoir de ne pouvoir gagner sa vie. Chez Sue lui-même, un ouvrier va se pendre, avec ce billet dans la main: ›Je me tue par désespoir: il m'a semblé que la mort me serait moins dure si je mourais sous le toit de celui qui nous aime et nous défend.‹ L'auteur ouvrier d'un petit livre très lu par les ouvriers, le typographe Adolphe Boyer, se suicide aussi, par désespoir.« Charles Benoist: L'homme de 1848 II (Revue des deux mondes 1 février 1914 p 667) [a 12 a, 7]

Aus Robert (du Var): Histoire de la classe ouvrière (1845/1848): »Tu l'as vu par cette histoire, ô travailleur! quand, esclave, tu eus compris l'évangile, tu devins, d'autorité, serf; quand, serf, tu eus compris les philosophes du XVIIIe siècle, tu devins prolétaire; eh bien! aujourd'hui tu as compris le socialisme ...; qui peut t'empêcher de devenir associé? Tu es Roi, Pape, Empereur – sous ce rapport ta destinée est entre tes mains.« cit Charles Benoist: L'homme de 1848 II (Revue des deux mondes 1 février 1914 p 668)
[a 13, 1]

Eine Bemerkung Tocquevilles über den Geist der vierziger Jahre: »Les grands propriétaires aimaient à rappeler qu'ils avaient toujours été ennemis de la classe bourgeoise et toujours favorables à la classe populaire; les bourgeois eux-mêmes se souvenaient avec un certain orgueil que leurs pères avaient été ouvriers, et, quand ils ne pouvaient pas remonter ... jusqu'à un ouvrier ..., ils tâchaient du moins de dater d'un malotru qui eût fait sa fortune par lui-même.« cit Charles Benoist: L'homme de 1848 II (Revue des deux mondes 1 février 1914 p 669) [a 13, 2]

»La question du paupérisme ... a traversé en peu d'années des phases bien diverses. Dans les derniers temps de la restauration, le débat roule tout entier sur l'extinction de la mendicité, et la société cherche moins à soulager la misère qu'à ... l'oublier en la rejetant dans l'ombre. A la révolution de juillet, une réaction s'opère par la politique. Le parti républicain s'empare du paupérisme, qu'il transforme en prolétariat... Les ouvriers prennent la plume... Les tailleurs, les cordonniers et les typographes, qui formaient alors les corps de métiers révolutionnaires, marchent à l'extrême avant-garde... Vers 1835, la polémique est... suspendue par les nombreuses défaites du parti républicain; vers 1840, elle reprend... et se bifurque... en deux écoles aboutissant, l'une au communisme, l'autre à l'association des intérêts entre l'ouvrier et le maître.« Charles Louandre: Statistique littéraire De la production intellectuelle en France depuis quinze ans (Revue des deux mondes 15 octobre 1847 p 279) [a 13, 3]

Der Blanquist Tridon: »O force, reine des barricades... toi qui brilles dans l'éclair et dans l'émeute... c'est vers toi que les prisonniers tendent leurs mains enchaînées.« cit Charles Benoist: Le »Mythe« de la classe ouvrière (Revue des deux mondes 1 mars 1914 p 105) [a 13, 4]

Gegen Arbeitshäuser, für Einschränkung der Armentaxe: F-M-L Naville: De la charité légale et spécialement des maisons de travail et de la proscription de la mendicité 2 vol Paris 1836 [a 13, 5]

Eine Prägung von 1848: »Dieu est ouvrier.« [a 13 a, 1]

Charles Benoist behauptet bei Corbon: Le secret du peuple de Paris das hochmütige Bewußtsein der zahlenmäßigen Überlegenheit über die anderen Klassen vorzufinden. (Benoist: Le »Mythe« de la classe ouvrière, Revue des deux mondes 1 mars 1914 p 99) [a 13 a, 2]

Die Flugschriften des Jahres 1848 werden von dem Begriff der Organisation beherrscht. [a 13 a, 3]

»En 1867, pouvaient se tenir des conférences où 400 délégués ouvriers appartenant à 117 professions... discutèrent... de l'organisation de Chambres d'ouvriers en syndicats mixtes... Jusque-là toutefois, bien qu'en face d'eux, du côté des patrons, on pût compter 42 Chambres syndicales... les syndicats ouvriers étaient très rares. Avant 1867, en marge et au défi de la loi, on ne citait que les typographes (1839), les mouleurs (1863), les relieurs (1864), les chapeliers (1865). Après les conférences du passage Raoult... ces syndicats se multiplièrent.« Charles Benoist: Le »mythe« de la classe ouvrière (Revue des deux mondes 1 mars 1914 p 111) [a 13 a, 4]

1848 war Toussenel Mitglied der von Louis Blanc präsidierten Commission du travail im Luxembourg. [a 13 a, 5]

London in seiner Bedeutung für Barbier und Gavarni darzustellen. Gavarnis Serie »Was man in London ganz umsonst sieht«. [a 13 a, 6]

Marx sagt im »18ten Brumaire« von den Kooperativen, daß in ihnen die Arbeiterschaft »prinzipiell darauf verzichtet, die alte Welt mit ihren eigenen großen Gesamtmitteln umzuwälzen, vielmehr hinter dem Rücken der Gesellschaft, auf Privatweise, innerhalb seiner beschränkten Existenzbedingungen, seine Erlösung zu vollbringen sucht⟨«⟩. cit E Fuchs: Die Karikatur der europäischen Völker II ⟨München 1921⟩ p 472   [a 13 a, 7]

Über die von Rodrigues herausgegebnen »Poésies sociales des ouvriers« schreibt die Revue des deux mondes: »Vous passez d'une réminiscence de M. de Béranger à une contrefaçon grossière du genre de M. de Lamartine et de M. Victor Hugo.« (p 966) Und der Klassencharakter dieser Kritik macht sich (p 969) sehr unbefangen bemerkbar, wenn ihr Verfasser vom Arbeiter meint: »S'il prétend concilier l'exercice de son état avec des études littéraires, il éprouvera combien les grandes fatigues du corps nuisent au développement de l'esprit.« Zur Bekräftigung erzählt der Verfasser das Los eines Arbeiterdichters, der verrückt geworden sei. Lerminier: De la littérature des ouvriers (Revue des deux mondes XXVIII Paris 1841)
[a 13 a, 8]

Agricol Perdiguiers »Livre du compagnonage« sucht die mittelalterlichzünftigen Formen des Zusammenschlusses zwischen den Arbeitern der neuen Form der Assoziation dienstbar zu machen. Dieser Versuch wurde von Lerminier »De la littérature des ouvriers« (Revue des deux mondes XXVIII Paris 1841 p 955 ff) schroff abgelehnt.   [a 14, 1]

Adolphe Boyer: De l'état des ouvriers et de son amélioration par l'organisation du travail Paris 1841. Der Verfasser dieser Schrift war Buchdrucker. Sie hat keinen Erfolg. Er begeht Selbstmord und fordert (nach Lerminier) die Arbeiter auf, seinem Beispiel zu folgen. Die Schrift erschien 1844 in Straßburg deutsch. Sie war sehr gemäßigt und suchte den compagnonnage der Assoziation dienstbar zu machen.   [a 14, 2]

»Quand on considère la vie rude et pénible qu'ont à mener les classes laborieuses, on demeure convaincu que, parmi les ouvriers, les hommes les plus remarquables ... ne sont pas ceux qui se hâtent de prendre une plume ...: ce ne sont pas ceux qui écrivent, mais ceux qui agissent ... La division du travail, qui assigne aux uns l'action, aux autres la pensée, est donc toujours dans la nature des choses.« Lerminier: De la littérature des ouvriers (Revue des deux mondes XXVIII Paris 1841 p 975) Und unter agir versteht der Verfasser in erster Linie die Verrichtung von Überstunden! [a 14, 3]

soziale Bewegung   881

Die Arbeiterassoziationen legten ihre Fonds auf der Sparkasse oder in Schatzanweisungen an. Lerminier: De la littérature des ouvriers Revue des deux mondes Paris 1841 p 963 lobt sie dafür. Ihre Versicherungsinstitutionen, so sagt er weiter, entlasten die öffentliche Fürsorge. [a 14,4]

Proudhon bekommt von dem Finanzier Millaud eine Einladung zum Diner. »Proudhon s'en tira ... en répondant qu'il vivait entièrement au sein de sa famille et qu'il était toujours couché à 9 heures du soir.« Firmin Maillard: La cité des intellectuels Paris ⟨1905⟩ p 383 [a 14, 5]

Aus einem Gedicht von Dauhéret auf Ledru-Rollin:
  »Le drapeau rouge, que tout Français vénère,
  C'est le manteau que le Christ a porté.
  Rendons hommage au brave Robespierre
  Et à Marat, qui le fit respecter.«
cit Auguste Lepage: Les cafés politiques et littéraires de Paris Paris ⟨1874⟩ p 11 [a 14,6]

Georg Herwegh: Die Epigonen von 1830 Paris Nov. 1841:
  »O nehmt sie fort, die Trikolore,
  Die eurer Väter Thaten sah,
  Und schreibet warnend an die Thore:
  ›Hier ist der Freiheit Capua!‹«
Georg Herwegh: Gedichte eines Lebendigen II Zürich und Winterthur 1844 p 15 [a 14 a, 1]

Heine über die Bourgeoisie in der Februarrevolution: »Die Strenge, womit das Volk gegen ... Diebe verfuhr, die man auf der That ertappte, war manchen ... nicht ganz recht, und es ward gewissen Leuten beinahe unheimlich zu Mute, als sie vernahmen, daß man Diebe auf der Stelle erschieße. Unter einem solchen Regimente, dachten sie, ist man am Ende doch seines Lebens nicht sicher.« Heinrich Heine: Die Februarrevolution (Sämtliche Werke ed Wilhelm Bölsche Leipzig V p 363) [a 14 a, 2]

Amerika in der Hegelschen Philosophie: »Hegel ... n'a pas donné d'expression directe à cette conscience de terminer une époque de l'histoire, mais une expression indirecte. Il la manifeste par ce fait qu'il pense, en jetant un regard vers le passé dans ›la vieillesse de l'esprit‹, et en même temps en cherchant une découverte possible dans le domaine de l'esprit, tout en réservant expressément la connaissance de cette découverte. De rares indications sur l'Amérique qui, à cette époque, apparaissait comme le futur pays de la liberté [Anm. A. Ruge, Aus früherer Zeit, IV, p. 72 à 84. Mais déjà Fichte pensa à émigrer en Amérique, lors de l'écroulement de la vieille

Europe (Lettre à sa femme du 28 mai 1807).] et sur le monde slave, visent à la possibilité, pour l'esprit universel, d'émigrer hors d'Europe, afin de préparer de nouveaux protagonistes du principe de l'esprit ... achevé avec Hegel. ›L'Amérique est donc le pays de l'avenir, dans lequel l'importance de l'histoire universelle doit se manifester, à une époque prochaine, par exemple dans la lutte de l'Amérique du Nord et du Sud.‹ ... Mais ›ce qui jusqu'aujourd'hui se passe ici, en Amérique, n'est que l'écho du vieux monde et l'expression d'une vivacité étrangère; et, en tant que pays d'avenir, celui-ci ne nous regarde pas. Le philosophe n'a rien à voir avec des prophéties.‹« [Hegel: Philosophie der Geschichte ed Lasson p 200 (et 779?)] K Löwith: L'achèvement de la philosophie classique par Hegel et sa dissolution chez Marx et Kierkegaard [Recherches philosophiques fondées par A Koyré, H-Ch Puech, A Spaier IV 1934-1935 Paris p 246/247]
[a 14 a, 3]

Auguste Barbier stellte das düstere Pendant zur saint-simonistischen Dichtung dar; er verleugnet die Verwandtschaft zu ihr meist ebensowenig wie in diesen Schlußversen des Prologue:
»Si mon vers est trop cru, si sa bouche est sans frein,
C'est qu'il sonne aujourd'hui dans un siècle d'airain.
Le cynisme des mœurs doit salir la parole,
Et la haine du mal enfante l'hyperbole.
Or donc je puis braver le regard pudibond:
Mon vers rude et grossier est honnête homme au fond.«
Auguste Barbier: Poésies Paris 1898 p 4   [a 15, 1]

Ganneau veröffentlicht anonym: Waterloo Paris Au bureau des publications évadiennes 1843 Die Flugschrift ist der Apotheose Napoleons gewidmet – »Jésus le Christ-Abel, Napoléon le Christ-Caïn« (p 8) – und schließt mit der Beschwörung der »Unité Evadienne« (p 15) und der Signatur »Au nom du Grand Evadah, au nom du Grand Dieu, Mère, Père ... le Mapah.« (p 16)   [a 15, 2]

Ganneau's »Page prophétique« wurde zum ersten Mal 1840, zum zweiten Mal in der Revolution von 1848 herausgegeben und trägt in letzterer Ausgabe am Kopf folgende Mitteilung: »Cette Page prophétique, saisie le 14 juillet 1840, a été trouvée par le citoyen Sobrier, ex-délégué au département de la police, dans le dossier du citoyen Ganneau (Le Mapah). – (Le rapport porte: ›Page révolutionnaire tirée à 3,500 exemplaires et distribuée sous les portes cochères.‹)«   [a 15, 3]

soziale Bewegung   883

Ganneau's »Baptême, Mariage« konstituiert die Ere Evadah vom 15 August 1838 an. Das Flugblatt ist rue Saint-Denis 380, passage Lemoine erschienen. Unterzeichnet: Le Mapah. Es verkündet: »Marie n'est plus la Mère: Elle est l'Epouse; Jésus-Christ n'est plus le Fils: Il est l'Epoux. L'ancien monde (compression) finit; Le nouveau monde (expansion) commence!« Es erscheinen »Marie-Eve, unité Génésiaque femelle« und »Christ-Adam, unité Génésiaque mâle« »sous le nom Androgyne Evadam!«   [a 15, 4]

»Le ›Devoir Mutuel‹ de Lyon, qui joua un rôle essentiel dans les insurrections de 1831 et de 1834, marque la transition de la vieille Mutualité à la Résistance.« Paul Louis: Histoire de la classe ouvrière en France de la Révolution à nos jours Paris 1927 p 72   [a 15, 5]

Am 15ten Mai 1848 revolutionäre Demonstration der pariser Arbeiter für die Wiederherstellung Polens.   [a 15, 6]

»Jésus-Christ ..., n'ayant point donné son Code politique, a laissé son œuvre incomplète.« Honoré de Balzac: Le curé de village (Lettre de Gérard à Grossetête) ed Siècle XVII p 183   [a 15 a, 1]

Die meisten Arbeiterenquêten der Frühzeit wurden von Unternehmern, deren Vertretern, Fabrikinspektoren und Verwaltungsbeamten durchgeführt. »Dort, wo die die Untersuchung durchführenden Ärzte und Philanthropen selbst Arbeiterfamilien aufsuchten, geschah es meist in Begleitung der Unternehmer oder deren Stellvertreter. Le Play z. B. empfiehlt Besuche in Arbeiterfamilien, ›wobei man sich der Empfehlung einer sorgfältig ausgesuchten Autorität bedient‹; er rät zu äußerst diplomatischem Verhalten den einzelnen Familienmitgliedern gegenüber, ja zur Zahlung kleiner Entschädigungssummen oder zur Verteilung von Geschenken: man soll ›mit Unterschied die Klugheit der Männer, die Grazie der Frauen, das Wohlverhalten der Kinder loben und in gescheiter Weise an alle kleine Geschenke verteilen.‹ (Les Ouvriers Européens. Paris. Bd. I, S. 223.) Im Laufe der ausführlichen Kritik der Erhebungsmethoden, die Audiganne in den Diskussionen seines Arbeiterkreises aufkommen läßt, spricht man sich über Le Play folgendermaßen aus: ›Niemals ist ein falscherer Weg ungeachtet der allerbesten Absichten eingeschlagen worden. Es handelt sich nur um das System. Ein falscher Gesichtspunkt, eine falsche Beobachtungsmethode führt eine gänzlich willkürliche Folge von Vorstellungen herbei, die ohne irgendeine Beziehung zur Realität der Gesellschaft stehen und wo eine unüberwindliche Vorliebe für den Despotismus und die Starrheit durchschaut.‹ (Audiganne, a. a. O., S. 61.) Als weit verbreiteten

Fehler in der Durchführung von Erhebungen bezeichnet Audiganne die Feierlichkeit, die von den Enquêteuren bei Besuchen von Arbeiterfamilien in Szene gesetzt wird: ›Wenn nicht eine einzige Spezialerhebung unter dem zweiten Kaiserreich irgendein greifbares Resultat ergeben hat, so trägt zu einem großen Teil der Pomp, mit dem man sich umgeben hat, die Schuld daran.‹ (a.a.O., S. 93.) Auch Engels und Marx schildern die Methoden, mit denen die Arbeiter zu Aussagen bei derartigen sozialen Recherchen veranlaßt, ja selbst zur Eingabe von Gesuchen gegen die Verkürzung der Arbeitszeit gebracht wurden.« Hilde Weiß: Die »Enquête Ouvrière« von Karl Marx [Zeitschrift für Sozialforschung hg. von Max Horkheimer V, 1 Paris 1936 p 83/84] Das zitierte Buch von Audiganne sind die »Mémoires d'un ouvrier de Paris« ⟨Paris 1873⟩. [a 15 a, 2]

1854 begab sich die Affäre der Charpentiers, die, auf der Grundlage eines Streikbeschlusses der charpentiers von Paris eine Anklage wegen Verletzung des Koalitionsverbots gegen die Führer der charpentiers zur Folge hatte. Sie wurden vor der ersten Kammer und in der Berufung von Berryer verteidigt. Aus dessen Ausführungen in der Berufungsverhandlung: »Ce ne peut pas être cette résolution sainte, cette résolution libre d'abandonner son travail plutôt que de n'en pas retirer le juste salaire, qui a été punie par la loi. Non! c'est la résolution de contraindre la liberté d'autrui; c'est l'interdiction du travail, l'empêchement de se rendre dans les ateliers ... Il faut donc, pour qu'il y ait coalition, qu'il y ait une contrainte à la liberté de l'homme, une violence faite à la liberté d'autrui. Et en effet, si ce n'était pas là le véritable sens des articles 415 et 416, n'y aurait-il pas dans notre loi une inégalité monstrueuse entre la condition des ouvriers et celle des entrepreneurs? Ceux-ci peuvent se concerter entre eux, décider que le prix de travail est trop élevé ... La loi ... ne punit la coalition des entrepreneurs que lorsqu'il y a concert injuste et abusif ... Sans reproduire les mêmes mots, la loi reproduit la même pensée à l'égard des ouvriers. C'est par la saine interprétation de ces articles que vous consacrerez l'égalité de condition qui doit exister entre ces deux classes d'individus.« Berryer: Œuvres Plaidoyers II 1836-1856 Paris 1876 p 245/246 [a 16, 1]

Affaire des charpentiers: »Me Berryer termine sa plaidoirie en s'élevant aux considérations ... sur la position actuelle, en France, des classes inférieures condamnées, dit-il, à voir périr à l'hôpital, ou sur le marbre de la morgue, les deux cinquièmes de leurs membres.« Berryer: Œuvres Plaidoyers II 1836-1856 Paris 1876 p 250 (Der Hauptangeklagte in dem Prozeß wurde zu 3 Jahren Gefängnis verurteilt – ein Urteil, das in der Berufung bestätigt wurde.) [a 16, 2]

»Les poëtes ouvriers des derniers temps ont imité les rhythmes de Lamartine ... sacrifiant trop souvent ce qu'ils pouvaient avoir d'originalité populaire ... Ils s'habillent, ils mettent des gants pour écrire, et perdent ainsi la supériorité que donnent au peuple, quand il sait s'en servir, sa main forte et son bras puissant.« J Michelet: Le peuple Deuxième édition Paris 1846 p 195 An anderer Stelle (p 107) betont der Verfasser den »caractère particulier de tristesse et de douceur« dieser Dichtungen. [a 16, 3]

»Als Engels ... in Paris das ›Glaubensbekenntnis‹, mit dessen Ausarbeitung die dortige Bundesgemeinde ihn beauftragt hatte, aufs Papier warf, stieß er sich ... an der Bezeichnung, die Schapper und Moll ihrem Entwurf gegeben hatten. Auch die Katechismusform, die für solche auf die Arbeiter berechneten programmatischen Kundgebungen damals üblich war und deren zuletzt noch Considerant und Cabet sich bedient hatten, erschien ihm nicht mehr am Platze.« Gustav Mayer: Friedrich Engels I Berlin ⟨1933⟩ p 283 [a 16, 4]

Die Gesetzgebung zur Repression der Arbeiterschaft geht bis auf die französische Revolution zurück. Es handelt sich um die Versammlung und die Koalition der Arbeiter, um kollektiv vorgebrachte Lohnforderungen und Streik, die man unter Strafe stellte. »La loi du 17 juin 1791, et celle du 12 janvier 1794, contiennent des mesures qui, jusqu'à ce jour, ont paru suffisantes pour réprimer ces délits.« Chaptal: De l'industrie françoise Paris 1819 II p 351 [a 16 a, 1]

»Weil Marx seit seiner Ausweisung der Boden Frankreichs verschlossen war, entschied sich Engels im August 1846, seinen Wohnsitz nach der französischen Hauptstadt zu verlegen, in der Absicht, die dortigen deutschen Proletarier für ihren revolutionären Kommunismus zu gewinnen. Nun entsprachen jedoch diese Schneider und diese Möbelschreiner und Gerbergesellen, die Grün umwarb, keineswegs dem Proletariertypus, auf den Engels ... zählte. Den meisten, die nach Paris gekommen waren, um sich an diesem Vorort der Mode und des Kunstgewerbes für ihren Beruf konkurrenzfähiger zu machen, saß der alte Zunftgeist noch tief im Nacken.« Gustav Mayer: Friedrich Engels Erster Band Friedrich Engels in seiner Frühzeit (Zweite Auflage) Berlin ⟨1933⟩ p 249/250 [a 16 a, 2]

Das brüsseler »Kommunistische Korrespondenzkomitee« vom Jahre 1846 von Marx und Engels: »Proudhon hatten Marx und er ... vergebens zu gewinnen sich bemüht. Wir erfahren von einem erfolglosen Versuch, den Engels jetzt unternahm, um den alten Cabet, das Oberhaupt des experimentell utopischen Kommunismus auf dem Kontinent ..., für die Beteiligung an der Korrespondenz zu gewinnen ... Erst einige Monate später ... knüpfte er zu dem Kreise der Réforme, zu Louis Blanc und namentlich zu Flocon, nähere Beziehungen an.« Gustav Mayer: Friedrich Engels Erster Band: Friedrich Engels in seiner Frühzeit (Zweite Auflage) Berlin ⟨1933⟩ p 254 [a 16 a, 3]

Guizot schreibt nach der Februarrevolution: »J'ai depuis longtemps un double sentiment: l'un que le mal est beaucoup plus grand que nous ne le croyons et ne le disons; l'autre que nos remèdes sont frivoles et ne vont guère au-delà de la peau. Pendant que j'ai eu mon pays et ses affaires dans les mains, ce double sentiment s'est accru de jour en jour, et à mesure que je réussissais et durais, je sentais que ni mon succès ni ma durée n'allaient au fond, que l'ennemi vaincu gagnait sur moi et que pour le vaincre réellement, il aurait fallu faire des choses qu'il était impossible seulement de dire«. cit Abel Bonnard: Les modérés (Le drame du présent I) Paris ⟨1936⟩ p 314/315 [a 16 a, 4]

»Um in der Agitation wirkliche Erfolge zu erzielen, muß der einzelne im Namen einer Kollektivität auftreten können ... Diese Erfahrung hatte Engels während seiner ersten Pariser Wirkungsperiode machen müssen. Um wieviel leichter erschlossen sich ihm das zweitemal jene Türen, die er offen finden wollte! Weil der französische Sozialismus noch immer in fast allen seinen Schattierungen den politischen Kampf ablehnte, konnte sich Engels in Paris die Kampfgenossen für die herannahende Entscheidungsschlacht nur in den Reihen jener mehr oder weniger staatssozialistisch gesinnten Demokraten suchen, die sich um die Réforme scharten, und die gleich ihm unter der Führung eines Louis Blanc und Ferdinand Flocon die Eroberung der politischen Macht durch die Demokratie als die erste Voraussetzung jeder sozialen Umgestaltung ansahen. Bereit, mit jeder entschieden demokratischen Richtung des Bürgertums Hand in Hand zu gehen, brauchte Engels die Zusammenarbeit mit dieser Partei, auf deren Programm die Abschaffung der Lohnarbeit stand, nicht zu scheuen, obgleich er wissen mußte, wie abgeneigt Ledru-Rollin, ihr parlamentarischer Führer, dem Kommunismus war ... Durch frühere Erfahrungen gewitzigt, erschien er bei Louis Blanc als offizieller Abgesandter der Londoner, Brüsseler und rheinischen deutschen Demokraten und als ›Agent der Chartisten‹.« Gustav Mayer: Friedrich Engels Erster Band Friedrich Engels in seiner Frühzeit Berlin ⟨1933⟩ p 280/281

[a 17, 1]

»Unter der provisorischen Regierung war es Anstand und noch mehr, es war Notwendigkeit, den großmütigen Arbeitern, die, wie man in Tausenden von offiziellen Plakaten abdrucken ließ, ›drei Monat Elend zur

soziale Bewegung   887

Verfügung der Republik bereitstellten‹, es war Politik und Schwärmerei zugleich, ihnen vorzupredigen, die Februarrevolution sei in ihrem eigenen Interesse gemacht, und es handele sich in der Februarrevolution vor allem um die Interessen der Arbeiter. Seit der Eröffnung der Nationalversammlung wurde man prosaisch. Es handelte sich nur noch darum, die Arbeit auf ihre alten Bedingungen, wie der Minister Trelat sagte, zurückzuführen.« Karl Marx: Dem Andenken der Juni-Kämpfer [in Karl Marx als Denker, Mensch und Revolutionär hg von D. Rjazanov Wien Berlin ⟨1928⟩ p 38 – Erschienen in der Neuen Rheinischen Zeitung ca 28 Juni 1848]   [a 17, 2]

Schlußsatz des Aufsatzes über die Junikämpfer, der der Darstellung der Maßnahmen folgt, mit denen der Staat das Gedächtnis der Opfer aus der Bourgeoisie ehren wird: »Aber die Plebejer, vom Hunger zerrissen, von der Presse geschmäht, von den Ärzten verlassen, von den Honetten Diebe gescholten, Brandstifter, Galeerensklaven, ihre Weiber und Kinder in noch grenzenloseres Elend gestürzt, ihre besten Lebenden über die See deportiert, – ihnen den Lorbeer um die drohend finstere Stirn zu winden, das ist das Vorrecht, das ist das Recht der demokratischen Presse.« Karl Marx: Dem Andenken der Juni-Kämpfer [in Karl Marx als Denker, Mensch und Revolutionär hg. von D Rjazanov Wien Berlin p 40 – Erschienen Neue Rheinische Zeitung ca 28 Juni 1848]   [a 17, 3]

Zu Burets »De la misère des classes laborieuses en Angleterre et en France« und Engels »Lage der arbeitenden Klasse in England«: »Charles Andler möchte das Engelssche Buch nur als ›une refonte et une mise au point‹ des Buretschen gelten lassen. Uns zeigte sich eine Übereinstimmung nur darin, daß beide ... zum Teil auf dem gleichen Quellenmaterial fußen ... Des Franzosen Wertmaßstäbe bleiben im Naturrecht verankert ..., während der Deutsche ... die ökonomischen und sozialen Entwicklungstendenzen ... zur Erklärung ... heranzieht. Während Engels die einzige Rettung von der Fortbildung der bestehenden Zustände zum Kommunismus erwartet, setzt Buret seine Hoffnung auf die völlige Mobilisierung des Grundbesitzes, auf Sozialpolitik und ein konstitutionelles Fabriksystem.« Gustav Mayer: Friedrich Engels Erster Band Friedrich Engels in seiner Frühzeit Berlin ⟨1933⟩ p 195   [a 17 a, 1]

Engels über den Juni-Aufstand: »›Zwischen dem Paris von damals und von jetzt‹, schrieb er in ein wohl für das Feuilleton der Neuen Rheinischen Zeitung bestimmtes Reisetagebuch, ›lag der fünfzehnte Mai und fünfundzwanzigste Juni ... Die Granaten Cavaignacs hatten die unüberwindbare Pariser Heiterkeit in die Luft gesprengt; die Marseillaise und der Chant du Départ waren verstummt, nur die Bourgeois summten noch ihr Mourir

pour la Patrie zwischen den Zähnen, die Arbeiter, brotlos und waffenlos, knirschten in verhaltenem Groll.« cit Gustav Mayer: Friedrich Engels Erster Band Friedrich Engels in seiner Frühzeit Berlin ⟨1933⟩ p 317
[a 17 a, 2]

Engels nannte während der Juni-Insurrektion »Ostparis und Westparis die Symbole für die zwei großen feindlichen Lager, in die sich hier zum ersten Male die ganze Gesellschaft spalte.« Gustav Mayer: Friedrich Engels Erster Band Friedrich Engels in seiner Frühzeit Berlin ⟨1933⟩ p 312   [a 17 a, 3]

Marx nennt die Revolution »unseren guten Freund, unseren Robin Hood, den alten Maulwurf, der so schnell in der Erde arbeiten kann – die Revolution.« In derselben Rede, zum Schluß: »Im Mittelalter existierte in Deutschland, um die Untaten der Herrschenden zu rächen, ein geheimes Tribunal, das ›Femgericht‹. Wenn an einem Hause ein rotes Zeichen zu sehen war, so wußte man, daß sein Eigentümer der Feme verfallen war. Heute steht auf allen Häusern Europas das geheimnisvolle rote Kreuz. Die Geschichte selbst sitzt zu Gericht – der das Urteil vollstreckt, ist das Proletariat.« Karl Marx: Die Revolutionen von 1848 und das Proletariat Rede bei der Feier des vierjährigen Bestehens des »People's Paper« Erschienen in »The People's Paper« 19 April 1856 [in Karl Marx als Denker, Mensch und Revolutionär hg von D. Rjazanov Wien Berlin ⟨1928⟩ p 42 u p 43]   [a 17 a, 4]

Marx nimmt Cabet gegen Proudhon als »respektabel wegen seiner praktischen Stellung zum Proletariat« in Schutz. Marx an Schweitzer London 24 Januar 1865 (Karl Marx Friedrich Engels: Ausgewählte Briefe hg von V. Adoratskij Moskau Leningrad 1934 p 143)   [a 18, 1]

Marx über Proudhon: »Die Februarrevolution kam Proudhon in der Tat sehr ungelegen, da er just einige Wochen zuvor unwiderleglich bewiesen hatte, daß ›die Aera der Revolutionen‹ für immer vorüber sei. Sein Auftreten in der Nationalversammlung, so wenig Einsicht in die vorliegenden Verhältnisse es bewies, verdient alles Lob. Nach dem Juniaufstand war es ein Akt großen Mutes. Es hatte außerdem die günstige Folge, daß Herr Thiers in seiner Gegenrede gegen Proudhons Vorschläge, die dann als besondere Schrift veröffentlicht ward, ganz Europa bewies, auf welchem Kleinkinderkatechismus-Piedestal dieser geistige Pfeiler der französischen Bourgeoisie stand. Herrn Thiers gegenüber schwoll Proudhon in der Tat zu einem vorsündflutlichen Kolosse auf ... Seine Angriffe gegen Religion, Kirche usw. besitzen ... ein großes lokales Verdienst zu einer Zeit, wo die französischen Sozialisten es passend hielten, dem bürgerlichen Voltairianismus des 18. und der deutschen Gottlosigkeit des 19. Jahrhunderts durch

soziale Bewegung   889

Religiosität überlegen zu sein. Wenn Peter der Große die russische
Barbarei durch Barbarei niederschlug, so tat Proudhon sein Bestes, das
französische Phrasenwesen durch die Phrase niederzuwerfen.« Marx an
Schweitzer London 24 Januar 1865 (Karl Marx Friedrich Engels: Ausgewählte Briefe hg v V. Adoratskij Moskau Leningrad 1934 p 143/144 [a 18, 2]

»Amüsiert euch an folgendem: Journal des Economistes, August d. J.
enthält in einem Artikel über ... den Kommunismus folgendes: ... ›M.
Marx est un cordonnier, comme un autre Communiste allemand, Weitling,
est un tailleur ... M. ne sort ... point ... des formules abstraites et il se
garde bien d'aborder aucune question véritablement pratique. Selon lui (gib
acht auf den Unsinn) l'émancipation du peuple allemand sera le signal de
l'émancipation du genre humain; la tête de cette émancipation serait la
philosophie et son cœur le prolétariat. Lorsque tout sera préparé, le coq
gaulois sonnera la résurrection germanique ... Marx dit qu'il faut créer en
Allemagne un prolétariat universel (!!) afin de réaliser la pensée philosophique du communisme.‹« Engels an Marx ca 16 September 1846 (Karl Marx
Friedrich Engels⟨: Briefwechsel⟩ I Band 1844-1853 hg vom Marx-Engels-
Lenin-Institut Moskau Leningrad ⟨Zürich⟩ 1935 p 45/46)   [a 18, 3]

»Das totale Vergessen der revolutionären bzw. konterrevolutionären
Kausalität ist notwendige Folge jeder siegreichen Reaktion.« Engels an
Marx Manchester 18 Dezember 1868 anläßlich von E⟨ugène⟩ Ténots
Büchern über den Staatsstreich von 1851 (Karl Marx Friedrich Engels:
Ausgewählte Briefe hg von V. Adoratskij Moskau Leningrad 1934 p 209)
                                                                [a 18, 4]

An Nationalfeiertagen konnte⟨n⟩ gewisse Objekte gratis aus den monts-
de-piété ausgelöst werden.   [a 18 a, 1]

Laffitte nennt sich selbst »un citoyen qui possède« cit Abel Bonnard: Les
modérés (Le drame du présent I) Paris p 79   [a 18 a, 2]

»La poésie ... a consacré la grande erreur de séparation entre la force du
Travail et l'Art. Après Alfred de Vigny maudisseur du chemin de fer,
Verhaeren invective contre les *Villes Tentaculaires*. La poésie a fui les
formes de la civilisation moderne ... Elle n'a pas su voir que dans n'importe
quelle activité humaine l'art a des éléments à choisir et qu'il s'affaiblit
lorsqu'il nie à tout ce qui l'entoure la possibilité de l'inspirer.« Pierre
Hamp: La littérature, image de la société (Encyclopédie française XVI Arts
et littératures dans la société contemporaine I p 64,2)   [a 18 a, 3]

»Von 1852 bis 1865 lieh Frankreich dem Ausland 4½ Milliarden ...

Unmittelbarer noch als die bürgerlichen Republikaner wurden die Arbeiter von der wirtschaftlichen Entwicklung erfaßt. Die Folgen des Handelsvertrages mit England und die durch den amerikanischen Sezessionskrieg heraufbeschworene Arbeitslosigkeit in der Baumwollindustrie vermittelten ihnen ... die Erkenntnis, daß ihre eigene Situation direkt von der internationalen ökonomischen abhing.« S. Kracauer: Jacques Offenbach und das Paris seiner Zeit Amsterdam 1937 p 328 u 330 [a 18 a, 4]

Die Friedenshymne von Pierre Dupont wurde noch während der Weltausstellung 1878 auf den Straßen gesungen. [a 18 a, 5]

1852 Begründung des Crédit mobilier (Péreire) zur Finanzierung der Eisenbahnen; des Crédit foncier; des Bon Marché. [a 18 a, 6]

»Unter dem Einfluß der Opposition gegen die von den Saint-Simonisten angeregte Demokratisierung des Kredits setzte vom Krisenjahr 1857 an eine Reihe von Finanzprozessen ein, in denen Durchstechereien, betrügerische Bankrotte, Vertrauensmißbräuche und künstliche Haussen zur Verhandlung kamen. Gewaltiges Aufsehen erregte der Prozeß gegen Mirès, der 1861 begann und sich jahrelang hinzog.« S Kracauer: Jacques Offenbach und das Paris seiner Zeit Amsterdam 1937 p 262 [a 18 a, 7]

Louis-Philippe zu Guizot: »Wir werden niemals etwas in Frankreich bewirken, und ein Tag wird nahen, an dem meine Kinder kein Brot haben werden.« S Kracauer: Jacques Offenbach und das Paris seiner Zeit Amsterdam 1937 p 139 [a 18 a, 8]

Viele Manifeste sind dem kommunistischen vorausgegangen. (1843 Considérants »Manifeste de la démocratie pacifique«.) [a 19, 1]

Fourier spricht von den savetiers als »gens aussi polis que d'autres en association«. Fourier: Le nouveau monde industrielle et sociétaire Paris 1829 p 221 [a 19, 2]

1822 hatte Frankreich nur 16000 passiv und 110000 aktiv Wahlberechtigte. Nach dem Gesetz von 1817 war man passiv wahlberechtigt mit 40 Jahren une 1000 frcs, aktiv mit 30 Jahren und 300 frcs direkter Steuern. (Säumigen Steuerzahlern legte man einen Mann (Soldaten?) in Garnison, für den sie bis zur Abgeltung ihrer Verpflichtungen zu sorgen hatten.) [a 19, 3]

Proudhon über Iegel: »L'antinomie ne se résout pas; là est le vice fondamental de toute la philosophie hégélienne. Les deux termes dont elle se compose, se balancent ... Une balance n'est point une synthèse.«

soziale Bewegung   891

»... N'oublions pas«, fügt Cuvillier hinzu, »que Proudhon avait été longtemps comptable.« An anderer Stelle spricht Proudhon von den seine Philosophie bestimmenden Gedanken als »idées élémentaires, communes à la tenue des livres et à la métaphysique«. Armand Cuvillier: Marx et Proudhon (A la lumière du marxisme II Paris 1937 p 180/181)   [a 19,4]

Den folgenden Grundgedanken Proudhons findet Marx in der »Heiligen Familie« schon 1830 bei dem englischen Ökonomen Sadler dargestellt. Proudhon sagt: »[Cette force immense qui résulte de l'union et de l'harmonie des travailleurs, de la convergence et de la simultanéité de leurs efforts, le capitaliste ne l'a pas payée.‹ C'est ainsi que 200 grenadiers ont réussi, en quelques heures, à élever sur la place de la Concorde l'obélisque de Louqsor, tandis qu'un seul, travaillant 200 jours, ne serait parvenu à aucun résultat. ›Séparez les travailleurs l'un de l'autre, il se peut que la journée payée à chacun surpasse la valeur de chaque produit individuel: mais ce n'est pas de cela qu'il s'agit. Une force de mille hommes agissant pendant vingt jours a été payée comme la force d'un seul le serait pendant 55 années; mais cette force de mille a fait en vingt jours ce que la force d'un seul, répétant son effort pendant un million de siècles, n'accomplirait pas: le marché est-il équitable?‹« Armand Cuvillier: Marx et Proudhon (A la lumière du marxisme II Paris 1937 p 196)   [a 19,5]

Zum Unterschied von Saint-Simon und Fourier desinteressiert Proudhon sich an der Historie. »L'histoire de la propriété, chez les nations anciennes, n'est plus pour nous qu'une affaire d'érudition et de curiosité.« (cit Cuvillier: Marx et Proudhon ⟨lc⟩ p 201) Konservatismus verbunden mit Mangel an historischem Sinn ist ebenso kleinbürgerlich wie Konservatismus verbunden mit historischem Sinn feudal ist.   [a 19a,1]

Proudhons Apologie des Staatsstreichs; sie findet sich in seinem Brief an Louis Napoléon vom 21 April 1858, wo über das dynastische Prinzip ausgeführt wird »que ce principe, qui n'était autre, avant 89, que l'incarnation, dans une famille élue, du droit divin ou de la pensée religieuse, ... est aujourd'hui ou peut se définir ... l'incarnation dans une famille élue du droit humain ou de la pensée rationnelle de la révolution.« (cit Armand Cuvillier: Marx et Proudhon – A la lumière du marxisme II Première partie Paris 1937 p 219)   [a 19a,2]

Cuvillier stellt Proudhon als Vorläufer eines »socialisme national« im Sinne des Faschismus dar.   [a 19a,3]

»Proudhon a cru qu'on pouvait supprimer les revenus sans travail et la plus-value sans changer l'organisation de la production ... Proudhon a conçu ce rêve insensé de socialiser l'échange dans un milieu de production non socialisé.« A Cuvillier: Marx et Proudhon (A la lumière du marxisme II Première partie Paris 1937 p 210) [a 19 a, 4]

»La valeur mesurée par le travail ... est ..., aux yeux de Proudhon, le but même du progrès. Pour Marx, il en est tout autrement. La détermination de la valeur par le travail n'est pas un idéal, c'est un fait: elle existe dans notre société actuelle.« Armand Cuvillier: Marx et Proudhon (A la lumière du marxisme II Première partie Paris 1937 p 208) [a 19 a, 5]

Proudhon hat sich höchst gehässig gegen Fourier geäußert, nicht minder abfällig gegen Cabet. Letzteres hat Marx ihm verübelt, der in Cabet, seiner politischen Rolle in der Arbeiterschaft wegen, einen höchst respektablen Mann sah. [a 19 a, 6]

Blanqui's Ausruf beim Betreten des Salons der Mlle de Montgolfier am Abend des 29 Juli 1830: »Enfoncés, les Romantiques!« [a 19 a, 7]

Beginn der Juni-Insurrektion: »Le 19 juin, on annonce la dissolution des Ateliers nationaux comme imminente, la foule se masse autour de l'Hôtel de Ville. Le 21 juin, le *Moniteur* annonce que, le lendemain, les ouvriers de dix-sept à vingt-cinq ans seront enrôlés dans l'armée ou dirigés sur la Sologne et autres régions. Ce fut ce dernier expédient qui exaspéra le plus les ouvriers parisiens. Tous ces hommes habitués au fin travail des doigts, devant un établi et un étau, se refusèrent à l'idée d'aller remuer des terres et tracer des routes dans un pays de marécages. Un des cris de l'insurrection fut: ›On n'part pas! On n'part pas!‹« Gustave Geffroy: L'enfermé Paris 1926 I p 193 [a 20, 1]

Blanqui im Libérateur, mars 1834: »Il démolit par une comparaison le fameux lieu commun: ›Les riches font travailler le pauvre‹. ›A peu près, dit-il, comme les planteurs font travailler les nègres, avec cette différence que l'ouvrier n'est pas un capital à ménager comme l'esclave‹.« Gustave Geffroy: L'enfermé Paris 1926 I p 69 [a 20, 2]

Motive Garats vom 2 April 1848: »Etablissement d'un cordon sanitaire autour des demeures des riches, destinés à mourir de faim.« Gustave Geffroy: L'enfermé Paris 1926 I p 152 [a 20, 3]

soziale Bewegung 893

Refrain von 1848:
»Chapeau bas devant la casquette,
A genoux devant l'ouvrier!« [a 20, 4]

50000 Arbeiter in der pariser Juni-Insurrektion. [a 20, 5]

Proudhon definiert sich selbst »homme nouveau, homme de polémique, non de barricades; homme qui aurait pu arriver à son but en dînant tous les jours avec le préfet de police, et prenant tous les De la Hodde du monde pour confidents.« So 1850 (cit Geffroy: L'enfermé Paris 1926 I p 180/181)
[a 20, 6]

»Sous l'Empire et jusqu'à la fin, il y eut un renouveau et un développement des idées du dix-huitième siècle ... On se dit volontiers, en ce temps-là, athée, matérialiste, positiviste, et le républicain vaguement religiosâtre ou nettement catholique de 1848, devint une ... curiosité.« Gustave Geffroy: L'enfermé Paris 1897 p 247 [a 20, 7]

Blanqui im Verfahren wegen der Société des amis du peuple auf die Frage des Präsidenten: »Quelle est votre profession? Blanqui. Prolétaire. Le president. Ce n'est pas là une profession. Blanqui. Comment, ce n'est pas une profession! c'est la profession de trente millions de Français qui vivent de leur travail et qui sont privés de droits politiques. Le president. Eh bien! soit. Greffier, écrivez que l'accusé est prolétaire.« Défense du citoyen Louis Auguste Blanqui devant la cour d'assises 1832 Paris 1832 p 4 [a 20, 8]

Baudelaire über Barbiers »Rimes héroïques«: »Ici, pour tout dire, apparaît et éclate toute la folie du siècle dans son inconsciente nudité. Sous prétexte de faire des sonnets en l'honneur des grands hommes, le poëte a chanté le paratonnerre et la machine à tisser. On devine jusqu'à quel prodigieux ridicule cette confusion d'idées et de fonctions pourrait nous entraîner.«
Baudelaire: L'art romantique (éd Hachette III) Paris p 336 [a 20 a, 1]

Blanqui in seiner Défense du citoyen Louis Auguste Blanqui devant la cour d'assises 1832 Paris 1832 p 14: »Vous avez confisqué les fusils de juillet. Oui; mais les balles sont parties. Chacune des balles des ouvriers parisiens est en route pour faire le tour du monde.« [a 20 a, 2]

»L'homme de génie représente à la fois la plus grande force et la plus grande faiblesse de l'humanité ... Il raconte aux nations que l'intérêt du faible et l'intérêt du génie se confondent, qu'on ne peut attenter à l'un sans attenter à l'autre, et qu'on aura touché la dernière limite de la perfectibilité, alors seulement que le droit du plus faible aura remplacé sur le trône le droit du plus fort.« Auguste Blanqui: Critique sociale Paris 1885 II Fragments et notes p 46 (Propriété intellectuelle – 1867 – Schluß!) [a 20 a, 3]

Über den Beifall, den Lamartine Rothschild zollte: »M. de Lamartine, ce capitaine Cook de la politique au long cours, ce Sindbad le Marin du XIXe siècle, ... ce voyageur non moins errant qu'Ulysse, mais plus heureux, qui a pris les sirènes pour équipage de son navire et promené sur les rivages de tous les partis la musique si variée de ses convictions, M. de Lamartine, dans son odyssée sans fin, vient d'échouer doucement sa barque éolienne sous les portiques de la Bourse.« Auguste Blanqui: Critique sociale Paris 1885 II p 100 (Lamartine et Rothschild Avril 1850) [a 20 a, 4]

Doktrin von Blanqui: »Non! Personne ne sait ni ne détient le secret de l'avenir. A peine des pressentiments, des échappées de vue, un coup d'œil fugitif et vague, sont-ils possibles au plus clairvoyant. La Révolution seule, en déblayant le terrain, éclaircira l'horizon, lèvera peu à peu les voiles, ouvrira les routes ou plutôt les sentiers multiples qui conduisent vers l'ordre nouveau. Ceux qui prétendent avoir, dans leur poche, le plan complet de cette terre inconnue, ceux-là sont des insensés.« Auguste Blanqui: Critique sociale Paris 1885 II p 115/116 (Les sectes et la Révolution Octobre 1866) [a 20 a, 5]

Parlament von 1849: »Dans un discours prononcé à l'Assemblée Nationale, le 14 avril, M. Considerant, le disciple ... de Fourier, disait: ›Les temps de l'obéissance sont passés; les hommes se sentent égaux, ils veulent être libres: ils ne croient pas et ils veulent *jouir*: voilà l'état des âmes.‹ – ›Dites l'état des brutes!‹ interrompt M. de Larochejaquelein.« LB Bonjean: Socialisme et sens commun Paris Mai 1849 p 28/29 [a 21, 1]

»M. Dumas (de l'Institut) s'écrie: ›La poussière aveuglante des folles théories soulevées par la trombe de Féyrier s'est dissipée dans l'espace, et, derrière ce nuage évanoui, l'année 1844 reparaît avec sa majestueuse figure et sa sublime doctrine des intérêts matériels.‹« Auguste Blanqui: Critique sociale Paris 1885 II p 104 (Discours de Lamartine 1850) [a 21, 2]

Blanqui schreibt eine Polemik »Rapport gigantesque de Thiers sur l'assistance publique« im Jahre 1850. [a 21, 3]

»La matière va-t-elle ... faire figure d'un point dans le ciel? ou se contenter de mille, dix mille, cent mille points qui élargiraient d'une insignifiance son maigre domaine? Non, sa vocation, sa loi, c'est l'infini. Elle ne se laissera point déborder par le vide. L'espace ne deviendra pas son cachot.« A Blanqui: L'éternité par les astres Hypothèse astronomique Paris 1872 p 54
[a 21, 4]

soziale Bewegung   895

Am Ende einer Versammlung, Beginn der dritten Republik: »Louise Michel annonça qu'on allait quêter pour les femmes et les enfants des camarades emprisonnés. ›Ce que nous vous demandons, dit-elle, ce n'est pas un acte de charité, c'est un acte de solidarité, parce que ceux qui font la charité, quand ils l'ont faite, ils sont fiers et ils sont contents; mais nous, nous ne sommes jamais satisfaits.‹« Daniel Halévy: Pays parisiens Paris ⟨1932⟩ p 165 [a 21, 5]

Nouvelle Némésis von Barthélemy Paris 1844 enthält XVI Les Travailleurs – eine »Satire«, die sich der Forderungen der Arbeiterschaft mit großem Nachdruck annimmt. Barthélemy kennt schon den Begriff Proletarier. [a 21, 6]

Barrikaden⟨:⟩ »A neuf heures du soir, par une belle nuit d'été, Paris sans réverbères, sans boutiques, sans gaz, sans voitures, offrait un tableau unique de désolation. A minuit, avec ses pavés amoncelés, ses barricades, ses murs en ruines, ses mille voitures échouées sur la boue, ses boulevards dévastés, ses rues noires désertes, Paris ne ressemblait à rien de connu; Thèbes et Herculanum sont moins tristes: pas un retentissement, pas une ombre, pas un vivant, hormis l'ouvrier immobile qui gardait la barricade avec son fusil et ses pistolets. Pour cadre à tout cela, le sang de la veille et l'incertitude du lendemain.« Barthélemy et Méry: L'insurrection Poème Paris 1830 p 52/53 (Notes) ■ pariser Antike ■ [a 21 a, 1]

»Qui le croirait! on dit qu'irrités contre l'heure,
De nouveaux Josués, au pied de chaque tour,
Tiraient sur les cadrans pour arrêter le jour.«

Hierzu die Anmerkung: »C'est un trait unique dans l'histoire d'une insurrection; c'est le seul acte de vandalisme exercé par le peuple contre les monumens publics, et quel vandalisme! qu'il exprime bien la situation des esprits au 28 au soir! avec quelle rage on regardait tomber l'ombre, et l'impassible aiguille marcher vers la nuit comme dans les jours ordinaires! Ce qu'il y a de plus singulier dans cet épisode, c'est qu'on a pu le remarquer à la même heure, dans différens quartiers; ce ne fut pas une idée isolée, un caprice d'exception, mais un sentiment à peu près général.« Barthélemy et Méry: L'insurrection Poème dédié aux Parisiens Paris 1830 p 22 u 52
[a 21 a, 2]

In der Juli-Revolution war kurze Zeit ehe die Trikolore sich durchsetzte, die schwarze Fahne die der Insurgenten. Mit ihr war der weibliche ⟨Körper⟩ bedeckt, wohl derselbe, der beim Schein der Fackeln durch Paris getragen wurde. Vgl Barthélemy et Méry: L'insurrection Paris 1830 p 51 [a 21 a, 3]

Eisenbahnpoesie:
»Sous le niveau du rail il faut que chacun passe;
Partout où le wagon coupe le libre espace,
On ne distingue plus les petits et les grands:
L'égalité du sol égalise les rangs.«
Barthélemy: Nouvelle Némésis XII La Vapeur Paris 1845 ⟨p 46⟩ [a 22, 1]

Beginn der préface von Tissot: De la manie du suicide et de l'esprit de révolte: »Il est impossible de ne pas être frappé de deux phénomènes moraux qui sont comme l'expression d'un mal qui travaille maintenant d'une manière particulière les membres et le corps de la société: nous voulons parler du *Suicide* et de la *Révolte*. Impatient de toute loi, mécontent de toute position, on se soulève également contre la nature humaine et contre l'homme, contre soi-même et contre la société ... L'homme de notre temps, et le Français plus qu'aucun autre peut-être, après avoir rompu violemment avec le passé ... effrayé d'un avenir dont l'horizon lui paraît déjà si sombre, se tue s'il est faible ... sans foi à ... l'amélioration des hommes, et surtout à une providence qui sait tirer le bien du mal.« J Tissot: De la manie du suicide et de l'esprit de révolte Paris 1840 ⟨p V⟩. Der Verfasser gibt in der Vorrede an, die Bücher von Frégier, Villermé und Degéraude bei der Abfassung seines Werkes nicht gekannt zu haben. [a 22, 2]

Anläßlich des Méphis von Flora Tristan: »Ce nom de prolétaire qui, aujourd'hui, se définit de façon si précise, ... sonne alors tout romantiquement et ténébreusement. C'est le paria, le galérien, le carbonaro, l'artiste, le régénérateur, l'adversaire des Jésuites. De sa rencontre avec une belle Espagnole naîtra la femme inspirée qui doit rédimer le monde.« Jean Cassou: Quarante-huit Paris ⟨1939⟩ p 12 [a 22, 3]

Blanqui spricht anläßlich der exotischen Unternehmungen von Considerant und Cabet von expériences »dans un coin de l'espèce humaine«. cit Cassou: Quarante-huit ⟨lc⟩ p 41 [a 22, 4]

Die Arbeitslosigkeit in England ist zwischen 1850 und 1914 nur einmal über 8 % gestiegen. (1930 betrug sie 16 %.) [a 22, 5]

»Le typographe Burgy, dans son livre *Présent et avenir des ouvriers*, prêche ... le célibat à ses compagnons: le tableau de la condition prolétarienne ne serait pas complet si l'on n'y ajoutait le trait de la résignation et du défaitisme.« Jean Cassou: Quarante-huit Paris ⟨1939⟩ p 77 [a 22 a, 1]

Guizot in »Du mouvement et de la résistance en politique«: »Tout homme qui, avec une intelligence au-dessus de la moyenne, n'a ni propriété ni industrie, c'est-à-dire ne veut pas ou ne peut pas payer un tribut à l'Etat, doit être considéré comme un homme dangereux au point de vue politique.« cit Cassou: Quarante-huit p 152 [a 22 a, 2]

Guizot 1837 in der Kammer: »Vous n'avez, contre cette disposition révolutionnaire des classes pauvres, vous n'avez aujourd'hui, indépendamment de la force légale, qu'une seule garantie efficace, puissante: le travail, la nécessité incessante du travail.« cit Cassou lc p 152/153 [a 22 a, 3]

Blanqui in der lettre à Maillard: »Grâce au ciel, il y a beaucoup de bourgeois dans le camp Prolétaire. Ce sont eux qui en font même la principale force, ou du moins la plus persistante. Ils lui apportent un contingent de lumières que le peuple malheureusement ne peut pas encore fournir. Ce sont des Bourgeois qui ont levé les premiers le drapeau du Prolétariat, qui ont formulé les doctrines égalitaires, qui les propagent, qui les maintiennent, les relèvent après leur chute. Partout ce sont des bourgeois qui conduisent le peuple dans ses batailles contre la Bourgeoisie.« An einer unmittelbar folgenden Stelle wird die Ausbeutung des Proletariats als politischen Stoßtrupps durch die Bourgeoisie behandelt. Maurice Dommanget: Blanqui à Belle-Ile ⟨Paris 1935⟩ p 176/177 [a 22 a, 4]

»A la misère, terrible fléau qui vous harcèle sans trêve, il faut opposer un remède aussi terrible, et le célibat paraît le plus certain parmi ceux que la science sociale vient nous indiquer.« Im Anschluß an einen Hinweis auf Malthus: »De nos jours l'impitoyable Marcus [wohl für Malthus], sondant les sinistres conséquences d'un accroissement de population sans limites ..., a osé proposer d'asphyxier tous les enfants d'indigents au-dessus de trois par famille, et de récompenser les mères pour l'accomplissement d'un acte d'une si cruelle nécessité ... Voilà le dernier mot des économistes de l'Angleterre!« [Jules Burgy:] Présent et avenir des ouvriers Paris 1847 p 30, 32/3 [a 22 a, 5]

»Il est, il est sur terre une infernale cuve,
On la nomme Paris; c'est une large étuve,
Une fosse de pierre aux immenses contours
Qu'une eau jaune et terreuse enferme à triples tours;
C'est un volcan fumeux et toujours en haleine
Qui remue à longs flots de la matière humaine.«
Auguste Barbier: Jambes et Poèmes Paris 1845 p 65 (La Cuve) [a 23, 1]

»La race de Paris, c'est le pâle voyou
Au corps chétif, au teint jaune comme un vieux sou;

> C'est cet enfant criard que l'on voit à toute heure
> Paresseux et flânant, et loin de sa demeure
> Battant les maigres chiens, ou le long des grands murs
> Charbonnant en sifflant mille croquis impurs;
> Cet enfant ne croit pas, il crache sur sa mère,
> Le nom du ciel pour lui n'est qu'une farce amère.«

Auguste Barbier lc p 68 (La Cuve) Hugo hat in der Figur von Gavroche diese Züge schon retuschiert. [a 23, 2]

b

[DAUMIER]

Eine paradoxe Umschreibung von Daumiers Kunst: »La caricature, pour lui, devenait une sorte d'opération philosophique qui consistait à séparer cet homme de ce que la société l'avait fait pour le montrer ce qu'il était foncièrement, ce qu'il aurait pu être dans d'autres milieux; il dégageait, en un mot, le *moi* latent.« Edouard Drumont: Les héros et les pitres Paris ⟨1900⟩ p 299 (Daumier)
[b 1, 1]

Über den bourgeois de Daumier: »Le parapluie sur lequel s'appuie cet être ossifié, inerte, cristallisé, qui attend l'omnibus, exprime je ne sais quelle idée de pétrification absolue.« Edouard Drumont: Les héros et les pitres Paris p 304 (Daumier)
[b 1, 2]

»Bien des écrivains ... se sont acquis rentes et renom à railler les travers ou les infirmités des autres. Monnier, lui, n'est pas allé bien loin chercher son modèle: il s'est planté devant son miroir, s'est écouté penser et parler, et, se trouvant énormément ridicule, il a conçu cette cruelle incarnation, cette prodigieuse satire du bourgeois français qui s'appelle Joseph Prudhomme.« Alphonse Daudet: Trente ans de Paris p 91
[b 1, 3]

»Nicht allein daß die Karikatur die zeichnerischen Mittel ungemein steigert, ... sie ist es immer gewesen, die neue Stoffgebiete in die Kunst eingeführt hat. Durch Monnier, Gavarni, Daumier wurde die bürgerliche Gesellschaft dieses Jahrhunderts für die Kunst erschlossen.« Eduard Fuchs: Die Karikatur der europäischen Völker (4te Auflage) München ⟨1921⟩ I p 16
[b 1, 4]

»Am 7. August 1830 war Louis Philipp ... zum König ... proklamiert worden, am 4. November desselben Jahres erschien die erste Nummer der von Philipon ins Leben gerufenen ›La Caricature‹.« Eduard Fuchs: Die Karikatur der europäischen Völker München I p 326
[b 1, 5]

Michelet wollte gern eines seiner Werke von Daumier illustriert sehen.
[b 1, 6]

»Philipon erfand einen neuen Typ, ... der ihm beinahe noch mehr ... Popularität eintragen sollte, als seine Birnen, ›Robert Macaire‹, den Typus des skrupellosen Finanzgauners.« Eduard Fuchs: Die Karikatur der europäischen Völker München I p 354 [b 1, 7]

»Die letzte Nummer der Caricature, vom 27. August 1835, war der Wiedergabe der ... Septembergesetze ... gewidmet ... die ... die Form von Birnen darstellten.« Eduard Fuchs: Die Karikatur der europäischen Völker I p 352 [b 1, 8]

Traviès Urheber des Mayeux; Gavarni Urheber des Thomas Vireloque; Daumier des Ratapoil, des bonapartistischen Lumpenproletariers. [b 1, 9]

Am 1 Januar 1856 tauft Philipon das Journal pour rire in Journal amusant um. [b 1, 10]

»Un curé ..., exhortait-il les filles d'un village à ne point aller à la danse, ou les paysans à ne point hanter le cabaret, les épigrammes de Courier montaient au clocher et sonnaient le toscin pour annoncer l'arrivée de l'inquisition à la France, que le pamphlétaire faisait assister tout entière à ce prône.« Alfred Nettement: Histoire de la littérature française sous la Restauration Paris 1858 I p 421 [b 1 a, 1]

»Mayeux ... n'est qu'une contrefaçon. Sous Louis XIV ... certaine danse à caractère faisait fureur: des enfants, grimés en vieillards et gratifiés d'une bosse énorme, en exécutaient les grotesques figures. C'est ce qu'on appelait la danse des *Mayeux de Bretagne*. Le Mayeux qui se fit garde national en 1830 n'était que le descendant très-mal élevé de ces anciens Mayeux-là.« Edouard Fournier: Enigmes des rues de Paris Paris 1860 p 351 [b 1 a, 2]

Über Daumier: »Nul comme celui-là n'a connu et aimé (à la manière des artistes) le bourgeois, ce dernier vestige du moyen âge, cette ruine gothique qui a la vie si dure, ce type à la fois si banal et si excentrique.« Charles Baudelaire: Les dessins de Daumier Paris ⟨1924⟩ p 14 [b 1 a, 3]

Über Daumier: »Sa caricature est formidable d'ampleur, mais sans rancune et sans fiel. Il y a dans toute son œuvre un fonds d'honnêteté et de bonhomie. Il a, remarquez bien ce trait, souvent refusé de traiter certains motifs satiriques très beaux et très violents, parce que cela, disait-il, dépassait les limites du comique et pouvait blesser la conscience du genre humain.« Charles Baudelaire: Les dessins de Daumier Paris ⟨1924⟩ p 16
[b 1 a, 4]

Über Monnier: »Mais quels pourvoyeurs restent ces annotateurs impitoyables et imperturbables! Le nom ... de Cibot, Balzac l'a pris chez Monnier, comme il y a pris ceux de Desroches et de Descoings. Et Anatole France y prendra celui de Mme Bergeret, comme Flaubert y avait pris, pour le transformer à peine, celui de ›M Péguchet‹.« Marie-Jeanne Durry: De Monnier à Balzac (Vendredi 20 mars 1936 p 5) [b 1 a, 5]

Wann taucht Gavroche auf? von wem stammt er? Aus den Misérables? Abel Bonnard über den »homme frelaté« »bon qu'à provoquer des événements qu'il ne saurait pas dominer.« »Ce type d'individu, constitué dans la noblesse, est descendu en se dédorant à travers la société toute entière, jusqu'au moment où ce qui était né dans l'écume de la surface a reposé sur la vase du fond. Ce qui a commencé en persiflage a fini en ricanement. Gavroche n'est pas autre chose que le marquis du ruisseau.« Abel Bonnard: Le drame du présent I Les Modérés Paris ⟨1936⟩ p 294 [b 1 a, 6]

»Daumier, der nach einem Wort Baudelaires dem Achill, dem Odysseus und den anderen Gestalten der Mythologie das Aussehen abgewetzter Heldenschauspieler verlieh, die in unbeobachteten Augenblicken schnupfen.« S Kracauer: Jacques Offenbach und das Paris seiner Zeit Amsterdam 1937 p 237 [b 2, 1]

Fourier⟨.⟩ »Non contents de puiser dans ses œuvres les innombrables inventions drolatiques qui s'y trouvent, les gazetiers en ajoutent: comme cette histoire de la queue avec un œil au bout qu'il aurait attribuée aux hommes de la société future; il proteste véhémentement contre cette invention malveillante.« F Armand et R Maublanc: Fourier Paris 1937 I p 58 [b 2, 2]

Die »Ecole païenne« ist nicht nur dem Geiste des Christentums zuwider sondern auch dem der Moderne. Baudelaire illustriert dies in dem so betitelten Essay am Beispiel Daumiers: »Daumier fit un ouvrage remarquable, *l'Histoire ancienne*, qui était pour ainsi dire la meilleure paraphrase du mot célèbre: ›Qui nous délivrera des Grecs et des Romains?‹ Daumier s'est abattu brutalement sur l'antiquité et la mythologie, et a craché dessus. Et le bouillant Achille, et le prudent Ulysse, et la sage Pénélope, et Télémaque, ce grand dadais, et la belle Hélène, qui perdit Troie, et la brûlante Sapho, cette patronne des hystériques, et tous enfin nous apparurent dans une laideur bouffonne qui rappelait ces vieilles carcasses d'acteurs classiques qui prennent une prise de tabac dans les coulisses.« Charles Baudelaire: L'art romantique Paris (éd Hachette tome III) p 305 [b 2, 3]

Typen: Mayeux (Traviès) Robert Macaire (Daumier) Prudhomme (Monnier) [b 2, 4]

d

[Literaturgeschichte, Hugo]

»Thiers professait que l'instruction étant ›un commencement d'aisance, et l'aisance n'étant pas réservée à tous‹ ne devait pas être à la portée de tous. D'autre part il tenait les instituteurs laïcs ... pour responsables des événements de juin ... et se déclarait ›prêt à donner au clergé tout l'enseignement primaire.‹« A Malet et P Grillet: XIXe siècle Paris 1919 p 258 [d 1,1]

25 Februar 1848⟨:⟩ »L'après-midi des bandes armées vinrent réclamer la substitution du drapeau rouge au drapeau tricolore ... Lamartine sut après un violent débat les retourner par une improvisation dont la péroraison est demeurée fameuse: ›Je repousserai jusqu'à la mort, s'écria-t-il, ce drapeau de sang, et vous devriez le répudier plus que moi. Car le drapeau rouge que vous nous apportez n'a jamais fait que le tour du Champ de Mars traîné dans le sang du peuple en 91 et 93, et le drapeau tricolore a fait le tour du monde avec le nom, la gloire et la liberté de la Patrie‹.« A Malet et P Grillet: XIXe siècle Paris 1919 p 245 [d 1,2]

»Dans un admirable article intitulé *Le Départ*, Balzac déplorait la chute des Bourbons qui signifiait pour lui le deuil des arts, le triomphe des marchands d'orviétan politique; et montrant le vaisseau qui emportait le roi, il s'écriait: ›Là est le droit et la logique, hors de cet esquif sont les tempêtes.‹« J Lucas-Dubreton: Le comte d'Artois Charles X ⟨Paris 1927⟩ p 233 [d 1,3]

»Qui sait les titres de tous les livres que M. Dumas a signés? Les connaît-il lui-même? S'il ne tient pas un registre en partie double, avec *doit* et *avoir*, évidemment il a oublié ... plus d'un de ces enfans dont il est le père légitime, ou le père naturel, ou le parrain. Les productions de ces derniers mois ne s'élèvent pas à moins de trente volumes.« Paulin Limayrac: Du roman actuel et de nos romanciers (Revue des deux mondes XI Paris 1845) (1845, 3 p 953/954) [d 1,4]

Ironisch: »C'est une heureuse idée qu'a eue M. de Balzac de prédire une jacquerie, et de demander le rétablissement de la féodalité! Que voulez-vous? c'est son socialisme à lui; Mme Sand en a un autre; M. Sue également: à chaque romancier le sien.« Paulin Limayrac: Du roman actuel et de nos romanciers (Revue des deux mondes XI Paris 1845) (1845, 3 p 955/956)
[d 1,5]

»Le citoyen Hugo a fait son début à la tribune de l'Assemblée nationale. Il a été ce que nous avions prévu: faiseur de phrases et de gestes, orateur à mots ronflans et creux; persévérant dans la voie perfide et calomniatrice de sa dernière affiche, il a parlé des désœuvrés, de la misère, des oisifs, des fainéans, des lazzaroni, des prétoriens de l'émeute, des condiottieri, en un mot il a fait suer la métaphore pour arriver à une attaque contre les ateliers nationaux.« Les boulets rouges Feuille du club pacifique des droits de l'homme Rédacteur: Pélin 1 année Du 22 au 25 juin [1848] (Faits divers)
[d 1 a, 1]

»Als hätte Lamartine es sich zur Aufgabe gestellt, Plato's Satz zu bewahrheiten, daß die Poeten aus der Republik zu stoßen seien, und man kann nicht ohne Lächeln die naive Erzählung des Verfassers lesen, wie ein Arbeiter aus den demonstrirenden Haufen vor dem Hôtel de Ville dem Redner zugerufen: ›tu n'es qu'une lyre, vas chanter!‹« Friedrich Szarvady: Paris 1848-1852 I Berlin 1852 p 333 [d 1 a, 2]

Chateaubriand⟨:⟩ »Il mit à la mode la tristesse vague ... ›le mal du siècle⟨‹⟩.« A Malet et P Grillet: XIXᵉ siècle Paris 1919 p 145 [d 1 a, 3]

»Nous voudrions bien... Ce désir, ce regret, Baudelaire le premier s'en fit l'interprète en prononçant à deux reprises, dans *L'Art romantique*, l'éloge inattendu d'un poète de son temps, l'auteur d'un *Chant des ouvriers*, ce Pierre Dupont, qui, nous dit-il, ›après 1848 a été une grande gloire‹. La spécification de cette date révolutionnaire est, ici, très importante. Sans cette indication, on comprendrait mal la défense de la poésie populaire et de l'art ›inséparable de l'utilité‹ de la part d'un écrivain qui peut passer pour le grand artisan de la rupture de la poésie et de l'art avec les masses... 1848, c'est l'heure où sous les fenêtres de Baudelaire, la rue vraiment se met à frémir, où le spectacle intérieur le cède obligatoirement en magnificence au spectacle du dehors pour qui incarne au suprême degré le souci de l'émancipation humaine sous toutes ses formes et aussi, hélas, la conscience de tout ce qu'il peut y avoir de dérisoirement inefficace dans cette seule aspiration, où le don de l'artiste et de l'homme se fait total, la collaboration anonyme de Baudelaire aux numéros des 27 et 28 février du *Salut public* en témoigne suffisamment... Cette communion du poète, de l'artiste authentique avec une vaste classe d'hommes mus par la soif ardente de leur libération, même partielle, a toute chance de se produire spontanément aux époques de grande effervescence sociale, sans s'embarrasser pour lui d'aucune réserve. Rimbaud, à travers qui la revendication humaine tend pourtant ... suivre un cours illimité, place d'emblée toute sa confiance, tout son élan vital dans la Commune. Maïakovsky fait taire longuement en lui, jusqu'à explosion, ce qui, issu du sentiment individuel, cesserait de tourner à la gloire exclusive de la Révolution bolchevik triomphante.« André Breton: La grande actualité poétique (Minotaure (II) 6 Hiver 1935 p 61) [d 2, 1]

»Le progrès, c'est le pas même de Dieu.« Victor Hugo: Anniversaire de la révolution de 1848 24 février 1855 A Jersey p 14 [d 2, 2]

»Victor Hugo est l'homme du dix-neuvième siècle comme Voltaire a été celui du dix-huitième.« »Voilà le dix-neuvième siècle qui se clôt avant sa fin. Son poète est mort.« Nachrufe auf Hugo in Le National Républicain de l'Ardèche und Le Phare des Charentes [Victor Hugo devant l'opinion Paris 1885 p 229 u 224⟨]⟩ [d 2, 3]

>>Enfants des écoles de France,
Gais volontaires du progrès,
Suivons le peuple et sa science,
Sifflons Malthus et ses arrêts!
Eclairons les routes nouvelles
Que le travail veut se frayer:
Le socialisme a deux ailes,
L'étudiant et l'ouvrier.«
Pierre Dupont: Le chant des étudiants Paris 1849 [d 2 a, 1]

Eine hervorragende Darstellung des reaktionären Literaten der Jahrhundertmitte gibt in der Charakteristik von Sainte-Beuve A Michiels: Histoire des idées littéraires en France au XIXe siècle Paris 1863 II [d 2 a, 2]

»Je fis souffler un vent révolutionnaire.
Je mis un bonnet rouge au vieux dictionnaire.
Plus de mot sénateur! Plus de mot roturier!
Je fis une tempête au fond de l'encrier.«
Victor Hugo cit bei Paul Bourget, Nachruf auf Victor Hugo im Journal des Débats [Victor Hugo devant l'opinion Paris 1885 p 93] [d 2 a, 3]

Über Victor Hugo: »Il fut ... le poète, non pas de ses propres tortures ... mais des passions de ceux qui l'entouraient. Les voix plaintives des victimes de la Terreur ... passèrent dans ses *Odes*. Puis la sonnerie des victoires napoléoniennes se répercuta dans d'autres odes ... Il devait plus tard laisser passer en lui le cri tragique de la démocratie militante, et qu'est-ce que la *Légende des Siècles* ..., sinon l'écho de la vaste clameur de l'histoire humaine? ... Il semble qu'il ait recueilli le soupir de toutes les familles dans ses vers de foyer, le souffle de tous les amants dans ses vers d'amour ... C'est ainsi que ... grâce à un je ne sais quoi de toujours collectif et de général, la poésie de Victor Hugo prend comme un caractère d'épopée.« Paul Bourget Nachruf auf Victor Hugo im Journal des Débats [Victor Hugo devant l'opinion Paris 1885 p 96/97] [d 2 a, 4]

Bemerkenswert ist, daß schon die Vorrede zu »Mademoiselle de Maupin« das l'art pour l'art vorzubereiten scheint. »Un drame n'est pas un chemin de fer.« [d 2 a, 5]

Gautier über die Presse: »Charles X avait seul bien compris la question. En ordonnant la suppression des journaux, il rendait un grand service aux arts et à la civilisation. Les journaux sont des espèces de courtiers ou de maquignons, qui s'interposent entre les artistes et le public, entre le roi et le peuple ... Ces aboiements perpétuels ... jettent une telle méfiance ... dans les esprits, que ... la royauté et la poésie, ces deux plus grandes choses du monde, deviennent impossibles.« cit bei A Michiels: Histoire des idées littéraires en France au XIXe siècle Paris 1863 II p 445 Diese Haltung trug Gautier die Freundschaft von Balzac ein. [d 3, 1]

»Dans les transports de sa haine [gegen die Kritiker], M. Théophile Gautier nie tout progrès, même en fait de littérature et d'art, comme son maître Victor Hugo.« Alfred Michiels: Histoire des idées littéraires en France au XIXe siècle Paris 1863 II p 444 [d 3, 2]

»La vapeur tuera les canons. Dans deux cents ans, bien avant peut-être, de grandes armées parties d'Angleterre, de France et d'Amérique ... descendront dans la vieille Asie sous la conduite de leurs généraux; leurs armes seront des pioches, leurs chevaux des locomotives. Ils s'abattront en chantant sur ces terres incultes et inutilisées... Ce sera peut-être ainsi que la guerre se fera plus tard contre toutes les nations improductives, en vertu de cet axiome de mécanique, vrai en toutes choses: il ne doit pas y avoir de forces perdues!« Maxime Du Camp: Les chants modernes Paris 1855 p 20 (Préface) [d 3, 3]

In der Vorrede der Comédie humaine erklärt Balzac auf der Seite Bossuets und Bonalds zu stehen und schreibt: »J'écris à la lueur de deux Vérités éternelles: la Religion, la Monarchie.« [d 3, 4]

Balzac über die Presse in der Vorrede der ersten Auflage von »Un grand homme de province à Paris«: »Le public ignore combien de maux assaillent la littérature dans sa transformation commerciale... Autrefois, le journalisme ... demandait un certain nombre d'exemplaires ... en outre du payement des articles après lesquels courait ... le libraire, sans pouvoir souvent les voir paraître ... Aujourd'hui ce double impôt s'est augmenté du prix exorbitant des annonces, qui coûtent autant que la fabrication même du livre... Il s'ensuit que les journaux sont funestes à l'existence des écrivains modernes.« cit Georges Batault: Le pontife de la démagogie Victor Hugo Paris 1934 p 229 [d 3, 5]

Victor Hugo stimmte bei der Kammerdebatte vom 25 November 1848 – Junirepression – gegen Cavaignac. [d 3, 6]

»La multiplication des lecteurs, c'est la multiplication des pains. Le jour où le Christ a trouvé ce symbole, il a entrevu l'imprimerie.« Victor Hugo: William Shakespeare cit Batault⟨: Le pontife de la démagogie Paris 1934⟩ p 142 [d 3, 7]

Maxime Lisbonne kommentiert im Ami du peuple das Testament Victor Hugos. Beginn und Schluß dieser Darstellung: »Victor Hugo laisse 6 millions de fortune ainsi partagés: Sept cent mille francs aux membres de sa famille. Deux millions cinq cent mille francs à Jeanne et Georges, ses petits-enfants... Et pour les révolutionnaires qui se sont sacrifiés avec lui pour la République, depuis 1830, et qui sont encore de ce monde, une rente viagère: Vingt sous par jour!« cit Victor Hugo devant l'opinion Paris 1885 p 167/168 [d 3 a, 1]

Victor Hugo stimmte bei der Kammerdebatte vom 25 November 1848 gegen Cavaignacs Repression der Junirevolte. Aber am 20 Juni hatte er in der Kammer bei der Diskussion über die ateliers nationaux das Wort geprägt: »La Monarchie avait les oisifs, la République aura les fainéants.« [d 3 a, 2]

In der Bildung des XIX[ten] Jahrhunderts kommen noch seigneuriale Elemente vor. Kennzeichnend das Wort von Saint-Simon: »J'ai employé mon argent à acquérir de la science; grande chère, bon vin, beaucoup d'empressement vis-à-vis des professeurs auxquels ma bourse était ouverte, me procuraient toutes les facilités que je pouvais désirer.« cit bei Maxime Leroy: La vie véritable du comte Henri de Saint-Simon Paris 1925 p 210 [d 3 a, 3]

Zur Physiognomie der Romantik ist an erster Stelle zu berücksichtigen die farbige Lithographie Cabinet des Estampes Sf 39 tome 2, die deren allegorische Darstellung unternimmt. [d 3 a, 4]

Gravure aus der Restauration, das Gedränge vor der boutique eines Verlegers darstellend. Ein Anschlag sagt, das »Album pour 1816« sei erschienen. Beschriftung: »Tout ce qui est nouveau est toujours beau«. C⟨abinet⟩ d⟨es⟩ E⟨stampes⟩ [d 3 a, 5]

Lithographie. Ein armer Teufel sieht traurig zu, wie ein junger Herr das Bild signiert, das der erste gemalt hat. Überschrift: »L'artiste et l'amateur du XIXe siècle« Unterschrift: »Il est de moi puisque je le signe«. C⟨abinet⟩ d⟨es⟩ E⟨stampes; s. Abbildung 12⟩ [d 3 a, 6]

Lithographie, einen Maler darstellend, der sich mit zwei ellenlangen schmalen Planken vorwärtsbewegt, auf deren jeder er mehrere Garnierungen und Arrangements von Metzgerwaren gemalt hat. Überschrift: »Les arts et la misère« »Dédié à MM les charcutiers«. Unterschrift: »L'homme de l'art dans l'embarras de son métier«. C⟨abinet⟩ d⟨es⟩ E⟨stampes; s. Abbildung 13⟩ [d 3 a, 7]

Jacquot de Mirecourt veröffentlicht »Alexandre Dumas et Cie Fabrique de romans« Paris 1845 [d 3 a, 8]

Dumas père. »En septembre 1846, le ministre Salvandy lui proposa de partir pour l'Algérie et d'écrire un livre sur la colonie... Dumas ... qui était lu au bas mot par cinq millions de français, donnerait bien à 50 ou 60.000 d'entre eux le goût de coloniser... Salvandy offrait 10.000 francs pour solder les frais de voyage; Alexandre exigea en outre ... un vaisseau de l'Etat ... Pourquoi le *Veloce*, chargé d'embarquer des prisonniers libérés à Melilla, s'était-il rendu à Cadix ...? ... Les parlementaires ... s'emparèrent de l'incident; et M. de Castellane interpella sur la mission scientifique confiée ... à un entrepreneur de feuilletons. Le pavillon français s'était abaissé en protégeant ›ce monsieur‹ de son ombre; on avait dépensé 40.000 francs sans raison, et le ridicule était énorme.« Die Sache endet zu Gunsten Dumas durch seine Duellforderung an Castellane, die abgelehnt wird. J Lucas-Dubreton: La vie d'Alexandre Dumas père Paris ⟨1928⟩ p 146, 148/149 [d 4, 1]

Alexandre Dumas 1848. »Ses proclamations ... sont ... étonnantes; dans l'une d'elles adressée aux travailleurs de Paris, il énumère ›ses titres d'ouvrier‹, prouve par des chiffres qu'en vingt ans il a composé quatre cents romans et trente-cinq drames, ce qui a permis de faire vivre 8.160 personnes tant correcteurs, protes que machinistes, ouvreuses et chefs de claque.« J Lucas-Dubreton: La vie d'Alexandre Dumas Père Paris p 167 [d 4, 2]

Literaturgeschichte, Hugo

»Le Bohême de 1840 ... est mort et bien mort. – A-t-il existé réellement? J'ai entendu affirmer que non. – Quoi qu'il en soit, dans tout Paris, à l'heure qu'il est, vous n'en trouveriez pas un seul exemplaire... Il est certains quartiers, le plus grand nombre, où le Bohême n'a jamais planté sa tente... Le Bohême pullule le long des boulevards, de la rue Montmartre à la rue de la Paix... Exceptionnellement: le pays latin, son quartier général d'autrefois... D'où résulte le bohême? Est-il un produit d'ordre social ou naturel? ... A qui faut-il s'en prendre de cette espèce, à la nature ou à la société? Sans hésiter, je réponds: A la nature! ... Tant qu'il y aura des paresseux et des vaniteux, il y aura des bohêmes.« Gabrièl Guillemot: Le Bohême (Physionomies Parisiennes) Paris 1869 p 11, 18/19, 111/112 Ähnl⟨ich⟩ über die Grisetten in der gleichen Sammlung. [d 4, 3]

Nützlich wäre, die »Thesen« der Bohême geschichtlich zu verfolgen. Die Haltung eines Maxime Duchamps, der den Erfolg für einen Beweis mangelnder künstlerischer Qualität hält, stammt geradenwegs von der ab, die etwa in dem Satz »Il n'y a de beau que ce qui est oublié« zum Ausdruck kommt, der in Lurine's »Treizième arrondissement de Paris« ⟨Paris 1850⟩ p 190 steht. [d 4, 4]

Le Rafaler's Club (Cercle des Rafalés)⟨:⟩ »Là pas de noms célèbres: dès qu'un membre du Rafaler's s'était oublié au point de se créer une célébrité dans la politique, dans la littérature ou dans les arts, il était impitoyablement rayé.« Paris-Bohême [Taxile Delord] Paris 1854 p 12/13 [d 4, 5]

Zeichnungen Victor Hugos, in seinem Hause 6 place des Vosges, wo er von 1832 bis 1848 lebte: »Dolmen où m'a parlé la bouche d'ombre« »Ogive« »Ma destinée« (eine gewaltige Welle) »La voile fuit, le roc demeure« (düstere felsige Uferszenerie; im Vordergrunde ein Segler) »Ego Hugo« »V H« (allegorisches Monogramm) »Dentelles et spectre« Ein Segel mit der Unterschrift »Exile«, ein Grabstein mit der Unterschrift »France« (Pendants, Frontispize von eigner Hand in zweien seiner Bücher) »Le bourg à l'ange« »Village au clair de lune« »Fracta sed invicta« (Wrack) Wellenbrecher, der Brunnen in Altdorf, um den sich alle Gewitter des Erdkreises gesammelt zu haben scheinen. [d 4a, 1]

»Nous avons eu le roman des bandits purifiés par le bagne, le roman de Vautrin et de Jean Valjean; et ce n'était point pour les flétrir ... que les écrivains évoquaient ces tristes personnages... Et c'est dans une ville qui compte cent vingt mille filles vivant clandestinement du vice, et cent mille individus vivant des filles, c'est dans un (!) ville infestée de repris de justice, d'escarpes, de cambrioleurs, de rouletiers, de boucardiers, de carreurs, de chanteurs, de philosophes, de chevaliers grimpants, de sillonneurs, de fileurs, d'anges gardiens, de ramastiques, de caroubleurs, – dans une ville où viennent échouer toutes les épaves du désordre et du vice, où la moindre étincelle peut mettre en feu la *populace sublimée, que se fabrique cette littérature dissolvante* ... les *Mystères de Paris, Rocambole* et *les Misérables*.« Charles Louandre: Les idées subversives de notre temps Paris 1872 p 35-37 [d 4 a, 2]

»L'exemplaire incomplet de la Bibliothèque nationale nous suffit pour juger de la hardiesse et de la nouveauté de l'entreprise tentée par Balzac ... Le *Feuilleton des journaux politiques* n'allait rien moins qu'à la suppression des libraires. On devait y organiser la vente directe de l'éditeur à l'acheteur ... chacun y trouvait son bénéfice, l'éditeur et l'auteur en gagnant davantage, l'acheteur en payant les livres moins cher. La combinaison ... ne réussit point, sans doute parce qu'elle avait contre elle les libraires.« Honoré de Balzac critique littéraire Introduction de Louis Lumet Paris 1912 p 10 [d 4 a, 3]

Die drei kurzfristigen Zeitschriften, die Balzac gründete: Le feuilleton des journaux politiques (1830) La Chronique de Paris (1836/37) La revue Parisienne (1840) [d 4 a, 4]

»Le souvenir n'a de valeur que pour prévoir. C'est ainsi que l'histoire appartient aux sciences, dont l'application constate à chaque instant l'utilité.« Honoré de Balzac critique littéraire Introduction de Louis Lumet Paris 1912 p 117 (Rez⟨ension⟩ von PL Jacob, bibliophile: Les deux fous)
[d 4 a, 5]

»Ce n'est pas en disant aux pauvres de ne pas imiter le luxe des riches qu'on fera la classe pauvre plus heureuse; ce n'est pas en disant aux filles de ne pas se laisser séduire qu'on réprimera la prostitution; autant vaudrait leur dire: ›... quand vous n'aurez pas de pain, vous aurez la complaisance de n'avoir pas faim.‹ Mais la charité chrétienne, dira-t-on, est là pour réparer tous ces maux. A quoi nous répondrons: la charité chrétienne répare fort peu, et ne prévient pas du tout.« Honoré de Balzac critique littéraire Introduction de Louis Lumet Paris 1912 p 131 (Rez Le Prêtre Paris 1830) [d 5, 1]

»En 1750, un livre n'allait pas, fût-ce *l'Esprit des lois*, en plus de trois et quatre mille mains ... aujourd'hui l'on a vendu trente mille exemplaires des

Premières Méditations de Lamartine, soixante mille Béranger depuis dix ans; trente mille exemplaires de Voltaire, de Montesquieu, de Molière ont éclairé des intelligences.« Balzac critique littéraire Introduction de Louis Lumet Paris 1912 p 29 (De l'état actuel de la librairie. Spécimen du Feuilleton des journaux politiques erschienen im Universel 22/23 März 1830) [d 5, 2]

Victor Hugo lauscht der inneren Stimme der Menge seiner Vorfahren: »La foule qu'il écoutait, admirativement, en lui, comme annonciatrice de sa popularité, l'inclina, en effet, vers la foule extérieure, vers les *Idola Fori*, vers l'inorganisme des masses... Il cherchait, dans le tumulte de la mer, le fracas des applaudissements.« »Il passa cinquante ans à draper, en amour du peuple, son amour de la confusion, de toute confusion, à condition qu'elle fût rythmique.« Léon Daudet: Les œuvres dans les hommes Paris 1922 p 47/48 et 11 [d 5, 3]

Ein Wort von Vacquerie über Victor Hugo: »Les tours de Notre-Dame étaient l'H de son nom.« cit Léon Daudet: Les œuvres dans les hommes Paris 1922 p 8 [d 5, 4]

Renouvier hat ein Buch über Victor Hugos Philosophie geschrieben.
[d 5, 5]

Victor Hugo brieflich an Baudelaire – mit besonderer Beziehung auf die Sept vieillards und die Petites vieilles⟨,⟩ die beide Hugo gewidmet sind und für deren zweites Hugo das Vorbild des Dichters gewesen ist, wie Baudelaire Poulet-Malassis mitteilt: »Vous dotez le ciel de l'Art d'on ne sait quel rayon macabre. Vous créez un frisson nouveau.« cit Louis Barthou: Autour de Baudelaire Paris 1917 p 42 (Victor Hugo et Baudelaire) [d 5, 6]

Maxime Leroy: Premiers amis français de Wagner erklärt, in Baudelaires Bekehrung zu Wagner habe das revolutionäre Moment eine große Rolle gespielt; in der Tat sammelte sich um Wagners Werke eine antifeudalistische Fronde. Daß in seinen Opern das Ballett fortfiel, empörte die Habitués der Opéra. [d 5, 7]

Aus Baudelaires Aufsatz über Pierre Dupont: »Il y avait tant d'années que nous attendions un peu de poésie forte et vraie! Il est impossible, à quelque parti qu'on appartienne, de quelques préjugés qu'on ait été nourri, de ne pas être touché du spectacle de cette multitude maladive respirant la poussière des ateliers, avalant du coton, s'imprégnant de céruse, de mercure et de tous les poisons nécessaires à la création des chefs-d'œuvre, dormant dans la vermine, au fond des quartiers où les vertus les plus humbles et les plus grandes nichent à côté des vices les plus endurcis et des vomissements du bagne; de cette multitude soupirante et languissante à qui *la terre doit ses merveilles*, qui voit un *sang vermeil et impétueux couler dans ses veines*, qui jette un long regard chargé de tristesse sur le soleil et l'ombre des grands parcs, et qui, pour suffisante consolation et réconfort, répète à tue-tête son refrain sauveur: *Aimons-nous!*...« – »Il viendra un temps où les accents de cette Marseillaise du travail circuleront comme un mot d'ordre maçonnique, et où l'exilé, l'abandonné, le voyageur perdu, soit sous le ciel dévorant des tropiques, soit dans les déserts de neige, quand il entendra cette forte mélodie parfumer l'air de sa senteur originelle: ›Nous dont la lampe le matin I Au clairon du coq se rallume, I Nous tous qu'un salaire incertain, I Ramène avant l'aube à l'enclume...‹ pourra dire: je n'ai plus rien à craindre, je suis en France.« – Über den »Chant des ouvriers«: »Quand j'entendis cet admirable cri de douleur et de mélancolie, je fus ébloui et attendri.« cit Maxime Leroy: Les premiers amis français de Wagner Paris ⟨1925⟩ p 51-53, 51 [d 5 a, 1]

Über Victor Hugo: »Il a placé les urnes électorales sur les tables tournantes.« Edmond Jaloux: L'homme du XIXe siècle (Le Temps 9 août 1935) [d 5 a, 2]

»Eugène Sue ... besaß ... Ähnlichkeit mit Schiller: nicht bloß in seiner Vorliebe für das Kriminalistische, Kolportagehafte und die Schwarzweißtechnik, sondern auch in seiner Hinneigung zur ethischen und sozialen Tendenz ... Balzac und Hugo empfanden ihn als Konkurrenten.« Egon Friedell: Kulturgeschichte der Neuzeit III München 1931 p 149 Fremde, z.B. Rellstab suchten die rue aux Fèves auf, in der die Mystères de Paris begannen. [d 5 a, 3]

Über Victor Hugo: »Cet antique, ce génie unique, ce païen unique, cet homme d'un génie unique était ravagé d'au moins un double politicien: un politicien de politique, qui le fit démocrate, et un politicien de littérature, qui le fit romantique. Ce génie était pourri de talent(s).« Charles Péguy: Œuvres complètes 1873-1914 Œuvres de prose Paris 1916 p 383 (Victor-Marie, comte Hugo) [d 6, 1]

A propos de Victor Hugo: Baudelaire »croyait à la coexistence du génie et de la sottise«. Louis Barthou: Autour de Baudelaire Paris 1916 p 44 (Victor Hugo et Baudelaire) Ähnlich vor dem geplanten Bankett zum dreihundertsten Geburtstag Shakespeares (23 April 1864); er spricht von dem »livre de

Victor Hugo sur Shakespeare, livre qui, comme tous ses livres, plein de beautés et de bêtises, va peut-être encore désoler, ses plus sincères admirateurs.« (cit lc p 50) Und: »Hugo, sacerdoce, a toujours le front penché, trop penché pour rien voir, excepté son nombril.« (cit lc p 57)
[d 6, 2]

Die Administration von Balzacs »Feuilleton des journaux politiques« bot gewisse Bücher zu billigeren Preisen als den offiziellen unter Umgehung des Sortiments an. Balzac rühmt sich dieses Unternehmens fremden Anfeindungen gegenüber und erwartet von ihm die erstrebte unmittelbare Verbindung zwischen Verleger und Publikum. Im specimen des Blattes stellt Balzac die Geschichte des Buchhandels und Verlags seit der Revolution von 1789 dar, um mit der Forderung zu schließen: »Il faut enfin obtenir qu'un volume se fabrique exactement comme un pain, et se débite comme un pain, qu'il n'y ait d'autre intermédiaire entre un auteur et un consommateur que le libraire. Alors ce commerce sera le plus sûr de tous ... Quand un libraire sera contraint de débourser une dizaine de mille francs pour une opération, il n'en fera plus de hasardeuses, de mal conçues. Alors ils s'apercevront que l'instruction est une nécessité de leur profession. Un commis qui ne sait pas en quelle année Guttemberg a imprimé une bible, ne se figurera pas que pour être libraire, il ne s'agit que de faire inscrire son nom au-dessus d'une boutique.« Honoré de Balzac critique littéraire Introduction de Louis Lumet Paris 1912 p 34/35 [d 6, 3]

Pélin veröffentlicht den Brief eines Verlegers, der sich dem Autor gegenüber unter der Bedingung zum Ankauf seines Manuscripts bereit erklärt, daß er es zeichnen lassen könne, von wem er wolle (»à la condition ... de le faire signer par telle personne dont le nom pourra être pour ma spéculation un élément de succès«). Gabriel Pélin: Les laideurs du beau Paris Paris 1861 p 98/99 [d 6, 4]

Honorare. Victor Hugo erhält für die Misérables gegen Zession der Rechte auf 12 Jahre von Lacroix 300 000 frcs. »C'est la première fois que Victor Hugo touche une aussi grosse somme. ›En vingt-huit ans de labeur acharné, dit M. Paul Souday, avec une œuvre de 31 volumes ..., il avait encaissé en tout 553.000 francs... Il n'a jamais gagné autant que Lamartine, ni que Scribe ou Dumas père ...‹ Lamartine, de 1838 à 1851, a reçu près de cinq millions, dont 600.000 fr. pour *les Girondins*.« Edmond Benoit-Lévy: Les Misérables de Victor Hugo Paris 1929 p 108 Zusammenhang von Einnahme und politischer Aspiration [d 6a, 1]

»Quand Eugène Sue, suivant ... les *Mystères de Londres* ... conçoit le projet d'écrire *les Mystères de Paris*, il ne se propose guère que d'intéresser le lecteur par la description des bas-fonds. Il commence à qualifier son roman d' ›histoire fantastique‹ ... C'est un article de journal qui décide de son avenir: *La Phalange* fait du début du roman un éloge qui ouvre les yeux à l'auteur: ›M. Sue vient d'aborder la critique la plus incisive de la société... Félicitons-le d'avoir retracé ... les effroyables douleurs du peuple et les cruelles insouciances de la société...‹ L'auteur de cet article ... reçoit la visite de Sue; ils causent – et c'est ainsi que le roman commencé est orienté vers une direction nouvelle ... Eugène Sue s'est convaincu lui-même, il prend part à la bataille électorale, il est élu ... (1848) ... Les tendances et la portée des romans de Sue étaient telles que M. Alfred Nettement y vit une des causes déterminantes de la Révolution de 1848.« Edmond Benoit-Lévy: Les Misérables de Victor Hugo Paris 1929 p 18/19 [d 6 a, 2]

Ein saint-simonistisches Gedicht an Sue als den Verfasser der »Mystères de Paris«: Savinien Lapointe: De mon échoppe (in Une voix d'en bas Paris 1844 p 283-296) [d 6 a, 3]

»Après 1852 les défenseurs de l'art éducateur sont beaucoup moins nombreux. Le plus important est ... Maxime Du Camp.« CL de Liefde: Le Saint-Simonisme dans la poésie française ⟨Haarlem 1927⟩ p 115 [d 6 a, 4]

»*Les Jésuites* de Michelet et Quinet datent de 1843. (*Le Juif-Errant* paraît en 1844).« Charles Brun: Le roman social en France au XIXe siècle Paris 1910 p 102 [d 6 a, 5]

»3 600 abonnés du *Constitutionnel* passant à plus de 20.000, ... 128.074 voix qui donnèrent à Eugène Sue un mandat de député.« Charles Brun: Le roman social en France au XIXe siècle Paris 1910 p 105 [d 6 a, 6]

Die Romane der George Sand führten eine Zunahme der Ehescheidungen herbei, die fast alle von der Seite der Frau beantragt wurden. Die Verfasserin unterhielt einen großen Briefwechsel, in dem sie als Beraterin der Frauen fungierte. [d 6 a, 7]

Arm aber reinlich – ist das Echo des Philisteriums auf eine Kapitelüberschrift der »Misérables«: »La boue, mais l'âme«. [d 7, 1]

Balzac: »L'enseignement mutuel fabrique des pièces de cent sous en chair humaine. Les individus disparaissent chez un peuple nivelé par l'instruction.« cit Charles Brun: Le roman social en France au XIXe siècle Paris 1910 p 120 [d 7, 2]

Mirbeau et Natanson: Le Foyer (I 4) Baron Courtin: »Il n'est pas désirable que l'instruction s'étende davantage... Car l'instruction est un commencement d'aisance, et l'aisance n'est pas à la portée de tout le monde.« cit Charles Brun: Le roman social en France au XIXe siècle Paris 1910 p 125 Mirbeau wiederholt hier nur in satirischer Absicht ein Wort von Thiers.

[d 7, 3]

»Balzac, romantique effréné par les tirades lyriques, la simplification hardie des caractères, la complication de l'intrigue, est réaliste, déjà, par la peinture des milieux locaux et sociaux, naturaliste par son goût de la vulgarité et ses prétentions scientifiques.« Charles Brun: Le roman social en France au XIXe siècle Paris 1910 p 129 [d 7, 4]

Der Einfluß Napoleons auf Balzac, das Napoleonische bei ihm: »la fougue de la Grande Armée dans la cupidité, l'ambition ou la débauche, Grandet, Nucingen, Philippe Bridau ou Savarus.« Charles Brun: Le roman social en France au XIXe siècle Paris 1910 p 151 [d 7, 5]

»Balzac... se réclame... de Geoffroy Saint-Hilaire et de Cuvier.« Charles Brun: Le roman social Paris 1910 p 154 [d 7, 6]

Lamartine und Napoleon. »Dans les *Destinées de la poésie*, en 1834, il dit ... son mépris pour cette époque ... de calcul et de force, de chiffres et de sabre ... C'était le temps où Esménard chantait la navigation, Gudin l'astronomie, Ricard la sphère, Aimé Martin la physique et la chimie ... Lamartine a dit très bien: ›Le chiffre seul était permis, honoré, protégé, payé. Comme le chiffre ne raisonne pas, comme c'est un... instrument... qui ne demande pas... si on le fait servir à l'oppression du genre humain ou à sa délivrance... le chef militaire de cette époque ne voulait pas d'autre missionnaire.‹« Jean Skerlitch: L'opinion publique en France d'après la poésie Lausanne 1901 p 65 [d 7, 7]

»Le romantisme proclame la liberté de l'art, l'égalité des genres, la fraternité des mots, devenus tous au même titre, citoyens de la langue française.« Georges Renard: La méthode scientifique de l'histoire littéraire Paris 1900 p 219/20 cit bei Jean Skerlitch: L'opinion publique en France d'après la poésie Lausanne 1901 p 19/20 [d 7, 8]

Das großartige siebente Buch des vierten Teiles der »Misérables«: »L'Argot«, liquidiert mit seiner trüben Schlußreflexion seine durchgehenden und kühnen Erkenntnisse. Diese lautet: »Depuis 89, le peuple tout entier se dilate dans l'individu sublimé; il n'y a pas de pauvre qui, ayant son droit, n'ait son rayon; le meurt-de-faim sent en lui l'honnêteté de la France; la dignité du citoyen est une armure intérieure; qui est libre est scrupuleux; qui vote règne.« Victor Hugo: Œuvres complètes Roman 8 Paris 1881 p 306 (Les Misérables) [d 7 a, 1]

Nettement über die digressions in den Misérables: »Ces morceaux de philosophie, d'histoire, d'économie sociale, font l'effet de robinets d'eau froide lâchés sur le lecteur glacé et découragé. C'est l'hydrothérapie appliquée à la littérature.« Alfred Nettement: Le roman contemporain Paris 1864 p 364 [d 7 a, 2]

»M. Sue, dans *le Juif Errant*, insultera la religion ... pour servir les inimitiés du *Constitutionnel*; ... M. Dumas, dans *la Dame de Monsoreau*, jettera à pleines mains le mépris sur la royauté ... pour servir les passions de la même feuille ... dans *la Reine Margot* il sacrifiera au goût de la jeunesse dorée de *la Presse* pour les peintures ... hasardées, et ... dans *le Comte de Monte-Cristo*, il divinisera l'argent et récriminera contre la Restauration pour plaire au monde des fonctionnaires qui tourbillonne autour du *Journal des Débats*.« Alfred Nettement: Etudes critiques sur le feuilleton-roman II Paris 1846 p 409 [d 7 a, 3]

Victor Hugo: einem Gesetz seiner poetischen Natur zufolge, muß er jedem Gedanken die Form seiner Apotheose aufprägen. [d 7 a, 4]

Eine weittragende Bemerkung von Drumont: »Presque tous les chefs du mouvement de l'école de 1830 eurent la même organisation élevée, féconde, éprise du grandiose. Qu'il s'agisse de ressusciter des épopées sur la toile comme Delacroix, de peindre une société tout entière comme Balzac, de mettre quatre mille ans de la vie de l'Humanité en roman comme Dumas, tous ... montraient des épaules que le fardeau n'effrayait pas.« Edouard Drumont: Les héros et les pitres Paris ⟨1900⟩ p 107/08 (Alexandre Dumas père)
[d 7 a, 5]

»Depuis cinquante ans, disait un jour le docteur Demarquay à Dumas fils, tous nos malades meurent avec un roman de votre père sous leur oreiller.« Edouard Drumont: Les héros et les pitres Paris p 106 (Alexandre Dumas père) [d 7 a, 6]

In der Vorrede zu den »Paysans« spricht Balzac vorwurfsvoll von dem an

1830 »qui ne s'est pas souvenu que Napoléon a préféré les chances de son malheur à l'armement des masses.« (cit Ch Calippe: Balzac Ses idées sociales Reims Paris ⟨1906⟩ p 94) [d 7 a, 7]

»Bourget a remarqué que les hommes de Balzac ... sont apparus surtout après la mort du romancier: ›Balzac, dit-il, semble avoir moins observé la société de son époque qu'il n'a contribué à en former une. Tel ou tel de ses personnages était plus vrai en 1860 qu'en 1835.‹ Rien de plus juste: Balzac mérite d'être classé au premier rang des anticipateurs... La réalité a rejoint trente ans plus tard le terrain franchi d'un bond par son intuition.« H Clouzot et R-H Valensi: Le Paris de la Comédie humaine (Balzac et ses fournisseurs) Paris 1926 p 5 [d 8, 1]

Drumont tritt der Meinung bei, Balzacs Veranlagung sei eine seherische gewesen. Gelegentlich aber wendet er den Tatbestand um: »Les hommes du second Empire ont voulu être des hommes de Balzac.« Edouard Drumont: Figures de bronze ou statues de neige Paris ⟨1900⟩ p 48 (Balzac)
[d 8, 2]

Balzac durch den Mund des médecin de campagne: »Les prolétaires me semblent les mineurs d'une nation et doivent toujours rester en tutelle.« cit Abbé Charles Calippe: Balzac Ses idées sociales Reims Paris ⟨1906⟩ p 50
[d 8, 3]

Balzac war (wie Le Play) gegen die Zerstücklung des Großgrundbesitzes: »Mon Dieu, comment ne comprendrait-on pas que les merveilles de l'art sont impossibles dans un pays sans grandes fortunes!« (cit Charles Calippe ⟨lc⟩ p 36) Auch macht Balzac auf die Nachteile der Thesaurierung durch Bauern und Kleinbürger aufmerksam und berechnet, wieviele Milliarden durch sie dem Umlauf entzogen werden. Auf der andern Seite weiß er als Heilmittel nur vorzuschlagen, der einzelne möge sich durch Sparsamkeit zum Grundbesitzer heraufarbeiten. Er bewegt sich also in Widersprüchen. [d 8, 4]

George Sand lernte Agricol Perdiguier 1840 kennen. Sie sagt: »Je fus frappée de l'importance morale du sujet, et j'écrivis le roman du *Compagnon du tour de France* dans des idées sincèrement progressives.« cit Charles Benoist: L'homme de 1848 II (Revue des deux mondes 1 février 1914 p 665/666) [d 8, 5]

Dumas père hielt mit drei Romanen fast gleichzeitig das Feuilleton der Presse, des Constitutionnel und des Journal des Débats besetzt. [d 8, 6]

Nettement über den Stil von Dumas père: »Il est ordinairement naturel et assez prompt, mais il est sans force, parce que la pensée, dont il est l'expression, n'a point de racines; il est au style des grands écrivains ce que la lithographie est à la gravure.« Alfred Nettement: Histoire de la littérature française sous le Gouvernement de Juillet Paris 1859 II p 306/307 [d 8, 7]

Sue, verglichen mit George Sand: »C'est encore une protestation contre l'état social, mais, cette fois, une protestation collective ... au nom des passions et des intérêts des classes les plus nombreuses de la société.« Alfred Nettement: Histoire de la littérature française sous le Gouvernement de Juillet Paris 1859 II p 322 [d 8 a, 1]

Nettement weist darauf hin, daß die die Juli-Monarchie unterminierenden Romane von Sue in den ihr ergebnen Journal des Débats und Constitutionnel erschienen sind. [d 8 a, 2]

Stammgäste der brasserie de la rue des Martyrs: Delvau, Murger, Dupont, Malassis, Baudelaire, Guys. [d 8 a, 3]

Jules Bertaut sieht die Bedeutung Balzacs in der Aktion bedeutender Figuren in einem durch die Typen der damaligen Gesellschaft bestimmten Milieu, also in einer Durchdringung der Charakterstudie mit der étude de mœurs. Von letzterer heißt es: »Il suffit de parcourir les innombrables *Physiologies* ... pour se rendre compte du point auquel une telle vogue littéraire était parvenue. De l'Ecolier à l'Agent de change en passant par la Nourrice sèche, le Sergent et le Marchand de contremarques, c'est une suite sans fin de petits portraits ... Balzac en connaît le genre, il l'a cultivé. Rien d'étonnant, dès lors, à ce qu'il songe encore à lui en brossant le tableau d'une société entière.« Jules Bertaut: Le père Goriot de Balzac Amiens 1928 p 117/118 [d 8 a, 4]

»›Victor Hugo, dit Eugène Spuller, avait passé avec les voix de la réaction ... Il avait constamment voté avec la droite‹ ... A propos des ateliers nationaux, le 20 juin 1848, il les considère comme une double erreur, au point de vue politique aussi bien qu'au point de vue financière ... A l'Assemblée Législative, au contraire, il se tourne vers la gauche, dont il devient l'un des orateurs ... les plus agressifs. Est-ce par une évolution..., est-ce par déception d'amour-propre et rancune personnelle contre Louis-Napoléon, dont il aurait souhaité, même espéré, devenir le ministre de l'Instruction Publique?« E Meyer: Victor Hugo à la tribune Chambéry 1927 p 2, 5, 7 (das Zitat nach Eugène Spuller: Histoire parlementaire de la seconde république p 111 u 266) [d 8 a, 5]

»Une discussion s'étant engagée entre le *Bon-Sens* et la *Presse* sur les journaux à quarante francs, le *National* y intervint. La *Presse* en ayant pris occasion d'attaquer personnellement M. Carrel, une rencontre eut lieu entre celui-ci et le rédacteur en chef de la *Presse*.« – »C'était la presse politique qui tombait, dans la personne de Carrel, devant la presse industrielle.« Alfred Nettement: Histoire de la littérature française sous le gouvernement de Juillet Paris 1859 I p 254 [d 8 a, 6]

»L'audace avec laquelle le communisme, cette logique ... de la démocratie, attaque la société dans l'ordre moral, annonce que ... le Samson populaire, devenu prudent, sape les colonnes sociales dans la cave, au lieu de les secouer dans la salle du festin.« Balzac: Les Paysans (cit Abbé Charles Calippe: Balzac Ses idées sociales Reims Paris ⟨1906⟩ p 108) [d 9, 1]

Reiseliteratur: »C'est la France qui la première ... a renforcé ses armées d'une brigade de géographes, de naturalistes, d'archéologues. Le grand ouvrage sur l'Egypte ... a marqué ... l'avénement d'un ordre de travaux jusqu'alors inconnus ... L'*Expédition scientifique de la Morée* et l'*Exploration scientifique de l'Algérie* continuent dignement cette grande œuvre... Scientifiques, sérieuses ou légères ... les relations des voyageurs ... ont obtenu de notre temps un succès de vogue. Elles forment, avec les romans, le fonds habituel des cabinets de lecture, et donnent, en moyenne, quatre-vingts ouvrages par année, soit douze cents publications en quinze ans.« Das ist im Durchschnitt nicht sehr viel mehr als bei den andern naturwissenschaftlichen Sparten. Charles Louandre: Statistique littéraire De la production intellectuelle en France depuis quinze ans (Revue des deux mondes 1 novembre 1847 p 425/426) [d 9, 2]

Von 1835 ab ist die Durchschnittsproduktion an Romanen jährlich 210, ungefähr gleich groß die an Vaudevilles. [d 9, 3]

Reiseliteratur. Die kommt bei der Kammerdebatte über die Deportationen (4 April 1849) zu unvorhergesehener Verwertung. »Farconet, qui, le premier, combattit le projet, discuta la question de salubrité des îles Marquises ... Le rapporteur réplique en lisant des récits de voyages, qui montrent les Marquises comme ... un véritable paradis ...; ce qui lui attire ... cette sévère réplique: ›Dans un sujet aussi grave, faire des idylles et des bucoliques, c'est ridicule.‹« E Meyer: Victor Hugo à la tribune Chambéry 1927 p 60 [d 9, 4]

Die Idee der Comédie humaine ist Balzac 1833 (im Erscheinungsjahr des médecin de campagne) gekommen. Entscheidend ist der Einfluß von Geoffroy Saint-Hilaires Typenlehre. Literarisch treten die Einflüsse von Scotts und Coopers Romanenkreisen hinzu.

[d 9, 5]

Der 1851 im zweiten Jahrgang stehende »*Almanach des Réformateurs* ... où le Gouvernement est présenté comme un mal nécessaire, mêle ... l'exposé de la doctrine communiste à des traductions en vers de Martial et d'Horace, à des notions d'astronomie et de médecine, à toute sorte de recettes utiles.« Charles Benoist: Le »mythe« de la classe ouvrière (Revue des deux mondes 1 mars 1914 p 91) [d 9, 6]

Deduktion des feuilleton-roman, dessen Aufkommen alsbald zu einer gefährlichen Konkurrenz für die Revuen und zu einer merklichen Einschränkung der Literarkritik führte. Die Revuen mußten sich entschließen, ebenfalls Romane in Fortsetzungen zu bringen. Es begannen damit die Revue de Paris (unter Redaktion von Véron?) und die Revue des deux mondes. »Dans l'ancien état de choses, un journal dont le prix d'abonnement s'élevait à quatre-vingts francs était soutenu par ceux dont il exprimait les convictions politiques ... Dans la combinaison nouvelle, le journal dut vivre par l'annonce ... pour avoir beaucoup d'annonces, il fallut que la quatrième page, devenue une affiche, passât sous les yeux d'un très-grand nombre d'abonnés; pour avoir beaucoup d'abonnés, il fallut trouver une amorce qui s'adressât à toutes les opinions à la fois, et substituât un intérêt de curiosité général à l'intérêt politique ... C'est ainsi qu'en partant du journal à quarante francs, et en passant par l'annonce, on arriva presque fatalement au feuilleton-roman.« Alfred Nettement: Histoire de la littérature française sous le gouvernement de Juillet Paris 1859 I p 301/02 [d 9 a, 1]

Gelegentlich ließ man bei der Romanpublikation im Feuilleton einen Teil des Werks aus, um auch das Zeitungspublikum zum Erwerb der Buchausgabe zu nötigen. [d 9 a, 2]

Sehr zutreffend wird in der Préface de l'éditeur von Journets Poésies et chants harmoniens Onkel Toms Hütte von Harriet Beecher Stowe in eine Linie mit den »Mystères de Paris« und den »Misérables« gestellt. [d 9 a, 3]

»On a pu lire de temps à autre, dans le *Journal des Débats*, des articles de M. Michel Chevalier ou de M. Philarète Chasles ... d'une tendance sociale progressive... Les articles progressifs des *Débats* se publient habituellement dans la quinzaine qui précède le renouvellement trimestriel. On a vu le *Journal des Débats* effleurer le radicalisme, la veille des grands renouvellements. C'est une raison de cette nature qui a fait entreprendre au *Journal des Débats* la publication téméraire des *Mystères de Paris* ... seulement l'imprudente feuille a été plus loin cette fois qu'elle ne croyait aller. Aussi beaucoup de gros banquiers ont-ils retiré leur confiance aux *Débats* ... pour fonder une nouvelle feuille ... Le *Globe*, ce digne précurseur de l'*Epoque* ... fut chargé de faire justice des théories incendiaires de M. Eugène Sue et de la *Démocratie pacifique*.« A Toussenel: Les juifs rois de l'époque ed Gonet Paris ⟨1886⟩ II p 23/24 [d 9 a, 4]

Die Boheme. »Avec *Un Prince de la bohême* (1840), Balzac a voulu montrer un ... trait de cette bohême naissante; les préoccupations galantes ... de Rusticoli de la Palférine ne sont que le grandissement balzacien des prochains triomphes de Marcel et de Rodolphe ... Ce roman contient une définition grandiloquente de la bohême ... la première ... ›La bohême, qu'il faudrait appeler la doctrine du boulevard des Italiens, se compose de jeunes gens ... tous hommes de génie dans leur genre, peu connus encore, mais qui se feront connaître... On y rencontre des écrivains, des administrateurs, des militaires, des journalistes, des artistes! ... Si l'empereur de Russie achetait la bohême moyennant une vingtaine de millions ... et qu'il la déportât à Odessa, dans un an Odessa serait Paris.‹ ... A la même époque George Sand ... et Alphonse Karr ... mettaient en scène des milieux de bohême ... Mais ce sont là des bohêmes imaginaires, celle de Balzac tout à fait fantastique. La bohême de Th. Gautier, au contraire, et celle de Murger, ont fait assez parler d'elles ... pour qu'on puisse aujourd'hui avoir idée de ce qu'elles furent. A vrai dire, Th. Gautier et ses amis ... ne s'avisèrent pas tout de suite, dès 1833, qu'ils fussent bohèmes; ils se contentaient de s'appeler ›Jeune France‹ ... Leur pauvreté était relative... Cette bohême ... fut la ›bohême galante‹; ç'aurait pu être la ›bohême dorée‹ ... Dix ou quinze ans après, vers 1843, il y eut une nouvelle bohême ... la vraie; Th. Gautier, Gérard de Nerval, Arsène Houssaye approchaient alors de la quarantaine; Murger et ses amis n'avaient pas vingt-cinq ans. Ce fut cette fois un véritable prolétariat intellectuel; Murger était fils d'un concierge tailleur; le père de Champfleury était secrétaire de mairie à Laon ... celui de Delvau, tanneur au faubourg Saint-Marcel; la famille de Courbet était à demi paysanne... Champfleury et Chintreuil firent des paquets chez un libraire; Bonvin fut ouvrier typographe.« Pierre Martino: Le roman réaliste sous le second empire Paris 1913 p 6-9 [d 10, 1]

Anfang der vierziger Jahre gab es ein, wohl auf der Lithographie beruhendes, Verfahren der Polycopie, die sogenannten Presses Rageneau. [d 10, 2]

Firmin Maillard: La cité des intellectuels Paris ⟨1905⟩ bringt p 92-99 eine Fülle von Angaben über Autorenhonorare. [d 10, 3]

»Balzac ... hat seine Kritik des Pariser Journalismus den Angriffen Molières gegen die Finanzleute, die Marquis, die Ärzte zur Seite gestellt.« Ernst Robert Curtius: Balzac Bonn 1923 p 354/55 [d 10, 4]

Über Balzac: »Ce qui nous permet de dire qu'il n'a peut-être pas été très véridique au delà de 1820, c'est l'opinion, si souvent exprimée qu'il a merveilleusement peint à l'avance et prophétisé la société du second Empire.« Edmond Jaloux: Les romanciers et le temps (Le Temps 27 décembre 1935) [d 10, 5]

Aus Lamartines »Lettre en vers à M. Alphonse Karr«:
» Tout homme avec fierté peut vendre sa sueur:
Je vends ma grappe en fruit comme tu vends ta fleur,
Heureux quand son nectar, sous mon pied qui le foule,
Dans mes travaux nombreux en ruisseaux d'ambre coule,
Produisant à son maître ivre de sa cherté,
Beaucoup d'or pour payer beaucoup de liberté!
Le sort nous a réduits à compter nos salaires;
Toi des jours, moi des nuits, tous les deux mercenaires;
Mais le pain bien gagné craque mieux sous la dent:
Gloire à qui mange libre un sel indépendant!«
Dazu bemerkt Veuillot, der dies zitiert: »On croyait jusqu'ici que la liberté qui se peut acheter avec de l'argent n'est pas celle que les hommes de cœur ont coutume de poursuivre ... Quoi! ... vous ne savez pas que le moyen d'être libre est de mépriser beaucoup l'or! Et pour acheter cette liberté que l'on se procure à prix d'or ... vous produirez vos livres de la même façon mercenaire que vos légumes et votre vin; vous demanderez à votre esprit double et triple moisson; vous ferez le commerce des primeurs; la muse ne sera plus volontaire, elle fera sa journée et sa nuit comme un ouvrier ... et vous jetterez le matin au public la page noircie dans votre veille distraite, sans même relire le fatras qui la couvre, mais non sans avoir compté les lignes qu'elle contient.« Louis Veuillot: Pages choisies ed Antoine Albalat Lyon Paris 1906 p 28, 31/32 (Karr verkaufte Blumen seines Landguts bei Nizza) [d 10a, 1]

»Sainte-Beuve a beau se laisser emporter, contre l'auteur de la *Comédie humaine*, par une antipathie foncière, il a raison d'observer que ›le mode de publication en feuilletons, qui obligeait, à chaque nouveau chapitre, de frapper un grand coup sur le lecteur, avait poussé les effets et les tons du roman à un diapason extrême, désespérant‹.« cit Fernand Baldensperger: Le raffermissement des techniques ⟨dans la littérature occidentale de⟩ 1840 (Revue de littérature comparée Janvier-Mars 1935 XV, 1 p 82) [d 10 a, 2]

Als Reaktion gegen den Feuilletonroman traten um 1840 die Novellen (Mérimée) und der regional bestimmte Roman (D'Aurevilly) hervor. [d 10 a, 3]

Eugène de Mirecourt: Les vrais Misérables Paris 1862 erinnert an Lamartines Histoire des Girondins und vermutet, Hugo habe mit seinem Roman ähnlich wie Lamartine mit seinem Geschichtsbuch seine politische Karriere vorbereiten wollen. [d 10 a, 4]

Zu Lamartine, Hugo: »Au lieu de laisser croire ... qu'il faut suivre amoureusement les grands sincères, on devrait savoir rechercher les dessous de toute sincérité. Mais la culture et la démocratie bourgeoises ont trop besoin de cette valeur! Le démocrate est un homme au cœur sur la main; son cœur est une excuse, une preuve, un échappatoire. Il est professionnellement émouvant, ce qui le dispense d'être véridique.« N Guterman et H Lefebvre: La conscience mystifiée [Paris] ⟨1936⟩ p 151 (Le chantage et la sincérité) [d 11, 1]

Zu Lamartine: »La fatuité du poëte est inénarrable. Lamartine se jugeait un homme d'Etat de la trempe de Mirabeau, – un autre Turgot, il se vantait d'avoir pâli vingt ans sur l'économie politique; – un penseur éminent, il croyait tirer de son fonds les idées qu'il prenait au vol et habillait de sa forme.« Emile Barrault: Lamartine (Extrait du National du 27 mars 1869) Paris 1869 p 10 [d 11, 2]

Alfred Delvau (1825-1867): »C'était un enfant du quartier Mouffetard... En 1848, il devint secrétaire particulier de Ledru-Rollin, alors ministre de l'intérieur. Les événements l'ayant brusquement éloigné de la politique active, il se voua aux lettres, et débuta par quelques articles de journaux... Il ... fit insérer dans le *Journal amusant*, le *Figaro* et quelques autres journaux des articles ayant principalement trait aux mœurs parisiennes. Il eut pendant quelque temps au *Siècle* la spécialité de l'édilité parisienne.« In der zweiten Hälfte der fünfziger Jahre floh Delvau nach Belgien, um einer Gefängnisstrafe zu entgehen, die er sich als Redakteur des *Rabelais* zugezogen hatte. Später wurde er durch Plagiatsverfolgungen beunruhigt.

Daten in Pierre Larousse: Grand dictionnaire universel du XIXe siècle VI Paris 1870 p 385 (Artikel: Delvau) [d 11,3]

Benjamin Gastineau war schon unter Napoleon III zweimal nach Algerien deportiert worden. »Sous la Commune de Paris, M. Gastineau fut nommé inspecteur des bibliothèques communales. Le 20e conseil de guerre, chargé de le juger, n'a pu relever contre lui aucun délit de droit commun. Il l'a néanmoins condamné à la déportation dans une enceinte fortifiée.« Pierre Larousse: Grand dictionnaire universel du XIXe siècle VIII Paris 1872 p 1062 – Gastineau hat seine Laufbahn als Setzer begonnen. [d 11,4]

Pierre Dupont: »Le poète, comme il l'a dit dans un de ses petits poëmes,
   Ecoute tour à tour les forêts et la foule.
C'est, en effet, des grandes symphonies agrestes, des voix que parle la nature entière, ou des clameurs, des désespoirs, des aspirations, des plaintes de la foule qu'il fait jaillir sa double inspiration. La chanson telle que la comprenaient nos pères ... la chanson à boire ou même la simple romance, lui est absolument étrangère.« Pierre Larousse: ⟨Grand⟩ Dictionnaire universel du XIXe siècle VI Paris 1870 p 1413 (Artikel: Dupont) So hat der Haß gegen Béranger bei Baudelaire Anteil an der Liebe zu Dupont. [d 11 a, 1]

Gustave Simon beschreibt die Szenen, die sich bei Auslieferung des zweiten und dritten Teils der Misérables vor der Verlagsbuchhandlung Paguerre abspielten: »Le 15 mai 1862, écrit-il, avant six heures du matin, une foule compacte encombrait la rue de Seine devant un magasin encore fermé; elle grossissait sans cesse et l'attente la rendait bruyante et même tumultueuse... La chaussée était obstruée par un inextricable fouillis de tapissières, de voitures de maître, de cabriolets, de carrioles et même de brouettes. Des gens avaient des hottes vides sur le dos... Il n'était pas six heures et demie, que la foule, de plus en plus houleuse, exerçait des poussées contre la devanture, et que les plus favorisés frappaient à coups redoublés sur la porte. Tout à coup, une fenêtre fut ouverte au premier étage; une dame parut, harangua les impatients en les exhortant à la patience... Le magasin qu'on voulait assiéger était bien inoffensif; on n'y vendait que des livres. C'était la librairie Paguerre. Les gens qui se ruaient contre la boutique étaient des commis-libraires, des commissionaires, des acheteurs, des courtiers. La dame qui parlait du haut de son premier étage était madame Paguerre.« Albert de Besancourt: Les pamphlets contre Victor Hugo Paris p 227/28 (nach Gustave Simon: Les origines des

Misérables in der Revue de Paris und Briefen über das Buch, die derselbe in
der Revue publiziert hat.) [d 11 a, 2]

Perrot de Chezelles: Examen du livre des Misérables de M Victor Hugo
Paris 1863 gibt in seinem Pamphlet diesen allgemeineren Beitrag zur
Charakteristik von Victor Hugo: »Il prend pour héros de ses drames ou de
ses romans, un laquais comme Ruy Blas, une courtisane comme Marion
Delorme, des êtres disgraciés de la nature comme Triboulet et Quasimodo,
une prostituée comme Fantine, un forçat comme Jean Valjean.« cit Albert
de Besancourt: Les pamphlets contre VH Paris p 243 [d 11 a, 3]

Die »Misérables« stützen sich in entscheidenden Fakten auf wirkliche Vorfälle. Der Verurteilung Jean Valjeans liegt ein Fall zu Grunde, in dem ein Mann, der ein Brot für die Kinder seiner Schwester gestohlen hatte, zu fünf Jahren Galeere verurteilt worden war. Hugo hat sich in solchen Dingen genau dokumentiert. [d 12, 1]

Eine eingehende Darstellung von Lamartines Haltung in der Februarrevolution gibt Pokrowski in einem Artikel, der sich zum Teil auf in seinem Verlauf zitierte diplomatische Berichte des damaligen russischen Botschafters in Paris Kisseljow stützt. »›Lamartine ... gab zu – schreibt Kisseljow –, daß Frankreich sich zur Zeit in einem Zustand befindet, der immer einzutreten pflegt, wenn eine Regierung eben gestürzt ist und die andere sich noch nicht gefestigt hat. Er fügte aber hinzu, daß die Bevölkerung so viel gesunden Menschenverstand, eine solche Achtung vor Familie und Eigentum an den Tag lege, daß die Ordnung in Paris durch die Lage der Dinge selbst und durch die Stimmung der Masse aufrechterhalten werde ... In acht oder zehn Tagen wird eine Nationalgarde von 200 000 Mann organisiert sein – fuhr Lamartine fort –, außerdem gibt es 15 000 Mobiles, deren Stimmung vorzüglich ist, und 20 000 Mann Linientruppen, die Paris bereits einkreisen und in die Stadt einmarschieren sollen.‹ Hier müssen wir auf einen Augenblick Halt machen. Als Vorwand für die Rückberufung der Truppen, die nach dem Februar aus Paris entfernt worden waren, diente bekanntlich die Arbeiterdemonstration vom 16. April, die Unterredung zwischen Lamartine und Kisseljow fand aber am 6. April statt. Wie genial hatte also Marx (in den ›Klassenkämpfen in Frankreich‹) erraten, daß die Demonstration provoziert wurde zu dem einzigen Zweck, den am meisten ›zuverlässigen‹ Teil der ›Ordnungsgewalt‹ ... in die Hauptstadt zurückholen zu können. Gehen wir aber weiter. ›Diese Massen (d.h. die bürgerliche Nationalgarde, die Mobiles und die Linientruppen – M. P.) – sagte Lamartine – werden die Klubfanatiker, die sich auf einige tausend Strolche und kriminelle Elemente (!) stützen, im Zaume halten, und jeden Exzeß ...

im Keime ersticken.‹« M.N. Pokrowski: Historische Aufsätze Wien Berlin ⟨1928⟩ p 108/109 (Lamartine, Cavaignac und Nikolaus I.) [d 12, 2]

Am 6ten April geht von Petersburg eine Instruktion Nesselrodes an Kisseljow ab. »Nikolaus und sein Kanzler verhehlten ihrem Agenten nicht, daß sie das Bündnis mit Frankreich gegen Deutschland brauchten – gegen das neue, rote Deutschland, das durch seine revolutionären Farben das bereits ziemlich zur Vernunft gekommene Frankreich in den Schatten zu stellen begann.« M.N. Pokrowski: Historische Aufsätze Wien Berlin p 112
[d 12, 3]

Michelet über Lamartine: »Il va de sa grande aile, oublieux et rapide.« cit Jacques Boulenger: La magie de Michelet Le Temps 15 mai 1936 [d 12a, 1]

»Un perspicace observateur a dit un jour que l'Italie fasciste était dirigée comme un grand journal, et, d'ailleurs, par un grand journaliste: une idée par jour, des concours, des sensations, une adroite et insistante orientation du lecteur vers certains aspects de la vie sociale démesurément grossis, une déformation systématique de l'entendement du lecteur pour certaines fins pratiques. Pour tout dire, les régimes fascistes sont des régimes publicitaires.« Jean de Lignières: Le centenaire de la Presse Vendredi juin 1936)
[d 12a, 2]

»Balzac fut un des collaborateurs de la Presse ... et Girardin fut pour lui un des meilleurs révélateurs de la société où vivait le grand homme.« Jean de Lignières: Le centenaire de la Presse (Vendredi juin 1936) [d 12a, 3]

»Allgemein werden die verschiedenen Richtungen des Realismus zwischen 1850 und 1860, sowohl die Champfleurys wie die Flauberts als ›l'école de Balzac‹ bezeichnet.« Ernst Robert Curtius: Balzac Bonn 1923 p 487
[d 12a, 4]

»Die moderne Massenfabrikation zerstört den Kunst- und Werksinn der Arbeit: ›nous avons des produits, nous n'avons plus d'œuvres‹.« Ernst Robert Curtius: Balzac Bonn 1923 p 260 (zit Béatrix ⟨Balzac-Ausgabe der »Collection Michel-Lévy«, Paris 1891-1899⟩ 3) [d 12a, 5]

»Organisation der Intelligenz ist Balzacs Ziel. Dabei schwebt ihm bisweilen, wie den Saint-Simonisten, die Korporationsidee des Mittelalters vor. Dann wieder denkt er ... an eine Eingliederung der geistigen Arbeit in das moderne Kreditsystem. Auch der Gedanke an eine staatliche Besoldung der geistig Schaffenden taucht auf.« Ernst Robert Curtius: Balzac Bonn 1923 p 256 [d 12a, 6]

»Les travailleurs intelligentiels« – eine Prägung Balzacs. (vgl E R Curtius: Balzac Bonn 1923 p 263⟨)⟩ [d 12 a, 7]

Chaptal: De l'industrie française II Paris 1819 p 198 gibt als Zahl der jährlich erscheinenden Bücher 3090 an. [d 12 a, 8]

Aus dem höchst absprechenden »M. de Balzac« von Chaudes-Aigues: »Les cachots, les lupanars et les bagnes seraient des asiles de vertu ... comparés aux cités civilisées de M. de Balzac... Le banquier est un homme enrichi par le vol secret et par l'usure; l'homme d'état ... doit son élévation ... au nombre de ses perfidies; l'industriel est un escroc prudent et habile ... l'homme de plume est ... toujours en marché de ses opinions et de sa conscience ... Le monde, tel que nous le représente M. de Balzac, est ... un bourbier.« J. Chaudes-Aigues: Les écrivains modernes de la France Paris 1841 p 227 [d 13, 1]

»Aujourd'hui tant de faits avérés, authentiques, sont issus des sciences occultes, qu'un jour ces sciences seront professées comme on professe la chimie et l'astronomie. Il est même singulier qu'au moment où l'on crée à Paris des chaires de slave, de mantchou, de littératures aussi peu professables que les littératures du Nord, qui, au lieu de fournir des leçons, devraient en recevoir, ... on n'ait pas restitué, sous le nom d'Anthropologie, l'enseignement de la philosophie occulte, l'une des gloires de l'ancienne Université. En ceci, l'Allemagne ... a devancé la France.« Honoré de Balzac: Le cousin Pons [Œuvres complètes XVIII La comédie humaine Scènes de la vie parisienne VI ⟨]⟩ Paris 1914 p 131 ■ Physiologien ■[d 13, 2]

Über Lamartine: »Il est l'homme le plus féminin de ce siècle qui en a tant compté, dont plusieurs semblent s'annoncer par l'article même qui précède leur nom, La Fayette, Lamennais, Lacordaire, Lamartine... On a les meilleures raisons de penser qu'il avait préparé pour le drapeau rouge le discours qu'il prononça pour le drapeau tricolore.« Abel Bonnard: Le drame du présent I Les Modérés Paris ⟨1936⟩ p 232/33 [d 13, 3]

»Le roman ... n'est plus seulement une manière de conter mais une investigation, une continuelle découverte... Balzac est à la limite de la littérature d'imagination et de la littérature d'exactitude. Il a des livres où l'enquête est rigoureuse comme *Eugénie Grandet*, *César Birotteau*, il en a où l'irréel se mêle à l'exact comme *la Femme de trente ans* et d'autres comme *Le Chef-d'œuvre inconnu* composés d'éléments dus aux jeux de l'esprit.« Pierre Hamp: La littérature, image de la société (Encyclopédie française XVI Arts et littératures dans la société contemporaine I p 64,2)
[d 13, 4]

»En 1862, époque à laquelle Victor Hugo écrit les *Misérables*, le nombre d'illettrés a bien diminué en France... A mesure que le peuple instruit devient client de librairie, les auteurs choisissent leur héros dans la foule et celui en qui on peut le mieux étudier ce phénomène de socialisation est Victor Hugo, premier grand poète qui ait donné à des œuvres littéraires des titres communs: *Les Misérables, Les Travailleurs de la Mer.*« Pierre Hamp: La littérature, image de la société (Encyclopédie française XVI Arts et littératures dans la société contemporaine I p 64,2) [d 13 a, 1]

Zu Victor Hugo darf man diese Sätze über Scott vergleichen. »Il considérait la rhétorique, l'art oratoire, comme l'arme naturelle des opprimés... Et il est piquant de songer que, écrivain, Scott accordait à des rebelles imaginaires cette liberté de parole qu'il refusait, dans son rôle de politicien stupide, à des rebelles véritables.« GK Chesterton: Dickens Traduit par Laurent et Martin-Dupont Paris 1927 p 175 [d 13 a, 2]

Von Victor Hugo gilt das Gleiche wie von Dickens. »Dickens est un exemple admirable de ce qui arrive quand un auteur de génie a le même goût littéraire que le public. Cette conformité de goût, en l'espèce, était d'ordre moral et intellectuel. Dickens n'était pas comme nos démagogues et nos journalistes ordinaires; il n'écrivait pas seulement ce qu'aimaient les gens du peuple; mais il aimait lui-même ce que, eux, ils aimaient... Il mourut en 1870; la nation tout entière le regretta comme aucun grand personnage n'a jamais été regretté; car les premiers ministres et les princes n'étaient auprès de Dickens que de simples particuliers. Il avait été un grand souverain populaire, semblable à un roi de quelque époque primitive que son peuple pouvait venir voir, lorsque sous un chêne il rendait la justice.« GK Chesterton: Dickens Traduit par Laurent et Martin-Dupont Paris 1927 p 72 et 168 [d 13 a, 3]

»Le Nain Jaune« ist von Aurélien Scholl begründet; die »Vie Parisienne« von Marcelin, einem Freunde von Worth. »L'Evénement« 1865 von Villemessant unter Mitwirkung Rocheforts und Zolas und anderer Oppositioneller gegründet. [d 13 a, 4]

»Gelegentlich ließen Mirès und die Brüder Péreire, das Beispiel Rothschilds befolgend, auf namhafte Dichter, Journalisten und Theaterdichter unverhofft einen Manna-Regen von Aktien niederträufeln, der an sich für die Beschenkten keine unmittelbaren Verpflichtungen mit sich brachte.« S Kracauer: Jacques Offenbach und das Paris seiner Zeit Amsterdam 1937 p 252 [d 14, 1]

»Une seule des nouvelles sciences, l'analogie, doit rendre aux auteurs un bénéfice de cinq à six millions de francs par feuille de seize pages.« Charles Fourier: Le nouveau monde industriel et sociétaire Paris 1829 p 35 [d 14, 2]

Zahl der pariser Zeitungsabonnenten: 1824 ca 47000⟨,⟩ 1836 ca 70000, 1846 ca 200000. (Details für 1824: 15000 für die Regierungsjournale: Journal de Paris, Etoile, Gazette, Moniteur, Drapeau blanc, Pilote; 32000 für die Oppositionsjournale: Journal des Débats, Constitutionnel, Quotidienne, Courier de Paris, Journal du Commerce, Aristarque.) [d 14, 3]

Mit dem Aufschwung des Inseratenwesens wandten die Zeitungen sich gegen die annonces déguisées, die wohl den Journalisten mehr als der Administration brachten. [d 14, 4]

Um den Globe sammelten sich als Redakteure die wichtigsten späteren Orléanisten; dieser Redaktion gehörten Cousin, Villemain, Guizot an. 1829 trat Blanqui als Stenograph, zumal Parlamentsstenograph dort ein. [d 14, 5]

Der journalistische Einschlag in den Dumas'schen Romanen: Schon das erste Kapitel der Mohicans de Paris gibt Aufschluß darüber, gegen welche Gebühren, bei einer Verhaftung, man sich den Anspruch auf ein Einzelzimmer verschaffen kann, wo der pariser Scharfrichter wohnt, welches die berühmtesten Apachenlokale von Paris sind. [d 14, 6]

Ein junger Petersburger nannte Les mystères de Paris »Le premier livre après la bible«. J Eckardt: Die baltischen Provinzen Rußlands Lpz 1869 p 406 [d 14, 7]

Valéry in der Introduction zu den Fleurs du mal Paris 1928 p XV über Hugo: »Pendant plus de soixante années, cet homme extraordinaire est à l'ouvrage tous les jours de cinq heures à midi! Il ne cesse de provoquer les combinaisons du langage, de les vouloir, de les attendre, et de les entendre lui répondre. Il écrit cent ou deux cent mille vers, et acquiert par cet exercice ininterrompu une manière de penser singulière, que des critiques superficiels ont jugée comme ils le pouvaient.« [d 14, 8]

Bei fast allen Romantikern ist der Archetypus des Helden der bohémien; bei Hugo ist es der gueux. Hierbei ist nicht aus dem Auge zu lassen, daß Hugo als Schriftsteller zu Reichtum gekommen ist. [d 14 a, 1]

Hugo im Post-scriptum de ma vie L'esprit, Tas de pierre p 1 (cit Maria Ley-Deutsch: Le gueux chez Victor Hugo (Bibliothèque de la fondation Victor Hugo IV) Paris 1936 p 435): »Voulez-vous vous rendre compte de la puissance civilisatrice de l'art ...? Cherchez dans les bagnes un homme qui sache ce que c'est que Mozart, Virgile et Raphaël, qui cite Horace de mémoire, qui s'émeuve de l'*Orphée* et du *Freischütz* ..., cherchez cet homme..., vous ne le trouverez pas.« [d 14 a, 2]

Régis Messac spricht von einer »epischen Periode«, die das Feuilleton unter Louis-Philippe hat, ehe es im second empire Massenartikel wird. Die Romane von Gabriel Ferry gehören an den Anfang der zweiten Epoche; das gleiche gilt von denen von Paul Féval. [d 14 a, 3]

Man kann in gewisser Hinsicht von einem Beitrag der Physiologien zum Detektivroman sprechen. Man muß sich nur erinnern, daß dem kombinierenden Verfahren des Detektivs ein empiristisches gegenübersteht. Es ist nach dem von Vidocq modelliert und verrät seine Beziehung zu den Physiologien eben in dem Jackal der »Mohicans de Paris« (cit Messac⟨: Le »Detective Novel« et l'influence de la pensée scientifique Paris 1929⟩ p 434), von dem es heißt: »A la seule vue d'un contrevent éventré, d'un carreau cassé, d'un coup de couteau donné, il disait: ›oh, oh, je connais cela! c'est la manière de travailler d'*un tel*.‹« [d 14 a, 4]

Véron zahlt 100000 frcs für den Juif errant bevor noch eine Zeile davon vorhanden ist. [d 14 a, 5]

»Toutes les fois qu'un feuilleton retentissant décroche la timbale, Balzac redouble de zèle avec son Vautrin. C'est en 1837-38 que les *Mémoires du Diable* semblent fixer la formule feuilletonesque, et aussitôt commence la série de *Splendeurs et Misères des Courtisanes*. En 1842-43 paraissent les *Mystères de Paris* et Balzac répond par *A combien l'amour revient aux vieillards*. En 1844 *Monte Cristo*, en 1846 *La Closerie des Genêts*, et la même année: *Où mènent les mauvais chemins*; l'année suivante la *Dernière incarnation de Vautrin*. Si ce dialogue ... ne se poursuit pas davantage, c'est que Balzac ... mourait bientôt après.« Régis Messac: Le »Detective Novel« et l'influence de la pensée scientifique Paris 1929 p 403/4 [d 14 a, 6]

Unter der zweiten Republik amendement à la loi du 16/19 juillet 1850 destiné »à frapper une industrie qui déshonore la presse et qui est préjudiciable au commerce de la librairie«. So drückt der Antragsteller de Riancey sich aus. Das Gesetz verhängt auf jedes Feuilleton 1 centime pro Exemplar. Die Vorschrift trat mit den neuen verschärften Preßgesetzen vom Februar 1852, durch die das Feuilleton erhöhte Bedeutung gewann, außer Kraft. [d 15,1]

Nettement macht auf die besondere Bedeutung aufmerksam, die die Periode, in der die Abonnements zu erneuern waren, für die Zeitungen hatte. Man liebte, um diese Epoche mit neuen Romanen zu beginnen, auch wenn der alte Roman nicht abgelaufen war. Um die gleiche Entwicklungsepoche begann die Reaktion der Leserschaft auf die Romane schlagartig zur Geltung zu kommen. Man war sich darüber klar und bereitete seine Spekulationen schon im Titel des Romans vor. [d 15,2]

Als Vorläufer des Feuilletons lassen sich die Romane in Lieferungen ansehen. 1836 nahm eine Revue von Karr zuerst solche Lieferungen, die später zu einem Bande vereinigt werden konnte⟨n⟩ als Beilage für ihre Leser auf. [d 15,3]

Politische Attitude der Romantik nach Baudelaires Darstellung im »Pétrus Borel«: »Si la Restauration s'était régulièrement développée dans la gloire, le Romantisme ne se serait pas séparé de la royauté.« »Plus tard ... un républicanisme misanthropique fit alliance avec la nouvelle école, et Pétrus Borel fut l'expression la plus ... paradoxale de l'esprit des *Bousingots* ... Cet esprit..., à l'inverse de la passion démocratique et bourgeoise qui nous a plus tard si cruellement opprimés, était agité à la fois par une haine aristocratique ... contre les rois et contre la bourgeoisie, et d'une sympathie générale ... pour tout ce qui était ... pessimiste et byronien.« Charles Baudelaire: L'art romantique (éd Hachette tome III) Paris p 354 et 353/354 [d 15,4]

»Nous avons ... vu à Paris l'évolution romantique favorisée par la monarchie, pendant que les libéraux et les républicains restaient opiniâtrément attachés aux routines de la littérature dite classique.« Baudelaire: L'art romantique Paris p 220 (Richard Wagner et Tannhäuser) [d 15,5]

Trois Bohèmes: »Celle de Théophile Gautier, d'Arsène Houssaye, de

Gérard de Nerval, de Nestor Roqueplan, de Camille Rogier, de Lassailly, d'Edouard Ourliac, bohème volontaire ... où l'on jouait à la pauvreté ..., rejeton bâtard du vieux romantisme ...; celle de 1848, de Mürger, de Champfleury, de Barbara, de Nadar, de Jean Wallon, de Schanne, réellement besogneuse celle-là, mais vite débrouillée, grâce à une camaraderie intelligente ...; celle enfin de 1852, la nôtre, pas volontaire du tout ..., cruellement éprouvée par la détresse.« Jules Levallois: Milieu de siècle Mémoires d'un critique Paris ⟨1895⟩ p 90/91 [d 15 a, 1]

Balzac sieht die Menschen vergrößert durch die Nebel der Zukunft, hinter denen sie sich bewegen. Das Paris, das er schildert ist dagegen das seiner Zeit; es ist am Format seiner Bewohner gemessen ein provinzielles. [d 15 a, 2]

»J'irai ici jusqu'au bout de ma pensée en disant que je ne trouve point de vie intérieure dans Balzac, mais plutôt une curiosité dévorante et tout extérieure, qui va de la forme au mouvement, sans passer par la pensée.« Alain: Avec Balzac Paris ⟨1937⟩ p 120 [d 15 a, 3]

Laforgue über »La fin de Satan«: »Je me rappelle un mot de M. Mallarmé: Hugo se mettant tous les matins à l'orgue au sortir du lit, comme le grand Bach qui entassa partitions sur partitions sans se préoccuper de conséquences autres.« Vorher, auf der gleichen Seite: »L'orgue continue tant que la partition de la matière visible est ouverte à ses yeux de vivant et tant qu'il y a du vent pour les tuyaux.« Jules Laforgue: Mélanges posthumes Paris 1903 p 130/131 [d 15 a, 4]

»On s'est demandé souvent si Victor Hugo avait le travail facile. Il est évident qu'il n'est pas doué, ou affligé, de cette facilité étrange d'improvisation, grâce à laquelle Lamartine n'a jamais raturé un mot. La plume de fer de celui-ci courait rapide, effleurant à peine le papier satiné qu'elle couvrait de légers traits ... Victor Hugo fait crier le papier sous sa plume qui crie. Il réfléchit à chaque mot; il soupèse chaque expression; il s'appuie sur les points, comme on s'assied sur les bornes, pour regarder la phrase finie et la place nette où va commencer la phrase suivante.« Louis Ulbach: Les contemporains Paris 1883 (cit Raymond Escholier: Victor Hugo raconté par ceux qui l'ont vu Paris 1931 p 353) [d 15 a, 5]

»Des lettres lui parviennent qui portent cette seule adresse: Victor Hugo, Océan.« Raymond Escholier: Victor Hugo raconté par ceux qui l'ont vu Paris 1931 p 273 (Automne) [d 15 a, 6]

Eine frühe, sehr kennzeichnende Probe des Feuilletonstils in der lettre parisienne vom 12 janvier 1839 aus der Feder des Vicomte de Launais (Mme de Girardin): »On s'occupe aussi beaucoup de l'invention de M. Daguerre, et rien n'est plus plaisant que l'explication de ce prodige donnée sérieusement par nos savants de Salon. M. Daguerre peut être bien tranquille, on ne lui prendra pas son secret... Vraiment cette découverte est admirable, mais nous n'y comprenons rien du tout: on nous l'a trop expliquée«. Mme de Girardin: Œuvres complètes IV p 289/90 cit Gisèle Freund: La photographie en France au XIX siècle Paris 1936 p 36 [d 16,1]

Baudelaire erwähnt »un immortel feuilleton« de Nestor Roqueplan »Où vont les chiens?« in le Spleen de Paris Paris (ed R Simon) p 83 (Les bons chiens) [d 16,2]

Über Lamartine, Hugo, Michelet: »Il manque à ces hommes riches de tant de talents, comme à leurs prédécesseurs du XVIIIe siècle, cette partie secrète de l'étude, où l'on oublie ses contemporains en cherchant les vérités qu'on pourra ensuite leur proposer.« Abel Bonnard: Les modérés (Le drame du présent I) Paris ⟨1936⟩ p 235 [d 16,3]

Dickens – »La tradition révolutionnaire dans son actualité et son intégrité, avait en une large mesure inspiré les premières attaques auxquelles son radicalisme le poussa: en montant à l'assaut de la prison du Fleet, il se souvenait de la prise de la Bastille. Ses accusations révélaient par-dessus tout une certaine impatience raisonnée qui était l'essence même du républicain d'autrefois et que le révolutionnaire, en notre moderne Europe, ignore absolument. Le radical d'antan ne se considérait pas précisément comme en état de révolte; il trouvait plutôt qu'un certain nombre d'institutions absurdes étaient en conflit avec la raison et avec lui-même.« GK Chesterton: Dickens Traduit par Laurent et Martin-Dupont Paris 1927 p 164/165 [d 16,4]

Gustave Geffroy (L'enfermé ⟨ed Paris 1926⟩ I p 155/6) weist darauf hin, daß Balzac die Unruhe des Volkes von Paris in seinen Tagen, das Klubleben, die Winkelpropheten usw nicht gezeichnet habe – abgesehen etwa von Z. Marcas, diesem Sklaven des régimes von Louis-Philippe.
[d 16,5]

Während der Julirevolution ließ Charles X durch seine Truppen handgeschriebene Aufrufe unter die Insurgenten verteilen. (s. Geffroy: L'enfermé ⟨lc⟩ I p 50) [d 16,6]

»Il est ... important de concevoir la possibilité d'infléchir l'esthétique ... vers l'action sur l'homme à la faveur de représentations suscitées par la morphologie même de la société ... Il est plus important encore de constater qu'en fait, depuis que tout le monde lit [Anm: C'est-à-dire depuis l'institution de l'instruction primaire obligatoire, dont la diffusion effective est précisément contemporaine de la formation du mythe de Paris] se passent des phénomènes de ce genre.« Roger Caillois: Paris, mythe moderne (Nouvelle Revue Française XXV, 284 1 mai 1937 p 699) [d 16 a, 1]

Gautier in seinem »Victor Hugo« über den gilet rouge bei der Premiere von »Hernani«: »Pour éviter l'infâme rouge de 93, nous avions admis une légère proportion de pourpre dans notre ton; car nous étions désireux qu'on ne nous attribuât aucune intention politique.« (cit Raymond Escholier: Victor Hugo raconté par ceux qui l'ont vu Paris 1931 p 162) [d 16 a, 2]

1852⟨:⟩ »La réputation de l'auteur d'*Hernani* avait passé, par des canaux singuliers de bohémerie et d'utopisme, du quartier latin aux faubourgs de Paris. Puis brusquement le grand métaphorique avait eu la révélation du dogme du peuple souverain ... Révélation qui, en même temps, embrasait les plumes de Michelet et de Quinet et de beaucoup d'écrivains de moindre envergure tels que Considérant.« Léon Daudet: La tragique existence de Victor Hugo Paris ⟨1937⟩ p 98 – Um diese Zeit hielt Hugo eine Ansprache an die Truppen. [d 16 a, 3]

Hugo⟨:⟩ »C'est lors d'une de ces courses de désolation que la vue d'un navire échoué sur une roche sans nom, la quille en l'air, donna à Hugo l'idée d'un nouveau Robinson, qui s'appellerait *Les Travailleurs de la Mer*: le travail et la mer, les deux pôles de son exil... Alors que dans les ... *Contemplations* il avait bercé son atroce regret de sa première fille perdue en mer, il allait, dans la prose des *Travailleurs*, bercer l'affreuse tristesse de sa fille partie en mer. Cet élément marin, décidément, était lié, par des chaînes noires, à son destin.« Léon Daudet: La tragique existence de Victor Hugo Paris p 202/03 [d 16 a, 4]

Juliette Drouet⟨:⟩ »Il est à présumer ... qu'en dehors de la question des anciens amants et des dettes, la propension aux amours ancillaires, qui accompagna le poète ... de sa trentième année à la fin de sa vie, lui fit souhaiter de réduire sa belle interprète à une condition inférieure, à une mise de pauvresse ... et la fameuse expiation pouvait bien n'avoir été qu'une métamorphose du désir.« Léon Daudet: La tragique existence de Victor Hugo Paris p 61/62 [d 17, 1]

Léon Daudet behauptet, der Mißerfolg, den 1832 »Le roi s'amsue« erlitten habe, habe Hugo der Monarchie entfremdet. [d 17, 2]

Hugo⟨s⟩ enthusiastische Empfehlungen von Louis Napoléon sind im Evénement erschienen. [d 17, 3]

Aus den procès-verbaux der spiritistischen Sitzungen in Jersey (cit Albert Béguin: L'âme romantique et le rêve Marseille 1937 II), denen Béguin die gute Bemerkung (p 397) nachschickt: »Hugo transporte tout ce qu'il accueille, – et qui peut paraître sottise pure si la raison seule en juge, – dans sa mythologie, un peu comme le sauvage initié aux beautés de l'instruction publique, gratuite et obligatoire. Mais sa vengeance (et sa fatalité aussi) sera de devenir lui-même le mythe d'une époque dénuée de tout sens mythique.« So also transportierte Hugo den Spiritismus in seine Welt: »Tout grand esprit fait dans sa vie deux œuvres: son œuvre de vivant et son œuvre de fantôme... Tandis que le vivant fait le premier ouvrage, le fantôme pensif, la nuit, pendant le silence universel, s'éveille dans le vivant, ô terreur! Quoi? dit l'être humain, ce n'est pas tout? – Non, répond le spectre, lève-toi, debout, il fait grand vent, les chiens et les renards aboient, les ténèbres sont partout, la nature frissonne et tremble sous la corde du fouet de Dieu... L'écrivain spectre voit les idées fantômes. Les mots s'effarent, les phrases frissonnent.... la vitre pâlit, la lampe a peur... Prenez garde, ô vivant, ô homme d'un siècle, ô proscrit d'une idée terrestre; car ceci est de la folie, car ceci est de la tombe, car ceci est de l'infini, car ceci est une idée fantôme.« (p 390) Der grand esprit, in demselben Kontext: »Il rencontre la certitude parfois comme un obstacle et la clarté parfois comme une crainte.« (p 391) – Aus dem Post-Scriptum de ma vie: »Il existe une hilarité des ténèbres. Un rire nocturne flotte. Il y a des spectres gais«. (p 396) [d 17, 4]

Hugo berauscht sich bekanntlich, nicht nur im »William Shakespeare«, an langen Reihen von Namen der großen Genien. Man hat dabei an die Leidenschaft des Dichters zu denken, den eigenen Namen in riesenhafter Projektion sich vorzustellen; es ist bekannt, daß er ein H in den Türmen von Notre-Dame las. Einen andern Aspekt des gleichen Vorganges eröffnen seine spiritistischen Erfahrungen. Die großen Genien, deren Namen er unermüdlich und in immer neuer Abfolge vorträgt, sind seine »avatars«, Inkarnationen des eigenen Ich, die vor dessen gegenwärtiger liegen. [d 17 a, 1]

Wie Hugo sich während er an Notre-Dame de Paris schrieb, allabendlich auf einen der Türme begab, so hielt er es in Guernsey (Jersey?) mit dem rocher des proscrits, von dem aus er jeden Nachmittag das Meer betrachtete. [d 17 a, 2]

Diese entscheidende Stelle, die den Bewußtseinsstand des Jahrhunderts sprengt, in Ce que dit la Bouche d'ombre:
»Pleurez sur l'araignée immonde, sur le ver,
Sur la limace au dos mouillé comme l'hiver,
Sur le vil puceron qu'on voit aux feuilles pendre,
Sur le crabe hideux, sur l'affreux scolopendre,
Sur l'effrayant crapaud, pauvre monstre aux doux yeux,
Qui regarde toujours le ciel mystérieux!«
Die letzte Zeile mit der der Aveugles von Baudelaire zu konfrontieren. [d 17 a, 3]

Sainte-Beuve über Lamartines Rolle im Jahre 1848: »Ce qu'il ne prévoyait pas, c'est qu'il serait l'Orphée qui plus tard dirigerait et réglerait par moments de son archet d'or cette invasion de barbares.« CA Sainte-Beuve: Les Consolations Pensées d'août (Poésies Seconde Partie) Paris 1863 p 118
[d 17 a, 4]

»Man erinnert sich, daß China und die Tische zu tanzen anfingen, als alle übrige Welt stillzustehn schien – um den andern Mut zu machen.« Karl Marx: Das Kapital ⟨I⟩ ed Korsch Berlin ⟨1932 p 83⟩ [d 17 a, 5]

In einer Anmerkung des »Kapital« (ed Korsch p 541) spricht Marx von »Balzac, der alle Schattierungen der Habsucht so tief erforscht hat«.
[d 17 a, 6]

La Bohème – war in ihrer Jugend das Organ der proletarisierten Intelligenz aus der Generation von Delvau [d 18, 1]

Bourget über Balzac: ⟨»⟩Tel ou tel de ses personnages était plus vrai en 1860 qu'en 1835.« A Cerfberr et J Christophe: Répertoire de la Comédie humaine Paris 1887 p V (Introduction de Paul Bourget) [d 18, 2]

In Anlehnung an Hofmannsthal (Versuch über Victor Hugo ⟨München 1925⟩ p 23/25) ist der Ursprung der Zeitung aus dem Geiste der Rhetorik darzustellen und hervorzuheben, wie sich der Geist der repräsentativen Staatsrede mit dem der leeren Geschwätzigkeit und des Stadtklatschs verbunden hat. [d 18,3]

Zum Feuilleton: »Avides de gain, les rédacteurs des grands journaux n'ont point voulu exiger de leurs feuilletonistes une critique fondée sur une croyance et sur la vérité. Ceux-ci ont été trop souvent des propre-à-tout.« Dies das Urteil der fourieristischen Presse. HJ Hunt: Le Socialisme et le romantisme en France Etude de la presse socialiste de 1830 à 1848 Oxford 1935 ⟨p 142⟩ [d 18,4]

Lamartines politico-poetisches Programm, Modell heutiger faschistischer: »Les ignorances, les timidités des gouvernements ... dégoûtent successivement dans tous les partis les hommes qui ont de la portée dans le regard et de la générosité dans le cœur: ces hommes, désenchantés tour à tour de ces symboles menteurs qui ne les représentent plus, vont se grouper autour de l'idée seule ... C'est pour apporter une conviction, une parole de plus à ce groupe politique, que je renonce momentanément à la solitude.« Lamartine: Des destinées de la poésie [zweite Vorrede zu den Méditations] Les grands écrivains de la France Lamartine II Paris 1915 p 422/3 [d 18,5]

Über den roman feuilleton zur Zeit von Sue: »Le besoin à quoi répondent ces fantaisies est celui de découvrir un lien à des événements dont l'apparence est incohérente. Obscurément, l'imagination se persuade que toutes ces inégalités de la réalité sociale, ces chutes, ces ascensions constituent *une seule et même action*, c'est-à-dire qu'elles procèdent d'une cause et qu'elles ont un lien entre elles. Le développement du roman-feuilleton et la création des sciences sociales sont parallèles.« Cassou: Quarante-huit Paris ⟨1939⟩ p 15 [d 18,6]

Cassou über den lyrisme democratique de Lamartine: »Nous découvrons dans celui-ci une secrète pensée: notre propriété, avec tout son cortège de délices spirituelles, nous accompagne jusqu'au seuil de l'immortalité. A peine avoué dans *Milly ou la terre natale*, ce thème éclate dans la *Vigne et la Maison*, exprimant le vœu suprême de Lamartine, celui de survivre dans une immortalité physique où toute chose conserverait sa réalité parfaite et savoureuse. Eschatologie qui, sans doute, diffère un peu du pur spiritualisme de la *Mort de Socrate*, d'après Platon... Mais qui confesse la nature profonde de ce grand propriétaire.« Jean Cassou: Quarante-huit Paris p 173 [d 18 a, 1]

Die Chimären von Notre-Dame müssen mit Victor Hugos Roman ungefähr gleichzeitig sein. »Hier hat Viollet-le-Duc, ... dessen

Werk so scharf kritisiert wird, eine merkwürdige Leistung vollbracht. Diese Teufel und Ungeheuer sind tatsächlich nachgeborenes Geschwister der Fratzen, die im Mittelalter die besessene, überall Dämonen sehende, wirklich sehende, Phantasie geschaffen hat.« Fritz Stahl: Paris Berlin ⟨1929⟩ p 72 Man stößt bei Hugo wohl auf das analoge Phänomen. Es handelt sich hier vielleicht um eine Frage, die mit ⟨der⟩ übereinkommt: warum das neunzehnte Jahrhundert das Jahrhundert des Spiritismus sei. [d 18 a, 2]

Eine wichtige Relation zwischen Information und Feuilleton weist Laverdant auf (so wird jedenfalls das Signet Lm von Hunt: Le socialisme et le romantisme en France Oxford 1935 gelesen): »Les débats affligeants ... entre l'Allemagne et la France, la guerre d'Afrique, tous ces faits ne méritent-ils pas autant d'attention que des histoires d'autrefois ou des malheurs individuels habilement racontés? Dès-lors, si le public ... lit par chapitres ces grands romans nationaux, pourquoi lui voulez-vous imposer, tout d'une pièce, votre historiette ou votre doctrine ... *Division du travail* et *courtes séances*, telles sont les exigences du lecteur.« Lm: Revue critique du feuilleton La Phalange 18 Juillet 1841 (La Phalange Troisième série tome III Paris 1841 p 540) [d 18 a, 3]

»Victor Hugo, ... au dire de Théophile Gautier, mélangeait sur la même assiette, côtelette, haricots à l'huile, omelette au jambon, fromage de Brie, et buvait le café au lait relevé d'un filet de vinaigre et d'une pointe de moutarde.« R B[runet]: La cuisine régionale (Le Temps 4 avril 1940)

[d 19]

g

[DIE BÖRSE, WIRTSCHAFTSGESCHICHTE]

»Napoleon war der letzte Kampf des revolutionären Terrorismus gegen die durch die Revolution proklamirte bürgerliche Gesellschaft und deren Politik. Napoleon besaß allerdings schon die Einsicht in das Wesen des modernen Staats, daß derselbe auf der ungehinderten Entwicklung der bürgerlichen Gesellschaft, auf der freien Bewegung der Privatinteressen etc. als seiner Grundlage ruhe... Aber Napoleon betrachtete zugleich noch den Staat als Selbstzweck und das bürgerliche Leben nur als Schatzmeister... Er vollzog den Terrorismus, indem er an die Stelle der permanenten Revolution den permanenten Krieg setzte... Wenn er den Liberalismus der bürgerlichen Gesellschaft – den politischen Idealismus ihrer alltäglichen Praxis – despotisch unterdrückte, so schonte er nicht mehr ihre wesentlichen materiellen Interessen, Handel und Industrie, so oft sie mit seinen politischen Interessen in Konflikt geriethen. Seine Verachtung der industriellen Geschäftsmenschen war die Ergänzung zu seiner Verachtung der Ideologen... Wie der liberalen Bourgeoisie in Napoleon noch einmal der revolutionäre Terrorismus gegenüber trat, so trat ihr in der Restauration in den Bourbonen noch einmal die Kontrerevolution gegenüber. Endlich verwirklichte sie in dem Jahre 1830 ihre Wünsche vom Jahre 1789, nur mit dem Unterschied, daß ihre politische Aufklärung nun vollendet war, daß sie in dem konstitutionellen Repräsentativstaat nicht mehr das Ideal des Staats, nicht mehr das Heil der Welt und allgemein menschliche Zwecke zu erstreben meinte, sondern ihn vielmehr als den offiziellen Ausdruck ihrer ausschließlichen Macht und als die politische Anerkennung ihres besondern Interesses anerkannt hatte.« Karl Marx und Friedrich Engels: Die heilige Familie cit in Die neue Zeit III Stuttgart 1885 p 388/389
[g 1, 1]

Ein Schema aus Edgar Quinets »De la révolution et de la philosophie«: »Die Entwicklung der deutschen Philosophie ... eine Art Theorie der französischen politischen Revolution. Kant ist die Konstituante, Fichte der Konvent, Schelling das Kaiserreich (durch die Achtung vor der physischen Kraft) und Hegel kommt ihm wie die Restauration und die Heilige Allianz vor.« Schmidt-Weißenfels: Portraits aus Frankreich Berlin 1881 p 120 (Edgar Quinet und der französische Nationalhaß) [g 1, 2]

Ministerium Guizot. »Corrompre les collèges électoraux était chose facile. Ces collèges se composaient en général de peu d'électeurs; beaucoup en comptaient à peine 200, parmi lesquels nombre de fonctionnaires. Les fonctionnaires obéissaient aux ordres reçus; quant à l'électeur ordinaire on l'achetait en donnant à ses protégés des bureaux de tabac, des bourses dans les collèges, ou bien en lui donnant à lui-même quelque importante fonction administrative. Dans la Chambre, comme dans les collèges électoraux, les fonctionnaires étaient fort nombreux: plus du tiers des députés – 184, en 1846, sur 459 – étaient des préfets, des magistrats, des officiers. Le ministre les tenait par l'espoir de l'avancement ... Pour compléter la majorité, il suffisait de trente à quarante députés: Guizot les gagnait par des concessions de grandes entreprises, – on était au début de la construction des chemins de fer – ou par des intérêts dans les marchés de fournitures faites à l'Etat. La corruption fut ainsi érigée en système de gouvernement, et de nombreux scandales, à la fin du règne, prouvèrent avec éclat que les subalternes pratiquaient le système aussi bien que le premier ministre.« A Malet P Grillet: XIXe siècle Paris 1919 p 95, 97 Lamartine sprach damals warnend von einer »aristocratie électorale« (1847). [g 1 a, 1]

»Le 28 juillet 1831, un Parisien expose son portrait en même temps que celui de Louis-Philippe, en les accompagnant de la légende suivante: ›Il n'est point de distance entre Philippe et moi; Il est roi-citoyen, je suis citoyen-roi‹«. Gisela Freund: La photographie au point de vue sociologique (Mscr. p 31) nach Jean Jaurès: Histoire socialiste Le règne de Louis-Philippe p 49 [g 1 a, 2]

»Paris est aussi triste que possible, écrivait en pleine exposition l'auteur de *Colomba*, tout le monde a peur sans trop savoir pourquoi. C'est une sensation comme celle que fait éprouver la musique de Mozart lorsque le Commandeur va paraître ... Le moindre événement est attendu comme une catastrophe.« Adolphe Démy: Essai historique sur les expositions universelles de Paris Paris 1907 p 173/74 [g 1 a, 3]

Schlaglichter auf Napoleons Verhältnis zur Bourgeoisie gegen 1814. »L'Empereur avait montré la plus grande répugnance à donner des armes à la population parisienne. Par crainte de l'esprit révolutionnaire, il avait refusé les services de 50.000 ouvriers, la plupart anciens soldats; il n'avait voulu organiser que des compagnies ..., composées de citoyens de la haute bourgeoisie, c'est-à-dire de ceux qui n'étaient pas éloignés de regarder les alliés comme des libérateurs ... Le nom de Napoléon était maudit. Voici une lettre écrite au colonel Greiner, commandant en second de l'Ecole ... 11 avril 1814. Lâche esclave d'un maître aussi lâche, rends-moi mon fils. Plus féroce encore que le tyran, tu as surpassé ses cruautés en livrant au feu de l'ennemi des enfants confiés à ta garde sur la foi d'une loi, qui garantissait leur éducation. Où sont-ils? Tu vas en répondre sur ta tête. Toutes les mères marchent contre toi et moi seul suffirais pour t'arracher la vie si mon fils ne reparaît bientôt.« G Pinet: Histoire de l'Ecole polytechnique Paris 1887 p 73/74 u 80/81 Der Brief ist von dem Vater von Enfantin. [g 2, 1]

»Der Protestantismus ... schaffte im Himmel die Heiligen ab, damit man auf Erden ihre Festtage beseitigen konnte. Die Revolution von 1789 verstand ihre Sache noch besser. Die reformierte Religion hatte den Sonntag beibehalten; die revolutionären Bourgeois fanden, *ein* Ruhetag auf sieben Tage sei zuviel, und setzten daher an Stelle der siebentägigen Woche die zehntägige Dekade, damit der Tag der Ruhe nur alle zehn Tage wiederkehrte; und um die Erinnerung an die kirchlichen Feiertage ... zu Grabe zu tragen, ersetzten sie im republikanischen Kalender die Heiligennamen durch solche von Metallen, Pflanzen und Tieren.« Paul Lafargue: Die christliche Liebestätigkeit [Die neue Zeit Stuttgart XXIII, 1 p 145/146]
[g 2, 2]

»Die Armenfrage nahm gleich in den ersten Tagen der Revolution ... den Charakter großer Schärfe und Dringlichkeit an. Bailly, den man eben erst, um die Not der ... Arbeiter zu lindern, zum Bürgermeister von Paris gewählt hatte, packte sie in Massen zusammen und pferchte sie – an 18 000 Menschen – wie wilde Tiere auf dem Hügel Montmartre ein; die Stürmer der Bastille bewachten dort die Arbeiter mit Kanonen, die brennenden Lunten in der Hand... Hätte der Krieg nicht die arbeits- und mittellosen Stadtarbeiter und Bauern ... dem Heere zugeführt und an die Grenzen geworfen, so würde in ganz Frankreich ... eine Volkserhebung stattgefunden haben.« Paul Lafargue: Die christliche Liebestätigkeit [Die neue Zeit Stuttgart XXIII, 1 p 147⟨]⟩ [g 2, 3]

»Notre siècle, où le souverain est partout, excepté sur le trône.« Balzac: Préface d'»Un grand homme de province à Paris« cit Georges Batault: Le pontife de la démagogie Victor Hugo ⟨Paris 1934⟩ p 230/231 [g 2 a, 1]

Über das Schrifttum Napoleons III: »Des lieux communs développés avec une solennité continue ... un perpétuel cliquetis d'antithèses, puis, tout à coup, une formule heureuse qui captive par son air de grandeur ou séduit par sa générosité ... des idées si confuses qu'on ne les distingue plus dans les profondeurs où elles semblent enfouies et qui, au moment où on désespère de les dégager, éclatent avec un son claironnant.« Pierre de la Gorce: Napoléon III et sa politique Paris p 4,5 cit bei Batault: Le pontife de la démagogie p 33/34 [g 2 a, 2]

Übergang vom napoleonischen Kriegsregiment zum Friedensregime der

Restauration. Eine Gravure zeigt »Le soldat laboureur« »les soldats moissonneurs« »Générosité d'un soldat français« »la tombe des braves«. C⟨abinet⟩ d⟨es⟩ E⟨stampes⟩ [g 2 a, 3]

»Lorsque vers 1829, M. de Saint-Cricq, directeur des douanes, proclama l'encombrement commercial, ... nous fûmes incrédules. Il était si réel qu'il fit la révolution de Juillet. A la veille de Février 1848, dans le rude hiver qui précède, l'encombrement revient, et le chômage. Au bout de vingt anneés, 1869, le voici revenu. Personne ne veut plus entreprendre. Le gouvernement actuel, avec ses compagnies du Crédit mobilier et autres, l'essor qu'elles donnèrent à la Bourse, détourna dix années les capitaux de l'industrie et de l'agriculture, qui donne un intérêt si faible. Son traité du libre échange, ouvrant en 1860 la France à l'industrie anglaise ... a fait du premier coup une énorme ruine. La Normandie ne peut se relever, dit-elle. Encore moins les forges du Nord.« J Michelet: Nos fils Paris 1870 p 300/01
[g 2 a, 4]

Ein Kupfer von 1818 »L'Etrangomanie blamée ou d'être Français il n'y a pas d'affront«. Rechts Säule mit den Großtaten des Krieges, der Dichtung, der Kunst in Inschriften. Darunter ein junger Mann mit der Ehrentafel der Industrie; seinen Fuß hat er auf einem Blatt mit der Inschrift stehn »Produits des Manufactures Etrangères«. Ihm gegenüber ein anderer Franzose, der rühmend auf die Säule weist. Im Hintergrund debattiert ein englischer Zivilist mit einem französischem Krieger, alle vier Personen haben Spruchbänder. Am Himmel ein über die Erde hinschwebender, in eine Trompete stoßender sehr stark verkleinerter Engel. Eine Tafel ist an seiner Tuba befestigt, an der steht »A l'immortalité«. C⟨abinet⟩ d⟨es⟩ E⟨stampes; s. Abbildung 14⟩ [g 2 a, 5]

»Si vous passez devant la Bourse à midi, vous y trouverez une longue queue ... Cette queue se compose de gens de toute condition, bourgeois, rentiers, épiciers, concierges, commissionnaires, facteurs, artistes, comédiens qui viennent là pour avoir la première place après l'enceinte circulaire ... Installés à proximité du parquet, à côté du crieur public, ils achètent des actions qu'ils réalisent dans la même bourse. Ce vieillard à cheveux blancs, qui offre une prise de tabac au gardien qui passe, est le doyen de ces spéculateurs... A l'aspect général du parquet et de la coulisse, à la physionomie des agents de change, il devine la hausse ou la baisse avec un instinct merveilleux.« Paris-Boursier (Les Petits Paris) Paris 1854 p 44-46 [Taxile Delord] [g 3, 1]

Über die Börse: »La Bourse ne date guère que de M. de Villèle; il y avait plus d'initiative et de saint-simonisme qu'on ne le croit généralement dans la tête de ce ministre toulousain ... sous son règne, les charges d'agent de change se vendirent jusqu'à un million. La spéculation, cependant, bégayait à peine ses premières primes; les quatre petits milliards de la dette française, les quelques millions de la dette espagnole et de la dette napolitaine, étaient l'alphabet dans lequel elle apprenait à lire... On croyait à la ferme, à la maison ... on disait d'un homme riche: Il a des terres au soleil et pignon sur rue!... C'est à partir de 1832, après les ... prédications du saint-simonisme ... que le pays s'est trouvé ... mûr pour ses grandes destinées financières. En 1837, on vit un élan irrésistible entraîner tous les esprits vers la Bourse; la création des chemins de fer donna une nouvelle force à cet élan... La petite-coulisse fait les affaires de la petite bourgeoisie; la contre-petite-coulisse remue les capitaux du prolétariat. L'une opère pour les portiers, les cuisiniers, les cochers, les rôtisseurs, les marchands de merceries, les garçons de café; l'autre descend un cran plus bas dans la hiérarchie sociale. Un jour nous nous sommes dit: ›Le savetier, le marchand d'allumettes chimiques, le vidangeur, le marchand de pommes de terre frites, ne savent comment utiliser leurs capitaux, ouvrons-leur le grand marché de la Bourse ... Nous ouvrîmes alors la contre-petite-coulisse. Nous vendions pour 3 francs 50 centimes de rente ferme; nous faisions des primes d'un centime, les affaires abondaient dans la contre-petite-coulisse, lorsqu'est survenue la débâcle du mois dernier.‹« Paris-Boursier (Les Petits Paris) [Taxile Delord] Paris 1854 p 6-8, 56/7 [g 3, 2]

Handelskrise von 1857 als Ursache des italienischen Feldzugs. [g 3, 3]

»Enfantin exhorte ses amis politiques ... à fonder à côté du ›crédit industriel‹, qui existe, un ›crédit intellectuel‹.« Das war im Jahre 1863! CL de Liefde: Le Saint-Simonisme dans la poésie française 1825-1865 ⟨Haarlem 1927⟩ p 113 [g 3 a, 1]

Balzacs Porträt des Agioteurs Diard in »Les Marana«⟨:⟩ »Il demanda *tant du cent* sur l'achat de quinze voix législatives qui, dans l'espace d'une nuit, passèrent des bancs de la Gauche aux bancs de la Droite. Les actions ne sont plus ni des crimes, ni des vols, c'est faire du gouvernement, commanditer l'industrie.« (cit Abbé Charles Calippe: Balzac Ses idées sociales Reims Paris ⟨1906⟩ p 100) [g 3 a, 2]

»C'est en ... 1838 que le gouvernement, par l'organe de M. Martin du Nord, eut la bonne pensée d'apporter aux chambres le projet du grand réseau du chemin de fer national, entreprise gigantesque, dont l'exécution était réservée à l'Etat... Les *Débats* publièrent contre le malencontreux projet gouvernemental un article foudroyant dont il ne se releva pas. Deux ans après, les deux principales lignes de l'Ouest et du Midi étaient concédées par l'Etat à deux grandes compagnies ... Cinq ans après ... le père Enfantin était secrétaire du conseil d'administration du chemin de fer de Lyon ... l'alliance de Saint-Simon et de Juda ... s'était conclue pour tout jamais... Tout cela était l'œuvre du Père... Trop de noms juifs illustraient le personnel de l'Eglise saint-simonienne, pour que le fait de la constitution de la féodalité financière par les disciples de Saint-Simon ait droit de nous surprendre.« A Toussenel: Les juifs rois de l'époque Paris ⟨1886⟩ ed Gonet p 130-133 [g 3 a, 3]

»Nicht die französische Bourgeoisie als solche herrschte unter dem Bürgerkönigtum, sondern lediglich ... die Finanzaristokratie. Die gesamte Industrie dagegen war in der Opposition.« Eduard Fuchs: Die Karikatur der europäischen Völker München ⟨1921⟩ I p 365 [g 3 a, 4]

»Avant 1830, la grande agriculture est maîtresse de la puissance publique; après 1830, les fabricants prennent sa place, mais leur règne s'était déjà élaboré sous le régime que les barricades avaient renversé... Pour 15 fabriques qui possédaient des machines en 1814, il y en avait 65 en 1820 et 625 en 1830.« Paul Louis: Histoire de la classe ouvrière en France de la Révolution à nos jours Paris 1927 p 48/49 [g 3 a, 5]

»L'esclavage des gouvernemens va croissant, et l'ascendant des agioteurs est parvenu à tel point, que le tripot de la Bourse est devenu boussole d'opinion.« cit F Armand et R Maublanc: Fourier Paris 1937 II p 32 [g 4, 1]

Fouriers Börse: »La Bourse d'une Phalange est bien plus animée et plus intriguée que celles de Londres ou Amsterdam, chaque individu étant obligé d'y négocier une foule de rendez-vous pour les lendemain et surlendemain, soit en affaires, soit en plaisirs... En supposant 1,200 individus présents, et 20 séances à traiter par individu, il y a dans cette réunion 24,000 négociations à conclure, et chacune peut impliquer 20, 40, 100 individus qu'il faut consulter nominativement, mettre en lutte cabalistique... On négocie par signaux et sans bruit. Chaque négociateur déploie en [ ] les écussons des groupes ou phalanges pour qui il traite, et certains signes convenus indiquent à quel degré en est le traité, si l'on a demi, ou tiers, ou quart des adhésions.« Publication des manuscrits de Fourier Paris 1851-58 4 vols Année 1851 p 191/92 [g 4, 2]

Der Name »Bourse de travail« ist von Fourier oder einem Fourieristen geprägt. [g 4, 3]

An der Börse wurden 1816 7 Werte notiert, 1847 über 200. [g 4, 4]

1825, nach Marx, die erste Krisis der modernen Industrie; d.h. erste Krise des Kapitalismus. [g 4, 5]

i

[REPRODUKTIONSTECHNIK, LITHOGRAPHIE]

»La philosophie sociale de l'art du lithographe à ses débuts ... Après les artisans de la légende napoléonienne, après les littéraires du romantisme, il y eut les chroniqueurs de la vie française au jour le jour. Les premiers préparèrent à leur insu les bouleversements politiques, les seconds hâtèrent l'évolution littéraire, les derniers firent la délimitation très profonde entre le peuple et l'aristocratie.« Henri Bouchot: La lithographie Paris ⟨1895⟩ p 112, 114 [i 1, 1]

Pigal stellt das Volk dar, Monnier das Kleinbürgertum, Lami die Aristokratie. [i 1, 2]

Genau wie später bei der Photographie ist in den Anfängen der Lithographie die bedeutsame Betätigung der Amateure zu beobachten. [i 1, 3]

»La lutte entre la lithographie et la gravure au pointillé s'accentue de jour en jour, et, dès la fin de 1817, la victoire reste à la lithographie, grâce à la caricature.« Henri Bouchot: La lithographie Paris ⟨1895⟩ p 50 [i 1, 4]

Die Lithographien vor 1817 rechnet Bouchot zu den Inkunabeln der Lithographie. Von 1818 bis 1825 vermehrt sich die lithographische Produktion Frankreichs beständig. Die politischen Umstände haben dort diesen Aufschwung weit merklicher als in den andern Ländern gemacht. Auch ihr Niedergang ist zum Teil politisch bedingt; er fällt mit dem Aufstieg Napoleons III zusammen. »Le fait est ... que, de la pléiade du règne de Louis-Philippe, il restait à peine dans les premières années de Napoléon III quatre ou cinq survivants fatigués, désorientés.« Henri Bouchot: La lithographie Paris p 182 [i 1, 5]

Die Lithographie gegen Ende des zweiten Kaiserreichs: »Tant de choses luttaient contre elle! L'eau-forte ressuscitée, les procédés héliographiques naissants, un peu le burin. Matériellement elle sombrait sous les difficultés du tirage, l'encombrement de ces pierres très lourdes que les éditeurs ne

Reproduktionstechnik, Lithographie 947

consentaient plus à emmagasiner comme autrefois.« Henri Bouchot: La lithographie Paris p 193 [i 1,6]

Raffet unternahm eine lithographische Reportage in der Krim. [i 1,7]

1835-1845⟨:⟩ »Es darf ... nicht übersehen werden, daß der ungeheuere Großbetrieb, der damals im Holzschnitt einsetzte, sehr rasch zum Fabrikmäßigen ... führte. Der eine Holzschneider eines Werkes machte nur die Köpfe oder Figuren, der andere, die Minderbegabten oder die Lehrlinge die Staffage, die Hintergründe usw. Bei einer solchen Arbeitsteilung konnte nichts Einheitliches ... herauskommen.« Eduard Fuchs: Honoré Daumier Holzschnitte 1833-1870 München ⟨1918⟩ p 16 [i 1,8]

Der erste Versuch der Einführung der Lithographie in Frankreich, der von Senefelders Associé André aus Offenbach unternommen wurde, scheiterte gänzlich. »Celui-ci n'était ... installé en France que dans l'intention seulement de vendre les partitions musicales obtenues par le moyen de la lithographie. Le brevet avait été pris à son nom en 1802, il avait créé un atelier ... bien éloigné ... de soupçonner la fortune ultérieure de la trouvaille ... Aussi bien le temps n'était-il point aux petits arts de traduction; le maître David écrasait la gravure de son hautain mépris; à grand'peine la taille-douce trouvait-elle grâce. L'entreprise d'André périclita très vite.« Henri Bouchot: La lithographie Paris ⟨1895⟩ p 28/29
[i 1 a, 1]

Über Dorés Beiträge zum »Journal illustré« und »Journal pour tous«: »Ces publications à deux sous, ces *Journal pour Tous*, ces *Journal Illustré*, ces *Tour du Monde*, où Doré se dépensait avec une prodigalité et une verve qui stupéfient, lui servaient, avant tout, de laboratoire de recherches. En effet, dans les grandes éditions de librairie, entreprises à hauts prix (pour l'époque), par Hachette ou par Garnier, l'imagination, la fantaisie, la verve de Gustave Doré étaient ..., dans une certaine mesure, conditionnées, contenues par les exigences même d'une édition de luxe.« Roger Dévigne: Gustave Doré illustrateur de journaux à deux sous et reporter du crayon (Arts et métiers graphiques 50 15 décembre 1935 p 35) [i 1 a, 2]

»L'ouvrier de Paris en révolution reste dans le livre et dans l'image comme un grognard de la guerre des rues, un révolutionnaire expérimenté, circulant à moitié nu, une giberne et un sabre attachés en sautoir sur sa chemise, coiffé en roi d'Afrique, d'un képi galonné ou d'un chapeau à plumes, sans argent, éreinté, magnanime, noirci de poudre et suant sous le soleil, réclamant avec ostentation de l'eau quand on lui offre un verre de vin, s'installant sur le fauteuil du trône à la façon des sans-culottes de 93, fouillant ses compagnons à la sortie des appartements royaux, fusillant les voleurs. Regardez les dessins de Charlet et de Raffet, lisez les relations en forme d'apothéose vendues, quelques jours après la bataille, au profit des veuves, des orphelins et des blessés.« Gustave Geffroy: L'enfermé Paris 1926 I p 51 [i 1 a, 3]

Gewisse Flugschriften von Marx sind lithographiert gewesen. (Nach Cassou: Quarante-huit ⟨Paris 1939⟩ p 148 [i 2, 1]

k

[DIE KOMMUNE]

»Die Geschichte der Pariser Kommune ist zu einem großen Prüfstein für die Frage geworden, wie die revolutionäre Arbeiterklasse ihre Taktik und Strategie einzurichten hat, um den endgiltigen Sieg zu erfechten. Mit dem Falle der Kommune sind auch die letzten Ueberlieferungen der alten revolutionären Legende für immer gefallen; keine Gunst der Umstände, kein Heldenmuth, kein Märtyrerthum kann die klare Einsicht des Proletariats in ... die unerläßlichen Bedingungen seiner Emanzipation ersetzen. Was für Revolutionen gilt, die von Minoritäten und im Interesse von Minoritäten durchgeführt werden, das gilt ... nicht von der proletarischen Revolution ... In der Geschichte der Kommune werden die Keime dieser Revolution noch überwuchert von den Schlingpflanzen, die aus der bürgerlichen Revolution des achtzehnten Jahrhunderts in die revolutionäre Arbeiterbewegung des neunzehnten Jahrhunderts hinübergewuchert waren. In der Kommune fehlte die feste Organisation des Proletariats als Klasse und die prinzipielle Klarheit über seinen weltgeschichtlichen Beruf; hieran mußte sie unterliegen.« [F. Mehring:] Zum Gedächtnis der Pariser Kommune Die neue Zeit XIV, 1 Stuttgart 1896 p 739/40 [k 1, 1]

»Nous ne dirons que deux mots des spectacles-conférences qui se sont multipliés dans ces dernières années ... M. Ballande, en imaginant de consacrer l'après-midi du dimanche à la représentation à bon marché de chefs-d'œuvre ou de monuments curieux de l'art, que précéderait une explication historique et littéraire de l'ouvrage, avait rencontré une idée heureuse et saine ... Mais le succès appelle les imitations, et il est rare que les imitations n'exagèrent pas les côtés fâcheux des choses qu'elles copient. C'est ce qui arriva. Des représentations de jour s'organisèrent au Châtelet et à l'Ambigu. Sur ces scènes, la question artistique passa au second plan; la politique domina; on alla chercher *Agnès de Méranie*, on exhuma *Calas, Charles IX ou l'Ecole des rois* ... Une fois sur cette pente, par un étrange entraînement de la folie politique, les ouvrages les plus inoffensifs fournirent matière ... aux déclamations les plus hétéroclites sur les choses du jour. Molière et Louis XIV auraient été parfois singulièrement surpris des attaques ... auxquelles ils servaient de prétexte. Ce genre de conférences, dites théâtrales, échappait trop complètement à toute espèce de contrôle.« – »Quand les révolutions éclatent, on recueille plus d'un aveu, qui devrait être instructif. Voici ce que l'on peut lire dans *le Mot d'Ordre* du 17 mai 1871, au sujet des cartes de civisme: ›La lecture trop assidue du *Chevalier de*

Maison-Rouge et autres romans d'Alexandre Dumas a certainement inspiré cet arrêté aux membres de la Commune. Nous regrettons d'être obligés de leur dire qu'on ne fait pas de l'histoire avec des lectures de romans.‹« Victor Hallays-Dabot: La censure dramatique et le théâtre (1850-1870) ⟨Paris 1871⟩ p 68/69 u p 55 [Das Mot d'Ordre ist vermutlich ein Organ von Rochefort] [k 1, 2]

Die Kommune fühlte sich durchaus als Erbin von 1793. [k 1, 3]

Die Stelle bei Hallays-Dabot p 55 ⟨cit k 1, 2⟩ ist sehr wichtig für den Zusammenhang von Kolportage und Revolution. [k 1, 4]

»A quelques carrefours notre voie s'élargit inopinément en vastes coupoles ... Assurément chacun de ces Colysées clandestins offrirait des points fort utilisables pour des concentrations de forces en quelques éventualités, de même que l'infini du réseau souterrain ouvre une mine toute prête en ses mille galeries sous tous les points de la capitale ... Cette conception de l'Empire, le coup de foudre qui anéantit l'Empire ne lui laissa pas le temps de la réaliser; on s'explique moins que les chefs de la Commune ... déterminés à tout, n'aient pas utilisé ce formidable moyen de destruction au fur et à mesure de l'entrée des troupes.« Nadar: Quand j'étais photographe Paris ⟨1900⟩ p 121 (Paris souterrain) Verweist auf »Lettre de N... (Paris), à Louis Blanc (Versailles) mai 1871« der eine solche Erwartung ausspricht.
[k 1 a, 1]

»Si Rimbaud est en effet admirable ce n'est pas de s'être tu, mais d'avoir parlé. S'il s'est tu, c'est sans doute faute d'audience véritable. C'est parce que la société dans laquelle il vivait ne pouvait lui offrir cette audience. On doit se souvenir de ce fait très simple qu'Arthur Rimbaud en 1871 était venu tout naturellement à Paris s'engager dans l'armée de la Commune ... Dans la caserne du Château-d'Eau le jeune Rimbaud ne doutait pas encore de l'utilité d'écrire et chantait les mains de la Gueuse, de la Jeanne-Marie des faubourgs qui n'est pas la Marianne de plâtre des mairies:

    Ce ne sont pas mains de cousines
    Mais d'ouvrières au gros front
    Que hâle au bois puant l'usine
    Un soleil ivre de goudron.

    . . . .
    Elles ont pâli, merveilleuses,
    Au grand soleil, d'amour chargé,
    Sur le bronze des mitrailleuses
    A travers Paris insurgé ...

Alors, dans les Assemblées de la Commune ... voisinaient avec les ouvrières de Paris ..., avec les combattants du socialisme, le poète de l'Internationale, Potier, l'auteur de *L'Insurgé*, Jules Vallès, le peintre de l'*Enterrement à Ornans*, Courbet, et le génial expérimentateur de la physiologie du cervelet, le grand Flourens.« Aragon: D'Alfred de Vigny à Avdeenko (Commune II, 20 Avril 1935 p 810 et 15) [k 1 a, 2]

»La Commune, où siégèrent seuls les élus des quartiers ouvriers, était formée d'une coalition de révolutionnaires sans programme commun. Les 78 membres, une vingtaine seulement avaient des projets de réforme sociale; la majorité d'entre eux étaient des démocrates jacobins de la tradition de 1793 (Delescluze).« A Malet P Grillet: XIXe siècle Paris 1919 p 481/82 [k 1 a, 3]

In der Kommune tauchte das Projekt einer Borne Maudite auf, die in der Ecke eines Platzes errichtet werden sollte, dessen Mitte von einem Ehrenmal eingenommen würde. Alle offiziellen Persönlichkeiten des zweiten Kaiserreiches finden sich (in dem Entwurf) auf ihr. Auch Haussmanns Name fehlt nicht. Eine »histoire infernale« des Regimes sollte auf diese Weise entstehen. Aber man gedachte bis auf Napoleon I zurückzugehen »le scélérat de Brumaire, – chef de cette Race maudite de bohémiens couronnés que nous a vomi la Corse, de cette lignée fatale de bâtards à ne s'y plus reconnaître.« Das in Form einer Affiche gedruckte Projekt ist vom 15 April 1871 datiert. (Ausstellung La Commune de Paris Mairie de Saint-Denis) [k 2, 1]

»Voilà tes fruits, Commune sanguinaire,
Oui ... tu voulais annéantir Paris.«
Der letzte Vers ist der Refrain eines als Flugblatt gedruckten Gedichts »Les ruines de Paris« (Ausstellung der Mairie de Saint-Denis) [k 2, 2]

Eine Lithographie von Marcier »Le départ de la Commune⟨«⟩, erschienen bei Deforet et César éditeurs zeigt ein Weib(?) auf einem Mittelding aus Hyäne und Klepper reitend, in ein gewaltiges Leichentuch gehüllt, die zerfetzte, schmutzigrote Fahne ausgespannt, eine undeutliche von trüben Flammen der brennenden Häuser erfüllte Gasse hinter sich lassend. (Ausstellung Mairie de Saint-Denis) [k 2, 3]

Die »Illustration« brachte nach der Einnahme von Paris eine Zeichnung, auf der die »Chasse à l'homme dans les catacombes« gezeigt wird. In der Tat wurden eines Tages die Katakomben nach Flüchtlingen durchsucht. Was man fand wurde niedergemacht. Die Truppen drangen von der Place Denfert-Rochereau aus ein, während die Ausgänge der Katakomben nach der plaine Montsouris zu besetzt wurden. (Ausstellung) [k 2, 4]

Ein kommunardisches Flugblatt bringt eine beschriftete Zeichnung darstellend »Les cadavres découverts dans les souterrains de l'Eglise Saint-Laurent«. Man gab an dort Frauenleichen gefunden zu haben, die dort nicht länger als einige Jahre sich befunden haben könnten und deren Schenkel auseinandergerissen, deren Hände gefesselt seien. (Ausstellung)
[k 2, 5]

Einblatt; Lithographie »Elle«⟨.⟩ Die Republik als ein schönes Weib, die von einer Schlange umwunden wird, deren Kopf die Züge von Thiers hat. Die Frau hat einen Spiegel hoch über dem Haupte. Darunter:
»De cent façons tu peux la prendre
Elle est à louer, mais pas à vendre.« [k 2, 6]

Die Illusionen, die noch der Kommune zugrunde lagen, kommen schlagend in Proudhons Formel zum Ausdruck, seinem Appell an die Bourgeoisie: »Sauvez le peuple, sauvez vous-mêmes, comme faisaient vos pères, par la Révolution.« Max Raphael: Proudhon, Marx, Picasso Paris ⟨1933⟩ p 118 [k 2 a, 1]

Zu erinnern an Chevaliers Formel: »Gloire à nous! nous sommes entrés dans le trésor des rois, escortés par la misère et par la faim; nous nous sommes promenés au milieu de la pourpre, de l'or et des diamans; lorsque nous sommes sortis, nous avions pour compagnons la faim et la misère.« Religion Saint-Simonienne La Marseillaise (Extrait de l'Organisateur du 11 septembre 1830) [Verf⟨asser⟩ Michel Chevalier laut Cat⟨alogue⟩ de la B⟨ibliothèque⟩ N⟨ationale⟩] p 2 [k 2 a, 2]

Eines der letzten Widerstandszentren der Kommune: die place de la Bastille. [k 2 a, 3]

Charles Louandre »Les idées subversives de notre temps« Paris 1872 ist ein charakteristischer Vertreter des reaktionären Pamphlets, das auf die Kommune folgte. [k 2 a, 4]

Eine Karikatur auf Courbet: der Maler auf einer zerbrochnen Säule stehend. Darunter »Actualité«. C⟨abinet⟩ d⟨es⟩ E⟨stampes⟩ kc 164 a 1⟨s. Abbildung 15⟩ [k 2 a, 5]

»Louise Michel, rapportant dans ses souvenirs une conversation qu'elle eut avec Gustave Courbet, nous montre le grand peintre communard, extasié

die Kommune

d'avenir, se perdre dans des rêveries qui, pour sentir leur XIXe siècle, n'en sont pas moins – sinon à cause même de cela – d'une touchante et merveilleuse grandeur. ›Chacun, prophétise Courbet, se livrant sans entraves à son génie, Paris doublera son importance. Et la ville internationale européenne pourra offrir aux arts, à l'industrie, au commerce, aux transactions de toutes sortes, aux visiteurs de tous pays, un ordre impérissable, l'ordre par les citoyens qui ne pourra être interrompu par les prétextes de prétendants monstrueux‹. Songe candide par ses aspects d'Exposition Universelle, mais qui, tout de même, implique de profondes réalités, et tout d'abord la certitude d'un ordre unanime à fonder, ›l'ordre par les citoyens‹.« Jean Cassou: La semaine sanglante (Vendredi 22 mai 1936) [k 2 a, 6]

Im ersten und besonders im zweiten Kaiserreich sieht Engels Staaten, die als vermittelnde Instanz zwischen den ungefähr gleichstarken Bourgeois und Proletariern auftreten können. (cf G Mayer: F⟨riedrich⟩ Engels II Berlin ⟨1933⟩ p 441) [k 2 a, 7]

Der Verzweiflungskampf der Commune: »Delescluze lance alors sa fameuse proclamation: ›Assez de militarisme! Plus d'états-majors galonnés et dorés sur toutes les coutures! Place au peuple, aux combattants aux bras nus! L'heure de la guerre révolutionnaire a sonné . . .‹ Dans le cœur de tous un impatient enthousiasme s'éveille. On va se faire tuer comme il l'entendront les stratèges polonais, chacun va retrouver son quartier, le pavé familier, le coin de rue où il fait bon vivre et mourir, la traditionnelle barricade! Cette proclamation, c'est le dernier cri du blanquisme, le sursaut suprême du XIXe siècle. On veut encore croire. Croire au mystère, au miracle, au feuilleton, à la puissance magique de l'épopée. On n'a pas compris que l'autre classe s'est organisé scientifiquement, s'est confiée à des armées implacables. Depuis longtemps déjà ses dirigeants ont une conscience claire de la situation. Ce n'est pas pour rien qu'Haussmann avait dissous dans ses larges avenues toutes droites les quartiers grouillants et tortueux, les nids du mystère et du feuilleton, les jardins secrets de la conjuration populaire.« Jean Cassou: La semaine sanglante (Vendredi 22 mai 1936) [k 3, 1]

Engels und die Kommune: »Solange das Zentralkomitee der Nationalgarde die kriegerischen Handlungen leitete, blieb er hoffnungsvoll. Der Rat, ›die Nordseite der Anhöhen von Montmartre, die preußische Seite, zu befestigen‹, den Marx damals nach Paris gelangen ließ, ging zweifellos von ihm aus. Er befürchtete, daß die Erhebung sonst ›in eine Mausefalle geraten würde‹. Aber die Kommune befolgte diese Warnung nicht und verpaßte, wie Engels bedauernd feststellte, auch den richtigen Zeitpunkt, um zum

Angriffe vorzugehen ... Anfänglich dachte Engels noch, der Kampf werde sich in die Länge ziehen ... Im Generalrat betonte er ..., daß die Pariser Arbeiter militärisch besser organisiert seien als bei irgendeinem früheren Aufstande; die unter Napoleon III. vorgenommenen Straßenverbreiterungen müßten, erfolge der Sturm auf die Stadt, ihnen zugute kommen; zum erstenmal würden Barrikaden von Kanonen und regulär organisierten Truppen verteidigt werden.« Gustav Mayer: Friedrich Engels Zweiter Band Engels und der Aufstieg der Arbeiterbewegung in Europa Berlin ⟨1933⟩ p 227 [k 3, 2]

»1884 gestand er« [Engels] »Bernstein, daß in Marxens Schrift ›die unbewußten Tendenzen der Kommune ihr als mehr oder weniger bewußte Pläne zugute gebracht‹ seien, und er fügte hinzu, daß dies ›unter den Umständen gerechtfertigt, selbst nötig‹ gewesen wäre ... Die Mehrheit der Teilnehmer an dem Aufstande hatte aus Blanquisten bestanden, also aus national gesinnten Revolutionären, die auf die unmittelbare politische Aktion und auf eine aus wenigen entschlossenen Männern bestehende autoritäre Diktatur ihre Hoffnung setzten. Der Internationale hatte nur eine Minderheit angehört, die noch dazu der Geist Proudhons beherrschte und die man deshalb nicht als soziale Revolutionäre, geschweige als Marxisten bezeichnen durfte. Das hinderte nicht, daß in ganz Europa die Regierungen und das Bürgertum diese Erhebung ... als vom Generalrat der Internationale angezettelt betrachteten.« Gustav Mayer: Friedrich Engels Zweiter Band Engels und der Aufstieg der Arbeiterbewegung in Europa Berlin p 228 [k 3 a, 1]

Die erste communio: die Stadt. »Die deutschen Kaiser, z.B. Friedrich I. und II., erließen Edikte gegen diese ›communiones‹ [Gemeinschaften], ›conspirationes‹ ..., ganz im Geist des deutschen Bundestags ... Oft ist es komisch, wie das Wort ›communio‹ ... ganz in derselben Weise angeschimpft wird, wie der Kommunismus heutzutag. So schreibt z.B. der Pfaffe Guilbert von Noyon: ›Communio ist ein neuer und sehr schlechter Name.‹ Die Spießbürger im 12. Jahrhundert haben oft etwas Pathetisches in der Art, wie sie die Bauern einladen, in die Städte, die communio jurata ... zu fliehn.« Marx an Engels 27 Juli 1854 aus London [Karl Marx/Friedrich Engels: Ausgewählte Briefe hg von V. Adoratskij Moskau Leningrad 1934 p 60/61] [k 3 a, 2]

Ibsen sah weiter als manche Führer der Kommune in Frankreich. Am 20 Dezember 1870 schreibt er an Brandes: »Wovon wir bis heute leben, das alles sind ja doch nur Brosamen vom Revolutionstisch des vorigen Jahrhunderts, und an der Kost haben wir doch die Kommune 955

jetzt lange genug gekaut und wiedergekäut. ... Freiheit, Gleichheit und Brüderlichkeit sind nicht mehr dieselben Dinge, die sie in den Tagen der seligen Guillotine waren. Das ist es, was die Politiker nicht verstehen wollen, und darum hasse ich sie.« Henrik Ibsen: Sämtliche Werke X ⟨Berlin 1905⟩ p 156 [k 3 a, 3]

Es war der Proudhonist Beslay, der als Delegierter der Kommune sich durch de Plœuc, den sous-gouverneur der Banque de France am 30 März bestimmen ließ, im Interesse Frankreichs die zwei Milliarden⟨,⟩ »die wahren Geiseln«⟨,⟩ unangetastet zu lassen. Mit Hilfe der Proudhonisten des Conseil setzte er seine Absicht durch. [k 4, 1]

Blanqui in der »Patrie en danger«, der Zeitschrift, die er während der Belagerung herausgab: »C'est Berlin qui doit être la ville sainte de l'avenir, le rayonnement qui éclaire le monde. Paris, c'est Babylone usurpatrice et corrompue, la grande prostituée que l'envoyé de Dieu, l'ange exterminateur, la Bible à la main, va balayer de la face de la terre. Ignorez-vous que le Seigneur a marqué la race germaine du sceau de la prédestination? ... Défendons-nous. C'est la férocité d'Odin, doublée de la férocité de Moloch, qui marche contre nos cités, la barbarie du Vandale et la barbarie du Sémite.« cit Gustave Geffroy: L'enfermé Paris 1897 p 304 [k 4, 2]

Georges Laronze in der Histoire de la Commune de 1871 Paris 1928 p 143 über die Erschießung der Geiseln: »Lorsque tombèrent les otages, la Commune avait perdu le pouvoir. Elle avait gardé sa responsabilité.«
[k 4, 3]

Der pariser Verwaltungsapparat in der Kommune: »Elle gardait intact tout l'organisme, animée d'un désir piquant de remettre en marche ses moindres rouages, d'accroître encore, fort bourgeoisement, le nombre des fonctionnaires de classe moyenne.« Georges Laronze: Histoire de la Commune de 1871 Paris 1928 p 450 [k 4, 4]

Soldatenformationen in der Kommune: »Une troupe peu soucieuse de franchir les remparts, à la lutte en rase campagne préférant l'atmosphère de bataille de son quartier, la fièvre des réunions publiques, des clubs, des opérations de police, et, s'il le fallait, la mort derrière les pavés amoncelés d'une rue de Paris.« Georges Laronze: Histoire de la Commune de 1871 Paris 1928 p 532 [k 4, 5]

Courbet tritt mit einigen andern Communards gegen Protot auf, um die Sammlungen von Thiers vor der Zerstörung zu bewahren. [k 4, 6]

Die Mitglieder der Internationale ließen sich auf Rat von Varlin in das Comité central de la garde nationale wählen. [k 4, 7]

»Cette orgie de pouvoir, de vin, de filles et de sang qu'on appelle la Commune.« Charles Louandre: Les idées subversives de notre temps Paris 1872 p 92 [k 4, 8]

1

[DIE SEINE, ÄLTESTES PARIS]

Vers 1830: »Le quartier était plein de ces jardins dont Hugo a laissé la description dans *Ce qui se passait aux Feuillantines*. Le Luxembourg, bien plus grand qu'aujourd'hui, était bordé directement par les maisons, chaque propriétaire avait une clef du jardin et eût pu s'y promener toute la nuit.« Dubech-D'Espezel: Histoire de Paris Paris 1926 p 367 [l 1, 1]

»Rambuteau fit planter« – auf dem Boulevard Saint-Denis und Bonne-Nouvelle – »deux rangées d'arbres pour remplacer ceux, anciens et beaux, qui avaient passé dans les barricades de 1830.« Dubech-D'Espezel: Histoire de Paris p 382 [l 1, 2]

»Les ménagères vont puiser leur eau à la Seine, les quartiers éloignés sont alimentés par les porteurs d'eau.« (Julimonarchie) Dubech-D'Espezel: Histoire de Paris p 388/389 [l 1, 3]

Vor Haussmann: »Avant lui, les anciens aqueducs ne pouvaient amener l'eau plus haut qu'un deuxième étage.« Dubech-D'Espezel: Histoire de Paris p 418 [l 1, 4]

»L'anglomanie ... agit sur les idées depuis la Révolution, sur les modes depuis Waterloo. De même que les Constituants copiaient les institutions, on va copier les parcs et les squares de Londres.« Dubech-D'Espezel lc p 404 [l 1, 5]

»La voie de la Seine commença, on le voit dans Strabon, à être utilisée et appréciée. Lutèce devint le centre d'une corporation de nautes ou mariniers qui, au temps de Tibère, élevèrent à l'empereur et à Jupiter l'autel fameux qui fut retrouvé sous Notre-Dame en 1711.« Dubech-D'Espezel lc p 18
[l 1, 6]

»L'hiver n'y est pas rude. On y voit de bonnes vignes et des figuiers mêmes, depuis qu'on prend soin de les revêtir de paille.« Julien im »Misopogon«. Dubech-D'Espezel lc p 25 [l 1, 7]

»Die Seine scheint die Pariser Luft auszuhauchen bis an ihre Mündung.« Friedrich Engels: Von Paris nach Bern Die neue Zeit Stuttgart 1899 XVII, 1 p 11 [l 1, 8]

»S'il est maintenant conquis de lire dans les jardins publics, il y est défendu de fumer, la liberté, comme on commence à dire, n'étant pas la licence.« Nadar: Quand j'étais photographe Paris ⟨1900⟩ p 284 (1830 et environs)

[l 1,9]

»Nous verrons tout à l'heure dresser l'Obélisque rapporté hier de Louqsor par le prince de Joinville. On est ému, car des bruits courent qui ne doivent pas rassurer l'ingénieur Lebas, commis à l'érection: les Anglais, toujours jaloux ... auraient soldé un traître pour scier l'intérieur des câbles: oh! ces Anglais!« Nadar: Quand j'étais photographe Paris p 291 (1830 et environs)

[l 1, 10]

1848 wurden in Paris Freiheitspappeln gepflanzt. Thiers: »*Peuple*, tu grandiras.« 1850 wurden sie auf Veranlassung des Polizeipräsidenten Carlier abgesägt. [l 1, 11]

Nach der Julirevolution⟨:⟩ »Die Unzahl gefällter Bäume auf dem Wege nach Neuilly, den Champs élisées, den Boulevards. Auf dem Boulevard des Italiens steht kein einziger Baum mehr.« Friedr⟨ich⟩ von Raumer: Briefe aus Paris und Frankreich im Jahre 1830 Lpz 1831 II p 146/7 [l 1, 12]

»Man sieht Gärten, freilich nur nach Quadratschuhen zu messen, allein sie bieten doch ein Plätzchen dar um im Grünen ein Buch zu lesen; hie und da zwitschert sogar ein Vogel. – Vollends aber ist der Platz St. Georges ein sehr anmuthiger. Hier haben sich ländlicher und städtischer Geschmack die Hand gereicht; er ist von Gebäuden umgeben die auf der einen Seite die Stadt, auf der Kehrseite das Land zeigen.« Dazu Springbrunnen, Terrassen, Treibhäuser, Blumenbeete. L Rellstab: Paris im Frühjahr 1843 Briefe, Berichte und Schilderungen Lpz 1844 I p 55/56 [l 1 a, 1]

»Paris est entre deux nappes, une nappe d'eau et une nappe d'air. La nappe d'eau, gisante à une assez grande profondeur souterraine ... est fournie par la couche de grès vert située entre la craie et le calcaire jurassique; cette couche peut être représentée par un disque de vingt-cinq lieues de rayon; une foule de rivières et de ruisseaux y suintent; on boit la Seine, la Marne, l'Yonne, l'Oise, l'Aisne, le Cher, la Vienne et la Loire dans un verre d'eau du puits de Grenelle. La nappe d'eau est salubre, elle vient du ciel d'abord, de la terre ensuite; la nappe d'air est malsaine, elle vient de l'égout.« Victor Hugo: Œuvres complètes Roman 9 Paris 1881 p 182 (Les Misérables)

[l 1 a, 2]

Anfang des neunzehnten Jahrhunderts wurden noch trains de bois (Flöße?) die Seine hinuntergeführt und Ch L Viel bemängelt in seiner Schrift »De

die Seine, ältestes Paris 959

l'impuissance des mathématiques pour assurer la solidité des bâtiments⟨«⟩ die Pfeiler des pont du Louvre, an denen solche trains de bois zerschellt seien. [l 1 a, 3]

Über die filets de Saint-Cloud spricht u. a. Mercier (Tableau de Paris Amsterdam 1782 III p 197): »Les corps des malheureux qui se noient ... s'arrêtent, excepté pendant les temps de glaces, aux filets de Saint-Cloud.« Viele, u. a. Dulaure, sprechen von diesen Netzen; andere wie Gozlan und Touchard-Lafosse bestreiten, daß es sie gegeben hat. In den Archiven von Paris findet sich kein Hinweis auf sie. Die Überlieferung behauptet, sie seien im Jahre 1810 entfernt worden. Nach Firmin Maillard: Recherches historiques et critiques sur la Morgue Paris 1860 Das letzte Kapitel dieses Buches (p 137): »Les filets de Saint-Cloud⟨«⟩. [l 1 a, 4]

Über »Une rivière souterraine dans Paris«, die Anfang des 17ten Jahrhunderts zum großen Teil abgedeckt wurde: »Le ruisseau ... ainsi ... descendait un peu la pente jusque vers la maison qui, au XVe siècle déjà, avait deux Saumons pour enseigne, et dont le passage de ce nom a pris la place. Là, s'étant grossi des eaux qui venaient des Halles, il s'engouffrait sous terre, à l'endroit où s'ouvre aujourd'hui la rue Mandar, et où l'entrée du grand égout, longtemps béante, donna passage aux bustes de Marat et de Saint-Fargeau ... après thermidor ... Le ruisseau se perdait ... dans la Seine bien au-dessous de la ville ... C'était bien assez que le ruisseau fangeux empestât au passage les quartiers qu'il traversait et qui formaient une des parties les plus populeuses de Paris ... Quand la peste venait s'y abattre, on la voyait poindre d'abord dans les rues dont le ruisseau, par son infect voisinage, faisait d'avance un foyer de pestilence.« Edouard Fournier: Enigmes des rues de Paris Paris 1860 p 18/19, 21/22 (Une rivière souterraine dans Paris) [l 2, 1]

»On se rappelle la lampe divine au bec d'argent, aux lueurs ›blanches comme la lumière électrique‹ qui, dans les *Chants de Maldoror*, descend lentement la Seine en traversant Paris. Plus tard, à l'autre extrémité du Cycle, dans *Fantômas*, la Seine connaîtra aussi vers le Quai de Javel d'inexplicables lueurs errant dans ses profondeurs.« Roger Caillois: Paris, mythe moderne (N⟨ouvelle⟩ R⟨evue⟩ F⟨rançaise⟩ XXV 284 1 mai 1937 p 687) [l 2, 2]

»Auch die Seinekais verdanken Haussmann die letzte Vollendung. Jetzt erst wurden die Promenaden oben und die Bäume unten am Ufer angepflanzt, die ... die große Straße, die der Fluß darstellt, mit den Avenuen und Boulevards auch in der Form verbinden.« Fritz Stahl: Paris Berlin ⟨1929⟩ p 177 [l 2, 3]

»Si Lutèce n'était pas encore en relations directes avec les grandes villes du Nord, elle était sur la route commerciale qui doublait le fleuve par terre ... C'était la grande voie romaine de la rive droite, qui deviendra la rue Saint-Martin. Au carrefour de Château-Landon se détachait une seconde route, celle de Senlis. Une troisième, la route de Melun, chaussée lancée sur un marais profond vers la Bastille, existait peut-être dès le Haut-Empire ...: ce sera la rue Saint-Antoine.« Dubech-D'Espezel: Histoire de Paris Paris 1926 p 19 [l 2, 4]

»Partant des boulevards, descendez la rue de Rougemont: vous verrez que le Comptoir d'Escompte occupe le fond d'une dépression accusée: vous êtes dans le premier lit de la Seine.« Dubech-D'Espezel: Histoire de Paris Paris 1926 p 14 [l 2 a, 1]

»Die Bürgerstadt, Paris-Ville, scharf unterschieden von Paris-Cité, wuchs auf dem rechten Ufer und auf den Brücken, die damals überall bebaut wurden. Der maßgebende Teil waren die Kaufleute, unter denen wieder die Hanse derer führte, die Handel zu Wasser trieben. Der bedeutendste Markt entstand an der Stelle, wo die Straße, auf der die Seefische ankamen, und die Straße, auf der die Marschenbauern der Umgegend ihr Gemüse nach der Stadt brachten, sich kreuzten, bei der Kirche St. Eustache. Es ist dieselbe Stelle, an der sich heute die Zentralhallen erheben.« Fritz Stahl: Paris Berlin ⟨1929⟩ p 67 [l 2 a, 2]

m

[MÜSSIGGANG]

Bemerkenswerte Verschränkung: im Griechentum wird die praktische Arbeit in Acht und Bann getan; obwohl sie im wesentlichen in den Händen von Sklaven liegt, verurteilt man sie nicht zum wenigsten, weil sie ein niedres Streben nach irdischen Gütern (Reichtum) verrät; diese Anschauung dient dann weiterhin der Diffamierung des Kaufmanns als Mammonsknechts: »Platon prescrit dans les *Lois* (VIII, 846) qu'aucun citoyen n'exerce une profession mécanique; le mot *banausos*, qui signifie artisan, devient synonyme de méprisable ... tout ce qui est artisanal ou manœuvrier porte honte, et déforme l'âme en même temps que le corps. En général, ceux qui exercent ces métiers ... n'ont d'industrie que pour satisfaire ... ce ›désir de richesse, qui prive tout notre temps de loisirs ...‹ Aristote à son tour oppose aux excès de la *chrématistique* ... la sagesse de l'économie domestique ... Ainsi, le mépris que l'on a pour l'artisan s'étend au commerçant: par rapport à la vie libérale, qu'occupent de studieux loisirs (σχολή, *otium*), le négoce (*neg-otium*, ἀσχολία), ›les affaires‹ n'ont, le plus souvent, qu'une valeur négative.« Pierre-Maxime Schuhl: Machinisme et philosophie Paris 1938 p 11/12 [m 1, 1]

Wer Muße genießt, der entrinnt der fortuna, wer sich dem Müßiggang ergibt, der fällt ihr anheim. Die fortuna, die ihn im Müßiggang erwartet, ist aber eine mindere Göttin als jene war, die der der Muße ergebene floh. Diese fortuna ist nicht mehr in der vita activa zuhause; ihr Hauptquartier ist die Lebewelt. »Les imagiers du Moyen Age représentent les hommes qui s'adonnent à la vie active liés à la roue de la Fortune, s'élevant ou s'abaissant selon le sens dans lequel elle tourne, alors que le contemplatif reste immobile au centre.« P-M Schuhl: Machinisme et philosophie Paris 1938 p 30
[m 1, 2]

Zur Charakteristik der Muße. Sainte-Beuve im Essay über Joubert: »›Converser et connaître, c'était en cela surtout que consistait, selon Platon, le bonheur de la vie privée.‹ Cette classe de connaisseurs et d'amateurs ... a presque disparu en France depuis que chacun y fait un métier.« Correspondance de Joubert Paris 1924 p XCIX [m 1, 3]

In der bürgerlichen Gesellschaft hatte die Faulheit – um ein marxsches Wort aufzugreifen – aufgehört »heroisch« zu sein. (Marx spricht von dem »Sieg ... der Industrie über die heroische Faulheit« Bilanz der preußischen Revolution Ges⟨ammelte⟩ Schr⟨iften⟩ von Karl Marx u⟨nd⟩ Friedrich Engels III Stuttgart 1902 p 211⟨⟩) [m 1 a, 1]

In der Figur des Dandy sucht Baudelaire für den Müßiggang eine⟨n⟩ Nutzen zu gewinnen, wie die Muße, vordem, solche⟨n⟩ besessen hat. Die vita contemplativa wird durch etwas vertreten, was man die vita contemptiva nennen könnte. (Teil III meines Manuscripts ⟨scil. »Das Paris des Second Empire bei Baudelaire«⟩ zu vergleichen.) [m 1 a, 2]

Die Erfahrung ist der Ertrag der Arbeit, das Erlebnis ist die Phantasmagorie des Müßiggängers. [m 1 a, 3]

Statt des Kraftfeldes, das mit der Entwertung der Erfahrung der Menschheit verloren geht, erschließt sie sich ein neues in Gestalt der Planung. Die Masse der unbekannten Gleichförmigkeiten wird gegen die erprobte Vielfalt des Überlieferten aufgeboten. »Planen« ist seither nur noch in großem Maßstab möglich. Nicht mehr im individuellen, das heißt: weder für das Individuum noch durch dasselbe. Daher sagt Valéry mit Recht: »Les desseins longuement suivis, les profondes pensées d'un Machiavel ou d'un Richelieu auraient aujourd'hui la consistance et la valeur d'un *tuyau de Bourse*.« (Paul Valéry: Œuvres complètes J ⟨Paris 1938 p 30⟩ [m 1 a, 4]

Das intentionale Korrelat des »Erlebnisses« ist sich nicht gleich geblieben. Im neunzehnten Jahrhundert war es »das Abenteuer«. In unsern Tagen tritt es als »Schicksal« auf. Im Schicksal steckt der Begriff des »totalen Erlebnisses«, das von Hause aus tö⟨d⟩lich ist. Der Krieg präfiguriert es aufs Unübertrefflichste. (»Daß ich als Deutscher geboren bin, dafür sterbe ich« – das Geburtstrauma enthält schon den Chock der tö⟨d⟩lich ist. Diese Koinzidenz definiert das »Schicksal«.) [m 1 a, 5]

Sollte es die Einfühlung in den Tauschwert sein, die den Menschen zum »totalen Erlebnis« allererst befähigt? [m 1 a, 6]

Mit der Spur wächst dem »Erlebnis« eine neue Dimension zu. Es ist nicht mehr darauf angewiesen, das »Abenteuer« zu erwarten; der Erlebende kann die Spur verfolgen, die darauf hinführt. Wer Spuren verfolgt, muß nicht nur aufmerken, er muß sich vor allem schon viel gemerkt haben. (Der Jäger muß den Huf des Tiers kennen, auf dessen Spur er ist; er muß die Stunde kennen, wo es zur Tränke geht; er muß wissen, wie der Fluß verläuft, zu dem es sich wenden wird und wo die Furt liegt, an der er ihn überqueren kann.) Damit kommt die eigentümliche Spielart zur Geltung, in Gestalt deren die Erfahrung in die Sprache des Erlebnisses übersetzt erscheint. Erfahrungen können in der Tat für den unschätzbar sein, der eine Spur verfolgt. Aber es sind Erfahrungen von besonderer Art. Die Jagd ist der einzige Arbeitsvorgang, in dem sie von Hause aus aufzuweisen sind. Und die Jagd ist als Arbeit sehr primitiv. Die Erfahrungen dessen, der einer Spur nachgeht, resultieren aus einem Arbeitsvorgang nur ganz entfernt oder sind überhaupt ganz von ihm gelöst. (Nicht umsonst ist von einer »Jagd nach dem Glück« die Rede.) Sie haben keine Folge und kein System. Sie sind ein Produkt des Zufalls und tragen ganz die wesenhafte Unabschließbarkeit an sich, die die bevorzugten Obliegenheiten des Müßiggängers auszeichnet. Die grundsätzlich unabschließbare Sammlung von Wissenswürdigem, dessen Verwertbarkeit vom Zufall abhängt, hat ihr Prototyp im Studium. [m 2, 1]

Müßiggang hat wenig Repräsentatives, wird aber weit mehr als die Muße ausgestellt. Der Bürger hat begonnen, sich der Arbeit zu schämen. Er, für den sich die Muße nicht mehr von selbst versteht, stellt seinen Müßiggang gern zur Schau. [m 2, 2]

Im Begriff des studios hat sich die intime Assoziation zwischen der Vorstellung des Müßiggehens und des Studienmachens niedergeschlagen. Das studio wurde, zumal für den Junggesellen, eine Art von Pendant zum Boudoir. [m 2, 3]

Student und Jäger. Der Text ist ein Wald, in dem der Leser der Jäger ist. Knistern im Unterholz – der Gedanke, das scheue Wild, das

Zitat – ein Stück aus dem tableau. (Nicht jeder Leser stößt auf den Gedanken.) [m 2 a, 1]

Es gibt zwei soziale Institutionen, in denen der Müßiggang integrierend auftritt: der Nachrichtendienst und das Nachtleben. Sie verlangen eine spezifische Form der Arbeitsbereitschaft. Diese spezifische Form ist der Müßiggang. [m 2 a, 2]

Nachrichtendienst und Müßiggang. Feuilletonist, Reporter, Bildberichterstatter stellen eine Klimax dar, in der das Warten, das »parat sein« mit anschließendem »losschießen« gegenüber der sonstigen Leistung immer wichtiger wird. [m 2 a, 3]

Was die Erfahrung vor dem Erlebnis auszeichnet, ist, daß sie von der Vorstellung einer Kontinuität, einer Folge nicht abzulösen ist. Der Akzent, der auf das Erlebnis fällt, wird um so gewichtiger sein, je weiter sein Substrat von der Arbeit dessen, der es macht, abgelegen ist – der Arbeit, die sich ja eben dadurch auszeichnet, daß sie da von Erfahrung weiß, wo es für den Outsider höchstens zu einem Erlebnis kommt. [m 2 a, 4]

In der feudalen Gesellschaft war die Muße – das Entbundensein von Arbeit – ein anerkanntes Privileg. In der bürgerlichen Gesellschaft ist dem nicht mehr so. Was die Muße, wie der Feudalismus sie kennt, auszeichnet, ist, daß sie mit zwei gesellschaftlich wichtigen Verhaltungsweisen kommuniziert. Die religiöse Kontemplation und das Hofleben stellten gleichsam die Hohlformen, in die die Muße des Grandseigneurs, des Prälaten, des Kriegers konnten gegossen werden. Diese Attituden – die der Pietät so gut wie die der Repräsentation kamen dem Dichter zu gute. Sein Werk begünstigte sie zumindest mittelbar, indem es den Kontakt mit der Religion und dem Hofstaat wahrte. (Voltaire brach als erster der großen Literaten mit der Kirche; um so weniger verschmähte er es, sich am Hofe Friedrichs des Großen einen Platz zu sichern.) In der feudalen Gesellschaft ist die Muße des Dichters ein anerkanntes Privileg. Erst in der bürgerlichen wird der Dichter zum Müßiggänger.
[m 2 a, 5]

Der Müßiggang sucht jedweder Beziehung zur Arbeit des Müßiggängers, schließlich zum Arbeitsprozeß überhaupt aus dem Wege zu gehen. Das unterscheidet ihn von der Muße. [m 3, 1]

»Alle religiösen, metaphysischen, historischen Ideen sind doch schließlich Präparate aus vergangenen großen Erlebnissen, Repräsentationen derselben.« Wilhelm Dilthey: Das Erlebnis und die Dichtung Lpz Berlin 1929 p 198 [m 3, 2]

Mit der Erschütterung der Erfahrung hängt die Erschütterung der Rechtssicherheit eng zusammen. »In der liberalistischen Periode war die ökonomische Herrschaft weitgehend mit dem juristischen Eigentum an den Produktionsmitteln verknüpft ... Mit der im letzten Jahrhundert durch die Entfaltung der Technik vermittelten, rapide fortschreitenden Konzentration ... des Kapitals werden die juristischen Eigentümer zum großen Teil von der Leitung ... getrennt ... Durch die Trennung von der wirklichen Produktion ... verengert sich der Horizont der bloßen Inhaber von Besitztiteln ..., und schließlich erscheint der Anteil, den sie aus dem Eigentum noch beziehen ..., als gesellschaftlich nutzlos ... Die Vorstellung eines der Allgemeinheit gegenüber selbständigen Rechts mit festem Inhalt verliert an Gewicht.« So kommt es zu ⟨»⟩der Beseitigung jedes inhaltlich bestimmten Rechts, die ... in den ... autoritären Staaten vollendet wird«. Max Horkheimer: Traditionelle und kritische Theorie (Zeitschrift für Sozialforschung 1937, 2 p 285-287) vgl Horkheimer: Bemerkungen zur philosophischen Anthropologie (lc 1935, 1 p 12) [m 3, 3]

»Eigentliches Wirkungsfeld für die anschauliche Darstellung des Zeitgeschehens ist der Erlebnisbericht, die Reportage. Sie geht unmittelbar heran an das Ereignis und hält das Erlebnis fest. Dies hat zur Voraussetzung, daß das Ereignis dem berichtenden Journalisten auch wirklich Erlebnis wird ... Erlebnisfähigkeit ist daher eine Voraussetzung ... der guten ... Berufsleistung.« Dovifat: Formen und Wirkungsgesetze des Stils in der Zeitung (Deutsche Presse 22 Juli 1939 Berlin p 285) [m 3, 4]

Zum Müßiggänger: das archaische Bild der Schiffe bei Baudelaire.
[m 3, 5]

Die strenge Arbeits- und Werkmoral des Calvinismus dürfte im engsten Zusammenhang mit der Entwicklung der vita contemplativa stehen. Sie suchte dem Abströmen der in der Kontemplation gefrornen Zeit in den Müßiggang einen Damm entgegenzusetzen.

[m 3 a, 1]

Zum Feuilleton. Es galt, das Gift der Sensation der Erfahrung gleichsam intravenös einzuspritzen; das heißt, der geläufigen Erfahrung den Erlebnischarakter abzumerken. Dem bot sich die Erfahrung des Großstadtmenschen am ersten dar. Der Feuilletonist macht sich das zu nutze. Er verfremdet dem Großstädter seine Stadt. So ist er einer der ersten Techniker, die durch das gesteigerte Bedürfnis nach Erlebnissen auf den Plan gerufen werden. (Dasselbe Bedürfnis schafft sich in der Theorie der beauté moderne sein Recht, wie sie von Poe, Baudelaire und Berlioz vertreten wurde. Die surprise ist in ihr ein beherrschendes Element.) [m 3 a, 2]

Der Prozeß der Verkümmerung der Erfahrung beginnt bereits in der Manufaktur. Er fällt, anders gesprochen, in seinen Anfängen zusammen mit den Anfängen der Warenproduktion. (vgl Marx: Das Kapital ⟨I⟩ ed Korsch ⟨Berlin 1932⟩ p 336) [m 3 a, 3]

Die Phantasmagorie ist das intentionale Kor⟨r⟩elat des Erlebnisses.

[m 3 a, 4]

Wie der industrielle Arbeitsprozeß sich gegen das Handwerk absetzt, so setzt sich die diesem Arbeitsprozeß entsprechende Form der Mitteilung – die Information – gegen die dem handwerklichen Arbeitsprozeß entsprechende Form der Mitteilung ab, welches die Erzählung ist. (vgl ⟨Walter Benjamin:⟩ Der Erzähler ⟨Orient und Occident, Neue Folge, Heft 3, Oktober 1936⟩ p 21 Abs 3 – p 22 Abs 1 Zeile 3; p 22 Abs 3 Zeile 1 – Ende des Valéry-Zitats) Diesen Zusammenhang muß man im Auge behalten, um sich von der Sprengkraft einen Begriff zu machen, die in der Information gebunden lag. In der Sensation wird diese Kraft ausgelöst. Mit ihr wird dem Erdboden gleichgemacht, was der Weisheit, der mündlichen Überlieferung, der epischen Seite der Wahrheit noch ähnlich sieht. [m 3 a, 5]

Für die Beziehungen, die der Müßiggänger zur Halbwelt zu unterhalten liebt, ist das »Studium« ein Alibi. Insbesondere läßt sich von der bohême behaupten, daß sie zeitlebens ihr eignes Milieu studiert. [m 3 a, 6]

Der Müßiggang kann als eine Vorform der Zerstreuung oder des Amusements betrachtet werden. Er beruht auf der Bereitwilligkeit, eine beliebige Abfolge von Sensationen allein auszukosten. Sobald aber der Produktionsprozeß große Massen ins Feld zu führen begann, entstand in denen, die »frei hatten«, das Bedürfnis, sich massenweise gegen die Arbeitenden abzusetzen. Diesem Bedürfnis entsprach die Vergnügungsindustrie. Sie stieß alsbald auf ihre spezifischen Probleme. Schon Saint-Marc Girardin mußte feststellen »combien peu de temps l'homme est amusable«. (Der Müßiggänger ermüdet nicht so schnell, wie der Mann, der sich amüsiert.) [m 4, 1]

Der wahre flaneur salarié (Henri Béraud) ist der Sandwichmann. [m 4, 2]

Die imitatio dei des Müßiggängers: er verfügt als Flaneur über die Allgegenwart, als Spieler über die Allmacht und als Student über die Allwissenheit. Diesen Typ des Müßiggängers stellte am ersten die jeunesse dorée. [m 4, 3]

Die »Einfühlung« kommt durch einen déclic, eine Art von Umschaltung zustande. Mit ihr stellt das Innenleben ein Pendant zum Element des Chocks in der Sinneswahrnehmung. (Die Einfühlung ist eine Gleichschaltung im intimen Sinn.) [m 4, 4]

Gewohnheiten sind die Armatur der Erfahrungen. Von Erlebnissen wird diese Armatur angegriffen. [m 4, 5]

Gott hat die Schöpfung hinter sich; er ruht von ihr aus. Dieser Gott des siebenten Tages ist es, den der Bürger sich zum Vorbild seines Müßigganges genommen hat. In der flanerie verfügt er über dessen Allgegenwart; beim Spiel über dessen Allmacht und im Studium über seine Allwissenheit. – Diese Trinität ist im Ursprung des Satanismus bei Baudelaire. – Die Gottähnlichkeit des Müßiggängers zeigt an, daß das (altprotestantische) Wort »Arbeit ist des Bürgers Zierde« seine Geltung zu verlieren begonnen hat. [m 4, 6]

Die Weltausstellungen waren die hohe Schule, auf der die vom Konsum abgedrängten Massen die Einfühlung in den Tauschwert lernten. »Alles ansehen, nichts anfassen.« [m 4, 7]

Die klassische Beschreibung des Müßiggangs bei Rousseau. Es kommt da ebenso zum Vorschein, daß das Dasein des Müßiggängers etwas göttergleiches hat wie die Einsamkeit als ein wesentlicher Zustand des Müßiggängers zu ihrem Rechte kommt. Im letzten Buche der Confessions heißt es: »L'âge des projets romanesques étant passé, et la fumée de la gloriole m'ayant plus étourdi que flatté, il ne me restait, pour dernière espérance, que celle de vivre ... dans un loisir éternel. C'est la vie des bienheureux dans l'autre monde, et j'en faisais désormais mon bonheur suprême dans celui-ci./Ceux qui me reprochent tant de contradictions ne manqueront pas ici de m'en reprocher encore une. J'ai dit que l'oisiveté des cercles me les rendait insupportables, et me voilà recherchant la solitude uniquement pour m'y livrer à l'oisiveté ... L'oisiveté des cercles est tuante, parce qu'elle est de nécessité. Celle de la solitude est charmante, parce qu'elle est libre et de volonté.« Jean-Jacques Rousseau: Les Confessions ed Hilsum Paris ⟨1931⟩ IV p 173 [m 4 a, 1]

Unter den Bedingungen des Müßigganges kommt der Einsamkeit ganz besondere Bedeutung zu. Erst die Einsamkeit emanzipiert nämlich das Erlebnis virtuell von jedem, wie auch immer geringen oder dürftigen Ereignis: sie stellt ihm, auf dem Wege der Einfühlung, jeden beliebigen Passanten als sein Substrat bei. Einfühlung ist nur dem Einsamen möglich; darum ist die Einsamkeit eine Bedingung des echten Müßigganges. [m 4 a, 2]

Wenn alle Stricke reißen, wenn am verödeten Horizont kein Segel, kein Wellenkamm des Erlebens auftaucht, dann bleibt dem vereinsamten, vom taedium vitae ergriffenen Subjekt ein letztes übrig: das ist die Einfühlung. [m 4 a, 3]

Dahingestellt mag bleiben, ob und in welchem Sinn die Muße von der Produktionsordnung, durch die sie ermöglicht wird, auch bestimmt werde. Dagegen soll verdeutlicht werden, wie tief dem Müßiggang die Züge der kapitalistischen Wirtschaftsordnung, in welcher er gedeiht, eingegraben sind. – Auf der andern Seite ist der

Müßiggang in der bürgerlichen Gesellschaft, die keine Muße kennt, eine Bedingung der künstlerischen Produktion. Und vielfach ist gerade er es, welcher ihr Male aufprägt, die ihre Verwandtschaft mit dem ökonomischen Produktionsprozeß drastisch machen. [m 4 a, 4]

Der Student »lernt nie aus«; der Spieler »hat nie genug«; dem Flaneur »gibt es immer etwas zu sehen«. Der Müßiggang hat die Anweisung auf unbegrenzte Dauer, die dem bloßen Sinnengenuß, von welcher Art er auch sei, grundsätzlich abgeht. (Ist es richtig, daß die »schlechte Unendlichkeit«, die im Müßiggang vorwaltet, als Signatur der bürgerlichen Gesellschaft bei Hegel vorkommt?)
[m 5, 1]

Die dem Studenten, dem Spieler, dem Flaneur gemeinsame Spontaneität ist vielleicht die des Jägers, will sagen, der ältesten Art von Arbeit, die von allen mit dem Müßiggang am engsten verflochten sein dürfte. [m 5, 2]

Flauberts »peu de gens devineront combien il a fallu être triste pour entreprendre de ressusciter Carthage« macht den Zusammenhang des Studiums mit der melencolia transparent. (Diese droht wohl nicht minder als dieser Form der Muße aller des Müßiggangs.) Vgl. »mon âme est triste et j'ai lu tous les livres« (Mallarmé) Spleen II, La voix (Baudelaire) »Habe nun ach« (Goethe) [m 5, 3]

Das spezifisch Moderne gibt sich bei Baudelaire immer wieder als Komplement des spezifisch Archaischen zu erkennen. In dem Flaneur, den sein Müßiggang durch eine imaginäre Stadt von Passagen trägt, tritt dem Dichter der dandy entgegen (der dandy, welcher sich durch die Menge hinbewegt, ohne auf die Stöße zu achten, denen er ausgesetzt ist). Doch schlägt im Flaneur [in ihm] auch ein längst verschollenes Geschöpf den träumerischen, den Dichter bis ins Herz treffenden Blick auf. Es ist der »Sohn der Wildnis«, der Mensch, der von einer gütigen Natur einst der Muße anverlobt worden ist. Der dandy⟨i⟩smus ist der letzte Schimmer des Heroischen in Zeiten der décadence. Es gefällt Baudelaire, bei Chateaubriand einen Hinweis auf indianische dandys zu finden, Zeugnis der einstigen Blütezeit dieser Stämme. [m 5, 4]

Zum Jägertypus des flaneurs: »La masse des locataires et des hôtes de passage commence à errer de toit en toit dans cette mer domestique, comme le chasseur et le pasteur de la préhistoire, l'éducation intellectuelle du nomade est aussi achevée.« Oswald Spengler: Le déclin de l'Occident II, 1 Paris 1933 p 140 [m 5, 5]

»Le civilisé, *nomade intellectuel*, redevient pur microcosme, absolument sans patrie et spirituellement libre, comme le chasseur et le pasteur l'étaient corporellement.« Spengler lc p 125 [m 5, 6]

P

[ANTHROPOLOGISCHER MATERIALISMUS, SEKTENGESCHICHTE]

»Gustav: Ihr Steiß ist ... göttlich!
Berdoa: Sollt er nicht gar unsterblich sein?
Gustav: Wie?
Berdoa: Nichts.«
Grabbe: Herzog Theodor von Gothland

Die großspurigen und larmoyanten Mémoires de Chodruc-Duclos Recueillis et publiés par J Arago et Edouard Gouin Paris 1843 (I, II) sind stellenweise durch Elemente zu einer Physiologie des Bettlers interessant. Die lange Préface ist unsigniert und enthält nichts über das Manuscript. Die Memoiren können apokryph sein. Es heißt darin: »Qu'on ne s'y trompe pas, ce n'est pas tant le refus qui humilie que l'obole ... Je ne demandais jamais en tendant la main. Je marchais plus vite que celui qui allait faire droit à ma requête, j'ouvrais ma main droite, on y glissait quelque chose.« II p 11/12 Und: »L'eau soutient! ... je me bourrais d'eau parce que je n'avais pas de pain.« II p 19 [p 1, 1]

Szene im Schlafsaal eines Gefängnisses, Anfang der dreißiger Jahre. Der Autor zitiert, ohne Angabe des Autors: »Le soir, dans le dortoir en rumeur, ›les ouvriers républicains, avant de se coucher, jouaient *la Révolution de 1830*, espèce de charade composée par eux; elle reproduisait toutes les scènes de la glorieuse semaine, depuis la délibération de Charles x et des ministres signant les Ordonnances jusqu'au triomphe du peuple; on figurait le combat des barricades par une bataille à coups de traversin derrière les lits et les matelas entassés; enfin les vainqueurs et les vaincus se réconciliaient pour chanter *la Marseillaise*.‹« Charles Benoist: L'homme de 1848 I (Revue des deux mondes 1 juillet 1913 p 147) Vermutlich steht die zitierte Stelle bei Chateaubriand. [p 1, 2]

Ganeau. »Le Mapah ... se présente sous les espèces d'un parfait dandy, aimant les chevaux, adorant les femmes, goûtant la bonne chère, mais complètement dénué d'argent. Il supplée à cette impécuniosité par le jeu: c'est un habitué de tous les tripots du Palais-Royal ... Il se croit destiné à être le redempteur de la compagne de l'homme, et ... prend le titre de Mapah, nom formé des premières syllabes des deux mots maman et papa. Il ajoute que tous les noms propres doivent être modifiés de cette manière: on doit porter, non plus le nom de son père, mais la première syllabe du nom maternel combinée avec celle du nom paternel. Et, pour bien marquer qu'il se dépouille à jamais de son ancien nom ... il signe: ›Celui qui fut Ganeau‹.« Er verteilt seine Flugschriften am Ausgang der Theater oder verschickt sie; suchte auch Victor Hugo zum Protektorat über seine Lehre zu bewegen. Jules Bertaut: Le »Mapah« (Le Temps 21 septembre 1935)

[p 1, 3]

Charles Louandre über die von ihm der Sittenverderbnis bezichtigten Physiologien: »Ce triste genre ... a bien vite accompli ses destinées. La physiologie, qui se produit dans le format in-32 pour se faire acheter ... par les promeneurs, figure, en 1836, dans la *Bibliographie de la France*, pour 2 volumes; elle en donne 8 en 1838, 76 en 1841, 44 en 1842, 15 l'année suivante, et c'est à peine si, depuis deux ans, on en trouve 3 ou 4. De la physiologie des individus on est passé à la physiologie des villes. On a eu *Paris la nuit, Paris à table, Paris dans l'eau, Paris à cheval, Paris pittoresque, Paris bohémien, Paris littéraire, Paris marié*; puis est venue la physiologie des peuples: *les Français, les Anglais peints par eux-mêmes*; ensuite celle des animaux: *les Animaux peints par eux-mêmes et dessinés par d'autres*. Enfin ... les auteurs ... à bout de sujets, ont fini par se peindre eux-mêmes, et nous ont donné *la Physiologie des physiologistes*.« Charles Louandre: Statistique littéraire De la production intellectuelle en France depuis quinze ans (Revue des deux mondes 15 novembre 1847 p 686/687) [p 1 a, 1]

Thesen von Toussenel: »Que le bonheur des individus est en raison directe de l'autorité féminine«; »que le rang des espèces est en raison directe de l'autorité féminine.« A Toussenel: Le monde des oiseaux I Paris 1853 p 485 Erstere die »formule du Gerfaut« (p 39) [p 1 a, 2]

Toussenel über sein Monde des oiseaux: »Le monde des oiseaux n'en est que le sujet accessoire, tandis que le monde des hommes en est le sujet principal.« lc I p 2 (Avertissement de l'auteur) [p 1 a, 3]

Toussenel im Avertissement de l'auteur zum Monde des oiseaux: »Il [l'auteur] a cherché à relever l'importance de la partie culinaire de son sujet en donnant à l'article *Rôti* plus de place qu'il n'en occupe habituellement dans les œuvres scientifiques.« lc I p 2 [p 1 a, 4]

»Nous admirons l'oiseau ... parce que chez l'oiseau, comme dans toute politique bien organisée ... c'est la galanterie qui distribue les rangs ... Nous sentons d'instinct que la femme, qui est sortie des mains du Créateur après l'homme, a été faite pour commander à celui-ci, comme celui-ci est né pour commander aux bêtes qui sont venues avant lui.« ⟨lc p 38⟩ [p 1 a, 5]

anthropologischer Materialismus, Sektengeschichte 973

Nach Toussenel stehen die Rassen, die die Frau am höchsten stellen, zuoberst, gelegentlich die Germanen, aber vor allem Franzosen und Griechen: »Comme l'Athénien et le Français sont marqués au faucon, le Romain et l'Anglais le sont à l'aigle.« (Der Adler aber »ne se rallie pas au service de l'humanité«.) A Toussenel: Le monde des oiseaux I Paris 1853 p 125 [p 1 a, 6]

Komische Physiologien: Musée pour rire, Musée Philipon, Musée ou Magasin comique, Musée parisien, Les métamorphoses du jour. [p 2, 1]

Graphische Folge »Les Vésuviennes« von Beaumont: 20 Blätter. Daumiers Folge: »Les Divorceuses«. Eine Folge – von wem? – »Les bas-bleus« [p 2, 2]

Entstehung der Physiologien: »Der heiße politische Kampf der Jahre 1830-35 hatte eine Armee von Zeichnern formiert, ... und diese Armee ... war durch die Septembergesetze politisch völlig außer Gefecht gesetzt worden. Zu einer Zeit also, da sie alle Geheimnisse ihrer Kunst ergründet hatte, wurde sie plötzlich auf ein einziges Operationsfeld gedrängt, auf die Schilderung des bürgerlichen Lebens ... Dies ist die Voraussetzung, aus der sich die kolossale Revue des bürgerlichen Lebens erklärt, die ungefähr in der Mitte der dreißiger Jahre in Frankreich einsetzte ... Alles defilierte vorüber, ... Freudentage und Trauertage, Arbeit und Erholung, Eheliche Sitten und Junggesellengebräuche, Familie, Haus, Kind, Schule, Gesellschaft, Theater, Typen, Berufe.« Eduard Fuchs: Die Karikatur der europäischen Völker Vierte Auflage München ⟨1921⟩ I p 362 [p 2, 3]

Welche Mesquinerie hat um das Jahrhundertende sich von neuem in der Darstellung physiologischer Tatbestände festgesetzt! Bezeichnend hierfür ist eine Beschreibung der Impotenz aus Maillards Buch über die Geschichte der Frauenemanzipation, das in seiner Gesamthaltung die Reaktion der gefestigten Bourgeoisie auf den anthropologischen Materialismus drastisch belegt. Im Zusammenhang der Darstellung von Claire Demar's Lehre heißt es da: »Elle ... parlera des déceptions qui peuvent résulter de l'étrange et énorme sacrifice au péril duquel, sous le ciel brûlant de l'Italie, plus d'un jeune enfant court la chance de devenir un chanteur célèbre.« Firmin Maillard: La légende de la femme émancipée Paris p 98 [p 2, 4]

Eine Hauptstelle aus dem Manifest von Claire Demar: »L'union des sexes dans l'avenir devra être le résultat des sympathies ... les mieux étudiées ...; et alors même qu'on reconnaîtrait l'existence des rapports intimes, secrets et mystérieux de deux âmes ... Tout cela pourra bien encore venir se briser contre une dernière épreuve décisive, mais nécessaire, indispensable. L'EPREUVE *de la* MATIÈRE *par la* MATIÈRE; *l'*ESSAI *de la* CHAIR *par la* CHAIR!!! ... C'est que bien souvent, au seuil de l'alcove, une flamme dévorante est venue s'*éteindre*; c'est que bien souvent, pour plus d'une grande passion, les draps parfumés du lit sont devenus un *linceul de mort*; c'est que plus d'une ... lira ces lignes, qui le soir était entrée dans la couche d'hymen, *palpitante de désirs et d'émotions*, qui s'est relevée le matin *froide et glacée.*« Claire Demar: Ma loi d'avenir Paris 1834 p 36/37 [p 2, 5]

Zum anthropologischen Materialismus. Schluß von Claire Demars: Ma loi d'avenir: »Plus de maternité, plus de loi du sang. Je dis plus de maternité: En effet la femme délivrée ... de l'homme qui ne lui paiera plus le prix de son corps ... ne tiendra son existence ... que de ... ses œuvres. Pour cela donc il faut bien que la femme fasse une œuvre, remplisse une fonction; – et comment le pourrait-elle, si toujours elle est condamnée à absorber une partie plus ou moins longue de sa vie dans les soins que réclame l'éducation d'un ou plusieurs enfans? ... Vous voulez affranchir la *femme*! Eh! bien, du sein de la *mère du sang*, portez le nouveau-né aux bras de la mère *sociale* de la *nourrice* fonctionnaire, et l'enfant sera mieux élevé ... Alors, seulement alors, l'homme, la femme, l'enfant, seront tous affranchis de la loi de sang de l'exploitation de l'humanité par l'humanité!« Claire Demar: Ma loi d'avenir Ouvrage posthume publié par Suzanne Paris 1834 p 58/59 [p 2 a, 1]

»Quoi donc! parce qu'une femme n'aurait pas mis le public dans la confidence de ses sensations de femme; parce que, parmi tous les hommes qui l'entoureraient de leurs soins ... un autre œil que le sien ne saurait distinguer celui qu'elle préfère ... il résulterait ... qu'elle serait ... l'esclave d'un homme ... Quoi donc! une femme serait exploitée ... parce que, sans crainte de les voir se déchirer, ... elle pourrait donner simultanément satisfaction à plusieurs hommes dans leur amour ... Je crois, avec M. James de Laurence, au besoin ... d'une liberté sans ... limites ... appuyée sur le mystère, dont je fais la base de la morale nouvelle.« Claire Demar: Ma loi d'avenir Paris 1834 p 31/32 [p 2 a, 2]

Die Forderung des »mystère« in den Geschlechtsverbindungen, im Gegensatz zu ihrer »publicité« hängt bei Demar eng mit ihrer Forderung mehr oder weniger ausgedehnter Probezeiten zusammen. Allerdings soll die Form der Ehe wohl überhaupt von jener geschmeidigeren verdrängt werden. Logisch ist weiterhin, daß aus diesen Anschauungen die Forderung des Matriarchats hervorgeht.

[p 2 a, 3]

Aus den gegen das Patriarchat gerichteten Darlegungen: »Ah! c'est appuyée sur un immense faisceau de poignards parricides, qu'au milieu des gémissemens soulevés de tant de poitrines, au seul nom de père et de mère, je m'aventure à élever la voix ... contre la loi du sang, la loi de génération!«
Claire Demar: Ma loi d'avenir Paris 1834 p 54/55   [p 2 a, 4]

Die Karikatur spielt eine erhebliche Rolle in der Ausbildung der Beschriftung. Bezeichnenderweise wirft Henri Bouchot: La lithographie Paris ⟨1895⟩ (p 114) Daumier die Länge und Unentbehrlichkeit der seinigen vor.   [p 2 a, 5]

Henri Bouchot: La lithographie Paris (p 138) vergleicht Devéria seiner Produktivität nach mit Balzac und Dumas.   [p 2 a, 6]

Zur Kennzeichnung des Verhältnisses, in dem Claire Demar zu James de Laurent steht, sind mehrere Stellen ihrer Schrift »Ma loi d'avenir« heranzuziehen. Die erste findet sich im Vorwort, das Suzanne zu derselben geschrieben hat und behandelt zunächst Claire Demars Weigerung, an der Tribune des femmes mitzuarbeiten: »Jusqu'au 17me numéro, elle avait constamment refusé, disant que le ton de ce journal était trop modéré ... Lorsque ce numéro parut, il y eût, dans un article de moi, un passage qui, par sa forme, sa modération, exaspéra *Claire*. – Elle m'écrivit qu'elle allait y répondre. – Mais ... sa réponse devint une brochure, elle se décida alors à la faire paraître seule, en dehors du journal ... Voici au reste le fragment de l'article dont *Claire* n'a cité que quelques lignes. ›Il y a encore par le monde un homme qui interprète ... le christianisme ... d'une manière ... favorable pour notre sexe: c'est M. *James de Laurence*, l'auteur d'une brochure intitulée: *les Enfans de Dieu* ou *la Religion de Jésus* ... L'auteur n'est pas saint-simonien, ... il fait ... descendre les héritages par les mères; assurément ce système ... est fort avantageux pour nous; j'ai foi qu'une partie entrera ... dans la religion de l'avenir, et que le principe de la maternité deviendra une des lois fondamentales de l'Etat.‹« (Claire Demar: Ma loi d'avenir Ouvrage posthume publié par Suzanne Paris 1834 p 14-16) Im Text ihrer eignen Schrift macht Claire Demar sich die Sache von Laurence gegen die Einwände zu eigen, die die Tribune des femmes gegen ihn in Gestalt des Vorwurfs erhoben hat, er rede einer »liberté morale ... sans règles, ni limites« das Wort, »ce qui ... nous conduirait droit à un grossier et dégoutant pêle-mêle«. Schuld daran trage, daß Laurence das Mysterium zum Prinzip in diesen Dingen erkläre, ein Mysterium kraft dessen wir allein einem mystischen Gott in diesen Dingen Rechenschaft schuldeten. Die Tribune des femmes dagegen meint: »La Société de l'avenir reposera, non sur le mystère, mais sur la confiance; car le mystère prolongerait encore l'exploitation de notre sexe.« Dagegen nun Claire Demar: »Certes, Mesdames, si, comme vous, je confondais la confiance et la publicité; si, comme vous, je proclamais que le mystère doit prolonger l'exploitation de notre sexe, je devrais saluer de mes bénédictions les temps où nous vivons.« Sie schildert nun die Brutalität der Sitten dieser Zeit: »Devant le maire et devant le prêtre ... un homme et une femme ont entraîné une longue suite de témoins ... Voilà ... l'union dite légitime, celle qui permet à une femme sans rougir: tel jour, à telle heure, je recevrai un homme dans ma COUCHE de FEMME!!!... L'union qui, contractée en face de la foule, se traîne lentement à travers une orgie de vins et de danses, jusqu'au lit nuptial, devenu le lit de la débauche et de la prostitution, et permet à l'imagination délirante des conviés de suivre ... tous les détails ... du drame lubrique joué sous le nom de jour de noces! Si l'usage qui traduit ainsi la jeune mariée ... aux regards audacieux ..., qui la prostitue aux désirs effrénés ... ne vous paraît pas une horrible exploitation ... je m'y perds.« (lc p 29/30) [p 3, 1]

Erscheinungsdatum der ersten Nummer des Charivari: 1 XII 1832. [p 3, 2]

Lesbische Konfession einer Saint-Simonistin: »Je commençais à aimer autant mon prochain femme que mon prochain homme ... j'abandonnais à l'homme sa force physique et son genre d'intelligence pour élever à côté de lui d'une manière égale la beauté corporelle de la femme et ses facultés particulières spirituelles.« Ohne Quellen- und ohne Personenangabe bei Firmin Maillard: La légende de la femme émancipée Paris p 65 [p 3 a, 1]

Die Kaiserin Eugénie als Nachfolgerin der Mère:
»Veuillez, et sacrée et bénie,
Le genre humain avec transport,
Saluera dans son EUGENIE,
L'archange qui le guide au port!!!«
Jean Journet: L'ère de la femme ou le règne de l'harmonie universelle Janvier 1857 p 8 [p 3 a, 2]

Maximen aus James de Laurence: Les enfants de dieu ou la religion de Jésus réconciliée avec la philosophie Paris juin 1831: »Il est plus raisonnable de prétendre que tous les enfants sont faits par *Dieu*, que de dire que tous les mariés sont liés par *Dieu*.« (p 14) Aus der Straflosigkeit der Ehebrecherin vor Jesus schließt Laurence, daß dieser die Ehe nicht wollte: »Il lui pardonna, parce qu'il considérait l'adultère comme la suite naturelle du mariage, et il l'eût avoué, s'il se fût trouvé parmi ses disciples ... Tant que le mariage existe, une femme adultère doit être criminelle, parce qu'elle charge son mari des enfants d'autrui. *Jésus* ne pouvait pas tolérer une telle injustice; son système est conséquent: il voulait que les enfants appartinssent à la mère. De là, ces paroles remarquables: ›N'appelez personne sur la terre votre père, car vous n'avez qu'un père, qui est au ciel.‹« (p 13) »Les enfants de Dieu descendus d'une femme ne font qu'une famille ... La religion des Juifs fut celle de la *paternité*, sous laquelle les patriarches exercèrent leur autorité domestique. La religion de Jésus est celle de la *maternité*, dont le symbole est une mère portant un enfant sur les bras; et l'on nomme cette mère la Vierge, parce qu'en remplissant les devoirs d'une mère, elle n'avait pas renoncé à l'indépendance d'une vierge.« (p 13/14)

[p 3 a, 3]

»Quelques sectes ... aux premiers siècles de l'Eglise, semblent avoir deviné les intentions de Jésus; les Simoniens, les Nicolaïtes, les Carpocratiens, les Basilidiens, les Marcionites et d'autres ... n'avaient pas seulement aboli le mariage, mais établi la communauté des femmes.« James de Laurence: Les enfants de dieu ou la religion de Jésus reconciliée avec la philosophie Paris juin 1831 p 8 [p 3 a, 4]

Durchaus im Stile des frühen Mittelalters ist die Auslegung, die James de Laurence dem Wunder von Cana gibt, um es zu einem Beweis seiner These zu machen, Jesus habe der Ehe feindlich gegenübergestanden: »En voyant les deux conjoints faire le sacrifice de leur liberté, il changea l'eau en vin, pour démontrer que le mariage était une folie qu'on ne pouvait faire, qu'à moins que la raison ne fût troublée par le vin.« James de Laurence: Les enfants de dieu ou la religion de Jésus reconciliée avec la philosophie Paris juin 1831 p 8 [p 4, 1]

»Le Saint-Esprit, ou l'âme de la nature, descendit sur la Vierge comme une colombe; or, la colombe étant le symbole de l'amour, cela signifie que la mère de Jésus avait cédé au penchant naturel de l'amour.« James de Laurence: Les enfants de dieu Paris juin 1831 p 5 [p 4, 2]

Motive der theoretischen Schrift von Lawrence finden sich vorher in seinem vierbändigen Roman »Le Panorama des boudoirs ou l'empire des Nairs« Paris 1817, der schon vorher in Deutschland erschien und von dem ein Fragment bereits 1793 im Deutschen Merkur Wielands veröffentlicht wurde. Lawrence war Engländer. [p 4, 3]

»Unvergeßlich hat Balzac die Physionomie des Parisers geschildert: die zerquälten, gegerbten, fahlen Gesichter, ›la teinte presque infernale des physionomies parisiennes‹; nicht Gesichter, sondern Masken.« Ernst Robert Curtius: Balzac Bonn 1923 p 243 (Zitat aus der Fille aux yeux d'or)
[p 4, 4]

»Balzacs Interesse an der Langlebigkeit gehört zu den Dingen, die er mit dem 18. Jahrhundert gemein hat. Die Naturforscher, die Philosophen, die Charlatans dieser Zeit begegnen sich darin ... Condorcet erwartete von der Zukunftsära, die er in leuchtenden Farben malte, eine unbegrenzte Verlängerung der Lebensdauer. Der Graf St. Germain verabreichte einen ›Lebenstee‹, Cagliostro ein ›Lebenselixir‹; andere empfahlen ›Sideralsalze‹, ›Goldtinktur‹, ›magnetische Betten‹.« Ernst Robert Curtius: Balzac Bonn 1923 p 101 [p 4, 5]

Es gibt bei Fourier (Nouveau monde ⟨Paris 1829/1830⟩ p 275) Ausführungen gegen die noces, die an Auslassungen von Claire Demar erinnern. [p 4, 6]

Notiz Blanqui's vom Frühjahr 1846, im Hospital in Tours: »Les jours de communion, les sœurs de l'hospice de Tours sont inabordables, féroces. Elles ont mangé Dieu. L'orgueil de cette digestion divine les convulsionne. Ces vases de sainteté deviennent des fioles de vitriol.« Gustave Geffroy: L'enfermé Paris 1926 I p 133 [p 4, 7]

Zur Hochzeit von Cana; 1848⟨:⟩ »Un banquet des pauvres est projeté, le banquet à vingt-cinq centimes: du pain, du fromage et du vin, bus et mangés plaine Saint-Denis. Il n'eut pas lieu, fixé d'abord au 11 juin, puis au 18 juin, puis au 14 juillet, mais les réunions qui le préparent, la souscription ouverte, les adhésions qui sont, au 8 juin, de 165 532, achèvent de surexciter l'opinion.« Gustave Geffroy: L'enfermé Paris 1926 I p 192 [p 4 a, 1]

»En 1848, il y a dans la chambre de Jenny l'ouvrière, épinglés au mur, les portraits de Béranger, de Napoléon et de la Madone. La croyance est certaine à l'avènement du culte de l'Humanité. Jésus est un grand homme de 48. Dans la masse, il y a les indices d'une foi aux présages ...

L'*Almanach prophétique* de 1849 annonce le retour de la comète de 1264, produite par la vertu de Mars, comète guerrière.« Gustave Geffroy: L'enfermé Paris 1926 I p 156 [p 4 a, 2]

Babick, Deputierter des 10ten arrondissements, Pole, Arbeiter, dann Schneider, dann Parfümeur: »Il était ... membre de l'Internationale et du Comité central, en même temps qu'apôtre du culte fusionnien. Une religion d'inspiration alors récente, faite à l'usage des cerveaux semblables au sien. Composée par certain M. de Toureil, elle réunissait ... plusieurs cultes, auxquels Babick avait joint le spiritisme. Pour elle il avait, en parfumeur, créé une langue fleurant, à défaut d'autre mérite, la drogue et l'onguent. Il écrivait en tête de ses lettres: *Paris-Jérusalem*, les datait d'une année de l'ère fusionnienne, signait: *Babick, enfant du règne de Dieu et parfumeur*.« Georges Laronze: Histoire de la Commune de 1871 Paris 1928 p 168/9 [p 4 a, 3]

»L'initiative fantaisiste du colonel de la 12ᵉ légion ne fut pas plus heureuse. Elle instituait une compagnie de *citoyennes volontaires* chargée, pour la plus grande honte des réfractaires, d'opérer leur arrestation.« Georges Laronze: Histoire de la Commune de 1871 Paris 1928 p 501 [p 4 a, 4]

Die Zeitrechnung des fusionisme beginnt mit dem 30 Dezember 1845.
[p 4 a, 5]

Maxime Du Camp macht in den Souvenirs zu den Evadiens ein Wortspiel mit s'évader. [p 4 a, 6]

Aus der Constitution der Vésuviennes: »Les citoyennes devront fournir leur contingent aux armées de terre et de mer ... Les enrôlées formeront une armée dite de réserve qui sera partagée en trois corps, le corps des ouvrières, le corps des vivandières, le corps de charité ... Le mariage étant une association, chacun des deux époux doit partager tous les travaux. Tout mari qui refusera de remplir sa part des soins domestiques, sera condamné ... à prendre au lieu des son service personnel dans la garde nationale, le service de sa femme dans la garde civique.« Firmin Maillard: La légende de la femme émancipée Paris p 179 u 181 [p 5, 1]

»Die zwischen starker Anziehung und noch stärkerer Abstoßung schwankenden Gefühle, die Hegel bei den Mitgliedern des jungen Deutschland auslöste, spiegeln sich am anschaulichsten in Gustav Kühnes Quarantäne im Irrenhause ... Weil das junge Deutschland nachdrücklicher als die objektive Freiheit die subjektive Willkür betonte, verachteten die Junghegelianer die ›prinziplose Zerfahrenheit‹ ihres ›belletristischen Egoismus‹

... Wenn aus den Reihen des jungen Deutschland die Befürchtung laut wurde, daß die unentrinnbare Dialektik der Hegelschen Lehre der Jugend die Kraft des ... Handelns rauben möchte, so erwies diese Sorge sich als nicht gerechtfertigt.« Umgekehrt; denn als die Jungdeutschen »nach dem Verbot ihrer Schriften erkennen mußten, wie tüchtig sie sich die Hände verbrannt hatten, von deren emsiger Arbeit sie gut bürgerlich zu leben hofften, da brauste ihr Ungestüm rasch ab.« Gustav Mayer: Friedrich Engels Erster Band Friedrich Engels in seiner Frühzeit Berlin ⟨1933⟩ p 37-39 [p 5, 2]

Um die gleiche Zeit, da die »Physiologien« aufkamen, legten Historiker wie Thierry, Mignet, Guizot den Nachdruck auf die Analyse des »bürgerlichen Lebens« [p 5, 3]

Engels über das Wuppertal: »Hier bereitet sich ein prächtiger Boden für unser Prinzip vor, und wenn wir erst unsre wilden, heißblütigen Färber und Bleicher in Bewegung setzen können, so sollst Du Dich über das Wuppertal noch wundern. Die Arbeiter sind so schon seit ein paar Jahren auf der letzten Stufe der alten Zivilisation angekommen, sie protestieren durch eine reißende Zunahme von Verbrechen, Räubereien und Morden gegen die alte soziale Organisation. Die Straßen sind bei Abend sehr unsicher, die Bourgeoisie wird geprügelt und mit Messern gestochen und beraubt; und wenn die hiesigen Proletarier sich nach denselben Gesetzen entwickeln wie die englischen, so werden sie bald einsehen, daß diese Manier ... nutzlos ist, und als Menschen in ihrer allgemeinen Kapazität durch den Kommunismus protestieren.« Engels an Marx Oktober 1844 aus Barmen [Karl Marx/Friedrich Engels: Briefwechsel hg vom Marx-Engels-Lenin-Institut Bd I ⟨Zürich⟩ 1935 p 4/5] [p 5, 4]

Das heroische Ideal Baudelaires ist androgyn. Das hindert ihn nicht, zu schreiben: »Nous avons connu la femme-auteur philanthrope, la prêtresse systématique de l'amour, la poëtesse républicaine, la poëtesse de l'avenir, fouriériste ou saint-simonienne; et nos yeux ... n'ont jamais pu s'accoutumer à toutes ces laideurs compassées.« Baudelaire: L'art romantique (éd Hachette tome III) Paris p 340 (Marceline Desbordes-Valmore) [p 5 a, 1]

Eine der späteren Sektenbildungen des 19ten Jahrhunderts ist die religion fusionienne. Es propagierte sie LJB de Tourreil (* VIII † 1863 (oder 68?)) Der fouriersche Einfluß macht sich in seiner Periodisierung der Geschichte geltend; von Saint-Simon stammt die Vorstellung der Trinité als einer Einheit von Mère-Père mit der sich

Fille-Fils oder Androgyne verbindet. Die Universalsubstanz wird in ihrem Verhalten von drei Vorgängen bestimmt, in deren Definition der minderwertige Fond dieser Lehre zum Vorschein kommt. Diese Vorgänge sind: »L'émanation, ... la propriété que possède la substance universelle de s'expandre infiniment hors d'elle-même ... L'absorption, ... la propriété que possède la substance universelle de se replier infiniment sur elle-même ... L'assimilation, ... la propriété que possède la substance universelle de se pénétrer intimement avec elle-même.« (p I) – Eine charakteristische Stelle aus dem Aphorismus »Pauvres, riches«, der die Reichen anredet und ihnen von den Armen spricht: »Et d'ailleurs, si vous ne voulez point les élever jusqu'à vous et dédaignez de vous mêler à eux, pourquoi donc respirez-vous le même air, habitez-vous la même atmosphère? Pour ne point respirer et vous assimiler leur émanation ... il vous faut sortir de ce monde, respirer un autre air, vivre dans une autre atmosphère.« (p 267) – Die Toten sind multiformes und existieren an vielen Orten der Erde auf einmal. Deshalb müssen sich die Menschen zu ihren Lebzeiten sehr für die Verbesserung der Erde interessieren. (p 307) Schließlich vereinigt sich alles in einer Reihe von Sonnen, die am Ende, nachdem sie die Station unilumière durchlaufen haben, in der région universalisante die lumière universelle realisieren. Religion fusionienne ou doctrine de l'universalisation réalisant le vrai catholicisme Paris [1902]   [p 5 a, 2]

»Moi. Avez-vous encore quelque pratique de culte qui soit remarquable? M. de Toureil. Nous prions souvent, et nos prières commencent ordinairement par ces mots: o Map suprême éternel. Moi. Que signifie ce son: Map? M. de Toureil. C'est un son sacré qui réunit l'm signifiant mère, le p signifiant père et l'a signifiant amour... Ces trois lettres désignent le grand Dieu éternel.« Alexandre Erdan [AA Jacob]: La France mistique 2 vol Paris [1855] II p 632 [durchgehende Paginierung]   [p 6, 1]

Fusionisme geht nicht etwa auf einen Synkretismus, sondern auf die Verschmelzung der Menschen untereinander und mit Gott.   [p 6, 2]

»Il ne devait y avoir du bonheur pour l'humanité que le jour où la République aurait renvoyé le fils de Dieu à l'atelier de menuiserie de monsieur son père.« Dieser Satz wird Courbet in einem Flugblatt in den Mund gelegt, das die Helden der Februarrevolution dem Publikum vorstellt.   [p 6, 3]

r

[ECOLE POLYTECHNIQUE]

Sur le commerce: »Si la concurrence que se font les marchands ... ou toute autre cause, ne lui permettent pas de vendre en temps opportun, il est forcé de ... suspendre ses affaires et de jeter par contre-coup le trouble parmi les producteurs ... C'est ce qui fait qu'on ne peut distinguer entre les crises commerciales et celles de l'industrie, tant l'industrie est dépendante des intermédiaires ... Une vérification terrible se fait à la hâte de toutes les valeurs circulantes, et une énorme quantité d'entr'elles sont déclarées nulles ... On appelle des crises ces moments de vérification des valeurs commerciales.« Eugène Buret: De la misère des classes laborieuses en Angleterre et en France Paris 1840 II p 211 u 213 [r 1, 1]

»En 1860, la France qui sommeillait entre les bras de la protection se réveilla brusquement ›sur l'oreiller du libre-échange‹, Napoléon III, usant du droit que lui conférait la constitution de 1852, avait traité, en dehors du parlement, ouvert nos frontières aux produits des autres nations et plusieurs marchés étrangers à notre commerce libre ... De longues années de prospérité avaient permis à nos forces industrielles ... à soutenir la lutte mondiale.« Henry Fougère: Les délégations ouvrières aux expositions universelles sous le second empire Montluçon 1905 p 28 [r 1, 2]

Gründung der école polytechnique: »La Terreur au dedans, l'invasion sur les frontières ...; le pays ruiné, désorganisé, ne pouvant ni tirer de l'étranger le salpêtre nécessaire à la poudre, ni utiliser, pour la fabrication des armes, ses manufactures presque toutes tombées aux mains des insurgés; tel est le cadre au milieu duquel vont se poursuivre les délibérations d'où sortira la nouvelle institution ... ›Tout ce que le génie, le travail et l'activité peuvent créer de ressources, a dit Biot, avait été employé pour que la France pût seule se soutenir contre toute l'Europe ... tant que durerait la guerre, fût-elle éternelle et terrible.‹ ... La caractéristique de l'Ecole polytechnique ... était la coexistence de l'enseignement purement théorique avec une série de *cours d'application* relatifs aux travaux civils, à l'architecture, à la fortification, aux mines, même aux constructions navales ... Napoléon ... décréta l'obligation du casernement pour les élèves ... Ensuite vinrent les événements de ... 1815, après lesquels ... on ne cachait pas l'espoir de voir l'Ecole se recruter de plus en plus parmi les familles aristocratiques ... L'institution perdit ainsi le caractère d'école préparatoire aux services publics ... la science pure ne devait rien y gagner; car ...

les promotions ... de 1817 à 1830 sont celles qui ont donné, de beaucoup, la moindre proportion de membres à l'Institut ... En 1848, l'Ecole fut menacée de suppression.« A de Lapparent: Le centenaire de l'Ecole polytechnique Paris 1894 p 6/7, 12-15 [r 1, 3]

Abstimmung vom 18 März 1871 zur Stellung der Kommune gegenüber in der école polytechnique: »Quelques-uns ... se demandent quel est ce comité qui se prétend élu par la fédération de trois cent mille citoyens ... D'autres ... proposent de reprendre la tradition du passé et de se mettre à la tête du mouvement. Après une discussion très vive, mais sans tumulte, on va aux voix: Les partisans du Comité central sont quatorze!« G Pinet: Histoire de l'Ecole polytechnique Paris 1887 p 293 [r 1 a, 1]

1871 stieß die Ecole Polytechnique auf, gerechtfertigtes, Mißtrauen. Man hörte Stimmen: »L'Ecole n'est plus comme en 1830!« (Pinet ⟨lc⟩ p 297)
[r 1 a, 2]

Zwei charakteristische Stellen über die Auffassung des Vormärz von der Industrie und vom Arbeiter bei Edouard Foucaud: Paris inventeur Physiologie de l'industrie française Paris 1844: »L'intelligence industrielle est fille du ciel: elle n'a d'amour et d'abandon que pour ceux que la société ... nomme des *manœuvriers*, et que les intelligents appellent *frères* ou *travailleurs*.« (p 181) »Au XIXe siècle, la *chose* des Romains ... le *serf* de Charlemagne, le *manant* de François Ier, cette trinité misérable, que l'esclavage avait abrutie, mais que le génie de l'émancipation a fait rayonner, s'appelle aujourd'hui *peuple*.« (p 220/221) [r 1 a, 3]

»A moins que d'être riche ... ou d'avoir le cerveau étroit ... le repos de la rente, pour le travailleur, est écrasant. Le ciel a beau être sans nuages, la maison qu'il habite verdoyante, embaumée par les fleurs et égayée par les chants des oiseaux, son esprit inactif reste insensible aux charmes de la solitude. Si, par hasard, son oreille surprend quelque bruit aigu parti d'une manufacture éloignée, ou même le clapotement monotone du moulin d'une usine, aussitôt son front s'éclaircit; il n'entend plus le chant mélodieux des oiseaux; il ne sent plus le parfum exquis des fleurs; la fumée épaisse qui s'échappe de la haute cheminée de l'usine, le bruit retentissant que l'enclume lui renvoie, le font tressaillir de joie, en lui rappelant les beaux jours d'un travail manuel, sollicité par l'inspiration du cerveau.« Edouard Foucaud: Paris inventeur Physiologie de l'industrie française Paris 1844 p 222/23 [r 1 a, 4]

»›Au milieu du désordre qui régnait, écrit Vaulabelle, leur uniforme connu, aimé de tous, leur donnait une sorte de caractère officiel qui les rendit ... les agents les plus actifs et les plus utiles du pouvoir qui s'organisait.‹ ... ›Quand nous avions à donner un ordre exigeant l'appui d'une force quelconque, dit M. Mauguin, nous en confiions en général l'exécution à un élève de l'Ecole polytechnique. L'élève descendait le perron de l'Hôtel de Ville; avant d'etre parvenu aux derniers degrés il s'adressait à la foule devenue attentive et prononçait simplement ces mots: *deux cents hommes de bonne volonté!* Puis il achevait de descendre et s'engageait seul dans le passage. A l'instant même on voyait se détacher des murailles et marcher derrière lui, les uns avec des fusils, les autres seulement avec des sabres, un homme, deux hommes, vingt hommes, puis cent, quatre cents, cinq cents; il y en avait toujours le double de ce qui avait été demandé.‹« G. Pinet: Histoire de l'Ecole polytechnique Paris 1887 p 156/57 [Die beiden zitierten Stellen Vaulabelle: Histoire des deux restaurations VIII p 291 und Lettre de M. Mauguin au journal La Presse, Saumur, 8 mars 1853.] [r 2, 1]

Die Schüler der Ecole polytechnique veranstalten eine Umlage, um der Tribune die Zahlung einer Geldstrafe zu erleichtern. (Pinet ⟨lc⟩ p 220)
[r 2, 2]

Lamartine in »Destinées de la poésie« nach Michiels: »M. Lamartine, qui a vu de ses propres yeux la servitude intellectuelle de l'Empire, la décrit ... ›C'était une ligue universelle des études mathématiques contre la pensée et la poésie. Le chiffre seul était permis, honoré, protégé, payé. Comme le chiffre ne raisonne pas ..., le chef militaire de cette époque ne voulait pas d'autre ... séide.‹« Alfred Michiels: Histoire des idées littéraires en France au XIXe siècle Paris 1863 II p 94 [r 2, 3]

Pinet⟨: Histoire de l'Ecole polytechnique Paris 1887⟩ (p VIII) nennt die Enzyklopädisten »les véritables fondateurs« der Ecole polytechnique.
[r 2, 4]

»On essaya par tous les moyens, sans parvenir à y réussir, de gagner l'Ecole à la cause des Bourbons.« Pinet: Histoire de l'Ecole polytechnique p 86
[r 2, 5]

Gebräuche und Schülergesetze der Ecole polytechnique, im »Code X« zusammengefaßt. »Il repose tout entier sur ce principe, admis à l'Ecole depuis sa fondation: ›Toute résolution votée est obligatoire, quelles qu'en puissent être les conséquences.‹« Pinet p 109/110 [r 2, 6]

Michelet über die Ecole Polytechnique et Normale: »Après ces grandes épreuves, il semblait qu'il y eût un moment de silence pour toutes les passions humaines; on put croire qu'il n'y aurait plus d'orgueil, intérêt, ni d'envie. Les hommes les plus hauts dans l'Etat, dans la science, acceptèrent les plus humbles fonctions de l'enseignement. Lagrange et Laplace enseignèrent l'arithmétique. Quinze cents élèves, hommes faits, et plusieurs déjà illustres, vinrent ... s'asseoir sur les bancs de l'école normale, et apprendre à enseigner. Il vinrent, comme ils purent, en plein hiver, dans ce moment de pauvreté et de famine ... Un grand citoyen, Carnot ... fut le véritable fondateur de l'école Polytechnique. Ils apprirent, comme on combattait ... Spectateurs de l'invention continuelle de leurs maîtres, ils allaient inventant aussi. Imaginez ce spectacle d'un Lagrange qui, au milieu de son enseignement, s'arrêtait tout à coup, rêvait ... On attendait en silence. Il s'éveillait à la longue, et leur livrait, tout ardente, la jeune invention, à peine née de son esprit ... Quelle chute, après ce temps-là! ... Lisez, après les rapports faits à la Convention, ceux de Fourcroy, de Fontanes, vous tombez ... de la virilité à la vieillesse.« J Michelet: Le peuple Paris 1846 p 336-338 [r 2 a, 1]

»Parnasse du triangle et de l'hypoténuse« nennt Paul-Ernest de Rattier: Paris n'existe pas Paris 1857 die Ecole polytechnique (p 19). [r 2 a, 2]

Ch F Viel mußte als Gegner der Ingenieurkonstruktion wie auch als Royalist Gegner der Ecole polytechnique sein. Er beklagt den Verfall der Architektur als Kunst »à dater de l'époque terrible, où le trône de nos Rois a été renversé«. Charles-François Viel: De la chute imminente de la science de la construction des bâtimens en France I Paris 1818 p 53 Das Studium der Architektur als Kunst sei schwieriger als das der mathematischen Lehre von der Konstruktion: Beweis, die vielen Preise, die den Schülern der Ecole polytechnique in diesem Fach zufallen. Verächtlich spricht der Verfasser von den neuen Ausbildungsstätten »ces institutions nouvelles où l'on professe tout ensemble« und schreibt auf derselben Seite: »Rendons ici hommage au Gouvernement qui a si bien jugé la différence qui existe entre les mathématiques et l'architecture, qu'il a conservé l'école spéciale de Paris, pour l'enseignement de cet art, et a recréé le pensionnat de Rome.« Charles-François Viel: De l'impuissance des mathématiques pour assurer la solidité des bâtimens Paris 1805 p 63 Viel betont (lc p 31/32) das Irrationale im echten Studium der

Architektur: »Les formes sont préexistantes à la construction et constituent essentiellement la théorie de l'art de bâtir.« Noch 1819 (De la chute ... II p 120) denunziert er »l'esprit du siècle sur les beaux arts en général, et qui la classe au rang des arts *industriels*.«

[r 2 a, 3]

Seit Napoleon I wurde ständig der Vorwurf gegen die Ecole polytechnique erhoben, sie gebe der praktischen Ausbildung eine zu umfängliche theoretische Unterlage. Sie führten ⟨sic⟩ 1855 zu Reformvorschlägen, gegen die sich Arago mit der größten Bestimmtheit wandte. Gleichzeitig verwahrt er sich auch gegen die Behauptung, die Schule sei eine Pflanzstätte revolutionären Geistes: »On m'a parlé d'un reproche adressé à l'instruction polytechnique, et suivant lequel les études mathématiques, celles du calcul différentiel et du calcul intégral par exemple, auraient pour résultat de transformer ceux qui s'y livrent en socialistes de la plus mauvaise espèce... Comment le promoteur d'un tel reproche n'a-t-il pas vu qu'il ne tendrait à rien moins qu'à ranger les Huyghens, les Newton, les Leibniz, les Euler, les Lagrange, les Laplace parmi les socialistes démagogues les plus fougueux? On est vraiment honteux d'être amené à faire de tels rapprochements.« Arago: Sur l'ancienne Ecole polytechnique Paris 1853 p 42 [r 3, 1]

Im »Curé de Village« den Balzac 1837 bis 1845 schrieb⟨,⟩ finden sich (im Briefe des Grégoire Gérard an seinen Gönner den Bankier Grossetête) sehr heftige Anklagen gegen die Ecole Polytechnique. Balzac befürchtet von dem forcierten Studium der exakten Wissenschaften verwüstende Einflüsse auf die geistige Konstitution und die Lebensdauer der Zöglinge. Noch kennzeichnender sind die folgenden Reflexionen: »Je ne crois pas qu'un ingénieur sorti de l'Ecole puisse jamais bâtir un de ces miracles d'architecture que savait élever Léonard de Vinci, à la fois mécanicien, architecte, peintre, un des inventeurs de l'hydraulique, un infatigable constructeur de canaux. Façonnés, dès le jeune âge, à la simplicité absolue des théorèmes, les sujets sortis de l'Ecole perdent le sens de l'élégance et de l'ornement; une colonne leur semble inutile, ils reviennent au point où l'art commence, en s'en tenant à l'utile.« H de Balzac: Le curé de village éd Siècle Paris p 184

[r 3, 2]

Die Rede Aragos in der Sache der fortifications richtet sich gegen den Rapport von Thiers und gegen Lamartine. Die Rede ist vom 29ten Januar

Ecole polytechnique

1841. Eines ihrer wichtigsten Stücke ist überschrieben: »Les forts détachés examinés par leur côté politique. Est-il vrai que les gouvernements n'aient jamais regardé les citadelles comme des moyens de maîtriser, d'opprimer les populations?« Daraus: »M. Thiers n'admet pas que pour faire rentrer les populations dans l'obéissance, aucun gouvernement se portât jamais à bombarder les villes ... Cette illusion fait assurément honneur à son humanité, à son goût pour les beaux-arts; mais ... peu de personnes la partageront... Aussi ... on a pu signer les protestations de 1833 contre les forts détachés, contre les bastilles, sans encourir les épithètes de béotiens, d'insensés et autres aménités analogues.« Arago: Sur les fortifications de Paris Paris 1841 p 87, 92-94 [r 3, 3]

Arago kämpft für die enceinte continue gegen die forts détachés: »Le but qu'il faut se proposer en fortifiant Paris, est évidemment de donner à cette immense ville les moyens de se défendre à l'aide de sa seule garde nationale, de ses ouvriers, de la population des environs et de quelques détachements de troupes de ligne ... Ceci convenu, les meilleurs remparts pour Paris seront ceux que la population trouvera les meilleurs; les remparts qui se coordonneront le plus intimement avec les goûts, les habitudes, les idées, les besoins de la bourgeoisie armée. Poser ainsi la question, c'est repousser entièrement le système des forts détachés. Derrière une enceinte continue, le garde national aura à toute heure des nouvelles de ses proches. En cas de blessure leurs soins ne lui manqueront pas. Dans une semblable position, les timides eux-mêmes vaudraient des soldats aguerris. On se ferait, au contraire, étrangement illusion en imaginant que des citoyens assujétis aux obligations journalières de chefs de famille, de chefs de commerce, iraient sans de vives répugnances s'enfermer entre les quatre murailles des forts; qu'ils se prêteraient à une séquestration complète, tout juste au moment où la difficulté des circonstances exigerait plus impérieusement leur présence au foyer domestique, au comptoir, au magasin, ou à l'atelier. J'entends déjà la réponse à ces graves difficultés: les forts seront occupés par la troupe de ligne! On reconnaît donc que dans le système des forts la population ne pourrait pas se défendre seule. C'est ... un immense, un terrible aveu.« Arago: Sur les fortifications de Paris Paris 1841 p 80/81 [r 3 a, 1]

Marx über die Juni-Insurrektion: »Damit die letzte Illusion des Volkes verschwinde, damit gänzlich mit der Vergangenheit gebrochen werde, mußte auch die gewohnte poetische Zutat der französischen Emeute, die enthusiastische Bourgeoisjugend, die Zöglinge der école polytechnique, die dreikrempigen Hüte auf der Seite der Unterdrücker stehen.« Karl Marx: Dem Andenken der Juni-Kämpfer [Karl Marx als Denker, Mensch und Revolutionär hg von D Rjazanov Wien Berlin ⟨1928⟩ p 36 ⟨]⟩ [r 3 a, 2]

Noch 1871 kommt Blanqui in seiner Verteidigungsstrategie von Paris auf die Nutzlosigkeit der Forts zurück, die Louis-Philippe gegen Paris errichtet hat. [r 3 a, 3]

Die nachrevolutionären Tendenzen der Architektur, die bei Ledoux zur Geltung kommen, sind durch abgelöste blockartige Baukörper gekennzeichnet, denen sich Treppen, Postamente oft »baukastenartig« anfügen. Man könnte in diesem Stil einen Reflex der napoleonischen Kriegskunst erblicken. Damit hängt das Bestreben zusammen, durch Massen bestimmte Wirkungen zu erzeugen. Nach Kaufmann »wollte die revolutionäre Baukunst Eindruck erwecken durch die gewaltigen Massen, die Wucht der Formen – daher die Vorliebe für das Ägyptische, die nicht erst der Napoleonische Feldzug hervorrief – und endlich durch die Behandlung des Materials. Die zyklopische Bossierung der Salinengebäude, die machtvolle Fügung des Justizpalastes von Aix, der tiefe Ernst des für diese Stadt bestimmten Gefängnisses ... geben von diesem Wollen Kunde.« Emil Kaufmann: Von Ledoux bis Le Corbusier Wien Leipzig 1933 p 29 [r 4, 1]

Ledoux' geplanter Zollgürtel von Paris: »Von Anbeginn steckte er sein Ziel möglichst hoch. Seine Barrieren sollten den Ruhm der Residenzstadt weithin verkünden. Von den mehr als 40 Wachthäusern glich nicht eines dem anderen, und in seinem Nachlaß fand sich noch eine Anzahl unausgeführter Pläne zu weiteren.« Emil Kaufmann: Von Ledoux bis Le Corbusier Ursprung und Entwicklung der autonomen Architektur Wien Leipzig 1933 p 27 [r 4, 2]

»Schon kurz nach 1800 war es so weit gekommen, daß die Ideen, die bei Ledoux und Boullée als elementare Ausbrüche leidenschaftlicher Naturen erscheinen, offiziell gelehrt wurden ... Nur drei Jahrzehnte liegen zwischen dem Alterswerk Blondels, das noch ... die Lehrmeinung der französischen Klassik verkörpert und dem ›Precis des leçons d'architecture‹ von Durand, dessen Wort in Empire und Nachempire maßgebenden Einfluß hatte. Es sind die drei Jahrzehnte, in die das Wirken Ledoux' fällt. Durand, der von der Ecole royale polytechnique in Paris die Norm verkündete, ... weicht in allen wesentlichen Punkten von Blondel ab. Sein Lehrbuch beginnt ... mit heftigen Angriffen gegen zwei berühmte Werke der klassisch-barocken Kunst. Sankt Peter in Rom samt dem dazugehörigen Platz und das Pariser Pantheon werden als Gegenbeispiele vorgeführt

Ecole polytechnique

... Während Blondel vor ›monotoner Planimetrie‹ warnt und die Prospektwirkung nie vergessen haben will, sieht Durand in den elementaren Planschemen die allein richtigen Lösungen.« Emil Kaufmann: Von Ledoux bis Le Corbusier Wien Leipzig 1933 p 50/51 [r 4, 3]

Die Institution des ponts et chaussées hatte das einzigartige Privileg gehabt, unangefochten durch die große Revolution zu kommen. [r 4 a, 1]

Die Schüler der école polytechnique bei Barthélemy:
    »Gloire à vous, jeunes gens de plaisirs et de fêtes!
    Quels bravos sont sortis de nos cœurs de poëtes
    Quand vous avez paru dans le poudreux chemin,
    Sous les habits du luxe, un fusil à la main!«
Barthélemy et Méry: L'insurrection Paris 1830 p 20 [r 4 a, 2]

Erste Notizen

Pariser Passagen ⟨I⟩

Der asphaltierte Fahrdamm in der Mitte: Personengespanne, vermenschte Kutschen   Prozession von vermenschten Kutschen
⟨A°,1⟩
Die Straße, die sich durch Häuser zieht   Bahn von einem Gespenste durch Häusermauern ⟨A°,2⟩
Menschen, die in diesen Passagen wohnen: Die Schilder mit den Namen haben nichts gemein mit denen, welche an ehrlichen Flurtüren hängen. Eher erinnern sie an die Tafeln, die an den Käfiggittern zoologischer Gärten weniger Wohnort als Namen und Herkunft von gefangenen Tieren enthalten. ⟨A°,3⟩
Welt von besondern geheimen Affinitäten: Palme und Staubwedel, Föhnapparat und die Venus von Milo, Champagnerflaschen, Prothesen und Briefsteller, ⟨abgebrochen⟩ ⟨A°,4⟩
Wenn wir als Kinder jene großen Sammelwerke »Weltall und Menschheit« oder »Die Erde« oder den letzten Band des »Neuen Universums« geschenkt bekamen, haben wir uns nicht alle zuerst auf die farbige »Steinkohlenlandschaft« oder auf eine »Tierwelt Europas zur Eiszeit« geworfen, hat uns nicht gleich auf den ersten Blick eine unbestimmte Verwandtschaft zwischen den Icht⟨h⟩yosaurern und Farren, den Mammuts und den Wäldern angezogen? Die gleiche Zugehörigkeit und Urverwandtschaft verrät uns aber die Landschaft einer Passage. Organische und anorganische Welt, niedrige Notdurft und frecher Luxus gehen die widersprechendste Verbindung ein, die Ware hängt und schiebt so hemmungslos durcheinander wie Bilder aus den wirresten Träumen   Urlandschaft der Konsumption ⟨A°,5⟩
Handel und Verkehr sind die beiden Komponenten der Straße. Nun ist der Passage deren erstes beinah abgestorben, ihr Verkehr ist rudimentär. Sie ist nur geile Straße des Handels, nur angetan, die Begierden zu wecken. Es ist darum garnicht rätselhaft, daß die Huren sich ganz von selber dahinein gezogen fühlen. Weil nun in dieser Straße alle Säfte stocken, wuchert die Ware an den Häuserfronten und geht neue und phantastische Verbindungen, wie die Gewebe in Geschwüren ein. ⟨A°,6⟩
Der Wille wälzt auf breiter Straße sich der Lust entgegen, und reißt als Wollust in sein trübes Bette was immer ihm in seinem Lauf begegnet als Fetisch, Talisman und Unterpfand des Schicksals mit hinein⟨,⟩ wälzt die faulen Trümmer von Briefen, Küssen und Namen mit sich hinab. Liebe dringt mit den tastenden

Fingern der Sehnsucht auf gewundner Straße vor. Ihr Weg verläuft im Innern des Liebenden, das unterm Bilde der Geliebten, die voranschwebt, sich ihm erschließt. Dies Bild erschließt es ihm zum ersten Male. Denn wie die Stimme der wahrhaft Geliebten in seinem Herzen eine Antwortstimme weckt, die er noch nie an sich vernommen hat, weckt die Worte, die sie spricht⟨,⟩ in ihm Gedanken dieses neuen vielmehr verborgenen ich, das ihm ihr Bild entdeckt, weckt ihre berührende Hand ⟨abgebrochen⟩ ⟨A°,7⟩

Spiel, in dem die Kinder aus gegebnen Worten einen ganz kurzen Satz zu bilden haben. Dieses Spiel scheinen die Auslagen aufzugeben: Ferngläser und Blumensamen, Schrauben und Noten, Schminke und ausgestopfte Ottern, Pelze und Revolver ⟨A°,8⟩

Maurice Renard hat in seinem Buch »Le péril bleu« geschildert wie Bewohner eines fremden Sterns erforschen, was auf dem Grund des Luftmeers – mit andern Worten auf der Oberfläche der Erde – für eine Flora und Fauna vorkommt. Diese Planetenbewohner sehen im Menschen dasselbe wie winzige ⟨?⟩ Fische der Tiefsee, nämlich Wesen, die auf ⟨dem⟩ Grunde eines Meeres hausen. So wenig wie wir den Druck der Luftsäule so wenig spürt der Fisch den des Wassers: das ändert nichts daran, daß beide Geschöpfe vom Grunde eines Meeresbodens bleiben. Mit der Betrachtung der Passagen setzt eine ganz verwandte Neuorientierung im Raum ein. In ihr gibt sich die Straße selber als ⟨x⟩ ausgewohntes Interieur zu erkennen: Als Wohnraum des Kollektivums, denn die wahren Kollektive als solche bewohnen die Straße: das Kollektiv ist ein ewig waches, ewig bewegtes Wesen, das zwischen Häuserwänden soviel erlebt, erfährt, erkennt, ersinnt wie Individuen im Schutze ihrer vier Wände. Ihm, diesem Kollektivum sind die emaillierten Firmenschilder so gut, und besser, ein Schmuck seiner Wände, wie der billige Öldruck dem trauten Heim. Mauern, mit ihrer »Défense d'Afficher« sind sein Schreibtisch, Zeitungskiosk⟨e⟩ seine Bibliotheken, Schaufenster seine verglasten, unzugänglichen Wandschränke, Briefkästen seine Bronzen, Bänke sein Schlafzimmermobiliar und die Kaffeeterrasse sein Erker, von dem er auf sein Hauswesen herabsieht. Wie an einem Gitter, wo die Steinsetzer den Rock anhängen, ehe sie zur Arbeit gehen, ist das Vestibül die versteckte Torfahrt, die in eine Flucht von Höfen leitet, ist ihm der Korridor, der Fremde schreckt und ihm der Schlüssel zu seiner Wohnung. ⟨A°,9⟩

Eine Fabrik von 5000nden für Hochzeiten und Bankette. Parures pour mariées. Vogelfutter in Schalen einer photographischen Dunkelkammer. – Mme de Consolis – Maîtresse de Ballets, Leçons, Cours,

Numéros, Mme de Zahna Cartomancienne – Affolantes Illusions, Etreintes secrètes ⟨A°,10⟩
Überall haben Strümpfe ihre Gastrollen, einmal liegen sie bei Photographien, dann in einer Puppenklinik, und einmal am Nebentisch eines Ausschanks, von einem Mädchen bewacht ⟨A°,11⟩
Die Passage als Brunnenhalle zu denken. Passagenmythos mit legendärer Quelle ⟨A°,12⟩
Es ist höchste Zeit, die Schönheiten des 19ten Jahrhunderts zu entdecken
⟨A°,13⟩
Passage und Bahnhof: ja / Passage und Kirche: ja / Kirche und Bahnhof: Marseille / ⟨A°,14⟩
Affiche und Passage: ja / Affiche und Gebäude / nein / Affiche und ⟨x⟩: offen / ⟨A°,15⟩
Schluß: Erotische Magie / Zeit / Perspektive / Dialektisches Umschlagen (Ware – Typ) ⟨A°,16⟩
. . . .
Es gibt, um noch einmal von Restaurants zu sprechen, für ihre Rangfolge einen fast untrüglichen Maßstab. Das ist, wie man leicht glauben wird, nicht die Preislage. Wir finden diesen unvermuteten Maßstab in der Lautfarbe, die uns empfängt, wenn ⟨abgebrochen⟩ ⟨B°,1⟩

Das Festliche, Besonnene, Geruhige der pariser Mahlzeit ermißt man besser noch als an den Gerichten an der Stille, die im pariser Lokal, vor ungedeckten Tischen und geweißten Wänden so gut wie im teppichbelegten und reichbespannten Dining-Room um einen ist. Den Lärm berliner Gaststätten, in dem die Gäste sich wichtig haben und Essen nur ein Vorwand oder eine Notdurft ist, findet man nirgends. Ich kenne eine⟨n⟩ ärmlichen dunklen Saal, wo mitten im Zentrum wenige Augenblicke nach zwölf die Midinetten aus den umliegenden Ateliers an langen Marmortischen sich versammeln. Sie sind die einzige Kundschaft, ganz unter sich und haben in ihrer kurzen Pause einander wenig zu erzählen. Und doch – es ist gerade nur ein Geflüster, aus dem sich immer noch das Klirren der Messer und Gabeln fein, zierlich, wie skandierend heraushebt. In einem »Rendez-vous des Chauffeurs« wie die kleinen Bistros sich gerne nennen, kann ein Poet und Denker sein Frühstück einnehmen und in einer internationalen Umgebung russischer, italienischer, französischer Taxifahrer seine Gedanken ein gut Stück fördern. Will er jedoch die ganze gesellige Stille eines öffen⟨t⟩lichen Mahles genießen, so wendet er sich nicht in eins der altberühmten, noch weniger der neuen schicken Restaurants sondern er sucht in einem entlegnen Quartier die neue pariser Moschee auf. Dort findet er neben dem inneren Garten mit seiner Fontäne, neben dem obligaten Bazar voller Teppiche, Stoffe und Kupfergeschirr drei, vier mäßig große von Ampeln erhellte mit niedrigen Tabou⟨r⟩etts und Divans bestellte Gelasse. Er muß freilich nicht nur der französischen Küche, die er für eine erlesen arabische eintauscht, sondern vor allem französischen Weinen Adee sagen. Trotzdem hatte die beste pariser Gesellschaft nach wenigen Monaten bereits die »Geheimnisse der Moschee« entdeckt und nimmt im kleinen Garten ihren Kaffee oder in einem der Sälchen ein spätes Diner. ⟨B°, 2⟩

Will man den unerschöpflichen Charme von Paris in wenigem umschreiben, so darf man sagen, es liegt in dieser Atmosphäre eine weise abgewogene Mischung, daß einer ⟨abgebrochen⟩ ⟨B°, 3⟩

Carus über Paris, die Atmosphäre und ihre Farben / Paris als Stadt der Maler   Chirico: die Palette von Grau ⟨B°, 4⟩

Es träumt sich sehr verschieden nach Gegend und Straße, vor allem aber ganz unterschieden nach Jahreszeiten und nach dem Wetter. Städtisches Regenwetter ist in seiner ganzen durchtriebenen Süße und seiner Lockung in die frühe Kindheit sich zurückzuziehen nur dem Kind einer Großstadt verständlich. Natürlich nivelliert es den Tag und bei Regenwetter kann man tagaus tagein dasselbe tun, Skat spielen, lesen, oder sich streiten, während Sonne ganz anders die Stunden schattiert und auch dem Träumer weniger freundlich ist. Darum muß man den ganzen Tag in aller Frühe umgehen, man muß vor allem früh aufstehen, um zum Müßiggang ein gutes Gewissen zu haben. Ferdinand Hardekopf, der einzige ehrliche Dekadent, den das deutsche Schrifttum hervorbrachte, und den ich von allen deutschen Dichtern, die jetzt in Paris sind, für den unproduktivsten und tüchtigsten halte, hat in der »Ode vom seligen Morgen«, die er Emmy Hennings gewidmet hat, dem Träumer für die sonnigen Tage die besten Schutzmaßregeln gewiesen. Es ist in der Geschichte der poètes maudits überhaupt das Kapitel von ihrem Kampf gegen die Sonne noch zu schreiben; die pariser Nebel, von denen wir eben sprachen, sind Baudelaire teuer gewesen. ⟨B°, 5⟩

. . . .

Jedes Jahr sagt man, wie weit der letzte quatorce juillet hinter den Vorgängern zurückgeblieben sei. Leider und ausnahmsweise war es diesmal wa⟨h⟩r. Grund: erstens kühles Wetter. Zweitens hatte diesmal die Stadt die Zuschüsse an die Festkomitees verweigert. Drittens ist der Franc in etwas stabilisiert. Nun weiß man, welche herrliche Basis für Volksfeste eine erschütterte Valuta ist. Voriges Jahr, als im Juli der Frank mitten im besten Sturz war, teilte die Währung ihren Elan dem verzweifelten Publikum mit. Man tanzte wie man selten vorher es getan hat. An den Straßenecken gab es das alte Bild: lange Ketten elektrischer Birnen, Estraden mit Musikern, breite Karrees von Gaffern. Aber die Dynamik der Tempos war unzweifelhaft schwächer, und das dreitägige Fest hat sich nicht ganz so tief in die Nacht erstreckt wie sonst. Dafür war aber seine Nachwirkung länger. Eine kleine Versammlung von Würfelbuden, fliegenden Zuckerbäckern, Schieß⟨ständen⟩ ⟨abgebrochen⟩
⟨C°,1⟩

Der Tod, die dialektische Zentralstation: die *Mode* das Zeitmaß.
⟨C°,2⟩

In der ersten Hälfte des vorigen Jahrhunderts wurden auch die Theater mit Vorliebe in die Passagen verlegt. In der Passage des Panoramas findet man das Théatre des Variétés, neben dem Kindertheater des M Comte, ein anderes das Gymnase des Enfants in der Passage de l'Opéra, wo es dann gegen 1896 das berichtende⟨?⟩ naturalist⟨isch⟩e Theater von Chirac gegeben hat: das Théatre de vérité, in dem ein nacktes Liebespaar Einakter gab. Noch heute findet man in der Passage Choiseul die Bouffes Parisiennes und wenn die übrigen Szenen ihren Platz haben räumen müssen, eröffnen die kleinen blanken Kabinette der Billetagenturen ⟨etwas⟩ wie einen Geheimgang in alle Theater. Aber das kann keine Darstellung davon geben, wie strikt ursprünglich die Verbindung von Passage und von Theater gewesen ist. Unter ... war es Sitte, Luxusmagazin⟨e⟩ nach den erfolgreichsten Vaudevilles der Saison zu benennen. Und da solche Galanteriewarenhandlungen zum großen Teil in den Passagen als der vornehmste Teil, so war diese Galerie streckenweise wie Attrappe eines Theaters. Mit diesen »Magasin⟨s⟩ de nouveautés« hatte ⟨es⟩ seine besondere Bewandtnis.
⟨C°,3⟩

Claretie spricht von der »perspective étouffée« gewisser Bilder und vergleicht mit ihr die Luftlosigkeit der Passagen. Aber deren Perspektive selbst läßt sich mit jener »erstickten« vergleichen und die ist wiederum genau die des Stereoskops. Das neunzehnte Jahrhundert ⟨abgebrochen⟩ ⟨C°,4⟩

Kräfte der Ruhe (der Tradition) die aus dem 19ten Jahrhundert hinüberwirken. Verstellte historische Traditionskräfte. Was wäre das 19te Jahrhundert uns, wenn Tradition uns mit ihm verbände? Wie sähe es als Religion oder Mythologie aus? Wir haben kein taktisches Verhältnis zu ihm. Das heißt, wir sind auf romantische Fernsicht in das historische Bereich erzogen. Rechenschaft vom unmittelbar überkommenen Erbe zu geben, ist wichtig. Aber noch ist es z.B. zu sammeln zu früh. Konkrete, materialistische Besinnung auf das Nächste ist gefordert. »Mythologie« wie Aragon sagt, rückt die Dinge wieder fern. Nur die Darlegung des uns Verwandten, uns Bedingenden ist wichtig. Das neunzehnte Jahrhundert, um mit den Surrealisten zu sprechen: sind die Geräusche, die in unsern Traum eingreifen, die wir im Erwachen deuten. ⟨C°,5⟩

Man wird einen Spaziergang durch Paris mit dem Apériti⟨f⟩ beginnen d.h. gegen 5 bis 6 Uhr. Ich möchte Sie nicht festlegen. Sie können Ihre Ausgangsstation an einem der großen Bahnhöfe nehmen: an der gare du nord wo es nach Berlin und an der gare de l'est wo es nach Frankfurt, an der gare St Lazare wo es nach London und an der gare de Lyon wie es ⟨xxxx⟩ ins PZM hinausgeht. Wollen Sie meine Meinung wissen, so rate ich zur gare St Lazare. Dort haben Sie nämlich halb Frankreich und halb Europa um sich: Namen wie Havre, Provence, Rome, Amsterdam, Constantinople ziehen sich durch die Straße wie süße Füllung durch eine Torte. Es ist das sogenannte Viertel Europe, in das die größten Städte Europas alle eine Straße als Träger ihres Prestiges entboten haben. Es herrscht eine ziemlich genaue und strenge Etikette in diesem diplomatischen Corps europäischer Straßen. Eine hebt sich gegen die andere sehr ab, haben sie miteinander zu tun – an den Ecken – so beggnen sie sich sehr höflich ohne alle Ostentation. Ein Fremder, dem man es nicht mitteilt, würde vielleicht garnicht bemerken, daß er sich hier in einem Hofstaat befindet. Der hier thront, ist eben ⟨aber?⟩ die gare St Lazare, eine rüstige, schmutzige Häuptlingsfrau, eine schallende, fauchende Fürstin aus Eisen und Rauch. Wir sind aber durchaus nicht genötigt, uns unbedingt an die Bahnhöfe zu halten. Bahnhöfe sind als Ausgangspunkt schön aber sie sind auch sehr schön als Endpunkt. Denken wir an die Plätze. Hier ist nun eine Unterscheidung erforderlich: wir haben geschichts-⟨?⟩ und namenlose. Also die place de la Bastille und die place de la République, die place de la Concorde und die place Blanche aber auch andere, von denen der Baumeister sagt, deren Namen man lange an einer Mauer sucht und manchmal vergeblich. Diese Plätze sind glückliche Zufälle, gleichsam im Stadtbild, stehen nicht unterm Patronat der Geschichte, wie die place Vendome oder die place de Grève, sind nicht von langer Hand geplant sondern ähneln architektonischen Improvisationen, Häusermengen, wo sich niedrige Bauten etwas regellos durcheinander tummeln. Auf diesen Plätzen haben die Bäume das Wort; die kleinsten Bäume geben hier dichten Schatten. Nachts aber steht ihr Laub gegen die Gaslaterne, wie durchsichtige ⟨x⟩ Früchte. Diese versteckten winzigen Plätze sind die kommenden ⟨?⟩ Gärten der Hesperiden. Nehmen wir also an, wir setzen uns gegen fünf auf die place St Julie zu einem Apériti⟨f⟩ nieder. Einer Sache dürfen wir damit gewiß ⟨sein:⟩ wir werden die einzigen Fremden sein und vielleicht nicht einmal einen Pariser neben uns haben. Und sollte doch ein Nachbar sich einstellen, so wird er eher den Eindruck eines Provinzlers⟨?⟩ machen, der da zum freundlichen Dämmerschoppen sich einfindet. Da ist ein kleine⟨s⟩ freimaurerische⟨s⟩ Geheimwort gefallen, an welche⟨m⟩ die fanatischen Parisbekenner, Franzosen wie Fremde, einander erkennen. Die⟨s⟩ Wort heißt »Provinz«. Mit einem Achselzucken lehnt der echte Pariser, und wenn er auch jahraus jahrein niemals auf Reisen ginge, es ab, ⟨Paris⟩ zu bewohnen. Er wohnt im treizième, oder im deuxième oder im dix-huitième, nicht in Paris sondern in ⟨seinem⟩ Arrondissement – im dritten, siebenten oder im zwanzigsten – und das ist Provinz. Vielleicht ist hier das Geheimnis der sanften Hegemonie der Stadt über Frankreich: daß sie im Herzen ihrer quartiers und ⟨d.h. der⟩ Provinzen in ihr Anderes aufgenommen hat, z.B. mehr Provinzen besitzt als ganz Frankreich. Denn es ⟨wäre⟩ stumpfsinnig hier nach der Ordnung der bürokratischen Katasterzeichen zu verfahren: Paris hat mehr als zwanzig Arrondissements und steckt voller Städte und Dörfer. Ein junger pariser Autor, Jacques de Lacretelle, hat kürzlich erst dieses

Spüren nach den geheimen pariser Distrikten, Provinzen der Arrondissements zum Thema seines träumerischen ⟨?⟩ Flanierens gemacht und einen Rêveur parisien geschrieben, aus dessen zwanzig Seiten wir vieles lernen. Paris hat seinen Süden mit seiner Riviera und einem Sandstrand, wo die pariser ⟨?⟩ Neubauten spielen, seine bretonische Nebel- und Regenküste am Seineufer ⟨?⟩, nicht weit vom Hotel de Ville seine burgundischen Marktwinkel, und seine verrufensten Hafengassen von Toulon und Marseille; natürlich nicht auf der butte Montmartre, sondern dicht hinter der reputierlichen place St Michel. Andere Stellen gibt es, die sehen aus, als sei über das Photo einer ⟨abgebrochen⟩ ⟨C°,6⟩

Und der versäumte angebrochene Abend, mit de⟨r⟩ zutraulichen Frage im Herzen der Stunde, das ist die Probe auf den geglückten, vollen Pariser Nachmittag, der viel zu schön ist, um nur ein Vestibul des Moulin Rouge zu sein. Wir werden um ein nächstes Mal im nächtlichen Paris uns umzutun, erst nach dem Diner unser ⟨x⟩ nehmen. ⟨C°,7⟩

. . . .

Surrealismus – vague de rêves – neue Kunst des Flanierens Neue Vergangenheit des XIX Jahrhunderts – Paris deren klassische Stätte. Hier hat die Mode den dialektischen Umschlageplatz zwischen Weib und Ware eröffnet. Ihr langer flegelhafter Kommis, der Tod mißt das Jahrhundert nach der Elle und macht wegen der Ersparnis selber den Mannequin und leitet persönlich den »Ausverkauf«, der auf französisch »Revolution« heißt. Und das alles wissen wir erst seit gestern. Wir sehen in die leeren Kontore, und wo ⟨?⟩ gestern das war ⟨?⟩ ... Stube. ⟨D°,1⟩

Die Mode war niemals etwas andres als: Provokation des Todes durch das Weib. Hier hat sie mit dem Sieg des Todes geendet. Er hat die Armatur der Huren als verdämmernde Trophäen an das Ufer der neuen Lethe gestiftet, die als Asphaltstrom die Passagen durchzieht. ⟨D°,2⟩

Und nichts von alledem, was wir hier sagen, ist wirklich gewesen. All das hat nie gelebt: so wahr nie ein Skelett gelebt hat, sondern nur ein Mensch. So wahr aber ⟨abgebrochen⟩ ⟨D°,3⟩

Pariser Passagen I 1001

Vergangen, nicht mehr zu sein arbeitet leidenschaftlich in den Dingen. Dem vertraut der Historiker seine Sache. Er hält sich an diese Kraft und erkennt die Dinge wie sie einem Augenblick des Nicht-mehr-Seins sind. Solche Denkmäler eines nicht mehr seins sind Passagen. Und die Kraft die in ihnen arbeitet, ist die Dialektik. Die Dialektik durchwühlt sie, revolutioniert sie, sie wälzt das oberste zu unterst, macht da sie nichts mehr von dem blieben was sie sind, aus Luxusstätten sie zu ⟨x⟩. Und nichts von ihnen dauert als der Name: Passagen, und: Passage du Panorama. Im Innersten dieser Namen arbeitet der Umsturz, darum halten wir eine Welt in den Namen der alten Straßen und nachts einen Straßennamen zu lesen kommt einer Verwanderung⟨?⟩ gleich. ⟨D°,4⟩

Mode als Parodie der (bunten) Leiche	Surrealismus
	Urlandschaft der Konsumption / Farben
	Einwohner
	Binnenräume
	Dialektischer Umschlag / Pariser Puppen
Mode ein Zwiegespräch mit dem Leib, ja mit der Verwesung.	Interieur / Salon
	Spiegel / Perspektive
	Theater / Dioramen
	Magasins de Nouveautés / Parisführer
Hohlform ist die Moderne gegossen	Mode / Zeit
	Lethe (Modern)

Straße als Interieur / der Salon / *der dialektische Umschlag*
Letzte Unterkunft der Ware ⟨D°,5⟩

Dies alles ist die Passage in unsern Augen. Und nichts von dem allen ist sie früher gewesen. Solange in ihr die Gas- ja die Öllampen gebrannt haben, waren sie Feenpaläste. Aber wenn wir auf dem Höhepunkt ihres Zaubers sie denken wollen, so stellen wir die Passage des Panoramas uns 1870⟨?⟩ vor, als sie: auf der einen Seite hing das Gaslicht, auf der andern flackerten noch die Öllampen. Der Niedergang beginnt mit der elektrischen Beleuchtung. Aber ein Niedergang war es im Grunde nicht, sondern genau genommen ein Umschlag. Wie Meuterer nach tagelanger Verschwörung einen befestigten Platz sich zu eigen machen, so riß mit einem Handstreich die Ware die Herrschaft über die Passagen an sich. Nun erst kam die Epoche der Firmen und Ziffern. Der innere Glanz der Passagen erlosch mit dem Aufflammen der elektrischen Lichter und verzog sich in ihre Namen. Aber nun wurde ihr Name wie ein Filter, der nur das innerste, die bittere Essenz des Gewesnen hindurchließ. (Diese wunderbare Kraft, die Gegenwart als innerste Essenz des Gewesnen zu destillieren, gibt ja für wahre Reisende⟨?⟩ dem Namen seine aufregende geheimnisvolle Macht.⟨)⟩   ⟨D°,6⟩

Architektur als wichtigstes Zeugnis der latenten »Mythologie«. Und die wichtigste Architektur des 19ten Jahrhunderts ist die Passage. – Versuch, aus einem Traum zu erwachen als bestes Beispiel des dialektischen Umschlagens. Schwierigkeit dieser dialektischen Technik.   ⟨D°,7⟩

. . . .

Marchand de lorgnettes   ⟨E°,1⟩
1893 werden den Kokotten die Passagen verboten   ⟨E°,2⟩
Musik in Passagen   »Laterne magique! Pièce curieuse!« mit diesem Ruf zog ein camelot durch die Straßen und stieg auf einen Wink in die Wohnungen hinauf, in denen er seine Laterne vorführte. Die Affiche der ersten Plakatausstellung zeigt charakteristischerweise eine laterna magica.   ⟨E°,3⟩
Schildkrötenmode von 1839. Tempo des Flanierens in den Passagen ⟨E°,4⟩
Namen von Magasins de Nouveautés (meist nach erfolgreichen Vaudevilles): La fille d'honneur / la Vestale / le page inconstant / le masque de fer / le coin de la rue / la lampe merveilleuse / le petit chaperon rouge / la petite Nanette / Chaumière allemande / Mamelouk   ⟨E°,5⟩
Enseigne eines Confiseurs »aux armes de Werther«. Gantier au ci-devant jeune homme   ⟨E°,6⟩
Olympia – Fortsetzung der Straße. Verwandtschaft mit der Passage.   ⟨E°,7⟩
Musée Grevin: cabinet des Mirages. Darstellung einer Verbindung von Tempel, Bahnhof, Passagen, Markthallen, wo verfaultes (phosphoreszierendes) Fleisch verkauft wird. Die Oper in der Passage. Katakomben in der Passage.   ⟨E°,8⟩
1857 die erste elektrische Straßenbeleuchtung in Paris (beim Louvre)
    ⟨E°,9⟩

Pariser Passagen I

Impasse Maubert naguère d'Amboise No 4 und 6 wohnte gegen 1756 eine Giftmischerin mit ihren beiden Helferinnen. Man fand sie eines morgens alle drei durchs Einatmen giftiger Gase getötet auf. ⟨E°,10⟩
In der passage de la réunion ehemals ein Hof, im sechzehnten Jahrhundert Stelldichein von Spitzbuben. Anfang des 19ten oder Ende des 18ten Jahrhunderts etabliert sich ein Händler mit Musselin (en gros) in der Passage. ⟨E°,11⟩
Zwei Vergnügungslokale 1799 Coblentz (für die rückkehrenden Emigranten) und Temple ⟨E°,12⟩
Charivari von 1836 hat ein Bild, das eine Affiche zeigt, die über die halbe Hausfront geht. Die Fenster sind ausgespart, außer einem, scheinbar, denn dort heraus lehnt ein Mann und schneidet das ihn störende Stück Papier fort. ⟨E°,13⟩
Das Gas wird anfänglich in Behältern für den Tagesbedarf in die mondänen Etablissements geschafft. ⟨E°,14⟩
Thurn⟨?⟩ als Georama in der galerie Colbert ⟨E°,15⟩
Félicien David: Le désert (vor ⟨von?⟩ Arabern gespielt) Christophe Colomb (panoramatische Musik) ⟨E°,16⟩
Passage du Pont-Neuf: in Zolas »Thérèse Raquin«, gleich zu Anfang, beschrieben (identisch mit der früheren passage Henri IV ⟨?⟩ ⟨E°,17⟩
Elie Nachmeron⟨?⟩ / Passagen: Bois de Boulogne (heute:) Caire, Commerce, Grosse Tête, Réunion ⟨E°,18⟩
⟨»⟩L'hiver, à la fameuse chaleur des lampes ...« Paul de Kock La grande ville IV ⟨E°,19⟩
Paul de Kock: »numéros du feu« vor den Spielhäusern ⟨E°,20⟩
Passage Vivienne – Portalskulpturen, Allegorien des Handels darstellend. In einem Mittelhof auf einem Sockel Kopie eines antiken Merkur ⟨E°,21⟩
Gründerjahre unter Louis XVIII ⟨E°,22⟩
Louis-Philippe verjagt die Prostitution aus dem Palais-Royal, schließt die Spielhäuser ⟨E°,23⟩
Einrichtung der Panoramen: Blick von einer erhöhen und von einer Balustrade umgebenen Plattform ringsum auf die gegenüber und darunter liegenden Flächen: die Malerei läuft an einer zylindrischen Wand entlang, hat ungefähr 100 m Länge und 20 m Höhe. Die hauptsächlichsten Panoramen von Prévost (dem großen Panoramenmaler: Paris, Toulon, Rom, Neapel, Amsterdam, Tilsit, Wagram, Calais, Antwerpen, London, Florenz, Jerusalem, Athen. Unter seinen Schülern Daguerre⟨⟩⟩ ⟨E°,24⟩
Lage der passage du Caire im verrufnen »Cour des Miracles« (s. Hugo:

Notre Dame de Paris) Man nannte sie cour des miracles, weil die Bettler, dort als an ihrem Zunftwohnort angekommen, die simulierten Krankheiten abwarfen. ⟨E°,25⟩

12 Februar 1790 Hinrichtung des Marquis de Favras (Anklage der gegenrevolutionären conspiration.) Die place des Grèves und der Gelfen mit Lampions behängt. ⟨E°,26⟩

Ein Straßburger Klavierfabrikant Schmidt machte die erste Guillotine ⟨E°,27⟩

Georama im XIVe arrondissement. Kleine Natur-Nachbildung von Frankreich ⟨E°,28⟩

Passage Vivienne die »solide« im Gegensatz zur Passage des panoramas. Im ersteren keine Luxusgeschäfte. Läden in der Passage des panoramas. Restaurant Véron, Marquis, cabinet de lecture, marchand de musique, caricaturiste, Théatre des Variétés (tailleurs, bottiers, merciers, marchands de vin, bonnetiers) ⟨E°,29⟩

Die Opernperspektive im Musée Grevin (zur passage de l'Opéra das Fantôme de l'Opéra zu vergleichen). ⟨E°,30⟩

Der (Karikaturist?) Aubert in dem passage Véro-Dodat. Marmorpflaster! ⟨E°,31⟩

Roi-Macon – Beiname von Louis-Philippe ⟨E°,32⟩

1863 publiziert Jacques Fabien »Paris en songe«. Er entwickelt darin wie Elektrizität durch die Überfülle von Licht vielfache Erblindung, durch das Tempo des Nachrichtendienstes Irrsinn hervorruft. ⟨E°,33⟩

Namen der Juweliere aus falschen Edelsteinen nachgebildet über dem Laden ⟨E°,34⟩

Übergang von der boutique zum magasin. Der Kaufmann kauft Vorrat für eine Woche und zieht in den Entresol. ⟨E°,35⟩

Um 1820 große Mode: Kaschmirs ⟨E°,36⟩

Ursprung der laterna magica. Erfinder Athanasius Kircher ⟨E°,37⟩

1757 gab es nur drei Cafés in Paris ⟨E°,38⟩

Zu re⟨ko⟩gnoszieren das Titelbild von Bd I des Hermite de la Chaussée d'Antin Paris 1813 ⟨E°,39⟩

»Dieu soit loué et mes boutiques aussi« Louis-Philippe in den Mund gelegt. ⟨E°,40⟩

Rachel bewohnte die passage Véro-Dodat ⟨E°,41⟩

Rue Franciade 84 »Passage du désir« menant jadis à un lieu galant ⟨E°,42⟩

Die Panoramen in der passage d⟨es⟩ Panorama⟨s⟩ wurden 1831 geschlossen ⟨E°,43⟩

Gutzkow berichtet, die Ausstellungssalons seien voll orientalischer Szenen, die für Algier begeistern sollen. ⟨E°,44⟩

Pariser Passagen I

Fragezettel zur Passagen-Arbeit
Kommt Plüsch erst unter Louis-Philippe auf? ⟨E°,45⟩
Was ist ein »Schubladenstück« (Gutzkow: Briefe aus Paris I, 84) –
(pièce à tiroirs?) ⟨E°,46⟩
In welchem Zeitmaß vollzog sich früher der Wechsel der Mode?
⟨E°,47⟩
Die Argotbedeutung von »bec-de-gaz« zu ermitteln und woher sie
stammt? ⟨E°,48⟩
Über Spiegelfabrikation nachzulesen ⟨E°,49⟩
Wann entsteht die Gewohnheit, den Straßen Namen zu geben, die
keine Beziehung auf sie selber haben sondern an einen berühm-
ten Mann etc. erinnern sollen? ⟨E°,50⟩
Unterschied von passage und cité? ⟨E°,51⟩
Frühe Schriften über Eisenbau, Technik des Fabrikbaus etc.?
⟨E°,52⟩
Was ist die Astrallampe? 1809 von Bordin-Marrell ⟨?⟩ erfunden
⟨E°,53⟩
Was sind atmosphärische Eisenbahnen von Vallance? ⟨E°,54⟩
Woraus das Apollinaire-Zitat bei Crevel? ⟨E°,55⟩
Woraus Picabias Vorschlag entnommen, zwei Spiegel gegen und in
einander schauen zu lassen? Ebenfalls bei Crevel zitiert. Als
Motto des Spiegelabschnitts ⟨E°,56⟩
Informationen über den Bau der lampe Carcel, in der ein Uhrwerk das Öl
in den Docht hinauftrieb, während die Argand-Lampe (Quinquets) das
Öl von oben aus einem Behälter in den Docht tropfen ließ und daher
einen Schatten erzeugte. ⟨E°,57⟩
Wo hat Charles Nodier gegen die Gasbeleuchtung geschrieben? ⟨E°,58⟩
Was ist »une psyché«? ⟨E°,59⟩
· ·
Die Stadt aus Märkten. So erscheint Riga als Magazin im Abend-
licht von der anderen Seite des Flusses. Wenn farbige Wolken
überm Meere sich sammeln, so sagt die chinesische Legende: die
Götter kommen zusammen um Markt zu halten. Sie nennt das
Hai-thi oder den Meermarkt. ⟨F°,1⟩
Vergleich der Passagen mit den gedeckten Hallen, in denen man Radeln
lernte. In diesen Hallen nahm das Weib die verführerischste Gestalt an:
als Radlerin. So steht sie auf den damaligen Plakaten. Chéret als Maler
dieser Frauenschönheit. ⟨F°,2⟩
Musik in Passagen. Sie scheint sich in diesen Räumen erst mit dem
Untergang der Passagen angesiedelt zu haben, d.h. zugleich erst im

Zeitalter der mechanischen Musik. (Grammophon. Das »Theatrophon« gewissermaßen sein Vorläufer.) Und doch gab es Musik im Geiste der Passagen, eine panoramatische Musik, die man jetzt nur noch in altmodisch-vornehmen Konzerten, etwa von der Kurkapelle in Monte-Carlo zu hören bekommt: die panoramatischen Kompositionen von David (Le désert, Herculanum) ⟨F°,3⟩
Die neun Musen des Surrealismus: Luna, Cleo de Merode, Kate Greenaway, Mors, Friederike Kempner, Baby Cadum, Hedda Gabler, Libido, Angelika Kauffmann, die Gräfin Geschwitz ⟨F°,4⟩
Im Schlachtendampf der Bilderbogen wohnt Dampf, in dem die Geister (aus 1001 Nacht) aufsteigen. ⟨F°,5⟩
Es gibt eine völlig einzigartige Erfahrung der Dialektik. Die zwingende, die drastische Erfahrung, die alles »Allgemach« des Werdens widerlegt und alle scheinbare »Entwicklung« als eminenten durchkomponierten dialektischen Umschlag erweist, ist das Erwachen aus dem Traum. Für den dialektischen Schematismus, der diesem magischen Vorgang zugrunde liegt, haben die Chinesen in ihrer Märchen- und Novellen-Literatur den radikalsten Ausdruck gefunden. Und somit präsentieren wir die neue, die dialektische Methode der Historik: mit der Intensität eines Traumes das Gewesene durchzumachen, um die Gegenwart als die Wachwelt zu erfahren, auf die der Traum sich bezieht! (Und jeder Traum bezieht sich auf die Wachwelt. *Alles* frühere ist historisch zu durchdringen.) ⟨F°,6⟩
Das Erwachen als ein stufenweiser Prozeß, der im Leben des Einzelnen wie der Generation sich durchsetzt. Schlaf deren Primärstadium. Die Jugenderfahrung einer Generation hat viel gemein mit der Traumerfahrung. Ihre geschichtliche Gestalt ist Traumgestalt. Jede Epoche hat diese Träumen zugewandte Seite, die Kinderseite. Für das vorige Jahrhundert sind es die Passagen. Während aber die Erziehung früherer Generationen in der Tradition, der religiösen Unterweisung, ihnen diese Träume gedeutet hat, läuft heutige Erziehung einfach auf die »Zerstreuung« der Kinder hinaus. Was hier im folgenden gegeben wird, ist ein Versuch zur Technik des Erwachens. Die dialektische, die kopernikanische Wendung des Eingedenkens (Bloch). ⟨F°,7⟩
Langeweile und Staub. Traum ein Mantel, den man nicht wenden kann. Außen die graue Langeweile (des Schlafens). Schlafzustand, d.h. hypnotischer der verstaubten Figuren des Musée Grevin. Ein Schlafender ist nicht gut in Wachs darstellbar. Langeweile ist immer die Außenseite des unbewußten Geschehens. Darum konnte sie den großen Dandys als vornehm erscheinen. Wie ja gerade ⟨?⟩ der Dandy die neue Kleidung verachtet; was er trägt muß leicht abgenutzt erscheinen. Gegen eine Traumtheorie, derzufolge uns »Seelen« erscheinen, die Welt, in der die Pointe fortfällt. Wie ist sie? ⟨F°,8⟩
Passagen: Häuser, Gänge, die keine Außenseite haben. Wie der Traum.
⟨F°,9⟩

Musenkatalog: Luna, die Gräfin Geschwitz, Kate Greenaway, Mors, Cleo de Merode, Dulcinea ⟨Variante: Hedda Gabler⟩, Libido, Baby Cadum und Friederike Kempner ⟨F°, 10⟩
Und Langeweile ist das Gitterwerk, vor dem die Kurtisane den Tod neckt
⟨F°, 11⟩
Il y a, au fond, deux manières de philosophie et deux sortes de noter les pensées: l'une c'est les semer sur la neige – ou bien si vous voulez mieux dans l'argile des pages, Saturn est le lecteur pour en contempler la croissance, voire pour en r⟨é⟩colter leur fleur, le sens, ou leur fruit, le verbe. L'autre c'est dignement les enterrer et ériger comme sépulture l'image, la métaphore, marbre froid et infécond, au dessus de leur tombe. ⟨F°, 12⟩
Verborgenster Aspekt der großen Städte: dieses geschichtliche Objekt der neuen Großstadt mit ihren uniformen Straßen und unabsehbaren Häuserreihen hat sie erträumte Architekturen der Alten: die Labyrinthe verwirklicht. Mann der Menge. Trieb, der die großen Städte zum Labyrinth macht. Vollendung durch die gedeckten Gänge der Passagen.
⟨F°, 13⟩
Perspektive: Plüsch für Seide⟨?⟩. Plüsch der Stoff der Ära Louis-Philippe
⟨F°, 14⟩
Die Selbstphotographie und das Abrollen des gelebten Lebens vor Sterbenden. Zwei Arten der Erinnerung (Proust) Verwandtschaft dieser Art Erinnerung mit dem Traum ⟨F°, 15⟩
Hegel: an sich – für sich – an und für sich. Diese Stufenfolgen der Dialektik werden in der Phänomenologie Bewußtsein – Selbstbewußtsein – Vernunft ⟨F°, 16⟩
Tonleitern im Worte »passage« ⟨F°, 17⟩
»Les averses ont donné naissance à bien des aventures.« Abnehmende magische Kraft des Regens, Imperméable ⟨F°, 18⟩
Was die Großstadt der Neuzeit aus der antiken Konzeption des Labyrinths gemacht hat. Sie hat es, durch die Straßennamen, in die Sphäre der Sprache erhoben, aus dem Straßennetz, in den sie ⟨x⟩ benannte ⟨x⟩ innerhalb der Sprache ⟨x⟩ ⟨F°, 19⟩
Die Stadt hat, was sonst nur den wenigsten Worten zugänglich war – einer privilegierten Kaste von Worten: den Namen – allen oder doch einer großen Menge möglich gemacht: in den Adelstand des Namens erhoben zu werden. Und diese größte Revolution in der Sprache, wurde vom allergemeinsten: von der Straße vollzogen. Und eine gewaltige Ordnung tritt darin zum Vorschein, daß alle Namen in den Städten aneinanderstoßen ohne Influenzen ⟨?⟩ aufeinander auszuüben. Ja selbst die allzu sehr genutz⟨t⟩en, halb schon Begriff gewordnen Namen der großen Männer

passieren hier noch einmal ein Filter und gewinnen das Absolute zurück, die Stadt ist durch die Straßennamen Abbild eines sprachlichen Kosmos.
⟨F°, 20⟩

Erst das Zusammentreffen zweier verschiedener Straßen*namen* macht die Magie der »Ecke«. ⟨F°, 21⟩

Straßennamen senkrecht angeschrieben (wann? ⟨x⟩buch? jedenfalls ein deutsches). Zur Invasion der Lettern. ⟨F°, 22⟩

Die Struktur von Büchern wie »La grande ville« »Le diable à Paris« »Les Français peint par eux-mêmes« ist eine literarische Erscheinungsform, die den Stereoskopen, Panoramen etc. entspricht. ⟨F°, 23⟩

Das Wahre hat keine Fenster. Das Wahre sieht nirgends zum Universum hinaus. Und das Interesse an Panoramen ist, die wahre Stadt zu sehen. »Die Stadt in der Flasche« – die Stadt im Hause. Was im *fensterlosen* Hause steht, ist das Wahre. So ein fensterloses Haus ist das Theater. Daher die ewige Lust an ihm; daher die Lust auch an den fensterlosen Rotunden, den Panoramen. Im Theater, nach Beginn der Vorstellung bleiben die Türen geschlossen. Passanten in den Passagen sind gewissermaßen Bewohner eines Panoramas. Die Fenster dieses Hauses gehen auf sie hinaus. Sie werden aus den Fenstern heraus betrachtet, können aber nicht selber hineinsehen. ⟨F°, 24⟩

Laubmalereien der Bibliothèque Nationale. Diese Arbeit ist ... entstanden. ⟨F°, 25⟩

Mit den dramatischen Schildern der Magasins de nouveautés tritt »die Kunst in den Dienst des Kaufmanns«. ⟨F°, 26⟩

Die persische Mode tritt in der Manie der »Magazine« heraus.
⟨F°, 27⟩

Schicksal der Straßennamen in den Gewölben der Metro. ⟨F°, 28⟩

Über die eigentümliche Wollust im Benennen von Straßen. Jean Brunet: Le Messianisme, organisation générale Paris. Sa constitution générale Première Partie Paris (1858) »rue du Sénégal« »place d'Afrique« bei dieser Gelegenheit einiges über die place d⟨u⟩ Maroc. Auch Denkmäler werden in diesem Buche entworfen. ⟨F°, 29⟩

Rote Lichter als Eingang in den Hades der Namen. Verbindung von Name und Labyrinth in der Métro ⟨F°, 30⟩

Caissière als Danae ⟨F°, 31⟩

Den wahren Ausdruckscharakter der Straßennamen erkennt man, wenn man mit den Reformvorschlägen zur Normierung sie vergleicht.
⟨F°, 32⟩

Prousts Äußerung über die rue de Parme und die rue du Bac ⟨F°, 33⟩

Am Schlusse von »Matière et Mémoire« entwickelt Bergson, Wahrnehmung sei eine Funktion der Zeit. Würden wir, so darf man sagen, gelassener, nach einem anderen Rhythmus leben, so gäbe es nichts »Bestehendes« für uns; sondern alles geschähe vor unsern Augen, alles stieße uns zu. So aber ist es eben im Traum. Um die Passagen aus dem Grunde zu verstehen, versenken wir sie in die tiefste Traumschicht, reden von ihnen so als wären sie uns zugestoßen. Ganz ähnlich betrachtet ein Sammler die Dinge. Dem großen Sammler stoßen die Dinge zu. Wie er ihnen nachstellt und auf sie trifft, welche Veränderung in allen Stücken ein neues Stück, das hinzutritt, bewirkt, das alles zeigt ihm seine Sachen in ständigem Fluten aufgelöst wie Wirkliches im Traum. ⟨F°, 34⟩

Bis ca 1870 herrscht der Wagen. Flanieren zu Fuß fand vornehmlich in den Passagen statt. ⟨F°, 35⟩

Rhythmus des Wahrnehmens im Traum: Geschichte von den drei Trollen ⟨F°, 36⟩

. . . .

»Il explique que la rue Grange-Batelière est particulièrement poussiéreuse, qu'on se salit terriblement dans la rue Réaumur.« Aragon: Paysan de Paris ⟨Paris 1926⟩ p 88 ⟨G°, 1⟩

»Les plus grossiers papiers peints qui tapissent les murs des auberges se creuseront comme de splendides dioramas.« Baudelaire: Paradis artificiels p 72 ⟨G°, 2⟩

Baudelaire über Allegorie (sehr wichtig!) Paradis artificiels p 73 ⟨G°, 3⟩

»Il m'est arrivé plusieurs fois de saisir certains petits faits qui se passaient sous mes yeux et de leur trouver une physionomie originale dans laquelle je me plaisais à discerner l'esprit de cette époque. ›Ceci, me disais-je, devait se produire aujourd'hui et ne pouvait être autrefois. C'est un signe du temps.‹ Or, j'ai retrouvé neuf fois sur dix le même fait avec des circonstances analogues dans de vieux mémoires ou dans de vieilles histoires.« A. France Le jardin d'Epicure p 113 ⟨G°, 4⟩

Die Figur des Flaneurs. Er gleicht dem Haschischesser, nimmt den Raum in sich auf wie dieser. Im Haschischrausch beginnt der Raum uns anzublinzeln: »Nun, was mag denn in mir sich alles zugetragen haben?« Und mit der gleichen Frage macht der Raum an den Flanierenden sich heran. Der kann ihr in keiner Stadt bestimmter als hier antworten. Denn über keine ist mehr geschrieben worden und über Straßenzüge weiß man hier mehr als anderswo von der Geschichte ganzer Länder. ⟨G°, 5⟩

Tod und Mode   Rilke, die Stelle in den Duineser Elegien. ⟨G°, 6⟩

Charakteristisch für den Jugendstil sind die ganzfigürlichen Plakate. Solange der Jugendstil dauert, gönnte der Mensch den Dingen nicht die riesige, silberne Spiegelfläche und nahm sie ganz für sich selber in Anspruch. ⟨G°,7⟩
Definition des »Modernen« als das Neue im Zusammenhange des immer schon dagewesenen. ⟨G°,8⟩
»Die findigen Pariserinnen ... bedienten sich, um ihre Moden leichter zu verbreiten, einer besonders augenfälligen Nachbildung ihrer neuen Schöpfungen, nämlich der Modepuppen. ... Diese Puppen, die noch im 17. und 18. Jahrhundert eine große Rolle spielten, wurden, wenn sie ihre Tätigkeit als Modebild beendet hatten, den Mädchen zum Spielen überlassen.« Karl Gröber: Kinderspielzeug aus alter Zeit Berlin 1928 p. 31/32 ⟨G°,9⟩
Die Perspektive im Wandel der Jahrhunderte. Barocke Galerien. Guckkastenbild des 18ten Jahrhunderts ⟨G°,10⟩
Witze mit »rama« (nach diorama) bei Balzac im Beginn des Père Goriot
⟨G°,11⟩
Rückert: die Urwälder im Kleinen ⟨G°,12⟩
Gebiete urbar zu machen, auf denen bisher nur der Wahnsinn wuchert. Vordringen mit der geschliffnen Axt der Vernunft und ohne rechts noch links zu sehen, um nicht dem Grauen anheimzufallen, das aus der Tiefe des Urwalds lockt. Aber aller Boden mußte einmal von der Vernunft untergemischt, vom Gestrüpp des Wahns und des Mythos gereinigt werden. Dies soll für den des 19ten Jahrhunderts hier geleistet werden.
⟨G°,13⟩
Mikrokosmische Reise, die der Träumende durch die Bereiche des eigenen Körpers macht. Denn ihm geht es wie dem Wahnsinnigen: die Geräusche aus dem Innern des eignen Körpers, die dem Gesunden sich zur Brandung der Gesundheit sich zusammenfügen, die ihm gesunden Schlaf bringt, wenn er sie nicht gar überhört, dissoziieren sich ihm: Blutdruck, Bewegungen der Eingeweide, Herzschlag, Muskelempfindungen werden ihm einzeln bemerkbar und verlangen Erklärung, die Wahn oder Traumbild bereithalten. Diese geschärfte Aufnahmefähigkeit hat das träumende Kollektivum, das in die Passagen sich als in das Innere seines eigenen Körpers vertieft. Ihm müssen wir nachgehen, um das 19te Jahrhundert als sein Traumgesicht zu deuten. ⟨G°,14⟩
Rauschen in dem gemalten Laub in den Volutenfeldern der Bibliothèque Nationale – das machen die vielen umgeblätterten Buchseiten, die hier ständig umgeschlagen werden. ⟨G°,15⟩
Heidelandschaft, alles bleibt immer neu, immer dieselbe (Kafka: Prozeß)
⟨G°,16⟩
Das Moderne, die Zeit der Hölle. Die Höllenstrafen sind jeweils das

Neueste, was es auf diesem Gebiete gibt. Es handelt sich nicht darum, daß »immer wieder dasselbe« geschieht (a fortiori ist hier nicht von ewiger Wiederkunft die Rede) sondern darum, daß das Gesicht der Welt, das übergroße Haupt, gerade in dem, was das Neueste ist, sich nie verändert, daß dies »Neueste« in allen Stücken immer das nämliche bleibt. Das konstituiert die Ewigkeit der Hölle und die Neuerungslust des Sadisten. Die Totalität der Züge zu bestimmen, in denen dies »Moderne« sich ausprägt, heißt die Hölle darstellen. ⟨G°, 17⟩
Zum Jugendstil: Péladan ⟨G°, 18⟩
Vorsichtige Untersuchung, in welchem Verhältnis die Optik des Myrioramas zu der Zeit des Modernen, des Neuesten steht. Sie sind gewiß als die Grundkoordinaten dieser Welt zugeordnet. Es ist eine Welt strikter Diskontinuität, das Immer-Wieder-Neue ist nicht Altes, das bleibt, noch Gewesenes, das wiederkehrt, sondern das von zahllosen Intermittenzen gekreuzte Eine und Selbe. (So lebt der Spieler in der Intermittenz.) Die Intermittenz macht, daß jeder Blick im Raum auf eine neue Konstellation trifft. Intermittenz das Zeitmaß des Films. Und was sich daraus ergibt: Zeit der Hölle und Ursprungskapitel im Barockb⟨uch⟩.
⟨G°, 19⟩
Alle wahre Einsicht bildet Wirbel. Zeitig wider die Richtung des kreisenden Stromes schwimmen   Wie in der Kunst das entscheidende ist: Natur gegen den Strich bürsten. ⟨G°, 20⟩
Perspektivcharakter der Krinoline mit den vielfachen Volants. Früher sechs Unterröcke zumindest wurden darunter getragen. ⟨G°, 21⟩
Wildes Salome – Jugendstil – zum ersten Mal Zigarette. Die Lethe fließt in den Ornamenten des Jugendstils. ⟨G°, 22⟩
»Puppe von Tragant⟨?⟩«   Rilkes Schrift über Puppen ⟨G°, 23⟩
Glas über Ölbildern – erst im neunzehnten Jahrhundert? ⟨G°, 24⟩
Physiologie des Winkens. Der Götterwink (s. Einleitung zu Heinles Nachlaß)   Das Winken von der Postkutsche aus, im organischen Rhythmus der trabenden Pferde. Das sinnlose, verzweifelte, schneidende Winken vom ausfahrenden Zug her. Das Winken hat sich in den Bahnhof verirrt. Dagegen das Winken Unbekannten zu, die im fahrenden Zuge vorbeikommen. Dies vor allem bei Kindern, die in den lautlosen, fremden, niewiederkehrenden Menschen Engeln zuwinken. (Sie winken freilich auch dem fahrenden Zug.) ⟨G°, 25⟩
Orpheus, Eurydike, Hermes auf dem Bahnhof. Orpheus der Zurückbleibende. Eurydike unter⟨?⟩ Küssen. Hermes Stations-

vorsteher mit der Signalscheibe. Dies ein neoklassizistisches Motiv. Mit dem Neoklassizismus von Cocteau, Strawinsky, Picasso, Chirico etc hat es diese Bewandtnis: der Übergangsraum des Erwachens, in dem wir jetzt leben, wird mit Vorliebe von Göttern durchzogen. Dieses Durchziehen des Raumes durch Götter ist blitzartig zu verstehen. Auch darf dabei nur an bestimmte Götter gedacht werden. Vor allem an den Hermes, den männlichen Gott. Es ist bezeichnend, daß im Neoklassizismus die Musen, die für den humanistischen so wichtig sind, nichts bedeuten. Übrigens gehört in die Zusammenhänge des Neoklassizismus auch vieles bei Proust: Götternamen. Auch ist die Bedeutung der Homosexualität bei ihm nur von hier aus zu fassen. Allgemeiner gehört in diesen Raum die fortschreitende Nivellierung des Unterschiedes zwischen Männlichem und Weiblichem in der Liebe. Vor allem aber ist bei Proust wichtig der Einsatz des ganzen Werkes an der im höchsten Maße dialektischen Bruchstelle des Lebens, dem Erwachen. Proust beginnt mit einer Darstellung des Raums des Erwachenden. – Das worin der Neoklassizismus grundsätzlich fehlt, ist, daß er den vorbeiziehenden Göttern eine Architektur baut, die die Grundbeziehungen ihres In-Erscheinung-Tretens verleugnet. (Eine schlechte, reaktionäre Architektur.) ⟨G°, 26⟩

Es ist eine der stillschweigenden Voraussetzungen der Psychoanalyse, daß die konträre Gegensatzstellung von Schlaf und Wachen für den Menschen oder überhaupt die empirischen Bewußtseinseindrücke keine Geltung hat, sondern einer unendlichen Varietät von Bewußtseinszuständen weicht, die jede durch den Grad von Wachheit aller geistigen und leiblichen Zentren bestimmt werden. Diesen durchaus fluktuierenden Zustand eines zwischen Wachen und Schlaf jederzeit vielspältig zerteilten Bewußtseins, hat ⟨man⟩ vom Individuum aus aufs Kollektiv zu übertragen. Tut man das, so ist für das 19te Jahrhundert offenbar, daß die Häuser die Traumgebilde seiner am tiefsten schlummernden Schicht sind. ⟨G°, 27⟩

. . . .

Alle Kollektivarchitektur des 19ten Jahrhunderts stellt das Haus des träumenden Kollektivs. ⟨H°, 1⟩
Bahnhofs-Traumwelt des Abschieds (Sentimentalität) ⟨H°, 2⟩
Fortlaufende Zuordnung der verschiednen architektonischen Kapseln zu Traumhausgebilden. ⟨H°, 3⟩

Erdatmosphäre als untersceisch. ⟨H°,4⟩
Queue der Männer um die Frau, der sie den Hof machen. Schleppe
aus Bewerbern. ⟨H°,5⟩
»esprit de masque« – wann kam diese Redewendung auf? ⟨H°,6⟩
Einsturz der eisernen Markthallen von Paris 1842 ⟨H°,7⟩
Dennery: Caspar Hauser, Maréchal Ney, Le naufrage de La Pérouse
(1859). Le tremblement de terre de la Martinique (1843) Bohémiens de
Paris (1843) ⟨H°,8⟩
Louis François Clairville: Les sept châteaux du diable (1844) Les pommes
de terre malades (1845) Rothomago (1862) Cendrillon (1866) ⟨H°,9⟩
Duveyrier ⟨H°,10⟩
Dartois ⟨H°,11⟩
Spezialität maßgebend für die grundlegende⟨?⟩ Differenzierung des Dar-
gestellten nach Käufer- und Sammlerinteressen. Hier liegt der histo-
risch-materialistische Schlüssel für die Genremalerei. ⟨H°,12⟩
Wiertz der Maler der Passagen: »Die übereilte Beerdigung« »Der
Selbstmord« »Das verbrannte Kind« »Die Romanleserin« »Hun-
ger, Irrsinn und Verbrechen« »Gedanken und Gesichte eines
Geköpften« »Der Leuchtturm von Golgatha« »Eine Sekunde
nach dem Tode« »Die Macht des Menschen kennt keine Grenze«
»Die letzte Kanone«: (in diesem letzten Bilde: Luftschiffe und
himmlische Dampfwagen als die Verkünder des errungenen
Friedens!⟨)⟩ Bei Wiertz »Trugbilder«. Unter dem »Triumph des
Lichts«: »In riesenhaften Dimensionen auszuführen«. Eine zeit-
genössische Stimme bedauert, daß man Wiertz nicht z.B.
»Eisenbahnhöfe« zum Ausmalen gegeben habe. ⟨H°,13⟩
Das Bild jener Salons geben, in deren schwellenden Behängen der Blick sich
verfing, in deren Standspiegel sich Kirchenportale, in deren caisseu-
sen⟨?⟩ sich Gondeln vor dem Blick dessen öffneten, der sie betet und auf
den das Gaslicht aus einer gläsernen Kugel hierniederschien wie der
Mond. ⟨H°,14⟩
Wichtig ist die zwiefache Art der Tore in Paris Grenzpforten und
Triumphtore. ⟨H°,15⟩
Zum heutigen Rhythmus, der ja diese Arbeit bestimmt. Sehr
charakteristisch ist im Kino das Widerspiel zwischen dem durchaus stoßweisen der Bilderfolge, die jenem tiefsten Bedürfnis
dieses Geschlechts genugtut, den »Fluß« der »Entwicklung«
desavouiert zu sehen und der gleitenden Musik. Bis ins letzte aus
dem Bild der Geschichte »Entwicklung« herauszutreiben und
das Werden durch dialektische Zerreißung in Sensation und

Tradition als eine Konstellation im Sein darzustellen, ist auch die Tendenz dieser Arbeit. ⟨H°, 16⟩
Abgrenzung der Tendenz dieser Arbeit gegen Aragon: Während Aragon im Traumbereiche beharrt, soll hier die Konstellation des Erwachens gefunden werden. Während bei Aragon ein impressionistisches Element bleibt – die »Mythologie« – (und dieser Impressionismus ist für die vielen gehaltlosen Philosopheme des Buches verantwortlich zu machen) geht es hier um Auflösung der »Mythologie« in den Geschichtsraum. Das freilich kann nur geschehen durch die Erweckung eines noch nicht bewußten Wissens vom Gewesenen. ⟨H°, 17⟩
Interieurs unserer Kinderzeit als Laboratorien zur Darstellung von Geistererscheinungen. Versuchsbeziehungen. Das verbotene Buch. Tempo des Lesens; zwei Ängste, in verschiednen Ebenen, rasen um die Wette   Der Bücherschrank mit den Butzenscheiben, dem es entnommen wurde. Die Impfung mit Geistererscheinungen. Das andere Schutzmittel: die »Trugbilder«.
⟨H°, 18⟩
Die Dichtung der Surréalisten behandelt die Worte wie Firmennamen und verfaßt Texte, die in Wahrheit Prospekte von Unternehmen sind, die sich noch nicht etabliert haben. In den Firmennamen nisten die Qualitäten, die man ehemals in den Urworten suchen wollte. ⟨H°, 19⟩
Daumier⟨?⟩, Grandville – Wiertz – ⟨H°, 20⟩
. . . .
F. Th. Vischer: Mode und Zynismus Stuttgart 1879 ⟨I°, 1⟩
Aufstand der Anekdoten. Die Epochen, Strömungen, Kulturen, Bewegungen betreffen das leibliche Leben nur immer in ein und derselben, gleichbleibenden Weise. Es hat keine Epoche gegeben, die sich nicht im exzentrischsten Sinne »modern« fühlte und unmittelbar vor einem Abgrund zu stehen vermeinte. Ein verzweifelt helles Bewußtsein der entscheidenden »Krisis« ist in der Menschheit chronisch. Jede Zeit erscheint sich ausweglos neuzeitig. Das »Moderne« aber das die Menschen leiblich betrifft ist genau in dem Sinne verschieden wie die verschiedenen Aspekte ein und desselben Kaleidoskops. – Die Konstruktionen der Geschichte sind Instruktionen vergleichbar, die das wahre Leben kommandieren und kasernieren. Dagegen der Straßenaufstand der Anekdote. Die Anekdote rückt uns die Dinge räumlich heran, läßt sie in unser Leben treten. Sie stellt den strengen Gegensatz zur Geschichte dar, welche die »Einfühlung« verlangt, die alles abstrakt macht. *›Einfühlung‹ darauf läuft Zeitunglesen hinaus.* Die wahre Methode die Dinge sich gegenwärtig zu machen, ist: sie in unserm Raum (nicht uns in ihren) vorzustellen. Dazu vermag nur die Anekdote uns zu bewegen. Die Dinge so vorgestellt, dulden keine vermittelnde

Konstruktion aus »großen Zusammenhängen⟨«⟩. – Es ist auch der Anblick großer vergangner Dinge – Kathedrale von Chartres, Tempel von Pästum – in Wahrheit ein sie in unserm Raum empfangen (nicht Einfühlung in ihre Erbauer oder Priester). Nicht wir versetzen uns in sie: sie treten in unser Leben. – Die gleiche Technik der Nähe ist den Epochen gegenüber, kalendarisch, zu beachten. Stellen wir uns vor, ein Mann stirbt mit genau fünfzig Jahren am Geburtstag seines Sohnes, dem es wieder ebenso ergeht, etc – so ergibt sich: seit Christi Geburt haben noch keine vierzig Menschen gelebt. Zweck dieser Fiktion: auf die historischen Zeiten einen dem Menschenleben adäquaten, ihm sinnfälligen Maßstab anzuwenden. Dieses Pathos der Nähe, der Haß gegen die abstrakte Konfiguration des Menschenlebens in Epochen hat die großen Skeptiker beseelt. Anatole France ist ein gutes Beispiel dafür. Zum Gegensatz von Einfühlung und Vergegenwärtigung: Jubiläen Leopardi 13 ⟨I°, 2⟩

Benda berichtet, wie ein Deutscher erstaunte als er vierzehn Tage nach dem Bastille-Sturm in Paris an der Table d'hote saß und keiner von Politik sprach. Anatole Frances Anekdote von Pontius Pilatus, der in Rom beim Füßewaschen sich nicht mehr recht auf den Namen des gekreuzigten Juden besinnt. ⟨I°, 3⟩

Masken für die Orgien. Pompejanische Fliesen. Torbogen. Beinschiene. Handschuhe. ⟨I°, 4⟩

Sehr wichtig: Butzenscheiben in der Schranktür, aber gab es so etwas auch in Frankreich? ⟨I°, 5⟩

Menschen wahrhaft greifbar darstellen, heißt das nicht, unsere Erinnerung in ihrer zum Vorschein bringen? ⟨I°, 6⟩

Die Blume als Sündenemblem und über ihren Passionsweg durch die Stationen der Passagen, der Mode, der Malerei von Redon, von der Marius-Ary Leblond gesagt hat »c'est une cosmogonie de fleurs«. ⟨I°, 7⟩

Ferner zur Mode: was das Kind (und in der schwachen Erinnerung der Mann) in den alten Kleidfalten findet, in die es, wenn es am Rockschoß der Mutter sich festhält, sich zwängte. ⟨I°, 8⟩

Die Passagen als Milieu von Lautréamont. ⟨I°, 9⟩

. . . .

Verschiedene Notizen aus Brieger und Vischer:

Um 1880 ausgesprochener Konflikt zwischen der Tendenz, den weiblichen Körper zu strecken und der Rokokoneigung den Unterkörper durch viele Röcke zu betonen. ⟨J°, 1⟩

1876 verschwindet der Cul, kommt aber wieder ⟨J°, 2⟩

Blumenformen in den Zeichnungen Zyklothymer, die ihrerseits wieder an mediumistische erinnern. ⟨J°, 3⟩

Geschichte von dem Kind mit der Mutter im Panorama. Das Panorama stellt die Schlacht bei Sedan dar. Das Kind bedauert, daß der Himmel bedeckt ist. »So ist das Wetter im Krieg« erwidert die Mutter. ⟨J°, 4⟩
Ende der sechziger Jahre schreibt Alphonse Karr, daß man keine Spiegel mehr zu machen versteht. ⟨J°, 5⟩
Bei Karr tritt sehr charakteristisch die rationalistische Theorie der Mode auf. Sie hat mit den religiösen Theorien der Aufklärung Ähnlichkeit. Karr denkt sich z. B. den Anlaß der Entstehung langer Röcke darin, daß gewisse Frauen Interesse daran haben, ihren häßlichen Fuß zu verbergen. Oder er denunziert als Ursprung gewisser Hutformen und Frisuren den Wunsch, einen spärlichen Haarwuchs zu beschönigen. ⟨J°, 6⟩
. . . .

Nachtrag zu den Bemerkungen über die Metrostationen: sie machen, daß die Namen der Orte, an denen Napoleon I Siege erfocht, sich in Unterweltgötter verwandeln ⟨K°, 1⟩
Die radikalen Umgestaltungen von Paris durch Louis Napoléon (Napoléon III) vor allem auf der Linie place de la Concorde – Hotel de Ville bei Stahr: Nach fünf Jahren ⟨I Oldenburg 1857⟩ p 12/13 – Stahr wohnte übrigens damals am Leipziger Platz. ⟨K°, 2⟩
Der breite Boulevard de Strassbourg, der den Straßburger *Eisenbahnhof* mit dem Boulevard von Saint-Denis verbindet. ⟨K°, 3⟩
Um die gleiche Zeit Makadamisierung der Straßen, der man es nun verdankte, wenn man trotz des intensiven Verkehrs ohne einander in die Ohren zu schreien sich vor den Cafés unterhalten kann ⟨K°, 4⟩
Für das architektonische Bild von Paris ist der siebziger Krieg vielleicht ein Segen gewesen, denn Napoléon III hatte die Absicht, auch weiter ganze Stadtteile umzugestalten. Stahr schreibt daher 1857 man werde sich eilen müssen, um das alte Paris noch zu sehen, »von dem der neue Herrscher, wie es scheint, auch architektonisch wenig übrig zu lassen Lust hat.«
⟨K°, 5⟩
Ornament und Langeweile ⟨K°, 6⟩
Gegensatz von Perspektive und sachlicher, taktischer Nähe ⟨K°, 7⟩
Zur Theorie des Sammelns ist das Isolieren, das a part-nehmen jedes einzelnen Gegenstandes sehr wichtig. Eine Totalität deren integraler Charakter immer so weit wie möglich vom Nutzen entfernt und, in den höchsten Fällen, in einer eng definierten, phänomenologisch sehr merkwürdigen Art der »Vollständigkeit« (die zum Nutzen in diametrale⟨m⟩ Gegensatz steht) liegt. ⟨K°, 8⟩
Historisches und dialektisches Verhältnis zwischen Diorama und Photographie ⟨K°, 9⟩
Beim Sammeln ist wichtig: daß der Gegenstand aus allen ursprünglichen Funktionen seines Nutzen gelöst ist, macht ihn im Bedeuten desto

entschiedener. Er wird nun eine wahre Enzyklopädie aller Wissenschaft von dem Zeitalter, der Landschaft, der Industrie, der Besitzer, aus und von denen er herstammt. ⟨K°, 10⟩

Es gab Pleorama (Wasserfahrten πλέω ich reise zu Schiff) Navalorama, Kosmorama, Diaphanorama, optische Pittoresken, malerische Reisen im Zimmer, malerische Zimmerreise, Diaphanorama ⟨K°, 11⟩

Unter den Bildern: das Eismeer auf dem Grindelwaldgletscher in der Schweiz, Ansicht des Hafens von Genua, aus den Hallen des Palastes Doria gesehen, Innere Ansicht der Kathedrale von Brou in Frankreich, Gang im Collosseum in Rom, Gotischer Dom in Morgenbeleuchtung ⟨K°, 12⟩

Die Witze mit »-rama« (s. Balzac Père Goriot) auch in Deutschland. »Is⟨?⟩ er ⟨es?⟩ lebendig?« ⟨K°, 13⟩

Wetter und Langeweile. Wie die kosmischen Kräfte nur einschläfernd, narkotisierend auf den gewöhnlichen Menschen wirken, das bekundet dessen Verhältnis zu einer ihrer höchsten Manifestationen: zum Wetter. Vergleich wie Goethe das Wetter – in den Studien zur Meterologie – zu durchleuchten wußte. – Über das Wetter, das in einem Raume die Fontäne macht. (Vorraum von Daguerres Diorama in Berlin) Wetter in den Casinos ⟨K°, 14⟩

Ein Ballett, dessen Hauptszene im Casino von Monte Carlo spielt. Lärm der rollenden Kugeln, der rateaos, der jetons die Musik bestimmend. ⟨K°, 15⟩

Weitere Namen: optisches Belvedere. ⟨K°, 16⟩

In dem Jahre, da Daguerre die Photographie erfand (1839) brannte sein Diorama ab. ⟨K°, 17⟩

Es ist zu ermitteln, was es bedeutet, wenn in den Dioramen der Belichtungswechsel, den ein Tag einer Landschaft bringt, in einer viertel oder halben Stunde sich abspielt. ⟨K°, 18⟩

Das berliner Diorama wird am 31 Mai 1850 geschlossen, die Bilder gehen z. T. nach Petersburg ⟨K°, 19⟩

Erste londoner Ausstellung von 1851 vereinigt die Industrien der Welt. Im Anschluß daran Gründung des South-Kensington-Museums. Zweite Ausstellung 1862 (in *London*!) Mit der münchener Ausstellung von 1875 wurde die deutsche Renaissance Mode. ⟨K°, 20⟩

Emile Tardieu ließ 1903 in Paris ein Buch »L'ennui« erscheinen, in dem alle menschliche Aktivität als untauglicher Versuch soll erwiesen werden, dem ennui zu entgehen; zugleich aber was ist, was war und was sein wird als die unerschöpfliche Nahrung dieses selben Gefühls. Man würde, bei einer solchen Beschreibung glauben, irgend ein gewaltiges antikes Literaturdenkmal vor sich zu haben, ein Monument aere perennius dem

taedium vitae von einem Römer errichtet. Es ist aber nur die süffisante mesquine Wissenschaft eines neuen Homais, der allen Gravismus bis zu Askese und Martyrium zu Beweisstücken seines gedankenlosen, einfallsarmen spießbürgerlichen Mißvergnügens machen will. ⟨K°, 21⟩
Im Zusammenhang der Shawlmode ist zu erwähnen: den eigentlichen und im genauen Sinn einzigen Schmuck der Biedermeierzimmer »bildeten die Gardinen, deren Drapierung möglichst raffiniert, am liebsten aus mehreren Schals verschiedener Farben gemischt, der Tapezier besorgte; theoretisch beschränkt sich dann auch fast ein Jahrhundert hindurch die Wohnungskunst darauf, dem Tapezier Anleitung zu geschmackvollem Arrangement der Vorhänge zu geben.« Max von Boehn: Die Mode im XIX Jahrhundert II München 1907 p 130 ⟨K°, 22⟩
Stutzuhren mit broncenen Genreszenen. Zeit steckt im Sockel. Doppelte Deutung von temps ⟨x⟩ ⟨K°, 23⟩
Rue des Immeubles Industriels – wie alt ist sie? ⟨K°, 24⟩
»Pour notre homme, les gares sont vraiment des usines de rêves.« Jacques de Lacretelle: Le rêveur parisien (Nouv. R. F Jahrgg. 1927) ⟨K°, 25⟩
In den Rahmen der Bilder, die im Speisezimmer hingen, bereitet sich langsam der Einzug der Reklameschnäpse, des Kakao von Van Houten, der ... vor. Man kann natürlich sagen, daß der gutbürgerliche Komfort der Speisezimmer am längsten in den kleinen Cafés etc. überdauert habe; man kann aber vielleicht auch sagen, daß der Raum des Cafés, in dem jeder Quadratmeter und jede Stunde in weit exakterem Sinne als in den Mietwohnungen bezahlt wird, sich aus diesen entwickelt habe. Als Cafés eingerichtete Wohnungen – in Frankfurt a/M. als höchst charakteristisch für die Stadt. Versuch zu formulieren, was es darin war. ⟨K°, 26⟩
Leere beleuchtete Straßenzüge bei der nächtlichen Einfahrt in Städte. Sie fächern um uns her, fahren wie Strahlen einer Mandorla aus uns heraus. Und der Blick in Zimmer zeigt immer eine Familie beim Essen oder mit rätselhaft Nichtigem beschäftigt am Tische unter der Hängelampe mit dem weißen Glassturz auf dem metallnen Gerüst. Solche εἴδωλα sind die Urzellen von Kafkas Werk. Und diese Erfahrung ist ein unveräußerliches Eigentum seiner, und nur seiner, also unserer Generation, weil nur für sie das Schreckensmobiliar des beginnenden Hochkapitalismus die Schauplätze ihrer lichtesten Kindheitserfahrungen anfüllt. – Unversehens taucht hier, so die Straße, wie wir sie sonst nicht erfahren, als Weg, als bebaute Chaussee auf. ⟨K°, 27⟩
Was wissen denn wir von Straßenecken, von Bordschwellen, von der Architektur des Pflasters, die wir niemals die Straße, Hitze, Schmutz und Kanten der Steine unter den nackten Sohlen gefühlt, niemals die Unebenheiten zwischen den breiten Fließen auf ihre Eignung, uns zu leiten, untersuchten? ⟨K°, 28⟩

»Mode und Zynismus« – man sieht dem Exemplar der Staatsbibliothek an, wieviel es früher gelesen worden ist. ⟨L°,1⟩
Redon war sehr befreundet mit dem Botaniker Armand Clavaud
⟨L°,2⟩
»Le surnaturel ne m'inspire pas. Je ne fais que contempler le monde extérieur; mes ouvrages sont vrais quoi qu'on dise.« Odilon Redon ⟨L°,3⟩
»Un cheval de renfort qui, à Notre Dame de Lorette, assurait la dure montée de la rue des Martyrs.« ⟨L°,4⟩
André Mellerio: Odilon Redon Paris 1923 die Tafeln auf p 57 und 117 heranziehen ⟨L°,5⟩
Über das Methodische der Abfassung selbst einiges sagen: wie alles, was man gerade denkt einer Arbeit, an der man steht, um jeden Preis einverleibt werden muß. Sei es nun, daß darin ihre Intensität sich bekundet, sei es, daß die Gedanken von vornherein ein Telos auf diese Arbeit zu in sich tragen. So ist es mit dem gegenwärtigen, der die Intervalle de⟨r⟩ Reflexion, die Abstände zwischen den höchst intensiv nach außen gewandten wesentlichsten Teilen dieser Arbeit zu charakterisieren und zu behüten hat. ⟨L°,6⟩
Die »Comédie humaine« faßt eine Folge von Werken zusammen, die nicht Romane im kurrenten Sinne sondern etwas wie epische Niederschrift der Tradition aus den ersten Jahrzehnten der Restauration sind. Aus dem Geiste der mündlichen Tradition heraus die Unabschließbarkeit dieses Zyklus, das Gegenteil von der strengen Formung Flauberts. Kein Zweifel – je näher ein Werk den kollektiven Äußerungsformen der Epik steht, desto gemäßer ist ihm variierend und episodisch sich immer wieder den gleichen Gestaltenkreis aufzurufen, nach dem ewigen Vorbild der griechischen Sage. Balzac hatte diese mythische Verfassung seiner Welt nun durch deren bestimmte topographische Umrisse gesichert. Paris ist der Boden seiner Mythologie, Paris mit seinen zwei drei großen Bankiers (Nucingen etc), mit seinem immer wiederkehrenden Arzte, mit seinem unternehmenden Kaufmann (César Birotteau), mit seinen vier oder fünf großen Kurtisanen, seinem Wucherer (Gobseck) seine paar Militärs und Bankiers. Vor allem aber sind es immer wieder dieselben Straßen und Winkel, Gelasse und Ecken aus denen die Figuren dieses Kreises ans Licht treten. Was heißt das anderes als daß die Topographie der Aufriß jedes mythischen Traditionsraums ist, ja der Schlüssel desselben werden kann, wie er es für Pausanias in Griechenland wurde, wie die Geschichte, Lage, Verteilung der pariser Passagen für dies Jahrhundert Unterwelt, in das Paris versank, es werden soll.
⟨L°,7⟩
Stahr berichtet, der Vortänzer des Cancan auf dem Ball Mabille, ein

gewisser Chicard, tanzt unter Aufsicht zweier Polizeisergeanten, denen nichts obliegt als den Tanz dieses einen Mannes zu überwachen. ⟨L°, 8⟩
Portraits berühmter Cancan-Tänzerinnen in den Passagen aushängend (Rigolette und Frichette) ⟨L°, 9⟩
Über Redon: »Enfin et surtout, insoucieux de l'effet mobile et passager, si séduisant soit-il, c'est l'essence même de la vie et comme une âme profonde qu'il veut donner à ses fleurs.« André Mellerio: Odilon Redon Paris 1923 p 163 ⟨L°, 10⟩
Redons Vorhaben, Pascal zu illustrieren ⟨L°, 11⟩
Redons Spitzname, nach 1870, im Salon der Mme de Rayssac: Le prince du rêve ⟨L°, 12⟩
Redons Blumen und das Problem der Ornamentik, besonders im Haschisch. Blumenwelt. ⟨L°, 13⟩
»Rococs« hat zur Zeit der Restauration die Bedeutung »altfränkisch« ⟨L°, 14⟩
Chéret im Palais-Royal »verlieh« den Nachtisch, gegen eine bestimmte Summe für die beim Diner verspeisten Früchte und Leckereien ⟨L°, 15⟩
Eugène Sue – ein Schloß in Blogue, ein Harem, in dem es farbige Frauen gibt. Nach seinem Tod Legende, daß die Jesuiten ihn vergiftet hätten. ⟨L°, 16⟩
Die blechernen Etageren mit künstlichen Blumen, die man auf den Buffets der Bahnhofswirtschaften etc ⟨findet⟩ sind Rudimente der Blumenarrangements, die ehemals die ⟨x⟩ um sich hatte. ⟨L°, 17⟩
Das Palais Royal hat seinen Glanz unter Louis XVIII und Charles X ⟨L°, 18⟩
Marquis de Sévry: Leiter des Salons des Etrangers. Seine Sonntagsdiners in Romainville ⟨L°, 19⟩
Wie Blücher in Paris spielte. (S. Gronow: Aus der großen Welt Stuttgart 1908 p 56) Blücher entleiht 100000 frcs bei der Bank von Frankreich ⟨L°, 20⟩
Klingeln: Reiseabschied⟨?⟩ im Kaiserpanorama ⟨L°, 21⟩
Zur mythologischen Topographie von Paris: welchen Charakter die Tore ihm geben. Geheimnis des ins Innere der Stadt einbezogenen Grenzsteins der ehemals den Ort markierte, wo sie zu Ende war. Dialektik des Tores: vom Triumphbogen zur Rettungsinsel ⟨L°, 22⟩
Wann hat die Industrie sich der Ecke bemächtigt? Architekturembleme des Handels: Zigarrengeschäfte haben die Ecke, Apotheken die Stufe... ⟨L°, 23⟩
Scheiben, in denen nicht die Kronleuchter sondern nur die Lichter sich spiegeln ⟨L°, 24⟩

Exkurs über die place du Maroc. Nicht nur die Stadt und das Interieur, die Stadt und das Freie vermögen sich zu verschränken; solche Verschränkungen können viel konkreter stattfinden. Es gibt die place du Maroc in Belleville; dieser trostlose Steinhaufen mit seinen Mietskasernen wurde mir, als ich an einem Sonntagnachmittag auf ihn stieß, nicht nur marokkanische Wüste sondern zudem und zugleich noch Monument des Kolonialimperialismus; und es verschränkte sich in ihm die topographische Vision mit der allegorischen Bedeutung und dabei verlor er nicht seinen Ort im Herzen von Belleville. Eine solche Anschauung zu erwecken, ist aber für gewöhnlich den Rauschmitteln vorbehalten. Und in der Tat sind Straßennamen in solchen Fällen wie berauschende Substanzen, die unser Wahrnehmen sphärenreicher und vielschichtiger machen, als es im gewöhnlichen Dasein ist. Man sollte den Zustand, in den sie versetzen, ihre »vertu évocatrice« – aber das sagt zu wenig, denn nicht die Assoziation sondern die Durchdringung der Bilder ist hier entscheidend – auch bei gewissen zyklischen Zuständen in Betracht ziehen. Der Kranke, der stundenlang bei Nacht die Stadt durchwandert und der Heimkunft vergißt, ist vielleicht unter die Herrschaft dieser Kraft geraten. ⟨L°,25⟩

Haben antike Bücher Vorreden gehabt? ⟨L°,26⟩

Bonhomie der Revolutionen *im Baudelaire-Buch E2* ⟨L°,27⟩

Passagen als Tempel des Warenkapitals ⟨L°,28⟩

Passage des Panoramas, vorher passage Mirès ⟨L°,29⟩

In den Gebieten, mit denen wir es hier zu tun haben, gibt es Erkenntnis nur blitzhaft. Der Text ist der langnachrollende Donner. ⟨L°,30⟩

Die tiefste Bezauberung des Sammlers: wie durch Berührung mit dem Zauberstab die Dinge zu bannen, so daß sie plötzlich, während ein letzter Schauer sie überläuft, erstarren. Alle Architektur wird Postament, Sockel, Rahmen, frühe Kammer für Bilder. Man muß nicht denken, daß gerade dem Sammler, dem Flaneur der τοπος ὑπερουρανιος, wo Platon die unwandelbaren Urbilder der Dinge beherbergt, fremd sei. Er verliert sich, gewiß. Dafür aber hat er die Kraft, an einem Vorhaben⟨?⟩ wieder sich zu ganzer Größe aufzurichten. Aus dem Dunste, der seine Sonne umfängt heben sich die Bilder wie die Göttertafeln, die Inseln im mittelländischen Meer. ⟨L°,31⟩

Das Sensationsbedürfnis als übergroßes Laster. An zwei der sieben Todsünden anzuschließen. An welche? Die Prophezeiung daß die Menschen vom vielen elektrischen Licht blind, von der Schnelligkeit der Nachrichtenübermittlung irr werden würden. ⟨L°,32⟩

Als Einleitung zum Wetterabschnitt: Proust die Geschichte vom Wettermännchen. Meine Freude, wenn der Himmel am Morgen bedeckt ist. ⟨L°,33⟩

»demoiselles« weiblich verkleidete Brandstifter um 1830 ⟨L°, 34⟩
Um 1830 gab es in Paris ein Journal mit Namen Le Sylphe. Ein ballett des
　journaux zu erfinden ⟨L°, 35⟩
⟨xx⟩ Liktorenbeile, phrygische Mütze, Dreifüße ⟨L°, 36⟩
⟨xx⟩ den »steinernen Kartenkönigen« bei Hackländer ⟨L°, 37⟩
⟨Carl⟩ von Etzel – Eisenbahnbauten ⟨L°, 38⟩
. . . .

Der verschiedenen Berliner Passagen ist zu gedenken: der Kolonnaden in der Nähe des Spittelmarkt (Leipziger Straße) der Kolonnaden in einer stillen Straße des Konfektionsviertels, der Passage, der Kolonnaden am Halleschen Tor, der Gattern als Eingang zu Privatstraßen. Auch an die blaue Ansichtskarte vom Halleschen Tore ist zu erinnern, die alle Fenster unter dem Monde erleuchtet zeigte, erhellt von ganz genau dem gleichen Lichte, das der Mond ausstrahlt. Hier soll auch der unberührbaren Sonntag-Nachmittag-Landschaft gedacht werden, die irgendwo am Ende einer verlorenen stillen Straße der descente sich aufbaut und in deren Nähe die Häuser dieses zweifelhaften Viertels plötzlich in den Adelsstand der Paläste erhoben scheinen. ⟨M°, 1⟩

Gußeisenzauber: »Hahblle put se convaincre alors que l'anneau de cette planète n'était autre chose qu'un balcon circulaire sur lequel les Saturniens viennent le soir prendre le frais.« Grandville: Un autre monde ⟨Paris 1844⟩ p 139 (Vielleicht auch unter Haschisch zu rubrizieren) ⟨M°, 2⟩

Vergleich der Phänomenologie von Hegel und der Grandvilleschen Werke. Geschichtsphilosophische Deduktion des Grandvilleschen Werkes. Wichtig ist die Hypertrophie des Mottos in diesem Werke. Auch die Betrachtung von Lautréamont ist an Grandville anzuschließen. Grandvilles Werke sind die wahre Kosmogonie der Mode. Wichtig vielleicht auch ein Vergleich zwischen Hogarth und Grandville. Ein Teil von Grandvilles Werk ließe sich so überschreiben: Rache der Mode an den Blumen. Grandvilles Werke sind die sibyllinischen Bücher der publicité. Alles, was bei ihm in der Vorform des Scherzes, der Satire vorhanden ist, gelangt als Reklame zu seiner wahren Entfaltung. ⟨M°, 3⟩

Die superposition dem Zeitrhythmus nach. In Beziehung zum Kino und zu der »sensationellen« Nachrichtenübermittlung. Das »Werden« hat rhythmisch, der Zeitperzeption nach, keinerlei Evidenz mehr für uns. Wir zersetzen es dialektisch in *Sensation und Tradition*. – Wichtig diese Dinge im Biographischen analogisch auszudrücken. ⟨M°, 4⟩

Parallelismus zwischen dieser Arbeit und dem Trauerspielbuch:

Beiden gemeinsam das Thema: Theologie der Hölle. Allegorie
Reklame, Typen: Märtyrer, Tyrann – Hure, Spekulant ⟨M°, 5⟩
Haschisch am Mittag: Schatten sind eine Brücke über den Lichtstrom der Straße ⟨M°, 6⟩
Beim Sammeln der Erwerb als entscheidendes Faktum ⟨M°, 7⟩
Kunst des Grundierens im Lesen und Schreiben. Wer am oberflächlichsten entwerfen kann, ist der beste Autor. ⟨M°, 8⟩
Unterirdische Spazierbesichtigung der Kanalisation: beliebter parcours Chatelet-Madeleine ⟨M°, 9⟩
Passage du Caire 1799 auf dem emplacement des Gartens des Klosters Filles-Dieu errichtet. ⟨M°, 10⟩
Die beste Kunst, so, träumend, den Nachmittag in das Netz des Abends einzufangen, ist das Plänemachen ⟨M°, 11⟩
Vergleich des Menschen mit einem Schaltbrett, an dem tausende von Birnen sind; bald erlöschen die einen, bald wieder ⟨die⟩ andern, ⟨und⟩ entzünden sich neu. ⟨M°, 12⟩
Das Pathos dieser Arbeit: es gibt keine Verfallszeiten. Versuch das 19te Jahrhundert so durchaus positiv zu sehen wie ich in der Trauerspielarbeit das 17te mich zu sehen bemühte. Kein Glaube an Verfallszeiten. So ist auch (außerhalb der Grenzen) mir jede Stadt schön und ebenso ist mir die Rede von einem größern oder geringern Wert der Sprachen nicht akzeptabel. ⟨M°, 13⟩
Das träumende Kollektiv kennt keine Geschichte. Ihm fließt der Verlauf des Geschehens als immer nämlicher und immer neuester dahin. Die Sensation des Neuesten, Modernsten ist nämlich ebenso Traumform des Geschehens wie die ewige Wiederkehr alles gleichen. Die Raumwahrnehmung, die dieser Zeitwahrnehmung entspricht, ist die Superposition. Wie sich nun diese Formen auflösen im erhellten Bewußtsein, treten an ihrer statt politisch-theologische Kategorien zu tage. Und erst unter diesen Kategorien, die den Fluß des Geschehens erstarren lassen, bildet sich in dessen Innerm als kristallinische Konstellation Geschichte. – Die ökonomischen Bedingungen, unter denen die Gesellschaft existiert, bestimmen sie nicht nur im materiellen Dasein und im ideologischen Überbau: sie kommen auch zum Ausdruck. Genau so, wie beim Schläfer ein übervoller Magen im Trauminhalt nicht seinen ideologischen Überbau findet, genau so mit den ökonomischen Lebensbedingungen das Kollektiv. Es deutet sie, es legt sie aus, sie finden im Traum ihren *Ausdruck* und im Erwachen ihre *Deutung*. ⟨M°, 14⟩
Der Wartende als Gegentyp des Flaneurs. Die Apperzeption der historischen Zeit beim Flaneur gehalten gegen die Zeit des Wartenden. Nicht nach der Uhr sehen. Fall der Superposition im

Warten: das Bild der Erwarteten schiebt sich vor das einer Beliebigen. Wir sind ein Wehr, an dem die Zeit sich staut, die beim Erscheinen der Erwarteten in riesigem Schwall in uns selber hinunterstürzt. »Tous les objets sont des maîtres« Edouard Karyade. ⟨M°, 15⟩

Die Tatsache, daß wir in dieser Zeit Kinder gewesen sind, gehört mit in ihr objektives Bild hinein. Sie mußte so sein, um diese Generation aus sich zu entlassen. Das heißt: im Traumzusammenhange suchen wir ein teleologisches Moment. Dieses Moment ist das Warten. Der Traum wartet heimlich auf das Erwachen, der Schlafende übergibt sich dem Tod nur auf Widerruf, wartet auf die Sekunde, in der er mit List sich seinen Fängen entwindet. So auch das träumende Kollektiv, dem seine Kinder der glückliche Anlaß zum eignen Erwachen werden. ⟨M°, 16⟩

Der Kommunikation von Kolportage und Pornographie nachgehen. Pornographisches Schillerbild – Litho – : mit einer Hand weist er, malerisch hingelagert, in eine ideale Weite, mit der anderen onaniert er. Pornographische Schillerparodien. Der gespenstische und der unzüchtige Mönch: der lange Gang der Gespenster und der Unzucht: in den Mémoires des Saturnin von Frau von Pompadour die unzüchtige Reihe der Mönche, vorn der Abt mit seiner Kusine. ⟨M°, 17⟩

Langeweile haben wir, wenn wir nicht wissen, worauf wir warten. Und daß wir es wissen, oder zu wissen glauben, das ist fast immer nichts als der Ausdruck unserer Seichtheit oder Zerfahrenheit. Die Langeweile ist die Schwelle zu großen Taten. ⟨M°, 18⟩

Wolkenatmosphäre, Wolkenwandelbarkeit der Dinge im Visionsraum
⟨M°, 19⟩

Aufgabe der Kindheit: die neue Welt in den Symbolraum einzubringen. Das Kind kann ja, was der Erwachsene durchaus nicht vermag, das Neue wiedererinnern. Uns haben, weil wir sie in der Kindheit vorfanden, die Lokomotiven schon Symbolcharakter. Unsern Kindern aber die Automobile, denen wir selber nur die neue, elegante, moderne, kesse Seite abgewinnen. ⟨M°, 20⟩

⟨Der⟩ gläserne Platz vor meinem Sitz in der Staatsbibliothek; niebetretner Bannkreis, terrain vierge für die Sohlen von mir erträumter Gestalten.
⟨M°, 21⟩

⟨Elle était contemporaine⟩ de tout le monde.« ⟨Marcel Jouhandeau:⟩ Prudence Hautechaume ⟨Paris 1927⟩ p 129 ⟨M°, 22⟩

⟨xxxxx⟩ monde – und die Mode. ⟨M°, 23⟩

Vorm Eingang der Eisbahn, des Bierlokals an den Ausflugsorten, des Tennisplatzes: Penaten. Die Henne, die goldene Pralinéeier legt, der

Automat, der unsern Namen stanzt, Glücksspielapparate, der Wahrsageautomat hüten die Schwelle. Sie gedeihen bemerkenswerterweise nicht in der Stadt – machen einen Bestandteil der Ausflugsorte, der Bierlokale in den Vorstädten. Und die Reise geht sonntagnachmittags nicht nur dahin, nicht nur ins Grüne sondern auch zu den geheimnisvollen Schwellen. PS Wiegeautomaten: das moderne γνῶθι σεαυτον. Delphi ⟨M°, 24⟩

Die Galerie, die zu den Müttern führt, ist aus Holz. Holz tritt auch bei den großen Umwandlungen im Bilde der Großstadt transitorisch immer wieder auf, baut mitten in den modernen Verkehr in hölzernen Bauzäunen hölzernen Planken, die über die aufgerissenen Substruktionen gelegt sind, das Bild ihrer dörflichen Urzeit. ⟨M°, 25⟩

Schwelle und Grenze sind schärfstens zu unterscheiden. Die Schwelle ist eine *Zone*. Und zwar eine Zone des Überganges. Wandel, Übergang, Fliehen⟨?⟩ liegen im Worte schwellen und diese Bedeutungen hat die Etymologie nicht zu übergehen, andrerseits ist notwendig, den unmittelbaren tektonischen Sachverhalt festzustellen, der das Wort zu seiner Bedeutung gebracht hat. Wir sind sehr arm an Schwellenerfahrungen geworden. Das »Einschlafen« ist vielleicht die einzige, die uns geblieben ist. Aber ebenso wie die Gestaltenwelt des Traumes ragt über der Schwelle auch das Auf und ab der Unterhaltung und der Geschlechterwandel der Liebe. – Aus dem Erfahrungskreise der Schwelle hat dann das Tor sich entwickelt, das den verwandelt, der unter seiner Wölbung hindurchschreitet. Das römische Siegestor macht aus dem heimkehrenden Feldherrn den Triumphator. Widersinn des Reliefs an der inneren Torwandung, ein klassizistisches Mißverständnis. ⟨M°, 26⟩

. . . .

J.W. Samson: Die Frauenmode der Gegenwart Berlin 1927 (M 1 – Marken u Bilder⟨?⟩) ⟨N°, 1⟩

Marché aux fleurs »Là sans recourir aux efforts
De la brillante architecture
Pour nous celer ses trésors
Flore a son temple de verdure.« ⟨N°, 2⟩

Beschreibung⟨?⟩ von Ferragus ⟨N°, 3⟩
Heinrich Mann: Kaiserin Eugenie (?) ⟨N°, 4⟩
Das trojanische Pferd – als Schnee⟨?⟩, wie die kommende Wachheit sich in den Traum einschleicht ⟨N°, 5⟩
Die erste Dunkelheit: die Stunde der Inspiration der großen Werke (inspiration littéraire) nach Daudet aber die Stunde der Lesefehler⟨?⟩ ⟨N°, 6⟩

. . . .

Die Unzerstörbarkeit des höchsten Lebens in allen Dingen. Gegen die

Prognostiker des Verfall⟨s⟩. Man kann den »Faust« von Goethe verfilmen. Und gewiß: ist es nicht eine Schändung und liegt nicht eine Welt zwischen der Faustdichtung und dem Faustfilm? So ist es. Aber liegt nicht von neuem die ganze Welt zwischen einer schlechten und einer guten Verfilmung des »Faust«? In der Kultur kommt es nicht auf die großen Kontraste sondern auf die Nuancen ⟨an. Aus ihnen gebiert sich⟩ die Welt immer ⟨neu.⟩ ⟨O°, 1⟩
Pädagogische Seite dieses Vorhabens: »Das bildschaffende Medium in uns zu dem stereoskopischen und dimensionalen Sehen in die Tiefe der geschichtlichen Schatten zu erziehen.« Das Wort stammt von Borchardt. »Epilegomena zu Dante I« Berlin 1923 p 56/57 ⟨O°, 2⟩
Von vornherein diesen Gedanken ins Auge fassen und seinen konstruktiven Wert ermessen: die Abfalls- und Verfallserscheinungen als Vorläufer, gewissermaßen Luftspiegelungen der großen Synthesen, die nachkommen. Diese neuen synthetischen Wirklichkeiten sind überall zu visieren: die Reklame, die *Filmwirklichkeit* etc. ⟨O°, 3⟩
Lebenswichtiges Interesse, an einem bestimmten Ort der Entwicklung die Gedanken am Scheideweg zu erkennen: heißt der neue Blick auf die geschichtliche Welt am Punkte, wo über seine reaktionäre oder revolutionäre Auswertung die Entscheidung fallen muß. In diesem Sinne ist in den Surrealisten und in Heidegger ein und dasselbe am Werk. ⟨O°, 4⟩
Man sagt, daß es der dialektischen Methode darum geht, der jeweiligen konkret-geschichtlichen Situation ihres Gegenstandes in jedem Augenblick gerecht zu werden. Aber das genügt nicht. Denn ebensosehr geht es ihr darum, der konkret-geschichtlichen Situation des *Interesses* für ihren Gegenstand gerecht zu werden. Und diese letztere Situation liegt immer darin beschlossen, daß sie selber sich präformiert in jenem Gegenstande, vor allem aber, daß sie den Gegenstand in sich selber konkretisiert, aus seinem Sein von damals in die höhere Konkretion des Jetztseins aufgerückt fühlt. Wieso *dies* Jetztsein (das nichts weniger als das Jetztsein der Jetztzeit ist) an sich schon eine höhere Konkretion bedeutet – diese Frage kann die dialektische Methode freilich nicht innerhalb der Ideologie des Fortschritts sondern nur in einer diese an allen Teilen überwindenden Geschichtsphilosophie erfassen. In ihr wäre von einer zunehmenden Verdichtung (Integration) der Wirklichkeit zu sprechen, in der alles Vergangene (zu seiner Zeit) einen höheren Aktualitätsgrad als im Augenblick seines Existierens erhalten kann. Wie es sich dieser seiner eignen höhern Aktualität anpaßt, das bestimmt und schafft das Bild als das und in dem es verstanden wird. – Die Vergangenheit, besser: Gewesnes statt wie bisher nach historischer nach politischer Methode behandeln. Die politischen Kategorien zu theoretischen zu bilden, indessen man sie nur, im Sinne der Praxis, weil nur an das Gegenwärtige heranzubringen wagte – das ist die Aufgabe. Die dialek-

tische Durchdringung und Vergegenwärtigung vergangner Zusammenhänge ist die Probe auf die Wahrheit des gegenwärtigen Handelns. Das heißt aber: der Sprengstoff, der in der Mode liegt (die *immer* auf Vergangnes zurückgreift) soll zur Entzündung gebracht werden.
⟨O°, 5⟩
Zur Gestalt des Sammlers. Man mag davon ausgehen, daß der wahre Sammler den Gegenstand aus seinen Funktionszusammenhängen heraushebt. Aber das ist kein erschöpfender Blick auf diese merkwürdige Verhaltungsweise. Denn ist nicht dies die Grundlage auf der eine im Kantischen und Schopenhauerschen Sinne »interesselose« Betrachtung sich aufbaut, dergestalt, daß der Sammler zu einem unvergleichlichen Blick auf den Gegenstand gelangt, einem Blick, der mehr und anderes sieht als der des profanen Besitzers und den man am besten mit dem Blick des großen Physiognomikers zu vergleichen hätte. Wie aber der auf den Gegenstand auftrifft, das hat man sich durch ⟨eine andere⟩ Betrachtung noch weit schärfer zu vergegenwärtigen. ⟨O°, 6⟩
Man muß nämlich wissen: dem Sammler ist in jedem seiner Gegenstände die Welt präsent und zwar geordnet. Geordnet aber nach einem überraschenden, ja dem Profanen unverständlichen Zusammenhange. Der steht zu der geläufigen Anordnung und Schematisierung der Dinge ungefähr wie ihre Ordnung im Konversationslexikon zu einer natürlichen. Man erinnere doch nur, von welchem Belang für einen jeden Sammler nicht nur sein Objekt sondern auch dessen ganze Vergangenheit ist, ebensowohl die, die zu seinem Entstehen und zu dessen sachlicher Qualifizierung gehört, wie die Details aus dessen scheinbar äußerlicher Geschichte: Vorbesitzer, Erstehungspreis, Wert etc. Dies alles, die »sachlichen« Daten wie diese andern rücken für den wahren Sammler in jedem einzelnen seiner Besitztümer zu einer ganzen magischen Enzyklopädie, zu einer Weltordnung zusammen, deren Abriß das *Schicksal* seines Gegenstandes ist. Hier also, auf diesem engen Felde läßt sich verstehen, wie die großen Physiognomiker (und Sammler sind Physiognomiker der Dingwelt) zu Schicksalsdeutern werden. Man hat nur einen Sammler zu verfolgen, der die Gegenstände seiner Vitrine handhabt. Kaum hält er sie in Händen, so scheint er inspiriert durch sie, scheint wie ein Magier durch sie hindurch in ihre Ferne zu schauen. (Interessant wäre, den Büchersammler zu situieren als den einzigen, der seine Schätze nicht unbedingt aus dem Funktionszusammenhange gelöst hat.) ⟨O°, 7⟩
Versuch, von Giedions Thesen aus weiterzukommen. Er sagt: »Die Konstruktion hat im 19. Jahrhundert die Rolle des Unterbewußtseins.« Setzt man nicht besser ein: »die Rolle des körperlichen Vorgangs«, um den sich dann die »künstlerischen« Architekturen wie Träume um das Gerüst des physiologischen Vorgangs legen? ⟨O°, 8⟩

Sich immer wieder klar machen, wie der Kommentar zu einer Wirklichkeit (einen solchen schreiben wir hier) eine ganz andere Methode verlangt als der zu einem Text. Im einen Falle ist die Theologie, im andern die Philologie die Grundwissenschaft. ⟨O°,9⟩
Durchdringung als Prinzip im Film, in neuer Baukunst, in der Kolportage. ⟨O°,10⟩
Die Mode steht im Dunkel des gelebten Augenblicks, aber im kollektiven. – Mode und Architektur (im 19ten Jahrhundert) zählen zum Traumbewußtsein des Kollektivs. Man muß dem nachgehen, wie es erwacht. Z.B. in der Reklame. Wäre Erwachen die Synthesis aus der Thesis des Traumbewußtseins und der Antithesis des Wachbewußtseins? ⟨O°,11⟩
Das Raumproblem (Haschisch, Myriorama) abgehandelt unter dem Stichwort »flanieren«; das Zeitproblem (Intermittenzen) abgehandelt unter dem Stichwort »Roulette«. ⟨O°,12⟩
Verschränkung der Geschichte der Passagen mit dem Ganzen der Darstellung. ⟨O°,13⟩
Motive für den Untergang der Passagen: Verbreiterte Trottoirs, Elektrisches Licht, Verbot für Prostituierte, Kultur der Freiluft. ⟨O°,14⟩
Motiv der Langeweile unter halbfertiger Materie ist zu entwickeln.
⟨O°,15⟩
Die »Hochziele« des Sozialismus kaum je so deutlich wie bei Wiertz. Dabei vulgärmaterialistische Basis. ⟨O°,16⟩
Die großartigen mechanisch-materialistischen Divinationen von Wiertz müssen im Zusammenhange der Stoffe seiner Gemälde – und zwar nicht nur der idealen, utopischen sondern genau so der gräßlichen, kolportagehaften betrachtet werden. ⟨O°,17⟩
Inserat von Wiertz: »Monsieur Wiertz demande un domestique sachant peindre des accessoires du moyen-âge, faire toutes les recherches, etc., etc., telles que, ⟨x⟩ etc.« A.J. Wiertz: Œuvres littéraires Paris 1870 p 235 ⟨O°,18⟩
Von ganz besonderer Bedeutung die große »légende«, die Wiertz zu den »Pensées et visions d'une tête coupée« gemacht hat. Das erste, was einem bei dieser magnetopathischen expérience auffällt, ist die großartige Volte, die das Bewußtsein im Tode schlägt. »Chose singulière! la tête est ici, sous l'échafaud, et elle croit se trouver encore au-dessus, faisant partie du corps et attendant toujours le coup qui doit la séparer du tronc.« A.J. Wiertz: Œuvres littéraires Paris 1870 p 492 ⟨()Es ist bei Wiertz die gleiche Inspiration, die der unvergeßlichen Erzählung von Ambros Bierce zu Grunde liegt. Der Rebell, der am Ponton über ⟨dem⟩ Flusse gehenkt wird.) ⟨O°,19⟩
Stirbt die Mode vielleicht daran, daß sie das Tempo nicht mehr mitmachen

kann – auf gewissen Gebieten zumindest? Während es andererseits Gebiete gibt, auf denen sie dem Tempo folgen, ja es vorschreiben kann?
⟨O°,20⟩
Titel eines Gemäldes von Wiertz »Les choses du présent devant les hommes de l'avenir«. Merkwürdig ist die Tendenz dieses Malers zur Allegorie. Beispielsweise heißt es in der Erklärung des Katalogs zu dem Bilde »Une seconde après la mort«: »Faire remarquer l'idée du livre échappé des mains et ces mots sur le livre: Grandeurs humaines.« Œuvres littéraires p 496 Figur der »civilisation« und viele andere Allegorien auf dem »Dernier canon«. ⟨O°,21⟩
Gemälde von Wiertz »Le soufflet d'une dame belge«. »Ce tableau a été composé dans l'intention de prouver la nécessité pour les dames de s'exercer au maniement des armes. On sait que M. Wiertz a donné l'idée d'établir un tir spécial pour les dames et qu'il a offert pour prix du concours de ce tir le portrait de l'héroïne victorieuse.« Œuvres littéraires p 501 (Œuvrekatalog vom Maler selbst.) ⟨O°,22⟩
Stelle über Museum bei Proust ⟨O°,23⟩
Langeweile der auf den Historienbildern dargestellten Zeremonialszenen und Langeweile überhaupt. Langeweile und Museum. Langeweile und Schlachtenbilder. ⟨O°,24⟩
Exkurs über das Schlachtenbild! ⟨O°,25⟩
Man könnte wohl zu dem Komplex der Langeweile und des Wartens – eine Metaphysik des Wartens ist unerläßlich – die des Zweifels in gewissem Zusammenhange hinzunehmen. In einer Schillerschen Allegorie heißt es »des Schmetterlings zweifelnder Flügel«. Das deutet auf denselben Zusammenhang der Beschwingtheit mit dem Gefühl des Zweifels der so charakteristisch für den Haschischrausch ist. ⟨O°,26⟩
Hofmansthals Plan des »Priesterzöglings« und des »Zeichendeuters«. ⟨O°,27⟩
Polemik gegen die Schienen, in den dreißiger Jahren. A. Gordon: A treatise in elementary locomotion wollte die »Dampfwagen« auf Granitstraßen laufen lassen. ⟨O°,28⟩
Große Sammler. Pachinger, Wolfskehls Freund, der eine Sammlung zustande gebracht hat, die, im Verfemten, Verkommenen, sich der Sammlung Figler ⟨?⟩ in Wien zur Seite stellen ließe. Der plötzlich sich auf dem Stachus bückt, um etwas aufzuheben, was er wochenlang gesucht hat: den Fehldruck eines Straßenbahnbilletts, der nur eine Stunde lang im Verkehr war. Gratz in Wühlgarten. Die Familie, in der jeder etwas sammelt, z. B. Streichholzschachteln. Pachinger weiß kaum

mehr, wie die Dinge im Leben stehen, erklärt seinen Besuchern neben den altertümlichsten Geräten Taschentücher, Zerrspiegel etc. »Schöner Grundstock einer Sammlung.« Hoerschelmann. Ein Deutscher in Paris, der schlechte (nur schlechte!) Kunst sammelt. ⟨O°,29⟩
Wachsfigurenkabinett: Vermengung des Ephemeren und Modischen. Femme qui attache sa jarretelle. Nadja ⟨Paris 1928⟩ p ⟨200⟩ ⟨O°,30⟩
Aporien des Städtebaus (Schönheit alter Viertel), der Museen, der Straßennamen, des Interieurs ⟨O°,31⟩
Man kann das Formproblem der neuen Kunst geradezu formulieren: Wann und wie werden die Formenwelten, die in der Mechanik, im Maschinenbau etc. ohne daß wir es ahnten, heraufgekommen sind und uns überwältigt haben, das was an ihnen Natur ist urgeschichtlich machen? Wann wird der Zustand der Gesellschaft erreicht sein, in ⟨dem diese Formen oder⟩ die aus ihnen entstandenen sich als Naturformen uns ⟨erschließen⟩? ⟨O°,32⟩
Zu Veuillots »Paris sent le renfermé« Die Moden und der ganze Gegensatz zu der Freiluftwelt von heute. Die »lueur glauque« unter den Unterröcken, von der Aragon spricht. Das Korsett als Passage des Rumpfes. Was heute bei den billigen Prostituierten Komment ist – sich nicht zu entkleiden – mag damals der vornehmste gewesen sein. *Cachet der damaligen Mode: einen Körper anzudeuten, der überhaupt niemals völlige Nacktheit kennen lernt.* ⟨O°,33⟩
Zum »renfermé« auch vieles bei Proust. Vor allem die Retirade im Bois. ⟨O°,34⟩
Rue Laferrière früher eine Passage. S. Léautaud: Petit ami. ⟨O°,35⟩
Methode dieser Arbeit: literarische Montage. Ich habe nichts zu sagen. Nur zu zeigen. Ich werde keine geistvollen Formulierungen mir aneignen, nichts Wertvolles entwenden. Aber die Lumpen, den Abfall: die will ich nicht beschreiben sondern vorzeigen. ⟨O°,36⟩
Notizen über Montage im Tagesheft. Vielleicht ist in demselben Zusammenhange auf die innige Verbindung hinzuweisen, die zwischen der Intention auf die nächste Nähe und der intensiven Verwertung des Abfalls ⟨besteht⟩ – wie ja die Montage sie darstellt. ⟨O°,37⟩
Fetischcharakter der Ware am Beispiel der Prostitution durchzuführen. ⟨O°,38⟩
Zur Verschränkung von Straße und Interieur: Hausnummern werde⟨n⟩ ihm zu lieben, vertrauten Photos. ⟨O°,39⟩
Vollendete Zweideutigkeit der Passagen: Straße und Haus. ⟨O°,40⟩
Wann und vor allem wie, entstand der Name »Wintergarten⟨«⟩ für ein Varieté? (vgl. Cirque d'hiver) ⟨O°,41⟩

Verkehr im Stadium des Mythos. Industrie im Stadium des Mythos. (Bahnhöfe und frühe Fabriken) ⟨O°,42⟩
Langeweile der Eisenbahnfahrt. Schaffnergeschichten. Hier Unold über Proust Frankfurter Zeitung 1926 oder 1927 ⟨O°,43⟩
Verwandtschaft von Mythos und Topographie. Aragon und Pausanias. (Auch Balzac heranzuziehen.) ⟨O°,44⟩
Langeweile und: Warten der Ware auf ihr Verkauftwerden. ⟨O°,45⟩
Motiv der Traumzeit: Atmosphäre der Aquarien. Wasser Widerstand verlangsamend? ⟨O°,46⟩
Motive für den Untergang der Passagen: verbreiterte Trottoirs, elektrisches Licht, Verbot für Prostitution, Freiluftkult. ⟨O°,47⟩
Zum Puppenmotiv: »Sie haben keine Ahnung, wie Einem diese Automaten und Puppen zuwider werden, wie man aufathmet, wenn man in dieser Gesellschaft einer vollen Natur begegnet.« Paul Lindau: Der Abend Berlin 1896 p 17 ⟨O°,48⟩
Das mondäne Grün und Rot heutiger Amüsierstätten, das als modische Erscheinung dunkel dem Wissen entspricht, das wir hier hell zu machen streben hat seine ausgezeichnete Interpretation in einer Stelle bei Bloch, wo er von »der grün ausgeschlagenen Erinnerungskammer mit den abendroten Vorhängen« redet. (Geist der Utopie München u Lpz 1918 p 351) ⟨O°,49⟩
Die Lehre vom Noch nicht bewußten Wissen zusammenspannen mit der Lehre vom Vergessen (Notizen zum blonden Eckbert) und auf die Kollektive, in ihren Epochen, anzuwenden. Was Proust am Phänomen des Eingedenkens als Individuum erlebte, das haben wir – wenn man so will als Strafe für die Trägheit, die uns hinderte, es auf uns zu nehmen – als »Strömung«, »Mode«, »Richtung« (aufs 19te Jahrhundert) zu erfahren. ⟨O°,50⟩
Diese Tore sind auch Schwellen. Keine steinerne Stufe markiert sie. Aber das tut die wartende Haltung der wenigen Personen. Sparsam abgemessene Schritte spiegeln ohne daß sie selbst davon wissen, es ab, daß man vor einem ⟨Entschluß⟩ steht. Aragon-⟩Zitat über das Warten der Leute vor Passagen. ⟨O°,51⟩
Diese wirklich merkwürdige Theorie bei Dacqué: daß der Mensch ein Keim sei. (Es gibt Keimformen der Natur, die sich als ausgewachsene aber nicht umgebildete Embryos darstellen.) Der Mensch – und die menschenähnlichen Tierarten, Menschenaffen – seien daher im Frühstadium eigentlich am angemessensten, »menschlichsten« ausgeformt: im ausgewachsnen Menschen – und Schimpansen-Embryo (d.h. im ausgewachsnen Menschen und Schimpansen) wage sich Tierisches wieder weiter hervor. Aber ⟨abgebrochen⟩ ⟨O°,52⟩

Es ist unbedingt nötig, Theoretiker des Jugendstils zu studieren. Folgender Hinweis bei A. G. Meyer: Eisenbauten Esslingen 1907 »Männer, deren künstlerisches Gewissen besonders fein empfand, haben vom Altar der Kunst aus auf die Bauingenieure Fluch auf Fluch geschleudert. Es genüge an Ruskin zu erinnern.« (p 3) Im Zusammenhange des Jugendstils: Péladan ⟨O°,53⟩
»Il devient de plus en plus difficile d'être révolutionnaire à la fois dans le plan spirituel et dans le plan social.« Emmanuel Berl: Premier pamphlet (Europe No 75 1929 p 40) ⟨O°,54⟩
Blumenkunst und Genremalerei ⟨O°,55⟩
Man kann von zwei Richtungen in dieser Arbeit sprechen: der die aus der Vergangenheit in die Gegenwart geht und die Passagen etc. als Vorläufer darstellt und der, die von der Gegenwart ins Vergangene geht, um die revolutionäre Vollendung dieser »Vorläufer« in der Gegenwart explodieren zu lassen und diese Richtung versteht auch die elegische, hingerissene Betrachtung des Jüngstvergangenen als dessen revolutionäre Explosion. ⟨O°,56⟩
Schlagschatten des Mythos, den diese bewegte Zeit auf die Vergangenheit wirft, wie das mythengebärende Hellas (μηθοτοκος) es tat. ⟨O°,57⟩
Léon Daudet erzählt sein Leben topographisch »Paris vécu«. ⟨O°,58⟩
Passage und *procès* Mirès ⟨O°,59⟩
Lebensbewegung der Mode: *weniges* ändern. ⟨O°,60⟩
Im Jazz emanzipiert sich der Lärm. Der Jazz tritt in einem Moment auf, da der Lärm immer mehr aus dem Produktions-, Verkehrs- und Handelsprozeß ausgeschaltet wird. Ebenso Radio. ⟨O°,61⟩
Aus dem »Bazar« Berliner illustrierte Damen-Zeitung (1857ff.) Perlstickerei zu Oblaten- oder Spielmarkenschachteln, Herrenschuh, Handschuhkasten, Schlummerrolle, Federwischer, Nadelbuch, Nadelkissen, Uhr-Pantoffel. *Weihnachtsarbeiten*: Lampenteller, Jagdtaschen, Klingelzüge, Ofenschirme, Notenmappe, Messerkörbe, Wachsstockbüchse, Mehlspeisenringe, Spielmarken ⟨O°,62⟩
Der Typ des Flaneurs gewinnt an Deutlichkeit, wenn man einen Augenblick an das gute Gewissen denkt, was dem Typ von Saint-Simons »Industriel« geeignet haben muß, der diesen Titel nur als Eigentümer von Kapital führte. ⟨O°,63⟩
Bemerkenswerter Unterschied zwischen Saint-Simon und Marx. Der erste greift die Klasse der Ausgebeuteten (Produzenten) möglichst groß; rechnet auch noch den Unternehmer dazu, weil er seinen Geldgebern

Zins zahlt. Marx umgekehrt rechnet alle, die noch irgendwie ausbeuten, auch wenn sie übrigens Opfer der Ausbeutung sind, dem Bürgertum zu.
⟨O°,64⟩
Verschärfung der Klassengegensätze: die gesellschaftliche Ordnung als eine Leiter, bei der die Abstände zwischen den Sprossen von Jahr zu Jahr größer werden. Die unendliche Zahl vermittelnder Zwischenstufen zwischen Reichtum und Elend im Frankreich des vorigen Jahrhunderts. ⟨O°,65⟩
Byzantinischer Mystizismus an der Ecole Polytechnique (vgl. Pinet: L'école Polytechnique et les Saints-Simoniens Revue de Paris 1894)
⟨O°,66⟩
Lehrte nicht Marx, daß die Bourgeoisie als Klasse niemals zu einem restlos erhellten Bewußtsein ihrer selbst kommen kann? Und ist man, wenn dies zutrifft, nicht berechtigt, den Gedanken des Traumkollektivs (das ist das bürgerliche Kollektiv) an seine These anzuschließen? ⟨O°,67⟩
Wäre es, weiterhin, nicht möglich, von den sämtlichen Sachverhalten, mit denen diese Arbeit es zu tun hat, nachzuweisen, wie sie im Selbstbewußtwerdungsprozeß des Proletariats sich erhellen? ⟨O°,68⟩
Die ersten Weckreize vertiefen den Schlaf – (Weckreize) ⟨O°,69⟩
Die Comptes fantastiques d'Haussmann erschienen zuerst als Artikelfolge im Temps. ⟨O°,70⟩
Gute Formulierung von Bloch zur Passagenarbeit: die Geschichte zeigt ihre Marke von Scotland Yard. Das war im Zusammenhang eines Gespräches, in dem ich darlegte, wie diese Arbeit – vergleichbar der Methode der Atomzertrümmerung, die die ungeheuren Kräfte freimacht, welche die Atome zusammenhalten – die ungeheuren Kräfte der Geschichte freimachen soll, die im »es war einmal« der klassischen historischen Erzählung eingeschläfert werden. Die Geschichte in dem Bestreben die Sache zu zeigen »wie sie denn eigentlich wirklich gewesen ist« war das stärkste Narkotikum des 19ten Jahrhunderts. ⟨O°,71⟩
Die Konkretion löscht das Denken, die Abstraktion entzündet es. Jede Antithetik ist abstrakt, jede Synthesis konkret. (Die Synthesis löscht das Denken.) ⟨O°,72⟩
Formel: Konstruktion aus Fakten. Konstruktion unter vollständiger Eliminierung der Theorie. Was nur Goethe in seinen morphologischen Schriften versucht hat. ⟨O°,73⟩
Zum Spiel. Es gibt eine bestimmte Struktur des Schicksals, die sich nur am Gelde und eine besondere Struktur des Geldes, die sich nur am Schicksal erkennen läßt. ⟨O°,74⟩
Die Passage als Tempel des Äskulap. Brunnenhalle. Heilwandel. Passagen (als Brunnenhallen) in Schluchten. Bei Schuls-Tarasp,

bei Ragaz. Die »Klamm« als landschaftliches Ideal zur Zeit unserer Eltern. Wie beim Auftreffen auf sehr weitreichende Erinnerungen der Geruchssinn erwacht. Mir war, als ich in St Moritz vor einer Auslage stand und Taschenmesser aus Perlmutt als »Erinnerungen« sah, als könne ich sie jetzt riechen. ⟨O°,75⟩
Was in den Passagen verkauft wird, sind Andenken. Das »Andenken« ist die Form der Ware in den Passagen. Man kauft immer nur Andenken an die und die Passage. Entstehung der Andenkenindustrie. Wie weiß es der Fabrikant. Der Douanier der Industrie. ⟨O°,76⟩
Wie Erinnerungen des Gesichtssinns nach langen Jahren verwandelt auftauchen. Das Taschenmesser, das mir kam, als ich in der Auslage zu Sankt Moritz auf eines mit dem Ortsnamen zwischen perlmutternem Edelweiß stieß, das schmeckte und roch. ⟨O°,77⟩
Man muß sich nicht die Zeit vertreiben, muß die Zeit in sich einladen. Sich die Zeit vertreiben, (sich die Zeit austreiben, abschlagen): sich drainieren. Typus: Spieler, Zeit spritzt ihm aus allen Poren. – Zeit laden wie eine Batterie: Typus Flaneur. Endlich der synthetische Typ: lädt und gibt die Energie »Zeit« in veränderter Form weiter: der Wartende.
⟨O°,78⟩
»Urgeschichte des neunzehnten Jahrhunderts« – die hätte kein Interesse wenn man es so versteht, daß im Bestand des neunzehnten Jahrhunderts urgeschichtliche Formen sollten wiedergefunden werden. Nur wo das neunzehnte Jahrhundert als originäre Form der Urgeschichte würde dargestellt werden, als eine Form also, in welcher sich die *ganze* Urgeschichte so erneuert, daß gewisse ihrer älteren Züge nur als Vorläufer dieser jüngsten erkannt würden, hat dieser Begriff einer Urgeschichte des neunzehnten Jahrhunderts seinen Sinn. ⟨O°,79⟩
Alle geschichtsphilosophischen Kategorien sind hier auf den Indifferenzpunkt zu treiben. Keine geschichtliche Kategorie ohne ihre naturale Substanz, keine naturale ohne ihre geschichtliche Filterung. ⟨O°,80⟩
Geschichtliche Wahrheitserkenntnis ist nur möglich als Aufhebung des Scheins: diese Aufhebung aber soll nicht Verflüchtigung, Aktualisierung des Gegenstandes bedeuten sondern ihrerseits die Konfiguration eines *schnellen* Bildes annehmen. Das schnelle kleine Bild im Gegensatz zur wissenschaftlichen Gemütlichkeit. Diese Konfiguration eines schnellen Bildes fällt zusammen mit der Agnoszierung des »Jetzt« in den Dingen. Aber nicht Zukunft. Surrealistische Miene der Dinge im Jetzt, spießige in

Pariser Passagen I   1035

der Zukunft. Der Schein der hier aufgehoben wird, ist der, das ⟨F⟩rühere sei im Jetzt. In Wahrheit: das ⟨J⟩etzt das innerste Bild des Gewesnen.   ⟨O°,81⟩
. . . .
Zum Blumenabschnitt. Die Modejournale der Zeit enthielten Anweisungen, wie man Buketts konservieren könne.   ⟨P°,1⟩
Die Kammer- und Schachtelwut. Alles kam in Etuis, wurde verschalt und verschlossen. Uhrhalter, Pantoffeletuis, Thermometerständer, alles in Straminstickerei.   ⟨P°,2⟩
Analyse des Wohnens. Das Schwierige ist hier, daß einerseits im Wohnen das Uralte – vielleicht Ewige – erkannt werden muß: Abbild vom Aufenthalt des Menschen im Mutterschoße. Und daß auf der andern Seite dieses urgeschichtlichen Motivs ungeachtet, im Wohnen in seiner extremsten Form ein Daseinszustand des 19ten Jahrhunderts begriffen werden muß, mit welchem wir zu brechen begonnen haben. Die Urform alles Wohnens ist das Dasein, nicht im Haus sondern im Gehäuse. Der Unterschied von beiden: jenes trägt ganz sichtbar den Abdruck seines Bewohners zur Schau. Wohnung im extremsten Falle wird zum Gehäuse. Das 19te Jahrhundert war wie kein anderes wohnsüchtig. Es begriff die Wohnung als das Futteral des Menschen und bettete ihn mit allem seinem Zubehör so tief in sie ein, daß man ans Innere eines Zirkelkastens denken könnte, wo das Instrument mit allen Ersatzteilen, in tiefe meistens violette Sammethöhlen gebettet, daliegt. Es ist kaum mehr erfindlich für was nicht alles das 19te Jahrhundert Etuis erfand. Für Taschenuhren, für Pantoffeln, Eierbecher, Thermometer, Spielkarten, für was nicht alles Schoner, Läufer, Decken angefertigt wurden. Das zwanzigste Jahrhundert mit seiner Porosität, Transparenz, seinem Freilicht- und Freiluftwesen machte das Wohnen im alten Sinne zu nichte. Der erste Ansatz Dinge ⟨?⟩ wie »Heimstätten für Menschen« in Ibsens »Baumeister Solneß«. Nicht umsonst ein Drama das im Jugendstil gründet, der selber das ⟨als?⟩ Gehäusewesen aufs tiefste erschütterte. Heute ist es tief fragwürdig. Das Wohnen wird vermindert, für die Lebenden durch Hotelzimmer für die Toten durchs Krematorium.
⟨P°,3⟩
Dialektik im Stillstand – das ist die Quintessenz der Methode.
⟨P°,4⟩
Wohnen als Transitivum. Z.B. »das gewohnte Leben« – das gibt einen Begriff von der hastigen, verborgnen Aktualität die das Wohnen hat. Sie besteht darin, ein Gehäuse auszuprägen.   ⟨P°,5⟩
Kitsch. Seine ökonomische Analyse. Auf welche Weise in ihm erscheinen: die Überproduktion der Waren; das schlechte Gewissen der Produzenten.   ⟨P°,6⟩

Die Mode. Eine Art Wettrennen um den ersten Platz in der gesellschaftlichen Schöpfung. Das Rennen wird jeden Augenblick von neuem gelaufen. Gegensatz von Mode und Uniform.
⟨P°,7⟩
Thomasius: Vom Recht des Schlafs und der Träume Halle 1723
⟨P°,8⟩
Simmel: Philosophische Kultur ⟨Leipzig 1911⟩ (Die Mode) ⟨P°,9⟩
. . . .

Bin ich der, der W. B. heißt? oder heiße ich bloß einfach W. B.? Das ist in der Tat die Frage, die ins Geheimnis des Personennamens einführt und sie ist ganz richtig in einem nachgelassenen »Fragment« von Hermann Ungar formuliert: »Hängt der Name an uns oder hängen wir an einem Namen?« H. Ungar: Fragment in: Das Stichwort Ztg ⟨Zeitung⟩ d⟨es⟩ Th⟨eaters⟩ a⟨m⟩ Schiffbauer Damm Dezember 1929 p 4 ⟨Q°,1⟩
Wachsfigurenkabinett zu Lissabon in Joachim Nettelbecks Autobiographie ⟨Q°,2⟩
Anatole France: Bergeret-Romane ⟨Q°,3⟩
Kapital I Originalausgabe p 40 III p 1–200 bes. 150ff Tendenzieller Fall der Profitrate und Durchschnittsprofitrate ⟨Q°,4⟩
Kafka: Der Landarzt (Ein Traum) ⟨Q°,5⟩
In der Passagenarbeit muß der Kontemplation der Prozeß gemacht werden. Sie soll sich aber glänzend verteidigen und behaupten.
⟨Q°,6⟩
Glück des Sammlers, Glück des Einsamen: tête à tête mit den Dingen. Ist nicht das die Beseligung, die über unsern Erinnerungen waltet: daß wir in ihnen mit Dingen allein sind, die sich stillschweigend um uns anordnen und daß selbst die Menschen, die dann auftauchen, dieses zuverlässige, bündnishafte Schweigen der Dinge mit annehmen. Der Sammler »stillt« sein Schicksal. Und das heißt, er verschwindet in der Welt der Erinnerung.
⟨Q°,7⟩
ETA Hoffmann: Die Automate (Serapionsbrüder II) ⟨Q°,8⟩
Hoffmann als Typ des Flaneurs. Des Vetters Eckfenster das Testament des Flaneurs. Daher Hoffmanns großer Erfolg in Frankreich. In den biographischen Bemerkungen zur fünfbändigen Sammlung seiner letzten Schriften heißt es: »Von der freien Natur war Hoffmann nie ein besonderer Freund. Der Mensch, Mittheilung mit ihm, Beobachtungen über, das blose Sehen von Menschen, galt ihm mehr als Alles. Ging er im

Sommer spazieren, was bei schönem Wetter täglich gegen Abend geschah, so war es immer nur, um zu öffentlichen Orten zu gelangen, wo er Menschen antraf. Auch unterwegs fand sich nicht leicht ein Weinhaus, ein Conditorladen, wo er nicht eingesprochen, um zu sehen, ob und welche Menschen da seyen.« ⟨Q°,9⟩
Armatur physiognomischer Studien: der Flaneur, der Sammler, der Fälscher, der Spieler. ⟨Q°,10⟩
Hans Kistemaecker: Die Kleidung der Frau, ein erotisches Problem Zürcher Diskuszionen Heft 8 1898 Verf. wahrscheinlich Panizza
⟨Q°,11⟩
Louis Schneider: Offenbach Paris 1923 ⟨Q°,12⟩
Le guide historique et anecdotique de Paris Paris (Editions Argo) ⟨Q°,13⟩
Es ist sicher, daß früher die Kunst in ihrem soziologischen Herrschaftsbereich, in den auf sie sich gründenden Hierarchien, in der Art und Weise wie sie sich formte, viel mehr mit dem, was heute Mode ist, verwandt war, als mit dem was man heute Kunst nennt. Mode: Aristokratisch-esoterische Entstehung des weitest verbreiteten Gebrauchsartikels. ⟨Q°,14⟩
Das Mißverständnis als konstitutives Element in der Entwicklung der Mode. Die neue Mode wird schon in winziger Entfernung von ihrem Ausgangs- und Entstehungsorte umgebogen und mißverstanden. ⟨Q°,15⟩
Metternich: Denkwürdigkeiten München 1921 ⟨Q°,16⟩
Hans von Veltheim: Héliogabale ou biographie du XIX siècle de la France Braunschweig 1843 ⟨Q°,17⟩
Grässe und Jännicke: Kunstgewerbliche Altertümer und Kuriositäten Berlin 1909 ⟨Q°,18⟩
Zur »Stummen von Portici«. Uraufführung 1828. Eine wallende Musik, eine Oper aus Draperien, die sich über den Worten heben und senken. Sehr evident der Erfolg den diese Musik zu der Zeit haben mußte als die Draperie ihren Triumphzug (zunächst als türkischer Shawl, in der Mode) begann. Das novarum rerum cupidus des Revolutionärs macht dieses Publikum sich als Interesse für nouveautés verständlich. Mit Recht zeigte man ihm eine Revolte, deren erste Aufgabe es ist, den König vor ihr selbst in Sicherheit zu bringen. Revolution als Draperie vor einem kleinen Revirement in den herrschenden Kreisen wie die von 1830 es doch wohl waren. ⟨Q°,19⟩
Henri Sée: Französische Wirtschaftsgeschichte ⟨Q°,20⟩
Zum dialektischen Bilde. In ihm steckt die Zeit. Sie steckt schon bei Hegel in der Dialektik. Diese Hegelsche Dialektik kennt aber die Zeit nur als eigentlich historische, wenn nicht psychologische,

Denkzeit. Das Zeitdifferential, in dem allein das dialektische Bild wirklich ist, ist ihm noch nicht bekannt. Versuch, es an der Mode aufzuzeigen. Die reale Zeit geht in das dialektische Bild nicht in natürlicher Größe – geschweige denn psychologisch – sondern in ihrer kleinsten Gestalt ein. – – Ganz läßt sich das Zeitmoment im dialektischen Bilde nur mittels der Konfrontation mit einem andern Begriffe ermitteln. Dieser Begriff ist das »Jetzt der Erkennbarkeit«. ⟨Q°,21⟩
Mode ist zündende, Erkenntnis erlöschende Intention. ⟨Q°,22⟩
Das, was »immer wieder dasselbe« ist, ist nicht das Geschehen sondern das Neue an ihm, der Chock, mit dem es betrifft.
⟨Q°,23⟩
Bin ich der, der W. B. heißt, oder heiße ich bloß einfach W. B.? Das sind zwei Seiten einer Medaille, aber die zweite ist abgegriffen, die erste hat Stempelglanz. Diese erste Fassung macht es einsichtig, daß der Name Gegenstand einer Mimesis ist. Freilich ist es deren besondere Natur, sich nicht am Kommenden sondern immer nur am Gewesnen, das will sagen: am Gelebten, zu zeigen. Der Habitus eines gelebten Lebens: das ist es, was der Name aufbewahrt aber auch vorzeichnet. Mit dem Begriff der Mimesis ist zudem schon gesagt, daß der Bereich des Namens der des Ähnlichen ist. Und da die Ähnlichkeit das Organon der Erfahrung ist, so besagt das: der Name kann nur in Erfahrungszusammenhängen erkannt werden. Nur an ihnen wird sein Wesen, d. h. sprachliches Wesen kenntlich. ⟨Q°,24⟩
Ausgang der vorstehenden Betrachtungen ein Gespräch mit Wiesengrund über die Opern Elektra und Carmen; wiefern ihre Namen schon ihren eigentlichen Charakter in sich enthalten und so dem Kinde lange schon, ehe es diese Opern noch kennt, eine Ahnung von ihnen geben. (Carmen erscheint ihm i⟨m⟩ S⟨c⟩hal, den die Mutter abends beim Gutenachtkuß, wenn sie in die Oper geht, um hat.⟨⟩) Die Erkenntnis im Namen ist am meisten im Kinde ausgebildet, weil die mimetische Fähigkeit im späteren Alter bei den meisten Menschen abnimmt. ⟨Q°,25⟩

Frühe Entwürfe

Passagen

In der Avenue des Champs-Elysées zwischen neuen Hotels mit angelsächsischen Namen wurden vor kurzem Arkaden eröffnet und die neueste Pariser Passage tat sich auf. Zu ihrer Einweihung blies ein Monstreorchester in Uniform vor Blumenparterres und Springbrunnen. Man staute sich stöhnend über Sandsteinschwellen an Spiegelscheiben entlang, sah künstlichen Regen auf kupferne Eingeweide neuester Autos fallen, zum Beweis der Güte des Materials, sah Räder in Öl sich schwingen, las auf schwarzen Plättchen in Straßchiffren Preise der Lederwaren und Grammophonplatten und gestickten Kimonos. In diffusem Licht von oben glitt man über Fliesen. Während hier dem modischsten Paris ein neuer Durchgang bereitet wurde, ist eine der ältesten Passagen der Stadt verschwunden, die Passage de l'Opéra, die der Durchbruch des Boulevard Haussmann verschlungen hat. Wie dieser merkwürdige Wandelgang es bis vor kurzem tat, bewahren noch heute einige Passagen in grellem Licht und düsteren Winkeln raumgewordene Vergangenheit. Veraltende Gewerbe halten sich in diesen Binnenräumen und die ausliegende Ware ist undeutlich oder vieldeutig. Schon die Inschriften und Schilder an den Eingangstoren (man kann ebensogut Ausgangstoren sagen, denn bei diesen seltsamen Mischgebilden von Haus und Straße ist jedes Tor Eingang und Ausgang zugleich), schon die Inschriften, die sich dann innen, wo zwischen dicht behängten Kleiderständen hier und da eine Wendeltreppe ins Dunkel steigt, an Wänden wiederholen, haben etwas Rätselhaftes. ALBERT au 83 wird ja wohl ein Friseur sein und Maillots de théâtre werden Seidentrikots sein, aber diese eindringlichen Buchstaben wollen noch mehr sagen. Und wer hätte den Mut die ausgetretne Stiege hinauf zu gehn in das Schönheitsinstitut des Professeur Alfred Bitterlin. Mosaikschwellen im Stil der alten Restaurants des Palais Royal führen zu einem Dîner de Paris, sie steigen breit bis zu einer Glastür, aber es ist so unwahrscheinlich, daß dahinter wirklich ein Restaurant sein wird. Und die nächste Glastür, die ein Casino verheißt und etwas wie eine Kasse mit angeschlagenen Preisen von Plätzen sehen läßt, wird die nicht, wenn man sie aufmacht, statt in einen Theaterraum ins Dunkel führen, in einen Keller hinunter oder auf die Straße? Und auf der Kasse lagern mit einmal Strümpfe, schon wieder Strümpfe wie drüben in der Puppenklinik und vorhin auf dem Nebentisch des Branntweinausschanks. – In den belebten Passagen der Boulevards wie in den etwas leeren der alten rue Saint-Denis liegen in dichten Reihen Schirme und Stöcke aus: eine Phalanx farbiger Krücken. Häufig sind hygienische Institute, da tragen Gladiatoren Bauchbinden, und um weiße Mannequinbäuche schlingen sich Bandagen. In den Fenstern der Friseure sieht man die letzten Frauen mit langem Haar, sie haben reich ondulierte Massen auf, versteinerte Haartouren. Wie brüchig erscheint daneben, darüber das Mauerwerk der Wände: bröckelndes Papiermaché! ›Andenken‹ und Bibelots wollen grausig werden, lauernd lagert die Odaliske neben dem Tintenfaß, Adorantinnen in Strickhemden heben Aschbecher wie Weihwasserbecken. Eine Buchhandlung benachbart Lehrbücher der Liebe mit bunten Epinaldrucken, läßt neben den Memoiren einer Kammerzofe Napoleon durch Marengo reiten und zwischen Traumbuch und Kochbuch altenglische Bürger den breiten und den schmalen Weg des Evangeliums gehen. In den Passagen erhalten sich Formen von Kragenknöpfen, zu denen wir die entsprechenden Kragen und Hemden nicht mehr kennen. Ist ein Schusterladen Nachbar einer Confiserie, so werden seine Schnürsenkelgehänge lakritzenähnlich. Über Stempel und Letternkästen rollen Bindfäden und Seidenknäuel. Nackte Puppenrümpfe mit kahlen Köpfen warten auf Behaarung und Bekleidung. Froschgrün und korallenrot schwimmen Kämme wie in einem Aquarium, Trompeten werden zu Muscheln, Okarinen zu Schirmkrücken, in den Schalen der photographischen Dunkelkammer liegt Vogelfutter. Drei Plüschstühle mit Häkelschonern hat der Galeriewächter in seiner Loge, aber daneben ist ein ausgeleerter Laden, von dessen Inventar nur ein Schild übrig blieb, das Gebisse in Gold, in Wachs und zerbrochen ankaufen will. Hier in dem stillsten Teil des Seitenganges können Personen beider Geschlechter Personal werden, wo hinter der Scheibe eine Wohnzimmerkulisse eingerichtet ist. Auf die blaßbunte Tapete voll Bilder und Bronzebüsten fällt das Licht einer Gaslampe. Bei der liest eine alte Frau. Die ist wie seit Jahren allein. Nun wird der Gang immer leerer. Ein kleiner roter Blechschirm lockt in einen Treppenaufgang zu einer Fabrik von Schirmzwingen, eine staubige Brautschleife verspricht ein Magazin von Kokarden für Hochzeiten und Bankette. Aber man glaubt's ihr nicht mehr. Feuerleiter, Regenrinne: ich stehe im Freien. Gegenüber ist wieder etwas wie eine Passage, eine Wölbung und darin eine Sackgasse bis zu einem einfenstrigen Hôtel de Boulogne oder Bourgogne. Aber da muß ich nicht mehr hinein, ich gehe die Straße hinauf zu dem Triumphtor, das grau und glorreich Lodovico Magno erbaut ist. An den Reliefpyramiden seiner steigenden Pfeiler lagern Löwen, hängen Waffenleiber und verdämmernde Trophäen.

⟨Pariser Passagen II⟩

»Wir haben«, sagt der illustrierte Pariser Führer, ein vollständiges Gemälde der Seine-Stadt und ihrer Umgebungen vom Jahre 1852, »bei den inneren Boulevards wiederholt der Passagen gedacht, die dahin ausmünden. Diese Passagen, eine neuere Erfindung des industriellen Luxus, sind glasgedeckte marmorgetäfelte Gänge durch ganze Häusermassen, deren Besitzer sich zu solchen Spekulationen vereinigt haben. Zu beiden Seiten dieser Gänge, die ihr Licht von oben erhalten, laufen die elegantesten Warenläden hin, so daß eine solche Passage eine Stadt, eine Welt im kleinen ist, in der der Kauflustige alles finden wird, dessen er benötigt. Sie sind bei plötzlichen Regengüssen der Zufluchtsort aller Überraschten, denen sie eine gesicherte, wenn auch beengte Promenade gewähren, bei der die Verkäufer auch ihren Vorteil finden.« Die Kauflustigen sind dahin und die Überraschten. Regen wirbt ihnen nur die powere Klientel ohne den imprägnierten Covercoat oder Gummimantel. Das waren Räume für ein Geschlecht, das vom Wetter zu wenig wußte und sonntags, wenn es schneite, statt auf Skiern in den Wintergärten sich wärmte. Zu früh gekommenes Glas, zu frühes Eisen: das war ein und dieselbe Sippe, Passagen, Wintergärten mit der herrschaftlichen Palme und Bahnhofshallen, wo die falsche Orchidee »Abschied« mit ihren winkenden Blütenblättern gezüchtet wurde. Längst hat der Hangar sie eingelöst. Und heute steht es mit dem Menschenmaterial im Innern wie mit dem Baumaterial der Passagen. Zuhälter sind die eisernen Naturen dieser Straße und ihre gläsernen Spröden sind Huren. Hier war die letzte Unterkunft der Wunderkinder, die als Patentkoffer mit Innenbeleuchtung, als meterlanges Taschenmesser oder gesetzlich geschützter Schirmgriff mit Uhr und Revolver auf Weltausstellungen das Tageslicht erblickten. Und neben den entarteten Riesengeschöpfen, die halbe, steckengebliebene Materie. Wir sind den schmalen dunklen Gang gegangen, bis zwischen einer librairie en solde, wo farbige verschnürte Konvolute von allen Formen des Konkurses reden, und einem Laden mit lauter Knöpfen (Perlmutt und solchen, die man in Paris de fantaisie nennt) eine Art Wohnzimmer stand. Auf eine blaßbunte Tapete voll Bildern und Büsten schien eine Gaslampe. Bei der las eine Alte. Die ist da wie seit Jahren allein und will Gebisse »in Gold, in Wachs und zerbrochen«. Seit diesem Tage wissen wir auch, woher der Doktor Mirakel das Wachs nahm, aus dem er die Olympia verfertigt hat. Sie sind die wahren Feen dieser Passagen – käuflicher und gebrauchter als die lebensgroßen – die einst weltberühmten pariser Puppen, die auf dem singenden Sockel sich drehten und auf den Armen ein Körbchen hatten, aus dem in den werdenden Mollakkord ein Schäfchen die witternde Schnauze streckte. ⟨a°,1⟩

Das alles ist die Passage in unsern Augen. Und nichts von alledem ist sie gewesen. Sie ⟨scil. die Passagen⟩ strahlten ins Paris der Empirezeit als Grotten. Wer 1817 die Passage des Panoramas betrat, dem sangen auf der einen Seite die Sirenen des Gaslichts, und gegenüber lockten als Ölflammen Odalisken. Mit dem Aufblitzen der elektrischen Lichter verlosch das unbescholtene Leuchten in diesen Gängen, die plötzlich schwieriger zu finden waren, eine schwarze Magie der Tore betrieben, aus blinden Fenstern in ihr Inneres schauten. Das war kein Niedergang sondern der Umschlag. Mit einem Schlage waren sie die Hohlform, aus der das Bild der »Moderne« gegossen wurde. Hier spiegelte mit Süffisanz das Jahrhundert seine allerneueste Vergangenheit. Hier war das Altersheim der Wunderkinder... ⟨a°,2⟩

Wenn wir als Kinder jene großen Sammelwerke »Weltall und Menschheit«, »Neues Universum«, »Die Erde« bekamen, fiel dann der Blick nicht immer zuerst auf die farbige »Steinkohlenlandschaft« oder auf »Seen und Gletscher zur ersten Eiszeit«? Solch ideales Panorama einer kaum verflossenen Urzeit tut mit dem Blick durch die in alle Städte verteilten Passagen sich auf. Hier haust der letzte Dinosaurus Europas, der Konsument. An diesen Höhlenwänden wuchert als unvordenkliche Flora die Ware und geht, wie die Gewebe in Geschwüren, die regellosesten Verbindungen ein. Eine Welt geheimer Affinitäten: Palme und Staubwedel, Föhnapparat und die Venus von Milo, Prothese und Briefsteller finden sich hier, wie nach langer Trennung, zusammen. Lauernd lagert die Odaliske neben dem Tintenfaß, Adorantinnen heben Aschbecher wie Opferschalen. Diese Auslagen sind ein Rebus und es liegt einem auf der Zunge, ⟨wie⟩ hier das Vogelfutter in der Fixierschale einer Dunkelkammer verwahrt wird, Blumensamen neben dem Feldstecher, die abgebrochnen Schrauben auf dem Notenheft und der

Revolver überm Goldfischglas zu lesen sind. Übrigens sieht nichts von alledem neu aus. Die Goldfische stammen vielleicht aus einem inzwischen lange versiegten Bassin, der Revolver wird corpus delicti gewesen sein, und schwerlich haben diese Noten ihre frühere Besitzerin vorm Hungertode bewahren können, als die letzten Eleven fortblieben. ⟨a°,3⟩

Dem, was die Dichter selbst von ihren Schriften sagen, soll man niemals trauen. Als Zola seine Thérèse Raquin gegen feindselige Kritiken verteidigen wollte, hat er erklärt, sein Buch sei eine wissenschaftliche Studie über die Temperamente. Es sei ihm nämlich darum zu tun gewesen, exakt an einem Beispiel zu entwickeln, wie das sanguinische und das nervöse Temperament – zu beider Unheil – auf einander wirken. Bei dieser Mitteilung konnte niemandem wohlwerden. Sie erklärt auch nicht den beispiellosen Einschlag von Kolportage, die Blutrünstigkeit, die filmgerechte Gräßlichkeit der Handlung. Sie spielt nicht umsonst in einer Passage. Wenn dieses Buch denn wirklich wissenschaftlich etwas entwickelt, so ist es das Sterben der pariser Passagen, der Verwesungsprozeß einer Architektur. Von seinen Giften ist die Atmosphäre dieses Buches schwanger und an ihnen gehen seine Menschen zugrunde.
⟨a°,4⟩

Man zeigte im alten Griechenland Stellen, an denen es in die Unterwelt hinabging. Auch unser waches Dasein ist ein Land, an dem es an verborgnen Stellen in die Unterwelt hinabgeht, voll unscheinbarer Örter, wo die Träume münden. Am Tage gehen wir nichtsahnend an ihnen vorüber, kaum aber kommt der Schlaf, so tasten wir mit geschwinden Griffen zu ihnen zurück und verlieren uns in den dunklen Gängen. Das Häuserlabyrinth der Stadt gleicht am hellen Tage dem Bewußtsein; die Passagen (das sind die Galerien, die in ihr vergangnes Dasein führen) münden tagsüber unbemerkt in die Straßen. Nachts unter den dunklen Häusermassen aber springt ihr kompakteres Dunkel erschreckend heraus; und der späte Passant hastet an ihnen vorüber, es sei denn, daß wir ihn zur Reise durch die schmale Gasse ermuntert haben. ⟨a°,5⟩

Falschere Farben sind in Passagen möglich; daß Kämme rot und grün sind, wundert kaum. Schneewittchens Stiefmutter hatte solche, und als der Kamm sein Werk nicht getan hatte, da war der schöne Apfel, der nachhalf, halb rot, halb giftgrün wie die wohlfeilen Kämme. Überall geben Strümpfe ihre Gastrollen, einmal liegen sie unter Phonographen, gegenüber in einer Briefmarkenhandlung, ein andermal am Nebentisch eines Ausschanks, wo sie von einem Mädchen bewacht werden. Auch gegenüber vor der Briefmarkenhandlung, wo zwischen den Kuverts mit raffiniert gemischten Marken Handbücher einer überholten Lebenskunst, »Etreintes secrètes« und »Illusions affolantes«, Einführungen in ausrangierte Laster und Passionen lieblos verteilt sind. Die Scheiben sind mit bunten Epinaldrucken verhängt, auf denen Arlequin seine Tochter verlobt, Napoleon durch Marengo reitet und zwischen allen Geschützgattungen der Artillerie schmächtige englische Bürger die breite Straße zur Hölle und die verlassene des Evangeliums wandeln. Kein Käufer sollte in diesen Laden mit vorgefaßten Meinungen treten, froh, beim Verlassen einen Band mit nachhause zu nehmen: Malebranches »Recherche de la vérité« oder »Miss Daisy, un journal d'une écuyère anglaise«. ⟨b°,1⟩

Auf die Einwohner dieser Passagen deuten mitunter Schilder und Inschriften, die sich innen zwischen den Läden, wo hie und da eine Wendeltreppe ins Dunkel hinaufführt, an der Wand wiederholen. Sie haben wenig gemein mit denen, die an ehrlichen Flurtüren hängen und erinnern eher an Tafeln, die an Gittern zoologischer Gärten weniger den Wohnort als Herkunft und Gattung von gefangnen Tieren verzeichnen. In den Lettern auf den metallnen oder auch emaillierten Schildern hat ein Bodensatz aller Schriftformen, die je im Abendlande im Gebrauch gewesen sind, sich niedergeschlagen. Albert au 83 wird ein Friseur sein und maillots de théâtre werden wohl rosa und hellblaue Seidentrikots für junge Sängerinnen und Tänzerinnen sein, aber diese eindringlichen Buchstaben wollen noch mehr und anderes besagen. Sammler kulturhistorischer Kuriosa haben in ihrem Geheimfach Flugblätter einer hochbezahlten Literatur, Firmenprospekte oder Theateranzeigen, die beides nur auf den ersten Blick sind und Dutzende verschiedener Alphabete an die Einkleidung einer naheliegenden Aufforderung verschwenden. An die romantische Letterngarderobe der Zote erinnern diese finstern Emailleschilder. – Erinnern an den Ursprung des neueren Plakats. Im Jahre 1861 tauchte an den

Londoner Häusermauern das erste lithographische Plakat auf: man sah den Rücken einer weißen Frau, die dicht in einen Shawl gehüllt soeben in aller Hast den oberen Absatz einer Stiege erreicht hatte, den Kopf halb abwendet und den Finger auf den Lippen eine schwere Tür einen Spalt weit öffnet, in dem man den gestirnten Himmel erkennt. So affichierte Wilkie Collins sein neues Buch, einen der größten Kriminalromane: Die weiße Frau. Noch farb- ⟨los⟩ rannen an den Häuserwänden die ersten Tropfen eines Letternregens nieder, der heute ohne Unterlaß bei Tag und Nacht sich über die großen Städte ergießt und begrüßt wurde wie die ägyptischen Plagen. – Darum wird uns so bange, wenn wir, gedrängt von denen, welche wirklich kaufen, zwischen die dichtbehängten Kleiderstöcke geklemmt, auf der unteren Schnecke der Wendeltreppe »Institut de beauté du professeur Alfred Bitterlin« lesen. Und die »Fabrique de cravates au 2me« – ob es da tatsächlich Halsbinden gibt? (Das »getupfte Land« aus dem Sherlock Holmes?) Ach, es wird wohl ganz harmlos genäht werden, und alle die erdachten Schrecken werden sich sachlich in die Statistik der Tuberkulose rangieren. Zum Troste fehlen an diesen Stellen nur selten hygienische Institute. Da tragen Gladiatoren Bauchbinden, und Bandagen sind um weiße Mannequinbäuche. Irgend etwas veranlaßt den Ladenbesitzer, so oft wie möglich unter sie zu treten. – Viel Adel, der vom Gotha nichts weiß: »Mme de Consolis, Maîtresse de Ballet, Leçons, Cours, Numéros«. »Mme de Zahna, Cartomancienne«, und wenn ⟨man⟩ Mitte der neunziger Jahre ⟨uns⟩ aus ihm geweissagt ⟨hätte,⟩ sicher den Untergang einer Kultur. ⟨b°,2⟩

Oft beherbergen diese Binnenräume veraltende Gewerbe und auch die durchaus aktuellen bekommen in ihnen etwas Verschollenes. Es ist der Ort der Auskunfteien und Ermittlungsinstitute, die da im trüben Licht der oberen Galerien der Vergangenheit auf der Spur sind. In den Auslagen der Friseurläden sieht man die letzten Frauen mit langen Haaren. Sie haben reich ondulierte Haarmassen, die »indéfrisables« sind, versteinerte Haartouren. Kleine Votivtafeln sollten sie denen weihen, die eine eigene Welt aus diesen Bauten machten, Baudelaire und Odilon Redon, dessen Name selbst wie eine allzugut gedrehte Locke fällt. Statt dessen hat man sie verraten und verkauft und das Haupt der Salome selber zum Einsatz gemacht, wenn das, was dort in der Konsole trauert, nicht das einbalsamierte der Anna Czyllak ist. Und während diese versteinern, ist oben das Mauerwerk der Wände brüchig geworden. Brüchig sind auch die Mosaikschwellen, die im Stile der alten Restaurants des Palais Royal zu einem »Dîner de Paris« für fünf Franken führen; sie steigen breit an zu einer Glastür, aber man mag nicht glauben, es komme dahinter wirklich ein Restaurant. Die nächste Glastür verheißt ein »Petit Casino« und läßt eine Kasse sehen und Preise der Plätze, aber öffnete man sie – ginge es da hinein? würde man statt in einem Theaterraum nicht drüben auf die Straße hinaustreten? Da Tür und Wände von Spiegeln durchbrochen sind, so weiß man weder ein noch aus vor zweifelhafter Helle. Paris ist eine Spiegelstadt. Spiegelglatter Asphalt seiner Autostraßen, vor allen bistros gläserne Verschläge. Ein Überfluß von Scheiben und Spiegeln in den Cafés, um sie innen heller zu machen und all den winzigen Gehegen und Abteilen, in die pariser Lokale zerfallen, eine erfreuliche Weite zu geben. Die Frauen sehen sich hier mehr als anderswo, daraus ist die bestimmte Schönheit der Pariserinnen entsprungen. Ehe ein Mann sie anblickt, sahen sie sich schon zehnmal gespiegelt. Aber auch der Mann sieht sich physiognomisch aufblitzen. Er gewinnt schneller sein Bild als anderswo und sieht sich auch mit diesem seinem Bilde schneller einig werden. Sogar die Augen der Passanten sind verhängte Spiegel. Und über dem großen Bette der Seine, Paris, breitet der Himmel sich wie der kristallene Spiegel über den niedrigen Betten in Freudenhäusern.

⟨c°, 1⟩

Blicken zwei Spiegel einander an, so spielt der Satan seinen liebsten Trick und öffnet hier auf seine Weise (wie sein Partner in den Blicken der Liebenden tut) die Perspektive ins Unendliche. Sei es nun göttlich, sei es satanisch: Paris hat die Passion der spiegelgleichen Perspektiven. Der Arc de Triomphe, Sacré Cœur, selbst das Panthéon erscheinen von weitem wie Bilder, die niedrig schweben, öffnen die Fata Morgana architektonisch. Baron von Haussmann hat sich, als er Paris zur Zeit des dritten ⟨recte: zweiten⟩ Kaiserreiches neu gestaltet hat, an diesen Perspektiven berauscht und wo nur immer möglich sie vermehren wollen. In den Passagen ist die Perspektive dauerhaft konserviert wie in Kirchenschiffen. Und die Fenster im oberen Stockwerke sind Emporen, in denen Engel nisten, die man »Schwalben« nannte. – »Hirondelles ⟨-femmes⟩ qui font la fenêtre.« ⟨c°,2⟩

Zweideutigkeit der Passagen als eine Zweideutigkeit des *Raumes*. Zu diesem Phänomen dürfte der Zugang am ehesten von der vielfältigen Verwendung der Figuren in Wachsfigurenkabinetten herzustellen sein. Wie auf der andern Seite entsprechend die in den Passagen gewonnene intentionale Einstellung auf die Zweideutigkeit des Raumes der Theorie der pariser Straßen zugute kommen muß. Den äußerlichsten nur ganz peripheren Aspekt der Zweideutigkeit der Passagen gibt ihr Reichtum an Spiegeln, der die Räume märchenhaft ausweitet und die Orientierung erschwert. Vielleicht sagt das nur wenig. Dennoch: mag sie auch mehrdeutig, ja unendlich vieldeutig sein, zweideutig bleibt sie – im Sinne der Spiegelwelt – doch. Sie blinzelt, ist immer dieses Eine und nie Nichts, aus dem ein anderes sogleich heraussteigt. Der Raum, der sich verwandelt, tut das im Schoße des Nichts. In seinen trüben beschmutzten Spiegeln tauschen die Dinge den Kaspar Hauser-Blick mit dem Nichts: es ist ein so zweideutiges Zwinkern von Nirvana herüber. Und wieder streift uns hier mit kaltem Hauch der Geckenname Odilon Redons, der diesen Blick der Dinge in den Spiegel des Nichts so wie kein anderer auffing und wie kein anderer sonst ins Einverständnis der Dinge mit dem Nichtsein sich zu mischen wußte. Blickwispern füllt die Passagen. Da ist kein Ding, das nicht ein kurzes Auge, wo man es am wenigsten vermutet, aufschlägt, blinzelnd schließt, siehst du näher hin so ist es verschwunden. Dem Wispern dieser Blicke leiht der Raum sein Echo: »Was mag, in mir, so blinzelt er, sich wohl ereignet haben?« Wir stutzen. »Ja was mag in dir sich wohl alles ereignet haben?« So fragen wir ihn leise zurück. Hier könnte so gut die Kaiserkrönung von Karl dem Großen wie die Ermordung Heinrichs IV, der Tod der Söhne Richards im Tower und die ... sich ereignet haben. Darum sind hier die Wachsfigurenkabinette. Diese optische Fürstengalerie ist ihr Hauptkapital. Sie ist Ludwig XI der Thronsaal, York⟨?⟩ der Tower, ist Abd el Krim die Wüste und Nero Rom. ⟨c°,3⟩

Die innersten glühenden Zellen der ville lumière, die alten Dioramen, nisteten in diesen Passagen, von denen eine nach ihnen noch heute Passage des Panoramas genannt wird. Es war im allerersten

Augenblick, als beträte man ein Aquarium. An der Wand des großen verdunkelten Saales zog es von schmalen Gelenken durchbrochen wie ein Land hinter Glas erleuchteten Wassers entlang. Das Farbenspiel der Tiefseefauna kann nicht brennender sein. Aber was sich hier zeigte, waren oberirdische, atmosphärische Wunder. In monderhellten Wassern spiegeln sich Serails, weiße Nächte in verlassenen Parks tun sich auf. Man erkennt im Mondlicht das Schloß von Saint Leu, in dem man vor hundert Jahren den letzten Condé erhängt an einem Fenster aufgefunden hat. Es brennt noch Licht in einem Fenster des Schlosses. Dazwischen fällt ein paar mal breit die Sonne ein: Im lauteren Lichte eines Sommermorgens sieht man die Stanzen des Vatikans, wie sie den Nazarenern erschienen sein werden; unweit baut sich das ganze Baden-Baden auf, und schrieben wir nicht 1860, könnte man unter seinen Puppen vielleicht im Maßstab 1:10000 Dostojewski auf der Casinoterrasse erkennen. Aber auch Kerzenlicht kommt zu Ehren. Wachslichter umstellen im dämmernden Dom als chapelle ardente den ermordeten Herzog von Berry und Ampeln in den Seitenhimmeln beschämen beinahe die rundliche Luna. Es war ein Experiment ohne gleichen auf die mondbeglänzte Zaubernacht der Romantik und siegreich ging ihre edle Substanz aus jeder sinnreichen Prüfung hervor. Wer gar die Zeit nahm, vor dem Transparent des alten Bades Contrexéville zu verweilen, dem war als sei er schon in früheren Leben diesen sonnigen Weg zwischen Pappeln entlanggekommen, habe die steinerne Mauer dabei gestreift – bescheidene magische Effekte zum Hausgebrauch, wie man sie sonst nur in seltnen Fällen, vor chinesischen Specksteingruppen oder russischer Lackmalerei erfuhr. ⟨c°, 4⟩

Straßen sind die Wohnung des Kollektivs. Das Kollektivum ist ein ewig waches, ewig bewegtes Wesen, das zwischen Häuserwänden soviel erlebt, erfährt, erkennt und ersinnt wie Individuen im Schutze ihrer vier Wände. Diesem Kollektivum sind die glänzenden emaillierten Firmenschilder so gut und besser ein Wandschmuck wie im Salon dem Bürger ein Ölgemälde, Mauern mit der »Défense d'Afficher« sind sein Schreibpult, Zeitungskioske seine Bibliotheken, Briefkästen seine Bronzen, Bänke sein Schlafzimmermobiliar und die Café-Terrasse der Erker, von dem er auf sein Hauswesen heruntersieht. Wo am Gitter Asphaltarbeiter den Rock hängen haben, da ist das Vestibül, und die Torfahrt, die aus der Flucht von Höfen ins Freie leitet, der lange Korridor, der den Bürger schreckt, ihnen der Zugang in die Kammern der Stadt. Von denen war die Passage der Salon. Mehr als an jeder andern Stelle gibt die Straße sich in ihr als das möblierte, ausgewohnte Interieur der Massen zu erkennen. ⟨d°, 1⟩

Der Bürger, der mit Louis-Philippe heraufkam, legt Wert darauf, die Nähe und die Ferne sich zum Interieur zu machen. Er kennt nur einen einzigen Schauplatz, den Salon. Im Jahre 1839 ist ein Ball auf der englischen Botschaft. Zweihundert Rosenstöcke werden bestellt. »Der Garten – so erzählt eine Augenzeugin – trug ein Zeltdach und wirkte wie ein Konversationssalon. Aber welch ein Salon! Die duftigen, mit Blumen überhäuften Beete hatten sich in enorme Jardinieren verwandelt, der Sand der Alleen verschwand unter blendenden Läufern, anstelle der gußeisernen Bänke fand man damast- und seidenüberzogene Kanapees; ein runder Tisch trug Bücher und Alben; von weitem drang der Lärm des Orchesters in dieses ungeheuere Boudoir hinein und in der dreifachen Blumengalerie des Umgangs erging sich ausgelassene Jugend. Es war eine Wonne!« Die staubige Fata Morgana des Wintergartens, die trübe Perspektive des Bahnhofs mit dem kleinen Altar des Glücks im Schnittpunkt der Gleise, das alles modert unter falschen Konstruktionen, zu früh gekommenem Glas, zu frühem Eisen noch heute. ⟨Um die⟩ Mitte des vorigen Jahrhunderts ahnte noch keiner, wie mit Glas und Eisen gebaut werden muß. Aber längst hat der Hangar sie eingelöst. Nur steht es mit dem Menschenmaterial im Innern wie mit dem Baumaterial der Passagen. Zuhälter sind die eisernen Naturen dieser Straße und ihre gläsernen Spröden sind Huren.

⟨d°, 2⟩

Für den Flanierenden geht folgende Verwandlung mit der Straße vor sich: sie leitet ihn durch eine entschwundene Zeit. Er schlendert die Straße entlang; ihm ist eine jede abschüssig. Sie führt hinab, wenn nicht zu den Müttern so doch in eine Vergangenheit, die um so tiefer sein kann, als sie nicht seine eigene, private ist. Dennoch bleibt sie immer Vergangenheit einer Jugend. Warum aber die seines gelebten Lebens? Der Boden, über den er hingeht, der Asphalt ist hohl. Seine Schritte wecken eine erstaunliche Resonanz, das Gas, das auf die Fliesen herunterstrahlt, wirft ein zweideutiges Licht auf diesen doppelten Boden. Die Figur des Flaneurs rückt wie von einem Uhrwerk getrieben über die steinerne Straße mit dem doppelten Boden dahin. Und im Innern, wo dieses Triebwerk steckt, pocht⟨?⟩ wie bei altem Spielzeug eine Spieluhr. Die spielt das Lied: »Aus der Jugendzeit / aus der Jugendzeit / folgt ein Lied mir immerdar.« Bei dieser Melodie erkennt er wieder, was um ihn ist; nicht als Vergangenheit aus der eigenen, der letzten Jugend, sondern eine vordem gelebte Kindheit spricht ihn an und es gilt ihm gleich: ist ⟨es⟩ die eines Ahnen, ist es die eigene. – Ein Rausch kommt über den, der lange ohne Ziel durch Straßen marschierte. Das Gehen gewinnt mit jedem Schritte wachsende Gewalt; immer geringer werden die Verführungen der bistros, der Läden, der lächelnden Frauen, immer unwiderstehlicher der Magnetismus der nächsten Straßenecke, eines fernen Platzes im Nebel, des Rückens einer vor ihm schreitenden Frau. Dann kommt der Hunger. Er aber will nichts wissen von den hundert Möglichkeiten, ihn zu stillen; sondern wie ein Tier streicht er durch unbekannte Viertel auf der Suche nach Nahrung, nach einer Frau, bis er in tiefster Erschöpfung auf seinem Zimmer, das ihn entfremdet, kalt zu sich einläßt, zusammensinkt. Diesen Typus erschuf Paris. Daß nicht Rom es war, ist das Sonderbare. Und der Grund? Dieser: Zieht nicht in Rom selbst das Träumen gebahntere Straßen? Und ist die Stadt nicht zu voll von Themen, von Monumenten, umfriedeten Plätzen, Nationalheiligtümern, um ungeteilt, mit jedem Pflasterstein, jedem Ladenschild, jeder Stufe und jeder Torfahrt in den Traum des Passanten eingehen zu können. Auch mag manches im Nationalcharakter der Italiener liegen. Denn Paris haben nicht die Fremden sondern sie selbst: die Pariser zu der gelobten Stadt des Flaneurs, der »Landschaft aus lauter Leben gebaut«, wie Hofmannsthal sie einmal nannte, gemacht. Landschaft, das wird sie in der Tat dem Flanierenden. Oder genauer, ihm tritt die Stadt in ihren dialektischen Polen scharf auseinander: sie eröffnet sich ihm als Landschaft, sie umschließt ihn als Stube. – Noch eines: jener anamnestische Rausch, in dem der Flaneur durch die Stadt zieht, zieht nicht nur Nahrung aus dem, was ihm sinnlich vor Augen kommt, sondern vermag des bloßen Wissens, ja toter Daten wie eines Erfahrenen und Gelebten sich zu bemächtigen. Dieses gefühlte Wissen geht, wie sich von selbst versteht, vor allem als mündliche

Kunde vom einen zum andern. Aber es hat sich im Laufe des 19ten Jahrhunderts doch auch in einer fast unübersehbaren Literatur niedergeschlagen. Schon vor Lefeuve, der die folgende Formel prägnant zum Titel seines fünfbändigen Werkes gemacht hat, ist »Paris rue par rue, maison par maison« mit aller Liebe als die landschaftliche Staffage des träumenden Müßiggängers gemalt worden. Das Studium dieser Bücher war dem Pariser wie ein zweites, schon ganz aufs Träumen präpariertes Dasein, das Wissen, das ihm diese Bücher gaben, nahm auf dem nachmittäglichen Spaziergang vorm Apéritif Bildergestalt ⟨an⟩. Und mußte er nicht wirklich den sanften Anstieg hinter der Kirche Notre Dame de Lorette eindringlicher unter den Sohlen fühlen, wenn er wußte: hier wurde einmal, als Paris seine ersten Omnibusse bekam, das cheval de renfort als drittes vor den Wagen gespannt? ⟨e°,1⟩

Langeweile ist ein warmes graues Tuch, das innen mit dem glühendsten, farbigsten Seidenfutter ausgeschlagen ist. In dieses Tuch wickeln wir uns, wenn wir träumen. Dann sind wir in den Arabesken seines Futters zuhause. Aber der Schläfer sieht grau und gelangweilt darunter aus. Und wenn er dann erwacht und erzählen will, was er träumte, so teilt er meist nur diese Langeweile mit. Denn wer vermöchte mit einem Griff das Futter der Zeit nach außen zu kehren? Und doch heißt Träumeerzählen nichts anderes. Und nicht anders kann man von den Passagen handeln, Architekturen in denen wir traumhaft das Leben unserer Eltern, Großeltern nochmals leben wie der Embryo in der Mutter das Leben der Tiere. Das Dasein in diesen Räumen verfließt denn auch akzentlos wie das Geschehen in Träumen. Flanieren ist die Rhythmik dieses Schlummers. 1839 kam über Paris eine Schildkrötenmode. Man kann sich gut vorstellen, wie die Elegants in den Passagen leichter noch als auf den Boulevards das Tempo dieser Geschöpfe annahmen. Langeweile ist immer die Außenseite des unbewußten Geschehens. Darum ist sie den großen Dandys als vornehm erschienen. ⟨e°,2⟩

Hier hat die Mode den dialektischen Umschlageplatz zwischen Weib und Ware eröffnet. Ihr langer flegelhafter Kommis, der Tod, mißt das Jahrhundert nach der Elle, macht wegen der Ersparnis selbst den Mannequin und leitet eigenhändig den Ausverkauf, der auf französisch »Revolution« heißt. Denn nie war Mode anderes als die Parodie der bunten Leiche, die Provokation des Todes durch das Weib, und zwischen lauten, memorierten Jauchzern bittere geflüsterte Zwiesprache mit der Verwesung. Darum wechselt sie so geschwinde: kitzelt den Tod und ist schon wieder eine andere, neue, wenn er sich nach ihr umsieht, um sie zu schlagen. Sie ist ihm hundert Jahre lang nichts schuldig geblieben. Nun endlich ist sie im Begriff, das Feld zu räumen. Er aber stiftet an die Ufer einer neuen Lethe, die den Asphaltstrom durch Passagen rollt, die Armatur der Huren als Trophäe. ⟨f°, 1⟩

Als Hackländer für eines seiner Märchen diese »neueste Erfindung des industriellen Luxus« sich nutzbar machte, da hat er auch die wunderbaren Puppen in der gefährlichen Passage angesiedelt, die Schwester Tinchen auf Geheiß der Fee Concordia zu durchwandeln hat, um ihre armen Brüder zu erlösen. »Tinchen schritt getrost über die Grenze ins Zauberland, sie dachte nur an ihre Brüder. Anfangs sah sie nichts Besonderes, bald aber führte der Weg sie durch ein weites Zimmer, welches ganz mit Spielsachen angefüllt war. Hier standen kleine Buden mit allem Möglichen ausgestattet, Carroussels mit Pferdchen und Wagen, Schaukeln und Wiegepferde, vor allem aber die herrlichsten Puppenstübchen. An einem kleinen gedeckten Tisch saßen große Puppen auf Lehnstühlen, und die größte und schönste unter ihnen stand bei Tinchens Anblick auf, machte ihr eine zierliche Verbeugung und redete sie mit einem wunderfeinen Stimmchen an.« Das Kind mag vom Geisterspielzeug nichts wissen, aber der böse Zauber dieser glatten Bahn nimmt gerne bis auf den heutigen Tag die Form von großen beweglichen Puppen an. Aber wer weiß denn heute noch, wo im letzten Jahrzehnt des vergangnen Jahrhunderts Frauen ihre verführerischste Gestalt, das intimste Versprechen ihrer Figur an den Mann brachten? In den gedeckten asphaltierten Hallen, in denen man Radeln lernte. Als Radlerin macht sie der Chansonette auf Chérets Plakaten (den Affichen) die Herrschaft streitig und gibt der Mode ihre gewagtesten Linien ein. ⟨f°, 2⟩

Es gibt weniges in der Geschichte der Menschheit, wovon wir soviel wissen wie von der Geschichte der Stadt Paris. Tausende und Zehntausende von Bänden sind einzig der Erforschung dieses winzigen Fleckens Erde gewidmet. In manchen Straßen kennt man durch Jahrhunderte hindurch das Schicksal fast jedes einzelnen Hauses. Mit einem schönen Worte nannte Hofmannsthal diese Stadt »eine Landschaft aus lauter Leben gebaut«. Und in der Attraktion, die sie über Menschen ausübt, wirkt eine Art von Schönheit, wie sie großer Landschaft eignet, genauer gesagt: der vulkanischen. Paris ist in der sozialen Ordnung ein Gegenbild von dem, was in der geographischen der Vesuv ist. Ein drohendes gefährliches Massiv, ein immer tätiger Juni der Revolution. Wie aber die Abhänge des Vesuvs dank der sie deckenden Lavaschichten zu paradiesischen Fruchtgärten wurden, so blühen aus der Lava der Revolution Kunst, das festliche Leben, die Mode wie nirgends sonst. ⟨f°,3⟩

Ist er's von seinen standhaften Irrgängen her nicht gewohnt, das Bild der Stadt sich allerorten umzudeuten? Verwandelt er nicht die Passage in ein Casino, in einen Spielsaal, wo er die roten, blauen, gelben Jetons der Gefühle auf Frauen setzt, auf ein Gesicht, das auftaucht – wird es seinen Blick erwidern? – auf einen stummen Mund – wird er reden? Was auf dem grünen Tuch aus jeder Nummer den Spieler ansieht – das Glück – blinzelt ihm hier aus allen Frauenkörpern als die Chimäre der Geschlechtlichkeit entgegen: als sein Typ. Der ist nichts anderes als die Nummer, als die Chiffre, in welcher gerad in diesem Augenblick das Glück beim Namen will gerufen sein, um gleich darauf in eine andere umzuspringen. Der Typ – das ist das Fach des sechsunddreißigfachen Segens, in das das Auge des Lüstlings ohne sein Zutun fällt wie die elfenbeinerne Kugel in die rote oder schwarze Kassette. Er tritt mit prallen Taschen aus dem Palais Royal, ruft eine Hure heran und findet noch einmal in ihren Armen den Akt mit der Nummer, in welchem Geld und Gut, sonst das Beschwerteste, Massivste, vom Schicksal wie die Erwiderung einer völlig geglückten Umarmung ihm kommen. Denn in Bordell und Spielsaal ist es die gleiche, die sündigste, die sträflichste Wonne: In der Lust das Schicksal zu stellen. Daß Sinnenlust, von welcher Art immer, den theologischen Begriff der Sünde bestimmen könnte, kann nur der ahnungslose Idealismus glauben. Den Begriff der Unzucht im Sinne der Theologie bestimmt nichts andres als gerade diese Entwindung der Lust aus dem Verlaufe des Lebens mit Gott, dessen Bindung an ihn im Namen wohnt. Der Name selber ist der Schrei der nackten Lust.

Dies Heilige, Nüchterne, Schicksalslose an sich – der Name – kennt keinen größeren Gegner als das Schicksal, welcher in der Hurerei an seine Stelle tritt und sich im Aberglauben sein Arsenal schafft. Daher im Spieler und in der Hure der Aberglaube, der die Figuren des Schicksals stellt, der alle buhlerische Unterhaltung mit Schicksalsvorwitz, Schicksalslüsternheit erfüllt und selbst die Lust zu dessen Thron erniedrigt. ⟨g°, 1⟩

Der Vater des Surrealismus war Dada; seine Mutter war eine Passage. Dada war, als er ihre Bekanntschaft machte, schon alt. Ende 1919 verlegten Aragon und Breton aus Abneigung gegen Montparnasse und Montmartre ihre Zusammenkünfte mit Freunden in ein Café der Passage de l'Opéra. Der Durchbruch des Boulevard Haussmann hat ihr ein Ende gemacht. Louis Aragon hat über sie 135 Seiten geschrieben, in deren Quersumme die Neunzahl der Musen ⟨sich⟩ versteckt hält, die an dem kleinen Surrealismus Wehmutterdienste geleistet haben. Diese handfesten Musen heißen: Ballhorn, Lenin, Luna, Freud, Mors, Marlitt und Citroen. Ein vorsichtiger Leser wird ihnen allen, wo er im Laufe dieser Zeilen auf sie stößt, so unauffällig wie möglich ausweichen. Auf diese Passage hält im »Paysan de Paris« Aragon den bewegtesten Nachruf, der je von einem Mann der Mutter seines Sohnes ist gehalten worden. Dort soll man ihn nachlesen, hier aber nicht mehr als eine Physiologie, und, um es rund heraus zu sagen, einen Sektionsbefund dieser geheimnisvollsten abgestorbensten Partien der Hauptstadt Europas erwarten. ⟨h°, 1⟩

Die kopernikanische Wendung in der geschichtlichen Anschauung ist dies: man hielt für den fixen Punkt das »Gewesene« und sah die Gegenwart bemüht, an dieses Feste die Erkenntnis tastend heranzuführen. Nun soll sich dieses Verhältnis umkehren und das Gewesene seine dialektische Fixierung von der Synthesis erhalten, die das Erwachen mit den gegensätzlichen Traumbildern vollzieht. Politik erhält den Primat über die Geschichte. Und zwar werden die historischen »Fakten« zu einem uns soeben Zugestoßenen: sie festzustellen ist die Sache der Erinnerung. Und Erwachen ist der exemplarische Fall des Erinnerns. Jener Fall, in dem es uns gelingt, des Nächsten, Naheliegendsten (des Ich) uns zu erinnern. Was Proust mit dem experimentierenden Umstellen der Möbel meint,

Bloch als das Dunkel des gelebten Augenblicks erkennt, ist nichts anderes als was hier in der Ebene des Geschichtlichen und kollektiv gesichert wird. Es gibt »noch nicht bewußtes Wissen« vom *Gewesenen*, dessen Förderung die Struktur des Erwachens hat. ⟨h°,2⟩

In diesem historischen und kollektiven Fixierungsprozeß spielt das Sammeln eine gewisse Rolle. Sammeln ist eine Form des praktischen Erinnerns und unter den profanen Manifestationen der Durchdringung des »Gewesenen« (unter den profanen Manifestationen der »Nähe«) die bündigste. Und jeder kleinste Akt der politischen Besinnung macht also gewissermaßen im Antiquitätenhandel Epoche. Wir konstruieren hier einen Wecker, der den Kitsch des vorigen Jahrhunderts zur »Versammlung« aufstört. Diese echte Ablösung von einer Epoche hat die Struktur des Erwachens auch darin, daß sie durchaus von der List regiert wird. Denn das Erwachen operiert mit der List. Mit List, nicht ohne sie, lösen wir uns vom Traumbereich los. Es gibt aber auch eine falsche Ablösung, deren Zeichen ist die Gewaltsamkeit. Auch hier gilt das Gesetz von der das Gegenteil bewirkenden Anstrengung. Diese fruchtlose Anstrengung repräsentiert für die Zeit, die hier in Frage steht, der Jugendstil. ⟨h°,3⟩

Dialektische Struktur des Erwachens: Erinnerung und Erwachen sind aufs engste verwandt. Erwachen ist nämlich die dialektische, kopernikanische Wendung des Eingedenkens. Es ist ein eminent durchkomponierter Umschlag der Welt des Träumers in die Welt der Wachen. Für den dialektischen Schematismus, der diesem physiologischen Vorgang zugrunde liegt, haben die Chinesen in ihrer Märchen- und Novellenliteratur den radikalsten Ausdruck gefunden. Die neue dialektische Methode der Historik lehrt mit der Schnelligkeit und Intensität von Träumen im Geiste das Gewesene durchzumachen, um so die Gegenwart als Wachwelt zu erfahren, auf die zuletzt sich jeder Traum bezieht. ⟨h°,4⟩

Diese Niederschrift, die von den pariser Passagen handelt, ist unter einem freien Himmel begonnen worden, wolkenloser Bläue, die über Laube sich wölbte und doch von den Millionen Blättern bestaubt war, vor denen die frische Brise des Fleißes, der schwerfällige Atem des Forschens, der Sturm des jungen Eifers und das träge

Lüftchen der Neugier ⟨mit⟩ vielhundertjährigem Staube bedeckt ward. Der gemalte Sommerhimmel, der aus Arkaden in den Arbeitssaal der pariser Nationalbibliothek hinuntersieht, hat seine träumerische, lichtlose Decke über die Erstgeburt ihrer Einsicht geworfen. Und wenn er vor den Augen dieser jungen Einsicht sich öffnete, standen darinnen nicht die Gottheiten des Olymp, nicht Zeus, Hephaistos, Hermes oder Hera, Artemis und Athen sondern im Vordergrunde die Dioskuren. ⟨h°, 5⟩

DER SATURNRING
ODER
ETWAS VOM EISENBAU

Anfangs des neunzehnten Jahrhunderts machte man die ersten Versuche mit dem Eisenbau, dessen Ergebnisse im Verein mit denen der Dampfmaschine am Ende des Jahrhunderts das Bild Europas so gänzlich verwandeln sollten. Anstatt eine geschichtliche Entwicklung dieses Vorganges zu versuchen, wollen wir einige lose Betrachtungen an eine kleine Vignette schließen, die mitten aus dem Jahrhundert heraus (wie aus dem dicken Buche, in dem dies steht,) gegriffen ist und, wenn auch auf groteske Art, andeutet, welch unbegrenzte Möglichkeiten man im Bauen in Eisen eröffnet sah. Das Bild* stammt aus einem Werk von 1844 – Grandville: »Eine andere Welt« – und erzählt von den Abenteuern eines kleinen phantastischen Kobolds, der sich hier eben im Weltraum zurechtfinden will: »Eine Brücke, deren beide Enden man nicht zugleich zu überblicken vermochte, und deren Pfeiler sich auf Planeten stützten, führte auf wundervoll geglättetem Asphalt von einer Weltkugel auf die andere. Der dreihundertdreiunddreißigtausendste Pfeiler ruhte auf dem Saturn. Da sah unser Kobold, daß der Ring dieses Planeten nichts anderes war als ein rings um ihn laufender Balkon, auf welchem die Saturnbewohner abends frische Luft schöpften.«

Auch Gaskandelaber haben wir auf unserem Bild. Die konnte man damals nicht übersehen, wenn von den Glanzleistungen der Technik die Rede war. Wenn für uns heute Gasbeleuchtung manchmal eher einen trübenden beklemmenden Eindruck macht, so stellte sie jenem Zeitalter den Höhepunkt des Luxus und der Feierlichkeit dar. Als Napoleon im Dom des Invalides beigesetzt wurde, fehlte neben Samt, Seide, Gold und Silber und Immortellenkränzen nicht eine ewige Gaslampe über der Ruhestätte. Als ausgemachtes Wunderwerk betrachteten die Leute die Erfindung eines Ingenieurs in Lencastre, der einen Mechanismus zustande gebracht hatte, mit dem Turmuhren automatisch bei Einbruch der Dämmerung im Gaslicht erglühten und automatisch bei Sonnenaufgang ihre Flammen von selbst löschten.

* ⟨s. Abbildung 16⟩

Im übrigen war man gewohnt, Gas und Gußeisen vereinigt in jenen eleganten Etablissements zu begegnen, die damals eben aufkamen: den Passagen. Für die großen Modewarenhändler, die schicken Restaurants, die guten Konfiserieen usw. war es ein Gebot ihres Ansehens, in diesen Galerien sich Magazine zu sichern. Aus diesen Galerien sind dann später die großen Warenhäuser hervorgegangen, deren bahnbrechendes, das bonmarché, von dem Erbauer des Eiffelturms mit entworfen wurde.

Mit Wintergärten und Passagen, also eigentlichen Luxusetablissements, begann der Eisenbau. Sehr schnell aber fand er seine wahren technischen und industriellen Anwendungsgebiete, und es entstanden jene Konstruktionen, die kein Vorbild in der Vergangenheit hatten und aus völlig neuen Bedürfnissen hervorgingen, Markthallen, Bahnhöfe, Ausstellungen. Bahnbrechend waren die Ingenieure. Aber auch unter den Dichtern gab es solche von erstaunlichem Weitblick. So sagt der französische Romantiker Gautier: »Man wird im gleichen Augenblick eine eigne Architektur schaffen, in dem man sich der neuen Mittel bedient, die die neue Industrie liefert. Die Anwendung des Gußeisens gestattet und erzwingt viele Neuformen, wie man sie an Bahnhöfen, Hängebrücken und in den Gewölben der Wintergärten beobachten kann.« Offenbachs »Pariser Leben« war das erste Theaterstück, das auf einem Bahnhof spielte. »Eisenbahnhöfe« pflegte man damals zu sagen, und man verband mit ihnen die sonderbarsten Vorstellungen. Ein besonders fortschrittlicher belgischer Maler, Antoine Wiertz, hat sich um die Mitte des Jahrhunderts um die Freskoausmalung von Bahnhofshallen beworben.

Schritt für Schritt eroberte sich damals die Technik gegen Schwierigkeiten und Einwände, von denen wir uns heut nicht mehr leicht einen Begriff machen, ⟨neue Gebiete.⟩ So entbrannte in den dreißiger Jahren in England ein erbitterter Kampf um die Eisenbahnschienen. Unter keinen Umständen, so behauptete man, könne man je für das (damals doch nur im kleinsten Maßstab geplante) englische Schienennetz Eisen genug auftreiben. Man müsse die »Dampfwagen« auf Granitstraßen laufen lassen.

Neben den theoretischen Kämpfen liefen die praktischen mit der

Materie einher. Die Baugeschichte der Brücke über den Firth of Tay ist dafür ein ganz besonders eindrückliches Beispiel. Sechs Jahre, von 1872–78, dauerte die Arbeit an ihr. Und kurz vor der Vollendung, am 2. Februar 1877, riß ein Orkan (wie sie mit unerhörter Gewalt gerade an der Tay-Mündung toben und auch die Katastrophe von 1879 herbeiführten) zwei der gewaltigsten Träger nieder. Und nicht nur Brückenkonstruktionen stellten derartige Anforderungen an die Ausdauer der Konstrukteure; nicht anders war es mit den Tunneln. Als man im Jahre 1858 den 12 km langen Tunnel durch den Mont Cenis projektierte, machte man sich auf eine Arbeitsdauer von sieben Jahren gefaßt.

Während so im Großen eine heroische Arbeit auf beispielgebende, bahnbrechende Leistungen verwendet wurde, herrscht sonderbarerweise im Kleinen noch oft ein spielerisches Durcheinander. Es ist, als wagten die Menschen und die »Künstler« insbesondere nicht ganz, sich zu diesem neuen Material mit allen seinen Möglichkeiten zu bekennen. Während wir unsere heutigen Stahlmöbel blank und sauber als das hinstellen, was sie sind, quälte man vor hundert Jahren sich ab, Eisenmöbeln, die man damals schon herstellte, durch raffinierten Anstrich das Aussehen zu geben, als seien sie aus den kostbarsten Hölzern verfertigt. Damals begann man seine Ehre darein zu setzen, Gläser gleich Porzellan, Goldschmuck gleich Lederriemen, Eisentische von Rohrgeflecht und ähnliches zustande zu bringen.

Das alles waren unzulängliche Versuche, die Kluft zu verdecken, die die Entwicklung der Technik zwischen dem Konstrukteur der neuen Schule und dem Künstler alten Schlages aufgerissen hatte. Unterirdisch aber tobte der Kampf zwischen dem akademischen Architekten, dem es um Stilformen, und dem Konstrukteur, dem es um Formeln ging. Noch 1805 veröffentlichte ein Führer der alten Schule eine Schrift mit dem Titel: »Über die Untauglichkeit der Mathematik, die Stabilität von Bauten zu gewährleisten.« Als jener Kampf endlich gegen Ende des Jahrhunderts zugunsten der Ingenieure entschieden war, kam der Umschwung: der Versuch, die Kunst vom Formenschatze der Technik her zu erneuern, und das war der Jugendstil. Gleichzeitig aber fand diese heroische Epoche der Technik ihr Denkmal in dem unvergleichlichen Eiffelturm, von dem der erste Historiker des Eisenbaus schrieb: »So schweigt hier die plastische Bildkraft zu gunsten einer ungeheuren Spannung geistiger Energie ... Jedes der 12000 Metallstücke ist auf Millimeter genau bestimmt, jeder der 2½ Millionen Niete ... Auf diesem Werkplatz ertönte kein Meißelschlag, der dem Stein die Form entringt; selbst dort herrschte der Gedanke über die Muskelkraft, die er auf sichere Gerüste und Krane übertrug.«

Anmerkungen des Herausgebers

Editorischer Bericht

Die hand- und maschinenschriftlichen Originale, auf denen die Texte des fünften Bandes beruhen, befinden sich im Benjamin-Archiv Theodor W. Adorno in Frankfurt a.M. Ihre Überlieferungsgeschichte ist, wie die des gesamten Benjaminschen Nachlasses, nicht völlig geklärt. Die Rettung des Hauptmanuskripts zum Passagenwerk – des vom Herausgeber *Aufzeichnungen und Materialien* genannten Teils des Bandes – ist jedenfalls Georges Bataille und Pierre Missac zu danken, die beide mit Benjamin während seiner letzten Pariser Jahre befreundet waren. Missac hat in einer im August 1971 verfaßten Notiz die Umstände festgehalten, unter denen er 1945 in den Besitz des Manuskripts gelangte und es 1947 Adorno in die USA übermittelte.

> Sur le »Nachlass« de Walter Benjamin
> I Pendant trois ou quatre semaines, les recherches entreprises peu après mon retour en France ne donnèrent aucun résultat. Elles m'avaient conduit à l'ancien domicile de Walter Benjamin, 10 rue Dombasle et dans divers quartiers de Paris, à la poursuite de concierges ou de gérants d'immeubles; fait rencontrer un certain nombre de connaissances ou d'amis de W.B. dans l'émigration, Mlle Sutter, Madame Marguerite Cohn, les Levy-Ginsberg; remis en contact avec des amis communs du côté français: Jean Ballard, Adrienne Monnier (par l'intermédiaire de M. Saillet), Michel Leiris. Nul ne savait rien de précis, peut être parce que je cherchais des valises contenant les effets personnels de W.B. et pas seulement ses papiers. Cependant plusieurs de mes interlocuteurs mentionnaient la possibilité de trouver quelque chose à la Bibliothèque Nationale.
> II En fait tout était très simple. Le 26 juillet 1945 je rencontrai, plus ou moins fortuitement, au Café de Flore, Georges Bataille, (chez qui j'avais fait la connaissance de W.B.) et celui-ci me confirma que les papiers de W.B. avaient été confiés à lui-même, et non à Julien Cain. Les dits papiers étaient alors entre les mains de deux de ses amis, bibliothécaires, Madame Genêt et M. Bruno. Rien ne pourrait être fait avant l'automne.
> III Dans l'intervalle, je fais la connaissance, à Zurich, de Madame Dora Benjamin, sœur de W.B. Elle est préoccupée par le sort des papiers de son frère, a déjà écrit à Bataille, par l'intermédiaire du Ministère des Affaires Etrangères (lettre de Madame M.J. Durry à Bataille) et se mettra en rapport avec Adorno, qu'elle ne connait pas.
> IV A l'automne, j'ai avec Bataille, le plus souvent par lettre, car il habite alors Vézelay, des échanges de vues. Dans une lettre du 21 novembre 1945, il dit s'être rappelé »ce que m'avait demandé Walter Benjamin seulement en voyant sur les paquets l'adresse qu'il m'a dictée«. Quelque temps auparavant, sans doute vers fin octobre, il m'avait envoyé une lettre, non datée, dont la copie est en annexe et dont la rédaction est typique. [1]

Je ne me rappelle plus les circonstances matérielles dans lesquelles je suis entré en possession des enveloppes contenant les papiers, au début de décembre, des mains de René Leibowitz.

V Après avoir projeté d'écrire aussitôt à l'Institut, je ne l'ai fait que le 25 mars 1946 (copie jointe [2]) en donnant également un relevé sommaire du contenu des enveloppes. Par lettre du 13 avril T. W. Adorno me remercie et s'inquiète de savoir si les textes relatifs à Baudelaire contiennent ceux de 1928, avec la théorie du joueur. Copie de cette lettre jointe [3] à laquelle je répondais le 18 mai 1946.

VI Les mois suivants se passent à chercher une personne susceptible de porter les papiers en Amérique. J'écris à ce sujet le 3 janvier 1947 à T. W. A., en lui annonçant le décès de Dora Benjamin.

Par lettre du 2 février, j'annonce que les papiers seront confiés à Mrs Cornelia Grey, épouse d'un fonctionnaire de l'Ambassade américaine à Paris, qui partira, par bateau, le 17.

T. W. A. me répond le 16 février que le nécessaire sera fait. Sa lettre concerne également le texte de la traduction des *Thesen* qui paraîtra en fin d'année dans les Temps Modernes.

[1] Georges Bataille an Pierre Missac, Ende Oktober 1945
Mon cher ami,
je suis très confus.
Il aurait fallu que je vienne à Paris.
Je vous aurais remis les papiers de Walter Benjamin qui sont maintenant chez moi à Paris.
Décidément je dois remettre mon voyage.
Voici ce que je crois possible.
Probablement Tristan Tzara occupe actuellement ma chambre, 16 rue de Condé, chez René Leibowitz. Je leur écris à l'un et à l'autre. J'ai laissé les papiers en un endroit que je sais, mais René Leibowitz ou Tzara peut les avoir changés de place sans savoir ce que c'était. Il me semble cependant que si vous prenez rendez-vous avec R. L. en tout cas vous chercherez ces papiers ensemble et vous les retrouverez ensemble en quelques minutes.
C'est un ensemble de paquets de papiers, autant qu'il me semble de la dimension d'une demi feuille de format commercial (ou à peine plus grande). L'ensemble des paquets peut avoir quinze à vingt centimètres de hauteur.
Mais voici comment les choses se présentent.
Il avait été entendu entre W. Benjamin et moi que ces manuscrits seraient transmis à l'*Institute of Social Research* de New York exactement à la personne dont vous verrez l'adresse sur les paquets. Je dois donc vous demander de m'écrire une lettre me disant que si vous prenez livraison de ces paquets c'est en vue de les transmettre à cette adresse, que si vous les communiquez à Mlle Dora Benjamin, c'est seulement après avoir obtenu d'elle une lettre dans laquelle elle vous témoignera de l'intention de les envoyer à la destination prévue par son frère.

Excusez moi d'avoir été aussi lent et maintenant d'être aussi pointilleux. Ce que je vous demande là cependant, quelque superflu que cela me semble au fond, me parait malgré tout de stricte rigueur. Que voulez-vous, je me souviens que ces questions de papiers posthumes peuvent tourner mal. Et si je me trouve connaître les intentions d'un mort, je dois veiller à rendre impossible, dans la mesure de mes moyens, qu'elles ne soient pas exécutées.

Ce qui devrait être aussi précisé par Mlle Benjamin, c'est qu'elle autorise l'Institut à publier moyennant le pourcentage d'usage commun (peut être à ce sujet, pourriez vous avoir l'avis d'une personne compétante en ce qui concerne les usages américains et arriver à une précision) tout ce qu'il jugera bon de publier de ces papiers.

Tout ceci suppose au préalable un inventaire que je n'ai pu faire à Paris (il y a un peu plus d'un mois). J'ai réussi à prendre possession des papiers, j'étais malade et j'ai du rentrer rapidement. J'ai cru absurde de les apporter.

Pouvez vous vous en charger?

Ainsi vous m'écririez que vous prenez possession des papiers aux intentions que je viens de dire, avec les précautions que cela implique, et vous me diriez en même temps que vous devez en faire un inventaire, donnant soit les titres, soit les phrases de début des fragments, avec le nombre des pages, que vous m'enverrez une copie.

C'est bien compliqué mais qu'en pensez vous cela me semble nécessaire.

Croyez etc.

[2] Pierre Missac an Theodor W. Adorno, 25. März 1946

Monsieur, je devais vous écrire d'accord avec Madame Dora Benjamin il y a trois mois. Un voyage et mes occupations m'ont retardé, ce dont je m'excuse. Cela a du moins l'avantage que je ne serai pas maintenant tout à fait un inconnu pour vous puisque je sais que Dora Benjamin vous a parlé de moi par lettre.

Je suis donc détenteur de quatre enveloppes que m'a remises Georges Bataille et qui contiennent des notes et des textes de Walter Benjamin. Je vous en envoie sous ce pli une liste. Je pense que certains des textes achevés et dactylographiés sont déjà connus de vous et en votre possession. Mais les notes (copie de citations et réflexions) seront précieuses pour les travaux dont je sais que vous avez le projet et qui permettront de donner à la pensée de notre ami la diffusion qu'elle mérite. Je suis à votre disposition pour vous envoyer tout cela puisque c'était le désir de Benjamin et que nul mieux que vous ne peut être l'intermédiaire entre lui et le public. Dites moi comment vous envisagez que je puisse faire cet envoi avec toutes les garanties de sécurité indispensables pour des documents qui n'existent qu'à ce seul exemplaire.

Comme je l'ai dit à Dora Benjamin je suis tout disposé à vous aider dans toute la mesure de mes moyens pour tout ce que vous envisagerez de faire en Europe et en France pour la mémoire de Benjamin. N'hésitez pas à me mettre à contribution. J'espère d'ailleurs que vous aurez prochainement l'occasion de revenir en Europe et j'espère que vous ne manquerez pas de me signaler votre passage.

[...]

En attendant le plaisir de vous lire et en me remettant à votre disposition pour tout ce qui pourrait vous sembler indiqué de faire pour la mémoire de Benjamin, je vous demande de croire, Monsieur, à mes meilleurs sentiments.

[3] Theodor W. Adorno an Pierre Missac, 13. April 1946
Sehr geehrter Herr Missac,
haben Sie schönsten Dank für Ihre liebenswürdigen Zeilen vom 25. März mit der Aufstellung über Benjamins Nachlaß. Es ist mir eine unendliche Beruhigung, dies Material gerettet und in Ihren Händen zu wissen. Unser Institut hatte schon vor längerer Zeit, ausgehend von meiner Überzeugung, daß ein Teil von Benjamins Manuskripten in der Bibliothèque Nationale aufbewahrt sei, Nachforschungen aufgenommen und zwar über Adrienne Monnier, die jedoch zu nichts führten. Eine um so freudigere Überraschung war es für mich, von Ihnen und Dora Benjamin zu hören.

Da man die Manuskripte um keinen Preis einem Risiko aussetzen darf und die Postverbindung mit Frankreich immer noch nicht ganz zuverlässig zu sein scheint, so halte auch ich es für das beste, wenn Sie das Material einem absolut vertrauenswürdigen Bekannten mitgeben wollten, wenn er nach Amerika fährt. In diesem Falle würde ich darum bitten, daß er nach seiner Ankunft in Amerika mich verständigt, damit ich ihm mitteilen kann, wohin er mir die Manuskripte am besten zustellt. Auf alle Fälle möchte ich Ihnen die Adresse unseres New Yorker Büros geben, durch das Sie stets die meine erfahren können: »Socres«, 90 Morningside Dr., Apt. 5 A, New York, N.Y.

Darf ich Sie mit einer die Sache selbst betreffenden Frage bemühen? Das eigentliche Problem, das der Nachlaß Benjamins stellt, ist die Möglichkeit einer Rekonstruktion des projektierten Werkes über Paris oder, wie es ursprünglich hieß, der »Passagenarbeit«. Mein noch zu Benjamins Lebzeiten mit diesem erörterter Plan einer zusammenhängenden Darstellung seiner Philosophie und die Rekonstruktion des philosophischen Inhalts der Passagenarbeit sind voneinander unabtrennbar. Alles hängt nun davon ab, ob das Material in Ihrem Besitz in erheblichem Maß theoretische Formulierungen und Entwürfe enthält oder ob es überwiegend aus Exzerpten besteht, deren jedes für Benjamin seine theoretische Bedeutung hatte, die aber als solche, selbst von mir, nie zureichend zu interpretieren wären. Die entscheidenden theoretischen Entwürfe der Passagenarbeit gehen auf eine verhältnismäßig frühe Zeit zurück: die ersten großen zusammenhängenden Stücke daraus hat Benjamin mir 1928 in Königstein vorgelesen. Es befand sich darunter unter anderem eine metaphysische Theorie des Spielers. Diese Dinge sind ohne alle Frage das Genialste, was Benjamin je geschrieben hat, und es wäre mir unendlich daran gelegen zu wissen, ob etwas davon gerettet ist und was.
[...]
Ich bin froh über jede Nachricht von Ihnen und möchte Ihnen nochmals für Ihr wahrhaft freundschaftliches Verhalten aufs wärmste danken. Es ist das einzige, was angesichts des schlechterdings unersetzlichen Verlusts von Benjamin etwas wie einen Trost bedeutet.

Editorischer Bericht

Über das Schicksal der anderen Manuskripte Benjamins sind wichtige Informationen in einem Brief enthalten, den Dora Benjamin am 13. Februar 1946 aus Zürich an Adorno richtete:

»Ich nehme an, daß Ihnen der nachgelassene Brief meines Bruders, den man in Port-Bou fand, durch Frau [Juliane] Favez zugegangen ist und daß Sie dementsprechend über den letztwilligen Wunsch Walters – daß nämlich alle seine Arbeiten bei Ihnen gesammelt würden – informiert sind. Diesem Wunsche gemäß habe ich 1941 Herrn Rechtsanwalt [Martin] Domke bei seiner Ausreise aus Frankreich gebeten, einen Koffer mit Walters Manuscripten mit sich zu führen und Ihnen zu treuen Händen zu übergeben. Ich hoffe, daß dies geschehen ist. Walter und ich waren bis Ende August 1940, also bis relativ kurze Zeit vor seinem Tode in Lourdes zusammen. Dort in Lourdes sagte mir Walter, daß ein Teil seiner Manuscripte durch Herrn Georges Bataille in der Bibliothèque Nationale aufbewahrt würde.«

Offensichtlich hatte Benjamin, bevor er gemeinsam mit seiner Schwester unmittelbar vor dem 14. Juni 1940 Paris verließ, eine Dreiteilung seiner Manuskripte vorgenommen. »Die ihm unwichtigsten Materialien blieben in der Wohnung zurück. Der wichtigste Teil: die handschriftlichen Aufzeichnungen zum Passagenwerk« – die *Aufzeichnungen und Materialien* – »und Schreibmaschinenmanuskripte sowohl des Memorandums zu den Passagen wie der ungedruckten Teile der Arbeit über Baudelaire wurden von Georges Bataille in der Bibliothèque Nationale versteckt.« (Bd. 1, 759) Wo indessen der Rest von Benjamins Manuskripten – dem Umfang nach der größte Teil seines Archivs – sich befand, ist unsicher. Von Mitte Juni bis Mitte August 1940 hielt er sich in Lourdes auf; seinen eigenen Briefen zufolge hatte er dort keinerlei Manuskripte bei sich. Dora Benjamin aber konnte jenes letzte Drittel 1941 durch Domke an Adorno gelangen lassen, ohne ein Wort darauf verwenden zu müssen, wie und wann diese Manuskripte in ihren Besitz gekommen waren. Da Benjamin in einem Brief vom 2. August 1940 an Adorno ausdrücklich die Unterscheidung zwischen den *den »Passagen« gewidmeten Papieren* (1182) und dem Rest macht und für diesen stärker noch fürchtet als für jene, ist immerhin denkbar, daß auch er in Paris zurückgeblieben war und von einen Freund herausgebracht wurde – dergleichen ist auch in anderen Fällen bezeugt; diese Manuskripte könnten dann nach Benjamins Abreise aus Lourdes seiner Schwester dorthin überbracht worden sein*. Dora Benjamin war zunächst in Lourdes zurückgeblieben und hatte sich dann auf einer ferme in der Nähe von Aix-en-Provence verstecken können; Ende Dezember 1942 floh sie in die Schweiz. – Von den im vorliegenden Band abgedruckten Manuskripten

---

* Die in Band 1, S. 759, gemachten Angaben zu diesem Sachverhalt beruhen auf einem Irrtum; sie sind im Sinn des Obigen zu berichtigen.

befanden sich sowohl die *Ersten Notizen* wie die *Frühen Entwürfe* – beide Titel stammen vom Herausgeber – unter denjenigen, die von Dora Benjamin gerettet und bereits 1941 nach den USA an Adorno gesandt wurden. 1950, bei seiner endgültigen Rückkehr aus dem Exil, brachte Adorno zusammen mit den übrigen Teilen von Benjamins Nachlaß auch die Manuskripte zum Passagenwerk nach Frankfurt. Im Laufe der Jahre fertigte Gretel Adorno von den deutschsprachigen Reflexionen und Exzerpten der *Aufzeichnungen und Materialien* eine Rohentzifferung an. Vor allem auf deren Grundlage hat Adorno sich immer wieder mit dem Passagenwerk und den Problemen einer Edition desselben beschäftigt. Er wollte dabei von der Idee der Rekonstruktion so wenig ablassen, wie er zugleich an die Möglichkeit einer solchen Herstellung des von Benjamin Intendierten nie ganz zu glauben vermochte. Zugrunde lag seine Überzeugung, daß Benjamin eine Methode der »schockhaften Montage des Materials« vorgeschwebt habe; daß das Passagenwerk »nur aus Zitaten bestehen« sollte (Theodor W. Adorno, Über Walter Benjamin, hg. von Rolf Tiedemann, Frankfurt a. M. 1970, 26). Bereits in einem Brief vom 9. Mai 1949, der noch aus Los Angeles an Gershom Scholem ging, äußerte Adorno sich zu diesen Fragen:

»Anfang des vorigen Jahres erhielt ich endlich das in der Bibliothèque Nationale versteckte Material zu den Passagen. Ich habe das Material im letzten Sommer aufs eingehendste durchgearbeitet, und es haben sich dabei Probleme ergeben, die ich mit Ihnen erörtern muß. Heute will ich sie Ihnen wenigstens andeuten. Das schwerwiegendste ist das außerordentliche Zurücktreten formulierter theoretischer Gedanken gegenüber dem ungeheuren Exzerptenschatz. Das erklärt sich teilweise aus der an einer Stelle ausdrücklich formulierten (und mir übrigens problematischen) Idee, die Arbeit rein zu ›montieren‹, das heißt, so aus Zitaten zusammenzusetzen, daß die Theorie herausspringt, ohne daß man sie als Interpretation hinzuzufügen brauchte. Wenn das überhaupt möglich gewesen wäre, so hätte gerade das nur Benjamin selbst leisten können, aber ich bin freilich darin dem Standpunkt der Hegelschen Phänomenologie des Geistes treu, daß die Bewegung des Begriffs, der Sache selbst, gleichzeitig auch die explizite denkende Bewegung des betrachtenden Subjekts ist. Dieser Auffassung wäre einzig die Autorität heiliger Texte entgegenzuhalten, aber gerade deren Idee hat ja die Passagenarbeit vermieden. Nimmt man, wie ich es möchte, den Montageplan nicht ganz à la lettre, so ist es wohl so gewesen, daß Benjamin bei ungezählten Zitaten sich seine Gedanken gemacht hat, aber diese so wenig notiert hat, wie etwa ein Komponist beim Niederschreiben eines Einfalls die Instrumentation, die er sich ja am Klang merkt. Was an Theorie in den Konvoluten verzeichnet steht, ist zum weitaus größten Teil in den Baudelaire oder in die geschichtsphilosophischen Thesen eingegangen.
Eine weitere Schwierigkeit besteht darin, daß zwar ein allgemeiner Plan der Arbeit und eine sorgfältige Aufteilung des Materials nach Stichworten vorliegt, aber keiner-

lei wirklich ausgeführtes Schema, das es etwa erlaubte, die Konstruktion auch nur einigermaßen so zu leisten, wie er es sich dachte. Andererseits würde die u n o r g a n i - s i e r t e Publikation des Materials zu gar nichts helfen, weil eben so, wie es ist, die Intention nicht herausspringt. Ich möchte mir also mit Ihnen eingehend überlegen, was zu tun ist, wenn man sowohl der Sache die strengste Treue halten wie etwas Sinnvolles aufweisen will.«

In späteren Äußerungen hat Adorno den Montagegedanken sehr viel buchstäblicher genommen und darauf bestanden, daß Benjamin nichts als Zitate aneinanderzureihen gedachte. Der Herausgeber vermochte sich in vielen Diskussionen mit Adorno jedoch nicht davon zu überzeugen, daß literarische Montage, wie sie Benjamin als Methode vor Augen stand (s. N 1 a, 8; N 1, 10), zusammenfällt mit reiner Zitatmontage. Fraglos sollte Theorie herkömmlichen Schlages, eine vom Material abstrahierende Konstruktion, ausgespart bleiben, aber deshalb dachte Benjamin keinesfalls daran, auch auf jegliche Darstellung zu verzichten. An die Stelle vermittelnder Theorie wäre die Form des Kommentars getreten, die als *Ausdeutung in den Einzelheiten* definiert wird (N 2, 1); Ausdeutung und Kommentar aber sind anders nicht vorstellbar denn als Darstellung. Es verhält sich nicht so, daß das Passagenwerk in den Zitaten an sich bereits vorhanden wäre und diese lediglich ihrer ingeniösen Anordnung noch entbehrten. Die Zitate sind vielmehr Material in dem Sinn, daß Benjamins Darstellung sie *verwenden* (N 1 a, 8) wollte. Wie solche Darstellung, zu der Benjamin nicht gekommen ist, ausgesehen hätte, darauf dürfte die Arbeit über Baudelaire manche Hinweise enthalten, von der Benjamin jedenfalls am Anfang glaubte, sie habe die Tendenz, sich zu einem *Miniaturmodell* der Passagen selber *zu entwickeln* (1164). – Überlegungen solcher Art, die hier nur ganz kursorisch angedeutet werden können, mußten Konsequenzen für die Edition haben, die der Herausgeber vorlegt. Er hat nicht zu rekonstruieren versucht, was noch niemals konstruiert war. Gerade die strengste Treue zur Sache schien ihm zu gebieten, den Charakter des Passagenwerks als eines Fragments im Wortsinn nicht im geringsten verwischen zu sollen. Benjamin selbst – darauf glaubt der Herausgeber freilich ebenfalls vertrauen zu dürfen – hat sein Material immerhin soweit denn doch ›organisiert‹, daß die Intention zwar kaum ›herausspringen‹, aber dem intensiven Studium sich auch nicht verschließen wird.

Der fünfte Band umfaßt sieben Texte, deren Entstehungsdaten wie folgt anzusetzen sind.

1. *Passagen*: Sommer oder Herbst 1927
2. Erste Notizen. *Pariser Passagen* I: Mitte 1927 bis Ende 1929 oder Anfang 1930

3. Pariser Passagen II: 1928 und 1929
4. *Der Saturnring oder Etwas vom Eisenbau*: 1928 oder 1929
5. Aufzeichnungen und Materialien: Herbst oder Winter 1928 bis Ende 1929 und Anfang 1934 bis Mai 1940
6. *Paris, die Hauptstadt des XIX. Jahrhunderts*: Mai 1935
7. *Paris, Capitale du XIXe siècle*: März 1939

Aus sachlichen Gründen wurde eine Reihenfolge des Abdrucks gewählt, die der Entstehungschronologie der Texte nicht entspricht. Die zwei Exposés von 1935 (6) und 1939 (7) – neben dem frühen *Saturnring* die einzigen Texte aus dem Passagenkomplex im engeren Sinn, die als abgeschlossen gelten können – sind dem Band vorangestellt worden, weil sie zusammenfassende Darstellungen des Passagenprojekts enthalten; worum es Benjamin mit diesem zu tun war, läßt sich einigermaßen deutlich überhaupt nur diesen beiden Texten entnehmen. Der wichtigste, auch äußerlich umfangreichste Teil des Bandes bietet sodann das vom Autor nach Themen und Gegenständen geordnete Manuskript der *Aufzeichnungen und Materialien*. Es ist dies dasjenige Manuskript, das stets gemeint ist, wenn in Briefen Benjamins vom *Passagenmanuskript*, von den *Passagenpapieren* oder den *Passagen-Studien* gesprochen wird. Ihm gegenüber sind die *Ersten Notizen* und die *Frühen Entwürfe* (1, 3 und 4) als eine Art Anhang zu betrachten. Wahrscheinlich nachdem der Plan eines gemeinsam mit Franz Hessel zu schreibenden Zeitschriftenartikels, zu dem der kurze Text *Passagen* (1) einen Entwurf darstellt, aufgegeben worden war, begann Benjamin, seine Einfälle und Lesefrüchte zunächst tagebuchartig-ungeordnet unter dem Titel *Pariser Passagen* in ein kleines Lederheft einzutragen, das neben diesen ersten Notizen (2) zum Passagenkomplex eine Fülle weiterer Aufzeichnungen aus den späten zwanziger Jahren enthält: Reisetagebücher, Entwürfe zu abgeschlossenen Arbeiten und selbständige Fragmente. Auf der Grundlage der *Ersten Notizen* entstanden die vom Herausgeber als *Pariser Passagen II* betitelten frühen Entwürfe (3): noch unzusammenhängende Ansätze zu einer Niederschrift jenes Essays *Pariser Passagen. Eine dialektische Feerie*, der Benjamin während des ersten Stadiums seiner Arbeit vor Augen stand. Er scheint die Niederschrift schon bald wieder abgebrochen und die losen Blätter, auf denen er sie vornahm, mit Stichworten, Exzerpten und Literaturhinweisen gefüllt zu haben. An seinem Entschluß, das in diesen beiden Manuskripten (2 und 3) gesammelte Material neu zu ordnen, dürfte dessen Unüberschaubarkeit zumindest beteiligt gewesen sein. Benjamin begann, wahrscheinlich im Herbst oder Winter 1928 und gleichfalls auf losen Blättern, das Manuskript der *Aufzeichnungen und Materialien*, indem er aus den beiden älteren Manuskripten alles, was er zu bewahren wünschte, in das neue übertrug. Im Dezember 1934, als er nach mehrjähriger Unterbrechung die Passagenarbeit wieder aufge-

nommen hatte, ging er die *Frühen Entwürfe* (3) nachweislich erneut durch; danach dürfte er diese wie auch die *Ersten Notizen* nicht mehr benutzt haben. Was immer an Notizen von jetzt an entstand, ist ausnahmslos in das große Manuskript der *Aufzeichnungen und Materialien* eingetragen worden. Von diesem Manuskript muß jedes sachlich orientierte Studium des Benjaminschen Projekts ausgehen, während für entstehungsgeschichtliche Fragestellungen die älteren Manuskripte unentbehrlich sind. – Eine Sonderstellung nimmt der Text *Der Saturnring oder Etwas vom Eisenbau* ein: ein abgeschlossener Aufsatz, dessen Zusammenhang mit dem Passagenkomplex evident ist und dessen Typoskript von Benjamin überdies den *Aufzeichnungen und Materialien* zu Beginn des Konvoluts *G: Ausstellungswesen, Reklame, Grandville* eingefügt wurde. Nach Gretel Adornos Erinnerung war der *Saturnring* »eines der ersten Stücke, die Benjamin uns 1928 in Königstein vorgelesen hat« (Benjamin-Archiv, Ts 2782). – Bei den *Pariser Passagen II* beschränkt sich die Ausgabe auf den Abdruck von Benjamins eigenen Texten, deren Anordnung vom Herausgeber vorgenommen wurde; begründet wird dieses Vorgehen in der Einleitung (s. 40). Alle übrigen Texte des fünften Bandes werden vollständig und in der Textanordnung wiedergegeben, die Benjamin selbst ihnen gegeben hat.
Die »Gesammelten Schriften« insgesamt sind nach abgeschlossenen und Fragment gebliebenen Texten gegliedert. Von den Texten des fünften Bandes zählen die beiden Exposés sowie der *Saturnring* zur Gruppe der abgeschlossenen Texte; die Herstellung des edierten Textes folgt in diesen Fällen den im »Editorischen Bericht« des ersten Bandes dargelegten Prinzipien (s. Bd. 1, 771-789). – Die fragmentarischen Texte ihrerseits werden in den »Gesammelten Schriften« in drei Gruppen unterteilt: (1) Notizen und Entwürfe, die Vorstufen, seltener auch Nachträge zu abgeschlossenen Arbeiten darstellen, werden in den wissenschaftlichen Apparaten der entsprechenden Arbeiten in den Bänden 1 bis 4 benutzt und zum Teil abgedruckt; (2) die zum Passagenkomplex gehörenden Fragmente finden sich im vorliegenden Band vereinigt; (3) die sonstigen fragmentarischen Texte Benjamins und seine autobiographischen Schriften bleiben dem sechsten Band vorbehalten. Über das Verfahren bei der Revision der Fragment gebliebenen Arbeiten, das von dem der abgeschlossenen Arbeiten in den Textteilen der ersten vier Bände abweicht, bei den in den Apparatteilen dieser Bände wiedergegebenen Paralipomena aber bereits angewandt wurde, ist im folgenden zu berichten.
Gelegentlich begegnen in Benjamins Manuskripten nicht oder nicht sicher zu entziffernde Wörter; in den *Ersten Notizen*, die die am schwierigsten zu lesende Handschrift Benjamins überhaupt bilden und außerdem durch Wassereinwirkung und Papierzerfall beschädigt sind, häufen sich solche Wörter. Unleserliche Wörter werden durch ⟨xx⟩ wiedergegeben, dabei bezeichnet die Anzahl der x die vermutete Anzahl der nicht entzifferten

Wörter. Unsichere Lesungen werden durch ein nachgestelltes 〈?〉 kenntlich gemacht. Sind bei einem Wort zwei Lesungen möglich, so wird die weniger wahrscheinliche der wahrscheinlicheren in Winkelklammern nachgestellt und mit einem Fragezeichen versehen. Textverluste durch Beschädigung des Papiers oder zu stark verblaßte Tinte werden im edierten Text nach Möglichkeit rekonstruiert und in Winkelklammern gesetzt. Nicht gekennzeichnet werden solche Wörter, die für das bloße Auge in der Handschrift nicht erkennbar, aber mit Hilfe einer Quarzlampe sichtbar zu machen sind.

Vorrangig sollte bei den Fragment gebliebenen Texten, die in der Regel in ersten, in jedem Fall aber in vorläufigen, nicht für die Publikation bestimmten Niederschriften vorliegen, der Charakter des Anfangs, das Tastende und Vorläufige erhalten bleiben. Auf eine Vereinheitlichung oder gar Modernisierung der *Orthographie* ist deshalb verzichtet worden. Die Textrevision beschränkt sich auf die Berichtigung eindeutig fehlerhafter Textstellen. Häufig sind in den Manuskripten Personen- und Ortsnamen verkehrt geschrieben worden, nicht selten finden sich auch falsche Datumsangaben: hier nahm der Herausgeber eine stillschweigende Korrektur vor. Andere offenkundige Verschreibungen sowie orthographische Fehler wurden gleichfalls korrigiert, jedoch im edierten Text selber dadurch gekennzeichnet, daß sie, als Herausgeberkonjekturen, in Winkelklammern gesetzt sind. Lediglich die nicht sehr häufigen Dittographien wurden wiederum stillschweigend getilgt. Uneinheitlichkeiten des Manuskripts sind stets bewahrt worden: so stehen auch im Abdruck Groß- und Kleinschreibung französischer Wörter innerhalb deutscher Texte nebeneinander, Titel in Anführungszeichen finden sich neben solchen ohne Anführungszeichen; der Verzicht auf Punkte nach abgekürzten Wörtern, charakteristisch für Benjaminsche Manuskripte, ist gleichfalls beibehalten worden.

Bei der Ergänzung von *Interpunktion*szeichen übte der Herausgeber äußerste Zurückhaltung. Nur in den seltenen Fällen, in denen ein fehlendes Komma einen Satz un- oder mißverständlich machen konnte, wurde es in Winkelklammern hinzugefügt. Hervorhebungen, die in den Manuskripten als Unterstreichungen erscheinen, werden durch Kursivdruck wiedergegeben. Runde ( ) und eckige Klammern [ ] im Textteil stammen von Benjamin und wurden beibehalten, auch wenn ihre Unterscheidung manchmal willkürlich ist. In den *Aufzeichnungen und Materialien*, vor allem auf den jeweils ersten Seiten der älteren Konvolute, hat Benjamin gelegentlich Stichwörter – die die betreffende Aufzeichnung zugleich einem anderen Konvolut zuordnen sollten – zwischen schwarze Quadrate gestellt, um sie optisch hervorzuheben. Im Druck sind solche Auszeichnungen durch Blockaden ■ ... ■ wiedergegeben worden.

Redaktionelle *Hinzufügungen des Herausgebers* werden in Winkelklammern 〈 〉 gesetzt. Auf nicht zuendegeführte Formulierungen, die sich vor allem in den *Ersten Notizen* finden, wird durch ein ⟨abgebrochen⟩ hingewiesen. Gelegentlich erschien es angebracht, unvollständige oder sonst fehlerhafte syntaktische Konstruktionen, deren Berichtigung nicht ohne weiteres auf der Hand lag oder auf verschiedene Weise möglich war, stehenzulassen und durch ein ⟨sic⟩ zu kennzeichnen. In einigen Fällen ließ der Herausgeber auch eine irrtümliche Sachangabe stehen, weil sie charakteristisch erschien; sie wurde dann unmittelbar anschließend in Winkelklammern mit vorangestelltem ⟨recte:...⟩ korrigiert.

Der Text der *Exzerpte und Zitate* folgt dem Wortlaut der Benjaminschen Quellen, soweit diese dem Herausgeber zugänglich waren. Benjamins Manuskripte lassen deutlich erkennen, daß er bestrebt war, diplomatisch getreu zu zitieren; die Abweichungen seiner Exzerpte von ihren Vorlagen sind als Abschreibfehler anzusehen. War eine von Benjamin benutzte Quellenschrift nicht erreichbar, so ist möglichst eine andere Ausgabe zur Kontrolle herangezogen worden. Wenn keine andere Ausgabe vorhanden oder erreichbar war, mußte dem Wortlaut des Benjaminschen Exzerpts vertraut werden. Aus dem Quellenverzeichnis kann entnommen werden, welche der von Benjamin benutzten Quellen vom Herausgeber nicht eingesehen werden konnten. Von Benjamin nicht nachgewiesene Zitate sind, soweit der Herausgeber sie zu identifizieren vermochte, im Apparat nachgewiesen worden. – Hervorhebungen und Absatzbildungen, die in seinen Quellen sich finden, hat Benjamin in den Exzerpten oft aufgehoben; dem folgt auch der Abdruck. Manchmal, in erster Linie in den älteren Teilen der *Aufzeichnungen und Materialien*, markierte Benjamin Absätze auch durch Schrägstriche /. Da er bei fortlaufend zitierten Versen sich ebenfalls des Schrägstrichs zur Kennzeichnung der Verstrennung bediente, wurde für den Druck eine Differenzierung eingeführt: der Herausgeber behielt den Schrägstrich den Absatzmarkierungen in Prosazitaten vor, während er für Verstrennungen einen vertikalen Strich | einführte. – Der in den Manuskripten völlig uneinheitliche Gebrauch von An- und Abführungszeichen ist normalisiert worden, und zwar wurden Zitate in doppelte, Zitate in Zitaten in einfache Anführungszeichen gesetzt. In den französischen Exzerpten wurden die Anführungszeichen nicht nach der im Französischen gebräuchlichen Form, sondern entsprechend der Form deutschsprachiger Drucke wiedergegeben. Dieses Verfahren, durch das eine unnötig verwirrende Typographie vermieden wird, schien erlaubt, da es auch bei den französischen Exzerpten sich um prospektive Zitate in einem deutschen Text handelt. Umgekehrt wurde bei Buch- und Gedichttiteln in französischen Texten verfahren: während Benjamin in seinen Manuskripten meistens Anführungszeichen setzt, erscheinen sie im Abdruck, wie im Französischen üblich, in Kursivschrift.

Die *Quellennachweise* zu den Exzerpten werden wörtlich nach den Benjaminschen Manuskripten wiedergegeben, auch wenn diese Angaben bibliographisch unzulänglich sind. Die korrekten und vollständigen bibliographischen Daten findet der Leser im Quellenverzeichnis. Der Herausgeber hat im Textteil falsche Nachweise Benjamins korrigiert, unvollständige jedoch nur in dem Maße ergänzt, in dem es zur Identifizierung eines Titels notwendig war. So werden jeweils dort, wo eine Quellenschrift neu auftaucht, Erscheinungsort und -jahr hinzugefügt, wenn sie in Benjamins Manuskript fehlen. Folgen mehrere Exzerpte aus derselben Quelle unmittelbar hintereinander, entfällt bei dem zweiten und gegebenenfalls bei jedem weiteren Nachweis diese Ergänzung jedoch. Jede Ergänzung der Benjaminschen Quellennachweise erscheint in Winkelklammern. – Die fortgelassenen Interpunktionszeichen in den Quellennachweisen folgen selbstverständlich den Manuskripten.

Die Benutzung unterschiedlicher *Schriftgrößen* dient bei den *Aufzeichnungen und Materialien* ausschließlich der Erleichterung der Lektüre. In dem größeren Schriftgrad (Corpus 10p) wurden die Reflexionen Benjamins und solche Exzerpte gesetzt, die Benjamin kommentiert hat; der Begriff des Kommentierens wird dabei so weit gefaßt, daß bereits ein wertendes Adjektiv ihn erfüllt. In kleinerem Schriftgrad (Borgis 9p) wurden unkommentierte Exzerpte sowie Aufzeichnungen gesetzt, die Mitteilungen über Sachverhalte ohne jede interpretierende Hinzufügung Benjamins darstellen. – Eine andere Funktion hat die Unterscheidung der Schriftgröße in den *Ersten Notizen*: hier kennzeichnet die kleinere Schrift Aufzeichnungen, die Benjamin im Manuskript gestrichen hat.

Die *Siglierung* der *Aufzeichnungen und Materialien* stammt von Benjamin, diejenige der *Ersten Notizen* und der *Frühen Entwürfe* ist vom Herausgeber hinzugefügt worden.

Im gesamten *Apparatteil* wird auf die »Gesammelten Schriften« nur mit Band- und Seitenangaben verwiesen. Verweise, die lediglich eine Seitenangabe enthalten, beziehen sich stets auf den vorliegenden fünften Band der »Gesammelten Schriften«; Verweise auf die in diesem Band enthaltenen *Aufzeichnungen und Materialien*, auf die *Ersten Notizen* sowie auf die zu den *Frühen Entwürfen* gehörenden *Pariser Passagen II* erfolgen jedoch durch die Siglen dieser Texte. – Im Apparat wird zunächst die Entstehungsgeschichte des Passagenprojekts insgesamt anhand der brieflichen Äußerungen Benjamins und seiner Korrespondenten dargestellt. Die Zeugnisse zur Entstehungsgeschichte werden vollständig mitgeteilt, soweit sie dem Herausgeber zugänglich waren. Der abkürzende Nachweis »Briefe« bezieht sich auf die Ausgabe

Walter Benjamin, Briefe, herausgegeben und mit Anmerkungen versehen von Gershom Scholem und Theodor W. Adorno, 2 Bde., 2. Aufl., Frankfurt a.M. 1978 (edition suhrkamp. 930).

Die Ausgabe ist seitenidentisch mit der ersten Auflage von 1966, bietet jedoch einen an manchen Stellen von Druckfehlern und Irrtümern entlaste-

ten Text. Wo der Verweis auf eine Stelle der Briefausgabe durch ein »s.« eingeleitet wird, hat der Herausgeber in der Ausgabe weggelassene Stellen anhand ihm zugänglicher Abschriften oder Photokopien ergänzt. Für Benjamins Briefe an Scholem, die nach Juli 1932 geschrieben wurden, wird nach der Ausgabe
Walter Benjamin/Gershom Scholem, Briefwechsel 1933-1940, herausgegeben von Gershom Scholem, Frankfurt a.M. 1980 (abgekürzt: Briefwechsel Scholem) zitiert; diese Ausgabe, die den erhaltenen Briefwechsel zwischen Benjamin und Scholem vollständig enthält, bringt auch von solchen Briefen Benjamins, die bereits in der älteren Briefauswahl sich finden, zuverlässigere und vollständigere Texte. Bei einigen Briefen Benjamins an Scholem aus der Zeit vor Juli 1932, die in der Briefauswahl fehlen, war der Herausgeber auf Zitate und Regesten angewiesen, die Scholem in seinem Buch über Benjamin mitgeteilt hat (s. Gershom Scholem, Walter Benjamin – die Geschichte einer Freundschaft, 2. Aufl., Frankfurt a.M. 1976). Zitate aus unveröffentlichten Briefen Benjamins und seiner Korrespondenten werden mit Datum und Empfängernamen nachgewiesen. Dem entstehungsgeschichtlichen Teil des Apparats sind Grenzen vor allem dadurch gesetzt, daß der in der Akademie der Künste der Deutschen Demokratischen Republik befindliche Nachlaßteil Benjamins mit den seit 1933 an ihn gerichteten Briefen vom Herausgeber nicht eingesehen werden konnte. – Im Anschluß an die Zeugnisse zur Entstehungsgeschichte wird zu jedem der sieben Texte des fünften Bandes ein gesonderter Apparat geboten. Für die Einrichtung der Einzelapparate zu den abgeschlossenen Arbeiten, das heißt zu den beiden Exposés sowie zum *Saturnring*, kann auf den »Editorischen Bericht« des ersten Bandes verwiesen werden (s. Bd. 1, 789-795). In den Einzelapparaten zu den fragmentarischen Texten steht die Zeugenbeschreibung im Mittelpunkt, der vor allem im Fall der *Aufzeichnungen und Materialien* wichtige Informationen zu Datierungsfragen zu entnehmen sind. Da die »Gesammelten Schriften« auf die Mitteilung innerhandschriftlicher Varianten verzichten, entfällt für diese Teile des Apparats ein Lesartenverzeichnis. Die wenigen Einzelhinweise zur Textgestaltung, die gleichwohl notwendig waren, sind einem Anmerkungsteil zugeordnet worden, der in erster Linie dem Nachweis der von Benjamin nicht nachgewiesenen Zitate dient. – Sämtliche aus Texten Benjamins stammenden Zitate werden im Apparatteil in Kursivdruck, alle Ausführungen des Herausgebers in Antiqua wiedergegeben. Einfügungen des Herausgebers in Benjaminschen Texten werden im Apparat in eckige Klammern [ ] gesetzt. Die außerdem benutzten geschweiften Klammern { } kennzeichnen gestrichene Stellen in Benjaminschen Texten. – Im Apparat zu den *Aufzeichnungen und Materialien* findet sich ein alphabetisches Verzeichnis der von Benjamin in diesem Manuskript benutzten Quellenschriften[*].

[*] Wünschenswert wäre eine Konkordanz, die sämtliche Stellen verzeichnet, die sich mit glei-

*

Der Herausgeber dankt der Fritz Thyssen Stiftung, deren finanzielle Zuwendungen die Edition ermöglichten. – Für die deutschsprachigen Teile der *Aufzeichnungen und Materialien* konnte auf eine Rohentzifferung von Gretel Adorno zurückgegriffen werden. Bei der Entzifferung der *Ersten Notizen* war Gershom Scholem behilflich. Die Textrevision von *Paris, Capitale du XIXe siècle* erfolgte in Zusammenarbeit mit Pierre Missac und Hella Tiedemann-Bartels. Ohne die nicht nachlassende Ermutigung und die tatkräftige Mitarbeit Hermann Schweppenhäusers wäre die Ausgabe kaum zustande gekommen. Unterstützung bei der Lösung einzelner Probleme kam dem Herausgeber von Walter Boehlich, Jean Dérens, Ursula Ebbers, Lisa Fittko, Hertha Georg, Joseph Gurland, Jürgen Habermas, Rudolf Hirsch, Maria Luisa Lopez-Vito, Michel Melot, Gary Smith und Urs Widmer; ihnen allen sei herzlich gedankt.

Der Herausgeber wie auch Hermann Schweppenhäuser hatten es sich nie anders vorstellen können, als daß sie auch die letzten Bände von Benjamins »Gesammelten Schriften« Gershom Scholem würden in die Hand geben können; die Nachricht von seinem Tod am 20. Februar 1982 kam während der Korrektur des vorliegenden Bandes, der jetzt dem Andenken an zahllose Stunden gemeinsamer Arbeit mit ihm gewidmet sei.

---

chem oder ähnlichem Wortlaut in den verschiedenen Texten des fünften Bandes finden; zu verzeichnen wären ferner Stellen, die Texten des fünften Bandes und Arbeiten in anderen Bänden der Ausgabe gemeinsam sind. Der Herausgeber mußte darauf verzichten, eine solche Konkordanz in der ihm für die Edition zur Verfügung stehenden Zeit herzustellen; er hofft jedoch, sie einer späteren Auflage beigeben zu können.

Zeugnisse zur Entstehungsgeschichte

Benjamins Arbeit am Passagenwerk galt anfangs *einem Aufsatze für den Querschnitt* – eine Berliner Zweimonatsschrift, in der er gelegentlich publiziert hatte –, *der nie geschrieben wurde* (1112); der Erinnerung Adornos zufolge wollten Benjamin und Franz Hessel den Aufsatz gemeinsam schreiben (s. Theodor W. Adorno, Über Walter Benjamin, hg. von R. Tiedemann, Frankfurt a.M. 1970, 23). Zu datieren sind die ersten Arbeiten auf das Jahr 1927. Benjamin verbrachte die Monate von April bis Oktober 1927 in Paris, unterbrochen nur von einem kurzen Ferienaufenthalt an der Côte d'Azur und auf Korsika im Juni sowie einer fünftägigen Reise an die Loire im August. Auch Hessel lebte damals in Paris. In dieser Zeit dürften jene Entwürfe entstanden sein, die wohl Benjamin und Hessel gemeinsam verfaßt haben (s. 1041-1043). Ob die *Ersten Notizen* (s. 991-1038), deren Anfänge gleichfalls 1927 niedergeschrieben worden sind, noch früher begonnen wurden, läßt sich mit Sicherheit nicht mehr entscheiden. – Ende Oktober 1927 nach Berlin zurückgekehrt, setzte Benjamin die Arbeit allein fort, wenn anders sie sich nicht bereits in Paris gegenüber der Mitarbeit Hessels verselbständigt hatte. Im Januar 1928 schrieb er noch von einer *Arbeit von wenigen Wochen* (1083) und im Februar von einer *nichts weniger als umfänglichen Veranstaltung* (1084), aber im März heißt es schon, die Arbeit könne *umfänglicher ausfallen als ich es dachte* (1084). Während des gesamten Jahres 1928 scheint Benjamin sich vorrangig mit *Pariser Passagen. Eine dialektische Feerie* beschäftigt zu haben, wie der geplante *Essay* heißen sollte, von dem Max Rychner bereits Teile zum Vorabdruck in der »Neuen Schweizer Rundschau« angeboten wurden (s. 1085). Wie 1927 auf der Bibliothèque Nationale, so entstanden jetzt in der Preußischen Staatsbibliothek zahlreiche Materialstudien, die vor allem in die *Ersten Notizen* eingegangen sind. Der Plan der Arbeit wurde *immer mehr erweiter[t] [...], die Abfassungszeit [...] ganz gewaltig hinaus[geschoben]* (1089): so schrieb Benjamin im Oktober 1928. Im Februar und März 1929 saß er jedoch erneut – oder immer noch – an der Arbeit. Danach werden die brieflichen Zeugnisse seltener: im Juni 1929 konnte er an die Passagenarbeit *im Augenblick [...] nicht gehen* (1092); der große, französisch geschriebene Brief an Scholem vom 20. Januar 1930 markiert dann die vorläufige Aufgabe des Projekts (s. 1093f.); und im Juli 1932 werden die *Pariser Passagen* zu den Büchern gezählt, *die die eigentliche Trümmer- und Katastrophenstätte bezeichnen, von der ich keine Grenze absehen kann, wenn ich das Auge über meine nächsten Jahre schweifen lasse* (1096). – Ihren Niederschlag fanden Benjamins Arbeiten während dieser ersten, ungefähr von Mitte 1927 bis Herbst 1929 zu datierenden Phase des Passagenwerks einmal in den *Ersten Notizen*: fortlaufend geführten Aufzeichnungen, von denen die letzten im Dezember 1929, vielleicht auch erst

1930 geschrieben wurden, vor allem aber in den *Frühen Entwürfen*. Es sind diese letzteren ohne Zweifel jene Texte, aus denen Benjamin, wahrscheinlich im September oder Oktober 1929, Adorno und Horkheimer in Frankfurt und Königstein vorlas und über die es zu den von Benjamin *historisch* genannten Gesprächen kam, *die das Ende dieser Epoche* – das Ende *eines unbekümmert archaischen, naturbefangenen Philosophierens*, welches eben die erste Epoche der Arbeit am Passagenwerk kennzeichnete – *heraufführten* (1117)*.

Die Entstehungsgeschichte des Passagenwerks ist in den erhaltenen Briefen Benjamins ausführlich bezeugt. Die Erwähnungen des Projekts in den dem Herausgeber zugänglichen Korrespondenzen werden im folgenden in chronologischer Reihenfolge abgedruckt. Die Mutmaßung allerdings, Benjamin hätte über alle Phasen seiner Arbeit briefliche Rechenschaft abgelegt oder auch nur seine Absichten ohne Vorbehalte mitgeteilt, würde in die Irre führen. Benjamin war insgesamt ein ›vorsichtiger‹ Briefschreiber, er schrieb Briefe stets im Hinblick und mit Rücksicht auf den jeweiligen Adressaten und behielt Entscheidendes nur zu oft für sich. Die Briefe von 1928 und 1929 etwa erwecken den Anschein, als sei die Arbeit an den Passagen durch die Konkurrenz behindert worden, in der sie zu Benjamins Absicht stand, Hebräisch zu lernen und »zu einer innerjüdischen Karriere und Zukunft« sich zu entscheiden (Scholem, Walter Benjamin – die Geschichte einer Freundschaft, 2. Aufl., Frankfurt a. M. 1976, 175); tatsächlich war der vorläufige Abbruch der Passagenarbeit durch eine theoretische Aporie bedingt, die in den Briefen dieser Zeit, jedenfalls im Zusammenhang mit den Passagen, kaum anklingt: der von Benjamin empfundenen Nötigung, die Arbeit gegenüber den Anforderungen des historischen Materialismus zu behaupten. Vor allem in den späteren Jahren dann sah Benjamin sich zur Zurückhaltung bei Mitteilungen über seine Arbeit auch durch die Furcht veranlaßt, daß diese *allen möglichen Unbilden, nicht zum wenigsten den[en] des Diebstahls, besonders ausgesetzt* (1126) sei. Sowohl in Blochs »Hieroglyphen des XIX. Jahrhunderts« (s. Erbschaft dieser Zeit, Zürich 1935, 288-295) wie in Dolf Sternbergers Buch »Panorama oder Ansichten vom 19. Jahrhundert« (Hamburg 1938) glaubte er, Plagiate seines eigenen Vorhabens erkennen zu können; als er erfuhr, daß Siegfried Kracauer an einem Buch über Offenbach schrieb, vermutete er ähnliche Absichten auch bei diesem (s. 1137). Einzig wohl in seinem Briefwechsel mit Theodor W. Adorno hat Benjamin ohne Reservate über seine Intentionen berichtet. In Adorno scheint er –

---

* Adorno datierte diese Gespräche manchmal auch auf das Jahr 1928. Tatsächlich verbrachten Benjamin und Adorno im Juni 1928 *einen gemeinsamen Tag im Taunus* (Benjamin in einem Widmungsexemplar), und es kann nicht ausgeschlossen werden, daß Benjamin bereits damals aus den Passagen vorgelesen hat. Die *historischen* Gespräche, an denen Horkheimer teilnahm, fanden indessen erst 1929 statt.

Zeugnisse zur Entstehungsgeschichte 1083

wie früher in Florens Christian Rang für den *Ursprung des deutschen Trauerspiels* – den zukünftigen idealen Leser des Passagenwerks gesehen zu haben, mit dem die Arbeit inhaltlich diskutiert und der, durch das Gewicht seiner eigenen Diskussionsbeiträge, die Benjamin vielfach exzerpierte, bis zu einem bestimmten Grad zum Mitarbeiter wurde. Bei der Mehrzahl seiner übrigen epistolarischen Äußerungen zum Passagenwerk läßt sich dagegen eine Art Selbstzensur beobachten, die Benjamin sich auferlegte.

1. WALTER BENJAMIN AN GERSHOM SCHOLEM. BERLIN, 30. 1. 1928 (Briefe, 455)
Es ist vielleicht der letzte Augenblick, an dem es für mich noch Chancen hat, dem Hebräischen und allem was für uns damit zusammenhängt, mich zuzuwenden. Aber es ist auch ein sehr günstiger. Meiner inneren Bereitschaft nach zunächst. Wenn ich die Arbeit, mit der ich augenblicklich, vorsichtig, provisorisch, beschäftigt bin – den sehr merkwürdigen und äußerst prekären Versuch »Pariser Passagen. Eine dialektische Feerie« so oder so (denn nie habe ich mit solchem Risiko des Mißlingens geschrieben) beendet habe, so wird für mich ein Produktionskreis – der der »Einbahnstraße« [s. Bd. 4, 83-148] – in ähnlichem Sinn geschlossen sein, wie das Trauerspielbuch [s. Bd. 1, 203-430] den germanistischen abschloß. Die profanen Motive der »Einbahnstraße« werden da in einer höllischen Steigerung vorbeidefilieren. Verraten kann ich im übrigen von dieser Sache noch nichts, habe noch nicht einmal genaue Vorstellungen vom Umfang. Immerhin ist das eine Arbeit von wenigen Wochen.

2. BENJAMIN AN HUGO VON HOFMANNSTHAL. BERLIN, 8. 2. 1928 (Briefe, 459)
Während die »Einbahnstraße« im Entstehen war, habe ich Ihnen kaum davon Nachricht geben können, und kann es nun, da das Buch selber vor Ihnen liegt, um so viel schwerer. Eine Bitte aber liegt mir Ihnen gegenüber am Herzen: in allem Auffallenden der inneren und äußeren Gestaltung nicht einen Kompromiß mit der »Zeitströmung« sehen zu wollen. Gerade in seinen exzentrischen Elementen ist das Buch wenn nicht Trophäe so doch Dokument eines inneren Kampfes, von dem der Gegenstand sich in die Worte fassen ließe: Die Aktualität als den Revers des Ewigen in der Geschichte zu erfassen und von dieser verdeckten Seite der Medaille den Abdruck zu nehmen. Im übrigen ist das Buch in vielem Paris verpflichtet, der erste Versuch meiner Auseinandersetzung mit dieser Stadt. Ich setze ihn in einer zweiten Arbeit fort, die »Pariser Passagen« heißt.

3. BENJAMIN AN SIEGFRIED KRACAUER. BERLIN, 25. 2. 1928
Dank für Ihre letzten Zeilen – also geht es doch vorwärts. Denn daß Sie »die letzten« 50 bis 60 Seiten schreiben, das heißt doch, Sie sind Herr der Sache

[scil. Kracauers pseudonym erschienener Roman »Ginster. Von ihm selbst geschrieben«, Berlin 1928] und haben ihre absehbare Gestalt vor Augen. Mehr als ich meines Teils von den »Pariser Passagen« zu sagen wüßte. Und doch wird das eine nichts weniger als umfängliche Veranstaltung. Ich kenne dies: wochenlang einen Gegenstand mit sich herumtragen und vorderhand als einzig greifbaren Erfolg davon die Unfähigkeit mit gleichviel was sonst sich zu befassen.
Ich hätte auch, was hier beifolgt [scil. den Bericht »Altes Spielzeug«, s. Bd. 4, 511-515], nicht abfassen können, wenn nicht eben diese pariser Arbeit dem Zentrum meiner Spielzeug-Interessen sehr nahe stände und wenn Sie auf die Erwähnung von Dioramen, Guckkästen etc. stoßen, so wissen Sie ja, was Sie davon zu halten haben.

4. BENJAMIN AN KRACAUER. BERLIN, 10. 3. 1928
Lassen Sie mich die freundliche Frage nach den »Passagen« für heute zurückstellen. Ich bin der Arbeit seit vierzehn Tagen – ohne im eigentlichen Sinne daran zu schreiben – wieder so nah auf den Leib gerückt, daß sie mir nicht den Atem läßt, von ihr zu berichten. Es ist mehr als wahrscheinlich, daß, wenn sie glückt, die »Einbahnstraße« erst in ihr die in ihr vorgesehene Form herausstellt.

5. BENJAMIN AN SCHOLEM. BERLIN, 11. 3. 1928 (Briefe, 462)
Seit ich Dir zum letzten Male geschrieben habe, habe ich seine [scil. Hofmannsthals] persönliche Bekanntschaft gemacht. Er war kurze Zeit in Berlin, wir sahen uns zweimal, das zweite Mal hier bei mir. Aus Erwägungen, die nichts mit den praktischen Zwecken zu tun haben, von denen wir jetzt reden, hatte ich mich von vornherein entschlossen, Hofmannsthal über mein Verhältnis zum Jüdischen und damit zur Frage des Hebräischen einige Worte zu sagen. Und nicht nur hierbei ergab sich, daß er erstaunlich schnell und wirklich beteiligt in meine Intentionen sich hineinfand. (Noch mehr als in diesem Falle überraschte mich das als ich begann von meiner Arbeit »Pariser Passagen« zu reden – einem Versuch, der umfänglicher ausfallen könnte als ich es dachte und zu dem die »Briefmarken-Handlung« der »Einbahnstraße« [s. Bd. 4, 134-137] auf schüchterne Weise den Ton stimmt.) [...] Mündlich auch über die höchst aufschlußreichen Pläne von ihm, die er mir sagte, als von meiner Passagenarbeit gesprochen wurde.

6. BENJAMIN AN HOFMANNSTHAL. BERLIN, 17. 3. 1928 (Briefe, 464)
Was Sie mir bei Ihrem Hiersein Bestätigendes und Präzisierendes aus Ihren eigenen Plänen zum Projekt der »Pariser Passagen« sagten, ist mir immerfort gegenwärtig und macht mir zugleich immer klarer, wo die Hauptakzente zu liegen haben. Augenblicklich bemühe ich mich um das Dürftige, was bisher zur philosophischen Darstellung und Ergründung der Mode

versucht worden ist: was es mit diesem natürlichen und ganz irrationalen Zeitmaßstab des Geschichtsverlaufs eigentlich auf sich hat.

7. BENJAMIN AN ALFRED COHN. BERLIN, 27. 3. 1928 (Briefe, 466)
Schade daß Du nicht hier bist: ich schreibe Dir dies nämlich am Abend eines Tages, an dem ich Berlin als Hauptstadt des Reiches wieder einmal in den Rachen habe sehen können. Das kam so: Gestern abend las Kraus als viertes und letztes in der Reihe seiner Offenbach-Vorlesungen das »Pariser Leben«. Es war die erste Operettenvorlesung, die ich von ihm hörte und ich will Dir hier von dem Eindruck, den sie mir machte, umso weniger schreiben, als sie gerade jetzt eine ganze Ideenmasse – Du weißt, aus welchem Bereich – in Bewegung setzte, so daß ich Mühe habe, über meine Gedanken den Überblick zu behalten.

8. BENJAMIN AN KRACAUER. BERLIN, 18. 4. 1928
Dies vor allem ein faire part meiner neuen Adresse. Es wird bei uns im Hause gebaut und davor bin ich in die Ruhe des Tiergartens geflüchtet, wo ich nun wirklich, und nicht wie bisher metaphorisch im Grünen lebe. Denn mein Zimmer, wenn auch in manchem frugal, geht mit zwei hohen Fenstern mitten auf das Waldrevier hinaus, das sich, seit 80 Jahren, ziemlich unverändert um die Kroll-Oper herum gehalten hat. Ich erbaue mich an dem Gedanken, daß in Krolls Garten die Berliner ein Diorama bewundert haben und lasse neben manch störendem Geräusch an Sonntagnachmittagen – an denen bekanntlich wie in Vineta die Glocken, längst verflossene Militärkapellen zu spielen beginnen – im ländlichen Bukett die ineinandergeflochtenen Weisen der Garderegimenter mir ins Zimmer kommen.
Unter diesen Umständen sind die Passagen tagaus tagein auf dem Tapet (sur le chanter ... wie ich lieber sage) und ich kann nicht anders als äußerst behutsam mit ihnen verfahren.
Warum ich dies Jahr mich nicht leicht zu Paris entschließe, weiß ich selbst nicht genau.

9. BENJAMIN AN MAX RYCHNER. BERLIN, 22. 4. 1928 (Briefe, 467f.)
[Es] steht [...] für mich fest, daß – Ihr späteres Einverständnis vorausgesetzt – das erste wesentliche Stück, daß ich von meiner Arbeit fortgeben kann, der »Neuen Schweizer Rundschau« gehören soll. Ich denke da an Teile eines Essays »Pariser Passagen«, an dem ich seit Monaten arbeite und der bei meiner bevorstehenden Rückkunft nach Paris abgeschlossen werden muß.

10. BENJAMIN AN SCHOLEM. BERLIN, 23. 4. 1928 (Briefe, 469f.)
Ich werde Anfang Juni in Paris sein. [...]
Ich will, quant à moi, nicht versäumen mitzuteilen, daß ich noch immer mit den »Pariser Passagen« befaßt bin. Wahrscheinlich habe ich Dir gelegent-

lich gesagt oder geschrieben, wie langsam und gegen welche Widerstände die Arbeit Gestalt gewinnt. Habe ich sie aber einmal ergriffen, dann wäre wirklich eine alte gewissermaßen rebellische, halb apokryphe Provinz meiner Gedanken unterworfen, besiedelt, verwaltet. Es fehlt noch viel, aber ich weiß genau, was fehlt. So oder anders werde ich in Paris damit zu Rande kommen. Und dann werde ich die Probe auf das Exempel gemacht haben, wie weit man in geschichtsphilosophischen Zusammenhängen »konkret« sein kann. Man wird mir nicht nachsagen können, daß ichs mir leicht gemacht hätte.

11. BENJAMIN AN HOFMANNSTHAL. BERLIN, 5. 5. 1928 (Briefe, 471)
Ich arbeite weiterhin und fast ausschließlich an den »Pariser Passagen«. Was ich will, steht mir deutlich vor Augen, aber es ist gerade hier außerordentlich gewagt, die glückliche Einheit von theoretischer Anschauung und gedanklicher Armatur darstellen zu wollen. Es sind ja nicht nur Erfahrungen aufzurufen sondern einige entscheidende Erkenntnisse vom historischen Bewußtsein in unerwartetem Licht zu bewähren; mir stellt sich – wenn ich das sagen darf – der Gang Ihres »Priesterzöglings« [s. Hugo von Hofmannsthal, Dramen III, hg. von Herbert Steiner, Frankfurt a. M. 1957, 491-493] durch die Jahrhunderte als eine Passage dar.

12. BENJAMIN AN SCHOLEM. BERLIN, 24. 5. 1928 (Briefe, 472f.)
*Aus dem Brief an [Judah Leon] Magnes siehst Du, daß es mit Paris noch immer nichts werden will und wann und ob für dieses Jahr, das weiß ich selber nicht. Denn ich trenne mich schwer von Berlin. Da ist erstens mein Zimmer – und zwar ein neues, denn ich wohne für den Augenblick nicht im Grunewald sondern im tiefsten Tiergarten – In den Zelten – in einem Zimmer, in das durch beide Fenster nichts als Bäume zu mir hereinsehen. Es ist wunderbar und dabei zehn Minuten von der Staatsbibliothek entfernt, dem anderen Brennpunkt der Ellipse, die mich hier bannt. Die Arbeit über Pariser Passagen setzt ein immer rätselhafteres, eindringlicheres Gesicht auf und heult nach Art einer kleinen Bestie in meine Nächte, wenn ich sie tagsüber nicht an den entlegensten Quellen getränkt habe. Weiß Gott, was sie anrichtet, wenn ich sie eines Tages frei lasse. Aber daran ist noch längst nicht zu denken und wenn ich schon unablässig in das Gehäuse starre, in dem sie ihr Wesen treibt, so lasse ich doch fast kaum einen den Blick hineinwerfen.
Immerhin nimmt sie mich restlos in Anspruch. [...]
Einen Besuch in Palästina im Herbst habe ich fest in meinen Jahresplan eingestellt. Über die finanzielle Grundlage meiner Lehrzeit hoffe ich vorher mit Magnes im Klaren zu sein. Ich danke Euch herzlich für Eure Einladung und werde natürlich sehr gerne ein paar Wochen bei Euch wohnen, wenn Ihr es einrichten könnt.*

In der Tat, mit der gegenwärtigen Arbeit hoffe ich, meine eigentliche Produktion vorläufig abzuschließen, um nur zu lernen. Eine schnelle Anzahlung, die mir Rowohlt auf ein projektiertes Buch über Kafka, Proust etc gegeben hat, hoffe ich auf die Passagenarbeit verrechnen zu können. Bei dieser Arbeit bin ich übrigens auf meine Weise auf Max Brod gestoßen, der sich mir in Gestalt eines Büchleins von 1913 »Über die Schönheit häßlicher Bilder« präsentierte. Es ist merkwürdig, wie er vor fünfzehn Jahren, zuerst auf einer Klaviatur gefingert hat, für die ich mich bemühe, eine Fuge zu schreiben.

13. BENJAMIN AN SCHOLEM. BERLIN, 1. 8. 1928 (Briefe, 478 f.)
Meine Reise nach Palästina nebst strikter Beobachtung der von Eurer hierosolymitanischen Exzellenz vorgeschriebenen Lehrfolge sind beschlossene Sache. [...]
Zunächst der Termin meiner Ankunft. Dieser wird sich vielleicht gegen Mitte Dezember verschieben. Das hängt erstens davon ab, ob ich mir vorsetzen kann, die Passagenarbeit noch bevor ich Europa verlasse, abzuschließen. Zweitens ob ich im Herbst in Berlin eine russische Freundin [scil. Asja Lacis] sehe. Beides ist noch unentschieden. Über das erste werde ich in ein paar Wochen in Paris Klarheit haben. Ich will nämlich in ungefähr zehn bis zwanzig Tagen nach Frankreich fahren, dort zuerst zwei Wochen reisendermaßen im Limousin – Limoges, Poitiers etc. zubringen und dann nach Paris gehen. Dort werden dann wohl auch meine hebräischen Lesestudien stattfinden. Zu diesem Zwecke bitte ich Dich um eine Einführung beim Grand-Rabbin. Richte sie, wie überhaupt alle Post, an meine Grunewald-Adresse.
Da ich mindestens 4 Monate, eher länger in Jerusalem zu bleiben gedenke, so ist ja der Zeitpunkt meiner Ankunft nicht von so ausschlaggebender Wichtigkeit als wäre es nur für einige Wochen. Darin gegebenenfalls Dich mitten im Semester anzutreffen, müßte ich mich zur Not bescheiden. In wenigen Wochen werde ich über die Terminfrage im Klaren sein.
Zu meiner Finanzlage ist zu bemerken, daß ich an sich neben den Beträgen von oder via Magnes noch mit kleinen Nebengeldern der »Literarischen Welt« rechnen kann. Dabei muß ich aber berücksichtigen, daß Dora augenblicklich ohne jedes Fixum ist und noch nicht absehbar ist, wie ihre äußere Situation sich gestaltet. [...] Von Rowohlt habe ich für jetzt nichts zu erwarten. Bitte veranlasse daher Magnes zu einer Sendung am ersten September. Das war auch der Termin, den ich ihn hier bei unserer Unterhaltung als Beginn für die Zahlungen anzusetzen bat.
Was Du im vorletzten Brief über die »Einbahnstraße« sagst, hat mich wie kaum eine Stimme bestätigt. Es traf zusammen mit gelegentlichen Bemerkungen in Zeitschriften. Ich begegne allmählich immer häufiger bei jungen französischen Autoren Stellen, die im Kurs ihrer eignen Gedankengänge

nur Schwankungen, Irrungen, doch den Einfluß eines magnetischen Nordpols verraten, der ihren Kompaß beunruhigt. Und auf den halte ich Kurs. Je deutlicher die Empfindlichkeit der heutigen für diese Influenzen mir wird, je mehr mit anderen Worten die strenge Aktualität dessen, was ich vorhabe, mir aufgeht, desto dringlicher warnt es mich bei mir selbst, hier den Abschluß zu überstürzen. Das wahrhaft aktuelle kommt immer zurecht. Vielmehr: die Gesellschaft beginnt nicht, bevor dieser späteste Gast nicht eintrat. Vielleicht kommt man hier zu einer geschichtsphilosophischen Arabeske um jene wundervolle preußische Redensart: »Je später der Abend, desto schöner die Gäste«, aber das alles täuscht mich nicht darüber, daß das Risiko dieser Arbeit größer ist als irgend eines, das ich bisher übernahm.

14. BENJAMIN AN SCHOLEM. LUGANO, 20. 9. 1928[*]
*Das Kuvert verkündet mit der Briefmarke und der Bogen mit seinem zerknüllten Rande, daß ich verreist bin. Es kam plötzlich und ist nur auf kurze Zeit. [...]
Ich danke Euch für die Anweisungen Eures letzten Briefes und werde sie genau nehmen. Also jetzt lesen lernen. Mein gewagter »Goethe« [s. Bd. 2, 705-739] ist in ein paar Tagen fertig. [...] Sodann beginne ich mit dem Lesen. Gleichzeitig wende ich mich zur Passagenarbeit zurück. Es stünde herrlich, wenn die schmähliche Verdienstschreiberei nicht auch ihrerseits auf einem gewissen Niveau gehalten sein wollte, um nicht mir selber zum Ekel zu werden. Ich kann nicht sagen, daß es mir an Gelegenheit fehlte, Schlechtes drucken zu lassen aber trotz allem noch immer an einer gewissen Courage, es zu verfassen. Sicher fühle ich mich – was dieses Gebiet betrifft – nur in den Buchkritiken. [...]
Zu den palästinensischen Zahlungen nehme ich Euren Vorschlag an, nicht eher an Magnes heranzutreten, bis ich wirklich das Studium intensiv aufgenommen habe. Damit habt Ihr durchaus recht. Nicht aber möchte ich diese Zahlungen unbedingt an den Termin meines Erscheinens in Palästina gebunden wissen. Ich werde bestimmt auf vier bis fünf Monate kommen. Aber gerade weil es auf lange ist, ist der Zeitpunkt der Reise auch heute noch für mich nicht ganz einfach festzulegen; es kann auch Januar statt Dezember werden. Der Aufenthalt bei Euch wird in jedem Stadium meines Hebräischlernens von größtem Nutzen sein. In dem Punkte wird Magnes nach unsern Vereinbarungen – ich meine nach deren Geist, nicht bloß nach dem Buchstaben – mir zustimmen: daß ich die Unterstützung mit dem Zeitpunkte erwarten darf, wo ich das eigentliche Studium aufnehme und ins Zentrum meiner Arbeit rücke. [...]
Nach Paris werde ich, jedenfalls auf längere Zeit, nicht gehen.*

---

[*] Zit. nach Gershom Scholem, Walter Benjamin – die Geschichte einer Freundschaft, 2. Aufl., Frankfurt a. M. 1976, 188 f.

Zeugnisse zur Entstehungsgeschichte 1089

15. BENJAMIN AN SCHOLEM. BERLIN, 18. 10. 1928
»Unser Schock war [...] groß, als Benjamin mir am 18. Oktober, gänzlich unerwartet, den Empfang der Sendung des gesamten Betrages von seiten Magnes' mitteilte und mich bat, ihm in seinem Namen herzlichen Dank auszusprechen.« (Regest bei Scholem, Walter Benjamin – die Geschichte einer Freundschaft, 2. Aufl., Frankfurt a.M. 1976, 191.)

16. BENJAMIN AN SCHOLEM. BERLIN, 30. 10. 1928 (Briefe, 483 f.)
*Ich werde nun in absehbarer Zeit durchaus nichts Größeres mehr beginnen. Der Weg, mit den hebräischen Stunden zu beginnen ist frei. Ich warte nur die Ankunft meiner Freundin ab, weil mit ihr die Entscheidung über meinen Aufenthalt in den nächsten Monaten fällt, der nicht notwendig Berlin ist. Der eigentliche Sprung, den das Hebräische ja notwendig durch meine engeren Projekte machen muß, wird nun die Passagenarbeit betreffen. Damit konvergiert aber sehr eigentümlich ein anderer Umstand. Um die Arbeit aus einer allzu ostentativen Nachbarschaft zum mouvement surréaliste, die mir fatal werden könnte, so verständlich und so gegründet sie ist, herauszuheben, habe ich sie in Gedanken immer mehr erweitern und sie, in ihrem eigensten, winzigen Rahmen so universal machen müssen, daß sie, schon rein zeitlich, und zwar mit allen Machtvollkommenheiten eines philosophischen Fortinbras die Erbschaft des Surrealismus antreten wird. Mit anderen Worten: ich schiebe die Abfassungszeit der Sache ganz gewaltig hinaus, auf die Gefahr hin, eine ähnlich pathetische Datierung des Manuscripts wie bei der Trauerspielarbeit [s. Bd. 1, 203] zu bekommen. Ich glaube, es ist jetzt genug und auf genügend unvollkommene Weise da, um das große Risiko einer solchen Dehnung des Arbeitstempos und damit des Gegenstandes eingehen zu können.
[...]
Ich glaube jetzt im Frühjahr nächsten Jahres zu kommen. Klimatische Erwägungen spielen für mich grundsätzlich keine Rolle, was also unter solchem Gesichtspunkt gegen diesen Termin spräche, lassen wir ruhig aus dem Spiel. Was aber sonst zu berücksichtigen wäre, wirst Du mir gelegentlich schreiben. Bis dahin ist ja Zeit.*

17. BENJAMIN AN SCHOLEM. BERLIN, 14. 2. 1929 (Briefe, 488 f.)
*Ich will mit dem Geständnis beginnen, daß ich Deinen letzten Brief, auf den ich hiermit postwendend antworte, schon sehr anständig finde – angesichts meines skandalösen Verhaltens, denn so muß dieses Verhalten jedenfalls aussehen.
Nun zur Darlegung der Verhältnisse, aus denen es hervorgeht, da steht an erster Stelle der wochenlange Kampf, in den mich meine Zusicherung an Dich (und mich selbst) im Frühjahr nach Palästina zu kommen, versetzt*

hat. Und nun tue ich es nicht. Nun verschiebe ich dieses Kommen zum zweiten Mal, und habe mit der Gefahr zu rechnen, von Dir nicht mehr ernst genommen zu werden. Es liegen nun freilich zwei sehr dringliche Rücksichten vor. Ich will gleich mit der Dir gegenüber schwächern, mir gegenüber aber stärkern beginnen. Die ist, daß die Passagenarbeit, die ich mit hundert Künsten (von denen das Beifolgende zeugt) zu umgehen gesucht habe, sich nicht länger abdrängen läßt. Noch weiß ich nicht, ob das auf eine unmittelbare, sofortige Abfassung zielt, ich glaube es nicht einmal. Aber das, was sich da augenblicklich in mir abzeichnet, muß festgehalten werden, wenn dieses ganze Unternehmen nicht mit dem Zusammenbruch enden soll.

Ich habe also gar keinen andern Weg, das Hebräische in Berlin, als reines Sprachlernen, sofort aufzunehmen und diese beiden Wege angespanntesten Lernens und angespanntesten Schreibens zugleich durchzuführen. Ich kenne die hundert Bedenken, die dem entgegenstehen. Aber jedes meiner beiden Vorhaben ist schon in sich so reich an unabsehbarem Risiko, daß, sie zugleich durchzuführen schon wieder die Vernunft der Krisis enthält. Bitte schreibe mir postwendend die berliner Instanz für meinen hebräischen Unterricht. [...]

Der äußere Grund ist eine schwere Erkrankung meiner Mutter – vor einem viertel Jahr ein Schlaganfall, seit einigen Tagen bedrohliche Verschlimmerung der Lage. Ich habe jeden Grund, im Falle ihres Todes nicht zu weit und zu lange abwesend zu sein.

Meine weiteren Dispositionen sind: Reise nach Palästina im Herbst, möglichst mit Dir zusammen, wenn Du aus Europa zurückkommst. Bis dahin ein Aufenthalt von einigen Wochen in Paris, im übrigen absolut keine Reisen.

[...]

Was mich sonst in letzter Zeit anging ersiehst Du einigermaßen deutlich aus dem »Surrealismus« [s. Bd. 2, 295-310], einem lichtundurchlässigen Paravent vor der Passagenarbeit.

18. BENJAMIN AN SCHOLEM. BERLIN, 15. 3. 1929 (Briefe, 491)
Ich höre mit Freude, daß Du wahrscheinlich nicht nach Europa kommst. Das wird mir also erlauben, meine Reise nach Palästina eventuell schon vor dem Herbst anzutreten.

[...]

Optime, amice fragst Du, was sich wohl hinter der Surrealismus-Arbeit verbergen mag. (Ich glaube, sie Dir komplett zugesandt zu haben, bitte schreibe, ob Du sie erhieltest.) In der Tat ist diese Arbeit ein Paravent vor den »Pariser Passagen« – und ich habe manchen Grund, was dahinter vorgeht, geheim zu halten. Gerade Dir aber immerhin soviel: daß es sich hier eben um das handelt, was Du einmal nach Lektüre der »Einbahn-

straße« berührtest: die äußerste Konkretheit, wie sie dort hin und wieder für
Kinderspiele, für ein Gebäude, eine Lebenslage in Erscheinung trat, für ein
Zeitalter zu gewinnen. Ein halsbrecherisches, atemraubendes Unternehmen, nicht umsonst den Winter über – auch wegen der schrecklichen
Konkurrenz mit dem Hebräischen – immer wieder vertagt, also zeitweise
mich lähmend, nun ebenso unaufschiebbar wie zur Zeit unabschließbar
befunden.
Daraus ergibt sich, a tempo das Hebräische aufzunehmen und daneben die
Passagenarbeit soweit zu fördern, daß sie dann in Palästina sich von neuem
und ohne Schaden zurückstellen läßt. Das beste wäre, sie würde sich
explosiv vollenden. Damit kann ich aber nicht rechnen. An Magnes schreibe
ich sowie ich die Stunden begonnen habe.

19. BENJAMIN AN KRACAUER. BERLIN, 21. 3. 1929
Ich bin an den Passagen – »mir ist's als wär's im Traum« »als wär's ein Stück
von mir«.

20. BENJAMIN AN SCHOLEM. BERLIN, 23. 3. 1929*
Gestern habe ich eine einstündige Besprechung mit Dr. Mayer [scil. dem
von Scholem empfohlenen Lehrer für Hebräisch] gehabt, die mich außerordentlich ermutigt hat. Er hat einen ganz erstaunlichen Blick, für das was
geschehen ist und wußte mir die Sache zu entwickeln, trotzdem ich ihm
keine der Schwierigkeiten unterschlagen habe. Wie du weißt, sehe ich als
deren größte an, daß die Arbeiten zu den – noch längst nicht: an den –
»Pariser Passagen« im Augenblick nicht unterbrochen werden können.
Vielmehr will ich die Vorarbeiten soweit vortreiben, daß ich in Palästina die
Freiheit habe, ohne Hilfsmittel bzw. Risiko sei es mich mit der Arbeit zu
befassen, sei es sie zu unterbrechen. Ich habe im Gefolge dieses Gesprächs
den zur Zeit mich hart ankommenden Entschluß fassen müssen, in Berlin zu
bleiben. Kann ich es finanziell irgend ermöglichen, so will ich im Sommer
oder im Herbst die Palästinareise via Frankreich antreten.

21. BENJAMIN AN HOFMANNSTHAL. BERLIN, 26. 6. 1929 (Briefe, 496f.)
Ich habe diese kleinen Arbeiten für Sie gesammelt und war immer froh,
wenn ich etwas zurücklegen konnte, wovon ich mir sagte, in einem
günstigen Augenblick könne es Sie als Leser finden. Der Proust-Aufsatz
[s. Bd. 2, 310-324], von dem ich hoffentlich nicht ohne Grund annehme, daß
er Ihnen einen gewissen Begriff von dem gibt, was mich vor Jahren in Paris
beschäftigte und dem Sie Ihren Anteil schenkten, sollte das ganze Übrige
Ihnen empfehlen; darum habe ich bis zu seinem Erscheinen gewartet. Der
»Sürrealismus« ist ein Gegenstück zu ihm, das einige Prolegomena der

---

* Zit. nach Scholem, Walter Benjamin – die Geschichte einer Freundschaft, a.a.O., 194.

Passagen-Arbeit enthält, von der wir einmal bei mir gesprochen haben. »Weimar« [s. Bd. 4, 353-355] ist ein Nebenprodukt meines »Goethe« für die Russische Enzyklopädie. [...]
Seit zwei Monaten habe ich endlich mit meinem Vorsatz ernst gemacht: ich lerne hebräisch. Diesen Einschnitt in meine Arbeit auch äußerlich und so markant zum Lebensabschnitt zu machen wie Sie es mir in unserm ersten Gespräch so überzeugend anrieten, ließ sich nicht durchführen. Ich konnte nicht von Berlin fortgehen. Doch habe ich hier einen ganz ausgezeichneten Lehrer gefunden, einen älteren Mann mit bewunderungswürdigem Verständnis für meine Lage und doch mit der nötigen Autorität, um den Vokabeln und Sprachformen Einlaß bei mir zu erzwingen. Im ganzen ist am gegenwärtigen Zustand für mich nur schwierig der Wechsel zwischen Lernen und literarischer Aktivität. Ich könnte mir eine Reihe der schönsten Tage mit nichts als Grammatik denken. Umsomehr als ich an die erwähnte Passagenarbeit im Augenblick doch nicht gehen kann. Sie ist aber nach Material und Fundierung in den Monaten seit ich Sie sah sehr gewachsen und ich darf sie ein paar Monate ruhen lassen ohne sie zu gefährden.
Vermutlich gehe ich im Laufe des September für einige Monate nach Palästina. Am ersten August liquidiere ich meine berliner Situation und leider auch das schöne Zimmer, in dem ich Sie bei mir sehen durfte und gehe zunächst nach Paris.
[...]
PS [...]
Das Erscheinen von Proust III hat sich lange verzögert und darum auch die Absendung dieser Zeilen. Nun kann ich ihnen Gewisseres hinzufügen. Am 17. September fahre ich von Marseille über Konstantinopel und Beyrouth nach Jaffa. Anfang Oktober will ich in Jerusalem sein und dort drei Wintermonate ausschließlich dem weiteren Studium widmen. Schon jetzt beansprucht es mich soweit, daß ich an keine große Arbeit denken kann und die kleinen noch länger brauchen als sonst.

22. BENJAMIN AN SCHOLEM. BERLIN, 18. 9. 1929 (Briefe, 501-503)
Gestern habe ich Dir als hundertpferdigen Vorspann dieser Zeilen ein Radiogramm geschickt, das meine Ankunft auf den vierten November festsetzt. [...] Der wahre Grund [der Verschiebung des Reisetermins] war ein schon erwähnter Gerichtstermin und daneben eine Arbeit mit Speyer – Wilhelm Speyer, dem Romancier und Dramatiker – die finanziell von einigem Belang für mich sein kann. Von diesem neuen Termin werde ich nun freiwillig nicht abgehen. Der Zustand meiner Mutter ist nun auch etwas gebessert.
Ich weiß nicht, ob ich Dir einmal geschrieben habe, daß seit ungefähr einem Jahre eine Freundin, Frau Lacis, in Deutschland ist. Sie stand kurz vor ihrer

Heimkehr nach Moskau, da ist sie vorgestern wieder, so scheint es wenigstens, von einem akuten Anfall von Enzephalitis befallen worden und gestern hab ich sie, da ihr Zustand es noch eben erlaubte, in den Zug nach Frankfurt gesetzt, wo [Kurt] Goldstein, der sie kennt und sie schon behandelt hat, sie erwartet. Ich werde ebenfalls bald, möglichst schon vor meiner Reise nach Marseille, wo ich mich einschiffe, herüberfahren. [...] In der letzten Zeit habe ich außergewöhnlich viel gearbeitet, nur aber nicht Hebräisch, das ich ohne einen Lehrer gegen meine hiesigen äußerlich und innerlich drängenden Beschäftigungen nicht durchsetzen kann. Nach Dr. Mayers Abreise nochmals einen neuen für vier Wochen heranzuziehen schien mir aber indiskutabel. Ich habe für Palästina zunächst einen Aufenthalt von drei Monaten angesetzt, in denen ich im wesentlichen nichts anderes als Grammatik zu lernen wünsche.
[...]
Einen neuen, meinen dritten »Hebel« habe ich kürzlich für die Frankfurter Zeitung geschrieben [s. Bd. 3, 203-206], ein kleines Stück aus Passagenzusammenhängen bei Gelegenheit einer Rezension von Hessels Berlinbuch unter dem Titel »Die Wiederkehr des Flaneurs« zum Vorschein gebracht [s. Bd. 3, 194-199], eine zutzige Abhandlung über Robert Walser [s. Bd. 2, 324-328] und eine Novelle geschrieben. [...]
Ich schließe mit einem Verzeichnis meiner gegenwärtigen Lektüre, in der sich mein Tun und Treiben, marxistisch geredet, so halbwegs »spiegelt«: Krupskaja: Erinnerungen an Lenin; Cocteau: Les Enfants Terribles (sehr aus der Passagengegend); Gontscharow: Oblomow.

23. BENJAMIN AN SCHOLEM. PARIS, 20. I. 1930 (Briefe, 505-507)
Tu vas me trouver fou sans doute; mais j'éprouve une difficulté tellement immense à abandonner mon silence et t'écrire sur mes projects que peut-être je n'y parviendrai jamais sans me trouver cette façon d'alibi qu'est pour moi le français.
Je ne puis plus me cacher que toute cette question – ajournée depuis si longtemps – menace de constituer un des graves échecs de ma vie. D'abord quant au voyage en Palestine je ne pourrai l'envisager qu'au plus tôt le moment où mon divorce aura été prononcé. Cela ne semble pas être si proche. [...] Tu comprends que le sujet m'est pénible à un point tel que j'y passe.
[...] Il me faut, je crois, abandonner définitivement l'espoir d'apprendre l'hébreu tant que je serais en Allemagne, les travaux et les sollicitations me venant de tout part étant trop pressantes et ma situation économique étant trop précaire pour pouvoir les écarter entièrement.
Je suis en train de porter mes regards vers les derniers deux ans, c'est-à-dire le temps de mon absence de Paris, et de me rendre compte de ce qui, pendant

ces mois, a été fait. Deux choses principalement, à ce que je vois. D'abord je me suis fait – à vrai dire dans des proportions modestes – une situation en Allemagne. Le but que je m'avais [!] proposé n'est pas encore pleinement réalisé, mais, enfin, j'y touche d'assez près. C'est d'être considéré comme le premier critique de la littérature allemande. La difficulté c'est que, depuis plus de cinquante ans, la critique littéraire en Allemagne n'est plus considérée comme un genre sérieux. Se faire une situation dans la critique, cela, au fond, veut dire: la recréer comme genre. Mais sur cette voie des progrès sérieux ont été réalisés – par d'autres, mais surtout par moi. Voilà pour ma situation. Quant aux travaux j'espère en pouvoir rendre compte publiquement en quelque temps, Rowohlt étant disposé de publier sous forme d'un livre, un choix de mes essais, comme tu as été assez gentil de me le proposer, dans une de tes dernières lettres. C'est pour ce livre que je prépare deux nouveaux essais surtout: l'un concernant le »modern style« (Jugendstil), l'autre la situation et la théorie de la critique.

Mais puis, et surtout, ce dont il va s'agir, c'est mon livre »Pariser Passagen«. Je suis bien désolé que pour tout ce qui se rattache à lui – et à vrai dire c'est le théâtre de tous mes combats et de toutes mes idées – l'entretien soit la seule communication possible. Ça ne se prête pas du tout à être exprimé par des lettres. Je me borne donc à noter que je compte poursuivre ce travail sur un autre plan que jusqu'à présent je l'avais entrepris. Tandis que jusqu'ici c'était surtout la documentation d'une part, la métaphysique d'autre part, qui m'avaient retenu, je vois que pour aboutir, pour donner un échafaudage ferme à tout ce travail, il ne me faudra pas moins qu'une étude aussi bien de certains aspects de Hegel que de certaines parties du »Kapital«. Ce que pour moi aujourd'hui semble une chose acquise, c'est que pour ce livre aussi bien que pour le »Trauerspiel« je ne pourrai pas me passer d'une introduction qui porte sur la théorie de la connaissance – et, cette fois surtout sur la théorie de la connaissance de l'histoire. C'est là que je trouverai sur mon chemin Heidegger et j'attends quelque scintillement de l'entre-choc de nos deux manières, tres différentes, d'envisager l'histoire.

Quant à mon séjour actuel à Paris il est d'assez courte durée. C'est-à-dire que je retournerai à Berlin les premiers jours de février. Après-demain j'irai pour deux jours à Francfort. Ici j'ai repris contact avec plusieurs gens plus ou moins importants, de plus j'en ai vu beaucoup d'autres que jusqu'alors je ne connaissais pas encore. [...]

Je termine cette lettre avec un oppressement presque égal à celui qui pesait sur moi en le commençant. C'est avec d'autant plus d'instance que je te prie de me répondre, aussi de me donner une idée de ce qui sont les études qui t'occupent à présent.

Quand est-ce que tu viendras en Europe?

Zeugnisse zur Entstehungsgeschichte   1095

24. BENJAMIN AN SCHOLEM. BERLIN, 5. 2. 1931*
Im übrigen ist es mir in der gleichen Unterhaltung [scil. mit Ernst Rowohlt] gelungen, den Erscheinungstermin meiner gesammelten Essays, die im Frühjahr herauskommen sollten, um ein halbes Jahr zu verschieben; dies im Interesse ihrer Ausgestaltung. Ich habe nicht nur die Vorrede »Die Aufgabe des Kritikers« noch zu schreiben sondern vor allem die Hoffnung, meinen großen Essay über den Jugendstil, dessen Gedankengänge zum Teil schon im Bereiche der Passagenarbeit liegen, im Sommer zu stande zu bringen.

25. BENJAMIN AN SCHOLEM. BERLIN, 28. 10. 1931 (Briefe, 541f.)
Schmerzhaft freilich ist die Andeutung über die Passagenarbeit – Du hast erkannt, daß die Studie über Photographie [s. Bd. 2, 368-385] aus Prolegomena zu ihr hervorging; aber was wird es da je mehr geben als Prolegomena und Paralipomena; das Werk zustande zu bringen daran könnte ich nur denken, wenn meine Arbeit auf zwei Jahre sichergestellt wäre, die es seit Monaten nie mehr auf eben so viel Wochen ist. Trotzdem freilich – und trotzdem ich nicht die mindeste Vorstellung von dem habe, »was werden soll« – geht mirs gut.

26. BENJAMIN AN SCHOLEM. SAN ANTONIO (IBIZA), [Mai 1932]
»Der Aufenthalt in Ibiza [1932] wurde [...] von Anfang an dadurch überschattet, daß [Felix] Noeggerath und [Benjamin] noch in Berlin einem Hochstapler aufgesessen waren, der dem ersteren ein Haus auf Ibiza vermietet hatte, das ihm gar nicht gehörte, und Benjamins Berliner Wohnung zur Miete übernommen hatte, die er nicht nur nicht bezahlte, was die finanzielle Situation sehr erschwerte, sondern auch sich an einigen Stücken in der Wohnung vergriff. Der polizeilich gesuchte Schwindler verschwand zwar schnell, Benjamin wurde aber mehrere Wochen von dem Gedanken geplagt, *durch eine Kette von unglücklichen Umständen könne der Betreffende etwa an meinen – an sich verschlossenen – Manuskriptschrank gekommen sein. Da er nicht nur ein Hochstapler sondern auch sonst wohl etwas gelockert ist, bin ich in größter Unruhe, vor allem wegen der Papiere zu meiner Passagenarbeit, die immerhin eine drei- bis vierjährige Studien- und Gedankenarbeit darstellen und in denen, wenn schon für andere nicht so doch für mich die wichtigsten Direktiven liegen. Ich hoffe, daß sich in Deinem Freundeskreis nicht ein zweiter zum Falle Agnon – dessen Bibliothek durch einen Brand im Hause zugrunde ging – symmetrischer Vorfall ereignet hat. Soviel sieht man, daß Armut vom Übel und die praktischen Arrangements, die sie eingibt, zum Teil des Teufels sind.«* (Regest und Zitat bei Scholem, Walter Benjamin – die Geschichte einer Freundschaft, a.a.O., 227f.)

---

* Zit. nach Scholem, Walter Benjamin – die Geschichte einer Freundschaft, a.a.O., 208f.

27. BENJAMIN AN SCHOLEM. NICE, 26. 7. 1932 (Briefwechsel Scholem, 22 f.)
[Es] hat [...] ihr ganzes Gewicht die Feststellung, daß die Chancen für die Erfüllung dessen, was du mir [zum 40. Geburtstag] wünschst, die denkbar geringsten sind. Es ziemt uns beiden, diesem Tatbestand – in dessen Lichte das Scheitern deiner palästinensischen Intervention in der Tat ein Verhängnis ist – ins Auge zu sehen. Und wenn ich meinerseits mit einem Ernste, der nah an Hoffnungslosigkeit ist, dieses tue, so ganz gewiß nicht darum weil ich nicht immer noch Vertrauen zu meiner Findigkeit besäße, die mir Auskunftsmittel und Subsidien verschaffte. Es ist vielmehr die Ausbildung dieser Findigkeit und einer ihr entsprechenden Produktion, die jede menschenwürdige Arbeit aufs schwerste gefährdet. Die literarischen Ausdrucksformen, die mein Denken in den letzten zehn Jahren sich geschaffen hat, sind restlos bestimmt durch die Präventivmaßnahmen und Gegengifte, mit welchen ich der Zersetzung, die mich, infolge jener Kontingenzen, in meinem Denken fortgesetzt bedroht, entgegentreten mußte. So sind zwar viele, oder manche, meiner Arbeiten Siege im Kleinen gewesen, aber ihnen entsprechen die Niederlagen im Großen. Ich will nicht von den Plänen reden, die unausgeführt, unangerührt bleiben mußten, aber doch an dieser Stelle jedenfalls die vier Bücher aufzählen, die die eigentliche Trümmer- oder Katastrophenstätte bezeichnen, von der ich keine Grenze absehen kann, wenn ich das Auge über meine nächsten Jahre schweifen lasse. Es sind die »Pariser Passagen«, die »Gesammelten Essays zur Literatur«, die »Briefe« [s. Bd. 4, 149-233] und ein höchst bedeutsames Buch über das Haschisch [s. Benjamin, Über Haschisch. Novellistisches, Berichte, Materialien, hg. von Tillman Rexroth, Einleitung von Hermann Schweppenhäuser, 4. Aufl., Frankfurt a. M. 1981; auch Bd. 6]. Von diesem letztern Thema weiß niemand und es soll vorläufig unter uns bleiben.

Erst Anfang 1934, im Exil in Paris, wandte Benjamin sich erneut der Arbeit am Passagenwerk zu. Äußerer Anlaß war ein Auftrag zu einem Artikel über Haussmann, den er, als seinen ersten französischen, im Dezember des Vorjahres (s. Briefe, 596) von der Zeitschrift »Le monde« erhalten hatte; geschrieben wurde der Artikel jedoch nicht. Statt dessen beschäftigte Benjamin sich mit der Vervollständigung seiner Materialsammlung zum Passagenwerk, zugleich schälte sich eine veränderte Konzeption des Gesamtprojekts heraus. Das *neue Gesicht* (1103), das dieses jetzt bekam, wurde vor allem durch die *neuen und eingreifenden soziologischen Perspektiven* (1118) geprägt, die die Arbeit fortan bestimmten. Ende März 1934 lag bereits *eine provisorische Kapiteleinteilung* (1103) vor, im November stand *der klare Bau des Buches* Benjamin *vor Augen* (1105). Bis Ende Juni arbeitete er in Paris auf der Bibliothèque Nationale; von Ende Juni bis Anfang Oktober, als er sich in Svendborg bei Brecht aufhielt, scheint die Arbeit unterbrochen worden zu sein; von Dänemark fuhr er, mit einem

kurzen Zwischenaufenthalt in Paris, zu seiner früheren Frau nach San Remo, hier wurde die Arbeit Mitte Dezember wieder aufgenommen. – Das Jahr 1934 war, ebenso wie das vorangegangene, für Benjamin eine Zeit bitterster Not. Zwar erhielt er seit Frühjahr 1934 vom Institut für Sozialforschung monatlich einen minimalen Betrag, doch reichte der, auch zusammen mit den Honoraren, die gelegentlich noch von der »Frankfurter Zeitung« eingingen, nicht entfernt, den Lebensunterhalt zu gewährleisten. Benjamin war angewiesen auf Unterstützungen, die Adorno und dessen Tante sowie eine Freundin der Familie Adorno ihm aus Deutschland zeitweilig noch schicken konnten. In Notfällen half immer wieder Gretel Karplus – Adornos spätere Frau – aus, die Teilhaberin einer kleinen Lederfabrik in Berlin war. Ab Mai 1935 verdoppelte das Institut für Sozialforschung seine Zahlungen, zunächst vorläufig, dann auf Dauer. – Benjamin war Ende April 1935 von der Riviera nach Paris zurückgekehrt und nahm *die »Passagen« nicht auf dem Wege der Studien allein sondern auf Grund eines Hauptplans in Angriff* (1112). Ein Gespräch mit Friedrich Pollock, dem Assistant Director des Instituts, veranlaßte Benjamin im Mai 1935 zu der Niederschrift des Exposés *Paris, die Hauptstadt des XIX. Jahrhunderts*. Dieses sollte weitreichende Folgen haben. Mit ihm gelang Benjamin, die in den späten zwanziger Jahren unternommenen Studien, in denen er gleichsam die Erbschaft des Surrealismus hatte einbringen wollen, mit seinen neuen Intentionen – der stärkeren Orientierung an der Sozialgeschichte und einem Verfahren, das vor dem Marxismus sich legitimieren konnte – zu verschmelzen; das Buch, das er schreiben wollte, war damit endlich und zum erstenmal absehbar geworden. Das Exposé vom Mai 1935 bedeutete aber auch einen Markstein für die große theoretische Debatte mit Adorno, die für Benjamins Arbeit in den folgenden Jahren unvergleichlich wichtig wurde*. Schließlich war das Exposé für das Institut Anlaß, Benjamins Arbeit unter die von ihm geförderten aufzunehmen – sie figurierte im offiziellen Programm des Instituts von jetzt an unter dem Titel »The Social History of the City of Paris in the 19th Century« – und ihren Autor damit in gewissem Maße auch ökonomisch zu sichern.
Die Studien zum Passagenwerk aus der zweiten, 1934 einsetzenden Phase der Arbeit gingen, mit Ausnahme des Exposés, allesamt in das große Manuskript der *Aufzeichnungen und Materialien* ein. Begonnen wurde dieses Manuskript indessen schon früher, ohne daß sich mit Sicherheit ermitteln ließe, wann das geschah. Anfang 1934 lagen jedenfalls schon *zahlreiche Studienblätter* (1098) der *Aufzeichnungen und Materialien* vor. Wahrscheinlich hatte Benjamin sie im Herbst oder Winter 1928 begonnen, als der ursprüngliche Plan des Werkes erweitert und modifiziert wurde:

---

* Der Anfang dieser Debatte scheint sich in einem verlorenen Brief Benjamins befunden zu haben, auf welchen Adorno am 6. 11. 1934, mit Brief 40, antwortete.

damals scheint er sowohl aus den *Ersten Notizen* wie aus den *Frühen Entwürfen* diejenigen Teile, die er bewahrt wissen wollte, ausgezogen und in ein neues, nach Themenkreisen gegliedertes Manuskript – eben das der *Aufzeichnungen und Materialien* – übertragen zu haben; dieses Manuskript wurde 1934 wieder aufgenommen und bis zu Benjamins Flucht aus Paris, im Mai 1940, fortgeführt.

28. BENJAMIN AN GRETEL ADORNO. PARIS, o. D. [Anfang 1934]; Konzept

Ob ich Dir schrieb, daß ich im Auftrag eines hiesigen Organs [scil. »Le Monde«] einen Aufsatz über den préfect Haussmann vorbereite, weiß ich nicht genau. Wie dem auch sei – seit einigen Tagen habe ich zu der Annahme Anlaß, daß bei dieser – ursprünglich soliden und keineswegs neuen Zeitschrift sich Schwierigkeiten eingestellt haben. Inzwischen habe ich einen kleineren Artikel – meinen ersten in französischer Sprache; ich ließ ihn von einem Franzosen durchsehen und er fand nur einen einzigen Fehler – für diese Leute geschrieben*. Wie sich aber auch die Zukunft der Zeitschrift gestalten mag – den Artikel über Haussmann werde ich jedenfalls schreiben [tatsächlich nicht geschrieben]. Erstens sind meine Vorarbeiten dazu schon zu weit vorgeschritten, zweitens hält Berthold [Brecht] besonders viel von dem Thema. Und auch Du wirst es gern hören, daß ich damit wieder in unmittelbare Nähe meiner Passagenarbeit gekommen bin, deren Papiere nach vieljähriger Pause wieder zu Ehren kommen. Da die Bibliothèque Nationale ja nicht ausleiht, so sitze ich meist tagsüber in ihrem Arbeitssaal.

Zu diesen Passagenpapieren nun eine kleine, skurrile Bitte. Seit ich die zahlreichen Studienblätter angelegt habe, auf denen sie beruhen soll, habe ich dazu immer ein und dieselbe Art von Bogen benutzt, nämlich einen normalen Briefblock des weißen MK Papiers. Nun sind meine Vorräte davon erschöpft und ich möchte dem umfangreichen und sorgfältigen Manuscript gern seine äußere Gleichförmigkeit bewahren. Könntest Du wohl einen solchen Block an mich schicken lassen? – Selbstverständlich nur den Block, keine Kuverts. Ich sende Dir mit gleicher Post einen Musterbogen.

29. BENJAMIN AN GRETEL ADORNO. PARIS, o. D. [Anfang Februar 1934]

Heute im Laufe des Tages – jetzt ist es sechs Uhr früh – hoffe ich den von Dir

---

* In der kommunistischen »Monde« ist keine Arbeit von Benjamin erschienen. Über seine Beziehungen zu dieser Zeitschrift s. Walter Benjamin, Versuche über Brecht, hg. von R. Tiedemann, 5. Aufl., Frankfurt a. M. 1978, 125; 127; 138, Anm. 10 und 139, Anm. 17. – Worum es bei dem erwähnten *kleineren Artikel* sich handelte, ist unklar. Unter den überlieferten französischen Texten könnte man allenfalls an eine Vorstufe der Notiz *Sur Scheerbart* (s. Bd. 2, 630-632) denken, da Adrienne Monnier von dieser, in der erhaltenen Version 1940 entstandenen Arbeit als von einer »note ancienne« schreibt (s. Bd. 2, 1425).

*angekündigten Brief zu bekommen. Immerhin beginne ich schon den
meinen. Zunächst mit sehr herzlichem Dank für die Sendung, die so genau
zum Termin eintraf, daß ich meine Zusage dem Hotel gegenüber einlösen
konnte. Du kannst Dir denken, wie lieb mir das war. – Im übrigen habe ich,
was mein Zimmer betrifft, jetzt etwas Ernstliches auszusetzen: es geht
nämlich nach dem Hof und beraubt mich so der an sich ungewöhnlichen
Vorteile, die das Hotel durch seine Lage im Zentrum der Unruhen hat.
Diese Ecke des Boulevard Saint-Germain (auf den die Rue Du Four stößt)
hat sich in der Tat als strategisch besonders bedeutsam erwiesen. Daß die
gegenwärtigen Bewegungen zu etwas Greifbarem führen, glaube ich
übrigens nicht: aber sie sind überaus interessant zu verfolgen. Da ich
weiterhin zur Zeit eine ausgezeichnete Histoire de Paris [wahrscheinlich
Lucien Dubech et Pierre D'Espezel, Histoire de Paris, Paris 1926] studiere,
so bin ich ganz in der Tradition dieser Kämpfe und Unruhen.
Les extrèmes se touchent: was mir nur in den Zeiten meiner sorgenfreien
Umstände möglich war – mich mit der Passagenarbeit zu befassen – wird
nun in den allerexponiertesten wieder tunlich. Die Arbeit über Haussmann,
von der ich Dir schrieb, aktualisiert und erweitert die Sammlung meiner
vorhandenen Aufzeichnungen. So ist es so weit gekommen, daß meine
Papiervorräte für diesen Zweck ganz erschöpft sind. Ich lege Dir heute
einen Bogen von dem MK Papier – es ist ein gefalteter des großen
Briefblocks – bei und wäre Dir sehr dankbar, wenn Du mir einen solchen
Block, in gleicher Farbe und Qualität, schicken lassen könntest.*

30. BENJAMIN AN GRETEL ADORNO. PARIS, o. D. [Ende Februar 1934]
*Indessen wird es hier immer schwerer. Es hat zum Nötigsten bisher gereicht
– nun reicht es nicht mehr. Die letzten vierzehn Tage – nachdem das
Zimmer wieder einmal bezahlt war – waren eine Kette von Entmutigungen. Von Monde immer noch keine Zusicherung des Zahlungstermins, der
im übrigen nicht vor dem 1. April liegen kann. Die Zeitschrift von Haas
[scil. die von Willy Haas in Prag herausgegebene Zeitschrift »Die Welt im
Wort«] in der Tat eingegangen und die Honorierung meiner Beiträge
natürlich nie zu erwarten.
Aber ich will nicht fortfahren. Den nächsten Wochen könnte ich ohne Dich
nur mit Verzweiflung oder Apathie entgegensehen. In beiden Verfassungen
bin ich kein Dilettant mehr. Aber darf ich mich an Dich halten?
In meiner Lage habe ich kaum mehr die Kraft, diese Frage zu stellen. Ich
liege seit Tagen – einfach, um nichts zu brauchen und niemand zu sehen –
und arbeite so gut und schlecht es geht.
Überlege, was Du bewirken kannst. Ich brauche 1000 frs, um das Dringende zu regeln und über den März hinüberzukommen. Für den April
besteht Aussicht auf eine Zahlung aus Genf [scil. vom Institut für Sozialforschung]. Für jetzt aber weiß ich mir keinen Rat mehr.*

Gern würde ich Dir noch mehr schreiben. Aber ich fürchte, ein solcher Brief erschöpft den Empfänger nicht mehr als den Schreiber [Fußnote: Ich wollte natürlich sagen: nicht weniger. (Welch Verschreiben!)]. Und was ließe sich hinzufügen, was nicht zwischen seinen Zeilen, wie in Furchen, gesät wäre?
Darum heute nur noch Dank für das Papier. Die Passagenarbeit ist zwischen mir und dem Schicksal augenblicklich der tertius gaudens.

31. BENJAMIN AN GRETEL ADORNO. PARIS, 3. 3. 1934 (Briefe, 599f.)
Endlich liegen wieder ein paar leichtere Tage und Wochen vor mir. Und das danke ich Dir. Aber der Dank – vor allem aus so großer Ferne – ist ein schwacher Ausdruck. Wie lange werden wir noch auf ihn angewiesen bleiben? – Es war eine schreckliche Lage, aus der Du mir geholfen hast. Aus Deiner Hilfe sehe ich, daß Du sie verstanden hast und mir eine nähere Schilderung hast sparen wollen.
Die neue Initiative, die ich durch Dich und Teddie [Adorno] gewonnen habe, wende ich nun nach zweifacher Richtung auf. Über die eine – die der Passagenarbeit, die mich jetzt wieder viel beschäftigt, Näheres ein andermal.

32. BENJAMIN AN SCHOLEM. PARIS, 3. 3. 1934 (Briefwechsel Scholem, 127)
Zwischen mir und dem Schicksal ist zur Zeit die Passagen-Arbeit der tertius gaudens. Ich habe nicht nur die Studien in letzter Zeit sehr voranbringen können, sondern mir – nach langer Zeit zum ersten Male wieder – ein Bild von der Art ihrer Verwertung machen können. Daß dieses Bild vom ersten, ursprünglichen, sehr abweicht, ist verständlich.

33. BENJAMIN AN THEODOR W. ADORNO. PARIS, 9. 3. 1934
Wenn Sie erscheinen, wäre es eines meiner ernsthaftesten Anliegen, Ihnen einige Aspekte der Bibliothèque Nationale zu eröffnen, die niemandem gelegener sein können als Ihnen. In der Tat enthält sie einen der merkwürdigsten Bibliothekssäle der Erde und man arbeitet wie in einer Opernszenerie. Es ist nur zu bedauern, daß um sechs schon geschlossen wird – eine Einrichtung, die noch aus der Zeit stammt als die Theater um sechs begannen. Es ist wieder Leben in die Passagen gekommen und den schwachen Funken – der nicht lebendiger sein konnte als ich selbst – haben Sie angeblasen. Seit ich wieder ausgehe, bin ich eigentlich den ganzen Tag dort im Arbeitssaal und habe es mir endlich auch in dem schikanösen Reglement einigermaßen wohnlich eingerichtet.
Eine meiner interessantesten Entdeckungen ist merkwürdigerweise ein deutsches Buch, dem auch Sie vielleicht noch nicht begegnet sind, das Ihnen aber auf einer dortigen Bibliothek erreichbar sein dürfte: die vierbändige Geschichte der französischen Arbeiterassociationen von [Sigmund] Engländer [Hamburg 1864].

34. ADORNO AN BENJAMIN. BERLIN, 13. 3. 1934

Ich danke Ihnen herzlich für Ihren Brief, der mir hierher nachgesandt wurde – ich bleibe noch über Ostern hier, fahre dann für eine Woche nach Frankfurt und dann nach England, wo allmählich doch eine Universitätschance für mich sich auszukristallisieren scheint. – Ich bin sehr glücklich, daß meine Aktion einigen Erfolg hatte. Um ihrer Fortführung willen möchte ich Sie Verschiedenes fragen: vor allem, ob das bis jetzt Erfolgte sich in einem Umfang hält, der, wenn es gelingt, ihm einige Regelmäßigkeit zu verleihen, eine Basis abgibt, oder ob Sie es für angezeigt halten, daß ich bei denselben Leuten weiteren Druck ausübe; was, wenn es sich um eine zu bescheidene Leistung handelt, gewiß angebracht und notwendig ist, andernfalls aber nur schaden könnte – Sie werden verstehen, daß ich da in Ihrem Interesse und dem des einzuschlagenden Verfahrens gern deutlich sehen würde. Dann, wie Sie sich zu meiner Anregung eines Dedikationsauftrages zur Passagenarbeit stellen. Es würde sich darum handeln, in diesem Fall den (in Paris lebenden) Bruder der Dame zu interessieren, die sich diesmal hauptsächlich beteiligte [Else Herzberger, eine Freundin der Familie Adorno]. Er ist ein schwieriger und für Sie nicht einfacher Mensch (ebenso wenig einfach auch für mich: ein verhinderter Intellektueller, der Kaufmann wurde und in seinen praktischen Erfolgen und den Konsequenzen daraus gern sein Ressentiment über das anderwärts Versäumte ausläßt), aber wenn man ihn richtig zu fassen versteht von außerordentlicher Großzügigkeit und im Ernstfall ein Freund wie wenige, der sich Ihres Schicksals in mehr als einer Hinsicht annehmen könnte. Er ist im Augenblick nicht in Paris, schrieb mir aber, daß er bald dorthin zurückkehrt und ich habe Grund zur Annahme, daß ein relativ günstiger Moment wäre, ihn zu mobilisieren. Dafür wäre aber, eben aus den angedeuteten Gründen, eine Sache wie jene Widmung außerordentlich gelegen, natürlich nur wenn er wirklich etwas Ordentliches tut – jedenfalls verstehen Sie so meine Insistenz in diesem Punkt. Bitte antworten Sie mir recht rasch.

Im übrigen hat noch dies sich ereignet: ich habe auch den Neffen der betreffenden Dame, der eben hier weilt und selbst nicht reich ist, aber allerhand Verbindungen hat, mobilisiert und er gibt sich große Mühe. Er hat einen Pariser Bekannten von sich, einen Herrn Schwartz (mit dem Firmennamen Martin) aufgeboten, der etwas für Sie unternehmen will und Sie mehrfach, ich weiß nicht ob telephonisch oder persönlich, im Hotel vergebens zu erreichen suchte. Dieser Schwartz sei ein aktiver und umsichtiger Mann. Es dürfte sich empfehlen, wenn Sie den ganzen Tag in der Bibliothèque nationale arbeiten, ihm im Hotel einen Zeitpunkt zu hinterlassen, zu dem er Sie sprechen kann, und im Hotel darauf zu achten, daß er nicht übersehen wird. Mein Freund hier verspricht sich praktisch etwas von der Verbindung. [...]

Wie froh ich der Passagen-Restauration bin, muß ich, der da die Rolle eines

aufbauwilligeren Cato spielte, Ihnen nicht versichern. Ich selber habe viel geschrieben [...].
Den Verlauf der Londoner Reise kann ich noch nicht recht übersehen, hoffe aber doch ganz dringend, daß der Rückweg mich nach Paris bringt – es sei denn, daß ich gleich zu Beginn des Term drüben bleiben und (etwa bei [Ernst] Cassirer in Oxford) lesen müßte, eine Aussicht indessen, die mir zu rosig dünkt, als daß ich sie ernsthaft fürchtete. Auf jeden Fall wird man mich nun bald zu sehen bekommen, ohne daß ich mir mit der Hoffnung schmeichelte, daß man mich dort durchwegs so aufrichtig erwartet, wie es im Namen der Passagen und der Tomdiskussion [s. Theodor W. Adorno, Der Schatz des Indianer-Joe. Singspiel nach Mark Twain, hg. von R. Tiedemann, Frankfurt a. M. 1979, 122-125], zu meiner größten Freude, bei Ihnen der Fall ist.

35. BENJAMIN AN ADORNO. PARIS, 18. 3. 1934
Ich danke Ihnen herzlich für Ihren wachen, nach allen Seiten so umsichtigen Brief. Er hat mir einen tiefen Atemzug Hoffnung erlaubt – und das ist in meiner Lage schon unendlich viel. In dieser Hoffnung schwingt die Aussicht mit, in absehbarer Zeit sovieles zwischen uns Anhängige besprechen zu können. Ich freue mich über Ihre englischen Möglichkeiten, denen wir diese Aussicht verdanken.

[...]
Ich habe Ihnen im letzten Brief für das schleunige, hilfreiche Eingreifen Ihrer Freunde gedankt und füge dem – im Sinne Ihrer Anfrage – hinzu, daß einige Regelmäßigkeit dieser Hilfeleistung einen Wert hätte, den jene unbekannten Gebenden kaum überschätzen können. Denn sie würde mir wenigstens den Versuch zu planen und vorherzudenken ermöglichen. Und vielleicht wirkt in der Existenz, welche [ich] in den letzten Monaten geführt habe, nichts zerstörender als die völlige Unmöglichkeit, auch nur die bescheidenste Zeitspanne zu übersehen.
Die Hoffnung, die die Hand Ihrer Freunde und dann Ihr Brief mir eröffnet hat, führte mich mit einer Intensität, die mich selbst das Maß der ihr vorhergehenden Trostlosigkeit erst erkennen ließ, auf meine Arbeit – und nun in der Tat in deren Zentrum – zurück. Davon kann ich diesem Brief umso weniger anvertrauen als wir uns in absehbarer Zeit sehen werden. Ich hoffe, Sie dann eines Tages auf meinen Arbeitsplatz in der Bibliothek führen zu können. Was nun die Frage der Widmung angeht, so glaube ich, daß meine folgende Überlegung genau in die Ihrige eingreift: die Durchführung dieser Arbeit wäre in der Tat der »Jetztzeit« abgerungen – von mir und dem, welcher sie mir ermöglicht. Diese Durchführung würde einen Anachronismus im besseren Sinne darstellen. Im besseren: weil er hoffentlich weniger eine Vergangenheit galvanisiert als eine menschenwürdigere

*Zukunft vorwegnimmt. Das eben würde die Widmung dieser Arbeit, der
ich selber eine Zukunft gebe, zum Ausdruck bringen.
Im übrigen aber nehme ich an, daß die Gestaltung dieses Ausdrucks wie
jenes Anteils ihre bestimmtere Form aus der persönlichen Begegnung
erhalten werden, die die Zukunft herbeiführen wird, wenn Sie es für richtig
halten.
Inzwischen bin ich bei Herrn Schwartz gewesen, der, wie Sie mit Recht
sagen, ein aktiver und umsichtiger Mann ist, so daß mein kurzes Gespräch
mit ihm in erfreulicher Form verlief. Er entließ mich mit der Hoffnung auf
weitere Nachricht von seiner Seite.*

36. BENJAMIN AN GRETEL ADORNO. PARIS, o.D. [Ende März 1934]
*Wenn ich wieder einmal zu mir selbst komme, so danke ich Dir das. Und zu
mir selbst heißt nur noch zu meiner Arbeit. Ich habe in der Tat mit einer
Entschiedenheit, die ich mir noch vor kurzem kaum mehr zugetraut hätte,
auf die Passagenarbeit zurückgegriffen – und sie hat ein neues Gesicht
bekommen.
Wenn das wohl auch schwerlich ihr endgültiges ist, so ist es von dem ältern
wohl weiter als von jenem entfernt. Viel wäre darüber zu sagen; schreiben
läßt es sich nicht. Nur soviel, daß es in den letzten Tagen eine provisorische
Kapiteleinteilung gibt; soweit war es vordem noch nie gekommen.
Es ist traurig, daß die Bibliothek um 6 Uhr schließt und mich an langen
Abenden mir selbst überläßt. Denn Menschen sehe ich nur in Ausnahmefällen. So kommt man in eine Lage, in der man gelegentlich einen Roman
braucht. [...]
Daß ich Teddie ausführlich geantwortet habe, wirst Du inzwischen wohl
von ihm selbst erfahren haben. Bestätige ihm Deinerseits – wenn Du das
magst – wie sehr ich ihm die neue Hoffnung danke, die er mir gegeben hat.
Daß ihr Impuls unmittelbarer als ich selbst es zu vermuten gewagt hätte,
der Passagenarbeit zu gute gekommen ist, habe ich ihm wenigstens
angedeutet.*

37. BENJAMIN AN ADORNO. PARIS, 9. 4. 1934
*Nun komme ich zu den höchst inhaltsvollen Andeutungen, die Sie im
Zusammenhang Ihrer Untersuchung über musikalische Reproduktion zum
Begriff des Archaischen und der Moderne machen. Nicht als ob ich im
Augenblick anderes tun könnte, als Ihnen zu bestätigen, daß Sie damit in
der Tat eine Hauptfrage der Passagenarbeit treffen. Aber sollte Ihnen die
Rückfahrt von England nicht Gelegenheit geben, endlich Ihre Begegnung
mit Paris zu vollziehen? Was es mir wert wäre, Sie hier, an Ort und Stelle,
mit dem jüngsten Stadium der Arbeit bekannt zu machen, können Sie sich
denken.
Mich ihr ganz wieder zuzuwenden, werde ich umso mehr Zeit haben, als ein*

*greifbares Objekt, das ich der Arbeit der vergangenen Wochen vorgesetzt hatte, sich gerade eben schmerzlich verflüchtigt. [...]
Die geplante Vortragsreihe war bestimmt, mir eine Reserve für den Sommer zu schaffen. Daran ist nun nicht mehr zu denken. Um so viel mehr hinge von der Aktion ab, die Sie unternommen haben. Beunruhigenderweise habe ich von Herrn Schwarz-Martin nichts mehr gehört. Nach der ersten Begegnung, die sich recht günstig anließ, informierte ich ihn Ende März vom Wechsel meiner Adresse telefonisch. Er stellte mir in Aussicht, nach Ostern Nachricht zu geben. Bisher kam keine. Demnach ist Ihr Eingreifen zum Brennpunkt meiner Hoffnung geworden.*

38. BENJAMIN AN SCHOLEM. SKOVSBOSTRAND PER SVENDBORG, 17. 10. 1934 (Briefwechsel Scholem, 178)
Das Offenkundige der Existenz ist für mich so prekär geworden, daß ich es nicht ohne Notwendigkeit berühre; und von dem was, ohne minder prekär zu sein, weniger offenkundig ist, geben dir von Zeit zu Zeit meine Sachen einen Begriff. Im übrigen will ich nicht verschweigen, daß gerade jetzt eine Aussprache zwischen uns besonders ersprießlich sein könnte. Ich rüste mich innerlich – die äußeren Zurüstungen hängen von mir nicht ab – das dir wohl in vagster Gestalt bekannte Projekt der »Pariser Passagen« unter nachhaltig veränderten Aspekten wieder aufzunehmen. Eine meiner nächsten Arbeiten wird die Durchsicht des sehr beträchtlichen Materials sein, das meine Studien bisher getragen haben. Leider ist es fast ausgeschlossen, dir im Brief einen Begriff sei es von meinen Absichten, sei es von den Schwierigkeiten bei dieser Arbeit zu geben. Im übrigen dürfte es unmöglich sein, sie anderswo zu schreiben als in Paris. Einen Aufenthalt dort aber kann ich zur Zeit nicht bestreiten.

39. BENJAMIN AN MAX HORKHEIMER. SAN REMO [recte: Paris], o.D. [Oktober/November 1934] (Briefe, 626f.)
Wir hatten, als Sie im Frühjahr das letzte Mal durch Paris kamen, beide mit einem früheren Wiedersehen gerechnet. Sie ließen damals das Gespräch auch auf meine wirtschaftliche Lage kommen und waren so freundlich, mich Ihrer Hilfsbereitschaft auch für die Zeit Ihrer Abwesenheit zu versichern. Ich meinerseits versprach Ihnen, von ihr nicht ohne äußerste Notwendigkeit Gebrauch zu machen und so habe ich es auch gehalten. Einmal in dieser Zeit habe ich mich an Herrn Pollock gewandt und er hat mir auf meine Bitte den Betrag für meine Übersiedlung nach Dänemark und den inzwischen erfolgten Transport eines Teils meiner Bibliothek zur Verfügung gestellt. Inzwischen ist es mir den Sommer über gelungen, mit meiner kleinen Rate Haus zu halten, ja, durch Verkäufe aus meiner Bibliothek habe ich auch noch die große, kostspielige Reise bestreiten können, auf der ich mich eben befinde und von der Paris eine Etappe ist.

Zeugnisse zur Entstehungsgeschichte 1105

Ich kann nämlich, so leid es mir tut, hier nicht bleiben. Nichts wäre mir von Hause aus mehr erwünscht. Nachdem im Laufe dieses Sommers die letzten Möglichkeiten journalistischer Arbeit für mich weggefallen sind – aus Deutschland bekommt man ja keine Überweisungen mehr – würde nichts mehr im Wege stehen, jenes große, auf jahrelangen Studien über Paris beruhende Buch in Angriff zu nehmen, von dessen Plan ich Ihnen gelegentlich sprach. Ich habe mich im Sommer mit diesem Material weiter beschäftigt, und heute steht der klare Bau des Buches vor meinen Augen. Es wäre – nach dem Urteil eines pariser Freundes – sehr denkbar, hiesige Verleger für die Sache zu interessieren. Aber – ich bin im Augenblick nicht in der Lage, selbst meinen Aufenthaltsort zu bestimmen.
Ja, so dringend diese Arbeit Paris verlangt, so glücklich muß ich auf der andern Seite darüber sein, daß sich durch ein kleines Pensionsunternehmen, das meine frühere Frau an der Côte d'azur sich eröffnet hat, mir die Möglichkeit bietet, ein oder zwei Monate dort ein Unterkommen zu finden. Eben diesem Umstand verdanke ich es, diese Zeilen nicht mit einer Bitte abschließen zu müssen. Aber es sind nur ein bis zwei Monate, die dergestalt als Ruhepause noch vor mir liegen und wenn dieser Brief Sie erreicht, wird ein Viertel dieser Frist schon verstrichen sein.

40. ADORNO AN BENJAMIN. OXFORD, 6. 11. 1934
Haben Sie den schönsten Dank für Ihren Brief. Mein langes Schweigen ist in keinem Zusammenhang mit Anforderungen der Assimilierung, die mir hier freilich aufs unnachsichtigste begegnen, und ein Zustand von Schweigen zwischen uns kann keinesfalls von Dauer sein. So antworte ich Ihnen sogleich. Was mich solange zum Schweigen brachte, wissen Sie seit dem Besuch Gretels; dieser Besuch sowohl wie Andeutungen Ihres Briefes haben die Schwierigkeiten weggeräumt. Sie lagen durchaus im Bereich unserer Arbeit; ich konnte die schwersten Bedenken gegen einige Ihrer Publikationen (zum ersten Male wohl seit wir verbunden sind) nicht unterdrücken; nämlich die Arbeit über den französischen Roman [s. Bd. 2, 776-803] und den Kommerell-Aufsatz [s. Bd. 3, 409-417], der mich gar auch in der Privatsphäre ungemein verletzte, nachdem dieser Autor geäußert hatte, Männer wie mich solle man an die Wand stellen – mehr bedarf es da nicht zur Erläuterung. Doch waren die strittigen Dinge einmal zu eingreifend und in jedem Betracht heikel, um die briefliche Erörterung zuzulassen, gar während Ihres Kopenhagener Aufenthaltes; andererseits fühlte ich selber auch während des Vierteljahres in London mich weitab von jener Freiheit und Sicherheit, die eine solche Diskussion vorausgesetzt hätte. So schwieg ich denn in Erwartung dessen, daß einer käme und mich mitnähme, als welcher dann Ihr Brief erschien. Er tut es um so mehr, je weiter er von anderem sich distanziert. Ich hoffe mich keines unbilligen Eingriffs schuldig zu machen, wenn ich gestehe, daß der ganze strittige

Komplex mit der Figur Brechts zusammenhängt und dem Kredit, den Sie diesem einräumten; und daß er damit auch Prinzipienfragen der materialistischen Dialektik betrifft wie den Begriff des Gebrauchswertes, dem ich die zentrale Stellung heute so wenig wie zuvor zubilligen kann. Irre ich mich nicht, so haben Sie von diesen Dingen sich losgesagt und es scheint mir das wichtigste Anliegen, daß ich bei dieser Aktion Sie meines vollsten Anteils versichere, ohne befürchten zu müssen, daß Sie darin einen Ausdruck von Konformismus und Reservats-Instinkten finden werden. Was Sie vom Abschluß der Essay-Periode sagen und vor allem von der endlichen Inangriffnahme der Passagen, ist in der Tat die froheste Botschaft, die ich von Ihnen seit vielen Jahren vernommen habe. Sie wissen, daß ich in dieser Arbeit wahrhaft das uns aufgegebene Stück prima philosophia sehe und nichts wünsche ich mehr als daß Sie der Ausführung nun, nach der langen und schmerzlichen Stauung, so mächtig sind wie der ungeheure Gegenstand es notwendig macht. Und wenn ich dieser Arbeit einiges an Hoffnungen mit auf den Weg geben darf, ohne daß Sie es als Unbescheidenheit nehmen: so wäre es dies, daß einmal die Arbeit ohne Rücksicht alles an theologischem Gehalt und an Wörtlichkeit in den extremsten Thesen realisiere, was in ihr angelegt war (ohne Rücksicht nämlich auf die Einwände jenes Brechtischen Atheismus, den als inverse Theologie uns vielleicht einmal zu retten ansteht aber keinesfalls zu rezipieren!); dann, daß sie der äußerlichen Kommunikation mit der gesellschaftlichen Theorie zugunsten ihres Versatzes sich sehr enthalte. Denn es will mir scheinen, daß hier, wo es nun wirklich ums Allerentscheidendste und Ernsteste geht, einmal ganz und voll ausgesprochen werden muß und die volle kategoriale Tiefe erreicht, ohne daß die Theologie ausgespart wäre; dann aber glaube ich auch, daß wir in dieser entscheidenden Schicht der Marxistischen Theorie um so mehr helfen, je weniger wir sie äußerlich uns unterwerfend aneignen; daß hier das »Ästhetische« unvergleichlich viel tiefer in die Wirklichkeit revolutionär wird eingreifen als die Klassentheorie als deus ex machina. Es scheint mir demnach unumgänglich, daß gerade die entlegensten Motive: das »immer das gleiche« und das von der Hölle, ungemindert in Kraft gesetzt werden, und zugleich, daß der Begriff des dialektischen Bildes in voller Luzidität exponiert wird. Daß jeder Satz darin mit politischem Dynamit geladen ist und sein muß, weiß keiner besser als ich; aber je tiefer es in die Versenkung getragen wird, um so mehr wird es mitreißen. Ich würde nicht wagen, Ihnen »Ratschläge« zu geben – was ich versuche, ist nicht mehr, als vor Ihnen gleichsam als Anwalt Ihrer eigenen Intentionen gegen eine Tyrannei aufzutreten, die nicht anders als Sie mit Kraus verfuhren nur beim Namen gerufen zu werden braucht um zu verschwinden. – Im übrigen scheint gerade jetzt den Passagen ein wichtiger Impuls von außen zuzukommen. Ich las in einer englischen Filmzeitschrift ein Referat über das neue Buch

von Breton (Les vases communicants [Paris 1932]), das, irre ich mich nicht, in vielem unseren Intentionen sehr nahekommt. So wendet es sich gegen die psychologische Interpretation des Traumes und verficht eine auf die objektiven Bilder hin; und scheint diesen historischen Schlüsselcharakter zuzuschreiben. Das Ganze liegt Ihrer Thematik viel zu nahe, um nicht wahrscheinlich gerade im zentralsten Punkt eine radikale Umwendung notwendig zu machen (wo, kann ich aus dem Referat nicht sehen); aber indem es diese Umwendung auslöst, könnte es von großer Wichtigkeit werden, vielleicht so wie, welch eine Parallele! Panoffsky und Saxl fürs Barockbuch! Noch darf ich zu den Passagen sagen: daß es mir ein Unglück schiene, wenn diese Arbeit, die die Integration all Ihrer Spracherfahrung bedeuten muß, französisch geschrieben würde, also in einem Medium, das selbst bei der meisterlichsten Kenntnis nicht zu jener Integration zu nutzen ist, die eben die Dialektik Ihres eigenen Sprachlebens voraussetzt! Sollten Publikationsprobleme bestehen, so scheint mir der adäquate Weg dann der der Übersetzung – der Verlust eines deutschen Originals aber würde mir, sans phrase, nicht weniger bedeuten als den schwersten, den unsere Sprache erfuhr, seit Uhland seinen Anteil am Hölderlinschen Nachlaß verbrannte. – Es ist selbstverständlich, daß ich für die Publikation alles in Bewegung setzen werde, was mir erreichbar ist; am besten scheinen mir die Aussichten in Österreich, wo [Ernst] Krenek jetzt eine Reihe wichtiger Positionen besetzt hält, der ohne Frage für diese Arbeit alles Erdenkliche tun würde.
[...]
Sternbergers Rundschauarbeiten habe ich von ihm erhalten und gesehen. Ich kann sie nicht so nichtswürdig finden wie Felizitas [Gretel Adorno], vor allem im Photographieaufsatz [s. Dolf Sternberger, Über die Kunst der Photographie, in: Die Neue Rundschau 45,2 (1934), 412-435] stehen vortreffliche Dinge, etwa zur Kritik der »Sachlichkeit«; die Jugendstilarbeit [s. Dolf Sternberger, Jugendstil. Begriff und Physiognomik, in: Die Neue Rundschau 45,2 (1934), 255-271] ist natürlich nur ein Inventar. Aber ich wäre doch froh, wenn man sich an jenen Plätzen nicht ohne weiteres niederlassen könnte und ein Schild »Nur für Erwachsene« dort angebracht wäre. Ich habe ihm vorsichtig geschrieben, daß Essay, zwar gegen Heidegger, Jaspers und die Philosophie als Form angezeigt, daß aber gerade hier nur die teuersten und schwersten philosophischen Kategorien zuständig seien. All das wird durch die bloße Existenz der Passagenarbeit erledigt sein.

41. ADORNO AN BENJAMIN. OXFORD, 5. 12. 1934
Ein paar Worte zu den Passagen wieder. Die Beziehung von Ihrem »Traum des Kollektivs« zum kollektiven Unbewußten Jungs (von dessen jüngeren Publikationen mir eigentlich nichts außer einem nicht unwichtigen Aufsatz

über Joyce [s. C. G. Jung, Ulysses, in: Wirklichkeit der Seele. Anwendungen und Fortschritte der neueren Psychologie, Zürich, Leipzig, Stuttgart 1934, 132-169] zu Gesicht kam) sind gewiß nicht von der Hand zu weisen. Aber es hat mir immer ein besonderes Maß an Bewunderung abgezwungen, daß Sie am härtesten und unnachsichtigsten von dem sich distanzierten was scheinbar Ihnen zunächst lag: von Gundolf in den Wahlverwandtschaften nicht anders als von den Würdigungen des Barock seit dem Expressionismus bis Hausenstein und Cysarz, dessen Schillerbuch [s. Herbert Cysarz, Schiller, Halle 1934] die schwärzesten Befürchtungen übertrifft. Ja ich möchte dieser Ihrer Intention systematische Dignität zusprechen; in einem gewissen Zusammenhang mit der Kategorie des »Extrems«, die augenblicklich für mich von besonderer Wichtigkeit ist. So weiß ich noch gut, wie tief mich vor gut zehn Jahren beeindruckte, daß Sie, obwohl damals noch unbedenklicher im Aussprechen theologischer: theokratisch-ontologischer Sätze, dem damaligen Scheler aufs schärfste entgegentraten. Nur in diesem Sinne aber kann ich mir das Verhältnis zu Jung und etwa Klages (dessen Lehre von den »Phantomen« in der »Wirklichkeit der Bilder«, aus dem Geist als Widersacher [s. Ludwig Klages, Der Geist als Widersacher der Seele, 3. Bd., 1. Teil, Leipzig 1932, vor allem 1223-1237], unseren Fragen verhältnismäßig am nächsten liegt) vorstellen. Oder um es genauer zu sagen: gerade hier liegt die Grenzscheide zwischen archaischen und dialektischen Bildern oder, wie ich es einmal gegen Brecht formulierte, einer materialistischen Ideenlehre. Es ist mir aber sehr wahrscheinlich, daß ein Vehikel hier in der Auseinandersetzung Freuds mit Jung zu finden ist, der zwar von unserer Frage nichts weiß, aber den Jung eben jener nominalistischen Belastungsprobe aussetzt, deren es wohl bedarf, um Zugang zur Urgeschichte des 19. Jahrhunderts zu gewinnen. Im engsten Zusammenhang damit, d.h. mit dem dialektischen Charakter dieser Bilder scheint mir aber zu stehen, daß sie nicht als »psychisch« im immanenten Sinne sondern als objektiv werden interpretiert werden müssen. Wenn ich die Konstellation der Begriffe richtig sehe, so wird gerade die individualistische aber dialektische Kritik Freuds dazu verhelfen, die Archaik jener Leute zu brechen, aber dann auch, dialektisch, den Immanenzstandpunkt Freuds selbst aufzuheben. Verzeihen Sie die vagen und topologischen Andeutungen – sie konkret ausführen, würde kaum weniger heißen als Ihre Theorie vorwegnehmen und das möchte ich am letzten wagen. Aber daß Freuds Schriften über die Auslegung der Analyse zu diesem Komplex höchst wichtig sind, erscheint mir allerdings fraglos. Sie haben im Barockbuch die Induktion gerettet: so wird man hier den Nominalisten und Psychologisten zu retten haben um den bürgerlichen Ontologismus zu vernichten und zu überbieten. Übrigens würde es mich interessieren, ob Sie in Kopenhagen mit [Wilhelm] Reich und dessen Kreis in Berührung kamen. Es gibt da manches Ordentliche, freilich noch mehr

romantischen Feuerbach, Rückfall in Anarchismus und die bedenkliche
Verherrlichung der »genitalen« und insofern ahistorischen Sexualität.

42. BENJAMIN AN KRACAUER. SAN REMO, 10. 12. 1934
Ich habe die Passagenarbeit noch nicht vorgenommen, weil einige schwierige, freilich auch interessante Neuerscheinungen zur Sprachphilosophie durchgearbeitet sein wollen, um in einem Referat, das die Zeitschrift für Sozialforschung bringen will [s. »Probleme der Sprachsoziologie«, Bd. 3, 452-480], besprochen zu werden. [...]
Bis die höhere Literatur sich hierher ihre Straße bahnt, wird in vielen Fällen einige Zeit vergehen. So habe ich Aragons Buch [wahrscheinlich »Hourra, l'Oural«, Paris 1934] noch nicht zu Gesicht bekommen und stehe noch bei dem letzten Essaiband von Breton [wahrscheinlich »Point du jour«, Paris 1934], den ich aus Paris mitgebracht habe.

43. ADORNO AN BENJAMIN. BERLIN, 17. 12. 1934
[Lassen] Sie mich in fliegender Hast – denn Felizitas ist im Begriff, mir das Exemplar Ihres Kafka [s. Bd. 2, 409-438] abzunehmen, das ich nur zweimal durchlesen konnte – mein Versprechen einlösen und wenige Worte dazu sagen, mehr um der spontanen ja überwältigenden Dankbarkeit Ausdruck zu geben, die mich davor ergriffen hat, als weil ich mir etwa einbildete, den ungeheuren Torso ganz erraten oder gar ›beurteilen‹ zu können. Nehmen Sie es nicht als unbescheiden, wenn ich damit beginne, daß mir unsere Übereinstimmung in den philosophischen Zentren noch nie so vollkommen zum Bewußtsein kam wie hier. Führe ich Ihnen meinen ältesten, neun Jahre zurückliegenden Deutungsversuch zu Kafka an: er sei eine Photographie des irdischen Lebens aus der Perspektive des erlösten, von dem nichts darauf vorkommt als ein Zipfel des schwarzen Tuches, während die grauenvoll verschobene Optik des Bildes keine andere ist als die der schräg gestellten Kamera selber – so bedarf es keiner anderen Worte zur Übereinstimmung, wie weit auch Ihre Analysen über diese Konzeption hinausdeuten. Das betrifft aber zugleich auch und in einem sehr prinzipiellen Sinn die Stellung zu ›Theologie‹. Da ich auf eine solche, vorm Eingang zu Ihren Passagen, drängte, so scheint es mir doppelt wichtig, daß das Bild von Theologie, in dem ich gerne unsere Gedanken verschwinden sähe, kein anderes ist als das, aus dem hier Ihre Gedanken gespeist werden – es mag wohl ›inverse‹ Theologie heißen. Der Standort gegen naturale und supranaturale Interpretation zugleich, der darin erstmals in aller Schärfe formuliert ist, dünkt mir aufs genaueste mein eigener – ja meinem Kierkegaard [s. Adorno, Kierkegaard. Konstruktion des Ästhetischen, Tübingen 1933] war es um nichts anderes zu tun als darum und wenn Sie über die Verknüpfung Kafkas mit Pascal und Kierkegaard höhnen, so darf ich Sie wohl daran erinnern, daß im Kierkegaard von mir derselbe Hohn gegen die

Verknüpfung Kierkegaards mit Pascal und Augustin exponiert ist. Wenn ich freilich dagegen doch an einer Relation von Kierkegaard und Kafka festhalte, so ist es am letzten die der dialektischen Theologie, deren Anwalt vor Kafka Schoeps heißt. Sie liegt vielmehr genau bei der Stelle der ›Schrift‹, von der Sie so entscheidend sagen, was Kafka etwa als ihr Relikt vermeint habe, könne besser, nämlich gesellschaftlich, als deren Prolegomenon verstanden werden. Und dies ist in der Tat das Chiffernwesen unserer Theologie, kein anderes – aber freilich auch um kein Zoll weniger. Daß sie aber hier mit so ungeheurer Gewalt durchbricht, ist mir die schönste Bürgschaft Ihres philosophischen Gelingens, seit ich die ersten Bruchstücke der Passagen kennenlernte. –
[...]
Wenn Sie selbst die Arbeit als ›unfertig‹ bezeichnen, so wäre es freilich ganz konventionell und töricht, wenn ich Ihnen widersprechen wollte. Zu genau wissen Sie, wie sehr hier das Bedeutende dem Fragmentarischen verschwistert ist. Das schließt aber nicht aus, daß die Stelle der Unfertigkeit sich bezeichnen läßt – eben weil diese Arbeit ja vor den Passagen liegt. Denn dies ist ihre Unfertigkeit. Das Verhältnis von Urgeschichte und Moderne ist noch nicht zum Begriff erhoben und das Gelingen einer Kafkainterpretation muß in letzter Instanz davon abhängen. Eine erste Leerstelle ist da im Beginn bei dem Lukácszitat und der Antithese von Zeitalter und Weltalter. Diese Antithese könnte nicht als bloßer Kontrast sondern selber bloß dialektisch fruchtbar werden. Ich würde sagen: daß für uns der Begriff des Zeitalters schlechterdings unexistent ist (so wenig wie wir Dekadenz oder Fortschritt im offenen Sinn kennen, den Sie hier ja selber destruieren), sondern bloß das Weltalter als Extrapolation der versteinten Gegenwart. Und ich weiß, daß keiner in der Theorie mir lieber das zugäbe als Sie. Im Kafka aber ist der Begriff des Weltalters abstrakt im Hegelschen Sinne geblieben [...]. Das sagt aber nichts anderes als daß die Anamnesis – oder das ›Vergessen‹ – der Urgeschichte bei Kafka in Ihrer Arbeit wesentlich im archaischen und nicht durchdialektisierten Sinne gedeutet ist: womit die Arbeit eben an den Eingang der Passagen rückt. Ich habe hier am letzten zu richten, da ich nur zu gut weiß, daß der gleiche Rückfall, die gleiche unzulängliche Artikulation des Begriffs des Mythos mir im Kierkegaard ebenso zuzurechnen ist, wo er zwar als logische Konstruktion, nicht aber konkret aufgehoben wurde. Eben darum darf ich aber diesen Punkt bezeichnen. Es ist kein Zufall, daß von den ausgelegten Anekdoten eine: nämlich Kafkas Kinderbild, ohne Auslegung bleibt. Dessen Auslegung wäre aber einer Neutralisierung des Weltalters im Blitzlicht äquivalent. Das meint nun alle möglichen Unstimmigkeiten in concreto – Symptome der archaischen Befangenheit, der Unausgeführtheit der mythischen Dialektik noch hier.

Zeugnisse zur Entstehungsgeschichte   1111

44. BENJAMIN AN ALFRED COHN. SAN REMO, 19. 12. 1934 (Briefe, 631f.)
Und wie sieht es mit mir aus? So daß man wirklich Bedenken haben muß, einem lebensklugen Manne wie Dir im Langen und Breiten davon zu erzählen. Wenn mir einer erklärte, ich könne von Glück sagen, in der herrlichsten Gegend – und San Remo ist wirklich besonders schön – ohne tägliche Lebens- und Existenzsorgen meinen Gedanken promenierend oder schreibend nachgehen zu dürfen – was sollte ich dem Mann erwidern. Und wenn ein anderer sich vor mir aufbaute, um mir ins Gesicht zu sagen, es sei ein Elend und eine Schande, so gleichsam in den Trümmern seiner eignen Vergangenheit sich einzunisten, fern von allen Aufgaben, Freunden und Produktionsmitteln – vor dem Mann würde ich erst recht betreten schweigen.
Natürlich bin ich um das tägliche Pensum nicht in Verlegenheit. Aber es wäre an der Zeit, es wieder einmal von weitem und aus dem Ganzen her zu bestimmen; wie sehr, das erkenne ich, seitdem ich begonnen habe, meine Studien zu den »Passagen« genau und systematisch durchzugehen. Leider besteht nicht die geringste Aussicht, meinen Aufenthaltsort in absehbarer Zeit frei wählen zu können; ich werde froh sein müssen, wenn ich ihn wechseln kann.

45. BENJAMIN AN ADORNO. MONACO-LA CONDAMINE, O. D. [April 1935]
Es ist mir natürlich [...] unendlich leid, daß aus unserer Begegnung nichts werden konnte. Wann werden wir denn wieder Hoffnung auf eine haben? Selbst wenn Ihr Rückweg Sie über Paris führt, werden Sie mich dort kaum treffen. Die Lebensumstände sind zu prekär geworden als daß ich auf gut Glück dahin gehen könnte. Und schwieriger und schwieriger scheint zu werden, dort Fuß zu fassen. Das letzte Bild der dortigen Verhältnisse stammt aus einem Briefe von Siegfried [Kracauer] und malt das Leben in der Stadt schwarz in grau. Die tiefgreifenden Veränderungen, die mit ihr vorgegangen sind, machen sich aber auch viel besser bewehrten und ausgestatteten Beobachtern fühlbar und ich fand kürzlich in einer französischen Zeitschrift den Brief eines Engländers – gewiß ebenfalls eines Intellektuellen – der erklärt, warum er Paris meidet. Seine Darstellung streifte meine Erfahrungen.
Natürlich ändert das nichts an dem Umstand, daß die Bibliothèque Nationale mein ersehntester Arbeitsplatz wäre. Und auch die Arbeit über Fuchs [s. Bd. 2, 465-505], die das Institut so dringend bei mir einmahnt, kann eigentlich nur dort unternommen werden. Aber man muß auf diesen Arbeitsplatz eben alles selbst mitbringen und kann nur sehr à la longue beachtet zu werden erwarten.

46. BENJAMIN AN ADORNO. PARIS, 1. 5. 1935
Inzwischen bin ich, seit kurzem, in Paris und im Begriffe, zum ersten Mal

seit Jahren, die »Passagen« nicht auf dem Wege der Studien allein sondern auf Grund eines Hauptplans in Angriff zu nehmen. Es wird freilich, ehe er zu fixieren ist, noch sehr viel zu tun sein. Aber mit solcher Fixierung wäre, in diesem besondern Falle und angesichts der umfassenden Dokumentation, die mir zur Verfügung steht, ein sehr erheblicher Teil der Arbeit geleistet. Nicht diese Umstände allein, aber doch auch diese, legen mir immer wieder die Hoffnung auf unsere Begegnung in diesem Jahr nahe. Hinzu kommt, daß es sehr fraglich ist, ob ich in diesem Jahr nach Dänemark [scil. zu Brecht] gehe. Haben Sie schon Dispositionen für Ihre Sommerferien? Sehen Sie etwa für diese Zeit eine Möglichkeit, uns in Frankreich zu treffen?

47. BENJAMIN AN SCHOLEM. PARIS, 20. 5. 1935 (Briefwechsel Scholem, 194-197)

Du hast recht lange nichts von mir gehört. Die Ursache davon hast du wohl erraten. Es trat mit der Übersiedlung nach Paris wieder eine höchst kritische Periode ein, akzentuiert durch äußere Mißerfolge. [...]

Dann trat, mit einer kleinen Atempause, ein weiterer Umstand ein, der meine gesamte Korrespondenz stillegte. Das Genfer Institut forderte, ganz unverbindlich, aus Höflichkeit, möchte ich sagen, ein Exposé der »Passagen« ein, von denen ich dann und wann raunend etwas hatte vernehmen lassen ohne viel davon zu verraten. Da in die gleiche Zeit die clôture annuelle der Bibliothèque Nationale fiel, so war ich wirklich und seit vielen Jahren zum ersten Male, mit meinen Studien zu den Passagen allein. Und wie Dinge der Produktion oft um so unvorhergesehener eintreten je wichtiger sie sind, so ergab sich, daß mit diesem Exposé, das ich zugesagt hatte, ohne mir viel dabei zu denken, die Arbeit in ein neues Stadium eintrat, das erste, das sie – von ferne – einem Buch annähert.

Ich weiß nicht, wieviel Jahre meine Entwürfe, die einem Aufsatze für den Querschnitt galten, der nie geschrieben wurde, zurückliegen. Ich würde mich nicht wundern, wenn es die klassischen neun Jahre wären, womit dann die Bogenspannung in der Entstehung des Trauerspielbuchs übertroffen würde, wenn dies pariser seinerseits zur Entstehung käme. Das aber ist natürlich die große Frage, da ich über meine Arbeitsbedingungen nicht Herr bin. Die Aussichten etwa das Institut in Genf tätig an diesem Buche zu interessieren sind minimal. Es gestattet Konzessionen nach keiner Seite und wenn ich überhaupt etwas von ihm weiß, so dies, daß keine Schule sich beeilen wird, es für sich zu beanspruchen.

Im übrigen gebe ich ab und zu der Versuchung nach, in der innern Konstruktion dieses Buches Analogien zum Barockbuch mir zu vergegenwärtigen, von dessen äußerer es recht weit abweichen würde. Und ich will dir soviel andeuten, daß auch hier die Entfaltung eines überkommenen Begriffs im Mittelpunkt stehen wird. War es dort der Begriff des Trauerspiels so würde es hier der des Fetischcharakters der Ware sein. Wenn das

Barockbuch seine eigene Erkenntnistheorie mobilisierte, so würde das in mindestens gleichem Maße für die Passagen der Fall sein, wobei ich aber weder absehen kann, ob sie eine selbständige Darstellung finden noch wieweit sie mir glücken würde. Endlich ist der Titel Pariser Passagen verschwunden und der Entwurf heißt »Paris die Hauptstadt des neunzehnten Jahrhunderts« und im stillen nenne ich ihn Paris capitale du XIXe siècle. Damit ist eine weitere Analogie angedeutet: wie das Trauerspielbuch das siebzehnte Jahrhundert von Deutschland aus, so würde dieses das neunzehnte von Frankreich aus aufrollen.
Von den Studien, die ich im Laufe so vieler Jahre gemacht hatte, hatte ich einen wer weiß wie großen Begriff und bekomme nun, wo ich etwas deutlicher ahne was ich eigentlich zu machen hätte, einen sehr kleinen von ihnen. Zahlreiche Fragen sind noch ungelöst. Allerdings bin ich in der ihnen entsprechenden Literatur, und bis in ihre bas fonds hinunter, so vollkommen zu hause, daß sich für ihre Beantwortung früher oder später Handhaben finden werden. In den unglaublichen Schwierigkeiten, mit denen ich es zu tun habe, verweile ich manchmal mit nachdenklichem Vergnügen auf der Betrachtung, welche dialektische Synthesis aus Misere und Üppigkeit in diesen immer wieder unterbrochenen und durch ein Jahrzehnt immer wieder erneuerten, in die entlegensten Gegenden vorgetriebnen Studien liegt. Sollte die Dialektik des Buchs sich als gleich solide erweisen, so könnte ichs mir gefallen lassen.
Daß der Gesamtplan nun vor mir steht, ist mittelbar übrigens wohl auch eine Folge meiner Begegnung mit einem der Institutsdirektoren, die gleich nach meiner Ankunft in Paris stattfand. Sie hat zur Folge gehabt, daß ich zunächst einen (!) Monat ohne die landläufigen Tagesprobleme leben konnte. Aber der Monat ist um und ich weiß durchaus noch nicht wie mirs im nächsten gehen wird. Sollte ich gerade jetzt mich in die Arbeit über Fuchs – die um die Wahrheit zu sagen noch nicht einmal angefangen ist – begeben müssen, so wäre mir das freilich doppelt anstößig. Auf der andern Seite aber wäre es ein Glücksfall, mit dem ich auf keinerlei Art rechnen kann, daß das Institut etwa ein materielles Interesse an dem pariser Buch nähme.
Was ich mir wünschte, wäre jetzt eine Reihe von Monaten auf der Bibliothek arbeiten und nach einem mehr oder weniger definitiven Abschluß meiner Studien im Oktober oder November nach Jerusalem gehen zu können. Wenn es aber auch wenige Umstände gibt, die im Weltgeschehen geringere Spuren hinterlassen als meine Wünsche, so wollen wir doch deren zweite Hälfte gemeinsam festhalten. Vielleicht kann ich hier zur gegebnen Zeit das Reisegeld mit einigen Kunststücken doch heranschaffen.
Ich werde mit Spannung die Bücher erwarten, welche du ankündigst; dein Soharbändchen [s. G. Scholem, Die Geheimnisse der Schöpfung. Ein Kapitel aus dem Sohar, Berlin 1935] an erster Stelle. Ich fürchte, daß es für

Bloch zu spät kommt, wie es ja auch mit meinem Buch wenn es je geschrieben – und gar noch etwa gedruckt – werden sollte, der Fall sein wird.

48. BENJAMIN AN BERTOLT BRECHT. PARIS, 20. 5. 1935 (Briefe, 657f.)
Wie es in diesem Jahr mit Dänemark wird, davon habe ich überhaupt noch kein Bild. Vor allem müßte ich Ihre Dispositionen wissen. Werden Sie im Sommer in Svendborg sein? – Aber dazu kommt ein anderes: ich habe, nach meinen ersten pariser Wochen, festgestellt, daß mein Buch – das große, über das ich Ihnen einmal berichtete – so sehr weit es auch noch von Textgestaltung entfernt sein mag, ihr immerhin viel näher ist als ich geglaubt hatte. Und ich habe ein ausführliches Exposé darüber geschrieben. Auf dessen Grundlage habe ich mich über eine Reihe von Dingen zu informieren, und diese Informationen kann ich nur auf der Bibliothèque Nationale erhalten. Ich muß also um jeden Preis – und es ist verteufelt schwierig – versuchen, mich noch in Paris zu halten. Schreiben Sie mir doch in jedem Fall Ihre Pläne von Ende Juli ab, falls Sie schon welche haben.

49. BENJAMIN AN WERNER KRAFT. PARIS, 25. 5. 1935 (Briefe, 658-660)
Ich habe Ihnen für mehrere Briefe, und für mehr als für Briefe, zu danken.
Es hat mich bewegt, daß meine wenigen Andeutungen Ihnen meine Lage so gegenwärtig gemacht haben, daß Sie trotz aller Schwierigkeiten der Ihrigen Ihre Gedanken ihr zugewendet haben.
Und es wird Ihnen paradox erscheinen, daß ein Mann in meiner Lage nicht jeder Möglichkeit, sei es die schattenhafteste, sei es die fernstliegende, nachgeht. Nun sind es ganz besondere Gründe, die mich dahin führen, mit einem besonders herzlichen Dank für Ihre Bereitschaft von dem Weg abzusehen, welchen sie weist. Und diese Gründe setze ich Ihnen auseinander, weil sie in das Zentrum meiner derzeitigen produktiven Situation führen, wobei ich freilich in Kauf nehmen muß, das sie auch das meiner materiellen noch einmal streifen.
Ich kann mir im Augenblick nicht davon Rechenschaft geben, ob gelegentliche Andeutungen, gewiß von der unbestimmtesten Art, Sie davon unterrichtet haben, daß ich seit einer langen Reihe von Jahren im stillen einer Arbeit nachhing, die in einem begrenzten Gegenstand die Anschauungen und Probleme zusammenfaßt, die sich in meinen Schriften verstreut finden. Es mag sein, daß diese Arbeit von mir nie erwähnt wurde. Die Studienmasse, die ihr zugrunde liegt, ist außerordentlich umfänglich. Aber nicht das war der Grund, der ihre produktive Durchdringung Jahre hinaus hintanhielt. Und auch die wirtschaftlichen Schwierigkeiten waren es nicht allein. Vielmehr haben sie mir eine Arbeitstechnik nahegelegt, die mir erlaubte, meinen Anteil an diesem Werk über die längsten Fristen hinweg lebendig zu halten.

Das saturnische Tempo der Sache hatte seinen tiefsten Grund in dem Prozeß einer vollkommenen Umwälzung, den eine aus der weit zurückliegenden Zeit meines unmittelbar metaphysischen, ja theologischen Denkens stammende Gedanken- und Bildermasse durchmachen mußte, um mit ihrer ganzen Kraft meine gegenwärtige Verfassung zu nähren. Dieser Prozeß ging im stillen vor sich; ich selber habe so wenig von ihm gewußt, daß ich ungeheuer erstaunt war, als – einem äußerlichen Anstoß zufolge – der Plan des Werkes vor kurzem in ganz wenigen Tagen niedergeschrieben wurde. Ich bemerke hier, daß Scholem von der Tatsache dieser Arbeit weiß, sonst aber in Palästina niemand, und daß ich Sie bitte, nach keiner Seite etwas von diesem Vorhaben verlauten zu lassen. Sollte ich im Winter nach Palästina kommen, was im Bereich der Möglichkeit liegt, so werden Sie Näheres davon erfahren. Für jetzt kann ich Ihnen nur eben den Titel nennen, aus dem Sie ersehen, wie weit dieser gegenwärtige, meinen Gedankenhaushalt diktatorisch beherrschende Gegenstand von der klassischen Tragödie Frankreichs abliegt. Er heißt »Paris, die Hauptstadt des neunzehnten Jahrhunderts«.

So weit auch immer meine Studien vorgetrieben sind oder eines Tages vorgetrieben sein mögen, so wird die eigentliche Niederschrift der Arbeit wohl nur in Paris erfolgen können. Da liegt die wirtschaftliche Bedrängnis: ich weiß nicht, wie lange ich meinen Aufenthalt in Paris zu finanzieren imstande bin. Jede episodische und gelegentliche Arbeit wäre mir zu diesem Zweck willkommen. Aber in solcher Richtung können weder Sie noch ich [Charles] Du Bos meines Erachtens um Rat angehen. Und noch weniger könnte ich das Projekt der erwähnten Arbeit selbst ihm verständlich machen. Es liegt – nicht himmel, aber erden – weit von seiner Gedankenwelt ab. Das hindert allerdings nicht, daß mir eine Nachricht über seinen derzeitigen Aufenthalt, ja – wenn er in Paris sein sollte – Ihre Mitteilung des meinigen an ihn von großer Wichtigkeit wäre. Der irgendwie förderlichen oder auch nur angenehmen Kommunikationen mit Franzosen gibt es ja weniger und weniger.

50. GRETEL ADORNO AN BENJAMIN. BERLIN, 28. 5. 1935

Und nun zu dem, was mir am meisten am Herzen liegt: der Passagenarbeit. Ich denke an das Gespräch, das wir im September in Dänemark hatten, und ich bin sehr betroffen, daß ich gar nicht weiß, welchen Deiner Pläne Du jetzt zur Ausführung bringen wirst. Mich erstaunt es, daß Fritz [Pollock] sich für die Notizen einsetzt, denkst Du denn an eine Arbeit für die Zeitschrift? Ich sähe darin eigentlich eine ungeheure Gefahr, der Rahmen ist doch verhältnismäßig nur schmal, und Du könntest nie das schreiben, worauf Deine wahren Freunde seit Jahren warten, die große philosophische Arbeit, die nur um ihrer selbst willen da ist, keine Zugeständnisse gemacht hat und Dich durch ihre Bedeutung für sehr vieles der letzten Jahre entschädigen soll. Detlef, es gilt nicht nur Dich zu retten, sondern auch diese Arbeit. Alles, was die Arbeit gefährden könnte, sollte man ängstlich von Dir fern halten, alles, was sie fördern könnte mit dem höchsten Einsatz bezahlen. Du wirst mich selten für eine Sache so begeistert gesehen haben, daraus siehst Du am besten, was ich von den Passagen erhoffe. – Hoffentlich nimmst Du mir meine Ekstase nicht übel. Ich warte mit Sehnsucht und Bangen auf Nachricht von Dir, bitte schreib mir von dem Exposé. – Ich habe so viel Zeit, wenn ich Dir doch in Deinen einsamen Stunden ein wenig Gesellschaft leisten könnte und von Deinen Notizen zu hören bekäme.

51. BENJAMIN AN ADORNO. PARIS, 31. 5. 1935 (s. Briefe, 662-666)
Wenn diese Zeilen ein wenig auf sich haben warten lassen, so bringen sie Ihnen, in Verbindung mit dem sie Begleitenden, den vollkommensten Aufschluß über meine Arbeit, über meine innere und äußere Lage.

Ehe ich mit einigen kurzen Worten auf den Inhalt des Exposés eingehe, berühre ich die Rolle, die es in meiner Beziehung zum Institut einnimmt. Darüber ist schnell gesprochen. Denn sie beschränkt sich vorläufig auf den Umstand, daß den Anstoß zu seiner Abfassung ein Gespräch gab, das ich Ende April mit Pollock hatte. Daß dieser Anstoß ein äußerlicher und disparater war, ist selbstverständlich. Gerade darum aber war er imstande, in die große, so viele Jahre lang vor jeder Einwirkung von draußen sorgfältig behütete Masse jene Erschütterung zu bringen, die eine Kristallisation möglich macht. Ich betone sehr, daß in diesem Umstand, der in der gesamten Ökonomie dieser Arbeit ein legitimer und fruchtbarer ist, die Bedeutung äußerer und heterogener Faktoren sich erschöpft. Und dies zu betonen veranlassen mich die Besorgnisse Ihres Briefes, die mir verständlich und Ausdruck einer freundschaftlichsten Teilnahme, auch – nach so langer Unterbrechung unseres über Jahre sich ausdehnenden Gesprächs – als unvermeidlich anzusehen sind. Sie fanden noch heute früh einen treuen Widerhall in einem Brief, der von Felizitas eintraf. Sie schreibt: »Mich erstaunt es, daß Fritz« (Pollock) »sich für die Notizen einsetzt, denkst Du denn an eine Arbeit für die Zeitschrift? Ich sähe darin eigentlich eine ungeheure Gefahr, der Rahmen ist doch verhältnismäßig nur schmal, und Du könntest nie das schreiben, worauf Deine wahren Freunde seit Jahren warten, die große philosophische Arbeit, die nur um ihrer selbst willen da ist, keine Zugeständnisse gemacht hat und Dich durch ihre Bedeutung für sehr vieles der letzten Jahre entschädigen soll.«
Ich weiß, daß das die Sprache der wahrsten Freundschaft ist, keiner geringern als der, die Sie zu Ihrer Formulierung führte, Sie würden es für ein wahres Unglück ansehen, wenn Brecht auf diese Arbeit Einfluß gewinnen sollte. Lassen Sie mich dazu das Folgende sagen:
Wenn ich meinen gracianischen Wahlspruch »Suche in allen Dingen die Zeit auf Deine Seite zu bringen«, je ins Werk gesetzt habe, so denke ich in der

Weise, in der ich es mit dieser Arbeit gehalten habe. Da steht an ihrem Beginn Aragon – der Paysan de Paris, von dem ich des abends im Bett nie mehr als zwei bis drei Seiten lesen konnte, weil mein Herzklopfen dann so stark wurde, daß ich das Buch aus der Hand legen mußte. Welche Warnung! Welcher Hinweis auf die Jahre und Jahre, die zwischen mich und solche Lektüre gebracht werden mußten. Und doch stammen die ersten Aufzeichnungen zu den Passagen aus jener Zeit. – Es kamen die berliner Jahre, in denen der beste Teil meiner Freundschaft mit Hessel sich in vielen Gesprächen aus dem Passagenprojekt nährte. Damals entstand der – heute nicht mehr in Kraft stehende – Untertitel »Eine dialektische Feerie«. Dieser Untertitel deutet den rhapsodischen Charakter der Darstellung an, die mir damals vorschwebte und deren Relikte – wie ich heute erkenne – formal und sprachlich keinerlei ausreichende Garantien enthielten. Diese Epoche war aber auch die eines unbekümmert archaischen, naturbefangenen Philosophierens. Es waren die frankfurter Gespräche mit Ihnen und ganz besonders das »historische« im Schweizerhäuschen, danach das gewiß historische um den Tisch mit Ihnen, Asja, Felizitas, Horkheimer, die das Ende dieser Epoche heraufführten. Um die rhapsodische Naivität war es geschehen. Diese romantische Form war in einem raccourci der Entwicklung überholt worden, von einer andern aber hatte ich damals und noch auf Jahre hinaus keinen Begriff. Im übrigen begannen in diesen Jahren die äußern Schwierigkeiten, welche es mir geradezu als providentiell haben erscheinen lassen, daß die innern mir eine abwartende, dilatorische Arbeitsweise schon vorher nahe gelegt hatten. Es folgte die einschneidende Begegnung mit Brecht und damit der Höhepunkt aller Aporien für diese Arbeit, der ich mich doch auch jetzt nicht entfremdete. Was aus dieser jüngsten Epoche für die Arbeit Bedeutung gewinnen konnte – und es ist nicht gering – das konnte allerdings keine Gestalt gewinnen, ehe nicht die Grenzen dieser Bedeutung unzweifelhaft bei mir fest standen und also »Direktiven« auch von dieser Seite ganz außer Betracht fielen.

Alles was ich hier andeute, wird gerade für Sie seinen sinnfälligen Niederschlag im Exposé haben, dem ich jetzt ein paar Worte nachschicke. Das Exposé, das in keinem Punkt meine Konzeptionen verleugnet, ist natürlich noch nicht in allen ihr vollständiges Äquivalent. Wie die abgeschlossene Darstellung der erkenntnistheoretischen Grundlagen des Barockbuchs ihrer Bewährung im Material folgte, so wird das auch hier der Fall sein. Damit will ich mich allerdings nicht dafür verbürgen, daß sie auch diesmal in der Form eines besondern Kapitels erscheinen wird – sei es am Schluß, sei es am Anfang. Diese Frage bleibt offen. Auf diese Grundlagen selbst aber enthält das Exposé entscheidende Hinweise, die am wenigsten Ihnen entgehen werden und in denen Sie Motive wiedererkennen werden, die Ihr letzter Brief anschlägt. Weiterhin: sehr viel deutlicher als in jedem vorhergehenden Stadium des Plans (ja, in mir überraschender Weise) treten die Analogien

des Buchs zu dem Barockbuch zu tage. Sie müssen mir erlauben in diesem Umstand eine besonders bedeutsame Bestätigung des Umschmelzungsprozesses zu sehen, der die ganze, ursprünglich metaphysisch bewegte Gedankenmasse einem Aggregatszustand entgegengeführt hat, in dem die Welt der dialektischen Bilder gegen alle Einreden gesichert ist, welche die Metaphysik provoziert.
In diesem Stadium der Sache (und freilich in diesem zum ersten Mal) kann ich mit Gelassenheit dem entgegensehen, was etwa von Seiten des orthodoxen Marxismus gegen die Methode der Arbeit mobil gemacht werden mag. Ich glaube, im Gegenteil, in der marxistischen Diskussion mit ihr à la longue einen soliden Stand zu haben, sei es auch nur weil die entscheidende Frage des geschichtlichen Bildes hier zum ersten Male in aller Breite behandelt wird. Da nun die Philosophie einer Arbeit nicht sowohl an die Terminologie als an ihren Standort gebunden ist, so glaube ich schon, daß dieses Exposé das der »großen philosophischen Arbeit« ist, von der Felizitas spricht, wenn mir diese Bezeichnung auch nicht die angelegentlichste ist. Mir geht es, wie Sie wissen, vor allem um die »Urgeschichte des 19ten Jahrhunderts«.
In dieser Arbeit sehe ich den eigentlichen, wenn nicht den einzigen Grund, den Mut im Existenzkampf nicht aufzugeben. Schreiben kann ich sie – soviel ist mir heute und unbeschadet der großen sie fundierenden Masse von Vorarbeiten vollkommen klar – vom ersten bis zum letzten Wort nur in Paris. Natürlich, zunächst, einzig in deutscher Sprache. Mein Minimalverbrauch in Paris sind 1000 frs im Monat; soviel hat mir Pollock im Mai zur Verfügung gestellt, soviel soll ich nochmals für Juni erhalten. Aber soviel brauche ich auf eine Weile, um weiter arbeiten zu können. Schwierigkeiten machen sich ohnehin genug bemerkbar; heftige Migräneanfälle halten mir oft genug meine prekäre Daseinsart gegenwärtig. Ob und unter welchem Titel das Institut an der Arbeit sich interessieren kann, ob es unter Umständen nötig wäre, seinem Interesse Anhaltspunkte durch andere Arbeiten zu geben – das werden Sie vielleicht im Gespräch mit Pollock eher klären können als ich. Ich bin zu jeder Arbeit bereit; aber jede von irgendwelcher Bedeutung, insbesondere die über Fuchs, würde verlangen, daß ich für die Dauer ihrer Darstellung die Passagen zurückstelle. (Der Arbeit über die »Neue Zeit« [nicht geschrieben] würde ich im Augenblick nicht gern nähertreten. Darüber gelegentlich.)
Daß die Arbeit »so wie sie eigentlich konzipiert ist«, vom Institut herausgegeben werden könne, habe ich so wenig angenommen, daß ich Pollock noch im April mündlich meinerseits das Gegenteil davon versichert habe. Eine andere Frage ist es jedoch wieweit die neuen und eingreifenden soziologischen Perspektiven, die den gesicherten Rahmen der interpretativen Verspannungen hergeben, einen Anteil des Instituts an dieser Arbeit begründen können, die ohne ihn weder so noch anders Wirklichkeit werden würde. Denn eine Distanz, die im gegenwärtigen Stadium sich zwischen Entwurf

und Gestaltung einschieben würde, wäre wahrscheinlich mit einschneidenden Gefahren für jede spätere Darstellung verbunden. Der Rahmenentwurf dagegen enthält zwar längst nicht an allen Stellen, aber doch an den mir entscheidenden, diejenigen philosophischen Begriffsbestimmungen, die jene fundieren. Wenn gerade Sie manches Stichwort vermissen werden – den Plüsch, die Langeweile, die Bestimmung der »Phantasmagorien« – so sind gerade das Motive, denen ich nur ihren Ort zu geben hatte; ihre Gestaltung, die bei mir teilweise sehr weit gediehen ist, gehörte in dieses Exposé nicht hinein. Dieses viel weniger aus Gründen seiner äußern Zweckbestimmung als seiner innern: es hatte die alten, mir gesicherten Bestände mit den neuen zu durchdringen, die ich mir im Laufe der Jahre erworben habe.

Den Entwurf, den Sie erhalten, bitte ich Sie ausnahmslos niemandem zu zeigen und mir alsbald zurückzuschicken. Er dient nur meinen eignen Studien. Ein anderer, der in Kurzem fertiggestellt sein wird, und zwar in mehreren Exemplaren, wird Ihnen später zugehen.

San Remo dürfte als Ort einer Begegnung für uns dieses Jahr wohl nicht in Betracht kommen. Können Sie nicht einrichten, den Weg von Oxford nach Berlin über Paris zu nehmen? Erwägen Sie das doch bitte eingehend!

52. ADORNO AN BENJAMIN. OXFORD, 5. 6. 1935
Das Jüngstvergangene stellt allemal sich dar als sei es durch Katastrophen vernichtet worden. [...]
Marktgesetze des frühen Hochkapitalismus als der Moderne im strikten Sinn. [...]
Theorie der Verwandlung der Stadt in Land: sie war [...] die Hauptthese meiner unvollendeten Arbeit über Maupassant. [...] Es war dort von der Stadt als Jagdgrund die Rede, überhaupt spielte der Begriff des Jägers eine große Rolle (etwa zur Theorie der Uniform: alle Jäger sehen gleich aus). (Zitate bei Benjamin; s. Benjamin-Archiv, Ms 1833 und oben 479, 501, 529f.)

53. ADORNO AN BENJAMIN. OXFORD, 8. 6. 1935
Noch nicht ist dies der Brief über das Exposé, das viel zu gewichtig ist um eine improvisierte Antwort zu erlauben; aber es gibt einiges zu berichten.
Von Else Herzberger hatte ich einen Brief aus Zürich (Hotel Baur au Lac). [...] So konnte ich ihr sogleich und ohne Vorbehalte schreiben. Ich habe die Gelegenheit wahrgenommen, sie in der denkbar dringlichsten und ernstesten Weise zu bitten, den Abschluß der Passagen finanziell möglich zu machen – ja ich habe sie deswegen unter einen moralischen Druck gesetzt. Und bei allem Pessimismus sonst: diesmal bin ich nicht ohne Hoffnung. [...]

Ich habe an Else geschrieben, Sie würden ihr, falls sie ernsthaft interessiert [sei], das Exposé (– ich dachte natürlich an das in Vorbereitung befindliche neue) zugänglich machen. Ich nehme an daß Sie damit einverstanden sind. Psychologisch wäre es mit Rücksicht auf Elses Narzißmus sehr ratsam. Aber lassen Sie uns ihre Antwort abwarten. Bitte geben Sie mir, auf alle Fälle, Ihre Telegrammadresse und Telephonnummer.

Weiter, Pollock hat mir mitgeteilt, daß er nicht mehr nach London kommt; ich vermute ihn auf dem Wege nach Amerika. Damit entfallen meine auf ihn bezüglichen Pläne (einer war, ihn zu veranlassen Sie zu einer gemeinsamen Besprechung nach London einzuladen). Ich habe nun nicht lange gezaudert sondern sogleich einen sehr ausführlichen Brief an Horkheimer geschrieben und ihn – so dringlich wie Else – gebeten, daß er die Arbeit fürs Institut voll akzeptiere (ich dachte an Teildruck in der Zeitschrift [für Sozialforschung], volle Publikation in der Schriftenreihe [des Instituts für Sozialforschung]), ihre Durchführung finanziell ermögliche und gleichzeitig für die Zeit der Niederschrift die anderen Dinge (Fuchs und Neue Zeit), als mit dem Arbeitsvorgang unvereinbar, aufschiebe. Ich habe dabei besonders betont und begründet, daß ich glaube daß die Arbeit in ihrer gegenwärtigen Gestalt vom Institut voll kann endrosed werden, daß es keine Mentalreservate gibt; daß ich in der Ermöglichung der Arbeit eine Verpflichtung sehe. Auch hier bin ich eher optimistisch. Vielleicht wäre es praktisch gerade an Horkheimer ein Exposé zu schicken das ich vorher las, denn ich glaube seine Reaktionsweise sehr genau zu kennen.

54. BENJAMIN AN ADORNO. PARIS, 10. 6. 1935

Ich hätte Ihnen schon etwas früher geschrieben und für Ihren wichtigen Brief gedankt, wenn ich mich gesundheitlich nicht recht elend und überhaupt in einem schweren Erschöpfungszustand befunden hätte. [...]
Es kamen material mich betreffende Dinge hinzu. An erster Stelle die plötzliche Rückreise Pollocks nach Amerika. Er hatte mir eine Besprechung in Aussicht gestellt, die stattfinden sollte, nachdem er in mein Manuscript Einblick genommen hätte. Diesen Einblick hat er nicht mehr genommen, da er Europa zwei Tage nachdem ich die Handschrift des Exposés nach Genf zur Abschrift eingesandt hatte verlassen hat. Umso schwerer liegt es mir auf, daß er, unabhängig davon, eine Reglung getroffen hat, die mich zwar bis zum 31ten Juli sichert, also zwei ungestörte Monate der Arbeit verbürgt, nach diesem Termin aber die ganze immer entmutigendere Frage der Existenzmöglichkeit in ihrer Aktualität mir erneuert, da dann die alte Monatsrate von 500 fr frcs wieder in Kraft treten soll. – Wie gesagt: diese Fixierung ist unberührt vom Problem der großen Arbeit getroffen worden. Es kommt nun alles darauf an, ob diese Arbeit sich ihren Platz in der geistigen und materiellen Ökonomie des Instituts wird verschaffen können. Sie sehen, wie entscheidend Ihre Fürsprache für mich ist.

*Um Ihnen diese wenigstens taktisch zu erleichtern, habe ich es für richtig gehalten, Pollock in einem Brief, den er kurz vor seiner Abreise bekommen hat, zuzusagen, daß ich vom August ab zunächst die große Arbeit zurückstellen und den Essai über Fuchs machen werde.
Ich bin ungemein gespannt, Ihre Marginalien zu lesen und ich wüßte nicht, wen der Rand dringlicher einladen sollte als sie. Sie werden mir einen gewissen Ersatz für die Unmöglichkeit geben, im Augenblick – nur im Augenblick, wie ich hoffe – mich über die Fülle von Fragen, die das Exposé aufruft, mit Ihnen zu unterhalten. Daß aus dieser Fülle methodisch die beiden von Ihnen gekennzeichneten hervorragen – die nach der differentiellen Definition der Ware im beginnenden Hochkapitalismus und die nach der klassenmäßigen Differenzierung oder Indifferenz des kollektiven Unbewußten, ist mir ganz deutlich. Mich freut ganz besonders, daß Sie – ich habe das zwischen den Zeilen Ihres Briefes entnommen – verstehen und billigen, wie behutsam ich in diesen Fragen vorgehe und daß ich die Entscheidung in ihnen zunächst noch hinausschiebe. Ihre außerordentliche Tragweite steht außer Zweifel. So sehr sie auf der einen Seite vor berechtigten Anständen des Marxismus gesichert werden müssen, so wenig wird sich doch gerade in ihrer Diskussion das Neue verleugnen lassen, das die wirkliche Preisgabe des idealistischen Geschichtsbildes mit seiner harmonisierenden Perspektive auch und gerade für die marxistische Historik bedeutet. In diesem Zusammenhange habe ich Ihre ausgezeichnete Bemerkung über die dem Anschein nach katastrophale Vernichtung des Jüngstvergangenen meinen Notizen einverleibt.
Übrigens wird von diesen Notizen zur Zeit eine Photokopie hergestellt, und zwar auf Pollocks eigene Anregung, der mir auch den dazu nötigen Betrag zur Verfügung stellte. Es war in der Tat ein Albdruck, mit dieser Manuscriptmasse reisen zu müssen.
Die Aussicht nun, sie gelegentlich um Ihre Maupassant-Reflexionen vermehren zu können, würde mir, aus Ihren wenigen Andeutungen zu schließen, sehr viel bedeuten. Was Sie über die Stadt als Jagdgrund ausführen, ist ausgezeichnet. Unter allen Stellen Ihres Briefs aber hat keine mich mehr frappiert als Ihre Andeutung über die Haltung, die Sie in der Frage der »Vermittlung« von Gesellschaft und Psychologie einnehmen. Hier ziehen wir in der Tat – und ohne daß mir das vordem in dieser Formulierung bewußt gewesen wäre – an einem Strang, wenn es auch nicht gerade das Erwünschteste ist, daß am andern Ende desselben [Erich] Fromm und Reich ziehen. – Ich werde Freud demnächst vornehmen. Ist Ihnen übrigens aus der Erinnerung bei ihm selbst oder in seiner Schule eine Psychoanalyse des Erwachens gegenwärtig? oder Studien dazu?
So wie ich – wenn die weiteste Peripherie der Studien einmal durchmessen ist – und dieser Termin ist nun absehbar – in konzentrischen Kreisen dem Zentrum mich nähern werde, werde ich, nach Freud, Baudelaire vornehmen.*

Inzwischen bin ich gespannt, eines Tages von Ihnen Aufschluß über Ihre Vernichtung der »Wesensschau« zu erhalten. Sollte nicht selbst Husserl sich mit solcher Vernichtung versöhnen, nachdem er sich nachgerade Rechenschaft davon geben konnte, wozu das Instrument in den Händen eines Heidegger dienen konnte?
Es ist mir, da ich nun noch ein paar Wochen gesichert bin, schwer möglich, mich jetzt schon an Else H[erzberger] zu wenden. [...]
PS Diese Zeilen waren Pfingsten geschrieben, als im Augenblick, da ich sie abfertigen wollte, Ihr letzter Brief kam. Es bedurfte ja nicht des Vorstehenden, um das ganze Gewicht zum Ausdruck zu bringen das er für mich besitzt. Wäre Ihren Schritten – ja auch nur e i n e m von ihnen – Erfolg beschieden, ich würde aufatmen, wie seit Jahren nicht. Daß ich alles, was von mir aus dazu geschehen kann, beitrage, versteht sich von selbst. Ich würde – und dürfte – nichts außer Acht lassen. [...]
Jeden Tag erwarte ich aus Genf Abschriften des Exposés, von denen dann eine jederzeit für EH verfügbar wäre. Es war ursprünglich meine Absicht gewesen, das Ihnen bekannte Exposé mehr oder weniger zu erweitern, ehe ich es nach Genf gäbe. Schließlich aber habe ich das, um nicht in Verzug zu geraten, unterlassen, so daß der Beleg, den ich dieser Tage, nach Empfang der Genfer Abschriften, Horkheimer schicken werde, fast genau dem Ihnen bekannten entspricht. Immerhin wäre es mir von sehr großem Wert, gegebenenfalls von Ihnen noch Winke für meinen Begleitbrief an ihn zu erhalten, da es wünschenswert ist, daß, was ich ihm schreibe, der Haltung Ihres Berichts entspricht. Da die Genfer Exemplare noch nicht hier sind, so ergibt sich vielleicht die dafür Ihnen nötige Zeit noch, wiewohl ich mir auf der andern Seite darüber klar bin, daß Sie sie Ihrer eignen Arbeit in einem offenbar entscheidend wichtigen Stadium entziehen. Und auch für diesen Ausdruck Ihrer Freundschaft, den schon Ihre letzten Berichte enthalten, möchte ich Ihnen danken.
Ich habe begonnen mich, zunächst einmal im ersten Bande, des »Kapital« umzusehen und, um neben dem Alpengraus mich im Zwerggärtchen zu ergehen, Friedells etwas schmuddelige Kulturgeschichte [s. Egon Friedell, Kulturgeschichte der Neuzeit. Die Krisis der europäischen Seele von der schwarzen Pest bis zum Weltkrieg. 3 Bde., München 1927-1932] gleichfalls herangeschafft.
Telegrammadresse: 28 place Denfert-Rochereau, Telefon: Danton 9073.

55. BENJAMIN AN ADORNO. PARIS, 19. 6. 1935
Postwendend will ich Ihnen den Empfang Ihrer Frankfurter Zeilen ansagen und vor allem meine wirkliche Teilnahme an dem sehr bedrückenden Anlaß Ihrer beschleunigten Reise. Ich weiß, in welch nahem Verhältnis Sie zu der Kranken [Agathe Calvelli-Adorno] stehen und hatte meinem Brief nach Oxford sehr herzliche Wünsche für ihre Genesung mitgegeben.

Was nun diesen ausführlichen Brief betrifft, so will ich – weil Sie ihn vielleicht so bald nicht sehen werden – die wichtigsten seiner Motive kurz anschlagen. Eines nimmt Ihre Frankfurter Karte selbst auf. Ich kann Ihnen nicht sagen, wie sehr ich bestrebt sein muß, die Hoffnung, welche sie so einzuschränken scheint, trotz allem in mir selbst anzufachen. Muß ich Ihnen besonders sagen, daß ich zu jeder Darlegung bereit bin, die die Hilfe durch Else H. befördern könnte? Natürlich stünde ein Exposé für diesen Zweck jederzeit zur Verfügung. Ich wage Ihnen kaum anzudeuten – Sie wissen es ja – wie leicht diese Hoffnung die letzte sein könnte.
Auch über die Sendung des Exposés an Horkheimer hatte ich Ihnen geschrieben. Noch sind die genfer Abschriften nicht eingetroffen und ich habe noch nichts an ihn senden können. Im übrigen werden sich diese Abschriften kaum – wie ich es ursprünglich geplant hatte – als »zweite Fassung« von der Ihnen bekannten abheben. Ich mußte erkennen, daß die eingehende Überarbeitung, die ich plante, die Abfertigung des Manuscripts nach Genf zu sehr verzögert hätte. Damals rechnete ich ja damit, daß es dort Pollock in die Hand kommen würde. Die Nachricht seiner beschleunigten Rückkehr nach Amerika war mir der empfindlichste Schlag, weil durch diesen Umstand die Besprechung vereitelt wurde, die auf der Grundlage des Exposés im Juni zwischen uns stattfinden sollte.
[...]
Wie sind Ihre Feriendispositionen? Haben wir keine Aussicht auf eine Begegnung? Mich würden Sie bis gegen Ende Juli hier finden und, wenn es nach mir geht, auch länger.

56. SCHOLEM AN BENJAMIN. JERUSALEM, 28. 6. 1935 (Briefwechsel Scholem, 199)
[Ich] verstehe [...] aus Deinem Brief, daß Du wirklich dadurch, daß Du jetzt dort [scil. in Paris] geblieben bist, einiges erreicht hast und Deine Arbeit sich, wie die meine, einer bestimmten Kristallisation nähert. Was Du vom neuen Schicksal der Passagenarbeit schriebst, war mir überaus interessant, ich wünsche Dir, daß sich das Institut für die Sache interessiert und Dir den Fuchs dafür erläßt. Irre ich, wenn ich Paris als Deinen Sommersitz betrachte? Oder fährst Du wieder nach Dänemark?
Welchen Inhalt nun eigentlich das neue Werk von Dir haben wird, ahne ich noch nicht einmal, handelt es sich um Geschichtsbetrachtung oder um Theorien über Gegenstände der unscheinbaren Lebenssphären? Oder um eine Fortsetzung jener Gedankengänge des Surrealismus, an die Du früher in dieser Sache anknüpfen wolltest wenn ich nicht irre.

57. BENJAMIN AN GRETEL ADORNO. PARIS, O. D. [wahrscheinlich Ende Juni 1935]
Die Genfer Abschriften des Plans sind noch immer nicht fertig. Es gibt zur

Zeit nur zwei Exemplare von ihm – eines hat T[eddie] und es wird wohl in Oxford geblieben sein, eines liegt mir bei der Arbeit zugrunde. Im übrigen bestehen hier vielleicht auch sonst Bedenken; diese Frage wird T[eddie] beurteilen. Wie unendlich viel wertvoller wäre es, wenn wir einfach darüber sprechen könnten!
Sollten wir aber bis Dänemark warten müssen, so könnte es lange werden. Ich glaube nicht, daß ich dies Jahr hinüberkomme. Denn wenn irgend möglich will ich solange hierbleiben, bis die Dokumentation meines Buchs zum Abschluß gekommen ist.

58. GRETEL ADORNO AN BENJAMIN. BERLIN, 3. 7. 1935
Seit meinem letzten Brief war ich für zwei Tage in Frankfurt, wo ich Teddie sehr bedrückt fand durch den Tod der Agathe, wo ich aber auch Gelegenheit hatte, Deinen Brief und das Exposé zu sehen. Nach diesem Brief, der eigentlich an Teddie und mich gemeinsam gerichtet ist, scheint es mir, als ob Du es nicht gern siehst, wenn Deine Freunde in Deiner Abwesenheit über Deine Arbeiten sprechen und Dir dann gar noch unter dem Einfluß dieser Unterhaltung berichten. Ich möchte daher, um unbedingt jede Unstimmigkeit zwischen uns zu vermeiden, Teddie nicht vorgreifen, dies um so mehr, da ich weiß, daß ich mir immer erst aus der fertigen Arbeit ein richtiges Bild machen kann und einem Entwurf oft ziemlich hilflos gegenüberstehe. Einzelheiten finde ich herrlich, jetzt lockt mich am meisten Absatz V., aber dies alles nur unter dem Vorbehalt des ersten flüchtigen Eindrucks, ich brenne darauf, das Buch möglichst bald vollendet lesen zu können. Wie steht es denn unterdessen mit den äußeren Chancen seiner Realisierung, was für Nachrichten hast Du aus Amerika? – Hat Fritz die Bedingungen für Mai und Juni auf weitere Monate verlängert? Du bist so schweigsam und läßt mich im Ungewissen über Deine Pläne und Möglichkeiten, ich möchte so gern recht bald von Dir hören.

59. BENJAMIN AN DEN DIRECTEUR GENERAL DER BIBLIOTHEQUE NATIONALE. PARIS, 8. 7. 1935; Konzept
Monsieur,
je me permets de vous adresser ces lignes en me basant sur la recommandation de mon ami M Marcel Brion.
Il y a huit ans que j'ai commencé, à la Bibliothèque nationale même, les études sur un ouvrage traitant de l'esprit du XIXe siècle. Il s'appellera »Paris capitale du XIXe siècle« et il est destinée à devenir le pendant de mon étude sur le XVIIe siècle qui a paru en Allemagne sous le titre »Ursprung des deutschen Trauerspiels«.
L'ancien essai se rapportait à la littérature; le nouveau livre prend ses assises d'une part dans les manifestations industrielles et commerciales, d'autre part dans la politique et les mœurs parisiennes. Vers la fin de mes études je me vois

amené à un examen approfondi du côté érotique de la vie parisienne et je ne pourrais pas entreprendre cet examen sans l'aide de certains volumes consignés à l'Enfer.
C'est donc la permission d'en consulter quelques-uns que je sollicite de vous. Permettez-moi d'ajouter que je suis prêt de me justifier de n'importe quelle façon du sérieux de mes travaux. J'ai fait photographier récemment par le service de la Bibliothèque nationale le vaste ensemble de mes études et reflexions au sujet de mon livre.
J'ai été, d'autre part, le traducteur de l'édition allemande des œuvres de Proust. M Charles Du Bos sera certainement disposé de garantir l'intérêt scientifique de mes écrits.
M Bataille de la Bibliothèque nationale me connaît également.
Dans l'attente de votre réponse favorable veuillez agréer, Monsieur, l'expression de ma considération la plus distinguée.
8 juillet 1935
Paris XIV
28 place
Denfert-Rochereau   *Walter Benjamin*

60. BENJAMIN AN HORKHEIMER. PARIS, 10. 7. 1935 (S. Briefe, 666f.)
Ich war längst ungeduldig, Ihnen das mit gleicher Post abgehende Exposé zu schicken. Sie werden zwar von Herrn Pollock einige Andeutungen darüber erhalten haben, aber ich konnte es infolge seiner verfrühten Abreise nicht, wie es unsere Absicht war, mit ihm durchgehen.
Andererseits hätte ich es Ihnen schon früher gesandt, wenn Frau Favez [Sekretärin des Instituts für Sozialforschung in Genf], wie sie es freundlicherweise vor hatte, dazugekommen wäre, es abzuschreiben. Leider hat sich das bisher nicht gemacht und so habe ich, da ich Sie endlich in seinem Besitz wissen wollte, das Manuscript hier diktiert.
Ich füge hinzu, daß ich auf Herrn Pollocks Veranlassung gleichzeitig ein Exemplar meiner Studien zu dieser Arbeit in Photocopie habe anfertigen lassen. Es ist an einem sichern Ort hinterlegt und steht Ihnen jederzeit zur Verfügung.
Dem Exposé selbst möchte ich zunächst sachlich nichts hinzufügen. Seit Mitte Mai arbeite ich aufs intensivste auf der Bibliothèque nationale und dem Cabinet des Estampes an dem Abschluß meiner Dokumentation. Dank der Erleichterung meiner Lage in den letzten Monaten, die ich Ihnen und Herrn Pollock verdanke, ist es mir gelungen, diese Dokumentation dem Abschluß sehr erheblich zu nähern.
Ich werde freilich gegen Anfang August, wenn ich keine andern Weisungen von Ihnen erhalte, das Buch wieder zurückstellen, um den Aufsatz über Fuchs zu schreiben. Bei meinem letzten Zusammensein mit ihm habe ich mir vielerlei Interessantes aus seinen Anfängen unter dem Sozialistengesetz

erzählen lassen. Im Interesse dieses Aufsatzes wie meines Buches will ich versuchen, mich so lange wie möglich in Paris zu behaupten.

61. BENJAMIN AN ALFRED COHN. PARIS, 18. 7. 1935 (Briefe, 668-670)
Meine Schwester ist seit kurzem verreist – sie ist auf Mallorca – und hat mir für die Wochen ihrer Abwesenheit ihre Wohnung eingeräumt. Damit bin ich bei der Stelle Deines Briefes, die ein Geburtstagsgeschenk in seiner schönsten Gestalt enthält: ich meine Eure Einladung in das freistehende Zimmer. Wenn ich sie für den Augenblick nicht gut annehmen kann, einerseits weil ich meiner Schwester zugesagt habe, die Wohnung nicht leerstehen zu lassen, andererseits weil ich gerade jetzt die Arbeiten auf der Bibliothèque Nationale nicht unterbrechen kann, so will ich Dir doch mit mehr als dem herzlichen Dank, der auch Grete gilt, antworten. Ich will es in Gestalt der Frage, ob Du glaubst, daß eine Möglichkeit, Euch zu besuchen, etwa noch gegen die zweite Septemberhälfte bestehen könnte. Daß Du die Frage jetzt kaum mit Bestimmtheit wirst beantworten können, ist mir klar. Immerhin sollst Du wissen, daß um diese Zeit wohl die Möglichkeit zu Euch nach Barcelona zu kommen bei mir bestehen würde und ich brauche Dir nicht zu sagen, wie gern ich es täte.
Bis dahin werde ich, wie ich hoffe, diejenigen Studien, für die ich an die Bibliothek gebunden bin, im Großen und Ganzen zuende geführt haben. Ich habe mir jetzt, da es dem Abschluß zugeht, noch zwei Arbeitsfelder eröffnet. Das eine ist das Cabinet des estampes, in dem ich die Anschauungen von Gegenständen und Verhältnissen, die ich mir aus Büchern gebildet habe, an Bildern zu kontrollieren suche und das andere der Enfer der Bibliothek, für die das Recht auf Benutzung erwirkt zu haben einer der wenigen Erfolge ist, die ich auf diesem Boden für mich verzeichnen kann. Es ist außerordentlich schwer zu erhalten.
Es wäre freilich für mich ein großes Vergnügen, Dir von der Arbeit zu erzählen. Daß ich vor einigen Wochen den ersten zusammenfassenden Entwurf zu ihr geschrieben habe, werde ich Dir berichtet haben. Dazu habe ich meine Studien, um sie zu sichern, photographieren lassen. Meinen literarischen Kollegen, selbst Freunden, gegenüber lasse ich dagegen nichts von dieser Arbeit verlauten; nichts Näheres. Sie ist in einem Stadium, in dem sie allen denkbaren Unbilden, nicht zum wenigsten den[en] des Diebstahls, besonders ausgesetzt wäre. Daß mich Blochs »Hieroglyphen des 19ten Jahrhunderts« [s. Ernst Bloch, Erbschaft dieser Zeit, Zürich 1935, 288- 295] etwas scheu gemacht haben, wirst Du begreifen.
[...]
Noch weniger kann ich von neuer Lektüre berichten, da meine Lesestunden ausschließlich den Materialien zur Passagenarbeit zugute kommen.

Zeugnisse zur Entstehungsgeschichte 1127

62. BENJAMIN AN GRETEL ADORNO. PARIS, 29. 7. 1935
Könntest Du Teddie fragen, ob er die Möglichkeit haben wird (oder gehabt hat) einen Blick in die Schrift »Triumphbogen« von Noack (Studien der Bibliothek Warburg) [s. Ferdinand Noack, Triumph und Triumphbogen, Leipzig, Berlin 1928] zu werfen? – Seinen Brief über das Exposé erwarte ich sehr.

63. ADORNO AN BENJAMIN. HORNBERG IM SCHWARZWALD, 2. 8. 1935 (S. Briefe, 671-683)
Lassen Sie mich heute, endlich, versuchen, Ihnen einiges zu dem Exposé zu sagen, das ich aufs eingehendste studiert und nochmals mit Felizitas durchgesprochen habe, die denn auch an meiner Antwort voll mitbeteiligt ist. Es scheint mir der Wichtigkeit des Gegenstandes – die ich, wie Sie wissen, aufs höchste einsetze – angemessen, wenn ich in voller Aufrichtigkeit spreche und ohne Präambeln an die zentralen Fragen herangehe, die ich ja als für uns beide in gleichem Sinne zentral betrachten darf – nicht aber ohne der kritischen Diskussion vorauszuschicken, daß mir bereits das Exposé, so wenig gerade bei Ihrer Arbeitsweise Umriß und »Gedankengang« eine zureichende Vorstellung vermitteln können, der wichtigsten Konzeptionen voll zu sein scheint, von denen ich nur die großartige Stelle über Wohnen als Spuren hinterlassen, die entscheidenden Sätze über den Sammler und die Befreiung der Dinge vom Fluch nützlich zu sein [...] hervorheben möchte. Ebenso scheint mir der Entwurf der Baudelairekapitels als Deutung des Dichters und die Einführung der Kategorie der nouveauté S. 20* voll gelungen.
Sie werden danach erraten, was Sie ohnehin kaum anders erwartet haben, daß es sich mir nämlich wiederum um den Komplex handelt, der durch die Stichwörter Urgeschichte des neunzehnten Jahrhunderts, dialektisches Bild, Konfiguration von Mythos und Moderne bezeichnet wird. Wenn ich dabei von einer Scheidung in »materiale« und »erkenntnistheoretische« Frage absehe, so dürfte das, wenn schon nicht mit der Außendisposition des Exposés, so doch jedenfalls mit der philosophischen Kernmasse korrespondieren, in deren Bewegung ja eben gleichwie in den beiden tradierten neueren Entwürfen von Dialektik jene Entgegensetzung verschwinden soll. Lassen Sie mich zum Ausgang nehmen das Motto auf S. 3: Chaque époque rêve la suivante, das mir insofern ein wichtiges Instrument scheint, als um den Satz alle jene Motive der Theorie des dialektischen Bildes sich ankristallisieren, die mir grundsätzlich der Kritik zu unterliegen scheinen, und zwar als undialektisch; so, daß mit der Eliminierung jenes Satzes eine Bereinigung der Theorie selbst gelingen könne. Denn er impliziert

---

* Die Seitenangaben in Brief 63 beziehen sich auf das 1237-1249 abgedruckte Manuskript; im Abdruck wird die Paginierung des Manuskripts mitgegeben.

dreierlei: die Auffassung des dialektischen Bildes also eines – ob auch kollektiven – Bewußtseinsinhaltes; seine geradlinige, fast möchte ich sagen: entwicklungsgeschichtliche Bezogenheit auf Zukunft als Utopie; die Konzeption der »Epoche« als eben des zugehörigen und in sich einigen Subjekts zu jenem Bewußtseinsinhalt. Es dünkt mir nun höchst belangvoll, daß mit dieser Fassung des dialektischen Bildes, die eine immanente heißen darf, nicht bloß die Ursprungsgewalt des Begriffes, die eine theologische war, bedroht ist, und eine Simplifizierung eintritt, die hier nicht die subjektive Nuance, sondern den Wahrheitsgehalt selber angreift – sondern eben damit auch gerade jene gesellschaftliche Bewegung im Widerspruch verfehlt wird, um deretwillen Sie das Opfer der Theologie bringen.
Wenn Sie das dialektische Bild als »Traum« ins Bewußtsein verlegen, so ist damit nicht bloß der Begriff entzaubert und umgänglich geworden, sondern hat eben damit auch jene objektive Schlüsselgewalt eingebüßt, die gerade materialistisch ihn legitimieren könnte. Der Fetischcharakter der Ware ist keine Tatsache des Bewußtseins sondern dialektisch in dem eminenten Sinne, daß er Bewußtsein produziert. Das besagt aber, daß das Bewußtsein oder Unbewußtsein ihn nicht einfach als Traum abzubilden vermag, sondern mit Wunsch und Angst gleichermaßen ihn beantwortet. Durch den sit venia verbo Abbild-Realismus der jetzigen immanenten Fassung des dialektischen Bildes geht aber gerade jene dialektische Macht des Fetischcharakters verloren. Um auf die Sprache des glorreichen ersten Passagenentwurfes zu rekurrieren: wenn das dialektische Bild nichts ist als die Auffassungsweise des Fetischcharakters im Kollektivbewußtsein, so mag sich zwar die Saint-Simonistische Konzeption der Warenwelt als Utopie, nicht aber deren Kehrseite enthüllen, nämlich das dialektische Bild des neunzehnten Jahrhunderts als Hölle. Nur diese aber vermöchte das Bild des goldenen Zeitalters an die rechte Stelle zu bringen und gerade einer Interpretation Offenbachs könnte dieser Doppelsinn sich höchst schlüssig herausstellen: nämlich der von Unterwelt und Arkadien – beides sind explizite Kategorien Offenbachs und bis in Details der Instrumentation herein zu verfolgen. So scheint mir die Aufgabe der Höllenkategorie des Entwurfes und zumal der genialen Stelle über den Spieler – für die die Stelle über Spekulation und Glücksspiel keinen Ersatz bietet – nicht nur eine Einbuße an Glanz, sondern auch an dialektischer Stimmigkeit. Nun verkenne ich am letzten die Relevanz der Bewußtseinsimmanenz fürs neunzehnte Jahrhundert. Aber nicht kann aus ihr der Begriff des dialektischen Bildes gewonnen werden sondern Bewußtseinsimmanenz selber ist, als »Intérieur« das dialektische Bild fürs neunzehnte Jahrhundert als Entfremdung; darin muß ich den Einsatz des zweiten Kierkegaardkapitels [s. jetzt Adorno, Gesammelte Schriften, Bd. 2: Kierkegaard, hg. von R. Tiedemann, Frankfurt a.M. 1979, 38-69] auch beim neuen jeu stehen lassen. Nicht also wäre danach das dialektische Bild als Traum ins

Bewußtsein zu verlegen, sondern durch die dialektische Konstruktion wäre der Traum zu entäußern und die Bewußtseinsimmanenz selber als eine Konstellation des Wirklichen zu verstehen. Gleichsam als die astronomische Phase, in welcher die Hölle durch die Menschheit hindurchwandert. Erst die Sternkarte solcher Wanderschaft vermöchte, so scheint mir, den Blick auf die Geschichte als Urgeschichte freizugeben. – Lassen Sie mich den Einwand, genau den gleichen, vom extremen Gegenpunkt aus nochmals zu formulieren suchen. Im Sinne der Immanenzfassung des dialektischen Bildes (der ich, um das positive Wort zu nennen, Ihren früheren Modellbegriff kontrastieren möchte) konstruieren Sie das Verhältnis des Ältesten und Neuesten, das ja schon im ersten Entwurf zentral stand, als eines der utopischen Bezugnahme auf »klassenlose Gesellschaft«. Damit wird das Archaische zu einem komplementär Hinzugefügten anstatt das »Neueste« selber zu sein; ist also entdialektisiert. Zugleich aber wird, ebenfalls undialektisch, das klassenlose Bild in den Mythos zurückdatiert anstatt hier wahrhaft als Höllenphantasmagorie transparent zu werden. So scheint mir denn die Kategorie unter welcher die Archaik in der Moderne aufgeht weit weniger das goldene Zeitalter als die Katastrophe. Ich habe einmal notiert, das Jüngstvergangene stelle allemal sich dar als ob es durch Katastrophen vernichtet sei. Hic et nunc würde ich sagen: damit aber als Urgeschichte. Und gerade hier weiß ich mich mit der kühnsten Stelle des Trauerspielbuches in Übereinstimmung.

Wenn die Entzauberung des dialektischen Bildes als »Traum« es psychologisiert, so verfällt sie aber ebendadurch dem Zauber der bürgerlichen Psychologie. Denn wer ist das Subjekt zum Traum? Im neunzehnten Jahrhundert gewiß nur das Individuum; aus dessen Träumen aber weder der Fetischcharakter noch dessen Monumente unmittelbar abbildlich gelesen werden können. Daher wird denn das Kollektivbewußtsein hergeholt, von dem ich freilich bei der gegenwärtigen Fassung fürchte, daß es vom Jungschen sich nicht abheben läßt. Der Kritik ist es von beiden Seiten offen: vom gesellschaftlichen Prozeß her, indem es archaische Bilder dort hypostasiert, wo dialektische durch den Warencharakter, nur eben nicht in einem archaischen Kollektivich sondern in den bürgerlich entfremdeten Individuen produziert werden; von der Psychologie aus, indem, wie Horkheimer sagt, das Massenich nur bei Erdbeben und Massenkatastrophen existiert, während sonst der objektive Mehrwert gerade in Einzelsubjekten und gegen sie sich durchsetzt. Das Kollektivbewußtsein wurde nur erfunden um von der wahren Objektivität und ihrem Korrelat, nämlich der entfremdeten Subjektivität abzulenken. An uns ist es, dies »Bewußtsein« nach Gesellschaft und Einzelnem dialektisch zu polarisieren und aufzulösen und nicht als bildliches Korrelat des Warencharakters zu galvanisieren. Daß im träumenden Kollektiv keine Differenzen für die Klassen bleiben, spricht deutlich und warnend genug.

Die mythisch-archaische Kategorie des »goldenen Zeitalters« aber hat endlich – und das scheint mir gerade gesellschaftlich entscheidend – auch verhängnisvolle Konsequenzen für die Warenkategorie selber. Wird am goldenen Zeitalter die entscheidende »Zweideutigkeit« (ein Begriff übrigens, der selber der Theorie höchst bedürftig ist und keinesfalls bloß stehen bleiben darf), nämlich die zur Hölle, unterschlagen, so wird dafür die Ware als die Substanz des Zeitalters zur Hölle schlechthin und in einer Weise negiert, welche in der Tat die Unmittelbarkeit des Urzustandes als Wahrheit möchte erscheinen lassen: so führt die Entzauberung des dialektischen Bildes geradeswegs in ungebrochen mythisches Denken und wie dort Jung so meldet hier Klages als Gefahr sich an. Nirgends aber bringt der Entwurf mehr an Remedien mit als gerade an dieser Stelle. Hier wäre der zentrale Ort der Lehre vom Sammler, der die Dinge vom Fluch nützlich zu sein befreit; hierhin gehört auch, wenn ich recht verstehe, Haussmann, dessen Klassenbewußtsein gerade durch die Vollendung des Warencharakters in einem Hegelschen Selbstbewußtsein die Sprengung der Phantasmagorie inauguriert. Die Ware als dialektisches Bild verstehen, heißt eben auch sie als Motiv ihres Unterganges und ihrer »Aufhebung« anstatt der bloßen Regression aufs Ältere zu verstehen. Ware ist einerseits das Entfremdete, an dem der Gebrauchswert abstirbt, andererseits aber das Überlebende, das fremd geworden die Unmittelbarkeit übersteht. An den Waren und nicht für die Menschen haben wir das Versprechen der Unsterblichkeit und der Fetisch ist – um die von Ihnen mit Recht statuierte Beziehung zum Barockbuch weiterzutreiben – fürs neunzehnte Jahrhundert ein treulos letztes Bild wie nur der Totenkopf. An dieser Stelle scheint mir der entscheidende Erkenntnischarakter Kafkas, insbesondere des Odradek als der nutzlos überlebenden Ware zu liegen: in diesem Märchen mag der Surrealismus sein Ende haben wie das Trauerspiel im Hamlet. Innergesellschaftlich sagt das aber, daß der bloße Begriff des Gebrauchswertes keinesfalls genügt, den Warencharakter zu kritisieren, sondern nur aufs vorarbeitsteilige Stadium zurücklenkt. Das war stets mein eigentlicher Vorbehalt gegen Berta [scil. Brecht] und ihr »Kollektiv« sowohl wie ihr unmittelbarer Funktionsbegriff sind mir darum stets suspekt gewesen, nämlich selber als »Regression«. Vielleicht sehen Sie aus dieser Überlegung, deren sachlicher Gehalt genau die Kategorien trifft, die im Exposé Berta gemäß sein mögen, daß mein Widerstand gegen diese nicht insulare Rettungsversuche für autonome Kunst oder irgend Ähnliches sind sondern mit jenen Motiven unserer philosophischen Freundschaft aufs tiefste kommunizieren, die mir die ursprünglichen dünken. Wenn ich mit einem gewagten Griff den Bogen meiner Kritik zusammenfassen dürfte, so müßte er, und wie könnte es anders sein, um die Extreme sich schließen. Eine Restitution der Theologie oder lieber eine Radikalisierung der Dialektik bis in den theologischen Glutkern hinein müßte zugleich eine äußerste Schär-

fung des gesellschaftlich-dialektischen, ja des ökonomischen Motives bedeuten. Das wäre zumal auch historisch zu nehmen. Der fürs neunzehnte Jahrhundert spezifische Warencharakter d.h. die industrielle Warenproduktion müßte material weit schärfer herausgearbeitet werden, da es ja seit dem beginnenden Kapitalismus, d.h. dem Manufakturzeitalter, eben dem Barock, Warencharakter und Entfremdung gibt – wie denn andererseits die »Einheit« der Moderne seitdem eben im Warencharakter liegt. Erst eine genaue Bestimmung der industriellen Warenform als einer historisch von den älteren scharf abgehobenen könnte aber die »Urgeschichte« und Ontologie des neunzehnten Jahrhunderts voll liefern; alle Beziehungen auf die Warenform »als solche« verliehen dieser Urgeschichte einen gewissen Charakter des Metaphorischen, der in diesem Ernstfall nicht geduldet werden kann. Ich möchte vermuten, daß, wenn Sie sich hier Ihrer Verfahrungsweise, der blinden Materialarbeit, ganz überlassen, die größten Interpretationsergebnisse zu erzielen sind. Wenn meine Kritik sich demgegenüber in einer gewissen theoretischen Abstraktionssphäre bewegt, so ist das gewiß eine Not, aber ich weiß, daß Sie diese Not nicht als eine von »Weltanschauung« betrachten und damit meine Vorbehalte beseitigen werden.
Immerhin erlauben Sie mir noch einige konkretere Einzelbemerkungen, die freilich nur vor jenem theoretischen Hintergrund etwas bedeuten mögen. Zum Titel möchte ich vorschlagen: Paris Hauptstadt des neunzehnten Jahrhundert; nicht »die Hauptstadt« – falls nicht doch mit der Hölle der Passagentitel auferstehen sollte. Die Kapiteleinteilung nach Männern scheint mir nicht ganz glücklich; von ihr geht ein gewisser Zwang zur systematischen Außenarchitektur aus, der mir nicht recht behagen will. Gab es da nicht früher Abschnitte nach Materialien wie »Plüsch«, »Staub« usw.? Gerade die Beziehung Fourier-Passage will nicht recht einleuchten. Ich könnte mir als die geeignete Anordnung hier eine Konstellation der verschiedenen städtischen und Warenmaterialien denken, die sich in den späteren Teilen als das dialektische Bild und dessen Theorie zugleich déchiffriert. – Im Motto S. 1 gibt das Wort portique sehr schön das Motiv von »Antike«; vielleicht wäre zum Neuen als Ältesten hier eine Formenlehre des Empire elementar abzuhandeln (wie im Barockbuch etwa die Melencholia). Auf S. 2 wäre jedenfalls die Auffassung vom Staat als Selbstzweck im Empire als bloße Ideologie voll durchsichtig zu machen, als welche sie ja nach der Fortsetzung wohl von Ihnen gedacht wird. Ganz unerhellt steht hier der Begriff der Konstruktion, der, als Materialentfremdung und Materialbeherrschung, bereits eminent dialektisch und nach meinem Dafürhalten auch sogleich dialektisch zu exponieren ist (scharfe Grenze zum gegenwärtigen Konstruktionsbegriff; wahrscheinlich bietet der sehr ins 19. Jahrhundert fallende Terminus Ingenieur die Handhaben!). Der Begriff des kollektiven Unbewußten, der hier auftritt und zu dem ich

prinzipiell schon einiges sagte, ist übrigens in seiner Einführung und Exposition nicht ganz durchsichtig. – Zu S. 3 möchte ich fragen, ob Gußeisen wirklich der erste künstliche Baustoff ist (Ziegelsteine!); überhaupt ist mir beim »Ersten« manchmal nicht recht wohl. Vielleicht ließe sich hier komplementär formulieren: Jede Epoche träumt sich als durch Katastrophen vernichtete. – S. 4. Die Formel daß »das Neue sich mit dem Alten durchdringt« ist mir höchst bedenklich im Sinne meiner Kritik am dialektischen Bild als einer Regression. Nicht wird darin aufs Alte zurückgegriffen sondern das Neueste ist, als Schein und Phantasmagorie, selber das Alte. Hier darf ich vielleicht ohne Zudringlichkeit an einige Formulierungen, auch über Zweideutigkeit, im Intérieurabschnitt des Kierkegaard erinnern. Noch möchte ich hier ergänzen: dialektische Bilder sind als Modelle keine gesellschaftlichen Produkte, sondern objektive Konstellationen, in denen der gesellschaftliche Zustand sich selbst darstellt. Infolgedessen kann dem dialektischen Bild niemals eine ideologische oder überhaupt soziale »Leistung« zugemutet werden. Mein Einwand gegen den bloß negativen Ansatz der Verdinglichung – die Kritik am »Klages« des Entwurfes – stützt sich hauptsächlich auf die Stelle über die Maschine auf S. 4. Die Überbewertung der Maschinentechnik und der Maschine als solcher ist stets bürgerlich retrospektiven Theorien eigentümlich gewesen: es werden damit die Produktionsverhältnisse durch abstrakten Rekurs auf die Produktionsmittel überdeckt. – Zu 6 gehört der Hegelsche, von Georg [Lukács] und seitdem aufgenommene und sehr wichtige Begriff der zweiten Natur. Der diable à Paris könnte wohl in die Hölle geleiten. – Zu 7: daß der Arbeiter »zum letzten Mal« außerhalb seiner Klasse als Staffage usf. erscheine, möchte ich sehr bezweifeln. – Die Idee einer Urgeschichte des Feuilletons, zu der Ihr Kraus [s. Bd. 2, 334-367] soviel enthält, ist höchst bestechend; hier wäre auch Heines Standort. Mir fällt dazu ein alter Ausdruck der Journalistensprache ein: »Schablonstil«, dessen Ursprung wohl nachzugehen wäre. Der Terminus Lebensgefühl ist, als einer der Kultur- oder Geistesgeschichte, sehr anrüchig. – Die gläubige Hinnahme des Urerscheinens der Technik scheint mir mit der Überwertung des Archaischen als solchem zusammenzuhängen. Ich notierte die Formel: Mythos ist nicht die klassenlose Sehnsucht der wahren Gesellschaft sondern der objektive Charakter der entfremdeten Ware selber. – S. 9. Die Konzeption der Geschichte der Malerei im 19. Jahrhundert als Flucht vor der Photographie (der eine der Musik als Flucht vorm »Banalen« übrigens streng korrespondiert) ist sehr großartig aber auch undialektisch d.h. der Anteil der in die Warenform nicht eingehenden Produktivkräfte an den malerischen Funden ist so nicht konkret sondern bloß im Negativ der Spur zu fassen (der präzise Ort dieser Dialektik ist wahrscheinlich Manet). Das scheint mir mit der mythologisierenden oder archaistischen Tendenz des Exposés zusammenzuhängen. Die malerischen Funde werden als vergangene gewissermaßen zu geschichtsphilosophischen Fixsternbildern, aus denen der Anteil der Produktivkraft entwichen ist. Unterm undialektisch mythischen Blick, dem der Meduse, entweicht der subjektive Anteil der Dialektik. – Das goldene Zeitalter von S. 10 ist vielleicht der wahre Übergang zur Hölle. – Die Beziehung der Weltausstellungen auf die Arbeiterschaft will mir nicht einleuchten und wirkt als Konjektur; sie ist sicher nur mit größter Vorsicht zu behaupten. – Zu 11 gehört natürlich eine große Definition und Theorie der Phantasmagorie. – S. 12 war mir ein Mene Tekel. Ich erinnere mich mit Felizitas des überwältigenden Eindrukkes, den uns seinerzeit das Saturnzitat machte; das Zitat hat die Ernüchterung nicht überstanden. Nicht müßte der Saturnring zum gußeisernen Balkon werden sondern dieser zum leibhaften Saturnring und hier bin ich glücklich, Ihnen nichts Abstraktes entgegenzuhalten sondern Ihr eigenes Gelingen: das unvergleichliche Mondkapitel der »Kindheit« [s. Bd. 4, 300-302], dessen philosophischer Gehalt hier seine Stelle hätte. Mir fiel hier ein, was Sie einmal von der Passagenarbeit sagten: sie könne nur dem Raum des Wahnsinns abgezwungen werden: daß sie von diesem sich entfernte anstatt ihn zu unterwerfen bezeugt die Deutung des Saturnzitats die davon abprallt. Hier sitzen meine eigentlichen Widerstände: hier könnte Siegfried [Kracauer] begeistert sein und hier muß ich um des ungeheuren Ernstes der Sache willen so brutal reden. – Der Fetischbegriff der Ware muß, wie es wohl auch in Ihrer Absicht liegt, mit den zuständigen Stellen dessen belegt werden der ihn fand. – Der ebenfalls S. 12 auftretende Begriff des Organischen, der auf eine statische Anthropologie usw. weist, kann wohl auch nicht gehalten werden oder nur so, daß es lediglich vorm Fetisch als solches existiert, also selbst historisch ist, wie etwa die »Landschaft«. – Zu S. 13 gehört wohl jenes dialektische Warenmotiv des Odradek. – Die Arbeiterbewegung scheint hier wieder ein wenig deus ex machina-haft; freilich mag hier wie bei manchen analogen Formen die Abkürzungsweise des Exposés Schuld tragen – dies ein Vorbehalt der vielen meiner Vorbehalte gegenüber zu machen ist. Mir ist zu der Stelle über die Mode, die mir sehr bedeutend scheint aber in ihrer Konstruktion vom Begriff des Organischen wohl abgelöst und aufs Lebendige bezogen werden müßte – d. h. also nicht auf vorgesetzte »Natur« bezogen – noch eingefallen der Begriff des Changeant, des schillernden Stoffes, der wohl für das 19. Jahrhundert Ausdrucksbedeutung hat, wohl auch an industrielle Verfahren gebunden ist. Vielleicht gehen Sie dem einmal nach, sicherlich weiß Frau [Helen] Hessel, deren Berichte in der FZ [Frankfurter Zeitung] wir stets mit großem Interesse verfolgen, damit Bescheid. – S. 14 ist die Stelle, zu der ich insbesondere das Bedenken gegen den zu abstrakten Gebrauch der Warenkategorie anzumelden habe: als sei sie als solche »erstmals« im 19. Jahrhundert erschienen (beiläufig gesagt gilt der gleiche Einwand auch gegen Intérieur und Soziologie der Innerlichkeit im Kierkegaard und gerade hier habe ich alles, was ich gegen Ihr Exposé vorbringe, auch gegen die eigene ältere Arbeit zu sagen). Ich glaube, daß die Warenkategorie sich bereits durch die spezifisch modernen Kategorien Welthandel und Imperialismus sehr konkretisieren ließe. Dazu etwa: die Passage als Basar, auch etwa Antiquitätenläden als Welthandelsmärkte fürs Zeitliche. Die Bedeutung der Hereingeholten Ferne – vielleicht das Problem der Gewinnung intentionsloser Schichten und die imperiale Eroberung. Ich gebe nur Einfälle; natürlich können Sie hier im Material unvergleichlich viel Bündigeres zutage fördern und die spezifische Gestalt der Dingwelt des 19. Jahrhunderts bestimmen (vielleicht von ihrer Rückseite, Abfällen, Resten, Trümmern her). – Auch die Stelle über das Kontor dürfte der historischen Bestimmtheit entraten. Mir erscheint es weniger als blanker Gegensatz zum Intérieur denn als Relikt älterer Stubenformen, wohl barocker (cf. Globen darin, Wandkarten, Barrière und andere Materialformen). – S. 15. Zur Theorie des Jugendstiles: wenn ich mit Ihnen darin übereinstimme, daß er eine entscheidende Erschütterung des Intérieurs bedeutet, so schließt das für mich aus, daß er »alle Kräfte der Innerlichkeit mobilisiert«. Vielmehr sucht er sie durch »Veräußerlichung« zu retten und zu verwirklichen (hierher gehört die Theorie insbesondere des Symbolismus, vor allem Mallarmés Intérieurs, die genau die umgekehrte Bedeutung haben als etwa Kierkegaards). Anstelle von Innerlichkeit steht im Jugendstil Sexus. Auf ihn wird rekurriert, gerade weil einzig in ihm das private Individuum sich nicht als innerlich sondern leibhaft begegnet. Das gilt für alle Kunst des Jugendstils von Ibsen bis Maeterlinck und d'Annunzio. Der Ursprung ist denn auch Wagner und nicht die Kammermusik Brahmsens. – Beton scheint mir für den Jugendstil uncharakteristisch, gehört wohl in den merkwürdigen Leerraum um 1910. Ich halte es übrigens für wahrscheinlich, daß der eigentliche Jugendstil mit der großen Wirtschaftskrise um 1900 zusammenfällt; Beton gehört in die Vorkriegskonjunktur. – S. 16. Ich möchte Sie auf die höchst merkwürdige Interpretation des Baumeister Solneß in Wedekinds Nachlaß [s. Frank Wedekind, Gesammelte Werke, Bd. 9, München 1921, 340-358] aufmerksam machen. Psychoanalytische Literatur über das Erwachen kenne ich nicht, tue mich aber danach um. Aber: gehört nicht die traumdeutende, erwachende Psychoanalyse, die sich ausdrücklich polemisch gegen die Hypnose absetzt (Belege bei Freud in den Vorlesungen) selber zum Jugendstil, mit dem sie zeitlich koinzidiert? Hier dürfte eine Frage ersten Ranges liegen, die vielleicht sehr weit führt. Korrektiv zu der prinzipiellen Kritik möchte ich hier einfügen: wenn ich den Gebrauch des Kollektivbewußtseins ablehne, so natürlich nicht, um das »bürgerliche Individuum« als eigentliches Substrat stehen zu lassen. Es ist auf Intérieur als soziale Funktion transparent zu machen und seine Geschlossenheit als Schein zu enthüllen. Aber als Schein nicht gegenüber einem hypostasierten kollektiven Bewußtsein, sondern gegenüber dem realen gesellschaftlichen Prozeß selber. Das »Individuum« ist dabei ein dialektisches Durchgangsinstrument, das nicht wegmythisiert werden darf sondern nur aufgehoben werden kann. – Nochmals möchte ich die Stelle von der »Befreiung der Dinge von der Fron nützlich zu sein« als den genialen Wendepunkt zur dialektischen Rettung der Ware aufs nachdrücklichste akzentuieren. – S. 17 wäre ich froh, wenn die Theorie des Sammlers und des Intérieurs als Etui möglichst weit ausgeführt würden. – S. 18 möchte ich Sie auf Maupassants La nuit aufmerksam machen, die mir das dialektische Schlußstück zu Poes Mann der Menge als Grundstein erscheint. Die Stelle über die Menge als Schleier finde ich wunderbar. – S. 19 ist der Ort der Kritik am dialektischen Bild. Daß die hier gegebene Theorie dem ungeheuren Anspruch der Sache noch nicht gerecht wird, wissen Sie fraglos besser als ich. Ich möchte nur noch sagen, daß nicht Zweideutigkeit die Übersetzung der Dialektik ins Bild ist sondern dessen »Spur«, die selber durch die Theorie erst durchzudialektisieren ist. Ich meine mich zu erinnern, daß es hierzu im Intérieurkapitel des Kierkegaard einen brauchbaren Satz gibt. Zu S. 19 vielleicht die Schlußstrophe der großen Femmes damnées aus den Pièces condamnées [von Baudelaire]. – Der Begriff falsches Bewußtsein erheischt m. E. vorsichtigsten Gebrauch und ist keinesfalls mehr ohne Rekurs auf den Hegelschen Ursprung zu benutzen. – Snob ist ursprünglich gerade kein ästhetischer sondern ein sozialer Begriff; er ist durch Thackeray arriviert. Zwischen Snob und Dandy ist aufs schärfste zu unterscheiden; wohl auch der Geschichte des Snobs selber nachzugehen, wozu Sie ja durch Proust das großartigste Material haben. – Die These auf S. 21 über l'art pour l'art und Gesamtkunstwerk scheint mir in dieser Form nicht zu halten. Gesamtkunstwerk und Artismus im prägnanten Sinne sind die extrem entgegengesetzten Versuche, aus dem Warencharakter auszuweichen, und nicht identisch: so ist Baudelaires Beziehung zu Wagner so dialektisch wie die Gemeinschaft mit der Hure. – S. 22 will die Theorie der Spekulation mich durchaus nicht befriedigen. Hier fehlt einmal die Theorie des Glücksspiels, die im Passagenentwurf so großartig stand; andererseits die wirkliche ökonomische Theorie des Spekulanten. Die Spekulation ist der negative Ausdruck der Irrationalität der kapitalistischen ratio. Vielleicht wäre auch dieser Stelle durch »Extrapolation auf die Extreme« beizukommen. – S. 23 wäre wohl eine explizite Theorie der Perspektive fällig; ich glaube, in den Urpassagen gab es etwas dazu. Es gehört dazu das Stereoskop, das zwischen 1810 und 1820 erfunden wurde. – Die schöne dialektische Konzeption des Haussmannkapitels könnte vielleicht in der Darstellung prägnanter herauskommen als das Exposé sie macht, aus dem man sie erst interpretieren muß.

Nochmals muß ich Sie bitten, die meckernde Form dieser Glossen zu entschuldigen; aber ich meine doch Ihnen wenigstens einige Lokalisierungen der prinzipiellen Kritik schuldig zu sein. Wegen des Buches werde ich mich an meinen Freund Wind am Londoner Warburginstitut wenden, hoffentlich kann ich es Ihnen in natura verschaffen. Das Exposé lege ich bei. Schließlich möchte ich Sie um Absolution bitten, daß ich, ganz ausnahmsweise, von diesem Brief für Felizitas und mich einen Durchschlag hergestellt habe. Ich hoffe, daß das durch seinen sachlichen Gehalt gerechtfertigt wird und möchte glauben, daß es technisch die Fortführung der Diskussion erleichtern wird. – Siegfried hatte ich lediglich gebeten, die Verzögerung meines Briefes auf Ihr Exposé zu entschuldigen, ohne über dessen Entstehungszeit, geschweige über den Inhalt das mindeste zu äußern. [...] Absolution erbitte ich endlich für das Aussehen dieses Briefes. Er ist auf einer schwer defekten Maschine geschrieben und ein Konzept schloß sich durch seine Länge aus.

64. ADORNO AN BENJAMIN. HORNBERG [?], 5. 8. 1935
Der Versuch, Ihr Moment des »Traums« – als des Subjektiven am dialektischen Bild – mit der Auffassung von diesem als Modell zu versöhnen, hat mich zu einigen Formulierungen geführt [...]: Indem an Dingen ihr Gebrauchswert abstirbt, werden die entfremdeten ausgehöhlt und ziehen als Chiffern Bedeutungen herbei. Ihrer bemächtigt sich die Subjektivität, indem sie Intentionen von Wunsch und Angst in sie einlegt. Dadurch daß die abgeschiednen Dinge als Bilder der subjektiven Intentionen einstehen, präsentieren diese sich als urvergangne und ewige. Dialektische Bilder sind Konstellationen zwischen entfremdeten Dingen und eingehender Bedeutung, innehaltend im Augenblick der Indifferenz von Tod und Bedeutung. Während die Dinge im Schein zum Neuesten erweckt werden, verwandelt die Bedeutungen der Tod in älteste. (Zitat bei Benjamin, s. oben 582.)

65. BENJAMIN AN SCHOLEM. PARIS, 9. 8. 1935 (Briefwechsel Scholem, 201-203)
Ich habe einige Wochen intensiver Arbeit auf der Bibliothek hinter mir. Sie haben die Dokumentation für mein Buch sehr gefördert. Nun aber werde ich sie – ohne ihren Abschluß erreicht zu haben – für eine Zeit unterbrechen müssen. Mich rettet vor der Arbeit über Fuchs kein Gott mehr. Ja, ich habe mehr denn je Grund, mich den Anregungen des Instituts gegenüber gefügig zu zeigen. Denn das Entgegenkommen, das ich bei meinen Verhandlungen im Mai gefunden habe, kam nicht zustande, ohne daß ich die Aussicht, einige Monate in Palästina zu verschwinden und seiner Fürsorge enthoben zu sein, meinem Partner eröffnet hatte. Ihm, wie du dir denken kannst, eine lockende Perspektive, die ihm nunmehr zerstreuen zu müssen mich vor eine bedenkliche Aufgabe stellt. Ich habe, wie gesagt, allen Grund, mich sehr gefügig zu zeigen.
Daß es mir im übrigen aus bessern und menschlichern Gründen sehr leid tut, unsere Begegnung hinausgeschoben zu sehen, wird dich nicht überraschen.

Und wir werden uns von einem Wiedersehen in Europa, das doch nur ein flüchtiges sein können wird, nicht das versprechen dürfen, was uns einige Wochen in Palästina gegeben hätten. Mir den Einblick in dein Wirken und seine Umstände; dir den in meine Arbeit, von deren Charakter dir eine Anschauung zu verschaffen nicht allein brieflich ganz unmöglich, sondern selbst im Gespräch nur dann tunlich wäre, wenn es keine allzu gelegentliche, vereinzelte ist. Dann allerdings dürfte es für uns beide um so viel lohnender sein als dies Buch von mir mit ungewöhnlicher Vorsicht ins Werk gesetzt wird und – je einsamer meine Arbeit an ihm verläuft, im gegenwärtigen Stadium um so mehr gewillt und fähig ist alle Belehrung, die ihm aus freundschaftlichem Gespräch kommen kann, fruchtbar zu machen. Ich glaube, daß seine Konzeption, so sehr persönlich sie in ihrem Ursprung ist, die entscheidenden geschichtlichen Interessen unserer Generation zum Gegenstand hat. Danach bedarf es nicht eines Wortes mehr, um dir anzudeuten, wie gern ich dich mit ihr vertraut machen würde.
Sachlich liegen die Dinge so, daß ein Exposé für das Institut – will sagen zu äußerlichem, ja äußerlichstem, Gebrauch – das seit einiger Zeit vorliegt, mir selbst auf das genaueste den Ort vergegenwärtigt hat, an dem die konstruktive Arbeit, die zugleich die Entscheidung über die schriftstellerische Form und deren Gelingen einschließt, eines Tages ihren Anfang zu nehmen hätte. Dieser Tag ist noch nicht gekommen. Umstände die, so widerwärtig sie sind, mich darin zu ihrem Komplizen haben, verzögern ihn. Wenn ich ihn aber noch je erlebe, so will ich mich nicht mehr über vieles beklagen.
Ich will den Gegenstand nicht verlassen, ohne dir zu sagen, daß die alternativen Vermutungen, welche du an ihn schließt, beide zutreffen. Die Arbeit stellt sowohl die philosophische Verwertung des Surrealismus – und damit seine Aufhebung – dar wie auch den Versuch, das Bild der Geschichte in den unscheinbarsten Fixierungen des Daseins, seinen Abfällen gleichsam, festzuhalten.
[...] Paris ist zur Zeit klimatisch sehr angenehm; gesellschaftlich weniger, weil von den wenigen Bekannten entblößt. Selbst die Emigranten nehmen ihre paar Groschen zur Hand und machen Sommer. Ich sehe Ernst Bloch, dem ich mit großer Mühe meinen Standpunkt zu seinem letzten Buch [scil. »Erbschaft dieser Zeit«] klar gemacht habe. Von dem meinigen spreche ich ihm nicht und warum wirst du wissen, wenn du im seinen den Abschnitt »Hieroglyphen des neunzehnten Jahrhunderts« gesehen hast. Kracauer schreibt ein Buch über Offenbach und da muß ich dann mit meinen Reflexionen gleichfalls hinter dem Berge halten. Alles das ist nicht einfach und könnte erfreulicher sein.

66. BENJAMIN AN GRETEL ADORNO. PARIS, 16. 8. 1935 (s. Briefe, 685-688)
Ich glaube recht zu tun, wenn ich diese wenigen Zeilen in Deine Hände lege.

*Solltet Ihr, wider mein Erwarten, nicht mehr zusammensein, wenn sie eintreffen, so läßt Du s[ie] wohl Deinerseits an Wiesengrund gelangen.
Sie enthalten keine Auseinandersetzung mit Eurem großen und denkwürdigen Brief vom 4ten [recte: 2. August]. Diese wird Späterem – und gewiß nicht einem Brief sondern einer Reihe von solchen im Laufe unserer Korrespondenz vorbehalten sein – einer Korrespondenz, die sich in ihren vielen Strömen und Rinnsale[n] dann freilich doch eines hoffentlich nicht zu fernen Tages in das Bett gemeinsamer Gegenwart ergießen soll.
Nein – das ist keine Auseinandersetzung sondern, wenn Ihr so wollt, eine Empfangsanzeige. Aber sie soll nicht nur sagen, daß die Hände es sind, die dieses Schreiben empfangen haben. Und es ist auch nicht nur der Kopf, mit ihnen. Sondern was ich Euch vorab und ehe irgend ein Einzelnes berührt wird, versichern will, das ist, wie beglückend für mich die Bestätigung unserer Freundschaft und die Erneuerung so vieler freundschaftlicher Gespräche ist, die Euer Brief vornimmt.
Das Außerordentliche und bei aller Genauigkeit und Dringlichkeit Eurer Einwendungen für mich so höchst Besondere und Befruchtende in Eurem Brief ist, daß er die Sache überall im engsten Zusammenhang mit ihrem von mir erfahrenen Gedankenleben betrifft; daß jede Eurer Reflexionen – oder so gut wie jede – in das produktive Zentrum hinein-, kaum eine daneben weist. In welcher Gestalt sie also in mir auch fortwirken werden und so wenig ich über dieses Fortwirken weiß, so scheint mir doch zweierlei davon festzustehen: erstens, daß es nur ein Förderliches, zweitens nur ein unsere Freundschaft bestätigendes und bekräftigendes sein kann.
Wenn es nach mir ginge, so wäre das alles, was ich für heute sagte. Denn alles weitere führt vorläufig noch leicht ins Ungeklärte und Nichtzubegrenzende. Aber da ich gerade von diesen Zeilen nicht möchte, daß Sie Euch karg erscheinen, so seien einige, ganz provisorische und ganz wenige Glossen gewagt – nicht ohne zu hasardieren.
Daß sie einen mehr konfessionshaften als einen unmittelbar sachlichen Charakter tragen, das müßt Ihr in Kauf nehmen.
Und so sei vorab gesagt: wenn Euer Brief mit so nachdrücklichen Wendungen auf den »ersten« Passagenentwurf verweist, so ist zu konstatieren: es ist von diesem »ersten« Entwurf nichts aufgegeben und kein Wort verloren. Und was Euch vorlag, das ist, wenn ich so sagen darf, nicht der »zweite« Entwurf, sondern der andere. Diese beiden Entwürfe haben ein polares Verhältnis. Sie stellen Thesis und Antithesis des Werkes dar. Es ist daher dieser zweite für mich alles andere als ein Abschluß. Seine Notwendigkeit ruht darauf, daß die im ersten vorhandnen Einsichten unmittelbar keinerlei Gestaltung zuließen – es sei denn eine unerlaubt »dichterische«. Daher der, längst preisgegebne, Untertitel im ersten Entwurf »Eine dialektische Feerie«.
Nun habe ich die beiden Enden des Bogens – aber noch nicht die Kraft, ihn*

zu spannen. Diese Kraft kann nur ein langes Training verschaffen, für das die Arbeit im Material ein Element, neben andern, darstellt. Meine unglückliche Lage bringt es mit sich, daß die andern Elemente zugunsten des einen, genannten in dieser zweiten Epoche der Arbeit bisher zurücktreten müssen. Das weiß ich. Und dieser Erkenntnis trage ich in der dilatorischen Art meines Vorgehens Rechnung. Ich will keinem Fehler Gelegenheit geben, auf den Kalkül einzuwirken.
Welches sind diese anderen Elemente der Trainings? Die konstruktiven. Wenn W. Bedenken gegen die Kapiteleinteilung hat, so hat er ins Schwarze getroffen. Dieser Disposition fehlt das konstruktive Moment. Ich lasse dahin gestellt, ob es in der Richtung zu suchen ist, die Ihr andeutet. So viel ist sicher: das konstruktive Moment bedeutet für dieses Buch, was für die Alchimie der Stein der Weisen bedeutet. Es läßt sich im übrigen davon für jetzt nur das eine sagen: daß es den Gegensatz, in dem das Buch zur bisherigen und überkommenen Geschichtsforschung steht, auf eine neue, bündige und sehr einfache Weise wird resümieren müssen. Wie? steht dahin.
Nach diesen Sätzen werdet Ihr Euch nicht des Verdachts zu erwehren brauchen, als mische sich meinem Widerstand gegen andere Einwendungen etwas wie Eigensinn bei. Ich wüßte keine Untugend, von der ich in dieser Sache weiter entfernt wäre. Und ich übersehe, für spätere Betrachtung die aufsparend, viele Punkte, in denen ich mit Euch einig bin. (Selten bin ich es so sehr wie in den Reflexionen, die W. zum Thema des »Goldenen Zeitalters« anstellt.) Nein – woran ich im Augenblick denke, das ist die Saturnstelle Eures Briefes. Daß »der gußeiserne Balkon zum Saturnring werden« müßte, das will ich zwar ganz und gar nicht in Abrede stellen. Wohl aber werde ich erklären müssen: Daß diese Verwandlung zu vollbringen keineswegs Aufgabe einer einzelnen Betrachtung – und am wenigsten der der betreffenden Zeichnung Grandvilles – sein kann, sondern daß dies ausschließlich dem Buche als Ganzen obliegt. Formen, wie die »Berliner Kindheit« sie mir darbietet, darf gerade dieses Buch an keiner einzigen Stelle und nicht im geringsten Grade in Anspruch nehmen: diese Erkenntnis in mir zu fundieren ist eine wichtige Funktion des zweiten Entwurfs. Die Urgeschichte des neunzehnten Jahrhunderts, die im Blick des auf seiner Schwelle spielenden Kindes sich spiegelt, hat darin ein ganz anderes Gesicht, als in den Zeichen, welche sie auf der Karte der Geschichte eingraben.
Diese gänzlich vorläufigen Bemerkungen beschränken sich auf einige allgemeine Fragen. Ohne diese ihrem Umkreis nach abzuschreiten, lassen sie alles Einzelne aus dem Spiel. Vieles davon werde ich bei späteren Gelegenheiten berühren. Zum Schluß aber erlaubt mir, auf die Gefahr hin, auch dies in der Form der confession zu tun, auf eine mir entscheidende Problematik hinzuweisen. Indem ich sie aufwerfe, deute ich zweierlei an,

wie zutreffend mir Ws. Bestimmung des dialektischen Bildes als »Konstellation« erscheint – und wie unveräußerlich mir gleichwohl gewisse Elemente dieser Konstellation scheinen, auf die ich hinwies: nämlich die Traumgestalten. Das dialektische Bild malt den Traum nicht nach – das zu behaupten lag niemals in meiner Absicht. Wohl aber scheint es mir, die Instanzen, die Einbruchsstelle des Erwachens zu enthalten, ja aus diesen Stellen seine Figur wie ein Sternbild aus den leuchtenden Punkten erst herzustellen. Auch hier also will noch ein Bogen gespannt, eine Dialektik bezwungen werden: die zwischen Bild und Erwachen. – – –

67. SCHOLEM AN BENJAMIN. JERUSALEM, 25. 8. 1935 (Briefwechsel Scholem, 204)
Wenn ich Dich gut aufgefaßt habe, scheint doch eine Aussicht zu sein oder auch mehr als das, daß Dein anonymer Mäzen, das Institut, Dein Buch über das 19. Jahrhundert herausbringt, worauf man sich ja wohl freuen dürfte. Da sitzen wir also jetzt jeder an einer für ihn sehr wichtigen Sache, denn auch ich habe begonnen, mit nicht geringer Anstrengung, Buchstaben um Buchstaben aufs Papier zu malen, wobei ich mich aus Vorsicht vor Ernst Bloch vorerst der Sprache unserer Väter bediene. Gestohlen wird später noch genug werden. [...] Übrigens à propos Deiner Anregung Blochs wegen: ich habe den von Dir bezeichneten Absatz des Buches noch einmal gelesen, und kann Dir nur sagen, daß Du mir leid tust. Es spricht nicht für den Komfort Deiner Lage, daß Du Dir diese wirklich »rührende« Diebeskameradschaft gefallen lassen mußt und eigentlich finde ich es doch des Guten zuviel. Ich warne Dich: laß diesen Mann nicht etwa hierher reisen oder empfiehl ihm dann lieber nicht, mich zu besuchen, denn ich kriege fertig, ihm meine Meinung zu sagen, aus der er dann folgern könnte, daß sie eben auch nach bekannten Mustern von Dir gestohlen sei.

68. GRETEL ADORNO AN BENJAMIN. BERLIN, 28. 8. 1935
Es war für mich eine ganz große Freude, den Antwortbrief auf Dein Exposé mit Teddie zusammen besprechen zu können, und Deine Antwort ist genau so ausgefallen, wie ich sie mir gewünscht habe, nein in der Nüance des Anmichgerichtetseins hat sie sogar meine kühnsten Hoffnungen übertroffen und ich danke Dir dafür besonders herzlich. Es ist für mich eine große Beruhigung, daß Du selbst vom ersten und anderen Entwurf schreibst und Dich sehr dagegen verwahrst, man könne meinen, der erste sei aufgegeben. Damit bist Du auch unserer Meinung, daß es mit dem 2. allein unter keinen Umständen getan ist, darin würde man nie die Hand WBs vermuten. Ich bin schon sehr begierig auf Deinen zweiten Brief an Teddie.

69. BENJAMIN AN GRETEL ADORNO. PARIS, 1. 9. 1935
Meinen Gedankenflug höher lenkend, muß ich doch bei meiner Person noch einen Augenblick verweilen. Wenn Du nämlich von meinem »zweiten Entwurf« schreibst »darin würde man nie die Hand WB's erkennen«, so nenne ich das doch ein wenig geradezu gesagt und Du gehst dabei bestimmt über die Grenze hinaus, an der Du – gewiß meiner Freundschaft nicht – aber meiner Zustimmung sicher bist. Und, ich will nicht voreilig sein, aber ich glaube: hier formulierst Du auch kaum in TW's Namen. Der WB hat – und das ist bei einem Schriftsteller nicht selbstverständlich – darin aber sieht er seine Aufgabe und sein bestes Recht – zwei Hände. Ich hatte es mir mit vierzehn Jahren eines Tages in den Kopf gesetzt, ich müsse links schreiben lernen. Und ich sehe mich heute noch Stunden und Stunden an meinem Schulpult in Haubinda sitzen und üben. Heute steht mein Pult in der Bibliothèque Nationale – den Lehrgang so zu schreiben habe ich da auf einer höhern Stufe – auf Zeit! – wieder aufgenommen. Willst Du es nicht mit mir so ansehen, liebe Felizitas? Ausführlicher will ich hierzu nicht gerade sein.
Aber ohne Dir von den außerordentlichen Funden, die gerade [die] letzten Wochen mir gebracht haben, Proben vorlegen zu können, will ich Dir doch andeuten, daß ich die unersetzlichsten Materialien für das Bild von Paris, an dem ich arbeite, bei Victor Hugo gefunden habe. Wir lassen uns von diesem Autor, einem der ungleichmäßigsten und urteilslosesten Genies, die je gelebt haben aber auch einem der sprach- und der bildgewaltigsten da, wo es um die Manifestationen der natürlichen oder der geschichtlichen Elementarkräfte geht, in Deutschland nichts träumen. Auf der andern Seite habe ich allen Grund anzunehmen, daß das, was sich mir bei Victor Hugo erschlossen hat, auch in Frankreich verborgen geblieben ist und nur bei meinem alten und großen Freund Charles Péguy gibt es eine kleine Stelle, an der das wichtigste über Hugo gesagt ist. Selbst die ist in einer umfangreichen Abhandlung über ihn versteckt, die sonst wenig hergibt. – Im übrigen weißt Du aus einem meiner letzten Briefe, denke ich, daß ich seit langem mich dem Gegenstand nähere. Jedenfallsk habe ich Dir über die Zeichnungen von Hugo geschrieben. Im Augenblick habe ich es nur mit seiner Prosa zu tun. Ich gedenke in einem Abschnitt des Buches Baudelaire und Hugo gegeneinander zu kontrastieren.
Vielleicht ist TW bei Dir, wenn dieser Brief kommt. Sage ihm in jedem Falle, daß ich sehr gern von ihm hören möchte und grüße ihn herzlich. Weitere Betrachtungen zu seinem großen Augustbriefe werden dann nicht auf sich warten lassen.

70. BENJAMIN AN RICHARD WEISSBACH. PARIS, 1. 9. 1935
Auch ich begebe mich auf einem Wege, den ich für richtig erkannt habe, weiter fürbaß und bin in einer großen Arbeit begriffen, deren Anfänge weit

ins vergangne Jahrzehnt zurückreichen. Da sie es mit französischen Dingen zu tun hat, so ist die Arbeit auf der Bibliothèque Nationale die denkbar entsprechendste. Ja, sie erlaubt mir sogar mich eines bibliographischen Luxus' zu erfreuen, der mich für allen sonst fehlenden entschädigen muß. Im übrigen will ich für heute nicht mehr verraten, als daß in ihrem Mittelpunkt wiederum Baudelaire steht – obwohl diesmal der Gegenstand kein eigentlich literarischer ist.

71. BENJAMIN AN GRETEL ADORNO. PARIS, O. D. [Poststempel 10. 9. 1935]
In meiner Arbeit bin ich in den letzten Zeiten von einigem bibliographischem Glück begünstigt gewesen. Vor allem sollst Du wissen, daß mir Kochs »Zauber der Heilquellen« [Stuttgart 1933] in die Hände gefallen ist. Es versetzt mich im übrigen durch seinen Inhalt in die Lage, in die das Schulmeisterlein Wuz durch seine Armut versetzt wurde – er mußte sich den Inhalt der Bücher, deren Titel ihn interessierte, selbst schreiben. Über den Zauber der Heilquellen weiß der Verfasser nicht mehr zu sagen als daß die Anwesenheit der Potentaten das klinische Befinden der Quellenbesucher wohltätig beeinflusse. Und er macht das am Beispiel Goethes ganz hübsch plausibel, leider ohne den zeitgenössischen Varianten und dem medizinischen Zauber der Filmstars in Karlsbad nachzugehen. Ich aber, der ich gehofft hatte, etwas von der Bewandtnis zu hören, die es mit Apollo-Tempeln und Brunnenhallen und ihrer Verwandtschaft hat, gehe leer aus. Besser ist es mir in einem andern Fall geglückt. Da ist ein Buch mit dem sehr sonderbaren Titel Heliogabal XIX ou biographie du XIX siècle en France, das in den vierziger Jahren in Braunschweig erschienen und enorm selten ist. Endlich, nach langen Monaten, ist es mir gelungen, es durch Vermittlung der Bibliothèque Nationale aus Göttingen zu erhalten. Und nun habe ich festgestellt, daß es meine Neugier nicht umsonst erregt hat: es enthält eine allegorische Bilderfolge zur französischen Politik, in der die sonderbarsten und verstecktesten Motive der Jahrhundertmitte zum Vorschein kommen. Nun werden wohl wieder Monate darüber hingehen, bis ich die Erlaubnis bekomme, eine der Tafeln photographieren zu lassen.
Dies nämlich ist novum: daß ich mir über wichtiges und entlegnes Bildermaterial zu meinen Studien Aufzeichnungen mache. Das Buch, soviel weiß ich seit einiger Zeit, läßt sich mit den bedeutsamsten illustrativen Dokumenten ausstatten und diese Möglichkeit will ich ihm nicht von vornherein abschneiden.
Für den Augenblick muß ich aber tant bien que mal einem andern Bilderkreis mich zuwenden. Mit dem Fuchs wird jetzt Ernst gemacht und ich denke die Sache diesmal auf eine mir gemäßere Art anzugreifen, indem ich von seinen Studien über die Karikatur, über Daumier und Gavarni ausgehe, die zu dem, was mich sonst beschäftigt, wenigstens stofflich Beziehung haben. Fuchs selbst geht es leider schlecht und sein Verfall ist spürbar.

Warum höre ich denn garnichts von T W? An weniger belangreichen Korrespondenten fehlt es nicht. Sternberger schickte mir einen Aufsatz über *»Die Heilige und ihr Narr«* [von Agnes Günther], *der mir beweist, daß er die von meinem Winterkönigtum geräumten Gefilde des Jugendstils als fleißiger Landmann bestellt. Indessen erträume ich mir etwas verschlungenere Pfade in dieser Gegend.*

72. HORKHEIMER AN BENJAMIN. NEW YORK, 18. 9. 1935
Zum Exposé kann ich jetzt nicht ausführlich Stellung nehmen. Der Institutsbetrieb nimmt seit meiner Rückkehr vor etwa vierzehn Tagen jede Minute in Anspruch, die ich nicht einem Aufsatz über Dialektik widme, an dem ich in großer Eile arbeite. Er muß Ende dieses Monats fertig sein, um noch in die dritte Nummer des Jahrgangs zu kommen [s. Horkheimer, Zum Problem der Wahrheit, in: Zeitschrift für Sozialforschung 4 (1935), 321-364].
Ich kann mein Urteil nur sehr kurz zusammenfassen: Ihre Arbeit verspricht, ganz ausgezeichnet zu werden. Die Methode, die Epoche von kleinen Symptomen der Oberfläche her zu fassen, scheint diesmal ihre ganze Kraft zu erweisen. Sie machen einen weiten Schritt über die bisherigen materialistischen Erklärungen ästhetischer Phänomene hinaus. Der Exkurs über den Jugendstil, schließlich aber auch alle übrigen Partien der Arbeit verdeutlichen, daß es keine abstrakte Theorie der Ästhetik gibt, sondern diese Theorie jeweils mit der Geschichte einer bestimmten Epoche zusammenfällt.
Die Diskussion über die Einzelheiten der Ausführung Ihrer Arbeit gehört zu den Erwartungen, die mir meine für Dezember geplante Europareise besonders wichtig erscheinen lassen. Ich glaube, daß aus der Eigenart und dem Vorzug Ihrer Methode eine besondere Verantwortlichkeit erwächst. Sie ziehen das ökonomische Moment nicht so sehr in der Gestalt des gesamten Produktionsprozesses und seiner Tendenzen als in bestimmten Einzelheiten heran. Dann müssen diese aber besonders erschließende Bedeutung haben. Während Ihre Hinweise auf den Anstoß zur Verwendung des Eisens und anderer Baumaterialien, die Angaben über Abhängigkeit mancher Erscheinungen in der Malerei vom Aufkommen der Photographie usw. äußerst erhellend sind, könnte etwa die Feststellung, daß das Bürgertum den Eisenbahnbau förderte, um seinen Aktienbesitz zu verbessern, mißverständlich wirken. Ferner glaube ich, daß die Frage, was nicht weggelassen werden darf, bei Ihrer Methode ebenso entscheidend ist, wie die Gestaltung dessen, was gebracht wird. Obgleich ich den bestimmten Eindruck habe, daß bereits alles ausgezeichnet durchgearbeitet ist, kann eine Aussprache vielleicht noch manches ins Licht rücken. Ob diese stattfindet oder nicht, bin ich sicher, daß Ihr Unternehmen ein für die materialistische Denkart ausgezeichnetes Ergebnis haben wird.

Dafür, daß Sie den Aufsatz über Fuchs noch schreiben wollen, danke ich Ihnen. Die Beschäftigung mit diesem Psychologen, Historiker und Sammler wird Sie nicht allzu weit von der Analyse des 19. Jahrhunderts entfernen.

Paris blieb Benjamins Wohnort bis zu seiner Flucht im Juni 1940, wenige Tage vor der Okkupation der Stadt durch die Deutschen. Nur hier, mit Hilfe der Bibliothèque Nationale, glaubte er, das Passagenwerk vollenden zu können. Zunächst, bis Mitte 1935, wohnte Benjamin in wechselnden Hotels des 16., 6. und 14. Arrondissements, kurzfristig war er auch wiederholt Gast in den Wohnungen seiner Schwester Dora, die gleichfalls nach Paris emigriert war. Von August oder September 1935 bis Juni 1937 hatte er in Montparnasse – 23, rue Bénard – ein möbliertes Zimmer *bei Emigranten als Untermieter* (1149) inne. Als er im September 1937 von einem Aufenthalt in San Remo zurückkehrte, fand er dieses Zimmer weitervermietet und mußte auf vier Monate in den Vorort Boulogne hinausziehen, wo eine Bekannte ihm vorübergehend ein Dienstmädchenzimmer zur Verfügung stellte; an einer lauten Ausfallstraße gelegen, war es zum Arbeiten ungeeignet. Erst im Januar 1938 konnte Benjamin eine eigene Wohnung beziehen: ein studio in dem Haus 10, rue Dombasle, im 15. Arrondissement, nahe der Métrostation Convention. Das Haus wurde überwiegend von deutschen Emigranten bewohnt, unter ihnen der Neurologe Fritz Fränkel und Arthur Koestler. In all diesen Jahren war Benjamins ökonomische Situation äußerst prekär. Die Beträge, die das Institut für Sozialforschung ihm zahlte, lagen an der Grenze des Existenzminimums; zwar sind sie immer wieder erhöht worden, aber die Erhöhungen wurden von der fortschreitenden Entwertung des französischen Franc aufgezehrt. So sollten denn auch die wenigen Reisen nach Dänemark und Italien, die Benjamin noch unternahm, ihn vor allem finanziell entlasten. In Skovsbostrand bei Svendborg, wo er im August und September 1936 und noch einmal von Ende Juni bis Oktober 1938 Brecht besuchte, waren die Lebenshaltungskosten wesentlich niedriger als in Paris. In San Remo konnte Benjamin bei seiner früheren Frau, in der heute nicht mehr vorhandenen Pensione Villa Verde, am westlichen Rand von San Remo, über dem Hotel Miramare und nahe dem Hotel Londra gelegen, kostenlos leben. Hier hielt er sich im Herbst 1936, von Juni bis Ende August 1937 und ein letztes Mal im Dezember 1937 und Januar 1938 auf. Hinzu kamen schließlich noch im Dezember 1936 eine kurze Reise in Familienangelegenheiten nach Venedig und wiederum San Remo sowie im Mai 1939 ein Besuch in Pontigny, wo Benjamin bei den von Paul Desjardins veranstalteten Entretiens einen Vortrag über Baudelaire (s. Bd. 1, 740-748) hielt. – Für die Fortsetzung des Passagenwerks waren eine Anzahl von Begegnungen mit Adorno wichtig, die zu ausgedehnten Diskussionen führten. Nachdem

die Freunde sich Anfang 1936 zum ersten Mal seit Beginn des Exils wiedergesehen hatten, kam Adorno im Laufe des Jahres noch zweimal nach Paris; im folgenden Jahr traf man sich im März wiederum in Paris und um die Jahreswende 1937/38, vor Adornos Übersiedlung nach den USA, in San Remo.
Fortgesetzt wurde das Manuskript der *Aufzeichnungen und Materialien*. Im Vordergrund stand dabei das Exzerpieren der einschlägigen, oftmals abgelegenen Literatur auf der Bibliothèque Nationale. Bereits im März 1936 schrieb Benjamin, *die materialen Vorstudien* seien *bis auf wenige enge Bezirke beendet* (1158), doch tatsächlich arbeitete er bis zum Frühjahr 1940 an den *Aufzeichnungen und Materialien*. Wie sehr immer in den späteren Teilen unkommentierte Exzerpte überwiegen, so entstanden auch in diesen Jahren noch zahlreiche theoretische Reflexionen; am gewichtigsten wohl die zur Kritik der Theorie des Fortschritts in Konvolut *N*, die später in den Thesen *Über den Begriff der Geschichte* verwandt wurden, sowie die *Zentralpark*-Fragmente, »sehr exponierte, durchaus spekulative Stücke« (Adorno; zit. Bd. 1, 1216) über Baudelaire, die zuerst im Konvolut *J* notiert wurden, oder schließlich das Frühjahr 1939, im Zusammenhang mit der Umarbeitung des *Flaneur*-Abschnitts aus der ersten Baudelaire-Arbeit geschriebene Konvolut *m* über die Funktion des Müßiggangs in der bürgerlichen Gesellschaft. – Vor allem aber gilt, daß alle größeren Arbeiten, die Benjamin während der wenigen Jahre, welche ihm noch blieben, geschrieben hat und die meisten in der »Zeitschrift für Sozialforschung« gedruckt worden sind, dem engeren oder weiteren Umkreis des Passagenwerks angehören. So steht der Aufsatz *Das Kunstwerk im Zeitalter seiner technischen Reproduzierbarkeit*, der im Herbst 1935 begonnen wurde und an dessen letzter abgeschlossener Fassung Benjamin noch im April 1939 arbeitete, zwar stofflich in keinem Zusammenhang mit dem Passagenentwurf – er handelt nicht von Erscheinungen des neunzehnten, sondern von solchen des zwanzigsten Jahrhunderts –, methodisch jedoch im engsten: er *fixiert den gegenwärtigen Standort, dessen Gegebenheiten und Fragestellungen maßgebend für den Rückblick ins neunzehnte Jahrhundert sein sollen* (1152). Gelegentlich sprach Benjamin von dem Kunstwerk-Aufsatz als von einem *zweiten Exposé* der ›Passagen‹, von *einer Art Gegenstück* (1151) zu *Paris, die Hauptstadt des XIX. Jahrhunderts*. – Nach Abschluß der 1936 gedruckten Fassung des Kunstwerk-Aufsatzes trug Benjamin sich zunächst mit dem Plan einer Arbeit über C. G. Jung; dieselbe Arbeit wird an anderer Stelle auch eine über Klages und Jung genannt. Sie sollte die methodologischen Erwägungen zum Passagenwerk weitertreiben, indem sie den Begriff des dialektischen Bildes – die zentrale erkenntnistheoretische Kategorie der ›Passagen‹ – den Archetypen Jungs und den archaischen Bildern von Klages konfrontierte. Zur Ausführung dieser Untersuchung ist es durch die Intervention von Horkheimer nicht gekommen. An ihrer

Stelle wandte Benjamin sich im Frühjahr 1937 der großen Arbeit über Baudelaire zu. Anfangs dachte er, sie als ein Kapitel des Passagenwerks selber schreiben zu können, bald aber sah er sich genötigt, den Baudelaire-Komplex aus jenem auszugliedern und ihm ein eigenes Buch vorzubehalten. Dazu scheinen innere Gründe ihn ebenso wie äußere bewogen zu haben. »Er muß an der Verwirklichung des mit dem Passagenwerk Intendierten, der geschichtsphilosophischen Konstruktion des neunzehnten Jahrhunderts, zunehmend gezweifelt haben; die Arbeit über Baudelaire sollte wenigstens ein *Miniaturmodell* des Passagenwerks erstellen. Daß Benjamin dazu die Möglichkeit erhielt, ist Max Horkheimer zu danken, der den Auftrag für die ›Zeitschrift für Sozialforschung‹ erteilte. Die Arbeit *Das Paris des Second Empire bei Baudelaire* wurde im Sommer und Herbst 1938 geschrieben.« Adorno »unterzog den Text in einem Brief vom 10. 11. 1938 eingreifender Kritik, die sich für die weitere Entwicklung von Benjamins Baudelaire-Projekt als überaus produktiv erwies. Ihr Ergebnis liegt in der Arbeit *Über einige Motive bei Baudelaire* vor, welche Benjamin Ende Februar 1939 begann.« (Bd. 1, 1064) – Selbst die einzige umfangreichere Arbeit Benjamins aus dieser Zeit, die nicht in den Umkreis der ›Passagen‹ gehört, der Aufsatz *Eduard Fuchs, der Sammler und der Historiker* von 1937, enthält immerhin *eine Anzahl von wichtigen Überlegungen zum dialektischen Materialismus, die provisorisch auf mein Buch* – das heißt auf das Passagenwerk – *abgestimmt sind* (1158).
Im Lauf der Jahre war wiederholt der Gedanke einer Übersiedlung Benjamins nach New York erwogen worden, wo sich seit 1934 der Hauptsitz des Instituts für Sozialforschung befand. Indessen hatte Benjamin sich nie sonderlich an dem Ortswechsel interessiert gezeigt, da er sich durch das Passagenwerk auf Paris verwiesen glaubte. Erst im Sommer 1939 konkretisierten sich seine Pläne, Amerika zu besuchen und nach Möglichkeit endgültig dort zu bleiben. Der in Europa absehbar gewordene Krieg bestimmte ihn dabei, aber auch die Gefahr, daß das Institut seine Zahlungen an ihn würde einstellen müssen – eine Gefahr, der er am Ort des Instituts selbst meinte enthoben zu sein und die tatsächlich niemals eintrat. Im Zusammenhang mit Horkheimers Bemühungen, einen amerikanischen Mäzen für Benjamins Arbeit zu finden, entstand im März 1939 in französischer Sprache das Exposé *Paris, Capitale du XIXe siècle*, in dem der letzte *Versuch eines Gesamtplans* (1154) zum Passagenwerk vorliegt. – Der Ausbruch des Krieges machte die Auswanderungspläne zunichte. Wie die meisten deutschen Emigranten wurde Benjamin Anfang September 1939 interniert, zunächst etwa zehn Tage im Rassemblement étranger au stade olympique Yves-du-Manoir in Colombes, außerhalb von Paris, dann in einem sogenannten Camp des travailleurs volontaires in der Nähe von Nevers, der alten Hauptstadt des Nivernais an der oberen Loire. Ende November konnte er das Lager wieder verlassen und in seine Wohnung

nach Paris zurückkehren. Frühestens Ende des Jahres, wahrscheinlich erst Anfang 1940 begann er mit der Niederschrift der Thesen *Über den Begriff der Geschichte*, die Adorno zufolge »gleichsam die erkenntnistheoretischen Erwägungen zusammenfassen, deren Entwicklung die des Passagenentwurfs begleitet hat« (Adorno, Über Walter Benjamin, a. a. O., 26). Diese wahrscheinlich letzte Arbeit Benjamins war abgeschlossen, als er, unmittelbar vor dem 14. Juni 1940 – dem Tag, an dem die deutschen Truppen Paris besetzten –, die Stadt verließ.
Beim Kunstwerk-Aufsatz, bei den Baudelaire-Arbeiten und den Thesen *Über den Begriff der Geschichte* handelt es sich um das Passagenwerk vorbereitende oder aus ihm herausgewachsene Schriften, die gleichwohl durchaus selbständig sind. Auch wenn sie alle in unterschiedlicher Weise Fragment blieben – noch einmal überarbeitet oder fortgesetzt werden sollten –, so ist ihr Fragmentcharakter doch mit dem der Fragmente im buchstäblichen Sinn, die der vorliegende Band enthält, nicht vergleichbar. Jene Texte werden deshalb im ersten Band der »Gesammelten Schriften« abgedruckt; ihre Entstehungsgeschichten finden sich an den respektiven Stellen des Apparats zum ersten Band ausführlich dokumentiert. Im folgenden werden diese Dokumente im allgemeinen nur insoweit wiederholt, als sie für die Entwicklung der ›Gesamt-Passagen‹ unerläßlich sind. Da insbesondere in die über die Jahreswende 1938/39 sich erstreckende Auseinandersetzung zwischen Adorno und Benjamin über *Das Paris des Second Empire bei Baudelaire*, die zur Abfassung von *Über einige Motive bei Baudelaire* führte, das Verhältnis der ›Gesamt-Passagen‹ zu dem aus ihnen abgezweigten ›Baudelaire‹ vielfältig hineinspielt, sei der Leser nachdrücklich aufgefordert, die entsprechenden Briefe (s. Bd. 1, 1093-1117) zur Ergänzung heranzuziehen.

73. BENJAMIN AN GRETEL ADORNO. PARIS, 9. 10. 1935
Wenn Du annimmst, daß es mit meiner Veränderung – die noch erst als ein Nebelbild in der Ferne steht – eine sehr viel schwierigere Bewandtnis hätte, so hast Du recht. Aber unverantwortlicher als in die Gefahr vitaler Verstrickungen, wäre es, durch zu große Umsicht sich der bloßen Lebensmöglichkeit zu begeben. Ob aber diese in Westeuropa für mich noch lange bestehen wird, weiß ich nicht; weiß nur, wenn es die gegenwärtige bleibt, so vermindert sie sich im Quadrat ihrer Dauer.
Kurz gesagt: was ich brauche, das ist, nicht daß man mich – eine in infinitum reduzierbare Größe – unterstützt sondern meine Arbeit, die bescheidene Minimalforderungen stellt, aber bestimmte. Müßte ich hier alle Hoffnung aufgeben, so fände ich kaum den Mut, das zu formulieren. So aber liegt es augenblicklich nicht ganz. Es ist eine zwar kurze und provisorische, aber doch positive Antwort von Max auf mein Exposé eingegangen. Und was zwar nicht objektiv, aber, für den Augenblick, subjektiv jedenfalls, und

kaum weniger ins Gewicht fällt, das ist, daß ich in letzter Zeit in dem Gradnetz der Konstruktion, das das der Dokumentation gewissermaßen schneidet, um ein Entscheidendes weiter gekommen bin. Viel hätte ich Dir davon zu sagen; und wie weniges läßt sich schreiben! Was ich Dir aber erzählen könnte, das würde – dessen bin ich gewiß – auch das Exposé, das Du kennst, Dir in ein neues und teilweise vertrauteres Licht rücken. Auf das Sachliche kann ich nicht eingehen, sondern Dir nur grundsätzlich sagen, daß ich – in diesen letzten Wochen – denjenigen verborgenen Strukturcharakter in der jetzigen Kunst – in der jetzige[n] Lage der Kunst – erkannt habe, der es erlaubt, das für uns Entscheidende, eben erst aktual Durchschlagende im »Schicksal« der Kunst im neunzehnten Jahrhundert zu erkennen*. *Ich habe damit meine Erkenntnistheorie, welche um den selbst Dir vielleicht nicht vertrauten und von mir sehr esoterisch gehandhabten Begriff des »Jetzt's der Erkennbarkeit« kristallisiert ist, an einem entscheidenden Exempel realisiert. Ich habe denjenigen Aspekt der Kunst des neunzehnten Jahrhunderts gefunden, der nur »jetzt« erkennbar ist, der es nie vorher war und der es nie später sein wird.*

74. BENJAMIN AN HORKHEIMER. PARIS, 16. 10. 1935 (Briefe, 688-691)
Ich danke Ihnen vielmals für Ihren Brief vom 18. September. Natürlich war er für mich eine große Freude. Die Anzahl derer, vor denen meine Arbeit mich ausweisen kann, ist seit der Emigration klein geworden. Jahre und Lebenslage bewirken es andererseits, daß diese Arbeit im Haushalt des Lebens einen immer größeren Raum einnimmt. Daher die besondere Freude durch Ihren Brief.
Gerade weil Ihre Stellungnahme zum Exposé von so großer Wichtigkeit ist und mir eine Hoffnung eröffnet, hätte ich diesem Brief gern jedes Eingehen auf meine Verhältnisse ferngehalten. In der Hoffnung auf ein »Wunder«, die in solchen Fällen verzeihlich ist, habe ich ihn denn auch aufgeschoben. Nun aber, da ich den Ertrag einiger kleiner Geschichten, die ich für die Schweizer Presse geschrieben hatte, in einer Anzahl von Franken beisammen habe, die ich mir an den Fingern abzählen kann, ist auch ein Brief, der sich einmal gänzlich auf meine Arbeit beschränken könnte, ein unerschwinglicher Luxus geworden. Als ich das letzte Mal mit Herrn Pollock sprach, sagte ich ihm, daß mehr als das Ausmaß jeder gegenwärtigen Hilfe die Möglichkeit mir bedeute, in ausweglosen Situationen auf Sie zurückzugreifen. Er verstand das, und wenn die letzte Entscheidung des Instituts mir eine wirklich eingreifende Erleichterung für ein volles Vierteljahr brachte, so wird Sie das, wie ich zuversichtlich hoffe, nicht hindern, meine Sache im Sinn der Worte zu prüfen, die ich damals Herrn Pollock sagte.

---

* Der Satz ist die früheste bislang bekannte Anspielung auf die Arbeit *Das Kunstwerk im Zeitalter seiner technischen Reproduzierbarkeit.*

Meine Situation ist so schwierig, wie eine Lage ohne Schulden es überhaupt sein kann. Ich will mir damit nicht etwa das geringste Verdienst zuschreiben, sondern nur sagen, daß jede Hilfe, die Sie mir gewähren, eine unmittelbare Entlastung für mich bewirkt. Ich habe, verglichen mit meinen Lebenskosten im April, als ich nach Paris zurückkam, mein Budget außerordentlich beschränkt. So wohne ich jetzt bei Emigranten als Untermieter. Es ist mir außerdem gelungen, Anrecht auf einen Mittagstisch zu bekommen, der für französische Intellektuelle veranstaltet wird. Aber erstens ist diese Zulassung provisorisch, zweitens kann ich von ihr nur an Tagen, die ich nicht auf der Bibliothek verbringe, Gebrauch machen; denn das Lokal liegt weit von ihr ab. Nur im Vorbeigehen erwähne ich, daß ich meine Carte d'Identité erneuern müßte, ohne die dafür nötigen 100 Francs zu haben. Auch den Beitritt zur Presse Étrangère, den man mir aus administrativen Gründen nahegelegt hat, habe ich, da die Gebühr 50 Francs beträgt, noch nicht vollziehen können.
Es ist an dieser Lage das Paradoxe, daß meine Arbeit wahrscheinlich nie einer öffentlichen Nützlichkeit näher gewesen ist als eben jetzt. Durch nichts ist Ihr letzter Brief mir so ermutigend gewesen als durch die Andeutungen, die er in diesem Sinn macht. Der Wert Ihrer Anerkennung ist mir proportional der Beharrlichkeit, mit der ich in guten und bösen Tagen an dieser Arbeit festhielt, die nun die Züge des Plans annimmt. Und zwar neuerdings in besonders entschiedener Gestalt.
Wenn Herr Pollock mir bei seinem Hiersein den Anstoß gab, das Exposé niederzuschreiben, so war Ihr letzter Brief die Veranlassung, das historische Bild der Sache, das nun provisorisch fixiert war, zugunsten konstruktiver Überlegungen beiseite zu setzen, die das Gesamtbild des Werkes bestimmen werden. So vorläufig nun ihrerseits diese konstruktiven Überlegungen in der Gestalt sein mögen, in der ich sie fixiert habe, so darf ich doch sagen, daß sie in der Richtung einer materialistischen Kunsttheorie einen Vorstoß machen, der seinerseits weit über den Ihnen bekannten Entwurf hinausführt. Diesmal handelt es sich darum, den genauen Ort in der Gegenwart anzugeben, auf den sich meine historische Konstruktion als auf ihren Fluchtpunkt beziehen wird. Wenn der Vorwurf des Buches das Schicksal der Kunst im neunzehnten Jahrhundert ist, so hat uns dieses Schicksal nur deswegen etwas zu sagen, weil es im Ticken eines Uhrwerks enthalten ist, dessen Stundenschlag erst in u n s e r e Ohren gedrungen ist. Uns, so will ich damit sagen, hat die Schicksalsstunde der Kunst geschlagen, und deren Signatur habe ich in einer Reihe vorläufiger Überlegungen festgehalten, die den Titel tragen »Das Kunstwerk im Zeitalter seiner technischen Reproduzierbarkeit« [s. Bd. 1, 431-508]. Diese Überlegungen machen den Versuch, den Fragen der Kunsttheorie eine wahrhaft gegenwärtige Gestalt zu geben: und zwar von innen her, unter Vermeidung aller u n v e r m i t t e l t e n Beziehung auf Politik.

Diese Aufzeichnungen, die fast nirgends auf historisches Material Bezug nehmen, sind nicht umfangreich. Sie haben einen lediglich grundsätzlichen Charakter. Ich könnte mir denken, daß sie in der Zeitschrift an ihrem Platze wären. Was mich betrifft, so ist es selbstverständlich, daß ich diesen Ertrag meiner Arbeit von Ihnen am liebsten publiziert sähe. Keinesfalls will ich ihn drucken lassen, ohne Ihre Stimme darüber gehört zu haben.
Wenn Sie berücksichtigen, daß die erwähnten Arbeiten zeitlich im Hintergrund meines Tagesprogramms stehen, das in seinem Hauptteile von der Studie über Fuchs bestimmt wird, und daß ich späterhin einen Vortrag für das Institut des Études Germaniques vorbereite, so sehen Sie, daß meine Zeit gut ausgefüllt ist. Es wäre mir, um unter solchen Umständen einen Fixpunkt zu haben, lieb, wenn Sie selbst mir einen Termin für das Manuskript über Fuchs vorgeschlagen wollten.
Ein anderer und entscheidender Fixpunkt wird für mich Ihre Europareise sein. Ich bin gewiß, daß sich dann für uns die Gelegenheit zu einer eingehenden Beratung ergeben wird. Zu den Härten meiner hiesigen Existenz gehört auch die, über die wichtigsten Gedanken der Arbeit mich mit keinem Anwesenden verständigen zu können. In dem Stadium, in welchem sie sich befinden, darf ich mit ihnen nicht leichtfertig verfahren. Daher habe ich das Exposé niemandem hier gezeigt. Mir fiel in Ihrem Brief besonders ein Satz über das, was »nicht weggelassen werden darf«, auf. Darüber hoffe ich von Ihnen, am liebsten mündlich, noch mehr zu hören.

75. BENJAMIN AN SCHOLEM. PARIS, 24. 10. 1935 (Briefwechsel Scholem, 209f.)
Manchmal träume ich den zerschlagenen Büchern nach – der Berliner Kindheit um neunzehnhundert und der Briefsammlung – und dann wundere ich mich, woher ich die Kraft nehme, ein neues ins Werk zu setzen. Freilich mit so vielen Umständen, daß sein Schicksal noch unabsehbarer ist als die Gestaltung meiner eignen Zukunft. Auf der andern Seite ist es doch gleichsam das Wetterdach, unter das ich trete, wenn es draußen zu schlimm wird. Zu diesen Unbilden des draußen gehört auch der Fuchs. Aber mit der Zeit härte ich mich gegen seinen Text ab, dem ich zudem weiterhin nur unter mannichfachen Vorkehrungen mich aussetze. Im übrigen berücksichtige ich seine Bücher ausschließlich soweit er das neunzehnte Jahrhundert behandelt. So entfernt er mich nicht allzusehr von meiner eigentlichen Arbeit.
Diese ist in der letzten Zeit durch einige grundlegende Feststellungen kunsttheoretischer Art in entscheidender Weise gefördert worden. Zusammen mit dem historischen Schematismus, den ich vor ungefähr vier Monaten entworfen habe, werden sie – als systematische Grundlinien – eine Art Gradnetz bilden, in das alles einzelne einzutragen sein wird. Diese Überlegungen verankern die Geschichte der Kunst im neunzehnten Jahr-

Zeugnisse zur Entstehungsgeschichte 1151

*hundert in der Erkenntnis ihrer gegenwärtigen von uns erlebten Situation.
Ich halte sie sehr geheim, weil sie zum Diebstahl unvergleichlich besser als
die meisten meiner Gedanken geeignet sind. Ihre vorläufige Aufzeichnung
heißt »Das Kunstwerk im Zeitalter seiner technischen Reproduzierbarkeit«.*

76. BENJAMIN AN KRAFT. PARIS, 28. 10. 1935 (Briefe, 698 f.)
*Was micht betrifft, so bemühe ich mich, mein Teleskop durch den Blutnebel
hindurch auf eine Luftspiegelung des neunzehnten Jahrhunderts zu richten,
welches ich nach den Zügen mich abzumalen bemühe, die es in einem
künftigen, von Magie befreiten Weltzustand zeigen wird. Natürlich muß
ich mir zunächst einmal dieses Teleskop selber bauen und bei dieser
Bemühung habe ich nun als Erster einige Fundamentalsätze der materialistischen Kunsttheorie gefunden. Ich bin augenblicklich dabei, sie in einer
kurzen programmatischen Schrift auseinanderzusetzen.*

77. BENJAMIN AN HORKHEIMER. PARIS, 9. 11. 1935
*Herzlich danke ich Ihnen für Ihre Briefe aus den letzten Oktobertagen und
für die von Ihnen veranlaßte Sendung.
Ich werde nun jedenfalls meine Papiere in Ordnung bringen können.
Daß ich mich auf das Wiedersehen mit Ihnen besonders freue, brauche ich
Ihnen kaum zu sagen. Bis zu Ihrem Erscheinen in Europa wird jenes zweite
Exposé [scil. »Das Kunstwerk im Zeitalter seiner technischen Reproduzierbarkeit«], von dem mein letzter Brief sprach, einen Niederschlag gefunden
haben, der es zu einer Art Gegenstück des ersten macht.
Sie treffen mich jederzeit in Paris an.*

78. BENJAMIN AN KRAFT. PARIS, 27. 12. 1935 (Briefe, 700)
*Zum Schluß möchte ich noch anmerken, daß ich eine programmatische
Arbeit zur Kunsttheorie abgeschlossen habe. Sie heißt »Das Kunstwerk im
Zeitalter seiner technischen Reproduzierbarkeit«. Sie steht stofflich in
keinem Zusammenhang mit dem großen Buch, dessen Plan ich erwähnt
habe, methodisch aber im engsten, da jeder geschichtlichen Arbeit, besonders wenn sie beansprucht, vom historischen Materialismus sich herzuschreiben, eine genaue Fixierung des Standorts der Gegenwart in den
Dingen vorhergehen muß, deren Geschichte dargestellt werden soll: ... das
Schicksal der Kunst im neunzehnten Jahrhundert.*

79. BENJAMIN AN ALFRED COHN. PARIS, 26. 1. 1936 (Briefe, 702)
*Auf lange Dauer werde ich Paris vorläufig nicht verlassen – es sei denn, daß
politische Umstände es erzwingen – weil ich durch die Arbeit an meinem
Buch auf die Bibliothèque Nationale weiterhin angewiesen bleibe.
Zunächst werde ich allerdings die Studien dort auf eine gewisse Zeit*

unterbrechen, um mich an einem oder mehreren Gesamtentwürfen zu dem Buch zu versuchen. Meine Schrift über »das Kunstwerk im Zeitalter seiner technischen Reproduzierbarkeit« ist jetzt fertig geworden. Sie fixiert den gegenwärtigen Standort, dessen Gegebenheiten und Fragestellungen maßgebend für den Rückblick ins neunzehnte Jahrhundert sein sollen. Diese Programmschrift soll in der Zeitschrift des Instituts und zwar auf französisch erscheinen.

80. BENJAMIN AN KRAFT. PARIS, 30. 1. 1936 (Briefe, 705 f.)
*Zufällig bin ich jetzt auf meine Weise dabei, in Heine zu geraten. Ich lese die Prosa, soweit sie sich mit französischen Zuständen beschäftigt. Sehr dankbar wäre ich Ihnen, wenn Sie mir angeben wollten, wo die Beschäftigung mit diesen Zuständen etwa in seiner Poesie einen Niederschlag gefunden hat. [...]
Soweit ich Zeit für mein Buch finde, wende ich sie gegenwärtig dem Studium im Cabinet des Estampes zu, wo ich auf den großartigsten Porträtisten der Stadt Paris, Charles Meryon, gestoßen bin, einen Zeitgenossen Baudelaires. Seine Radierungen gehören zu den erstaunlichsten Blättern, die je eine Stadt ins Leben gerufen hat; es ist ein ungeheurer Verlust, daß der Plan, sie von Baudelaireschen Erläuterungen begleiten zu lassen, infolge von Meryons Schrullen nicht ausgeführt wurde.*

81. BENJAMIN AN ADORNO. PARIS, 7. 2. 1936
*Ich freue mich, Ihnen berichten zu können, daß die Aussprache zwischen Max [Horkheimer] und mir über diese Arbeit [scil. »Das Kunstwerk im Zeitalter seiner technischen Reproduzierbarkeit«] sich auf die fruchtbarste Art und in der freundschaftlichsten Atmosphäre bewegt hat. [...]
Aber über diese Arbeit hinaus hat sich diesmal in den Gesprächen und in den Abmachungen mit Max das realisiert, worauf meine dringendsten Wünsche und Ihre tätige Freundschaft so lange hinzielten. Ich brauche Ihnen nach den letzten Worten, die wir hier im Hotel Lutetia bei Ihrem kurzen Erscheinen gewechselt haben, nicht zu sagen, was es für mich bedeutet, endlich ohne die brutalsten Existenzsorgen arbeiten zu können. Da auch Sie nun näher in die Arbeit des Instituts hineinrücken, so kann ich mir davon sowohl was unsere theoretischen Perspektiven wie was unsere praktische Position betrifft, wie ich hoffe ohne fahrlässigen Optimismus, Gutes versprechen.
Zunächst wird, soviel ich sehe, die Vorbereitung einer französischen Ausgabe von Max' Essays, über die ich nächstens mit Groethuysen verhandeln werde, uns äußern Anlaß zu unserer nächsten Begegnung geben. Ich wünsche mir sehr, daß Sie diesmal eine gewisse Zeit für Paris erübrigen können. Es würde mir schwer fallen, Sie abfahren zu lassen, ohne Ihnen z. B. im Cabinet des Estampes Einiges von der anschaulichen Dokumentation meines Buches gezeigt zu haben.*

Zeugnisse zur Entstehungsgeschichte   1153

Ich hoffe, Sie lesen zwischen diesen Zeilen den Dank, den unser Verhältnis
Ihnen unmittelbarer zu sagen verwehrt.

82. BENJAMIN AN KRAFT. PARIS, O. D. [Ende Februar 1936] (Briefe, 707)
Ihren Brief vom 15. Februar, für den ich Ihnen sehr herzlich danke, werde
ich zu meinen Arbeitspapieren legen, um seine vielen wertvollen Hinweise
auf Heine nach Maßgabe des Fortschritts in meinen Studien verwerten zu
können.

83. BENJAMIN AN SCHOLEM. PARIS, 29. 3. 1936 (Briefwechsel Scholem, 214f.)
Vergegenwärtige ich mir [...] das Wagnis, das ich doch meiner neuesten
Arbeit noch weniger als manchen vorangegangenen (da sie wichtiger ist)
ersparen kann: in die Zone unseres Briefwechsels (und somit auch seiner
Latenzzeiten) einzutreten, so kann ich mich der Besorgnis nicht immer
erwehren.
Im übrigen ist die Befassung mit dieser Arbeit, die mich im Januar und
Februar vollkommen absorbiert hatte, ein Grund, der einen lichten Zug in
das Tableau meines Schweigens trägt.
Sie wird zunächst – vielleicht bald, vielleicht erst Ende des Jahres – auf
französisch erscheinen und zwar zieht die »Zeitschrift für Sozialforschung«,
die sie bringt, die Übersetzung dem Originaltext vor. Dessen Titel lautet:
»das Kunstwerk im Zeitalter seiner Reproduzierbarkeit«. Für den Origi-
naltext sehe ich zur Zeit keine Publikationschancen.
Näheres über diese Arbeit – beziehungsweise ihren Text – verschiebe ich für
ein späteres Mal. [...]
Über die äußeren Daten meiner hiesigen Existenz will ich mich heute nicht
von neuem verbreiten. Das große Buch ist über der neuen Arbeit, die zwar
sachlich nicht die leiseste, methodisch aber die engste Fühlung mit ihm hat,
zurückgetreten. Bevor ich es wieder aufnehme, werde ich eine kurze Studie
über Nikolai Lesskow [s. Bd. 2, 438-465] schreiben müssen, zu welcher ich
mich verpflichtet habe. Den Fuchs habe ich wieder einmal auf seine lange
Bank geschoben.

84. BENJAMIN AN KITTY MARX-STEINSCHNEIDER. PARIS, 15. 4. 1936 (Briefe, 711)
Auf der einen Seite lese ich die Sachen, die mir durch meine Arbeiten mehr
oder weniger vorgeschrieben sind – das meiste davon steht in selten
benutzten Rayons der Magazine der Bibliothèque Nationale. Auf der
anderen Seite gewinne ich dadurch die Freiheit, von allen literarischen
Rücksichten unbeschwert meinem simplen Vergnügen als Leser nachzu-
gehen.

85. SCHOLEM AN BENJAMIN. JERUSALEM, 19. 4. 1936 (Briefwechsel Scholem, 217)
Zu Deiner neuen Arbeit wünsche ich Dir viel Glück, und hoffe, sie bringt Dich auch wieder zur Beendigung der andern großen Sache zurück, von der ich dachte, Du würdest sie jetzt schon der Schlußredaktion unterziehen.

86. BENJAMIN AN SCHOLEM. PARIS, 2. 5. 1936 (Briefwechsel Scholem, 218 f.)
Was meine eigne Arbeit betrifft, so wird ihr jeweiliger Stand von deinen ihr zugewandten Gedanken offenbar stets weit überflügelt. Jedenfalls nehme ich an, daß du unter dem großen Vorhaben, das du erwähnst, die »Pariser Passagen« verstehst. Da bleibt es bei der alten Sache, daß vom eigentlichen Text noch kein Sterbenswort existiert, wenn auch das Ende der Studien zu ihm absehbar geworden ist. Auch liegt im Augenblick der Akzent nicht auf diesen sondern auf der Planung des Ganzen, die ihrerseits ungemein überdacht sein will und gewiß noch lange zu diesen und jenen Versuchen Veranlassung geben wird. Meine letzte Arbeit, deren französische Fassung – »L'œuvre d'art a l'époque de sa reproduction mécanisée« – in drei Wochen erscheinen soll, ist aus diesen Planungen mit hervorgegangen. Sie berührt sich mit der großen Sache thematisch nur wenig, gibt aber für verschiedene ihrer Untersuchungen den Fluchtpunkt an. Unter den erwähnten Versuchen eines Gesamtplans ist bisher nur einer fixiert. Sobald ich mich diesem Gegenstand wieder zuwende, werde ich es mit einem Gegenstück zu diesem ersten versuchen.

87. BENJAMIN AN HORKHEIMER. PARIS, 6. 6. 1936
Ich danke Ihnen vielmals für die freundlichen Zeilen vom 6. Mai, mit denen Sie die Bitte von Marcuse begleiten.
Der Gedanke eines solchen Lesebuches macht mir großen Eindruck. Besonders freue ich mich auf die Kapitel »Die Forderung nach Glück« und »Die Person des Materialisten«. Ich möchte das Meine zum Gelingen des Plans beitragen, und es ist mir unzweifelhaft, daß sich das im Verlauf der Arbeit an meinem Buch von selber ergeben wird. Wenn mein Material nicht nach ganz anderen Gesichtspunkten gruppiert wäre, als denen des Lesebuches, könnte ich umgehend Hinweise geben. Auf alle Fälle setze ich es mir vor.
[...]
Zum Schluß eine Bitte: Ich habe seit langem (schon in Berlin) vergebliche Versuche gemacht, mir Schriften von Most zu verschaffen, die für mein Buch vermutlich sehr wichtig sind. Es handelt sich um
Johann Most: Revolutionäre Kriegswissenschaft New York 1885,
  Memoiren 4 Bde New York 1903-1907

In Paris sind diese Bücher nicht aufzutreiben und jetzt teilt mir Henryk Grossmann, den ich gebeten hatte, sich dafür zu interessieren, mit, daß sie auch im Britischen Museum fehlen. Er nimmt nun an, es sei Ihnen vielleicht möglich, mir da zu helfen.
Daß die Schriften von Most sich in New York finden, dürfte in der Tat sicher sein. Man müßte sie, nebenbei gesagt, auch für das materialistische Lesebuch durchsehen. Aber besteht eine Möglichkeit, sie, etwa durch Vermittlung der Bibliothèque Nationale, auszuleihen? Ich wäre Ihnen sehr dankbar, wenn Sie meine Frage an einen Ihrer Mitarbeiter weitergeben könnten. Vielleicht läßt sich doch Rat schaffen.

88. HORKHEIMER AN BENJAMIN. NEW YORK, 16. 6. 1936
Nach den Schriften von Most werden wir uns hier erkundigen und Ihnen Mitteilung machen. Marcuse sagt übrigens, daß die Werke in Deutschland nicht selten gewesen sind. Sollte sie ein Antiquar für Sie beschaffen können, so wäre das Institut nach Mitteilung des Preises evt. bereit, die Bände zu kaufen und sie zunächst Ihnen eine Zeitlang zu überlassen.

89. BENJAMIN AN HORKHEIMER. PARIS, 6. 7. 1936
Für heute will ich nicht schließen, ohne Ihnen vielmals für Ihre Unterstützung meiner Suche nach den Schriften von Most zu danken. Ich will sie – unverbindlich – bei einem hiesigen Antiquar aufgeben.

90. BENJAMIN AN HORKHEIMER. PARIS, 13. 10. 1936 (Briefe, 722f.)
Bevor ich meinen Bericht aufnehme, möchte ich Ihnen meinerseits herzlichen Dank dafür sagen, daß Sie den hiesigen Aufenthalt von Wiesengrund möglich gemacht haben. Unsere Aussprache, die doch jahrelang angestanden hatte, ließ eine Gemeinschaft in den wichtigsten theoretischen Intentionen erkennen, die sehr erfreulich war, ja belebend wirkte. Diese Übereinstimmung hatte, angesichts unserer langen Trennung, bisweilen etwas beinahe Erstaunliches.
Das unserer Aussprache zugrundeliegende Material: der Jazz-Essai [s. jetzt Adorno, Gesammelte Schriften, Bd. 17: Musikalische Schriften IV, hg. von R. Tiedemann, Frankfurt a. M. 1982, 74-100], die Reproduktionsarbeit, der Entwurf meines Buchs und eine Anzahl methodischer Reflexionen dazu von Wiesengrund – dies Material war groß genug, um die grundsätzlichsten Fragen in Angriff zu nehmen. Und die uns zur Verfügung stehende Zeit war im Verhältnis zu den anhängigen Fragen so kurz, daß wir den Komplex der materialistischen Erkenntniskritik, wie Wiesengrund sie sich in der Oxforder Arbeit [s. jetzt Adorno, Gesammelte Schriften, Bd. 5: Zur Metakritik der Erkenntnistheorie, hg. von Gretel Adorno und R. Tiedemann, 2. Aufl., Frankfurt a. M. 1975, 7-245] vorgesetzt hat, kaum hätten angreifen können, selbst wenn uns das Manuskript vorgelegen hätte. Unser nächstes

Gespräch wird hoffentlich um dieses Fundament bereichert sein, ebenso wie um gewisse Abschnitte meines Buchs, die ich nach Abschluß der Fuchs-Arbeit in Angriff zu nehmen gedenke.
Die abgelaufene Woche hat in mir den regsten Wunsch erweckt, die Beratung über die wissenschaftliche Linie des Instituts, die Sie in Ihrem Brief v. 8. September ins Auge fassen, möchte in absehbarer Zukunft stattfinden. So nötig sie durch die Zeitumstände geworden ist, so viel verspreche ich mir von ihr.

91. BENJAMIN AN ADORNO. SAN REMO, 2. 12. 1936
Zum Schluß herzlichen Dank für den Noack [s. Briefe 62 und 63]. Sein Studium war der Weg, auf dem ich selbst diese Zeit in Bruchstücken für die Passagenarbeit retten konnte.

92. BENJAMIN AN HORKHEIMER. PARIS 17. 12. 1936
Sie haben gewiß zunächst dem Institut zuliebe Wiesengrunds Kommen hierher ermöglicht. Das schließt nicht aus, daß Sie mir damit ein persönliches Geschenk gemacht haben. Und es ist mein Erstes, Ihnen dafür zu danken.
Je öfter Wiesengrund und ich dazu gelangen, die weit aus einander liegenden Bezirke, denen unsere Arbeit in den Jahren vor unserem Wiedersehen im Oktober gegolten hat, gemeinsam zu durchstreifen, desto mehr bewährt sich die Verwandtschaft unserer Intentionen. Sie ist so ursprünglich, daß sie auf die Berührung im Stofflichen verzichten kann, ohne darum weniger deutlich, ja kontrollierbar zu sein. So sind die letzten Gespräche, die sich bald mit der Husserlanalyse [scil. Adornos Arbeit, die später unter dem Titel »Zur Metakritik der Erkenntnistheorie« veröffentlicht wurde], bald mit ergänzenden Reflexionen zur Reproduktionsarbeit, bald mit Sohn-Rethels Entwurf [s. Alfred Sohn-Rethel, Warenform und Denkform. Aufsätze, Frankfurt a. M., Wien 1971, 27-100] befaßten, für uns von wirklicher Bedeutung gewesen.
Der letzte Abend galt meinem Pariser Buch. Aber es hat auch sonst in unsere Gespräche hineingespielt, und Wiesengrunds Vorschlag, Sie möchten mich mit einer Arbeit über Jung betrauen, ist aus solchem Gespräch erwachsen. Ich glaube, daß es ein glücklicher Vorschlag ist; immerhin muß ich Ihnen mitteilen, was im übrigen Wiesengrund bekannt ist: daß ich bisher sehr wenig von Jung gelesen habe. – Wiesengrund will mir die wichtigste Literatur von ihm und seiner Schule nachweisen.
Selbstverständlich kann mir dieses wie jedes andere Thema erst nähertreten, wenn die Arbeit über Fuchs vorliegt.

93. BENJAMIN AN ADORNO. PARIS, 1. 3. 1937
Ich habe mir indessen eine Bibliographie von Jungs Schriften zusammenge-

stellt. (Es war nicht ganz leicht; die wichtigeren Dinge finden sich sehr zerstreut.) Je öfter ich über Ihren Vorschlag nachdenke, desto mehr gewinne ich ihm ab. Ich habe Max in diesem Sinne geschrieben.

94. HORKHEIMER AN BENJAMIN. [NEW YORK,] 16. 3. 1937
Sie werden mit Pollock [, der mit dem gleichen Schiff wie dieser Brief ankommt,] auch über Ihre künftige Arbeit sprechen. Der Plan, über Jung zu schreiben, scheint mir nicht unbedingt glücklich zu sein. Ich zöge ein Thema vor, das unmittelbarer an Ihr Buch hinführt. Am liebsten wäre es mir, wenn Sie Pollock, der ja relativ rasch wieder hierher zurückkehrt, einige Vorschläge mit auf den Weg gäben.

95. BENJAMIN AN GRETEL ADORNO. PARIS, 27. 3. 1937
Was meine nächste Arbeit angeht, so gibt es dazu einen mir sehr sympathischen Vorschlag, der von Teddie stammt. Freilich ist seine Annahme nach dem letzten Briefe von Max noch problematisch.

96. BENJAMIN AN HORKHEIMER. PARIS, 28. 3. 1937
Ich habe es jedesmal als meine eigenste Sache betrachtet, Ihnen für die Entscheidung zu danken, durch die Sie Wiesengrunds Kommen hierher ermöglichten, und ich tue es für die eben verfloßnen gemeinsamen Tage von neuem. Bei der Isolierung, in der ich hier nicht sowohl was mein Leben als was meine Arbeit betrifft, mich befinde, sind diese Besuche von Wiesengrund für mich doppelt wertvoll. Sein letzter Aufenthalt hat einige Gespräche gezeitigt, die uns lange in Erinnerung sein werden. In ihrem Mittelpunkt standen unter anderm teils die ersten Kapitel des »Fuchs«, teils die Entwürfe von Sohn-Rethel.
Es ist schade, daß Ihr Brief vom 16. grade einen Tag nach Wiesengrunds Abreise kam. So hat sich Ihre zurückhaltende Stellung meinem neuen Arbeitsprojekt gegenüber mit seinem wiederholten Vorschlage gekreuzt. Was mir diesen Vorschlag vor zweieinhalb Monaten einleuchtend machte, was mich auch heute noch zu ihm zieht, ist die Chance, in einer Untersuchung über Klages und Jung diejenigen Seiten meines Buchplanes klarzustellen, die mich in dem Exposé von 1935 am wenigsten zufriedenstellen: ich meine die Gedankengänge, die es mit dem kollektiven Unbewußten und seiner Bildphantasie zu tun haben. Ich kann, diesen Gegenstand anrührend, das nochmalige Bedauern, daß bis zu unsrer nächsten Begegnung geraume Zeit scheint vergehen zu müssen, nicht unterdrücken. Die sachlichen Fragen, die hier vorliegen, brieflich adäquat formulieren, hieße fast, sie gelöst haben. Das ist nun keineswegs der Fall. Vielmehr handelt es sich in dem Gedankengang, den das Gespräch zu entwickeln hätte, um die älteste Schicht des Buchplanes, die vor dessen definitiver Gestaltung auf den Stand meiner derzeitigen Einsichten gebracht werden muß. Diese Einsichten sind

*nicht nur durch größere Materialstudien sondern auch durch neue methodische Überlegungen bedingt.
Formelhaft zu sprechen: ich denke mir, daß der definitive und verbindliche Plan des Buches nun, da die materialen Vorstudien dazu bis auf wenige enge Bezirke beendet sind, aus zwei grundlegenden methodischen Untersuchungen hervorzugehen hätte. Die eine hätte es mit der Kritik der pragmatischen Historie einerseits, der Kulturgeschichte andrerseits zu tun, wie sie sich dem Materialisten darstellt; die andere mit der Bedeutung der Psychoanalyse für das Subjekt der materialistischen Geschichtsschreibung. Zögern Sie, diesen zweiten Gegenstand vor einer mündlichen Beratung zwischen uns von mir behandelt zu wissen, so bliebe zu erwägen, das erstgenannte Thema – die Konfrontation der bürgerlichen und der materialistischen Geschichtsdarstellung – als Vorwort zu meinem Buch abzufassen. Wogegen ich einige Bedenken hätte, das wäre, ein bestimmtes Kapitel des Buches in Angriff zu nehmen, ehe die Gesamtkonstruktion des letzteren mir durchaus feststeht. – Sollten Sie schließlich dies vermittelnde Vorgehen nicht wirklich gutheißen können, so würde ich Ihnen, in medias res gehend, vorschlagen, das Kapitel über Baudelaire vorweg zu schreiben.*

97. BENJAMIN AN SCHOLEM. PARIS, 4. 4. 1937 (Briefwechsel Scholem, 236)
Der »Fuchs« ist beendet. Sein fertiger Text hat nicht ganz den Charakter der Penitenz, als die dir die Arbeit an ihm, mit großem Anschein des Rechts, erschienen ist. Er enthält vielmehr in seinem ersten Viertel eine Anzahl von wichtigen Überlegungen zum dialektischen Materialismus, die provisorisch auf mein Buch abgestimmt sind. Meine folgenden Arbeiten werden sich auf dieses Buch nun wohl unmittelbar zu bewegen.

98. HORKHEIMER AN BENJAMIN. NEW YORK, 13. 4. 1937
Unter den von Ihnen gewünschten Aufsatzthemen erscheint mir das Baudelaire-Kapitel am zweckmäßigsten. Gegen die Kritik der pragmatischen Historie und der Kulturgeschichte läßt sich einwenden, daß sie verhältnismäßig viele Überschneidungen mit dem Fuchs-Artikel mit sich bringen wird. Es empfiehlt sich nicht, zwei Arbeiten mit ähnlichen Inhalten in kurzen Abständen zu bringen. Es ist ja der große Vorzug Ihrer Fuchs-Arbeit, daß sie sich nicht so sehr aus dem Interesse an Fuchs als aus der Polemik gegen den Begriff Kulturgeschichte herleitet. Die Bedeutung der Psychoanalyse für das Subjekt der materialistischen Dialektik, das zweite Thema, hat einen anderen Nachteil. Es ist so prinzipiell und so sehr mit unseren gemeinsamen Interessen verknüpft, daß es eigentlich nur aufgrund gemeinsamer Diskussionen geschrieben werden kann. Hoffentlich finden diese im Verlauf des nächsten Jahres statt, sodaß dieser Vorschlag dann verwirklicht werden kann. Ein materialistischer Artikel über Baudelaire ist dagegen seit lange ein Desiderat. Wenn Sie sich tatsächlich dazu

entschließen könnten, dieses Kapitel Ihres Buches zuerst zu schreiben, wäre ich Ihnen außerordentlich dankbar.

99. BENJAMIN AN ADORNO. PARIS, 23. 4. 1937
Die Besprechung mit Pollock [im April 1937 in Paris] hatte das Sujet meiner nächsten Arbeit zum Hauptgegenstand. Die Widerstände gegen das von uns ins Auge gefaßte Thema sind offenbar erheblich. Ich habe den Eindruck, daß zur Zeit über einen mit ihm kommunizierenden Problemkreis schwierige Auseinandersetzungen zwischen Max und [Erich] Fromm im Gange sind. Unter drei Vorschlägen, die mein letzter Brief enthielt, greift die Antwort von Max, die vor wenigen Tagen eintraf, den dritten auf: zunächst das Baudelaire-Kapitel zu schreiben. Gewiß war mir Ihr Projekt das am tiefsten gemäße, gewiß auch das für die Arbeit dringlichste. Sagen wir uns auf der andern Seite, daß die wesentlichen Motive des Buches dergestalt ineinanderspielen, daß die einzelnen Themen in keinem Alternativverhältnis stehen.

100. BENJAMIN AN HORKHEIMER. PARIS, 26. 4. 1937
Mit Herrn Pollock habe ich, wie Sie inzwischen gewiß erfahren haben, einen schönen und gehaltreichen Abend verbracht. Dabei sind wir der Frage meines nächsten Auftrages, der schon Gegenstand unsrer kurzen Aussprache im März gewesen war, noch einmal, eingehender nachgegangen. Wenige Tage darauf kam Ihr Brief, der sich aufs engste mit dem berührt, was mir Herr Pollock entwickelt hat. – Es ist im Wesen meines Buches gelegen, daß jeder seiner Abschnitte von den Grundgedanken der übrigen durchwirkt wird. Darum kommt es mich keineswegs schwer an, Ihrem Hinweis, dessen Motive ich aus unserem hiesigen Gespräch wie aus Ihrem Brief entnehmen konnte, zu folgen. Wenn ein Vorbehalt angezeigt ist, so ist es der nächstliegende, den ich Herrn Pollock gegenüber gestreift habe: daß der derart entstehende Text dem Gesamtzusammenhang des Buchs gegenüber provisorischen Charakter behält und im Interesse dieses letzteren gegebenenfalls später umgearbeitet werden muß.
Indem ich an den »Baudelaire« herantrete, werde ich mich zweckmäßig auf die theoretische Auseinandersetzung vorbereiten, die Sie für das nächste Jahr anberaumen. Ich betrachte es als eines der fruchtbarsten Momente für meine Arbeit und als eine belebende Konstellation für mich selbst, daß die letzten Arbeiten des Instituts derart unmittelbar in den Zusammenhang eingreifen, den die meinen mir vorzeichnen. Die Bedeutung der psychoanalytischen Einsichten für eine materialistische Darstellung der Geschichte wird mir auf Schritt und Tritt ihre Probleme stellen. Ich sage darum nicht zu viel, wenn ich diese kommende Aussprache dringlich nenne. Hoffentlich wird sie uns in [nicht] allzu ferner Frist zuteil.

101. BENJAMIN AN ADORNO. PARIS, 1. 5. 1937
Daß Max dem Vorschlag, über Jung und Klages meine nächste Arbeit zu schreiben, zurückhaltend gegenübersteht und daß die Gründe dafür in internen Debatten innerhalb des newyorker Kreises liegen, hatte mich Pollock schon wissen lassen und ein Brief von Max hat dies unterdessen bestätigt. Die Gründe, die mich Ihrem Vorschlag so ganz beipflichten ließen, habe ich Max seinerzeit mitgeteilt, inzwischen auch meine Bereitschaft, wenn er es für angezeigt halte, unmittelbar den Baudelaire in Angriff zu nehmen.

102. ADORNO AN BENJAMIN. OXFORD, 12. 5. 1937
Einen weiteren Passus [aus einem Brief Horkheimers an Adorno] teile ich Ihnen wörtlich mit: »Von Benjamin erhalte ich soeben einen Brief, daß er mit dem Baudelaire-Thema sehr einverstanden ist. Sollten Sie (d. h. Teddie) entgegen meinem Vorschlag auf das Bilderthema [scil. das ursprünglich von Adorno vorgeschlagene über C. G. Jung] zurückkommen, so habe ich auch dagegen nichts einzuwenden. Ich wäre dann nur dankbar, wenn ich möglichst bald einen kurzen Entwurf mit den Grundgedanken erhalten könnte. Ich überlasse Ihnen beiden die letzte Entscheidung darüber, was nun in Angriff genommen werden soll, stehe jedoch selbst bis auf weiteres zu meinem Votum für Baudelaire.«
Ich habe ihm daraufhin nochmals meine Gründe für das archaische Bild dargelegt und ihm gesagt, daß ich die Sache mit Ihnen genau besprechen werde; ob die Entscheidung noch so lange aufgeschoben werden kann, bis ich in New York bin, kann ich nicht übersehen, da ich nicht weiß, wie im Augenblick Ihre Arbeit disponiert ist. Ich möchte Sie nicht drängen; aber Sie wissen, warum mir das archaische Bild lieber ist und ich glaube, daß nach diesen Sätzen Max keine ernsten Schwierigkeiten machen würde. Um so größer wäre natürlich die Verpflichtung, diese Arbeit wirklich zu einem entscheidenden methodischen achievement zu machen. Sollten Sie immer noch zu unserer ursprünglichen Idee stehen und zugleich der Ansicht sein, daß diese Arbeit hinter dem Baudelairekapitel sachlich nicht zurückstände, so würde ich Sie bitten, Max möglichst rasch jenen kleinen Entwurf zukommen zu lassen, im übrigen aber mich detailliert von seinen Einwänden zu verständigen, die ich immer noch nicht kenne.

103. BENJAMIN AN ADORNO. PARIS, 17. 5. 1937
Über den Gegenstand meiner nächsten Arbeit werden wir uns bei Ihrem Hiersein endgültig besprechen. Die Frage ist zu komplex, um sie brieflich zu klären. Heute will ich Sie nur des – zudem Selbstverständlichen – versichern, daß die Auseinandersetzung des dialektischen Bildes mit dem archaischen nach wie vor eine der entscheidenden philosophischen Aufgaben der »Passagen« umschreibt. Damit ist allerdings auch gesagt, daß

Thesen zu diesem Gegenstand auszusprechen, nicht Sache eines kleinen improvisierten Exposés sein kann. Diese Thesen kann ich vielmehr keinesfalls vor der gründlichen Auseinandersetzung mit den Theoretikern des archaischen Bildes formulieren. Deren Schriften sind – das ist ein Umstand, den ich erst seit kurzem weiß – auf der Bibliothèque Nationale nicht vertreten. Max' Direktiven hatten mich veranlaßt, diese bibliographische Frage zurückzustellen. Ich will diese Hindernisse gewiß nicht im entferntesten als dezisiv ansehen. Sie machen nur eine bündige Entscheidung im positiven Sinn zu einer Frage von mehreren Wochen.
Demgegenüber werden wir miteinander zu besprechen haben, in welchem Maße etwa die Arbeit über Baudelaire ihrerseits die entscheidenden methodischen Interessen der Passagenarbeit fördern kann. Wenn ich, unserm Gespräch vorgreifend, die Frage in einer Formel ausspreche, so wäre es diese: im Zuge einer Arbeitsökonomie auf lange Sicht halte ich die Arbeit über das archaische Bild für vordringlich. Im Interesse der mehr oder minder absehbaren Fertigstellung eines druckreifen Manuscripts empfiehlt sich die Arbeit über Baudelaire, die selbstverständlich ebenfalls ihr Gewicht haben soll.

104. BENJAMIN AN SCHOLEM. SAN REMO, 2. 7. 1937 (Briefwechsel Scholem, 240)
Für diesmal will ich nur berichten, daß die sanremeser Wochen gänzlich dem Studium von C G Jung vorbehalten sind. Es ist mein Wunsch, mir methodisch gewisse Fundamente der »Pariser Passagen« durch eine Kontroverse gegen die Lehren von Jung, besonders die von den archaischen Bildern und vom kollektiven Unbewußten zu sichern. Das hätte neben seiner internen methodischen Bedeutung eine öffentlichere politische; vielleicht wirst du gehört haben, daß Jung neuerdings mit einer eigens ihr reservierten Therapie der arischen Seele an die Seite gesprungen ist. Das Studium seiner Essaybände aus dem Anfang dieses Jahrzehnts – deren einzelne Stücke teilweise ins vorige zurückreichen – belehrt mich darüber, daß diese Hilfsdienste am Nationalsozialismus von langer Hand vorbereitet waren. Ich gedenke bei dieser Gelegenheit der besonderen Figuration des ärztlichen Nihilismus in der Literatur – Benn, Céline, Jung – nachzugehen. Allerdings steht es noch nicht fest, daß ich mir den Auftrag für diese Arbeit zu sichern vermögen werde.

105. ADORNO AN BENJAMIN. AUF DER »NORMANDIE«, 2. 7. 1937
Zunächst ist man [in der New Yorker Redaktion der »Zeitschrift für Sozialforschung«] am Baudelaire so viel mehr interessiert als an Jung und Klages, daß ich in Ihrem Interesse nicht glaubte insistieren zu sollen. Wenn der Baudelaire bald, und schlagend zustande käme, so wäre das in jedem Betracht von großem Vorteil.

106. BENJAMIN AN FRITZ LIEB. SAN REMO, 9. 7. 1937 (Briefe, 733)
Auch arbeitstechnisch macht der Zustand der Dinge sich bis in das mindeste Faktum fühlbar. So wird vorläufig mein großer Essay über Eduard Fuchs nicht erscheinen, um dessen endlose Verhandlungen um die Freigabe seiner Sammlung mit den deutschen Behörden nicht ungünstig zu beeinflussen, gleichzeitig sehe ich einen Lieblingsplan seine fast greifbare Gestalt wieder verlieren. Ich hatte eine Kritik der Jung'schen Psychologie vor, deren faschistische Armatur ich mir aufzuzeigen versprochen hatte. Auch das ist aufgeschoben. Ich wende mich jetzt einer Arbeit über Baudelaire zu.

107. BENJAMIN AN ADORNO. SAN REMO, 10. 7. 1937
Ich beginne damit, Ihnen zu sagen, wie froh ich bin, daß Sie zunächst in Europa bleiben. [...] Daß diese Disposition sachlich höchst wertvoll ist, davon bin ich – wie Sie wissen – durchdrungen. Die Brücke nach Europa wird also nicht abgebrochen sondern armiert!
Hiernach darf ich mich selbst zu dieser Entscheidung beglückwünschen. Ich bin gewiß, daß in die beiden nächsten Jahre auch die erkenntnistheoretische Fundierung der »Passagen« fallen wird. Sie wissen, wieviel ich mir von unserer stetigen Mitteilung gerade dabei verspreche.
[...]
Ein Schatten [...] ist die Zurückstellung der Jung-Kritik gegenüber dem Baudelaire. Der uns beiden so gewichtige Vorsatz, die erkenntnistheoretische Grundlegung der »Passagen« unverzüglich in Angriff zu nehmen, ist damit in seiner Ausführung verzögert. Ihre Nachricht hat mich beim intensiven, nach keiner Seite unfruchtbaren Studium von Jung angetroffen. Sie werden bei mir in Paris insbesondere die aufschlußreichen Bände der »Eranos-Jahrbücher« – das Publikationsorgan von Jungs Kreis – einsehen können. Über den »Baudelaire« sprechen wir.

108. BENJAMIN AN SCHOLEM. SAN REMO, 5. 8. 1937 (Briefwechsel Scholem, 247)
Ich wende mich einer neuen Arbeit zu, die Baudelaire gilt. En attendant habe ich in San Remo begonnen, mich in die Psychologie von Jung zu vertiefen – echtes und rechtes Teufelswerk, dem man mit weißer Magie zu Leibe zu rücken hat.

109. ADORNO AN BENJAMIN. LONDON, 13. 9. 1937
Sie werden ja jetzt Gelegenheit haben, ihn [Max Horkheimer] ausgiebig zu sprechen. Was die Frage Baudelaire oder Jung anlangt, so erklärte er, er wolle zunächst nun einmal den Baudelaire haben; ich bin aber überzeugt, daß, wenn Sie ihm die Aspekte des Jung ein wenig entfalten und dessen methodologische Bedeutung für die Passagen, dieser als nächster Aufsatz möglich sein wird.

[...]
Was die Frage der Bücheranschaffungen anlangt, so besteht eine gewisse Schwierigkeit darin, ob nicht die angeschafften Bücher schon vorhanden sind. Max stellt Ihnen für solche Anschaffungen zunächst fr. fr. 1000 zur Verfügung; die Bücher sollen der Institutsbibliothek zufallen und Max meint, es sei das beste, wenn die Anschaffungen möglichst in den Bereich der Passagen fielen. Wenn die Summe verbraucht ist, wird man weiter sehen.

110. BENJAMIN AN ADORNO. PARIS, 23. 9. 1937
Ich bin Ihnen überaus dankbar, daß Sie in London mit Max eingehend über meine Angelegenheiten gesprochen haben. In Paris haben wir seither nur einen Abend gehabt, und gerade weil er besonders glücklich und in einer neuen Homogeneität unserer Stimmung verlief, ist nicht alles Technische zur Sprache gekommen, was Anspruch darauf gehabt hätte. So ist es Ihr Brief, dem ich die Entscheidung über den Anschaffungsfond für Passagenbücher entnehme und ich kann mich zu ihr beglückwünschen.

111. BENJAMIN AN HORKHEIMER. BOULOGNE (SEINE), 6. 12. 1937
Zum Schluß möchte ich Ihnen mitteilen, daß ein neues Konvolut von Photokopien meiner Materialien zu den »Pariser Passagen« vorliegt. Sie bewahren soviel ich weiß das erste Konvolut in New York auf. Soll ich Ihnen das neue ebenfalls senden?

112. HORKHEIMER AN BENJAMIN. NEW YORK, 17. 12. 1937
Das neue Konvolut der Photokopien erwarte ich.

113. BENJAMIN AN HORKHEIMER. PARIS, 11. 2. 1938
Die Photokopien gehen in den nächsten Tagen durch das pariser Büro [scil. des Instituts für Sozialforschung] an Sie ab.

114. BENJAMIN AN HORKHEIMER. PARIS, 7. 3. 1938
Die Photokopien der neuen Passagen-Studien gehen durch das pariser Büro an Sie ab.

115. HORKHEIMER AN BENJAMIN. NEW YORK, 7. 3. 1938
Wiesengrund ist eingetroffen. Er wird die ersten vier Wochen auf Grund einer Absprache seine Zeit fast ausschließlich dem Radio Research Project zur Verfügung stellen. Dann werden wir erst richtig über seine Aufgaben sprechen, die das Institut betreffen. Was er von Ihrer Passagenarbeit erzählt, macht mich, besonders im Zusammenhang mit Ihrer Nachricht über die Entdeckung der Schrift von Blanqui [Auguste Blanqui, L'éternité par les astres. Hypothèse astronomique, Paris 1872; s. Briefe, 741 f., auch

Band 1, 1071 f.], immer gespannter darauf, bald einen Text zu Gesicht zu bekommen. Die Welt sieht ohnehin so unfreundlich aus, daß es gilt, die Dinge, die man zu sagen hat, nicht allzu lange aufzuschieben.

116. HORKHEIMER AN BENJAMIN. NEW YORK, 28. 3. 1938
Die Fotokopien sind eingetroffen.

117. BENJAMIN AN HORKHEIMER. PARIS, 16. 4. 1938 (Briefe, 750)
Dies schreibe ich Ihnen drei Tage nach meiner Begegnung mit Herrn Pollock. [...]
Unsere Aussprache, so kurz sie war, wird eine mir, wie ich hoffe, nützliche Bekanntschaft im Gefolge haben. Herr Pollock hörte von mir, wie erwünscht ein gelegentlicher Gedankenaustausch mit einem Ökonomen mir sein würde, und ich werde durch seine Vermittlung Herrn [Otto] Leichter kennenlernen.
Natürlich steht dieser Wunsch im Zusammenhang mit meiner Arbeit, um die unser Gespräch sich eine zeitlang bewegte. Sie ist gegenwärtig der Vorbereitung des »Baudelaire« zugewandt. Es hat sich – und das erzählte ich Herrn Pollock – bei ihr ergeben, daß diese Darstellung zu einer umfangreicheren wird, in der wesentlichste Motive der »Passagen« konvergieren. Das liegt ebensowohl am Sujet wie daran, daß dieser als ein zentraler Abschnitt des Buchs geplante als erster geschrieben wird. Diese Tendenz des »Baudelaire«, sich zu dessen Miniaturmodell zu entwickeln, hatte ich in den Gesprächen mit Teddie vorausgesehen. Seit San Remo hat sich das über mein Erwarten hinaus bestätigt.

118. BENJAMIN AN ADORNO. PARIS, 16. 4. 1938
Dolf Sternberger hat »Panorama – Ansichten des 19. Jahrhunderts« erscheinen lassen (Goverts – d. i. Classens-Verlag in Hamburg). Der Titel ist das Eingeständnis versuchten, zugleich der einzige Fall des geglückten Plagiats an mir, das den Grundgedanken des Buches abgab. Der Gedanke der »Passagen« ist hier doppelt filtriert worden. Von dem, was Sternbergers Schädel (Filter I) passieren konnte, ist das zum Vorschein gekommen, was die Reichsschrifttumskammer (Filter II) durchließ. Was da geblieben ist, davon können Sie sich unschwer einen Begriff machen. Im übrigen kann Ihnen die programmatische Erklärung dazu verhelfen, die Sie im »Aphoristischen Vorwort« finden: »Bedingnisse und Taten, Zwang und Freiheit, Stoff und Geist, Unschuld und Schuld können in der Vergangenheit, deren unabänderliche Zeugnisse, wenn auch verstreut und unvollständig, vor uns liegen, nicht voneinander abgeschieden werden. Alles dies ist vielmehr stets ineinander verwirkt ... Es handelt sich um die Zufälligkeit der Geschichte selber, die in der zufälligen Wahl der Zitate, in dem zufälligen, krausen Wirrsal der Züge, die gleichwohl zur Schrift sich fügen, nur aufgefangen und aufbewahrt ist.«

*Der unbeschreiblich dürftige Begriffsapparat Sternbergers ist aus Bloch, aus Ihnen und mir zusammengestohlen. Besonders ungewaschen ist die Verwendung des Begriffs der Allegorie, den Sie auf jeder dritten Seite finden. Zwei jämmerliche Exkurse über die Rührung beweisen mir, daß er seine Finger auch in die Wahlverwandtschaften-Arbeit gesteckt hat. –
An französische, also hier zentrale Quellen durfte er sich mit Rücksicht auf die Reichsschrifttumskammer nicht heranwagen. Wenn Sie sich vergegenwärtigen, daß es Bölsche, Häckel, Scheffel, die Marlitt und ähnliche sind, die er mit dem gedachten begrifflichen Handwerkszeug bearbeitet, so haben Sie eine zutreffende Vorstellung von dem, was einem, wenn man es schwarz auf weiß vor sich hat, unvorstellbar erscheint.
Daß der Junge, ehe er sich an dieses Meisterstück machte, im münchener Bericht über die hitlersche Rede gegen die entartete Kunst sein Gesellenstück lieferte [s. dst, Tempel der Kunst. Adolf Hitler eröffnete das »Haus der Deutschen Kunst«, in: Frankfurter Zeitung, 19. 7. 1937 (Jg. 81, Nr. 362)], erscheint mir in vollster Ordnung.
Ich denke, Sie lassen sich das Buch kommen. Vielleicht besprechen Sie mit Max, ob ich es anzeigen – zu deutsch: denunzieren soll [s. Bd. 3, 572-579].*

119. BENJAMIN AN SCHOLEM. SKOVSBOSTRAND PER SVENDBORG, 8. 7. 1938
(Briefwechsel Scholem, 279)
Unter den Gründen, die mir das Mißlingen unseres Vorhabens [scil. ein geplantes Treffen mit Scholem] betrübend machen, steht neben meinem Wunsch, deine Frau kennen zu lernen an erster Stelle der, mit dir über den Baudelaire sprechen zu können. Ich hätte mir davon viel versprochen. Liegt es doch so, daß der Gegenstand notwendig die ganze Masse der Gedanken und der Studien in Bewegung setzt, in denen ich mich seit geraumen Jahren ergangen habe. In diesem Sinn kann ich sagen, daß im Falle des Gelingens ein sehr genaues Modell der Passagenarbeit erstellt sein würde. Welche Gewähr es für dieses Gelingen gibt, ist eine andere Frage. Noch immer ist die beste, die ich kenne, Behutsamkeit, und so wende ich denn eine lange Kette von Reflexionen an die Komposition (die in der der Wahlverwandtschaftenarbeit ihr Vorbild haben wird).

120. BENJAMIN AN KITTY MARX-STEINSCHNEIDER. SKOVSBOSTRAND, 20. 7. 1938 (Briefe, 767)
Als Ihr Brief kam, war es gerade einige Tage her, daß ich zu einem fundierten Plan zurückgekehrt war, einem Essay über Baudelaire, der ein Teil der Arbeit über das vorige Jahrhundert ist, die ich seit mehr als zehn Jahren im Sinne führe. Der Aufsatz den ich schreibe und der seiner Anlage nach eher ein Buch darstellt, soll davon einen Teil unter Dach und Fach bringen.

121. BENJAMIN AN GRETEL ADORNO. SKOVSBOSTRAND PER SVENDBORG, 20. 7. 1938 (Briefe, 769f.)
Wir sind uns ja darin einig, daß in Arbeiten wie dem Baudelaire Entscheidendes von der Konzeption abhängt; die ist es, an der nichts forciert werden und in der nirgends fünf als gerade passieren darf. Es kommt hinzu, daß einige der grundlegenden Kategorien der Passagen hier zum ersten Male entwickelt werden. Unter diesen Kategorien steht, wie ich Euch wohl in San Remo bereits erzählte, die des Neuen und Immerwiedergleichen an erster Stelle. Weiter treten in der Arbeit – und das gibt Dir vielleicht am besten einen Begriff von ihr – Motive erstmals in Beziehung zueinander, die sich mir bisher nur in von einander mehr oder minder isolierten Denkfeldern präsentiert hatten: die Allegorie, der Jugendstil und die Aura. – Je dichter der begriffliche Kontext ausfällt, desto mehr Urbanität muß natürlich der sprachliche an den Tag legen.

122. BENJAMIN AN HORKHEIMER. SKOVSBOSTRAND, 3. 8. 1938
Ich komme zum »Baudelaire« – leider etwas ausführlicher als der ursprünglich vorgesehene Ablauf der Arbeit es nötig gemacht hätte. Daß der »Baudelaire« aus den Zusammenhängen der Studien und Reflexionen zu den »Pariser Passagen« heraus behandelt werden müsse, war selbstverständlich. Ich wäre, wie Sie am Schluß dieser Darlegungen mit Recht werden sagen können, gehalten gewesen, die Folgen dieses Sachverhaltes zu übersehen. Das war zunächst, vor anderthalb Jahren in der Tat der Fall. Als damals der von Ihnen angeregte »Baudelaire« im Gespräch zwischen Herrn Pollock und mir auftauchte, meinte ich, das würde vermutlich darauf hinauskommen, daß eine Anzahl Kapitel des geplanten Buches im Hinblick auf die Analyse von Baudelaire ihre Formulierung erfahren würden.
Es kam die Unterbrechung durch meine unglückliche Wohnungsaffäre; so geschah es, daß der »Baudelaire« bei Ihrem letzten pariser Aufenthalt in unsern Gesprächen kaum auftauchte. Erst in San Remo, bei meiner Begegnung mit Teddie Wiesengrund stand er im Mittelpunkt. Inzwischen hatte ich die entscheidende Bekanntschaft mit Blanquis Spätschrift gemacht, über die ich Ihnen am 6ten Januar berichtete [s. Briefe, 741f., auch Band 1, 1071f.]. Diese Schrift erwies mir, daß der Konvergenzpunkt der »Passagen« die Konstruktion auch des »Baudelaire« zu bestimmen habe. Die grundlegenden Kategorien der »Passagen«, die in der Bestimmung des Fetischcharakters der Ware übereinkommen, treten am »Baudelaire« voll ins Spiel. Deren Entfaltung überschreitet jedoch die Grenzen des Essays, welche Beschränkung sie sich auch auferlege. Sie geht im Rahmen der Antinomie zwischen dem Neuen und Immergleichen vor sich – einer Antinomie, die den Schein hervorbringt, mit dem der Fetischcharakter der Ware die echten Kategorien der Geschichte überblendet.

Zeugnisse zur Entstehungsgeschichte 1167

123. BENJAMIN AN POLLOCK. SKOVSBOSTRAND, 28. 8. 1938; Konzept
*Durch Frau Favez [Juliane Favez, Sekretärin des Genfer Büros des
Instituts für Sozialforschung] bekam ich die Nachricht, daß mein am 3ten
August an Herrn Horkheimer gerichteter Brief verloren gegangen ist. Es
war ein ausführliches Schreiben. Wenn es sich wünschenswert erweist,
werde ich später auf Einzelheiten daraus genauer zurückkommen.
Für den Augenblick möchte ich nur das Dringlichste resümieren.
Ich teilte Herrn Horkheimer mit, daß sein Anstoß zum »Baudelaire« – wie
wahrscheinlich jeder zur Verarbeitung des so lange von mir bereit gestellten
Materials – der Anstoß zu einem Buch hat werden müssen. Ich suchte die in
der Sache gelegnen Notwendigkeiten auseinanderzusetzen, die zu diesem
ursprünglich nicht intendierten Ergebnis geführt haben. Ich gab meiner
Hoffnung Ausdruck, daß es schließlich auch den Interessen des Instituts
zugute komme, wenn die Arbeit dem Umfang und dem Gehalt nach über
die Grenzen hinausgehe, die wir ihr zunächst zuzuweisen gedachten.
Dieses Buch ist mit den »Pariser Passagen« nicht identisch. Aber es birgt
nicht nur einen erheblichen Teil des in deren Zeichen versammelten
Materials sondern auch eine Anzahl eher philosophischer Inhalte [?].*

124. BENJAMIN AN HORKHEIMER. KOPENHAGEN, 28. 9. 1938 (Briefe, 773-775)
*Sie erhalten mit gleicher Post den zweiten Teil des Buches über Baudelaire.
[...]
Wie Sie wissen, war der Baudelaire ursprünglich als ein Kapitel der
»Passagen« geplant und zwar als das vorletzte. So war er aber vor
Abfassung der vorangehenden für mich weder zu schreiben, noch wäre er,
so geschrieben, ohne die vorangehenden verständlich gewesen. Ich habe
mich dann selbst lange Zeit mit der Vorstellung hingehalten, der Baudelaire
könne, wenn schon nicht als ein Kapitel der »Passagen«, so doch als ein
ausgedehnter Essay vom Maximalumfang der in der Zeitschrift publizierbaren, geschrieben werden. Erst im Laufe des Sommers erkannte ich, daß
ein Baudelaire-Essay von bescheidenerem Umfang, der seine Zuständigkeit
zum »Passagen«-Entwurf nicht verleugnete, nur als Teil eines Baudelaire-
Buches zustande kommen könne. Im beifolgenden erhalten Sie genau
gesprochen drei solcher Essays – nämlich die drei untereinander relativ
unabhängigen Bestandsstücke des durchaus selbständigen zweiten Teils des
Baudelaire-Buches.
Dieses Buch soll entscheidende philosophische Elemente des »Passagen«-
Projekts in, wie ich hoffe endgültiger Fixierung, niederlegen. Wenn es neben
dem ursprünglichen Entwurf ein Sujet gab, das den grundlegenden Konzeptionen der »Passagen« optimale Chancen bot, so war es der Baudelaire. Aus
diesem Grunde vollzog sich die Orientierung wesentlicher materialer wie
konstruktiver Elemente der »Passagen« an diesem Sujet von selbst.*

[...]
Er [scil. der – ungeschriebene – dritte Teil des Baudelaire-Buches] wird einen selbständigen Motivkreis haben. Das Grundthema der alten »Passagen«-Arbeit: das Neue und Immergleiche kommt erst dort zur Geltung; es erscheint im Begriffe der Baudelaires Schaffen bis auf den Grund determinierenden nouveauté.
Die Entwicklung, die das Baudelaire-Kapitel der »Passagen« durchzumachen im Begriff ist, würde ich in fernerer Zeit noch zwei andern Kapiteln der »Passagen« vorbehalten sehen: dem über Grandville und dem über Haussmann.

125. BENJAMIN AN ADORNO. SKOVSBOSTRAND, 4. 10. 1938 (Briefe, 778)
Ich nehme an, Sie werden, wenn dieser Brief kommt, den zweiten Teil des Baudelaire schon gelesen haben. [...]
Max wird Ihnen gewiß aus meinem eingehenden Begleitbrief die Bemerkungen über das Verhältnis des Baudelaire zum Plan der Passagen mitgeteilt haben. Entscheidend ist, wie ich es ihm formulierte, daß ein Baudelaire-Essay, der seine Zuständigkeit zum Problembereich der Passagen nicht verleugnete, nur als Teil eines Baudelaire-Buches verfaßt werden konnte. Was Sie aus unsern Gesprächen in San Remo über das Buch wissen, erlaubt Ihnen per contrarium sich von der Funktion des nun vorliegenden zweiten Teiles ein ziemlich genaues Bild zu machen. Sie werden gesehen haben, daß die entscheidenden Motive – das Neue und Immergleiche, die Mode, die ewige Wiederkehr, die Sterne, der Jugendstil – zwar angeschlagen sind, aber von ihnen keines abgehandelt wurde. Die augenfällige Konvergenz der Grundgedanken mit dem Passagenplan zu erweisen, ist Sache des dritten Teils.

126. BENJAMIN AN SCHOLEM. PARIS, 4. 2. 1939 (Briefwechsel Scholem, 292)
Das Buch von Sternberger – »Panorama Ansichten vom 19. Jahrhundert« dir als frecher Plagiatsversuch wohl bekannt – solltest du dir einmal in die Hände spielen lassen.

127. HORKHEIMER AN BENJAMIN. NEW YORK, 23. 2. 1939
Die Zeit, die mir für meine wissenschaftlichen Arbeiten zur Verfügung steht, ist gegenwärtig sehr gering. Das Institut befindet sich nach wie vor in einer sehr ernsten wirtschaftlichen Situation. Der größere Teil unseres Vermögens steckt in Grundstücken, die erst dann einmal verkäuflich sein werden, wenn die Konjunktur in dieser Branche viel besser geworden ist. In der Zwischenzeit läßt sich vielleicht ein wenig von dem Geld herausziehen, das hineingesteckt worden ist, aber langsam. Der andere, kleinere Teil, der in Papieren angelegt ist, wird in einer absehbaren Zahl von

Monaten verbraucht sein. Wir strengen uns nach besten Kräften an, eine Stiftung zu erhalten, die es der Mehrzahl unserer Mitarbeiter ermöglichen soll, ihre Arbeiten fortzusetzen. Aber schon heute verdienen nicht wenige der hiesigen Mitarbeiter ihren Unterhalt ganz oder teilweise durch andere jobs. Von Wiesengrund wissen Sie ja, daß er die Hälfte seiner Zeit, in Wirklichkeit viel mehr als die Hälfte, für das Radio Research Project, das leider nicht bloß angenehme Seiten hat, zur Verfügung stellen muß. Das gleiche gilt aber auch für die meisten andern. Es versteht sich, daß Sie diese Mitteilungen diskret behandeln sollen. Ich fühle jedoch, die Verpflichtung, Ihnen diese Angaben zu machen, weil trotz unserer Anstrengungen in nicht allzu ferner Zeit der Tag kommen könnte, an dem wir Ihnen mitteilen müssen, daß wir beim besten Willen nicht imstande sind, Ihren Forschungsauftrag zu verlängern. Ich brauche Ihnen unsere Hoffnung nicht erst auszudrücken, daß es uns erspart bleiben möge, in diese Lage versetzt zu werden. Neben unseren Bemühungen um eine allgemeine Stiftung für das Institut betreiben wir die Erteilung amerikanischer Forschungsaufträge und Stipendien für die einzelnen Mitglieder. In Übereinstimmung mit unserer Überzeugung von Ihrer theoretischen Leistung denken wir dabei vor allem auch an Sie. In Ihrem und unserem Interesse liegt es jedoch, wenn ich Sie darum bitte, daß Sie auf jeden Fall auch drüben versuchen, sich irgendeine Geldquelle zu erschließen. Wäre [Célestin] Bouglé noch so aktiv wie früher, hätte ich mich Ihretwegen schon an ihn gewandt. Angesichts der gesamten Verhältnisse muß ein Schritt bei ihm leider von vornherein als aussichtslos erscheinen. Ich wäre Ihnen dankbar, wenn Sie mir über die Möglichkeiten, die Sie vor sich sehen, einmal berichteten, besonders im Hinblick auf etwaige Kooperation, durch die wir Ihnen von hier aus dabei nützen könnten.

Was nach allen äußeren Sorgen an Energie und Zeit noch übrig bleibt, verwende ich großenteils zur Vorbereitung der Arbeit, über die ich Ihnen schon geschrieben habe. In diesem Zusammenhang habe ich mit Wiesengrund fortlaufende Besprechungen, die auf recht wichtige Probleme führen. Neben allen andern Anlässen sind es besonders diese Besprechungen, bei denen wir Ihre Anwesenheit vermissen. Ich habe meinen Plan, einmal eine gemeinsame theoretische Aussprache der theoretisch kompetenten Mitglieder unserer Gruppe zu veranstalten, den ich Ihnen bei der letzten Europareise entwickelte, keineswegs aufgegeben. Bloß Geldschwierigkeiten haben uns bisher daran verhindert.

128. BENJAMIN AN HORKHEIMER. PARIS, 13. 3. 1939; Telegramm
Exposé und Brief eintreffen zwanzigsten   Herzlichst Benjamin.

129. BENJAMIN AN HORKHEIMER. PARIS, 13. 3. 1939
Ich habe Ihren Brief mit Erschütterung gelesen. Auch war es kein Leichtes,

ohne Verzug die Feder zur Hand zu nehmen, um an das beifolgende Exposé zu gehen.
Nach Ihrem Brief darf ich immerhin hoffen, daß es sich für das Institut um eine passe difficile handelt; um eine wie immer beklemmende Episode. Wir alle aber sind einzelne. Und für den einzelnen überschattet die Perspektive, die Ihr Brief auftauchen läßt, mit ihrem furchtbaren Ernst alle weiteren Pläne.
Ich muß Ihnen nicht sagen, daß ich hier alles Erdenkliche versuchen werde. Es wäre eine Floskel, bei den besonderen Schwierigkeiten, auf die ich stoßen werde, zu verweilen. Die Kennzeichnung, die Ihr letzter Brief von der Lage in Frankreich gibt (und ich entnahm schon einer Anspielung Ihrer schneidenden Abfertigung von [Siegfried] Marck [s. H. Horkheimer, Die Philosophie der absoluten Konzentration, in: Zeitschrift für Sozialforschung 7 (1938), 376-387], wie sehr Sie den Lauf der hiesigen Dinge im Auge behalten) schließt alles ein, was ich namhaft machen könnte. Und wie es in solcher Lage nicht überraschen kann, komplizieren Zufälle die Ausgangsposition. Der empfindlichste ist, daß [Lucien] Lévy-Bruhl, der mir bei zwei oder drei Gelegenheiten besonderes Wohlwollen bezeigte, im Sterben liegt. An der jämmerlichen Existenz von [Gottfried] Salomon, der ganz andere Qualitäten als ich besitzt, um sich bei den oberflächlich Interessierten ins Licht zu setzen, habe ich einen Begriff von der gänzlichen Apathie, in der die akademisch Befugten sich hier gefallen, wahrscheinlich weil jede Art des Eingreifens nur ihr schlechtes Gewissen beleben müßte.
Ich will sobald als irgend möglich versuchen, mir durch [Jean-Baptiste] Perrin, mit dessen Tochter meine Schwester bekannt ist, einen Weg zu den Fonds der Sorbonne zu bahnen. Sofort und schon vor Abfassung dieser Zeilen, für die ich die Fertigstellung des Exposés abwarten wollte, habe ich mich an Scholem in Jerusalem gewandt, um ihn zu bitten, bei Schocken für mich zu intervenieren und sein Interesse für ein Buch über Kafka, das ich schreiben würde, zu erwecken. Schocken ist leider ein düsterer Autokrat. Die Macht seines Vermögens ist durch das Elend der Juden ins Ungemessene gewachsen, und seine Sympathien gelten der national-jüdischen Produktion.
In Ihrem letzten Briefe vom vorigen Jahr sprachen Sie von Ihrem Wunsch, eines Tages trotz allem für lange Sicht eine personelle Vereinigung der wichtigsten Mitglieder des Instituts in einer Stadt vornehmen zu können. Kann es Sie wundern, wenn mir dieser Tag als der Pflock erscheint, um den ich das Tau meiner Hoffnung werfen muß?
Wird der gedachte Ort, wie es wohl anders nicht sein kann, in Amerika liegen, so bringt das ein Paß-technisches Problem mit sich. Der erste Schritt, eine Berücksichtigung in der deutschen Quote zu erfahren, ist, sich auf die entsprechende Liste des hiesigen amerikanischen Konsulats eintragen zu lassen. Das hat aber, wie man mir mitgeteilt hat, einen großen Nachteil:

man nimmt sich damit die Möglichkeit, im Falle einer Berufung oder eines ähnlichen Umstandes mit Vorrang, außerhalb der Quote berücksichtigt zu werden. Hierüber möchte ich Ihren Rat erbitten.
Mit gleicher Post erhalten Sie das heute durch Kabel Ihnen angekündigte Exposé, das mit meinen Hoffnungen schwer befrachtet ist. Ich habe es, um seine Herstellung so sehr wie irgend möglich zu beschleunigen, an die früheren Dispositionen angelehnt. Der »Baudelaire« ist von Grund aus umgestaltet; der »Fourier«, der »Louis-Philippe« weitgehend. Im ganzen unterscheidet der Entwurf sich von dem Ihnen bekannten dadurch, daß die Konfrontation von Schein und Wirklichkeit auf der ganzen Linie den Primat bekommen hat. Die Stufenfolge der Phantasmagorien, die in den einzelnen Kapiteln angedeutet sind, führt auf die große Phantasmagorie des Universums bei Blanqui heraus, mit welcher sich der letzte Abschnitt befaßt. Im Interesse dieser durchgehenden Ansicht der Sache habe ich das Exposé von pragmatischen Angaben entlastet. Und ich denke, es ist in Ihrem Sinne, wenn dadurch fast jede unvermittelte Bezugnahme auf Tatsachen des Klassenkampfs ausgefallen ist. Diese sind lediglich in dem Haussmann geltenden Teile stehen geblieben. In einer Einleitung und in einem Nachwort habe ich den theoretischen Grundriß des Entwurfs, wie ich denke, nachdrücklicher als vordem, hervortreten lassen.
Die Ausführungen über Daguerre ließ ich fallen, weil ihre grundsätzlichen Partien sich zu einem großen Teil mit Überlegungen decken, die im Reproduktionsaufsatz französisch vorliegen.
In dem Baudelaire gewidmeten Absatz finden Sie die Gedanken, die die Umarbeitung des Flaneur-Kapitels beherrschen werden. Die Fertigstellung des umgearbeiteten Manuskripts wird jetzt meine dringlichste Arbeit sein.

130. BENJAMIN AN GRETEL ADORNO. PARIS, 20. 3. 1939
In mancher Hinsicht magst Du freilich auf jeden Kurier verzichten und hast gewisse Daten, die mein Ergehen bestimmen, aus erster Hand. Kurz vor dem Deinen erhielt ich einen Brief von Max, in dem sie eine gewichtige Rolle spielen. Max schreibt mir, daß der mobile Teil des Institutsvermögens durch den Verbrauch aufgezehrt werde und der größere immobile Besitz im Augenblick nicht flüssig zu machen sei. Er teilt mir gleichzeitig mit, daß das Institut sich in Amerika um ein Stipendium für mich bewerbe – bittet mich aber, meinerseits hier Entsprechendes zu versuchen.
Es wäre mir auch ohne das bedrohliche Risiko, meinem Forschungsauftrag ein Ende gesetzt zu sehen, das er ins Auge faßt, selbstverständlich, seiner Aufforderung nachzukommen. So wie ich wieder auf bin, werde ich, was ich kann, in Bewegung setzen. Lange genug jedoch verfolge ich hier die Dinge, um zu wissen, daß seit Beginn der Emigration niemandem, der in ähnlichem Sinne und unter ähnlichen Bedingungen wie ich arbeitet, in Frank-

reich eine Existenzbasis zugefallen ist. Ich sehe dabei von ehemaligen
Professoren, Marck und [Emil J.] Gumbel, ab und ebenso von dem
Romancier [Ernst Erich] Noth. Damit ist das Verzeichnis derer vollständig,
von denen mir bekannt geworden ist, daß sie von dem hiesigen Entgelt oder
der hiesigen Unterstützung ihrer intellektuellen Arbeit hätten leben
können.
Es ist daher keine Frage, daß auf die Dauer hier nicht zu wirken ist. Der von
Dir berührten Notwendigkeit, englisch zu lernen, kann ich mich nicht
verschließen, und ich werde diesen Sommer damit beginnen. Die Frage ist:
Amerika noch zu erreichen. – Ich habe mich augenblicklich an Scholem
gewandt, der, wie Du Dir denken kannst, auf Schocken einen gewissen
Einfluß hat. Was ich in die Waagschale zu werfen hätte, wäre ein Buch über
Kafka. Aber die Aussichten, auf diese Weise einen Betrag von Schocken zu
erwirken, sind wegen dessen judaistischer Fixierung und wegen des riesigen
Angebots, das von jüdisch ausgerichteten Autoren gegen ihn andrängt, nicht
groß.
So muß ich nahezu alle Hoffnung, die ich so nötig habe, auf die
Bemühungen setzen, die das Institut drüben für mich aufwendet. Vor drei
Wochen hat Max von mir telegraphisch ein französisches Exposé der
»Passagen« angefordert. Es muß inzwischen eingetroffen sein und wird sich
in vielem von dem Dir bekannten unterscheiden. Ich habe mich, so gut es in
der kurzen Zeit möglich war, bemüht, eine der Grundkonzeptionen der
»Passagen«, die Kultur der warenproduzierenden Gesellschaft als Phantasmagorie, in den Mittelpunkt zu stellen.
Um auf die Fragen einer ferneren Zukunft zurückzukommen: man rät mir
von verschiedenen Seiten, mich in die Liste des hiesigen amerikanischen
Konsulats einzutragen. Damit erwirke man in der Reihe der Anwärter auf
die Einwanderung einen festen Platz. Auf der anderen Seite wiederum teilt
man mir mit, in gewissen Fällen, z.B. bei einer Berufung, würden die
Betreffenden außerhalb der Quote abgefertigt. Dieser Chance gehe man
jedoch verlustig, wenn man bereits in die Liste eingetragen worden sei. –
Hiernach weiß ich nicht, wie ich verfahren soll.
[...]
Münzenberg gibt mit einem offenen Brief seinen Austritt aus der K.P.
bekannt. Dessen Lektüre fiel bei mir mit dem Eingang einer parteiamtli-
chen Broschüre »Der Weg zum Sturze Hitlers« zusammen. Der Schwach-
sinn der Verfasser übersteigt meine Begriffe. Diese Propagandaschrift ist
eines der belastendsten Dokumente, die sich gegen die Partei vorbringen
lassen. – Die politische Lage erscheint nun von Tag zu Tag bedrohlicher.
Werden weder Max noch Pollock im Frühjahr herüberkommen?

131. HORKHEIMER AN BENJAMIN. NEW YORK, 5. 4. 1939
Ich danke Ihnen aufrichtig für die Übersendung des Exposés. Ich habe Sie

Zeugnisse zur Entstehungsgeschichte 1173

deshalb gebeten, es zu schicken, weil mir von verschiedenen Seiten ein
reicher Mann genannt worden war, der sich für Arbeiten ausgezeichneter
Qualität, auch wenn sie aus dem akademischen Rahmen fallen, besonders
interessieren könnte. Da er dazu noch eine Neigung für Frankreich besitzt,
dachte ich sogleich an Sie. Ich bin eben erst dabei, mir den Weg zu diesem
Mann zu bahnen, und die Aussichten sind natürlich äußerst vage. Ich
werde jedenfalls bei ihm wie auch bei andern mein bestes versuchen.
Daß Sie sich durch die Anmeldung auf dem amerikanischen Konsulat eine
etwa mögliche non-Quota-Einreise verscherzen, glaube ich nicht. Soweit
mir bekannt ist, existiert keine derartige Bestimmung. Sie verscherzen sich
einzig das Besuchsvisum, das Sie ziemlich sicher ohnehin nicht bekommen
würden. Ich bin also dafür, daß Sie sich anmelden.
Verzeihen Sie, daß ich nur sehr kurz schreibe, Sie sollen den Brief noch mit
der nächsten Post erhalten. In das Exposé habe ich infolge Arbeitsüberlastung nur erst einen Blick geworfen. Soweit ich sehe, ist es ganz ausgezeichnet und zweckentsprechend.

132. BENJAMIN AN STEPHAN LACKNER [ERNST MORGENROTH]. PARIS, [14. 4. 1939]
Ci-joint les lignes à l'adresse de votre père.
[...]
Mes meilleurs vœux pour votre fuge!

133. BENJAMIN AN SIGMUND MORGENROTH. PARIS, 14. 4. 1939
Indem ich Ihnen durch Ernst die gewünschten Aufzeichnungen übergebe, danke ich Ihnen nochmals und sehr herzlich für Ihre Bereitschaft, mir in meiner schwierigen Lage zur Seite zu stehen.
Ich würde mich freuen, Sie vor Ihrer Überfahrt, wäre es auch nur auf einen Augenblick, noch zu sehen. Unbeschadet dessen will ich Ihnen und Ihrer Frau für das neue Territorium heute von Herzen Gutes wünschen.

[Anlagen:] DAS INSTITUT FÜR SOZIALFORSCHUNG
Das Institut für Sozialforschung war der Universität Frankfurt angeschlossen; an ihr lehrten seine beiden Direktoren, Horkheimer und Pollock, welche ihm noch heute vorstehen. Das Institut geht auf eine Stiftung des verstorbenen argentinischen Finanzministers Weil, beziehungsweise seines Sohnes Felix Weil zurück. Im Jahre 1933 wurde der Sitz des Instituts nach Genf verlegt; einige Jahre später nach New York. Dort ist das Institut der Columbia-Universität angeschlossen.
Die Leitung wird von Horkheimer und Pollock gemeinschaftlich ausgeübt. Beide sind Jugendfreunde. Horkheimers Interessen liegen auf philosophischem, Pollocks auf oekonomischem Gebiet. Die finanzielle Leitung des Instituts liegt in erster Linie bei Pollock.

Über die organisatorische und wissenschaftliche Tendenz des Instituts unterrichtet näher eine Denkschrift in englischer Sprache (die nachfolgt); daneben mein (beiliegender) Aufsatz in »Maß und Wert« [s. Bd. 3, 518-526].

MEINE BEZIEHUNGEN ZUM INSTITUT

Die Leiter des Instituts gehören meiner Altersklasse an. Horkheimer und ich kennen einander aus dem philosophischen Seminar der Universität Frankfurt. Eine nähere persönliche Beziehung, die durch einen gemeinsamen Freund aus Frankfurt, Wiesengrund-Adorno, der am Institut arbeitet, gestiftet wurde, ergab sich erst in der Emigration. Von 1934 ab habe ich sowohl Horkheimer wie Pollock bei ihren pariser Besuchen oft und ausführlich gesprochen. In den ersten Jahren dieser Bekanntschaft bekam ich eine kleine monatliche Unterstützung vom Institut und gelegentliche außerordentliche Zuwendungen. Was mich in dieser ersten Zeit der Emigration aufrecht erhalten hat, war die Hoffnung, auf Grund meiner Arbeiten die Stelle eines ordentlichen Mitarbeiters am Institut zu erhalten. Dieses Ziel erreichte ich im Spätherbst 1937.

Unter den regulären Mitarbeitern des Instituts bin ich der einzige, der noch in Europa ist. Horkheimer ebenso wie Pollock haben mir häufig versichert, daß sie auf mein persönliches Wirken am Institut Wert legen und meine Übersiedlung nach Amerika als wünschenswert ansehen.

Ich möchte annehmen, daß die Beratung über dieses Ziel den geeignetsten Ausgangspunkt für Verhandlungen bieten könnte. Das Institut dürfte immer noch in der Lage sein, mir ein affidavit zu geben oder wenigstens eins zu vermitteln. Da es nicht möglich ist, in absehbarer Zeit auf Grund der deutschen Quote herüberzukommen, so müßte ich von irgend einer akademischen Stelle aus berufen werden.

Bisher habe ich keinen übermäßigen Eifer, nach Amerika zu gehen, an den Tag gelegt. Es wäre gut, wenn die Leiter des Instituts die Gewißheit bekämen, daß hierin ein Wandel eingetreten ist. Die wachsende Kriegsgefahr und der zunehmende Antisemitismus begründen ihn.

Bis zum Augenblick, da ich dies schreibe, steht eine bestimmte Antwort auf meinen Brief vom 13. März (siehe Anlage) noch aus. Dieser Brief begleitete die Übersendung eines französischen Exposés über das Buch, an dem ich derzeit arbeite. Horkheimers Antwort vom 5. April (siehe Anlage) ist durchaus vorläufig. Auf der anderen Seite ist bisher noch keine Modifikation in meinem Stipendium, das 80 Dollar im Monat beträgt, eingetreten. Es ist daher vielleicht zweckmäßig, eine erste Fühlungnahme mit der Institutsleitung auf die Frage meiner Übersiedlung nach Amerika zu beschränken.

Für den wahrscheinlichen Fall, daß in einer späteren Besprechung mein Stipendium selbst zur Verhandlung steht, möchte ich als Handhabe wenig-

stens einen Punkt berühren. Für Ausländer mit beschränkten Mitteln ist es derzeit in Paris unmöglich, eine eigene Wohnung zu finden. Daher werde ich versuchen, an der, die ich bewohne, solange ich in Frankreich bleiben muß, festzuhalten. Sie kostet einschließlich der Gebühren 5.500 frcs. im Jahr.

134. BENJAMIN AN HORKHEIMER. PARIS, 18. 4. 1939
Ich danke Ihnen sehr für Ihren Brief vom 5. April. Hoffentlich entspricht der Erfolg des Exposés dem Wert, den Sie ihm zu meiner Freude zuerkennen.
Zunächst will ich Ihnen kurz den ersten Versuch berichten, den ich im Gefolge Ihrer Mitteilung vom 23. Februar unternomen habe. Er verfiel leider ergebnislos. Ich habe ihn bei [Alexandre] Koyré, den Sie vermutlich kennen, in die Wege geleitet oder, genauer gesagt, leiten lassen. Koyré ist in der Verwaltung einer Kasse, die Arbeiten von Gelehrten ausländischer Herkunft subventioniert. Da ich eine französische Schülerin von ihm kenne, der nicht nur sein Ohr sondern auch sein Auge gilt, so ließ ich meine Sache von ihr vorbringen. Diese Schülerin ist Jüdin, und Koyré machte sich das zunutze, indem er der Unterhaltung sofort einen entwaffnend intimen Charakter gab. »J'ai bon de me nommer Koyré, tout le monde sait bien que je m'appelle Koire, que je suis juif et que je suis naturalisé français.« Kurzum, ein Jude könne heute in Frankreich für einen ›Glaubensgenossen‹ bei anderen als jüdischen Organisationen sich nicht mehr verwenden.
Es ist von dieser Seite garnichts zu hoffen. Ich werde nun mein Bestreben darauf richten, von anderer Seite einen Zugang zu dem Fond zu gewinnen. Auf diesem Wege allein ist im übrigen, auch wenn er sich schließlich gangbar erweisen sollte, eine Lösung nicht zu erwarten. Die Subvention, die freilich keine Verpflichtungen mit sich bringt, beträgt nur 1000 frcs. im Monat.
Weiter versuche ich meine Naturalisation zu fördern. Natürlich muß ich diese Bemühungen von den vorerwähnten streng getrennt halten. Es würde meine Chancen, eingebürgert zu werden, sehr vermindern, gleichzeitig als Bewerber um ein Stipendium aufzutreten. Auf der Préfecture liegen 90.000 Dossiers mit Naturalisationsgesuchen. Es handel sich für mich darum, mit Hilfe von [Jean] Cassou, der Unterstaatssekretär im Ministerium für Unterricht ist, meinen Akt aus dieser Masse herauszulösen. Wenn er die Préfecture einmal mit günstigem Visum passiert hat, so kann ich wahrscheinlich weiterhin mit einem glatten Verlauf rechnen. Aber eben bei der Préfecture, wo das Zentrum des passiven Widerstandes liegt, läßt sich auch mit Hilfe der Beziehungen, über die ich verfüge, nur schwer durchdringen.
Gestern sind die neuen Dekrete über die Fremden herausgekommen. Für die Kategorie, der ich angehöre, ist die Dienstpflicht bis zu 48 Jahren

vorgesehen. Es ist bemerkenswert, daß die neuen Verpflichtungen nicht etwa erst für den Kriegsfall sondern augenblicklich in Kraft treten.
Was mir nun vor allem andern am Herzen liegen muß, ist, wie ich Ihnen im letzten Brief schrieb, die beschleunigte Übersiedlung nach Amerika. Unter den gegebenen Umständen vermisse ich es natürlich doppelt, daß wir uns in diesem Frühjahr nicht sehen werden. Ich verhehle mir nicht die Schwierigkeiten, die meiner Übersiedlung nach Amerika im Wege stehen. Was die finanzielle Seite der Sache angeht, so kann ich vielleicht, mindestens für die Kosten der Überfahrt, wenn nicht für das affidavit, auf einen Mann zählen, der sich mir schon bisher in einigen Fällen hilfreich erwiesen hat. Es ist der Vater von Ernst Morgenroth, an welch letzteren Sie sich vielleicht aus Frankfurt, wo er bei Ihnen gehört hat, entsinnen werden. Ich habe dem jungen Morgenroth bei seinen ersten Schritten in der literarischen Laufbahn etwas zur Seite gestanden. Der Vater ist ein zumindest sehr wohlhabender, vielleicht reicher Mann. Es wäre natürlich vorschnell, von ihm für das Institut etwas zu erhoffen. Da er sich aber in Amerika fixieren will (obwohl er derzeit nur ein Besuchsvisum hat) und an geistigen Arbeiten in der Art der besten großbürgerlichen Figuren seiner Generation interessiert ist, so ist vielleicht eine Begegnung zwischen Ihnen und ihm nicht ganz ohne Perspektive. Zum mindesten würde er, wie ich glaube, alles, was das Institut etwa für meine Loslösung von Europa tun könnte, unterstützen. Ich habe ihn gebeten, Sie aufzusuchen.
Sein Sohn fährt mit ihm gleichzeitig nach Amerika. [...] Für mich liegt ein erschwerender Umstand darin, daß Morgenroths Paris verlassen. Es fällt damit ein finanzieller Rückhalt fort, auf den ich für einen extremen Fall hätte zählen können. Umso lieber will [ich] hoffen, daß diese Konstellation auf die Länge auch ihr Gutes hat. [...]
Zum Eingang des Briefes möchte ich nachtragen, daß Schocken, an den Scholem, wie ich Ihnen schrieb, für mich herantreten wollte, nach mehrmonatlicher Abwesenheit eben erst in Palestina eingetroffen ist. Scholem schreibt mir, daß Schocken sich immer mehr vom deutschsprachlichen Schrifttum abwendet. Er hat bis heute nicht einmal Brods Kafkabiographie, die in seinem eigenen Verlage erschienen ist, gelesen. Es ist also fraglich, wieweit er für ungedruckte Literatur über Kafka zu interessieren sein wird.
In die amerikanische Liste werde ich mich nunmehr eintragen.

135. BENJAMIN AN GRETEL ADORNO. PARIS O. D. [MÄRZ/APRIL 1939]
Was hast Du von meinen letzten Manuscripten gesehen? Ist Dir der neue französische Entwurf zu den »Passagen« zu Gesicht gekommen? Die Rezension des Sternberger? und das Buch selbst, das ich [Rudolf] Kolisch für Dich mitgab?

136. HORKHEIMER AN BENJAMIN. NEW YORK, 23. 5. 1939
Auch ohne daß ich seit Ihrem letzten Brief von Ihnen gehört habe, kann ich mir denken, daß Sie wegen der Zukunft begreiflicherweise beunruhigt sind. Heute möchte ich Ihnen nur sagen, daß der Ausgang der Aktion, die ich Ihretwegen eingeleitet habe, noch nicht absehbar ist.
Vertraulich teile ich Ihnen das folgende mit: Zwei Stiftungen, an die ich mich gewandt hatte, haben noch keine Antwort erteilt. Ich erwarte jedoch eine negative, da sie auch andere wissenschaftlich relevante Arbeiten infolge der wirtschaftlichen Lage gegenwärtig nicht dotiert haben. Der Privatmann, auf den ich einige Hoffnungen setze, heißt Altschul. Er ist sehr reich und hat ein besonderes Interesse für französische Kultur. Erfahrungsgemäß hat es keinen Wert, reiche Leute persönlich anzugehen, da sie überlaufen sind. Auch die Herstellung einer Beziehung durch wissenschaftliche Persönlichkeiten pflegt nicht viel zu nützen. Ich habe nun in Erfahrung gebracht, daß die einflußreichste Person bei diesem Herrn sein Psychoanalytiker sei. Es schien mir nun alles darauf anzukommen, einen Kontakt mit diesem herzustellen.
Ich bekenne, daß sich meine Bemühungen in dieser Richtung schwieriger gestaltet haben, als ich es mir träumen ließ. Der betreffende Herr ist Analytiker der reichen Gesellschaft und offenbar von einem kaum überbietbaren Snobismus. Es geht ihm der Ruf voraus, daß er Kultusminister in der Kerenski-Regierung gewesen sei. Es ließ sich jedoch schwer nachprüfen, welchen Posten er dort eingenommen hat. Das Bewußtsein, das er von seiner gegenwärtigen Position besitzt, ist offenbar mit Recht viel stolzer als das der Zugehörigkeit zu jenem kurzlebigen Gremium. Entsprechend reagierte er auch auf meine direkten und indirekten Annäherungsversuche. Nachdem er zunächst eine Unterhaltung unter Berufung auf seine überfüllte Arbeitszeit rundweg abgelehnt hatte, ließ er mich vor etwa 14 Tagen wissen, daß er eventuell zu einer Unterredung bereit sei. Ich schrieb daraufhin zu dem vorhergehenden noch einen weiteren Brief und warte jetzt auf Antwort wie ein Liebender.
Sie müssen zu all dem wissen, daß ich nur deswegen zögerte, die Beziehung durch einen anderen Analytiker herzustellen, weil ich aus Erfahrung weiß, daß hier viele Herren aus dieser Branche in tödlicher Feindschaft miteinander leben und ich nichts riskieren wollte. Zunächst hatte ich mich auf den Briefkopf mit der Universität verlassen, aber was bedeutet so etwas in der Park Avenue! Damit Sie einen Begriff von der Individualität bekommen, die sich bis auf die Schreibmaschine erstreckt, sende ich Ihnen einen seiner Briefe mit der Bitte um Rückgabe.
Mögen mir die Heiligen Freud und Mammon bei der ersten Unterredung gnädig sein.
[...]
Herr Morgenroth war noch nicht hier

137. HORKHEIMER AN BENJAMIN. NEW YORK, 31. 5. 1939
Nur zwei Worte. Heute war ich bei Herrn Z. Er hat ein oberflächliches
Interesse gezeigt und versprochen, mir im Laufe von 3 bis 4 Wochen
Nachricht zu geben. Er fragte auch nach anderen Arbeiten des Instituts,
denen er zunächst mehr Aufmerksamkeit zuwandte als Ihrem Exposé.
Wenn wir durch seine Vermittlung überhaupt etwas erhalten, sei es unter
welchem Titel auch immer, wird damit jedenfalls Ihr Forschungsauftrag
gesichert sein. Wahrscheinlich wird er nach 3 bis 4 Wochen absagen.
Einstweilen haben wir die Hoffnung.
Herr Morgenroth war hier. Ich habe ihn bis jetzt nur einmal gesehen.
Sobald Wiesengrund zurück ist, der gerade jetzt seine Eltern in Cuba
besucht, werde ich ausführlich mit ihm verhandeln. [...]
Wegen des Besuchsvisums werden Sie auf dem amerikanischen Konsulat
wahrscheinlich eine negative Antwort erhalten. Man nimmt bei deutschen
Gelehrten an, daß sie dann doch irgendwie hierbleiben und einwandern.
Wenn Sie es bekämen, wäre es natürlich schön, und ich bitte Sie, mir über
die Auskunft auf dem Konsulat zu berichten. An Krieg glaube ich nach wie
vor nicht. Soeben hat Rußland die Entente mit England wiederum
abgelehnt und es wird jetzt wohl zu der längst fälligen Verständigung
zwischen England, Frankreich, Rußland und Deutschland kommen, die
wahrscheinlich schon weiter gediehen ist, als es aussieht. Nur werden
England und Frankreich dabei betrogen.

138. BENJAMIN AN HORKHEIMER. PARIS, 24. 6. 1939
*Ich danke Ihnen vielmals für Ihre Briefe vom 23. und 31. Mai über die von
Ihnen bei Herrn Altschul eingeleitete Aktion. Mit Ihnen will ich an der
Hoffnung, von der Sie schreiben, festhalten. Obwohl selbst sie mich nicht zu
der Annahme berechtigt, daß ein näherer Einblick Altschuls in meine
Arbeiten auf den Ausgang der Sache Einfluß haben könnte, sende ich Ihnen
mit gleicher Post einen ferneren, französischen, Abriß zum Baudelaire [s.
Bd. 1, 740-748]. Vielleicht kann es für mich bei anderer Gelegenheit einmal
nützlich werden, wenn Sie ihn bei der Hand haben.
[...]
»Der Flâneur«, das will heißen der zweite Teil des Ihnen vorliegenden
Baudelaire-Manuskripts, wird in der von Grund auf veränderten neuen
Fassung sich seinerseits in drei Kapiteln gliedern. Das erste enthält eine
Darstellung der Passagen, die im Gegensatz zu der Ihnen vorliegenden
Fassung Grundmotive des alten Passagen-Planes zur Geltung bringt. Das
zweite hat es mit der Menge zu tun; es faßt die unter diesem Kennwort in
dem Ihnen vorliegenden Manuskript abgehandelten Motive energischer
zusammen. An den alten Passagen-Plan schließt es sich insofern genauer an,
als es der Theorie des Hasard-Spiels eine Stelle vorbehält. Das dritte Kapitel
bringt die im ersten Entwurf problematische Dechiffrierung der Flânerie als*

*eines durch die Struktur des Warenmarktes erzeugten Rausches in, wie ich
hoffe, überzeugenderer Gestalt und im Anschluß an eine Analyse der
Ballade Les sept Vieillards.
[...]
Die Auskunft, die ich auf dem amerikanischen Konsulat einholte, lautet
erfreulicherweise günstig. Ich kann ein Besuchsvisum jederzeit bekommen;
man wird neben den Papieren und dem hiesigen Mietskontrakt allenfalls
den formellen Nachweis fordern, daß ich die Mittel zur Reise habe. Es hat
sich bei dieser Gelegenheit ergeben, daß der Réfugié-Paß, den ich besitze,
bei den Amerikanern in gutem Ansehen steht. In der Tat wurde er ja nur in
beschränkter Zahl ausgegeben, sodaß er heute zu den bessern Legitimationspapieren
zu rechnen ist.
Welche Bedeutung für mich eine Aussprache mit Ihnen und den Freunden
nach so langer Zeit haben könnte, bedarf keiner Andeutung. Ich wünsche
mir, daß eine solche Aussprache, die gewiß nicht auf meine persönlichsten
Anliegen sich beschränken würde, ihren Wert auch für unsere Sache
erweisen möchte. Deren Konturen heben sich ja nun wohl von der
communis opinio rechts und links mit einer Präzision ab, die fast erschrek-
kend wirkt. Denn sie gibt für die Isoliertheit derer, die sich auf ihren
Verstand verlassen, den Maßstab.
Von Morgenroth hatte ich einen Brief unmittelbar vor seiner Abreise nach
Detroit. Er wird mir vielleicht helfen, ein schönes Bild von Klee, das ich seit
zwanzig Jahren besitze, zu verkaufen. Da es aber ein Aquarell ist, wird
nicht allzuviel dabei herauskommen.*

139. BENJAMIN AN GRETEL ADORNO. PARIS, 26. 6. 1939 (Briefe, 821f.)
*Das Flaneurkapitel – es ist ja dessen Ausarbeitung allein, die mich beschäf-
tigt – wird in der neuen Fassung entscheidende Motive der Reproduktionsarbeit und des Erzählers, vereint mit solchen der Passagen zu integrieren
suchen. Bei keiner frühern Arbeit bin ich mir in dem Grad des Fluchtpunkts
gewiß gewesen, auf welchem (wie mir nun scheint: seit jeher) meine
sämtlichen und von divergentesten Punkten ausgehenden Reflexionen
zusammenlaufen. Ich habe es mir nicht zweimal sagen lassen, daß Ihr es
auch mit den extremsten meiner dem alten Fond entstammenden Überlegungen zu versuchen entschlossen seid.*

140. BENJAMIN AN STEPHAN LACKNER [ERNST MORGENROTH]. PARIS, 6. 8.
1939
*Unsere Briefe haben sich gekreuzt.
Wer weiß, wo diese Zeilen Sie erreichen werden? Ich hoffe in meinem
Interesse: in New York. Denn die Beziehung, die Sie zum Institut auf meine
Bitte hin aufgenommen haben, ist derzeit doppelt wichtig.
Für meinen von Ihnen beredt vertretenen Wunsch, mir in Amerika selbst*

Rechenschaft von der ferneren Gestaltung der Dinge für mich zu geben, hat man beim Institut Verständnis. Man will mich hinkommen lassen und dort die Organisation meines Besuchs in die Hand nehmen. Bedingung wäre, daß ich ein Visum bekomme und die Reise aus eigenen Mitteln bestreite.

Mein erstes war, Erkundigungen auf dem Konsulat einzuziehen. Das Ergebnis war günstig: ein Besuchsvisum steht mir jederzeit zur Verfügung (den formell notwendigen Nachweis über Barmittel in Amerika wird mir das Institut zur Verfügung stellen).

Das A und O sind die Reisekosten. Dafür habe ich nun an Ihren Vorschlag gedacht, den Verkauf des Klee zu betreiben. Ich denke, man müßte versuchen, zur Deckung zu bringen, was ich für den Klee haben k a n n und für die Reise haben m u ß. Nach meinen bisherigen Erkundigungen dürfte sich das um 10.000 Francs herum bewegen.

Vom Zustandekommen der Reise würde, glaube ich, viel abhängen. So gut wie a l l e Menschen, die einen Begriff von meiner Arbeit haben, sind derzeit drüben. Was diesen Begriff angeht, so habe ich mit meinem letzten Text versucht, ihm eine erhöhte und maximale Prägnanz zu geben. Eben dieser Versuch war der Grund meines längeren Schweigens. Zur Fertigstellung des Baudelaire-Kapitels mußte ich eine rigorose Klausur über mich verhängen, auch jegliche Korrespondenz vertagen. Vor drei Tagen habe ich die Arbeit abgeschlossen, und sie ist wirklich d a s geworden, was mir vorgeschwebt hat.

Ich hoffe, Sie werden die Arbeit im nächsten Heft der Zeitschrift finden, oder vielleicht schon vorher in New York an das Manuskript geraten. Soviel ich weiß, soll in dem gleichen Heft auch mein Essai über Jochmann [s. Bd. 2, 572-585] veröffentlicht werden.

Und Ihre eigenen Arbeiten? Und Pläne? Hoffentlich sind die letzteren nicht derart, daß wir – für den Fall, daß meine Reise zustande kommt – auf dem Weltmeer einander kreuzen wie unsere letzten Briefe.

141. BENJAMIN AN HORKHEIMER. PARIS, 30. 11. 1939 (Briefe, 835)
La Bibliothèque Nationale a été rouverte, et je compte reprendre mes travaux après m'être quelque peu remis et avoir ramené de l'ordre dans mes papiers.

142. BENJAMIN AN HORKHEIMER. PARIS, 15. 12. 1939 (Briefe, 839)
Je n'ai pas besoin de vous dire combien je me sens attaché à la France, tant par mes relations que par mes travaux. Rien du monde, pour moi, ne pourrait remplacer la Bibliothèque Nationale. De plus, je n'ai qu'à me féliciter de l'accueil que j'ai trouvé en France dès 1923; de la bienveillance des autorités aussi bien que du dévouement de mes amis.

Cela n'exclut pas que mon existence et mon activité scientifique peuvent, ici, se voir mises en question d'un jour à l'autre. Il se peut, notamment, que les répercussions de la guerre imposeront des règlements d'une rigidité telle que les meilleurs devront souffrir avec les pires.

143. BENJAMIN AN GRETEL ADORNO. PARIS, 17. 1. 1940 (Briefe, 841 f.)
Le temps, mon état de santé, et l'état général des choses – tout s'accorde pour m'imposer la vie la plus casanière. Mon appartement est chauffé, pas assez, pourtant, pour me permettre d'écrire s'il fait froid. Ainsi je reste couché la moitié du temps, comme en ce moment même. Il est vrai que les semaines passées les occasions ne m'ont pas manqué d'aller en ville malgré tout. Car tous les petits à-cotés de la vie civile demandaient à être refaits : il fallait faire débloquer mon compte en banque, solliciter de nouveau l'accès à la Bibliothèque Nationale, et ainsi de suite. Tout cela demandait bien plus de démarches que tu ne voudrais le croire. Mais enfin, ça y est. Il me faut dire que le jour où la première fois je repassai à la bibliothèque ce fût une sorte de petite fête dans la maison. Surtout dans le service de la photo où après avoir photocopié, il y a bien des années, une partie de mes fiches, ils se sont vu apporter, pour en faire des copies, pas mal de mes papiers personnels, au cours des derniers mois.

144. BENJAMIN AN HORKHEIMER. PARIS, 22. 2. 1940
Je suis désolé que les circonstances ne me permettent pas de vous tenir, pour l'instant, aussi étroitement au courant de tous mes travaux que je le voudrais et que vous êtes en droit de l'exiger. Je viens d'achever un certain nombre de thèses sur le concept d'Histoire [s. Bd. 1, 691-704]. Ces thèses s'attachent, d'une part, aux vues qui se trouvent ébauchées au chapitre I du »Fuchs«. Elles doivent, d'autre part, servir comme armature théorique au deuxième essai sur Baudelaire. Elles constituent une première tentative de fixer un aspect de l'histoire qui doit établir une scission irrémédiable entre notre façon de voir et les survivances du positivisme qui, à mon avis, démarquent si profondément même ceux des concepts d'Histoire qui, en eux-mêmes, nous sont les plus proches et les plus familiers. Le caractère dépouillé que j'ai dû donner à ces thèses me dissuade de vous les communiquer telles quelles. Je tiens toutefois à vous les annoncer pour vous dire que les études historiques auxquelles vous me savez adonné ne m'empêchent pas de me sentir sollicité aussi vivement que vous et les autres amis là-bas par les problèmes théoriques que la situation mondiale nous propose inéluctablement. J'espère qu'un reflet des efforts que je continue à consacrer, au cœur de ma solitude, à leur solution, ira vous parvenir à travers de mon »Baudelaire«.

Gemeinsam mit seiner Schwester fuhr Benjamin in den unbesetzten Süden Frankreichs. Um den 15. Juni 1940 trafen beide in dem Wallfahrtsort Lourdes am Nordrand der Pyrenäen ein. Durch Vermittlung Horkheimers, der ein Affidavit ausstellte, erhielt Benjamin schließlich ein Einreisevisum nach den USA. Seine Manuskripte hatte er in Paris zurücklassen müssen.

145. BENJAMIN AN HORKHEIMER. LOURDES, 16. 6. 1940 (Briefe, 858)
Aux réflexions multiples qui m'obscurcissent s'ajoute l'inquiétude au sujet de mes manuscrits que j'ai été forcé de laisser à Paris – ainsi que tous mes effets.

146. BENJAMIN AN GRETEL ADORNO. LOURDES, 19. 7. 1940
Ta lettre, écrite le 8 m'a rejoint en huit jours. Je n'ai pas besoin de te dire le réconfort qu'elle m'a donné. Je dirais bien: la joie, mais je ne sais si je pourrai connaître ce sentiment avant longtemps. Ce qui m'obscurcit au delà de tout est le sort de mes manuscrits. Le moment n'est pas venu de te faire le récit des circonstances de mon départ. Cependant, tu t'en feras une idée en apprenant que je n'ai rien pu emporter que mon masque à gaz et mes effets de toilette. Je peux dire que j'ai tout prévu mais que j'étais dans l'impossibilité de parer à quoi que ce soit. J'ajouterai que si rien de ce à quoi je tiens est actuellement à ma disposition je puis conserver un espoir modeste quant au fond de manuscrits qui appartiennent à mon grand travail sur le XIX siècle.

147. BENJAMIN AN ADORNO. LOURDES, 2. 8. 1940 (Briefe, 860)
Ich sprach zu Felicitas von der völligen Ungewißheit, in der ich mich über meine Schriften befinde. (Für die den »Passagen« gewidmeten Papiere ist relativ etwas weniger zu fürchten als für die andern.) Es steht aber, wie Sie wissen, so, daß ich meinen Schriften gegenüber nichts voraus habe.

148. BENJAMIN AN HANNAH ARENDT. LOURDES, 9. 8. 1940
Tout ce que je sais à l'heure qu'il est c'est qu'à New York on est d'avis qu'un tel visa aurait été déposé pour moi au Consulat à Marseille. Vous pensez que j'aurais voulu m'y rendre immédiatement. Mais il paraît impossible d'obtenir le sauf-conduit sans confirmation de Marseille. Il y a plusieurs jours que j'ai adressé un télégramme (avec RP) là-bas pour obtenir la confirmation en question. Aucune réponse ne m'est encore parvenue. Donc, l'incertitude continue et cela d'autant plus que j'ignore si ma tentative d'immigration ne pourrait mettre en échec cette tentative de »visite«.
Un temps très lourd favorise mes dispositions de tenir en veilleuse la vie du corps aussi bien que celle de l'esprit. Je m'emmitoufle de lectures: j'ai lu le dernier volume des »Thibaults« et »le Rouge et le Noir«.
[...] La vive angoisse que me donne l'idée du sort de mes manuscrit se fait doublement poignante.

Zwischen dem 9. und dem 22. August traf Benjamin in Marseille ein.

Manche Freunde und Bekannte haben ihn hier noch getroffen, so Kracauer und Koestler, Hans Sahl und Hilde Berthon. Es gelang ihm, Transitvisen für Spanien und Portugal zu erhalten, allerdings kein Ausreisevisum aus Frankreich. So entschloß er sich, zusammen mit Henny Gurland und ihrem Sohn Joseph das Land illegal zu verlassen. Von der Rückführung nach Frankreich bedroht, die einer Auslieferung an die Deutschen gleichgekommen wäre, beendete Benjamin in dem spanischen Grenzort Port-Bou am 26. September 1940 sein Leben durch eigene Hand.

✷

Die Frage, ob Benjamin noch nach seiner Flucht aus Paris am Passagenwerk gearbeitet, gar Teile von ihm geschrieben haben könnte, hätte der Herausgeber bis vor kurzem ohne Zögern verneint. Nachdem Benjamin Paris verlassen hatte, standen die Georges Bataille anvertrauten Vorarbeiten ihm nicht mehr zur Verfügung. Es schien kaum vorstellbar, daß die Umstände der Flucht: die unsichere Erwartung der zur Ausreise erforderlichen Visen, die Furcht, den Deutschen nicht mehr entkommen zu können, Benjamin noch die Ruhe und Konzentration gewährt haben sollten, deren er zum Arbeiten bedurfte. Vor allem ist in keinem der bislang aufgefundenen Briefe, die Benjamin in Lourdes und Marseille geschrieben hat, die Rede von irgendwelchen Arbeiten, geschweige vom Schreiben am Passagenwerk. Schließlich wissen auch die beiden Berichte, die über Benjamins Tod in Port-Bou von unmittelbaren Zeugen wenige Tage später verfaßt wurden, von keinen Manuskripten, welche er hinterlassen hätte. »Dies war der Stand der Dinge«, als Gershom Scholem »am 16. März 1980 von Professor Chimen [...] Abramsky einen nicht wenig aufregenden hebräischen Brief erhielt«. Scholem berichtet:

»Abramsky, der Professor für judaistische Studien am University College in London ist, zugleich aber auch stets ein lebhaftes Interesse an der Entwicklung jüdischer sozialistischer Intellektueller genommen hat und so mit Benjamins Werk einigermaßen vertraut ist, war damals auf ›Sabbatical Leave‹ in der Stanford University in Kalifornien. Er berichtete mir, er habe zwei Tage zuvor rein zufällig eine Dame getroffen, welche Walter Benjamin bei der Grenzüberschreitung nach Spanien behilflich gewesen sei. Diese Dame, eine ehemalige Berlinerin, die jetzt in Chicago lebt, sei zu Besuch bei ihrer Nichte in Stanford gewesen, die mit dem damals dort wirkenden Physiker Professor Leo Stodolsky verheiratet ist. Bei dem Gespräch im Hause Stodolsky sei man auch auf Benjamin zu sprechen gekommen, und dabei habe sie berichtet, daß Benjamins ganzes Interesse bei diesem abenteuerlichen Grenzübergang darauf gerichtet gewesen sei, eine Aktentasche mit einem wichtigen Manuskript herüberzubringen. Auf diesem Weg hätte sich auch eine andere Refugee mit ihrem Sohn angeschlossen, die später, nach Benjamins Selbstmord, von der spanischen Behörde die Erlaubnis erhalten habe, nach Portugal weiterzureisen. Nach

Benjamins Freitod habe diese Dame vielleicht die Aktentasche mit dem Manuskript an sich genommen. Abramsky fragte mich, ob mir darüber und über das Schicksal jener Handschrift etwas bekannt sei. Er schrieb, die Erzählung käme von einer über siebzig Jahre alten Frau, die in Deutschland und Frankreich in der antifaschistischen Linken aktiv gewesen sei. Sollte ich Näheres wissen wollen, rate er mir, mich an die Nichte zu wenden, die mir die Adresse geben könne. Nun wußte ich zwar, wer die Dame gewesen war, die auf dieser Grenzüberschreitung mit ihrem Sohn mitgegangen war. Es war eine Frau Gurland, deren Brief über dieses Abenteuer und Benjamins Freitod, den sie am 11. Oktober 1940 nach New York geschrieben hatte, ich im nächsten Jahr von Adorno in Abschrift erhielt und den ich am Ende meines Buches ›Walter Benjamin – Die Geschichte einer Freundschaft‹ (S. 279-281) veröffentlicht habe. Dieser Brief war bisher das einzige Dokument in dieser Sache. Er erwähnt weder Frau Fittko, welche die oben erwähnte Tante von Mrs. Stodolsky ist, noch das Manuskript, über dessen Bedeutung für Benjamin sie Abramsky erzählt hatte. Natürlich mußten mich diese neuen Mitteilungen außerordentlich berühren. Ich verschaffte mir die Adresse von Frau Fittko, und als ich im Mai 1980 aus gegebenem Anlaß in New York war, hatte ich am 15. Mai ein langes Telephongespräch mit ihr nach Chicago, dessen Inhalt meine Frau und ich von zwei Telephonen aus auf Hebräisch, das ja eine Art Stenographie ist, mitschrieben, so daß wir den Inhalt einigermaßen genau festhalten konnten.«*

Lisa Fittko hat später, im November 1980, ihre Erinnerungen an Benjamins Überschreitung der französisch-spanischen Grenze in einem englischen Text festgehalten; da dieser Bericht sehr viel ausführlicher als Scholems Gesprächsprotokoll – mit dem er in allen wesentlichen Punkten übereinstimmt – ist, sei er im folgenden mitgeteilt**.

The Story of Old Benjamin

This happened exactly 40 years ago. I finally have to keep my promise to write down the story. People keep saying: just write it the way it was ...
I do remember everything that happened; I think I do. That is, I remember the facts. But can I re-live those days? Is it possible to step back and into those times when

---

* Gershom Scholem, [Vorbemerkung zu] Lisa Fittko, »Der alte Benjamin«. Flucht über die Pyrenäen, in: Merkur 36 (1982), 36 (Heft 403, Januar '82). – Im folgenden werden die bislang aufgefundenen Dokumente über Benjamins letzte Lebensmonate ausführlich zitiert. Was sie zu der Frage eines damals möglicherweise noch geschriebenen Passagentextes beinhalten, hätte sich auch sehr viel kürzer referieren lassen. Um die Schlußfolgerungen, zu denen der Herausgeber gelangt, beurteilen zu können, erscheint es jedoch erforderlich, die Dokumente im ganzen zu kennen: die Kontexte, in denen von einem solchen Manuskript nicht gesprochen wird, sind nicht weniger aufschlußreich als jene Stellen, an denen es erwähnt ist.
** Eine von Christoph Groffy angefertigte Übersetzung ins Deutsche ist an dem in der vorigen Anmerkung angegebenen Ort erschienen. Der Herausgeber dankt Frau Lisa Fittko für die freundliche Erlaubnis, den Text des Originals abdrucken zu können.

there was no time for remembering what normal life was like, those days when we adapted to chaos and struggled for survival ...?
The distance of the years – forty of them – has put events for us into perspective, many believe. It seems to me, though, that this perspective, under the pretense of insight, easily turns into simple hindsight, reshaping what was ... How will my recollections stand up against this trap?
And where do I start?

September 25, 1940
Port-Vendres (Pyrénées Orientales, France)

I remember waking up in that narrow room under the roof where I had gone to sleep a few hours earlier. Someone was knocking at the door. It had to be the little girl from downstairs; I got out of bed and opened the door. But it wasn't the child. I rubbed my half-closed eyes. It was one of our friends, Walter Benjamin – one of the many who had poured into Marseille when the Germans overran France. Old Benjamin, as I usually referred to him, I am not sure why – he was about 48. Now how did he get here?
»*Gnädige Frau,*« he said, »please accept my apologies for this inconvenience.« The world was coming apart, I thought, but not Benjamin's *politesse*. »*Ihr Herr Gemahl,*« he continued, »told me how to find you. He said you would take me across the border into Spain.« He said *what*? Oh well, yes, »*mein Herr Gemahl*« – my husband – would say that. He would assume that I could do it, whatever »it« might be.
Benjamin was still standing in the open door because there was no room for a second person between the bed and the wall. Quickly I told him to wait for me in the bistro on the village square.
From the bistro, we went for a walk so that we could talk without being overheard. My husband had no way of knowing, I explained, but since my arrival here at the border region last week I had found a safe way to cross the frontier. I had started by going down to the port and chatting with some of the longshoremen. One of them led me to the union steward, who in turn directed me to Monsieur Azéma, the mayor of the next village, Banyuls-sur-Mer: the man, I had been told back in Marseille, who would help me find a safe road for those of our family and friends who were ready to cross over. An old socialist, he was among those who had aided the Spanish republic by passing desperately needed doctors, nurses and medicine across the border during the Spanish civil war.
What a great person, this Mayor Azéma, I went on to tell Benjamin. He had spent hours with me working out every detail. Unfortunately, the famous road along the cemetery walls of Cerbères was closed. It had been quite easy, and a good number of refugees had used it for a few months, but now it was heavily guarded by the *gardes mobiles*. On orders of the German Commission, no doubt. The only truly safe crossing that was left, according to the mayor, was »*la route Lister.*«* That meant

---

* General Lister of the Spanish Republican Army had led his troops along that route.

that we had to cross the Pyrénées farther west, at a greater altitude, it meant more climbing.

»That will be all right,« Benjamin said, »as long as it is safe. I do have a heart condition,« he continued, »and I will have to walk slowly. Also, there are two more persons who joined me on my trip from Marseille and who also need to cross the border, a Mrs. Gurland and her teen-age son. Would you take them along?«

Sure, sure. »But Mr. Benjamin, do you realize that I am not a competent guide in this region? I don't really know that road, I have never been up that way myself. I have a piece of paper on which the mayor penciled a map of the route from his memory, and then he described to me some details of turns to be taken, a hut on the left, a plateau with seven pine trees which has to remain to our right or we will end up too far north; the vineyard that leads to the ridge at the right point. You want to take the risk?«

»Yes,« he said without hesitation. »The real risk would be not to go.«

Glancing at him, I remembered that this was not Benjamin's first attempt to get out of the trap. Impossible for anyone who knew about his former try to forget it. The apocalyptic atmosphere in Marseille in 1940 produced its daily absurd story of attempted escape: plans around phantasy boats and fable captains, visas for countries unknown to Atlas, and passports from countries that had ceased to exist. One had become accustomed to learning through the Daily Grapevine which foolproof plan had suffered today the fate of a House of Cards. We still were able to laugh – we had to laugh – at the comic side of some of these tragedies. The laughter was irresistible when Dr. Fritz Fraenkel, with frail body and gray mane, and his friend Walter Benjamin, with his sensitive scholar's head and pensive eyes behind thick glasses, were, through bribery, smuggled on a freighter, dressed up as French sailors. They didn't get very far.

Luckily, they did get away, though, due to the generalized state of confusion.

We agreed that we would try so see Mayor Azéma once more, this time together, so that we could both memorize every detail. I notified my sister-in-law – she, the baby and I were going to cross the border and go to Portugal the next week – and I went to Banyuls with Benjamin.

Here I have a lapse of memory. Did we dare to take the train in spite of the constant border checks? I doubt it. We must have walked the 6 or 8 kilometers from Port-Vendres on the rocky path which by now was familiar to me. I do remember finding the mayor in his office, how he locked the door and then repeated his instructions and answered our questions.

Two days ago, after he had drawn the sketch of the road for me, he and I had stepped to the window and he had pointed out the directions, the far-away plateau with the seven pine trees, and somewhere high up there the crest which we would have to cross. »On paper, it looked like an easy walk,« I had said, »but it seems that we have to cross the high Pyrénées...?« He had laughed: »That's where Spain is, on the other side of the mountains.«

He now suggested that we take a walk this afternoon and do the first part of the route to test whether we would find our way. »You go up to this clearing here,« he said pointing it out on his sketch. »Then you return and check it out with me. You spend the night at the inn and tomorrow morning around 5 o'clock, while it is still dark and our people go up to their vineyards, you start out again and go all the way to the Spanish border.« Benjamin asked how far it was to the clearing. »Less than an hour ... well, certainly not more than two hours. Just a nice walk.« We shook hands. »*Je vous remercie infiniment, Monsieur le Maire,*« I heard Benjamin say. I can still hear his voice.

We got his companions who had been waiting at the inn and explained our plan. They seemed to be cooperative, not the complaining kind that I dreaded so much in ticklish situations. We walked slowly, like tourists enjoying the scenery. I noticed that Benjamin was carrying a large black briefcase which he must have picked up when we had stopped at the inn. It looked heavy and I offered to help him carry it. »This is my new manuscript,« he explained. »But why did you take it for this walk?« »You must understand that this briefcase is the most important thing to me,« he said. »I cannot risk losing it. It is the manuscript that m u s t be saved. It is more important than I am.«

This expedition won't be easy, I thought. Walter Benjamin and his puzzling ways. That's just what he is like. When trying to pass for a sailor in the port of Marseille, had he toted the briefcase? But I better keep my mind on the road, I said to myself, and try to figure out Azéma's directions on the little map.

Here was the empty shed the mayor had mentioned, so we weren't lost ... not yet. Then we found the path with a slight turn to the left. And the huge rock he had described. A clearing! That must be it. We had made it, after almost three hours. This was about one third of the total route, according to Azéma. I don't remember it as being difficult. We sat down and rested for a while. Benjamin stretched out on the grass and closed his eyes, and I thought it must have been tiring for him.

We were ready to start the descent, but he didn't get up. »Are you all right?« I asked. »I am fine,« he answered, »you three go ahead.«

»And you?«

»I am staying here. I am going to spend the night here, and you will join me in the morning.«

This was worse than I had expected. What do I do now? All I can do is try and reason with him. This was wild mountain territory, there could be dangerous animals. As a matter of fact, I knew that there were wild bulls. It was late September and he had nothing with which to cover himself. There were smugglers around and who knew what they might do to him. He would have nothing to eat or drink. Anyhow, this was insane.

He said that his decision to spend the night at the clearing was unshakable since it was based on simple reasoning. The goal was to cross the border so that he and his manuscript would not fall into the hands of the Gestapo. He had reached one third of this goal. If he had to return to the village and then do the entire way again tomorrow, his heart would probably give out. Ergo, he would stay.

I sat down again and said: »Then I too will stay.«

He smiled. »Will you defend me against your wild bulls, *gnädige Frau*?«
My staying would not be reasonable, he explained quietly. It was essential that I check back with Azéma and that I get a good night's sleep. Only then would I be able to guide the Gurlands back before sunrise without possible error or delay, and continue to the border.
Of course I knew all that. Above all, I had to get hold of some bread without ration stamps, and perhaps some tomatoes and black market ersatz marmalade, to keep us going during the day. I think I had only tried to shock Benjamin into abandoning his plan, but of course it hadn't worked.

On the descent, I tried to concentrate on the road so that I would be able to find my way in the dark the next morning. But my mind kept nagging: he shouldn't be up there alone, this is all wrong ... Had he planned it this way all along? Or had the walk exhausted him so much that he had decided to stay only after we arrived? But there was this heavy briefcase that he had taken along. Were his survival instincts intact? If in danger, what would his peculiar way of reasoning tell him to do?
　During the winter, before France's surrender, my husband and Benjamin had been together in one of the camps where the French government imprisoned the refugees from Nazi Germany – together with the Nazis. They were at the Camp de Vernuche, close to Nevers. In one of their conversations Benjamin, a heavy smoker, revealed that he had quit smoking a few days ago. It was painful, he added. »Wrong timing,« Hans told him. Seeing Benjamin's inability to handle »the adversities of outer life which sometimes come ... like wolves«[1] – at Vernuche all of life was adversity – Hans had become used to helping him cope.
　He now tried to show Benjamin that in order to tolerate crises and keep one's sanity, the fundamental rule was to look for gratifications, not punishments.
　Benjamin answered, »I can bear the conditions in the camp only if I am forced to immerse my mind totally in an effort. To quit smoking requires this effort, and it will therefore save me.«
The next morning everything seemed to be going well. The danger of being seen by the police or customs guards was greatest when leaving the village and starting up the foothills. Azéma had insisted: start out before sunrise, mingle with the vineyard workers on your way up, don't carry anything except a *musette*, don't talk. That way the patrols can't distinguish you from the villagers. Mrs. Gurland and her young son, to whom I had explained these rules, carefully followed them, and I had no trouble finding the way.
The closer we came to the clearing, the more tense I grew. Will Benjamin be there? Will he be alive? My imagination started turning like a kaleidoscope.
Finally. Here is the clearing. Here is old Benjamin. Alive. He sits up and gives us a friendly look. Then I stare at his face – what has happened? Those dark purple blotches under his eyes – could they be a symptom of a heart attack?

1 Walter Benjamin, Letters I, 298.

He guessed why I stared. Taking off his glasses and wiping his face with a handkerchief, he said: »Oh that. The morning dew, you know. The pads inside the frames, see? They stain when they get damp.«
My heart stopped beating in my throat and slipped back down to where it belonged.

From here on the ascent was steeper. Also, we began to be repeatedly in doubt about which direction to take. To my surprise Benjamin was quite able to understand our little map, and to help me keep our orientation and stick to the right road.
The word »road« became more and more symbolic. There were stretches of a path, but more often it became a hardly discernable trail among boulders – and then the steep vineyard which I will never forget.
But first I have to explain what made this route so safe.
Following the initial ascent the path ran parallel to the widely known »official« road along the crest of the mountain chain, which was quite passable. »Our« road – the *Route Lister* and an old, old smugglers' path – ran below and somewhat tucked inside the overhang of the crest, out of the sight of the French border guards patrolling above. At a few points the two roads approached each other closely, and there we had to keep silent.
Benjamin walked slowly and with an even measure. At regular intervals – I believe it was 10 minutes – he stopped and rested for about one minute. Then he went on, at the same steady pace. He had calculated and worked this out during the night, he told me: »With this timing I will be able to make it to the end. I rest at regular intervals – I must rest b e f o r e I become exhausted. Never spend yourself.«
What a strange man. A crystal-clear mind; unbending inner strength; yet, a woolyheaded bungler.
> The nature of his strength, Walter Benjamin once wrote, is »patience, conquerable by nothing.«[1] Reading this years later, I saw him again walking slowly, evenly along the mountain path, and the contradictions within him lost some of their absurdity.

Mrs. Gurland's son, José – he was about 15 years old – and I took turns carrying the black bag; it was awfully heavy. But, I recall, we all showed good spirits. There was some easy, casual conversation, turning mostly around the needs of the moment. But mainly, we were quiet, watching the road.
Today, when Walter Benjamin is considered one of the century's leading scholars and critics – today I am sometimes asked: What did he say about the manuscript? Did he discuss the contents? Did it develop a novel philosophical concept?
Good God, I had my hands full steering my little group uphill; philosophy would have to wait till the downward side of the mountain was reached. What mattered now was to save a few people from the Nazis; and here I was with this – this –

---

1 In *Agesilaus Santander* (translation by me).

komischer Kauz, ce drôle de type – this curious eccentric. Old Benjamin: under no circumstances would he part with his ballast, that black bag; we would have to drag the monster across the mountains.

Now back to the steep vineyard. There was no path. We climbed between the vinestalks, heavy with the almost ripe dark and sweet Banyuls grapes. I remember it as an almost vertical incline; but such memories sometimes distort the geometry. Here for the first and only time Benjamin faltered. More precisely, he tried, failed and then gave formal notice that this climb was beyond his capability. José and I took him between us, with his arms on our shoulders we dragged him and the bag up the hill. He breathed heavily, yet he made no complaint, not even a sigh. He only kept squinting in the direction of the black bag.

After the vineyard, we rested on a narrow hill-side – the same plateau where we met our Greek a few weeks later. But that is another story. The sun had climbed high enough to warm us, so it must have been about 4 to 5 hours since we had started out. We nibbled on the food I had brought in my *musette*, but nobody ate much. Our stomachs had shrunk during the last months – first the concentration camps, then the chaotic retreat – *la pagaille*, or The Total Chaos. A nation on the run, moving south; at our backs the empty villages and ghost towns – lifeless, soundless, till the rattling of the German tanks gulped up the stillness. But again, that is another story, a very long one.

While we rested, I thought that this road across the mountains had turned out to be longer and more difficult than we could have guessed from the mayor's description. On the other hand, if one were familiar with the terrain and didn't carry anything, and were in good shape, it might really take considerably less time. Like all mountain people, Monsieur Azéma's ideas of distance and time were elastic. How many hours were »a few hours« to him?

During the following winter months, when we did this border crossing sometimes twice or even three times a week, I often thought of Benjamin's self-discipline. I thought of it when Mrs. R. started whining in the middle of the mountains: »... don't you have an apple for me ... I want an apple ...,« and when Fraeulein Mueller had a sudden fit of screaming (»acro-dementia« we called it); and when Dr. H. valued his furcoat more than his safety (and ours). But these again are different stories.

Right now I was sitting somewhere high up in the Pyrénées, eating a piece of bread obtained with sham ration tickets, and Benjamin was requesting the tomatoes: »With your kind permission, may I ...?« Good old Benjamin and his Castilian court ceremony.

Suddenly I realized that what I had been gazing at drowsily was a skeleton, sun-bleached. Perhaps a goat? Above us, in the southern blue sky, two large black birds circled. Must be vultures, I wonder what they expect from us ... How strange, I thought, the usual me would not be so phlegmatic about skeletons and vultures.

We gathered ourselves up and began trudging on. The road now became reasonably straight, ascending only slightly. Still, it was bumpy and for Benjamin it must have been strenuous. He had been on his feet since 7 o' clock, after all. His pace slowed down some more and he paused a little longer, but always in regular intervals, checking his watch. He seemed to be quite absorbed by the job of timing himself.

Then we reached the peak. I had gone ahead and stopped to look around. The view came on so sudden, for a moment it struck me like a *fata morgana*. Down there below, from where we had come, the Mediterranean reappeared. On the other side, ahead, steep cliffs – another sea? But of course, the Spanish coast. Two worlds of blueness. In our back, to the north, Catalonia's *Roussillon* country. Deep down *La Côte Vermeille*, the autumn earth in a hundred shades of vermillion. I gasped: never had I seen anything so beautiful.

I knew that we were now in Spain, and that from here on the road would run straight until the descent into the town. I knew that now I had to turn back. The others had the necessary papers and visas, but I could not risk being caught on Spanish soil. But, no, I could not yet leave this group to themselves, not quite yet. Just another short stretch ...

Putting down on paper the details which my memory brings back about this first time I crossed the border on the *route Lister*, a nebulous picture surfaces from wherever it has been buried all these years. Three women – two of them I know vaguely – crossing our road; through a haze, I see us standing there and talking for a short while. They had come up a different road, and they then continued their way down to the Spanish side separately. The encounter did not particularly surprise or impress me, since so many people were trying to escape over the mountains.

We passed a puddle. The water was greenish slimy and stank. Benjamin knelt down to drink.

»You can't drink this water,« I said, »it is filthy and surely contaminated.« The waterbottle I had taken along was empty by now, but thus far he hadn't mentioned that he was thirsty.

»I do apologize,« Benjamin said, »but I have no choice. If I do not drink I might not be able to continue to the end.« He bent his head down towards the puddle.

»Listen to me,« I said. »Will you please hold it for a moment and listen to me?«

»We have almost arrived, just a short while and you have made it. I know you can make it. But to drink this mud is unthinkable. You will get typhus ...«

»True, I might. But don't you see, the worst that can happen is that I die of typhus ... AFTER crossing the border. The Gestapo won't be able to get me, and the manuscript will be safe. I do apologize.«

He drank.

The road was now running gently downhill. It must have been about 2 o'clock in the afternoon when the rocky wall gave way, and in the valley I saw the village, very close.

»That is Port-Bou down there! The town with the Spanish border control where you will present yourselves. This street leads straight down. A real road!«
Two o'clock. We had started out at 5 in the morning, Benjamin at seven. A total of almost 9 hours.
»I have to go back now,« I continued. »We are in Spain – we have been in Spain for almost an hour. The descent won't take long; it's so close that you can see every house from here. You will go directly to the border post and show your documents: the travel papers, the Spanish and Portuguese transit visas. When you have your entry stamp, you take the next train to Lisbon. But you know all that ... I must go now, *auf Wiedersehen* ...«
For a moment my eyes followed them as they were walking down the road. It's time now for me to get out of here, I thought, and started to walk back. I walked on and felt, this isn't alien country any more, I am no stranger here, as I was only this morning. It also surprised me that I was not tired. Everything felt light, I was weightless and so was the rest of the world. Benjamin and his companions must have made it by now. How beautiful it was up here!
Within two hours I was back down in Banyuls. Nine hours uphill, two hours down.
During the following months, by the time we were able to find our way blindfolded, we once made it up to the border in two hours, and a few times in 3 to 4 hours. That was when our »freight« was young, strong, in good form and, above all, disciplined. I have never seen these people again, but from time to time a name comes up and suddenly something clicks. Henry Pachter, Historian: Heinz and his friend, alltime record two hours. Or Prof. Albert Hirschman, Economist at Princeton: young Hermant. I was critically ill when he came down to the border. He pressured a French hospital into admitting me, then crossed over, guided by my husband, in about three hours. I will write that story down another time.
For all that came later. Then, back in Banyuls, after my first trip on the Lister route, I thought: Good old Benjamin and his manuscript are safe, on the other side of the mountains.

*

In about a week the word came: Walter Benjamin is dead. He took his life in Port-Bou the night after his arrival.
The Spanish border authorities had informed the group that they would be returned to France. New orders, just received from Madrid: Nobody can enter Spain without the French exit visa. (Several different versions[*] exist of the reason Spain gave this time for closing the border: apatrides[**] may not travel through Spain; or, Spanish transit visas issued in Marseille were invalid.) Whatever the new directive was, it was lifted soon. Had there been time for the news to reach the French side of the frontier,

---

[*] see F. V. Grunfeld, Hannah Arendt, G. Scholem et al.
[**] Stateless persons, literally »People Without Fatherland« – official French term for refugees from Nazi Germany whose citizenship had been taken away by the Nazi government.

crossings would have been halted while watching developments. We were living in the »Age of New Directives«; every governmental office in every country of Europe seemed to devote full time to decreeing, revoking, enacting and then lifting orders and regulations. You just had to learn to slip through holes, to turn, to wind and to wriggle your way out of this ever-changing maze, if you wanted to survive.
But Benjamin was not a wriggler ...
»... *faut se débrouiller*«: one has to cut through the fog, work one's way out of the general collapse – that had become the only possible way of life in France. To most it meant things like buying forged bread tickets or extra milk for the kids or obtaining some kind, any kind of permit; in other words, to get something that didn't officially exist. To some it also meant to get such things by »collaborating«. For us, the *apatrides*, it was primarily a matter of staying out of concentration camps and escaping from the Gestapo.
But Benjamin was no *débrouillard* ...
In his remoteness, what counted was that his manuscript and he were out of the reach of the Gestapo. The crossing had exhausted him and he didn't believe that he could do it again – he had told me so during our climb. Here, too, he had calculated everything in advance: he had enough morphine on him to take his life several times over.
Impressed and shaken by his death, the Spanish authorities let his companions continue their travel.

*

July 1980.
During a recent conversation with Professor Abramsky from London we talked about Walter Benjamin and his work, and I mentioned his last walk.
Then I got a call from Professor Gershom Scholem, a trustee of Benjamin's literary estate and his closest friend. He had heard from Abramsky about our conversation and wanted to know more. I gave him a summarized description of the events on that day almost 40 years ago.
He asked for every detail concerning the manuscript:
»There is no manuscript,« he said. »Until now nobody knew that such a manuscript ever existed.«
I am hearing: There is no manuscript. Nobody knows about the heavy black briefcase carrying the papers that were more important to him than anything else.

*

Hannah Arendt has written about the »little hunchback«[*] whose threat Benjamin felt throughout life and against whom he took all precautions. Benjamin's »system of provisions against possible danger ... invariably disregarded the real danger,« she says.[1]

---
[*] A German fairy-tale figure who causes all of life's misfortunes: he trips you, he breaks your favorite toy, he spills your soup.
[1] *Men in Dark Times*, Harvest Book p. 161.

But it seems to me now that the »real danger« was not disregarded by Walter
Benjamin during that night in Port-Bou; it was just that his real danger, his reality,
differed from ours. He must have met again the little hunchback in Port-Bou ... his
very own, the Benjamin hunchback, and he had to come to terms with him.
Perhaps I will go to Port-Bou and try to pick up some tracks, to retrace what
happened on that side of the mountains 40 years ago, with the help of some of our old
friends down there.
Perhaps there will be another ending to this story.

Die große schwarze Aktentasche mit Benjamins neuem Manuskript: eine
Aktentasche, die für ihn das Allerwichtigste war und die er der Gefahr des
Verlusts nicht aussetzen durfte; ein Manuskript, das unbedingt gerettet
werden mußte, weil es ihm wichtiger als sein Leben war – das ist das ›nicht
wenig Aufregende‹ des Fittkoschen Berichts. In den Aufzeichnungen über
Benjamins Tod werden weder die Aktentasche noch das Manuskript
erwähnt. Diese Aufzeichnungen befinden sich im Nachlaß Adornos; es
handelt sich um auszugsweise Abschriften aus zwei Briefen, die Anfang
Oktober 1940 in Lissabon geschrieben worden sind. Wahrscheinlich wurden diese Briefe von ihren Empfängern in den USA zeitweilig Adorno als
einem Freund Benjamins zugänglich gemacht, und dieser ließ die Benjamin
betreffenden Stellen abschreiben. Der zuerst verfaßte Brief stammt von
Grete Freund, einer der drei Frauen, die den Weg der Benjaminschen
Gruppe unterwegs kreuzten und sich später, in Port-Bou, mit ihr vereinten. Der Empfänger des Briefes ist unbekannt.

GRETE FREUND AN UNBEKANNT. LISSABON, 9. 10. 1940 [Auszug]
J'ai hier reçu votre télégramme auquel j'ai répondu par retour. En ce qui concerne la
mort de M. Benjamin je sais vous indiquer les faits suivants: Nous étions quatre
amies en route lorsque nous avons rencontré Mme. Gurland, son fils des 16 1/2 et M.
Benjamin qui avaient l'intention de suivre la même direction que nous. M. Benjamin
était déjà très fatigué quand il a eu à subir une crise cardiaque en route. Il a été obligé
de s'allonger pendant quelques heures en route sur le sol. Il reprit force et continua
étonnamment bien la marche qui nous a pris 14 h. sans trouver possibilité à manger
ou à boire. A la frontière espagnole à Port-Bou nous sommes allés directement à la
police pour obtenir le visa d'entrée obligatoire qui nous fut catégoriquement refusé
quoique nous avions nos papiers de voyage complètement en règle munis du visa de
transit espagnol. Le chef de police prétendait avoir reçu des nouvelles instructions de
Madrid interdisant l'accès du territoire espagnol à tous ceux dont les papiers de
voyage partaient la mention »nationalité indéterminée« ou sans nationalité. Il voulait
nous renvoyer la nuit même par la même voie que nous avons pris, déclarant que le
consul espagnol à Perpignan devait demander pour nous un visa spécial à Madrid et si
nous n'obéissions pas à cet ordre il nous ferait conduire par ses gendarmes dans un
camp de concentration, à Figueras pour être finalement mis à la disposition des

autorités allemandes. Nous étions tous dans l'impossibilité de reprendre immédiatement la route de retour, c'est pourquoi on nous accordait sur notre demande de passer la nuit dans un hôtel sous la garde des gendarmes et de reprendre le chemin le lendemain à 10 h. du matin. M. Benjamin était tout à fait désespéré et déclarait le soir à l'hôtel qu'il ne repartirait pas quoiqu'il arrive. Nous tâchions de le calmer en lui promettant de téléphoner à la première heure au consul Américain de Barcelona pour qu'il avait une récommandation personnelle et à qui nous voulions demander pour M. Benjamin aide et assistance. En dépit de nos efforts il semble avoir pris un stupéfiant (forte dose de morphium) dans la même nuit et quand nous avons fait venir le médecin tout de suite, M. Benjamin n'était plus transportable et entrait dans le coma. Il est mort le même soir environ 24 heures après notre arrivée et son enterrement avait lieu le lendemain à Port-Bou vers 3h de l'après-midi. Avec les 70 $ qu'il avait sur lui l'hôtel, le médecin et l'enterrement a été payés. Le même jour nous avons encore eu beaucoup de difficultés, effectivement on nous a reconduit à la frontière et ce n'est que par un miracle en forme de tempête très violente qu'on nous a permis d'entrer en Espagne et d'y passer pour arriver à Lisbonne. Donc la chose la plus tragique est que M. Benjamin aurait finalement pu passer avec nous. Ce n'est pas sa mort qui a sauvé la situation mais autre chose. [...] On avait téléphoné au Consul américaine de Barcelona qui s'est refusé d'intervenir parce qu'il ne s'agissait pas d'un sujet américain.

Der aus größerer Nähe zu Benjamin und seinem Sterben zwei Tage später von Henny Gurland geschriebene Brief war wahrscheinlich an Arkadi Gurland, einen Cousin des damaligen Ehemannes der Briefschreiberin, gerichtet; der Text ist von Scholem bereits veröffentlicht worden (s. Scholem, Walter Benjamin – die Geschichte einer Freundschaft, a.a.O., 279-281):

HENNY GURLAND AN A. GURLAND. LISSABON, 11. 10. 1940 [Auszug]
Inzwischen hast Du sicher von unserem schrecklichen Erlebnis mit Benjamin gehört. Er, José und ich sind zusammen von Marseille weggefahren um die Reise gemeinsam zu machen. Ich habe mich in M. ziemlich mit ihm angefreundet und er fand mich geeignet als Reisepartnerin. Auf dem Pyrenäenweg trafen wir die Birmann, ihre Schwester Frau Lipmann und die Freund vom »Tagebuch«. Für uns alle waren diese 12 Stunden eine ganz grauenhafte Anstrengung. Der Weg war uns völlig unbekannt, zum Teil mußte man ihn auf allen Vieren erklettern. Abends kamen wir in Port-Bou an und gingen auf die Gendarmerie um unseren Eintrittsstempel zu erbitten. Vier Frauen und wir drei saßen eine Stunde lang, weinend, bittend, verzweifelt vor den Beamten und zeigten unsere durchaus guten Papiere. Wir waren alle sans nationalité und man sagte uns, daß seit einigen Tagen ein Erlaß herausgekommen sei, der verbot, Leute ohne Nationalität durch Spanien reisen zu lassen. Man erlaubte uns, eine Nacht im Hotel zu verbringen soi-disant unter Bewachung und stellte uns drei Polizisten vor, die uns morgens an die französische Grenze begleiten

sollten. Ich hatte kein anderes Papier als das amerikanische, für José und Benjamin bedeutete das ins Lager kommen. Also gingen wir alle sehr verzweifelt in unsere Zimmer. Morgens um 7 rief mich Frau Lipmann herunter, da Benjamin mich gerufen hatte. Er sagte mir, daß er abends um 10 Uhr große Mengen Morphium genommen hätte und ich versuchen solle, die Sache als Krankheit darzustellen, gab mir einen Brief an mich und an Adorno Th. W... [sic!] Dann verlor er das Bewußtsein. Ich rief einen Arzt, der Gehirnschlag feststellte und auf mein dringendes Verlangen, Benjamin in ein Krankenhaus zu befördern, d. h. nach Figueras, alle Verantwortung dafür ablehnte, da Benjamin schon ein Sterbender sei. Ich habe nun den Tag mit Polizei, Maire und Juge zugebracht, die sämtliche Papiere nachsahen und einen Brief an die Dominikaner in Spanien fanden. Ich mußte den Curé holen und habe mit ihm eine Stunde lang auf den Knien gebetet. Ich habe um José und mich entsetzliche Angst ausgestanden, bis der Totenschein ausgestellt war am nächsten Morgen.
Wie vorher besprochen, holten die Gendarmen die vier Frauen am nächsten Morgen des Sterbetages von Benjamin ab. José und mich ließen sie im Hotel, weil ich mit Benjamin gekommen war. Ich war also dort ohne visa d'entrée und ohne Zollkontrolle, die nachher im Hotel gemacht wurde. Du kennst Birmann und kannst unseren Zustand beurteilen, wenn ich Dir erzähle, daß sie und die anderen oben an der Grenze angekommen, sich weigerten weiterzugehen und sich damit einverstanden erklärten, ins Konzentrationslager nach Figueras zurückgebracht zu werden. Inzwischen war ich auf der Gendarmerie mit einer Attestation des Arztes und der Chef war sehr beeindruckt von der Krankheit Benjamins. Also die vier Frauen bekamen den Stempel (Geld wurde auch gezahlt und nicht wenig). Ich bekam ihn am nächsten Tag. Ich mußte alle Papiere und Geld dem Juge überlassen und beauftragte ihn alles dem amerikanischen Konsulat in Barcelona zu schicken, das die Birmann angerufen hatte. (Die Leute dort haben abgelehnt sich um uns zu kümmern, trotz vieler Erklärungen). Ich kaufte ein Grab für fünf Jahre etc. Ich kann Dir wirklich die Situation nicht genauer schildern. Auf jeden Fall war sie so, daß ich den Brief an Adorno und mich vernichten mußte, nachdem ich ihn gelesen habe. Es standen fünf Zeilen drin, die besagten, daß er, Benjamin, nicht weiter könne, keinen Ausweg sähe und er sich von mir erzählen lassen solle, ebenso sein Sohn.

Der Fittkosche Bericht über eine schwere Aktentasche, die ein Benjamin überaus wichtiges Manuskript enthielt, scheint mit dem Bericht Henny Gurlands unvereinbar, der zwar von einem fünfzeiligen Brief Benjamins spricht, aber nicht von jenem Manuskript, über das sie sowohl nach den Ereignissen auf der Flucht übers Gebirge wie als offensichtliche Vertraute Benjamins in diesen Tagen fraglos informiert war. Daß Henny Gurland »alle Papiere und Geld dem Juge überlassen« mußte, dürfte sich auf ihre eigenen Papiere beziehen, auch sind damit eher Ausweispapiere als ein Benjaminsches Manuskript gemeint. – Beim Nachdenken über den Widerspruch zwischen den beiden Berichten erinnerte der Herausgeber sich an einen weiteren Brief, der sich vor einigen Jahren im Nachlaß Horkheimers gefunden hatte und dem bislang keine Bedeutung beigemessen worden war. Horkheimer hatte sich nach Erhalt der Nachricht von Benjamins Tod sogleich an die spanische Grenzpolizei gewandt und um nähere Auskünfte gebeten. Das folgende Schreiben ist die Antwort auf seine Fragen.

Dirección General de Seguridad
Comisaría de Investigación y Vigilancia
de la Frontera Oriental
Figueras (Gerona) España
Comisario Jefe   30 de Octubre de 1.940

Sr. Don Max Horkheimer
Nueva York

Muy Señor Mío: En contestación a su carta 11 actual referente al Doctor en Filosofía Don BENJAMIN WALTER, participole que éste señor entró en España por Port-Bou, por la montaña el 25 septiembre último a las 20 horas con una autorización de Entrada para los [E. U.] expedida por el Consulado Americano en Marsella y visado español de tránsito para Portugal; manifestando dicho señor que había salido de Francia clandestinamente por carecer de autorización y que venía andando desde Banyuls (Francia) y que había cogido una insolación y se encontraba bastante enfermo. En vista de ello pasó a hospedarse a un Hotel e inmediatamente fué visitado por un Médico de Port-Bou, cuyo facultativo certificó que dicho Sr. Walter padecía una congestión cerebral y catarro bronquial que le obligaba a guardar cama. El mismo Médico anterior, certifica que don Benjamin Walter ha fallecido a las 22 horas del día 26 del mismo mes a consecuencia de una hemorragia cerebral. Dicho señor no prestó ninguna declaración.
Como puede V. ver por lo del certificado médico, no se trata de suicidio, sino de muerte natural.
En dicha desgracia intervino el Juzgado Municipal de Port-Bou, haciendose cargo del equipaje del Sr. Walter, consistente en una cartera de piel de las usadas por los hombres de negocios; un reloj usado de caballero; una pipa; seis fotografías; una radiografía; unos lentes; varias cartas; periódicos y algunos pocos papeles más que se ignora su contenido, como también alguna cantidad en dinero, de la que deducidos los gastos ocasionados, quedan actualmente 273 pesetas.
Todo lo anteriormente reseñado se encuentra en el Juzgado de Instrucción de Figueras, a disposición de sus herederos; por lo tanto puede V. dirigirse a dicho Juzgado interesando la forma de recuperar dichos objetos y demas datos que le interese.
Figueras pertenece a esta provincia y está próximo a Port-Bou.
                                              Queda de V. affmo. S.S.
                                                       P.A.
                                                   Antonio Sols

[Übersetzung:]
Generaldirektion der Sicherheitspolizei
Grenzkommissariat
Figueras (Gerona) Spanien
Chefkommissar 30. Oktober 1940
Herrn Max Horkheimer
New York

Sehr geehrter Herr: In Beantwortung Ihres Briefes vom 11. ds. mit Bezug auf den Doktor der Philosophie, Herrn Benjamin, Walter, teile ich Ihnen mit, daß dieser Herr Spanien bei Port-Bou, über das Gebirge kommend, am 25. September ds. Jahres um 8 Uhr abends betrat, mit einem Reiseausweis [für die USA], ausgestellt vom amerikanischen Konsulat in Marseille und spanischem Transitvisum nach Portugal. Der Herr gab an, daß er mangels Ausreiseerlaubnis heimlich Frankreich verlassen habe und zu Fuß von Banyuls (Frankreich) gekommen sei und daß er einen Sonnenstich bekommen habe und sehr krank sei. Aus diesen Gründen logierte er sich in einem Hotel ein und wurde sofort von einem Arzt aus Port-Bou besucht, dessen Erklärung bescheinigte, daß jener Herr Walter an einem Gehirnschlag und an Bronchialkatarrh leide, der Bettruhe notwendig mache. Derselbe Arzt bescheinigte, daß Herr Walter Benjamin um 10 Uhr abends am 26. September infolge einer Gehirnblutung (Hämorrhagie) gestorben sei. Erklärungen zu Protokoll hat Herr B. nicht abgegeben.
Wie Sie aus dem ärztlichen Zeugnis ersehen können, handelt es sich nicht um Selbstmord sondern um natürlichen Tod.
In diesem Trauerfall intervenierte das Munizipalgericht von Port-Bou, welches das Gepäck von Herrn Walter in Verwahrung nahm, welches bestand aus einer ledernen Aktentasche, wie sie die Geschäftsleute benutzen, einer Herrenuhr, einer Pfeife, sechs Photographien, einem Roentgenbild, einer Brille [Kneifer?], verschiedenen Briefen, Zeitschriften und einigen wenigen anderen Papieren, deren Inhalt nicht bekannt ist, sowie auch etwas Geld, von dem nach Abzug der entstandenen Kosten jetzt 273 Peseten übrig sind.
Alle hier aufgeführten Habseligkeiten befinden sich jetzt im Untersuchungsgericht von Figueras, zur Verfügung der etwaigen Erben. Sie können sich also an jenes Gericht wenden, um zu erfahren, wie Sie sich in den Besitz der Gegenstände und weiterer Angaben von Interesse setzen können. Figueras gehört zu dieser Provinz und liegt nicht weit von Port-Bou.

Hochachtungsvoll
i. A.
Antonio Sols

Wenn an der Authentizität des Berichts von Lisa Fittko noch irgendwelche Zweifel möglich gewesen waren, so wurden sie durch den Brief der spanischen Polizei behoben. »Una cartera de piel de las usadas por los hombres de negocios«: das war die »large black briefcase«, die Benjamin über die

Pyrenäen geschleppt hatte; und »algunos pocos papeles más que se ignora su contenido« konnten sehr wohl sein »new manuscript« darstellen, das er unbedingt aus Frankreich herauszubringen wünschte. Der Widerspruch, der zwischen einer ›schweren‹ Aktentasche – von der Lisa Fittko auf ein umfangreiches Manuskript schloß – und ›einigen wenigen Papieren‹ besteht, könnte sich dadurch auflösen, daß Benjamin in der Tasche neben dem Manuskript auch seine sonstige Habe transportierte. Benjamins mikroskopisch kleine Handschrift benötigte überdies auch für längere Manuskripte nur relativ wenige Blätter. War es zuvor für den Herausgeber schwer vorstellbar gewesen, an die Existenz eines Manuskripts zur Passagenarbeit zu glauben, so nötigte der Brief der spanischen Polizei zu neuen Überlegungen. Daß Benjamin nach seiner Flucht aus Paris von seinen Vorarbeiten zum Passagenwerk abgeschnitten war, mußte ein Schreiben an demselben nicht unbedingt unmöglich gemacht haben. Denkbar erschien immerhin auch, daß er deshalb dreizehn Jahre lang nicht zum Schreiben gekommen war, weil die wachsende Menge der Aufzeichnungen und Exzerpte ihn gelähmt hatte; in Lourdes und Marseille, wo ihm seine Notizen nicht zur Hand waren, mochte er sich befreit gefühlt und endlich zu schreiben begonnen haben. Wenn er aber in Lourdes und Marseille noch geschrieben haben sollte, dann konnte es sich kaum um etwas anderes als um einen Text zum Passagenwerk gehandelt haben. Er verbrachte hier mehr als ein Vierteljahr: Zeit genug, ein kürzeres oder längeres Manuskript zu verfassen. – Als der Herausgeber durch den Bericht Scholems über dessen Telephongespräch mit Lisa Fittko am 15. 5. 1980 informiert und zu den geschilderten Erwägungen veranlaßt wurde, war die Arbeit an der Edition des vorliegenden Bandes bereits weit vorgeschritten. Es schien ihm geboten, dem Hinweis auf Figueras unverzüglich nachzugehen. Über das Ergebnis seiner Nachforschungen berichtete er den Mitherausgebern der »Gesammelten Schriften« in einem Protokoll, das am 22. 6. 1980 abgefaßt wurde und aus dem im folgenden zitiert wird.

»Ich flog am 16. 6. nach Barcelona; in meiner Begleitung befand sich Maria Luisa Lopez-Vito als Dolmetscherin. Wir fuhren am selben Abend mit dem Auto nach Figueras weiter. Am 17. 6. trugen wir auf dem Juzgado de Instrucción – Poeta Marquina 2 – unser Anliegen vor. Unser Gesprächspartner war D. Félix García de Marina y Prieto. Das Gespräch wurde entweder aus dem Spanischen ins Deutsche oder Englische übersetzt oder auf Französisch geführt. Sr. García ist Agente Judicial am Untersuchungsgericht und hat das Gerichtsarchiv unter sich. Er ist etwa 30 Jahre alt, war sehr freundlich und ungewöhnlich hilfsbereit. Er betonte wiederholt, daß die Sache ihn selber interessiere. Wir fanden keinerlei Grund, die Richtigkeit und Vollständigkeit seiner Auskünfte zu bezweifeln. Wir waren von 10 bis 13 Uhr und noch einmal von 16 bis 17 Uhr mit ihm zusammen. Wir brachten folgendes in Erfahrung:

Spanische Gerichte sind befugt, Nachlässe von der Art des B.schen nach 20 Jahren zu vernichten. Sr. García, der das Archiv in Figueras seit 6 Jahren verwaltet, wußte definitiv, daß in dieser Zeit nichts absichtlich vernichtet worden ist. Er glaubte auch nicht, daß vorher eine solche Vernichtungsaktion stattgefunden hatte, für die bestimmte Formen eingehalten werden müssen, über die wohl Protokoll geführt wird. Wohl aber habe sich vor 5 Jahren, als der Juzgado in sein heutiges Gebäude umgezogen sei, herausgestellt, daß sehr viele Asservate und Akten ›von Wasser und Ratten besucht‹ worden waren und auf den Müll geworfen werden mußten. Heute befindet sich das Archiv – Asservatenkammer und Aktenarchiv – in einem größeren Kellerraum im Gebäude des Juzgado. An Asservaten aus älterer Zeit ist nur noch weniges vorhanden. Dieses ist von Sr. García und mir durchgesehen worden. Es befinden sich keine Gegenstände darunter, die aus B.s Besitz stammen könnten.
Den größeren Teil der Zeit verwandten wir sodann auf die Suche nach einer Akte über B. Ich hielt es für möglich, daß man die ›algunos pocos papeles‹ seinerzeit nicht zusammen mit der Brille und der Pfeife aufbewahrt, sondern sie der Akte beigelegt hatte. Da B.s Nachlaß an den Juzgado de Instrucción in Figueras gekommen war, mußte nach Sr. García ein expediente – eine Akte – angelegt worden sein. Die Akten sind in Figueras in solche über Penal-Sachen und solche über Civil-Fälle aufgeteilt. Eine Art Registratur in handschriftlich geführten Bänden hält den Ein- und Ausgang von expedientes chronologisch fest. Da im Zusammenhang mit einem Todesfall geführte expedientes in der Kriminalabteilung aufbewahrt werden, wurde zunächst der Registerband dieser Abteilung konsultiert: B. kommt in ihm nicht vor. Wir haben sodann die Akten selber durchgesehen. Weder unter den Akten für 1940 noch unter denen für 1941 befindet sich eine Akte B. – Der Aktenbestand der Penal-Abteilung scheint der Aktenregistratur zu entsprechen, wie Stichproben ergaben.
Sr. García erklärte uns, daß die Akte B. vom – heute nicht mehr existierenden – Juzgado Municipal von Port-Bou angelegt und an den Juzgado de Instrucción von Figueras überstellt worden sein müsse; auch wenn das Original in Figueras verschollen sei, müsse sich eine Kopie in Port-Bou befinden. Er rief in Port-Bou an und erklärte in unserer Gegenwart dem Secretario des Ayuntamiento, Sr. Ciriaco, den Sachverhalt. Dieser war über ›Sr. Walter‹ – auf den man in Port-Bou heute geradezu stolz ist und dem am Friedhof auf Veranlassung der PSOE eine Gedenkplatte in Katalanisch errichtet wurde – durchaus informiert und berichtete, daß man der häufigen Fragen nach B. wegen längst nach Dokumenten über ihn gesucht habe: außer der Eintragung im Sterberegister der Stadt und einer Nota im Registro del Cementerio Municipal sei definitiv nichts vorhanden. Bei diesem Telephonat erfuhr Sr. García, daß B. ›intestado‹, ohne Testament, gestorben sei. Dieser Hinweis, zusammen mit der Tatsache, daß ein Nachlaß vorhanden war, schien ihm ein Indiz dafür zu sein, daß die Akte B. doch unter den Zivilakten aufbewahrt sein könnte.
Auch über die Zivilakten wird in Figueras eine handschriftliche Registratur geführt, die eine junge Dame – anscheinend die Sekretärin des Juez – in Verwahrung hat. (Der Richter selbst war im Urlaub; seinem Stellvertreter hatte Sr. García uns in der Zwischenzeit vorgestellt und seine Autorisierung erhalten, uns zu helfen.) Sr. García und

Zeugnisse zur Entstehungsgeschichte

die junge Dame sahen die Registratur durch, fanden aber wiederum nichts. Diese Durchsicht war nicht sehr sorgfältig, auch schien mir die Registratur ziemlich unordentlich geführt zu sein: die Chronologie der Vorgänge war jedenfalls nicht eingehalten. – Da inzwischen Tischzeit war, bat Sr. García uns, um 16 Uhr wiederzukommen, um die Zivilakten selber durchzusehen.
Als wir zu dem verabredeten Zeitpunkt zurückkamen, hatte er diese Arbeit bereits getan – ohne Erfolg. Er führte uns erneut in den Archivkeller und demonstrierte uns, an welcher Stelle in den wiederum chronologisch geordneten Akten diejenige B.s sich befinden müßte, sich aber tatsächlich nicht befand. Sr. García selbst machte uns darauf aufmerksam, daß innerhalb der laufenden Numerierung der Akten von 1940 mehrere – etwa 10 – fehlten; eine Erklärung dafür wußte er nicht. Eine dieser fehlenden Akten – mit der Nummer 249 – könnte zeitlich B. betroffen haben. Es kann ausgeschlossen werden, daß Sr. García die fragliche Akte vor unserer Rückkehr entfernt hat. Er führte uns weiter vor, daß gelegentlich Akten in falschen Jahrgängen abgelegt sind. Auf meine Frage nach dem Grund für das Fehlen von Akten und die falsche Einordnung anderer erklärte er, daß das Archiv sich in einem völlig chaotischen Zustand befunden habe, als er es übernahm; er habe ein ganzes Jahr gebraucht, um die jetzige Ordnung herzustellen; schließlich: ich sei Deutscher, hier aber seien wir eben in Spanien ...
Wollte man völlig sicher sein, daß keine Akte B. mehr existiert, so müßte man sämtliche in Figueras vorhandenen Akten durchsehen – eine Arbeit, die vermutlich Monate beanspruchen würde; ich sah Akten aus dem vorigen Jahrhundert.
Um keine Möglichkeit zu versäumen, fuhren wir am nächsten Vormittag nach Port-Bou und sprachen auf dem Ayuntamiento vor, wo man uns aufgrund des Anrufs vom Vortag bereits erwartete. Wir sprachen mit einer Dame, die anscheinend eine Art Gemeindesekretärin war und ziemlich selbständig handelte, sowie mit einem Vorgesetzten dieser Dame. Wir fragten noch einmal nach einer polizeilichen oder gerichtlichen Akte über B.s Tod. Zunächst wurde auch uns erklärt, es sei keine Akte vorhanden; auch niemals eine angelegt worden, da B. ja nach Auskunft des Sterberegisters eines natürlichen Todes gestorben sei. Als wir insistierten: es sei ja doch ein Nachlaß vorhanden gewesen, Benjamin aber ohne Testament gestorben, also müsse man doch zumindest irgendein Protokoll aufgenommen haben, wurde die Dame nachdenklich; sie meinte dann, da müsse sie eben noch einmal nachsehen und verließ das Zimmer. Nach verhältnismäßig kurzer Zeit (längstens 10 Minuten) kam sie zurück und erklärte, es sei keinerlei expediente vorhanden.
Ich habe keinen Grund zu der Annahme, daß uns absichtlich etwas vorenthalten wurde, glaube aber auch nicht, daß in Port-Bou bereits alle Möglichkeiten der Suche ausgeschöpft sind. Allerdings kann es sich hier höchstens um das Vorhandensein eines expediente handeln, Benjamins Nachlaß mit den ›algunos pocos papeles‹ ist nach Figueras gegangen und von dort sicher nicht nach Port-Bou zurückgeschickt worden.
Zusammenfassend ist festzuhalten: In B.s Nachlaß befanden sich Papiere, die wahrscheinlich ein Manuskript enthielten. Der Nachlaß ist mit an Sicherheit grenzender

Wahrscheinlichkeit nicht erhalten. Die Möglichkeit kann nicht völlig ausgeschlossen werden, daß die fraglichen Papiere von B.s übrigen Effekten getrennt und zu seiner Akte genommen worden sind. Eine Akte B. ist nicht auffindbar, auch die respektiven Registraturen enthalten keine Hinweise darauf, daß eine solche Akte einmal existiert hat. Sollte eine Akte B. angelegt worden und noch vorhanden sein, so ist sie uns nach meinem Urteil nicht vorenthalten, sondern verlegt worden; sie dürfte dann nur bei einer Neuordnung des Gerichtsarchivs in Figueras oder durch Zufall wieder auftauchen. – Sollte in Port-Bou noch eine Akte B. vorhanden sein, so doch jedenfalls nicht die ›papeles‹.«

Eine letzte Hoffnung, Aufschluß über Benjamins Manuskript zu erhalten, war an Henny Gurland und ihren Sohn José geknüpft. Die Suche nach beiden erwies sich als langwierig und schwierig, war doch nicht einmal der Vorname von Frau Gurland bekannt. Nachdem viele falsche Spuren verfolgt worden waren, konnte der Herausgeber in Erfahrung bringen, daß Henny Gurland 1944 Erich Fromm geheiratet hatte. Sie ist 1952 in Mexiko gestorben. Danach war es nicht schwierig, ihren Sohn Joseph – dies der richtige Name Josés – ausfindig zu machen, der heute als Professor of Engineering an der Brown University in Providence, Rhode Island, lebt. Joseph Gurland, der im September 1940 siebzehn Jahre alt war, zeichnete für den Herausgeber seine Erinnerungen an die Flucht und an Benjamins Tod auf. Obwohl sein Gedächtnis manche Einzelheiten präzis bewahrt hat, ist ihm vieles auch entfallen oder kann von ihm nur dunkel und unsicher erinnert werden. In der entscheidenden Frage vermag er nicht zu helfen: er weiß nicht mehr, ob Benjamin eine Aktentasche bei sich führte oder nicht, ebensowenig kann er sich erinnern, bei ihm ein Manuskript gesehen zu haben, und auch seine Mutter hat später niemals etwas davon erwähnt.

Erst kürzlich erhielt der Herausgeber Kenntnis über den Inhalt von Benjamins letzten beiden, in Port-Bou geschriebenen Briefen. Über den ersten, an Juliane Favez gerichteten, berichtet Hans Mayer in Regestenform. Bei dem zweiten Brief handelt es sich um jene fünf Zeilen an Adorno und Henny Gurland, von denen diese schrieb, sie habe sie nach der Lektüre vernichten müssen (s. 1196). Als dem Herausgeber im Herbst 1981 verschiedene Dokumente, die zum Nachlaß Adornos gehören, übergeben wurden, fand er darunter den Benjaminschen Brief in einer ihm unbekannten Handschrift. Diese ließ sich als diejenige Henny Gurlands mit Hilfe einer Photokopie identifizieren, welche Joseph Gurland dem Herausgeber von einer Handschriftenprobe seiner Mutter sandte. Wahrscheinlich sind Adorno und Henny Gurland einander in den USA begegnet, und diese hat, wohl auf Adornos Bitte hin, Benjamins letzte Zeilen aus dem Gedächtnis rekonstruiert.

149. BENJAMIN AN JULIANE FAVEZ. PORT-BOU, 25. 9. 1940
»Ende September 1940 rief mich Frau Favez an, die Sekretärin der Genfer Zweigstelle von Horkheimers Institut. Ich solle sogleich in die Rue de Lausanne kommen. Dort lag eine Postkarte Walter Benjamins, geschrieben in Port-Bou an der französisch-spanischen Grenze. Sie muß, wie man heute ergänzen kann, das Datum des 26. [recte: 25.] September getragen haben. Benjamin schrieb nach Genf, weil von dort aus alle Einzelheiten seiner Emigration und der Einwanderung in die Vereinigten Staaten organisiert wurden. Nun teilte er mit, man lasse ihn nicht durch: irgendein Visum war offenbar nicht erteilt worden. Die Mitteilung enthielt außerdem Hinweise auf einen Todesfall in Paris, der ihn, Benjamin, sehr getroffen habe. Er wußte nicht weiter, das war ersichtlich.« (Regest bei Hans Mayer, Ein Deutscher auf Widerruf. Erinnerungen I, Frankfurt a. M. 1982, 257.)

150. BENJAMIN AN HENNY GURLAND [und ADORNO?]. PORT-BOU, 25. 9. 1940
Dans une situation sans issue, je n'ai d'autre choix que d'en finir. C'est dans un petit village dans les Pyrénées où personne ne me connaît ma vie va s'achever.
Je vous prie de transmettre mes pensées à mon ami Adorno et de lui expliquer la situation où je me suis vu placé. Il ne me reste pas assez de temps pour écrire toutes ces lettres que j'eusse voulu écrire.

Die Bedeutung der Worte »mes pensées« in Benjamins letztem Brief dürfte sich kaum mit zweifelsfreier Sicherheit klären lassen. Ganz unwahrscheinlich ist, daß Benjamin sagen wollte, er denke in diesem Augenblick an Adorno: weder erlaubte der Charakter der Freundschaft zwischen beiden die Intimität einer solchen Wendung, noch ist der Benjaminschen Beherrschung des Französischen zuzumuten, daß er derart in der sprachlichen Formulierung sich vergriffen haben könnte. Die »pensées« müssen solche sein, wie sie von Pascal überliefert werden. Dem Herausgeber scheint kaum vorstellbar, daß es dabei um mündliche Gedanken sich gehandelt haben soll, welche Benjamin Henny Gurland anvertraute und die von ihr Adorno mitgeteilt werden sollten. Am wahrscheinlichsten erscheint ihm, daß mit »pensées« jenes Manuskript gemeint ist, von dem Lisa Fittko berichtet und dessen Spur sich in Figueras verliert.

Für Scholem war »es fast unumgänglich«, »die Existenz einer Niederschrift Benjamins, in der er seine Gedanken über das geplante Hauptwerk endgültig formuliert hat, anzunehmen«; dabei kann dann in der Tat der Folgerung nicht ausgewichen werden, »daß Frau Gurland aus Gründen, die mit Ereignissen nach Benjamins Tod zusammenhängen, die sie in ihrem Brief [s. 1195 f.] nur dunkel angedeutet hat, dieses Manuskript vernichtet hat, zu dessen Rettung gerade dieser ganze Grenzübergang, von Benjamin aus gesehen, in Szene gesetzt worden war« (Scholem, Vorbemerkung zu Lisa Fittko, »Der alte Benjamin«, a. a. O., 37). – Der Herausgeber vermag sich dieser Schlußfolgerung Scholems nicht anzuschließen. Kein Zweifel ist daran möglich, daß Benjamin auf der Flucht über die Pyrenäen ein ihm besonders wichtiges Manuskript mit sich führte. Doch kann es dabei kaum um eine Niederschrift sich gehandelt haben, ›in der er seine Gedanken‹ über das Passagenwerk ›endgültig formuliert hat‹, d. h. um jenes Manuskript größeren Umfangs, von dem Lisa Fittko glaubt, daß es sich in der schweren schwarzen Aktentasche Benjamins befand. Ein solches Manuskript könnte keinesfalls noch in Paris entstanden sein: es sind genügend Dokumente über Benjamins letzte Pariser Monate erhalten, um diese Annahme ausschließen zu können. Daß Benjamin in Lourdes und Marseille eine größere Arbeit geschrieben hat, läßt sich dagegen nicht mit gleicher Sicherheit ausschließen; bislang sind aus dem Vierteljahr, welches er an den beiden Orten verbrachte, erst insgesamt sieben Briefe gefunden worden: es könnte Zufall sein, daß eine neue Arbeit in keinem von ihnen erwähnt wird. Dagegen aber sprechen die zwei Briefe an Adorno und Hannah Arendt vom 2. und 9. August: zu diesem Zeitpunkt hätte eine neue Arbeit bereits verhältnismäßig weit gediehen sein müssen; Adorno und Hannah Arendt waren wichtige Korrespondenten für Benjamin, zumindest Adorno hätte er von einer Aufnahme der Arbeit am Passagenwerk fraglos berichtet. Zudem vermitteln diese beiden Briefe ein Bild von Benjamins Situation während der zwei Monate in Lourdes, das nach dem Urteil des Herausgebers die Annahme verbietet, er habe damals am Passagenwerk gearbeitet. Wenn schließlich Henny Gurland nach Benjamins Tod in den Besitz eines Manuskripts gelangt sein sollte, dann wäre zwar angesichts der Tatsache, daß sie den fünfzeiligen Abschiedsbrief Benjamins meinte vernichten zu müssen, die Vernichtung eines umfangreichen Manuskripts durchaus vorstellbar. Nicht einzusehen ist jedoch, warum sie in ihrem Brief vom 11. Oktober eine solche Vernichtung verschwiegen haben sollte, da doch in ihrer – späteren – Rekonstruktion des Benjaminschen Abschiedsbriefes die Adorno zu übermittelnden »pensées« nicht verschwiegen wurden. Es muß bei dem Fittkoschen Manuskript sich um eben diese »pensées« gehandelt haben, welche von der spanischen Polizei konfisziert worden sind und die als »algunos pocos papeles mas que se ignora su contenido« an das Untersuchungsgericht in Figueras gelangten. Bei diesem Manuskript hat man auszugehen von einem Text, der relativ kurz war, nur einige wenige Blätter umfaßte; dem die Charakterisierung als pensées – für Benjamin auch eine Gattungsbezeichnung – zumindest nicht unangemessen ist; dessen Verlust Benjamin befürchten mußte, falls es ihm nicht gelang, ihn aus Frankreich herauszubringen; und der noch in Paris abgeschlossen worden ist. Ein Text, der all diesen

Bedingungen genügt, sind die Thesen *Über den Begriff der Geschichte*. Die Thesen wurden im Mai 1940 in Paris beendet, sie stellen Benjamins letzte Arbeit dar; konnten ihm also im September 1940 durchaus als ›neues‹ Manuskript gelten. Zwar hatte er eine Sendung des Manuskripts nach den USA angekündigt, diese dann aber doch unterlassen (s. Bd. 1, 1223, 1227); wenn seine in Paris zurückgebliebenen Manuskripte, über die Benjamin sich in *völliger Ungewißheit* (1182) befand, verlorengehen sollten, so mußte er befürchten, daß auch die geschichtsphilosophischen Thesen verloren wären. Er dürfte deshalb ein Exemplar derselben mit auf die Flucht genommen haben: wahrscheinlich das einzige Manuskript, das er bei sich trug, als er Paris verließ. Dieses ist dann in Figueras verschollen, während der Text der Thesen, zusammen mit dem Pariser Nachlaß, gerettet wurde.

45-59 Paris, die Hauptstadt des XIX. Jahrhunderts

Das Exposé *Paris, die Hauptstadt des XIX. Jahrhunderts* schrieb Benjamin, auf Veranlassung Friedrich Pollocks, im Mai 1935 für das Institut für Sozialforschung. Die Einzelheiten der Entstehungsgeschichte des Textes und seiner Aufnahme im Institut sowie die briefliche Diskussion desselben mit Adorno kann der Leser den »Zeugnissen zur Entstehungsgeschichte« entnehmen (s. 1112-1144).

In Benjamins Nachlaß ist eine Reihe von Manuskriptblättern erhalten, auf denen er Materialien und Motive, Schemata und methodische Reflexionen zum Passagenwerk festhielt, die im folgenden abgedruckt werden. Die Mehrzahl dieser Aufzeichnungen entstand im Zusammenhang mit den Erwägungen zu einem *Hauptplan* (1112), die Benjamin seit März 1934 beschäftigten und in dem Exposé von 1935 ihre verbindliche Fixierung gefunden haben. Indessen ist der Zusammenhang mit dem Exposé nicht in allen Fällen gesichert; so dürften etwa die als Nr. 3 abgedruckten Notizen dem ersten Stadium der Arbeit angehören. Eine einigermaßen zweifelsfreie Datierung ist nur bei Nr. 5 möglich, die zwischen Februar und Mai 1935 geschrieben wurde. (Der letzte Satz dieser Notizen, der auf einen Zeitpunkt nach dem Brief Adornos vom 2. 8. 1935 verweist, ist wahrscheinlich nachträglich hinzugefügt worden.) Da die Einordnung der Blätter im Benjamin-Archiv offensichtlich zufällig ist, hat der Herausgeber für den Abdruck eine sachliche Anordnung vorgenommen. – Sämtliche Manuskripte befinden sich im Frankfurter Benjamin-Archiv und werden mit ihren Archivsignaturen nachgewiesen. Von Benjamin im Manuskript gestrichene Stellen werden in geschweiften Klammern { } wiedergegeben.

Nr. 1 *1848 10 Dezember Wahl von Louis-Bonaparte*
Block der Katholiken, Legitimisten, Orleanisten. Napoleon sagt Freiheit des Unterrichts zu
Ledru-Rollin 400000   Lamartine 8000   Cavaignac 1500000 Napoleon 5500000 Stimmen
1850 loi Falloux
Kaution der Zeitungen auf 50000 frcs erhöht
Wahlgesetz, das dreijährige Anwesenheit in der Gemeinde, ersichtlich aus den Steuerlisten, vorschreibt
1851 Ablehnung der napoleonischen Amendements zum Wahlgesetz
Victor Hugo versucht umsonst die Arbeiter gegen den Staatsstreich zu mobilisieren
20 Dezember Plebiszit 7500000 ja 650000 nein

Anmerkungen zu Seite 45-59

1852   20 November Plebiszit wegen der Kaiserwürde 7 839 000 ja 53 000 nein 1/5 Enthaltungen
1863   Thiers und Berryer in die Kammer gewählt
1866   Entstehung der tiers parti unter Ollivier
1868   Wiederherstellung der Preß- und Versammlungsfreiheit
1869   Republikaner 40 Sitze (Gambetta Rochefort); Union libérale 50; Tiers parti 116. Bonapartisten Minorität
1870   Plebiszit: für die konstitutionelle Monarchie 7 350 000 gegen 1 538 000 (Bonapartisten und Republikaner)
1864   Einräumung des Streikrechts

———

1848   Abschaffung des Uniformzwangs für die Garde Nationale
Ansteigen der Wählerzahl von 200 000 auf über 9 000 000 durch das allgemeine Wahlrecht
Indemnité parlementaire von 25 frcs täglich
17 März und 16 April Aufstände, die sich die Verschiebung der Wahlen zur Constituante vorsetzen
Cassation [?] der Garde mobile

———

1831ff. Parti du mouvement: Laffitte, La Fayette, Barot
Parti de résistance: Perier, Molé, Guizot, Thiers

Druckvorlage: Ms 1107

Mode   Nr. 2
1866   das Haupt wie eine Wolke hoch über dem Bergtal der Robe
        Vasenform der Lampen: die seltene Blume »Licht« ist in Öl gestellt
1868   die Brust mit einem gefransten Läufer bedeckt
–   Architekturformen auf Kleidern
–   Mariä Heimsuchung als Thema der Modenbilder
–   modische Kleider als Vorwurf für Zuckerbäcker
–   Motive von Zäunen [?], Graswebenstickern [?] spielen 1850/1860 auf Kleidern
–   die Frau als gleichseitiges Dreieck (Krinoline)
–   die Frau als X – Ende des Empire –
    Jakett als zweiflügelige Tür
    Robe als Fächer
    Unendliche Permutationsmöglichkeit der modischen Elemente

Druckvorlage: Ms 1142

Das beste Buch über Paris   Nr. 3
Die Spiegelstadt (L'armoire à glace)
Kräfte der Großstadt: Benzintanks
Lichtreklame: Neuer Typus von Schrift (keine Lichtreklame in den Passagen)

Tafeln: Alter Typus von Schrift
Gaslicht bei Baudelaire
Passage de l'Opéra
Technik von Aragon verglichen mit Phototechnik
Foire im Sousol (»Kermess de Paris«)
⌊*Teleologie von Paris: Eiffelturm und Autostraßen*⌋
Pariser Straßen in der französischen Literatur (statistisch)
⌊*Das System der Pariser Straßen: ein Adernnetz der Imagination*⌋
{*Bernouard: pariser Dialekte im Krieg*}
Sacré Cœur: Ichtiosaurus – Eiffelturm: Giraffe
Baby Cadum [N]*Mme Zahna*[N]
Brandmauern
{*Paris und die reisenden [?] Autoren*
Aragon   Vague de rêves
XIX Jahrhundert: Kitsch, neue Sammlungen
Spiegel in den Cafés: wegen des Lichts, aber auch weil die Räume so klein sind}

Druckvorlage: Ms 1109

Nr. 4 *Motive zur Passagenarbeit*
Der Eintritt der Eisenbahn in die Traum- und Symbolwelt
{*Darstellung der geschichtlichen Erkenntnis nach dem Bilde des Erwachens*}
Fouriers »fugue industrielle« als Signatur einer Epoche, deren Krone die Weltausstellungen sind
Die Garde nationale Waffenorden der Industrie und des Handels
{*Das Interieur (Mobiliar) bei Poe und Baudelaire*}
Patenschaft der drei Reiche für die Passage: das Mineralreich mit Glas und Eisen; das Pflanzenreich mit der Palme; das Tierreich mit Wasserfauna
Die mit dem Diorama das Landschaftsbild ergreifende Krisis springt mit der Photographie auf das Porträt über
{*Wiertz als Veredler des Dioramas*}
Vom Warenhaus zur Weltausstellung
{*Haussmanns »strategische Verschönerung« von Paris*}
{*Fouriers archaische Idylle: das Naturkind als Konsument; Pestalozzis moderne Utopie: der Bürger als Produzent*}
{*Napoleon I als letzter Vertreter des revolutionären Terrorismus dem Bürgertum gegenüber*}
Das noch nicht bewußte Wissen vom Gewesenen stammt aus dem Nu
{*Geschichte der pariser Börse und der Salons des étrangers*}
Die Vergangenheit steht im Wachsfigurenkabinett wie die Ferne im Interieur.

Druckvorlage: Ms 1138^{r}

Anmerkungen zu Seite 45-59

[Motive zur Passagenarbeit II] Nr. 5
Die Tarnung der bürgerlichen Elemente in der bohème.
Die bohème als Existenzform der proletarischen Intelligenz.
Die Ideologen des Bürgertums: Victor Hugo, Lamartine. Dagegen Rimbaud
Die maîtres de plaisir des Bürgertums: Scribe, Sue.
Industrialisierung der Literatur, der nègre. Industrialisierung der Literatur durch die Presse
Poesie industrielle der Saint-Simonisten
Anfänge des Handels mit modernen Bildern
{Panoramatische Literatur}
{Anfänge des Gesamtkunstwerks in den Panoramen}
Literatur und Handel (Name der Magazine aus Vaudevilles)
Spezialität und Originalität

Inspirationen der frühen Photographie; bei Wiertz am Gedanken, bei Nadar an der Technik.
{Aragos Kammerrede über die Photographie} {/Balzacs Theorie der Photographie}
{Die Photographie auf der Industrieausstellung von 1855}
Bedeutung der photographischen Reproduktion von Kunstwerken; Bewältigung der Kunst durch Ph[otographie]
Photographie und elektrisches Licht (bei Nadar)
{Stellung der reaktionären Intelligenz zur Photographie (Balzac)}
{Die veristische Kunst der Photographie auf Grund des modischen Illusionismus der Panoramen}
Wiertz als Vorläufer der Montage (Realismus plus Tendenz); Stereorama und Malerei (Wiertz)

Drei Aspekte der Flanerie; Balzac, Poe, Engels; der illusionistische, psychologische, ökonomische
Die Flanerie als serre chaude der Illusion; Servandonis Projekt
Die unübersetzbare Literatur der Flanerie »Paris rue par rue maison par maison«
Der Flaneur und der Sammler; das archaische Paris der Flanerie
{Der Flaneur umgeht die Aktualität}
{Die Stadt als Landschaft und Stube}
{Die égalité als Fantasmagorie}
{Das Tempo der Flanerie und seine Vernichtung; exemplifiziert am Restaurant und [an] Verkehrsmitteln}
Unschlüssigkeit des Flaneurs; Zweideutigkeit der Passagen; Undurchsichtigkeit der Klassenverhältnisse

{Die Puppe im Annex zur Kokotte}

{*Sexualpsychologische Deutung des Puppenkults; Leib und Wachsfigur; Verkleidung*}

Interieur und Museum
{*Der Jugenstil oder das Ende des Interieurs (Jugenstil und Plakat).*}

Emanzipation und Prostitution
Girardin; die demoiselles von 1830; Fourier und Feuerbach
Die Emanzipation und die Saint-Simonisten; die Caissière
Liebeskult: Versuch der technischen Produktivkraft gegenüber die natürliche ins Feld zu führen

Entstehung des Proletariats; sein Erwachen in der Juniinsurrektion
{*Die Arbeitsbörsen*}
Die Kultur des 19ten Jahrhunderts als ein gewaltiger Versuch, die Produktivkräfte einzudämmen
{*Verfrühte Synthesen. Abschließung gegen das Proletariat*}
Die Garde nationale

Die Wegbereiter der Aktie
Veränderung der Eigentumsformen durch die Eisenbahn
Korruption durch Konzessionierung bei den Unternehmungen der Eisenbahn und Haussmanns

{*Plechanow über die Weltausstellung 1889*}
Museen und Ausstellungen
{*Die Inthronisierung der Ware (Reklame und Ausstellungen)*}
Einwirkung der Industrie auf die Sprache später als auf das Bild (bei den Surrealisten)
Allegorie und Reklame (Baudelaire)

Polizei und Verschwörer; die portes-lanternes

Physiognomische Exkurse der Flaneur / {*der bohémien*}
{*der Spieler*} / *der* {*Dandy*} / {*der Sammler*}

Snob (das Neue)
das Neue als Gegensatz zum Planmäßigen

Heiterkeit Fouriers
Godin und Ford
Le Christ industriel (Lamartine)
Merkur bei Fourier

{*die Konstruktion hat die Rolle des Unterbewußtseins*}
Konstruktion im Urbanismus
Die Rolle der Großstadt im XIX Jahrhundert
Flauberts Stil

Bild und Destruktion in der Geschichte
Geschichtliche Anamnesis
Noch nicht bewußtes Wissen vom Gewesnen
{*Abschaffung der Mode*}
Wirkung und Ausdruck

{*Der Zweifel an der Geschichte*}
Todeskomponenten / Exkurs über Proust

Anmerkungen zu Seite 45-59   1211

{Die Kommune als Probe auf die revolutionäre Legende}

{Mode bei Apollinaire}   {Cabet und das Ende der Mode}
{Die Stadt als Objekt der Mode (Lefeuve)}
Verhältnis von Technik und Kunst als Schlüssel der Mode
{Das Phänomen der Quartiers (Jules Janin)}
Anteil der Frauen [an] der Natur der Ware durch die Mode
{Zusammenhang der Mode mit dem Tod}
{Theorien der Mode: Karr / Vischer}
Mode und Kolportage: contemporaine de tout le monde
{Einbeziehung des Sexus in die Stoffwelt}
{Beseitigung des passage de l'Opéra durch den Durchbruch des boulevard Haussmann}
{Einbruch der Perspektive in den Urbanismus: Ende der Passagen}
{Entstehung der Arbeiterviertel in den faubourgs}
{Das Ende der »Quartiers« durch Haussmann}
{Die Sprache des Polizeipräfekten}
{Untergang der Passagen in »Thérèse Raquin«}
Arbeitsmittel und Arbeitnehmer bei Haussmann
{Ende der Passage: die Radfahrhallen}

Berührungspunkte zwischen Saint-Simonismus und Faschismus

{die Nippsache[?]}
{der Sammler}
{der Raritätenladen als Interieur}

{Der frühe Sozialismus, die Polizei, die Verschwörer (zu Fourier)}
Arbeiterassoziationen   {Nachwirkung von 1789}
{Unscharfe Klassengegensätze} {Das komm[unistische] Manifest als
{Die Konspiratöre und die bo-   Schluß der 1ten Periode}
   hème}
{Technische Wunder im Dienst der Insurrektion}

Promiskuität und Feindschaft der Klassen; ihre Kommunikation im Omnibus

Huysmans schildert Ménilmontant
Die Arbeiterassoziationen

Niederschlag des Illusionismus im Stadtbild: die Perspektiven
{Ihre Einbringung durch den Spiegel ins Interieur}
Warum es keinen französischen Idealismus gegeben hat?
Sinnenfreude des bürgerlichen Menschen

Hedonismus und Cynismus
Illusionismus der Kokotten

Die Passagen als Traum- und Wunschbild des Kollektivs
Fermente des Rausches im Kollektivbewußtsein
{Phantasmagorie des Raumes (der Flaneur), Phantasmagorie der Zeit (der Spieler)}
{Lafargue über den Spieler.} {Phantasmagorie der Gesellschaft: (der bohémien)}
Atmosphäre des Traumes: Klima
Der Traum des Empire; die Museen / {Anlehnung der ersten Fabrikbauten an Wohnhäuser}
{Der Empirestil als Ausdruck des revolutionären Terrorismus}
Empireform der ersten Lokomotiven; die Technik unter Kontrolle / Der Bildschatz der Technik
Gibt es im Empirestil englische Einflüsse? / Die Technik und das Neue
Das erste Auftreten der Maschine im Empire, das der Wiederherstellung des Antikischen galt
{Napoleons Stellung zu Industrie- und Gedankenmenschen}
{Die Weltausstellung von 1867}
{Grandville und Toussenel; Cabet} / {Grandville und die Reklame}: Traum und Erwachen
Bürgerlicher Hedonismus
{Rettung der Utopisten; Anschauungen von Marx und Engels über Fourier}
Fourier und Scheerbart; {Fortleben Fouriers bei Zola}
{Fourier und Jean Paul} / die wahre Bedeutung der Utopie: sie ist ein Niederschlag kollektiver Träume
{Die Inthronisierung der Ware in kosmischem Maßstab / Ware und Mode}
Reklame und Affiche (Commerz und Politik)

{Herrschaft des Finanzkapitals unter Napoleon III}
{Offenbach und die Operette}
Die Oper als Zentrum
{Krinoline und zweites Kaiserreich}

Polemik gegen Jung, der vom Traum das Erwachen fernhalten will.

Druckvorlage: Ms 1144

Nr. 6 *Provisorische Schemata*
    Revolutionäre Praxis
        Technik des Straßenkampfs und des Barrikadenbaus
        Revolutionäre mise en scène
        Berufsverschwörer und Proletarier

Die Mode
  contemporaine de tout le monde
  Versuch, den Sexus in die Stoffwelt zu locken

Druckvorlage: Ms 1138^v

Dialektische Schemata Nr. 7
Hölle – Goldnes Zeitalter
  Stichworte für die Hölle: ennui, Spiel, Pauperismus
  Ein Kanon dieser Dialektik: die Mode
  Das goldene Zeitalter als Katastrophe
Dialektik der Ware
  Ein Kanon für diese Dialektik dem »Odradek« zu entnehmen
  Das Positive im Fetisch
Dialektik des Neuesten und Ältesten
  Auch für diese Dialektik ist die Mode ein Kanon
  Das Älteste als Neueste[s]: das fait-divers
  Das Neueste als Ältestes: das Empire

Druckvorlage: Ms 1137

1 dialektische Stufe: die Passage wird aus einem glänzenden Orte zu einem Nr. 8
  verkommenen
2 dialektische Stufe: die Passage wird aus einer unbewußten Erfahrung zu
  etwas durchdrungenem
Noch nicht bewußtes Wissen von Gewesenem. Struktur des Gewesenen auf dieser Stufe. Wissen vom Gewesenen als ein Bewußtsichmachen, das die Struktur des Erwachens hat.
Noch nicht bewußtes Wissen der Kollektive

Alle Einsicht nach dem Schema des Erwachens zu fassen. Und sollte das [»]noch nicht bewußte Wissen« nicht Traumstruktur haben?
  – {Traumkitsch   {*das erschreckende Anklopfen*}
  Pariser Berichte}   *die Häßlichkeit des Gegenstandes ist das*
                erschreckende Anklopfen wenn wir
                schlafen

{*Wir machen in der Geschichte des Antiquitätenhandels Epoche und konstruieren eine Uhr, an der man ablesen wird, wann Gegenstände reif sind, gesammelt zu werden.*}
Wir konstruieren das Erwachen theoretisch, das heißt wir bilden im Bereich der Sprache den Trick nach, der physiologisch im Erwachen das Entscheidende ist, Erwachen operiert mit der List. Mit List, nicht ohne sie, lösen wir uns vom Traumbereich los.

Erwachen ist der exe[m]plarische Fall des Erinnerns: der enorme und wichtige Fall, daß uns gelingt, des Nächsten (Naheliegendsten) uns zu erinnern.
Was Proust mit dem experimentierenden Umstellen der Möbel meint ist nichts anderes als das was Bloch als Dunkel des gelebten Augenblicks zu fassen sucht.
Hier stellt sich die Frage, auf welche verschiedene kanonische Art der Mensch (der einzelne Mensch, aber auch das Kollektivum) sich zu Träumen verhalten kann. Und welche Art wahrhaftem Wachsein im Grund adäquat ist.
Wir fassen den Traum 1) als historisches, 2) als kollektives Phänomen. Versuchen[?] in die Träume des Einzelnen Licht durch die Lehre von den historischen Träumen der Kollektive bringen.
{Wir lehren, daß in den Traumschichten die Wirklichkeit nicht ist sondern de[m] Träumer zustößt. Und ich handle von den Passagen ganz so, als ob sie mir im Grunde passiert wären}
Wir haben aus dem Dasein unserer Eltern zu erwachen. In diesem Erwachen haben wir von seiner Nähe uns Rechenschaft zu geben, Gehorsam als die Kategorie der Nähe in der religiösen Erziehung. Sammeln als profane Kategorie der Nähe, der Sammler deutet Träume des Kollektivs.
Die Lehre vom Naturtraum Freuds. Traum als historisches Phänomen.
Gegensatz zu Aragon: dies alles auf die Dialektik des Erwachens hin durchdringen, nicht müde in den »Traum« oder in die »Mythologie« sich einlullen lassen. Welches sind die Laute des erwachenden Morgens, die wir in unsere Träume einbezogen? Die »Häßlichkeit« das »Altmodische« sind nur entstellte morgendliche Stimmen, die von unserer Kindheit reden.

Druckvorlage: Ms 1126^r

Nr. 9 *Thesis und Antithesis sind zum Traum-Wandel-Bild zusammenzufassen. Die Aspekte vom Glanz und vom Elend der Passagen sind Traumsicht. Der dialektische Umschlag in Synthesis ist Erwachen. Seine Mechanik. Wie wir durch List von der Welt unserer Eltern uns loslösen. Antinomie des Sentimentalen. Über die halluzinatorische Funktion von Architekturen. Traumbilder, die in die Wachwelt ragen.*
Typus der falschen Ablösung: Jugendstil. Gesetz der das Gegenteil bewirkenden Anstrengung wird durch ihn belegt.
Das Motiv der Dialektik ist im einzelnen durchzuführen an
    der Perspektive
    dem Luxus und der Mode
Theorie des Erwachens auf Grund der Lehre von der Langeweile zu entwickeln.
Theorie der Perspektive im Zusammenhang mit Flaubert. Perspektive und Plüsch.

Anmerkungen zu Seite 45-59

{Eine Bemerkung von Aragon zitieren, die das Zentrum der Fragen ausmacht: Daß die Passagen das was sie uns hier sind dadurch sind, daß sie (an sich) nicht mehr sind.} Der Fortfall der Akzente ist für die Traumwelt bezeichnend. Eine Verwandtschaft mit dem Kitsch.

       Ökonomische Grundlage
            der Konsument
            Luxus-Bauten
            Mode und Boulevard
      Umschlag
           gescheiterte Materie
           verändertes Tempo
           Date fatidique: 1893
     {Neue Bedeutung der Passagen
          Aragon: neue Mythologie
          Verhältnis zum 19ten Jahrhundert
          das Erwachen
          Entdeckung der Perspektive}

    {Kapitel
      Straßennamen / Perspektive / Sammeln /
      Innere der Straße / Mode /}

Die Mode setzt ihr Feigenblatt immer an der Stelle auf, wo sich die revolutionäre Blöße der Gesellschaft befindet. Eine kleine Verschiebung, und ... Aber wieso ist diese Verschiebung fruchtbar nur wo sie am Körper des Jüngstvergangenen vollzogen wird? (Noach[?] und seine Scham?)

Druckvorlage: Ms 1126^v

{*Langeweile*}   Nr. 10

{*Erste Abhandlung über den Verfall: Aragon*}		{*Theorie des Sammlers Erhebung der Ware in den Stand der Allegorie*}
Dialektik der Ware	*Magasins de nouveautés* gescheiterte Materie	

Dialektik der Sentimentalität (Sätze aus »Traumkitsch«)
        {*Archäologie des [x]. Traum ist die Erde, in der die Funde gemacht werden.*}

Dialektik der Flanerie	*das Interieur als Straße (Luxus) die Straße als Interieur (Elend)*

Dialektik der Mode   Lust und Leiche

{Beginn: Darstellung der heutigen Passagen
Ihre dialektische Entwicklung: Ware / Perspektive
Aktualität der Passagen in ihrer Traumstruktur}

{Versuch einer Wesensbestimmung der Straßennamen: keine reinen Allegorien
Mythologische Typographie: Balzac}

Thesis

Die Blüte der Passagen
unter Louis Philippe

Die Panoramen
Die Magasins
Die Liebe

Antithesis

Der Untergang der Passagen
Ende des XIX. Jahrhunderts

Der Plüsch
Gescheiterte Mat.
Die Hure

Synthesis

Entdeckung der Passagen
Das unbew. Wissen vom
Gewesnen wird bewußt

Lehre vom Erwachen

Dialektik der Persp
Dial. der Mode
Dial. der Sentim

{Dioramen
Plüsch-Perspektive
Regenwetter}

Druckvorlage: Ms 1127

Nr. 11 *Kritisch Grundlegendes*

Systematische Außenarchitektur

Waren-Materialien
Urgeschichte des Feuilletons
Goldnes Zeitalter und Hölle

Theorie der Phantasmagorie: Kultur

Nähere Bestimmung der Ware

Fetisch und Totenkopf

Irriges

Weltausstellungen und Arbeiterschaft

Fourier und Passagen

Malerei im Negativ der Spur

Kontor und Handelskammer

Saturnproblem
Beton Barcelona

Druckvorlage: Ms 1136

Methodisch Nr. 12
*Die dialektischen Bilder sind Wunschsymbole. In ihnen ist zugleich mit der
Sache selbst ihr Ursprung und ihr Untergang vergegenwärtigt.*
  *Welche Art von Anschaulichkeit die Darstellung der Geschichte besitzen
soll. Weder die laxe und billige Anschaulichkeit bürgerlicher Geschichtsbücher noch die dürftige der marxistischen. Was sie anschaulich zu fixieren hat,
das sind die dem kollektiven Unbewußten entstammenden Bilder.*
  *Die [x] der Produktivkräfte einer Gesellschaft wird nicht nur durch ihre
Rohstoffe und Werkzeuge bestimmt, sondern auch durch ihre Umwelt und
die Erfahrungen, welche sie in ihr macht.*
  Das Warten als Existenzform der parasitären Elemente.
Druckvorlage: Ms 1134

Neue Motive und Formulierungen Nr. 13
*{Mit dem zunehmenden Umfang des Verkehrswesens gehen die informatorischen Meriten der Malerei zurück. Sie beginnt, in Reaktion auf die
  Photographie, zunächst auf ein halbes Jahrhundert die farbigen Bildelemente zu unterstreichen. Als der Impressionismus dem Kubismus weicht,
  hat die Malerei sich eine weitere Domäne eröffnet, auf die ihr die Photographie zunächst nicht folgen kann.}*
*{Für eine subjektive Stellungnahme bei der Darstellung des Neuen, das sich
  mit der Jahrhundertmitte in der Umwelt und der Gesellschaft einstellt,
  kann niemand die Verantwortung übernehmen: daher das Objektiv.}*
Warten und Wartenlassen. Warten als Existenzform der parasitären Elemente
Druckvorlage: Ms 1132ʳ

Grundfragen Nr. 14
Die geschichtliche Bedeutung des Scheins
{Was sind die Ruinen der Bourgeoisie?}
Wo verläuft im Neuen die Grenze zwischen Realität und Schein
Urgeschichte des XIX Jahrhunderts
*Verhältnis von falschem Bewußtsein und Traumbewußtsein. Das Abspiegeln findet im Traumbewußtsein statt. Kollektives Traumbewußtsein
  und Überbau.*
Die Dialektik macht im Stillstand ein Bild. Diesem ist der Schein wesentlich
Das Jetzt der Erkennbarkeit ist der Augenblick des Erwachens
Im Erwachen steht der Traum still.
*Die historische Bewegung ist eine dialektische. Aber die Bewegung des
  falschen Bewußtseins nicht. Dieses wird dialektisch auch im Erwachen.*
Druckvorlage: Ms 1131

Nr. 15 *Methodische Reflexionen*
Studien über das »Jetzt der Erkennbarkeit« heranziehen
Prousts Darstellung des Erwachens heranziehen
Das Erwachen als der kritische Augenblick im Lesen der Traumbilder
Besondere Anforderungen des Jüngstvergangne[n] an die Methode des Historikers
Abgrenzung gegen die Kulturgeschichte
Hegel über Dialektik im Stillstand nachzulesen
Die Erfahrung unserer Generation: daß der Kapitalismus keines natürlichen Todes sterben wird.
Zum erstenmal wird hier das Jüngstvergangne ferne *Vergangenheit. Die Urgeschichte rückt ins Jüngstvergangne ein wie bei weiter Entfernung Berge in das Land davor zu rücken scheinen.*

Druckvorlage: Ms 1130^r

Nr. 16 *Wiesengrund*
Dialektisches Bild und Dialektik im Stillstand bei Hegel

Druckvorlage: Ms 1130^v

Nr. 17 *Die Fouriersche Utopie kündet eine Umfunktionierung der Dichtung an*

Druckvorlage: Ms 1132^v

Nr. 18 *So in die Mitte der Geschichte hineingestellt,* [abgebrochen]

Wie der Mensch die Mitte des Horizontes bildet, der sich vor seinen Blicken um ihn erstreckt, so bildet sein Dasein ihm die Mitte der Geschichte. Im hohen Mittag sich erblickend lädt er die abgezehrten Geister der Vergangenheit zu sich zu Tische. {*Der Historiker präsidiert*} *einem Geistermal. Der Historiker ist der Herold der die Abgeschiednen zu diesem Geistermale* {*zu Tische*} *lädt.*

Das lebende Geschlecht [abgebrochen]

Druckvorlage: Ms 1128

Das zweite Stadium der Arbeit am Passagenwerk begann Anfang 1934 mit dem Plan eines französischen Aufsatzes über Haussmann, zu dem Benjamin von der damals von Alfred Kurella geleiteten Zeitschrift »Le Monde« einen Auftrag erhielt. Der Aufsatz selbst wurde nicht geschrieben (s. 1096). Die folgenden Entwürfe und Schemata sind die einzigen erhaltenen Vorarbeiten.

Nr. 19 {*Le mérite de ce petit volume consiste dans l'évocation des différentes quartiers d'une grande ville. Ce n'est pas leur côté pittoresque ni rien d'extérieur qui a été visé par l'auteur. C'est plutôt le cachet unique que*

Anmerkungen zu Seite 45-59   1219

*confèrent à chacun de ces quartiers les couches sociales qui l'habitent et les
occupations}*

*Bleiben die spekulativen Begleiterscheinungen der »Haussmannisierung«
im Halbschatten, so treten desto entschiedener die taktischen Interessen der
Reform heraus, die Napoleon III gewiß gern hinter seinen augusteischen
Ambitionen versteckte. Eine zeitgenössische Begründung des Vorhabens
redet da eine umso deutlichere Sprache. Sie rühmt die neuen Straßen »ne se
prêtant pas à la tactique habituelle des insurrections locales«. Schon vorher
hatte man ja Paris mit Holz gepflastert, um der Revolution den Baustoff zu
entziehen. »Aus Holzblöcken, schreibt Karl Gutzkow in den »Pariser Briefen«, lassen sich keine Barricaden mehr machen.« Um zu ermessen, was das
heißen will, erinnere man sich, daß man 1830 sechstausend Barricaden in
der Stadt gezählt hat.*
*Schon Louis-Philippe hatte den Beinamen »Roi-Maçon«. Bei Napoleon III
verbanden sich merkantile, hygienische und militärische Momente, die auf
eine Umgestaltung des Stadtbilds hindrängten, mit dem Bestreben, [sich] in
Monumenten einer Friedensherrschaft zu verewigen. In Haussmann fand
[x] er die zur Durchführung des Unternehmens erforderliche Tatkraft. Sie
anzusetzen wurde ihm allerdings nicht leicht gemacht.*

Un carriériste au service d'un usurpateur

                                                                        Intran

*L'impérialisme –
destructeur pacifique
ou
»La Haussmannisation de Paris«*
I *Haussmann et Napoléon III   Le carriériste servant l'usurpateur*
II *L'embellissement stratégique*
III *Comptes fantastiques d'Haussmann*

L'embellissement stratégique   *Napoleon als Prätendent*
die Technik der Barrikadenkämpfe   *der Staatsstreich und Haussmann*
die strategischen Linienzüge   *die Polizei und das Attentat Orsini*
der theoretische Unterbau   *Haussmann und das Parlament*
die Rechtsprechung   *Spätere Karriere Haussmanns*
die Schaustellungen; Aesthetik

            *die Mittel Haussmanns
            Bedeutung der Substruktionen
            die Eisenbahnen
            die Weltausstellungen
            der neue Urbanismus*

                                              Druckvorlage: Ms 1108

Die als Nr. 20 und 21 abgedruckten Dispositionen bilden Vorstudien zu dem Exposé *Paris, die Hauptstadt des XIX. Jahrhunderts*. Während der erste Text von Benjamin selbst auf *März 1934* datiert wurde, dürfte der zweite unmittelbar vor der Niederschrift des Exposés selbst, also wohl Anfang Mai 1935 entstanden sein. Die Reflexionen Nr. 22 scheinen sich auf eine weitere, nicht erhaltene Disposition zu beziehen. – Beim Abdruck von Nr. 20 sind offenkundig nachträgliche Einfügungen in [N] eingeschlossen worden.

Nr. 20 *Entwurf vom März 1934*

[N] *Porträt von Haussmann*
zerstörende Energien in ihm [N]

Paris
Capitale du XIXe siècle

+ *Haussmann ou l'embellissement stratégique*	Klassenkampf
Grandville ou l'exposition mondiale**)	Fetischcharakter der Ware
Baudelaire ou les rues de Paris***)	
Louis-Philippe ou l'intérieur****) *****) ++)	Die Bohème
+ *Daguerre ou le panorame*	Das kollektive Unbewußte
Fourier ou les passages	

[N] *Psychologie der Zeitung: das Bedürfnis nach Neuigkeit* [N]	[N] *Querschemata*
	Paris Metaphysik
	Proletariat Physiognomik(?)
	Dialektik [N]

**) *Mode*
***) *Flaneur*
****) *Langeweile*   *****) *Jugendstil (der Jugendstil als Ende des Interieurs*
++ *der Sammler*

     I Fourier oder die Passagen   Zola: *Le Travail*
     Seine Figur g e g e n das Empire abzuheben / Antike und Schlaraffenland / Geschichtlicher Hedonismus***

Anmerkungen zu Seite 45-59   1221

    *Fourier und Jean Paul / Warum es keinen französischen Idealismus
      gegeben hat*
{*II Daguerre oder das Panorama (Passage des Panoramas 1800)
    Panoramen / Museen / Ausstellungen / Die verfrühten Synthesen /
    Der Durchbruch der Daguerreotypie / Einbruch der Technik ins
    Reich der Kunst*}
*III Louis-Philippe oder das Interieur
    Das Traumhaus** / {Der Sammler / Der Flaneur / Der Spieler}*
IV Grandville oder die Weltausstellung
    Maschinenglück / Die Ware im Kosmos / Fouriers Traum   Sammler
    Plechanow über 1889   Spieler
V Haussmann oder die Verschönerung von Paris   Fälscher
                                                                             Flaneur

                              *** *Entstehung der Passagen
                                  und Urgeschichte*
                             ** *das chthonische Paris*
                                         Druckvorlage: Ms 1106

| *Fragmente zur Generaldisposition* | Nr. 21 |

*VI {Haussmann oder die »strategische Verschönerung« von Paris
    Exkurs über den Spieler
    Die Zerstörungen von Paris
    Das Ende der Passagen
    Technik der Straßen- und Barrikadenkämpfe
    Die politische Funktion der Mode; Kritik der Krinoline bei F Th
      Vischer
    Die Commune}*

 I Fourier oder die Passagen

                              *Transitorische Zwecke der Eisen-
                              bauten.
                              Dazu: das Eisen ist, als der erste künst-
                              liche Baustoff, der erste der einer Ent-
                              wicklung unterliegt. Diese hat sich im
                              Lauf des Jahrhunderts schneller und
                              schneller vollzogen. Passagen bei Fou-
                              rier dienen Wohnzwecken*

     *Der Empirestil
     Materialistische Tendenzen im Bürgertum (Jean Paul, Pestalozzi;
       Fourier)*

Entstehung der Passagen   *Marx und Engels über Fourier*
Die Passagen bei Fourier   *Theorie der Erziehung als*
Nachleben Fouriers bei Zola   *Wurzel der Utopie*
Die Anfänge der Eisenkonstruktion / Die Verkleidung der Konstruktion

II *{Daguerre oder das Panorama*

    Passage des Panoramas

  Exkurs über Kunst Technik (Beaux-Arts und École Polytechnique)
  Die Begrüßung der Photographie (Balzac und Arago)
  Die Auseinandersetzung zwischen Kunst und Technik bei Wiertz
  Bahnhöfe und Hallen als neue Kunststätten
  Die Panoramen als Übergangserscheinung zwischen Kunst u[nd] Technik der Naturwiedergabe
  Exkurs über die spätere Entwicklung: Ausdehnung der Warenwelt durch das Photo
  {Paris als Panorama. Die panoramatische Literatur 1830-1850 (Leben des Arbeiters als Gegenstand der Idylle)}
  Die Photographie auf der Industrieausstellung von 1855
  Rückzugsgefecht der Kunst gegen die Technik bei Talmeyr (1900)}

III *Grandville oder die Weltausstellungen*
  Die Mode als Mittel, den Warencharakter auf den Kosmos zu übertragen
  Gußeisenzauber im Weltraum und in der Unterwelt
  Fortbildung der Passagen in den Ausstellungshallen. Paxtons Kristallpalast von 1851
  Der sex-appeal der Ware
  Mobilisierung des Anorganischen durch die Mode; ihr Triumph in der Puppe
  {Der Liebesmarkt von Paris}
  Paris als Material der Mode; Psychologie des Quartiers bei Janin und Lefeuve
  {Der Kampf der Utopie mit dem Cynismus bei Grandville}
  Grandville als Vorläufer der Werbegraphik
  Die Weltausstellung von 1867; Triumph des Zynismus; Offenbach als sein Dämon
  Grandville und die Fourieristen (Toussenels Naturphilosophie)
  Die universale Ausdehnung des Warencharakters auf die Dingwelt
  Leib und Wachsfigur
  Chthonische Elemente bei Grandville / {Chthonisches im Stadtbilde von Paris}
  Die »spécialité«   Druckvorlage: Ms 1148^v

Anmerkungen zu Seite 45-59

Zu V Nr. 22
{*Kritik der Moderne (vermutlich ein besonderer Abschnitt.) Das Neue hat Scheincharakter und fällt zusammen mit dem Schein des ewig sich Wiederholenden. Der dialektische Schein des Neuen und immer wieder Gleichen ist die Grundlage der »Kulturgeschichte«.*}

Zu V
4 Exkurse über die Langeweile. Der Snob, der in der Scheinwelt des Neuen und ewig Gleichen lebt, hat zur ständigen Begleitung die Langeweile. Bei Proust wird der Snobismus zum Schlüssel der gesellschaftlichen Analyse der obern Zehntausend.

Das Gesamtkunstwerk stellt einen Versuch dar, der Gesellschaft den Mythos (der wie Raphael [Proudhon Marx Picasso, Paris 1933] *p 171 mit Recht sagt, die Bedingung der »œuvres d'art intégrales« ist) aufzuoktroyieren*

Druckvorlage: Ms 1129

Die früheste erhaltene Niederschrift des Exposés von 1935 ist als M¹ (zur Siglierung s. unten, 1251 f.) im Benjamin-Archiv vorhanden. Möglicherweise stellt das Manuskript die erste zusammenfassende Niederschrift überhaupt dar; einige Blätter scheinen verloren zu sein, von mehreren Abschnitten finden sich zwei, von einem drei Fassungen. Die Version M¹ ist außerordentlich aufschlußreich für Benjamins Arbeitsweise, sie wird deshalb im folgenden vollständig reproduziert. Dabei werden bei denjenigen Teilen, die doppelt bzw. dreifach vorliegen, die jeweils früheren Texte den – innerhalb von M¹ – endgültigen Fassungen mit einem Einzug vorangestellt. Der Haupttitel fehlt im Manuskript.

[*Paris, die Hauptstadt des XIX. Jahrhunderts*]
I Fourier oder die Passagen

»*De ces palais les colonnes magiques
A l'amateur montrent de toutes parts
Dans les objets qu'étalent leurs portiques
Que l'industrie est rivale des arts.*«
Nouveaux tableaux de Paris   Paris 1828
p 27

Die Mehrzahl der pariser Passagen entsteht in den anderthalb Jahrzehnten nach 1822. Die erste Bedingung ihres Aufkommens ist die Hochkonjunktur des Textilhandels. Die magasins de nouveautés, die Vorläufer der Warenhäuser beginnen sich zu zeigen. Es war die Zeit, von der Balzac schreiben konnte »*Le grand poème de l'étalage chante ses strophes de couleur depuis la Madeleine jusqu'à la porte Saint-Denis.*« *Die Passagen waren ein Zentrum*

des Handels in Luxuswaren. In ihrer Ausstattung tritt die Kunst in den Dienst des Kaufmanns. Die Zeitgenossen werden nicht müde, sie zu bewundern. Noch lange bleiben sie ein Anziehungspunkt für die Fremden. Ein »illustrierter Pariser Führer« sagt: »Diese Passagen, eine neuere Erfindung des industriellen Luxus, sind glasgedeckte, marmorgetäfelte Gänge durch ganze Häusermassen, deren Besitzer sich zu solchen Spekulationen vereinigt haben. Zu beiden Seiten dieser Gänge, die ihr Licht von oben erhalten, laufen die elegantesten Warenläden hin, so daß eine solche Passage eine Stadt, eine Welt im Kleinen ist.« Die Passagen sind der Schauplatz der ersten Gasbeleuchtung.
Die zweite Bedingung ihres Entstehens bilden die Anfänge des Eisenbaus. Das Empire sah in dieser Technik einen Beitrag zur Erneuerung der Baukunst im altgriechischen Sinne. Der Architekturtheoretiker Bötticher führt aus, daß »hinsichtlich der Kunstformen des neuen Systems das Formprinzip der hellenischen Weise« müsse in Kraft treten. Das Empire ist der Stil des revolutionären Terrorismus, dem der Staat Selbstzweck ist. Sowenig Napoleon die funktionelle Natur des Staates als Herrschaftsinstrument der Klasse erkannte, so wenig erkannten die Baumeister seiner Zeit das Eisen als Instrument des konstruktiven Prinzips, das mit ihm seine Herrschaft in der Architektur antrat. Sie bildeten Träger der pompeianischen Säule, Fabriken Wohnhäusern, später Bahnhöfe Chalets nach. Die Konstruktion nahm die Rolle des Unterbewußtseins ein. Nichtsdestoweniger beginnt der Begriff des Ingenieurs, der aus den Revolutionskriegen stammt, sich durchzusetzen und die Kämpfe beginnen zwischen Konstrukteur und Dekorateur, Ecole Polytechnique und Ecole des Beaux-Arts[.]

[1] *Erstmals in der Geschichte der Baukunst tritt mit dem Eisen ein künstlicher Baustoff auf. Er unterliegt einer Entwicklung, deren Tempo sich im Laufe des Jahrhunderts beschleunigt. Sie erhält einen entscheidenden Anstoß als sich herausstellt, daß die Lokomotive, mit der man seit Mitte der zwanziger Jahre Versuche anstellte, nur auf eisernen Schienen verwendbar sei. Die Schiene war der erste montierbare Eisenteil; die Vorgängerin der Träger. Man vermeidet das Eisen zunächst bei Wohnbauten und verwertet es bei Passagen, Ausstellungshallen, Bahnhöfen, Bauten die transitorischen Zwecken dienen. Zugleich taucht das Glas zum erstenmal als Baustoff auf. Die gesellschaftlichen Voraussetzungen für seine Entfaltung finden sich erst hundert Jahre später. Scheerbarts »Glasarchitektur« läßt sie erkennen.*

>*»Chaque époque rêve la suivante«*
>Michelet: Avenir! Avenir!

Der Form des neuen Produktionsmittels, die am Anfang noch von der des alten beherrscht wird (Marx) entsprechen im gesellschaftlichen Überbau Wunschbilder, in denen das Neue sich mit dem Alten in phantastischer

Art durchdringt. Diese Durchdringung erhält ihren phantastischen Charakter vor allem daher, daß das Alte im Zuge der gesellschaftlichen Entwicklung sich niemals scharf gegen das Neue abhebt, das letzte aber, im Bestreben sich gegen das Veraltete abzusetzen, archaische, urzeitliche Elemente erneuert. Die utopischen Bilder, die das Heraufkommen des Neuen begleiten, greifen gleichzeitig stets auf Urvergangnes zurück. In dem Traum, in dem jeder Epoche die ihr folgende in Bildern vor Augen tritt, erscheint diese vermählt mit Elementen der Urgeschichte. Die Spiegelungen des Unterbaus durch den Überbau sind also inadäquat nicht darum, weil sie durch die Ideologen der herrschenden Klasse bewußt verfälscht worden wären sondern weil das Neue, um sich bildhaft zu gestalten, seine Elemente stets mit solchen der klassenlosen Gesellschaft verbindet. Das kollektive Unbewußte hat an ihnen mehr Anteil als das Bewußtsein des Kollektivs. Aus ihm stammen die Bilder der Utopie, die in tausend Konfigurationen des Lebens von den Bauten bis zu den Moden, ihre Spur hinterlassen haben.
Diese Verhältnisse werden an der Fourierschen Utopie kenntlich. Ihr Anstoß liegt im Auftreten der Maschine, ohne daß dieses in seinen Schriften zu ihrem Rechte käme. Vielmehr wird sein Denken hauptsächlich von der Unmoral des Handelsgeschäfts sowie von der in seinem Dienste aufgebotnen falschen Moral beschäftigt. In der kleinbürgerlichen Produktionsordnung des Phalanstére soll[en] die Menschen wieder zu sittlichen Verhältnissen zurück[ge]führ[t werden]. Zugleich tragen aber diese Verhältnisse alle Merkmale der schlaraffischen. Das alte Wunschbild des Schlaraffenlandes tritt bei Fourier wieder an die Oberfläche und es verbindet sich mit der Erfahrung des Maschinenwesens in einer Utopie, in welcher das Freudendasein der schlaraffischen Einwohnerschaft selbst nach dem Bilde der Maschine konzipiert erscheint. Die Verzahnungen der Passions, des komplizierten Zusammenwirken der »passions mécanistes« mit der passion cabaliste sind primitive Analogiebildungen zur Maschine im Material der Psychologie.
Fourier etabliert in der strengen Formenwelt des Empire die farbige Idylle des Biedermeier. Ihr Glanz dauert verblaßt bis zu Zola. Marx hat sich schützend vor Fourier gestellt, und seine »kolossale Anschauung vom Menschen[«] hervorgehoben. Auch hat er den Blick auf Fouriers Humor gelenkt. In der Tat ist Jean Paul in seiner »Levana« Fourier ebenso verwandt [wie] der Humorist Scheerbart, der Theoretiker der Glasarchitektur. Fourier selbst hat in den Passagen das Sinnbild seiner Utopie gesehen. Ihre Umbildung bei ihm ist bezeichnend: Während sie ursprünglich transitorischen Zwecken dienen, werden sie bei ihm Wohnstätten. Er beschreibt ausführlich ihre Rolle im Phalansterium, das eine Stadt aus Passagen sein wird.
Erstmals in der Geschichte der Architektur tritt mit dem Eisen ein künstli-

cher Baustoff auf. Er unterliegt einer Entwicklung, deren Tempo sich im Laufe des Jahrhunderts beschleunigt. Sie enthält den entscheidenden Anstoß als sich herausstellt, daß die Lokomotive, mit der man seit Mitte der zwanziger Jahre Versuche anstellte, nur auf eisernen Schienen verwendbar sei. Die Schiene wird der erste montierbare Eisenteil, die Vorgängerin des Trägers. Man vermeidet das Eisen bei Wohnbauten und verwendet es bei Passagen, Ausstellungshallen, Bahnhöfen – Bauten, die transitorischen Zwecken dienen. Gleichzeitig erweitert sich das architektonische Anwendungsgebiet des Glases. Die gesellschaftlichen Voraussetzungen für seine grundlegende Verwendung als Baustoff finden sich aber erst hundert Jahre später. Noch in der »Glasarchitektur« von Scheerbart (1914) tritt sie in den Zusammenhängen der Utopie auf.

>»Chaque époque rêve la suivante«
> Michelet: Avenir! Avenir!

Der Form des neuen Produktionsmittels, die im Anfang noch von der des alten beherrscht wird (Marx), entsprechen im Kollektivum Bilder, in denen das Neue sich mit dem Alten durchdringt. Diese Bilder sind Wunschbilder und in ihnen sucht das Kollektivum die Unfertigkeit des gesellschaftlichen Produkts sowie die Mängel der gesellschaftlichen Produktionsordnung sowohl aufzuheben wie zu verklären. Daneben tritt in diesen Wunschbildern das nachdrückliche Bestreben hervor, sich gegen das Veraltete – das heißt aber: gegen das Jüngstvergangne – abzusetzen. Diese Tendenzen weisen die Bildphantasie, die von dem Neuen ihren Anstoß erhielt, an das Urvergangne zurück. In dem Traum, in dem jeder Epoche die ihr folgende in Bildern vor Augen tritt, erscheint die letztere vermählt mit Elementen der Urgeschichte, das heißt einer klassenlosen Gesellschaft. Deren Erfahrungen, welche im Unbewußten des Kollektivs ihr Depot haben, {machen an der Schwelle der ältesten Kulturen nicht halt und nehmen Elemente der Naturgeschichte in ihre Bewegung auf. Diese Bewegung erzeugt,} erzeugen, in Durchdringung mit dem Neuen, die Utopie, die in tausend Konfigurationen des Lebens, von den dauernden Bauten bis zu den flüchtigen Moden, ihre Spur hinterlassen hat.

Diese Verhältnisse werden an der Fourierschen Utopie kenntlich. Deren innerster Anstoß liegt im Auftreten der Maschinen. Aber das kommt in seinen Darstellungen nicht unmittelbar zum Ausdruck; sie gehen von der Unmoral des Handelsgeschäfts sowie von der in seinem Dienste aufgebotnen falschen Moral aus. Das phalanstère soll die Menschen zu Verhältnissen zurückführen in denen die Sittlichkeit sich erübrigt. Dessen höchst komplizierte Organisation erscheint als Maschinerie geplant. Die Verzahnungen der passions, das verwickelte Zusammenwirken der passions mécanistes mit der passion cabaliste sind primitive Analogiebildungen zur Maschine im Material der Psychologie. Diese Maschinerie aus Menschen produziert das

Anmerkungen zu Seite 45-59

Schlaraffenland, das uralte Wunschsymbol, das Fouriers Utopie in sich absorbiert hat.
In den Passagen hat Fourier den architektonischen Kanon des phalanstère gesehen. Ihre Umbildung bei ihm ist bezeichnend: während sie ursprünglich transitorischen Zwecken dienen, werden sie bei ihm Wohnstätten. Das phalanstère wird eine Stadt aus Passagen sein. Fourier etabliert in der strengen Formenwelt des Empire die farbige Idylle des Biedermeier. Ihr Glanz dauert verblaßt bis auf Zola. Er nimmt die Ideen Fouriers in seinem »Travail« auf, wie er von den Passagen in der »Thérèse Raquin« Abschied nimmt. Marx hat sich, Karl Grün gegenüber, schützend vor Fourier gestellt und seine »kolossale Anschauung vom Menschen« hervorgehoben. Auch hat er den Blick auf Fouriers Humor gelenkt. In der Tat ist Jean Paul in seiner »Levana« dem Pädagogen Fourier ebenso verwandt wie Scheerbart in seiner »Glasarchitektur« dem Utopisten Fourier.

[II Daguerre oder die Panoramen]
{Mit der Ausstellung von 1855 zeichnet die gesellschaftliche Rolle der Photographie sich ab. Sie dehnt den Kreis der Warenwirtschaft gewaltig aus, indem sie Figuren, Landschaften, Ereignisse, die entweder überhaupt nicht oder nur als Bild für einen Kunden verwertbar waren, in unbeschränkter Menge auf dem Markte verwertet. Um den Umsatz zu steigern erneuert sie ihre Objekte durch modische Veränderungen, die die spätere Geschichte der Photographie bestimmen.}

III Grandville oder die Weltausstellung
   »Oui, quand le monde entier, de Paris jusqu'en Chine,
   O divin Saint-Simon, sera dans ta doctrine,
   L'âge d'or doit renaître avec tout son éclat,
   Les fleuves rouleront du thé, du chocolat;
   Les moutons tout rôtis bondiront dans la plaine,
   Et les brochets au bleu nageront dans la Seine;
   Les épinards viendront au monde fricassés,
   Avec des croûtons frits tout autour concassés;
   Les arbres produiront des pommes en compotes,
   Et l'on moissonera des carricks et des bottes;
   Il neigera du vin, il pleuvra des poulets,
   Et du ciel les canards tomberont aux navets.«
      Langlé et Vanderburch: Louis-Bronze et le Saint-Simonien
      (Théâtre du Palais-Royal 27 février 1832)

Weltausstellungen sind die Wallfahrtsstätten zum Fetisch Ware. »L'Europe s'est déplacé pour voir des marchandises« *sagt Taine 1855. Den Weltausstellungen gehen nationale Ausstellungen der Industrie vorher, von denen die erste 1798 auf dem Marsfeld stattfindet. Sie geht aus dem Wunsch hervor,*

»die Arbeiterklassen zu amüsieren und wird für dieselben ein Fest der Emanzipation«. Die Arbeiterschaft steht als Kunde im Vordergrund. Der Rahmen der Vergnügungsindustrie hat sich noch nicht gebildet. Das Volksfest stellt ihn. Chaptals Rede auf die Industrie eröffnet diese Ausstellung. Die Saint-Simonisten, die die Industrialisierung der Erde planen, nehmen den Gedanken der Weltausstellungen auf. Chevalier, die erste Autorität auf dem neuen Gebiet, ist ein Schüler von Enfantin und Herausgeber der saintsimonistischen Zeitung »Globe«. Die Saint-Simonisten haben die Entwicklung der Weltwirtschaft, nicht aber den Klassenkampf vorausgesehen. Ihr Anteil an den industriellen und kommerziellen Unternehmungen um die Jahrhundertmitte steht neben ihrer Hilflosigkeit in den Fragen, die das Proletariat betreffen.

Die Weltausstellungen verklären den Tauschwert der Waren. Sie schaffen einen Rahmen, in dem ihr Gebrauchswert zurücktritt. Sie eröffnen eine Phantasmagorie, in die der Mensch eintritt, um sich zerstreuen zu lassen. Die Vergnügungsindustrie erleichtert es ihm, indem sie ihn auf die Höhe der Waren hebt. Er überläßt sich ihren Manipulationen, indem er seine Entfremdung von sich und den andern genießt. – Die Inthronisierung der Ware und der sie umgebende Glanz der Zerstreuung ist das unbewußte Thema von Grandvilles Kunst. Dem entspricht der Zwiespalt zwischen dem utopischen und dem zynischen Element in seiner Kunst. Seine Spitzfindigkeiten in der Darstellung toter Objekte entsprechen dem, was Marx die »theologischen Mucken« der Ware nennt. Diese sind am handgreiflichsten in der »spécialité«, eine Warenbezeichnung, die damals in der Luxusindustrie aufkam. Unter Grandvilles Stift verwandelt sich die gesamte Natur in Spezialitäten. Er präsentiert sie im gleichen Geiste, indem die Reklame – das Wort stammt aus seiner Zeit – ihre Artikel zu präsentieren beginnt. Er verfällt dem Wahnsinn.

> »Mode: Herr Tod! Herr Tod!«
> Leopardi: Dialog zwischen der Mode und
> dem Tod

Die Weltausstellungen bauen das Universum der Waren auf. Grandvilles späte Phantasien übertragen den Warencharakter aufs Universum. Sie modernisieren es. So wird der Saturnring ein gußeiserner Balkon, auf dem die Saturnbewohner abends Luft schöpfen. Das literarische Gegenstück dieser graphischen Utopie stellen die Bücher des Fourieristen Toussenel dar. Die Mode schreibt das Ritual vor, nach dem der Fetisch Ware verehrt sein will. Grandville dehnt ihre Aktion auf die Gegenstände des alltäglichen Gebrauchs so gut wie auf den Kosmos aus. Indem er sie in den Extremen verfolgt, deckt er ihre Natur auf. Sie steht immer im Widerstreit mit dem Organischen. Nicht der Körper sondern die Leiche ist das vollkommenste Objekt für ihre Kunst. An dem Lebenden nimmt sie die Rechte der Leiche

wa[h]r. Sie verkuppelt ihn der anorganischen Welt. Der Fetischismus, der dem sex-appeal der Ware unterliegt, ist ihr Lebensnerv. Andrerseits ist gerade sie es, die den Tod überwindet. Sie bringt das Abgeschiedne in die Gegenwart ein. Die Mode ist jeder Vergangenheit Zeitgenossin.
Zur pariser Weltausstellung von 1867 erläßt Victor Hugo ein Manifest an die Völker Europas. Früher und eindeutiger sind deren Interessen von den französischen Arbeiterdelegationen vertreten worden, deren erste zur londoner Weltausstellung von 1851, deren zweite von 750 Vertretern zu der von 1862 abgeordnet wurde. Diese war mittelbar für die Gründung der Internationalen Arbeiter Assoziation von Marx von Bedeutung. Die Phantasmagorie der kapitalistischen Kultur erreichte auf der Weltausstellung von 1867 seine strahlendste Entfaltung. Das Kaiserreich stand auf der Höhe seiner Macht. Paris war im Taumel. Offenbach schrieb ihm den Rhythmus vor. Die Operette ist die ironische Utopie einer dauernden Herrschaft des Kapitals.

IV Louis-Philippe oder das Interieur

»*La tête ...*
Sur la table de nuit, comme une renoncule,
Repose.«
Baudelaire: Une martyre

Unter Louis-Philippe betritt der Privatmann den geschichtlichen Schauplatz. Die Erweiterung des demokratischen Apparats durch ein neues Wahlrecht fällt mit der parlamentarischen Korruption zusammen. In ihrem Schutz macht die herrschende Klasse Geschichte indem sie ihre Geschäfte verfolgt. Sie begünstigt die Herrschaft Louis-Philippes als die des geschäftsführenden Privatmanns. Mit der Julirevolution hat die Bourgeoisie die Ziele von 1789 verwirklicht (Marx).
Für den Privatmann tritt erstmals der Lebensraum in Gegensatz zu der Arbeitsstelle. Der erste konstituiert sich als Interieur. Das Kontor ist sein Komplement. Der Privatmann, der im Kontor der Realität Rechnung trägt, verlangt vom Interieur in seinen Illusionen unterhalten zu werden. Diese Notwendigkeit ist umso dringlicher als er seine geschäftlichen Überlegungen nicht zu gesellschaftlichen zu erweitern gedenkt. In der bewußten Gestaltung seiner Umwelt verdrängt er beide. Dem entspringen die Phantasmagorien des Interieurs. Es stellt für den Privatmann das Universum dar. In ihm versammelt er die Ferne und die Vergangenheit. Sein Salon ist eine Loge im Welttheater.
Exkurs über den Jugendstil. Die Erschütterung des Interieurs vollzieht sich um die Jahrhundertwende im Jugendstil. Zunächst scheint er die Vollendung des Interieurs mit sich zu bringen. Die Verklärung der einsamen Seele erscheint als sein Ziel. Der Individualismus ist seine ideologische Grundlage. Bei Vandervelde erscheint das Haus als Ausdruck der Persönlichkeit.

Das Ornament ist diesem Hause was dem Gemälde die Signatur. Die wirkliche Bedeutung des Jugendstils kommt in seiner Ideologie nicht zum Ausdruck. Er stellt den letzten Ausfallsversuch der in ihrem elfenbeinernen Turm von der Technik belagerten Kunst dar. Er mobilisiert alle Reserven der Innerlichkeit. Sie finden ihren Ausdruck in der mediumistischen Liniensprache, in der Blume als dem Sinnbild der nackten, vegetativen Natur, die der technisch armierten Umwelt entgegen tritt. Die neuen Elemente des Eisenbaus, Trägerformen, beschäftigen den Jugendstil. Im Ornament bemüht er sich, diese Formen der Kunst zurückzugewinnen. Das Beton stellt ihm neue Möglichkeiten plastischer Gestaltung in der Architektur in Aussicht. Gleichzeitig verlagert der wirkliche Schwerpunkt des Lebensraumes sich ins Büro. Der entwirklichte schafft sich seine Stätte im Eigenheim. Das Fazit des Jugendstils zieht der »Baumeister Solneß«: der Versuch des Individuums, auf Grund seiner Innerlichkeit mit der Technik es aufzunehmen, führt zu seinem Untergang.

[1] Das Interieur ist die Zufluchtsstätte der Kunst. Der Sammler ist der wahre Insasse des Interieurs. Er macht sich die Verklärung der Dinge zur Aufgabe. Er ist bemüht, durch seine gesteigerte Besitzlust an ihnen, den Warencharakter von ihnen abzustreifen. Die Besitzlust fungiert als Negativ der Wollust. Der Sammler träumt sich nicht allein in eine ferne oder vergangene Welt sondern zugleich in eine bessere, in der zwar nicht die Menschen mit dem versehen sind, was sie brauchen, aber die Dinge von der Fron, nützlich zu sein, befreit sind. [Anschließend folgende Notizen:] Poes Philosophie de l'ameublement und seine bahnbrechenden Detektivnovellen erweisen ihn als den ersten Physiognomen des Interieurs. Die »Mystères de Paris« von Sue. Ihm fällt die Sisyphosaufgabe zu [abgebrochen] Aber er verleiht ihnen, statt des Gebrauchswertes nur den Liebhaberwert. Im beginnenden Detektivroman des neunzehnten Jahrhunderts ist der Verbrecher weder Apache noch Gentleman sondern gutbürgerlicher Privatmann[.]

»Je crois ... à mon âme: la Chose«
Léon Deubel: Œuvres Paris 1929 p 193

*Das Interieur ist die Zufluchtsstätte der Kunst. Der Sammler ist der wahre Insasse des Interieurs. Er macht die Verklärung der Dinge zu seiner Sache. Ihm fällt die Sisyphosaufgabe zu, durch seine Besitzlust an den Dingen den Warencharakter von ihnen abzustreifen. Aber er verleiht ihnen nur den Liebhaberwert statt des Gebrauchswertes. Der Sammler träumt sich nicht nur in eine ferne oder vergangene Welt sondern zugleich in eine bessere, in der zwar die Menschen ebensowenig mit dem versehen sind, was sie brauchen wie in der alltäglichen, aber die Dinge von der Fron frei sind, nützlich zu sein.
Das Interieur ist nicht nur das Universum sondern auch das Etui des*

Anmerkungen zu Seite 45-59

Privatmanns. Alles Wohnen ist ein Hinterlassen von Spuren. Im Interieur werden sie betont. Man ersinnt Überzüge und Schoner, Futterals und Etuis in Fülle, in denen die Spuren der alltäglichsten Gebrauchsgegenstände sich abdrücken. Es entsteht die Detektivgeschichte, die sich mit den Spuren beschäftigt. Die »Philosophie des Mobiliars« sowie seine Detektivnovellen erweisen Poe als den ersten Physiognomen des Interieurs. Die Verbrecher der ersten Detektivromane sind weder Gentlemen noch Apachen sondern bürgerliche Privatleute.

V Baudelaire oder die Straßen von Paris

[1] *Baudelaires Genie, das sich dem Spleen und der Melancholie verwandt fühlt, ist ein allegorisches. »Tout pour moi devient allégorie.« Paris als Gegenstand der allegorischen Anschauung. Der allegorische Blick als Blick des Entfremdeten. Teilna[h]m[s]losigkeit des Flaneurs.*
Der Flaneur als Gegenbild der »Menge«. Die londoner Menge bei Engels. Der Mann der Menge bei Poe. Der vollendete Flaneur ist ein bohémien, ein Entwurzelter. Er ist nicht in seiner Klasse zuhause sondern nur in der Menge, das heißt in der Stadt. Exkurs über den bohémien. Seine Rolle in den geheimen Gesellschaften. Charakteristik des conspirateurs von Beruf. Das Ende der alten bohème. Ihr Zerfall in legale und revolutionäre Opposition.
Baudelaires Zwitterstellung. Seine Flucht zu den Asozialen. Er lebt mit einer Hure. {Die Kunsttheorie des l'art pour l'art. Sie entspringt der Ahnung des Künstlers, daß er fortan gezwungen sein wird, für den Markt zu schaffen.}
Das Todesmotiv in der Dichtung von Baudelaire. Es verschmilzt mit seinem Bild von Paris. Exkurs über die chthonische Seite der Stadt Paris. Topographische Spuren der Vorgeschichte: das alte Bett der Seine. Die unterirdischen Flußläufe. Die Katakomben. Legenden vom unterirdischen Paris. Verschwörer und communards in den Katakomben. Die unterseeische Welt der Passagen. Ihre Bedeutung für die Prostitution. Betonung des Warencharakters der Frau auf dem Liebesmarkt. Die Puppe als Wunschsymbol.
Die Phantasmagorie des Flaneurs. Das Verkehr[s]tempo in Paris. Die Stadt als Landschaft und Stube. Das Warenhaus als der letzte Strich des Flaneurs. Dort haben seine Phantasien sich materialisiert. Das Flanieren, das als Kunst des Privatmanns begonnen hat, endet heut als Notwendigkeit für die Massen.
Die Kunst im Kampf gegen ihren Warencharakter. Ihre Kapitulation vor der Ware als l'art pour l'art. Die Geburt des Gesamtkunstwerks aus dem Geiste des l'art pour l'art. Baudelaires Betörung durch Wagner.
[2] *Baudelaires Ingenium, das sich aus der Melancholie nährt, ist ein allegorisches. »Tout pour moi devient allégorie.« Zum ersten Male wird*

bei Baudelaire Paris zum Gegenstand der lyrischen Dichtung. Nicht als die Heimat, vielmehr ist der Blick des Allegorikers, der es trifft, der Blick des Entfremdeten.
Der Flaneur ist ein Entwurzelter. Er ist nicht in seiner Klasse noch in seiner Heimat zu hause sondern nur in der Menge. Die Menge ist sein Element. Die londoner Menge bei Engels. Der Mann der Menge bei Poe. Die Phantasmagorie des Flaneurs. Die Menge als Schleier, durch den die gewohnte Stadt verändert hindurchscheint. Die Stadt als Landschaft und Stube. Das Warenhaus ist der letzte Strich des Flaneurs. Dort haben seine Phantasmagorien sich materialisiert.
Der Flaneur als bohémien. Exkurs über den bohémien. Er entsteht gleichzeitig mit dem Kunstmarkt. Er arbeitet für das breite anonyme Publikum der Bourgeoisie, nicht mehr für den feudalen Mäzen. Er bildet die Reservearmee der bürgerlichen Intelligenz. Seine anfängliche Mitwirkung bei den Verschwörungen in der Armee weicht später derjenigen bei den Insurrektionen der Arbeiterschaft. Er wird ein Berufsverschwörer. Ihm fehlt politische Schule. Unsicherheit des Klassenbewußtseins. »Politische« und »soziale« Revolution. Das kommunistische Manifest als ihr Totenschein. Die bohème spaltet sich in eine legale und eine anarchistische Opposition. Baudelaires Zwitterstellung zwischen den beiden. Seine Flucht zu den Asozialen.
Das Todesmotiv durchdringt in Baudelaires Dichtung das Bild von Paris. Die »Tableaux parisiens«, der »Spleen de Paris«. Exkurs über die chthonische Seite der Stadt Paris. Das alte Bett der Seine. Die unterirdischen Flußläufe. Legenden vom unterirdischen Paris. Verschwörer und Communards in den Katakomben. Zwielicht in ihnen. Ihre Zweideutigkeit. Sie stehen zwischen Haus und Straße, zwischen Breitraum und Halle. Die unterseeische Welt der Passagen. Ihre Bedeutung für die Prostitution. Betonung des Warencharakters der Frau auf dem Liebesmarkt. Die Puppe als Wunschsymbol.

»Tout pour moi devient Allégorie«
Baudelaire: Le cygne

Baudelaires Ingenium, das sich aus der Melancholie nährt, ist ein allegorisches. Zum ersten Male wurde bei Baudelaire Paris zum Gegenstand der lyrischen Dichtung. Diese Dichtung ist keine Heimatdichtung vielmehr ist der Blick des Allegorikers, der die Stadt trifft, der Blick des Entfremdeten. Es ist der Blick des Flaneurs, dessen Lebensform die kommende trostlose des Großstadtmenschen noch mit einem versöhnenden Schimmer umspielt. Der Flaneur steht noch auf der Schwelle, der Großstadt sowohl wie der Bürgerklasse. In keiner von beiden ist er zu Hause sondern die Menge ist seine wahre Heimat. Frühe Beiträge zur Physiognomik der Menge finden sich bei Engels und Poe. Die Menge ist ein Schleier durch den hindurch dem

Flaneur die gewohnte Stadt als eine Phantasmagorie winkt. In ihr ist sie bald Landschaft, bald Stube. Beides ist sie dann wirklich im Warenhaus, das diese Phantasmagorie in sich aufnimmt. Das Warenhaus ist der letzte Strich des Flaneurs.
Im Flaneur begibt sich die Intelligenz auf den Markt. Wie sie meint, um ihn anzusehen und in Wahrheit doch schon, um einen Käufer zu finden. In diesem Zwischenstadium, in dem sie noch Mäzene hat aber bereits beginnt, mit dem Markt sich vertraut zu machen, erscheint sie als die bohème. Der Unentschiedenheit ihrer ökonomischen Stellung entspricht die Unentschiedenheit ihrer politischen Funktion. Diese kommt am sinnfälligsten zum Ausdruck in ihrer Unterschicht: den Berufsverschwörern. Ihr anfängliches Arbeitsfeld ist die Armee, später wird es das Kleinbürgertum, gelegentlich das Proletariat. In den eigentlichen Führern des letztern sehen sie jedoch ihre Gegner. Das kommunistische Manifest liquidiert ihre Wirksamkeit. Baudelaires Dichtung zieht ihre Kräfte aus der Unterschicht der bohème. Seine einzige Geschlechtsgemeinschaft realisiert er mit einer Hure.

»*Facilis descensus Averni*«
Vergil

Es ist das Einzigartige in Baudelaires Dichtung, daß die Bilder des Weibs und des Todes sich in einem dritten durchdringen, dem von Paris. Das Paris seiner Gedichte ist eine versunkene Stadt und mehr unterseeisch als unterirdisch. Es ist von einer totenhaften Idyllik. Ihr Substrat aber ist kein natürliches und besteht weder in den unterirdischen Flußläufen von Paris noch in seinen Katakomben und den Legenden, die sich um sie gebildet haben. Es ist vielmehr ein gesellschaftliches und das heißt ein modernes. Aber immer zitiert gerade die Moderne die Urgeschichte. Hier geschieht das durch die Zweideutigkeit, die den gesellschaftlichen Verhältnissen und Erzeugnissen dieser Epoche eignet. Das Zwielicht der Passagen, die Zeitgenossen mit einer unterseeischen Landschaft verglichen, liegt über der Gesellschaft, die sie erbaute. Ihre Konstruktion selber ist zweideutig. Sie stehen einerseits zwischen Haus und Straße, andererseits zwischen Breitraum und Halle. Gleichzeitig war auf dem Liebesmarkt diese Zweideutigkeit tonangebend. Die Prostitution, in welcher die Frau Verkäuferin und Ware in einem darstellt, gewinnt eine besondere Bedeutung.

»*Je voyage pour connaître ma géographie*«
Das letzte Gedicht der Fleurs du mal »*Le Voyage*«. *Die letzte Reise des Flaneurs: der Tod. Ihr Ziel: das Neue. Das Neue ist eine vom Gebrauchswert der Sache unabhängige Qualität. Es ist das letzte Wort der Mode. Es ist der Schein, der das Wesen der Bilder ist, die das träumende Subjekt der Geschichte erzeugt. Die Kunst, die an ihre[r] Aufgabe zweifelt, muß ihn zu*

ihrem obersten Wert mach[en]. Zum arbiter novarum rerum wird ihr der Snob. Er ist der Kunst was der Mode der Dandy ist. Wie im XVII Jahrhundert die Allegorie der Kanon der Bilder wird, so im XIX die nouveauté. Den magasins de nouveauté[s] treten die Zeitungen an die Seite. Die Presse organisiert den Markt geistiger Werte, auf dem zunächst eine Hausse entsteht. Eugène Sue wird die erste Berühmtheit des Feuilletons. Die Nonkonformisten rebellieren gegen den Warencharakter der Kunst. Sie scharen sich um das Banner des l'art pour l'art. Aus dieser Parole entspringt die Konzeption des Gesamtkunstwerks, welches versucht die Kunst gegen die weitere Entwicklung der Technik abzudichten. Das Gesamtkunstwerk ist eine verfrühte Synthese, die den Todeskeim in sich trägt. Die Weihe, mit der es sich zelebriert, ist das Pendant der Zerstreuungen, die die Apotheose der Ware umgeben. Beide abstrahieren in ihren Synthesen vom gesellschaftlichen Dasein der Menschen. Baudelaire unterliegt der Betörung Wagners.

VI Haussmann oder die strategische Verschönerung von Paris
[1] *Haussmanns urbanistisches Ideal waren die Perspektiven. Dies entspricht der im XIX Jahrhundert immer wieder beobachteten Tendenz, der technischen Konstruktion Kunstformen aufzuoktroyieren. Die Institute der weltlichen und geistlichen Herrschaft des Bürgertums sollten, in den Rahmen der Straßenzüge gefaßt, ihre Apotheose finden. Daher wurden Straßenzüge vor ihrer Fertigstellung mit einem Zelttuch verhangen und wie Denkmäler enthüllt.*
Die Wirksamkeit Haussmanns fügt sich dem napoleonischen Imperialismus ein. Dieser begünstigte das Finanzkapital. Paris erlebte eine Hochblüte der Spekulation. Exkurs über das Spiel. Den Phantasmagorien des Raumes, denen der Flaneur sich ergibt, entsprechen die Phantasmagorien der Zeit, denen der Spieler nachhängt. Pariser Spielsalons seit der Restauration. Verarmte Angehörige der Feudalität als Bankhalter. Ihre Rache an der Bourgeoisie. Das Börsenspiel der Frauen unter Napoleon III. Der »Zufall« gleicht den Mysterien der Konjunktur. Lafargues Psychologie des Spielers. Die Expropriationen durch Haussmann stimulierten die Grundstücksspekulation. Die Rechtsprechung des Kassationshofs, die von der bürgerlichen und feudalen Opposition inspiriert wurde, erhöhte das finanzielle Risiko der Haussmannisierung.
Die Weltausstellung von 1867 bezeichnete den Höhepunkt des Regimes und der Macht von Haussmann. Paris bestätigt sich als Kapitale des Luxus und der Moden. Exkurs über die politische Bedeutung der Mode. Ihr Wechsel läßt den Bestand der Herrschaft unangetastet. Den Beherrschten vertreibt sie die Zeit, die die Herrschenden auskosten. Die Einsichten von F Th Vischer.
Haussmann versucht seine Diktatur zu stützen und Paris unter ein

Anmerkungen zu Seite 45-59 1235

*Ausnahmeregime zu stellen. In der Kammerrede von 1864 kommt sein
Haß gegen die wurzellose Großstadtbevölkerung zum Ausdruck. Seine
Unternehmungen vermehren sie ständig. Die Steigerung der Mietpreise
treibt das Proletariat in die faubourgs. Die Quartiers von Paris verlieren
ihre Eigenphysiognomie. Die rote enceinte entsteht.
Haussmann als artiste démolisseur. Er hatte das Gefühl seiner Berufung.
Dessen Ausdruck in seinen Memoiren. Die Entfremdung der Pariser von
ihrer Stadt führt sie zu Visionen von deren Untergang. Die »Jérémiades
d'un Haussmannisé«, Du Camps Vorrede zu seinem »Paris«, Corots
Gemälde »Der Traum«, Daudets Blick vom Montmartre.
Haussmann versucht seine Diktatur zu stützen und Paris unter ein
Ausnahmeregime zu stellen. 1864 bringt er in einer Kammerrede seinen
Haß gegen die wurzellose Großstadtbevölkerung zum Ausdruck. Diese
wird durch seine Unternehmungen ständig vermehrt. Die Steigerung der
Mietpreise treibt das Proletariat in die faubourgs. Die Quartiers von Paris
verlieren ihre Eigenphysiognomie. Die rote enceinte entsteht. Haussmann
hat sich selber den Namen »artiste démolisseur« gegeben. Er fühlte sich zu
seinem Werk berufen, und betont das in seinen Memoiren. Indessen
entfremdet er den Parisern ihre Stadt. Sie fühlten sich in ihr nicht mehr
heimisch. Ein Zeugnis dieses Fremdheitsgefühls sind die »Jérémiades d'un
Haussmannisé«, ein anderes ist die Entstehungsgeschichte von Maxime Du
Camps »Paris«.
Das wichtigste Motiv der Haussmannschen Arbeiten war die Sicherung der
Stadt gegen den Bürgerkrieg. Er wollte die Errichtung von Barrikaden für
alle Zukunft unmöglich machen. In gleicher Absicht hatte Louis-Philippe
Holzpflasterung eingeführt. Dennoch spielten die Barrikaden auch weiterhin eine Rolle. Engels beschäftigte sich mit ihnen. Haussmann will sie auf
doppelte Art unterbinden. Die Breite der Straßen soll ihre Errichtung
unmöglich machen und neue Straßen sollen den kürzesten Weg zwischen
den Kasernen und Arbeitervierteln herstellen. Die Zeitgenossen taufen das
Unternehmen »L'embellisement stratégique«.*

> »Fais voir, en déjouant la ruse,
> O république à ces pervers
> Ta grande face de Méduse
> Au milieu de rouges éclairs.«
> Chanson d'ouvriers vers 1850

*Die Barrikade findet ihre Auferstehung in der Kommune. Sie ist stärker und
besser gesichert denn je. Sie zieht sich über die großen Boulevards und deckt
hinter ihr befindliche Schützengräben. Wenn das kommunistische Manifest
die Epoche der Berufsverschwörer beendet, so schließt die Kommune mit
der Phantasmagorie ab, das Proletariat und seine Republik sei die Vollstreckerin von 1789. Diese Phantasmagorie bestimmt die vierzig Jahre vom*

lyoner Aufstand bis zur pariser Kommune. Die Bourgeoisie teilte nicht diesen Irrtum. Schon im Jahre 1831 erkennt sie: »Jeder Fabrikant lebt in seiner Fabrik wie die Plantagenbesitzer unter ihren Sklaven.« War es das Unheil der alten Arbeiteraufstände, daß keine Theorie der Revolution ihnen den Weg wies, so war es auf der andern Seite auch die Bedingung der unmittelbaren Kraft und des Enthusiasmus, mit dem sie die Herstellung einer neuen Gesellschaft in Angriff nahmen. Dieser Enthusiasmus, der seinen Höhepunkt in der Kommune erreicht, gewann der Arbeiterschaft zeitweise die besten Elemente der Bourgeoisie, führte sie aber dazu, am Ende ihren schlechtesten zu unterliegen. Der Brand von Paris ist der würdige Abschluß von Haussmanns Zerstörungswerk.
[1] {Balzac hat als erster von den Ruinen der Bourgeoisie gesprochen. Aber er wußte noch nichts von ihnen. Den ersten Blick auf das Trümmerfeld, das die kapitalistische Entwicklung der Produktivkräfte hinter sich ließ, hat der Surrealismus getan.}
Aber erst der Surrealismus hat den Blick auf sie freigegeben. Sie wurden ihm Gegenstand einer nicht weniger passionierten Erforschung wie die Überreste des klassischen Altertums den Humanisten der Renaissance. Maler wie Picasso oder Chirico spielen auf diese Analogie an. Diese unerbittliche Konfrontierung des Jüngstvergangnen mit dem Gegenwärtigen ist etwas historisch Neues. Andere benachbarte Glieder in der Generationenkette standen im Kollektivbewußtsein[,] unterschieden sich im Kollektiv kaum merklich von einander. Die Gegenwart aber steht schon dem Jüngstvergangnen so gegenüber wie das Erwachen dem Traum. Die Entwicklung der Produktivkräfte im Verlauf des vorigen Jahrhunderts legte ihm seine Wunschsymbole in Trümmer noch ehe die sie darstellenden Monumente zerfielen und ehe noch das Papier vergilbt war, auf dem sie niedergelegt worden waren. Diese Entwicklung der Produktivkräfte hat im XIX Jahrhundert die Gestaltungsformen von der Kunst emanzipiert wie im XVI^{ten} sich die Wissenschaften von der Philosophie befreit haben. Den Anfang macht die Architektur als Ingenieurkonstruktion. Es folgt die Naturwiedergabe als Photographie. Die Phantasieschöpfung bereitet sich vor, als Werbegraphik praktisch zu werden. Die Dichtung unterwirft sich im Feuilleton der Montage. Alle diese Produkte sind im Begriff, sich als Ware auf den Markt zu begeben. Aber sie zögern noch auf der Schwelle. Auf halbem Wege bleiben sie stehen. Wert und Ware treten in einen kurzen Brautstand, bevor der Marktpreis sie legitim verbindet. Aus dieser Epoche stammen die Passagen und Interieurs, die Ausstellungshallen und Panoramen. Sie sind Rückstände einer Traumwelt. Da aber die Verwertung der Traumelemente beim Erwachen der Schulfall des dialektischen Denkens ist, so ist das dialektische Denken das Organ des geschichtlichen Aufwachens. Einzig das dialektische Denken ist dem Jüngstvergangnen gewachsen, weil es jeweils dessen Erzeugnis ist. Jede Epoche träumt ja nicht nur die nächste

sondern so träumend drängt sie auf das Erwachen hin. Sie trägt ihr Ende in sich und entfaltet es – wie schon Hegel erkannt hat – mit List. Die frühesten Monumente der Bourgeoisie haben längst zu zerfallen begonnen, aber wir erkennen zum ersten Mal wie sie dazu vom Beginn an bestimmt waren.

Druckvorlage: Ms 1110-1125 (= M¹)

Benjamin sandte am 31. 5. 1935 das Exposé in einer Version an Adorno, von der er diesen bat, sie *ausnahmslos niemandem zu zeigen und mir alsbald zurückzuschicken*; der Entwurf diene nur seinen eigenen Studien (1119). Die Abweichungen der Adorno übersandten Version (T¹) gegenüber der im Textteil abgedruckten (T²) sind geringfügig und hätten sich ohne weiteres als Lesarten verzeichnen lassen. Da jedoch Adornos überaus wichtiger Hornberger Brief (s. 1127-1136) sich auf T¹ unter Angabe der Seitenzahlen des Typoskripts bezieht und da überdies nicht mit völliger Sicherheit zu klären war, ob der Text von T² tatsächlich – wie der Herausgeber vermutet – die spätere Version darstellt (s. 1252f.), wird im folgenden auch T¹ in extenso abgedruckt. Im Abdruck wird die Paginierung des Typoskripts in eckigen Klammern wiedergegeben. Stellen, die zum Text T² variant sind, werden durch Unterstreichung kenntlich gemacht. Wo sich in T² ein Einschub findet, der in T¹ ohne Gegenstück ist, findet sich an der entsprechenden Stelle im folgenden Abdruck ein *[E]* eingefügt. Auf die Kennzeichnung von Interpunktionsvarianten ist verzichtet worden.

Exposé
Paris
Die Hauptstadt des XIX. Jahrhunderts

»*Die Wasser sind blau und die Gewächse sind rosa; der Abend ist süß anzuschauen;*
Man geht spazieren. Die großen Damen gehen spazieren; hinter ihnen ergehen sich kleine Damen.«
Nguyen-Trong-Hiep: Paris capitale de la France. Recueil de vers. Hanoi 1897. Poésie XXV.

[S. 1]   *I. Fourier oder die Passagen*

»*De ces palais les colonnes magiques*
A l'amateur montrent de toutes parts,
Dans les objets qu'étalent leurs portiques,
Que l'industrie est rivale des arts.«
Nouveaux tableaux de Paris.
Paris 1828. I, p. 27.

Die Mehrzahl der pariser Passagen entsteht in den anderthalb Jahrzehnten nach 1822. Die erste Bedingung ihres Aufkommens ist die Hochkonjunktur des Textilhandels. Die magasins de nouveauté[s], die ersten Etablissements, die größere Warenlager im Hause unterhalten, beginnen sich zu zeigen. Sie sind die Vorläufer der Warenhäuser. Es war die Zeit, von der Balzac schrieb: »Le grand poème de l'étalage chante ses strophes de couleurs depuis la Madeleine jusqu'à la porte Saint-Denis.« Die Passagen sind ein Zentrum des Handels in Luxuswaren. In ihrer Ausstattung tritt die Kunst in den Dienst des Kaufmanns. Die Zeitgenossen werden nicht müde, sie zu bewundern. Noch lange bleiben sie ein Anziehungspunkt für die Fremden. Ein »Illustrierter Pariser Führer« sagt: »Diese Passagen, eine neuere Erfindung des industriellen Luxus, sind glasgedeckte, marmorgetäfelte Gänge durch ganze Häusermassen, deren Besitzer sich zu solchen Spekulationen vereinigt haben. Zu beiden Seiten dieser Gänge, die [S. 2] ihr Licht von oben erhalten, laufen die elegantesten Warenläden hin, so daß eine solche Passage eine Stadt, ja eine Welt im Kleinen ist.« Die Passagen sind der Schauplatz der ersten Gasbeleuchtung.

Die zweite Bedingung des Entstehens der Passagen bilden die Anfänge des Eisenbaus. Das Empire sah in dieser Technik einen Beitrag zur Erneuerung der Baukunst im altgriechischen Sinne. Der Architekturtheoretiker Bötticher spricht die allgemeine Überzeugung aus, wenn er sagt, daß »hinsichtlich der Kunstformen des neuen Systems das Formenprinzip der hellenischen Weise« in Kraft treten müsse. – Das Empire ist der Stil des revolutionären Terrorismus, dem der Staat Selbstzweck ist. Sowenig Napoleon die funktionelle Natur des Staates als Herrschaftsinstrument der Bürgerklasse erkennt, so wenig erkennen die Baumeister seiner Epoche die funktionelle Natur des Eisens, mit dem das konstruktive Prinzip seine Herrschaft in der Architektur antritt. Diese Baumeister bilden Träger der pompejanischen Säule, Fabriken den Wohnhäusern nach, wie später die ersten Bahnhöfe an Villenbauten sich anlehnen. »Die Konstruktion nimmt die Rolle des Unterbewußtseins an.« Nichtsdestoweniger beginnt der Begriff des Ingenieurs, der aus den Revolutionskriegen stammt, sich durchzusetzen, [S. 3] und die Kämpfe zwischen Konstrukteur und Dekorateur, Ecole Polytechnique und Ecole des Beaux-Arts beginnen.

Erstmals in der Geschichte der Architektur tritt mit dem Eisen ein künstlicher Baustoff auf. Er unterliegt einer Entwicklung, deren Tempo sich im Laufe des Jahrhunderts beschleunigt. Sie erhält den entscheidenden Anstoß als sich herausstellt, daß die Lokomotive, mit der man seit Ende der zwanziger Jahre Versuche anstellte, nur auf eisernen Schienen verwendbar ist. Die Schiene wird der erste montierbare Eisenteil, die Vorgängerin des Trägers. Man vermeidet das Eisen bei Wohnbauten und verwendet es bei Passagen, Ausstellungshallen, Bahnhöfen – Bauten, die transitorischen Zwecken dienen. Gleichzeitig erweitert sich das architektonische Anwendungsgebiet des Glases. Die gesellschaftlichen Voraussetzungen für seine erweiterte Verwendung als Baustoff finden sich aber erst hundert Jahre

*später. Noch in der »Glasarchitektur« von Scheerbart (1914) tritt sie in den
Zusammenhängen der Utopie auf.*

»Chaque époque rêve la suivante.«
Michelet: Avenir! Avenir!
*Der Form des neuen Produktionsmittels, die im Anfang noch von der des
alten beherrscht wird (Marx), [S. 4] entsprechen im Kollektivbewußtsein
Bilder, in denen das Neue sich mit dem Alten durchdringt. Diese Bilder sind
Wunschbilder und in ihnen sucht das Kollektiv die Unfertigkeit des
gesellschaftlichen Produkts sowie die Mängel der gesellschaftlichen Produktionsordnung sowohl aufzuheben, wie zu verklären. Daneben tritt in diesen
Wunschbildern das nachdrückliche Streben hervor, sich gegen das Veraltete
– das heißt aber: gegen das Jüngstvergangene – abzusetzen. Diese Tendenzen weisen die Bildphantasie, die von dem Neuen ihren Anstoß erhielt, an
das Urvergangene zurück. In dem Traum, in dem jeder Epoche die ihr
folgende in Bildern vor Augen tritt, erscheint die letztere vermählt mit
Elementen der Urgeschichte, das heißt einer klassenlosen Gesellschaft.
Deren Erfahrungen, welche im Unbewußten des Kollektivs ihr Depot
haben, erzeugen in Durchdringung mit dem Neuen die Utopie, die in
tausend Konfigurationen des Lebens, von den dauernden Bauten bis zu den
flüchtigen Moden, ihre Spur hinterlassen [E].
Diese Verhältnisse werden an der Fourierschen Utopie kenntlich. Deren
innerster Anstoß liegt im Auftreten der Maschinen. Aber das kommt in
seinen Darstellungen nicht unmittelbar zum Ausdruck; sie gehen von der
Unmoral des Handelsgeschäfts [S. 5] sowie von der in seinem Dienste
aufgebotenen falschen Moral aus. Das phalanstère soll die Menschen wieder
zu sittlichen Verhältnissen zurückführen [E]. Seine äußerst komplizierte
Organisation erscheint als Maschinerie. Die Verzahnungen der passions,
das [E] Zusammenwirken der passions mécanistes mit der passion cabaliste
sind primitive Analogiebildungen zur Maschine im Material der Psychologie. Diese Maschinerie aus Menschen produziert das Schlaraffenland, das
uralte Wunschsymbol, das Fouriers Utopie sich zu eigen gemacht hat.
In den Passagen hat Fourier den architektonischen Kanon des phalanstère
gesehen. Ihre reaktionäre Umbildung durch Fourier ist bezeichnend:
während sie ursprünglich transitorischen Zwecken dienen, werden sie bei
ihm Wohnstätten. Das phalanstère wird eine Stadt aus Passagen. Fourier
etabliert in der strengen Formenwelt des Empire die farbige Idylle des
Biedermeier. Ihr Glanz dauert verblaßt bis auf Zola. Er nimmt die Ideen
Fouriers in seinem »Travail« auf, wie er von den Passagen in der »Thérèse
Raquin« Abschied nimmt. – Marx hat sich Karl Grün gegenüber schützend
vor Fourier gestellt und dessen »kolossale Anschauung vom Menschen«
hervorgehoben. Auch hat er den Blick auf Fouriers Humor gelenkt. In der
Tat ist Jean Paul in seiner »Levana« dem Pädagogen Fourier ebenso*

verwandt wie Scheerbart in seiner [S. 6] *»Glasarchitektur« dem Utopisten Fourier.*

II. *Daguerre oder die Panoramen*
»Soleil, prends garde à toi!«
A. J. Wiertz: Œuvres littéraires. Paris 1870. p. 374.

Wie die Architektur in der Eisenkonstruktion der Kunst zu entwachsen beginnt, so tut das die Malerei ihrerseits in den Panoramen. Der Höhepunkt in der Verbreitung der Panoramen fällt mit dem Aufkommen der Passagen zusammen. Man war unermüdlich, durch technische Kunstgriffe die Panoramen zu Stätten einer vollkommenen Naturnachahmung zu ›machen. Man suchte den Wechsel der Tageszeit in der Landschaft, das Heraufziehen des Mondes, das Rauschen der Wasserfälle nachzuahmen. David rät seinen Schülern, in den Panoramen nach der Natur zu zeichnen. Indem die Panoramen in der dargestellten Natur täuschend ähnliche Veränderungen hervorzubringen trachten, weisen sie über die Photographie auf Film und Tonfilm voraus.
Mit den Panoramen ist eine panoramatische Literatur gleichzeitig. »Le livre des Cent-et-Un«, »Les Français peints par eux-mêmes«, »Le diable à Paris«, »La grande ville« [S. 7] *gehören ihr an. In diesen Büchern bereitet sich die belletristische Kollektivarbeit vor, der in den dreißiger Jahren Girardin im Feuilleton eine Stätte eröffnet. Sie bestehen aus einzelnen Skizzen, deren anekdotische Einkleidung dem plastisch gestellten Vordergrunde der Panoramen, deren informatorischer Fond deren gemaltem Hintergrunde entspricht. Diese Literatur umfaßt panoramatisch die gesamte Gesellschaft. Zum letzten Mal erscheint der Arbeiter, außerhalb seiner Klasse, als Staffage einer Idylle.*
Die Panoramen, die eine Umwälzung im Verhältnis der Kunst zur Technik ankündigen, sind zugleich Ausdruck eines neuen Lebensgefühls. Der Städter, dessen politische Überlegenheit über das Land im Laufe des Jahrhunderts vielfach zum Ausdruck kommt, macht den Versuch, das Land in die Stadt einzubringen. Die Stadt weitet sich in den Panoramen zur Landschaft aus, wie sie es auf subtilere Art später für den Flanierenden tut. Daguerre ist ein Schüler des Panoramenmalers Prévost, dessen Etablissement sich in dem Passage des Panoramas befindet. Beschreibung der Panoramen von Prévost und Daguerre. 1839 brennt das [E] Panorama von Daguerre ab. Im gleichen Jahr gibt er die Erfindung der Photographie bekannt.
[S. 8] *Arago präsentiert die Photographie in einer Kammerrede. Er weist ihr den Platz in der Geschichte der Technik an. Er prophezeit ihre wissenschaftlichen Anwendungen. Dagegen beginnen die Künstler ihren Kunstwert zu debattieren. Die Photographie führt zur Vernichtung des großen Berufsstandes der Porträtminiaturisten. Dies geschieht nicht nur aus ökonomi-*

Anmerkungen zu Seite 45-59 1241

schen Gründen. Die frühe Photographie ist künstlerisch der Porträtminiatur überlegen. Der technische Grund dafür liegt in der langen Belichtungszeit, die die höchste Konzentration des Porträtierten erfordert. Der gesellschaftliche Grund dafür liegt in dem Umstand, daß die ersten Photographen der Avantgarde angehören und ihre Kundschaft zum großen Teil aus ihr kommt. Der Vorsprung Nadars vor seinen Berufsgenossen kennzeichnet sich in seinem Unternehmen, Aufnahmen im Kanalisationssystem [E] zu machen. Damit werden dem Objektiv zum ersten Mal Entdeckungen zugemutet. Seine Bedeutung wird umso größer je fragwürdiger im Angesicht der neuen technischen und gesellschaftlichen Wirklichkeit um die Jahrhundertmitte der subjektive Einschlag in der malerischen und graphischen Information empfunden wird.
Die Weltausstellung von 1855 bringt zum ersten Mal eine Sonderschau »Photographie«. Im gleichen [S. 9] Jahre veröffentlicht Wiertz seinen großen Artikel über die Photographie, in dem er ihr die philosophische Erleuchtung der Malerei zuweist. Diese Erleuchtung verstand er, wie seine eigenen Gemälde zeigen, im politischen Sinne. Wiertz kann als der erste bezeichnet werden, der die Montage als agitatorische Verwertung der Photographie wenn nicht vorhergesehen, so doch geahnt und gefordert hat. Mit dem zunehmenden Umfang des Verkehrswesens vermindert sich die informatorische Bedeutung der Malerei. Sie beginnt, in Reaktion auf die Photographie, zunächst die farbigen Bildelemente zu unterstreichen. Als der Impressionismus dem Kubismus weicht, hat die Malerei sich eine weitere Domäne geschaffen, in die ihr die Photographie vorerst nicht folgen kann. Die Photographie ihrerseits dehnt seit der Jahrhundertmitte den Kreis der Warenwirtschaft gewaltig aus, indem sie Figuren, Landschaften, Ereignisse, die entweder überhaupt nicht oder nur als Bild für einen einzigen Kunden verwertbar waren, in unbeschränkter Menge auf dem Markt ausbietet. Um den Umsatz zu steigern, erneuert sie ihre Objekte durch modische Veränderungen der Aufnahmetechnik, die die spätere Geschichte der Photographie bestimmen.

[S. 10]   *III. Grandville oder die Weltausstellungen*
          »*Oui, quand le monde entier, de Paris jusqu'en Chine,*
          O divin Saint-Simon, sera dans ta doctrine,
          L'âge d'or doit renaître avec tout son éclat,
          Les fleuves rouleront du thé, du chocolat;
          Les moutons tout rôtis bondiront dans la plaine,
          Et les brochets au bleu nageront dans la Seine;
          Les épinards viendront au monde fricassés,
          Avec des croûtons frits tout autour concassés;
          Les arbres produiront des pommes en compotes,
          Et l'on moissonnera des carricks et des bottes;

Il neigera du vin, il pleuvra des poulets,
Et du ciel les canards tomberont aux navets.«
Langlé et Vanderburch: Louis-Bronze et le Saint-Simonien
(Théâtre du Palais-Royal 27 février 1832)

Weltausstellungen sind die Wallfahrtsstätten zum Fetisch Ware. »L'Europe s'est déplacé pour voir des marchandises« sagt Taine 1855. Den Weltausstellungen gehen nationale Ausstellungen der Industrie vorher, von denen die erste 1798 auf dem <u>Marsfeld</u> stattfindet. Sie geht aus dem Wunsch hervor, »die Arbeiterklassen zu amüsieren und wird für dieselben ein Fest der Emanzipation«. Die Arbeiterschaft steht als Kunde im Vordergrund. Der Rahmen der Vergnügungsindustrie hat sich noch nicht gebildet. Das Volksfest stellt ihn. Chaptals Rede auf die Industrie eröffnet diese Ausstellung.

[S. 11] Die Saint-Simonisten, die die Industrialisierung der Erde planen, nehmen den Gedanken der Weltausstellungen auf. Chevalier, die erste Autorität auf dem neuen Gebiet, ist Schüler von Enfantin und Herausgeber der Saint-Simonistischen Zeitung »Globe«. Die Saint-Simonisten haben die Entwicklung der Weltwirtschaft, nicht aber den Klassenkampf vorausgesehen. Ihr Anteil an den industriellen und kommerziellen Unternehmungen um <u>die Jahrhundertmitte</u> steht <u>neben ihrer</u> Hilflosigkeit in den Fragen, die das Proletariat betreffen.

Die Weltausstellungen verklären den Tauschwert der Waren. Sie schaffen einen Rahmen, in dem ihr Gebrauchswert zurücktritt. Sie eröffnen eine Phantasmagorie, in die der Mensch eintritt, um sich zerstreuen zu lassen. Die Vergnügungsindustrie erleichtert ihm das, indem sie ihn auf die Höhe der <u>Waren</u> hebt. Er überläßt sich ihren Manipulationen, indem er seine <u>Entfremdung</u> von sich und den <u>anderen</u> genießt. – Die Inthronisierung der Ware und der sie umgebende <u>Glanz der Zerstreuung</u> ist das geheime Thema von Grandvilles Kunst. Dem entspricht der Zwiespalt zwischen ihrem utopischen und ihrem zynischen Element. Ihre Spitzfindigkeiten in der Darstellung toter Objekte entsprechen dem, was Marx die »theologischen Mucken« der Ware nennt. [S. 12] <u>Diese</u> schlagen sich deutlich in der »spécialité« nieder – eine Warenbezeichnung, die um diese Zeit in der Luxusindustrie aufkommt. Unter Grandvilles Stift verwandelt sich die gesamte Natur in Spezialitäten. Er präsentiert sie im gleichen Geist, in dem die Reklame – auch dieses Wort entsteht damals – ihre Artikel zu präsentieren beginnt. Er endet im Wahnsinn.

»Mode: Herr Tod! Herr Tod!«
Leopardi: Dialog zwischen der Mode und dem Tod.
Die Weltausstellungen bauen das Universum der Waren auf. Grandvilles Phantasien übertragen den Warencharakter aufs Universum. Sie moderni-

Anmerkungen zu Seite 45-59   1243

*sieren es. Der Saturnring wird ein gußeiserner Balkon, auf dem die
Saturnbewohner abends Luft schöpfen. Das literarische Gegenstück dieser
graphischen Utopie stellen die Bücher des fourieristischen Naturforschers
Toussenel dar. – Die Mode schreibt das Ritual vor, nach dem der Fetisch
Ware verehrt sein will. Grandville dehnt ihren Anspruch auf die Gegenstände des alltäglichen Gebrauchs so gut wie auf den Kosmos aus. Indem er
sie in den Extremen verfolgt, deckt er ihre Natur auf. Sie steht im
Widerstreit mit dem Organischen. Nicht der Körper sondern die Leiche ist
das vollkommene Objekt ihrer Praktiken. An dem Lebenden nimmt sie die
Rechte der Leiche wahr. Sie verkuppelt ihn [S. 13] [der] anorganischen Welt.
Haare und Nägel, die in der Mitte zwischen dem Anorganischen und dem
Organischen stehen, sind von jeher ihrer Aktion am meisten ausgesetzt. Der
Fetischismus, der dem Sex-appeal des Anorganischen unterliegt, ist der
Lebensnerv der Mode. Der Kultus der Ware stellt ihn in seinen Diesnt. Die
Mode ist der anorganischen Welt verschworen. Auf der anderen Seite ist
gerade sie es, die den Tod überwindet. Sie bringt das Abgeschiedene in die
Gegenwart ein. Die Mode ist jeder Vergangenheit Zeitgenosse.
Zur pariser Weltausstellung von 1867 erläßt Victor Hugo ein Manifest »An
die Völker Europas«. Früher und eindeutiger sind deren Interessen von den
französischen Arbeiterdelegationen vertreten worden, deren erste zur
londoner Weltausstellung von 1851, deren zweite von 750 Vertretern zu der
von 1862 abgeordnet wurde. Diese war mittelbar für die Gründung der
Internationalen Arbeiter-Assoziation von Marx von Bedeutung. – Die
Phantasmagorie der kapitalistischen Kultur erreicht auf der Weltausstellung
von 1867 ihre strahlendste Entfaltung. Das Kaiserreich steht auf der Höhe
seiner Macht. Paris bestätigt sich als Kapitale des Luxus und der Moden.
Offenbach schreibt dem pariser Leben den Rhythmus vor. Die Operette ist
die ironische Utopie einer dauernden Herrschaft des Kapitals.*

[S. 14]   *IV. Louis-Philippe oder das Interieur*
                      »*La tête ...*
                      Sur la table de nuit, comme une renoncule,
                      Repose.«
                      Baudelaire: Une martyre

*Unter Louis-Philippe betritt der Privatmann den geschichtlichen Schauplatz. Die Erweiterung des demokratischen Apparats durch ein neues
Wahlrecht fällt mit der parlamentarischen Korruption zusammen, die von
Guizot organisiert wird. In deren Schutz macht die herrschende Klasse
Geschichte, indem sie ihre Geschäfte betreibt. Sie fördert den Eisenbahnbau, um ihren Aktienbesitz zu verbessern. Sie begünstigt die Herrschaft
Louis-Philippes als die des geschäftsführenden Privatmanns. Mit der Julirevolution hat die Bourgeoisie die Ziele von 1789 verwirklicht [E].*

Für den Privatmann tritt erstmals der Lebensraum in Gegensatz zu der Arbeitsstätte. Der erste schafft sich das Interieur. Das Kontor ist sein Komplement. Der Privatmann, der im Kontor der Realität Rechnung trägt, verlangt vom Interieur, in seinen Illusionen unterhalten zu werden. Diese Notwendigkeit ist umso dringlicher als er seine geschäftlichen Überlegungen nicht zu gesellschaftlichen zu erweitern gedenkt. In der Gestaltung seiner privaten Umwelt verdrängt er beide. Dem entspringen die Phantasmagorien des Interieurs. Es stellt für den Privatmann das Universum dar. In [S. 15] ihm versammelt er die Ferne und die Vergangenheit. Sein Salon ist eine Loge im Welttheater.
Exkurs über den Jugendstil. Die Erschütterung des Interieurs vollzieht sich um die Jahrhundertwende im Jugendstil. Allerdings scheint er, seiner Ideologie nach, die Vollendung des Interieurs mit sich zu bringen. Die Verklärung der einsamen Seele erscheint als sein Ziel. Der Individualismus ist seine Theorie. Bei Van de Velde erscheint das Haus als Ausdruck der Persönlichkeit. Das Ornament ist diesem Hause was dem Gemälde die Signatur. Die wirkliche Bedeutung des Jugendstils kommt in dieser Ideologie nicht zum Ausdruck. Er stellt den letzten Ausfallsversuch der in ihrem elfenbeinernen Turm von der Technik belagerten Kunst dar. Er mobilisiert alle Reserven der Innerlichkeit. Sie finden ihren Ausdruck in der mediumistischen Liniensprache, in der Blume als dem Sinnbild der nackten, vegetativen Natur, die der technisch armierten Umwelt entgegentritt. Die neuen Elemente des Eisenbaus, Trägerformen, beschäftigen den Jugendstil. Im Ornament bemüht er sich, diese Formen der Kunst zurückzugewinnen. Das Beton stellt ihm neue Möglichkeiten plastischer Gestaltung in der Architektur in Aussicht. Um eben diese Zeit verlagert der wirkliche Schwerpunkt des Lebensraumes sich ins Büro. Der ent-[S. 16]wirklichte schafft sich seine Stätte im Eigenheim. Das Fazit des Jugendstils zieht der »Baumeister Solneß«: der Versuch des Individuums, auf Grund seiner Innerlichkeit mit der Technik es aufzunehmen, führt zu seinem Untergang; Baumeister Solneß stürzt vom Bau.

»Je crois ... à mon âme: la Chose.«
Léon Deubel: Œuvres Paris 1929 p. 193
Das Interieur ist die Zufluchtsstätte der Kunst. Der Sammler ist der wahre Insasse des Interieurs. Er macht die Verklärung der Dinge zu seiner Sache. Ihm fällt die Sisyphusarbeit zu, durch seinen Besitz an den Dingen den Warencharakter von ihnen abzustreifen. Aber er verleiht ihnen nur den Liebhaberwert statt des Gebrauchswerts. Der Sammler träumt sich nicht nur in eine ferne oder vergangene Welt sondern zugleich in eine bessere, in der zwar die Menschen ebenso wenig mit dem versehen sind, was sie brauchen, wie in der alltäglichen, aber die Dinge von der Fron befreit sind, nützlich zu sein.

Das Interieur ist nicht nur das Universum sondern auch das Etui des Privatmanns. Wohnen heißt Spuren hinterlassen. Im Interieur werden sie betont. Man ersinnt Überzüge und Schoner, Futterals und Etuis [E], in denen die Spuren der alltäglichsten Gebrauchs-[S. 17]gegenstände sich abdrücken. Auch die Spuren des Wohnenden drücken sich im Interieur ab. Es entsteht die Detektivgeschichte, die diesen Spuren nachgeht. Die »Philosophie des Mobiliars« sowie seine Detektivnovellen erweisen Poe als den ersten Physiognomen des Interieurs. Die Verbrecher der erste Detektivromane sind weder Gentlemen noch Apachen sondern bürgerliche Privatleute.

V. Baudelaire oder die Straßen von Paris

»Tout pour moi devient allégorie.«

Baudelaire: Le cygne

Baudelaires Ingenium, das sich aus der Melancholie nährt, ist ein allegorisches. Zum ersten Male wird bei Baudelaire Paris zum Gegenstand der lyrischen Dichtung. Diese Dichtung ist keine Heimatkunst, vielmehr ist der Blick des Allegorikers, der die Stadt trifft, der Blick des Entfremdeten. Es ist der Blick des Flaneurs, dessen <u>Lebensraum</u> die kommende trostlose [sic] des Großstadtmenschen noch mit <u>einem versöhnenden Schimmer umspielt.</u> Der Flaneur steht noch auf der Schwelle, der Großstadt sowohl wie der <u>Deklassierten. Noch ist er ganz weder in der einen noch bei den anderen zu Hause.</u> Er sucht sich sein Asyl in der Menge. Frühe Beiträge zur Physiognomik der Menge finden sich bei [S. 18] Engels und Poe. Die Menge ist der Schleier, durch den hindurch de[m] Flaneur die [E] Stadt als Phantasmagorie winkt. In <u>dieser</u> ist sie bald Landschaft, bald Stube. Beide baut dann das Warenhaus <u>auf,</u> das die Flanerie selber dem Warenumsatze nutzbar macht. Das Warenhaus ist der letzte Strich des Flaneurs.

Im Flaneur begibt sich die Intelligenz auf den Markt. Wie sie meint, um ihn anzusehen und in Wahrheit doch schon, um einen Käufer zu finden. In diesem Zwischenstadium, in dem sie noch Mäzene hat aber schon beginnt, mit dem Markt sich vertraut zu machen, erscheint sie als Bohème. Der Unentschiedenheit ihrer ökonomischen Stellung entspricht die Unentschiedenheit ihrer politischen Funktion. Diese kommt am Sinnfälligsten bei den Berufsverschwörern zum Ausdruck, die durchweg der Bohème angehören. Ihr anfängliches Arbeitsfeld ist die Armee, später wird es das Kleinbürgertum, gelegentlich das Proletariat. <u>In den eigentlichen Führern des letzteren erblickt diese Schicht aber Gegner.</u> Das kommunistische Manifest macht ihr [E] ein Ende. Baudelaires Dichtung zieht ihre Kraft aus dem rebellischen Pathos dieser <u>Verschwörerschicht.</u> Er schlägt sich auf die Seite der Asozialen. Seine einzige Geschlechtsgemeinschaft realisiert er mit einer Hure.

[S. 19] »*Facilis descensus Averni.*«
Vergil: Aeneis

Es ist das Einmalige der Dichtung Baudelaires, *daß die Bilder des Weibs und des Todes sich in einem dritten durchdringen, dem von Paris. Das Paris seiner Gedichte ist eine versunkene Stadt und mehr unterseeisch als unterirdisch. Die chthonischen Elemente der Stadt – ihre topographische Formation, das alte verlassene Bett der Seine – haben wohl einen Abdruck bei ihm gefunden. Entscheidend ist aber in Baudelaires* »totenhafter Idyllik« *der Stadt Paris ein gesellschaftliches Substrat, ein modernes. Das Moderne ist ein Hauptakzent seiner Dichtung. Als Spleen zerspellt er das Ideal (*»Spleen et Idéal«*). Aber immer zitiert gerade die Moderne die Urgeschichte. Hier geschieht das durch die Zweideutigkeit, die den gesellschaftlichen Verhältnissen und Erzeugnissen dieser Epoche eignet. Zweideutigkeit ist die bildliche Erscheinung der Dialektik, das Gesetz der Dialektik im Stillstand. Dieser Stillstand ist Utopie und das dialektische Bild also Traumbild. Ein solches Bild stellt die Ware [E]: als Fetisch. Ein solches Bild stellen die Passagen, die sowohl Haus sind wie Straße. Ein solches Bild stellt die Hure, die Verkäuferin und Ware in einem ist.*

[S. 20] »*Je voyage pour connaître ma géographie.*«
Aufzeichnung eines Irren. (Marcel Réja: L'art
chez les fous. Paris 1907. p. 131.)

Das letzte Gedicht der »Fleurs du Mal«: Le Voyage. »O Mort, vieux capitaine, il est temps! levons l'ancre!« *Die letzte Reise des Flaneurs: der Tod. Ihr Ziel: das Neue.* »Au fond de l'Inconnu pour trouver du Nouveau!« *– Das Neue ist eine vom Gebrauchswert der Ware unabhängige Qualität. Es ist der Ursprung des Scheins, der den* Traumbildern des Kollektivs *unveräußerlich ist [E]. Es ist die Quintessenz des falschen Bewußtseins, dessen [E] Agentin die Mode ist. Dieser Schein des Neuen reflektiert sich, wie ein Spiegel im anderen, im Schein des Immer-wieder-Gleichen. Das Produkt dieser Reflexion ist die Phantasmagorie der »Kulturgeschichte« in der die Bourgeoisie ihr falsches Bewußtsein auskostet. Die Kunst, die an ihrer Aufgabe zu zweifeln beginnt und aufhört,* »inséparable de l'utilité« *zu sein (Baudelaire), muß das Neue zu ihrem obersten Wert machen. Der arbiter novarum rerum wird ihr der Snob. Er ist der Kunst, was der Mode der Dandy ist.* Der Snob, der in der Scheinwelt des Neuen und Immerwieder-Gleichen lebt, hat zur ständigen Begleitung die Langeweile. *– Wie im XVII. Jahrhundert die Allegorie der Kanon der dialektischen Bilder* ist, *so im XIX. Jahrhundert die Nouveauté. Den magasins de nouveauté[s] treten die Zeitungen an* [S. 21] *die Seite. Die Presse organisiert den Markt geistiger Werte, auf dem zunächst eine Hausse entsteht. Die Nonkonformisten rebellieren gegen die Auslieferung der Kunst an den Markt. Sie scharen sich um das Banner des L'art pour l'art. Dieser Parole* entspricht *die*

Konzeption des Gesamtkunstwerks, das versucht, die Kunst gegen die Entwicklung der Technik abzudichten. Die Weihe, mit der es zelebriert wird, ist das Pendant der Zerstreuung, die die Ware verklärt. Beide abstrahieren vom gesellschaftlichen Dasein des Menschen. Baudelaire <u>verfällt</u> der Betörung <u>durch</u> Wagner.

> VI. Haussmann oder die Barrikaden
> »J'ai le culte du Beau, du Bien, des grandes choses,
> De la belle nature inspirant le grand art,
> Qu'il enchante l'oreille ou charme le regard;
> J'ai l'amour du printemps en fleurs: femmes et roses!«
> (Baron Haussmann): Confession d'un lion devenu vieux

> »Das Blüthenreich der Dekorationen,
> Der Reiz der Landschaft, der Architektur
> Und aller Szenerie-Effekt beruhen
> Auf dem Gesetz der Perspektive nur.«
> Franz Böhle: Theater-Katechismus. München. p. 74.

Haussmanns urbanistisches Ideal waren die perspektivischen Durchblicke durch lange Straßenfluchten. Es ent-[S. 22]*spricht der im XIX. Jahrhundert immer wieder bemerkbaren Neigung, technische Notwendigkeiten durch künstlerische Zielsetzungen zu veredeln. Die Institute der weltlichen und geistlichen Herrschaft des Bürgertums sollten, in den Rahmen der Straßenzüge <u>gepaßt</u>, ihre Apotheose finden. <u>Solche Straßenzüge wurden vor ihrer Fertigstellung mit einem Zelttuch <u>verhängt</u> und wie <u>Gemälde</u> enthüllt.</u> – Die Wirksamkeit Haussmanns fügt sich dem Napoleonischen Imperialismus ein. Dieser begünstigt das Finanzkapital. Paris erlebt eine Hochblüte der Spekulation. Das Börsenspiel drängt die aus der feudalen Gesellschaft überkommenen Formen des Hasardspiels zurück. Den Phantasmagorien des Raumes, denen der <u>Bürger im Interieur</u> sich ergibt, entsprechen die Phantasmagorien der Zeit, denen <u>er im Börsenspiel</u> nachhängt. Das Spiel verwandelt die Zeit in ein Rauschgift. Lafargue erklärt das <u>Hasardspiel</u> als eine Nachbildung der Mysterien der Konjunktur im Kleinen. Die Expropriationen durch Haussmann rufen eine betrügerische Spekulation ins Leben. Die Rechtsprechung des Kassationshofs, die von der bürgerlichen und orleanistischen Opposition inspiriert wird, erhöht das finanzielle Risiko der Haussmannisierung.*

Haussmann versucht seine Diktatur zu stützen und Paris unter ein Ausnahmeregime zu stellen. 1864 bringt [S. 23] *er in einer Kammerrede seinen Haß gegen die wurzellose Großstadtbevölkerung zum Ausdruck. Diese vermehrt sich durch seine Unternehmungen ständig. Die Steigerung der Mietpreise treibt das Proletariat in die faubourgs. Die quartiers von Paris verlieren dadurch ihre Eigenphysiognomie. Die rote ceinture entsteht. Haussmann hat sich selber den Namen »artiste démolisseur« gegeben. Er*

fühlte sich zu seinem Werk berufen [E]. Indessen entfremdet er den Parisern ihre Stadt. Sie fühlen sich in ihr nicht mehr heimisch. Der unmenschliche Charakter der Großstadt beginnt ihnen bewußt zu werden. [E] Du Camps monumentales Werk »Paris« verdankt diesem Bewußtsein die Entstehung. Die »Jérémiades d'un Haussmannisé« geben ihm die Form einer biblischen Klage.
Der wahre Zweck der Haussmannschen Arbeiten ist die Sicherung der Stadt gegen den Bürgerkrieg. Er will die Errichtung von Barrikaden in Paris für alle Zukunft unmöglich machen. In solcher Absicht hat schon Louis-Philippe Holzpflasterung eingeführt. Dennoch spielen die Barrikaden in der Februarrevolution eine Rolle. Engels beschäftigt sich mit der Taktik der Barrikadenkämpfe. Haussmann will diese auf doppelte Art unterbinden. Die Breite der Straßen soll ihre Errichtung unmöglich [S. 24; in T¹ irrtümlich 23] machen, und neue Straßen sollen den kürzesten Weg zwischen den Kasernen und Arbeitervierteln herstellen. Die Zeitgenossen taufen das Unternehmen »L'embellissement stratégique«.

> *»Fais voir, en déjouant la ruse,*
> *O république à ces pervers*
> *Ta grande face de Méduse*
> *Au milieu de rouges éclairs.«*
> *Chanson d'ouvriers vers 1850. (Adolf Stahr:*
> *Zwei Monate in Paris. Oldenburg 1851. II,*
> *p. 199.)*

Die Barrikade ersteht in der Kommune von neuem [E]. Sie ist stärker und besser gesichert denn je. Sie zieht sich über die großen Boulevards, reicht [E] bis in die Höhe des ersten Stocks und deckt hinter ihr befindliche Schützengräben. Wie das kommunistische Manifest die Epoche der Berufsverschwörer beendet, so macht die Kommune ein Ende mit der Phantasmagorie, die die Frühzeit des französischen Proletariats beherrscht. Die Kommune zerstreut den Schein, daß es Aufgabe der proletarischen Revolution sei, Hand in Hand mit der Bourgeoisie das Werk von 1789 zu vollenden. Diese Illusion beherrscht die Zeit von 1831 bis 1871, vom Lyoner Aufstand bis zur Kommune. Die Bourgeoisie hat nie diesen Irrtum geteilt. Ihr Kampf gegen die gesellschaftlichen Rechte des Proletariats beginnt schon in der großen Revolution und fällt nicht selten mit der philanthropischen Bewegung zusammen, [E] die unter Napoleon III. ihre bedeutendste Entfaltung erfuhr. Unter dessen Protektorat entstand [S. 25; in T¹ irrtümlich 24] das Monumentalwerk der Richtung: Le Play's »Ouvriers européens«. – Neben der gedeckten Stellung der Philanthropie hat die Bourgeoisie [E] die offene des Klassenkampfes bezogen. Schon 1831 erkennt sie im »Journal des Débats«: »Jeder Fabrikant lebt in seiner Fabrik wie der Plantagenbesitzer

unter seinen Sklaven.« – Ist es das Unheil der alten Arbeiteraufstände, daß keine Theoryie der Revolution ihnen den Weg weist, so ist es auf der anderen Seite auch die Bedingung der unmittelbaren Kraft und des Enthusiasmus, mit dem sie die Herstellung einer neuen Gesellschaft in Angriff nimmt. Dieser Enthusiasmus, der seinen Höhepunkt in der Kommune erreicht, gewinnt der Arbeiterschaft zeitweise die besten Elemente der Bourgeoisie, führt sie aber dazu, am Ende ihren schlechtesten zu unterliegen. Rimbaud und Courbet bekennen sich zur Kommune. Der Brand von Paris, in dem sie zu Grunde geht, ist der würdige Abschluß von Haussmanns Zerstörungswerk.
[S. 26; in T¹ irrtümlich 25]
  »Mein guter Vater war in Paris gewesen.«
    Karl Gutzkow: Briefe aus Paris. Leipzig 1842. I, p. 58.
Balzac hat als erster von den Ruinen der Bourgeoisie gesprochen. Aber erst der Surrealismus hat den Blick auf sie freigegeben. Die Entwicklung der Produktivkräfte legte die Wunschsymbole des vorigen Jahrhunderts in Trümmer, [E] ehe die sie darstellenden Monumente zerfallen waren. Diese Entwicklung hat im XIX. Jahrhundert die Gestaltungsformen von der Kunst emanzipiert wie im XVI. Jahrhundert sich die Wissenschaft von der Philosophie befreit hat. Den Anfang macht die Architektur als Ingenieurkonstruktion. Es folgt die Naturwiedergabe als Photographie. Die Phantasiegraphik bereitet sich vor, in der Reklame praktisch zu werden. Die Dichtung unterwirft sich im Feuilleton der Montage. Alle diese Produktionsgebiete sind im Begriff ihre Schöpfungen als Waren auf den Markt zu entlassen. Aber diese Schöpfungen zögern noch auf der Schwelle. Dieser Epoche der Unschlüssigkeit entstammen die Passagen und Interieurs, die Ausstellungshallen und Panoramen. Sie sind Rückstände einer Traumwelt. – Die Verwertung der Traumelemente beim Aufwachen ist der Schulfall des dialektischen Denkens. Daher ist das dialektische Denken das Organ des geschichtlichen Aufwachens. Jede Epoche träumt ja nicht nur die nächste, sondern träumend drängt sie auf das Erwachen hin. Sie trägt ihr Ende in [S. 27; in T¹ irrtümlich 26] *sich und entfaltet es – wie schon Hegel erkannt hat – mit List. Mit dem Untergange der Warenwirtschaft beginnen wir, die Monumente der Bourgeoisie als Ruinen zu erkennen, noch ehe sie zerfallen sind.*

Druckvorlage: Ts 861-888 (= T¹)

An dieser Stelle mögen schließlich drei Paralipomena ihren Platz finden, von denen Nr. 23 und 24 wahrscheinlich erst nach Abschluß des Exposés von 1935 entstanden sind. Nr. 25 notierte Benjamin auf der Rückseite eines an ihn gerichteten, vom 22. 12. 1938 datierten Briefes: der Text wurde also nach diesem Datum geschrieben. Es ist nicht auszuschließen, daß Nr. 25 sich auf die Umarbeitung der ersten Baudelaire-Arbeit bezieht; inhaltlich berührt der Text sich vielfach auch mit den Thesen *Über den Begriff der Geschichte.* – Die eckigen Klammern stammen von Benjamin.

Nr. 23 *[Die ewige Wiederkunft als Albtraum des historischen Bewußtseins]*
{Jung will vom Traum das Erwachen fernhalten}
{Drei Aspekte der flânerie: Balzac, Poe, Engels; der illusionistische, psychologische, ökonomische}
[Servandoni ⟨?⟩]
{Das Neue als Gegensatz zum Planmäßigen}
Allegorie und Reklame [die Personifikation von Waren statt von Begriffen; der Jugendstil führt die allegorische Figur der Reklame zu]
{Die caissière als lebendes Bild, als Allegorie der Kasse}
Liebeskult: Versuch der industriellen Produktion gegenüber die natürliche ins Feld zu führen
[Der Begriff der Kultur als die höchste Entfaltung der Phantasmagorie]
[Der Begriff der ewigen Wiederkunft: das »letzte Aufgebot« gegen die Idee des Fortschritts]
[Vernichtung der Phantasmagorie der Kultur in der Idee der ewigen Wiederkunft]
[Odradek und die Dialektik der Ware]
[Versuch den ennui durch das Neue zu vertreiben]
[Auf das Neue warten: im letzten Gedicht – dem Neuen entgegenfahren – aber dem Tod]

Druckvorlage: Ms 478

Nr. 24 *{Das Warten als Existenzform der parasitären Elemente}*
Im dialektischen Bild ist zugleich mit der Sache selbst ihr Ursprung und ihr Untergang vergegenwärtigt. Sollten beide ewig sein? (ewige Vergängnis)
[Ist das dialektische Bild frei von Schein?]
{Das Jetzt der Erkennbarkeit ist der Augenblick des Erwachens}
{[Proust: Darstellung des Erwachens]}
[Hegel über Dialektik im Stillstand]
{Die Erfahrung unserer Generation: daß der Kapitalismus keines natürlichen Todes sterben wird}
Zum erstenmal wird hier das Jüngstvergangene ferne *Vergangenheit*
Das Gesamtkunstwerk stellt einen Versuch dar, der Gesellschaft den Mythos (der wie Raphael p 171 mit Recht sagt, die Bedingung des œuvre d'art intégral ist) aufzuoktroyieren.
contemporaine de tout le monde *und ewige Wiederkehr*

Druckvorlage: Ms 479

Anmerkungen zu Seite 45-59   1251

Die Fragestellung von I: was ist der historische Gegenstand?   Nr. 25
Die Antwort von III: das dialektische Bild
Die ungemeine Flüchtigkeit des echten historischen Gegenstandes (Flamme)
konfrontiert mit der Fixiertheit des philologischen. Wo der Text selbst der absolute historische Gegenstand ist – wie in der Theologie – hält er das Moment der äußersten Flüchtigkeit im Charakter der »Offenbarung« fest.
Die Idee einer Geschichte der Menschheit als Idee des heiligen Textes. In der Tat hat man seit jeher die Geschichte der Menschheit – als Prophetie – aus dem heiligen Text herausgelesen.
Das Neue und Immergleiche als die Kategorien des historischen Scheins. – Wie steht es mit der Ewigkeit?
Die Auflösung des historischen Scheins muß im gleichen Fortgang erfolgen wie die Konstruktion des dialektischen Bildes
Figuren des historischen Scheins: I
                                II Phantasmagorie
                                III Fortschritt
                                Druckvorlage: Ms 487

Im Benjamin-Archiv finden sich außerdem die folgenden Manuskriptblätter, die zum Umkreis des Passagenwerks gehören, auf deren Abdruck jedoch verzichtet wird:
1. *Repertorien* zur *Revue des deux mondes*, zur *Marx-Engels*-Gesamtausgabe, zu *Proust* und *Fourier*. – Ms 1147, 1149-1153 und 1175.
2. Exzerpte aus Ernst Bernheim, Theodor Lipps, Turgot und Lotze; zum Teil in die *Aufzeichnungen und Materialien* übernommen. – Ms 974f.
3. *Mottos zur Passagenarbeit.* – Ms 675, S. 5-12.

ÜBERLIEFERUNG
M^1 Teilniederschrift ohne Titel; einzelne Teile in zwei oder drei Fassungen. – Benjamin-Archiv, Ms 1110-1125. (Abdruck s. 1223-1237.)
M^2 *Paris die Hauptstadt des XIX Jahrhunderts.* Niederschrift, teilweise von Reinschriftcharakter; Unterstreichungen mit Rotstift von fremder Hand. – Benjamin-Archiv, Ms 1031-1047.
T^1 *Paris. Die Hauptstadt des XIX. Jahrhunderts.* Typoskriptdurchschlag; Korrekturen von Benjamins, englische Marginalien von fremder Hand. – Benjamin-Archiv, Ts 861-888. (Abdruck s. 1237-1249.)
T^{2a} *Paris. Die Hauptstadt des XIX Jahrhunderts.* Typoskript; Korrekturen von fremder Hand, Setzerauszeichnungen (das Exemplar diente als Druckvorlage für die »Schriften« von 1955). – Benjamin-Archiv, Ts 792-814.
T^{2b} Durchschlag von T^{2a}, auf festem Papier; Korrekturen wie in T^{2a}. – Benjamin-Archiv, Ts 815-837.

T²ᶜ Durchschlag von T²ᵃ, auf Durchschlagpapier; Korrekturen wie in T²ᵃ. – Benjamin-Archiv, Ts 838-860.

Druckvorlage: M²

Es war nicht mit Sicherheit zu ermitteln, ob – wie der Herausgeber vermutet – T² eine spätere Bearbeitungsstufe als T¹ darstellt.

M¹ enthält Bruchstücke einer frühen, vielleicht der ersten zusammenhängenden Niederschrift; die fehlenden Abschnitte dürften verloren gegangen sein. Nach M¹ scheint sodann T¹ gearbeitet worden zu sein. Die Größe der Textvarianz macht es unwahrscheinlich, daß Benjamin T¹ direkt anhand von M¹ diktiert haben könnte. Eher wohl schrieb er eine – verlorene – handschriftliche Zwischenfassung, nach der er T¹ entweder abschreiben ließ oder, wahrscheinlicher, diktierte. Das geschah in Paris, die Schreiberin könnte Benjamins Schwester gewesen sein. T¹ ist diejenige Version, welche an Adorno mit dem Hinweis gesandt wurde, *ein anderer* Entwurf werde *in Kurzem fertiggestellt sein* (1119).

M² markiert den Beginn dieser Umarbeitung. Es ist eine sorgfältige Niederschrift, die zum Teil T¹ voraussetzt, zum Teil aber merkwürdigerweise auch auf Formulierungen aus M¹ zurückgreift, die durch T¹ überholt waren. (Eine mögliche Erklärung könnte etwa darin liegen, daß Benjamin die zwischen M¹ und T¹ angenommene Zwischenstufe beim Diktieren von T¹ weiter veränderte; bei der Herstellung von M² dann jene Zwischenfassung zugrunde legte, ohne die diktierten Änderungen zur Hand zu haben oder sie zu erinnern.) M² wurde an Juliane Favez nach Genf zur Maschinenabschrift geschickt. Am 19. 6. 1935 schrieb Benjamin an Adorno: *Noch sind die genfer Abschriften nicht eingetroffen [...] Im übrigen werden sich diese Abschriften kaum – wie ich es ursprünglich geplant hatte – als »zweite Fassung« von der Ihnen bekannten abheben. Ich mußte erkennen, daß die eingehende Überarbeitung, die ich plante, die Abfertigung des Manuscripts nach Genf zu sehr verzögert hätte.* (1123) Da die Fertigstellung der Genfer Abschrift sich jedoch weiter hinzog, sandte Benjamin schließlich am 10. 7. ein Exemplar, über das er verfügen konnte, an Horkheimer nach New York mit der Bemerkung: *Andererseits hätte ich es* [scil. das Exposé] *Ihnen schon früher gesandt, wenn Frau Favez [...] dazugekommen wäre, es abzuschreiben. Leider hat sich das bisher nicht gemacht und so habe ich, da ich Sie endlich in seinem Besitz wissen wollte, das Manuscript hier diktiert.* (1125) Tatsächlich aber sandte Benjamin das schon früher diktierte T¹ ohne jede Änderung an Horkheimer. T¹ ist nur in einem einzigen Exemplar erhalten: eben dem nach New York gesandten. Es fand sich im Archiv des alten Instituts für Sozialforschung und wurde dem Herausgeber 1969 von Friedrich Pollock übergeben.

Später erhielt Benjamin dann doch noch die Genfer Abschrift, von der das Original (T²ᵃ) und zwei Durchschläge (T²ᵇ und T²ᶜ) erhalten sind. Weil die Diskussion des Exposés inzwischen auf der Grundlage von T¹ stattgefun-

Anmerkungen zu Seite 45-59 1253

den hatte, ist T² von Benjamin nicht mehr durchgesehen worden; alle drei Exemplare weisen lediglich Korrekturen der Abschreiberin auf.
Die chronologisch späteste Version dürfte mithin M², bzw. T² darstellen; sie wurde deshalb im Textteil abgedruckt. (Da T² von Benjamin nicht korrigiert wurde, wohl aber eine beträchtliche Fehlerquote aufweist, war an seiner Stelle M² als Druckvorlage zu wählen.) T¹ jedoch ist durch das spätere M² nicht in dem Sinne überholt, wie das sonst bei älteren Fassungen Benjaminscher Arbeiten der Fall zu sein pflegt: Benjamin gab T¹ noch aus der Hand, als M² bereits abgefaßt, wenn auch noch nicht abgeschrieben war. Wegen dieses besonderen Charakters ist T¹ im Apparatteil ebenfalls vollständig wiedergegeben worden.

LESARTEN 45,16f. *nouveautés*] konjiziert für *nouveauté* M², T¹, T² – 45,17 *Etablissements,*] T¹, T²; *Etablissements* M² – 45,31 *kleinen*] T¹, T²; *Kleinen* M² – 46,2 *kraft*] konj. für *Kraft* M², T¹, T² – 46,9 *pompejanischen*] T¹; *pompeianischen* M², T² – 47,5 *Urvergangne*] *Urvergangene* T² – 47,5 *dem jeder*] T¹; *der jeder* M², T² – 47,12 *hinterlassen hat*] M¹; *hinterlassen* M², T¹, T² – 48,7 *Verbreitung*] *Vorbereitung* T² – 48,8 *unermüdlich,*] T¹; *unermüdlich* M², T² – 48,9 *Kunstgriffe*] *Kunstgriffe bemüht* T² – 48,23 *Vordergrunde*] *Vordergrund* T² – 48,35 *dem*] *der* T² – 49,14 *ersten Mal*] T¹, T²; *erstenmal* M² – 49,21 *dem*] T¹; *der* M², T² – 49,23 *eignen*] *eigenen* T² – 49,23 *im politischen*] *in politischem* T² – 49,24 *kann*] *kann also* T² – 49,28 *beginnt,*] *beginnt* T² – 49,28 *Photographie,*] *Photographie* T² – 49,36 *ausbot*] *anbot* T² – 49,37 *steigern*] *steigern,* T² – 50,28 *saint-simonistischen*] für *Saint-Simonistischen* M², *Saint-Simonisten* T² – 51,1 *andern*] *anderen* T² – 51,8 *aufkommt. Unter*] *aufkommt, unter* T² – 51,20 *fourieristischen*] konj. für *Fourieristischen* M², T¹, T² – 51,22 *will.*] *will,* T² – 51,27 *Sex-Appeal*] konj. für *sex appeal* M², T²; *Sex-appeal* T¹ – 51,31 *Manifest*] *Manifest:* T² – 53,1 *Ausfallsversuch*] *Ausfallversuch* T² – 53,13 *Solneß«:*] *Solneß«* – T² – 53,24 *Welt*] *Welt,* T² – 53,31 *alltäglichsten*] *alltäglichen* T² – 54,5 *Male*] *Mal* T² – 54,13 *zu Hause*] T¹; *zuhause* M², T² – 54,18 *Warenumsatze*] *Warenumsatz* T² – 54,22 *hat*] *hat,* T² – 55,20 *ist.*] in M² folgt der gestrichene Satz: *Der Prostitution kommt in dieser Gesellschaft ebenso wie bei Baudelaire eine besonders große Bedeutung zu.* – 55,36 *aufhört,*] T¹; *aufhört* M², T² – 56,4 *nouveautés*] konj. für *nouveauté* M², T¹, T² – 56,33f. *Imperialismus*] *Idealismus* T² – 57,1 *Raumes,*] T¹, T²; *Raumes* M² – 57,34f. *Unternehmen*] *Unternehmen:* T² – 58,13 *Frühzeit*] *Freiheit* T² – 58,31 *nehmen*] M¹; *nimmt* M², T¹, T² – 59,9 *emanzipiert*] *emanzipiert,* T² – 59,13 *vor,*] *vor* T² – 59,26 *erkennen*] *erkennen,* T²

NACHWEISE 45,6 *Nguyen-Trong-Hiep*] die von Benjamin übersetzten Verse lauten im Französischen: »Les eaux sont bleues, les plantes roses; l'aspect du soir est charmant. | On se promène: ›les grandes dames

marchent ensemble, suivies de petites dames‹.« – **45**,21 *Saint-Denis.«*]
Honoré de Balzac, Histoire et physiologie des boulevards de Paris, in: Le
diable à Paris, Bd. 2, Paris 1846, 91 – **46**,2 *Weise«*] Karl Boetticher, Das
Prinzip der Hellenischen und Germanischen Bauweise hinsichtlich der
Übertragung in die Bauweise unserer Tage, in: Zum hundertjährigen
Geburtstag Karl Böttichers, Berlin [1906], 46 – **46**,12 *ein.«*] s. Sigfried
Giedion, Bauen in Frankreich, Leipzig, Berlin [1928], 3: »Die Konstruktion hat im 19. Jahrhundert die Rolle des Unterbewußtseins.« – **46**,28
»*Glasarchitektur«*] s. Paul Scheerbart, Glasarchitektur, Berlin 1914 – **46**,30
suivante.«] Jules Michelet, Avenir! Avenir!, in: Europe, tome 19, No 73,
15 janvier 1929, 6 – **46**,33 *wird*] s. Karl Marx, Das Kapital I, in: Karl Marx/
Friedrich Engels, Werke (MEW), Bd. 23, 3. Aufl., Berlin 1969, 404 (Anm.
103) – **47**,35 f. *Menschen«*] s. Marx und Engels, Die deutsche Ideologie,
MEW, Bd. 3, Berlin 1958, 502 – **48**,13 *zeichnen.*] s. den Nachweis zu E 1, 8
– **49**,22 *zuweist.*] s. A. J. Wiertz, Œuvres littéraires, Paris 1870, 309 f. –
50,13 *navets.«*] Benjamin zitiert nach Théodore Muret, L'histoire par le
théâtre 1789-1851, Paris 1865, 191 – **50**,21 *Emanzipation«*] Sigmund
Engländer, Geschichte der französischen Arbeiter-Associationen, Hamburg 1864, Bd. 4, 52 – **51**,6 *Mucken«*] Marx, Das Kapital I, a.a.O., 85 –
51,13 *Tod!«*] s. Giacomo Leopardi, Operette morali. A cura di Alessandro
Donati, Bari 1928, 23: »Moda. Madama Morte, madama Morte.« (»Dialogo della moda e della morte«) – **55**,1 *Averno.«*] Vergil, Aeneis VI, v. 126.
Benjamin schreibt hier wie auch in dem Motto zu C *Averni.* – **55**,36
l'utilité«] s. Charles Baudelaire, Œuvres complètes. Texte établi, présenté
et annoté par Claude Pichois, Bd. 2, Paris 1976, 27 (»Pierre Dupont«,
Préface zu den »Chants et Chansons«) – **56**,19 *Confession d'un lion devenu
vieux*] die anonym und ohne Ort und Jahr erschienene Ausgabe kam 1888
in Paris heraus – **57**,5 *kleinen.*] wahrscheinlich bezieht sich Benjamin auf
die O 4, 1 exzerpierte Stelle – **57**,18 *Memoiren*] s. Georges-Eugène
Haussmann, Mémoires, Bd. 2, Paris 1890 – **57**,22 *»Paris«*] s. Maxime Du
Camp, Paris. Ses organes, ses fonctions et sa vie dans la seconde moitié du
XIXe siècle, 6 Bde.; Erstausgabe: Paris 1869-1875 – **57**,23 *»Jérémiades d'un
Haussmannisé«*] gemeint ist das Buch »Paris désert. Lamentations d'un
Jérémie haussmannisé«, Paris s. d. [1868] – **57**,30 f. *Barrikadenkämpfe.*]
gemeint ist wohl die E 1 a, 5 exzerpierte Stelle – **58**,4 *éclairs.«*] die Verse
stammen von Pierre Dupont; siehe a 7, 3 – **58**,23 *»Ouvriers européens«*] s.
Frédéric Le Play, Les ouvriers européens. Etudes sur les travaux, la vie
domestique et la condition morale des populations ouvrières de l'Europe.
Précédées d'un exposé de la méthode d'observation, Paris 1855.

60-77   Paris, Capitale du XIXème siècle

Das zweite Exposé entstand im März 1939. Horkheimer hatte Benjamin darum gebeten; er hoffte, Frank Altschul, einen New Yorker Bankier, der sich mäzenatisch betätigte, für Benjamins Arbeit zu interessieren (s. 1169-1178). Da über irgendeinen Erfolg nichts bekannt ist, waren Horkheimers Bemühungen fraglos umsonst. – *Introduction* und *Conclusion* wurden neu geschrieben: diese beiden Texte enthalten sicher die gedrängtesten, vielleicht auch die luzidesten Ausführungen Benjamins darüber, was er theoretisch mit dem Passagenwerk intendierte. Die übrigen Abschnitte von *Paris, Capitale du XIXème siècle* stellen auf weiten Strecken eine Übersetzung des deutschsprachigen Exposés von 1935 dar. Doch sind die Modifikationen gegenüber dem älteren Text besonders aufschlußreich für die Entwicklung, welche die theoretischen Überlegungen Benjamins in den vier Jahren genommen hatte, die zwischen der Abfassung der zwei Exposés lagen: einerseits gab er die Fundierung der dialektischen Bilder im kollektiven Unbewußten zwar nicht preis, verfuhr dabei aber sehr viel zurückhaltender; andererseits suchte er, die kosmologische Spekulation Blanquis in »L'éternité par les astres« – einem Buch, das Benjamin Ende 1937 für sich entdeckt hatte – für das Passagenwerk fruchtbar zu machen. (S. auch Bd. 1, 1071f.)

Von der *Introduction* und der *Conclusion* finden sich im Nachlaß deutschsprachige Versionen, die im folgenden abgedruckt werden.

⟨*Einleitung*⟩

»L'histoire est comme Janus, ella a deux visages: qu'elle regarde le passé ou le présent, elle voit les mêmes choses.«
Maxime du Camp, Paris VI p 315

Der Gegenstand des Buches ist die Illusion, die Schopenhauer in der Formel zum Ausdruck brachte, wer das Wesen der Geschichte erfassen wolle, für den genüge es, Herodot mit der Morgenzeitung zu vergleichen. Das ist der Ausdruck eines historischen Schwindelgefühls, das für die Geschichtsbetrachtung des letzten Jahrhunderts charakteristisch ist. Er entspricht einer Betrachtungsweise, in der die historischen Phänomene als gänzlich verdinglichte eingehen. Der charakteristische Niederschlag dieser Anschauung ist die Kulturgeschichte, welche die Schöpfungen des menschlichen Geistes Stück für Stück inventarisiert. Die derart ins Schatzhaus der Kultur eingebrachten Güter erschienen hinfort unnahbar. Es verlor sich das Bewußtsein, daß sie nicht ihr Entstehen allein sondern auch ihre Überlieferung einer dauernden gesellschaftlichen Arbeit verdanken, in der zudem diese Güter selbst verarbeitet, nämlich verändert werden. Die Untersu-

chung macht sich zur Aufgabe, darzustellen, wie die Bezugnahme auf die verdinglichte Vorstellung von Kultur die neuen, vor allem durch die Warenproduktion bedingten Schöpfungen und Lebensformen, welche dem vorigen Jahrhundert zu danken sind, dem Ensemble einer Phantasmagorie einbeziehen. Es soll gezeigt werden, wie diese Kreationen nicht erst in theoretischer Verarbeitung ideologisch [Ms 1 f.] *sondern in unmittelbarer Präsenz sinnlich »verklärt« werden. Sie stellen sich als Phantasmagorien dar. So präsentieren sich die Passagen, die ersten Verwertungsformen des Eisenbaus; so die Weltausstellungen, deren Verkopplung mit der Vergnügungsindustrie aufschlußreich ist. Hierher gehören die Erfahrungen des Flaneurs, der den Phantasmagorien des Marktes sich überläßt. Den spezifischen Phantasmagorien des Marktes, in denen der Mensch nur noch als Typus auftritt, entsprechen die des Interieurs, das durch dessen* [Ms 2; Ts 889] *Bedürfnis konstituiert wird, im Wohnraum die Spur seiner Privatexistenz aufzudrücken. Die Phantasmagorie der Kultur selbst hat schließlich in Haussmanns Umgestaltung von Paris ihren Niederschlag gefunden. – Daß der Glanz, mit dem die warenproduzierende Gesellschaft sich so umgibt und die Geborgenheit in welcher sie sich wähnt, nicht verläßlich ist, bringt ihr der Zusammenbruch des Second Empire und die Pariser Kommune in Erinnerung. Gleichzeitig hat ihr gefürchtetster Widersacher, Blanqui, in seiner letzten Schrift die schrecklichen Züge dieser Phantasmagorie aufgewiesen. In ihr figuriert die Menschheit als eine Verdammte. Alles Neue, das sie erwarten könnte, wird sich als ein Von jeher dagewesenes entschleiern; sie zu erlösen, wird es ebensowenig imstande sein, wie eine neue Mode die Gesellschaft erneuern könnte. Blanquis kosmische Spekulation lehrt, daß die Menschheit solange der mythischen Angst ausgeliefert sein wird, wie die Phantasmagorie in ihr eine Stelle hat.* [Ts 889]

⟨*Schluß*⟩

»Hommes du XIXe siècle, l'heure de nos apparitions est fixée à jamais, et nous ramène toujours les mêmes.«

Auguste Blanqui, L'Eternité par les Astres, Paris 1872, p 74/75

Während der Kommune saß Blanqui als Gefangener auf dem Fort du Taureau. Dort schrieb er die »Eternité par les Astres«. Dieses Buch krönt die Phantasmagorien des Jahrhunderts mit einer letzten, kosmischen, welche insgeheim die bitterste Kritik an den andern einschließt. Die unbeholfenen Überlegungen eines Autodidakten, die den Hauptteil der Schrift ausmachen, sind die Vorbereitung einer Spekulation, die dem revolutionären Elan des Verfassers das furchtbarste Dementi erteilt. Die Ansicht vom Universum, die Blanqui in diesem Buch entwirft, zu dem er die Daten der mechanistischen Naturwissenschaft entnimmt, ist eine wahrhaft infernali-

Anmerkungen zu Seite 60-77   1257

*sche. Sie ist zugleich das Komplement der Gesellschaft, die Blanqui an
seinem Lebensabend als Sieger über sich zu erkennen genötigt war. Es ist die
dem Autor selbst verborgene Ironie dieses Entwurfs, in Gestalt einer
rückhaltlosen Unterwerfung unter ihre Wissenschaft die furchtbarste
Anklage gegen die Gesellschaft zu erheben, die jenes Weltbild als ihre
Projektion an den Himmel wirft. Die Schrift trägt den Gedanken der
ewigen Wiederkunft zehn Jahre vor dem »Zarathustra« vor; kaum minder
pathetisch und mit größter halluzinatorischer Kraft. Nicht triumphierend
sondern vielmehr beklemmend: Blanqui geht es dabei um das Bild des
Fortschritts, der als ein unvordenklich Ältestes, das im Gewand des
Neuesten einherstolziert, sich als die Phantasmagorie der Geschichte selbst
zu erkennen gibt. Die entscheidende Stelle lautet:* [Ts 890f.]
»*Das ganze Universum besteht aus Sternsystemen. Um sie zu schaffen, hat
die Natur nur hundert Elemente zur Verfügung. Trotz aller Erfindungs-
kunst und trotz der unendlichen Anzahl von Kombinationen, die ihrer
Fruchtbarkeit zur Verfügung stehen, ist das Resultat notwendig eine
endliche Zahl gleich der Zahl der Elemente selbst. Um den Raum auszufüllen, muß die Natur ihre ursprünglichen Kombinationen und Typen ad
infinitum wiederholen.
Es muß deshalb jeden Stern in Zeit und Raum unendliche Male geben, nicht
bloß so, wie er einmal erscheint, sondern nach jedem Augenblick seiner
Dauer von seinem Entstehen bis zu seinem Untergang. Solch ein Stern ist
die Erde. Darum ist auch jedes Menschenwesen ewig in jedem Augenblick
seiner Existenz. Das, was ich in diesem Augenblick in einer Zelle des Forts
Du Taureau schreibe, das habe ich geschrieben und das werde ich in alle
Ewigkeit schreiben: an einem Tisch mit einer Feder, in Umständen, die aufs
Haar den gegenwärtigen gleichen. So ist es mit jedem ... die Zahl unserer
Doppelgänger ist unendlich in Zeit und Raum ... Diese Doppelgänger
haben Fleisch und Blut, d.h. Hosen und Überzieher, Krinolinen und
Chignons. Es sind keine Phantome sondern verewigte Wirklichkeit. Eines
freilich fehlt daran: Fortschritt. Was wir so nennen, ist eingemauert in jede
Erde und vergeht mit jeder. Stets und überall auf den Erden das gleiche
Drama, die gleiche Dekoration, auf derselben schmalen Bühne, eine
brausende Menschheit, berauscht von ihrer Größe. Stets und überall hält sie
sich selbst für das Universum und lebt in ihrem Gefängnis, als wäre es
unermeßlich, um doch bald mit dem Erdball in den Schatten zu sinken, der
mit ihrem Hochmut aufräumt. Die gleiche Monotonie, die gleiche Unbe-
weglichkeit auf den anderen Sternen. Das Universum wiederholt sich
unendlich und tritt auf der Stelle. Unbeirrt spielt die Ewigkeit im Unendlichen stets und immer das gleiche Stück.*« [Ts 892f.]
*Diese hoffnungslose Resignation bildet das letzte Wort des großen Revolu-
tionärs. Das Jahrhundert hat den neuen technischen Möglichkeiten nicht
mit einer neuen gesellschaftlichen Ordnung zu entsprechen vermocht. So*

erhielten die trügerischen Vermittelungen des Alten und des Neuen die Oberhand, welche der Term seiner Phantasmagorien waren. Die von diesen Phantasmagorien beherrschte Welt ist – mit einem Schlüsselwort, das Baudelaire für sie gefunden hat – die Moderne. Blanquis Vision begreift in diese Moderne – als deren Boten die »Sept Vieillards« auftauchten – das Universum ein. Ihm wird zuletzt die Neuheit zum Attribut dessen, was dem Reich der Verdammnis angehört. So erscheinen in einem etwas früheren Vaudeville »Ciel et Enfer« die Höllenstrafen als das seit jeher Neueste, als die »peines éternelles et toujours nouvelles«. Die Menschen des neunzehnten Jahrhunderts, die Blanqui als apparitions anspricht, stammen aus diesem Bezirk. [Ts 891]

Druckvorlage: Benjamin-Archiv, Ms 1f.; Ts 889-893

ÜBERLIEFERUNG

M¹ Teilniederschrift des Anfangs der *Introduction* in deutscher Sprache. – Benjamin-Archiv, Ms 1 f.

T¹ Teiltyposkripte von *Introduction* und *Conclusion* in deutscher Sprache. – Benjamin-Archiv, Ts 889-891.

T² *»Während der Commune ...«*; Typoskript eines Textes über Auguste Blanqui (Abdruck s. Bd. 1, 1153f.). Hier findet sich Benjamins Übersetzung der *entscheidenden Stelle* aus »L'éternité par les astres«, die in T¹ ausgespart wurde. – Benjamin-Archiv, Ts 892f.

T³ᵃ *Paris, Capitale du XIXème Siècle. Exposé de Walter Benjamin.* Typoskript mit Korrekturen von Benjamins Hand. – Benjamin-Archiv, Ts 894-926.

T³ᵇ Durchschlag von T³ᵃ, ohne Korrekturen. – Benjamin-Archiv, Ts 927-959.

T³ᶜ Weiterer Durchschlag von T³ᵃ, ohne Korrekturen; Titelblatt und *Introduction* fehlen. – Benjamin-Archiv, Ts 960-991.

T³ᵈ Teil eines weiteren Durchschlags von T³ᵃ, ohne Korrekturen; umfaßt nur *D. Baudelaire* und die erste Seite von *E. Haussmann.* – Benjamin-Archiv, Ts 992-997.

Druckvorlage: T³ᵃ

LESARTEN 60,27 *l'immédiateté*] konjiziert für *l'immédiaté* – 61,3 f. *transformations*] konj. für *transformation* – 61,14 *l'est*] konj. für *ne l'est* – 61,28 f. *dans la maison*] lies wohl *dans leurs locaux* – 62,1 *ils*] konj. für *elles* – 62,17 *pour*] konj. für *à* – 63,6 *donnée*] Konjektur des Hg. – 63,8 *rien à*] konj. für *que* – 62,26 *où*] konj. *ou* – 63,38 *jusque*] konj. für *jusqu'à* – 64,2 *tracé*] konj. für *tracement* – 64,15 *d'après laquelle*] konj. für *comme quoi* – 64,19 *échoué,*] Interpunktion vom Hg. – 64,19 *à cette*] für *a cette* – 65,3 *désir*] konj. für *voeu* – 65,5 *formeront la première clientèle*] konj. für *forment la clientèle de premier plan* – 65,14 *pourquoi,*] Interpunktion vom

Anmerkungen zu Seite 60-77

Hg. – **65,16** *siècle,*] Interpunktion vom Hg. – **65,24** *laisser*] konj. für *faire* – **66,24** *inorganique*] konj. für *anorganique* – **67,11** *survivance*] konj. für *subsistance* – **67,11** *à*] konj. für *de* – **67,12** *ne tient compte que des réalités*] konj. für *tient compte de la réalités* – **67,20** *dans le*] konj. für *au* – **67,24** *choses,*] Interpunktion vom Hg. – **67,24** *possède,*] Interpunktion vom Hg. – **67,24** *caractère*] konj. für *caractères* – **67,25** f. *qu'elles ont pour l'amateur*] konj. für *d'amateur* – **67,30** *servitude*] konj. für *corvée* – **68,6** *particulier,*] Interpunktion vom Hg. – **68,18** *roman policier*] konj. für *roman détective* – **68,19** f. *Philosophie d' ameublement*] korrigiert für *Philosophie du mobilier* – **68,22** *romans policiers*] konj. für *romans détectives* – **69,12** *dans les*] konj. für *aux* – **69,28** *chez*] konj. für *par* – **70,35** *incitée*] konj. für *suscitée* – **71,10** *toujours le même*] konj. für *toujours même* – **71,15** *toujours le même*] konj. für *toujours même* – **73,16** *c'était*] für *s'était* – **74,35** *ouverte*] konj. für *couverte* – **74,36** *assumé*] konj. für *assumée* – **77,6** *ban*] Benjamin benutzt das Wort *ban* hier in einem etwas veralteten Sinn, der eine Zugehörigkeit (wie in der Formel ›le ban et l'arrière-ban‹) zum Ausdruck bringt, während der heute gebräuchliche Sinn einen Ausschluß damit verbindet (z.B. ›mettre au ban de la société‹).

NACHWEISE   **60,9** *Presse du Matin*] Benjamin übernahm die *formule* nach der in S 1 a, 2 angegebenen Quelle; bei Schopenhauer gibt es sie wahrscheinlich nicht. – **61,9** *écrit*] s. Auguste Blanqui, L'éternité par les astres. Hypothèse astronomique, Paris 1872 – **61,33** *Saint-Denis.«*] s. Nachweis zu 45,21 – **62,16** *hellénique«*] s. Nachweis zu 46,2 – **62,26** *subconscient*] zu dem Satz, der eine Art Zitat nach Giedion ist, s. den Nachweis zu 46,12 – **63,4** *bornes.«*] s. Karl Marx/Friedrich Engels, Werke (MEW), Bd. 2, Berlin 1957, 85: Es ist »leicht zu begreifen, daß jedes massenhafte, geschichtlich sich durchsetzende ›Interesse‹, wenn es zuerst die Weltbühne betritt, in der ›Idee‹ oder ›Vorstellung‹ weit über seine wirklichen Schranken hinausgeht«. – **63,33** *l'entreprendre.«*] s. Nachweis zu W 13, 4 – **64,2** f. *Paris en l'an 2000*] das Buch von Tony Moilin erschien Paris 1869 – **64,6** *l'homme«*] s. Nachweis zu 47,35 f. – **64,33** *navets.«*] s. auch den Nachweis zu 50,13 – **65,5** *l'émancipation«*] s. Nachweis zu 50,21 – **65,36** f. *»lubies théologiques«*] s. Nachweis zu 51,6 – **66,33** *Baccarat.«*] Guillaume Apollinaire, Le poète assassiné. Nouv. éd., Paris 1927, 75 f. – **68,28** *nicht.«*] Friedrich Nietzsche, Werke in drei Bänden, hg. von Karl Schlechta, Bd. 2, München 1955, 511 – **76,35** *représentations.«*] Blanqui, a. a. O., 73 f., 76 – **77,9** *nouvelles«*] Hippolyte Lucas et Eugène Barré, Le ciel et l'enfer, Paris 1853, 88

79-989 Aufzeichnungen und Materialien

Zur Überlieferung

M 426 lose Doppelblätter ca. 14×22 cm; ohne Titel; mit schwarzer und blauer Tinte von Benjamin beschrieben; Buntstiftzeichen von Benjamins, Bleistiftmarginalien von fremder Hand. – Benjamin-Archiv, Ms 2010-2853. Dem Manuskript sind beigefügt: 1. eine Inhaltsübersicht (Ms 2001f.); 2. *Diverse Register zu den Passagen* (Ms 2000, 2003-2008, 2188 und 2620f.) sowie 3. zu Beginn jedes Konvoluts ein schmaler Zettel mit Hinweisen auf Notizen, die *durchgesehen* waren und *übertragen* werden sollten (s. u.)

M^{Ph} Teil-Photographie von M; ohne Titel; negative Papierabzüge, geringfügig verkleinert. – Benjamin-Archiv, ohne Signaturen.

Druckvorlage: M

Benjamin verwandte für M Blätter von Briefpapierblöcken des Formats 22×28 cm, die er in der Mitte faltete; dadurch entstanden 2 Blätter (= 4 Seiten) vom Format 14×22 cm. Beschrieben wurden jeweils die Seiten 1 und 3 mit einem ca. 7 cm breiten abgefalteten Rand. Soweit die Konvolute Motti haben, sind diese auf den Rand der ersten Seite des entsprechenden Konvoluts geschrieben worden. Im übrigen blieben sämtliche Ränder, ebenso wie die Seiten 2 und 4 der Doppelblätter, unbeschrieben. Bleistiftmarginalien auf den Rändern rühren von Gretel Adorno her, die für sie schwer zu lesende Wörter wiederholte und alle von ihr nicht abgeschriebenen Notizen mit einem Häkchen versah. – Benjamin notierte auf jedem Blatt links oben den Buchstaben des Konvoluts, zu dem es gehörte, und gab allen Doppelblättern eines Konvoluts eine laufende Numerierung. Dabei wurde jeweils für die dritte Seite eines Doppelblattes die Minuskel *a* hinzugefügt. Das erste Doppelblatt (Ms 2010f.) etwa sieht folgendermaßen aus:

Seite 1: linke Spalte beschrieben; am linken oberen Rand: *A 1*; auf der rechten Spalte stehen oben die beiden Motti zu A (s. 83), sonst ist die Spalte leer.

Seite 2: unbeschrieben.

Seite 3: linke Spalte beschrieben; am linken oberen Rand: *A 1 a*; rechte Spalte unbeschrieben.

Seite 4: Entwurf (Anrede und zwei Sätze) zu einem Brief vom 18. 4. 1928 an Siegfried Kracauer; sonst ist die Seite unbeschrieben.

Bei Verweisen sowohl innerhalb der *Aufzeichnungen und Materialien* wie auf diese in anderen Arbeiten hat Benjamin die einzelnen Notizen einer Seite durchgezählt. Die im Abdruck jeder Notiz in eckigen Klammern beigefügte Sigle (z. B. [A 1 a, 1]) stammt mithin von Benjamin, auch wenn er den Teil vor dem Komma nur einmal auf jeder Seite notierte und die durch die Ziffer hinter dem Komma bezeichnete laufende Nummer der

Notizen einer Seite nur bei Bedarf und stillschweigend vornahm. Das für den Abdruck gewählte Verfahren dürfte die Zitierbarkeit erleichtern.
Im wesentlichen sind zwei Papiersorten verwandt worden:
1. leicht gelbliches, grob geripptes Papier; Wasserzeichen: Doppelkreis mit der Inschrift »M.-K.-Papier«.
2. weißes, leicht vergilbtes, feiner geripptes Papier; Wasserzeichen: »Excelsior, J. Guérimand & Co, Voiron«.
Gelegentlich ist ein Doppelblatt auseinandergerissen oder -gefallen. Die beiden Blätter wurden dann oft mit durchsichtigen Klebestreifen wieder zusammengeheftet; da in einigen Fällen Benjamins Schrift auf diesen Klebestreifen steht, gehen solche Reparaturen zumindest zum Teil auf ihn zurück.
Während die Manuskriptblätter selber lediglich mit den Buchstabensiglen der Konvolute versehen sind, werden diese Siglen in einer gesonderten Übersicht (Ms 2001 f.) aufgelöst. Allein in dieser Übersicht finden sich jene Titel, die im Abdruck den einzelnen Konvoluten vorangestellt und als Kolumnentitel benutzt worden sind. – Die Form der 81 f. abgedruckten Übersicht geht auf Benjamin zurück: er schrieb auf Ms 2002 die Minuskeln *a* bis *w* untereinander und fügte denjenigen Buchstaben, zu denen er Konvolute angelegt hatte, die Titel bei; zu den ohne Titel verbliebenen Buchstaben plante er wahrscheinlich weitere Konvolute.
Die den *Aufzeichnungen und Materialien* beiliegenden *Diversen Register zu den Passagen* enthalten eine Reihe von Siglen mit Inhaltsstichwörtern. Auf eine Wiedergabe dieser recht zufälligen Verweise ist verzichtet worden.

Zur Datierung

Eine sichere Datierung jeder einzelnen Aufzeichnung ist nicht möglich. Es gibt jedoch eine Anzahl von Kriterien, mit deren Hilfe sich viele Manuskriptblätter wenigstens annäherungsweise datieren lassen. (Die Anfang Februar 1934 an Gretel Adorno gerichtete Bitte um einen *großen Briefblock* des *MK Papiers* (1099), die noch im selben Monat erfüllt wurde, ist kein solches Kriterium: es ist nicht bekannt, wann der neue Block erschöpft war und Benjamin auf französisches Papier zurückgreifen mußte. Zudem hat er MK-Papier und französisches Papier längere Zeit nebeneinander benutzt).
1. Aufzeichnungen, welche ebenfalls in den *Ersten Notizen* und den *Frühen Entwürfen* enthalten sind, wurden aus diesen in das große Manuskript der *Aufzeichnungen und Materialien* übertragen und sind auf die Jahre 1927 bis 1929 zu datieren.
2. Häufig ergibt sich aus Briefen, wann Benjamin bestimmte Bücher, die er für das Passagenwerk exzerpierte, gelesen hat; seltener läßt sich auch aus

seiner Lektüreliste (s. Bd. 6) ein solcher Zeitpunkt erschließen: in diesen Fällen bildet das Datum der Lektüre den terminus a quo für die jeweils erste Aufzeichnung eines Konvoluts, in der das fragliche Buch zitiert wird, sowie für alle folgenden Aufzeichnungen desselben Konvoluts.

3. Bei neuerer Literatur, aus der Benjamin zitiert, gibt gelegentlich das Erscheinungsdatum einen Anhaltspunkt für die früheste mögliche Datierung des entsprechenden Zitats sowie wiederum sämtlicher innerhalb eines Konvoluts darauf noch folgender Aufzeichnungen.

4. Schließlich ist M^{Ph} hilfreich bei der Lösung von Datierungsfragen. Die Photographien sind in zwei Arbeitsgängen aufgenommen worden: ein erster Teil wurde im Juni 1935 *hergestellt* (1121), der zweite Teil lag im Dezember 1937 vor (s. 1163). Die beiden Teile der – wohl vollständig erhaltenen – Photographien lassen sich aufgrund der photographischen Technik eindeutig unterscheiden. Die im folgenden zunächst angeführten Seiten, die den ersten Teil der Aufnahmen bilden, wurden mit Sicherheit vor Juni 1935 geschrieben:
A1-A5a; B1-B4a; C1-C3a; D1-D2a; E1-E6a; F1-F4a; G1-G8a; H1-H2a; I1-I4a; K1-K3a; L1-L2a; M1-M5a; N1-N3a; O1-O6a; P1-P2a; Q1-Q2a; R1-R2a; S1-S4a; T1-T2a; U1-U9a; V1-V3a; W1-W6a; Y1-Y4a; a1-a6a; d1-d1a; g1-g1a; k1-k1a.

Die zum zweiten Teil von M^{Ph} gehörenden Seiten wurden sicher früher als Dezember 1937 geschrieben; daß sie zwischen dem Juni 1935 und dem Dezember 1937 entstanden sind, ist zwar nicht im gleichen Maße gesichert – manche dieser Seiten mögen im Juni 1935 schon vorhanden gewesen sein, ohne daß Benjamin sie damals bereits photographieren ließ –, aber doch in den meisten Fällen recht wahrscheinlich. Es handelt sich um die Seiten:
A6-A10a; B5-B7a; C4-C7a; D3-D4a; E7-E10a; F5-F7a; G9-G14a; H3-H3a; I5-I5a; K4-K4a; L3-L4a; M6-M13a; N4-N7a; O7-O10a; P3-P4a; Q3-Q3a; S5-S6a; T3-T3a; U10-U16a; V4-V8a; W7-W16a; X1-X2a; Y5-Y8a; a7-a19a; b1-b1a; d2-d14a; g2-g3a; k2-k3a; l1-l1a; p1-p3a; r1-r3a.

Die folgenden Seiten, die nicht mehr photographiert worden sind, dürften – mit Ausnahme des Konvoluts J, das schon Ende der zwanziger Jahre begonnen wurde – zwischen Dezember 1937 und Mai 1940 geschrieben worden sein:
A11-A13; B9-B10a; C8-C9a; D6-D10a; E11-E14a; F8-F8a; G15-G16a; H4-H5; I6-I8; J1-J92a; K5-K9a; L5-L5a; M14-M21a; N8-N20; O11-O14; P5; Q4-Q4a; R3; S7-S11; T4-T5; U17-U18; V9-V10; W17-W18; X3-X13a; Y9-Y11; a20-a23; b2; d15-d19; g4; i1-i2; k4; l2-l2a; m1-m5; p4-p6; r4-r4a.

Benjamins »Übertragungs«-Zeichen

Wahrscheinlich in einem nachträglichen Arbeitsgang versah Benjamin zahllose Notizen und Exzerpte in M mit Zeichen, deren Bedeutung sich bislang nicht entschlüsseln ließ: da finden sich, jeweils am rechten Rand der Aufzeichnungen, Vierecke, Dreiecke, Kreise, stehende und liegende Kreuze in den verschiedensten Farben, teilweise in Kombinationen von Farben und Tinte – insgesamt 32 unterschiedliche Zeichen. Den meisten derjenigen Konvolute, in denen die Zeichen verwandt wurden, sind schmale, lesezeichenartige Zettel beigeheftet, auf denen Benjamin zunächst notierte, bis zu welchem Blatt das betreffende Konvolut *durchgesehen* wurde, sodann – mit größerem Abstand – die Formel *übertragen* und schließlich die Zeichen, welche er in dem Konvolut benutzte; dies letztere nicht immer vollständig. Wenn es gelänge, das Geheimnis des Benjaminschen Zeichensystems zweifelsfrei zu lösen, so würden sich dadurch unvergleichliche Einblicke in die Arbeitsweise des Autors eröffnen; der Versuch wäre jede dissertierende Anstrengung wert. Offensichtlich wird mit dem *übertragen* auf die Herstellung eines neuen Manuskripts verwiesen; unklar indessen bleibt, ob die so bezeichneten Notizen bereits übertragen wurden – dann müßte das Manuskript verloren sein – oder ob sie erst noch übertragen werden sollten. Dem Herausgeber erscheint es wenig wahrscheinlich, daß Benjamin eine neue – auswählende – Ordnung seiner gesamten Materialien plante: liest man die durch gleiche Zeichen verbundenen Notizen nacheinander, so will sich kein rechter Sinn der Verbindung ergeben. Eher ist zu vermuten, daß das Zeichensystem im Zusammenhang mit der Arbeit an *Das Paris des Second Empire bei Baudelaire* entwickelt worden ist. Benjamin könnte, vor der Niederschrift dieses Textes, alle damals schon vorhandenen Aufzeichnungen durchsehen und solche, die ihm für die Baudelaire-Arbeit wichtig waren, zu bestimmten Gruppen zusammengestellt haben. Ein detaillierter Vergleich der mit Zeichen versehenen Notizen und Exzerpte von M mit dem Text der Baudelaire-Arbeit sollte die Hypothese verifizieren oder falsifizieren können*. Im Falle einer Bestätigung dürfte zugleich ein weiteres Kriterium für die Datierung der *Aufzeichnungen und Materialien* gewonnen werden: die Durchsicht müßte dann im Sommer 1938 in Svendborg vorgenommen oder doch abgeschlossen worden sein, und sämtliche damals nicht *durchgesehenen* Notizen wären später anzusetzen.

---

* Die Handschrift von *Das Paris des Second Empire bei Baudelaire*, die sich in der Akademie der Künste der DDR befindet, enthält »auf allen Blättern [...] verschiedene Zeichen«, von denen die Herausgeberin der Handschrift bemerkt, daß sie »die Kapitel zu größeren Komplexen zusammenfassen« (s. Bd. 1, 1192): ob die Zeichen des Passagenmanuskripts mit denen der Berliner Baudelaire-Handschrift etwas zu tun haben oder gar mit ihnen identisch sind, vermag der Herausgeber nicht zu beurteilen, der die Berliner Handschrift nie im Original einsehen konnte.

Da Benjamins farbige Zeichen sich im Druck nicht reproduzieren lassen, wurde für jedes Zeichen eine Minuskel bzw. eine Minuskel mit dem Exponenten 1 eingesetzt. Die Buchstaben bedeuten im einzelnen
a: schwarzes Viereck mit schwarzem Kreuz; b: schwarzes Viereck mit rotem Kreuz; c: gelbes liegendes Kreuz; d: gelbes stehendes Kreuz; e: rotes stehendes Kreuz; f: braunes Dreieck; g: voller gelber Kreis mit schwarzem Kreuz; h: blaues Dreieck; i: voller violetter Kreis mit schwarzem Kreuz; j: violettes liegendes Kreuz; k: rotes Viereck; l: voller blauer Kreis mit schwarzem Kreuz; m: blaues Viereck mit schwarzem Kreuz; n: schwarzes Viereck mit violettem Strich; o: volles grünes Oval mit schwarzem Kreuz; p: volles gelbes Viereck mit schwarzem Kreis; q: voller schwarzer Kreis; r: blaues liegendes Kreuz; s: blauer Kreis mit schwarzem Kreuz; t: blaues Viereck; u: violettes volles Viereck; v: braunes Oval mit schwarzem Kreuz; w: grüne Wellenlinie; x: rotes Viereck mit schwarzem Kreuz; y: volles rotes Dreieck; z: grünes stehendes Kreuz; a^1: roter Kreis; b^1: braunes liegendes Kreuz; c^1: gelbes stehendes Kreuz in schwarzen eckigen Klammern; d^1: schwarzes Viereck; e^1: grüner Kreis mit schwarzem Kreuz; f^1: rotes Viertelkreissegment.

Im folgenden werden in Tabellenform sämtliche Notizen, die in M ein Zeichen tragen, aufgeführt; der oder die Buchstaben nach dem Doppelpunkt stehen dabei für das oder die Zeichen, welche im Manuskript der betreffenden Notiz beigefügt sind.

KONVOLUT A

[Ms 2009:] *A 1-11 durchgesehen – übertragen* [folgen die Zeichen für a, b, c, d, e, f und g]

erstes Motto: b	A 3, 5 : b	A 6, 2 : b	A 9, 2 : b
A 1, 4 : b	9 : a	A 6a, 3 : c	A 11, 3 : b
5 : e	A 3a, 3 : b	5 : a	A 11a, 2 : d
A 1a, 1 : a	7 : a, c	A 7a, 3 : b, c	4 : f
A 2, 4 : b	A 4, 1 : b	4 : b	6 : f
6 : g	2 : b	A 8, 3 : b	7 : b
A 3, 4 : b	A 5a, 2 : a	A 9, 1 : b	

KONVOLUT B

[Ms 2035:] *B 1-8 durchgesehen – übertragen* [folgen die Zeichen für e, h, i, j, k, l und a]

B 1, 4 : e	B 2a, 2 : i	B 3a, 1 : e	B 4a, 1 : e
5 : e	5 : k	4 : e	B 5a, 2 : e
B 2, 1 : a	6 : k, l	B 4, 1 : h	3 : a
5 : e, h	7 : k	2 : e	B 6, 1 : e

Anmerkungen zu Seite 79-989

B 6a, 2 : e	B 7, 7 : e	B 8, 4 : l	B 9, 2 : e
B 7, 2 : m	B 8, 1 : k	B 9, 1 : e	3 : n
5 : k	2 : e		

Konvolut C

[Ms 2056:] *C 1-8 durchgesehen – übertragen* [folgen die Zeichen für a, o, k und p]

C 2a, 2 : a	C 5, 2 : k	C 7a, 1 : k	C 9, 1 : p
C 4 : k	C 6a, 1* : o	4 : k	C 9a, 1 : k
C 5, 1 : k	C 7, 1 : k	C 8, 2 : k	

* Das Zeichen steht neben der Zeile *Je crois voir rire un toit gothique.*

Konvolut D

[Ms 2073:] *D 1-8 durchgesehen – übertragen* [folgen die Zeichen für p, q, g, a, r, k, s, e und h]

D 1, 2 : p	D 4a, 3 : q	D 6, 1 : h	D 8, 8 : h
D 1a, 3 : g	4 : a	2 : h	D 8a, 1 : h
5 : p	D 5, 1 : t	D 6a, 1 : h	2 : h
D 2, 2 : q	2 : k	2 : h	3 : h
3 : q	3 : a	3 : h	4 : h
8 : q	4 : q	D 7 : h	D 9, 2 : h
D 2a, 1 : a	6 : h	D 7a : h	3 : h
6 : q	7 : s	D 8, 1 : h	4 : h
D 3, 5 : q	D 5a, 1 : h	2 : h	5 : h
D 3a, 6 : q	2 : h	3 : h	6 : h
D 4, 1 : t	3 : h	4 : h	D 10, 1 : h
3 : a	4 : u	5 : h	
5 : q	5 : e	6 : h	
D 4a, 2 : k	6 : h	7 : h	

Konvolut E

[Ms 2092:] *E 1-11 durchgesehen – übertragen* [folgen die Zeichen für q, k, d, p, b, v, u, a und h]

E 1, 6 : q	E 2, 9 : q	E 6a, 4 : d	E 10, 3 : q
E 1a, 1 : q	E 2a, 3 : q	E 7, 4 : q	E 11a, 1 : q
2 : k	4 : q	E 8, 9 : u	2 : h
3 : t	E 3a, 6 : q	E 8a, 2 : v	E 12, 1 : q
6 : u	E 4, 2 : k	E 9a, 7 : u	
7 : u	E 4a, 4 : b	8 : u	
E 2, 7 : u	E 5, 3 : a	9 : u	

Konvolut F

[Ms 2117:] *F 1-7 durchgesehen – übertragen* [folgen die Zeichen für g, b, und q]

F 2, 8 : g	F 3a, 4 : g	F 5, 1 : g	F 7a, 6 : b
F 3, 1 : g	5 : g	F 5a, 1 : q	
4 : g	F 4, 3 : g	F 6a, 1 : q	
F 3a, 1 : g	F 4a, 5 : g	3 : g	

Konvolut G

[Ms 2132:] *G 1-15 durchgesehen – übertragen* [folgen die Zeichen für v, g, s, d, b und q]

G 1, 1 : v	G 4, 6 : d	G 7a, 5 : v	G 15, 6 : q
4 : a	G 5, 1 : b	G 8, 2 : b	G 16, 3 : e, h
7 : g	G 6 : v	G 13a, 3 : s	4 : h
G 4, 5 : s	G 7, 4 : g	G 15, 2 : q	

Konvolut H

[Ms 2163:] *H 1-3 durchgesehen – übertragen* [folgen die Zeichen für o und c]

H 2, 1 : o	H 3, 1 : c
H 2a, 4 : o	2 : c

Konvolut I

[Ms 2172:] *I 1-6 durchgesehen – übertragen* [folgen die Zeichen für c, a, v, g, b und o]

I 2, 6 : c	I 4a, 3 : o	I 5a, 4 : a	I 7, 5 : g
I 2a, 7 : v	I 5, 2 : a	I 6, 4 : a	6 : a
I 3, 4 : b	I 5a, 1 : f	I 6a, 4 : a	I 7a, 1 : g
I 4, 4 : g, a	2 : a	I 7, 3 : a	

Konvolut J

[Ms 2189] *J 1-15 durchgesehen – übertragen* [folgen die Zeichen für b, t, k, u, i, f, w, e, x, d, l, h, n, c, y, z, a, q, g, o, v, a^1, r und k]

J 1, 1 : b	J 1a, 5 : c	J 2a, 3 : q	J 3a, 3 : t
2 : x	J 2, 1 : q	5 : q	4 : c
6 : o	2 : q	6 : q	5 : a
J 1a, 1 : u	3 : q	J 3, 1 : x, i	J 4, 1 : a
2 : d	J 2a, 1 : q	J 3a, 1 : a^1	2 : t
3 : t	2 : q	2 : y	6 : l

Anmerkungen zu Seite 79-989

J 4, 8 : t	J 7, 3 : o	J 10a, 3 : c	J 13a, 2 : i
J 4a, 1 : t	4 : t	5 : t	3 : k
2 : i	8 : t	J 11, 1 : g	5 : t
3 : o	J 7a, 1 : i, f	3 : a^1	J 14, 1 : a
5 : a	3 : b	4 : w	2 : i
J 5, 1 : t	4 : b	7 : x	4 : c
4 : t	5 : x	8 : x	5 : a^1
5 : i, z	J 8 : x	J 11a, 1 : v	6 : f
J 5a, 1 : a, u	J 8a, 1 : l	2 : t	7 : i
2 : u	2 : n	3 : c	9 : a^1
4 : t	3 : l	4 : i, b	J 14a, 2 : i
5 : t	5 : c	J 12, 3 : a^1	3 : u
6 : o	J 9, 3 : b	4 : o, a^1	4 : i
J 6, 1 : k, q	4 : b	5 : a^1	6 : x
2 : q	9 : b	6 : n	J 15, 1 : n
3 : a	J 9a, 1 : b, f, x	J 12a, 1 : a^1	2 : u
4 : f	3 : d	3 : a	5 : q
J 6a, 1 : t	J 10, 1 : t	5 : x	6 : h
2 : t, o	6 : q	J 13, 1 : k	J 15a, 1 : x, u, s, b
3 : k	7 : l	3 : b	2 : b
4 : o, t	8 : m	5 : n	4 : q
J 7, 1 : e	9 : i	6 : v	5 : o
2 : q	J 10a, 1 : a, b, a, x	8 : x	

[Ms 2220:] *J 16-25 durchgesehen* [Ms 2221:] *übertragen* [folgen die Zeichen für i, v, a^1, p, n, f, y, e, o, c, b^1, r und z; der Zettel ist beschädigt, möglicherweise fehlen einige Zeichen]

J 16, 1 : a	J 18, 3 : y	J 19a, 5 : l	J 20a, 6 : g
2 : b	4 : t	7 : a	J 21, 2 : b^1
3 : o	5 : c	8 : n	4 : u
J 16a, 3 : o	6 : t	9 : c	5 : t
5 : a^1	J 18a, 1 : b	10 : x	6 : a^1, m
7 : c	3 : y	J 20, 1 : a	J 21a, 1 : v
9 : t	4 : a	3 : x	2 : n
11 : f, g	5 : o	4 : o	3 : v
J 17, 2 : t	7 : o	6 : b	4 : x
4 : i	9 : o	7 : d	5 : o
7 : i	10 : t	8 : n	6 : c
J 17a, 1 : i	J 19, 2 : i	J 20a, 1 : c	7 : v
2 : x	4 : n	3 : m	J 22, 1 : a
J 18, 1 : o	J 19a, 2 : d	4 : d	2 : v
2 : a^1	3 : i	5 : a	4 : o

J 22, 5 : o	J 23, 6 : b	J 24a, 1 : f, o	J 25, 5 : u
6 : a	7 : b	2 : q	6 : t
J 22a, 1 : v	J 23a, 1 : c, a^1	3 : a^1	7 : y, g
2 : p, v	2 : a^1	4 : a^1	J 25a, 2 : x
3 : a	3 : u	5 : b	3 : x
J 23, 1 : i	5 : u	6 : t	4 : x
2 : c	6 : d	J 25, 1 : o	
4 : t	J 24, 1 : e	2 : b^1	
5 : a	6 : x	3 : q	

[Ms 2242:] *J 26-40 durchgesehen – übertragen* [folgen die Zeichen für o, a^1, d, a, i, p, b, h, b^1, z, x, u, v, k, q, t, w, y, l, f, n, s und e]

J 26, 1 : a^1	J 28a, 5 : d	J 30a, 5 : x	J 33, 7 : a^1
2 : o	6 : t	6 : n	8 : o
3 : b^1	8 : i	J 31, 1 : u	J 33a, 1 : a^1
J 26a, 1 : g	J 29, 1 : l	2 : o	2 : a^1
2 : o	3 : q	3 : o	3 : x
6 : d	4 : u	4 : l	4 : t
J 27, 1 : a^1	5 : a	5 : o	6 : q
4 : b^1	6 : b^1	J 31a, 1 : o	8 : o
5 : l	7 : f	2 : o	9 : o
6 : t	8 : d	3 : k	10 : a^1
7 : x	9 : u	4 : a	11 : o
8 : a^1	11 : a	5 : x	J 34, 1 : a
9 : d	12 : l	6 : o	2 : a
J 27a, 1 : d	J 29a, 1 : l	J 32, 1 : a	3 : o
2 : a^1	2 : y	2 : b^1	4 : k
3 : b^1	3 : x	3 : o	J 34a, 1 : e
4 : u	4 : o	4 : n	2 : a
5 : y	5 : t	5 : o	3 : a
6 : x	J 30, 1 : b^1	J 32a, 1 : u	5 : i
7 : u	2 : u	2 : a^1	6 : i
J 28, 1 : a^1	5 : c	4 : o	7 : j
2 : a^1	6 : t	5 : o	J 35, 1 : u
3 : a^1	7 : x	6 : e	3 : x
4 : a^1	8 : i	7 : b	4 : q
5 : k	10 : a^1	8 : i	5 : j
6 : a^1	11 : u	J 33, 1 : d	6 : v
7 : l	12 : i	2 : b	7 : a
8 : b^1	13 : u	3 : x	J 35a, 1 : a
J 28a, 3 : u	J 30a, 1 : x	4 : x	2 : a
4 : u	4 : e	6 : x	3 : x

Anmerkungen zu Seite 79-989

J 35 a, 4 : x	J 37, 1 : h	J 38 a, 1 : k	J 39 a, 4 : u
7 : b¹	2 : o	2 : u	J 40, 1 : u
8 : n	3 : a¹	3 : r	2 : e
J 36, 2 : a¹	4 : i	4 : x	3 : l
4 : k	5 : t	5 : x	4 : i
5 : h	7 : t	6 : e	5 : a
7 : x	J 37 a, 2 : h	7 : e, o	6 : u
J 36 a, 1 : y	3 : t	8 : e	7 : x
2 : v	4 : b	J 39, 1 : o	8 : n
3 : g	5 : l	2 : k	J 40 a, 1 : k
5 : b¹	J 38, 2 : i	3 : k	3 : a
6 : k	3 : u	J 39 a, 1 : k, t	
7 : b	5 : n	2 : s	

[Ms 2273:] *J 41-50 durchgesehen – übertragen* [folgen die Zeichen für v, u, p, l, t, b¹, w, e, g, q, a, d, h, o, k, y, s, z, c, x, n und b]

J 41, 1 : a	J 43, 4 : t	J 45 a, 5 : o	J 48, 1 : d
2 : a¹	5 : a¹	6 : v	2 : n
3 : t	6 : b	9 : u	4 : o
6 : a¹	7 : a¹	J 46, 1 : g	5 : t
J 41 a, 1 : a¹	8 : o	2 : b¹	6 : e
3 : x	J 43 a, 1 : o	3 : i	7 : v
5 : t	3 : k	4 : a	8 : v
6 : x	4 : k	5 : u	9 : b
7 : b¹	6 : a	6 : u	J 48 a, 1 : o
8 : y	7 : e	9 : e	2 : g
9 : c¹	8 : b	J 46 a, 2 : i	3 : p
J 42, 1 : h, a¹	J 44, 1 : o	3 : t	4 : h
2 : i	2 : o	4 : a	5 : c
3 : a¹	3 : k	5 : q	J 49, 1 : b
4 : p	4 : v	7 : d	2 : b
5 : t	5 : c	9 : x	3 : w, b
6 : t	J 44 a, 1 : g	10 : c	4 : v
7 : a¹	3 : t	J 47, 1 : o, i	5 : c
8 : x, n	J 45, 1 : i	2 : x	6 : b
J 42 a, 1 : k	3 : a¹	3 : i	J 49 a, 1 : t
3 : b¹, u	4 : a¹	4 : v	2 : b¹
4 : k	5 : a¹	5 : c	3 : b
6 : x	6 : n	6 : v	J 50, 1 : l
8 : u	7 : n	J 47 a, 1 : v	2 : c
10 : d	J 45 a, 1 : a¹	2 : h, c	3 : o, n
J 43, 2 : a	2 : x	3 : c	4 : t

J 50, 5 : o   J 50, 8 : v   J 50a, 2 : i   J 50a, 5 : a¹
     6 : v   9 : v   3 : o   6 : x
     7 : v   J 50a, 1 : c   4 : c

[Ms 2294:] *Svendborg J 51-65 durchgesehen – übertragen* [folgen die Zeichen für b, t, k, h, o, b¹, c, a¹, p, x, d, l, s, i, v, j, w, e, a, q, u, g, d¹, f, e¹ und y]

J 51, 1 : g	J 54, 4 : o	J 56, 2 : i, n	J 58, 2 : q
2 : b	5 : o	3 : o	3 : b
3 : b	6 : c	4 : o	4 : b
J 51a, 1 : x	7 : n	5 : y	5 : a
2 : x	8 : o	6 : a, b¹	6 : h, s
4 : g	J 54a, 1 : c	7 : n	J 58a, 1 : i
5 : e¹	2 : o	8 : o	2 : i
6 : b	3 : o	9 : x	3 : v
7 : k, t	5 : x, v	J 56a, 1 : k	4 : y, o
J 52, 1 : k	6 : j	2 : p	5 : a
2 : t	7 : v	3 : b¹	6 : a
3 : b	J 55, 1 : v	4 : o	J 59, 1 : a
4 : o	2 : x	5 : u, b¹	2 : a
5 : q	3 : g	6 : x, o	3 : a
6 : v	4 : o	7 : a	4 : o
J 52a, 1 : o	5 : u	8 : g	5 : x, i
3 : b¹	6 : o	9 : i	7 : l, v
4 : a	7 : o	10 : e, h	8 : q, k
6 : a¹	8 : o	11 : h	9 : l
7 : a	9 : t	12 : v	J 59a, 1 : b
8 : b	10 : b	J 57, 1 : i	2 : b
J 53, 1 : n	11 : o	2 : v	3 : b
2 : o	12 : o	3 : v, o	4 : c
3 : o, n	15 : v	4 : x, f	5 : c
4 : t, w	16 : n	5 : c	J 60, 1 : i
5 : o	17 : o	6 : i	2 : a
6 : o	J 55a, 1 : n	7 : n	4 : a
7 : o	2 : n	8 : a	5 : b
J 53a, 1 : o	3 : o	9 : i	6 : b
2 : f	4 : h	J 57a, 1 : t	7 : e, h
3 : o	5 : o	2 : i	J 60a, 1 : a¹
4 : o	6 : n	3 : k	2 : v
J 54, 1 : o	7 : o	4 : t	3 : n
2 : e	8 : o	5 : x	4 : v
3 : o	J 56, 1 : o	J 58, 1 : c	5 : n, i

Anmerkungen zu Seite 79-989

J 60a, 6 : a	J 61a, 2 : h	J 63, 2 : h	J 64a, 3 : c
7 : q	3 : h	3 : n	4 : a¹
J 61, 1 : u	J 62, 1 : v	4 : i	5 : o
2 : u	2 : i	5 : c	J 65, 1 : e
3 : o	3 : i	6 : c	2 : u
4 : u	4 : i	J 63a, 1 : i	J 65a, 1 : u
5 : a	5 : v, b	2 : o	2 : o
6 : g	6 : t	J 64, 1 : i	3 : g
7 : u	J 62a, 1 : b	2 : e	4 : o
8 : a	2 : b, h	4 : v	5 : t
9 : a	3 : n	5 : v, c	6 : b
10 : b	4 : n, o	J 64a, 1 : v	
J 61a, 1 : a	J 63, 1 : i	2 : v	

[Ms 2325:] *J 66-82 [?] durchgesehen – übertragen* [folgen die Zeichen für o, k, a, v, g, e, f¹, c, u, b, h, i, j, x, t, q, p, d und s]

J 66, 1 : e	J 68, 1 : c	J 70, 3 : h	J 72, 2 : o
2 : b	2 : o	4 : n	3 : a
3 : n	3 : u	5 : o	4 : q
4 : b	4 : u	6 : g	5 : h, c, k
5 : x	J 68a, 1 : u	J 70a, 1 : u	6 : p
6 : x	2 : u	2 : i	J 72a, 1 : p
7 : q, k	3 : u	3 : h	2 : v
8 : b	4 : u	4 : n	3 : i
J 66a, 1 : q, e	5 : k	5 : g	4 : h
2 : k, a	6 : c	6 : b	5 : x
3 : a	7 : x	7 : h	J 73, 1 : c
4 : c	8 : t	8 : d	2 : h
5 : q	J 69, 1 : x	9 : v	3 : n
6 : a	2 : a	10 : b	4 : a
9 : i	3 : k	J 71, 1 : o	5 : a
J 67, 2 : b	4 : b	2 : c, e	6 : b¹
3 : h	5 : n	3 : x	J 73a, 1 : u
5 : b	6 : o	4 : u	2 : u
6 : g	7 : q	6 : q	3 : u
J 67a, 1 : b	J 69a, 1 : c	7 : q	4 : b¹, u
2 : b	2 : u	J 71a, 1 : k	5 : t
3 : x	3 : v	2 : b	6 : c
4 : c	4 : o	3 : n	J 74, 1 : t
5 : n	5 : h	4 : i	2 : u
7 : o	J 70, 1 : n	5 : i	3 : u
8 : x	2 : h	J 72, 1 : x	4 : u

Anmerkungen zu Seite 79-989

J 74a, 1 : u	J 76a, 4 : f¹	J 78, 3 : o	J 80a, 1 : b
2 : k	5 : a¹	4 : b	2 : x
3 : k	6 : a¹	J 78a, 1 : e, t	3 : b
4 : h	J 77, 1 : f¹	2 : o	4 : v
5 : c, g	2 : x, a¹	J 79, 1 : o	5 : v
J 75, 1 : b	3 : t	2 : b	J 81, 1 : t
2 : b	4 : u	3 : e, t	2 : n
3 : e	J 77a, 1 : h	4 : a	3 : v
J 75a : b	2 : n	5 : b	4 : a
J 76, 1 : v	3 : t	6 : n	5 : t
2 : h	4 : g	J 79a, 1 : n	6 : o
3 : h	5 : c	2 : e	J 81a, 1 : a
4 : q	6 : i	3 : u	2 : t
5 : h	7 : f¹	4 : b	J 82, 1 : t
6 : q	8 : v	5 : t	2 : u
J 76a, 1 : f¹	J 78, 1 : v	J 80, 1 : o	
2 : f¹	2 : n	2 : b	

KONVOLUT K

[Ms 2380:] *K 1-5 durchgesehen – übertragen* [folgen die Zeichen für g, o, k, e¹, h, q, t und z]

K 1a, 9 : g	K 2, 3 : e¹	K 4, 4 : h	K 4a, 3 : t
K 2, 1 : t	K 3, 2 : o	K 4a, 2 : k	K 5a, 2 : q

KONVOLUT L

[Ms 2395:] *L 1-4 durchgesehen – übertragen* [folgen die Zeichen für p und b¹]

L 2a, 4 : b¹	L 4a, 4 : p
L 3, 5 : b¹	L 5, 3 : p

KONVOLUT M

M 1, 4 : a	M 4a, 4 : a	M 6a, 4 : a	M 8a, 1 : v, a
6 : a	M 5, 5 : q	M 7, 1 : v	2 : a
M 2, 8 : a	6 : a	3 : a	3 : a
M 2a, 2 : a	8 : a	5 : a	5 : v
M 3, 5 : q	M 5a, 1 : a	7 : a	M 9, 2 : q
6 : q	2 : u	8 : a	M 9a, 1 : a
8 : a	M 6, 5 : a	M 7a, 6 : a	3 : a
M 3a, 4 : a	6 : a	M 8, 1 : a	4 : a
M 4a, 2 : a	M 6a, 1 : q	2 : a	5 : a
3 : a	2 : a	3 : a	M 10, 1 : a

Anmerkungen zu Seite 79-989

M 10, 2 : f	M 12, 1 : q	M 13, 4 : a	M 15a, 1 : f
3 : a	2 : q	M 13a, 1 : a	2 : a
4 : a	3 : a	2 : a	4 : q, k
M 10a, 1 : e	4 : a	4 : a	M 16, 1 : a
2 : t	5 : a	M 14, 1 : a	2 : a
4 : k	6 : a	2 : a	3 : a
M 11, 1 : v	M 12a, 1 : a	3 : a	4 : b¹, a
2 : a	2 : a	5 : a	M 16a, 1 : b¹, a
3 : a	3 : a	6 : a	2 : a
M 11a, 1 : a	4 : a	M 14a, 1 : a	3 : a
3 : q	5 : a	3 : q	4 : v
4 : a	M 13, 1 : a	4 : q	M 17, 1 : a
5 : a	2 : a	M 15, 4 : a	M 18 : a
6 : a	3 : a	5 : a	

KONVOLUT N

N 1a, 1 : k	N 6, 5 : e¹	N 8a, 4 : h	N 9a, 6 : a¹
N 2, 6 : a¹	N 7, 5 : e	N 9, 4 : f¹	7 : g
7 : o, b	6 : a¹, f¹	5 : h	8 : h
N 2a, 3 : a¹	7 : f¹	6 : e¹	N 10, 2 : e
N 3, 1 : a¹	N 7a, 1 : a¹	8 : e¹	4 : e
N 3a, 4 : a¹	N 8a, 2 : f¹	N 9a, 1 : c	N 10a, 2 : e¹
N 5, 2 : b	3 : e	5 : f¹	N 11, 3 : f¹

KONVOLUT O

[Ms 2484:] *O 1-10 durchgesehen – übertragen* [folgen die Zeichen für j, f, e, a und c]

O 1a, 2 : j	O 5a, 1 : a, j	O 7a, 4 : b	O 11, 1 : i
O 2a, 5 : c	O 6, 2 : a	O 8a, 2 : f	O 11a, 2 : j
O 3a, 3 : j	O 6a, 2 : a	O 9, 4 : e	
O 4a : c	O 7, 1 : b	O 10a, 7 : b	

KONVOLUT P

[Ms 2512:] *P 1-4 durchgesehen – übertragen* [folgen die Zeichen für a, q, und b¹]

P 1, 4 : a	P 2, 8 : a	P 3a, 3 : b¹
P 1a, 3 : q	P 2a, 5 : q	

KONVOLUT Q

[Ms 2521:] *Q 1-3 durchgesehen – übertragen* [folgt das Zeichen für v]

Q 4a, 4 : v

Konvolut R

[Ms 2528:] *R 1-2 durchgesehen – übertragen* [folgt das Zeichen für q]

R 2, 1 : q

Konvolut S

[Ms 2533:] *S 1-8 durchgesehen – übertragen* [folgen die Zeichen für g, e, s, b, v, k, h und x]

drittes Motto: e	S 3a, 3 : g	S 6a, 1 : s	S 8, 7 : g
S 1, 2 : e	S 4, 1 : g	3 : x	8 : g
5 : e	2 : g	4 : b	S 8a, 1 : g
S 1a, 2 : e	4 : g	S 7a, 1 : s	2 : g
S 2, 4 : e	5 : g	3 : g	3 : g
5 : g	6 : g	4 : g	4 : h, c
S 2a, 1 : g	S 4a, 1 : g	5 : g	5 : g
2 : e	2 : g	6 : g	6 : g
4 : g	3 : g	S 8, 1 : g	7 : g
5 : g	S 5, 4 : g	2 : g	S 9, 1 : g
6 : g	S 5a, 1 : g	3 : h	2 : g
S 3, 2 : g	3 : g	4 : g	
S 3a, 1 : g	4 : k	5 : g	
2 : g, v	S 6, 4 : s	6 : g	

Konvolut T

[Ms 2554:] *T 1-3 durchgesehen – übertragen* [folgen die Zeichen für a und b¹]

T 3, 1 : b¹, a

Konvolut U

[Ms 2563:] *U 1-17 durchgesehen – übertragen* [folgen die Zeichen für x, b¹, u, b, q und d]

U 3, 3 : b¹	U 7a, 1 : u	U 9, 3 : b¹	U 16, 4 : u
U 4, 1 : b	3 : u	U 10, 3 : q	U 16a, 5 : d
U 4a, 5 : d	U 8, 3 : b¹	U 13a, 1 : u	
7 : b¹	U 8a, 3 : b¹	2 : u	
U 5a, 4 : u	5 : u	5 : x	
U 7, 3 : u	U 9, 1 : b¹	U 14a, 3 : b¹	

Konvolut V

[Ms 2599:] *V 1-9 durchgesehen – übertragen* [folgen die Zeichen für v, x, u und l]

Anmerkungen zu Seite 79-989

V 1,6 : v	V 5,8 : u	V 8a : u	V 10,1 : u
V 2 : u	V 5a,4 : u	V 9,1 : u	
V 2a : u	V 6,3 : u	V 9a,2 : u	
V 4,4 : v	V 8,3 : x	5 : u	

KONVOLUT W

[Ms 2619:] *W 1-16 durchgesehen – übertragen* [folgen die Zeichen für x und n]

| W 8a,4 : x | W 11a,4 : x | W 11a,6 : n |

KONVOLUT X

[Ms 2657:] *X 1-4 durchgesehen – übertragen* [folgen die Zeichen für a, j, t, h und b]

X 1,4 : a	X 2a,2 : h	X 3,5 : u	X 4,3 : b
X 2,1 : b	X 3,3 : b	6 : b	X 5,1 : t
X 2a,1 : h	4 : b	X 3a,3 : b	

KONVOLUT Y

[Ms 2684:] *Y 1-9 durchgesehen – übertragen* [folgen die Zeichen für p, b^1, l, v, s und c]

Y 1,2 : b^1	Y 2a,4 : v	Y 5a,7 : c	Y 10a,1 : v
Y 1a,4 : v*	Y 4a,1 : v	Y 6,3 : v	2 : v
Y 2,2 : p	2 : v	7 : v	Y 11,1 : v
3 : v	4 : v	Y 7a : v	
Y 2a,1 : v	Y 5,6 : v	Y 8a,1 : v	
2 : s	8 : b^1	Y 9a,1 : v	

* Im gesamten Konvolut Y hatte Benjamin für das Zeichen v ursprünglich das Zeichen s gesetzt.

KONVOLUT Z

[Ms 2706:] *Z 1 durchgesehen – übertragen* [folgt das Zeichen für j]

Z 1,2 : j

KONVOLUT a

[Ms 2712:] *a 1-20 durchgesehen – übertragen* [folgen die Zeichen für u, a, x, k, d und h]

a 1a,2 : u	a 4,1 : u	a 6a,2 : u	a 7a,4 : u
a 3,2 : u	a 5,3 : u	a 7,3 : u	a 8a,3 : u
a 3a,2 : u	a 5a,4 : u	4 : u	a 9a,1 : u
4 : u	a 6,1 : u	a 7a,3 : u	2 : k

a 10, 1 : h, a	a 13a, 6 : u	a 18a, 3 : s	a 20, 6 : u
a 10a, 5 : u	a 14, 2 : k	a 19, 5 : a	a 20a, 1 : x
a 11, 2 : u	a 14a, 3 : h	a 19a, 2 : d	5 : h
a 11a, 1 : u	a 16a, 4 : u	4 : d	a 21, 4 : h
a 12a, 7 : k	a 17, 3 : u	7 : x	
a 13, 4 : u	a 17a, 4 : u	a 20, 2 : u	

KONVOLUT b

[Ms 2758:] *b1 durchgesehen – übertragen* [folgt das Zeichen für u]

b 1, 9 : u	b 1a, 6 : u	b 2, 3 : o
b 1a, 2 : u	b 2, 1 : o	4 : u

KONVOLUT d

[Ms 2762:] *d 1-17 durchgesehen – übertragen* [folgen die Zeichen für b^1, u, b, v, a, x, l, e, s und e^1]

d 1, 4 : b^1	d 5a, 1 : u	d 9a, 4 : b^1	d 15, 4 : u
d 1a, 2 : u	d 6, 2 : s	d 10, 1 : u	5 : x
d 2, 1 : u	4 : b^1	d 10a, 1 : b^1, u	d 15a, 1 : x, u
d 2a, 1 : u	d 6a, 1 : b^1	d 11, 2 : u	2 : u
d 3a, 2 : a	2 : b^1	d 11a, 1 : u	d 16, 1 : b^1
5 : e	4 : x	d 12, 2 : u	3 : e^1
6 : b^1	6 : b^1	d 12a, 5 : b	4 : l
7 : b^1	7 : b^1	d 13a, 1 : a	5 : u
8 : b^1	d 7, 2 : b	d 14, 2 : b^1	d 16a, 2 : x
d 4, 1 : v	d 7a, 1 : a	3 : b^1	d 17, 4 : a
4 : x	3 : b^1	5 : b^1	d 17a, 1 : a
5 : x	d 8, 3 : u	6 : b^1	3 : a
d 4a, 2 : u	d 9, 2 : v	d 14a, 4 : a	4 : u
d 5, 3 : a	4 : v	6 : a	5 : a
7 : u	d 9a, 1 : b^1	d 15, 1 : b^1	d 18, 1 : u

KONVOLUT g

[Ms 2800:] *g 1-3 durchgesehen – übertragen* [folgen die Zeichen für q und h]

g 1a, 3 : q	g 3, 2 : h
g 2a, 4 : h	3 : h

KONVOLUT k

[Ms 2811:] *k 1-3 durchgesehen – übertragen* [folgen die Zeichen für a, u und h]

k 1, 2 : a	k 3a, 1 : h	k 4, 5 : u
k 2, 1 : h	k 4, 2 : u	

Anmerkungen zu Seite 79-989 · Quellenverzeichnis   1277

KONVOLUT l

[Ms 2819:] *l 1 durchgesehen – übertragen* [keine Zeichen]

KONVOLUT p

[Ms 2833:] *p 1-5 durchgesehen – übertragen* [folgen die Zeichen für a, v, i und z]

p 1a, 1 : a	p 2, 5 : i	p 3a, 1 : t	p 5a, 2 : v
p 2, 3 : a	p 2a, 1 : t	3 : t	
4 : i	p 3, 1 : t	p 5a, 1 : t	

KONVOLUT r

[Ms 2845:] *r 1-3 durchgesehen – übertragen* [folgen die Zeichen für d und a]

   r 1, 2 : d   r 1a, 4 : a

Quellenverzeichnis

Die folgende Bibliographie informiert über die Bücher, Aufsätze und Flugblätter, die in den *Aufzeichnungen und Materialien* exzerpiert oder sonst als Quellen benutzt werden. Aufgenommen sind nur solche Schriften, die Benjamin offensichtlich selbst in der Hand hatte; von ihm nach Sekundärquellen zitierte sowie nur erwähnte Schriften werden ebensowenig verzeichnet wie zur allgemeinen Bildung zählende Werke, aus denen ohne Angabe einer bestimmten Ausgabe zitiert wird. Benjamins eigene Quellennachweise im Text der *Aufzeichnungen und Materialien* sind häufig fehlerhaft, unvollständig und bibliographisch unzulänglich; um den Charakter seiner Arbeit möglichst unretuschiert wiederzugeben, hat der Herausgeber im Text selbst lediglich eindeutige Fehler korrigiert und die vollständigen bibliographischen Daten einem gesonderten Quellenverzeichnis vorbehalten. – Die Titelverzeichnung folgt dem Alphabet der Autoren und Sachtitel, dabei bleiben Artikel und Vornamen unbeachtet. Die Umlaute *ä*, *ö* und *ü* werden wie *ae*, *oe* und *ue* behandelt. Ein Asteriskus* hinter einem Titel bedeutet, daß die Verzeichnung der betreffenden Schrift nicht auf Autopsie beruht. Wo die Titelverzeichnung einer solchen Schrift von der Benjaminschen abweicht, handelt es sich um eine zweifelsfrei identifizierte Ausgabe, deren bibliographische Daten anhand sekundärer Quellen ergänzt werden konnten.

1 Acht Tage in Paris. Paris, Juli 1855*.
2 Theodor Wiesengrund-Adorno: Arabesken zur Operette. In: Die Rampe. Blätter des Deutschen Schauspielhauses Hamburg, 1931/32, Heft 9, S. 3-5.
3 T[heodor] W[iesengrund-] Adorno: Fragmente über Wagner. In:

Zeitschrift für Sozialforschung 8 (1939/40), S. 1-49 (Heft 1/2).
4 Theodor Wiesengrund-Adorno: Kierkegaard. Konstruktion des Ästhetischen. Tübingen 1933. (Beiträge zur Philosophie und ihrer Geschichte. 2.)
5 Theodor Wiesengrund-Adorno: Konzertarie »Der Wein«. In: Willi Reich: Alban Berg. Mit Bergs eigenen Schriften und Beiträgen von Theodor Wiesengrund-Adorno und Ernst Křenek. Wien, Leipzig, Zürich (1937). S. 101-106.
6 Theodor Wiesengrund-Adorno: Rede über den »Raritätenladen« von Charles Dickens. In: Frankfurter Zeitung, 18. 4. 1931 (Jg. 75, Nr. 285), S. 1 f.
7 Theodor Wiesengrund-Adorno: Versuch über Wagner. [Manuskript.]
8 Theodor W[iesengrund-]Adorno: Brief vom 5. 6. 1935 an Walter Benjamin. [Unveröffentlicht; Auszüge.]
9 Theodor W[iesengrund-]Adorno: Brief vom 5. 8. 1935 an Walter Benjamin. [Unveröffentlicht; Auszug.]
10 Alain [Emile Auguste Chartier]: Avec Balzac. 3e éd., Paris (1937).
11 Alain [Emile Auguste Chartier]: Les idées et les âges. Paris (1927). Bd. 1.
12 Roger Allard: Baudelaire et »L'esprit nouveau«. ((De quelques préfaces, théories, prophéties.)) Paris 1918.
13 Almanach indicateur parisien. Paris 1866*.
14 Henri d'Almeras: La vie parisienne sous le règne de Louis-Philippe. Paris [1925].
15 Edouard [d'Anglemont]: Le cachemire. Comédie en un acte et en vers. Représentée pour la première fois, à Paris, sur le Théâtre Royal de l'Odéon, le 16 décembre 1826. Paris 1827.
16 Edouard d'Anglemont: L'internationale. Paris 1871.
17 anon.: Faits divers. In: Les boulets rouges. Feuille du club pacifique des droits de l'homme. Rédacteur: Le C^{en} Pélin. 1re année, No 1, Du 22 au 25 juin [1848], S. 1.
18 anon.: Galante Unterhaltungen zweier Mädchen des 19. Jahrhunderts am häuslichen Herd. Rom, Paris: Verlag von Grangazzo, Vache & Cie., o. J.
19 anon.: Heine an Marx. In: Die Neue Zeit 14 (1895/96), Bd. 1, S. 14-19 (Nr. 1).
20 anon.: Klassenkämpfe. In: Die Neue Zeit 12 (1893/94), Bd. 2, S. 257-260 (Nr. 35).
21 anon.: Questions difficiles à résoudre. In: Le panorama. Revue critique et littéraire. 1re année, No 3, 25 février 1840, S. 3.
22 anon.: Tagebuch einer Verlorenen. Von einer Toten. Hrsg. und überarbeitet von Margarete Böhme. Berlin 1905.

Anmerkungen zu Seite 79-989 · Quellenverzeichnis 1279

23 anon.: Zeitschriftenschau. In: Die Neue Zeit 29 (1910/11), Bd. 1, S. 382-384 (Nr. 11).
24 Anthologie de l'Académie française. Un siècle de discours académiques. 1820-1920. Par Paul Gautier. Paris 1921. Bd. 2.
25 Guillaume Apollinaire: Le poète assassiné. Nouvelle édition. Paris 1927.
26 [François] Arago: Lettre de M. Arago sur l'embastillement de Paris. (Extrait du »National«, du 21 juillet 1833.) [Hrsg.:] Associations nationales en faveur de la presse patriote. Comité central et comité parisien.) (Paris: Impr. Auffray, 1833.)
27 [François] Arago: Sur l'ancienne Ecole polytechnique. Paris 1853.
28 [François] Arago: Sur les fortifications de Paris. Paris 1841.
29 J[acques] Arago: Aux juges des insurgés. (Paris: Impr. Wittersheim,) 1848. [Flugblatt.]
30 [Louis] Aragon: D'Alfred de Vigny à Avdeenko. Les écrivains dans les Soviets. In: Commune. Revue de l'association des écrivains et des artistes révolutionnaires, No 20, 2e année, avril 1935, S. 801-815.
31 Louis Aragon: Le paysan de Paris. 8e éd., [Paris] (1926).
32 Joseph d'Arçay [Paul de Malherbe]: La salle à manger du Docteur Véron. Paris 1868.
33 Paul d'Ariste: La vie et le monde du boulevard. ((1830-1870.)) ((Un dandy: Nestor Roqueplan.)) Préface de Jacques Boulenger. Paris (1930).
34 F[élix] Armand et R[ené] Maublanc: Fourier. 2 Bde. Paris 1937. (Socialisme et culture. [1.])
35 (Philibert Audebrand:) Michel Chevalier. (Paris: Impr. Vallée,) 1861.
36 Eugène d'Auriac: Histoire anecdotique de l'industrie française. Paris 1861.
37 George d'Avenel: Le mécanisme de la vie moderne. I: Les grands magasins. In: Revue des deux mondes, 64e année, 4e période, tome 124, 15 juillet 1894, S. 329-369.
38 Hippolyte Babou: Les payens innocents. Nouvelles. Paris 1858.
39 Hippolyte Babou: La vérité sur le cas de M. Champfleury. Paris 1857.
40 Fernand Baldensperger: Le raffermissement des techniques dans la littérature occidentale de 1840. In: Revue de littérature comparée 15 (1935), S. 77-96.
41 Honoré de Balzac: Œuvres complètes. [Bd. 18:] La comédie humaine. Texte revisé et annoté par Marcel Bouteron et Henri Longnon. Etudes de mœurs: Scènes de la vie parisienne, VI. Les parents pauvres: II. Le cousin Pons. Un prince de la bohême. Un homme d'affaires. Paris 1914.

42 [Honoré] de Balzac: Ce qui disparaît de Paris. In: Le diable à Paris. Paris et les parisiens. Mœurs et coutumes, caractères et portraits des habitants de Paris, tableau complet de leur vie privée, publique, politique, artistique, littéraire, industrielle, etc., etc. Texte par MM. de Balzac, Eugène Sue, George Sand [u. a.]. Précédé d'une géographie de Paris par Théophile Lavallée. Bd. 2. Paris 1846. S. 11-19.
43 Honoré de Balzac: Critique littéraire. Introduction de Louis Lumet. Paris 1912. (Bibliothèque des critiques.)
44 Honoré de Balzac: Le curé de village. Ed. Siècle*.
45 [Honoré] de Balzac: Histoire et physiologie des boulevards de Paris. De la Madeleine à la Bastille. In: Le diable à Paris. Paris et les parisiens. Mœurs et coutumes, caractères et portraits des habitants de Paris, tableau complet de leur vie privée, publique, politique, artistique, littéraire, industrielle, etc., etc. Texte par MM. de Balzac, Eugène Sue, George Sand [u. a.]. Précédé d'une géographie de Paris par Théophile Lavallée. Bd. 2. Paris 1846. S. 89-104.
46 Honoré de Balzac: L'illustre Gaudissart. Paris, ed. Calmann-Lévy*.
47 Honoré de Balzac: La peau de chagrin. Paris: Edition Ernest Flammarion, Impr. Comte-Jacquet, o. J.
48 H[onoré] de Balzac: Pensées, sujets, fragmens. Edition originale avec une préface et des notes de Jacques Crépet. Paris 1910.
49 W. T. Bandy: Baudelaire Judged by his Contemporaries (1845-1867). New York (1933).
50 Théodore de Banville: Mes souvenirs. Victor Hugo, Henri Heine, [...] Charles Baudelaire, etc. (Petites études.) Paris 1882.
51 Charles Barbara: L'assassinat du Pont-Rouge. Paris 1859.
52 J[ules-Amédée] Barbey d'Aurevilly: Joseph de Maistre, Blanc de Saint-Bonnet, Lacordaire, Gratry, Caro. Paris 1910. (Chefs-d'œuvres de la littérature religieuse. 543.)
53 J[ules-Amédée] Barbey d'Aurevilly: Les œuvres et les hommes. (XIXe siècle.) 3e partie: Les poètes. Paris 1862.
54 Auguste Barbier: Jambes et poèmes. Paris 1841*.
55 Auguste Barbier: Jambes et poèmes. 5e éd., revue et augmentée, Paris 1845.
56 Auguste Barbier: Poésies. Jambes et poèmes. Paris 1898.
57 [Emile Barrault:] Aux artistes. Du passé et de l'avenir des beaux-arts. ((Doctrine de Saint-Simon.)) Paris 1830.
58 (Emile Barrault:) Lamartine. Poésie et politique. ((Extrait du »National« du 27 mars 1869.)) Paris 1869.
59 [Albert] Barré, [Jean-Baptiste] Radet und [F.-G.] Desfontaines: M. Durelief, ou petite revue des embellissemens de Paris; en prose et en vaudevilles. Représentée, pour la première fois, à Paris, sur le Théâtre du Vaudeville, le 9 juin 1810. Paris 1810.

60 Maurice Barrès: La folie de Charles Baudelaire. Paris (1926).
61 Théodore Barrière: Les parisiens. Pièce en trois actes. Représentée pour la première fois, à Paris, sur le théâtre du Vaudeville, le 28 décembre 1854. Paris 1855.
62 Théodore Barrière und Lambert Thiboust: Les filles de marbre. Drame en cinq actes, mêlé de chant. Musique nouvelle de M. Montaubry. Réprésenté, pour la première fois, à Paris, sur le théâtre du Vaudeville, le 17 mai 1853. Paris 1853.
63 [Auguste-Marseille] Barthélemy: Nouvelle Némésis. Satires. Tome premier. Paris 1845.
64 [Auguste-Marseille] Barthélemy: Paris. Revue satirique. A M. G. Delessert, Préfet de Police. Paris 1838.
65 [Auguste-Marseille] Barthélemy: Le vieux Paris et le nouveau. Dialogue en vers. Paris 1861.
66 [Auguste-Marseille] Barthélemy und [Joseph] Méry: L'insurrection. Poème dédié aux parisiens. Paris 1830.
67 Louis Barthou: Autour de Baudelaire. »Le procès des Fleurs du mal«, »Victor Hugo et Baudelaire«. Paris 1917.
68 Frédéric Bastiat: Un économiste à M. de Lamartine à l'occasion de son écrit intitulé: *Du droit au travail,* in: Journal des économistes. Revue mensuelle d'économie politique, et des questions agricoles, manufacturieres et commerciales, Tome 10, 4e année; No 39, février 1845, S. 209-223.
69 Henry Bataille: Baudelaire. In: Comœdia, 13e année, No 2944, 7 janvier 1921, S. 1.
70 Georges Batault: Le pontife de la démagogie. Victor Hugo. Paris (1934).
71 Charles Baudelaire: Œuvres complètes.
    Bd. 1: Les fleurs du mal. Les Epaves. Notice, notes et éclaircissements de Jacques Crépet. 2e éd., Paris 1930.
    Bd. 7: Traductions. Nouvelles histoires extraordinaires par Edgar Poe. Notice, notes et éclaircissements de Jacques Crépet. Paris 1933.
    Bd. 10: Traductions. Histoires grotesques et sérieuses par Edgar Poe. Notice, notes, éclaircissements et index de Jacques Crépet. Paris 1937.
72 (Charles) Baudelaire: Œuvres. Texte établi et annoté par Y[ves]-G[érard] Le Dantec. 2 Bde. Paris 1931 u. 1932. (Bibliothèque de la Pléiade. 1 u. 7.)
73 Charles Baudelaire: L'art romantique. Paris. (Ed. Hachette, tome 3.)*
74 Charles Baudelaire: Dernières lettres inédites à sa mère avec un avertissement et des notes de Jacques Crépet. Paris 1926.

75 Charles Baudelaire: Les dessins de Daumier. Paris (1924). (Ars graphica. 2.)
76 Charles Baudelaire: Les fleurs du mal. [Edition Payot.] Paris 1919. (Bibliothèque miniature. No 39.)*
77 Charles Baudelaire: Lettres 1841-1866. 4ᵉ édition, Paris 1915.
78 Charles Baudelaire: Lettres à sa mère. Paris 1932.
79 C(harles) B(audelaire): Notes nouvelles sur Edgar Poe. In: Charles Baudelaire: Œuvres complètes. Bd. 6, Traductions II: Nouvelles histoires extraordinaires par Edgar Poe. Ed. Calmann Lévy. Paris 1886. S. 1-24.
80 Charles Baudelaire: Les paradis artificiels. Opium et haschich. Paris 1917.
81 Charles Baudelaire: Le spleen de Paris. Ed. Hilzum. Paris*.
82 Charles Baudelaire: Le spleen de Paris. Ed. R. Simon. Paris*.
83 Charles Baudelaire: Vers latins. Suivis de compositions latines de Sainte-Beuve et Alfred de Musset. Introduction et notes par Jules Mouquet. Paris 1933.
84 Charles Baudelaire: Vers retrouvés (Juvenilia – sonnets). Manoël. Introduction et notes par Jules Mouquet. Paris 1929.
85 Edmond Beaurepaire: La chronique des rues. 1ᵉʳ série. Paris 1900. (Paris d'hier et d'aujourd'hui.)
86 Albert Béguin: L'âme romantique et le rêve. Essai sur le romantisme allemand et la poésie française. [Bd.] II. Marseille 1937.
87 Adolf Behne: Neues Wohnen – neues Bauen. Leipzig 1927. (Prometheus-Bücher.)
88 Julien Benda: Un régulier dans le siècle. Paris (1938).
89 Julien Benda: La trahison des clercs. Paris 1927. (»Les cahiers verts«. 6.)
90 Walter Benjamin: Der Erzähler. Betrachtungen zum Werk Nikolai Lesskows. In: Orient und Occident, NF, Heft 3 (Oktober 1936), S. 16-33.
91 Walter Benjamin: Eduard Fuchs, der Sammler und der Historiker. In: Zeitschrift für Sozialforschung 6 (1937), S. 346-381 (Heft 2).
92 Walter Benjamin: Das Paris des Second Empire bei Baudelaire [Manuskript].
93 Walter Benjamin: Der Sürrealismus. Die letzte Momentaufnahme der europäischen Intelligenz. [3.] In: Die literarische Welt, 15. 2. 1929 (Jg. 5, Nr. 27), S. 7.
94 Walter Benjamin: Ursprung des deutschen Trauerspiels. Berlin 1928.
95 Walter Benjamin: Brief vom 6. 1. 1938 an Max Horkheimer ⟨s. jetzt Bd. 1, 1071 f.⟩

96 Charles Benoist: La crise de l'état moderne. De l'apologie du travail à l'apothéose de l'ouvrier (1750-1848). II: Jusqu'à 1848. [III:] Le »mythe« de »la classe ouvrière«. In: Revue des deux mondes, 83ᵉ année, 6ᵉ période, tome 13, 15 janvier S. 367-397 u. 84ᵉ année, 6ᵉ période, tome 20, 1ᵉʳ mars 1914, S. 84-116.

97 Charles Benoist: L'homme de 1848. I: Comment il s'est formé. L'initiation révolutionnaire (1830-1840). II: Comment il s'est développé. Le communisme, l'organisation du travail, la réforme (1840-1848). In: Revue des deux mondes, 83ᵉ année, 6ᵉ période, tome 16, 1ᵉʳ juillet 1913, S. 134-161 u. 84ᵉ année, 6ᵉpériode, tome 19, 1ᵉʳ février 1914, S. 638-670.

98 Edmond Benoit-Lévy: Les Misérables de Victor Hugo. Paris 1929. (Les grands événements littéraires.)

99 J[ohann] F[riedrich] Benzenberg: Briefe geschrieben auf einer Reise nach Paris (im Jahr 1804). Erster Theil. Dortmund 1805.

100 F.-F.-A. Béraud: Les filles publiques de Paris, et la police qui les régit. Précédées d'une notice historique sur la prostitution chez les divers peuples de la terre par M.A.M. Paris, Leipzig 1839. 2 Bde.

101 Edmund Bergler: Zur Psychologie des Hasardspielers. In: Imago 22 (1936), S. 409-441 (Heft 4).

102 Emmanuel Berl: Premier pamphlet: Les littérateurs et la révolution. In: Europe, tome 19, No 75, 15 mars 1929, S. 397-414.

103 Hector Berlioz: Gesammelte Schriften. Bd. 1: A travers chants. Musikalische Studien, Huldigungen, Einfälle und Kritiken. Autorisirte deutsche Ausg. von Richard Pohl. Leipzig 1864.

104 Ernst Bernheim: Mittelalterliche Zeitanschauungen in ihrem Einfluß auf Politik und Geschichtsschreibung. Teil I: Die Zeitanschauungen: Die Augustinischen Ideen – Antichrist und Friedensfürst – Regnum und Sacerdotium. Tübingen 1918.

105 [Pierre-Antoine] Berryer: Œuvres. 2ᵉ série: Plaidoyers. Tome II: 1836-1856. Paris 1876.

106 Jules Bertaut: Le »Mapah«. In: Le temps, 75ᵉ année, No 27046, 21 septembre 1935, S. 3.

107 Jules Bertaut: Le père Goriot de Balzac. Amiens 1928. (Les grands événements littéraires. [4.])

108 Elie Berthet: Rue et passage du Caire, in: Paris chez soi. Histoire, mœurs, rues, monuments, palais, musées, théatres, chemins de fer, fortifications et environs de Paris ancien et moderne. Par l'élite de la littérature contemporaine. Paris [1854]. S. 353-362.

109 Louis Bertrand: L'inauguration à Genève du monument de Chateaubriand. Discours. In: Le temps, 75ᵉ année, No 27043, 18 septembre 1935, S. 3.

110 Albert de Besancourt: Les pamphlets contre Victor Hugo. Paris*.

111 George Besson: La photographie française. Paris (1936). (Coll. »Arts et Métiers«.)
112 André Billy: Les écrivains de combat. Paris 1931. (Le XIXe siècle.)
113 Biographie universelle ((Michaud)) ancienne et moderne, ou Histoire, par ordre alphabétique, de la vie publique et privée de tous les hommes qui se sont fait remarquer par leurs écrits, leurs actions, leurs talents, leurs vertus ou leurs crimes. Nouvelle édition, publiée sous la direction de M. Michaud, revue, corrigée et considérablement augmentée d'articles omis ou nouveaux; ouvrage rédigé par une société de gens de lettres et de savants. Bd. 14. Paris 1856. – Artikel: Fontaine, Pierre-François-Léonard, von F. H-l-y.
114 E. Bisson: Souvenir de la visite de LL. MM. l'empereur & l'impératrice aux magasins de MM. Bisson frères. Le 29 décembre 1856. Paris [1857].
115 Charles Blanc: Le cabinet de M. Thiers. Paris 1871.
116 Charles Blanc: Considérations sur le vêtement des femmes. Fragments d'un ouvrage sur les arts décoratifs. Institut de France. Publié dans la »Gazette des beaux-arts«. Lu dans la séance publique annuelle des cinq académies le 25 octobre 1872. (Paris: Impr. de l'Institut,) o. J. [1872].
117 Charles Blanc: Le trésor de la curiosité. Tiré des catalogues de vente de tableaux, dessins, estampes ... et autres objets d'art. Avec diverses notes & notices historiques & biographiques et précédé d'une lettre à l'auteur sur la curiosité et les curieux. Paris 1858.
118 Jacques-Emile Blanche: Mes modèles. Souvenirs littéraires. Barrès. – Hardy. – Proust. – James. – Gide. – Moore. 5e éd., Paris 1929.
119 Adolphe Blanqui: Histoire de l'exposition des produits de l'industrie française en 1827. Paris 1827*.
120 Auguste Blanqui: Critique sociale. Tome premier: Capital et travail. Tome second: Fragments et notes. Paris 1885.
121 Défense du citoyen Louis Auguste Blanqui devant la cour d'assisses. 1832. Paris: Impr. Auguste Mie, 1832.
122 A[uguste] Blanqui: L'éternité par les astres. Hypothèse astronomique. Paris 1872.
123 Ernst Bloch: Erbschaft dieser Zeit. Zürich 1935.
124 Ernst Bloch: Leib und Wachsfigur. In: Frankfurter Zeitung*.
125 Jean-Richard Bloch: Langage d'utilité, langage poétique. In: Encyclopédie française. Bd. 16: Arts et littératures dans la société contemporaine I. Paris 1935. Fasc. 16.50-8 bis 16.
126 Franz Böhle: Theater-Catechismus oder humoristische Erklärung verschiedener vorzüglich im Bühnenleben üblicher Fremdwörter. München*.
127 [Max von Boehn:] Die Mode. Menschen und Moden im neunzehn-

ten Jahrhundert nach Bildern und Kupfern der Zeit. Ausgewählt von Oskar Fischel. Text von Max von Boehn. Bd. 2: 1818-1842. München 1907.

128 Ludwig Börne: Gesammelte Schriften. Neue vollständige Ausgabe. Bde. 3 und 10. Hamburg, Frankfurt a. M. 1862.

129 Karl Boetticher: Das Prinzip der Hellenischen und Germanischen Bauweise hinsichtlich der Übertragung in die Bauweise unserer Tage. Festrede am 13. März 1846. In: Zum hundertjährigen Geburtstag Karl Böttichers. (Als Manuskript gedruckt.) Berlin [1906]. S. 15-65.

130 Charles Boissière: Eloge de l'ennui. Dédié à l'Académie française. Paris 1860.

131 L[ouis-]B[ernard] Bonjean: Socialisme et sens commun. Paris 1849.

132 Abel Bonnard: Le drame du présent. Bd. 1: Les modérés. Paris (1936).

133 Charles Bonnier: Das Fourier'sche Prinzip der Anziehung. In: Die Neue Zeit 10 (1891/92), Bd. 2, S. 641-650 (Nr. 47).

134 Robert de Bonnières: Mémoires d'aujourd'hui. 3e série. Paris 1888.

135 Rudolf Borchardt: Schriften. Epilegomena zu Dante. I. Einleitung in die Vita Nova. Berlin 1923.

136 Henri Bouchot: La lithographie. Paris (1895). (Bibliothèque de l'enseignement des beaux-arts.)

137 C[élestin] Bouglé: Chez les prophètes socialistes. Paris 1918.

138 Jacques Boulenger: La magie de Michelet. In: Le temps, 76e année, No 27282, 15 mai 1936, S. 3.

139 Gabriel Bounoure: Abîmes de Victor Hugo. In: Mesures, 2e année, No 3, 15 juillet 1936, S. 33-51.

140 Paul Bourget: Essais de psychologie contemporaine. Tome premier. Edition définitive augmentée d'appendices. Paris 1901.
Paul Bourget, s. Anthologie de l'Académie française.
Paul Bourget, s. Anatole Cerfberr.

141 Louis Bourlier: Epitre aux détracteurs du jeu. Paris 1831.

142 Louis Bourlier: Pétition à MM. les députés, avec un exposé lumineux. Paris 1839.

143 Louis Bourlier: Stances à l'occasion de la loi qui supprime la ferme des jeux, adressées à la chambre qui a voté cette suppression, et qui, à son tour, a été supprimée elle-même. Paris 1837.

144 (F. v[on] Brandenburg:) Victoria! Eine neue Welt! Freudevoller Ausruf in Bezug darauf, daß auf unserm Planeten, besonders auf der von uns bewohnten nördlichen Halbkugel eine totale Temperatur-Veränderung hinsichtlich der Vermehrung der atmosphärischen Wärme eingetreten ist. Zweite vermehrte Auflage. Herausgegeben und verfaßt von F. v. Brandenburg, Verfasser des Werks: »Der Sturz der Cholera morbus u.s.w.« Berlin 1835.

145 [Nicolas] Brazier, Gabriel und Dumersan: Les passages et les rues, ou La guerre déclarée. Vaudeville en un acte. Représenté pour la première fois, à Paris, sur le Théatre des Variétés, le 7 mars 1827. Paris 1827.
146 Bertolt Brecht: Fünf Schwierigkeiten beim Schreiben der Wahrheit, in: Unsere Zeit, Paris, Basel, VIII, 2/3, April 1935, S. 23-34*.
147 Bertolt Brecht: [Übersetzung von] Percy Bysshe Shelley, Peter Bell the Third. [Unveröffentlicht; Auszug.]
148 [Bertolt] Brecht: Versuche 4-7 [Heft] 2. Berlin 1930.
149 [Bertolt] Brecht: Versuche 8-10. [Heft] 3. Die Dreigroschenoper, Der Dreigroschenfilm, Der Dreigroschenprozeß. (Berlin 1931.)
150 André Breton: La grande actualité poétique, in: Minotaure. Revue artistique et littéraire, 2e année, No 6, Hiver 1935, S. 61f.
151 André Breton: Nadja. 7e éd., Paris (1928).
152 André Breton: Point du jour. 5e éd., Paris (1934).
153 André Breton: Position politique du surréalisme. Paris (1935). (Les documentaires.)
154 Max Brod: Über die Schönheit häßlicher Bilder. Ein Vademecum für Romantiker unserer Zeit. Leipzig 1913.
155 Charles Brun: Le roman social en France au XIXe siècle. Paris 1910.
156 Jean[-Baptiste] Brunet: Paris, sa constitution générale. 1er partie. (Le messianisme, organisation générale.) Paris 1858.
157 R. B[runet]: La cuisine régionale. In: Le Temps, 4. 4. 1940*.
158 Ferdinand Brunetière: L'évolution de la poésie lyrique en France au dix-neuvième siècle. Leçons professées à la Sorbonne. Paris 1894. Bd. 2.
159 Ferdinand Brunetière: Essais sur la littérature contemporaine. Paris 1892.
160 Ferdinand Brunetière: Nouvaux essais sur la littérature contemporaine. Paris 1895.
161 Ferdinand Brunetière: Questions de critique. Juin 1887*.
162 Ferdinand Brunot: Histoire de la langue française des origines à 1900. Tome 9: La révolution et l'empire. 2e partie: Les événements, les institutions et la langue. Paris 1937.
163 Hermann Budzislawski: Krösus baut. In: Die neue Weltbühne 34 (1938), S. 125-130 (Nr. 5; 3.2. '38).
164 Eugène Buret: De la misère des classes laborieuses en Angleterre et en France; de la nature de la misère, de son existence, de ses effets, de ses causes, et de l'insuffisance des remèdes qu'on lui a opposés jusqu'ici; avec l'indication des moyens propres à en affranchir les sociétés. Paris 1840. 2 Bde.
165 [Jules Burgy:] Présent et avenir des ouvriers. Par un typographie. Paris 1847.

166 [Augustin?] Cabanès: Le sadisme chez Baudelaire. In: La chronique médicale, 9ᵉ année, No 22, 15 novembre 1902, S. 725-735.
167 Roger Caillois: La mante religieuse. ((Recherches sur la nature et la signification du mythe)), in: Mesures, 3ᵉ année, No 2; 15 avril 1937, S. 85-119.
168 Roger Caillois: Paris, mythe moderne. In: La nouvelle revue française, No 284, 25ᵉ année, 1ᵉʳ mai 1937, S. 682-699.
169 Charles Calippe: Balzac. Ses idées sociales. Reims, Paris [1906]. (Publications de l'action populaire.)
170 L. de Carné: Publications démocratiques et communistes. In: Revue des deux mondes, XXVII, 1841, S. [746]*.
171 Jean Cassou: Quarante-huit. (Anatomie des révolutions.) Paris (1939).
172 Jean Cassou: La semaine sanglante. In: Vendredi. Hebdomadaire littéraire et politique, No 29, 22 mai 1936, S. 7*.
173 Louis-Antoine-Justin Caubert: La névrose de Baudelaire. Essai de critique médico-psychologique. Thèse pour le doctorat en médecine, Université de Bordeaux. Bordeaux 1930.
174 Pierre Caume: Causeries sur Baudelaire. Décadence et modernité. In: La nouvelle revue, 21ᵉ année, tome 119, 4ᵉ livraison, 15 août 1899, S. 659-672.
175 Anatole Cerfberr et Jules Christophe: Répertoire de la Comédie humaine de H[onoré] de Balzac. Avec une introduction de Paul Bourget. Paris 1887.
176 Champfleury [Jules Husson]: Souvenirs et portraits de jeunesse. Paris 1872.
177 [Jean-Antoine-Claude] Chaptal: De l'industrie françoise. Bd. 2. Paris 1819.
178 Rapport fait à la Chambre, par M. le comte [Jean-Antoine-Claude] Chaptal, au nom d'une commission spéciale chargée de l'examen du projet de loi relatif aux altérations et suppositions de noms sur les produits fabriqués. (Paris 1824.) (Chambre des pairs de France. Impressions diverses. Session de 1824. Tome 5, No 152: Séance du 17 juillet 1824.)
179 Alfred Chapuis et Edouard Gélis: Le monde des automates. Etude historique et technique. Préface de Edmond Haraucourt. Tome premier. Paris 1928.
180 Etienne Charavay: A. de Vigny et Charles Baudelaire, candidats à l'Académie française. Etude. Paris 1879.
181 John Charpentier: La poésie britannique et Baudelaire III. In: Mercure de France, No 549, 32ᵉ année, tome 147, 1ᵉʳ mai 1921, S. 635-675.
182 Charles-Louis Chassin: La légende du Petit-Manteau-Bleu. Paris o. J. [ca. 1860]. (Les veillées populaires.)

183 U.-V. Chatelain: Baudelaire. L'homme et le poète. Paris o. J.
184 J[acques-Germain] Chaudes-Aigues: Les écrivains modernes de la France. Paris 1841.
185 [Joseph-Charles] Chenou et H. D.: Notice sur l'exposition des produits de l'industrie et des arts qui a eu lieu à Douai en 1827. Douai 1827.
186 Louis Chéronnet: Avant l'exposition de 1937. Les trois gran'mères, 1878, 1889, 1900. In: Vendredi. Hebdomadaire littéraire et politique, 3e année, No 78, 30 avril 1937, S. 8.
187 Louis Chéronnet: Le coin des vieux. In: Vendredi, 9 octobre 1936*.
188 G[ilbert] K[eith] Chesterton: Charles Dickens. Traduit par Achille Laurent et L. Martin-Dupont. Paris o. J. [1927].
189 Michel Chevalier: Chemins de fer. Extrait du »Dictionnaire de l'économie politique«. Paris 1852.
190 Michel Chevalier: Discours sur une pétition réclamant contre la destruction du palais de l'exposition universelle de 1867. (Sénat. – Séance du 31 janvier 1868.) Paris 1868.
191 Michel Chevalier: Du progrès. Discours prononcé à l'ouverture de son cours au Collège de France, le 8 janvier 1852. Paris 1852.
192 (Michel Chevalier:) Religion Saint-Simonienne. Le bourgeois. – Le révélateur. [Paris:] Impr. Everat, [1832].
193 (Michel Chevalier:) Religion Saint-Simonienne. Fin du choléra par un coup d'état. [Paris:] Impr. Everat, [1832].
194 [Michel Chevalier:] Religion Saint-Simonienne. La Marseillaise. ((Extrait de »l'Organisateur« du 11 septembre 1830.)) [Paris:] Impr. Everat, [1830].
195 Chodruc-Duclos: Mémoires. Recueillis et publiés par J. Arago et Edouard Gouin. Paris 1843. 2 Bde.
196 Le cinquantenaire de Charles Baudelaire. Paris 1917.
197 [Louis-François Nicolaïe, dit] Clairville und Jules Cordier: Le palais de Cristal ou les parisiens à Londres. Grande revue de l'exposition universelle en cinq actes, et huit tableaux. Représentée pour la première fois, à Paris, sur le Théatre de la Porte-Saint-Martin, le 26 mai 1851. Paris 1851.
198 [Louis-François Nicolaïe, dit] Clairville aîné und [Auguste Gay] Delatour [de Lajonchèr]: 1837 aux enfers. Revue fantastique mêlée de couplets. (Représentée, pour la première fois, sur le Théatre du Luxembourg, le 30 décembre 1837.) Paris 1838.
199 Jules Claretie: La vie à Paris 1881. 2e année. Paris [1882].
200 Jules Claretie: La vie à Paris 1882. 3e année. Paris [1883].
201 Jules Claretie: La vie à Paris 1895. Paris 1896*.
202 Jules Claretie: La vie à Paris 1896. Paris 1897.
203 Jules Claretie: La vie à Paris 1900. Paris 1901.

204 Jules Claretie: [Brief]. In: Le tombeau de Charles Baudelaire. Ouvrage publié avec la collaboration de Stéphane Mallarmé [u. a.]; précédé d'une étude [...] par Alexandre Ourousof et suivi d'œuvres posthumes [...] de Charles Baudelaire [...]. Paris 1896. S. 91.
205 Léo Claretie: Paris depuis ses origines jusqu'en l'an 3000. Avec une préface de Jules Claretie. Paris o. J. [1886].
206 H. Clouzot et R.-H. Valensi: Le Paris de la Comédie humaine. ((Balzac et ses fournisseurs.)) Paris 1926.
207 André Cochut: Opérations et tendances financières du second empire. Extrait de la »Revue des deux mondes«, Livraison du 1er juin 1868. Paris 1868.
208 Achille de Colusont [?]: Histoire des expositions des produits de l'industrie française. Paris 1855*.
209 Joseph Conrad: Die Schattenlinie. Eine Beichte. Mit einem Vorwort von Jakob Wassermann. (Übertr. von E[lsie] McCalman.) Berlin (1926).
210 Victor Considérant: Déraison et dangers. De l'engouement pour les chemins en fer. Avis à l'opinion et aux capitaux. Paris 1838.
211 François Coppée: Réponse au discours de M. de Heredia, in: Institut de France, Académie française. Discours prononcés dans la séance publique tenue par l'Académie française pour la réception de M. José-Maria de Heredia. Le jeudi 30 mai 1895. Paris 1895. S. 29-51.
212 A[nthime] Corbon: Le secret du peuple de Paris. Paris 1863.
213 Le Corbusier [Charles Edouard Jeanneret-Gris]: Urbanisme. Paris [1925]. (Collection de »L'esprit nouveau«.)
214 Henri Cordier: Notules sur Charles Baudelaire. ((Extrait du »Bulletin du bibliophile«.)) Paris 1900.
215 Egon Caesar Conte Corti: Der Zauberer von Homburg und Monte Carlo. Leipzig o. J. [1932].
216 F. A. Couturier de Vienne: Paris moderne. Plan d'une ville modèle que l'auteur a appellée Novutopie. Paris 1860.
217 Walter Crane: Nachahmung und Ausdruck in der Kunst. (Übertr. von Otto Wittich.) In: Die Neue Zeit 14 (1895/96), Bd. 1, S. 423-431 (Nr. 14).
218 Eugène Crépet: Charles Baudelaire. Etude biographique. Revue et mise à jour par Jacques Crépet. Suivi des Baudelairiana d'Asselineau, recueil d'anecdotes publié pour la première fois in-extenso et de nombreuses lettres adressées à Ch. Baudelaire. Paris 1906 (recte 1907).
219 Jacques Crépet: Miettes baudelairiennes. In: Mercure de France, No 894, 46e année, tome 262, 15 septembre 1935, S. 514-538.
220 Emile Crozat: La maladie du siècle ou les suites funestes du déclassement social. 4e éd., Bordeaux 1856.
221 J.-L. Croze: Quelques spectacles de Paris pendant l'été de 1835. In: Le temps, 75e année, No 27016, 22 août 1935, S. 4.

222 P. Cuisin: La galanterie sous la sauvegarde des lois. Paris 1815.
Curiosités révolutionnaires, s. Gaëtan Delmas, Curiosités révolutionnaires.
223 Ernst Robert Curtius: Balzac. Bonn 1923.
224 Armand Cuvillier: Marx et Proudhon. In: A la lumière du marxisme. Essais. Tome 2: Karl Marx et la pensée moderne. 1er partie: Auguste Comte, Les utopistes français, Proudhon. Auguste Cornu [u. a.] ((Conférences faites à la Commission scientifique du Cercle de la Russie Neuve en 1935-1936.)) Introduction du Henri Wallon. Paris 1937. S. 153-238.
225 Salvador Dali: L'âne pourri. In: Le surréalisme au service de la révolution. Directeur: André Breton. No 1; Paris 1930. S. 9-12.
226 Henry-René D'Allemagne: Les Saint-Simoniens 1827-1837. Préface de Sébastien Charléty. Paris 1930.
227 J[ean]-F[rançois] Dancel: De l'influence des voyages sur l'homme et sur ses maladies. Ouvrage spécialement destiné aux gens du monde. Paris 1846.
228 P. Datz: Histoire de la publicité depuis les temps les plus reculés jusqu'à nos jours. Bd. 1. Paris 1894.
229 Alphonse Daudet: Trente ans de Paris. Paris*.
230 Léon Daudet: Les pèlerins d'Emmaüs. Paris (1928). (Courrier de Pays-Bas. 4.)
231 Léon Daudet: Flambeaux. Rabelais, Montaigne, Victor Hugo, Baudelaire. Paris (1929).
232 Léon Daudet: Les œuvres dans les hommes. Victor Hugo ou la légende d'un siècle [u. a.]. Paris 1922.
233 Léon Daudet: Paris vécu. 1re série: Rive droite. 39ème éd., Paris (1930).
234 Léon Daudet: Le stupide XIXe siècle. Exposé des insanités meurtrières qui se sont abattues sur la France depuis 130 ans. 1789-1919. Paris 1922.
235 Léon Daudet: La tragique existence de Victor Hugo. [Paris] (1937).
236 [Gaëtan Delmas:] Curiosités révolutionnaires. Les journaux rouges. Histoire critique de tous les journaux ultra-républicains, publiés à Paris depuis le 24 février jusqu'au 1er octobre 1848. Avec des extraits-spécimens et une préface par un Girondin. Paris 1848.
Taxile Delord, s. Les Petits-Paris.
237 Alfred Delvau: Les dessous de Paris. Paris 1860.
238 Alfred Delvau: Dictionnaire de la langue verte. Argots parisiens comparés. Paris 1866.
239 Alfred Delvau: Les heures parisiennes. Paris 1866.
240 Alfred Delvau: Les lions du jour. Physionomies parisiennes. Paris 1867.

241 Claire Démar: Ma loi d'avenir. Ouvrage posthume, publié par Suzanne. Paris 1834.
242 Adolphe Démy: Essai historique sur les expositions universelles de Paris. Paris 1907.
243 Paul Desjardins: Charles Baudelaire. In: Revue bleue. Revue politique et littéraire. 3e série, tome 14, 24me année, 2e semestre, No 1, 2 juillet 1887, pp. 16-24.
244 Jules Destrée: Der Zug nach der Stadt. Ein modernes soziales Phänomen in der Beleuchtung eines Dichters (Emil Verhaeren) und eines Nationalökonomen (Emil Vandervelde). In: Die Neue Zeit 21 (1902/1903), Bd. 2, S. 567-575 (Nr. 44).
245 Léon Deubel: Œuvres. Préface de Georges Duhamel. Paris 1929.
246 Deutsche Denkreden. Besorgt von Rudolf Borchardt. (München 1925.)
247 Roger Dévigne: Gustave Doré, illustrateur de journaux à deux sous et reporter du crayon. In: Arts et métiers graphiques. No 50, 15 décembre 1935, S. 33-41.
248 Roger Dévigne: Des »Miliciennes« de 1937 aux »Vésuviennes« de 1848. In: Vendredi. Hebdomadaire littéraire et politique, 3e année, No 81, 21 mai 1937, S. 4.
249 Eduard Devrient: Briefe aus Paris. Berlin 1840.
250 Charles Dickens: Der Raritätenladen. (Unter Benutzung älterer Übertragungen neu übers. von Leo Feld.) 11.-14. Tausend, Leipzig o. J. (Charles Dickens, Ausgewählte Romane und Novellen. 2.)
251 Franz Diederich: Victor Hugo. In: die Neue Zeit 20 (1901/02), Bd. 1, S. 644-652 (Nr. 21).
252 Franz Diederich: Zola als Utopist. In: Die Neue Zeit 20 (1901/02), Bd. 1, S. 324-332 (Nr. 11).
253 Wilhelm Dilthey: Das Erlebnis und die Dichtung. Lessing, Goethe, Novalis, Hölderlin. 10. Aufl., Leipzig, Berlin 1929.
254 Maurice Dommanget: Auguste Blanqui à Belle-Ile ((1850-1857)). [Paris] (1935). (Faits et documents. 15.)
255 Emil Dovifat: Formen und Wirkungsgesetze des Stils in der Zeitung. In: Deutsche Presse, Berlin, 22. 7. 1939, S. [285]*.
256 A. S. de Doncourt [Antoinette Joséphine Anne Symon de Latreiche, Drohojowska]: Les expositions universelles. Lille, Paris (1889).
257 Edouard Drumont: Les tréteaux du succès. Figures de bronze ou statues de neige. Paris 1900.
258 Edouard Drumont: Les tréteaux du succès. Les héros et les pitres. Paris 1900.
259 Lucien Dubech [und] Pierre D'Espezel: Histoire de Paris. Paris 1926. (Bibliothèque historique.)
260 Maxime Du Camp: Les chants modernes. Paris 1855.

261 Maxime Du Camp: Paris. Ses organes, ses fonctions et sa vie dans la seconde moitié du XIXe siècle. 6 Bde. ⟨Erstausgabe: Paris 1869-1875.⟩
262 Maxime Du Camp: Souvenirs littéraires. Bd. 2: 1850-1880. 3e éd., Paris 1906.
263 J. Ducos (de Gondrin): Comment on se ruine à la bourse. Paris 1858.
264 J[acques-] A[ntoine] Dulaure: Histoire physique, civile et morale de Paris, depuis 1821 jusqu'à nos jours. Bd. 2. Paris 1835.
265 [Philippe-F.] Dumanoir und Th[éodore] Barrière: Les toilettes tapageuses. Comédie en un acte, mêlée de couplets. Paris 1856.
266 Alexandre Dumas: Les mohicans de Paris. Bd. 1, Paris 1859; Bd. 3, Paris 1863.
267 Alexis Dumesnil: Le siècle maudit. Paris 1843.
268 Hermann Duncker: Brief vom 18. 7. 1938 an Margarete Steffin. [Unveröffentlicht; Auszug.]
269 Adrien Dupassage: Peintures foraines. In: Arts et métiers graphiques, 1939*.
270 Pierre Dupont: Le chant des étudiants. Paris: chez l'auteur; Impr. Bautruche, 1849. [Flugblatt.]
271 Pierre Dupont: Le chant des ouvriers. Paris: chez l'auteur; Impr. Bautruche, 1848. [Flugblatt.]
272 Pierre Dupont: Le chant du vote. Paris: Cassanet, 1850. [Flugblatt.]
273 Le chauffeur de locomotive. Paroles et musique de Pierre Dupont. Paris: Impr. Boisseau et Comp., o. J. [Flugblatt.]
274 A. Durand: Chales-Cachemires indiens et français, in: Paris chez soi. Histoire, mœurs, rues, monuments, palais, musées, théatres, chemins de fer, fortifications et environs de Paris ancien et moderne. Par l'élite de la littérature contemporaine. Paris [1854]. S. 139f.
275 Marie-Jeanne Durry: Audiences. De Monnier à Balzac. In: Vendredi. Littéraire, politique et satirique, No 20, 20 mars 1936, S. 5.
276 Alcide Dusolier: Nos gens de lettres. Leur caractère et leurs œuvres. Paris 1864.
277 [Adolf Ebeling:] Lebende Bilder aus dem modernen Paris. Zweiter Band. Köln 1863.
278 Julius Eckardt: Die baltischen Provinzen Rußlands. Politische und culturgeschichtliche Aufsätze. 2., verm. Aufl., Leipzig 1869.
279 Louis Enault: Le palais de l'industrie, in: Paris et les parisiens au XIXe siècle. Mœurs, arts et monuments. Texte par Alexandre Dumas, Théophile Gautier, Arsène Houssaye [u. a.]. Paris 1856. S. 310-316.
280 Encyclopédie de l'architecture et de la construction. Directeur: P. Planat. Vol. 1-6. Paris 1888 ff.*
281 [Barthélemy-]P[rosper] Enfantin: De l'Allemagne. [Publication, par Duguet, d'une réponse de Enfantin à Heinrich Heine.] Paris: Impr. E. Duverger [1835].

282 Friedrich Engels: Die Entwicklung des Sozialismus von der Utopie zur Wissenschaft. Hottingen-Zürich 1882.
283 Friedrich Engels: Ludwig Feuerbach und der Ausgang der klassischen deutschen Philosophie. In: Die Neue Zeit 4 (1886), S. 145-157 (Nr. 4) u. S. 193-209 (Nr. 5).
284 Friedrich Engels: Herrn Eugen Dührings Umwälzung der Wissenschaft. (»Anti-Dühring«). Französische Übertr.*
285 Friedrich Engels: Die Lage der arbeitenden Klasse in England. Nach eigner Anschauung und authentischen Quellen. Zweite Ausgabe. Leipzig 1848.
286 Friedrich Engels: Von Paris nach Bern. Ein Reisefragment. (Vorbemerkung von Ed[uard] Bernstein.) In: Die Neue Zeit 17 (1898/99), Bd. 1, S. 8-18 (Nr. 1) u. S. 36-40 (Nr. 2).
287 Sigmund Engländer: Geschichte der französischen Arbeiter-Associationen. 1.-4. Theil. Hamburg 1864.
288 Adolphe [Philippe] D'Ennery et Grangé: Les bohémiens de Paris. Drame en cinq actes et huit tableaux. Représenté, pour la première fois, à Paris, sur le Théatre de l'Ambigu-Comique, le 27 septembre 1843. Paris o. J. [1843]. (Magasin théatral.)
289 Alexandre Erdan: La France mistique. Tableau des excentricités religieuses de ce tems. Bd. 2. Paris 1855.
290 Raymond Escholier: L'artiste. In: Arts et métiers graphiques, No 47, 1 juin 1935, S. 5-14.
291 Raymond Escholier: Victor Hugo raconté par ceux qui l'ont vu. Souvenirs, lettres, documents réunis, annotés et accompagnés de résumés biographiques. Paris 1931.
292 Europäische Dokumente. Historische Photos aus den Jahren 1840-1900. Hrsg. von Wolfgang Schade. Stuttgart, Berlin, Leipzig*.
293 Exposition universelle de 1867, à Paris. Album des installations les plus remarquables de l'exposition de 1862, à Londres, publiée par la commission impériale pour servir de renseignement aux exposants des divers nations. Paris 1866.
294 Jacques Fabien: Paris en songe. Essai sur les logements à bon marché – le bien-être des masses – la protection due aux femmes [...]. Paris 1863.
295 Emile Faguet: Baudelaire. In: La revue. ((Ancienne »Revue des Revues«.)) 6e série, 21e année, Vol. 87, No 17, 1er septembre 1910, S. 615-624.
296 Jacob Falke: Geschichte des Modernen Geschmacks. Leipzig 1866.
297 Léon-Paul Fargue: Cafés de Paris. 2. Les cafés des Champs-Elysées, in: Vu, No 416, mars 1936, S. 270f.
298 Ferrari: Des idées et de l'école de Fourier depuis 1830. In: Revue des deux mondes, tome 11, 14e année – nouvelle série, 1845, S. 387-434.

299 Jules Ferry: Comptes fantastiques d'Haussmann. Lettre, adressée à MM. les membres de la commission du corps législatif chargés d'examiner le nouveau projet d'emprunt de la ville de Paris. Paris 1868.
300 Louis[-Guillaume] Figuier: La photographie au salon de 1859. Paris 1860.
301 A. de la Finelière et Georges Descaux: Charles Baudelaire. Paris 1868. (Essais de bibliographie contemporaine. 1.)*
302 Hugo Fischer: Karl Marx und sein Verhältnis zu Staat und Wirtschaft. Jena 1932.
303 Henri Focillon: Vie des formes. Paris 1934. (Forme et style. Essais et mémoires d'art et d'archéologie.)
304 Foi nouvelle. Chants et chansons de Barrault, Vinçard, Brious, J. Mercier, Lagache, Corréard, Rousseau, F. Maynard. 1831 à 1834. 1er cahier. Paris (1835).
305 Edouard Foucaud: Paris inventeur. Physiologie de l'industrie française. Paris 1844.
306 Henry Fougère: Les délégations ouvrières aux expositions universelles sous le Second Empire. Thèse pour le doctorat; Université de Paris, Faculté de droit. Montluçon 1905.
307 Ch(arles) Fourier: Œuvres complètes.
    Bd. 1: Théorie des quatre mouvements et des destinées générales. Prospectus et annonce de la découverte. 2e éd., Paris 1841.
    Bd. 3: Théorie de l'unité universelle. 2e volume. Paris 1841.
308 [Charles] Fourier [: Anthologie.] Par E. Poisson. Paris 1932. (Réformateurs sociaux. Collection de textes.)
309 Charles Fourier: Cités ouvrières. Des modifications à introduire dans l'architecture des villes. ((Extrait de la »Phalange«.)) Paris 1849.
310 Ch[arles] Fourier: La fausse industrie, morcelée, répugnante, mensongère, et l'antidote, l'industrie naturelle, combinée, attrayante, véridique, donnant quadruple produit et perfection extrême en toutes qualités. [Bd. 2.] Paris 1836.
311 Charles Fourier: Le nouveau monde industriel et sociétaire, ou Invention du procédé d'industrie attrayante et naturelle distribuée en séries passionnées. Paris 1829/1830*.
312 Charles Fourier: Théorie de l'unité universelle. Bd. 1. Paris 1834*.
313 Ch[arles] Fourier: Traité de l'association domestique-agricole. Bd. 2. Paris, Londres 1822.
314 Publication des manuscrits de Charles Fourier. Année 1851. Paris 1851. – Années 1857-1858. Paris 1858.
315 Victor Fournel: Ce qu'on voit dans les rues de Paris. Paris 1858.
316 Victor Fournel: Paris nouveau et Paris futur. 2e éd., notablement augmentée. Paris 1868.
317 Edouard Fournier: Chroniques et légendes des rues de Paris. Paris 1864.

318 Edouard Fournier: Enigmes des rues de Paris. Paris 1860.
319 Edouard Fournier: Les lanternes. Histoire de l'ancien éclairage de Paris. Suivi de la réimpression de quelques poèmes rares. Paris 1854.
320 Edouard Fournier: Paris démoli. 2e éd., revue et augmentée, avec une préface par Théophile Gautier. Paris 1855.
321 Marc Fournier: Les spécialités parisiennes, in: La grande ville. Nouveau tableau de Paris. Comique, critique et philosophique. Par Paul de Kock, Balzac, Dumas [u. a.]. Bd. 2. Paris 1844. S. 57-72.
322 Anatole France: Le jardin d'Epicure. Paris*.
323 Anatole France: La vie littéraire. 3e série. Paris 1891.
324 Grete de Francesco: Die Macht des Charlatans. Basel (1937).
325 [Benjamin] Franklin: Conseils pour faire fortune. Avis d'un vieil ouvrier à un jeune ouvrier, et la science du bonhomme Richard. Caisses d'épargnes. Organisation du travail. Introduction à la science populaire de Claudius. Paris 1848.
326 Rudolf Franz: [Bespr.] E. Silberling, Dictionnaire de Sociologie Phalanstérienne. Guide des œuvres complètes de Charles Fourier, Paris 1911. In: Die Neue Zeit 30 (1911/12), Bd. 1, S. 332f. (Nr. 9).
327 H.-A. Frégier: Des classes dangereuses de la population dans les grandes villes, et des moyens de les rendre meilleures. Ouvrage récomposé en 1838. 2 Bde. Paris 1840.
328 Cajetan Freund: Der Vers Baudelaires. Diss., München 1927.
329 Gisèle Freund: La photographie en France au dix-neuvième siècle. Etude de sociologie et d'esthétique. Thèse pour le doctorat d'université. Présentée à la faculté des lettres de l'université de Paris. Paris 1936.
330 Gisèle Freund: La photographie au point de vue sociologique. Mscrpt [Manuskript von Nr. 329].
331 Gisela Freund: Entwicklung der Photographie in Frankreich [Manuskript der deutschen Version von Nr. 329]
332 Egon Friedell: Kulturgeschichte der Neuzeit. Die Krisis der europäischen Seele von der schwarzen Pest bis zum Weltkrieg. Bd. 3: Romantik und Liberalismus / Imperialismus und Impressionismus. München 1932 (Copyright 1931).
333 Georges Friedmann: La crise du progrès. Esquisse d'histoire des idées 1895-1935. 2e éd., Paris (1936).
334 [Eduard Fuchs:] Honoré Daumier: Holzschnitte und Lithographien. Hrsg. von Eduard Fuchs. Bd. 1: Holzschnitte 1833-1870. München 1918*.
335 Eduard Fuchs: Illustrierte Sittengeschichte vom Mittelalter bis zur Gegenwart. [Bd. 3:] Das bürgerliche Zeitalter. Ergänzungsband. Privatdruck. München o. J. [1926 ?].
336 Eduard Fuchs: Die Karikatur der europäischen Völker. 1. Teil: Vom Altertum bis zum Jahre 1848. 4., verm. Aufl., München o. J. [1921].

337 Eduard Fuchs: Die Karikatur der europäischen Völker. 2. Teil: Vom Jahre 1848 bis zum Vorabend des Weltkrieges. 4., verm. Aufl., München o. J. [1921].
338 Stanislaus Fumet: Notre Baudelaire. Paris (1926). (Le roseau d'or. Œuvres et chroniques. 8.)
339 [Ganneau, dit] Le Mapah: Baptême, mariage. (Paris: Impr. Pollet, Soupe et Guillois,) o. J. [Flugblatt.]
340 Ganneau, dit Le Mapah: Cette page prophétique, saisie le 14 juillet 1840, a été trouvée par le citoyen Sobrier, ... dans le dossier du citoyen Ganneau ... (Paris: Impr. Lacrampe et Feriaux,) o. J. [1848]. [Flugblatt.]
341 [Ganneau, dit Le Mapah:] Waterloo. A vous beaux fils de France morts pour l'honneur, salut et glorification! Paris: Bureau des publications évadiennes, 1843.
342 Auguste Galimard: Examen du Salon de 1849. Paris o. J. [1850].
343 Ferdinand von Gall: Paris und seine Salons. Erster Band. Oldenburg 1844. – Zweiter Band. Oldenburg 1845.
344 Benjamin Gastineau: Paris en rose. (Paris:) Librairie internationale, [1866].
345 Benjamin Gastineau: Les romans du voyage. La vie en chemin de fer. Paris 1861.
346 Ernest Gaubert: Une anecdote controuvée sur Baudelaire. In: Mercure de France, No 550, 32e année, tome 148, 15 mai 1921, S. 281f.
347 Féli Gautier: Charles Baudelaire. Orné de 26 portraits différents du poète et de 28 gravures et reproductions. Dessins de Baudelaire, Facsimilés d'autographes, etc. Bruxelles 1904.
348 Théophile Gautier: Etudes philosophiques, in: Paris et les parisiens au XIXe siècle. Mœurs, arts et monuments. Texte par Alexandre Dumas, Théophile Gautier, Arsène Houssaye [u. a.]. Paris 1856. S. 24-28.
349 Théophile Gautier: Histoire du romantisme. Suivie de notices romantiques et d'une étude sur la poésie française 1830-1868. Paris 1874.
350 Théophile Gautier: Introduction [zu] Paris et les parisiens au XIXe siècle. Mœurs, arts et monuments. Texte par Alexandre Dumas, Théophile Gautier, Arsène Houssaye [u. a.]. Paris 1856. S. I-IV.
351 Théophile Gautier: Mosaïque de ruines, in: Paris et les parisiens au XIXe siècle. Mœurs, arts et monuments. Texte par Alexandre Dumas, Théophile Gautier, Arsène Houssaye [u. a.]. Paris 1856. S. 38-43.
352 (Théophile Gautier:) Photosculpture. ((Extrait du »Moniteur universel«, du 4 janvier 1864.)) Paris 1864.
353 Théophile Gautier: Portraits contemporains. Littérateurs; peintres; sculpteurs; artistes dramatiques. Paris 1874.
354 Théophile Gautier: Revue des Théâtres, in: Moniteur, 17 septembre 1867.

355 Sophie Gay: Der Salon der Fräulein Contet. In: Europa. Chronik der gebildeten Welt. Hrsg. von August Lewald. Leipzig, Stuttgart 1837. Bd. 1. S. [358]*.
356 Gustave Geffroy: L'enfermé. Paris 1897.
357 Gustave Geffroy: L'enfermé. Edition revue et augmentée par l'auteur. Bd. 1. Paris 1926. (Bibliothèque de l'Académie Goncourt. 11.)
358 Gustave Geffroy: Charles Meryon. Paris 1926.
359 Eduard Geismar: Sören Kierkegaard. Seine Lebensentwicklung und seine Wirksamkeit als Schriftsteller. (Übers. von E. Krüger [u. a.]) Göttingen 1929.
360 Stefan George: Hymnen, Pilgerfahrten, Algabal. 7. Aufl., Berlin 1922.
361 Friedrich Gerstäcker: Die versunkene Stadt. Berlin 1921 [Neufeld und Henius]*.
362 André Gide: Charles Baudelaire. In: Charles Baudelaire: Les fleurs du mal. Introduction d'André Gide. Paris 1917. S. XIff.
363 André Gide: Baudelaire et M. Faguet. In: La nouvelle revue française, 2e année, No 23, 1 novembre 1910, S. 499-518.
364 André Gide: En relisant »Les plaisirs et les jours«. In: Hommage à Marcel Proust, Nouvelle Revue Française, 10e année, No 112, tome 20, 1 janvier 1923, S. 123-126.
365 Charles Gide: Fourier, précurseur de la coopération. Paris [1924].
366 Sigfried Giedion: Bauen in Frankreich. Eisen, Eisenbeton. Leipzig, Berlin o. J. [1928].
367 Madame Emile de Girardin (Delphine Gay): Poésies complètes. Paris 1856.
368 Mme de Girardin: Le Vicomte de Launay. Lettres parisiennes, éd. 1857, t. IV*.
369 Journal des Goncourt. Mémoires de la vie littéraire. 2e série – 3e vol. Bd. 6: 1878-1884. Paris 1892.
370 Pierre de la Gorce: La restauration II. Charles X. Paris*.
371 Rudolf Gottschall: Das Theater und Drama des second empire. In: Unsere Zeit. Deutsche Revue. Monatsschrift zum Conversationslexikon. Leipzig 1867. S. [933]*.
372 Edouard Gourdon: Les faucheurs de nuit. Joueurs et Joueuses. Paris 1860.
373 [Nicolas-Jules-]H[enri] Gourdon de Genouillac: Paris à travers les siècles. Histoire nationale de Paris et des Parisiens depuis la fondation de Lutèce jusqu'à nos jours. Ouvrage rédigé sur un plan nouveau avec une lettre de Henri Martin. Bd. 5. Paris 1882.
374 [Nicolas-Jules-]H[enri] Gourdon de Genouillac: Les refrains de la rue de 1830 à 1870. Recueillis et annotés. Paris 1879.
375 Rémy de Gourmont: Le IIme livre des masques. Les masques au nombre de XXIII, dessinés par F. Valloton. 11e ed., Paris 1924.

376 Rémy de Gourmont: Judith Gautier. Biographie illustrée de portraits, et d'autographes, suivi d'opinions, de documents et d'une bibliographie. Paris 1904. (Les célébrités d'aujourd'hui.)
377 Rémy de Gourmont: Promenades littéraires. [1ère série.] Paris 1904. – 2ème série. Paris 1906.
378 [Léon Gozlan:] Le triomphe des omnibus. Poëme héroï-comique. Paris 1828.
379 John Grand-Carteret: Le décolleté et le retroussé. Un siècle de gauloiserie. Bd. 2: 1800. Paris o. J. [1910].
380 John Grand-Carteret: Les élégances de la toilette. Paris*.
381 La grande ville. Nouveau tableau de Paris. Comique, critique et philosophique. Par Paul de Kock, Balzac, Dumas [u.a.]. Bd. 1. Paris 1844.
382 [Jean-Ignace-Isidore Gérard, dit] Grandville: Un autre monde. Transformations, visions, incarnations [...] et autres choses. Paris 1844.
383 Adolphe Granier de Cassagnac: Histoire des classes ouvrières et des classes bourgeoises. (Introduction à l'histoire universelle. 1er partie.) Paris 1838.
384 A[ntoine] Granveau: L'ouvrier devant la société. Paris 1868.
385 Henri Grappin: Le mysticisme poétique et l'imagination de Gustave Flaubert. In: La revue de Paris, tome 16, 19e année, No 23, 1 décembre 1912, S. 609-629 und No 24, 15 décembre 1912, S. 849-870.
386 Ferdinand Gregorovius: Briefe an den Staatssekretär Hermann von Thile. Hrsg. von Hermann von Petersdorff. Berlin 1894.
387 Claudius Grillet: Le diable dans la littérature au XIXe siècle. Lyon, Paris 1935.
388 Claudius Grillet: Victor Hugo spirite. Lyon, Paris 1929.
389 Karl Gröber: Kinderspielzeug aus alter Zeit. Eine Geschichte des Spielzeugs. Berlin 1927.
390 Captain Gronow: Aus der Großen Welt. Pariser und Londoner Sittenbilder 1810-1860. Bearbeitet von Heinrich Conrad. Stuttgart 1908. (Memoirenbibliothek, III. Serie, Bd. 2.)
391 Henryk Grossmann: [Artikel] Sozialistische Ideen und Lehren. I: Sozialismus und Kommunismus; II: Geschichtliche Entwicklung; 7: Die Fortentwicklung des Marxismus bis zur Gegenwart. In: Wörterbuch der Volkswirtschaft in drei Bänden. Hrsg. von Ludwig Elster. 4. Aufl., Bd. 3, Jena 1933. S. 313-341.
392 Helen Grund: Vom Wesen der Mode. (Sonderdruck. München 1935.)
393 Alexandre Guérin: Les mansardes. In: Le bohême. Journal non politique. 1re année, No 7, 13 mai 1855, S. 2.
394 Gabriël Guillemot: Le bohême. Physionomies parisiennes. Paris 1869.

395 Guillot: Dit des Rues de Paris. Avec préface, notes et glossaire par Edgar Marcuse. Paris 1875*.
396 N[orbert] Gutermann und H. Lefebvre: La conscience mystifiée. [Paris] (1936). (Les essais. 14.)
397 Karl Gutzkow: Briefe aus Paris. Erster Theil. Leipzig 1842. – Zweiter Theil. Leipzig 1842.
398 Karl Gutzkow: Oeffentliche Charaktere. Erster Theil. Hamburg 1835.
399 Veronika von G.: Die Mode, in: Der Bazar. Berliner illustrierte Damen-Zeitung, 3. Jg., 1857*.
400 Friedrich Wilhelm Hackländer: Märchen. Stuttgart 1843*.
401 Daniel Halévy: Décadence de la liberté. Paris (1931). (Les »Ecrits«.)
402 Daniel Halévy: Pays parisiens. Paris (1932).
403 Victor Hallays-Dabot: La censure dramatique et le théatre. Histoire des vingt dernières années ((1850-1870)). Paris 1871.
404 Pierre Hamp: La littérature, image de la société. In: Encyclopédie française. Bd. 16: Arts et littératures dans la société contemporaine I. Paris 1935. Fasc. 16.64-1 bis 4.
405 Maurice Harmel: Charles Fourier. In: Portraits d'hier. 2e année, No 36; 1 septembre 1910.
406 Carl Benedict Hase: Briefe von der Wanderung und aus Paris. Hrsg. von O. Heine. Leipzig 1894.
407 Henri Hauser: Les débuts du capitalisme. Nouvelle éd., Paris 1931.
408 [Georges-Eugène Haussmann:] Confession d'un lion devenu vieux. O. O. o. J. [Paris 1888].
409 [Georges-Eugène] Haussmann: Mémoires. Bd. 2: Préfecture de la Seine. Exposé de la situation en 1853; transformation de Paris; plan et système financier des grands travaux; résultats généraux en 1870. 3e éd., Paris 1890.
410 Georg Wilhelm Friedrich Hegel: Werke. Vollständige Ausg. durch einen Verein von Freunden des Verewigten. Bd. 19: Briefe von und an Hegel. Hrsg. von Karl Hegel. Leipzig 1887. 2. Theil.
411 Georg Wilhelm Friedrich Hegel: Sämtliche Werke. Hrsg. von Georg Lasson. Bd. 5: Encyclopädie der philosophischen Wissenschaften im Grundrisse. Neu hrsg. von Georg Lasson. 2. Aufl., Leipzig 1920. (Philosophische Bibliothek. 33.)
412 Heinrich Heine: Sämmtliche Werke. Ausgabe in 12 Bänden. Bd. 5: Französische Zustände I. Hamburg 1876.
413 Heinrich Heine: Sämtliche Werke. Ed. Wilhelm Bölsche. Bd. 5. Leipzig*.
414 Heinrich Heine: Gespräche. Briefe, Tagebücher, Berichte seiner Zeitgenossen. Gesammelt und hrsg. von Hugo Bieber. Berlin 1926.
415 Th. Heine: Die Straße von Paris, s. Die Pariser Weltausstellung in Wort und Bild.

416 Joachim von Helmersen: Pariser Kamine. In: Frankfurter Zeitung, 10. 2. 1933 (Jg. 77, Nr. 109/110), S. 2f.
Hérault de Séchelles, s. Séchelles.
417 Louis Héritier: Die Arbeitsbörsen. In: Die Neue Zeit 14 (1895/96), Bd. 1, S. 645-650 (Nr. 21) u. S. 687-692 (Nr. 22).
418 Georg Herwegh: Gedichte eines Lebendigen. Bd. 2. Zürich, Winterthur 1844*.
419 Franz Hessel: [Manuskript; ohne Titelnennung.]
420 Georg Heym: Dichtungen. München 1922.
421 Histoire des Cafés de Paris. Extraite des mémoires d'un viveur. Cafés du Palais-Royal, des boulevards, de ville, etc. Revue et augmentée par M. Constantin. Paris 1857.
422 Histoire de Jules César I. Paris 1865*.
423 E[rnst] T[heodor] A[madeus] Hoffmann: Ausgewählte Schriften. Bde. 14 u. 15: E.T.A. Hoffmann's Erzählungen aus seinen letzten Lebensjahren, sein Leben und Nachlaß. In 5 Bdn. Hrsg. von Micheline Hoffmann.
   Bd. 4 [=14]: E.T.A. Hoffmann's Leben und Nachlaß. Von Julius Eduard Hitzig. Bd. 2. 3., vermehrte u. verbesserte Aufl., Stuttgart 1839.
   Bd. 5 [=15]: Dass., Bd. 3. 3., vermehrte und verbesserte Aufl., Stuttgart 1839.
424 Hugo von Hofmannsthal: Buch der Freunde. Tagebuch-Aufzeichnungen. (2. Aufl.,) Leipzig 1929.
425 Hugo von Hofmannsthal: Versuch über Victor Hugo. (München 1925.)
426 Arthur Holitscher: Charles Baudelaire. In: Die Literatur. Bd. 12. S. [14f.]*.
427 J. J. Honegger: Grundsteine einer Allgemeinen Culturgeschichte der Neuesten Zeit. Bd. 5: Dialektik des Culturgangs und seine Endresultate. Leipzig 1874.
428 Max Horkheimer: Bemerkungen zur philosophischen Anthropologie. In: Zeitschrift für Sozialforschung 4 (1935), S. 1-25 (Heft 1).
429 Max Horkheimer: Materialismus und Moral. In: Zeitschrift für Sozialforschung 2 (1933), S. 162-195 (Heft 2).
430 Max Horkheimer: Traditionelle und kritische Theorie. In: Zeitschrift für Sozialforschung 6 (1937), S. 245-292 (Heft 2).
431 Max Horkheimer: Brief vom 16. 3. 1937 an Walter Benjamin ⟨s. jetzt Bd. 1, 1332f.⟩
432 Arsène Houssaye: Le Paris futur, in: Paris et les parisiens au XIXe siècle. Mœurs, arts et monuments. Texte par Alexandre Dumas, Théophile Gautier, Arsène Houssaye [u. a.]. Paris 1856. S. 458-461.
433 C. Hugo: Der Sozialismus in Frankreich während der großen Revolution. In: Die Neue Zeit 11 (1892/93), Bd. 1, S. 812-819 (Nr. 26).

434 Victor Hugo: Œuvres complètes. Edition définitive d'après les manuscrits originaux. [1. Abt.:] Poésie.
   Bd. 2: Les orientales. Les feuilles d'automne. Paris o. J. [1880].
   Bd. 3: Les chants du crépuscule. Les voix intérieures. Les rayons et les ombres. Paris o. J. [1880].
   Bd. 4: Les châtiments. Paris o. J. [1882].
   Bd. 6: Les contemplations II: Aujourd'hui 1843-1855. Paris 1882.
   Bd. 9: La légende des siècles III. Paris 1883.
435 Victor Hugo: Œuvres complètes. Edition définitive d'après les manuscrits originaux. [6. Abt.:] Roman.
   Bd. 3: Notre-Dame de Paris I. Paris o. J. [1880].
   Bde. 7-9: Les misérables III-V. Paris 1881.
436 Victor Hugo: Œuvres choisies. Illustrées par Léopold-Lacour. Préface de Gustave Simon. Poésies et drames en vers. Paris o. J. [1912].
437 Victor Hugo: Les châtiments. Ed. Charpentier. Paris*.
438 Victor Hugo: Discours. Anniversaire de la revolution de 1848. 24 février 1855. – A Jersey. (Jersey: Impr. Universelle,) o. J.
439 Victor Hugo: La fin de Satan. 3ᵉ édition, Paris 1886.
440 Victor Hugo: La fin de Satan. Dieu. Paris 1911*.
441 Victor Hugo devant l'opinion. Presse française; Presse étrangère. Avec une lettre de Gustave Rivet. Paris 1885.
442 J[ohan] Huizinga: Herbst des Mittelalters. Studien über Lebens- und Geistesformen des 14. und 15. Jahrhunderts in Frankreich und in den Niederlanden. (Deutsch von T[illi] Wolff-Mönckeberg.) (2. Aufl.,) München 1928.
443 H. J. Hunt: Le socialisme et le romantisme en France. Etude de la presse socialiste de 1830 à 1848. Oxford 1935. (Oxford Studies in Modern Languages and Literature.)
444 Aldous Huxley: Croisière d'hiver. Voyage en Amérique Centrale ((1933)). Traduction de Jules Castier. Paris (1935).
445 J[oris]-K[arl] Huysmans: Croquis parisiens. Nouvelle édition. Augmentée d'un certain nombre de pièces. Paris 1886.
446 Henrik Ibsen: Briefe. Hrsg. mit Einleitung und Anmerkungen von Julius Elias und Halvdan Koht. (Henrik Ibsen: Sämtliche Werke in deutscher Sprache. Bd. 10 ((Supplementband)). Berlin 1905.
447 [Jean-Auguste-Dominique] Ingres: Réponse au rapport sur l'Ecole impériale des beaux-arts, adressé au Maréchal Vaillant. Paris 1863.
448 Eric Isoard: Les faux bohêmes. In: Le bohême. Journal non politique. 1ʳᵉ année, No 6, 6 mai 1855, S. 1.
449 Robert Jacquin: Notions sur le langage d'après les travaux du P. Marcel Jousse. Programme à option du Baccalaureat de Philosophie, Paris 1929.
450 Edmond Jaloux: Le centenaire de Baudelaire. In: La revue hebdomadaire, 30ᵉ année, No 27, 2 juillet 1921, S. 66-78.

451 Edmond Jaloux: Le dernier flaneur. In: Le temps, 76ᵉ année, No 27289, 22 mai 1936, S. 3.
452 Edmond Jaloux: L'homme du XIXᵉ siècle. In: Le temps, 75ᵉ année, No 27003, 9 août 1935, S. 3.
453 Edmond Jaloux: Journaux intimes. In: Le temps, 77ᵉ année, No 27651, 23 mai 1937, S. 3.
454 Edmond Jaloux: Les romanciers et le temps. In: Le temps, 75ᵉ année, No 27143, 27 décembre 1935, S. 3.
455 Edmond Jaloux: [Rez.] Jean Vaudal, Le tableau noir [und] Madeleine Bourdouxhe, La femme de Gilles. In: Les nouvelles littéraires, artistiques et scientifiques, No 788, 20 novembre 1937, S. 4.
456 Rudolph von Jhering: Der Zweck im Recht. Bd. 2. Leipzig 1883.
457 Carl Gustav Jochmann's von Pernau Reliquien. Aus seinen nachgelassenen Papieren. Gesammelt von Heinrich Zschokke. 3 Bde. Hechingen 1836, 1837 und 1838.
458 [Carl Gustav Jochmann:] Ueber die Sprache. Heidelberg 1828.
459 Joseph Joubert: Correspondance. Précédée d'une notice sur sa vie, son caractère et ses travaux par M. Paul de Raynal et des jugements littéraires de Sainte-Beuve [u. a.]. Paris 1924*.
460 J[oseph] Joubert: Pensées. Précédées de sa correspondance, d'une notice sur sa vie, son caractère et ses travaux par Paul de Raynal et des jugements littéraires de Sainte-Beuve [u. a.]. 8ᵉ éd., II, Paris 1883. (J[oseph] Joubert: Œuvres. Bd. 2.)
461 Marcel Jouhandeau: Images de Paris. 5ᵉ éd., Paris (1934).
462 Marcel Jouhandeau: Prudence Hautechaume. 5ᵉ éd., Paris (1927).
463 Jean Journet: L'ère de la femme ou le règne de l'harmonie universelle. [Paris:] (Vaugirard), 1857.
464 Jean Journet: Poésies et chants harmoniens. Paris 1857.
465 C[arl] G[ustav] Jung: Seelenprobleme der Gegenwart. [2. Aufl.,] Zürich, Leipzig, Stuttgart 1932. (Vorträge und Aufsätze. Psychologische Abhandlungen. 3.)
466 Franz Kafka: Der Prozeß. Roman. (Nachwort von Max Brod.) Berlin 1925. (Die Romane des XX. Jahrhunderts.)
467 Gustave Kahn: Préface [zu] Ch(arles) Baudelaire: Mon cœur mis à nu et Fusées. Journaux intimes. Edition conforme au manuscrit. Préface de Gustave Kahn. Paris 1909.
468 L'esprit d'Alphonse Karr. Pensées extraites de ses œuvres complètes. Paris 1877.
469 Alphonse Karr: 300 pages. Mélanges philosophiques. Nouv. éd., Paris 1861.
470 J. Karski: Moderne Kunstströmungen und Sozialismus. In: Die Neue Zeit 20 (1901/02), Bd. 1, S. 140-147 (Nr. 5).
471 Emil Kaufmann: Von Ledoux bis Le Corbusier. Ursprung und Entwicklung der Autonomen Architektur. Wien, Leipzig 1933.

Anmerkungen zu Seite 79-989 · Quellenverzeichnis 1303

472 Karl Kautsky: Die materialistische Geschichtsauffassung. Bd. 1: Natur und Gesellschaft. Berlin 1927.
473 Amédée Kermel: Les passages de Paris. In: Paris, ou Le livre des cent-et-un. Bd. 10. Paris 1833. S. 49-72.
474 Sören Kierkegaard: Gesammelte Werke. Bd. 1: Entweder/Oder. Erster Teil. (Mit Nachwort von Christoph Schrempf. Übers. von Wolfgang Pfleiderer u. Christoph Schrempf.) Jena 1911.
475 Sören Kierkegaard: Gesammelte Werke. Bd. 2: Entweder/Oder. Zweiter Teil. (Mit Nachwort von Christoph Schrempf. Übers. von Wolfgang Pfleiderer u. Christoph Schrempf.) Jena 1913.
476 Sören Kierkegaard: Gesammelte Werke. Bd. 3: Furcht und Zittern / Wiederholung. (Mit Nachwort u. übers. von H[ermann] Gottsched.) 2. Aufl., Jena 1909.
477 Sören Kierkegaard: Gesammelte Werke. Bd. 4: Stadien auf dem Lebensweg. (Mit Nachwort von Christoph Schrempf. Übers. von Christoph Schrempf u. Wolfgang Pfleiderer.) Jena 1914.
478 Peter Klassen: Baudelaire. Welt und Gegenwelt. Weimar (1931).
479 Richard Koch: Der Zauber der Heilquellen. Eine Studie über Goethe als Badegast. Stuttgart 1933.
480 Karl Korsch: Karl Marx, ms [Manuskript in 3 Teilen].
481 S[iegfried] Kracauer: Jacques Offenbach und das Paris seiner Zeit. Amsterdam 1937.
482 Karl Kraus: Nachts. 3. u. 4. Tausend, Wien, Leipzig 1924.
483 Fr[iedrich] Kreyßig: Studien zur französischen Cultur- und Literaturgeschichte. Berlin 1865.
484 Eduard Kroloff: Schilderungen aus Paris. Bd. 2. Hamburg 1839*.
485 Emile [Gigault] de Labédollière: Histoire de nouveau Paris. Paris*.
486 Jacques de Lacretelle: Le rêveur parisien. In: La nouvelle revue française, No 166, 14e année, tome 29, 1er juillet 1927, S. 23-39.
487 Paul Lafargue: Die christliche Liebestätigkeit. 4: Der Wohltätigkeitsbetrieb der Bourgeois. In: Die Neue Zeit 23 (1904/05), Bd. 1, S. 145-153 (Nr. 5).
488 Paul Lafargue: Der Klassenkampf in Frankreich. In: Die Neue Zeit 12 (1893/94), Bd. 2, S. 613-621 (Nr. 46), S. 641-647 (Nr. 47), S. 676-682 (Nr. 48) u. S. 705-721 (Nr. 49).
489 Paul Lafargue: Marx' historischer Materialismus. 3. Vicos Gesetze der Geschichte. In: Die Neue Zeit 22 (1903/04), Bd. 1, S. 824-833 (Nr. 26).
490 Paul Lafargue: Persönliche Erinnerungen an Friedrich Engels. In: Die Neue Zeit 23 (1904/05), Bd. 2, S. 556-561 (Nr. 44).
491 Paul Lafargue: Die Ursachen des Gottesglaubens. 3: Die ökonomischen Wurzeln des Gottesglaubens beim Bourgeois. In: Die Neue Zeit 24 (1905/06), Bd. 2, S. 508-518 (Nr. 16).

492 Jules Laforgue: Œuvres complètes. [Bd. 3:] Mélanges posthumes. Pensées et paradoxes [u. a.]. Paris 1903.
493 René Laforgue: L'échec de Baudelaire. Etude psychoanalytique sur la névrose de Charles Baudelaire. Paris 1931.
494 S. F. Lahrs [?]: Briefe aus Paris. In: Europa. Chronik der gebildeten Welt. Hrsg. von August Lewald. Bd. 2. Leipzig, Stuttgart 1837. S. 206-209*.
495 Alphonse de Lamartine: Œuvres complètes. Bd. 1. Paris 1850*.
496 Alphonse de Lamartine: Méditations poétiques. (Nouvelle édition publiée d'après les manuscrits et les éditions originales avec des variantes, une introduction, des notices et des notes par Gustave Lanson.) Bd. 2. 2e éd., Paris 1922. (Les grands écrivains de la France.)
497 Louis Rainier Lanfranchi [Etienne-Léon de La Mothe-Langon]: Voyage à Paris, ou esquisses des hommes et des choses dans cette capitale. Paris 1830.
498 Savinien Lapointe: Une voix d'en bas. Précédées d'une préface par M. Eugène Sue, et suivi des lettres adressées à l'auteur par MM. Béranger, Victor Hugo, Léon Gozlan, etc. Paris o. J. 1844.
499 A[lbert Cochon] de Lapparent: Le centenaire de l'Ecole polytechnique. ((Extrait du »Correspondant«.)) Paris 1894.
500 Albert [Cochon] de Lapparent: Le siècle du fer. Paris 1890.
501 Valery Larbaud: Rues et visages de Paris. In: Commerce. Cahiers trimestriels publiés par les soins de Paul Valéry, Léon-Paul Fargue, Valery Larbaud. Cahier VIII, été 1926, S. 29-60.
502 Lorédan Larchey: Fragments de souvenirs. Le boa de Baudelaire; l'impeccable Banville. Paris 1901.
503 Georges Laronze: Le baron Haussmann. Paris 1932.
504 Georges Laronze: Histoire de la Commune de 1871 d'après des documents et des souvenirs inédits. La justice. Lettre-préface de Louis Barthou. Paris 1928. (Bibliothèque historique. [1.])
505 Pierre Larousse: Grand dictionnaire universel du XIXe siècle. Bde. 3, 6 u. 8. Paris 1867, 1870 u. 1872.
506 James de Laurence [Sir James Lawrence]: Les enfants de dieu ou la religion de Jésus réconciliée avec la philosophie. Paris 1831.
507 Laurencin [Paul-Aimé Chapelle] und [Louis-François Nicolaie, dit] Clairville: Le roi Dagobert à l'exposition de 1844. Revue-Vaudeville en deux actes et trois époques. Représentée pour la première fois, à Paris, sur le théâtre du Vaudeville, le 19 avril 1844. Paris 1844.
508 Institut de France. Académie française. Discours prononcés dans la séance publique tenue par l'Académie française pour la réception de Henri Lavedan. Le jeudi, 29 décembre 1899. Paris 1899.
509 [Gabriel-]D[ésiré] Laverdant: De la mission de l'art et du rôle des artistes. Salon de 1845. ((Extrait des 2e et 3e livraisons de »La Phalange«.)) Paris 1845.

510 Lm. [Gabriel-Désiré Laverdant]: Revue critique de feuilleton. In: La Phalange, 3ᵉ série, tome 3, No 34, 10ᵉ année, 18 juillet 1841, Sp. 540.
511 Paul Léautaud: Gazette d'hier et d'aujourd'hui. ((Vieux Paris.)) In: Mercure de France, No 704, 38ᵉ année, tome 199, 15 octobre 1927, S. 501-505.
Lebende Bilder aus dem modernen Paris, s. Adolf Ebeling.
512 André Le Breton: Balzac. L'homme et l'œuvre. Paris 1905.
513 Jules Lecomte: Les lettres de Van Engelgom. Introduction et notes de Henri d'Almeras. Paris 1925. (Collection des chefs-d'œuvre méconnus.)
514 [Charles] Lefeuve: Histoire de Paris, rue par rue, maison par maison. (Les anciennes maisons de Paris.) Bde. 1, 2 und 4. 5ᵉ éd., Paris 1875.
515 Fernand Léger: Londres. In: Lu, V 23 (209), 7 juin 1935. S. [18]*.
516 Jules Lemaître: Les contemporains. Etudes et portraits littéraires. 4ᵉ série. 11ᵉ éd., Paris 1895. (Nouvelle bibliothèque littéraire.)
517 Julien Lemer: Paris au gaz. Paris 1861.
518 Népomucène L. Lemercier: Suite de la Panhypocrisiade ou le spectacle infernal du dix-neuvième siècle. Paris 1832.
519 [Népomucène] Lemercier: Sur la découverte de l'ingénieux peintre du diorama. In: Institut royal de France. Séance publique annuelle des cinq académies, du 2 mai 1839. Paris 1839. S. 21-37.
520 Léon Lemonnier: Edgar Poe et la critique française de 1845 à 1875. Thèse pour le doctorat ès lettres, présentée à la faculté des lettres de l'Université de Paris. Paris 1928.
521 Auguste Lepage: Les cafés politiques et littéraires de Paris. Paris (1874).
522 F[rédéric] Le Play: Les ouvriers européens. Etudes sur les travaux, la vie domestique et la condition morale des populations ouvrières de l'Europe. Précédées d'un exposé de la méthode d'observation. Paris 1855.
523 Lerminier. De la littérature des ouvriers. In: Revue des deux mondes 28 (1841), S. 955 ff.*.
524 Maxime Leroy: Les premiers amis français de Wagner. Paris (1925). (Bibliothèque musicale.)
525 Maxime Leroy: Les spéculations foncières de Saint-Simon et ses querelles d'affaires avec son associé, le comte de Redern. Paris o. J. [1925].
526 Maxime Leroy: La vie véritable du comte Henri de Saint-Simon (1760-1825). Paris 1925. (»Les cahiers verts«. 54.)
527 Julius Lessing: Das halbe Jahrhundert der Weltausstellungen. Vortrag gehalten in der Volkswirthschaftlichen Gesellschaft zu Berlin März 1900. Berlin 1900.

528 Jules Levallois: Milieu de siècle. Mémoires d'un critique. Paris o. J. [1895].
529 E[mile] Levasseur: Histoire des classes ouvrières et de l'industrie en France de 1789 à 1870. 2e édition ((entièrement refondue)). 2 Bde. Paris 1903, 1904.
530 E(mile) Levasseur: Histoire du commerce de la France. 2e partie: De 1789 à nos jours. ((Avec un avertissement de Aug(uste) Deschamps.)) Paris 1912.
531 Levic-Torca: Paris-Noceur. Ouvrage orné de portraits d'après nature et de compositions inédites de Léon Roze. Paris 1910*.
532 August Lewald: Album der Boudoirs. Leipzig, Stuttgart 1836.
533 Maria Ley-Deutsch: Le gueux chez Victor Hugo. Paris 1936. (Bibliothèque de la Fondation Victor Hugo. 4.)
534 A[lphonse] Liébert: Les ruines de Paris. 100 photographies. Bd. 1. Paris 1871*.
535 Carel Lodewijk de Liefde: Le Saint-Simonisme dans la poésie française entre 1825 et 1865. Diss. Amsterdam, (Haarlem 1927).
536 Jean de Lignières: Le centenaire de la Presse. In: Vendredi, juin 1936*.
537 Paulin Limayrac: Du roman actuel et de nos romanciers. In: Revue des deux mondes, tome 11, 14e année – nouvelle série, 1845, S. 937-957.
538 Charles-M[athieu] Limousin: Le fouriérisme. Bref exposé. La prétendue folie de Fourier. Réponse à un article de Edmond Villey intitulé: »Fourier et son œuvre«. Paris 1898.
539 Paul Lindau: Der Abend. Schauspiel in vier Aufzügen. Berlin 1896. (Bühnen-Manuscript.)
540 Carl Linfert: Vom Ursprung großer Baugedanken. In: Frankfurter Zeitung, 9. 1. 1936 (Jg. 80, Nr. 15/16), S. 11.
541 Ferdinand Lion: Geschichte biologisch gesehen. Essays. Zürich, Leipzig (1935).
542 Theodor Lipps: Über die Symbolik unserer Kleidung, in: Nord und Süd, Breslau, Berlin, 33 (1885)*.
543 K[arl] Löwith: L'achèvement de la philosophie classique par Hegel et sa dissolution chez Max et Kierkegaard. In: Recherches philosophiques 4 (1934/35), S. 232-267.
544 Karl Löwith: Nietzsches Philosophie der ewigen Wiederkunft des Gleichen. Berlin 1935.
545 Daniel Caspers v[on] Lohenstein: Agrippina. Trauer-Spiel. Leipzig 1724.
546 Jean Loize: Emile Zola, photographe. In: Arts et métiers graphiques, No 45, 15 février 1935, S. 31-35.
547 Hermann Lotze: Mikrokosmos. Ideen zur Naturgeschichte und

Geschichte der Menschheit. Versuch einer Anthropologie. Bd. 2 u. 3. Leipzig 1858 u. 1864.
548 Charles Louandre: Les idées subversives de notre temps. Etude sur la société française de 1830 à 1871. Paris 1872.
549 Ch[arles] Louandre: Statistique littéraire. La poésie depuis 1830. In: Revue des deux mondes, 4e série, tome 3, 15 juin 1842, S. 971-1002.
550 Charles Louandre: Statistique littéraire. De la production intellectuelle en France depuis quinze ans. In: Revue des deux mondes, tome 20, 17e année – nouvelle série, 1847, S. 253-286, S. 416-446 und S. 671-703.
551 Pierre Louhambeaudie [?]: Fables et poésies diverses. Paris 1851*.
552 Paul Louis: Histoire de la classe ouvrière en France de la révolution à nos jours. La condition matérielle des travailleurs. Les salaires et le cout de la vie. Paris 1927.
553 Hippolyte Lucas und Eugène Barré: Le ciel et l'enfer. Féerie mêlée de chants et de danses, en 5 actes et 20 tableaux. Représentée pour la première fois, à Paris, sur le théatre de l'Ambigu-comique, le 23 mai 1853. Paris 1853.
554 J. Lucas-Dubreton: L'affaire Alibaud ou Louis-Philippe traqué ((1836)). Paris 1927.
555 J. Lucas-Dubreton: Le comte d'Artois, Charles X. Le prince, l'émigré, le roi. 6e mille, Paris (1927). (Figures du passé.)
556 J. Lucas-Dubreton: La vie d'Alexandre Dumas père. Paris 1928. (Vie des hommes illustres. 14.)
557 L(ouis) Lurine: A travers les rues, in: Paris chez soi. Histoire, mœurs, rues, monuments, palais, musées, théatres, chemins de fer, fortifications et environs de Paris ancien et moderne. Par l'élite de la littérature contemporaine. Paris [1854]. S. 3-12.
558 Louis Lurine: Les boulevarts, in: Paris chez soi. Histoire, mœurs, rues, monuments, palais, musées, théatres, chemins de fer, fortifications et environs de Paris ancien et moderne. Par l'élite de la littérature contemporaine. Paris [1854]. S. 49-62.
559 Louis Lurine: Le treizième arrondissement de Paris. Paris 1850.
560 Joseph Aug[ust] Lux: Maschinenästhetik. In: Die Neue Zeit 27 (1908/09), Bd. 2, S. 436-439 (Nr. 39; Feuilleton der Neuen Zeit, Nr. 16f., 25. 6. 1909).
561 F. L.: Über eine Plakatausstellung in Mannheim. In: Frankfurter Zeitung, 1927*.
562 Pierre Mabille: Préface à l'Eloge des préjugés populaires. In: Minotaure. Revue artistique et littéraire, 2e année, No 6, Hiver 1935, S. 1-3.
563 Pierre Mac Orlan: Grandville le précurseur. In: Arts et métiers graphiques, No 44, 15 décembre 1934, S. 19-24.

564 Firmin Maillard: La cité des intellectuels. Scènes cruelles et plaisantes de la vie littéraire des gens de lettres au XIXe siècle. 3e éd., Paris o. J. [1905].

565 Firmin Maillard: La légende de la femme émancipée. Histoire de femmes, pour servir à l'histoire contemporaine. Paris o. J.*

566 Firmin Maillard: Recherches historiques et critiques sur la Morgue. Paris 1860.

567 Gilbert Maire: La personnalité de Baudelaire et la critique biologique des »Fleurs du mal«. In: Mercure de France, No 302, tome 83, 16 janvier 1910, S. 231-248 und No 303, tome 83, 1er février 1910, S. 400-417.

568 Joseph de Maistre: Les soirées de Saint-Pétersbourg (extraits). Notice et notes par Ch.-M. Des Granges. Paris (1922). (Les classiques pour tous. No 78.)*

569 Albert Malet et P. Grillet: XIXe siècle (1815-1914). Paris 1919.

570 *La dernière mode* de Stéphane Mallarmé. [Auszüge, eingeleitet von Henry Charpentier.] In: Minotaure. Revue artistique et littéraire, 2e année, No 6, Hiver 1935, S. 25-29.

571 Stéphane Mallarmé: Divagations. Paris 1897.

572 Stéphane Mallarmé: Poésies. Paris 1917*.

573 Heinrich Mann: Geist und Tat. Franzosen 1780-1930. Berlin 1931.

574 Alfred-L. Marquiset: Jeux et joueurs d'autrefois (1789-1837). Paris 1917*.

575 Eugène Marsan: Les cannes de M. Paul Bourget et le bon choix de Philinte. Petit manuel de l'homme élégant suivi de portraits en référence Barrès, Moréas, Bourget [u. a.]. Avec une lettre de Paul Bourget à l'auteur. Paris 1923.

576 Alexis Martin: Sur l'asphalte. I: Physiologie de l'asphalte. In: Le bohême. Journal non politique. 1re année, No 3, 15 Avril 1855, S. 3.

577 Pierre Martino: Le roman réaliste sous le second empire. Paris 1913.

578 Karl Marx und Friedrich Engels: Historisch-kritische Gesamtausgabe. Werke/Schriften/Briefe. Im Auftrage des Marx-Engels-Instituts Moskau hrsg. von D[avid] Rjazanov. 1. Abt., Bd. 1, 1. Halbbd.: Karl Marx, Werke und Schriften bis Anfang 1844 nebst Briefen und Dokumenten. Frankfurt a. M. 1927.

579 Karl Marx und Friedrich Engels: Gesammelte Schriften 1841 bis 1850. Bd. 3: Von Mai 1848 bis Oktober 1850. Stuttgart 1902. (Aus dem literarischen Nachlaß von Karl Marx, Friedrich Engels und Ferdinand Lassalle. Hrsg. von Franz Mehring. 3.)

580 Karl Marx: Der achtzehnte Brumaire des Louis Bonaparte. Neue ergänzte Ausgabe mit einem Vorwort von F[riedrich] Engels. Hrsg. und eingeleitet von D[avid] Rjazanov. Wien, Berlin (1927).

581 Karl Marx: Der französische Materialismus des 18. Jahrhunderts. In: Die Neue Zeit 3 (1885), S. 385-395 (Nr. 9).

582 Karl Marx über Karl Grün als Geschichtschreiber des Sozialismus. Aus dem Marx-Engelsschen Nachlaß. (Vorbemerkung von Ed[uard] Bernstein.) In: Die Neue Zeit 18 (1899/1900), Bd. 1, S. 4-11 (Nr. 1), S. 37-46 (Nr. 2), S. 132-141 (Nr. 5) u. S. 164-172 (Nr. 6).

583 Karl Marx: Der historische Materialismus. Die Frühschriften. Hrsg. von S[iegfried] Landshut und J. P. Mayer unter Mitwirkung von F. Salomon. Bd. 1. Leipzig (1932). (Kröners Taschenausgabe. 91.)

584 Karl Marx: Das Kapital. Kritik der politischen Ökonomie. Erster Band, Buch I: Der Produktionsprozeß des Kapitals. Hrsg. von Friedrich Engels. 10. Aufl., Hamburg 1922.

585 Karl Marx: Das Kapital. Kritik der politischen Ökonomie. [Erster Band, Buch I.] Ungekürzte Ausgabe nach der zweiten Auflage von 1872. ([Hrsg. und] Geleitwort von Karl Korsch.) Berlin (1932).

586 Karl Marx: Die Klassenkämpfe in Frankreich 1848 bis 1850. Abdruck aus der »Neuen Rheinischen Zeitung«, Politisch-ökonomische Revue, Hamburg 1850. Mit Einleitung von Friedrich Engels. Berlin 1895.

587 Karl Marx: Randglossen zum Programm der Deutschen Arbeiterpartei. Mit einer ausführlichen Einleitung und sechs Anhängen hrsg. von Karl Korsch. Berlin, Leipzig 1922.

588 Karl Marx als Denker, Mensch und Revolutionär. Ein Sammelbuch. Hrsg. von D[avid] Rjazanov. Wien, Berlin (1928). (Marxistische Bibliothek. Werke des Marxismus-Leninismus. 4.)

589 [Karl] Marx und [Friedrich] Engels: Über Feuerbach. Der erste Teil der »Deutschen Ideologie«. In: Marx-Engels-Archiv. Zeitschrift des Marx-Engels-Instituts in Moskau. Hrsg. von D[avid] Rjazanov. Bd. 1. Frankfurt a. M. 1928. S. 205-306.

590 Karl Marx und Friedrich Engels: Verschwörer und Polizeispione in Frankreich. [Rez.] Chenu, Les conspirateurs und Lucien de la Hodde, La naissance de la republique en février 1848. In: Die Neue Zeit 4 (1886), S. 549-561.

591 Karl Marx [und] Friedrich Engels: Ausgewählte Briefe. Hrsg. vom Marx-Engels-Lenin-Institut Moskau unter Redaktion von V[ladimir] Adoratskij. Moskau, Leningrad 1934. (Bibliothek des Marxismus-Leninismus. [2.])

592 Karl Marx und Friedrich Engels: Briefwechsel. Hrsg. vom Marx-Engels-Lenin-Institut, Moskau. Bd. 1: 1844-1853. Zürich (1935).

593 Camille Mauclair: Préface [zu] Charles Baudelaire: Vingt-sept poèmes des *Fleurs du mal.* Illustrés par [Auguste] Rodin. Paris 1918. S. 1-8.

594 Guy de Maupassant: Clair de lune. L'enfant – En voyage – Le bûcher. Paris 1909. (Œuvres complètes. [24.])

595 Gustav Mayer: Friedrich Engels. Eine Biographie in zwei Bänden. Bd. 1: Friedrich Engels in seiner Frühzeit. 2. Aufl., Berlin (1933).

596 Gustav Mayer: Friedrich Engels. Eine Biographie in zwei Bänden. Bd. 2: Engels und der Aufstieg der Arbeiterbewegung in Europa. Berlin (1933).

597 [Franz Mehring:] Ein Gedenktag des Kommunismus. In: Die Neue Zeit 16 (1897/98), Bd. 1, S. 353-356 (Nr. 12).

598 [Franz Mehring:] Lose Blätter. Charles Dickens. In: Die Neue Zeit 30 (1911/12), Bd. 1, S. 621-624 (Nr. 17; Feuilleton der Neuen Zeit, Nr. 47, 26. 1. 1912).

599 [Franz Mehring:] Ein methodologisches Problem. In: Die Neue Zeit 20 (1901/02), Bd. 1, S. 449-453 (Nr. 15).

600 [Franz Mehring:] Zum Gedächtniß der Pariser Kommune. In: Die Neue Zeit 14 (1895/96), Bd. 1, S. 737-740 (Nr. 24).

601 Karl Meister: Die Hausschwelle in Sprache und Religion der Römer. Heidelberg 1925. (Sitzungsberichte der Heidelberger Akademie der Wissenschaften. Philosophisch-historische Klasse. Bd. 15, Jg. 1924/25, 3. Abhandlung. Vorgelegt am 7. Oktober 1924.)

602 Mercier: Le nouveau Paris. Bde. 4 u. 5. Paris 1800*.

603 [Victor] Méry: Le climat de Paris. In: Le diable à Paris. Paris et les parisiens. Mœurs et coutumes, caractères et portraits des habitants de Paris, tableau complet de leur vie privée, publique, politique, artistique, littéraire, industrielle, etc., etc. Texte par MM. George Sand, P.-J. Stahl, Léon Gozlan [u. a.]. Précédé d'une histoire de Paris par Théophile Lavallée. [Bd. 1.] Paris 1845. S. 238-248.

604 Charles Meryon: Eaux-fortes sur Paris. Einleitung: R. Castinelli*.

605 R(égis) Messac: Le »Detective Novel« et l'influence de la pensée scientifique. Thèse présentée pour le doctorat ès lettres de l'université de Paris. Paris 1929.

606 Alfred Gotthold Meyer: Eisenbauten. Ihre Geschichte und Ästhetik. Nach des Verfassers Tode zu Ende geführt von Wilhelm Frh. von Tettau. Mit einem Geleitwort von Julius Lessing. Esslingen a. N. 1907.

607 E. Meyer: Victor Hugo à la tribune. Les grands débats parlementaires de l'assemblée législative. Préface du président Edouard Herriot. Chambéry 1927.

608 Friedrich Johann Lorenz Meyer: Fragmente aus Paris im IVten Jahr der französischen Republik. [Erster und] Zweiter Theil. Hamburg 1797.

609 Julius Meyer: Geschichte der modernen Französischen Malerei seit 1789 zugleich in ihrem Verhältniß zum politischen Leben, zur Gesittung und Literatur. Leipzig 1867.

610 Julius Meyer [?]: Die Pariser Kunstausstellung von 1861 und die bildende Kunst des 19. Jahrhunderts. In: Die Grenzboten. Zeitschrift für Politik und Literatur. Leipzig 1861, II. Semester, 3. Bd. S. [143f.]*.

611 (Jules) Michelet: Avenir! Avenir! In: Europe, tome 19, No 73, 15 janvier 1929, S. 6-10.
612 J[ules] Michelet: Bible de l'humanité. Paris 1864*.
613 J[ules] Michelet: Nos fils. Paris 1870.
614 J[ules] Michelet: Le peuple. 2e éd., Paris 1846.
615 Victor-Emile Michelet: Figures d'évocateurs. Paris 1913.
616 Robert Michels: Psychologie der antikapitalistischen Massenbewegungen. In: Grundriß der Sozialökonomik. IX. Abt.: Das soziale System des Kapitalismus, 1. Teil: Die gesellschaftliche Schichtung im Kapitalismus. Mit Beiträgen von G. Albrecht [u. a.] Tübingen 1926. S. 241-359.
617 Alfred Michiels: Histoire des idées littéraires en France au XIXe siècle et de leurs origines dans les siècles antérieurs. Quatrième édition très augmentée et continuée jusqu'en 1861. Bd. 2. Paris 1863.
618 Eugène de [Jacquot] Mirecourt: Fabrique de romans. Maison Alexandre Dumas et Compagnie. Paris 1845.
619 Eugène de [Jacquot] Mirecourt: Les vrais Misérables. 2 Bde. Paris 1862.
620 Tony Moilin: Paris en l'an 2000. Paris 1869.
621 André Monglond: Le préromantisme français. Bd. 1: Le héros préromantique; Bd. 2: Le maître des âmes sensibles. Grenoble 1930.
622 Adrienne Monnier: La gazette des amis des livres. In: La gazette des amis des livres, 1re année, No 1, janvier 1938, S. 1-20.
623 J. Montaigu: [Prolog zu] Le flâneur. Journal populaire. No 1, 3 mai [1848], S. 1.
624 Georges Montorgueil: Paris au hasard. Paris 1895.
625 Eugène Montrue: Le XIXe siècle vécu par deux français. Paris*.
626 Paul Morand: 1900. Paris (1931). (Collection »Marianne«. [1.])
627 Paul Morand: L'avarice. In: Les sept péchés capitaux. Jean Giraudoux: L'orgueil; Paul Morand: L'avarice; Pierre Mac Orlan: La luxure [u. a.]. Paris (1926). S. 21-39.
628 Jean Moréas: Un manifeste. In: Le Figaro. Supplément littéraire, 18 septembre 1886*.
629 Jean Morienval [Henri Thévenin]: Les créateurs de la grande presse en France. Emile de Girardin, H. de Villemessant, Moïse Millaud. Paris [1934].
630 Félix Mornand: La vie des eaux. Paris 1862*.
631 Ch. Motte: Révolutions de Paris, 1830. Plan figuratif des barricades ainsi que des positions et mouvements des citoyens armés et des troupes pendant les journées des 27, 28 et 29 juillet. Paris (1830).
632 Les murailles révolutionnaires. Collection complète des professions de foi, affiches, décrets, bulletins de république, fac-simile de signatures. ((Paris et les départements.)) [Recueillies et mises en ordre par Alfred Delvau.] Paris 1852.

633 Théodore Muret: L'histoire par le théatre 1789-1851. 3 Bde.: 1ère série: La révolution, le consulat, l'empire; 2e série: La restauration; 3e série: Le gouvernement de 1830, Le seconde république. Paris 1865.
634 Alfred de Musset: Namouna. Paris*.
635 [Gustave-Félix] Nadar: Quand j'étais photographe. Préface de Léon Daudet. Paris (1900).
636 François Marc Louis Naville: De la charité légale, de ses effets, de ses causes, et spécialement des maisons de travail, et de la proscription de la mendicité. 2 Bde. Paris 1836.
637 Gérard de Nerval: Les Œuvres complètes. [Bd. 3:] Le cabaret de la Mère Saguet. Suivi de divers inédits. Paris (1927).
638 J.-J. Nescio [Pseud. collectif de Jules David et Jules d'Auriac]: La littérature sous les deux empires. ((1804-1852)). Paris 1874.
639 Alfred Nettement: Etudes critiques sur le feuilleton-roman. [Bd. 1,] Paris 1845; Bd. 2, Paris 1846.
640 Alfred Nettement: Histoire de la littérature française sous le gouvernement de juillet. 2 Bde. 2e éd., Paris 1859.
641 Alfred Nettement: Le roman contemporain. Ses vicissitudes, ses divers aspects, son influence. Paris 1864.
642 A[lfred] Nettement: Les ruines morales et intellectuelles. Méditations sur la philosophie et l'histoire. Paris 1836.
643 Gaëtan Niépovié: Etudes physiologiques sur les grandes métropoles de l'Europe occidentale. Paris. [Paris] 1840.
644 Friedrich Nietzsche: Gesammelte Werke. Musarionausgabe.
Bd. 14: Aus dem Nachlaß (der Zarathustra- und Umwerthungszeit 1882-1888). München (1925).
Bd. 18: Der Wille zur Macht. Erstes und zweites Buch. München (1926).
Bd. 19: Der Wille zur Macht. Drittes und viertes Buch. München (1926).
645 Friedrich Nietzsche: Also sprach Zarathustra. Ed. Kröner. Leipzig*.
646 Charles Nisard: Des chansons populaires chez les anciens et chez les français. Essai historique suivi d'une étude sur la chanson des rues contemporaine. Bd. 2. Paris 1867.
647 D[ésiré] Nisard: Etudes de mœurs et de critique sur les poëtes latins de la décadence. 2e éd., suivie de jugements sur les quatre grands historiens latins. Bd. 1. Paris 1849.
648 Ferdinand Noack: Triumph und Triumphbogen. In: Vorträge der Bibliothek Warburg. Hrsg. von Fritz Saxl. Vorträge 1925-1926. Leipzig, Berlin 1928. S. 149ff.
649 Max Nordau: Aus dem wahren Milliardenlande. Pariser Studien und Bilder. 1. Bd. Leipzig 1878.

650 Nouveaux tableaux de Paris. [Lithographien von Marlet, Texte von Pierre-Joseph-Spiridion Duféy.] [Paris:] (Impr. E. Pochard,) o. J. [1821/22].
651 Nouveaux tableaux de Paris, ou observations sur les mœurs et usages des parisiens au commencement du XIXe siècle. Faisant suite à la collection des mœurs françaises, anglaises, italiennes, espagnoles. [Von Marie-Joseph Pain.] Bd. 1. Paris 1828.
652 Alexandre Ourousof: Etude sur les Textes de *Les fleurs du mal*. Commentaire et variantes. In: Le tombeau de Charles Baudelaire. Ouvrage publié avec la collaboration de Stéphane Mallarmé [u. a.]; précédé d'une étude [...] par Alexandre Ourousof et suivi d'œuvres posthumes [...] de Charles Baudelaire [...]. Paris 1896. S. 7-37.
653 Amédée Ozenfant: Les besoins collectifs et la peinture. B: La peinture murale. In: Encyclopédie française. Bd. 16: Arts et littératures dans la société contemporaine I. Paris 1935. Fasc. 16.70-2 bis 6.
654 Edouard Pailleron: Théatre complèt. Bd. 3: L'âge ingrat, Le chevalier Trumeau, L'étincelle [u. a.]. Paris o. J. [1911].
655 Palais de l'industrie. Se vend chez H. Plon*.
656 Paris de 1800 à 1900 d'après les estampes et les mémoires du temps. Publié sous la direction de Charles Simond. Bd. 2: 1830-1870. La monarchie de juillet; la seconde république; le second empire. Paris 1900.
657 Paris désert. Lamentations d'un Jérémie haussmannisé. (Paris: Impr. G. Towne,) o. J. [1868].
658 Paris nouveau. Jugé par un flâneur. Paris 1868.
659 Paris sous la république de 1848. Exposition de la Bibliothèque et des Travaux historiques de la ville de Paris, organisée avec le concours de la Société d'histoire de la révolution de 1848 et de plusieurs collectionneurs. (Von Marcel Poëte, Edmond Beaurepaire, Etienne Clouzot und Gabriel Henriot.) (Paris 1909).
660 Die Pariser Weltausstellung in Wort und Bild. Unter Mitarbeit von Paul Apostol [u. a.] redigiert von Georg Malkowsky. Berlin 1900.
661 H[enry?] Patry: L'épilogue du procès des Fleurs du mal. Une lettre inédite de Baudelaire à l'impératrice ((1857)). In: Revue d'histoire littéraire de la France 29 (1922), S. 67-75.
662 Maurice Pécard: Les expositions internationales au point de vue économique et social particulièrement en France. Thèse pour le doctorat; université de Paris, faculté de droit. Paris 1901.
663 Charles Péguy: Œuvres complètes. [1.] Œuvres de prose. [Bd. 4:] Notre jeunesse. Victor-Marie, comte Hugo. Introduction par André Suarès. Paris 1916.
664 [Joséphin] Péladan: Théorie plastique de l'androgyne. In: Mercure de France, No 308, tome 84, 16 avril 1910, S. 634-651.

665 Gabriel Pélin: Les laideurs du beau Paris. Histoire morale, critique et philosophique des industries, des habitants et des monuments de la capitale. Paris 1861.
666 Charles Pellarin: Vie de Fourier. 5ᵉ éd. Augmentée de deux chapitres et d'une préface nouvelle. Paris 1871.
667 H[enry] de Pène: Paris intime. Paris 1859.
668 Agricol Perdiguier: Le livre du compagnonage. Contenant des chansons de compagnons, un dialogue sur l'architecture, un raisonnement sur le trait [u. a.]. Paris 1840.
669 Auguste Perret: Les besoins collectifs et l'architecture. In: Encyclopédie française. Bd. 16: Arts et littératures dans la société contemporaine I. Paris 1935. Fasc. 16.68-6 bis 12.
670 Les Petits-Paris. Par les auteurs des Mémoires de Bilboquet [Taxile Delord u. a.]. Paris 1854.
    Bd. 1: Paris-boursier.
    Bd. 6: Paris-bohème.
    Bd. 10: Paris-viveur.
671 Léon Pierre-Quint: Signification du cinéma. In: L'art cinématographique II. Paris 1927. S. 1-28.
672 G. Pinet: Histoire de l'Ecole polytechnique. Paris 1887.
673 Pinkerton, Mercier und C. F. Cramer: Ansichten der Hauptstadt des französischen Kayserreichs vom Jahre 1806 an. Erster Band. Amsterdam 1807.
674 A. Pinloche: Fourier et le socialisme. Paris 1933.
675 René de Planhol: Les utopistes de l'amour. Paris 1921.
676 Georg Plechanow: Über die Anfänge der Lehre vom Klassenkampf. In: Die Neue Zeit 21 (1902/03), Bd. 1, S. 275-286 (Nr. 9) und S. 292-305 (Nr. 10).
677 G[eorgi Walentinowitsch] Plechanow: Wie die Bourgeoisie ihrer Revolution gedenkt. (Deutsch von B[oris Naumowitsch] Kritschewsky.) In: Die Neue Zeit 9 (1890/91), Bd. 1, S. 97-102 (Nr. 4) u. S. 135-140 (Nr. 5).
678 G[eorgi Walentinowitsch] Plechanow: Zu Hegel's sechzigstem Todestag. In: Die Neue Zeit 10 (1891/92), Bd. 1, S. 198-203 (Nr. 7), S. 236-243 (Nr. 8) u. S. 273-282 (Nr. 9).
679 Edgar Poe: Nouvelles histoires extraordinaires. Traduction de Charles Baudelaire. (=Charles Baudelaire: Œuvres complètes. Bd. 6: Traductions II. Ed. Calmann Lévy.) Paris 1887.
680 Poésies sociales des ouvriers. Réunies et publiées par Olinde Rodrigues. Paris 1841.
681 Marcel Poëte: Une vie de cité. Paris de sa naissance à nos jours. Album. Paris 1925.
    E. Poisson, s. Charles Fourier.

682 M[ichael] N[ikolaevič] Pokrowski: Historische Aufsätze. Ein Sammelband. (Aus dem Russischen von Axel F.) Wien, Berlin (1928). (Marxistische Bibliothek. Werke des Marxismus-Leninismus. 17.)
683 H[enri] Pollès: L'art du commerce. In: Vendredi. Hebdomadaire littéraire et politique, 3e année, No 67, 12 février 1937, S. 12.
684 François Porché: La vie douloureuse de Charles Baudelaire. Paris (1926). (Le roman des grandes existences. 6.)
685 Denis Poulot: Question sociale. Le sublime. Nouv. [3e] éd., Paris o. J. [1887]. (Bibliothèque socialiste.)
686 Charles Pradier: Pères et fils. In: Le bohême. Journal non politique. 1re année, No 5, 29 avril 1855, S. 1 f.
687 Ch(arles) Pradier: Réponse à la Revue de Paris. In: Le bohême. 1re année, No 8, 10 juin 1855, S. 2.
688 Jean Prévost: [Bespr.] Journaux intimes de Charles Baudelaire, avertissement et notes de Jacques Crépet; Les mystères galans des théâtres de Paris. In: La nouvelle revue française, No 308, 27e année, tome 52, 1 mai 1939, S. 887f.
689 A(lexandre) Privat d'Anglemont: Paris inconnu. Précédé d'une étude sur sa vie par Alfred Delvau. Paris 1861.
690 A. Prohojowska[?]: Les grandes industries de la France. L'éclairage. Paris*.
691 Charles Prolès: Raoul Rigault. La préfecture de police sous la Commune. Les otages. (Les hommes de la révolution de 1871.) Paris 1898.
692 Une promenade à travers Paris au temps des romantiques. Exposition de la Bibliothèque et des Travaux historiques de la ville de Paris, organisée avec le concours des collections de Georges Decaux et Georges Hartmann. (Von Marcel Poëte, Edmond Beaurepaire, Etienne Clouzot und Gabriel Henriot.) O. O., o. J. [Paris 1908].
693 Marcel Proust: Du Côté de chez Swann I. (A la recherche du temps perdu. Bd. 1.) Paris ⟨1939⟩. ⟨s. Nachweis zu J 89a, 3⟩
694 Marcel Proust: A l'ombre des jeunes filles en fleurs II. (A la recherche du temps perdu. Bd. 2.) Paris ⟨1932⟩. ⟨s. Nachweis zu J 90a, 3⟩
695 Marcel Proust: A l'ombre des jeunes filles en fleurs III. (A la recherche du temps perdu. Bd. 3.) Paris ⟨1939⟩. ⟨s. Nachweis zu M 21, 1⟩
696 Marcel Proust: Le côté de Guermantes I. (A la recherche du temps perdu. Bd. 3.) Paris 1920.
697 Marcel Proust: La prisonnière ((Sodome et Gomorrhe III)) I. (A la recherche du temps perdu. Bd. 6.) Paris 1924 (Copyright 1923).
698 Marcel Proust: La prisonnière ((Sodome et Gomorrhe III)) II. (A la recherche du temps perdu. Bd. 6.) Paris 1923.
699 Marcel Proust: Le temps retrouvé II. (A la recherche du temps perdu. Bd. 8.) Paris (1927).

700 Marcel Proust: A propos de Baudelaire. In: La nouvelle revue française, tome 16, 8ᵉ année, No 93, 1 juin 1921, S. 641-663.
701 Marcel Proust: Chroniques. Paris (1927).
702 Marcel Proust: Préface [zu] Paul Morand: Tendres stocks. Préface de Marcel Proust. 2ᵉ éd., Paris 1921.
703 Marcel Proust: Correspondance générale. Publiée par Robert Proust et Paul Brach. Bd. 1: Lettres à Robert de Montesquiou 1893-1921. Paris 1930.
704 J[ean-] B[aptiste] Pujoulx: Paris à la fin du XVIIIᵉ siècle, ou esquisse historique et morale des monuments et des ruines de cette capitale; de l'état des sciences, des arts et de l'industrie à cette époque, ainsi que des mœurs et des ridicules de ses habitans. Paris 1801.
705 Félix Pyat: Le chiffonnier de Paris. Drame en cinq actes. Nouvelle édition. Revue, corrigée et augmentée d'une préface. Paris 1884.
706 Gaston Rageot: La mode intellectuelle. Qu'est-ce qu'un événement? In: Le temps, 79ᵉ année, No 28339, 16 avril 1939, S. 3.
707 Max Raphael: Proudhon Marx Picasso. Trois études sur la sociologie de l'art. Paris (1933).
708 Rapports des délégués des ouvriers parisiens à l'exposition de Londres en 1862. Publiés par la Commission ouvrière. Paris 1862/64*.
709 Paul-Ernest de Rattier: Paris n'existe pas. Paris 1857.
710 Friedrich von Raumer: Briefe aus Paris und Frankreich im Jahre 1830. Erster Theil. Leipzig 1831. – Zweiter Theil. Leipzig 1831.
711 Marcel Raymond: De Baudelaire au surréalisme. Essai sur le mouvement poétique contemporain. Paris 1933.
712 Ernest Raynaud: Ch[arles] Baudelaire. Etude biographique et critique suivie d'un essai de bibliographie et d'iconographie baudelairiennes. Paris 1922. (Bibliothèque d'histoire littéraire et de critique.)
713 Henri de Régnier: Baudelaire et les Fleurs du mal, in: Charles Baudelaire: Les Fleurs du mal et autres poèmes. Texte intégral précédé d'une étude inédite d'Henri de Régnier. Paris [1930]. [Unpaginiert.]
714 Johann Friedrich Reichardt: Vertraute Briefe aus Paris geschrieben in den Jahren 1802 und 1803. Erster [und] Zweiter Theil. 2., verb. Aufl., Hamburg 1805.
715 Theodor Reik: Der überraschte Psychologe. Über Erraten und Verstehen unbewußter Vorgänge. Leiden 1935.
716 Marcel Réja: L'art chez les fous. Le dessin, la prose, la poésie. Paris 1907.
717 L[udwig] Rellstab: Paris im Frühjahr 1843. Briefe, Berichte und Schilderungen. Erster Band. Leipzig 1844.
718 Ernest Renan: Essais de morale et de critique. Paris 1859*.
719 Jules Renard: Journal inédit 1887-1895. Paris (1925).
720 Georges Rency: Physionomies littéraires. Bruxelles (1907).

721 J[ean] Rey: Etudes pour servir à l'histoire des châles. Paris 1823.
722 Jean Reynaud: Philosophie religieuse. Terre et Ciel. Paris 1854.
723 Gonzague de Reynold: Charles Baudelaire. Paris, Genève 1920. (Collection Franco-Suisse.)
724 Rainer Maria Rilke: Duineser Elegien. Leipzig 1923.
725 Rainer Maria Rilke: Die frühen Gedichte. 15.-17. Tausend, Leipzig 1922.
726 Arthur Rimbaud: Œuvres. Vers et proses. Revues sur les manuscrits originaux et les premières éditions, mises en ordre et annotées par Paterne Berrichon. Poèmes retrouvés. Préface de Paul Claudel. Paris 1924.
727 Jacques Rivière: Etudes. Paris*.
728 N. Rjasanoff: Marx und seine russischen Bekannten in den vierziger Jahren. In: Die Neue Zeit 31 (1912/13), Bd. 1, S. 715-721 (Nr. 20) u. S. 757-766 (Nr. 21).
729 D[avid] Rjazanov: Zur Geschichte der Ersten Internationale. I. Die Entstehung der Internationalen Arbeiterassoziation. In: Marx-Engels Archiv. Zeitschrift des Marx-Engels-Instituts in Moskau. Hrsg. von D[avid] Rjazanov. Bd. 1. Frankfurt a. M. 1928. S. 119-202.
730 Jacques Robiquet: L'art et le goût sous la Restauration 1814 à 1830. Paris 1928. (Collection L'art et le goût.)
731 Georges Rodenbach: L'élite. Ecrivains; orateurs sacrés; peintres; sculpteurs. 2e mille, Paris 1899.
732 Julius Rodenberg: Paris bei Sonnenschein und Lampenlicht. Ein Skizzenbuch zur Weltausstellung. Mit Beiträgen von Heinrich Ehrlich [u. a.]. Leipzig 1867.
Olinde Rodrigues, s. Poésies sociales des ouvriers.
733 Maurice Rollinat: Fin d'œuvre. Préface de Gustave Geffroy. Paris 1919*.
734 Jules Romains: Cela dépend de vous. Paris (1939).
735 Jules Romains: Le 6 octobre. (Les hommes de bonne volonté. Bd. 1.) [Paris] (1932).
736 Jules Romains: Crime de Quinette. (Les hommes de bonne volonté. Bd. 2.) [Paris] (1932).
737 Bibliothèque Nationale: Le Romantisme. Catalogue de l'exposition 22 janvier – 10 mars 1930. Paris (1930).
738 [Claude Joseph] Rouget de Lisle: Chant des industriels. In: Cinquante chants français. Paroles de différents auteurs. Mises en musique avec accompagnement de piano par Rouget de Lisle. (Paris) [1825]. S. 202-205.
739 J[ean]-J[acques] Rousseau: Les confessions. Bde. 2, 3 und 4 (=Livres V-XII). Paris (1931). (Coll. »Génie de la France«; Œuvres de J.-J. Rousseau.)

740 Jean-Jacques Rousseau: Les rêveries du promeneur solitaire. Précédé de Dix jours à Ermenonville par Jacques de Lacretelle. Paris 1926.
741 Otto Rühle: Karl Marx. Leben und Werk. Hellerau bei Dresden (1928).
742 Marcel-A. Ruff: Sur l'architecture des »Fleurs du mal«. In: Revue d'histoire littéraire de la France 37 (1930), S. 393-399.
743 Russische Gespenster-Geschichten. Acht Novellen ausgewählt und übers. von Johannes von Guenther. München 1921.
744 [Charles-Augustin] Sainte-Beuve: Vie, poésies et pensées de Joseph Delorme. Nouvelle édition très-augmentée. (Poésies de Sainte-Beuve. 1re partie.) Paris 1863.
745 C[harles-]A[ugustin] Sainte-Beuve: Les consolations. Pensées d'août. Notes et sonnets – Un dernier rêve. (Poésies de Sainte-Beuve. 2e partie.) Paris 1863.
746 [Charles-Augustin] Sainte-Beuve: De la littérature industrielle. In: Revue des deux mondes, IXX, 4. 1839. S. [681ff.]*.
747 C[harles-]A[ugustin] Sainte-Beuve: Portraits contemporains. Bde. 2 und 4. Paris 1882*.
748 J[osef] W. Samson: Die Frauenmode der Gegenwart. Eine medizinisch-psychologische Studie. Berlin, [Köln] 1927. (Aus: Zeitschrift für Sexualwissenschaft. 14.)
749 Gaëtan Sanvoisin: La soirée du scrutin à Paris. Rarement la ville fut aussi calme. In: Le Figaro, 3e année, No 118, 27 avril 1936, S. 1.
750 Paul Saulnier: Du roman en général et du romancier moderne en particulier. In: Le bohême. Journal non politique. 1re année, No 5, 29 avril 1855, S. 2.
751 Edmond Scherer: Etudes sur la littérature contemporaine. Bd. 4. Paris 1886.
752 Elisabeth Schinzel: Natur und Natursymbolik bei Poe, Baudelaire und den französischen Symbolisten. Diss. Bonn; Düren-Rhld. 1931.
753 Friedrich Schlegel: Lucinde. Leipzig*.
754 Adolf Schmidt: Pariser Zustände während der Revolutionszeit von 1789-1800. Dritter Theil. Jena 1876.
755 [Eduard] Schmidt-Weißenfels: Portraits aus Frankreich. Berlin 1881.
756 Pierre-Maxime Schuhl: Machinisme et philosophie. Paris 1938. (Nouvelle encyclopédie philosophique. [16.])
757 Fritz Th. Schulte: Honoré Daumier. In: Die Neue Zeit 32 (1913/14), Bd. 1, S. 831-837 (Nr. 22).
758 Alphonse Séché: La vie des »Fleurs du mal«. 3e éd., Amiens 1928. (Les grands événements littéraires. [11.])
759 Léon Séché: Alfred de Vigny. [Bd.] 2: La vie amoureuse. (Etudes d'histoire romantique.) Paris 1913.

760 Hérault de Séchelles: Théorie de l'ambition. Introduction par Jean Prévost. (Paris) 1927.
761 Albéric Second: Rue Notre-Dame-de-Lorette, in: Paris chez soi. Histoire, mœurs, rues, monuments, palais, musées, théatres, chemins de fer, fortifications et environs de Paris ancien et moderne. Par l'élite de la littérature contemporaine. Paris [1854]. S. 187-192.
762 Charles Seignobos: Histoire sincère de la nation française. Essai d'une histoire de l'évolution du peuple français. 14e édition, Paris 1933.
763 Ernest Seillière: Baudelaire. (Ames et visages.) Paris 1931.
764 [Etienne-Pivert] de Senancour: Obermann. Nouvelle édition, revue et corrigée. Avec une préface par George Sand. Paris: Eugène Fasquelle, éditeur, 1901.
765 Woldemar Seyffarth: Wahrnehmungen in Paris 1853 und 1854. Gotha 1855.
766 70 Jahre deutsche Mode. 1925*.
767 E. Silberling: Dictionnaire de sociologie phalanstérienne. Guide des œuvres complètes de Charles Fourier. Paris 1911.
768 G[eorg] Simmel: Mélanges de philosophie rélativiste. Contribution à la culture philosophique. Traduit par A. Guillain. Paris 1912.
769 Georg Simmel: Philosophie des Geldes. Leipzig 1900.
770 Georg Simmel: Philosophische Kultur. Gesammelte Essais. Leipzig 1911. (Philosophisch-soziologische Bücherei. 27.)
771 Charles Simond, s. Paris de 1800 à 1900 d'après les estampes et les mémoires du temps.
772 Jean Skerlitch: L'opinion publique en France d'après la poésie politique et sociale de 1830 à 1848. Dissertation de doctorat présentée à la Faculté des lettres de l'Université de Lausanne. Lausanne 1901.
773 Louis Sonolet: La vie parisienne sous le second empire. Préface de Roland Dorgelès. Paris 1929.
774 Paul Souday: Le cinquantenaire de Baudelaire. In: Le temps, 4 juin 1917*.
775 P[aul] S[ouday]: Des lettres de Baudelaire. In: Le temps, 57e année, No 20495, 17 août 1917, S. 1.
776 Paul Souday: [Rez.] Gonzague de Reynold, Charles Baudelaire. In: Le temps, 61e année, No 21811, 21 avril 1921, S. 3.
777 Philippe Soupault: Baudelaire. Paris (1931). (Maîtres des littératures. 8.)
778 Oswald Spengler: Le déclin de l'occident. Esquisse d'un morphologie de l'histoire universelle. 2e partie: Perspective de l'histoire universelle. Traduit par M. Tazerout. Paris 1933. (Bibliothèque des idées.)
779 Leo Spitzer: Stilstudien. II: Stilsprachen. München 1928.
780 Willy Spühler: Der Saint-Simonismus. Lehre und Leben von Saint-

Amand Bazard. Zürich 1926. (Zürcher Volkswirtschaftliche Forschungen. 7.)
781 Eugène Spuller: Histoire parlementaire de seconde république. Suivi d'une petite histoire du seconde empire. Paris 1891.
782 Fritz Stahl: Paris. Eine Stadt als Kunstwerk. (6.-9. Aufl.,) Berlin 1929. ⟨s. Anm. zu E 13 a, 2⟩
783 Adolf Stahr: Nach fünf Jahren. Pariser Studien aus dem Jahre 1855. Erster Theil. Oldenburg 1857.
784 Adolf Stahr: Zwei Monate in Paris. Erster [und] Zweiter Theil. Oldenburg 1851.
785 (Lorenz von Stein:) Die socialistischen und communistischen Bewegungen seit der dritten französischen Revolution. Anhang zu Steins Socialismus und Communismus des heutigen Frankreichs. Leipzig, Wien 1848.
786 Erich Stenger: Daguerres Diorama in Berlin. Ein Beitrag zur Vorgeschichte der Photographie. Berlin 1925.
787 Dolf Sternberger: Hohe See und Schiffbruch. Verwandlungen einer Allegorie. In: Die Neue Rundschau 46 (1935), Bd. 2, S. 184-201 (Heft 8; August '35).
788 Dolf Sternberger: Jugendstil. Begriff und Physiognomik. In: Die Neue Rundschau 45 (1934), Bd. 2, S. 255-271 (Heft 9; September '34).
789 Dolf Sternberger: Panorama oder Ansichten vom 19. Jahrhundert. Hamburg 1938.
790 Dolf Sternberger: Das wunderbare Licht. Zum 150. Geburtstag Daguerres. In: Frankfurter Zeitung, 21. 11. 1937 (Jg. 82, Nr. 593/594), S. 6.
791 August Strindberg: Märchen. Aus dem Schwedischen übertr. von Emil Schering. 8. Aufl., München, Berlin 1917.
792 Adolf Strodtmann: Dichterprofile. Literaturbilder aus dem neunzehnten Jahrhundert. Bd. 1: Deutsche Dichtercharaktere. Stuttgart 1879.
793 André Suarès: Baudelaire et *Les fleurs du mal,* in: Charles Baudelaire: Les fleurs du mal. Avec une préface de André Suarès. Paris 1933. S. V-XLIV.
794 André Suarès: Sur la vie. Essais. [Bd. 2.] Paris 1925.
795 André Suarès: Trois grands vivants. Cervantès, Tolstoi, Baudelaire. Paris (1938).
796 Erwin Szabó: [Bespr.] A. Asturaro, Il materialismo storico e la sociologia generale, Genua 1904. In: Die Neue Zeit 23 (1904/05), Bd. 1, S. 61f. (Nr. 2).
797 Friedrich Szarvady: Paris. Politische und unpolitische Studien und Bilder. 1848-1852. Erster Band. Berlin 1852.
798 Maurice Talmeyr: Mœurs électorales. Le marchand de vins. In:

Revue des deux mondes, 86ᵉ année, 4ᵉ période, tome 148, 15 août 1898, S. 876-891.
799 Maurice Talmeyr: Tableaux du siècle passé. La cité du sang. Paris 1901.
800 Emile Tardieu: L'ennui. Etude psychologique. Paris 1903.
801 E. Tarlé: Der Lyoner Arbeiteraufstand. In: Marx-Engels Archiv. Zeitschrift des Marx-Engels-Instituts in Moskau. Hrsg. von D[avid] Rjazanov. Bd. 2. Frankfurt a. M. 1928. S. 56-113.
802 André Thérive: [Rez.] Henry Bordeaux, Le pays sans ombre [u. a.]. In: Le temps, 75ᵉ année, No 26961, 27 juin 1935, S. 3.
803 André Thérive: [Rez.] Edouard Dujardin, Mallarmé par un des siens [u. a.]. In: Le temps, 76ᵉ année, No 27322, 25 juin 1936, S. 3.
804 André Thérive: Le parnasse. Paris 1929. (Le XIXᵉ siècle.)
805 André Thérive: [Rez.] Paul Valéry, Variété IV [und] Regards sur le monde actuelle (Œuvres complètes, Tome J) [u. a.]. In: Le temps, 79ᵉ année, No 28343, 20 avril 1939, S. 3.
806 Albert Thibaudet: Histoire de la littérature française de 1789 à nos jours. Paris (1936).
807 Albert Thibaudet: Les idées politiques de la France. Paris 1932.
808 Albert Thibaudet: Intérieurs. Baudelaire, Fromentin, Amiel. Paris (1924).
809 Louis Thomas: Curiosités sur Baudelaire. Paris 1912.
810 H. Thurow: Aus den Anfängen der sozialistischen Belletristik. In: Die Neue Zeit 21 (1902/03), Bd. 2, S. 212-222 (Nr. 33).
811 Amédée de Tissot: Paris et Londres comparés. Paris 1830.
812 [Claude-]J[oseph] Tissot: De la manie du suicide et de l'esprit de révolte. De leurs causes et de leurs remèdes. Paris 1840.
813 G. Tourquet-Milnes: The Influence of Baudelaire in France and England. London 1913*.
814 Louis-Jean-Baptiste de Tourreil: Religion fusionienne ou doctrine de l'universalisation réalisant le vrai catholicisme. Choix de notes destinées à la formulation complémentaire de la doctrine fusionienne et laissées inédites à la mort de leur auteur. (Paris) o. J. [1902].
815 A[lphonse] Toussenel: L'esprit des bêtes. Le monde des oiseaux. Ornithologie passionnelle. [Bd. 1.] Paris 1853.
816 A[lphonse] Toussenel: L'esprit des bêtes. Zoologie passionnelle. Mammifères de France. 4ᵉ éd., revue et corrigée. Paris 1884.
817 A[lphonse] Toussenel: Les juifs. Rois de l'époque. Histoire de la féodalité financière. 3ᵉ éd. Précédée d'une préface, d'une notice biographique sur l'auteur, et accompagnée de notes hors texte, par l'éditeur Gabriel de Gonet, 1846-1886. 2 Bde. Paris (1886).
818 La transformation de Paris sous le second empire. Exposition de la Bibliothèque et des Travaux historiques de la ville de Paris, organisée

avec le concours des collections de P. Blondel [u. a.]. (Von Marcel Poëte, E[tienne] Clouzot und G[abriel] Henriot.) (Paris 1910.)
819 Raymond Trial: La maladie de Baudelaire. Etude médico-psychologique. Paris 1926.
820 C.-F. Tricotel [Charles-Maurice Descombes]: Esquisse de quelques scènes de l'intérieur de la bourse, pendant les journées des 28, 29, 30 et 31 juillet dernier. Paris 1830.
821 [Anne-Robert-Jacques] Turgot: Œuvres. Nouvelle édition classée par ordre de matières avec les notes de Dupont de Nemours. Augmentée de lettres inédites, des questions sur le commerce, et d'observations et de notes nouvelles par Eugène Daire et Hippolyte Dussard et précédée d'une notice sur la vie et les ouvrages de Turgot par Eugène Daire. Bd. 2. Paris 1844. [Collection des principaux économistes. 4.]
822 Hermann Usener: Götternamen. Versuch einer Lehre von der religiösen Begriffsbildung. Bonn 1896.
823 Paul Valéry: Cahier B 1910. [Paris] 1930.
824 Paul Valéry: Choses tues. Cahier d'impressions et d'idées. Portrait de Paul Valéry par Edmond Marie, eaux-fortes originales et dessins par l'auteur. (Paris 1930.) (Les images du temps. 10.)
825 Paul Valéry: Introduction [zu] Charles Baudelaire: Les fleurs du mal. Texte de la deuxième édition publié avec une introduction de Paul Valéry. Paris (1926). (Collection prose et vers. [8.]) S. VII-XXX.
826 Paul Valéry: Pièces sur l'art. Paris*. ⟨s. Nachweis zu B 8, 2.⟩
827 Paul Valéry: Préambule [zum Katalog] Exposition de l'art italien de Cimabue à Tiepolo. Petit Palais 1935. [Paris 1935.] S. III-IX.
828 Paul Valéry: Regards sur le monde actuel. (Œuvres de Paul Valéry. Vol. J. [= 10].) Paris (1938).
829 Camille Vergniol: Cinquante ans après Baudelaire. In: La revue de Paris, 24e année, tome 4, juillet-août 1917, S. 671-709.
830 Emile Verhaeren: A Charles Baudelaire [Gedicht]. In: Le tombeau de Charles Baudelaire. Ouvrage publié avec la collaboration de Stéphane Mallarmé [u. a.]; précédé d'une étude [...] par Alexandre Ourousof et suivi d'œuvres posthumes [...] de Charles Baudelaire [...]. Paris 1896. S. 83f.
831 Louis Veuillot: Les odeurs de Paris. Paris 1914.
832 Louis Veuillot: Pages choisies. Avec une introduction critique par Antoine Albalat. Paris 1906.
833 Charles-François Viel: De la chute imminente de la science de la construction des bâtiments en France. Des causes directes et indirectes qui l'accélèrent. Bd. 1, Paris 1818; Bd. 2, Paris 1819.
834 Charles-François Viel: De l'impuissance des mathématiques pour assurer la solidité des bâtimens, et recherches sur la construction des ponts. Paris 1805*.

835 Horace de Viel-Castel: Mémoires sur le règne de Napoléon III. ((1851-1864.)) Publiés d'après le manuscrit original. Avec une préface par L. Léouzon Le Duc. Bd. 2: 1852-1853. Paris 1883.
836 Alfred de Vigny: Poésies complètes. Poëmes antiques et modernes; Les destinées, poëmes philosophiques. Nouvelle édition, revue et corrigée. Paris 1866.
837 Charles Vildrac [Charles Messager]: Les ponts de Paris. Paris o. J. [ca. 1930]*.
838 Roland Villiers: Le cinéma et ses merveilles. Paris (1930).
839 Friedr[ich] Theod[or] Vischer: Kritische Gänge. Neue Folge. Drittes Heft. Stuttgart 1861.
840 Friedrich Theod[or] Vischer: Mode und Cynismus. Beiträge zur Kenntniß unserer Culturformen und Sittenbegriffe. Stuttgart 1879.
841 V. Volgin: Über die historische Stellung St.-Simons. In: Marx-Engels Archiv. Zeitschrift des Marx-Engels-Instituts in Moskau. Hrsg. von D[avid] Rjazanov. Bd. 1. Frankfurt a. M. 1928. S. 82-118.
842 Hugh Walpole: The Fortress. Hamburg, Paris, Bologna (1933). (The Albatros Modern Continental Library. Bd. 92.)
843 Wladimir Weidlé: Les abeilles d'Aristée. Essai sur le destin actuel des lettres et des arts. Paris (1936).
844 Louise Weiss: Souvenirs d'une enfance républicaine. Paris (1937).
845 Hilde Weiß: Die »Enquête Ouvrière« von Karl Marx. In: Zeitschrift für Sozialforschung 5 (1936), S. 76-98 (Heft 1).
846 Hermann Wendel: Jules Vallès. In: Die Neue Zeit 31 (1912/13), Bd. 1, S. 105-111 (Nr. 3; Feuilleton der Neuen Zeit, Nr. 56, 18. 10. 1912).
847 Paul Westheim: Die neue Siegesallee. In: Die neue Weltbühne 34 (1938), S. 236-240 (Nr. 8; 24. 2. '38).
848 A(ntoine-)J(oseph) Wiertz: Œuvres littéraires. ((Edition réservée à la France.)) Paris 1870.
849 Amalie Winter: Memoiren einer Berliner Puppe für Kinder von 5 bis 10 Jahren und für deren Mütter. Leipzig 1852*.
850 Marcel Zahar: Les arts de l'espace. 1: Les tendances actuelles de l'architecture. In: Encyclopédie française. Bd. 17: Arts et littératures dans la société contemporaine II. Paris 1936. Fasc. 17.10-3 bis 8.

Zum Abbildungsteil

Anfang September 1935 berichtete Benjamin an Gretel Adorno: *Dies [...] ist novum: daß ich mir über wichtiges und entlegnes Bildermaterial zu meinen Studien Aufzeichnungen mache. Das Buch, soviel weiß ich seit einiger Zeit, läßt sich mit den bedeutsamsten illustrativen Dokumenten ausstatten und diese Möglichkeit will ich ihm nicht von vornherein abschneiden.* (1142) Das Bildermaterial fand Benjamin im Cabinet des

Estampes der Bibliothèque Nationale. Vor allem von Mitte Mai bis September 1935 und dann noch einmal im Januar 1936 scheint er dort gearbeitet zu haben. Seine Notizen zu den Bildern fügte er den *Aufzeichnungen und Materialien* ein (s. A 7, 1, 3, 4, 5; B 6a, 4; C 4a, 4; E 7a, 3; F 5a, 6; F 6, 2; F 7a, 5; G 10a, 4; L 3, 4; M 7, 2; O 7a, 1; P 3, 7; Q 3a, 3, 4, 5; U 11a, 5, 6, 7; Y 6, 3, 4; d 3a, 4, 5, 6, 7; g 2a, 3, 5 und k 2a, 5). – Michel Melot, dem die Identifizierung der im vorliegenden Band reproduzierten Bilder (s. oben, nach 654) zu danken ist, verfaßte eine Expertise über Benjamins Arbeit im Cabinet des Estampes, die im folgenden abgedruckt wird:

Il faut souligner l'originalité des travaux de Walter Benjamin au Cabinet des Estampes de la Bibliothèque nationale en juillet 1935. A cette époque, il était encore rare que des historiens – surtout dans le domaine d'une histoire »sociale« – s'appuient sur une documentation iconographique, considérée comme une source équivalente aux documents d'archives ou littéraires. Or ses recherches semblent avoir été assez importantes, menées en tout cas avec une méthode systématique. En effet il dut sonder la série »Topographie de Paris«, suite de recueils factices contenant environ 150000 images de toutes sortes (dessins, plans, coupures de presse, cartes postales, photographies, affiches) classées par arrondissement et par ordre alphabétique des rues. Bien que ses recherches fussent limitées au XIXe siècle, il dut parcourir de nombreux albums in extenso puisque les documents n'y sont pas classés par date. Il semble cependant s'être limité aux quartiers significatifs de l'époque: les boulevards (le quartier des »panoramas«) et leurs environs. Dans la série »Histoire de France« le travail était plus simple, les images étant classées chronologiquement. Il semble s'être arrêté assez vite puisque tous les documents qu'il signale dans ses notes sont antérieurs à 1818, ce qui peut s'expliquer, l'ensemble des documents couvrant le XIXe siècle comportant plusieurs centaines de volumes. En revanche il fit une ample moisson dans la série Kc 164: »Enseignement des arts«, où sont réunis en une dizaine de recueils, des estampes concernant les ateliers, la vie des artistes, le Salon, le public des arts etc. avec de nombreuses caricatures. Il ne se contenta pas de consulter des séries que tout documentaliste aurait comme lui prospectées, puisque certaines de ses cotes sont prises dans la série très complexe (aucun classement homogène n'y existait) des Caricatures, dans des albums que seule une recherche approfondie ou de judicieux renseignements ont pu lui faire découvrir.

Alfred Sohn-Rethel sah bei Benjamin in Paris eine Art Album, in welches eine größere Anzahl von Abbildungen eingeklebt oder -geheftet war (mündliche Mitteilung an den Hg.), und tatsächlich ließ Benjamin vom Service photographique der Bibliothèque Nationale Photographien herstellen. Diese Sammlung scheint jedoch verloren zu sein. Dagegen fanden sich in Benjamins Nachlaß eine Reihe von Aufnahmen, die die mit ihm befreundete Photographin Germaine Krull Mitte der dreißiger Jahre von Pariser Passagen gemacht hatte: drei dieser Photographien werden gleichfalls im Abbildungsteil wiedergegeben. Schließlich enthält dieser die Radierung »Le Pont-Neuf« von Meryon, auf die Benjamin sich sowohl J 2, 3 wie in *Das Paris des Second Empire bei Baudelaire* (s. Bd. 1, 591) bezieht, sowie Grandvilles Holzschnitt »Le pont des planètes«, der dem *Saturnring* zugrunde liegt und auf den in den Exposés zum Passagenwerk angespielt wird (s. 51,17f. und 66,3 ff.).

Anmerkungen

A 1, Motti *jamais.«*] Arthur Rimbaud, Œuvres complètes. Edition établie, présentée et annotée par Antoine Adam, Paris 1976 (Bibliothèque de la Pléiade. 68), 146 (»Illuminations«, Solde). Benjamin, der wohl aus dem Gedächtnis zitierte, schrieb: »... et qu'on ne vendra jamais«. – **A 6,** 2 *millions.«*] s. die Buchausgabe (Quellenverzeichnis Nr. 329), 73 – **A 7,** 1 *CdE*] gemeint ist hier und im folgenden immer das Cabinet des Estampes der Bibliothèque Nationale in Paris. – **A 7a,** 2 *Panorama.«*] Heine, Sämtliche Werke, hg. von Ernst Elster, Bd. 1, Leipzig, Wien 1893, 457. Ein Brief Adornos, in dem die Strophen zitiert werden, ist nicht erhalten. – **A 11a,** 4 *l'Inde«*] Baudelaire, Œuvres complètes. Bd. 2. Texte établi, présenté et annoté par Claude Pichois, Paris 1976 (Bibliothèque de la Pléiade. 7), 26f. Die von Benjamin benutzte Ausgabe des »Art romantique« konnte – trotz des ergänzenden Hinweises in D 5, 1 – nicht ermittelt werden. – **A 13,** 1 *villes«*] Baudelaire, Œuvres complètes. Bd. 1. Texte établi, présenté et annoté par Claude Pichois, Paris 1975 (Bibliothèque de la Pléiade. 1), 651 (»Fusées« II).
B 1, Motti *Tod!«*] s. Giacomo Leopardi, Operette morali. A cura di Alessandro Donati, Bari 1928, 23 – **B 1a,** 1 (Z. 3 v.u.) *Revolutionen*] in einer von Gretel Adorno angefertigten Maschinentranskription der Notiz findet sich von Theodor W. Adornos Hand die Marginalie: »ich würde denken: Gegenrevolutionen«. – **B 1a,** 2 *L'éventail d'Iris* und *La lune peinte par elle-même* finden sich in dem »Les Mystères de l'Infini« überschriebenen Teil von Grandvilles »Un autre monde«, Paris 1844; *die Milchstraße als nächtliche von Gaskandelabern erhellte Avenue* ist wohl eine Anspielung auf *Le pont des planètes*, s. Abb. 16. – **B 2,** 2 Die Erstausgabe von Du Camps Paris-Werk erschien 1869 bis 1875; bis 1898 folgten acht Nachdrucke. Es ist dem Hg. nicht gelungen, hinter das Geheimnis der von Benjamin benutzten Ausgaben zu kommen. Für den ersten Band nennt er überhaupt kein Erscheinungsjahr (s. F 2, 1 u. 2). Für den zweiten Band nennt er (s. F 1a, 5) 1875, doch ist in diesem Jahr keine Ausgabe des zweiten Bandes erschienen. Für den dritten Band wird (s. O 12, 2) 1872 angegeben, das Erscheinungsjahr der Erstausgabe; während Benjamin hier auch die Seitenzahl seines Exzerpts korrekt anführt, muß das zweite Exzerpt aus diesem Band (s. P 1, 9) nach einer anderen Auflage zitiert worden sein. Die

C 2, 2 angegebene Auflage für den fünften Band – 1875 – scheint wieder nicht zu existieren; für den sechsten Band (s. B 2, 2 u.ö.) wird wiederum keine Ausgabe genannt. Nicht auszuschließen ist, daß Benjamin nach einer Sekundärquelle zitierte, die er nicht namhaft machte und deren Nachweise er mißverstand. – B 2, 4 *Rahmens«*] s. Bd. 1, 294 – B 3, 7 *Idee«*] s. N 3, 2 – B 8, 2 *mêle.«*] Paul Valéry, Œuvres. Edition établie et annotée par Jean Hytier, Paris 1960 (Bibliothèque de la Pléiade. 148), 1321. Die von Benjamin benutzte Ausgabe der »Pièces sur l'art« wurde nicht ermittelt. – B 10, 2 (Z. 2 v.u.) *Note*] s. jetzt Bd. 2, 497 (Anm. 50).
C 1, Motti *Averno.«*] Vergil, Aeneis VI, v. 126 – *anciennes.«*] Guillaume Apollinaire, Œuvres poétiques. Texte établi et annoté par Marcel Adéma et Michel Décaudin, préface d'André Billy, Paris 1956 (Bibliothèque de la Pléiade. 121), 39 (»Alcools«, »Zone«). Benjamin schrieb, wohl aus dem Gedächtnis: »Ici même des automobiles ont l'air anciennes«. – C 1, 8 *ihren...*] so im Manuskript; anscheinend sollte hier ein Wort eingesetzt werden, das Benjamin nicht sofort einfiel. – C 1a, 3 *sind.«*] das von Benjamin übersetzte Zitat lautet im Original: »Chaque nouveau quartier n'atteint-il pas à son apogée un peu avant d'être bâti tout-à-fait? Puis sa planète décrit une courbe en se rapprochant du commerce, qui lui-même va du grand au petit. La rue trop neuve appartient aux petites gens et ne s'en débarrasse que si la mode veut bien passer par-là. Oh! alors voilà une rue qui compte pour quelque chose dans cette réduction au procédé Colas que les gens du monde avouent leur tout Paris. On se dispute, sans regarder au prix, ses petits hôtels et ses appartements de tous les étages, tant que des femmes d'esprit et de jolies femmes y reçoivent et y sont reçues, avec cette radieuse élégance qui pare non-seulement le salon, mais encore la maison et, qui plus est, la rue. Celle-ci, devenue passante, veut des boutiques, et souvent il en coûte de céder prématurément à cette envie. On diminue des cours, en en supprime, on se gêne dans toutes les maisons, et un jour-de-l'an vient où il est de mauvais ton d'avoir pareille adresse sur sa carte de visite. La plupart des locations n'étant plus que professionnelles, une porte cochère par-ci par-là ne risque pas grand'chose à abriter l'une des petites industries dont les dernières bâtisses remplacent les échoppes.« – D 1, Motti *richten.«*] Jakob van Hoddis, Weltende. Gesammelte Dichtungen, hg. von Paul Pörtner, Zürich 1958 (Sammlung Horizont), 46 (»Klage«) – *Tod.«*] Johann Peter Hebel, Werke, hg. von Eberhard Meckel, eingel. von Robert Minder, Frankfurt a.M. 1968, Bd. 1, 393 – D 1a, 9 *Ode vom seligen Morgen*] s. Ferdinand Hardekopf, Gesammelte Dichtungen, hg. von Emmy Moor-Wittenbach, Zürich 1963 (Sammlung Horizont), 50f. – D 2a, 5 *présent«*] s. Marcel Proust, Jean Santeuil précédé de Les Plaisirs et les jours. Edition établie par Pierre Clarac avec la collaboration d'Yves Sandre, Paris 1971 (Bibliothèque de la Pléiade. 228), 139: »Mais comme l'alchimiste, qui attribue chacun de ses insuccès à une cause accidentelle et

chaque fois différente, loin de soupçonner dans l'essence même du présent une imperfection incurable, nous accusons la malignité des circonstances particulières...«; s. auch Bd. 2, 312. – D 4a, 4 *Nouveau-Monde.«*] s. Baudelaire, Œuvres complètes, éd. Pichois, Bd. 2, a.a.O., 709 – D 5, 1 *folâtres?«*] a.a.O., 711 f. – D 5, 2 *emploi.«*] a.a.O., 712 – D 5, 3 méprise!«] a.a.O., 692 – D 9a, 4 *Tod.*] s. Nachweis zu D 1, Motti

E 1a, 7 *industriel«*] Benjamin zitiert nach einem offenen Brief von Frédéric Bastiat an Lamartine; danach ist die Formulierung bereits bei Lamartine ein Zitat aus Fourier. – E 4a, 4 *gestiegen.«*] s. jetzt Gisèle Freund, Photographie und bürgerliche Gesellschaft. Eine kunstsoziologische Studie, München 1968 (Passagen), 67 – E 13a, 2 Benjamin nennt für die von ihm benutzte Ausgabe kein Erscheinungsjahr. Die vom Hg. zur Kontrolle herangezogene 6.–9. Aufl. ist mit der exzerpierten – von wenigen offensichtlichen Abschreibfehlern abgesehen – text-, aber nicht seitenidentisch.

F 2, 7 bei dem angeführten, aber nicht aufgeschlüsselten opus citatum handelt es sich entweder um Ch. Eck, Traité de construction en poteries et fer, Paris 1836, oder um Ch. L. Eck, Traité de l'application du fer, de la fonte et de la tôle, Paris 1841. – F 3a, 2 *Journalisten*] anscheinend S. F. Lahrs; s. L 2, 4 u. R 1a, 4

G 3a, 1 *schaden.«*] der von Benjamin übersetzte Text lautet im Original: »En décorant notre essence du nom de la fille des Caciques, nous avons voulu indiquer purement et simplement que les plantes dont elle se compose et reçoit ses surprenantes qualités ont pris naissance sous le brûlant climat qui lui donna le jour. Nous n'avons emprunté son deuxième titre à la science que pour laisser comprendre qu'en dehors du service éclatant qu'elle rend aux dames, elle possède aussi les vertus hygiéniques propres à lui gagner la confiance des personnes qui voudront se convaincre de sa salutaire efficacité. Car si, comme l'eau de Jouvence, la nôtre n'a pas le don d'effacer le nombre des années, elle possède du moins, entre autres mérites, celui qui a bien son prix, il nous semble, de rajeunir, vivifier, et rétablir dans tout l'éclat de ses perfections primitives qu'il avait perdu, ce merveilleux organe, chef-d'œuvre du Créateur, dont la forme élégante, si pure et si gracieuse, fait le splendide ornement de la plus belle moitié du genre humain: et cependant, sans le secours providentiel de notre découverte, cet ornement, aussi fragile que précieux, semblable par la délicatesse et le charme de sa mystérieuse structure à une tendre et sensible fleur qui se fane au premier souffle de l'orage, n'aurait brillé qu'un fugitif instant dans sa magnificence pour se flétrir à jamais sous l'haleine délétère de la maladie, les fatigues de l'allaitement, ou les étreintes non moins pernicieuses de l'impitoyable corset. Notre essence d'AMAZILLY, essentiellement composée dans l'intérêt des dames, répond aux besoins les plus exigeants et les plus délicats de leur toilette. Elle réunit dans ses heureuses combinaisons les

bienfaisantes propriétés nécessaires pour rétablir, conserver et développer, sans jamais les altérer, tous les charmes dont la nature les a douées.« – G 10, 2 *Walpole, The Fortress*] die von Benjamin angeführte Ausgabe ist englischsprachig; der Übersetzer des Zitats ist unbekannt. – G 12a, 3 *Arbeitskräfte.«*] Marx, Das Kapital I, MEW Bd. 23, 3. Aufl., Berlin 1969, 328f. – G 15, 1 *Sterne«*] Goethe, Gedenkausgabe der Werke, Briefe und Gespräche, hg. von Ernst Beutler, Bd. 1: Sämtliche Gedichte, 1. Teil, 2. Aufl., Zürich 1961, 339 (»Nachtgedanken«)
H 2a, 5 *ungedruckten Essay*] ein Irrtum Benjamins; s. Theodor W. Adorno, Rede über den »Raritätenladen« von Charles Dickens, in: Frankfurter Zeitung, 18. 4. 1931 (Jg. 75, Nr. 285), 2, jetzt auch: Adorno, Gesammelte Schriften, Bd. 11: Noten zur Literatur, hg. von R. Tiedemann, Frankfurt a.M. 1974, 522.
I 1, 7 *18⟨...⟩*] im Manuskript wurde nach *18* ein Leerraum ausgespart, um die genaue Jahreszahl nachtragen zu können. – I 2, 4 *concierge«*] s. Jacques-Emile Blanche, Mes modèles, Paris 1929, 117: »Un conteur arabe dans la loge de la portière!« Zu Benjamins Schwierigkeiten mit diesem Wort von Barrès s. auch Bd. 2, 1067f., Lesart und Nachweis zu 318,38. – I 2a, 1 *wollen.«*] nach einer Aufzeichnung Ernst Blochs; s. Benjamin, Über Haschisch. Novellistisches, Berichte, Materialien, hg. von Tillman Rexroth, Einleitung von Hermann Schweppenhäuser, 4. Aufl., Frankfurt a.M. 1981, 77 – I 5, 1 *prestige.«*] s. die Buchausgabe (Quellenverzeichnis Nr. 329), 85f.
J 1, Motto *louange.«*] [Pierre de] Ronsard, Œuvres complètes. Texte établi et annoté par Gustave Cohen. Bd. 2. Paris 1976 (Bibliothèque de la Pléiade. 46), 282 – J 4, 2 *l'inspiration.«*] s. Baudelaire, Œuvres complètes, éd. Pichois, Bd. 2, a.a.O., 18 – J 4, 3 *d'homme«*] a.a.O., 42 – J 4, 4 *matérialiste«*] a.a.O., 45 – J 4, 5 *fortune.«*] a.a.O., 49 – J 4, 6 *suicide.«*] a.a.O. – J 4, 7 *poule.«*] a.a.O., 48 – J 4, 8 *démarche.«*] a.a.O., 135 – J 4a, 1 *inspirés«*] a.a.O., 144 – J 4a, 2 *mentir.«*] a.a.O., 165f. – J 4a, 3 *vivants.«*] a.a.O., 165 – J 4a, 4 *succulente.«*] a.a.O., 167f. – J 4a, 5 *grecques.«*] a.a.O., 178 – J 5, 1 *connaissons.«*] a.a.O., 221 – J 5, 2 *œuvre⟨?«*] a.a.O., 224 – J 5, 3 *sommeiller!«*] a.a.O., 85 – J 5, 4 *parfait.«*] a.a.O., 81, 83f. – J 5, 5 *excès.«*] a.a.O., 83 – J 5a, 1 *parcs.«*] a.a.O., 31 – J 5a, 2 *l'utilité.«*] a.a.O., 26f. – J 5a, 3 *talent.«*] a.a.O., 32 – J 5a, 4 *antiques.«*] a.a.O., 790 – J 5a, 5 *moderne.«*] a.a.O., 806 – J 5a, 6 *rébus.«*] a.a.O., 600 – J 6, 1 *oublié.«*] a.a.O., 740f. – J 6, 2 *défunt.«*] a.a.O., 704 – J 6, 3 *jeu.«*] a.a.O., 707 – J 6, 4 *l'anthropophagie.«*] a.a.O., 715 – J 6, 5 *sténographier«*] a.a.O., 724 – J 6a, 1 *Vie.«*] a.a.O. – J 6a, 2 *sensations.«*] a.a.O., 696 – J 6a, 3 *M.G.«*] a.a.O., 695 – J 6a, 3 *extérieure«*] a.a.O., 698 – J 6a, 4 *lui-même.«*] a.a.O., 712, 693 – J 7, 1 *nouveau.«*] a.a.O., 690 – J 7, 1 *originel.«*] a.a.O., 767 – J 7, 2 *fenêtres«*] a.a.O., 692 – J 7, 2 *soleil«*] a.a.O. – J 7, 3 *signes.«*] a.a.O., 750 – J 7, 4 *indigestible.«*] a.a.O., 685 – J 7a, 1 *L'art romantique*

Anmerkungen zu Seite 79-989 1329

Paris p. 100] s. a. a. O., 715 – J 7 a, 2 *»L'art romantique« p 72*] s. a. a. O., 696 – J 19 a, 7 *lui.«*] Baudelaire, Correspondance II (mars 1860-mars 1866). Texte établi, présenté et annoté par Claude Pichois avec la collaboration de Jean Ziegler, Paris 1973 (Bibliothèque de la Pléiade. 248), 459 f. (12 février 1865, à Narcisse Ancelle) – J 19 a, 9 *patience.«*] Baudelaire, Correspondance I (janvier 1832-février 1860), a. a. O., (Bibliothèque de la Pléiade. 247), 410 f. (9 juillet 1857, à Mme Aupick) – J 20, 2 *dompté.«*] Baudelaire, Œuvres complètes, Bd. 1, a. a. O., 102 (»Rêve parisien«) – J 21, 2 *auteur.«*] a. a. O., 203 (»Je n'ai pas pour maîtresse«) – J 21, 3 *Lafcadio*] Figur aus André Gides »Les caves du Vatican« – J 22 a, 1 *»Nachtgedanken« von Goethe*] s. Nachweis zu G 15, 1 – J 23, 6 *filles!«*] Victor Hugo, Œuvres complètes. Poésie 2: Les orientales. Les feuilles d'automne, Paris o. J. [1880], 171 – J 23, 6 *Espagnole!«*] a. a. O., 174 – J 23, 6 *tuée«*] a. a. O. – J 23, 6 *retour.«*] a. a. O., 178 – J 23, 7 *humain?«*] a. a. O., 267-270 – J 24, 6 *Molières.*] s. Edgar Allan Poe, The complete works [Virginia Edition], Bd. 11, New York 1902, 89 f. – J 27, 3 *Sade!«*] s. Baudelaire, Œuvres complètes, éd. Pichois, Bd. 2, a. a. O., 68: »G. Sand inférieure à de Sade.« – J 27, 4 *aveux«*] a. a. O., Bd. 1, 5 (»Au lecteur«) – J 27, 7 *dargelegt*] s. a. a. O., Bd. 2, 132 – J 28, 6 die Erscheinungsdaten der Arbeiten von Brunetière sind desolat. Von den »Questions de critique« ist auf der Bibliothèque Nationale nur die zweite Aufl. – Paris 1889 – vorhanden; die Angabe eines Monats ist merkwürdig, vielleicht hatte Benjamin einen vom Hg. nicht ermittelten Journalabdruck vor Augen. Eine Ausgabe der »Essais« von 1889 ist nicht nachweisbar, die erste datiert von 1892. Die »Nouveaux Essais« erschienen nicht 1892, sondern erst 1895. Die »Évolution« schließlich kam ein Jahr später heraus, als Benjamin angibt. – J 29, 2 *habe*] s. Baudelaire, Œuvres complètes, éd. Pichois, Bd. 1, a. a. O., 194 – J 30, 13 *mieux.«*] aus einem Brief an die Mutter, wahrscheinlich »Paris, 1845« zu datieren; s. Baudelaire, Correspondance I, a. a. O., 130 – J 33, 1 *rédemption.«*] Alfred de Vigny, Œuvres complètes, Bd. 1: Poésies, Paris o. J. [1883], 251 f. – J 37 a, 6 *untersucht*] d. h. in seiner »Introduction« zu dem genannten Band, 7–50; »Le rêve« von Argonne s. a. a. O., 16 f. – J 40, 8 *insondés*] Hervorhebung von Benjamin – J 40 a, 7 *Les chutes (Fleuves et poëtes)*] s. Victor Hugo, Œuvres complètes. Poésie 9: La légende des siècles III, Paris 1883, 49 f. – J 40 a, 7 *Désintéressement*] s. a. a. O., 261-263 – J 41 a, 2 *armes.«*] Baudelaire, Œuvres complètes, éd. Pichois, Bd. 1, 152 (»Femmes damnées. Delphine et Hippolyte«) – J 42 a, 2 In der »Temps« vom 4. 6. 1917 findet der zitierte Artikel von Souday sich nicht. – J 43, 2 *tournantes«*] s. Benjamins Übersetzung des Zitats Bd. 1, 566 – J 43 a, 6 *l'homme.«*] zum Wortlaut des Zitats s. Bd. 1, 1210 f. (Nachweis zu 512) – J 45 a, 6 *facta.«*] Thomae Hemerken a Kempis, Opera omnia, Bd. 7: De imitatione Christi. Ex autographo edidit Michael Josephus Pohl, Freiburg i. Br. 1904, 38 – J 46, 8 *haben*] s. jetzt Baudelaire, Correspondance I, a.a.O., 411 – **J 47**, 6 *meine Definition*] s. Bd. 1, 647 (Anm.) – **J 50**, 2 *der Welt ins Herz*] ursprünglich *die Welt*; *der* wurde nachträglich unter *die* geschrieben, ohne dieses zu streichen. – **J 53**, 5 *Usener*] s. Hermann Usener, Götternamen. Versuch einer Lehre von der religiösen Begriffsbildung, Bonn 1896 – **J 53a**, 1 *erneuern.«*] s. jetzt Bd. 1, 400 – **J 53a**, 4 *Gelächter.«*] s. jetzt Bd. 1, 401 – **J 54**, 2 *gehört.«*] Benjamin, Ursprung des deutschen Trauerspiels, Berlin 1928, 182; s. jetzt Bd. 1, 359 – **J 54**, 3 *entfalten.«*] s. jetzt Bd. 1, 359 – **J 54**, 4 *Bösen«*] s. jetzt Bd. 1, 404 – **J 54**, 5 *ist«*] s. jetzt Bd. 1, 405 – **J 59**, 4 *passion.«*] s. Baudelaire, Œuvres complètes, éd. Pichois, Bd. 1, a.a.O., 701: »Glorifier le culte des images (ma grande, mon unique, ma primitive passion).« – **J 60**, 2 *enchantements«*] a.a.O., 89 (»Les petites vieilles«) – **J 62**, 3 »*der Unglücklichste«*] Titel eines Abschnitts von Kierkegaards »Entweder-Oder«; s. auch J 63, 4 – **J 62a**, 2 (Z. 3 v.u.) *Gewohnheiten«*] Friedrich Nietzsche, Werke in drei Bänden, hg. von Karl Schlechta, Bd. 2, München 1955, 173 (»Die fröhliche Wissenschaft«, 4. Buch, Aph. 295) – **J 64**, 1 *hegt«*] Gottfried Keller, Werke (Redaktion Daniel Bodmer), Bd. 1: Gedichte, dramatische Fragmente, kleinere Erzählungen, Aufsätze, amtliche Kundmachungen, Zürich 1971, 385 (»Tod und Dichter«) – **J 64**, 2 *Vervollkommnungsfähigkeit‹*] s. Friedrich Engels, Herrn Eugen Dühring's Umwälzung der Wissenschaft, in: MEW, Bd. 20, 2. Aufl., Berlin 1968, 243 – **J 64**, 4 *mir«*] s. Kant, Kritik der praktischen Vernunft, Beschluß: »Zwei Dinge erfüllen das Gemüt mit immer neuer und zunehmenden Bewunderung und Ehrfurcht, je öfter und anhaltender sich das Nachdenken damit beschäftigt: Der bestirnte Himmel über mir, und das moralische Gesetz in mir.« – **J 64**, 5 *odeur.«*] Baudelaire, Œuvres complètes, éd. Pichois, Bd. 1, a.a.O., 76 (»Le goût du néant«) – **J 65a**, 4 *Destruction«*] a.a.O., 111 (»La Destruction«) – **J 66a**, 7 *Lesebuch für Städtebewohner* 5] s. Bertolt Brecht, Gesammelte Werke in acht Bänden, Bd. 4, Frankfurt a.M. 1967, 271–273 (»Ich bin ein Dreck«) – **J 67**, 3 *gleiche geschichtliche*] konjiziert für *geschichtliche gleiche*; *geschichtliche* wurde nachträglich zwischen die Zeilen geschrieben und geriet dabei irrtümlich an eine falsche Stelle. – **J 67a**, 5 *jouer.«*] Jules Renard, Journal inédit 1887–1895, Paris 1925, 11 – **J 68**, 3 *Brief vom 15 Januar 1866*] s. Baudelaire, Correspondance II, a.a.O., 584 – **J 68**, 4 *projets.«*] Baudelaire, Œuvres complètes, éd. Pichois, Bd. 1, a.a.O., 106 (»Le vin des chiffonniers«) – **J 70**, 4 (Z. 2 v.o.) *zugeschrieben wird*] s. Baudelaire, Vers retrouvés (Juvenilia – sonnets). Manoël. Introduction et notes par Jules Mouquet, Paris 1929, 57–59 – **J 70**, 5 *méprendre.«*] Baudelaire, Œuvres complètes, Bd. 1: Les fleurs du mal. Les Epaves. Notice, notes et éclaircissements de Jacques Crépet, 2ᵉ éd., Paris 1930, 449 – **J 70a**, 6 *verdures«*] Baudelaire, Œuvres complètes, éd. Pichois, Bd. 1, a.a.O., 18 (»Bohémiens en voyage«) – **J 71**, 6 *bois!«*] a.a.O., 32 (»De profundis clamavi«) – **J 71a**, 1 *au-delà.«*] s. J 43a, 3 – **J 71a**, 2 *revivre«*] Baudelaire,

Œuvres complètes, éd. Pichois, Bd. 1, a.a.O., 91 (»Les petites vieilles«) – J 71 a, 3 nom«] a.a.O., 90 (»Les petites vieilles«) – J 71 a, 5 (Z. 6 v.u.) curieux] a.a.O., 99 (»Je n'ai pas oublié«) – J 72, 2 Beauté«] a.a.O., 93 (»Le squelette laboureur«) – J 72, 4 erwähnt] s. Baudelaire, Correspondance II, a.a.O., 585 – J 72, 6 l'atmosphère] Baudelaire, Œuvres complètes, éd. Pichois, Bd. 1, a.a.O., 94 (»Le crépuscule du soir«) – J 72 a, 3 genügsam.«] Goethe, Gedenkausgabe, a.a.O., Bd. 3: Epen, West-östlicher Divan, Theatergedichte, 3. Aufl., Zürich 1966, 393 (»West-östlicher Divan«, »Anklang«); die Hervorhebung stammt von Benjamin, der die Strophe insgesamt ziemlich fehlerhaft zitiert. – J 73 a, 4 Pokrowski] s. Quellenverzeichnis Nr. 682 und d 12, 2 – J 74, 4 forteresses] s. Baudelaire, Œuvres complètes, éd. Pichois, Bd. 1, a.a.O., 192 (»Projets d'un épilogue pour l'édition de 1861«): »Tes magiques pavés dressés en forteresses«. – J 74 a, 1 Soleil.«] a.a.O., 1051 – J 75, 2 rêve«] a.a.O., 122 (»Le reniement de saint Pierre«) – J 76, 1 gebannt«] Goethe, Gedenkausgabe, Bd. 3, a.a.O., 299 – J 76, 2 nouveau«] Auguste Blanqui, L'Eternité par les astres, Paris 1872, 74 – J 76, 3 chignon«] a.a.O. – J 76, 4 accrue«] Baudelaire, Œuvres complètes, éd. Pichois, Bd. 1, a.a.O., 87 (»Les sept vieillards«) – J 76, 6 étoiles.«] Emile Verhaeren, Les villes tentaculaires, Paris 1904, 119 (»L'âme de la ville«) – J 77, 1 (Z. 1 v.u.) Scheffel] so scheint es im Manuskript zu heißen; vielleicht Schreibfehler für Schatten. – J 79, 1 Bezold] s. Friedrich von Bezold, Das Fortleben der antiken Götter im mittelalterlichen Humanismus, Bonn, Leipzig 1922 – J 79, 5 travaux«] Baudelaire, Œuvres complètes, éd. Pichois, Bd. 1, a.a.O., 104 (»Le crépuscule du matin«) – J 79 a, 5 saccadé] Nadar über Baudelaire; s. Bd.1, 583 (Anm. 35) – J 80 a, 2 acedia.«] s. jetzt Bd. 1, 332 – J 81, 6 die hommes d'affaires in Baudelaires »Crépuscule du Matin«] irrtümlich für die gens d'affaire in Baudelaires »Crépuscule du Soir« – J 84, 1 auf.«] s. jetzt Bd. 2, 303 – J 84 a, 2 Formulierungen von Brecht] s. Brecht, Gesammelte Werke in acht Bänden, a.a.O., Bd. 8, 408–410 (»Die Schönheit in den Gedichten des Baudelaire«) – J 84 a, 3 u. 4 gleichfalls nach Formulierungen von Brecht; s. a.a.O., 410 und 408 – J 85, 1 Dandys] s. Baudelaire, Œuvres complètes, éd. Pichois, Bd. 2, a.a.O., 709 – J 86, 2 touchent.«] Joseph De Maistre, Œuvres complètes. Nouvelle édition. Contenant ses Œuvres posthumes et toute sa Correspondance inédite, Bd. 5, Lyon 1884, 102f. – J 86 a, 1 bleu.«] Hugo, Œuvres complètes. Poésie 6, a.a.O., 146 – J 86 a, 2 leide«] Goethe, Torquato Tasso, 5. Aufzug, 5. Auftritt (v. 3432f.) – J 87 a, 5 d'affaire«] Baudelaire, Œuvres complètes, éd. Pichois, Bd. 1, a.a.O., 94 (»Le crépuscule du soir«) – J 89 a, 3 Proust: Du côté de chez Swann] die von Benjamin benutzte Auflage wurde nicht ermittelt; sie ist text- und seitenidentisch mit der von 1939, nach welcher der Text verglichen wurde. – J 90, 3 Müßiggänger] nachträglich schrieb Benjamin Spekulant darüber, ohne

Müßiggänger zu streichen. – J 90 a, 3 *Proust: A l'ombre des jeunes filles en fleurs II*] die von Benjamin benutzte Auflage wurde nicht ermittelt; sie ist text- und seitenidentisch mit der von 1932, nach welcher der Text verglichen wurde. – J 90 a, 4 *La Prisonnière II*] Benjamin gibt als Quelle irrtümlich *Albertine disparue II* an.
K 1, Motti *Ponson du Terrail: Les drames de Paris I, 9*] Benjamin zitiert nach Régis Messac, Le »Detective Novel« et l'influence de la pensée scientifique, Paris 1929, 420 – K 1 a, 7 *Unterbewußtseins.*«] Sigfried Giedion, Bauen in Frankreich. Eisen. Eisenbeton, Leipzig, Berlin o.J. [1928], 3 – K 4, 3 *worden.*«] der Brief Adornos vom 5. 6. 1935 an Benjamin ist nicht erhalten; s. aber Adorno, Gesammelte Schriften, Bd. 4: Minima Moralia. Reflexionen aus dem beschädigten Leben, hg. von R. Tiedemann, Frankfurt a.M. 1980, 55, sowie a.a.O., Bd. 3: Max Horkheimer und Th. W. Adorno, Dialektik der Aufklärung. Philosophische Fragmente, hg. von R. Tiedemann, Frankfurt a.M. 1981, 309.
L 1, 1 (Z. 1 f. v.o.) *Panorama*] gemeint ist das Berliner Diorama von Gropius. – L 1,1 (Z. 10 v.o.) *Bulwers Roman*] s. Edward George Bulwer-Lytton, The Last Days of Pompeii, Erstausg. 1835 – L 4, 2 *Gerstäckerstelle*] s. I 4 a, 1 u. R 2, 2
M 1, Motti *lesen*«] Hugo von Hofmannsthal, Gedichte und lyrische Dramen, o.O. 1952 (Gesammelte Werke in Einzelausgaben, hg. von Herbert Steiner), 220 (»Der Tor und der Tod«) – M 1, 4 (Z. 4 v.o.) *Heiligtümern*] Benjamin schrieb irrtümlich *Heiligtümern und Tempel* – M 1 a, 1 (Z. 1 v.u.) *denken*] so heißt es eindeutig im Manuskript; wahrscheinlich ein Schreibfehler für *decken* – M 3, 1 *machen.*«] das Zitat ist an dem von Benjamin angegebenen Ort nicht nachweisbar. – M 4 a, 1 *Flügel.*«] s. Schiller, Sämtliche Werke, hg. von Gerhard Fricke und Herbert G. Göpfer, Bd. 1, 4. Aufl., München 1965, 229: »Um mich summt die geschäftige Bien, mit zweifelndem Flügel | Wiegt der Schmetterling sich über dem rötlichen Klee.« Zu M 4 a, 1 s. auch Benjamin, Über Haschisch, a.a.O., 68. – M 4 a, 2 *Brodhag?*] die Bde. 11–15 von Hoffmanns »Ausgewählten Schriften« erschienen 1839 in der Fr. Brodhag'schen Buchhandlung, Stuttgart; das folgende – von Julius Eduard Hitzig stammende – Zitat dort Bd. 15, 32–34. – M 6, 7 *1851*] recte: 1857; s. M 7, 9 – M 12, 5 der aus Benjamins Manuskript übernommene Nachweis ist falsch. – M 13 a, 1 *A combien l'amour revient aux vieillards*] dies der Titel des zweiten Teils von »Splendeurs et misères des courtisanes«; die exzerpierte Stelle s. in der Conardschen Ausgabe der Œuvres complètes, Bd. 15, Paris 1913, 310f., Benjamins Übersetzung der Stelle s. Bd. 1, 544. – M 13 a, 3 *tears.*«] s. Baudelaire, Œuvres complètes, éd. Pichois, Bd. 2, a.a.O., 149 – M 14, 1 *irrésistible!*«] a.a.O., 689f. – M 14, 3 *parfait?*«] a.a.O., Bd. 1, 663 – M 14 a, 1 *vie.*«] a.a.O., Bd. 2, 691 f. – M 19, 3 »*Prinzipien*] bei Hoffmann heißt es »Primitien«, s. Hoffmann, Ausgewählte Schriften, Bd. 14: Leben

und Nachlaß. Von Julius Eduard Hitzig, Bd. 2, 3. Aufl., Stuttgart 1839, 205. – **M 21, 1** *Proust: A l'ombre des jeunes filles en fleurs III*] die von Benjamin benutzte Auflage wurde nicht ermittelt; sie ist text- und seitenidentisch mit der verglichenen von 1939.
N 1, 6 *Trauerspielarbeit*] Benjamins *Ursprung des deutschen Trauerspiels*, jetzt Bd. 1, 203–430. – **N 1, 9** *gegen Aragon*] s. Louis Aragon, Le paysan de Paris, Paris 1926 – **N 1 a, 2** *Barockbuch*] Benjamins *Ursprung des deutschen Trauerspiels*, a. a. O. – **N 2 a**, 4 (Z. 1 f. v. o.) *Wahrheitsbegriff*] s. Georg Simmel, Goethe, Leipzig 1913, bes. 56–61; s. auch Bd. 1, 953 f. – **N 3 a, 1** *davonlaufen«*] der Satz ist im »Sinngedicht« von Keller nicht nachweisbar. – **N 4 a, 1** *Theorien des Mehrwerts I?*] die Stelle findet sich in der Einleitung zur Kritik der Politischen Ökonomie von 1857; s. Marx/Engels, MEW, Bd. 13, 2. Aufl., Berlin 1964, 640 f. – **N 4 a, 4** *werden.«*] Marx/Engels, MEW, Bd. 19, Berlin 1962, 223. Benjamin schrieb anstatt *aus dämonischen Herrschern* die in der Tat ›merkwürdigen‹ Worte *und dämonischen Herrscher*. – **N 5 a, 4** *an.«*] a. a. O., Bd. 2, Berlin 1957, 135 – **N 9, 7** *entzündet*] s. Bd. 2, 578 – **N 13, 3** *Jahrhunderte.«*] Hölderlin, Sämtliche Werke. Große Stuttgarter Ausgabe, Bd. 6, 1. Hälfte: Briefe, hg. von Adolf Beck, Stuttgart 1954, 92 (Sept. 1793, an den Bruder) – **N 15 a, 2** *éternel…«*] Victor Hugo, Œuvres complètes. Poésie 12: L'année terrible, Paris 1880, 268 – **N 16, 3** *Vulgärelement«. cit Korsch: Karl Marx ms II p 22*] Karl Korschs Marx-Buch las Benjamin im Manuskript. Seine zahlreichen Exzerpte folgen dem Textstand der Abschriften. Im Apparat wird auf die entsprechenden Seiten der deutschen Erstausgabe verwiesen: Karl Korsch, Karl Marx. Im Auftrag des Internationalen Instituts für Sozialgeschichte hg. von Götz Langkau, Frankfurt a. M., Wien 1967 (Politische Texte); das Zitat in N 16, 3 dort 74. – **N 16, 4** *naturata).«*] s. a. a. O., 128 f. – **N 16, 5** *Revolution.«*] s. a. a. O., 160 – **N 16 a, 1** *Entdeckung.«*] s. a. a. O., 139 – **N 16 a, 2** *Ökonomie.«*] s. a. a. O., 277 – **N 16 a, 3** *werden.«*] s. a. a. O., 133 – **N 17** *Handeln.«*] s. a. a. O., 199–202 – **N 17 a**, *darzustellen.«*] s. a. a. O., 145 f. – **N 18, 1** *gegründet.«*] s. a. a. O., 54 – **N 18, 2** *Entwicklungsgesetze.«*] s. a. a. O., 48–51, 252
S 1, Motti *Possen«*] Goethe, Faust II, 2. Akt, Laboratorium (v. 6838 f.) – **S 1, 6** *Heidegger*] s. Martin Heidegger, Sein und Zeit. Erste Hälfte, Halle 1927 – **S 2, 3** *»Priesterzögling«*] keine Novellenfigur, sondern Titel eines Dramenentwurfs; s. jetzt Hofmannsthal, Dramen III, Frankfurt a. M. 1957 (Gesammelte Werke in Einzelausgaben, hg. von Herbert Steiner), 491–493 – **S 2, 4** *Gestrigen.*] s. Theodor Wiesengrund-Adorno, Arabesken zur Operette, in: Die Rampe. Blätter des Deutschen Schauspielhauses, Hamburg, 1931/32, 5: »Die negative Ewigkeit der Operette: das ist allemal die des Gestrigen.« – **S 2 a, 1** *Architekten*] Antonio Gaudí – **S 5**, 2 s. auch S 5, 5; die beiden Exzerpte dürften in zeitlichem Abstand entstanden sein. – **S 5 a, 3** *»schlechten Mütter«*] Giovanni Segantinis Gemälde »Die schlechten

Mütter« (»Die Bestrafung der schlechten Mütter oder die Kindsmörderin«) befindet sich im Kunsthistorischen Museum in Wien; eine ›nächtliche Variante‹, Pastell auf Karton, von 1897 im Zürcher Kunsthaus. – **S 6**, 1 *l'art.«*] s. Valéry, Œuvres, éd. Hytier, a.a.O., Bd. 2, 1323 – **S 6a**, 3 *accessoires.«*] s. Baudelaire, Œuvres complètes, éd. Pichois, Bd. 2, a.a.O., 80 – **S 7a**, 4 Segantinis *»Schlechte Mütter«*] s. Anm. zu S 5a, 3 – **S 7a**, 4 *»Tagebuch einer Verlorenen«*] anonyme Aufzeichnungen einer Prostituierten; hg. von Margarete Böhme, zuerst Berlin 1905 erschienen. – **S 7a**, 4 *Bemerkung von Capus*] unklar; vielleicht ist der französische Schriftsteller Alfred Capus (1858–1922) gemeint. – **S 9a**, 1 *Gedanken«*] Nietzsche, Werke in drei Bänden, hg. von K. Schlechta, a.a.O., Bd. 2, 540 – **S 9a**, 5 *Margarete Böhme*] s. Anm. zu S 7a, 4; Herausgeberin des »Tagebuchs einer Verlorenen« – **S 9a**, 6 *Philosophie des Als-Ob*] Titel des zuerst 1911 erschienenen Werks von Hans Vaihinger.

U 11a, 1 das Buch erschien in Paris 1820. – **U 15a**, 3 die aus Benjamins Manuskript übernommene Stellenangabe ist falsch.

V 2, V 2a Benjamin nennt als Quelle irrtümlich »Die Gesellschaft« – **V 9a**, 1 *moderne.«*] s. Baudelaire, Œuvres complètes, éd. Pichois, Bd. 2, a.a.O., 183 f.

W 2a, 3 *Roman*] s. Etienne Cabet, Le voyage en Icarie, Paris 1839 – **W 7**, 4 *meiner »Politik«*] es ist unsicher, ob Benjamin hier sehr allgemein von den politischen Vorstellungen spricht, die sein Denken grundierten, oder ob er konkret jene Schrift über *»Politik«* im Sinn hat, die er um 1919/20 plante und von der die – verlorene – ›zweite‹ Lesabéndio-Kritik den ersten Teil bilden sollte (s. Bd. 2, 1423). – **W 7a**, 1 die aus Benjamins Manuskript übernommene Quellenangabe ist falsch. – **W 15a**, 1 *l'histoire.«*] s. den Nachweis in der Anm. zu J 64, 2

X 1, 3 Der Artikel »Sozialistische Ideen und Lehren« im Wörterbuch der Volkswirtschaft ist unterzeichnet »Carl Grünberg-Henryk Grossmann; der Abschnitt II, 7, aus dem Benjamin zitiert, stammt jedoch von Grossmann allein; dieser Abschnitt erschien auch als Sonderdruck u.d.T. »Fünfzig Jahre Kampf um den Marxismus 1883–1932«, Jena 1932. – **X 3**, 1 *vermutlich*] Benjamins Vermutung trifft zu; das Zitat – dem »leitenden Artikel in Nr. 179 der Kölnischen Zeitung« entnommen – findet sich in: Aus dem literarischen Nachlaß von Karl Marx, Friedrich Engels und Ferdinand Lassalle, hg. von Franz Mehring, Bd. 1: Gesammelte Schriften von Karl Marx und Friedrich Engels. Von März 1841 bis März 1844, Stuttgart 1902, 259. – *Gewerk⟨e⟩*] bereits Fischer zitiert falsch *Gewerkschaften*, und Benjamin übernimmt den Fehler. – **X 5a**, 2 *sind.«*] s. Schiller, Sämtliche Werke, hg. von G. Fricke und H. G. Göpfert, Bd. 1, a.a.O., 303: »Auch in der sittlichen Welt ist ein Adel; gemeine Naturen | Zahlen mit dem, was sie tun, schöne mit dem, was sie sind.« – **X 7**, 2 *gegenübersteht.«*] s. Karl Korsch, Karl Marx, hg. von G. Langkau, a.a.O., 93 – **X 7a**,

Anmerkungen zu Seite 79-989

2 ›Mehrarbeit‹.«] s. a.a.O., 89 – **X 7 a**, 3 *Korsch ... zitiert*] s. a.a.O., 93 f. – ⟨*Das Kapital I ...*⟩] bei Benjamin irrtümlich *Theorien über den Mehrwert III p 177/78*. – »*Einbahnstraße*«] s. wahrscheinlich Bd. 4, 146 – **X 8**, 1 *annimmt*«] s. Korsch, a.a.O., 98 – **X 8**, 2 *erscheint.*«] s. a.a.O., 97 u. 99 f. – **X 8 a**, 1 *sprechen.*«] s. a.a.O., 115 f. – **X 8 a**, 2 *Ausbeutungsverhältnisse.*«] s. a.a.O., 106 f. – **X 9** *leveller.*«] s. a.a.O., 108–110 – *verschieden*«] s. a.a.O., 109 – **X 9 a**, 1 *société.*‹«] s. a.a.O., 61 – **X 9 a**, 2 *Dinge*«] s. a.a.O., 107 – **X 10** *Ware*‹.«] s. a.a.O., 89 f. – **X 10 a** *gilt.*] s. a.a.O., 91 f. – **X 11** *Klassenkampfes.*«] s. a.a.O., 112; die doppelte Hervorhebung stammt von Benjamin. – **X 11 a**, 1 *enthüllen*‹.«] s. a.a.O., 256 – **X 11 a**, 2 *eingehen*«] s. a.a.O., 260 – **X 12**, 1 *Produktion.*«] s. a.a.O., 205 f. – **X 12**, 2 *fortsetzt.*«] s. a.a.O., 204; vgl. auch ebd., 277 – **X 12**, 3 *hat.*«] s. a.a.O., 84 – **X 12 a**, 1 *Kräfte.*«] s. a.a.O., 167 – **X 12 a**, 2 *entgegenstellt.*«] s. a.a.O., 170 f. – **X 12 a**, 3 *sind.*«] s. a.a.O., 26 – **X 13 a**, 1 (Z. 7 f. v.o.) *Eduard Fuchs, der Sammler und der Historiker III*] s. jetzt Bd. 2, 476–478 – **X 13 a**, 1 (Z. 1 v.u.) *Arbeit.*«] die Stelle wurde für die Buchausgabe des »Versuchs über Wagner« verändert; s. jetzt Adorno, Gesammelte Schriften, Bd. 13: Die musikalischen Monographien, hg. von Gretel Adorno und R. Tiedemann, 2. Aufl., Frankfurt a.M. 1977, 79–81.

Y 1 a, 6 »*Kaspar Hauser*«?] s. Anicet Bourgeois et Dennery, Gaspard Hauser. Drame en 4 actes, Paris 1838 – **Y 9 a**, 1 *carton.*«] s. Baudelaire, Œuvres complètes, éd. Pichois, Bd. 1, a.a.O., 585.

Z 2 a, 2 *loin.*«] s. a.a.O., Bd. 2, 720 – *latin*«] s. a.a.O., 721.

a 4 a, 3 (Z. 1 v.o.) *1839(?)29(?)*] das Exemplar der Bibliothèque Nationale ist an der entsprechenden Stelle beschädigt. – **a 12 a**, 2 *présent.*«] Balzac, Œuvres complètes, éd. Conard, a.a.O., Bd. 8, Paris 1913, 367 – **a 17**, 2 *ca 28 Juni 1848*] der Aufsatz erschien am 29. Juni 1848 – **a 17**, 3 *ca 28 Juni 1848*] s. vorige Anm. – **a 20 a**, 1 *entraîner.*«] s. Baudelaire, Œuvres complètes, éd. Pichois, Bd. 2, a.a.O., 145

b 2, 3 *coulisses.*«] s. a.a.O., 46

d 7, 1 *Kapitelüberschrift*] recte: Überschrift des dritten Buches von Teil 5. – **d 15**, 4 *royauté.*«] s. Baudelaire, Œuvres complètes, éd. Pichois, Bd. 2, a.a.O., 155 – *byronien.*«] s. a.a.O. – **d 15**, 5 *classique.*«] s. a.a.O., 787 – **d 17 a**, 3 *mystérieux!*«] Victor Hugo, Œuvres complètes, a.a.O., Poésie 6: Les contemplations II. Aujourd'hui 1843–1855, Paris 1882, 359

g 4, 2 *en [ ]*] der Leerraum findet sich ebenso in dem zitierten Band.

k 2 a, 5 Benjamin scheint entgangen zu sein, daß Courbet auf der Karikatur nicht auf irgendeiner zerbrochenen Säule steht, sondern auf dem Rest der Vendôme-Säule, die während der Commune niedergerissen wurde und für deren Zerstörung der Maler später verurteilt wurde.

m 3 a, 5 *Der Erzähler*] die angegebenen Stellen s. jetzt Bd. 2, 447, 13–20 und 448, 16–33. – **m 4**, 1 (Z. 4 v.u.) *entsprach*] vielleicht auch zu lesen *entspricht.* – **m 5**, 3 *livres«*] wohl nach dem Gedächtnis zitiert; den korrekten Wortlaut s. J 87, 5

p 1, Motto *Nichts.«*] Christian Dietrich Grabbe, Werke und Briefe. Historisch-kritische Gesamtausgabe, bearbeitet von Alfred Bergmann, Bd. 1, Darmstadt 1960, 142 f. – **p 2**, 2 *von wem? – »Les bas-bleus«*] unter diesem Titel erschienen Daumiers Lithographien 1844 im »Charivari«. – **p 2 a**, 5 die Stellenangabe in Benjamins Manuskript ist falsch. – **p 5 a**, 1 *compassées.«*] s. Baudelaire, Œuvres complètes, éd. Pichois, Bd. 2, a.a.O., 146

991–1038 Erste Notizen

Zur Überlieferung

M *Pariser Passagen*. Heft, S. 29–60 und S. 24; ca. 9,5×15,8 cm; mit schwarzer und blauer Tinte von Benjamin beschrieben. – Benjamin-Archiv, Ms 673.
Das in weiches schwarzes Leder eingebundene Heft wurde offensichtlich nicht von einem Buchbinder, sondern von einem Laien – nach Scholems Vermutung von Alfred Cohn – hergestellt; es besteht aus sehr dünnem, leicht gelblichem und fein geripptem Papier. Benjamin notierte auf S. 1 Titel von geplanten Arbeiten, auf S. 3 Impressionen aus Italien, die Seiten 4 bis 20 ließ er unbeschrieben. Dann folgen S. 21–23 das *Tagebuch meiner Loire-Reise* (s. Bd. 6) vom August 1927; S. 24 Notizen, die zu den *Pariser Passagen* gehören (E°, 31 bis E°, 59); S. 25 eine Bücherliste und S. 26 *Notizen von der Reise nach Frankfurt 30 Mai 1928* (s. Bd. 6). Auf S. 27 finden sich eine Aufzeichnung *Zu Knut Hamsun* (s. Bd. 6) und eine Notiz über Erfahrung (s. Bd. 2, 902). An die unbeschrieben gebliebene Seite 28 schließen sich, bis Seite 60 reichend, die *Pariser Passagen* an. Seite 61 bis 68 blieben wiederum unbeschrieben, und S. 69 enthält eine Notiz *Zu Karl Kraus* (s. Bd. 2, 1091). Auf den restlichen Seiten 70 bis 82 finden sich zum Teil sehr schwer lesbare Notizen unterschiedlichsten Charakters, darunter Entwürfe zu *Kurze Schatten I* (s. Bd. 4, 368–373), zu *Weimar* (s. Bd. 4, 353–355) und zu der Rezension *Zwei Bücher über Lyrik* (s. Bd. 3, 162–166) – also zu Arbeiten aus den Jahren 1928 und 1929. Außerdem enthalten diese letzten Seiten des Heftes Entwürfe zu den Kinderstücken der *Einbahnstraße*, Notizen *Zu einer Beschreibung von Danzig* (s. Bd. 6), zwei Seiten mit einer Motto-Sammlung sowie die *Notizen zu Kafka »Der Prozeß«* (s. Bd. 2, 1190f.).
Die Niederschrift der *Pariser Passagen* wird im ersten Drittel gelegentlich durch Eintragungen unterbrochen, die eindeutig nicht zum Passagenkomplex zählen; solche Aufzeichnungen wurden im Abdruck fortgelassen, sie werden jedoch in den folgenden Anmerkungen charakterisiert. Bei einer Anzahl weiterer Aufzeichnungen mag man im Zweifel sein, ob sie zu den ›Passagen‹ zählen; es scheint sich bei ihnen eher um Entwürfe zu Texten ähnlich den *Denkbildern* des zweiten Bandes zu handeln. Da diese Aufzeichnungen (z. B. B°, 1 und 2; C°, 6 und 7) jedoch Paris gelten, wurden sie in den Abdruck einbezogen. – Nach C°, 7 und nach E°, 30 scheint Text zu fehlen: hier ist jeweils ein Blatt mit einem scharfen Messer aus dem Heft herausgeschnitten worden.
Die zahlreichen, von Benjamin im Manuskript durchgestrichenen Notizen wurden im Abdruck durch einen kleineren Schriftgrad kenntlich gemacht.

Anscheinend hat Benjamin im allgemeinen diejenigen Notizen gestrichen, die in das große Manuskript der *Aufzeichnungen und Materialien* übertragen wurden. – Die im Abdruck jeder Notiz in Winkelklammern beigefügte Sigle stammt vom Herausgeber.

Anmerkungen

A°, 9 »*Le Péril bleu*«] erschienen Paris 1911 – A°, 16 hier endet S. 29 von M. Es folgt S. 30 (1) die Disposition eines Buches *Deutsche Literatur*, (2) ein Entwurf der Widmung zur *Einbahnstraße* und (3) der Anfang einer Notiz über den Moskauer Aufenthalt. S. 31 beginnt mit einem Entwurf zu der Rezension von *Europäische Lyrik der Gegenwart* (s. Bd. 3, 65 f.); nach einem weiteren Entwurf *Einige Bücher, von denen man spricht* folgt, etwas unterhalb der Mitte der Seite, B°, 1.

B°, 4 *Farben*] Benjamin kannte aus Carus' Paris-Tagebuch sowohl den Auszug, den Rudolf Borchardt in »Der Deutsche in der Landschaft« aufnahm, wie die Auswahl von Eckart von Sydow, Leipzig 1926; s. seine Besprechungen der Bücher Bd. 3, 91–94 und 56 f. – B°, 5 »*Ode vom seligen Morgen*«] s. Anm. zu D 1 a, 9 – B°, 5 steht auf S. 32 von M, auf der noch Literaturangaben zu Proust und Stichworte zu Paul Souday folgen. S. 33 beginnt mit dem Anfang des – gestrichenen – Satzes: *Wir werden hier auch von Zeit zu Zeit eine deutsch-französische* und setzt dann mit C°, 1 fort.

C°, 6 *Rêveur parisien*] s. das Quellenverzeichnis zu den *Aufzeichnungen und Materialien*, Nr. 486 – C°, 7 steht auf S. 34, auf der noch die Fortsetzung der Moskau-Notiz von S. 30 folgt. Danach fehlt ein Blatt, das aus dem Heft herausgeschnitten worden ist. Die jetzige S. 35 beginnt mit D°, 1.

E°, 1 bis E°, 30 machen S. 36 aus, F°, 1 bis F°, 19 die gegenüberliegende S. 37; S. 36 wurde nachträglich mit einer großen römischen *I* versehen, S. 37 mit *III*: die fehlende *II* findet sich auf S. 24, die E°, 31 bis E°, 59 umfaßt. – E°, 30 *Fantôme de l'Opéra*] Roman von Gaston Leroux, erschienen Paris 1910. – Nach E°, 30 wurde ein Blatt herausgeschnitten.

G°, 2 und 3 Benjamin zitiert nach einer Paris 1927 erschienenen Ausgabe; das Zitat in G°, 2 s. Baudelaire, Œuvres complètes. éd. Pichois, Bd. 1, Paris 1975, 430. – G°, 11 »*rama*«] s. Balzac, Œuvres complètes, éd. Conard, Bd. 6, Paris 1912, 272 – G°, 19 *Ursprungskapitel*] s. jetzt Bd. 1, 225–227 – G°, 23 *Schrift über Puppen*] s. Rainer Maria Rilke, Puppen. Zu den Wachs-Puppen von Lotte Pritzel, in: Sämtliche Werke, hg. von Ernst Zinn, Bd. 6, Frankfurt a. M. 1966, 1063–1074 – G°, 25 *Heinles Nachlaß*] Benjamins Arbeit über den Lyriker Christoph Friedrich Heinle ging zusammen mit Heinles Nachlaß 1933 verloren. – G°, 27 steht bis *keine* (Z. 3 v. o.) in M auf S. 40, der Rest findet sich S. 43 oben. S. 41 beginnt mit einer Eintragung von der Hand Olga (Ola) Parems und dem Entwurf eines Briefes an sie. Nach einer Wellenlinie folgt dann S. 41 H°, 1

H°, 11 *Dartois*] gemeint ist wahrscheinlich Armand d'Artois – H°, 20 bildet das Ende von S. 42; S. 43 findet sich zunächst (s.o.) das Ende von G°, 27 und danach, mit deutlichem Neuansatz, I°, 1.

I°, 2 *Leopardi 13*] gemeint ist das 13. Stück der »Pensieri«; s. etwa in der von Benjamin geschätzten Ausgabe Giacomo Leopardi, Gedanken. Aus dem Italienischen übers. von Gustav Glück und Alois Trost, Leipzig 1922, 16 f.

J°, 1 *Brieger*] wahrscheinlich der – zeitweilig mit Benjamins Frau Dora befreundete – Schriftsteller Lothar Brieger-Wasservogel; auf welche seiner zahlreichen Schriften Benjamin sich bezieht, wurde nicht ermittelt.

K°, 8 in M durch einen Strich mit K°, 10 verbunden – **K°**, 11 in M durch einen Pfeil mit K°, 16 verbunden – **K°**, 13 *»-rama«*] s. Anm. zu G°, 11 – **K°**, 14 *Studien zu Meteorologie*] Benjamin denkt wohl vor allem an Goethes »Versuch einer Witterungslehre« von 1825.

L°, 1 *»Mode und Zynismus«*] von Friedrich Theodor Vischer; s. I°, 1 und J°, 1 sowie Quellenverzeichnis zu den *Aufzeichnungen und Materialien* Nr. 840. – **L°**, 27 *Baudelaire-Buch E 2*] nicht ermittelt

N°, 3 *Ferragus*] vielleicht ist die Figur aus Balzacs »Histoire des Treize« gemeint. – **N°**, 4 *Kaiserin Eugenie (?)*] wahrscheinlich wollte Benjamin Heinrich Manns Roman »Eugénie oder Die Bürgerzeit«, Berlin, Wien, Leipzig 1928, einsehen.

O°, 8 *Unterbewußtseins.«*] Sigfried Giedion, Bauen in Frankreich. Eisen, Eisenbeton, Leipzig, Berlin o.J. [1928], 3 – **O°**, 23 *Stelle über Museum*] s. Marcel Proust, A la recherche du temps perdu. Edition établie et présentée par Pierre Clarac et André Ferré, Bd. 1, Paris 1954 (Bibliothèque de la Pléiade. 100), 644 f.; auch Proust, Im Schatten der jungen Mädchen, übers. von Walter Benjamin und Franz Hessel, Berlin o.J. [1927], 277 – **O°**, 26 *Flügel«*] s. Anm. zu M 4 a, 1 – **O°**, 27 *»Priesterzöglings«*] s. Anm. zu S 2, 3 – **O°**, 27 *»Zeichendeuters«*] s. jetzt die Fragmente in: Hugo von Hofmannsthal, Sämtliche Werke, Bd. 29: Erzählungen 2, hg. von Ellen Ritter, Frankfurt a.M. 1978, 202–206 – **O°**, 50 *Notizen*] Benjamin plante eine Arbeit über die Novelle von Tieck. – **O°**, 52 *hervor.*] die Stelle findet sich ähnlich auch in *Krisis des Darwinismus?* (s. Bd. 4, 534); das erlaubt eine Datierung auf April 1929.

Q°, 4 *Kapital I Originalausgabe p 40*] zur Bedeutung des Verweises s. Einleitung des Herausgebers, oben 24. Seite 40 der »Originalausgabe« des Kapitals, Bd. 1, Hamburg 1867, lautet: »... nisse der Sachen zu einander und zu den Personen erscheinen. Die Verhältnisse der Privatarbeiter zur gesellschaftlichen Gesamtarbeit vergegenständlichen sich ihnen gegenüber und existieren daher für sie in den Formen von Gegenständen. Für eine Gesellschaft von Warenproduzenten, deren allgemein gesellschaftliches Produktionsverhältnis darin besteht, sich zu ihren Produkten als Waren, also als Werten zu verhalten, und in dieser sachlichen Form ihre Privatarbeiten auf einander zu beziehen als gleiche menschliche Arbeit, ist das Christentum, mit seinem Kultus des abstrakten Menschen, namentlich in seiner bürgerlichen Entwicklung, dem Protestantismus, Deismus usw., die entsprechendste Religionsform. In den altasiatischen, antiken usw. Produktionsweisen spielt die Verwandlung des Produkts in Ware, und daher das Dasein der Menschen als Warenproduzenten, eine untergeordnete Rolle, die jedoch um so bedeutender wird, je mehr die Gemeinwesen in das Stadium ihres Untergangs treten. Eigentliche Handelsvölker existieren nur in den Intermundien der alten Welt, wie Epikurs Götter, oder wie Juden in den Poren der polnischen Gesellschaft. Jene alten gesellschaftlichen Produktionsorganismen sind außerordentlich viel einfacher und durchsichtiger als der bürgerliche, aber sie beruhen entweder auf der Unreife des individuellen Menschen, der sich von der Nabelschnur des natürlichen Gattungszusammenhangs mit Andern noch nicht losgerissen hat, oder auf unmittelbaren Herrschafts- und Knechtschaftsverhältnissen. Sie sind bedingt durch eine niedrige Entwicklungsstufe der Produktivkräfte der Arbeit und entsprechend befangene Verhältnisse der Menschen innerhalb ihres materiellen Lebenserzeugungsprozesses, daher zu einander und zur Natur. Diese wirkliche Befangenheit spiegelt sich ideell wider in den alten Natur- und Volksreligionen. Der religiöse Wiederschein der wirklichen Welt kann nur verschwinden, sobald die Verhältnisse des praktischen Werkeltagslebens den Menschen tagtäglich durchsichtig vernünftige Beziehungen zu einander und zur Natur darstellen. Die Verhältnisse können sich aber nur als das darstellen, was sie sind. Die Gestalt des gesellschaftlichen Lebensprozesses, d.h. des materiellen Produktionsprozesses, streift nur ihren mystischen Nebelschleier ab, sobald sie als Produkt frei vergesellschafteter Menschen unter deren bewußter planmäßiger Kontrolle steht. Dazu ist jedoch eine materielle Grundlage der Gesellschaft erheischt oder eine Reihe materieller Existenzbedingungen, ...« – Q°, 4 *III p 1–200 bes. 150ff]* dieser Verweis auf die »Originalausgabe« des dritten Bands des Kapitals (Hamburg 1894) entspricht in MEW, Bd. 25, 2. Aufl., 1968, den Seiten 33–230, bes. 180ff. – Q°, 5 *Ein Traum]* s. Franz Kafka, Ein Landarzt. Kleine Erzählungen, München, Leipzig 1919, 135–144 – Q°, 9 *seyen.«]* s. Anm. zu M 4a, 2 – Q°, 12 *Schneider: Offenbach]* s. Louis Schneider, Les maîtres de l'opérette française. Offenbach, Paris 1923 – Q°, 13 *Argo)]* s. Le guide historique et anecdotique de Paris. L'histoire de Paris, de ses monuments, de ses révolutions, de ses célébrités, de sa vie artistique, scientifique, politique, mondaine. Publié sous la direction de E. Cuervo-Marquez, Paris 1929 – Q°, 16 *Metternich: Denkwürdigkeiten]* s. Clemens Wenzel Lothar Fürst Metternich, Denkwürdigkeiten. 2 Bde., hg. von Otto H[ermann] Brandt, München 1921 (Denkwürdigkeiten aus Altösterreich. 22 u. 23) – Q°, 20 *Henri Sée: Französische Wirtschaftsgeschichte]* der erste Band erschien Jena 1930.

1039–1063 Frühe Entwürfe

1041–1043 PASSAGEN

Der kurze Aufsatz *Passagen* ist der einzige durchformulierte und zusammenhängende Text aus jenem frühesten, Mitte 1927 zu datierenden Stadium der Arbeit, als Benjamin noch gemeinsam mit Franz Hessel einen Zeitschriftenartikel schreiben wollte. Im Nachlaß Benjamins ist eine Anzahl weiterer Blätter erhalten, auf denen sich Stichworte und erste, tastende Formulierungsversuche finden, die wahrscheinlich von Benjamin und Hessel gemeinsam verfaßt wurden. Es handelt sich um Typoskripte, die auf einer Schreibmaschine mit kursiven Typen hergestellt worden sind – dieselbe Schreibmaschine benutzte Hessel Ende der zwanziger Jahre für seine Briefe – und die sowohl von Hessel wie von Benjamin handschriftlich bearbeitet wurden. Im folgenden Abdruck dieser Paralipomena wird der mit der Maschine geschriebene Text durch Kursivdruck, Benjamins Handschrift durch unterstrichene Kursive und Hessels Handschrift durch Geraddruck wiedergegeben.

Vexierbilder der frz. Revolution oder *Sichtbare Weltgeschichte (Paris der Römer, Mittelalter, Ancien régime, Revolution etc.) Balzacstraßen und Winkel. (Sue, Hugo etc.)*
1 Mai auf der butte rouge.
Neue und alte Katakomben, Métro, Kellerlokale, Antikes.
Straßenhandel.
Ghetto
Die Straße der Zeitungsdruckereien
Verlorene Tiere (La Fourrière)
Les abattoirs
Soziale Fortifikationen.
{*Rundgang längs entschwundener Stadtmauern (antike)*
Philippe Auguste, Louis XII, Fermiers généraux und die letzte jetzt im Abbruch begriffene Fortification.}
Benzin. (Der perfekte Chauffeur in Paris)
Spiegel.
Der Kamin und die ›Lanterne‹
Die letzten Fiacres
Vieilles Enseignes.
Bequemlichkeiten und Schwierigkeiten (Tabak, Briefkasten, Billetts, Anschlagsäulen etc.)
Pariser über Paris.
Poule, Môme, Pierreuse, Lorette, Artiste etc.

Druckvorlage: Ts 2771

Alpines Paris.
Lebens- und Kunstgeschichte des Eiffelturms.
Vormittags auf Montmartre.
Knigge für Mahlzeiten
Harmlose Denkmäler
Il faut amuser les enfants
Biographie einer Straße (*rue Saint-Honoré*, bz. Rivoli)
Jahrmarkt.
Modehäuser
Die Brücken.
Türen und Fenster.
Architekturen des Zufalls. (Plakate)
Passagen.
Hotel
Bal musette.
Der kleinste Platz von Paris.
Kirchenfenster
Die Parks von Monceau bis Buttes Chaumont.
Straße der Kunsthändler (1000 Meter bemalte Leinwand)
Der Sonntag der kleinen Leute
Tee im Bois.
Amerika und Asien in Paris
Tröstliche Ratschläge für Museenbesuch.
Mittagspause der Midinetten. (Märchenmotiv.)
(*Physiologie du Boîte*)
Merkwürdige Entwicklungsgeschichte kleiner Restaurants.
{*Mit Saint-Simon, Liselotte und andern Revenants in Versailles.*}
Allerlei Rennen.

Druckvorlage: Ts 2772

Der Sonntag der kleinen Leute.
Pariser Treppen, Fenster, Türen und Schilder.
Bals musette der verschiedenen Viertel
Alpines Paris.
Das Déjeuner der Midinetten.
Wie ein Restaurant ersten Ranges entsteht.
Apéritif, Ort, Zeit, Arten
Foire.
Wie steure ich mein Auto in Paris
Theater unter 500 Plätzen.
(*Vermittler des Vergnügens*)
Modentees.
Musikkneipe.

1000 Meter moderne Kunst (rue de la Boëtie)
Großes und kleines Labyrinth von Paris   Katakomben und Paris.
Paris traduit.
Geheimzeitungen
Pariser Spiegel vom Bistro bis Versailles.
Kokottentypen. Pierreusen, Mômes, Poules (de luxe) Relations mondaines
  Lorettes Lionnes Amie Collage Affection Artiste
Artiste sérieuse.
Bimbelotterie Selleries Bourelleries Quincaillerie
Choses d'autrefois und dergl. Sacre Ferme 1.N.
Spaziergang mit dem Geheimagenten.
Druckvorlage: Ts 2773

Kleiner Seitengang der Passage des Panoramas: Passage de service mit Eisenleitern an Wänden.
Visitenkarten werden gleich gemacht, Stiefel gleich geputzt
Mosaikschwellen im Stil der alten Restaurants im Palais Royal führen zu Dîner de Paris 5 fr. leer und breit und so daß man nicht glauben mag, es komme dahinter wirklich ein Restaurant. Das gleiche gilt von dem Zugang zu dem Petit Casino. Da sieht man wohl Kasse und Preise der Plätze, aber man hat das Gefühl: wäre man erst durch die Glastür, so würde man drüben statt in einen Theaterraum wieder auf die Straße kommen.
Viel hygienische Institute   Au Biceps, Reducteur de hanches, Gladiatoren mit Bauchbinden   Bandagen um weiße Mannequinbäuche
In alten Coiffeurläden die letzten Frauen mit langem Haar, onduliert und indéfrisable, versteinerte Haartouren.
Wenn diese versteinern, wirkt hingegen Mauerwerk der Passagen oft wie brüchiges Papiermaché.
Lächerliche ›Andenken‹ und Bibelots besonders grausig
Lagernde Odalisken neben Tintenfaß, Adorantinnen die Aschbecher wie Opferschalen erheben.
Druckvorlage: Ts 2766

A la Capricieuse, lingerie de tout genre.
Réparation de poupées.
Fächerfabrik sous la voute
Buchhandlung obere Reihe   Etreintes secretes, Art d'aimer, Affolantes Illusions, Les Insatiables, School of love, Mémoires d'une bonne à tout faire   Darunter Images d'Epinal. Arlequin marie sa fille. Napoleonbilder. Artillerie. Weg zu Himmel und Hölle mit franz. und deutscher Aufschrift. (in frommem Laden der rue du Val de Grâce englisch   der breite und der schmale Weg.)

Typographien.
Sofort Visitenkarten

Druckvorlage: Ts 2768

Überall als Einlage, Gastrolle Strümpfe. Einmal bei Photos, einmal bei einem Ausschank, von einem Mädchen bewacht (wir denken an das Theater in Montrouge, wo sie Tags über der Abendkasse liegen)
Aufgang zum arabischen Restaurant Kebab
Oft Täschchen (petits sacs) in offnen Pappschachteln, von Seidenpapier umgeben.
Am nächsten Haus, wo ein Torgang, eine Beinahpassage:
Mme de Consolis, Maîtresse de Ballet, Leçons, Cours, Numéros. Mme Zahna, Cartomancière.
{*Schmaler Gang*} *hinten Hôtel de Boulogne mit einem Fenster über Coiffeur. Das unten wartende und das aus dem Fenster sehende Mädchen. Das Ganze vom Zugang gerahmt.*
[Zeichnung von Hessel, den beschriebenen Torgang darstellend]
Dies vor mir (vom Café aus gesehen) und rechts das Tor Lodovico Magno mit lagernden Löwen, Waffenleibern u. vagen Trophaeen an Pyramiden.

Druckvorlage: Ts 2769

In den Passagen sind kühnere Farben möglich. Es gibt rote und grüne Kämme.
In den Passagen erhalten sich Formen von Kragenknöpfen, zu denen wir die entsprechenden Kragen oder Hemden nicht mehr kennen.
Ist ein Schusterladen Nachbar einer Confiserie, so werden seine Schnürsenkelgehänge Lakritzen ähnlich.
{*Es gibt viel Briefmarkenhandlungen (die mit ihren südamerikanischen Kolibrimarken auf stockfleckigem Papier den Berliner Fremden an Kindheit und Kuckuck erinnern).*}
Man könnte einen Idealladen in einer Idealpassage denken, der alle Gewerbe vereinigt, Puppenklinik und menschliche Orthopädie ist, Trompeten und Muscheln feilhält, Vogelfutter in Schalen einer photographischen Dunkelkammer, Okarinen als Schirmkrücken.
Eine Fabrik de cocardes für Hochzeiten und Bankette, parures pour mariées.

Druckvorlage: Ts 2770

1. (*Vor kurzem verschwand ein Stück altes Paris, die Passage de l'Opéra, die einst von den Boulevards zu der alten Oper führte. Der Durchbruch des Bl. Haussmann hat sie verschlungen. Das lenkt unser Interesse zu den Passagen die es noch gibt, den helleren belebten bisweilen aufgefrischten des Opern-*

Anmerkungen zu Seite 1041-1043

viertels, den engen, oft leeren, verstaubenden finsterer Gegenden. Die Passagen wirken manchmal als Ganzes, manchmal nur in gewissen Teilen wie raumgewordene Vergangenheit, sie beherbergen veraltende Gewerbe und selbst die durchaus aktuellen bekommen in diesen Binnenräumen etwas Altertümliches.) Da das Licht nur von oben durch Glasdecken kommt und alle Treppen seitwärts in den Hauseingängen zwischen den Läden ins Dunkle führen, bleibt unsere Vorstellung von dem Leben in den Räumen, zu denen diese Treppen steigen, ungenau.

1 a. *Der Illustrierte Pariser Führer, ein vollständiges Gemälde der Seinestadt und ihrer Umgebungen aus dem Jahre 1852, schreibt von den Passagen:* [hier folgt das Zitat wie 1044, 2–14]

2. *An den Eingangstoren der Passagen (man kann ebensogut Ausgangstoren sagen, denn bei diesen seltsamen Mischgebilden von Haus und Straße ist jedes Tor Eingang und Ausgang zugleich), an den Eingangstoren finden sich seitlich merkwürdige mitunter rätselhafte Inschriften und Schilder, die sich innen zwischen den Läden, wo hier und da eine Wendeltreppe ins Dunkel hinaufführt, an der Wand manchmal wiederholen. Wohl errät man, ALBERT au 83 wird ein Friseur sein und Maillots de théâtre werden wohl rosa und hellblaue Seidentrikots für junge Sängerinnen und Tänzerinnen sein, aber diese eindringlichen Buchstaben wollen uns noch mehr und andres sagen. Und lesen wir gar, gedrängt von denen, die wirklich kaufen und verkaufen, zwischen dichtbehängten Kleiderständen stehend, auf der unteren Wölbung der Wendeltreppe Institut de Beauté du Professeur Alfred Bitterlin, so wird uns bange. Und die Fabrique de Cravates au 2ᵉ: ob es da Halsbinden gibt, die sich zum Erdrosseln eignen? Ach, es wird da wohl ganz harmlos genäht werden, aber diese dunkle ausgetretne Stiege verlangt, daß wir uns fürchten. Aber was kann sein: Union artistique de France au 3ᵉ? (In allen Passagen, den breiten belebten des Boulevards ebenso wie in den schmalen leeren bei der rue Saint-Denis gibt es Stock- und Schirmauslagen: dichte Reihen farbiger Krücken.)*

<u>keine Verantwortung der neuen Zeit gegenüber: es kann in Zukunft nichts mehr kommen</u>

3. {*Oft beherbergen diese Binnenräume veraltende Gewerbe und auch die durchaus aktuellen bekommen in ihnen etwas* {*Altertümliches*} <u>Verschollnes</u>}

In den breiten belebten Passagen der Boulevards wie in den schmalen leeren bei der rue Saint-Denis gibt es immer wieder Schirm- und Stockauslagen: dichte Reihen farbiger Krücken
{*Häufig sind hygienische Institute, da tragen Gladiatoren Bauchbinden, und es sind Bandagen um weiße Mannequinbäuche.*}
{*In den Auslagen der Friseurläden sieht man die letzten Frauen mit langen Haaren, sie haben reich ondulierte Haarmassen, die ›indéfrisable‹ sind, versteinerte Haartouren.* Und während diese versteinern, ist oben das Mauerwerk der Wände wie brüchiges Papiermaché. Brüchig sind auch die Mosaikschwellen, die im Stile der alten Restaurants des Palais Royal zu einem ›Dîner de Paris‹ für fünf Franken führen, sie steigen breit an zu einer Glastür, aber man mag nicht glauben, es komme dahinter wirklich ein Restaurant. Die nächste Glastür verheißt ein Petit Casino und läßt eine Kasse sehen und Preise der Plätze, aber öffnete man sie, ginge da hinein, würde man statt in einen Theaterraum nicht drüben auf die Straße kommen?** Oder in ein Dunkel wie das, in welches seitwärts in den Hauseingängen alle Treppen führen?*}

* {Baudelaire: La chevelure. Redon, Baudelaire, die eine eigene Welt aus dem Haare gemacht haben.» Verraten und verkauft« – das ist ein Schicksal, das erst in diesen Räumen einsichtig wird. Hier ist Salomes Haupt selber zum Einsatz geworden; vielmehr ein Haupt, das zwischen Anna Cyllacs und Salomes unschlüssig hin und her geistert.}
** {Die Tür trägt nämlich in der Mitte einen Spiegel und da von Spiegeln alle Wände durchbrochen sind, so weiß man weder aus noch ein vor zweifelhafter Helle. Paris ist die Spiegelstadt...}
4. {*In den Passagen sind* {kühnere} *falschere Farben möglich, es ist nicht verwunderlich, daß Kämme rot und grün sind, wundert keinen. Schneewittchens Stiefmutter hatte solche. Und als der Kamm sein Werk nicht getan hatte, da hat es ein rot-grüner Apfel sein müssen. Billettagenturen haben Plätze in Hülle und Fülle für gähnend leere Theater verfügbar. Werden wir nicht dennoch uns hier versehen, um als Nachbarin ein verbeultes [?] Wesen zu haben, das* [abgebrochen]
In solcher Agentur ist das Billett entstanden
›Andenken‹ *und Bibelots können besonders grausig werden, lauernd lagert die Odaliske neben dem Tintenfaß, Adorantinnen heben Aschbecher wie Opferschalen.*

Anmerkungen zu Seite 1041-1043   1347

Überall haben Strümpfe ihre Gastrollen, einmal liegen sie bei Photographien, dann in einer Puppenklinik, und einmal am Nebentisch eines Ausschanks, von einem Mädchen bewacht.
Eine Buchhandlung vereinigt in Nachbarreihen {die verführerischen Lehrbücher über die Kunst zu lieben,} Einführungen in überlebte Laster, Berichte über seltne Leidenschaften und Laster, Erinnerungen einer bonne à tout faire mit bunten Epinaldrucken, auf denen Arlekin seine Tochter verheiratet, Napoleon durch Marengo reitet und neben allen Geschützgattungen der Artillerie altenglische Bürgersleute den breiten Weg zur Hölle und den schmalen Weg des Evangeliums gehen.}
In den Passagen erhalten sich Formen von Kragenknöpfen, zu denen wir die entsprechenden Kragen oder Hemden nicht mehr kennen.
Ist ein Schusterladen   Schirmkrücken [abgebrochen]
5. *Am Eingang einer der armseligsten Passagen haben wir gelesen: Bureau de placement pour le personnel des deux sexes,* gegründet 1859.*
   * *muß hier leben, das ist daraus zu schließen, daß ein Büro de placement für dasselbe besteht* [Marginalie]
Das stand über Article de Paris, Spécialités pour Forains. Wir sind den schmalen dunklen Gang gegangen, bis wir zwischen einer Librairie en solde wo Büchermassen zu Bündeln verschnürt staubig gestapelt waren und einem Laden mit lauter Knöpfen (Perlmutt und solchen die man in Paris de phantaisie nennt) eine Art Wohnzimmer entdeckten. Auf eine blaßbunte Tapete voll Bildern und Büsten schien eine Gaslampe. Bei der las eine Alte. Die ist da wie seit Jahren allein.
{An einer Briefmarkenhandlung mit südamerikanischen Kolibrimarken auf stockfleckigem Papier vorüber kommen wir zu einem schwarzverhangenen Bureau: da wird Gold und Silber angekauft.} Da will man Gebisse in Gold, in Wachs oder zerbrochen.*
   * *Und nicht weit davon muß die gestanden haben* [sic], *in welcher um die Wende des Biedermeier der Doktor Mirakel seine Olympia erschuf. Denn sie sind die wahren Feen dieser Passagen, käuflicher und gebrauchter als die lebensgroßen, die einst weltberühmten pariser Puppen, die auf dem singenden Sockel sich drehten und auf den Armen ein Körbchen hielten, aus dem in den werdenden Mollakkord ein Schäfchen die witternde Schnauze streckte* [Marginalie]
Aber ein kleiner roter Blechschirm lockt im Treppenaufgang daneben in eine Fabrique de ronds de parapluie.

Druckvorlage: Ts 2761-2767

Überlieferung

T *Passagen.* Typoskript, 5 Blätter einseitig beschrieben; Korrekturen mit

Blei und Tinte von der Hand Franz Hessels. - Benjamin-Archiv, Ts 2756-2760.

Anmerkungen

1041,1 *Passagen*] Titel handschriftlich nachgetragen - 1041, 13 *wurde*] hier endet S. 1 von T; S. 2 beginnt mit der folgenden, gestrichenen Stelle: *In den neueröffneten Arkaden an der Avenue des Champs Elysées plätschert ein Springbrunnen zwischen breiten Blumenparterres und in angenehm gedämpftem Licht ergehen sich gut gekleidete Leute vor modischen Schaufenstern. Während hier den Parisern ein eleganter Durchgang bereitet wurde, ist* folgt der edierte Text. - 1041,14 *die Passage*] hdschr. aus *der Passage* - 1041,14 *die der*] hdschr. aus *den der* - 1041,19 *ist*] hdschr. aus *ist oft* - 1041,23 *die Inschriften*] hdschr. aus *diese Inschriften* - 1041,23 f. *innen* bis *Kleiderständen*] hdschr. für *innen zwischen den Läden, wo* - 1041,28 *hätte*] hdschr. aus *hat wohl* - 1041,37 *lagern*] hdschr. für *liegen* - 1042,1 *auf*] hdschr. für *an* - 1042,2 *-In*] hdschr. für *Und immer wieder, in* - 1042,26 *Drei*] hdschr. eingefügt - 1042,32 *die*] hdschr. für *eine* - 1042,35 *Nun*] hdschr. für *Von hier ab* - 1042,39 *Freien. Gegenüber*] hdschr. aus *Freien auf der Straße. Aber gegenüber*

1044-1059 Pariser Passagen II

Überlieferung

M 4 Doppelblätter und 4 Einzelblätter ca. 9,3 × 22,5 cm; ohne Titel; mit Tinte beschrieben. - Benjamin-Archiv, Ms 1154-1165.
Das für M benutzte dicke, leicht gelbliche Papier hatte ursprünglich das Format 22,5 × 28 cm. Benjamin faltete die Blätter zweimal. Heute hängen nur noch Ms 1154 und 1155, Ms 1156 und 1157, Ms 1160 und 1161 sowie Ms 1163 und 1164 zusammen; rekonstruieren läßt sich, daß die letzteren beiden außerdem mit Ms 1165 und schließlich Ms 1158 mit Ms 1159 zusammenhingen. Ob Benjamin die Blätter absichtlich trennte oder ob diese durch das häufige Falten im Laufe der Zeit von allein auseinanderfielen, ist nicht mehr zu entscheiden. - Von Ms 1163 und 1165 blieb die Rückseite ganz unbeschrieben, von Ms 1155 und 1162 teilweise; alle übrigen Blätter wurden beidseitig bis dicht an alle Ränder heran beschrieben.
Anscheinend wurde M von Benjamin in der Absicht begonnen, den Essay *Pariser Passagen. Eine dialektische Feerie* zu schreiben. Er füllte die Blätter Ms 1154 und 1155 beidseitig sowie Ms 1160 und 1161 einseitig mit einzelnen ausformulierten Texten, deren Reihenfolge noch zufällig blieb.

Danach scheint er die Niederschrift abgebrochen zu haben; der Rest von M wurde für Exzerpte benutzt. Der Herausgeber hat sich auf einen Abdruck der Benjaminschen Texte beschränkt und versucht, diesen eine sinnvolle Anordnung zu geben, um so wenigstens »einen gewissen Eindruck von jenem Essay« vermitteln zu können, »an den Benjamin dachte, den er aber nicht geschrieben hat«(40). Die nicht wiedergegebenen Exzerpte sind zum größeren Teil aus M in die *Aufzeichnungen und Materialien* übertragen worden, die übrigen dürfen als verworfen angesehen werden. Zahlreiche Durchstreichungen, die sich in M finden, kennzeichnen in der Regel solche Texte und Zitate, die in die *Aufzeichnungen und Materialien* übernommen worden sind. – Am Fuß der meisten Seiten von M findet sich die Eintragung *Revision 14 Dezember 1934*: wahrscheinlich ging Benjamin an diesem Tag das Manuskript durch, um zu kontrollieren, daß alle ihm wichtigen Texte übertragen waren.

Im folgenden wird ein Inhaltsverzeichnis derjenigen Seiten von M gegeben, auf denen die abgedruckten Texte sich finden; es erlaubt, die ursprüngliche Reihenfolge der Benjaminschen Niederschriften zu rekonstruieren.

Ms 1154^r: a°,1; a°,3; b°,1; b°,2
Ms 1154^v: c°,3; e°,1
Ms 1155^r: c°,1; c°,4; d°,1; d°,2; c°,2
Ms 1155^v: h°,5
Ms 1160^v: h°,1; a°,2; f°,1; h°,2; h°,3; h°,4; a°,5
Ms 1161^v: f°,2; e°,2; f°,3; a°,4; g°,1

Die vom Herausgeber *Pariser Passagen II* betitelten Texte gehören zu jenen, die Benjamin 1929 Adorno und Horkheimer in Königstein und Frankfurt vorlas. Die »grandios improvisierte Theorie des Spielers« (Adorno, Über Walter Benjamin, a.a.O., 24) etwa, von der Adorno oft mit der größten Bewunderung gesprochen hat, scheint in dem Stück g°,1 enthalten zu sein. – Zum vorläufigen Abbruch der Arbeit, der bald nach der Niederschrift der *Pariser Passagen II* erfolgt sein dürfte, schrieb Adorno: »Benjamin, dessen ursprünglicher Passagenentwurf unvergleichlich spekulatives Vermögen mit mikrologischer Nähe zu den Sachgehalten verband, hat in einer Korrespondenz über die erste, eigentlich metaphysische Schicht jener Arbeit später geurteilt, sie sei nur als ›unerlaubt ›dichterische‹‹ zu bewältigen. Diese Kapitulationserklärung designiert ebenso die Schwierigkeit von Philosophie, die nicht abgleiten will, wie den Punkt, an dem ihr Begriff weiterzutreiben ist. Sie wurde gezeitigt wohl von der gleichsam weltanschaulichen Übernahme des dialektischen Materialismus mit geschlossenen Augen. Daß aber Benjamin zur endgültigen Niederschrift der Passagentheorie nicht sich entschloß, mahnt daran, daß Philosophie nur dort noch mehr als Betrieb ist, wo sie dem totalen Mißlingen sich exponiert, als Antwort auf die traditionell erschlichene absolute Sicherheit.« (Adorno, Gesammelte Schriften, Bd. 6: Negative Dialektik. Jargon der Eigentlichkeit, hg. von R. Tiedemann, 2. Aufl., Frankfurt a. M. 1977, 29 f.)

1060–1063 DER SATURNRING ODER ETWAS VOM EISENBAU

Überlieferung

T Typoskriptdurchschlag. – Benjamin-Archiv, Ts 2774–2778
Gretel Adorno notierte zu einer von ihr angefertigten Abschrift des *Saturnrings*: »Wenn ich mich recht erinnere, ist das eines der ersten Stücke, die Benjamin uns 1928 [recte: 1929] in Königstein vorgelesen hat.« (Benjamin-Archiv, Ts 2782) Benjamin selbst fügte den Text den *Aufzeichnungen und Materialien* ein, und zwar zu Beginn des Konvoluts *G: Ausstellungswesen, Reklame, Grandville*. Einiges deutet darauf hin, daß der *Saturnring* als Radiotext für Jugendliche geschrieben sein könnte; eine Sendung ist freilich nicht nachweisbar. Wahrscheinlicher aber scheint dem Herausgeber zu sein, daß der Text als Zeitungs- oder Zeitschriftenartikel gedacht war und ungedruckt blieb.

Lesarten

1060,11 *und,*] für *und* – 1061,7 *bahnbrechendes,*] für *bahnbrechendes* – *bonmarché,*] für *bonmarché* – 1061,30 ⟨*neue Gebiete.*⟩] Konjektur des Hg.; in T fehlt eine Zeile, vielleicht weil das Kohlepapier sich verschoben hatte. – 1062,2 *Jahre,*] für *Jahre* – 1062,3 *78,*] für *78* – 1062,4 *1877,*] für *1877* – 1062,15 *wagten*] konjiziert für *wagten sich* – 1062,16 *sich*] Konjektur des Hg. – 1062,30 *1805*] korrigiert für *1865*

Nachweise

1062,32 *gewährleisten.«*] s. Charles-François Viel, De l'impuissance des mathématiques pour assurer la solidité des bâtimens, et recherches sur la construction des ponts, Paris 1805 – 1063,7 *übertrug.«*] Alfred Gotthold Meyer, Eisenbauten. Ihre Geschichte und Ästhetik, Esslingen 1907, 93

CORRIGENDA

Seite 1291 ist im Quellenverzeichnis zu den »Aufzeichnungen und Materialien« nach Nr. 256 einzufügen:

256a A[ntoinette Joséphine Anne Symon de Latreiche] D r o h o j o w s k a : Les grandes industries de la France. L'éclairage. Paris (1881)*.

Seite 1315 ist Nr. 690 zu streichen.

Inhaltsverzeichnis

Einleitung des Herausgebers 9
Exposés
Paris, die Hauptstadt des XIX. Jahrhunderts 45
Paris, Capitale du XIXème siècle 60
Aufzeichnungen und Materialien 79
    A: Passagen, magasins de nouveautés, calicots 83 – B: Mode 110 – C: antikisches Paris, Katakomben, démolitions, Untergang von Paris 133 – D: die Langeweile, ewige Wiederkehr 156 – E: Haussmannisierung, Barrikadenkämpfe 179 – F: Eisenkonstruktion 211 – G: Ausstellungswesen, Reklame, Grandville 232 – H: der Sammler 269 – I: das Interieur, die Spur 281 – J: Baudelaire 301 – K: Traumstadt und Traumhaus, Zukunftsträume, anthropologischer Nihilismus, Jung 490 – L: Traumhaus, Museum, Brunnenhalle 511 – M: der Flaneur 524 – N: Erkenntnistheoretisches, Theorie des Fortschritts 570 – O: Prostitution, Spiel 612 – P: die Straßen von Paris 643 – Q: Panorama 655 – R: Spiegel 666 – S: Malerei, Jugendstil, Neuheit 674 – T: Beleuchtungsarten 698 – U: Saint-Simon, Eisenbahnen 708 – V: Konspirationen, compagnonnage 745 – W: Fourier 764 – X: Marx 800 – Y: die Photographie 824 – Z: die Puppe, der Automat 847 – a: soziale Bewegung 852 – b: Daumier 899 – d: Literaturgeschichte, Hugo 903 – g: die Börse, Wirtschaftsgeschichte 939 – i: Reproduktionstechnik, Lithographie 946 – k: die Kommune 949 – l: die Seine, ältestes Paris 957 – m: Müßiggang 961 – p: anthropologischer Materialismus, Sektengeschichte 971 – r: Ecole polytechnique 982

Erste Notizen: Pariser Passagen I 991
Frühe Entwürfe
    Passagen 1041
    Pariser Passagen II 1044
    Der Saturnring oder Etwas vom Eisenbau 1060
Anmerkungen des Herausgebers
    Editorischer Bericht 1067
    Zeugnisse zur Entstehungsgeschichte 1081
    Paralipomena, Überlieferung und Textgestaltung
        Paris, die Hauptstadt des XIX. Jahrhunderts 1206
        Paris, Capitale du XIXème siècle 1255

Aufzeichnungen und Materialien 1260
    Quellenverzeichnis, 1277
Erste Notizen: Pariser Passagen I 1337
Passagen 1341
Pariser Passagen II 1348
Der Saturnring oder Etwas vom Eisenbau 1350

Der Abbildungsteil befindet sich am Ende des ersten Bandes